# Tansania

Mary Fitzpatrick,
Ray Bartlett, David Else, Anthony Ham, Helena Smith

## REISEPLANUNG



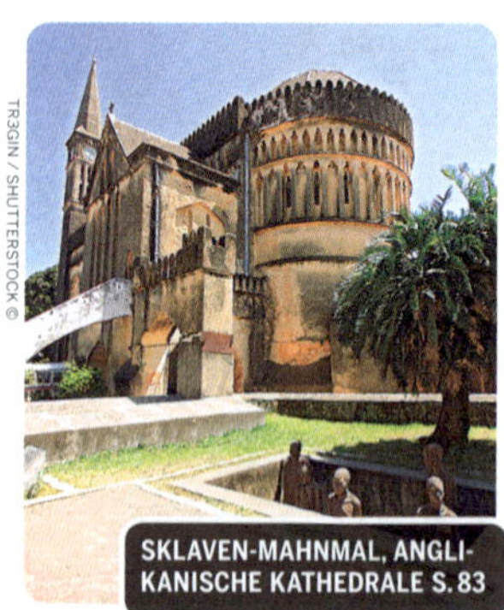

SKLAVEN-MAHNMAL, ANGLIKANISCHE KATHEDRALE S. 83

TR3GIN / SHUTTERSTOCK ©

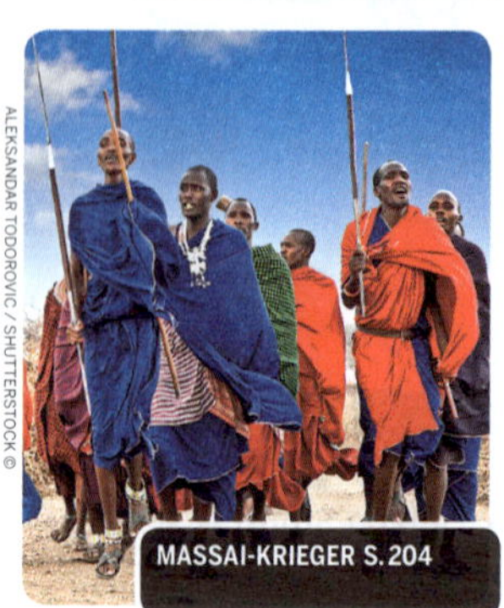

MASSAI-KRIEGER S. 204

ALEKSANDAR TODOROVIC / SHUTTERSTOCK ©

## REISEZIELE IN TANSANIA

# Inhalt

# Willkommen in Tansania

*Wildtiere, Strände, freundliche Menschen, faszinierende Kulturen – all das und noch mehr ist Teil des Abenteuers, das ein Urlaub in Tansania bedeutet.*

## Faszinierende Kulturen

Überall in Tansania bieten sich Gelegenheiten, die Menschen und Kulturen des Landes kennenzulernen. Neben Begegnungen mit rotgekleideten *Massai*-Kriegern und halbnomadischen Brabaig warten landestypische Mahlzeiten sowie die Rhythmen traditioneller Tänze. Auf den lokalen Märkten wird geplaudert und verhandelt. Die Tansanier selbst machen mit ihrer Wärme und Höflichkeit sowie der Schönheit ihrer Kultur einen Besuch unvergesslich. Viele kehren zurück, um mehr zu erfahren – und werden von den Tansaniern mit *karibu tena* (Willkommen zurück) begrüßt.

## Idyllische Strände

Tansanias Küste am Indischen Ozean ist mit ihren ruhigen Inseln und verschlafenen Küstenorten voller uralter Suaheli-Geschichte einfach märchenhaft. Man fühlt sich in eine Zeit zurückversetzt, als die ostafrikanische Küste Sitz der Sultane sowie ein Dreh- und Angelpunkt im Handel mit Persien, Indien und China war. Neben von Palmen und Affenbrotbäumen gesäumten Pulverstränden locken pastellfarbene Sonnenaufgänge, der entspannte Lebensrhythmus der Küste und Segelfahrten auf hölzernen Daus, bei denen man dem sanften Klatschen der Wellen gegen den Bug lauscht.

## Kilimandscharo

Der Kilimandscharo, der seinen Schatten auf die Ebenen im Norden Tansanias wirft, fasziniert Besucher mit seinen bewaldeten Flanken und dem schneebedeckten Gipfel. Er ist der höchste Berg Afrikas, der höchste frei stehende Vulkan der Welt und die Heimat der Chagga sowie zahlreicher Vögel und Wildtiere. Der Berg ist ein Magnet für Tausende Gipfelstürmer, die sich auf die schlammigen Hänge und felsigen Wege wagen. Die Belohnung: der Kick, am höchsten Punkt Afrikas zu stehen, eine Traumaussicht auf die Eisfelder und der Anblick des Sonnenaufgangs.

## Traumhafte Tierwelt

Tansania ist das ultimative Ziel für Safari-Fans. Gnus trampeln über die Ebenen, Nilpferde drängen durch schlammige Wasserwege, Elefanten ziehen entlang saisonaler Wanderrouten und Schimpansen schwingen durch die Baumkronen. Eine Boot-Safari auf dem Rufiji im Wildreservat Selous führt vorbei an dösenden Krokodilen, im Nationalpark Ruaha heben sich die Silhouetten von Giraffen vor uralten Affenbrotbäumen ab, im seichten Wasser rund um Rubondo Island picken Vögel umher und im Ngorongoro-Krater kann man bei angehaltenem Atem beobachten, wie Löwen rund um die Fahrzeuge trotten.

## Warum ich Tansania liebe

Von Mary Fitzpatrick, Autorin

An Tansania liebe ich, dass es überall strahlend, farbenfroh und lebendig ist, besonders in der Morgendämmerung, wenn die aufgehende Sonne das kühle Grasland vergoldet, Kinder sich am Straßenrand auf den Schulweg machen und Verkäufer ihre Waren auslegen. Inmitten der reichen Natur begegnen sich riesige und winzige Tiere, Vogelgezwitscher erfüllt die Luft, Bäume stehen in voller Blüte, wogende Hügel erstrecken sich bis zum Horizont und die Daus der Fischer setzen in den Küstengewässern die Segel. Das wahre Highlight sind aber die Tansanier selbst mit ihrer Gelassenheit, ihrem Charme und ihrer Gastfreundschaft.

**Mehr zu unseren Autoren siehe S. 455**

Oben: Giraffen unter einem Affenbrotbaum (S. 325)

# Tansania

0
200 km
Nationalpark Rubondo Island
Seeadler und Inselruhe (S. 278)
Nationalpark Serengeti
Weite Ebenen und Tierwanderungen (S. 208)
Ngorongoro-Krater
Tierreiche Krater und großartige Aussicht (S. 197)
Nationalpark Tarangire
Elefanten, Baobabs und Flussszenerien (S. 186)
Kilimandscharo
Das Dach Afrikas (S. 251)
Felsmalereien von Kondoa
Rätselhafte Zeichnungen bestaunen (S. 261)
Usambara-Berge
Bergpanoramen und quirlige Märkte (S. 153)
LEGENDE
NG Naturschutzgebiet
NP Nationalpark
NR Naturreservat
WR Wildreservat
Kampala
UGANDA
RUANDA
BURUNDI
KENIA
Kigali
Nairobi
Mombasa
Kisii
Nkurungu
Mutukula
Bukoba
WR Ibanda
WR Rumanyika Orugundu
Victoriasee
Isebania
Sirari
NR Masai Mara
Musoma
Mara
Bologonya
Ukerewe
Bunda
WR Ikorongo
NP Rubondo Island
Nansio
Speke-Golf
Grumeti
Natronsee
WR Burigi
WR Biharamulo
Rusumu-Wasserfälle
Mwanza
NP Serengeti
Ol Doinyo Lengai (2878 m)
Namanga
Benako
Biharamulo
Ngara
Kobero
Kabanga
Muyinga
Maswa
NP Kilimandscharo
Krater-Hochland
Lusahunga
NG Ngorongoro
Ngorongoro-Krater
Meru (4566 m)
NP Arusha
Kilimandscharo (5896 m)
Nyankanazi
Holili
Taveta
NP Lake Manyara
Arusha
Moshi
Bukombe
Makuyuni
Kibondo
Kahama
Shinyanga
Eyasisee
Östlicher Bogen
Pangani
Pare-Berge
Mbulu
Kitangirisee
Ol Doinyo Sambu (1570 m)
Nzega
Babati
NP Tarangire
Hanang (3417 m)
NP Mkomazi
Manyovu
Wembere-Moor
Massai-Steppe
NP Gombe Stream
Kigoma
Kolo
Usambara-Berge
Horohoro
Pemba
Singida
Lushoto
Kondoa
Mombo
Kaliua
Uvinza
Tabora
Amani
Wete
Tanga
Korogwe
Chake Chake
Segara
Malagarasi
Sagarasee
Ugalla
Handeni
Pangani
Sikonge
Manyoni
4°S

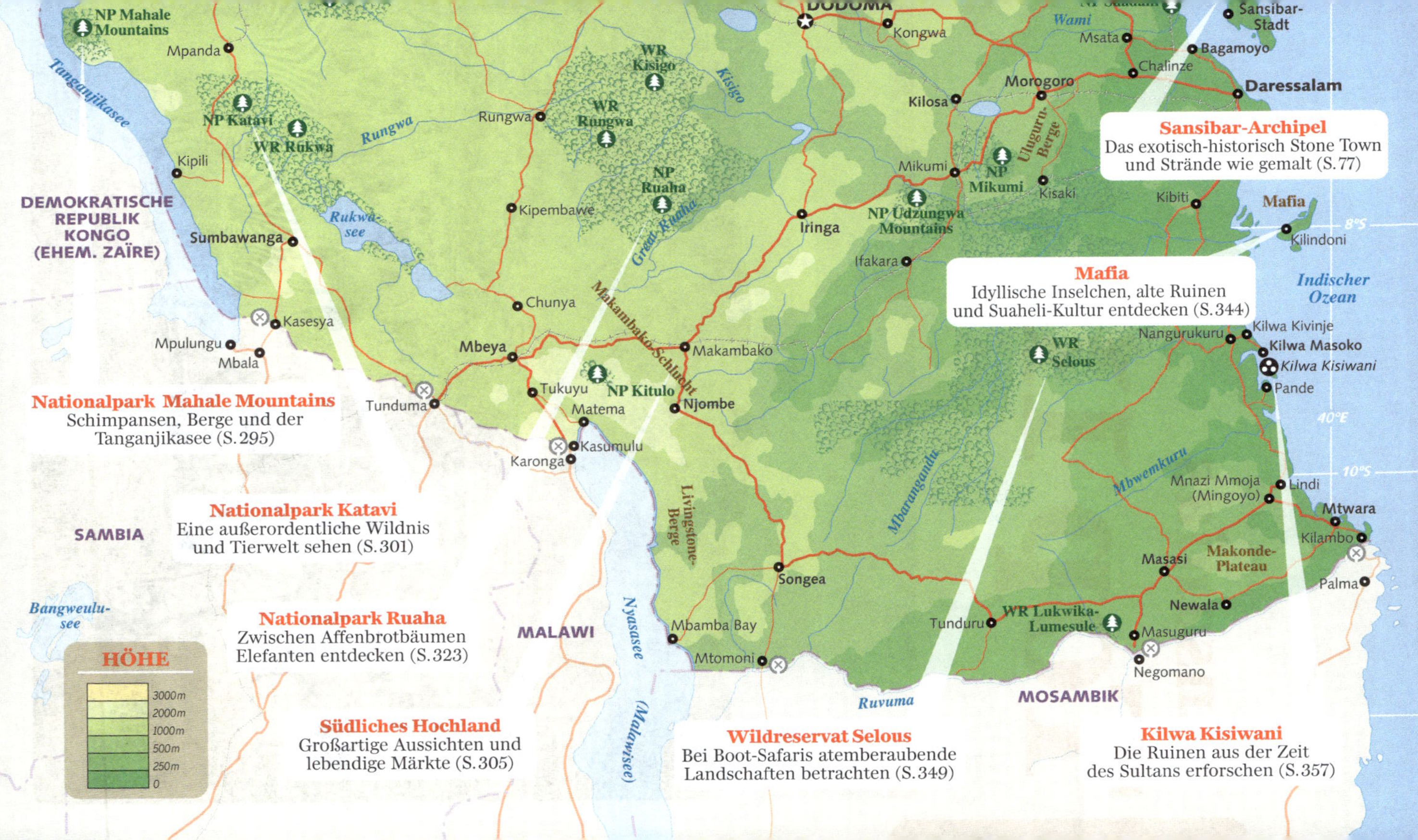

Sansibar-Archipel
Das exotisch-historisch Stone Town und Strände wie gemalt (S.77)
Mafia
Idyllische Inselchen, alte Ruinen und Suaheli-Kultur entdecken (S.344)
Nationalpark Mahale Mountains
Schimpansen, Berge und der Tanganjikasee (S.295)
Nationalpark Katavi
Eine außerordentliche Wildnis und Tierwelt sehen (S.301)
Nationalpark Ruaha
Zwischen Affenbrotbäumen Elefanten entdecken (S.323)
Südliches Hochland
Großartige Aussichten und lebendige Märkte (S.305)
Wildreservat Selous
Bei Boot-Safaris atemberaubende Landschaften betrachten (S.349)
Kilwa Kisiwani
Die Ruinen aus der Zeit des Sultans erforschen (S.357)
HÖHE
3000m
2000m
1000m
500m
250m
0
DEMOKRATISCHE REPUBLIK KONGO (EHEM. ZAÏRE)
SAMBIA
MALAWI
MOSAMBIK
Indischer Ozean
Tanganjikasee
Rukwasee
Nyasasee
(Malawisee)
Bangweulusee
Ruvuma
Mbarangandu
Mbwemkuru
Great Ruaha
Kisigo
Rungwa
Wami
NP Mahale Mountains
NP Katavi
WR Rukwa
WR Kisigo
WR Rungwa
NP Ruaha
NP Kitulo
NP Mikumi
NP Udzungwa Mountains
WR Selous
WR Lukwika-Lumesule
Uluguru-Berge
Livingstone-Berge
Makonde-Plateau
Makambako-Schlucht
DODOMA
Kongwa
Mpanda
Kipili
Sumbawanga
Kasesya
Mpulungu
Mbala
Tunduma
Mbeya
Tukuyu
Matema
Kasumulu
Karonga
Chunya
Kipembawe
Rungwa
Makambako
Njombe
Iringa
Ifakara
Mikumi
Kilosa
Morogoro
Kisaki
Msata
Chalinze
Bagamoyo
Daressalam
Sansibar-Stadt
Kibiti
Mafia
Kilindoni
Nangurukuru
Kilwa Kivinje
Kilwa Masoko
Kilwa Kisiwani
Pande
Mnazi Mmoja (Mingoyo)
Lindi
Mtwara
Kilambo
Palma
Masasi
Newala
Masuguru
Negomano
Tunduru
Songea
Mbamba Bay
Mtomoni
8°S
10°S
40°E

# Tansanias Top 11

1

## Naturschutzgebiet Ngorongoro

**1** Der Zauber des Ngorongoro (S. 197) beginnt oben am Kraterrand mit dem in Nebel gehüllten undurchdringlichen Wald und dem großartigen Ausblick über den riesigen Krater. Von hier geht es hinunter in eine weite Ebene, die in allen Nuancen von Blau und Grün leuchtet. Dank einer fast ununterbrochen vorbeiziehenden Tierparade vor einem typisch ostafrikanischen Hintergrund kann man sich hier leicht ins ursprüngliche Afrika zurückversetzen. Rings um den Krater liegen die herrlichen Crater Highlands mit ihren Kraterseen, Wäldern, offenen Ebenen und herumstreifenden Wildtieren.

## Nationalpark Serengeti

**2** Der Klang stampfender Hufe in der Serengeti kommt langsam näher und plötzlich stürmen Tausende Tiere vorbei: Willkommen zur großen Gnuwanderung (siehe unten), einem der beeindruckendsten Naturschauspiele der Welt. Trotz der Dramatik scheint die Zeit in dem Park der Superlative stehen geblieben zu sein. Löwen thronen majestätisch auf hohen Felsen, Giraffen schreiten graziös in den Sonnenuntergang und Krokodile sonnen sich an Flussufern. Die Wildtierbeobachtung ist zu jeder Jahreszeit großartig. Ob man nun zwei Tage oder eine Woche bleibt – die Zeit scheint nie auszureichen, um alles zu erleben, was die Serengeti (S. 208) zu bieten hat.

JAMIE FRIEDLAND / GETTY IMAGES ©

2

JULIAN W / SHUTTERSTOCK ©

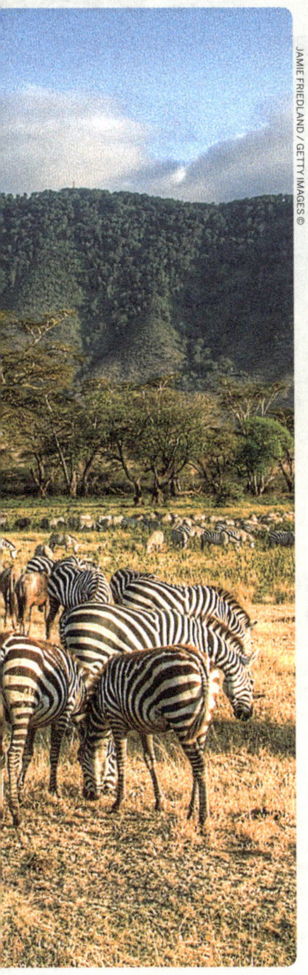

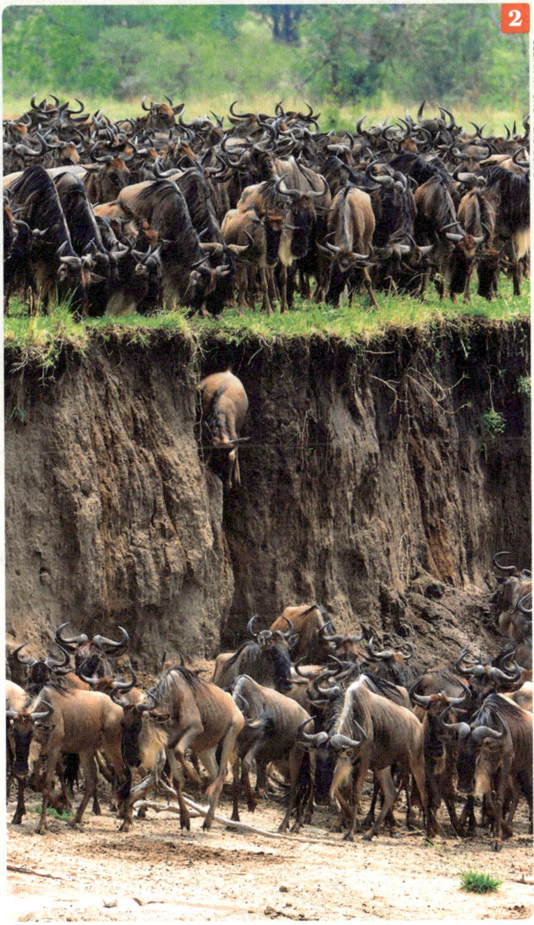

3

4

## Sansibars Stone Town

**3** Egal, ob es der erste oder der 50. Besuch ist, Stone Town (S. 79) – die historische Altstadt von Sansibar-Stadt – verliert nie ihre exotische Note. Zuerst ist die Silhouette mit ihren vielen Minaretten, dem Turm von St. Joseph und dem mächtigen Alten Fort zu sehen. Dann wandert man durch die engen Gassen, die an jeder Biegung eine Überraschung bereithalten: hier in nach Nelken duftenden Läden herumstöbern, dort Männer im weißen, kleidähnlichen *kanzu* beim *bao*-Spielen beobachten. Der Rhythmus der Insel hat einen erfasst, sobald man das Festland hinter sich lässt.

## Strände & Tauchspots

**4** Durch exotische Archipele und über 1000 km Küste ist Tansanias Auswahl an Stränden überwältigend. Sansibars Küste ist ausgebaut, aber mit weißem Sand, Palmen und lohnenden Tauchspots wunderschön. Wer Einsamkeit sucht, findet in Mafia (S. 344) eine starke Suaheli-Kultur und gute Tauchspots. Pemba bietet üppiges Grün, ruhige Buchten und anspruchsvolle Tauchmöglichkeiten, auf dem Festland nahe Pangani warten Strände und Ruinen. Unbedingt sehenswert sind das winzige Mikindani und das lebhafte Lindi zwischen Kilwa Masoko und Mosambik. Nungwi (S. 105)

5

6

## Leben vor Ort

**5** Die unzähligen Wildtiere, die mit Wald bedeckten Berge, die malerischen Strände und die Suaheli-Ruinen bilden nur die Kulisse für den faszinierendsten Schatz Tansanias – seine Menschen. Die tansanische Kultur ist offen und vielfältig: Im Rahmen von Kulturtourismus-Programmen kann man Massai begegnen, die Beerdigungstradition der Pare kennenlernen und mit den Arusha (siehe oben) einen Markttag erleben. Mit ihren lebhaften Märkten und ihren Bergpanoramen ist die Region Usambara (S. 155) einer von vielen guten Ausgangspunkten für eine Erkundungstour.

## Kilimandscharo

**6** Es ist schwer, dem Reiz des höchsten Bergs Afrikas – dem schneebedeckten Gipfel und der Aussicht auf die Ebenen – zu entgehen. Jedes Jahr nehmen Tausende die Besteigung in Angriff, wobei eine gute Akklimatisierung wichtige Voraussetzung für den Erfolg ist. Man kann den Kilimandscharo (S. 251) aber auch auf anderen Wegen erkunden: bei einer Tageswanderung oder Radtour durch die saftigen unteren Hänge die Kultur der hier lebenden Chagga kennenlernen oder an einem der zahlreichen Aussichtspunkte einen Sundowner genießen, mit dem Berg als Kulisse.

## Schimpansen aufspüren

7 Man erklimmt steile, schlammige Pfade, stolpert über verschlungene Wurzeln und kämpft sich durch dichte Vegetation – die Suche nach Schimpansen ist harte Arbeit. Die Mühen sind jedoch schnell vergessen, sobald man die Tiere erblickt. Die abgelegenen Parks im Westen Tansanias – Mahale Mountains (S. 295) und Gombe – zählen zu den besten Orten, um Primaten, aus der Nähe zu erleben. Den Besuch mit einer Safari im Nationalpark Katavi oder der Erkundung des Ufers des Tanganjikasees verbinden – ein unvergessliches Abenteuer.

## Wildreservat Selous

8 Das tropische Klima, die üppige Vegetation und der Rufiji (Fluss) sorgen dafür, dass sich das Tempo in diesem Reservat (S. 349) grundlegend von Tansanias nördlichen Parks unterscheidet. Bei einer Boot-Safari vorbei an dösenden Nilpferden, herumtollenden Elefanten und den Silhouetten von Krokodilen sollte man die vielen kleineren Sehenswürdigkeiten am Ufer – wie majestätische Schreiseeadler, stattliche Fischreiher und winzige weißbrüstige Bienenfresser – nicht übersehen. All diese Tiere sind Teil des täglichen Naturschauspiels in Afrikas größtem Wildreservat.

7

8

GUNTER ZIESLER / GETTY IMAGES ©

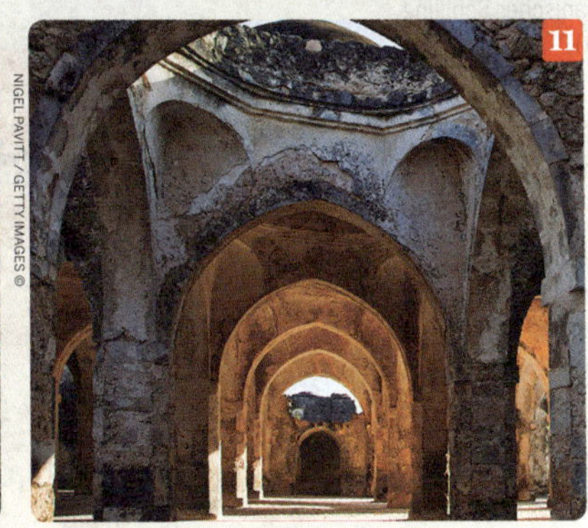

NIGEL PAVITT / GETTY IMAGES ©

## Nationalpark Ruaha

**9** Der von Affenbrotbäumen übersäte Park (S. 323) beherbergt zusammen mit den umliegenden Schutzgebieten Tansanias größten Elefantenbestand. Ideal beobachten lassen sich die Dickhäuter, wenn sie sich bei Sonnenauf- oder -untergang an das Ufer des Großen Ruaha begeben, um in Gesellschaft von Nilpferden, Antilopen oder 400 verschiedenen Vogelarten einen Snack oder ein Bad zu nehmen. Ein Besuch hier lohnt sich in Verbindung mit einer Reise durch das Südliche Hochland und verspricht eine völlig andere Erfahrung als der viel stärker bevölkerte Northern Circuit.

## Victoriasee

**10** Der Victoriasee, der größte See Afrikas und der zweitgrößte Süßwassersee der Welt, liegt abseits der üblichen Routen, doch es ist ein Vergnügen, ihn zu erkunden. Besonderes Highlight ist der Nationalpark Rubondo Island (S. 278) mit seinen Schreiseeadlern, den zig Wasservögeln und der friedlichen Atmosphäre. Auch das wohlhabende Bukoba, das lebhafte Musoma, das turbulente Mwanza (die größte Stadt am tansanischen Seeufer) und das faszinierende Museum der Sukuma-Kultur in Bujora sind einen Besuch wert. Afrikanischer Schlangenhalsvogel, Nationalpark Rubondo Island (S. 278)

## Ruinen & Felsmalerei

**11** Geschichtsinteressierten wird in Tansania eine ganze Menge geboten. Die Ruine Kilwa Kisiwani (S. 357; siehe oben) – ein UNESCO-Weltkulturerbe, erinnert an die Tage des Sultans und an die Handelsrouten, welche die Goldminen im Inland mit Persien, Indien und China verbanden. In der Großen Moschee glaubt man beinahe die Stimmen der vergangenen Jahrhunderte zu hören. Und die Felsmalereien von Kondoa, die in den Hügeln von Irangi in Zentral-Tansania verstreut liegen, lohnen die schwierige Anreise.

# Gut zu wissen

Weitere Informationen siehe S. 401

### Währung
Tansanischer Schilling (TSh)

### Sprachen
Suaheli und Englisch

### Visa
Werden von den meisten Reisenden benötigt und am besten im Voraus beantragt. Prüfen, ob bei der Einreise eine Gelbfieberimpfung verlangt wird.

### Geld
Geldautomaten, die Visa und MasterCard annehmen, findet man nur in den (meisten) großen Städten. Kreditkarten sind kein weitreichend akzeptiertes Zahlungsmittel. Den Eintritt in Nationalparks muss man mit Visakarte bezahlen.

### Handys
Lokale SIM-Karten funktionieren mit europäischen Handys. Andere Telefone müssen eine Roaming-Funktion haben.

### Zeit
Ostafrikanische Zeitzone (MEZ plus 2 Stunden/ MESZ plus 1 Stunde)

## Reisezeit

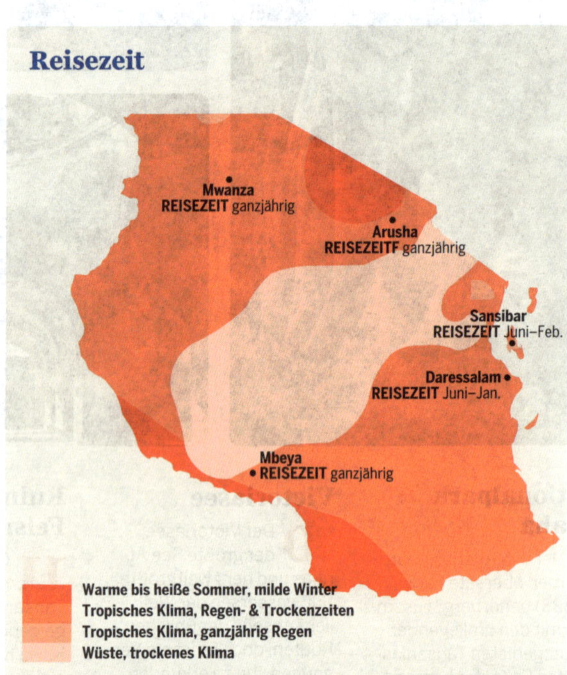


### Hauptsaison (Juni–Sept.)
- Das Wetter ist kühler und trockener.
- Hotels in beliebten Regionen sind ausgebucht; hohe Preise.
- Tierbeobachtung ist am einfachsten, da die Bäume nur spärlich belaubt sind und die Tiere sich an den versiegenden Wasserstellen sammeln.

### Zwischensaison (Okt.–Feb.)
- Es ist heiß, besonders von Dezember bis Februar.
- Ab Ende Oktober fallen *mvuli* (kurze Regen), und der *kusi* (saisonaler Passat) bläst.
- Hochsaisonpreise von Mitte Dezember bis Mitte Januar.

### Nebensaison (März–Mai)
- Heftige Regenfälle machen Nebenstraßen matschig und manche Gebiete unerreichbar.
- Es regnet selten den ganzen und nicht jeden Tag. Die Landschaft ist saftig grün.
- Einige Hotels haben geschlossen; andere bieten Rabatte.

## Nützliche Websites

**Lonely Planet** (www.lonely planet.com/tanzania) Reiseziel, Hotelbuchungen, Forum für Reisende und mehr.

**Tanzania Parks** (www.tanzania parks.go.tz) Hintergrundinformationen zu allen Nationalparks in Tansania.

**Tanzania Tourist Board** (www. tanzaniatourism.com) Offizielle Website.

**Zanzibar.net** (www.zanzibar. net) Hilfreiche Hintergrund- und Reiseinformationen.

**SafariBookings** (www.safari bookings.com) Hintergrundinformationen zu Tansanias Wildtierparks, den Tieren und Buchungslinks.

**HerdTracker** (www.discover africa.com/herdtracker) Die Migration der Gnus in der Serengeti verfolgen.

## Wichtige Telefonnummern

Festnetznummern bestehen aus sieben Ziffern plus Vorwahl; Handynummern haben sechs Ziffern und eine vierstellige Providernummer. Für Festnetznummern werden Ortsvorwahlen benötigt. Es gibt keine zentralen Telefonnummern für Polizei und Notruf.

| | |
|---|---|
| **Ländervorwahl** | ☎255 |
| **Internationale Vorwahl** | ☎000 |

## Wechselkurse

| | | |
|---|---|---|
| **Europa** | 1 € | 2791 TSh |
| **Schweiz** | 1 CHF | 2372 TSh |
| **USA** | 1 US$ | 2245 TSh |

Aktuelle Kurse sind nachzulesen unter www.xe.com/de.

Mehr zum Thema
**Geld & Währung**
siehe S. 405

## Tagesbudget

### Günstig: weniger als 50 €

- Camping pro Person: 5–15 €
- Bett im Hostel oder Budget-Gästehaus: 15–25 €
- Mahlzeit in einheimischem Restaurant: 2–5 €
- Langstreckenbusticket: 5–25 €

### Mittelteuer: 50–200 €

- Doppelzimmer in Mittelklassehotels: 50–150 €
- Mahlzeit im Restaurant: 5–10 €
- Mietauto pro Tag: ab 100 €

### Teuer: Über 200 €

- Doppelzimmer in Luxushotels: ab 150 €
- Hochpreisige Safaripakete pro Tag und Person: ab 250 €
- Inlandsflüge pro Strecke: 75–300 €

## Öffnungszeiten

Die Öffnungszeiten sind in der Regel wie folgt:

**Banken und Behörden** Mo–Fr 8–15.30 Uhr

**Restaurants** 7–9.30, 12–15 und 18.30–21.30 Uhr, in der Nebensaison kürzer

**Geschäfte** Mo–Fr 8.30–17 oder 18, Sa 9–13 Uhr; Fr nachmittags oft während Gebeten in der Moschee geschlossen

**Supermärkte** Mo–Fr 8.30–18, Sa 9–16, So 10–14 Uhr

## Ankunft in Tansania

**Julius Nyerere International Airport, Daressalam**) Taxis ins Stadtzentrum kosten zwischen 35 000 und 45 000 TSh und brauchen je nach Verkehr 30 Minuten bis 1½ Stunden.

**Kilimanjaro International Airport** Taxis bis Moshi oder Arusha kosten 50 000 TSh. Minivan-Shuttles der Airlines kosten 10 000 TSh. Beide brauchen 45 Minuten nach Moshi und eine Stunde nach Arusha.

**Zanzibar International Airport** Taxis kosten 20 000 bis 45 000 TSh bis Sansibar-Stadt (15 Min.).

**Kigoma** Die Fähre MV *Liemba* aus Sambia kommt hier an. Vom Hafen geht man fünf bis 10 Minuten ins Stadtzentrum und zu den Hotels. Visa bekommt man an Bord.

**Überland** Grenzüberschreitende Busse nach/von Kenia, Uganda und Ruanda; bei der Einreise aus anderen Ländern steigt man in ein tansanisches Verkehrsmittel, sobald man im Land ist. Am Grenzübergang kein Geld wechseln und Visa nach Möglichkeit vor dem Grenzübertritt besorgen.

## Unterwegs vor Ort

Tansania ist ein großes Land, und viele Reisende verbringen einen nicht unerheblichen Teil ihrer Reise auf Achse.

**Flugzeug** Das effizienteste Verkehrsmittel, um große Entfernungen zu überbrücken.

**Bus** Günstig und oftmals zermürbend, aber in Tansania das wichtigste Verkehrsmittel und toll, um das "wahre" Tansania kennenzulernen.

**Auto** Wenn man es sich leisten kann, ist ein Mietauto Gold wert. Wer Fahrerfahrung in Afrika hat, sollte versuchen, selber zu fahren (Linksverkehr).

**Zug** Günstig, langsam, malerisch und eine tolle kulturelle Erfahrung.

Mehr zum Thema
**Unterwegs vor Ort**
siehe S. 418

# Wie wär's mit ...

## Tierwelt

**Nationalpark Serengeti** Ganzjährig gute Möglichkeiten zur Tierbeobachtung – und die berühmte Gnuwanderung. (S. 208)

**Ngorongoro-Krater** Die steilen Felswände des uralten Kraters sind ein schöner Hintergrund für die vielfältige Tierwelt. (S. 197)

**Nationalpark Tarangire** Mehr als 3000 Elefanten sowie andere Zugtiere versammeln sich in der Trockenzeit, um aus dem Fluss Tarangire zu trinken. (S. 186)

**Wildreservat Selous** Herrliche Flusslandschaften, eine vielfältige Tierwelt und tolle Boot-Safaris. (S. 349)

**Nationalpark Katavi** Nilpferde, Büffel und andere kommen zu Hunderten in der Trockenzeit zu den Wasserstellen des abgelegenen Parks. (S. 301)

**Nationalpark Mahale Mountains** Üppig grüne Berge erheben sich aus dem kristallklaren Tanganjikasee und die Rufe der Schimpansen hallen durch den Wald. (S. 295)

**Nationalpark Ruaha** Zerklüftetes Flusspanorama und ein einzigartiger Tier-Mix, wie Elefanten und Wildhunde. (S. 323)

**Nationalpark Mikumi** Der leicht erreichbare Nationalpark bietet ganzjährig zuverlässig Möglichkeiten, die Tierwelt zu beobachten. (S. 311)

**Nationalpark Arusha** Der üppig grüne Park mit interessanter Tierwelt lohnt einen Tagestrip. (S. 181)

## Strände & Inseln

**Sansibar** Türkisfarbenes Meer, die weißen Puderstrände, das Inselleben und Stone Town werden einen verzaubern. (S. 79)

**Pangani** Die Küste nördlich und südlich von Pangani zählt zu den schönsten in Tansania. (S. 142)

**Mafia** Die Suaheli-Hochburg lockt mit luxuriösen Refugien, tollen Schnorchelmöglichkeiten und Dau-Fahrten. (S. 344)

**Tanganjikasee** Weit abgeschieden und wunderschön, mit idyllischen Sandbuchten vor grünen Bergen. (S. 300)

**Masoko Pwani** Der lange, von Palmen gesäumte weiße Sandstrand ist eins der verborgenen Juwelen des Südostens. (S. 354)

**Südöstliche Küste** Verschlafen und geruhsam – diese Strände geben einen Einblick in das traditionelle Küstenleben. (S. 342)

**Sange-Strand** Dieser schöne, ruhige Sandstrand liegt versteckt zwischen Pangani und dem Nationalpark Saadani. (S. 139)

**Nyasasee** Die ruhigen, von Bergen umgebenen Strände sind ideal für Familien und Trips abseits der Massen. (S. 335)

**Pemba** Hügelig, saftig grün, voller Überraschungen, darunter versteckte Buchten, anspruchsvolle Tauchgründe und faszinierende Kultur. (S. 125)

**Privatinsel Fanjove** Dieses Paradies im Robinson-Crusoe-Stil bietet Küstenkultur, Erholung und Schnorcheln. (S. 359)

## Trekking & Wandern

**Kilimandscharo** Die ultimative Herausforderung – auf Afrikas Dach wandern oder die unteren Hänge kennenlernen. (S. 251)

**Usambara-Berge** Von Dorf zu Dorf, durch Pinien- oder Maisfelder – immer vor wunderschönem Panorama. (S. 153)

**Meru** Tansanias zweithöchster Gipfel. Ein lohnendes Ziel und eine gute Aufwärmübung für den nahen Kilimandscharo. (S. 182)

**Krater-Hochland** Mit einem Massai-Führer die zerklüftete Schönheit erleben. (S. 203)

**Nationalpark Udzungwa Mountains** Bewaldete Hänge, rasch fließende Gewässer, stürzende Wasserfälle und zehn Arten von Primaten. (S. 313)

**Hanang** Tansanias vierthöchster Gipfel bietet eine anspruchsvolle Tour und eine Einführung in die Kultur der Barabaig. (S. 264)

**Nationalpark Kitulo** Die raue, traumhafte Landschaft des Parks mit ihren Orchideen und Wildblumen ist ideal für gut ausgerüstete Wanderer. (S. 328)

**Oben:** Wilde Delfine vor der Küste Sansibars (S. 77)

**Unten:** Strand nahe dem Nationalpark Saadani (S. 139)

**Südliches Hochland** Die Regionen um Tukuyu, Njombe und Iringa verfügen über viele schöne Wanderwege. (S. 327)

**Mahale-Mountains-Nationalpark** Das Hinterland Tansanias mit ursprünglichen Gipfeln, beherrscht von Wildtieren und Dschungel. (S. 295)

## Vogelbeobachtung

**Nationalpark Rubondo Island** Diese ruhige Inselgruppe ist eine erstklassige Adresse zur Vogelbeobachtung. (S. 278)

**Naturreservat Amani** Der Bergwald von Amani ist reich an einzigartigen Vogelarten. (S. 153)

**Wildreservat Selous** Die Ufer des Flusses Rufiji und die Zuflüsse sind hervorragend zur Vogelbeobachtung. (S. 349)

**Northern Safari Circuit** Die nördlichen Parks beherbergen viele Vogelarten; ein Highlight ist der Manyarasee. (S. 168)

**Udzungwa-Berge** Ein weiteres gutes Ziel; hier leben einige endemische Arten wie das Udzungwa-Rebhuhn sowie viele Sumpfvögel. (S. 313)

**Natronsee** Mit seinen Millionen Flamingos wirkt dieser See wie aus einer anderen Welt – nicht verpassen! (S. 204)

**Nationalpark Mkomazi** Außergewöhnlicher Park bei Dindera Dam mit tollen Möglichkeiten zur Vogelbeobachtung. (S. 164)

## Leibliches Wohl

**Wildreservat Selous** Schöne Lodges, deren Standort und Ambiente sich gegenseitig überbieten. (S. 349)

**Northern Safari Circuit** Tansanias nördliche Parks bieten eine exzellente Auswahl an Unterkünften, inner- und außerhalb der Parkgrenzen. (S. 168)

**Ngorongoro-Krater** In einer der exklusiven Lodges mit Blick auf den Krater oder das Hochland von Karatu nächtigen. (S.197)

**Nationalpark Ruaha** Zahlreiche komfortable Camps und Lodges. Am besten in jeder ein paar Nächte verbringen. (S. 323)

**Mafia** Die ruhige Insel hat viele einzigartige Lodges, in denen man es sich mit tollem Essen und Aussicht aufs Meer gut gehen lassen kann. (S. 344)

**Sansibar-Archipel** Die Inseln bieten viele komfortable Unterkünfte, sowohl an den Stränden als auch in Stone Town. (S. 77)

## Tauchen & Schnorcheln

**Sansibar** Eine Vielfalt an Fischen, und auch die Wracks und Riffe vor Stone Town sind interessant. (S. 79)

**Mnemba** Vor dieser winzigen Privatinsel gegenüber von Matemwe auf Sansibar kann man super schnorcheln. (S. 112)

**Pemba** Herausfordernde Tauchmöglichkeiten vor der Kigomasha-Halbinsel und lässiges Schnorcheln vor Misali. (S. 125)

**Meerespark Mafia Island** Tolle Korallen, viele Fische und kaum andere Taucher sind die Highlights dieses Parks. (S. 346)

**Tanganjikasee** Die klaren, tiefen Gewässer des Sees beherbergen viele Buntbarscharten. (S. 300)

**Meeresreservat Maziwe** Der winzige Strand vor Panganis Küste bietet Schnorcheln abseits des Touristentrubels. (S. 145)

**Privatinsel Fanjove** Bescheidene Insel mit tollen Schnorchel- und Tauchmöglichkeiten in unerforschten Gewässern. (S. 359)

**Mnazi-Bay-Ruvuma-Estuary-Meerespark** Tolle Tauchspots abseits der Massen. (S. 368)

## Außergewöhnliche Orte

**Tanganjikasee** Auf der MS *Liemba* zum Nationalpark Mahale Mountains oder per Seetaxi zum Nationalpark Gombe Stream reisen. (S. 293)

**Westliches Tansania** Tabora (S. 287) besuchen und im Nationalpark Katavi (S. 301) Tansanias Wilden Westen erkunden.

**Nyasasee** Am Ufer abhängen, in einem Einbaum-Kanu durch den See paddeln oder einen Töpfermarkt besuchen. (S. 335)

**Südliches Hochland** Die Hügel um Mbeya und Njombe erkunden, im Nationalpark Kitulo wandern und in Iringa relaxen. (S. 327)

**Südöstliches Tansania** In die Landesgeschichte eintauchen, mit Stopps in Mafia, Kilwa, Mikindani, Lindi und Mtwara. (S. 342)

**Pangani** An traumhaften Stränden entspannen, Ruinen besuchen und einen Bootstrip nach Sansibar machen. (S. 142)

**Nationalpark Saadani** Bei einer Safari das Beste von Steppe und Strand erleben. (S. 139)

**Victoriasee** Insel-Hopping im Nationalpark Rubondo Island, oder die Uferstädte Bukoba und Musoma besuchen. (S. 278)

**Eyasisee** Die unwirkliche Landschaft um den See sowie die Hadzabe kennenlernen. (S. 195)

## Ruinen & Felsenmalerei

**Kilwa Kisiwani & Songo Mnara** Echos einer Zeit, als Kilwa (S. 357) und Songo Mnara (S. 358) wichtige Stationen weiter Handelsnetzwerke waren.

**Bagamoyo** Ruinen nahe Kaole und historische Gebäude dokumentieren die Geschichte des Städtchens Bagamoyo. (S. 137)

**Pangani & Tongoni** Einst wichtige Zentren an der Swahili-Küste, sind Pangani (S. 142) und Tongoni (S. 146) heute verfallen.

**Mafia** Die atmosphärischen Ruinen der Inseln Chole und Juani verweisen auf die Blütezeit der Shirazi-Ära. (S. 345)

**Felsenmalereien Kondoa** Tansanias jüngst als UNESCO-Weltkulturerbe ausgezeichnete Stätte im Zentrum. (S. 261)

## Budgetreisen

Eine Budgetreise ist eine gute Möglichkeit, ins lokale Leben vor Ort einzutauchen.

**Usambara-Berge** Durch die Hügellandschaft wandern und den Wandermärkten der Einheimischen folgen. (S. 153)

**Lokales Essen genießen** In ein *hoteli* (lokale Wirtschaft) einkehren und die traditionelle Küche kosten. (S. 397)

**Busreisen** Busfahrten sind viel billiger als Mietwagen und öffnen die Augen für das Leben der Einheimischen. (S. 420)

**Kirchengesang** Sonntags sind die Gottesdienste lang, aber der Gesang ist großartig. (S. 57)

**MV Liemba** Mit der historischen Fähre über den Tanganjikasee – ein echtes Stück Afrika. (S. 293)

**Cultural Tourism Programs** Von Kommunen organisierte, sehr preiswerte Programme, die viel über das Leben und die Kultur vor Ort vermitteln. (S. 170)

**Pare-Berge** Einfach wandern oder auch einheimische Traditionen kennenlernen. (S. 160)

**Ruaha Cultural Tourism Program** Mit den Massai Viehherden hüten und traditionelle Kochkurse besuchen. (S. 324)

**Südliches Tansania** Die südlichen Hochlandgebiete (S. 305) und die Südostküste (S. 342) sind ideal für Budgetreisende.

# Monat für Monat

**TOP-EVENTS**

**Gnuwanderung in der Serengeti**, April–August

**Festival of the Dhow Countries**, Juli

**Sauti za Busara**, Februar

**Wildtierbeobachtung in der Trockenzeit**, Juli–Oktober

**Kalbungszeit der Gnus**, Februar

## Januar

Fast überall ist es heiß – besonders an der Küste. Zudem ist es ziemlich trocken, auch auf dem Kilimandscharo; diese trockene, warme Saison von Dezember bis Februar ist für einen Aufstieg ideal.

### Zanzibar Swahili Festival

Das Kunst- und Kulturfestival mit immer wechselndem Schwerpunkt findet alle vier Monate auf Sansibar statt.

## Februar

Es bleibt heiß, aber in einigen Landesteilen beginnt die Regenzeit, die ein Aufatmen nach der Dürre sowie grüne Landschaften, Blumen und viele Vögel mit sich bringt.

### Orchideen im Nationalpark Kitulo

Die Blüten von Orchideen (mehr als 40 Arten sind bekannt), Iris, Geranien und anderen Wildblumen bedecken die Hochebene von Kitulo im Südlichen Hochland. Hier herrscht jetzt die regnerische, matschige Zeit – aber abgehärtete, gut ausgestattete Wanderer werden belohnt. (S. 328)

### Sauti za Busara

Dreitägiges Festival mit Musik und Tanz zur traditionellen und modernen Kultur der Suaheli (www.busaramusic.org) in der Stone Town von Sansibar-Stadt.

### Kalbungszeit der Gnus

In der südlichen Serengeti werden täglich bei einem der größten Naturschauspiele über 8000 Gnus geboren. Allerdings sterben etwa 40 Prozent davon, bevor sie vier Monate alt sind.

## März

Ende März ist die Regenzeit in vollem Gange, aber es regnet nicht jeden und selten den ganzen Tag. Einige Hotels haben geschlossen, die übrigen bieten dafür Nebensaison-Rabatte und es herrscht weniger Andrang.

### Jalada Mobile Literary & Arts Festival

Dieses Festival hat keine festen Zeiten und Orte, sondern reist durch Ostafrika, feiert die kulturelle Vielfalt und bietet einen interkulturellen literarischen und künstlerischen Austausch in Form von Workshops, Performances, Filmvorführungen und mehr.

### Kilimandscharo-Marathon

Bei dieser Veranstaltung (www.kilimanjaromarathon.com) in Moshi am Fuße des Kilimandscharo Ende Februar oder Anfang März stehen ein Halbmarathon, ein Rollstuhl-Marathon über 10 km und ein 5-km-Spaßlauf zur Auswahl.

### Nyama-Choma-Festival

Laut eigener Beschreibung das „größte Grillfestival Ostafrikas" und der perfekte Ort, um tansanische Spezialitäten zu probieren, die auf unterschiedlichste Weise zubereitet werden. Dieses „Wettfuttern" findet mehrmals pro Jahr in Daressalam und an anderen

Orten statt (www.facebook.com/nyamachomafest).

## April

**Der Regen lässt in einigen Gegenden nach, generell ist das Klima aber noch feucht. Grüne Landschaften, Wildblumen, Vögel und Nebensaison-Preise machen diese Zeit für eine Reise attraktiv – wenn sich der Matsch umgehen lässt.**

### Start der Gnuwanderung

Die Gnus – bisher über die südliche Serengeti und die westlichen Ausläufer des Ngorongoro-Schutzgebiets verteilt – beginnen Herden zu bilden, die sich auf der Suche nach Futter Richtung Norden und Westen aufmachen.

## Juni

**Mit dem Ende der Regenzeit wird die Luft in Tansania klar und die Landschaft beginnt auszutrocknen. Gegenüber den Vormonaten kühlt es deutlich ab.**

### Bulabo Dance Festival

Bei diesem Festival treten Tanzteams gegeneinander an, um mithilfe von Tieren wie Schlangen und Stachelschweinen die Zuschauer für sich zu gewinnen. Es findet an Fronleichnam statt (www.sukumamuseum.org).

### Gnuwanderung in der Serengeti

Wenn die südliche Serengeti auszutrocknen beginnt, machen sich riesige Gnuherden auf der Suche nach Futter auf in Richtung Nordwesten; auf ihrer Rou-

**Oben**: Durchquerung des Flusses Mara (S. 210)

**Unten**: Swahili Fashion Week (S. 59), Daressalam

te durchqueren sie den Grumeti. Der Zeitpunkt für die Durchquerung des Flusses (die ungefähr eine Woche dauert) variiert von Jahr zu Jahr und liegt irgendwo zwischen Mai und Juli.

## Juli

**Der kühle, trockene Juli ist der Beginn der Hauptsaison mit höheren Preisen (und größeren Gruppen) für Safaris und Lodges. Es ist die optimale Zeit für die Wildtierbeobachtung, da sich die Tiere an den versiegenden Wasserstellen versammeln.**

### Wildtierbeobachtung in der Trockenzeit

An den verbliebenen Wasserstellen sind nun große Herden u.a. von Elefanten zu sehen. Die Parks Katavi und Tarangire lohnen sich besonders für Wildtierbeobachtung in der Trockenzeit Ende Juli und im August.

### Festival of the Dhow Countries

Ein zweiwöchiges Fest mit Tanz-, Musik-, Film- und Literaturdarbietungen. Die Künstler stammen aus Tansania und anderen Ländern am Indischen Ozean. Kernstück ist das Zanzibar International Film Festival (www.ziff.or.tz), das Anfang bis Mitte Juli an unterschiedlichen Orten im Sansibar-Archipel stattfindet.

### Mwaka Kogwa

Das viertägige Festival Ende Juli findet zur Feier des Nairuzim (Neujahr der Schirazi) statt. Am schönsten ist es in Makunduchi auf der Insel Sansibar.

### Ruaha-Marathon

Bei diesem Marathon (www.ruahamarathon.org) in Iringa kann man seine Fitness testen und die Southern Highlands besichtigen. Es gibt auch Rennen für Läufer mit Behinderungen.

## August

**Das trockene Wetter setzt sich fort – ebenso die Gnuwanderung in der Serengeti. Es ist die beste Zeit für Wildtierbeobachtung.**

### Durchquerung des Flusses Mara

Im August (oft auch früher) durchqueren die Gnus den Fluss Mara, um ins kenianische Masai Mara zu gelangen. Von dort wandern sie in Erwartung der nächsten Regenfälle wieder Richtung Süden.

## September

**Der September lockt mit angenehmen Temperaturen, trockenem Wetter und guten Bedingungen für die Wildtierbeobachtung.**

### Bagamoyo International Festival of Arts & Culture

Eine Woche mit traditioneller Musik, Tanz, Theater, Akrobatik, Lesungen und mehr (www.bagamoyofestival.weebly.com), veranstaltet vom College of Arts in Bagamoyo; es treten lokale und überregionale Künstler auf. Der Zeitpunkt variiert.

### Wohltätige Ziegenrennen Daressalam

Bei dieser Veranstaltung wird der ganze Erlös gespendet. Wer eine Ziege sponsert, kann an den Festivitäten teilnehmen (www.goatraces.co.tz). Die Daten variieren.

## Oktober

**Das Wetter ist meist trocken, an höher gelegenen Orten blühen lavendelfarbige Trompetenbäume, manchmal regnet es. Noch immer kann man gut (und mit weniger Mitguckern) Wildtiere beobachten.**

## November

**Die steigenden Temperaturen werden mit dem Beginn der Mangoernte gemäßigter. In dieser Zeit kommt es nun auch in einigen Gebieten zu kurzen Regenschauern. Es ist immer noch eine gute Zeit zu reisen – vor der touristischen Hochsaison.**

### Karibu Music Festival

Das lebendige Musikfestival (http://karibumusic.org) gehört inzwischen zu den größten im Land. Es findet an wechselnden Terminen in Bagamoyo statt.

## Dezember

**Die Winterferien und heißes, trockenes Wetter sorgen für steigende Besucherzahlen. Man kann den Kilimandscharo besteigen und mit den Gnus der südlichen Serengeti auf Tuchfühlung gehen.**

### Swahili Fashion Week

Nirgendwo sind mehr ostafrikanische Designer vertreten (www.swahilifashionweek.com) als auf dieser jährlichen Modenschau im Dezember.

# Reiserouten

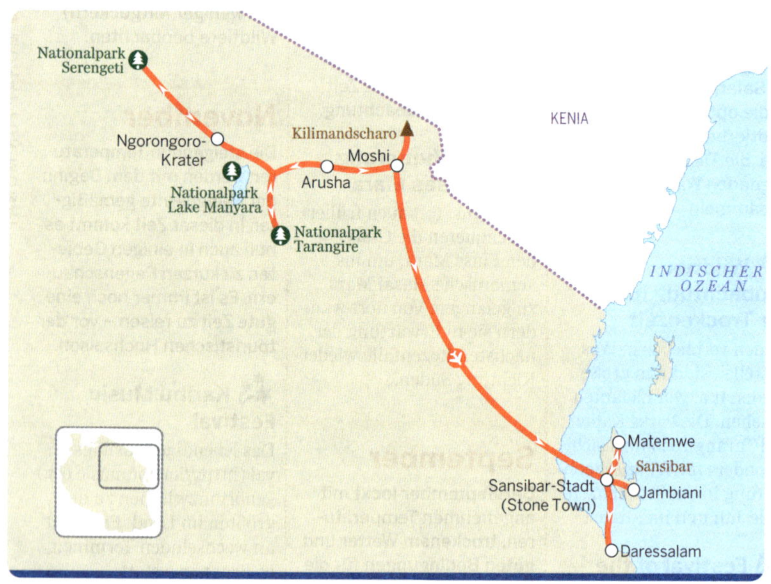

## 2 WOCHEN Tansanias Greatest Hits

Diese Tour kombiniert Wildtierbeobachtung und Trekking mit herrlichen Stränden und den „Gewürzinseln". Eine sehr beliebte Reiseroute, weshalb es auch zahlreiche Möglichkeiten zum Übernachten und Essen gibt.

Nach der Landung auf dem Kilimanjaro International Airport geht's in der ersten Woche von **Arusha** in einige der nördlichen Parks. Der **Ngorongoro-Krater** und der **Nationalpark Serengeti** bieten zig Wildtiere, man kann den Ngorongoro aber auch mit dem **Nationalpark Lake Manyara** und dem **Nationalpark Tarangire** verbinden. Alternativ fährt man nach **Moshi** und macht eine Trekkingtour auf den **Kilimandscharo**. Ob man nun ausgiebig Tiere beobachten oder eine Bergtour machen will, die Umgebung von Arusha und Moshi hält zahlreiche Möglichkeiten zum Wandern und für kulturelle Aktivitäten bereit.

Die zweite Woche zehrt weniger Energie. Zunächst geht's entweder per Flieger zur **Insel Sansibar** oder man reist von Moshi oder Arusha aus über Land und nimmt dann ein Boot. Dort angekommen, verbringt man ein paar Tage in **Stone Town** (dem historischen Viertel von Sansibar-Stadt), dann relaxt man den Rest der Zeit an den Stränden der Insel. **Matemwe** und **Jambiani** sind nur zwei von vielen Gelegenheiten, sich im weißen Sand zu aalen. Zurückfliegen kann man von der Insel Sansibar oder vom nahen Daressalam.

## Südliches Hochland & Westliches Tansania

Das südliche Hochland zählt zu Tansanias landschaftlich schönsten Regionen. Besonders reizvoll ist es für abenteuerlustige Urlauber, die mehrere Wochen Zeit mitbringen. Wer noch mehr Zeit hat, kann auch eine Reise durch das entlegene westliche Tansania anschließen.

Von **Daressalam** geht's für kulturelle Streifzüge oder Wanderungen ins lebhafte **Morogoro**, oder man fährt in den **Nationalpark Mikumi**, wo es viele Wildtiere zu sehen gibt. Anschließend kann man im **Nationalpark Udzungwa Mountains** die steilen, saftig bewachsenen Hänge hinaufwandern oder das nahe Kilombero-Gebiet entdecken. Alternativ fährt man von Mikumi nach **Iringa**, das eine entspannte Ausgangsbasis für einen zwei- oder dreitägigen Abstecher in den **Nationalpark Ruaha** ist, ehe es weiter nach **Mbeya** geht. Unterwegs laden mehrere bezaubernde Orte zum Entspannen und Entdecken ein.

Die Umgebung von Mbeya hat vieles zu bieten. Man kann z. B. in den malerischen Bergen rund um **Tukuyu** Kanu fahren, die Gegend um den Nyasasee erkunden und von **Matema** mit seinen reizvollen Stränden aus wandern. Oder im zauberhaften **Nationalpark Kitulo** inmitten der Wildblumen umherstreifen und die weiten Ausblicke genießen.

Hier sollte man sich Zeit lassen und die ersten drei Wochen verbringen. Die verbleibende Zeit reicht für den Rückweg und ein paar Tage auf **Sansibar** oder auf **Mafia.** Auf Mafia unbedingt einen Tag fürs Tauchen oder Schnorcheln von einer hölzernen Dau aus einplanen!

Wer noch mehr Abenteuer möchte, dem empfehlen wir, von Mbeya Richtung Nordwesten über Sumbawanga zum **Nationalpark Katavi** weiterzureisen. Dieser Park verdient mindestens zwei Tage, besonders in der Trockenzeit, wenn sich die Wildtierbeobachtung hier wirklich lohnt. Von Katavi geht's auf demselben Weg zurück und den Steilhang hinunter zum Tanganjikasee, um dort ein paar Tage zu relaxen, z. B. in der **Lake Shore Lodge** in der Nähe von Kipili. Anschließend bringt einen die MS *Liemba* zum **Nationalpark Mahale Mountains** oder nach **Kigoma.** Vielleicht schließt man noch eine Übernachtung im nahen **Nationalpark Gombe** an. Von Kigoma geht's per Zug, Bus oder Flugzeug zurück nach Daressalam. Mit zwei bis drei Wochen zusätzlich Zeit kann man von Kigoma nach **Mwanza** und zum Victoriasee fahren, und von dort weiter in die **Serengeti** und nach **Arusha**.

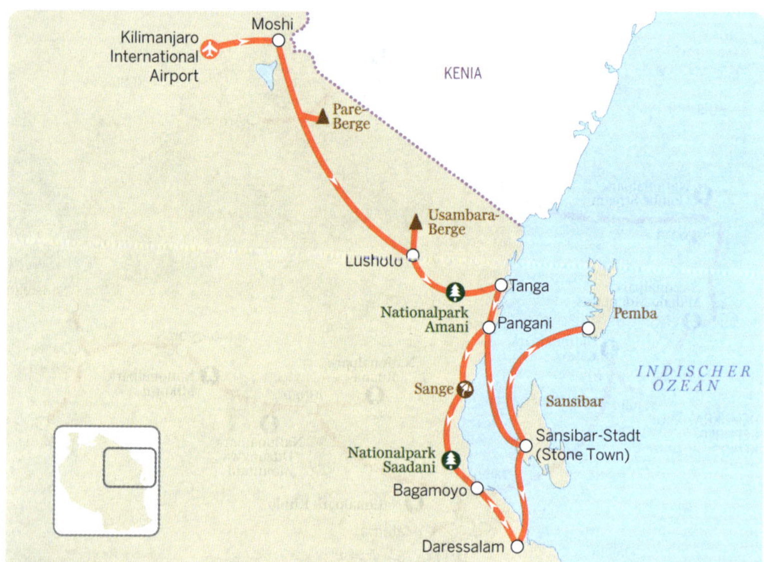

## 4 WOCHEN Nordöstliches Tansania

Der Nordosten Tansanias bietet Unterkünfte und Verkehrsmittel für jedes Budget und eine wunderbare Mischung aus Stränden, kulturellen und historischen Attraktionen und Busch. Zwischen den Wildtierparks des Northern Circuit, dem Kilimandscharo im Nordwesten und dem Sansibar-Archipel im Osten lässt er sich gut mit anderen Reiserouten kombinieren.

Nach der Ankunft am Kilimanjaro International Airport verbringt man zunächst etwas Zeit in **Moshi,** ehe es nach Südosten zu den **Usambara-Bergen** rund um **Lushoto** geht. Bei Wanderungen lässt sich das Bergpanorama genießen, womit man leicht bis zu einer Woche Zeit verbringen kann. Botaniker und Vogelbeobachter können die Reise zum **Naturreservat Amani** in den östlichen Usambaras fortsetzen; hier gibt es kühle Waldwanderwege und nachts ein ganzes Insekten-Orchester. Wer mehr Zeit hat und gern abseits ausgetretener Pfade reist, kann einen Abstecher in die **Pare-Berge** machen, um dort zu wandern und die Kultur der Pare kennenzulernen, bevor es nach Lushoto weitergeht.

Nach den Bergen reist man in die Küstenstadt **Tanga**, eine der schönsten des Landes dank ihrer entspannten Atmosphäre, breiten Straßen voller Fahrräder, nahen Stränden und vielen Ausflugsmöglichkeiten in der Umgebung. Zudem ist sie das Tor zur Region **Pangani**, deren Küstenlinie und lange Geschichte etliche Reisende viel länger festhält als geplant.

Die **Insel Sansibar** liegt von Pangani aus direkt auf der anderen Kanalseite; man erreicht sie von Pangani und dem nahen Tanga aus regelmäßig per Flugzeug oder Boot. Dort angekommen, erkundet man **Stone Town** in Sansibar-Stadt, entspannt an zwei oder drei Stränden und fährt vielleicht für eine echte Abwechslung bis nach **Pemba**. Im Anschluss an den Besuch auf dem Archipel erreicht man problemlos **Daressalam**. In dieser überfüllten, quirligen Stadt sollte man mindestens einen oder gleich ein paar Tage bleiben, um alle Sehenswürdigkeiten abzuklappern, die vielen guten Restaurants zu genießen, zum Abschluss noch etwas zu shoppen und vielleicht sogar in der Nähe das historische **Bagamoyo** zu besuchen oder (mit etwas mehr Zeit) den winzigen **Nationalpark Saadani.**

Letztgenannte Ziele lassen sich sehr angenehm in die Reiseroute integrieren, wenn man von Pangani oder Bagamoyo über den hübschen **Sange Beach** die Küste hinunterfährt.

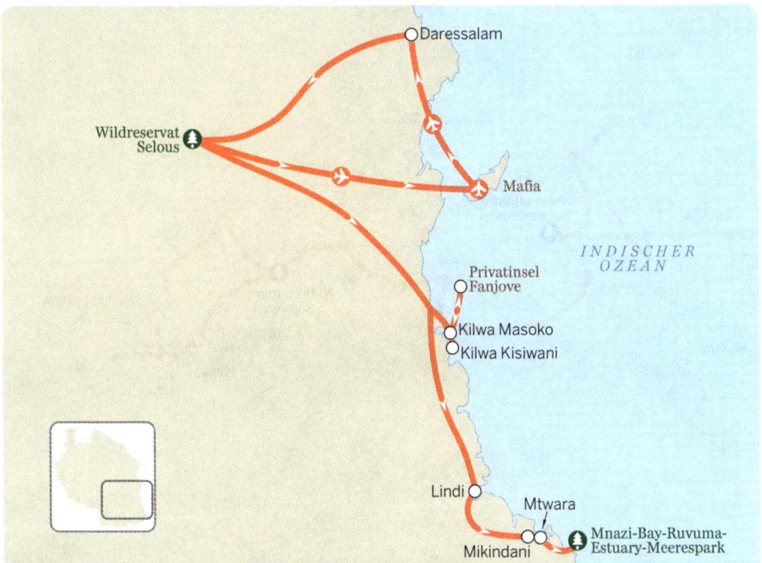

## Selous, Mafia & Umgebung

Diese Tour ist ideal, um einen kurzen Eindruck von Tansanias Tierwelt und den Stränden abseits der üblichen Route Northern Circuit–Sansibar-Archipel zu bekommen. Für die reine Kombination Selous–Mafia braucht man zehn Tage, und für ausgedehntere Reisen, die auch nach Kilwa und Mikindani weiter im Süden führen, sind bis zu vier Wochen erforderlich.

Zunächst genießt man in **Daressalam** für mehrere Tage die Restaurants und Kunsthandwerksläden, besucht ein Museum oder nimmt am einer geführten Tour teil.

Von Daressalam fahren in der Trockenzeit täglich Busse zum **Wildreservat Selous**, aber die Strecke ist lang und anstrengend. Als Alternativen gibt es noch einen langsamen Zug und tägliche Flüge. Das Selous ist ein wunderbares Wildreservat – es lohnt sich, hier mindestens drei oder vier Tage zu verbringen, um die hübschen Lodges, die Boot-Safaris, die Wildtiere und die erstaunlichen Klänge der Nacht zu genießen – besonders die grunzenden Nilpferde im Fluss Rufiji.

Von Selous kann man täglich nach **Mafia** direkt vor der Küste fliegen. Hier lassen sich die letzten Tage in einer der wunderschönen Lodges mit Tauchen und Schnorcheln verbringen, und man bekommt vielleicht Walhaie zu Gesicht. Oder man segelt zu einigen kleineren Inseln, um die faszinierende Suaheli-Kultur und die lange Geschichte des Archipels kennenzulernen. Von Mafia aus geht's per Flugzeug mehrmals täglich zurück nach Daressalam.

Abenteuerlustige Traveller mit mehr Zeit und Sinn für Ungewöhnliches können vom Wildreservat Selous (oder von der Festlandküste gegenüber von Mafia, wenn man Mafia mit dem Boot verlässt) in den äußersten Süden Tansanias weiterreisen. Das verschlafene **Kilwa Masoko** ist ein hübsches Ziel für ein oder zwei Tage, zudem ist es ein Sprungbrett zu den berühmten Ruinen in **Kilwa Kisiwani**, direkt vor der Küste. Eine andere Exkursion führt von Kilwa Masoko auf die nahe **Privatinsel Fanjove**, wo es eine bezaubernde gehobene Lodge gibt. Die Insel lässt sich auch gut mit Mafia und Kilwa kombinieren. Nach der Erkundung der Region Kilwa fährt man mit dem Bus über **Lindi** gen Süden in die Region **Mtwara.** Ihre Highlights sind **Mikindani** mit Kokosnussplantagen und einer ereignisreichen Geschichte sowie der Strand bei Msimbati im **Meerespark Mnazi Bay-Ruvuma Estuary**.

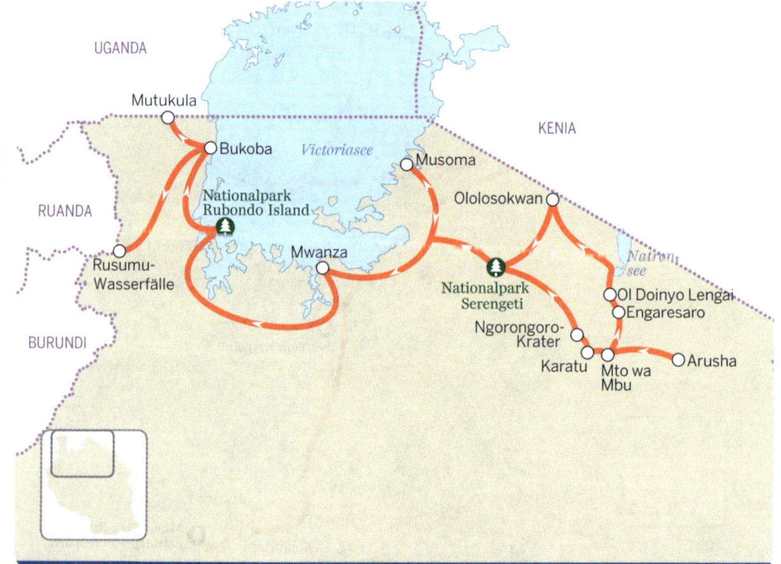

# Victoriasee & Nationalpark Serengeti

Der Victoriasee mit seiner Umgebung ist eine faszinierende Region und hat allen unglaublich viel zu bieten. Er lässt sich auch leicht mit Tierbeobachtung in der Serengeti verbinden.

Von **Arusha** fährt man gen Westen zur Serengeti mit Zwischenstopps in **Karatu,** wo man das grandiose Hochland erleben kann, und im **Ngorongoro-Krater,** um vom Kraterrand aus die Tierwelt und die prächtige Aussicht zu bewundern. Nach der zentralen **Serengeti** geht's weiter in den Western Corridor des Nationalparks, der im Mai und Anfang Juni besonders lohnenswert ist. Man verlässt den Park durch das Ndabaka-Tor, von wo man nach einer unkomplizierten Busfahrt das lebhafte **Musoma** erreicht.

Wer abenteuerlustig ist, könnte die Serengeti über den Natronsee ansteuern: Hinter Arusha fährt man auf einer gut geteerten Straße nach Westen. Noch vor Karatu biegt man am belebten Marktdorf **Mto wa Mbu** Richtung **Engaresero** und **Natronsee** ab. Eine Nacht sollte man mindestens am See verbringen, besser sind zwei oder drei. In der Nähe erhebt sich der majestätische, karge **Ol Doinyo Lengai**. Hat man sich in der Gegend ausgiebig umgeschaut, geht's weiter über Loliondo und das Dorf **Ololosokwan,** in dem Honig produziert wird, bis man das Klein's-Tor im Norden des Serengeti-Nationalparks erreicht. Es lohnt sich, mehrere Tage in der nördlichen Serengeti zu verbringen, ehe man sich in die zentrale Serengeti begibt, wo man wieder auf die Hauptroute durch den Western Corridor Richtung Musoma trifft.

In Musoma vergehen ein paar Tage mit dem Kennenlernen der vielen Kulturen der Region und den schönen Sonnenauf- und -untergängen über dem Victoriasee. Von hier geht's mit dem Bus nach Süden ins ruhige **Mwanza**, das gut auf Reisende eingestellt ist.

Die Tour führt westlich um den See bis ins wohlhabende **Bukoba** und ins Kernland des alten Haya-Königreichs. Hier gibt's viele Touren, die zu Wasserfällen, Felsmalereien und Dörfern führen und eine Einführung ins Leben und in die Kultur der Haya bieten. Auf dem Weg nach Bukoba sollte man sich den **Nationalpark Rubondo Island** mit seiner Vogelwelt nicht entgehen lassen. Auch Ruanda (bei **Rusumu Falls**) und Uganda (**Mutukula**) sind gut zu erreichen. Man kann die gesamte Tour auch in Mwanza beginnen, von wo aus sich Safaris in der Regel preiswerter arrangieren lassen als von Arusha aus.

## Tansania-Rundreise

In Zentral-Tansania hat sich der Zustand der Straßen deutlich verbessert. Das eröffnet die Chance für eine Rundreise, die Nord- und Zentral-Tansania mit dem südlichen Hochland, der Küste und dem nordöstlichen Tansania verbindet. Vier Wochen benötigt man dafür mindestens, man kann sich unterwegs aber auch locker doppelt so lange beschäftigen.

**Arusha** ist ein günstiger Ausgangspunkt. Hier sollte man sich bis zu eine Woche Zeit lassen und vielleicht eine Safari auf dem Northern Circuit unternehmen. Von Arusha geht's ins südwestlich gelegene **Babati**, vielleicht mit einem Abstecher auf den Hanang. Danach fährt man nach Dodoma. Unterwegs bietet sich ein Halt im sehr abgelegenen **Singida** an, mit dem Singidanisee und einem kleinen Museum. Alternativ kann man von Babati direkt nach Dodoma fahren mit einem Zwischenstopp an den **Felsmalereien von Kondoa**.

Die Hauptstadt **Dodoma** selbst verdient ein oder zwei Tage, um in den breiten Straßen spazieren zu gehen, die Architektur zu bewundern und vielleicht das Bunge (Parlament) zu besuchen. Von Dodoma geht's auf der unlängst ausgebauten Straße nach **Iringa** und ins reizvolle südliche Hochland. Von hier könnte man gen Südwesten Richtung **Njombe**, **Mbeya** oder **Tukuyu** reisen oder aber gen Nordosten Richtung Morogoro fahren und unterwegs mehrere Tage im **Nationalpark Udzungwa Mountains** wandern und im **Nationalpark Mikumi** Tiere beobachten. Auch die Tierbeobachtung im **Nationalpark Ruaha**, der von Iringa aus gut erreichbar ist, lässt sich leicht in die Route einbauen.

Für **Morogoro** sollte man ein oder zwei Tage einplanen, um bei einer Tour Uluguru kennenzulernen. Danach geht's gen Osten nach Daressalam oder Richtung Nordosten nach **Pangani** und **Tanga**. Hat man die Küste erreicht, lässt sich leicht ein Abstecher in den Sansibar-Archipel arrangieren, den man je nach Ausgangsort per Flugzeug oder Boot erreicht. Wenn man lange genug an der Küste ausgespannt hat, kann man in den **Usambara-Bergen** Wanderungen unternehmen, ehe man nach **Moshi** weiterreist, der Heimat der Chagga und des **Kilimandscharo**. Hier vergehen bei der Erkundung der unteren Hänge und in der entspannten Atmosphäre Moshis schnell ein paar Tage. Zurück geht's mit Bus nach Arusha oder zum Kilimanjaro International Airport, um den Heimflug anzutreten.

Reiseplanung

# Safaris

Wildtiere zu beobachten ist für fast alle Tansaniareisenden ein Muss, und das ist auch kein Wunder. Mit seinen Superattraktionen, dem Nationalpark Serengeti und dem Ngorongoro-Krater, sowie zahlreichen weiteren Nationalparks und Schutzgebieten bietet das Land einige der spektakulärsten und schönsten Möglichkeiten dazu.

## Beste Safari-Ziele

### Menschenaffen

Nationalpark Mahale Mountains, Nationalpark Gombe

### Elefanten

Nationalpark Tarangire, Wildreservat Selous

### Raubtiere

Nationalpark Serengeti, Nationalpark Ruaha

### Ausgefallene Safaris

Nationalpark Katavi, Nationalpark Rubondo Island

### Vogelbeobachtung

Nationalpark Lake Manyara, Nationalpark Serengeti, Nationalpark Rubondo Island, Wildreservat Selous

### Aktiv-Safaris

Nationalpark Lake Manyara, Nationalpark Kilimanjaro, Nationalpark Udzungwa Mountains

### Trockenzeit

Nationalpark Katavi, Nationalpark Tarangire, Nationalpark Ruaha, Wildreservat Selous

### Regenzeit

Nationalpark Serengeti, Nationalpark Kitulo

## Planung einer Safari

### Buchen

Eine Tour in die nördlichen Nationalparks lässt sich am besten von Arusha aus organisieren. Veranstalter in Mwanza bieten darüber hinaus Safaris in die westliche Serengeti an. Für die südlichen Parks gibt's zwar keine vergleichbare Drehscheibe, doch die meisten auf den Süden spezialisierten Veranstalter sitzen in Daressalam. Wer unabhängig nach Gombe und in die Mahale-Berge reisen möchte, sollte Kigoma als Ausgangsbasis wählen. Fast alle gehobenen Safaris in diese Parks werden von Arusha aus als fertige Package-Touren oder – für Mahale und auch Katavi – per Flugzeug als Zusatzprogramm zu einer Ruaha-Safari angeboten. Gute Stützpunkte für normale Safaris nach Katavi sind die Lake Shore Lodge (S. 299) in Kipili und die Stadt Mpanda. Einen Besuch des Nationalparks Rubondo Island plant man am besten von Mwanza oder Bukoba aus.

Es ist üblich und anzuraten, eine Safari bereits vor der Ankunft in Tansania zu buchen, vor allem während der Hauptsaison. Wer seine Safari dennoch vor Ort organisieren will, sollte sich Zeit nehmen, die Angebote prüfen und nicht übereilt abschließen.

Normalerweise werden größere Probleme unterwegs durch Zusatzzeiten ausgeglichen. Wenn das nicht möglich ist (z. B. weil ein Weiterflug erreicht werden muss), zahlen seriöse Veranstalter für einen Teil der verlorenen Zeit Geld zurück. Für „kleinere" Probleme wie geplatzte Reifen oder Ähnliches gibt's keine Entschädigung. Parkgebühren werden nicht erstattet. Wer betrogen wurde, sollte Regressansprüche beim **Tanzania Tourist Board** (TTB; www.tanzaniatourism.com) und bei der **Tanzanian Association of Tour Operators** (TATO; ☎0754 535637, 027-250 6430, 027-254 5208; www.tatotz.org; Philips St, abseits der Simeon Rd, Arusha) geltend machen. Die Polizei ist selten hilfreich; es ist unwahrscheinlich, dass man sein Geld wiedersieht.

## Kosten

In den Preisen der meisten Veranstalter sind Eintritt, Unterkunft oder Zeltmiete, Hin- und Rückfahrt zum Nationalpark sowie Fahrten innerhalb des Parks enthalten. Bevor Geld auf den Tisch gelegt wird, müssen jedoch die genauen Bedingungen geklärt sein. Getränke (Alkohol/Softdrinks) sind in der Regel nicht inklusive, viele Unternehmen stellen jedoch eine Flasche Wasser pro Tag. Auf die Kosten für billige Campingsafaris wird meist eine Schlafsackmiete aufgeschlagen (5 US$ pro Tag bis 30 US$ pro Tour).

Wer nur die Unterkunft bucht, muss mit zusätzlichen Kosten für Fahrten, Boot-Safaris oder Wildbeobachtung zu Fuß rechnen. Normalerweise sind zwei solcher „Aktivitäten" pro Tag bei einer Dauer von je zwei bis drei Stunden zu schaffen. Die Kosten beginnen bei etwa 30 US$ pro Person und Ausflug und steigen bis auf ca. 300 US$ pro Tag für den Wagen und eine Tour in den Park.

### Günstige Safaris

Die meisten Safaris im Budgetbereich sind Camping-Safaris. Um die Kosten so gering wie möglich zu halten, zelten die Gruppen häufig außerhalb des Nationalparks (wobei man allerdings die schönste Zeit zum Beobachten von Tieren am frühen Morgen verpasst), um Parkeintritt und Campinggebühren zu sparen, oder übernachten in preiswerten Gästehäusern. Viele Billigunternehmen sparen auch am Personal: Sie sind mit größeren Gruppen unterwegs, um die Transportkosten pro Person zu senken, und bieten nur einfache Mahlzeiten an. Bei den meisten Billig- und Mittelklasse-Safaris gelten tägliche Kilometerbeschränkungen.

Die Preise für eine Billig-Safari mit einem registrierten Unternehmen liegen zwischen 150 und 200 US$ pro Person und Tag. Es lohnt sich, eigene Getränke mitzubringen, vor allem Wasser in Flaschen ist innerhalb und in der Nähe der Nationalparks sehr teuer. Auch Snacks, Verpflegung und Toilettenpapier sind teuer – wer einen Vorrat mitführt, spart viel Geld. In der Nebensaison ist es oft möglich, Lodge-Safaris zu buchen, die nur wenig teurer sind als Camping-Safaris.

### Mittelteure Safaris

Die meisten Mittelklasse-Safaris schließen Zimmer in Lodges und Essen im Restaurant ein. Generell sind Safaris in dieser Kategorie komfortabel, zuverlässig und ihren Preis wert, obwohl manche sehr an Pauschalreisen erinnern. Wer Safari-Unternehmen und Unterkünfte sorgfältig auswählt, kann dieses Risiko minimieren. Auch die Zahl und Art der Mitreisenden sollte man berücksichtigen und große, beliebte Lodges in der Hauptsaison meiden. Die Preise für eine Mittelklasse-Lodge-Safari liegen zwischen 200 und 300 US$ pro Person und Tag.

### Luxus-Safaris

Veranstalter von Luxus-Safaris bieten ihren Gästen mit privaten Lodges, Luxus-Zeltcamps und manchmal Flugcamps ein persönliches Buscherlebnis, ohne dass sie dabei auf Komfort verzichten müssen. Für einen Preis von 300 bis 600 US$ oder auch mehr pro Person und Tag dürfen sie sämtliche Annehmlichkeiten sowie eine erstklassige Führung erwarten. Selbst in entlegenen Gebieten, wo es kein fließendes Wasser gibt, kommt heißes Wasser aus Duschen im Buschstil, gibt's bequeme Betten und feines Essen. Zudem ist die Betreuung und die At-

#### TRINKGELD

Das Trinkgeld ist ein wichtiger Bestandteil der Safarikosten, insbesondere für Fahrer, Guides, Köche und andere, deren Auskommen davon abhängt. Es fällt immer zusätzlich zum eigentlichen Preis der Tour an. Viele Veranstalter schlagen die Höhe eines angemessenen Trinkgeldes vor – ab etwa 10 oder 15 US$ pro Gruppe und Tag für den Fahrer und/oder Guide sowie ab etwa 10 US$ pro Gruppe und Tag für den Koch. Die Summe erhöht sich für Luxus-Safaris oder wenn eine besonders gute Leistung erbracht worden ist. Es ist nie verkehrt, sich großzügig gegenüber denen zu zeigen, die eine Safari durch ihre Arbeit zum unvergesslichen Erlebnis machen. Wenn möglich, das Trinkgeld persönlich übergeben.

mosphäre oft sehr intim: Viele Unterkünfte haben weniger als 20 Betten.

## Reisezeit

Safaris sind in der Trockenzeit (Ende Juni bis Oktober) angenehmer. Außerdem lassen sich die Tiere dann in vielen Nationalparks an Wasserstellen einfacher beobachten und das dünnere Laub bietet bessere Sicht. Entsprechend liegt hier auch die Hauptsaison: Lodges und Camps sind voll belegt, und die Preise erreichen Spitzenwerte. Einige Unterkünfte, vor allem im Wildreservat Selous und den Nationalparks im Westen, schließen meist im April für einen Monat.

Unabhängig davon hängt die beste Zeit für eine Safari natürlich von den Interessen ab. Vogelbeobachtung lohnt sich vor allem in der Regenzeit ab November/Dezember bis in den April. Zum Wandern in der Wildnis eignet sich die Trockenzeit besser. Grundsätzlich sollte der Nationalpark für die Wildbeobachtung nach der Jahreszeit ausgesucht werden. So sind etwa weite Teile von Katavi nur während der Trockenzeit zugänglich; in der Regenzeit schließen die meisten Camps. Der Nationalpark Tarangire ist zwar das ganze Jahr hindurch geöffnet, lohnt den Besuch aber vor allem in der Trockenzeit, wenn die Tierwelt um ein Vielfaches reichhaltiger ist als zu anderen Zeiten des Jahres. In der Serengeti sind die Tierbestände in der Trockenzeit relativ niedrig, aber immer noch spektakulär. Erst in der feuchten Jahreszeit sammeln sich die gewaltigen Herden von Gnus im südöstlichen Teil des Parks, bevor sie auf ihre jährliche Wanderung nach Norden und Westen gehen. Dagegen zeigen sich in der Trockenzeit viel eher Löwen und andere Raubkatzen. Wer seine Safari zeitlich an bestimmten Ereignissen wie der Gnuwanderung in der Serengeti ausrichten möchte, sollte sich darüber im Klaren sein, dass der Beginn von Regen-/Trockenzeiten variiert und nur schwer genau vorauszusagen ist.

### AN ALLES GEDACHT?

- ☐ Fernglas
- ☐ Qualitativ hochwertiger Schlafsack (für Camping-Safaris)
- ☐ Moskitocreme/-spray
- ☐ Regenkleidung (in der Regenzeit)
- ☐ Sonnenbrille und Sonnencreme
- ☐ Kamera
- ☐ Ausreichend Kontaktlinsenlösung und Ersatzlinsen, falls nötig (da der Staub die Augen reizt)
- ☐ Moskitonetz (wird meist gestellt; ein eigenes ist aber nie verkehrt)
- ☐ Leichte Kleidung (lange Ärmel und Hosenbeine) in gedeckten Farben, Kopfbedeckung und feste, bequeme Schuhe (für Wander-Safaris)
- ☐ Bestimmungsbücher (vier Top-Titel: *The Kingdon Field Guide to African Mammals* von Jonathan Kingdon; *The Safari Companion – A Guide to Watching African Mammals* von Richard Estes; *Birds of Kenya and Northern Tanzania* von Dale Zimmerman, Donald Turner und David Pearson; und *Field Guide to the Birds of East Africa* von Terry Stevenson und John Fanshawe, auch als App erhältlich)

# Safari-Arten

## Auto-Safari

In vielen Nationalparks erlauben die Parkregeln nur Auto-Safaris. In den nördlichen Parks ist für Auto-Safaris ein „geschlossenes" Fahrzeug vorgeschrieben, also ein Auto mit geschlossenen Seiten, aber häufig gibt's eine Öffnung im Dach, sodass man für eine bessere Aussicht aufstehen und fotografieren kann. Manchmal ist die Öffnung eine simple Luke, die aufgeklappt oder abgenommen wird. Besser sind Hebedächer, die weiterhin Schatten spenden. Im Wildreservat Selous, in einigen der südlichen Parks und im Nationalpark Katavi sind auch Safaris in offenen Wagen gestattet. Dies sind meist hohe Fahrzeuge mit zwei oder drei versetzt angebrachten Sitzen und einer Plane über dem Dach. An den Seiten und hinten sind sie völlig offen. Wer die Wahl hat, sollte offene Fahrzeuge vorziehen: Sie sind geräumiger und bieten fast ungehinderte Sicht. Am ungünstigsten sind Minibusse, die vor allem im Norden oft eingesetzt werden. Sie nehmen zu viele Fahrgäste mit und üblicherweise ist die Dachluke zu klein, sodass immer nur einige gute Sicht haben. Die Passagiere auf den mittleren Sitzen sehen nur sehr wenig.

Für alle Fahrzeugtypen gilt jedoch: Es sollte nicht überfüllt sein. Wer stundenlang dicht gedrängt auf holprigen Straßen fährt, kann eine Safari nicht genießen. Die meisten

Oben: Magadisee, Ngorongoro-Krater (S. 197)

Unten: Auto-Safari, Ngorongoro-Krater (S. 197)



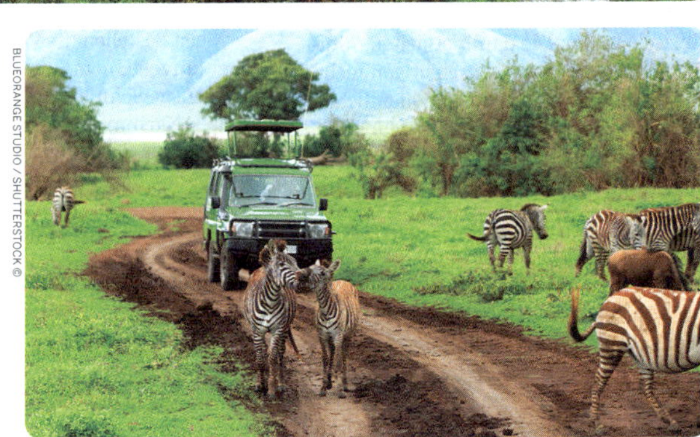

## WAHL DER SAFARI

Es muss nicht immer nur der Preis bei der Safari-Planung ausschlaggebend sein:

**Ambiente** Wird in oder in der Nähe des Nationalparks übernachtet? Wer weit außerhalb wohnt, versäumt die guten Tierbeobachtungsstunden am frühen Morgen und späten Nachmittag. Ist eine große Lodge oder ein kleines privates Camp besser?

**Ausrüstung** Mittelmäßige Fahrzeuge können das Erlebnis sehr trüben. Mangelhaftes Equipment und fehlende Vorräte für den Notfall sind sogar ein echtes Sicherheitsrisiko.

**Anfahrt und Aktivitäten** Wer sich nicht für stundenlange Fahrten in einem Geländewagen über holprige Straßen begeistern kann, sollte Parks und Lodges auswählen, in die man einfliegen kann. In Gegenden, die Wandertouren und Boot-Safaris bieten, geht's am schnellsten raus aus dem Auto und rein in den Busch.

**Guides** Ein guter Fahrer/Guide kann für das Gelingen der Safari entscheidend sein. Möglicherweise bezahlen Low-Budget-Veranstalter ihr Personal unfair; solche Guides sind wahrscheinlich schlecht motiviert oder haben wenig Ahnung.

**Kommunales Engagement** Empfehlenswert sind Veranstalter, die nicht nur ein Lippenbekenntnis zum Ökotourismus ablegen, sondern sich engagieren und eine dauerhafte Verbindung zu den Gemeinden haben, in denen sie arbeiten. Sie sind nicht nur verantwortungsbewusster, sondern vermitteln auch ein authentischeres Erlebnis.

**Das Programm bestimmen** Einige Fahrer glauben, dass sie von einer guten „Sichtung" zur nächsten rasen müssen. Wer lieber an einem Ort verweilen und abwarten möchte, was vorbeizieht, sollte das mit seinem Fahrer besprechen. Wer ausschließlich hinter den „Big Five" her ist, rast sehr sicher an vielen Schätzen der Wildnis vorbei.

**Außerplanmäßiges** Auf dem Northern Circuit halten die Fahrer meist unterwegs an Souvenirläden. Das bringt ihm zwar die oft sehr notwendige Pause am Steuer, doch viele Läden geben den Fahrern auch Provisionen, wenn sie Kunden bringen. Dadurch wird vielleicht mehr Zeit beim Einkauf von Souvenirs verbracht als vereinbart. Wer nicht daran interessiert ist, sollte dies gleich zu Anfang mit dem Fahrer besprechen.

**Weniger ist mehr** Wenn die Veranstalter Gruppen zusammenstellen, sollte man sich informieren, wie viele Personen mitfahren, und versuchen, die Reisegefährten noch vor Reisebeginn kennenzulernen.

**Spezialinteressen** Wer primär Vögel beobachten möchte oder andere Sonderwünsche hat, bucht am besten eine private Safari bei einem spezialisierten Veranstalter.

Preise für Safaris basieren auf Gruppen von drei bis vier Fahrgästen, was in den meisten Wagentypen noch ausreichend Komfort garantiert. Manche Unternehmen setzen aber fünf oder sechs Fahrgäste in einen normalen Geländewagen. Die damit erzielten minimalen Einsparungen entschädigen nicht für das erhebliche Mehr an Unbequemlichkeit.

In den Nationalparks Lake Manyara und Tarangire sowie in den Schutzgebieten außerhalb des Nationalparks Tarangire sind auch Nachtfahrten erlaubt.

## Wander-Safari

Im Wildreservat Selous und den Nationalparks Ruaha, Mikumi, Katavi, Tarangire, Lake Manyara, Serengeti und Arusha sind Wander-Safaris zu den „Großen Fünf" möglich. Mehrere Parks – insbesondere die Nationalparks Kilimanjaro, Udzungwa Mountains, Mahale Mountains und Gombe– sind ausschließlich zu Fuß zu besichtigen. Im Nationalpark Rubondo Island werden kurze Wanderungen angeboten.

Meist bestehen die Wander-Safaris aus eher kurzen ein- bis zweistündigen Wanderungen, gewöhnlich am frühen Morgen oder späten Nachmittag. Die Touren enden im Hauptlager, der Lodge oder auch in einem Flugcamp. Man bewegt sich langsam, das Hauptaugenmerk liegt auf der intensiven Wahrnehmung der Umgebung und nicht auf dem Entdecken großer Tiere. Unterwegs werden Stopps eingelegt, wenn Tiere zu beobachten sind oder der Guide eine Fährte aufspürt. Einige Wander-Safaris werden innerhalb der Parks oder Reservate veranstaltet, andere in angrenzenden Gebieten mit vergleichbaren Lebensräumen und Tieren.

Im Ngorongoro-Krater, in der Serengeti und im Wildreservat Selous sind auch mehrtägige Wanderungen möglich.

Alle Wanderungen finden in Begleitung eines bewaffneten Guides statt; man sollte unbedingt direkt in seiner Nähe bleiben.

### Boot- & Kanu-Safari

Der bei Weitem beste Ort für eine Safari zu Wasser ist der Fluss Rufiji im Wildreservat Selous. Bootsfahrten sind zwar auch auf dem Wami möglich, dem Grenzfluss des Nationalparks Saadani, sie bieten aber längst keine so vielfältige Natur wie der Selous. Im Nationalpark Arusha gibt's Kanu-Safaris auf den Momelaseen und bei ausreichendem Wasserstand auch auf dem Manyarasee.

## Reiserouten

Bei den großen Entfernungen in Tansania wäre es ein grober Fehler, zu viele Ziele in die Route zu packen. Alles, was nach einer stressigen Reise von Park zu Park bleibt, ist Erschöpfung und das unbefriedigende Gefühl, nicht einmal an der Oberfläche gekratzt zu haben. Viel besser ist es, „nur" einen oder zwei Parks zu besuchen, dafür aber dort so viel wie möglich von der Natur zu sehen. Auch Wanderungen und die Kultur jenseits der Parkgrenzen sind empfehlenswert.

### Northern Circuit

Der Nationalpark Arusha (S. 181) eignet sich am besten für einen Tagesausflug, während Tarangire (S. 186) und Lake Manyara (S. 191) zusammen leicht als Trip mit Übernachtung ab Arusha erreichbar sind. Eigentlich müsste man allen Parks mehr Zeit widmen, um ihnen gerecht zu werden. Für eine halbwöchige Tour sollte nur einer der nördlichen Parks oder der Ngorongoro-Krater zusammen mit entweder Lake Manyara oder Tarangire gewählt werden. Für die Serengeti lohnt es, wenigstens eine Strecke zu fliegen, weil die Anfahrt von Arusha einen ganzen Tag dauert. Eine Woche reicht zwar gerade für die klassische Kombination von Lake Mayara, Tarangire, Ngorongoro und Serengeti, es ist aber besser, sich auf zwei oder drei der Parks zu konzentrieren. Bereits die Serengeti allein oder in Kombination mit dem Ngorongoro-Krater erlaubt spannende Tierbeobachtungen für eine ganze Woche. Viele Veranstalter bieten eine dreitägige Standardtour zum Lake Manyara, Tarangire und Ngorongoro an, oder eine vier- bis fünftägige Tour mit der Serengeti. Die Entfernungen sind jedoch weit, und die Tour hinterlässt oft das Gefühl, dass zu viel Zeit vertan wurde, um von Park zu Park zu eilen, anstatt mal zur Ruhe zu kommen und Natur und Landschaft auf sich wirken zu lassen.

Außer diesen konventionellen Routen gibt es unzählige Möglichkeiten, die Wildtierbeobachtung mit anderen Gebieten zu verbinden. So könnte man eine Auto-Safari im Ngorongoro-Krater unternehmen, dann den Ol Doinyo Lengai (S. 207) besteigen oder irgendwo im Ngorongoro-Wildschutzgebiet (S. 197) eine Trekking-Tour machen. Zur Entspannung bietet sich eine Lodge in Karatu (S. 193) oder der Eyasisee (S. 195) an. Eine gute Alternative dazu wäre eine Fahrt um den Victoriasee (S. 267) mit dem Besuch des



#### TIPPS ZUR BEOBACHTUNG VON WILDTIEREN

*David Lukas*

- Die größten Chancen, ein schwarzes Nashorn zu sehen, hat man am Ngorongoro-Krater. Die hier lebenden Tiere sind an Fahrzeuge gewöhnt, während sie sonst in Tansania sehr scheu und nur in entlegenen Gegenden heimisch sind.
- Grüne Meerkatzen verraten die Gegenwart eines Raubtieres. Hört man ihr aufgeregtes Gekreisch, braucht man nur in dieselbe Richtung zu blicken wie sie.
- Während der Trockenzeit von Juli bis Oktober gibt's im Nationalpark Tarangire die besten Möglichkeiten zur Tierbeobachtung in Tansania. Über 3000 Elefanten und andere wandernde Tiere kommen hierher, um am Fluss Tarangire zu trinken.
- Hunderttausende Flamingos bieten im Nationalpark Lake Manyara ein großartiges Spektakel. Allerdings sind sie nicht immer anzutreffen, da sie mit wechselndem Wasserstand von See zu See ziehen.
- Ein Fernglas von sehr guter Qualität gehört unbedingt zur Ausrüstung. Am besten schon zu Hause vor der Abreise gründlich üben, weil einige Tiere, vor allem Vögel, nicht sitzen bleiben und warten, bis man gelernt hat, mit dem Fernglas umzugehen.

Nationalparks Rubondo Island (S. 278), kombiniert mit der westlichen Serengeti.

### Southern Circuit

Wer nur ein paar Nächte geplant hat, kann die Nationalparks Mikumi (S. 311) und Saadani (S. 139) von Daressalam aus gut erreichen. Drei bis vier Tage wären ideal für das Wildreservat Selous (S. 349) oder für den Nationalpark Ruaha (S. 323), wenn man fliegt. Die Nationalparks Mikumi und Udzungwa Mountains (S. 313) eignen sich für eine kombinierte Safari und Wanderung. Einwöchige kombinierte Touren schließen Selous und Ruaha sowie Ruaha und Katavi im Westen ein. In beiden Fällen erlebt man sehr abwechslungsreiche Landschaften und Wildtierbestände. Seit es eine Flugverbindung gibt, wird die Kombination von Ruaha mit Katavi immer beliebter. Das erweiterte Flugnetz, das die südlichen und westlichen Parks mit der Küste verbindet, macht längere Reisen möglich, auf denen eine Erholungszeit an der Küste oder auf den Inseln mit Safaris in Ruaha, Mahale und/oder Katavi kombiniert wird. Empfohlen wird auch die Strand-Busch-Kombination Nationalpark Selous mit Mafia oder der Insel Sansibar.

### Western Parks

Allein für den Nationalpark Katavi (S. 301) sollte man zwei bis drei Tage vorsehen. Wer sechs bis sieben Tage Zeit hat, kann Katavi prima mit Mahale (S. 295) verbinden. Viele der Flugsafari-Programme sind um diese Route herum aufgebaut. Ideal wären ein paar Tage zum Relaxen am Tanganjikasee (S. 300). Katavi lässt sich auch leicht mit Ruaha verbinden. Auch die Kombi Ruaha-Katavi-Mahale ist gut machbar; dafür aber mindestens neun bis zehn Tage einplanen. Für Gombe (S. 294) sollte man sich zwei Tage freihalten. Abenteuerlustige Reisende könnten auch noch den Rubondo Island Park (zwei Tage) in die Route einbauen.

### Andere Gebiete

Der Nationalpark Mkomazi (S. 164) ist ein faszinierender Ort für Vogelliebhaber, etwa auf einer Tour von Daressalam oder der Nordost-Küste nach Arusha und zum „Northern Circuit". Der Nationalpark Kitulo (S. 328) lässt sich in Routen im Gebiet von Mbeya-Tukuyu einbauen oder man kann ihn von Iringa aus besuchen. Tauchen im Meerespark Mafia Island (S. 346) ist problemlos mit der Insel Mafia selbst zu kombinieren.

## Selbst organisierte Safaris

Es ist auch möglich, die Parks mit dem eigenen Auto zu besuchen. Dazu sollte man aber in Tansania wohnen oder das Land gut kennen und viel Erfahrung mit Buschfahrten, Reifenwechsel und Reparaturen haben. Die Geldersparnis wird durch Veranstalter, die die Logistik übernehmen, aufgewogen.

Für fast alle Schutzgebiete ist ein Allradfahrzeug nötig. Zum Eintritt kommen 47,20 US$ pro Tag für Autos mit ausländischem Kennzeichen (23 600 TSh für Fahrzeuge mit tansanischem). Sofern nicht in den Parkvorschriften vorgesehen, braucht man keinen Guide. Aber ein Begleiter, der die Gegend kennt, ist sehr hilfreich. Zudem unterstützt das Bezahlen eines Guides die Wirtschaft des Landes und trägt dazu bei, dass die Menschen Tiere und Natur als eine Ressource erkennen, die es wert ist, geschützt zu werden. Wer alleine loszieht, lässt sich ihr Wissen entgehen und läuft planlos umher, während ein Guide einem genau das zeigen kann, was man sehen will.

Da man in den Parks nicht tanken kann – außer im Seronera Valley in der Serengeti –, muss man genügend Treibstoff mitführen.

Autovermietungen gibt's in Daressalam, Arusha, Mwanza, Karatu und Mto wa Mbu, manchmal kann man auch beim Nationalpark Katavi einen fahrbaren Untersatz mieten. In den übrigen Nationalparks und Schutzgebieten ist das nicht möglich.

## Veranstalter

### Northern Circuit

Die folgenden Veranstalter haben sich auf den Northern Circuit spezialisiert, einschließlich des Kilimandscharos.

**Access2Tanzania** (www.access2tanzania.com) Kundenorientierte Reiserouten mit kommunalen Schwerpunkten durch ganz Tansania und in das benachbarte Ruanda.

**Africa Travel Resource** (ATR; www.africatravelresource.com) Webbasierter Veranstalter, der Safaris nach den jeweiligen Wünschen seiner Kunden zusammenstellt; die Website bietet hervorragende Hintergrundinformationen.

**African Scenic Safaris** (☎0783 080239; www.africanscenicsafaris.com) Top Safaris auf dem Northern Circuit und Wanderungen auf den Kilimandscharo.

**Anasa Safaris** (www.anasasafari.com) Maßgeschneiderte Auto-Safaris auf dem Northern Circuit. Betreibt außerdem Lodges in den Nationalparks Mkomazi, Lake Eyasi und Victoriasee.

**Base Camp Tanzania** (Karte S. 172 f.; ☎027-250 0393; www.basecamptanzania.com; Golden Rose Arcade, Colonel Middleton Rd, Arusha) Safaris und Trekkingtouren auf dem Northern Circuit.

**Dorobo Safaris** (☎0744 366335; www.dorobosafaris.com) Kulturorientierte Wildlife-Safaris.

**Duma Explorer** (☎0787 079127; www.dumaexplorer.com) Safaris im Norden Tansanias, Wanderungen auf den Kilimandscharo und dem Meru sowie Kulturreisen.

**Hoopoe Safaris** (Karte S. 172 f.; ☎027-250 7011; www.hoopoe.com; India St, Arusha; ⏲Mo–Fr 8.30–17.30 Uhr, Sa bis 14 Uhr) Hoch angesehener Anbieter mit in die Gemeinden integrierten luxuriösen Camping- und Lodge-Safaris in den nördlichen Parks und eigenen Zeltlagern am Manyarasee sowie mobilen Camps in der Serengeti.

**IntoAfrica** (☎0797 4975723; www.intoafrica.co.uk) Der verlässliche, seit Langem bestehende Veranstalter bietet Fair-Trade-Kultursafaris und Wanderungen in Nordtansania an; darunter auch eine viel gepriesene siebentägige Wildnis- und Kultur-Safari im Gebiet der Massai.

**Just Kilimanjaro** (☎0789 743272; www.just-kilimanjaro.com) Kleiner, sehr angesehener Anbieter mit professionell geführten Kilimandscharo-Trecks.

**Maasai Wanderings** (☎0755 984925; www.maasaiwanderings.com) Safaris und Trekkingtouren durch Tansania mit Schwerpunkt auf die Parks im Northern Circuit, aber auch an der Küste und in Süd-Tansania.

**Makasa Safaris** (☎0767 699006, 0767 453454; www.makasatanzania.com; 👪) Safaris im

## EINEN VERANSTALTER WÄHLEN

Wer einen Safari- oder Trekking-Veranstalter sucht, kann nicht vorsichtig genug sein.

➡ Persönliche Empfehlungen einholen und mit möglichst vielen Leuten sprechen, die kürzlich von einer Safari oder einer Wanderung zurückgekehrt sind.

➡ Skeptisch sein bei Preisangaben, die zu gut klingen, um wahr zu sein, und keine voreiligen Abschlüsse tätigen. Wenn sich angeblich andere Gäste bereits eingeschrieben haben, verlangen, sie sprechen zu dürfen.

➡ Vermittler, die außerhalb eines Büros Geld einfordern, sind unseriös. Ebenso „letzte" Angebote an Haltestellen oder „Vermittler", die ins Hotelzimmer kommen.

➡ Die „Black List" des Tanzania Tourist Board's Information Centre (TTB; S. 179) in Arusha einsehen – wobei dies nicht unbedingt das letzte Wort ist. Das TTB und die Tanzanian Association of Tour Operators (S. 29) führen Listen lizenzierter Anbieter. TATO ist zwar nicht sehr einflussreich, aber wer mit einem ihrer Mitglieder auf Safari geht, hat zumindest die Möglichkeit, bei Problemen Regressansprüche zu stellen.

➡ Veranstalter sollten das Original ihrer gültigen TALA (Tourist Agents Licensing Authority)-Lizenz vorlegen können – ohne dieses Regierungsdokumnet ist der Veranstalter nicht berechtigt, Touristen in Nationalparks zu bringen. Für Tierparks ist die Bezeichnung als Tour- oder Safari-Veranstalter auf der Lizenz ausreichend; für Kilimandscharo-Wanderungen ist eine TALA-Bergsteigerlizenz erforderlich. Vorsicht wenn es heißt, das Original sei im „Hauptbüro" in Daressalam oder sonstwo im Land!

➡ Ein Unternehmen mit eigenen Fahrzeugen und Ausrüstung wählen. Wenn Bedenken bestehen, keine Anzahlung leisten, bis man am Morgen der Abfahrt das Fahrzeug gesehen hat. Es kommt vor, dass ein Veranstalter ein recht gutes Fahrzeug zeigt, aber am nächsten Tag mit einem schlechteren ankommt.

➡ Die Reiseroute im Detail durchgehen und bestätigen lassen, was auf jeder Etappe der Tour geplant ist. Darauf achten, dass die Anzahl der Tierbeobachtungsfahrten pro Tag und alle anderen Einzelheiten im Vertrag aufgeführt sind. Nie vergessen, dass Safari-Wettbewerber zwar die gleichen Routen anbieten können, sich aber stark in der Betreuung unterscheiden. Der Vertrag darf keinen Kundentausch vorsehen, sonst landet man eventuell bei dem Veranstalter, den man gerade meiden wollte.

➡ Immer wieder tauchen Scheinfirmen auf, die unter denselben Namen operieren wie Veranstalter in Reiseführern. Geschäftskarten oder Websites können täuschen.

Northern Circuit sowie einige Routen im Süden des Landes, Familiensafaris und kulturelle Exkursionen an den unteren Hängen des Kilimandscharo.

**Milestone Safaris** (Karte S. 245; ☎0767 551190; www.milestonesafaris.com; 400 m südwestlich der Marangu Rd, bei der Honey Badger Lodge, Moshi) Klettertouren auf den Kilimandscharo, Safaris im Northern Circuit, Routen, die Safari und Küste kombinieren, und Kulturtouren durch Moshi.

**Nature Discovery** (☎027-254 4063; www.naturediscovery.com) Verlässlicher und lange bestehender Anbieter von Safaris im Northern Circuit, Wanderungen auf den Kilimandscharo, den Meru, im Krater-Hochland und woanders in Nord-Tansania.

**Peace Matunda Tours** (☎0787 482966, 0757 198076; www.peacematunda.org) Kulturwanderungen und -touren rund um Arusha sowie Wildtiersafari. Der Gewinn geht an Schul- und andere Gemeinschaftsprojekte der Organisation.

**Roy Safaris** (Karte S. 172 f.; ☎027-250 2115; www.roysafaris.com; Serengeti Rd, Arusha; ⊙8–17.30 Uhr) Der lange bestehende, verlässliche Veranstalter bietet preiswerte bis halbluxuriöse Camping-Safaris auf dem Northern Circuit und Luxus-Lodge-Safaris sowie Wanderungen an Kilimandscharo und Meru.

**Safari Makers** (www.safarimakers.com; Suye-Kimandolo Rd, Arusha) Schlichte Camping- & Lodge-Safaris sowie Wanderungen in den nördlichen Parks.

**Shaw Safaris** (Karte S. 184; ☎0768 945735; www.shawsafaris.com) Safaris für Selbstfahrer.

**Summit Expeditions & Nomadic Experience** (☎0787 740282; www.nomadicexperience.com) Sehr gute Führungen auf den Kilimandscharo, Fahrrad- und Wandertouren, Kultur in den unteren Bergregionen und maßgeschneiderte Wildtier-Safaris.

**Tanzania Journeys** (☎0787 834152, 027-275 4295; www.tanzaniajourneys.com) Auto-, Aktiv- und Kultur-Safaris im Norden, darunter Wanderungen auf den Kilimandscharo, Tagesausflüge und kulturelle Führungen im Raum Moshi.

**TinTin Tours** (Karte S. 246; ☎0657 123766; www.tintintours.org; Kibo Rd, Moshi) Bescheidener Anbieter für Trekking auf den Kilimandscharo & Safaris.

**Wayo Africa** (Green Footprint Adventures; ☎0784 203000, 0783 141119; www.wayoafrica.com) Safaris in den nördlichen Parks, darunter auch eine Wanderung durch die Serengeti, eine Radtour um den Manyarasee, Kanufahren im Nationalpark Arusha u.v.m.

**Wilkinson Tours** (☎0784 805259; www.wilkinsontours.com) Safaris auf dem Northern Circuit, Klettertouren auf den Mount Meru und den Kilimandscharo sowie Ausflüge nach Sansibar und an die Küste.

## Southern Circuit

Folgende Veranstalter bieten Safaris in die südlichen Parks („Southern Circuit") sowie Reiserouten mit den Nationalparks Mikumi, Ruaha und Katavi, dem Wildreservat Selous und den Inseln Sansibar und Mafia an.

**Afriroots** (☎0787 459887, 0713 652642, 0732 926350; www.afriroots.co.tz) Wander- und Fahrrad-safaris in den Udzungwa und den Usambara-Bergen.

**Authentic Tanzania** (Karte S. 64; ☎0786 019965; www.authentictanzania.com; Senga Rd, Mikocheni) Wander-Safaris durch die Wildnis, Trekking mit Schimpansen, Flugcamps, Mountainbiken, Reiten und mehr in den Parks im Westen und Süden.

**Bateleur Safaris & Tours** (☎0765 735261, 0762 921825; www.bateleursafaris.co.tz; ⊙8–19 Uhr) Exkursionen zu den Nationalparks Ruaha (einschließlich Nachtsafaris) und Mikumi sowie Kulturtouren rund um Iringa.

**Essential Destinations** (Karte S. 64; ☎022-260 1747; www.ed.co.tz; Slipway, Slipway Rd, Msasani, Daressalam) Lange bestehender Anbieter mit eigenen Flugzeugen, Safari-Camps und Lodges in Ruaha, Selous, auf Mafia und an anderen Standorten.

**Foxes African Safaris** (www.foxessafaricamps.com) Das lange bestehende Familienunternehmen betreibt Lodges und Camps in den Nationalparks Mikumi, Ruaha und Katavi, bei Bagamoyo, im Südlichen Hochland und im Wildreservat Selous und organisiert kombinierte Touren mit Flugzeug und Wagen.

**Hippotours & Safaris** (Karte S. 64; ☎0754 267706, 0733 128662; www.hippotours.com; Kinondoni Rd, EG, Hugo House, Daressalam) Langjähriger Anbieter mit maßgeschneiderten Safaritouren mit Schwerpunkt auf Süd- und West-Tansania.

**Tent with a View** (☎0737 226398, 0713 323318; www.tentwithaview.com) Der etablierte Veranstalter ist auf Touren auf dem Southern Circuit spezialisiert, vor allem in Selous, Saadani und auf Sansibar, wo er eigene Camps und Hotels im Angebot hat.

**Wild Things Safaris** (www.wildthingsafaris.com) Veranstaltet in Zusammenarbeit mit einheimischen Gemeinden zukunftsweisende nachhaltige Safaris, die die Gäste weg von den typischen Touristenpfaden führen, und bietet mobile Camps, Trekking- und Kulturtouren nach Ruaha, Mikumi, in die Udzungwa Mountains und das entlegene Kilombero Valley an.

## Anderswo in Tansania

**Lake Tanganyika Adventure Safaris** (www.lakeshoretz.com) Organisiert sehr empfehlenswerte Abenteuer-Safaris vorwiegend in den Parks von Katavi und Mahale Mountains sowie am Tanganjikasee.

Nationalpark Kilimanjaro (S. 251)

## Reiseplanung

# Tansania aktiv

Tansania bietet so viel mehr als nur seine berühmten Safaris: Man kann tauchen, schnorcheln, Vögel beobachten, kitesurfen, Schimpansen aufspüren, Fahrrad fahren und wandern, um nur einige Highlights zu nennen. In die Urlaubsplanung sollte man mindestens eine dieser Optionen einbinden.

## Tansanias Highlights...

### Trekking & Wandern

Kilimandscharo, Meru, Usambara-Berge, Kraterhochland

### Tauchen & Schnorcheln

Sansibar, Pemba, Mafia-Island-Marinepark

### Wander-Safaris

Wildreservat Selous, Nationalpark Ruaha, Nationalpark Mikumi

### Vogelbeobachtung

Nationalpark Lake Manyara, Wildreservat Selous, Nationalpark Rubondo Island

## Reisezeit

**Trekking & Wandern** Juni–Feb.

**Tauchen & Schnorcheln** Sept.–Feb.

**Wander-Safaris** Juni–Okt.

**Vogelbeobachtung** ganzjährig, am besten jedoch Dez.–Juni

# Trekking & Wandern

Tansania bietet ein abwechslungsreiches Terrain und eine tolle Auswahl an Gipfeln und Gebirgszügen – von den bewaldeten Hängen der östlichen Udzungwa-Berge über die vulkanischen Klippen des Meru-Kraters und die Hügellandschaft der Usambara-Berge bis zu den Geröllhalden am Kilimandscharo. Trekking-Optionen reichen von Wanderungen von Dorf zu Dorf bis hin zu einsamen Fußmärschen in der Wildnis. Viele Routen können von jedem, der gesund ist, ohne besondere technische Ausrüstung bewältigt werden. Allerdings müssen Trekking-Touren oder Wanderungen in Nationalparks und bestimmten anderen Gebieten von einem Führer oder Wildhüter (Ranger) begleitet werden, was gewöhnlich auch bedeutet, dass man sich an festgelegte (meist kurze) Tagestouren halten muss.

## Buchung

Die Überlegungen bei der Buchung von Trekking-Touren sind die gleichen wie bei Safaris (S. 28). Am besten geeignet für die Organisation einer Tour auf den Kilimandscharo sind Moshi und Marangu, gefolgt von Arusha. Meru-Treks werden vorzugsweise individuell beim Personal am Parkeingang gebucht, organisierte Touren sowie Wanderungen in das Krater-Hochland und Besteigungen des Ol Doinyo Lengai eher bei einem Trekking-Unternehmen in Arusha.

## Kosten

Trekking-Touren auf den Kilimandscharo und ins Krater-Hochland sind teuer. Wer sich umhört, kann aber die meisten anderen Trekking-Touren zu vernünftigen Preisen buchen, und einige sind sogar richtig billig. Zu den günstigsten Trekking-Gebieten – alle mit öffentlichen Verkehrsmitteln zu erreichen – gehören:

**Usambara-, Pare- und Uluguru-Berge** Lassen sich als Teil eines Kulturprogramms für Touristen oder unabhängig (dann wird ein Guide empfohlen) erwandern. Der Zutritt zu den Nationalparks ist kostenlos.

**Hanang und Longido** Beide Berge kann man im Rahmen eines der örtlichen Kulturprogramme besteigen. Kostenloser Zutritt zu den Nationalparks.

**Nationalpark Udzungwa** Der größte Anteil der Kosten fällt für den Eintritt und die Guides an.

## Reisezeit

Für Trekking eignen sich die trockene, wärmere Jahreszeit von Mitte Dezember bis Februar und die ebenfalls trockene, aber kühlere Jahreszeit von Juni bis Oktober. Ungünstig ist es von Mitte März bis Mitte Mai, wenn schwere Niederschläge fallen. Dennoch ist Trekking fast das ganze Jahr über möglich. Ausnahmen sind die Berge Udzungwa, Usambara, Pare und Uluguru, wo der Boden während der Regengüsse von März bis Mai extrem schlammig wird.

## Trekking-Arten

Kilimandscharo- und Meru-Touren werden meist etappenweise mit voller Ausrüstung und in Begleitung von Führern und Trägern durchgeführt (für den Meru braucht man keine Träger). Der Ol Doinyo Lengai erfordert angesichts des zerklüfteten Geländes und der schwierigen Anfahrt ebenfalls eine gute Plaung und Ausrüstung, ebenso wie die meisten Trekking-Touren im Krater-Hochland. Die Usambara-Berge und in geringerem Maße die Pare-Berge sind in Touren von Dorf zu Dorf zu schaffen, wo unterwegs Verpflegung nachgekauft werden kann. Die meisten anderen Gebiete liegen irgendwo dazwischen, hier braucht man ausreichend Proviant und einen Führer (oder GPS und ein paar Suaheli-Kenntnisse). Man sollte flexibel bleiben, was Routen und Wegweisung angeht.

## Ab in den Rucksack

Für Kilimandscharo und Meru ist wasserdichte Kleidung und Ausrüstung für kaltes, regnerisches Wetter erforderlich. Insbesondere auf dem Kilimandscharo muss die gesamte Ausrüstung, vor allem der Schlafsack, wasserdicht sein, denn auf dem Berg trocknet nichts. In allen Gebirgen Tansanias muss immer mit Regen und deutlich kälterer Witterung als an der Küste gerechnet werden. Die Nächte können eisig sein; eine wasser- und winddichte Jacke sowie ein warmer Pullover sind unerlässlich.

## Guides & Träger

Guides werden für Wandertouren auf den Kilimandscharo, den Meru, im Krater-Hochland und im Nationalpark Udzungwa Mountains benötigt. Andernorts ist ein örtlicher Führer nicht obligatorisch, aber ratsam. Er kennt den Weg und schützt in einigen Gegenden vor gelegentlichen Belästigungen oder Diebstählen.

Wer sich entschließt, ohne Guide zu wandern, braucht Suaheli-Grundkenntnisse.

Man sollte sich stets vergewissern, dass der Guide zugelassen oder bei einem zugelassenen Veranstalter angestellt ist. Am Kilimandscharo kümmert sich meist das Trekking-Unternehmen darum, am Meru sowie im Nationalpark Udzungwa Mountains übernehmen Wildhüter die Führung. Auch das Ngorongoro-Schutzgebiet hat eigene Guides. In anderen Gebieten erkundigt man sich am besten bei der örtlichen Touristeninformation oder der Guide-Genossenschaft, bevor man Abmachungen trifft. Freiberufliche Guides sind nicht zu empfehlen.

Träger werden nur am Kilimandscharo und manchmal auch am Meru eingesetzt. Im Krater-Hochland sorgen bisweilen Esel für den Transport der Ausrüstung.

### Trinkgeld

Das Trinkgeld für Träger und Guides ist deren Haupteinnahmequelle und daher ein wichtiges Thema bei Wanderungen auf den Kilimandscharo und den Meru. In anderen

### VERANTWORTUNGSVOLLES TREKKING

- Keinen Müll zurücklassen, auch nicht Damenbinden, Tampons, Kondome und Toilettenpapier (Brandgefahr und schlechte Verrottung).
- Möglichst wenig Verpackungsmaterial mitnehmen; besser sind wiederverwendbare Behälter oder Stoffbeutel.
- Toiletten benutzen, falls vorhanden, sonst alles in 15 cm tiefen Löchern, mindestens 100 m von Wasserläufen entfernt, vergraben; mit Erde und Steinen abdecken.
- Keine Reinigungsmittel oder Zahnpasta, auch wenn sie biologisch abbaubar sind, in oder in der Nähe von Wasserläufen verwenden.
- Zum Waschen biologisch abbaubare Seife und einen Wasserbehälter in mindestens 50 m Entfernung von Gewässern benutzen. Das Schmutzwasser weitläufig verteilen, damit es im Boden gefiltert werden kann.
- Kochgeräte 50 m von Gewässern entfernt mit einem Topfreiniger statt mit einem Spülmittel reinigen.
- Auf den vorhandenen Pfaden bleiben und keine Abkürzungen gehen. Die Pflanzen stehen lassen, weil sie dem Mutterboden Halt geben.
- Möglichst nicht auf offenem Feuer mit Holz kochen, um nicht zur schnelleren Entwaldung beizutragen. Auf einem leichten Kerosin-, Alkohol- oder Shellite(Kocherbenzin)-Kocher kochen und keine Butangaskocher mit Wegwerfkartuschen verwenden.
- Wer mit Guide und Trägern unterwegs ist, sollte Kocher für das ganze Team gestellt bekommen. In kalten Gegenden darauf achten, dass alle Teilnehmer warme Kleidung dabeihaben, damit keine wärmenden Feuer nötig sind.
- Nichts kaufen, was aus gefährdeten Arten hergestellt wurde.

Gegenden erwarten die Guides ein bescheidenes, aber angemessenes Trinkgeld für ihre Dienste (10 bis 15% des Tagessatzes).

## Trekking-Gebiete

Der Trek schlechthin ist natürlich die Besteigung des Kilimandscharo, aber es gibt noch viele andere tolle Routen.

### Kilimandscharo

An Afrikas höchstem Berg (5896m; S.251) stehen mehrere Routen zur Auswahl, die alle über die bewaldeten unteren Hänge, durch Moor- und Heidelandschaften und bis zu den alpinen Zonen und dem schneebedeckten Gipfel führen. Es gibt auch Wandermöglichkeiten in den unteren Hängen, die wegen der Vegetation, der Wasserfälle und der kulturellen Begegnungen in den Chagga-Dörfern interessant sind. Marangu und Machame sind gute Ausgangspunkte, und die besten Ansprechpartner sind die Tourveranstalter in Moshi und Marangu.

### Meru

Der Meru (4566m) ist ebenfalls ein schönes Reiseziel und längst nicht so kostspielig wie der berühmtere Kilimandscharo. Er ist auch eine gute Vorbereitung auf den höheren Gipfel und eignet sich als Teil des Nationalparks Arusha (S.181) bestens für kombiniertes Safari-Trekking. Die Besteigung ist ohne Hilfsmittel möglich und nicht sehr schwierig, obwohl kurz vor dem Gipfel eine extrem herausfordernde (ungeschützte) Gratwanderung zu bewältigen ist. Viele Trekker halten den Meru daher für anspruchsvoller als den Kilimandscharo.

### Hanang

Tansanias vierthöchster Gipfel (3417m) bietet eine lohnende und eher leichte Bergwanderung auf ausgetretenen, häufig überwucherten Pfaden bis hinauf zum Gipfel. Die Tour ist relativ preiswert zu organisieren. Sie ist besonders reizvoll, wenn man in die örtlichen Kulturen eintauchen möchte.

### Krater-Hochland & Ngorongoro-Schutzgebiet

Im Ngorongoro-Schutzgebiet sowie im Krater-Hochland (S.203) gibt es anstrengende, lohnende, aber teure Trekking-Möglichkeiten. Das Terrain bietet steile Hänge, Kraterseen, dichte Wälder, Flüsse und Wasserfälle. Gleich nördlich des Ngorongoro-Schutzgebietes (S.197) erhebt sich der noch aktive Vulkan Ol Doinyo Lengai (S.207); er kann auch vom Natronsee aus erreicht werden. Abgesehen von den Massai ist man meist allein auf weiter Flur.

### Usambara-Berge

Auf gut erschlossenen Fußwegen kann man in den westlichen Usambara-Bergen Touren von ein paar Stunden bis hin zu einer Woche unternehmen. Da es vor Ort genügend Gästehäuser gibt, muss man auch kein Zelt mitschleppen. Am häufigsten wird Lushoto als Ausgangspunkt gewählt, aber auch Soni und Mambo eignen sich gut. Das wichtigste Gebiet für Wandertouren in den östlichen Usambara-Bergen ist das Naturreservat Amani (S.153) mit einem Netz kurzer Waldwege. Auch kombinierte Wanderungen in beiden Regionen (mindestens fünf bis sechs Tage) sind möglich.

### Pare-Berge

In den Pare-Bergen (S.160) verlaufen kurze, gut ausgetretene Bergfußpfade. Die touristische Infrastruktur ist gleich null, man sollte sich also gut auf die Tour vorbereiten und einen Guide engagieren. Schlafgele-

### DIE TOPOGRAFIE DES KILI

Das Kilimandscharo-Massiv hat eine ovale Grundform mit rund 40 bis 60 km Durchmesser und erhebt sich fast 6000 m aus der Ebene. Die beiden Hauptgipfel sind der Kibo, eine Kuppe in der Mitte des Massivs, die sich in der Spitze kraterförmig einsenkt, und der Mawenzi an der Ostseite. Letzterer besteht aus einer Reihe zerklüfteter Felsnadeln. Der Shira an der westlichen Seite ist niedriger und fällt weniger auf als Kibo und Mawenzi. Der höchste Gipfel des Kibos, der Uhuru Peak (5895m), ist das Ziel der meisten Trekker. Der höchste Gipfel des Mawenzi, der Hans Meyer Point (5149m), ist für Trekker nicht erreichbar und wird auch von Bergsteigern nur selten besucht.

Obwohl aus Spalten im Kraterinnern noch immer Rauch und Schwefeldämpfe aufsteigen, gilt der Kilimandscharo als erloschener Vulkan.

Wander-Safari

genheiten gibt es nur in Form von Zelten oder in sehr einfachen Gästehäusern.

### Udzungwa-Berge

Die Udzungwa-Berge (S. 313) faszinieren vor allem aufgrund ihrer Flora voller einzigartiger Pflanzenarten. Auch Vogelbeobachter kommen auf ihre Kosten. Es gibt nur wenige ausgebaute Wege, die von einem halbstündigen Spaziergang bis hin zu mehrtägigen Bergwanderungen reichen. Für Letztere benötigt man jedoch ein Zelt, und man muss sich auch selbst verpflegen.

### Uluguru-Berge

Wer nach Morogoro kommt, der sollte etwas Zeit für eine Wanderung in den sowohl kulturell als auch botanisch reizvollen Uluguru-Bergen (S. 310) einplanen. Die meist halb- bis ganztägigen Wandertouren reichen von leichten bis hin zu anstrengenden Ausflügen. In Morogoro findet man problemlos Führer zu angemessenen Kosten.

### Südliches Hochland & Nationalpark Kitulo

Seit der Einrichtung des Nationalparks Kitulo (S. 328) und dank einem langsam wachsenden Netz einfacher Unterkünfte bekommt das schöne Hügelland im südwestlichen Tansania, das sich ungefähr zwischen Makambako und Mbeya nach Süden erstreckt, allmählich eine touristische Infrastruktur. Viele Gegenden hat man jedoch nach wie vor fast für sich allein. Kürzere Tageswanderungen und -ausflüge sowie längere Wanderungen organisiert man am besten von Mbeya oder Tukuyu aus.

### Mahale-Berge

Der Nkungwe im Nationalpark Mahale Mountains (S. 295) eignet sich für einen dreitägigen Trek in zerklüfteter Landschaft. In diese abgelegene Wildnis zu kommen ist schwierig, doch man wird mit intimen Einblicken in das Leben von Schimpansenvölkern, beeindruckender Aussicht und afrikanischen Wildtieren von Großkatzen bis hin zu Krokodilen belohnt. Wanderer müssen einen bewaffneten Ranger buchen, der sie gegen Angriffe von Wildtieren beschützt.

## Trekking-Veranstalter

### Arusha

Wer eine Kilimandscharo-Besteigung in Arusha plant, sollte nach Veranstaltern su-

## KOSTEN SENKEN

Je nach Länge der Tour, der Gruppengröße, dem Komfort der Unterkünfte vor und nach der Tour, der Qualität der Hütten oder Zelte sowie dem Wissen und der Erfahrung der Guides und Trekking-Führer können organisierte Touren ziemlich teuer werden. So spart man Kosten:

- Touren außerhalb der Nationalparks unternehmen (spart den Eintritt in die Parks)
- Eigene Campingausrüstung mitbringen (spart die Kosten für den Verleih)
- Möglichst keine Strecken wählen, die nur mit dem Leihwagen erreichbar sind
- Wenn möglich, außerhalb der Hauptsaison losziehen; dann lassen sich Veranstalter möglicherweise auf Rabatte ein.

Man darf aber nicht am falschen Ende sparen, etwa bei einer Kilimandscharo-Tour. Es müssen ausreichend Träger, ein Koch sowie zusätzliche Führer (Assistant-Guides) zugegen sein, falls sich die Gruppe aufteilt oder ein Teilnehmer krank wird und umkehren muss. Manche skrupellose Veranstalter stellen Kosten für einen Fünf-Tage-Trek in Rechnung, zahlen aber nur Berg- und Hüttengebühren für vier Tage. Einige Tourbegleiter geben während der Tour vor, „nicht flüssig" zu sein und bitten um Geld – die Rückzahlung im Basiscamp wird dann gerne vergessen oder verweigert.

chen, die ihre Treks nicht an Subunternehmer in Moshi oder Marangu weiterreichen.

**Dorobo Safaris** (S. 35) Arbeitet mit den Gemeinden zusammen; organisiert Touren im Ngorongoro-Schutzgebiet sowie Wildnis-Treks im Grenzbereich der Nationalparks Tarangire und Serengeti.

**Kiliwarrior Expeditions** (www.kiliwarriorexpeditions.com) Hochklassige Kilimandscharo-Besteigungen, Treks ins Ngorongoro-Schutzgebiet.

**Summits Africa** (☎0784 522090; www.summits-africa.com) Qualitativ hochwertige Treks und Wanderungen im Northern Circuit und anderswo.

### Marangu

Fast alle Hotels in Marangu organisieren Kilimandscharo-Wanderungen. Erwähnenswert ist die „Tour für Harte" des Marangu Hotels (S. 251): Die Teilnehmer zahlen den Parkeintritt, die Crew, den Transport zum Ausgangspunkt der Tour sowie Proviant und Ausrüstung. Das Hotel kümmert sich derweil um die Hüttenreservierungen und stellt die Führer und Träger.

### Moshi

Die Veranstalter in Moshi haben sich auf Kilimandscharo-Treks spezialisiert, die meisten bieten aber auch Tageswanderungen an den unteren Hängen des Berges an.

**African Scenic Safaris** (S. 34) Individuelle Wanderungen und Safaris rund um den Kilimandscharo.

**Just Kilimanjaro** (S. 35) Anbieter mit gutem Ruf. Fachmännisch geführte Kilimandscharo-Treks.

**Kessy Brothers Tours & Travel** (☎027-275 1185, 0754 803953; www.kessybrotherstours.com) Kilimandscharo-Treks.

**Milestone Safaris** (S. 36) Kilimandscharo-Besteigungen, Safaris im Northern Circuit und geführte Kulturtouren rund um Moshi.

**Moshi Expeditions & Mountaineering** (MEM Tours; Karte S. 246; ☎027-275 4234; www.memtours.com) Kilimandscharo-Touren.

**Shah Tours** (Karte S. 246; ☎0787 141052, 027-275 2998; www.shah-tours.com) Treks auf den Kilimandscharo und den Meru, ins Ngorongoro-Hochland und auf den Ol Doinyo Lengai.

**Summit Expeditions & Nomadic Experience** (S. 421) Kilimandscharo-Treks, Kulturexkursionen an den unteren Hängen des Bergs und Radtouren durch die Usambara-Berge.

**Tanzania Journeys** (S. 36) Kilimandscharo-Treks sowie Tageswanderungen und Kulturtouren ins Moshi-Gebiet.

**TinTin Tours** (S. 36) Kilimandscharo-Treks und Safaris im Northern Circuit.

## Tauchen & Schnorcheln

Die Unterwasserwelt Tansanias ist faszinierend: Stein- und Weichkorallen sowie zahllose Meerestiere wie Mantarochen, Echte Karett- und Grüne Schildkröten, Barrakudas und Haie. Weitere Highlights sind das Steilwandtauchen, insbesondere vor Pemba, die kulturell faszinierende Umgebung sowie die Möglichkeit, Safaris mit dem Tauchen zu verbinden. Allerdings ist die Sicht unter Wasser nicht verlässlich gut und die Preise liegen höher als am Roten Meer oder in Thailand. Wer ernsthaft tauchen möchte oder gar einen Tauchurlaub plant, sollte berücksichtigen, dass viele Tauchreviere bis zu einer Stunde Anfahrtszeit haben – außer man chartert ein Boot und bleibt draußen. Im Inland gibt's schöne Tauchmöglichkeiten am Tanganjikasee.

## Jahreszeiten & Bedingungen

Tauchen ist ganzjährig möglich, aber die Bedingungen variieren. Ende März bis Mitte Juni ist das Wetter wechselhaft und stürmisch. Die besten Monate sind Juli oder August bis Februar oder März, aber auch dann können wechselndes Wetter und der Wind Probleme machen. Bei Südwind im Juni und Juli ist das Meer im Südosten von Pemba rau. Bläst dagegen der Monsun von November bis Ende Februar von Norden her, ist das Meer ruhig und die Sicht klar. Am ruhigsten ist es von September bis November, dann flaut der Wind zwischen den jährlichen Monsunregen ab.

Im Juli und August sinken die Wassertemperaturen auf 22 °C, im Februar und März liegen sie bei 29 °C. Der Durchschnitt beträgt etwa 26 °C.

## Kosten & Kurse

Die Preise sind fast überall gleich, auf Pemba und Mafia vielleicht etwas höher als sonst an der Küste. Ein viertägiger PADI-Open-Water-Kurs kann bis zu 500 US$ kosten. Ein einfacher Tauchgang liegt bei etwa 50 bis 80 US$ (mehrtägige Pauschalangebote sind im Endeffekt preiswerter). Die meisten Veranstalter gewähren Gruppen und Tauchern mit eigenem Gerät 10% Nachlass. Viele Veranstalter bieten außer den Grundkursen fürs Tauchen in offenem Wasser auch Spezialkurse an: für Fortgeschrittene, Erste Hilfe, Rettungstaucher und Sonderkurse wie Unterwasserfotografie.
Fast alle Tauchveranstalter haben auch Schnorcheltouren im Programm. Die Ausrüstung wird für 5 bis 15 US$ verliehen; bei den Taucherbrillen unbedingt auf beste Qualität achten. Die meisten der guten Schnorchelreviere an der Küste sind nur mit dem Boot erreichbar. Eine halbtägige Tour kostet im Durchschnitt 20 bis 50 US$

Tauchen an der Küste vor der Insel Sansibar (S. 79)

pro Person; häufig ist ein Snack oder ein kleines Mittagessen inbegriffen.

## Wohin zum Tauchen?

Die Insel Sansibar (S. 79) ist bekannt für Korallen und Schiffswracks vor Stone Town sowie für relativ gute Sicht, großen Artenreichtum und pelagische Fauna im Norden und Nordosten. Es gibt anspruchsvolle Tauchreviere, aber auch Stellen für Anfänger und leidlich erfahrene Taucher.

Während Sansibar auf dem Kontinentalsockel liegt, ist Pemba (S. 125) eine ozeanische Insel über einem tiefen Meeresgraben. Daher ist das Tauchen dort merklich anspruchsvoller, es gibt Steilwände und Strömungen, wenngleich Anfänger auch auf Pemba geschützte Reviere finden, insbesondere um die Insel Misali. Die meisten Tauchreviere liegen im Westen um Misali und im Norden vor der Halbinsel Kigomasha.

Mafia (S. 346) bietet den Tauchern ausgezeichnete Korallen, reiche Fischvorkommen und pelagische Fauna; alles in wenig frequentierten Tauchrevieren, meist von motorisierten Daus aus.

Der Meerespark Mnazi Bay-Rovuma Estuary (S. 368) im äußersten Süden ist etwas für Individualisten; hier gibt es noch wenig erkundete Reviere. Das gilt auch für den glasklaren Tanganjikasee mit hervorragenden Schnorchelrevieren.

Nach dem letzten Tauchgang sollte man ausreichend Zeit an Land einplanen, bevor es zurück zum Flieger Richtung Heimat geht. PADI empfiehlt eine Aufenthaltsdauer von mindestens zwölf Stunden; wer an mehreren Tagen jeweils mehrmals getaucht ist, sollte die Ruhezeit deutlich verlängern. Der Abschluss einer Versicherung noch vor dem Abflug nach Tansania ist unbedingt zu empfehlen. Leider schließen viele der üblichen Policen das Tauchen aus. Wer sich unter Wasser begeben will, sollte unbedingt in den sauren Apfel beißen und etwas mehr für einen umfassenden Versicherungsschutz ausgeben. Die Mehrkosten sind nichts im Vergleich zu dem, was man zahlen muss, wenn man ohne adäquates Versicherungspaket einen Unfall hat.

## Das geeignete Tauchzentrum finden

Bei der Wahl des Veranstalters sollten immer Qualität und inbegriffene Leistungen wichtiger sein als der Preis. Wie erfahren und qualifiziert sind die Tauchlehrer und Mitarbeiter, welchen Eindruck macht die Ausrüstung, wie oft werden die Geräte gewartet? Man sollte sich einen Überblick über den allgemeinen Zustand des Betriebes verschaffen. Wie steht es um die Sicherheitsvorkehrungen: Sprechfunk, Sauerstoff, Notfallpläne, Stabilität und Zustand der Boote, Ersatzmotoren, Erste-Hilfe-Ausrüstung, Leuchtraketen und Schwimmwesten? Sorgt der Veranstalter auf längeren Touren für ein Essen oder gibt's nur Tee und Plätzchen?

### UMWELTVERTRÄGLICHES TAUCHEN & SCHNORCHELN

- Anker zerstören die Riffe, Boote dürfen nicht über die Korallen schrammen.
- Lebende Meerestiere weder berühren noch draufstehen oder seine Ausrüstung über das Riff schleifen. Wenn es sich nicht vermeiden lässt, dann nur auf nackten Fels oder abgestorbene Korallen treten.
- Vorsicht mit den Taucherflossen: Schon der Sog schadet empfindlichen Rifftieren, aufgewirbelter Sand könnte Kleintiere zuschütten.
- Sorgfältig die Gewichte kontrollieren: Viele Taucher richten ernste Schäden an, weil sie zu schnell abtauchen und gegen das Riff prallen.
- Vorsicht in Höhlen! Immer nur kurz darin aufhalten. Wenn sich die ausgeatmeten Luftblasen unter der Decke sammeln, könnten Organismen im Trockenen sitzen. Kleine Höhlen nacheinander erkunden.
- Korallen oder Muscheln sind tabu – auch am Souvenirstand.
- Den Müll mit nach Hause nehmen. Jedes Stück Plastik ist eine ernste Bedrohung für die Meerestiere.
- Keine Fische füttern.
- Niemals auf dem Rücken von Schildkröten reiten.

Die PADI-Kurse bieten einen wesentlichen Vorteil: Der Lernstoff ist normiert, und die Lehrgänge werden auf der ganzen Welt von anderen PADI-Veranstaltern anerkannt.

In Matemwe gibt es eine Dekompressionskammer, die nächste steht in Johannesburg, Südafrika. Auf der Website der **Divers Alert Network Southern Africa** (DAN; www.dansa.org) sind die Veranstalter auf Sansibar aufgelistet, die sich der Organisation angeschlossen haben. Wer sich für einen anderen Veranstalter entscheidet, sollte eine Versicherung bei der DAN abschließen.

PETER UNGER / GETTY IMAGES ©

Dau-Segelboot, Insel Sansibar (S. 79)

# Andere Aktivitäten

## Vogelbeobachtung

Tansania ist ideal für Vogelbeobachter. Hier leben über 1000 Arten, darunter zahlreiche Endemiten. Außer den Nationalparks und Schutzgebieten sind die östlichen Usambara-Berge und der Victoriasee gute Ziele. Nützliche Websites sind der **Tanzania Bird Atlas** („Vogelatlas Tansania"; www.tanzaniabirdatlas.com), **Tanzania Hotspots** (Seite auf www.camacdonald.com/birding/africatanzania.htm) und **Tanzanian Birds & Butterflies** (Vögel & Schmetterlinge Tansanias; www.tanzaniabirds.net).

## Bootsfahrten, Segeln & Kajakfahren

In den Küstenorten lassen sich Fahrten mit einer Dau organisieren, sie eignen sich aber eher für kurze Ausflüge. Das Hotelpersonal kennt für gewöhnlich zuverlässige Bootsführer. Viele Hotels an der Küste oder auf den Inseln besitzen eigene Daus, die für kurze Fahrten gechartert werden können. Auf der Insel Sansibar, auf Pemba und Kilwa werden Katamarane und Segelboote angeboten, in Daressalam und Tanga gibt's private Jachtclubs.

## Schimpansen beobachten

In den Nationalparks Gombe Stream (S. 294) und Mahale Mountains (S. 295) erforschen internationale Wissenschaftlerteams das Verhalten von Schimpansen. Touristen können unsere nächsten Verwandten hier ganz aus der Nähe sehen.

## Angeln

Mafia, der Kanal von Pemba, das Meer um den Sansibar-Archipel sowie der Archipel Songo Songo sind Insidern längst als Top-Reviere für die Hochseefischerei bekannt. Die exklusiveren Hotels vermitteln Chartertouren, etwa das Mwangaza Hideaway (S. 356) in Kilwa Masoko und die Nobelhotels in vielen Küstenorten. In Daressalam können Angler beim Sea Breeze Marine (S. 58) und beim **Dar es Salaam Yacht Club** (Karte S. 64; www.daryachtclub.co.tz; Yacht Club Rd, Msasani; 👪) nachfragen.

Auch der Victoriasee ist für seinen Fischreichtum berühmt, vor allem für Nilbarsche. Die besten Kontakte haben das Lukuba Island Lodge Resort (S. 268) und die Wag Hill Lodge (S. 274).

## Reiten

Pferde-Safaris werden in den Regionen westlich des Kilimandscharo und um den Natronsee angeboten. Hier zwei Veranstalter: die **Makoa Farm** (Karte S. 245; ☎0625 312896, 0754 312896; www.makoa-farm.com) und **Kaskazi Horse Safaris** (☎0766 432792; www.kaskazihorsesafaris.com). Bei Redaktionsschluss dieses Bandes wurden Pferde-Safaris nach Matema am Nyasasee im Nationalpark Kitulo ab 2018 geplant. Bei Maua Café & Tours (S. 331) in Mbeya erkundigen.

Reiseplanung

# Reisen mit Kindern

Tansania schreckt Familien mit Kindern oft ab, denn die Preise für Unterkünfte und Parks können hoch sein, die Strecken sind lang und Mietwagen teuer. Für abenteuerlustige Kinder hält Tansania aber viele fantastische Attraktionen – insbesondere Wildtiere und Strände – sowie freundliche Menschen und fast immer gutes Wetter bereit.

## Die besten Regionen für Kinder

### Nord-Tansania

Tansanias Norden ist Safari- und Massai-Land. Billig ist es nicht, aber Kinder werden es lieben, die Tiere zu beobachten, und sich auch für die vielen farbenfrohen Kulturen begeistern. Weitere Vorteile sind die zahlreichen kinderfreundlichen Hotels und Restaurants.

### Die Insel Sansibar

Allein die hübschen Strände machen Sansibar zu einem perfekten Ziel für Familien. Viele Hotels haben auch Swimmingpools, ideal bei Ebbe, und ein weitläufiges Gelände. Zudem gibt's viele kinderfreundliche Gerichte.

### Das südliche Hochland

Das Hochland bietet Kindern viel Platz zum Herumlaufen, Wildtierparks, den bezaubernden Malawisee und familienfreundliche Unterkünfte.

### Nordost-Tansania

Entspannte Strände, familienfreundliche Unterkünfte, das historische Bagamoyo und die Möglichkeit, im Nationalpark Saadani Wildtiere zu beobachten, machen den Nordosten zu einer guten Wahl für Kids.

## Tansania für Kinder

### Wildtiere beobachten

In Tansanias Wildtier-Regionen, besonders in den Nationalparks Serengeti, Tarangire und am Ngorongoro-Krater, sieht man fast garantiert Wildtiere, oft auch aus nächster Nähe. Wer im Park übernachtet, sollte eine Lodge oder ein Safaricamp mit Pool buchen, wo die Kleinen sich zwischendurch austoben können. Alternativ nimmt man ein Hotel mit Pool und/oder großem Grundstück außerhalb des Parks. Nach einem Ausflug zu den Wildtieren im Park (mit Snacks oder einem Picknick) kann man in der restlichen Zeit das Angebot an kulturellen Touren, Nachtfahrten und weiteren Aktivitäten nutzen.

### Strände

Tansanias Strände sind herrlich, obwohl das Meer manchmal trüb und voller Algen ist. Am besten im Hotel erkundigen, wo und wann man sicher baden kann.

### Verkehrsmittel

Für eine Familienreise ist ein Mietauto mit Fahrer eine gute Investition. So kann man das Reisetempo selbst bestimmen und nach Belieben Toilettenpausen einlegen. Viele Familien bereisen das Land aber auch gern mit öffentlichen Verkehrsmitteln wie dem Zug.

## Sicher übernachten

Weder Tansanias Parks noch die Lodges oder Camps sind mit Zäunen geschützt. In Camps muss man daher sehr auf die Kinder aufpassen. Häufig dringen wilde Tiere in öffentliche Bereiche vor, und Kinder dürfen auf keinen Fall allein im Camp herumlaufen, auch nicht auf kurzen Strecken. Besonders abends muss man wachsam sein.

# Highlights für Kinder

## Strände

- **Sansibar** Die Ostküste hat herrliche Sandstrände mit sanftem Wellengang; bei Ebbe kann man die Swimmingpools der Hotelresorts nutzen. Eine gute Wahl in Stone Town ist das familienfreundliche Tembo House Hotel (S. 93).
- **Pangani** Ruhige Strände, geschützte Buchten und viele familienfreundliche Ferienanlagen, z. B. Peponi (S. 143) und Fish Eagle Point (S. 150).
- **Nyasasee** Der Strand Matema (S. 337) ist für Familien wundervoll, außer in der Regenzeit (März–Mai), denn dann sind die Wellen oft hoch.
- **Insel Mafia** (S. 344) Kleine, ruhige Strände, Dau-Fahrten und Schnorcheln.

## Wildtier-Gebiete

- **Nationalpark Saadani** (S. 139) Strand und Wildtiere.
- **Nationalpark Arusha** (S. 181) Klein und gut machbar; leichter Tagesausflug von Arusha.
- **Ngorongoro-Krater** (S. 197) Wildtiere garantiert, familienfreundliche Unterkünfte in der Nähe.
- **Southern Circuit** (S. 34) Ideal für ältere Kinder; es gibt auch Safaris in Fahrzeugen mit offenem Verdeck.

## Anderswo

- **Iringa-Region** Bergpanoramen, jede Menge Platz, Wandern, der Nationalpark Ruaha (S. 323) sowie super Familienunterkünfte, z. B. das Old Farm House (S. 321) in Kisolanza.
- **Usambara-Berge** (S. 153) Herrliche Berglandschaften, kühle Temperaturen, Wandern und familienfreundliche Unterkünfte.

### REISEPLANUNG

- Die beste Reisezeit ist die kühlere Trockenzeit von Juni bis September. Dann gibt es weniger Mücken, man sollte aber trotzdem für Malaria-Schutz sorgen.
- Wegen der empfohlenen Impfungen und einer Malaria-Prophylaxe den Arzt aufsuchen. Kinder sollten unter mitgebrachten Moskitonetzen schlafen. Außerdem sollte man langärmelige T-Shirts, Hosen und Socken für die Zeit um Sonnenauf- und -untergang sowie Mückenspray mitbringen (am besten von zu Hause).
- In bevölkerten Gegenden besteht an Stränden das Risiko einer Hakenwurminfektion. Beim Waten durch flaches Wasser oder Schnorcheln auf Seeigel achten.
- In Seen kann man sich mit Bilharziose infizieren. Im Busch auf Dornen achten. Man braucht eine kindgerechte für die Erste Hilfe ausgestattete Reiseapotheke.
- Straßenküche ist für Kinder ungeeignet, gesunde Kost unterwegs schwer zu finden. Frisches und getrocknetes Obst sowie Säfte kauft man am besten in größeren Städten. Ein Taschenmesser zum Schälen mitbringen! In Städten gibt's Naturjoghurt (*mtindi*).
- Wickelräume sind in Tansania selten. Eine Decke oder Wickelmatte mitnehmen.
- Nur in Städten findet man Fertigbabynahrung, Milchpulver, Windeln, Wischtücher für Babys etc.
- Kindersitze für Mietwagen und Safarifahrzeuge bekommt man in der Regel nur auf Vorbestellung.
- Lodges in Wildtiergebieten und Safaricamps erlauben Kinder oft erst ab 12 Jahren.
- Die meisten Hotels und alle Nationalparks bieten Ermäßigungen für Kinder, aber man muss extra danach fragen, vor allem bei Buchungen über lokale Touranbieter.
- Weitere Tipps, um Kinder und Eltern auf Reisen bei Laune zu halten, stehen im englischsprachigen Lonely Planet *Travel With Children*.

# Tansania im Überblick

In Tansania sind die Strecken von Ort zu Ort sehr lang – was man unbedingt bei der Planung einer Reiseroute bedenken sollte. Eine beliebte zweiwöchige Tour führt in die Wildschutzgebiete im Norden, gefolgt von einem Treck auf den Kilimandscharo oder Relaxen auf Sansibar.

Wer mehr Zeit zur Verfügung hat und besonders abenteuerlustig ist, sollte lieber den Rest des Landes erkunden. Erst Richtung Westen, um etwas über die Lebensweise der Schimpansen zu erfahren, und dann den Tanganjikasee und den Victoriasee entdecken. Das Südliche Hochland bietet sich an zum Wandern, mit hübschen hügeligen Panoramen und lebendigen Märkten. Der Südosten Tansanias ist ideal, um Wildtiere zu beobachten und die traditionelle Kultur der Suaheli kennenzulernen. Der Norden hingegen bietet Wandergelegenheiten, Strände und Kultur. In Daressalam gibt es einen internationalen Flughafen und jede Menge tolle Läden und gutes Essen.

## Daressalam

**Shoppen**
**Architektur**
**Geschichte**

### Märkte & Boutiquen

Der Mwenge-Holzschnitzermarkt, die Handwerkermärkte am Wochenende im Msasani Slipway oder schicke Boutiquen in hochpreisigen Hotels – in Daressalam gibt's viele Möglichkeiten.

### Vielseitige Architektur

Von deutschen Kolonialbauten an der Kivukoni Front bis zur Architektur mit indischen Einflüssen rund um die Jamhuri St. und modernen Konstruktionen in der Nähe des Hafens gibt's hier einfach alles.

### Museen

Geschichtsfreunde werden die Ausstellungen zur Olduvai-Schlucht und den Schirasi von Kilwa im Nationalmuseum lieben. Das Village-Museum zeigt die traditionelle Lebensweise und Kultur Tansanias.

S. 52

## Sansibar-Archipel

**Strände**
**Sansibar-Stadt**
**Tauchen**

### Stone Town

Das Labyrinth der Gassen, von Nelkenduft erfüllte Läden, Häuser arabischer Bauart, lebhafte Basare, eine lange Geschichte und reiche Kultur – all das ist Teil der Anziehungskraft dieses Weltkulturerbes.

### Weiße Strände

Die Kombination aus weißem Pudersand, sich wiegenden Palmen, dem türkisfarbenen Meer, malerischen Daus und herrlichen Sonnenaufgängen machen die hiesigen Strände – besonders an Sansibars Ostküste – unschlagbar.

### Reiche Unterwasserwelt

Klares Wasser mit bunten Korallen lockt Taucher aller Leistungsklassen. Rund um die Insel Memba gibt es auch erstklassige Schnorchelreviere.

S. 77

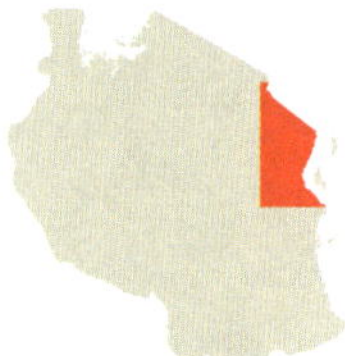

## Nordost-Tansania

**Strände**
**Wandern**
**Geschichte**

### Palmen & Affenbrotbäume

Die Strände nördlich und südlich von Pangani sind mit Palmen und Affenbrotbäumen gesprenkelt – und verglichen mit Sansibars Stränden auf der anderen Kanalseite fast menschenleer.

### Bergpanoramen

Die Highlights einer Wanderung in dieser Bergregion sind Lushoto und seine umgebenden Dörfer mit Wanderwegen und bergigem Panorama sowie das Naturreservat Amani mit vielen einzigartigen Pflanzen.

### Ruinen

Bagamoyo fasziniert mit seinem Museum, deutschen Kolonialgebäuden und nahe gelegenen Ruinen. Panganis verschlafene Straßen sind voller Geschichte – und im Süden warten die Tongoni-Ruinen aus dem 14. Jh.

S. 135

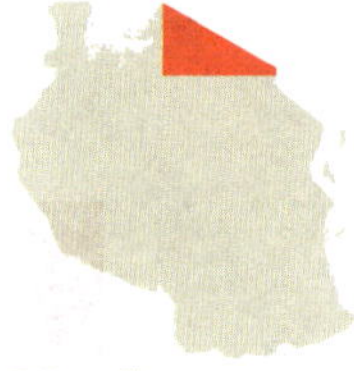

## Nord-Tansania

**Tierwelt**
**Wandern**
**Kultur**

### Safaris

Ngorongoro, Serengeti, Tarangire, Lake Manyara: Tansanias „Northern circuit" bietet einige der besten Möglichkeiten des ganzen Kontinents zur Wildtierbeobachtung.

### Anspruchsvolle Gipfel

Kilimandscharo und Meru haben beide anspruchsvolle Strecken zum Gipfel – für jeden, der einigermaßen fit und gut akklimatisiert ist. Weitere Highlights: das Krater-Hochland und der Ol Doinyo Lengai.

### Bunte Völker

Die Massai sind nur eines der vielen Eingeborenen-Völker in Nord-Tansania – es gibt noch viele weitere zu entdecken: darunter auch die Chagga am Kilimandscharo, die Iraqw rund um Karatu und die Hazda rund um den Eyasisee.

S. 166

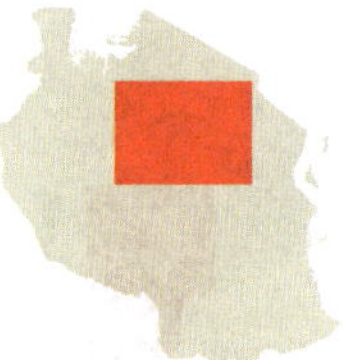

## Zentral-Tansania

**Kultur**
**Geschichte**
**Entdecken**

### Traditionelle Kultur

Das halbnomadische Barabaig-Volk vom Berg Hanang ist am bekanntesten, aber Zentral-Tansania ist auch die Heimat der Massai, der Sandawe, der Iraqw und vieler anderer Völker – der Markt in Katesh gibt faszinierende Einblicke.

### Felskunst

Es dauert, bis man die faszinierenden Felsmalereien von Kondoa erreicht – aber der Aufwand lohnt sich.

### Abseits der üblichen Pfade

Wenige Reisende kommen in diesen Landesteil, dabei gibt es viel zu entdecken, etwa Dodoma, mit seinen überdimensionierten Straßen und großartigen Gebäuden, eine Klettertour auf den Hanang oder ein Tag in der Marktstadt Babati.

S. 256

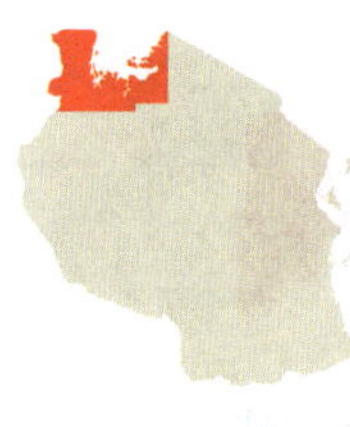

## Victoriasee

**Vögel beobachten**
**Geschichte**
**Inseln**

### Vogelbeobachtung

Der Victoriasee bietet viel Gelegenheit zur Vogelbeobachtung. Das Highlight ist der Nationalpark Rubondo Island mit seiner großen Fülle an Wasser- und Zugvögeln.

### Museen

Am Victoriasee gibt's zwei fesselnde Museen: das Sukuma-Museum außerhalb von Mwanza und das Julius K. Nyerere Museum in Butiama, in der Nähe von Musoma.

### Ruhe & Entspannung

Man kann wählen zwischen dem Nationalpark Rubondo Island, den Inseln Lukuba bei Musoma, Musira bei Bukoba oder Ukerewe vorm Ufer von Mwanza. Alle sind malerisch, erholsam und bieten einen Einblick in das traditionelle Leben am Seeufer.

S. 266

## West-Tansania

**Schimpansen**
**Entdecken**
**Tierwelt**

### Schimpansen

Die Nationalparks Mahale Mountains und Gombe Stream bieten Gelegenheit, Schimpansen aus der Nähe zu beobachten. Beide sind auch landschaftlich sehr reizvoll, und die Anreise ist abenteuerlich.

### See & Uferlinie

Klares Wasser voller Fische, einsame Buchten, abgelegene Dörfer und die MS *Liemba* machen den Tanganjikasee und sein Hinterland zu einem wahren Schatz. Nicht Kigoma, Ujiji und Taboras Landesinneres verpassen.

### Nilpferde & Büffel

In der Trockenzeit Wildbeobachtungen im Nationalpark Katavi mit riesigen Nilpferd-Gruppen und Büffelherden erleben und danach bei Kipili am Seeufer relaxen.

S. 285

## Südliches Hochland

**Nationalparks**
**Wandern**
**Landschaft**

### Safaris

Die Nationalparks Ruaha und Mikumi locken mit vielen Wildtieren und tollen Landschaften. Nicht die Elefanten und Nilpferde in Ruaha sowie die Zebras und Giraffen in Mikumi verpassen.

### Wasserfälle & gewundene Wege

Die steilen Hänge und Wasserfälle der Udzungwas sind ein Wander-Highlight. Außerdem locken geführte Wanderungen rund um Mbeya oder raue Trips auf dem Kitulo Plateau voller Orchideen.

### Hügel & Wildblumen

Das weite Gebiet von Iringa zum Malawisee ist herrlich, mit sanft geschwungenen Hügeln, von Wildblumen übersäten Tälern, uralten Affenbrotbäumen, riesigen Teeplantagen und von Trompetenbäumen beschatteten Städten.

S. 305

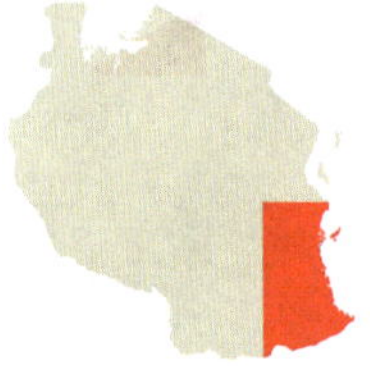

## Südost-Tansania

**Küstenleben**
**Geschichte**
**Tierwelt**

### Strände

Dank Wasserwegen im Schatten von Mangrovenwäldern und munteren lokalen Traditionen ist Mafia eine tolle Einführung in die Suaheli-Kultur. Auf dem Festland bieten Lindi, Mtwara und Kilwa Masoko Einblicke in das traditionelle Küstenleben.

### Ruinen

In diesen Ruinen kann man sich die Zeit der Sultane, als die Handelsbeziehungen bis ins heutige Indien und China reichten, lebhaft vorstellen.

### Boot-Safaris & Unterwasser-Wunder

Das Wildreservat Selous Game lockt mit tollem Panorama, Boot-Safaris und vielen Tieren. Vor der Küste des Südostens locken die Meeresparks Mafia Island und Mnazi Bay-Ruvuma Estuary mit tollen Tauchrevieren.

S. 342

# Reiseziele in Tansania

# Daressalam

022 / 4,36 MIO. EW.

Inhalt ➜



## Schön übernachten

- Alexander's Hotel (S. 61)
- Southern Sun (S. 60)
- Friendly Gecko Guesthouse (S. 73)
- Ras Kutani (S. 76)
- Dar es Salaam Serena Hotel (S. 60)
- Hyatt Regency Dar es Salaam (S. 61)

## Gut essen

- Oriental (S. 65)
- Mamboz Corner BBQ (S. 63)
- Chapan Bhog (S. 63)
- Zuane Trattoria & Pizzeria (S. 66)
- Addis in Dar (S. 66)

## Auf nach Daressalam!

In den letzten hundert Jahren ist aus dem verschlafenen Zaramo-Fischerdorf Daressalam eine aufstrebende Metropole mit über vier Millionen Einwohnern geworden. Es liegt an einer der wichtigsten Seerouten der Welt, ist der am zweitstärksten frequentierte Seehafen Ostafrikas und Tansanias wirtschaftlicher Motor. Trotz dieser Tatsache – und der vielen Staus – hat die Stadt sich ein zwangloses, bodenständiges Flair bewahrt.

Am Rand des Zentrums liegt die Kivukoni Front mit einem lebendigen Fischmarkt, an dem frühmorgens Daus den Fang der letzten Nacht abladen. In Daressalam gibt's hervorragende Kunsthandwerksmärkte und Restaurants sowie unweit der Stadt Sandstrände und vorgelagerte Inseln.

Die Architektur wartet mit afrikanischen, arabischen, indischen und deutschen Elementen auf, viele traditionelle Bauwerke werden aber mittlerweile von Hochhäusern überschattet. Die meisten Reisenden lassen „Dar" links liegen, doch wer verweilt, erlebt eine entspannte, vielseitige Stadt.

## Reisezeit

### Daressalam

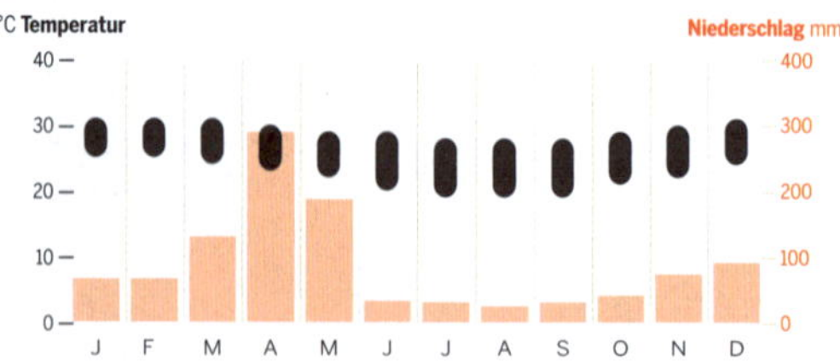


**März–Mai** Nebensaison: günstigere Preise und weniger Touristen, einige Lodges im Süden geschlossen.

**Juni–Sept.** Kühles, trockenes Wetter und niedrige Luftfeuchtigkeit. Tolle Zeit, um die Stadt zu genießen.

**Dez.** Weihnachts- und Neujahrsferien in den nahegelegenen Strandorten, Ankunft der Zugvögel.

## Geschichte

Im Jahr 1862 ließ Sultan Seyyid Majid von Sansibar im Fischerdorf Zaramo Mzizima seinen neuen Sommerpalast bauen. Aufgrund der abgeschiedenen Lage an einer weitläufigen natürlichen Bucht, die ihm hervorragend als neu geplanter Warenumschlagplatz dienen würde, nannte er diesen Palast Daressalam ("Oase des Friedens"). Jemenitische Araber wurden beauftragt, im Inland Kokospalmen anzupflanzen, während indische Kaufleute sich um die wachsende Wirtschaft kümmerten.

Mit Majids plötzlichem Tod im Jahr 1879 endeten die Arbeiten abrupt. Sein Bruder Barghasch, der die Herrschaft übernahm, interessierte sich nur wenig für den neuen Hafen. Erst Ende der 1880er-Jahre entwickelte die Stadt sich dank des Handels der Deutsch-Ostafrikanischen Gesellschaft weiter und wurde 1887 Hauptstadt des neuen deutschen Protektorats. Die Kolonialverwaltung zog von Bagamoyo nach Daressalam und der Bau einer Eisenbahnlinie beschleunigte das Wachstum der Stadt und ermöglichte den Handel mit Zentralafrika über den Tanganjikasee.

Diese Entwicklungen brachten auch ein gesteigertes soziales und politisches Bewusstsein mit sich. Ironischerweise beschleunigte ausgerechnet der Erste Weltkrieg das Wiederaufleben afrikanischer Institutionen wie der Tanganjika African Association, die von der britischen Nachkriegs-Verwaltung im Jahr 1922 genehmigt wurde. Die Organisation schloss sich schließlich mit der Tanganjika African National Union (TANU) zusammen und legte damit den Grundstein für eine nationalistische Bewegung, die 1961 die Unabhängigkeit des Landes erreichte. Seitdem ist Daressalam die unbestrittene politische und wirtschaftliche Hauptstadt des Landes, auch wenn der offizielle Regierungssitz 1973 nach Dodoma verlegt wurde.

Präsident Julius Nyerere bevorzugte im seit Kurzem unabhängigen Tansania ein sozialistisches Wirtschaftsmodell und investierte nicht in die Städte des Landes, sondern in ländliche Räume. So kam die Entwicklung Daressalams, der größten Stadt des Landes, zum Erliegen, während der nun nationalisierte Arbeitsmarkt und eine Zentralregierung ein Ausmaß an Bürokratie und Korruption mit sich brachten, wie man es seit dem Byzantinischen Reich nicht mehr erlebt hatte. Die engen Bande zwischen Nyerere und China zahlten sich je-

## Highlights

1. **Inseln vor der Küste** (S. 73) Schnorcheln und picknicken auf Mbudya und Bongoyo.
2. **Coco Beach** (S. 59) Am Wochenende zusammen mit Einheimischen alle viere von sich strecken.
3. **Wonder Workshop** (S. 68) Herrlich verrückte Souvenirs aus wiederverwerteten Gegenständen erstehen.
4. **Lokalkolorit** (S. 58) Bei Fahrrad-, Kultur- oder Wandertouren das echte Daressalam kennenlernen.
5. **Dekeza Dhows** (S. 75) Eine Dau oder ein Kajak mieten und aufs Meer hinausfahren.
6. **Ras Kutani** (S. 76) Die herrlich unberührte Landspitze erkunden, auf der Schildkröten nisten.
7. **Küche** (S. 63) In Daressalams Multikulti-Küche eintauchen und Dhoklas, Grillfleisch, Gewürztee und Fisch im Kokosmantel probieren.
8. **Vogelbeobachtung** (S.58) Bei einer Führung die artenreiche Vogelwelt Daressalams bestaunen.

doch aus, als der Sozialismus in den 1990er-Jahren zugunsten des Liberalismus aufgegeben wurde. Seitdem haben chinesische Investitionen Daressalam von einer unwichtigen Kolonialstadt in eine aufstrebende Metropole verwandelt. Peking ist heute Daressalams wichtigster Handelspartner. Die Investitionen zielen auf riesige Projekte wie den Bau von Straßen, Brücken, einem Schienennetz, Apartments und Pipelines ab. Von besonders großem Ausmaß ist die Investition in die neue Stadt Kigamboni auf der anderen Seite der Bucht, wo in 20 Jahren Daressalams Zukunft liegen wird. Das Projekt mit einem Wert von 11,6 Billionen US$ soll 2032 fertiggestellt sein.

## Sehenswertes

Das Stadtzentrum verläuft entlang der Samora Avenue. Nordöstlich der Allee liegt das alte Kolonialzentrum **Uzunguni**, in dem sich die Sehenswürdigkeiten der Stadt befinden, südwestlich davon die asiatischen Viertel **Kisutu** und **Mchafukoge** mit ihren vielen indischen Kaufleuten und Händlern. Hier erlebt man die Stadt von ihrer exotischsten Seite. In unzähligen Geschäften wird alles von Lampen bis hin zu Textilien und würzigen Samosas angeboten. Weiter Richtung Westen und Südwesten schließen sich zahlreiche bodenständigere Viertel wie **Kariakoo**, **Temeke** und **Ilala** an. In diesen Teilen der Stadt, die selten von Touristen besucht werden, schlängeln sich sandige Straßen vorbei an eng gebauten Häusern und lebendigen Straßenmärkten.

Nördlich des Zentrums, jenseits der Selander Bridge, liegen **Oyster Bay** und **Msasani**, Wohngebiete der oberen Mittelklasse mit Restaurants und Geschäften im westlichen Stil. Hier findet man auch den größten Sandstrand der Stadt, den Coco Beach.

### Nafasi Art Space — KUNSTMUSEUM

(Karte S. 74; ☎0753 334310, 0673 334314; www.nafasiartspace.org; Eyasi Rd, Light Industrial Area, Mikocheni B; ⏲Mo–Fr 10–17.30, Sa 10–14 Uhr) Das Nafasi strebt an, das führende Zentrum für Zeitgenössische Kunst in Tansania zu werden. Der Komplex aus 11 Studios liegt in einem alten Industriewarenhaus in Mikocheni. Die hier arbeitenden Künstler – aus der Stadt sowie aus dem In- und Ausland – präsentieren allesamt ihre Werke in der Galerie vor Ort. Das Zentrum bietet eine Plattform für Trainings und kulturübergreifende Vorträge, die einmal im Monat durch Veranstaltungen beworben werden; Chap Chap zum Beispiel ist eine Kombination aus Ausstellung, offenen Workshops, Musikveranstaltungen am Abend, Theater und Tanz.

### Nationalmuseum & Haus der Kultur — MUSEUM

(Karte S. 56; ☎022-211 7508; Shaaban Robert St; Erw./Schüler 6500/2600 TSh; ⏲9.30–18 Uhr) Das Nationalmuseum beherbergt neben anderen archäologischen Fundstücken die berühmten Fossilien vom Zinjanthropus (Nussknacker-Mensch) aus der Olduvai-Schlucht, allerdings nur eine Kopie. Der History Room und eine ethnografische Sammlung liefern Einblicke in Tansanias Vergangenheit und die bunt gemischten Kulturen des Landes, darunter die Schirazi-Kultur von Kilwa, in den Sklavenhandel von Sansibar und in die deutsche und britische Kolonialzeit. Doch trotz aktueller Renovierungsarbeiten sind die Präsentation der Ausstellungsstücke und der rote Faden noch immer verbesserungsbedürftig. Für Liebhaber von Oldtimern wird eine kleine Spezialsammlung ausgestellt, darunter ein zuerst von der britischen Kolonialregierung und dann von Julius Nyerere gefahrener Rolls Royce.

### Village Museum — MUSEUM

(Karte S. 64; ☎022-270 0437, 0718 525682; New Bagamoyo Rd; Erw./Schüler 6500/2600 TSh, Tanz- & Trommelshow 2000 TSh; ⏲9–18 Uhr) Das Herzstück des Freilichtmuseums ist eine hochinteressante Sammlung von authentisch nachgebauten Häusern, die einen guten Eindruck von der traditionellen Lebensweise in verschiedenen Teilen Tansanias vermitteln. Sie sind nach Art der jeweiligen Region möbliert und liegen zwischen kleinen Nutzflächen. „Dorfbewohner" präsentieren traditionelle Fertigkeiten wie Weben, Töpfern und Schnitzen. Bei genügend Nachfrage werden täglich auch traditionelle Stammestänze aufgeführt.

Das Museum liegt 9 km nördlich vom Stadtzentrum. Das *dalla-dalla* nach Mwenge fährt an der Haltestelle New Posta (400 TSh, 45 Min.) ab; das Museum befindet sich gegenüber der Haltestelle „Makumbusho".

### Kathedrale St. Joseph — KIRCHE

(Karte S. 56; www.daressalaamarchdiocese.or.tz/st-joseph-cathedral; Sokoine Dr) Die römisch-katholische Kirche im gotischen Stil mit einem Turm wurde Ende des 19./Anfang des 20. Jhs. von deutschen Missionaren erbaut. Neben auffälligen Buntglasfenstern hinter dem Hauptaltar (die am späten Nachmittag am schönsten aussehen) kann man hier

# Stadtspaziergang
# Historisches Daressalam

**START** ECKE SAMORA AVENUE & AZIKIWE STREET
**ZIEL** ECKE SAMORA AVENUE & AZIKIWE STREET
**LÄNGE/DAUER** 4,5 KM/2 STD.

Vom 1 **Askari-Denkmal**, einer Bronzestatue für die im 1. Weltkrieg gefallenen Afrikaner, geht's in nordöstlicher Richtung über die Samora Avenue bis zur Shaaban Robert Street und dem 2 **Nationalmuseum** (S. 54). Der Straße einen halben Block nach Nordosten folgen bis zur 3 **Karimjee Hall**, wo Julius Nyerere seinen Präsidenteneid leistete, und dann weiter nach Osten bis zur Luthuli Street. Nordöstlich steht das 1897 erbaute 4 **Ocean Road Hospital**. In dem Kuppelbau davor betrieb Robert Koch an der Wende zum 20. Jh. seine bahnbrechenden Malaria- und Tuberkulose-Forschungen.

Gen Süden über die Luthuli Street folgt links das 5 **State House** (S. 58), das von Deutschen errichtet und nach dem 1. Weltkrieg von den Briten wieder aufgebaut wurde. Am Ufer findet der 6 **Fischmarkt** (S. 57) statt.

Von dort geht's nach Westen über die Kivukoni Front (Azania Front). Rechts stehen 7 **Regierungsgebäude** wie das Außen- und das Justizministerium sowie das Amt für Statistik, die aus der deutschen Kolonialzeit stammen. Linkerhand liegt das Meer. Es geht geradeaus weiter zum alten 8 **Kilimanjaro Hotel** (heute das Hyatt Regency Daressalam).

Dahinter steht die 9 **Lutheranische Kirche Azania Front** (S. 57); der Glockenturm mit dem roten Dach ist ein Wahrzeichen der Stadt. Die Kirche wurde an der Wende zum 20. Jh. von deutschen Missionaren gebaut. Auf dem Weg am Ufer entlang folgen die 10 **Alte Post** und dann das 11 **Missionshaus der White Fathers**, eines der ältesten Gebäude der Stadt. Einen Häuserblock weiter steht mit der 12 **Kathedrale St. Joseph** (S. 54) ein weiteres Wahrzeichen, ebenfalls von deutschen Missionaren errichtet. Im Innern sind zahlreiche originale deutsche Inschriften und einige Kunstwerke zu sehen, wie das Relief über dem Hauptaltar. Nun der Bridge Street einen Block Richtung Norden folgen bis zur Samora Avenue dort geht's östlich wieder zum Askari-Denkmal.

Daressalam Zentrum
0
500 m
Ubungo (7,5km)
United Nations Rd
siehe Karte Nördliches Daressalam (S. 64)
Allykhan St
Olympio St
Bibi Titi Mohammed Rd
Upanga Rd
Maktaba St
Taxistand
Jumanne Mastoka
Golf-platz
Ghana Ave
Ohio St
Mirambo St
Botanischer Garten
Chimara Rd
Selander-Brücke (3km)
Bucht von Daressalam
Barack Obama Dr
KISUTU
Kisutu St
UZUNGUNI
KIVUKONI
Shaaban Robert St
Garden Ave
Samora Ave
Sokoine Dr
Luthuli St
Azikiwe St
Pamba Rd
Msimbazi St
Amani St
Lumumba St
Libya St
Morogoro Rd
Band St
India St
Mkwepu St
Zanaki St
Bridge St
Kaluta St
Magogoni St
Kivukoni Front
MCHAFUKOGE
Mnanzi-Mmoja-Park
Livingstone St
KARIAKOO
Jamhuri St
Mosque St
Mission St
Azam Marine
Fähren zum Sansibar-Archipel
Fähre nach Kigamboni
Sansibar (85km); Pemba (210km)
Uhren-turm
Uhuru St
Algeria St
Railway St
Lindi St
Kleist Sykes St
Nkrumah St
Bahnhof Central Line
Tazara (5km); (11km)
Uhuru St
Msimbazi St
Nyerere Rd
Gerezani St
Nyerere-Brücke nach Kigamboni (5,7km); Temeke-Sudan (7km)
KIGAMBONI

## Daressalam Zentrum

**Sehenswertes**

1 Askari-Denkmal E2
2 Lutheranische Kirche Azaria Front E2
3 Botanischer Garten E1
4 Fischmarkt G3
5 Nationalmuseum & Haus der Kultur F1
6 Kathedrale St. Joseph D3
7 State House F2

**Schlafen**

Dar es Salaam Serena Hotel (siehe 35)
8 Econolodge C2
9 Harbour View Suites D3
10 Heritage Motel D2
11 Holiday Inn D1
12 Hyatt Regency Dar es Salaam E2
13 Rainbow Hotel D3
14 Ramada Encore D1
15 Safari Inn C3
16 Sleep Inn D2
17 Southern Sun E1
18 YMCA D1
19 YWCA D2

**Essen**

20 Akberali Tea Room C2
Al Basha (siehe 10)
21 Ali's C2
22 Chapan Bhog C2
23 Chef's Pride C2
24 Kibo Bar D1
25 Mamboz Corner BBQ C2
26 Oriental E2
27 Patel Samaj D1
YMCA (siehe 18)

**Ausgehen & Nachtleben**

Level 8 Bar (siehe 12)
Rouge (siehe 12)

**Shopping**

28 Kariakoo-Markt A3
29 Mnazi Moja Textile Vendors C3

**Praktisches**

30 Britische Hochkommission E1
31 Kanadische Hochkommission E1
Deutsche Botschaft (siehe 30)
32 Indische Hochkommission E1
33 Marine Parks & Reserves Unit C1
34 Mozambikanische Hochkommission E1
Niederländische Botschaft (siehe 30)
Serena Forex Bureau (siehe 35)
35 Businesszentrum im Serena Hotel D1
36 Surveys & Mapping Division Kartenverkauf F2
37 Tanzania Tourist Board Information Centre D3
YMCA Internetcafé (siehe 18)
38 Sambische Hochkommission E2

**Transport**

39 Air Tanzania E2
40 Dar Express C2
41 Egyptair D1
42 Emirates Airlines D2
43 Ethiopian Airlines D1
44 Fast Track Tanzania D1
Fastjet (siehe 9)
45 First Car Rental D1
46 Green Car Rentals B4
47 Kearsley Travel C2
Kenya Airways (siehe 41)
48 Kilimanjaro Express C2
KLM (siehe 41)
Linhas Aéreas de Moçambique (siehe 44)
Malawi Airlines (siehe 44)
49 New Posta-Haltestelle D2
50 Old Posta-Haltestelle E2
51 Precision Air E2
RwandAir (siehe 41)
52 South African Airways D1
53 Stesheni-Haltestelle D3

noch originale deutsche Inschriften und Kunstwerke finden, darunter das geschnitzte Relief über dem Hauptaltar.

**Lutheranische Kirche Azania Front** KIRCHE
(Karte S. 56; www.azaniafront.org; Ecke Azikiwe St & Sokoine Dr) Das auffällige Gebäude mit einem rot gedeckten Glockenturm mit Blick aufs Wasser, recht nüchterner neogotischer Inneneinrichtung und einer prachtvollen neuen handgefertigten Orgel ist eines der bedeutendsten Wahrzeichen der Stadt. Die Kirche wurde 1898 von deutschen Missionaren erbaut und bildete das Zentrum der deutschen Mission in Tansania; heute wird sie als Kirche der Diözese für Gottesdienste und Chorproben (manchmal hört man den schönen Gesang bereits von der Straße aus) genutzt.

Sonntagmorgens um 9 Uhr finden Gottesdienste auf Englisch statt, alle anderen sind auf Suaheli.

**Fischmarkt** MARKT
(Karte S. 56; Kivukoni Front; ⌚ 6 Uhr–Sonnenuntergang) Wer sich morgens um sechs am Kivukoni-Fischmarkt einfindet, kann beobachten, wie die Fischer Restaurantbetreibern und Hausfrauen mit dem Eifer von Aktien-Brokern ihre Waren anpreisen. Der Markt ist in zwei Hauptbereiche unterteilt und besteht

aus acht Zonen, von denen in einer die Auktion stattfindet. In den anderen Bereichen wird Fisch ausgenommen, zerlegt, gekocht und zu teureren Preisen verkauft. Der Fischmarkt ist bunt und chaotisch und für nur 3000 TSh kann man ein schönes Stück Snapper ergattern.

**State House** ARCHITEKTUR
(Karte S. 56; Luthuli St) Das State House von Daressalam, ein prachtvoller Gebäudekomplex auf einer weitläufigen Anlage, wurde ursprünglich von Deutschen errichtet und nach dem Ersten Weltkrieg von Briten wiederaufgebaut.

**Botanischer Garten** GARTEN
(Karte S. 56; Samora Ave; 6–18 Uhr) GRATIS Obwohl er zwischen lauter neuen Gebäuden zu verschwinden droht, bietet dieser Botanische Garten eine schattige grüne Oase in einer heißen, staubigen Stadt. 1893 wurde er von Professor Stuhlman eröffnet, dem ersten Direktor für Landwirtschaft, und diente ursprünglich als Testgelände für Nutzpflanzen. Noch heute hat hier die Horticultural Society ihren Sitz, die sich um die Pflege der einheimischen und exotischen Pflanzen wie der Scharlachroten Brownea, verschiedenen Palmenarten, Brotpalmfarnen und Jacarandas kümmert.

## Aktivitäten

Zum Schwimmen empfiehlt sich der **Pool** (Karte S. 64; 022-260 0288; www.goldentulipdaressalaam.com; Toure Dr; 20 000 TSh pro Pers.) im Golden Tulip Hotel. Geführte **Wanderungen zur Vogelbeobachtung** in und rund um Daressalam können bei **Andrew Majembe** (0658 490399, 0784 490399) gebucht werden.

**Tanzaquatic** ANGELN, BOOTSTOUREN
(Karte S. 64; 0786 058370, 0654 454535; www.facebook.com/tanzaquatic; Slipway, Slipway Rd, Msasani; Fahrt im Glasbodenboot 10–20 US$ pro Pers.) Tanzaquatic bietet Fahrten bei Sonnenuntergang vor der wunderschönen Msasani-Bucht und Ausflüge mit dem Glasbodenboot. Außerdem kann man Angelfahrten (450 US$ für einen halben Tag für bis zu 4 Pers.) sowie Schnorchel- und Picknickausflüge nach Bongoyo, Mbudya und Sinda unternehmen. Das Unternehmen ist auch über **Sea Breeze Marine** (Karte S. 64; 0754 783241; www.seabreezemarine.org; Slipway, Slipway Rd, Msasani) erreichbar.

**Bongoyo Boat Trips** BOOTSTOUREN
(Karte S. 64; 0713 328126; Slipway, Slipway Rd, Msasani; Erw./Kind hin & zurück 46 500/23 250 TSh; tgl. 4 Abfahrten zw. 9.30–15.30 Uhr, mind. 4 Passagiere; ) Wer kein Auto hat, kommt am schnellsten und einfachsten an Bord der

NICHT VERSÄUMEN

### KULTURELLE FÜHRUNGEN

Bei all dem Aufhebens um Daressalams Bauboom ist es manchmal gar nicht so einfach, Einblicke in die Geschichte und Kultur der Stadt zu bekommen. Es lohnt also, an einer Führung teilzunehmen, um die Stadt wirklich kennenzulernen.

**Afriroots** (0732 926350, 0713 652642, 0787 459887; www.afriroots.co.tz; Führung 40–50 US$ pro Pers.) Veranstaltet einen historischen Spaziergang durchs Stadtzentrum von Daressalam. Im Vordergrund steht die Geschichte der Stadt vom Sultanat Oman bis zu den wichtigsten Schauplätzen des Unabhängigkeitskampfes der Parteien ANC (African National Congress) und Frelimo. Hervorragend sind auch die Fahrradtour „Hinter den Kulissen", bei der man Einheimische kennenlernt und von ihnen Geschichten über das Leben in der Stadt zu hören bekommt, und die Führung „Dar bei Nacht", bei der man in das Nachtleben der Stadt eintaucht.

**Kigamboni Community Centre** (Karte S. 74; 0788 482684, 0753 226662; www.kccdar.com; Kigamboni) Eine beeindruckende von Einheimischen geführte Initiative, um die Jugendlichen von Kigamboni auszubilden, Talente zu fördern und beruflich weiterzubilden. Besucher können an Wander- und Fahrradtouren teilnehmen und auf Wunsch traditionelle Tanz-, Trommel-, Akrobatik-, Koch- und Suaheli-Kurse belegen. Die beste Zeit für einen Besuch ist montag- bis samstagabends zwischen 17 und 18 Uhr. Vielleicht findet gerade eine kostenlose Talentshow statt; zur Sicherheit vorher anrufen. Mit der Fähre nach Kigamboni, dann mit einem *bajaji* (Tuk-Tuk) zum Zentrum gegenüber der Polizeistation von Kigamboni neben der Kakala-Bar.

Fähre nach Bongoyo (Abfahrt am Slipway) auf eine der Inseln vor der Küste. Bongoyo gehört zum Meeresschutzgebiet von Daressalam (S. 73). Das letzte Boot zurück legt um 17 Uhr ab; die Hafengebühr ist im Fahrpreis enthalten. Die Überfahrt dauert 30 Minuten.

**Coco Beach** STRAND
(Karte S. 64; Toure Dr) Nördlich des Stadtzentrums liegt die Msasani-Halbinsel mit einem langen Sandstrand und einem Korallenkalkstrand an der Ostseite. Schwimmen kann man nur bei Flut. Bei Einheimischen ist der Strand am Wochenende besonders beliebt, dann werden Lebensmittelbuden und Kokosnussstände aufgebaut und Bier verkauft.

**Bounce** FREIZEITPARK
(Karte S. 74; ☎0776 865854, 0685 619599; Mkuki House Mall, Nyerere Rd; Kinder ab/unter 10 J. 10 000/7000 TSh, plus Socken 5000 TSh; ⏱Di–Fr 14–22, Sa & So 11–22 Uhr; 👪) Ostafrikas erster Trampolinpark bietet Kindern die Möglichkeit, sich so richtig auszutoben.

## Feste & Events

**Ziegenrennen** KULTUR
(www.goatraces.co.tz; The Green, Kenyatta Dr; Erw./Kind 20 000/10 000 TSh; ⏱Sept.) Im September kann man sein Glück bei Daressalams bestem Ziegenrennen versuchen. Wer gewinnt, kassiert Bargeld; der Einsatz der Verlierer kommt interessanten kleinen Unternehmen und Wohltätigkeitsveranstaltern zugute.

**Nyama Choma** ESSEN & TRINKEN
(☎0719 217550; www.facebook.com/nyamachomafest; Tunisia Rd, im Leader's Club, abseits der Ali Hassan Mwinyi Road; Eintritt 30 000 TSh; ⏱März, Juni, Sept., Dez.; 👪) Ostafrikas größte Grill-Blockparty ist ein Schaukampf für Daressalams Grillmeister. Dazu gibt's Livebands, Fußballspiele und eine Kinderspielecke. Das Nyama Choma findet alle drei Monate statt.

**Swahili Fashion Week** KULTUR
(www.swahilifashionweek.com; 104 Kenyatta Dr; ⏱Dez.) Tansanias Kleidungstrends werden auf dieser jährlichen Modenschau präsentiert. Sie ist die größte Plattform für ostafrikanische Designer.

## Schlafen

In Daressalam gibt's zahlreiche Unterkünfte. Die Innenstadt bietet die meisten Budget- und einige Mittelklassehotels; auch auf der ruhigen Halbinsel Msasani gibt's einige Mittelklasseunterkünfte. Ein Zimmer in einem Luxushotel kostet ab 200 US$ aufwärts. Die nächsten Campingplätze liegen am South Beach an der Südseite des Kurasini Creek.

### Stadtzentrum & Upanga

Die meisten verlässlichen Budget- und Mittelklassehotels liegen in Kisutu und Mchafukoge, zwei Vierteln mit unzähligen Imbissbuden und Restaurants, die man zu Fuß vom Fähranleger aus erreicht. Gemütliche hochklassige Unterkünfte und Flagship-Hotels wie das Hyatt und das Serena liegen in den alten Kolonialvierteln Uzunguni und Kivukoni im Herzen des Stadtzentrums. Gute Unterkünfte gibt's auch im Wohnbezirk Upanga am Rand des Stadtzentrums südwestlich der Selander-Brücke.

**YMCA** HOSTEL $
(Karte S. 56; ☎0758 097733, 0754 645103, 022-213 5457; Upanga Rd; B/EZ/DZ 15 000/25 000/28 000 TSh; @) YMCA bietet schlichte Zimmer in verhältnismäßig ruhiger Lage. Das kleine Hostel liegt in einer Seitenstraße hinter der Post und hat auch eine Kantine (S. 63), die preiswerte Mahlzeiten serviert. Es nimmt sowohl Frauen als auch Männer auf. Unten befindet sich ein kleines Internetcafé (S. 69).

**YWCA** HOSTEL $
(Karte S. 56; ☎0713 622707; Maktaba St; B/3BZ 15 000/50 000 TSh, EZ/DZ mit Gemeinschaftsbad 20 000/30 000 TSh) Auf einer kleinen Seitenstraße zwischen der Post und der Anglikanischen Kirche gelegen. Die äußerst schlichten Zimmer mit Betonböden sind mit Ventilatoren und Waschbecken ausgestattet und haben Gemeinschaftsbäder. Die Zimmer um den Innenhof sind ruhiger. Auch Paare dürfen hier übernachten; das Restaurant serviert preiswerte lokale Gerichte.

**Safari Inn** HOTEL $
(Karte S. 56; ☎022-213 8101, 0754 485013; www.safariinn.co.tz; Band St; EZ/DZ mit Ventilator 28 000/35 000 TSh, klimatisiert 35 000/45 000 TSh; ❄@📶) Ein bei Travellern beliebtes, langjähriges Quartier in Kisutu mit Englisch sprechendem Personal. Zehn der insgesamt 42 Zimmer sind klimatisiert und alle sind mit Moskitonetzen ausgestattet.

**Econolodge** HOTEL $
(Karte S. 56; ☎022-211 6049, 022-211 6048; econolodge@raha.com; Band St; EZ/DZ/3BZ mit Ventilator 28 000/38 000/48 000 TSh, klimatisiert 38 000/48 000/55 000 TSh; ❄) Saubere, lang-

weilige Zimmer mit gutem Preis-Leistungs-Verhältnis in einem ästhetisch wenig ansprechenden Hochhaus, das nahe der Busticketbüros (Kisutu Street) liegt. Moskitonetze gibt's keine, dafür sorgen Ventilatoren und Klimaanlagen für frische Luft. Bezahlung nur in bar möglich.

**Harbour View Suites** BUSINESSHOTEL **$$**
(Karte S. 56; ☎ 0784 564848, 022-212 4040; www.harbourview-suites.com; Samora Ave; Zi. 125–175 US$; ❄ 📶 🏊) Die gut ausgestatteten, zentral gelegenen Apartments für Geschäftsreisende haben Blick auf die Stadt oder den Hafen. Einige Zimmer haben Moskitonetze, alle sind modern möbliert und mit einer Küchenzeile ausgestattet. Zum Hotel gehören ein Geschäftszentrum, ein Fitnessstudio, ein Restaurant und eine Blues-Bar. Da es sehr beliebt ist, ist es oft ausgebucht. Darunter liegt das Einkaufszentrum JM Mall mit einem Geldautomaten und einem Supermarkt.

**Holiday Inn** HOTEL **$$**
(Karte S. 56; ☎ 022-213 9250, 0684 885250; www.holidayinn.co.tz; Ecke Maktaba St & Upanga Rd; Zi. ab 136 US$; P ❄ @ 📶) Das beliebte Holiday Inn bietet moderne Zimmer, einen zuvorkommenden Service, ein tolles Frühstücksbüfett und ein Dachrestaurant. Dazu kommen noch ein täglich verkehrender kostenloser Shuttleservice zur Jangwani Sea Breeze Lodge für Gäste, die baden möchten, sowie ein freundlicher Reiseservice, der Charterflüge nach Sansibar und Pemba bucht. Wer vor Ort (also nicht online) bucht, zahlt höhere Preise.

**Heritage Motel** HOTEL **$$**
(Karte S. 56; ☎ 0787 464683, 022-211 7471; www.heritagemotel.co.tz; Ecke Kaluta Street & Bridge Street; EZ/DZ/2BZ/3BZ 60/80/85/90 US$; ❄ 📶) Die Zimmer mit einem guten Preis-Leistungs-Verhältnis liegen zentral und nur 15 Gehminuten vom Fähranleger entfernt. Sie sind geräumig, sauber und gemütlich und mit Minikühlschränken, Fernsehern und Fliegengittern an den Fenstern ausgestattet. Das benachbarte Restaurant Al Basha (S. 66) serviert das Hotelfrühstück und gute libanesische Küche.

**Ramada Encore** BUSINESSHOTEL **$$**
(Karte S. 56; ☎ 022-234 3434; www.ramadaencoredar.com; 542 Ghana Ave; EZ/DZ ab 128/140 US$; P ❄ 📶) Der Neuzugang unter den Businesshotels von Daressalam bietet kleine, aber gepflegte Zimmer mit wunderschöner rot-grauer Farbgebung. Einige Zimmer des Hochhauses haben einen tollen Ausblick auf das grüne Gelände des Gymkhana Club und das Meer in der Ferne.

**Rainbow Hotel** HOTEL **$$**
(Karte S. 56; ☎ 022-212 0024, 0754 261314; www.rainbow-hoteltz.com; Morogoro Rd; EZ 45–55 US$, DZ 65–90 US$; ❄ 📶) In superzentraler Lage sticht das Rainbow Hotel an der Morogoro Road mit seinem effizienten Personal, einem guten Restaurant und hübschen, sauberen Zimmern heraus. Die Zimmer haben feste Matratzen, Fernseher und eine gute Klimaanlage. Das Hotel liegt nur fünf Gehminuten vom Anleger der Fähre nach Sansibar entfernt und ein Taxistand liegt günstig direkt vor der Tür. Für Familien stehen Apartments mit zwei Zimmern bereit (130 bis 150 US$).

**Sleep Inn** HOTEL **$$**
(Karte S. 56; ☎ 0754 362866, 022-212 7341, 022-212 7340; www.sleepinnhoteltz.com; Jamhuri St; EZ/DZ 60/75 US$; ❄ 📶) Dieses Hochhaushotel hat eine praktische Lage im Herzen des asiatischen Viertels und bietet einfache, aber saubere Zimmer mit Ventilatoren, Klimaanlagen, Kühlschränken und kleinen Doppelbetten. Die Räume sind unterschiedlich groß und nicht immer in bestem Zustand – man sollte sich vor dem Einchecken also mehrere Zimmer ansehen. Das Frühstück ist im Preis inbegriffen; in der Nähe des Hotels befinden sich mehrere gute Restaurants.

★ **Southern Sun** HOTEL **$$$**
(Karte S. 56; ☎ 0757 700000, 022-213 7575; www.tsogosunhotels.com; Garden Ave; EZ/DZ ab 202/228 US$; P ❄ 📶 🏊 👪) Mit seinem afro-islamischen Dekor, einem beliebten Restaurant und professionellem Service bietet das Southern Sun deutlich mehr, als man erwartet. Die Zimmer haben üppige, gemütliche Betten sowie alle Annehmlichkeiten, und das riesige Frühstücksbüfett kann man auf einer Terrasse mit Blick auf den Botanischen Garten genießen. An den Wochenenden sind die Zimmerpreise etwas billiger.

**Dar es Salaam Serena Hotel** HOTEL **$$$**
(Karte S. 56; ☎ 022-221 2500, 022-211 2416; www.serenahotels.com; Ohio St; EZ/DZ ab 242/268 US$; P ❄ @ 📶 🏊 👪) Das Serena wartet mit einer unschlagbaren Lage in einem riesigen Garten mit Blick auf den Golfplatz des Gymkhana Club sowie einem tollen großen Swimmingpool auf. Die Zimmer bieten alles, was man von einem Fünf-Sterne-Hotel erwartet.

**Hyatt Regency Dar es Salaam** HOTEL $$$
(The Kilimanjaro; Karte S. 56; ☎ 0764 704704, 0764 701234; www.daressalaamkilimanjaro.regency.hyatt.com; 24 Kivukoni Front; Zi. ab 300 US$; P ❄ ☜ ≋) Seit seiner Eröffnung Mitte der 1960er-Jahre ist „Das Kilimandscharo" ein Wahrzeichen und hat seitdem unzählige Popstars und Würdenträger beherbergt. Im Zuge massiver Renovierungsarbeiten wurde 2006 die sehr verlebte Inneneinrichtung in einen schicke, marmorverkleidete Luxusoase mit ultramodernen Zimmern, zwei stylishen Restaurants, einer Bar mit Blick auf den Hafen und einem Infinity Pool auf dem Dach verwandelt.

**Protea Courtyard** HOTEL $$$
(Karte S. 64; ☎ 022-213 0130; https://protea.marriott.com; Barack Obama Dr; EZ/DZ 200/230 US$; P ❄ @ ☜ ≋) 1948 von der Begum Om Habibeh Aga Khan eröffnet, hat das Jugendstilhotel immer einen Hauch von Daressalams Geschichte bewahrt. Zu den berühmten Gästen, die hier schon abgestiegen sind, zählen die afrikanischen Unabhängigkeitskämpfer Jomo Kenyatta und Kenneth Kaunda. Im Innenhof mit Blumen liegen ein kleiner Pool und eine holzvertäfelte Bar, Geschäftsräume und ein Terrassenrestaurant mit guter indischer Küche.

## Msasani-Halbinsel

Wer etwas Zeit übrig hat, kann sich die Kosten für ein Taxi oder die Reise vom Flughafen (ca. 20 km) sparen: Die Hotels auf der Msasani-Halbinsel sind eine tolle Alternative zum hektischen Stadtleben. Wer hier Quartier bezieht, sollte allerdings nicht vergessen, dass die Selander Bridge ein Nadelöhr ist, das vor allem in der Rush Hour gemieden werden sollte.

**Slipway Studio Apartments** APARTMENTS $$
(Karte S. 64; ☎ 0713 888301, 0713 408696; Slipway, Msasani; Zi. ohne Frühstück 75 US$; P ☜) Die schnörkellosen Apartments für Selbstversorger liegen direkt neben dem Slipway-Einkaufszentrum.

**Hotel Slipway** HOTEL $$
(Karte S. 64; ☎ 022-260 0893, 0713 888301; www.hotelslipway.com; Slipway, Msasani; EZ 120–260 US$, DZ 135–275 US$, 3BZ 170–290 US$; P ❄ ☜ ≋ 👪) Das Apart-Hotel mit gutem Preis-Leistungs-Verhältnis ist ins Einkaufszentrum Slipway am Meer integriert. Die Zimmer und Apartments sind hell und luftig und mit handgeschnitzten Möbeln, bunten indischen Bettüberwürfen, Balkonen mit Meerblick und gut ausgestatteten Küchenzeilen in den Apartments eingerichtet. Direkt vor der Tür liegen drei Spitzenrestaurants, u. a. das äußerst beliebte Waterfront (S. 66).

**Baobab Village Apartments** APARTMENTS $$
(Karte S. 64; ☎ 0769 395501; Baobab Village Rd; Apt. 80 US$; P ❄ ☜ ≋) Die schnörkellosen Einzimmerapartments mit Komplettservice und eigenen Küchen befinden sich 1,5 km nördlich des Slipway und gleich östlich der Chole Road. Der Mindestaufenthalt beträgt fünf Nächte.

**Triniti Guesthouse** PENSION $$
(Karte S. 64; ☎ 0755 963686, 0769 628328; www.triniti.co.tz; 26 Msasani Rd; EZ/DZ ab 70/80 US$; P ❄ ☜) Triniti bietet eine legere lodgeähnliche Unterbringung in freistehenden Holzbungalows in einem üppigen Garten. Die Zimmer sind zwar klein, aber makellos weiß gestrichen und mit Kunst aus der Gegend und bunten Möbeln eingerichtet. Das Frühstück mit selbstgebackenen Donuts, Obst und Eiern wird im Gemeinschaftsraum eingenommen. Freitagabends spielt in der Bar eine Liveband und ein DJ legt Musik auf.

★ **Alexander's Hotel** BOUTIQUE-HOTEL $$$
(Karte S. 64; ☎ 0754 343834; www.alexanders-tz.com; Maryknoll Lane; EZ/DZ ab 150/185 US$; ❄ ☜ ≋ 👪) Das familienbetriebene Alexander's mit seinen an Le Corbusier erinnernden Elementen aus der Moderne und einer großen Dachterrasse auf einem schattigen Gelände ist ein wahrhaftes Boutique-Hotel. Es bietet 17 stilvolle Zimmer, die auf einen schattigen Pool blicken und mit gemütlichen Betten, weichen Kissen und bunten *kikoi*-Überwürfen ausgestattet sind. Das Frühstück wird im Speiseraum zwischen Kunst und Büchern serviert, einen Drink zu Sonnenuntergang und leckeres Abendessen genießt man am besten auf der Dachterrasse.

**Sea Cliff Hotel** HOTEL $$$
(Karte S. 64; ☎ 022-552 9900, 0764 700600; www.hotelseacliff.com; Toure Dr; Zi. ab 320 US$; P ❄ @ ☜ ≋) Sea Cliff hat eine exzellente Lage mit Blick auf den Ozean an der Nordspitze der Msasani-Halbinsel. Auf dem weitläufigen Komplex gibt's u. a. ein Fitnessstudio, einen Schönheitssalon, ein Kasino und mehrere Restaurants; am schönsten allerdings sind der große Garten auf einem Felsvorsprung und der herrliche Pool. Bei der Buchung sollte man nach Sonderangeboten fragen.

## DARESSALAM FÜR KINDER

Daressalam hält jede Menge Aktivitäten für Kinder bereit:

- Bootsausflüge (S. 58) nach Bongoyo, wo es gegrillten Fisch und Schnorchelmöglichkeiten gibt.
- Trommel- oder Akrobatikkurse im Kigamboni Community Centre (S. 58).
- Der Wasserpark Kunduchi Wet 'n' Wild (S. 73).
- Trampolinspringen im Bounce (S. 59).
- Mit Dekeza Dhows bei Sonnenuntergang Kajaktouren den Siwatibe Creek hinauf (S. 75)
- Schwimmen im Pool des Golden Tulip (S. 58).
- Die Kitesurfer am Coco Beach (S. 59) beobachten.

**Coral Beach Hotel** HOTEL $$$
(Karte S. 64; ☎0784 260192; www.coralbeach-tz.com; Coral Lane, Masaki; EZ/DZ ab 110/135 US$; P ❄ @ 🛜 ≋) Von dem ruhigen Hotel (das zur Best-Western-Kette gehört) hat man einen erstklassigen Blick auf den Sonnenuntergang über der Oyster Bay. Die großen, gemütlichen Zimmer liegen in alten und neuen Flügeln. Sie verfügen über Fensterläden mit Luftschlitzen; auf den Betten liegen Überwürfe mit Korallendruck. Viele Zimmer im alten Flügel haben keinen Meerblick – bei der Buchung darauf achten.

**Protea Hotel Oyster Bay** HOTEL $$$
(Karte S. 64; ☎0784 666665, 022-266 6665; http://protea.marriott.com; Ecke Haile Selassie Rd & Ali Hassan Mwinyi Rd; EZ 220 US$, DZ 250 US$, 2-Zi.-Apt. 320 US$; P ❄ 🛜 ≋) Das zur Kette South African Protea gehörende Hotel ist wie ein Motel mit Wohneinheiten (inkl. Küchenzeilen) rund um einen innenliegenden Garten und Pool angelegt. Die Zimmer sind recht ausdruckslos, aber modern eingerichtet und gut möbliert. Der Service ist freundlich und professionell. Dank eines dazugehörigen Fitnessstudios und Konferenzräumen ist es auch bei Geschäftsreisenden beliebt.

## Mikocheni & Kawe Beach

In der Rush Hour kann die Fahrt zum Wohngebiet Mikocheni ewig dauern. Wer mit dem Auto unterwegs ist, sollte nach Norden in Richtung Jangwani Beach und Kunduchi Beach oder weiter nach Bagamoyo fahren. Mikochen bietet viele gute Restaurants und Einkaufsmöglichkeiten. Der nahegelegene Kawe Beach ist sehr ruhig und verfügt über tolle Restaurants, Bars und Veranstaltungsorte.

**Taste of Mexico** B&B $
(CEFA; Karte S. 74; ☎022-278 0425; www.tasteofmexico.co.tz; unweit der Old Bagamoyo Rd, Mikocheni B; EZ/DZ/3BZ/4BZ 50 000/70 000/100 000/120 000 TSh; P 🛜 👪) Einfache, geräumige Zimmer in einem attraktiven Gästehaus im mediterranen Stil. Auf dem Dach befinden sich eine luftige Bar und ein Restaurant, das mexikanische Küche serviert. Ein Häuserblock abseits der Old Bagamoyo Road (die Straße biegt drei Häuserblocks nördlich der Bima Road, etwa 2 km nördlich vom Mikocheni-B-Friedhof ab); das Restaurant ist ausgeschildert.

**Mediterraneo Hotel** HOTEL $$$
(Karte S. 74; ☎0754 812567, 0777 812567; www.mediterraneotanzania.com; Tuari Rd, Kawe; EZ/DZ 130/160 US$; P ❄ @ 🛜 ≋ 👪) Eine tolle familienfreundliche Unterkunft mit Club-Atmosphäre an Wochenenden. Die geräumigen Zimmer zum Garten hinaus sind mit schmiedeeisernen Betten und mit in Schwammtechnik gestalteten Wänden versehen. Das beliebte an einer Seite offene Restaurant mit Blick auf den Kawe-Strand serviert gute italienische Küche. Die Strandparty, die jeden dritten Samstag im Monat die ganze Nacht durch gefeiert wird, mag man je nach Verfassung lieben oder hassen. Onlinebucher erhalten hohe Rabatte.

## Ubungo

Reisenden, die am Busbahnhof in Ubungo umsteigen, bieten sich eine Handvoll günstiger Unterkünfte unmittelbar westlich des Terminals oder weiter südlich im Dorf Ubungo. Taxis vom direkt vor dem Gebäude gelegenen Taxistand sollten nicht mehr als 5000 TSh kosten.

**Rombo Green View Hotel** HOTEL $
(Karte S. 74; ☎0784 461042; www.rombogreenviewhotel.com; Shekilango Rd; EZ mit Gemeinschaftsbad 25 US$, EZ/DZ/3BZ ab 30/45/60 US$; P ❄ @) Das große, eher durchschnittliche Hotel bietet günstige, etwas langweilige Zimmer rund 700 m östlich des Ubungo-Busbahnhofs neben der Morogoro Road. Die Zimmer variieren in Größe und Zu-

stand, deshalb sollte man sich vorher ein paar zeigen lassen. Es gibt auch eine Bar und ein Restaurant.

**Moveck Hotel** HOTEL $
(Karte S. 74; 0768 688343, 0713 984411; moveckhotel@gmail.com; Maziwa Rd; EZ mit Ventilator 30 000 TSh, Zi. 40 000–50 000 TSh; ) Das dreistöckige Hotel hat einfache, aber brauchbare Zimmer mit Doppelbetten, Moskitonetzen, Ventilatoren (oder Klimaanlage) sowie heißen Duschen und liegt 500 m südlich des Busbahnhofs in Ubungo. Im benachbarten Restaurant wird *nyama choma* (Grillfleisch) serviert.

## Essen

In Daressalam gibt's zahlreiche internationale Restaurants, die so bunt gemischt sind wie die Bewohner der Stadt. Die meisten günstigeren tansanischen und indischen Restaurants liegen im Stadtzentrum, Restaurants mit europäischer Küche und Meeresfrüchten sind vor allem in Msasani angesiedelt. Viele der Spitzenklassehotels bieten sonntags Mittagsbüfetts und Brunch an. Die meisten Restaurants haben sonntags geschlossen.

### Stadtzentrum & Upanga

★ **Chapan Bhog** INDISCH $
(56 Bhog; Karte S. 56; 0685 401417; www.facebook.com/56Bhog; Kisutu St; Mahlzeiten 6000–15 000 TSh; 7–22 Uhr; ) *Dhoklas* (herzhafte gedünstete Kichererbsenkuchen) aus Gujurat, südindische Dosas (fermentierte Crêpes) und Thalis sind eine willkommene vegetarische Abwechslung zu dem vielen *nyama choma* (gebratenem Fleisch). Die rein vegetarische Speisekarte des Restaurants in Top-Lage an der von Tempeln gesäumten Kisutu Street ist sehr umfangreich.

**Mamboz Corner BBQ** GRILLRESTAURANT $
(Karte S. 56; 0784 243734; Ecke Morogoro Rd & Libya St; Mahlzeiten 5000–12 000 TSh; Mi–Mo 18.30–23.30 Uhr) Eine der besten Adressen für gegrilltes Hühnchen in Daressalam, in Varianten wie scharfes Gujarr-Hühnchen, Zitronenhühnchen und Hühnchen-*sekela* (mit Tamarindensoße). Außerdem gibt's getrockneten Fisch und Schalen mit *urojo* (Zanzibar Mix).

**Akberali Tea Room** INDISCH $
(A Tea Room; Karte S. 56; Ecke Morogoro Rd & Jamhuri St; Snacks 500–3000 TSh; 7.30–17 Uhr) In dem klassischen Ecklokal kann man zusammen mit den Einheimischen Samosas, Kebabs, Chapatis und andere Snacks sowie köstlichen Chai (Tee) genießen.

**Barbecue House** GRILLRESTAURANT $
(Karte S. 64; Nkomo St, gleich abseits der Ali Hassan Mwinyi Rd; Mahlzeiten 6000–12 000 TSh; 18–22 Uhr) Dieses zwanglose Grillrestaurant ist eine echte Institution in Daressalam. Hühnchen, Fisch und Rindfleisch werden gegrillt mit köstlichen Soßen und Beilagen serviert, darunter Grüne Chili, Rote Chili und Tamarinde sowie Kokos-Chutney. Aufgenommen wird die Soße mit klein geschnittenem rohem Kohl oder Beilagen wie Pommes und *ajam,* einem Fladenbrot, das an Naan erinnert.

**Ali's** GRILLRESTAURANT $
(Karte S. 56; Mwisho St; Mahlzeiten 6000–15 000 TSh; Mi–Mo ab 18 Uhr) In einer Seitenstraße serviert dieses Lokal riesige Rindfleisch-, Hühnchen- und Fisch-*mishkaki* (marinierte Grillspieße), Grillhühnchen und frisch gebackenes Knoblauch-*naan.*

**Patel Samaj** INDISCH $
(Patel Brotherhood; Karte S. 56; abseits der Maktaba Street; Mahlzeiten 8000–20 000 TSh; 19–23 Uhr; ) Dieses große Restaurant ist der abendliche Treffpunkt für die indischen Familien in der Nachbarschaft. Es gibt indische Gerichte zu angemessenen Preisen, vegetarisch und mit Fleisch (*thali,* Hühnchen-Biryani und mehr). Beim Warten auf den etwas langsamen Service bleibt Zeit, die Atmosphäre zu genießen. Da es sich um einen „Social Club" handelt, wird von Nicht-Mitgliedern Eintritt (2000 TSh pro Person) verlangt.

Von der Maktaba Street gegenüber dem Holiday Inn geht's über eine kleine Gasse zum gut ausgeschilderten Eingangstor. Es steht eine Spielecke für Kinder zur Verfügung.

**Chef's Pride** TANSANISCH $
(Karte S. 56; Chagga St; Mahlzeiten 6000–12 000 TSh; 18–23 Uhr, während Ramadan geschl.; ) Das alteingesessene und beliebte Lokal bereitet Brathühnchen, Biriyani und Fisch im Kokosmantel zu. Dazu stehen auf der Speisekarte Fast-Food-Klassiker wie Pizza sowie indische und vegetarische Gerichte. Sehr beliebt bei Familien und hungrigen Büroangestellten.

**YMCA** TANSANISCH $
(Karte S. 56; 022-213 5457; Upanga Rd; Mahlzeiten 5000–8000 TSh; 11–20 Uhr) Die Kantine des YMCA serviert preiswertes, leckeres regionales Essen.

## Nördliches Daressalam

Siehe Karte Daressalam Zentrum (S.56)

## Nördliches Daressalam

**Sehenswertes**
1 Village Museum .......... A4

**Aktivitäten, Kurse & Touren**
2 Authentic Tanzania .......... A3
Bongoyo Boat Trips .......... (siehe 33)
Coastal Travels .......... (siehe 33)
3 Coco Beach .......... D4
4 Dar es Salaam Yacht Club .......... C1
Wesentliche Ziele .......... (siehe 33)
5 Golden Tulip .......... D2
6 Hippotours & Safaris .......... C5
7 KIU Ltd .......... C4
Sea Breeze Marine .......... (siehe 33)
Tanzaquatic .......... (siehe 33)

**Schlafen**
8 Alexander's Hotel .......... C1
9 Baobab Village Apartments .......... C2
10 Coral Beach Hotel .......... C1
Hotel Slipway .......... (siehe 33)
11 Protea Courtyard .......... D6
12 Protea Hotel Oyster Bay .......... C5
Sea Cliff Hotel .......... (siehe 32)
Slipway Studio Apartments .......... (siehe 33)
13 Triniti Guesthouse .......... C4

**Essen**
14 Addis in Dar .......... B4
15 Barbecue House .......... D7
Coral Ridge Spurs .......... (siehe 32)
16 Delhi Darbar .......... D7
17 Épi d'Or .......... D1
Fairy Delights Ice Cream Shop .. (siehe 33)
18 Food Lover's Supermarket .......... C4
19 Gembros Eatery .......... D2
20 Grace Shop .......... C5
21 Jackie's .......... C3
22 Ristorante Bella Napoli .......... D1
23 Rohobot .......... C4
24 Shopper's Supermarket .......... B4
Terrace .......... (siehe 33)
25 Under the Mango Tree .......... D6
Village Supermarket .......... (siehe 32)
Waterfront .......... (siehe 33)
26 Zuane Trattoria & Pizzeria .......... C3

**Ausgehen & Nachtleben**
27 George & Dragon .......... D2
Slipway Waterfront .......... (siehe 33)
Triniti Bar & Restaurant .......... (siehe 13)

**Unterhaltung**
28 Alliance Française .......... D7
29 Russisches Kulturzentrum .......... D6
Village Museum .......... (siehe 1)

**Shoppen**
30 A Novel Idea .......... C2
Green Room .......... (siehe 33)
31 Oyster Bay Shopping Centre .......... D4
32 Sea Cliff Village .......... D1
33 Slipway .......... C2
34 Tingatinga Centre .......... C3
Wonder Workshop .......... (siehe 23)

**Praktisches**
35 Aga Khan Hospital .......... D7
36 Amref Flying Doctors .......... D7
Burundische Botschaft .......... (siehe 41)
37 Botschaft der demokratischen Republik Kongo (ehemals Zaïre) .......... C7
38 Französische Botschaft .......... C5
39 Irische Botschaft .......... D2
40 IST Clinic .......... C3
41 Italienische Botschaft .......... D6
42 JD Pharmacy .......... D1
43 Kenianische Hochkommission .......... C5
44 Malawische Hochkommission .......... A3
45 Premier Care Clinic .......... C4
46 Ruandische Botschaft .......... C3
47 The Pharmacy .......... D2
48 Ugandische Botschaft .......... C4
49 Botschaft der Vereinigten Staaten .......... B4

**Transport**
Coastal Aviation .......... (siehe 33)
50 Swiss International Airlines .......... C6

**Under the Mango Tree** EUROPÄISCH **$$**
(Karte S. 64; ☎ 0788 512322, 022-213 1406; www.facebook.com/umtdar; unweit der Ali Hassan Mwinyi Road, bei der Alliance Française; Mahlzeiten 8–20 US$; ⏲ Mo–Fr 9–18 Uhr) Helles Lokal in einem Innenhof, das gut zubereitete Crêpes, Burger, Pasta und andere leichte Gerichte serviert. Es lohnt sich, die Facebook-Seite des Lokals zu besuchen: Hier findet man Termine für aktuelle Abendveranstaltungen.

**Delhi Darbar** INDISCH **$$**
(Karte S. 64; ☎ 0784 202111, 0784 573445; Magore St, Upanga; Gerichte 15 000–25 000 TSh; ⏲ Di–So 12–15 & 18–22 Uhr; 🌶) In dem gehobenen indischen Restaurant kommen herausragende nordindische Gerichte, z. B. köstliche, cremige Currys mit Chili, Safran, Joghurt und Nüssen sowie gute Tandoori-Gerichte und Kebabs auf den Tisch. Es hat eine Filiale auf der Zanaki Street im Stadtzentrum, die auch ein Mittagsbüfett bietet (12 000 TSh).

★ **Oriental** ASIATISCH **$$$**
(Karte S. 56; ☎ 0764 701234; 24 Kivukoni Front, Hyatt Regency; Mahlzeiten ab 30 US$; ⏲ 18–22.30 Uhr; 📶) Das asiatische Gourmet-Restaurant mit glänzenden Marmorböden, Möbeln im asiatischen Stil, handschuhtragenden Kellnern sowie einer makellosen Sushi-Bar ist

verführerisch und beeindruckend. Die meisterhaft zubereiteten Sushigerichte, Papayasalate und intensiv gewürzten Currys und Meeresfrüchte sind nicht minder beeindruckend als das Umfeld. Es empfiehlt sich, im Voraus zu reservieren.

**Kibo Bar** EUROPÄISCH $$$
(Karte S. 56; ☎ 022-211 2416; Serena Hotel Daressalam, Ohio St; Mahlzeiten 20 000–35 000 TSh; ⏲ 12–23.30 Uhr; 📶) In der gehobenen Sportbar des Serena Hotels gibt's teure, aber leckere Kneipenkost und weitere Gerichte.

**Al Basha** LIBANESISCH $$$
(Karte S. 56; ☎ 022-212 6888; Bridge St; Mahlzeiten 20 000–35 000 TSh; ⏲ 7–10 & 12–23 Uhr) In Daressalams bestem libanesischem Restaurant wird eine gute Auswahl an warmen und kalten Meze serviert, dazu Kebabspieße und Salate. Alkohol wird nicht ausgeschenkt, dafür gibt's viele frische Säfte. Im Sea Cliff Village auf der Msasani-Halbinsel gibt's eine weitere Filiale.

## Msasani-Halbinsel

**Gembros Eatery** TANSANISCH $
(Karte S. 64; Mwaya St; Mahlzeiten 3000–7000 TSh; ⏲ Mo–Sa 6–16 Uhr) Ein effizientes Restaurant im einheimischen Stil, serviert leckeren Grillfisch, Reis, *ugali* und andere Standardgerichte. Der Service ist schnell, und es gibt hübsche Sitzbereiche unter den Bäumen im Freien.

**Grace Shop** TANSANISCH $
(Karte S. 64; Bongoyo Rd; Mahlzeiten 5000 TSh; ⏲ Mo–Fr 11.30–14.30 Uhr) Das legere Restaurant fungiert gleichzeitig auch als Brautmodenverleih. Eine Speisekarte gibt's nicht, aber zur Mittagszeit (gegen 12 Uhr sind die Gerichte zubereitet) werden tansanische Spezialitäten wie *ugali*, würziges *pilau*, Bohnen, *mchicha* (dunkelgrünes Blattgemüse; ähnlich wie Spinat), Kohl, gegrilltes Hühnchen, Fisch und Ziege serviert.

**Fairy Delights Ice Cream Shop** EIS $
(Karte S. 64; Slipway, Slipway Rd, Msasani; Kugel Eis ab 5000 TSh; ⏲ 10–21 Uhr) Bietet Eiscremes und Sorbets in vielen Geschmacksrichtungen.

**Jackie's** TANSANISCH $
(Karte S. 64; Haile Selassie Rd; Gerichte ab 6000 TSh; ⏲ 11–23 Uhr) *Mishkaki* (marinierter, gegrillter Kebab), *chipsi mayai* (Omelett mit Pommes frites) und andere einheimische Gerichte. Hier treffen sich abends nach der Arbeit Einheimische und Traveller.

★ **Addis in Dar** ÄTHIOPISCH $$
(Karte S. 64; ☎ 0713 266299; www.addisindar.com; 35 Ursino St; Mahlzeiten 10 000–25 000 TSh; ⏲ Mo–Sa 17.30–22.30 Uhr; 🖉) Die Einrichtung des Addis besteht aus bestickten Lampenschirmen, handgeschnitzten Sitzmöbeln und Korbtischen, an denen man zusammen mit anderen Gästen isst. Wer verschiedene Spezialitäten probieren möchte, kann eins der Kombigerichte bestellen. Alle Spezialitäten werden auf einem großen Teller mit einem *injera* (Sauerteigfladen aus fermentiertem Teffmehl) serviert, den man in Stücke reißt und in die würzigen Currys tunkt.

**Ristorante Bella Napoli** ITALIENISCH $$
(Karte S. 64; ☎ 022-260 0326, 0778 497776; www.bellanapolitz.com; 530 Haile Selassie Rd; Mahlzeiten 12 000–25 000 TSh; ⏲ Di–Fr 18–22, Sa & So 12–22 Uhr; 📶 👪) Serviert köstliche Pizza und weitere italienische Gerichte im hübschen Garten oder im klimatisierten Speiseraum; es gibt auch einen Spielplatz für Kinder.

**Épi d'Or** BÄCKEREI, CAFÉ $$
(Karte S. 64; ☎ 0786 669889, 022-260 1663; www.epidor.co.tz; Ecke Chole Rd & Haile Selassie Rd; Mahlzeiten 10 000–30 000 TSh; ⏲ Mo–Sa 8–19 Uhr) Ein von Franzosen geführtes Café mit Bäckerei, das eine leckere Auswahl an frisch gebackenen Broten, Kuchen, leichten Mittagsgerichten, Paninis, Bananen-Crêpes und Speisen aus dem Nahen Osten bietet – und dazu guten Kaffee.

**Rohobot** ÄTHIOPISCH $$
(Karte S. 64; ☎ 0784 235126; Karume Rd, Namanga; Mahlzeiten 10 000–20 000 TSh; ⏲ Mo–Sa 12–14.30 & 18–22.30 Uhr, So 18–22.30 Uhr; 🖉 👪) Das kleine legere Lokal neben dem ausgeschilderten Wonder Workshop (S. 68) serviert gute äthiopische Küche.

**Waterfront** EUROPÄISCH $$
(Karte S. 64; ☎ 0762 883321; www.hotelslipway.com; Slipway, Slipway Rd, Msasani; Mahlzeiten 15 000–35 000 TSh; ⏲ 12–24 Uhr; 👪) Dars beliebtester Treffpunkt für einen Drink bei Sonnenuntergang liegt im Slipway-Komplex und bietet Richtung Westen einen tollen Blick über die Msasani-Bucht. Schirme aus Palmblättern sorgen für Schatten an den Tischen, und die Happy Hour geht nahtlos in Abendessen mit Meeresfrüchten, Steaks und Pizza aus dem Holzofen über.

**Zuane Trattoria & Pizzeria** ITALIENISCH $$$
(Karte S. 64; ☎ 0766 679600; www.zuanetrattoriapizzeria.com; Mzingaway Rd; Mahlzeiten 20 000–50 000 TSh; ⏲ Mo–Sa 12–14.30 & 18–22.30 Uhr;

) Die italienische Trattoria liegt luxuriös in einer alten Kolonialvilla mit einem Garten und ist eins der stimmungsvollsten Restaurants Daressalams. Auf der Speisekarte stehen Klassiker wie Pizza aus dem Holzofen, *melanzana parmigiana* (mit Parmesankäse überbackene Aubergine), Nudelgerichte, Meeresfrüchte und das beliebte Filetsteak vom Grill. Im Garten gibt's einen Spielplatz. Rechtzeitig reservieren, es ist sehr beliebt.

**Coral Ridge Spurs** STEAK $$$

(Karte S. 64; 0764 700657; www.spurinternational.com/tanzania; Sea Cliff Village, Toure Dr; Mahlzeiten 20 000–50 000 TSh; So–Do 10–22, Fr & Sa 10–23 Uhr; ) Burger, Steaks, eine Salatbar, Geburtstagsfeiern, leckere Desserts, schneller Service und eine Kinderspielecke mit Videospielen machen dieses Lokal zu einem beliebten Ziel für Familien. Abends ist der Laden fast immer überfüllt.

**Terrace** INTERNATIONAL, FISCH & MEERESFRÜCHTE $$$

(Karte S. 64; 0755 706838; www.hotelslipway.com; Slipway, Slipway Rd, Msasani; Mahlzeiten 30 000–50 000 TSh; 6–23 Uhr) Unter dem Sternenhimmel speist man kreative moderne Gerichte wie Zackenbarsch in Kräuterkruste, in Gewürzen mariniertes und über dem Holzfeuer gegrilltes Hühnchen und Thunfisch-Carpaccio. Die Tische auf der trendigen Freiluftterrasse sind mit Kerzen dekoriert und stehen rund um einen leuchtenden Pool.

### Für Selbstversorger

**Food Lover's Supermarket** SUPERMARKT $

(Karte S. 64; 0762 500005; www.flm-tz.com; Msasani Rd; 9–20 Uhr) Gut ausgestattet und preislich angemessen.

**Village Supermarket** SUPERMARKT $$

(Karte S. 64; 022-260 1110; www.village-supermarket.com; Sea Cliff Village, Toure Dr; 8.30–21 Uhr) Teuer, bietet dafür aber eine große Auswahl westlicher Lebensmittel und Importprodukte.

**Shopper's Supermarket** SUPERMARKT $$

(Karte S. 64; Shopper's Plaza, Old Bagamoyo Rd, Mikocheni; 8.30–20.30 Uhr) Ein großer Supermarkt für Selbstversorger.

## Ausgehen & Nachtleben

Am meisten gefeiert wird in Daressalam freitags und samstags. Dann haben viele Bars bis in die frühen Morgenstunden geöffnet. Gehobene Lokale verlangen einen Eintrittspreis (5000 bis 15 000 TSh). Samstags und sonntags ist der Coco Beach (S. 59) eine beliebte Partyadresse und Verkäufer aus der Gegend versorgen Gäste mit günstigem Bier und Snacks. Wer hier feiert, sollte sich dort aufhalten, wo etwas los ist, und unbeleuchtete Strandabschnitte meiden.

**Slipway Waterfront** BAR

(Karte S. 64; 022-260 0893; Slipway, Slipway Rd, Msasani; 11.30–24 Uhr) Beliebtes Ziel für Cocktails zu prachtvollen Sonnenuntergängen. Es werden auch Mahlzeiten serviert.

**Triniti Bar & Restaurant** BAR

(Karte S. 64; 0755 963686; www.triniti.co.tz; Msasani Rd; 18 Uhr–open end) Happy Hours, Steak & Wein (mittwochs), Freitag Livemusik und am Wochenende Sport auf Großbildschirmen. Einige Veranstaltungen kosten 10 000 TSh Eintritt.

**George & Dragon** PUB

(Karte S. 64; 0717 800002; Haile Selassie Rd, Msasani; Di–Fr 17–24, Sa 14–24, So 13–23 Uhr) Ein authentischer englischer Pub, in dem Getränke in Pints serviert und Premier-League-Spiele im Fernsehen übertragen werden und Kneipenessen wie Fish 'n' Chips (Gerichte 12 000 bis 22 000 TSh) auf den Tisch kommt. Zweimal pro Woche legt im Garten ein DJ auf.

**Level 8 Bar** BAR

(Karte S. 56; 0764 701234; 8. OG, Hyatt Regency Daressalam, Kivukoni Front; 17–1 Uhr) Schicke Bar auf dem Dach des Hyatt mit den schönsten Aussichten über den Hafen, Lounge-Sesseln und manchmal abends Livemusik.

**NICHT VERSÄUMEN**

**DARESSALAM BEI NACHT**

Daressalam hat eine vielseitige Musikszene, die Travellern aber in der Regel verborgen bleibt, da es kaum Informationen zu angesagten Bands und Locations gibt. Das Problem kann man umgehen, indem man an einer der neuen Führungen „Dar by Night" (60–100 US$ pro Person) von Afriroots (S. 58) teilnimmt, die einen tollen Einblick in die angesagtesten Clubs, Begegnungsstätten und Bars liefert. Im Preis ist der Transfer vom und zum Hotel enthalten, ebenso der Eintritt in Clubs und ein authentisches Grill-Abendessen.

**Rouge** CLUB
(Karte S. 56; ☎ 0764 701234; Hyatt Regency Daressalam, Kivukoni Front; ⏰ Fr & Sa 10–4 Uhr) Der gehobene Nachtclub (Eintritt 15 000 TSh) mit DJ befindet sich auf dem Dach des Hyatt Regency und zieht ein gemischtes Publikum aus Einheimischen und Ausländern an.

## Unterhaltung

**Alliance Française** TANZ, LIVEMUSIK
(Karte S. 64; ☎ 022-213 1406; www.afdar.com; abseits der Ali Hassan Mwinyi Rd; ⏰ Mo–Fr 9–18, Sa 9–13 Uhr) Bei den multikulturellen Barazani-Nights, die jeweils am zweiten oder dritten Mittwoch eines Monats stattfinden, gibt's traditionelle und moderne Tänze, Livemusik und vieles mehr; das Programm steht auf der Website.

**Village Museum** TANZ
(Karte S. 64; ☎ 022-270 0437, 0718 525682; New Bagamoyo Rd; Erw./Stud. 6500/2600 TSh) Bei ausreichend hoher Nachfrage finden täglich *ngoma* (Trommel- & Tanz-)Vorstellungen statt (2000 TSh pro Pers.). Gelegentlich wird eine spezielle Nachmittagsvorstellung den charakteristischen Tänzen eines bestimmten Stammes gewidmet.

**Russisches Kulturzentrum** KULTURZENTRUM
(Karte S. 64; ☎ 022-213 6578; http://tza.rs.gov.ru/en; Ocean Rd) Gelegentliche Kunstausstellungen und kulturelle Aufführungen.

## Shoppen

★ **Wonder Workshop** KUNST & KUNSTHANDWERK
(Karte S. 64; ☎ 0754 051417; info@wonder-workshop.org; 1372 Karume Rd, Msasani; ⏰ Mo–Fr 8.30–18, Sa 10–18 Uhr) In dieser ausgezeichneten Werkstatt werden von Behinderten aus altem Glas, Metall, Autoteilen und anderem recycelten Material Schmuck von Weltklasse, Skulpturen, Kerzenhalter und Kunstgegenstände hergestellt. Dem Betrieb ist ein kleiner Laden angeschlossen und man kann den Künstlern bei der Arbeit zusehen (montags bis freitags). Sie fertigen auch bestimmte Objekte auf Bestellung an und versenden sie ins Ausland.

**Tingatinga Centre** KUNST & KUNSTHANDWERK
(Karte S. 64; www.tingatinga.org; Morogoro Stores, abseits der Haile Selassie Rd; ⏰ 9–18 Uhr) In diesem exzellenten Zentrum verkaufte schon Edward Saidi Tingatinga seine Bilder; es ist noch heute eine der besten Adressen, um solche Bilder zu kaufen und den Künstlern zuzusehen.

**Slipway** EINKAUFSZENTRUM
(Karte S. 64; www.slipway.net; Slipway Rd, Msasani; ⏰ 9.30–18 Uhr) In diesem Einkaufszentrum am Wasser findet man gehobene Boutiquen, einen traditionellen **Kunsthandwerksmarkt**, Restaurants, eine Eisdiele und großartige Ausblicke auf den Sonnenuntergang.

**Mwenge Carvers' Market** KUNST & KUNSTHANDWERK
(Karte S. 74; Sam Nujoma Rd; ⏰ 8–18 Uhr) Auf diesem Markt drängeln sich die Verkäufer und die Holzschnitzer lassen sich gern bei der Arbeit zusehen. Mit dem Mwenge-*dalla-dalla* von der Haltestelle New Posta bis zur Endstation fahren; von hier geht's fünf Minuten zu Fuß die Sam Nujoma Road hinunter.

**A Novel Idea** BÜCHER
(Karte S. 64; ☎ 022-260 1088; www.anovelideatz.co.tz; Slipway, Slipway Rd, Msasani; ⏰ Mo–Sa 10–19 Uhr) Der beste Buchladen in Daressalam mit Klassikern, moderner Literatur, Reiseführern, Büchern afrikanischer Autoren, Karten und vielem mehr.

**Kariakoo-Markt** MARKT
(Karte S. 56; unweit der Msimbazi St; ⏰ 6–21 Uhr) Daressalams größter und belebtester Markt zieht sich über mehrere Blocks und findet auch in den früheren Kasernen der Britischen Carrier Corps statt. Er ist morgens, mittags und abends voller Menschen, und es gibt fast alles hier. Vorsicht vor Taschendieben! Teure Kameras im Hotel lassen und keinen Schmuck tragen.

**Oyster Bay Shopping Centre** EINKAUFSZENTRUM
(Karte S. 64; Ecke Toure Dr & Ghuba Rd; ⏰ 10–18 Uhr) Das kleine Einkaufszentrum liegt rund um einen begrünten Innenhof und ist das Herz der schicken Oyster Bay. Hier findet man einen Bioladen, tolle Kunsthandwerksläden, den Geschenkeladen **Moyo Designs** sowie die hervorragende **La Petite Galerie** mit einmaliger moderner Kunst und Bildhauerei.

**Green Room** KUNST & KUNSTHANDWERK
(Karte S. 64; ☎ 0757 279405; www.thegreenroomtz.com; ⏰ Mo–Sa 10–18, So 12–17 Uhr) Tolle ungewöhnliche Souvenirs gibt's im Green Room, wo aus recycelten Materialien hochwertige Geschenkartikel, Möbel, Schmuck und Kunstwerke hergestellt werden.

**Sea Cliff Village** EINKAUFSZENTRUM
(Karte S. 64; Toure Dr; ⏰ 9.30–18 Uhr) Das hochkarätige Einkaufszentrum mit einem klei-

nen begrünten Innenhof beherbergt mehrere Restaurants, einen Supermarkt, einen Spielbereich für Kinder und eine Reihe hochwertiger Geschäfte, darunter Juwelierläden, in denen Tansanite verkauft werden.

**Mnazi Moja Textile Vendors** KLEIDUNG
(Karte S. 56; rund um die Bibi Titi Mohammed Rd & Uhuru St; ⌚ variieren) Kangas (bedruckte Baumwollwickelkleider, von vielen Tansanierinnen getragen) und andere farbenfrohe Textilien verkaufen die Straßenhändler und Großhändler in Mnazi Moja.

##  Praktische Informationen

### EINREISEBEHÖRDE

**Einreisebehörde** (Uhamiaji; Karte S. 74; ☎ 022-285 0575/6; www.immigration.go.tz; Uhamiaji House, Loliondo St, Kurasini; ⌚ Visumanträge Mo–Fr 8–12 Uhr, Abholung bis 14 Uhr) Nebenstraße der Kilwa Rd., etwa 3,5 km vom Stadtzentrum entfernt.

### GELD

Die Forex-Büros bieten einen schnelleren Service und geringfügig bessere Wechselkurse als Banken. Viele befinden sich in der Stadtmitte, vor allem an oder in der Nähe der Samora Avenue, wo man mühelos Wechselkurse vergleichen kann. Alle sind zu den üblichen Geschäftszeiten geöffnet.

Alle großen Hotels bieten Geldwechsel an, allerdings sind ihre Wechselkurse ungünstig. Die schlechtesten Kurse hat das **Galaxy Forex Bureau** (Karte S. 74; ⌚ 6–23 Uhr) in der Ankunftshalle des Flughafens, obwohl es sich immer noch lohnt, wenn man am Ende seiner Reise Geld zurücktauschen will. Im Stadtzentrum ist das **Serena Forex Bureau** (Karte S. 56; Ohio St; ⌚ Mo–Sa 8–20, So & Feiertage 10–13 Uhr) eine gute Adresse.

Geldautomaten gibt's überall in der Stadt sowie in allen großen Einkaufszentren.

### INTERNETZUGANG

Die meisten Hotels – sogar Budgethotels – bieten einen lokalen Internetanschluss oder WLAN. In der Innenstadt gibt's unzählige Internetcafés, die professionelleren findet man in Einkaufszentren wie Harbour View Towers und Osman Towers. In der Regel verlangen sie zwischen 1000 und 2000 TSh pro Stunde.

**Hauptpost** (Karte S. 56; Azikiwe St; ⌚ Mo–Fr 8–16.30, Sa 9–12 Uhr) Terminals in der Post (1500 TSh pro Std.).

**Businesszentrum im Serena Hotel** (Karte S. 56; Serena Hotel (Daressalam), Ohio St; 1000 TSh pro 10 Min.; ⌚ Mo–Fr 7.30–19, Sa 8.30–16, So 9–13 Uhr)

**Internetcafé des YMCA** (Karte S. 56; Upanga Rd; 1000 TSh pro Std.; ⌚ Mo–Fr 8–19.30, Sa bis 14 Uhr)

### GEFAHREN & ÄRGERNISSE

Man sollte die üblichen Vorsichtsmaßnahmen treffen:

- Vorsicht vor Taschendieben an belebten Orten, die auch gern Taschen durch Autofenster klauen.
- Immer die Umgebung im Auge behalten und Wertsachen in einem sicheren Hotelsafe lassen.
- Nachts besser ein Taxi nehmen, anstatt in ein *dalla-dalla* (Minibus) zu steigen oder zu Fuß zu gehen.
- Niemals allein auf dem parallel zum Barack Obama Drive (vormals Ocean Road) verlaufenden Fußgängerweg, am Coco Beach oder nachts auf der Chole Road spazieren gehen.
- Nur die Taxis, die vor renommierten Hotels oder an den offiziellen Taxiständen warten, sind vertrauenswürdig; möglichst kein Taxi auf der Straße anhalten und nie einsteigen, wenn ein „Freund" oder anderer Fahrgast schon im Taxi sitzt.

### MEDIZINISCHE VERSORGUNG

Gute Apotheken findet man in allen großen Einkaufszentren, u. a. im Slipway (S. 68) und im Sea Cliff Village (S. 68).

**Aga Khan Hospital** (Karte S. 64; ☎ 022-211 5151, 022-211 5153; www.agakhanhospitals.org; Barack Obama Dr) Das Krankenhaus mit international ausgebildeten Ärzten bietet allgemeine medizinische Dienstleistungen und Spezialkliniken.

**Amref Flying Doctors** (Karte S. 64; ☎ 0719 881887, 0784 240500, in Kenia 020-699 2299; www.flydoc.org; Ali Hassan Mwinyi Rd) Für Notfallevakuierungen.

**IST Clinic** (Karte S. 64; ☎ 022-260 1307, Notfall rund um die Uhr 0754 783393; www.istclinic.com; Ruvu Rd, Msasani; ⌚ Mo–Do 8–18, Fr 8–17, Sa 9–12 Uhr) Die voll ausgestattete Klinik unter westlicher Leitung hat rund um die Uhr Bereitschaftsdienst.

**JD Pharmacy** (Karte S. 64; ☎ 022-286 3663, 022-211 1049; www.jdpharmacy.co.tz; gegenüber dem Sea Cliff Village, Ecke Toure Dr & Mhando St; ⌚ Mo–Sa 9–18, So 9–14 Uhr) Gut ausgestattete Apotheke mit mehreren Filialen.

**Premier Care Clinic** (Karte S. 64; ☎ 0752 254642, 0715 254642; www.premiercareclinic.com; 259 Ali Hassan Mwinyi Rd, Namanga; ⌚ Mo–Fr 8–17, Sa bis 12 Uhr) Westliche Einrichtungen und Standards; hat auch eine Außenstelle in Masaki.

**The Pharmacy** (Karte S. 64; 0782 994709; www.thepharmacy.co.tz; Haile Selassie Rd, Shoppers Plaza, Masaki; 9–21 Uhr) Die gut ausgestattete Apotheke hat mehrere Filialen.

### NOTFALL

**Zentrale Polizeistation** (Karte S. 56; Sokoine Dr) Am Bahnhof der Central Line.

**Polizeistation Oyster Bay** (Karte S. 64; Old Bagamoyo Rd) Gegenüber der US-Amerikanischen Botschaft.

**Verkehrspolizei, Hauptquartier** (Karte S. 56; Sokoine Dr) Am Bahnhof der Central Line.

### POST

**Hauptpost** (Karte S. 56; Azikiwe St; Mo–Fr 8–16.30, Sa 9–12 Uhr)

### REISEBÜROS

Flüge und Hotels kann man bei folgenden Reisebüros buchen:

**Coastal Travels** (Karte S. 64; 0713 325673, 022-284 2700; www.coastal.co.tz; Slipway, Slipway Rd, Msasani; Mo–Fr 8.30–18, Sa bis 14 Uhr) Besonders gut für Reisen nach Sansibar und für Flüge, die Ziele der nördlichen und südlichen Nationalparks verbinden (betreibt eine eigene Fluglinie). Bietet auch recht günstige Stadtbesichtigungen, Tagestouren nach Sansibar und Ausflüge in den Nationalpark Mikumi an.

**Fast Track Tanzania** (Karte S. 56; 022-213 4600, 022-213 6663; www.fasttracktanzania.com; EG, Peugeot House, Bibi Titi Mohammed Rd; Mo–Fr 8.30–17, Sa 8.30–13 Uhr) Der Vertreter von Linhas Aéreas de Moçambique und Malawi Airlines.

**Kearsley Travel** (Karte S. 56; 022-213 7713, 022-213 7711; www.kearsleys.com; 16 Zanaki St; Mo–Fr 9–18, Sa bis 13 Uhr) Eins der ältesten Reisebüros in Daressalam. Neben Flug-, Mietwagen- und Hotelbuchung kann man hier auch günstige Safaris auf dem Southern Circuit organisieren. Kearsley Travel hat auch eine Filiale im Sea Cliff Village (S. 68).

### TELEFON

In vielen Geschäften werden Starterpakete und aufladbare Prepaid-Karten für Handys verkauft.

### TOURISTENINFORMATION

**Tanzania Tourist Board Information Centre** (Karte S. 56; 022-213 1555, 022-212 8472; www.tanzaniatourism.com; Samora Ave; Mo–Fr 8.30–16, Sa 8.30–12 Uhr) Kostenlose Touristenkarten, Broschüren und eingeschränkte Infos zur Stadt.

## An- & Weiterreise

### FLUGZEUG

Der **Julius Nyerere International Airport** (DAR; Karte S. 74; 022-284 2402; www.taa.go.tz) ist Tansanias größter Flughafen. Derzeit hat er zwei Terminals: In- und Auslandsflüge starten an Terminal Two, Charterflüge und Leichtflugzeuge an Terminal One („Old Terminal"). Das Abflugterminal beim Ticketkauf überprüfen.

Derzeit wird ein drittes Terminal gebaut, sodass in Zukunft sechs Millionen anreisende Besucher pro Jahr am Flughafen abgefertigt werden können. Alle internationalen Flüge werden dann in Terminal Three starten und landen, während in Terminal Two Inlandsflüge abgefertigt werden.

Fluglinien, die Daressalam mit ganz Tansania verbinden:

**Air Tanzania** (TC; Karte S. 56; 022-211 3248; www.airtanzania.co.tz; Ohio St, 1. OG, ATC House; Mo–Fr 8–17, Sa 9–14 Uhr)

**Coastal Aviation** (Karte S. 64; 0713 325673, Reservierungen 022-284 2700; www.coastal.co.tz; Slipway, Slipway Rd, Msasani; Mo–Fr 9–17, Sa 9–15 Uhr)

**Fastjet** (Karte S. 56; 0784 108900; www.fastjet.com; Samora Ave; Mo–Fr 8–16.30, Sa 8.30–13 Uhr)

**Precision Air** (Karte S. 56; 0787 888417, 022-213 0800; www.precisionairtz.com; Ecke Samora Ave & Pamba Rd; Mo–Fr 8–17, Sa 9–13 Uhr)

**Tropical Air** (Karte S. 74; 024-223 2511, 0687 527511; www.tropicalair.co.tz; Terminal One, Flughafen)

**ZanAir** (Karte S. 74; 0716 863857, 024-223 3670; www.zanair.com; Terminal One, Flughafen)

### SCHIFF/FÄHRE

Der Personenschiffsverkehr besteht vor allem zwischen Daressalam und Sansibar, einige Schiffe fahren weiter bis Pemba und von dort nach Tanga. Das **Fährterminal** (Karte S. 56; Sokoine Dr) befindet sich im Stadtzentrum gegenüber der Kathedrale St. Joseph.

Der einzige Ort im Fährhafen, an dem gültige Fährtickets verkauft werden, ist das hohe Gebäude mit der blauen Glasfassade am Ende der Fährterminals an der Kivukoni Front. Es trägt die Aufschrift „Azam Marine – Coastal Fast Ferries". Dort sind die Ticketbüros und eine große Wartehalle untergebracht. Die kleinen Büros nördlich davon unbedingt meiden. Tickets sind auch bei **Azam Marine** (Karte S. 56; 022-212 3324; www.azammarine.com; Kivukoni Front) erhältlich.

Die Schlepper im Hafen versuchen, Touristen mit Gebühren für angebliche „Gesundheitsbescheinigungen", Abfahrtssteuern und Ähnliches abzuzocken. Es ist immer nur der Fährpreis zu bezahlen – die 5 US$ Hafengebühr sind schon eingerechnet. Dieselbe Vorsicht gilt bei Schleppern, die potenzielle Fahrgäste in die Stadt locken, weil es dort „billigere" Tickets gäbe (für Einheimische).

Je nach Jahreszeit kann die Überfahrt ziemlich rau werden, daher verteilen die meisten Fährlinien bei Beginn der Fahrt Tüten für Seekranke.

### Nach/von Sansibar

Azam Marine betreibt täglich vier schnelle Katamarane zwischen Daressalam und Sansibar (Standard/VIP 35/50 US$, Kind Standard 25 US$), die zwischen 7 und 16 Uhr starten. Die Fahrt dauert zwei Stunden, pro Person dürfen 25 Kilo Gepäck mit an Bord genommen werden. Mit einem VIP-Ticket bekommt man einen klimatisierten Sitzplatz, muss jedoch früh an Bord gehen, wenn man als Paar oder Gruppe zusammensitzen möchte.

### Nach/von Pemba

Die große Azam-Fähre *Sealink I* nach Pemba (Erw./Kind 70/50 US$, 18 Std. inkl. Halt auf Sansibar) legt zweimal wöchentlich in Daressalam ab. Sie befördert auch Fahrzeuge. Tickets erhält man in demselben blauen Gebäude von Azam Marine, in dem auch die Tickets nach Sansibar verkauft werden. Die Fähre legt etwa 200 m weiter südlich an der Kivukoni Front ab, kurz vor dem auffälligen bootsförmigen Hochhaus der Tanzania Ports Authority – hier befindet sich eine lange Betonauffahrt, die zum Wasser herunterführt. Es gibt auch eine wöchentliche Verbindung mit der *Sealink* zwischen Tanga und Pemba (35 US$, 4 Std.).

## BUS

Wenn nicht anders angegeben, fahren derzeit alle Busse vom **Ubungo Bus Terminal** (Karte S. 74) in Ubungo ca. 8 km westlich vom Stadtzentrum an der Morogoro Road ab und kommen auch dort an. Vom Busbahnhof kann man mit dem neuen Busnetzwerk Dar Rapid Transit (DART) ins Stadtzentrum fahren (650 TSh, 20 Min.) oder ein Taxi nehmen (ab 30 000 TSh, 1 Std., bei starkem Verkehr länger). Einige Buslinien enden 500 m östlich an der Morogoro Road, an der Kreuzung mit der Sheikilango Road („Ubungo-Sheikilango"). Mit dem neuen DART-Busnetzwerk wird sich jedoch vieles ändern. Alle Busse landeinwärts werden in Mbezi (hinter Ubungo an der Morogoro Road) starten. Ubungo selbst wird ebenfalls vom neuen Terminal profitieren, das anstelle des derzeitigen weitläufigen Parkplatzes entstehen wird – notorische Schlepper und Abzocker werden in Zukunft hoffentlich weniger werden.

Wie immer auf Gepäck und Wertsachen achten und möglichst nicht nachts anreisen. Wer mit dem Taxi in Ubungo ankommt, sollte sich vor dem Schalter der gewünschten Busgesellschaft absetzen lassen. Auf keinen Fall mit Schleppern verhandeln!

Bustickets bekommt man in Ubungo; Tickets für den Dar Express und zum Kilimandscharo werden im Ticketbüro in der Libya St. verkauft. Tickets nur im Büro der Busgesellschaft kaufen!

Die Busse nach Kilwa Masoko, Lindi und Mtwara fahren im Süden der Stadt ab – im **Temeke–Sudan Market Area** (Temeke Sudani; Karte S. 74; Ecke Mbagala Road & Temeke Road) sowie in **Mbagala–Rangi Tatu** (Karte S. 74).

Im Folgenden einige Preise ab Daressalam. Alle Strecken werden mindestens einmal täglich bedient.

| Ziel | Preis (TSh) |
|---|---|
| Arusha | 28 000–36 000 |
| Dodoma | 20 000–27 000 |
| Iringa | 22 000–30 000 |
| Kampala (Uganda) | 100 000–115 000 |
| Mbeya | 32 000–49 000 |
| Mwanza | 43 000–65 000 |
| Nairobi (Kenia) | 55 000–75 000 |
| Songea | 40 000–56 000 |

**Dar Express** (Karte S. 56; Libya St, Kisutu; ⌚6–18 Uhr) Betreibt täglich Busse nach Moshi (30 000–36 000 TSh, 8½ Std.) und Arusha (30 000–36 000 TSh, 10 Std.), die zwischen 5.30 und 8 Uhr am Busbahnhof Ubungo abfahren. Außerdem startet täglich um 5.45 Uhr ein Bus nach Nairobi (65 000 TSh, 15 Std.).

**Kilimanjaro Express** (Karte S. 56; Libya St, Kisutu; ⌚4.30–19 Uhr) Fährt zweimal täglich nach Moshi (33 000–36 000 TSh, 8½ Std.) und Arusha (33 000–36 000 TSh, 10 Std.). Die Busse starten jeweils um 6 und um 7 Uhr vor dem Büro von Kilimanjaro Express in der Libya Street und halten etwa 45 Minuten später in Ubungo. Bei der Ankunft in Daressalam enden die Busse an der Busstation Ubungo-Sheikilango. Von Ubungo-Sheikilango aus kann man mit dem BRT-Bus bis in die Stadt fahren (650 TSh, 20 Min.).

## ZUG

Der Bahnhof **Tazara** (Tanzanian-Zambia Railway Authority; Karte S. 72; ☎0713 354648, 0732 998855, 022-286 5187; www.tazarasite.com; Ecke Nyerere Road & Nelson Mandela Road; ⌚Ticketbüro Mo–Fr 7.30–12 & 14–16.30, Sa 9–12 Uhr) liegt 6 km südwestlich des Stadtzentrums (15 000–20 000 TSh mit dem Taxi). *Dalla-dallas* zum Bahnhof fahren von der Haltestelle New Posta ab; auf den Schildern steht Vigunguti, U/Ndege oder Buguruni. Busse verkehren zwischen Daressalam, Mbeya und Kapiri Mposhi (Sambia).

Der Bahnhof für die **„Central Line"-Züge der Tanzania Railways Limited** (☎0754 460907, 022-211 6213, 022-211 7833; www.trl.co.tz; Ecke Railway St & Sokoine Dr) liegt unmittelbar südwestlich des Fährterminals im Stadtzentrum. Central Line betreibt Züge zwischen Daressalam, Kigoma und Mwanza via Tabora.

### DER DAR RAPID TRANSIT

Der Dar Rapid Transit (DART) in Daressalam wird nach und nach die alten *dalla-dalla*-Routen ersetzen. Auf der Kimara-Kivukoni-Linie des neuen Systems verkehren Expressbusse zwischen dem Stadtzentrum und Ubungo (650 TSh, rund 20 Min.), die unterwegs am Busbahnhof Ubungo, in Ubungo-Sheikilango sowie im Stadtzentrum an der Kisutu Street, dem **Old Posta Transport Stand** (Posta ya zamani; Karte S. 56; Sokoine Dr) und in Kivukoni halten. Tickets erhält man an allen Stationen (vor dem Einsteigen kaufen).

## Unterwegs vor Ort

### AUTO & MOTORRAD

Die meisten Autovermietungen bieten zwar Wagen für Selbstfahrer in der Stadt an, allerdings keine ohne Kilometerlimit. Man kann auch einen Halb- oder Ganztagspreis mit einem zuverlässigen Taxifahrer (siehe rechts) aushandeln.

**First Car Rental** (Karte S. 56; ☎0754 451111, 022-211 5381; www.firstcarrental.co.tz; Amani Place, Ohio St; ⊙Mo–Fr 8.30–17, Sa 8.30–13 Uhr) Nicht die günstigsten Preise, dafür professioneller Service. Ist mit einem Schalter im Hyatt Regency und am Flughafen vertreten und betreibt Filialen in Arusha und Stone Town.

**Green Car Rentals** (Karte S. 56; ☎0713 227788, 022-218 3718; www.greencarstz.com; Nyerere Rd; ⊙Mo–Fr 9–17, Sa 9–12 Uhr) Namhafter Anbieter mit über 20 Jahren Erfahrung. Hat auch Filialen in Arusha und Sansibar (Stadt). Neben Daressalam Glassworks.

### VOM/ZUM FLUGHAFEN

Taxis ins Stadtzentrum von Daressalam kosten 35 000 bis 45 000 TSh (30 bis 90 Min.) sowie 40 000 bis 50 000 TSh zur Halbinsel Msasani (45 bis 90 Min.).

### ÖFFENTLICHE VERKEHRSMITTEL

*Dalla-dallas* (Minibusse und Busse mit 30 Sitzplätzen) sind seit Langem die wichtigsten Verkehrsmittel in Daressalam; sie fahren für rund 400 TSh in der Stadt fast überallhin. Sie sind stets bis obenhin vollgepackt, und das Einsteigen mit Gepäck ist schwierig. Der erste und der letzte Halt wird auf einem Schild an der Frontscheibe angezeigt, aber die Routen ändern sich; also vor dem Einsteigen den Fahrer fragen, ob er das gewünschte Ziel anfährt.

Wenn die DART-Busse übernehmen, werden die *dalla-dallas* schrittweise eingestellt, vor allem im Stadtzentrum, wo ohnehin nur noch wenige verkehren. Zur Zeit der Recherchen wurden im Stadtzentrum noch folgende *dalla-dalla*-Stationen bedient:

**New Posta** (Posta Mpya; Karte S. 56; Azikiwe St) An der Hauptpost.

**Stesheni** (Karte S. 56; Algeria St) In der Nähe des Bahnhofs der Central Line; *dalla-dallas* zur Haltestelle Temeke fahren ebenfalls hier ab; nach „Temeke *mwisho*" fragen.

### TAXI

Taxis haben keine Taxameter. Kurze Fahrten innerhalb des Stadtzentrums kosten ab 5000 TSh. Die Preise vom Stadtzentrum zur Halbinsel Msasani beginnen bei 15 000 TSh. Reisende sollten niemals in ein Taxi steigen, in dem bereits ein Fahrgast sitzt; immer nur Taxis rufen, die für ein Hotel arbeiten oder am Taxistand stehen (der Fahrer sollte den anderen bekannt sein). Ein praktischer **Taxistand** befindet sich gegenüber des Dar es Salaam Serena Hotel.

Man kann auch einen Festpreis für Halb- und Ganztagsfahren aushandeln, z. B. mit dem zuverlässigen, sehr empfehlenswerten Taxifahrer **Jumanne Mastoka** (Karte S. 56; ☎0659 339735, 0784 339735; mjumanne@yahoo.com), der seine Fahrgäste auf Wunsch vom Hotel abholt und zum Flughafen bringt oder Fahrten in ganz Tansania unternimmt.

# RUND UM DARESSALAM

## Strände im Norden

Die Strände, Ferienorte und Wasserparks 25 km nördlich von Daressalam sind am Wochenende sehr beliebt bei Familien. Sie liegen so nah an Daressalam, dass ein Tagesausflug hierher lohnt – früh losfahren, um den dichten Verkehr zu meiden). Der südliche Abschnitt der Küste – Jangwani Beach – ist häufig von Steinmolen unterbrochen.

### Sehenswertes & Aktivitäten

**Ruinen von Kunduchi** RUINEN
(Karte S. 74; Erw./Kind 10 000/5000 TSh) Zu den überwucherten, aber sehenswerten Ruinen gehören Reste einer Moschee aus dem späten 15. Jahrhundert, arabische Gräber aus dem 18. oder 19. Jahrhundert mit gut erhaltenen Säulengräbern sowie Gräber jüngeren Datums. Fragmente chinesischer Töpferwaren, die hier gefunden wurden, belegen die alten Handelsverbindungen zwischen diesem Teil Afrikas und Asien. Über das Hotel

einen Guide besorgen – aus Sicherheitsgründen die Ruinen nicht allein besichtigen. Eine Besichtigung inkl. Guide und Eintrittsgeld kostet etwa 20 000 TSh.

**Kunduchi Wet 'n' Wild** WASSERPARK
(Karte S. 74; ☎ 0688 058365, 022-265 0050; www.wetnwild.co.tz; Kunduchi; werktags/am Wochenende Erw. 10 000/15 000 TSh, Kind 2–8 J. 8000/10 000 TSh; ⊙ 9.30–17.45 Uhr) Dieser große Komplex neben dem Kunduchi Beach Hotel hat zahlreiche Wasserbecken, Wasserrutschen, Videospiele, ein Jungle Gym und eine angrenzende Go-Kart-Bahn, die aber nicht immer funktioniert. Der Freizeitpark hat verschiedene Pakete im Angebot, die Eintrittspreis & Mahlzeiten einschließen.

**Kunduchi Kite School** KITESURFEN
(Karte S. 74; ☎ 0787 802472; www.kunduchi-kite-school.com; Kunduchi; Kurs 50–65 US$ pro Std.) Diese Kitesurfing-Schule – eine der wenigen auf dem Festland – macht sich die Winde aus nordöstlicher und südöstlicher Richtung zunutze, die zwischen Mitte Dezember und Februar sowie zwischen April und Oktober wehen. Neben Kursen bietet die Schule erfahrenen Kitesurfern auch Folgendes: Hilfe bei Start und Landung, Schließfächer, Verzurren des Kites, Luftpumpen, eine Reparaturwerkstatt und Duschen.

## Schlafen & Essen

**Friendly Gecko Guesthouse** PENSION $
(Karte S. 74; ☎ 0759 941848; www.friendlygecko.com; Africana Area; B 20 US$, EZ/DZ ab 30/50 US$; P ❄ 📶) Wer ein paar Tage in Dar bleiben und an einem interessanten Projekt teilhaben will, sollte im Friendly Gecko Guesthouse einchecken. Es liegt 20 km nördlich des Stadtzentrums bei der New Bagamoyo Road, ein kleines Stück landeinwärts vom Jangwani Beach, und bietet einfache Zimmer in einem großen Privatgebäude mit Garten und Küche. Mit den Einnahmen werden Gemeindeprojekte unterstützt.

**White Sands Hotel** RESORT $$$
(Karte S. 74; ☎ 0758 818696; www.hotelwhitesands.com; Jangwani Beach; EZ/DZ/Apt. ab 180/200/230 US$; P ❄ 📶 🏊) Das große Hotel bietet Zimmer in zweistöckigen „Rundhütten" zum Wasser hin. Alle sind mit Fernsehern und Minikühlschränken ausgestattet und haben Blick aufs Meer. Dazu gibt's 28 Apartments für Selbstversorger – einige blicken direkt zum Strand. Außerdem gibt's einen Fitnessraum sowie ein Business-Center, und das Restaurant hat beliebte Wochenend-Büfetts.

**Kunduchi Beach Hotel & Resort** HOTEL $$$
(Karte S. 74; ☎ 0789 563726, 0688 058365; www.wellworthcollection.co.tz; Kunduchi Beach; EZ/DZ 180/210 US$; P ❄ 📶 🏊) Das renovierte ehemalige Regierungshotel befindet sich an einem langen Strandabschnitt. Es verfügt über eine lange Reihe attraktiver zum Strand weisender Zimmer auf ausgedehnten angelegten Grünflächen. Alle Zimmer haben Balkone und bodenhohe Fenster. Es gibt auch ein Restaurant.

## An- & Weiterreise

Alle Hotels am Jangwani-Strand sind über die gleiche ausgeschilderte White Sands-Abzweigung von der New Bagamoyo Road zu erreichen. Etwa 3 km weiter nördlich auf der New Bagamoyo Road ist die Abzweigung zu den Hotels am Kunduchi Beach und Silver Sands Beach ausgeschildert.

Wer mit öffentlichen Verkehrsmitteln kommt, nimmt an der Haltestelle New Posta (S. 71) in Daressalam ein *dalla-dalla* nach Mwenge (400 TSh), wo man für die Weiterfahrt zum Jangwani Beach in ein weiteres mit der Aufschrift „Tegeta" zur Africana Junction (200 TSh) umsteigt. Von dort geht's mit einem *bajaji* (Tuk-tuk; 2000 TSh) oder Taxi (3000–5000 TSh) die letzten paar Kilometer zu den Hotels weiter. Außerdem fährt ein *dalla-dalla* direkt von Kariakoo nach Tegeta. Zum Kunduchi Beach und Silver Sands Beach in Mwenge ein „Bahari Beach"-*dalla-dalla* bis „Njia Panda ya Silver Sands" nehmen. Auf der verbleibenden Strecke fahren Motorräder oder *bajaji*. Nicht zu Fuß gehen, weil es auf diesem Straßenabschnitt schon mehrfach zu Überfällen gekommen ist.

Taxis von Daressalam verlangen für die einfache Fahrt ab 60 000 TSh. Alle Hotels holen auf Wunsch ihre Gäste vom Flughafen ab.

Die schnellste Strecke für Selbstfahrer ist die Old Bagamoyo Road über Kawe.

# Inseln vor der Küste

Die unbewohnten Inseln Bongoyo, Mbudya, Pangavini und Fungu Yasini, die dicht vor der Küste Daressalams liegen, wurden 1975 in das **Meeresschutzgebiet Dar es Salaam** (Karte S. 74; www.marineparks.go.tz; Erw./Kind 11,80/5,90 US$) integriert. **Bongoyo** und **Mbudya** – die beiden am meisten besuchten Inseln – und die einzigen mit touristischen Einrichtungen, haben attraktive Strände, die an den Wochenenden oft überfüllt sind.

Die Inseln sind die Heimat von Populationen des Kokoskrebses (auch Palmendieb genannt) und manchmal lassen sich auch Delfine im Wasser blicken. Es gibt mehrere

## Rund um Daressalam

## Rund um Daressalam

**Sehenswertes**

1 Meeresschutzgebiet Dar es Salaam .......... B2
2 Kunduchi-Ruinen .......... B2
3 Nafasi Art Space .......... B2

**Aktivitäten, Kurse & Touren**

4 Bounce .......... B3
Dekeza Dhow .......... (siehe 7)
5 Kigamboni Community Centre .......... C3
Kunduchi Kite School .......... (siehe 8)
Kunduchi Wet 'n' Wild .......... (siehe 8)

**Schlafen**

6 Friendly Gecko Guesthouse .......... B2
7 Kipepeo Beach & Village .......... C3
8 Kunduchi Beach Hotel & Resort .......... B2
9 Mediterraneo Hotel .......... B2
10 Moveck Hotel .......... B3
11 Protea Hotel Dar es Salaam Amani Beach .......... D4
12 Ras Kutani .......... D4
13 Rombo Green View Hotel .......... B3
Sunrise Beach Resort .......... (siehe 7)
14 Taste of Mexico .......... B2
15 White Sands Hotel .......... B2

**Shoppen**

16 Mwenge Holzschnitzermarkt .......... B3

**Praktisches**

Galaxy Forex Bureau .......... (siehe 18)
17 Einreisebehörde .......... B3

**Transport**

Coastal Aviation .......... (siehe 18)
Fastjet .......... (siehe 18)
Flightlink .......... (siehe 18)
18 Julius Nyerere International Airport .......... A4
19 Mbagala–Rangi Tatu .......... B4
Safari Airlink .......... (siehe 18)
20 Tazara .......... B3
21 Temeke–Sudan Market Area .......... B3
Tropical Air .......... (siehe 18)
Ubungo Busterminal .......... (siehe 10)
ZanAir .......... (siehe 18)

nahe Tauchreviere, von denen sich die meisten an der Ostseite der Inseln befinden. Fungu Yasini ist eine große Sandbank ohne Vegetation, während Pangavini nur über einen kleinen Strandabschnitt verfügt. Das Ufer ist weitgehend von Korallenbänken gesäumt, die das Anlegen schwierig machen; die Insel wird selten besucht.

Die Eintrittsgebühr in das Meeresschutzgebiet inklusive Besuch der Inseln ist im Preis für Ausflüge (S. 58) enthalten und wird vor der Abfahrt kassiert.

## Sehenswertes & Aktivitäten

Im Gegensatz zu den Festlandstränden kann man vor den Inseln bei Ebbe und Flut schwimmen. Bongoyo hat einen hübschen Strand zum Schnorcheln, Schwimmen und Wandern. Mbudya bietet gleich mehrere Strände (der beste liegt am Westrand der Insel), Wanderwege und Schnorchelmöglichkeiten. Wer in Bongoyo (S. 58) oder Mbudya schnorcheln will, muss vorher im Ticketbüro auf dem Festland entsprechende Ausrüstung leihen. Sea Breeze Marine (S. 58) bietet Tauchgänge zu den Korallengärten nahe den Inseln Bongoyo, Pangavini und Mbudya sowie Tauchscheinkurse (PADI-Kurse) an.

## Schlafen & Essen

Die einzige Übernachtungsmöglichkeit ist Camping (mit eigenem Zelt) auf **Bongoyo** (☎ 0786 143842; mit eigenem/geliehenem Zelt 20/50 US$; ) und **Mbudya** (☎ 0713 645460; mit eigenem Zelt 20 000 TSh), das im Voraus gebucht werden muss. Tagsüber kann man Strohschirme ausleihen (5000 TSh).

Auf Bongoyo und Mbudya gibt's Lokale, die einfache Gerichte, z. B. Grillfisch mit Pommes frites (12 000 bis 15 000 TSh), und Softgetränke servieren. Alternativ kann man sich vom Festland seine eigene Verpflegung mitbringen.

## An- & Weiterreise

Eine **Fähre** (S. 58) geht mehrmals täglich von 9.30 bis 15.30 Uhr (außer in der langen Regenzeit) vom Msasani Slipway nach Bongoyo (mind. fünf Passagiere). Ablegestelle und Fahrkartenausgabe befinden sich gegenüber des Restaurants Waterfront (S. 66). Mbudya ist am besten von den Nordstränden Daressalams zu erreichen, und alle dortigen Hotels arrangieren Exkursionen. Auch vom Msasani Slipway (dasselbe Ticketbüro wie für die Fähre nach Bongoyo) fahren Boote nach Mbudya (mind. 6 Pers.).

# Strände im Süden

Von Daressalam aus Richtung Süden wird die Küste immer attraktiver, tropischer und ländlicher, je weiter man fährt. Sie ist ein leicht erreichbares Erholungsziel, weit weg – im Ambiente, nicht in Kilometern – von der Stadt. Der Strand beginnt gleich südlich von Kigamboni gegenüber der Kivukoni Front und ist in wenigen Minuten mit der Kigamboni-Fähre (S. 76) oder dem Fahrzeug (über die Kilwa Road und die Nyerere-Brücke fahren) zu erreichen.

## Kigamboni

30 500 EW.

Der lange, weiße Sandstrand südlich von Kigamboni, um das Dorf Mjimwema herum, ist der Daressalam nächste Ort zum Campen und Chillen. Außerdem ist es ein angenehmer und leichter Tagesausflug für alle, die mal Sand und Wellen sehen und vielleicht auch vor Ort übernachten wollen.

### Aktivitäten

**Dekeza Dhows** SCHNORCHELN, KAJAKFAHREN
(Karte S. 74; ☎ 0787 217040, 0754 276178; www.dekezadhows.com; Kipepeo Beach) Die täglichen Dau-Fahrten (35 US$ pro Pers.) zur Insel Sinda starten vom Kipepeo Beach um 10 Uhr. Dann folgt rund eine Stunde Schnorcheln an den nahe gelegenen Korallenriffen, bevor an einem einsamen Strand das Mittagessen zubereitet wird. Auch Angelausflüge auf einer Dau (250 US$ für 4 Pers.) sowie Fahrten bei Sonnenuntergang können organisiert werden.

Derselbe Veranstalter bietet auch Kajaktouren (15 US$ pro Pers.) den Siwatibe Creek hinauf an. Teilnehmer können auf der Tour den unberührten Mangrovenwald hinter dem Kipepeo Beach Village erkunden. Die 2½-stündige Kajak-Abendtour startet am späten Nachmittag.

### Schlafen & Essen

**Kipepeo Beach & Village** LODGE $$
(Karte S. 74; ☎ 0754 276178; www.kipepeobeach.com; Kipepeo Village; Camping 10 US$, EZ/DZ/3BZ Banda 20/30/40 US$, EZ/DZ/3BZ im Chalet 65/85/115 US$; P) Das entspannte Kipepeo 8 km südlich des Fähranlegers bietet erhöhte Chalets mit Balkonen unmittelbar hinter dem Strand. Dichter am Wasser stehen strohgedeckte Strandhütten ohne Fenster, dort gibt's auch einen Campingplatz. Zur Lodge gehört

## DIE FÄHRE NACH KIGAMBONI

Die **Fähre nach Kigamboni (Magogoni)** (Karte S. 56; 200/2000 TSh pro Person/Fahrzeug; ⏲5–24 Uhr) an sich ist schon einen Ausflug wert. Den ganzen Tag über legt sie regelmäßig an der Kivukoni Front ab. Die Fahrt dauert zwar nur 10 Minuten, bietet aber einen tollen Blick übers Wasser auf eine wachsende moderne Metropole, während Verkäufer den Pendlern Snacks und Schmuck anbieten. In der Rush Hour kann es bis zu einer Stunde dauern, um an Bord zu kommen. Um die Verkehrssituation zu erleichtern, wurde weiter südlich die neue sechsspurige Nyerere-Seilbrücke über den Kurasini Creek gebaut, die die Kilwa Road und Nelson Mandela Road in Daressalam mit der Kibada Road in Kigamboni verbindet. Ihre nächtliche Laserbeleuchtung ist zwar eindrucksvoll, aber eine Fährfahrt macht deutlich mehr Spaß.

ein sehr beliebtes Strandrestaurant mit Bar. Vor Ort starten Dau-Touren von Dekeza Dhows. Am Wochenende werden 5000 TSh Tagesgebühr für die Benutzung des Strandes erhoben (einlösbar in der Bar oder im Restaurant).

**Sunrise Beach Resort** HOTEL $$
(Karte S. 74; ☎0755 400900, 022-282 0222; www.sunrisebeachresort.co.tz; im Dorf Mjimwema; Zelten 10 US$, Zi. 80–140 US$; P ❄ 📶 🏊) Sunrise hat eine gute Lage am Strand, aber eher durchschnittliche, dicht stehende Zimmer am Sandstrand sowie „Executive"-Zimmer mit Klimaanlage in zweistöckigen Ziegelstein-Rundbauten im hinteren Bereich der Anlage. Eine Renovierung und Erweiterung des Hotels ist geplant, daher werden die Unterkünfte bald besser werden. An Wochenenden wird eine Benutzungsgebühr von 5000 TSh pro Person/Tag erhoben.

### ℹ An- & Weiterreise

Die Fähre nach Kigamboni legt an der Kivukoni Front in Daressalam ab. Auf der Insel angekommen, kann man ein *bajaji* (Tuk-Tuk) zu den Stränden nehmen (3000 bis 5000 TSh). Am Fähranleger warten dalla-dallas (400 TSh), die ins Dorf Mjimwema fahren, das 1 km von mehreren Strandhotels entfernt ist.

Eine alternative Route für Selbstfahrer nach/von Daressalam verläuft über die Nyerere-Brücke (2000 TSh), die über die Kilwa Road zu erreichen ist und den Kurasini Creek überquert. Nach dem Überqueren der Brücke an allen Gabelungen links halten, bis man die Straße erreicht, die zu den Strandhotels führt.

## Ras Kutani

Das abgelegene Kap, rund 30 km südlich von Daressalam, bietet die Chance, eine tropische Inselidylle zu erleben, ohne das Festland zu verlassen. An den Stränden kann man gut schnorcheln (Tauchen ist nicht möglich); zudem kommen an diesen Küstenabschnitt gern Meeresschildkröten, um zu brüten.

### Schlafen & Essen

**Ras Kutani** RESORT $$$
(Karte S. 74; ☎022-212 8485; www.selous.com; Bungalow/Suite ab 390/440 US$ pro Pers. inkl. Vollpension; ⏲Juni–Mitte März; 📶 🏊) Zwischen dem Meer und einer kleinen Lagune an einem herrlichen Strand liegt dieses zauberhafte „Barfuß"-Hotel. Es bietet geräumige, urige Bungalows mit zum Strand ausgerichteten Veranden. Auf einer Erhebung in einiger Entfernung von der Hauptlodge stehen weitere Suiten mit eigenen Pools. Kanufahrten in der Lagune können auf Wunsch vom Hotel organisiert werden.

**Protea Hotel Dar es Salaam Amani Beach** BUNGALOWS $$$
(Karte S. 74; ☎0782 410033; www.marriott.com; EZ/DZ 150/180 US$; P ❄ @ 📶 🏊) Das herrlich ruhige Amani Beach hat 10 geräumige Hütten auf einer niedrigen Klippe direkt oberhalb des Strandes. Es ist mit einem Swimmingpool am Meer ausgestattet, und die Gäste haben die Möglichkeit, Reitausflüge zu unternehmen.

### ℹ An- & Weiterreise

Ras Kutani ist mit dem eigenen Fahrzeug oder Chartertaxi zu erreichen. Die Fahrt von Daressalam kostet rund 100 000 TSh. Die Hotels in Daressalam sind bei der Organisation von Transportmitteln behilflich. Das Resort Ras Kutani hat eine eigene Landebahn für Charterflugzeuge.

# Sansibar-Archipel

**Inhalt ➡**



## Schön übernachten

- Emerson Spice (S. 94)
- Lost & Found Hostel (S. 91)
- Upendo (S. 115)
- Demani Lodge (S. 117)

## Gut essen

- Emerson on Hurumzi Rooftop Teahouse (S. 98)
- Mr Kahawa (S. 119)
- Zanzibar Coffee House (S. 93)
- Monsoon Restaurant (S. 96)

## Auf nach Sansibar!

Wer Urlaub auf Sansibar macht, hat das Gefühl, einmal quer durch Raum und Zeit zu reisen. Der Archipel im indischen Ozean trumpft mit einem kulturellen Potpourri auf: Hier treffen afrikanische und arabische Einflüsse aufeinander.

In Stone Town, dem historischen Viertel von Sansibar-Stadt, verlaufen schmale Gässchen zwischen alten Gebäuden mit Balkonen und geschnitzten Türen. An der Küste stechen derweil Fischerboote in See und auf dem Land bestellen Bauern die Reisfelder und (Gewürz-)Nelkenplantagen, die Sansibar den Spitznamen „Spice Islands" (Gewürzinseln) eingebracht haben.

In dieser Hinsicht hat sich wenig verändert auf Sansibar, doch den Besuchern präsentiert sich abseits der traditionellen Lebensweisen ein ganz anderes Bild. Hotels säumen die idyllischen Strände und das Meer ist ein Spielplatz für Wassersportler wie Taucher, Schnorchler und Kitesurfer.

Mit seinem tropischen Charme, seiner einzigartigen Kultur und einer lebendigen Strandparty-Szene lässt der Archipel Reisende ein faszinierendes Stück Ostafrika erleben.

## Reisezeit

### Sansibar-Stadt

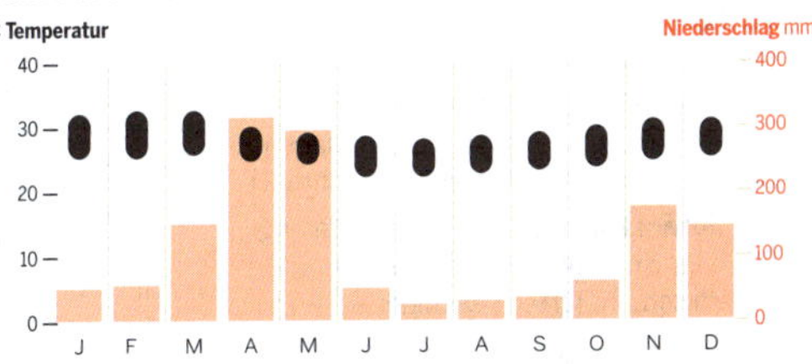


**Dez.–Feb.** Beliebte Reisezeit, vor allem über Weihnachten und Neujahr. Dann ziehen die Preise ordentlich an.

**März–Mai** Regenzeit. Es ist wenig los, manche Hotels schließen, andere bieten Sparpreise.

**Juli–Aug.** Hauptsaison. In den Hotels und an den Stränden kann es voll werden.

## Highlights

1 **House of Wonders** (S. 81) Sich von dem berühmtesten Bauwerk in Stone Town in Staunen versetzen lassen.

2 **Darajani Market** (S. 87) Auf dem traditionellen Markt um Gewürze, Kleidung oder (lebendige) Hühner feilschen.

3 **Bucht von Menai** (S. 124) Auf einer Bootstour von Safari Blue von Fumba aus aufs Meer hinausfahren.

4 **Chumbe** (S. 106) Eine unbewohnte Insel besuchen und sehen, wie aktiver Korallenschutz funktioniert.

5 **Nungwi** (S. 105) Sonnenbaden, schwimmen, ausspannen, Party machen ... Nungwi bietet etwas für jeden Geschmack.

6 **Jozani Forest** (S. 105) Schmetterlinge, Sansibar-Stummelaffen und andere endemische Tierarten bewundern.

7 **Paje** (S. 117) Im Airborne Kite Centre lernen, wie man übers Wasser „fliegt".

8 **Halbinsel Kigomasha** (S. 133) Faszinierende Unterwasserwelten auf Pemba entdecken.

9 **Kiweni** (S. 130) Zur entlegenen Pemba Lodge wandern.

## Geschichte

Sansibars Geschichte reicht mindestens bis zum Beginn des ersten Jahrtausends zurück, als Bantus vom Festland zu den vielen Inseln des Archipels übersetzten. Im *Periplus Maris Erythraei* (60 n. Chr.), das ein griechischer Kaufmann für Seefahrer niederschrieb, findet die Insel Menouthias Erwähnung; viele Historiker glauben, dass es sich dabei um Sansibar handelt. Ab dem 8. Jh. segelten dann persische Händler von Shiraz (Schiras) aus nach Ostafrika und gründeten Siedlungen auf den Inseln Pemba und Unguja (Sansibar).

Zwischen dem 12. und 15. Jh. blühten die Handelsbeziehungen mit Arabien und dem Persischen Golf. Sansibar – mit Sansibar-Stadt als Dreh- und Angelpunkt – entwickelte sich zu einem mächtigen Staat: Es lieferte Sklaven, Gold, Elfenbein und Holz bis nach Indien und Asien. Importiert wurden Gewürze, Glas und Stoffe. Der Handel mit dem Osten brachte den Islam und auch die arabische Architektur auf die Insel, die Stone Town, das historische Viertel von Sansibar-Stadt, bis heute prägt.

### Europäer & Omanis

Im 16. Jh. besetzten die Portugiesen Sansibar, im ausgehenden 17. Jh. riss der Sultan von Oman die Herrschaft an sich.

Zu Beginn des 19. Jhs. kontrollierte der Oman den Handel im gesamten Archipel, und zwar so erfolgreich, dass der Sultan von Oman um 1840 sogar seinen Hof vom Persischen Golf nach Sansibar verlegte. Aus dieser Zeit stammen viele der historischen Gebäude in Stone Town. Als Mitte des 19. Jhs. das europäische Interesse an Ostafrika zunahm und der Sklavenhandel endete, zogen sich die Omanis nach und nach aus Sansibar zurück. 1890 wurde der Archipel britisches Protektorat unter der (Schein-)Regentschaft omanischer Sultane; ihr Handeln wurde von britischen Kolonialbeamten überwacht.

Dieses „Arrangement" galt bis zum 10. Dezember 1963, dem Tag, an dem Sansibar seine Unabhängigkeit erlangte. Nur einen Monat später, im Januar 1964, zettelte die Afro-Shirazi-Partei (ASP) eine blutige Revolution an, stürzte die Sultane und übernahm die Macht.

### Zusammenschluss mit dem Festland

Am 12. April 1964 unterschrieb Abeid Karume, der Präsident der ASP, einen Vertrag mit Tanganjika (das ist das Festland von Tansania ohne Sansibar und Pemba, aber mit der

## DER SKLAVENHANDEL

Seit Beginn der historischen Aufzeichnungen wird in Afrika Sklavenhandel betrieben, die größte Ausbreitung in Ostafrika erfuhr er jedoch mit dem Aufstieg des Islam – dieser verbietet die Versklavung von Muslimen. Als die europäischen Plantagenbesitzer auf Réunion und Mauritius ab der zweiten Hälfte des 18. Jhs. nach Sklaven verlangten, heizten sie den Handel damit weiter an.

Die ersten Sklaven kamen aus den Küstenregionen des afrikanischen Festlands und wurden nach Arabien, Persien und auf die Inseln des Indischen Ozeans verkauft. Eine Drehscheibe des Menschenhandels war Kilwa Kisiwani. Mit der steigenden Nachfrage zogen die Händler weiter ins Landesinnere des Kontinents, bis Malawi und in den Kongo.

Als im 19. Jh. die Araber aus dem Oman an Bedeutung gewannen, löste Sansibar Kilwa Kisiwani als Zentrum des ostafrikanischen Sklavenhandels ab. Nach Schätzungen wurden auf dem Sklavenmarkt von Sansibar seit den 1860er-Jahren jährlich zwischen 10 000 und bis zu 50 000 Sklaven verkauft. Zwischen 1830 und 1873, als ein Vertrag mit England den lokalen Sklavenhandel beendete, wechselten fast 600 000 Sklaven auf Sansibar den Besitzer.

Insel Mafia), woraufhin sich die beiden Staaten zur Vereinigten Republik Tansania zusammenschlossen. Als Karume 1972 ermordet wurde, übernahm Aboud Jumbe das Präsidentenamt, bis er 1984 zurücktrat. Auf ihn folgten mehrere Regierungschefs, bis im Jahr 2000 der Sohn des ersten Präsidenten, Aman Abeid Karume, in einer sehr umstrittenen Wahl zum Sieger ernannt wurde.

### Der Archipel heute

Seit vielen Jahren bestimmen zwei Parteien die politischen Geschicke Sansibars, die Chama Cha Mapinduzi (CCM) und die Opposition Civic United Front (CUF), die ihre meisten Anhänger auf Pemba hat. Die Spannungen zwischen den beiden Parteien erreichten ihren Höhepunkt bei den Wahlen von 1995, 2000 und 2005, die mit Gewaltausbrüchen und Betrugsvorwürfen einhergingen.

2010 akzeptierten die Wähler nach langem Hin und Her schließlich die Pläne der amtierenden CCM-Regierung und der CUF, gemeinsam eine neue Einheitsregierung (Government of National Unity) zu bilden, was schließlich eine langsame Annäherung ermöglichte.

2015 wurde diese Beziehung, die sowieso noch auf wackeligen Beinen stand, auf die Probe gestellt, als die CCM die Wahl als ungültig erklärte. Viele Einheimische boykottierten die Neuwahl im März 2016, die die CCM für sich entscheiden konnte.

Gegenwärtig sieht es aus, als würde die friedliche (wenn auch nicht unbedingt stabile) Pattsituation fortdauern, zumindest bis zu den nächsten Wahlen 2020.

## SANSIBAR

☎ 024 / 950 000 EW.

Sansibar ist eine Perle des Ozeans. Die hiesigen Strände zählen zu den schönsten der Welt und laden zum stundenlangen Faulenzen, zum Schwimmen und Schnorcheln ein. Dabei kann man schillernde Fischschwärme in den Korallengärten und herumtollende Delfine vor der Küste beobachten.

Das historische Viertel der Inselhauptstadt Sansibar-Stadt (Zanzibar Town) heißt Stone Town und wartet mit einer erstaunlichen Mischung afrikanischer, arabischer, indischer und europäischer Einflüsse auf.

Dies sind nur ein paar der Gründe, weshalb die Insel, deren offizieller Name nicht Sansibar, sondern Unguja lautet, das Herzstück und die beliebteste Touristendestination des Archipels ist, seine Basis sollte man aber mit Bedacht wählen; es ist kein Problem, friedliche Naturschönheit oder ausgelassene Partystimmung (oder gleich beides) zu finden, doch der Ausbau der Infrastruktur stellt zunehmend eine Bedrohung für die Ressourcen und den Zauber der Insel dar.

## Sansibar-Stadt

400 000 EW.

Für die meisten Besucher ist Sansibar-Stadt gleichbedeutend mit Stone Town. In dem historischen Viertel kann man Stunden damit zubringen, durch ein Labyrinth schmaler Straßen zu spazieren und sich dabei in jahrhundertelanger Geschichte zu verlieren. Hinter jeder Biegung erwartet einen etwas Neues: ein alter Palast, ein persisches Badehaus, eine Ruine, ein Herrenhaus aus Koral-

## Sansibar (Unguja)

## Sansibar (Unguja)

**Sehenswertes**
1 Persisches Bad Kidichi ..................... A4
2 Maruhubi-Palast ............................... D1
3 Mbweni-Ruinen ................................. D2
4 Mtoni-Palast ..................................... D1

**Aktivitäten, Kurse & Touren**
5 Gallery Tours & Safaris ..................... D2

**Schlafen**
6 Changuu Private Island Paradise ........ C1
7 Chapwani Private Island Resort .......... D1
8 Mangrove Lodge ................................ A4
Mbweni Ruins Hotel ................. (siehe 3)
9 Shooting Star Lodge .......................... B3
10 Zan View Hotel ................................. B3

lenstein mit geschnitzten Türen und Balkonen mit Gitterwerk oder eine Schule, in der Kinder Zeilen aus dem Koran rezitieren.

Sansibar-Stadt (manchmal auch Zanzibar Town oder Zanzibar City genannt), die Hauptstadt des Staates Sansibar, ist die mit Abstand größte Siedlung auf der Insel und wird durch die Creek Road in zwei ungleiche Teile geteilt: Im Westen erstreckt sich Stone Town, den Osten prägen neuere Viertel, die unter dem Namen Ng'ambo (wörtlich übersetzt „die andere Seite") zusammengefasst werden. Dazu gehören Vororte wie Amaani, Mazizini, Magomeni und Mwanakwerekwe, ein Stadtdschungel voller Geschäfte, Märkte, Büros, Apartmenthäuser, Slums und Wohnvierteln der Mittelschicht.

## Sehenswertes

Stone Town ist geformt wie ein Dreieck. Zwei Schenkel werden vom Meer begrenzt, der dritte von der Creek Road (deren offizieller Name inzwischen Benjamin Mkapa Road lautet). Die meisten Sehenswürdigkeiten befinden sich an dem Küstenstreifen im Norden (Mizingani Road) und in den schmalen Gassen.

**Princess Salme Museum** MUSEUM
(Karte S. 84 f.; ☎ 0779 093066; selgpsm@gmail.com; Emerson on Hurumzi Hotel, Hurumzi St; 5 US$; ⏲ Mo–So 10–17 Uhr) Die sorgsam zusammengestellte Sammlung dieses wunderbaren kleinen Museums geht auf das Konto des bekannten Historikers Said al Gheithy und erzählt die Geschichte von Prinzessin Salme, der Tochter eines Sultans. Ende des 19. Jhs. brannte sie mit einem deutschen Kaufmann durch und verfasste später die *Memoiren einer Arabischen Prinzessin.* Said persönlich bietet auch Museumsführungen an.

**House of Wonders** HISTORISCHES GEBÄUDE
(Beit el-Ajaib; Karte S. 84 f.; Mizingani Rd) Dieses mehrstöckige Gebäude, dessen Balkone mit Blick aufs Wasser von grazilen Stahlsäulen getragen werden, ist ein Wahrzeichen von Stone Town. Es heißt, dass die geschnitzten Türen die größten Ostafrikas sind. Davor stehen zwei Kanonen aus Bronze mit portugiesischen Inschriften (16. Jh.). Das Beit el-Ajaib birgt das National Museum of History & Culture (Nationalmuseum für Geschichte & Kultur) mit Exponaten zur Suaheli-Zivilisation und den Völkern des Indischen Ozeans.

Sultan Barghash ließ das Gebäude 1883 für zeremonielle Zwecke erbauen; in seiner Blütezeit verfügte es über edle Marmorböden, getäfelte Wände und – damals eine absolute Neuheit – fließendes Wasser und Strom (daher rührt auch der Name „Haus der Wunder"). 2012 stürzte ein Balkon ein, nachdem das Bauwerk jahrelang dem Verfall preisgegeben worden war, seither ist es der Öffentlichkeit nicht mehr zugänglich.

Die Restaurierungsarbeiten sind ins Stocken geraten; bei Redaktionsschluss stand noch nicht fest, wann das Beit el-Ajaib wieder betreten werden darf, von außen kann es aber natürlich jederzeit bewundert werden. Obwohl sein weißer Anstrich verblasst, ist es unverändert eins der prachtvollsten Bauwerke auf Sansibar.

**Forodhani-Gärten** PARK
(Jamituri-Gärten; Karte S. 84 f.) Wer sich einen Eindruck vom alltäglichen Leben auf Sansibar machen möchte, schaut am besten in diesem öffentlichen Park am Meer vorbei. Er ist ein Treffpunkt für Einheimische wie Touristen, denn es gibt ein großes Restaurant, zwei kleine Cafés mit Sitzgelegenheiten im Freien und einen Spielplatz. Im Baumschatten stehen Bänke und abends bauen Verkäufer Essensstände auf. Die Grünanlage wurde ursprünglich 1936 zum 25-jährigen Regierungsjubiläum von Sultan Khalifa (reg. 1911–1960) angelegt. In dem Pavillon spielten früher Blaskapellen und der Zeremonienbogen unweit des Ufers wurde 1956 für den Staatsbesuch von Prinzessin Margaret erbaut.

**Alte Apotheke** HISTORISCHES GEBÄUDE
(Old Dispensary; Karte S. 84 f.; Mizingani Rd) Mit ihren pfefferminzgrünen Gitterbalkonen und dem Uhrenturm ist die gemeinnützige Apotheke aus dem späten 19. Jh. eins der schöns-

ten Wahrzeichen im Hafengebiet. Sie wurde von dem berühmten ismailisch-indischen Kaufmann Tharia Topan erbaut, der auch als finanzieller Berater des Sultans und als Bankier von Tippu Tip arbeitete, dem übelsten Sklavenhändler von Sansibar. Man darf das Gebäude, in dem heute Büros untergebracht sind, auf eigene Faust erkunden. Im Hof ist ein Restaurant untergebracht, das **Abyssinian's Steakhouse** (☎0772 940566; Hauptgerichte 10 000–17 000 TSh; ⌚11–22 Uhr).

**Aga-Khan-Moschee** MOSCHEE
(Kiponda-Moschee; Karte S. 84 f.) Die Moschee in Kiponda, einem Viertel in Stone Town, ist eine der größten auf Sansibar und seit 1905 Anlaufstelle der Ismailiten-Gemeinde. Das Gebäude mit dem großen Hof besticht durch hübsche Details wie spitz zulaufende arabeske Fenster und eine im Gujarati-Stil geschnitzte Tür.

**Mtoni-Palast** RUINENSTÄTTE
(Karte S. 80) Abseits der Hitze und Hektik von Sansibar-Stadt gewährt der 1828 für Sultan Seyyid Said erbaute Palast einen Blick über die Küste. Hier lebten die einzige legitime Ehefrau des Sultans sowie viele Zweitfrauen und Hunderte Kinder. Zeitgenössischen Berichten zufolge war der Mtoni zu seinen Glanzzeiten ein herrliches Gebäude mit vielen Balkonen und einem großen Hof mit Garten, in dem Pfauen und Gazellen umherstreiften. Heute sind davon nur noch einige Ruinen mit dachlosen Hallen und Arabeskenbogen erhalten, durch die man tropisches Blattwerk und das türkisfarbene Meer erspäht. Der Palast befindet sich nördlich von Sansibar-Stadt. Wenn man der Hauptstraße nach Bububu 6 km folgt, zweigt ein unbefestigter Weg nach Westen zur Ruinenstätte ab.

**Katholische Kathedrale** KATHEDRALE
(St.-Josephs-Kathedrale; Karte S. 84 f.; Cathedral St) Bei Anreise mit der Fähre sehen Traveller schon vom Meer aus die Zwillingstürme der römisch-katholischen Kathedrale. Sie wurde von dem französischen Architekten Berange entworfen, der auch für die Kathedrale in Marseille verantwortlich zeichnet. Errichtet wurde das Gotteshaus zwischen 1893 und 1897 von französischen Missionaren. Die lokale Gemeinde besteht aus goanesischen, europäischen und tansanischen Gläubigen (sowohl aus Sansibar als auch vom Festland). Der Eintritt zur Kirche ist frei, allerdings wird eine Spende erbeten. Die Messezeiten sind angeschlagen.

Der Haupteingang an der Cathedral Street ist häufig geschlossen, man kann die beeindruckende Fassade aber auch durch die Gitterstäbe bewundern. An dem Tor auf der Rückseite hat man gewöhnlich mehr Glück; es ist über eine Gasse zu erreichen, die vom westlichen Ende der Gizenga Street abzweigt. Nach dem kleinen katholischen Buchladen Ausschau halten, der Hintereingang ist gleich daneben.

**Persisches Bad Kidichi** HISTORISCHE STÄTTE
(Karte S. 80) Sultan Seyyid Said ließ das persische Bad Kidichi 11 km nordöstlich von Sansibar-Stadt 1850 für seine persische Frau Scheherazade erbauen. Das königliche Paar kam nach der Jagd hierher, um sich in den Räumlichkeiten mit dem stilisierten Stuckdekor zu erfrischen. Obwohl das Bad kaum instandgehalten wird, kann man immer noch viele Schnitzarbeiten erkennen sowie das Badebecken und die Massagetische besichtigen. Es liegt inmitten der berühmten Gewürzplantagen der Insel und wird gewöhnlich im Rahmen einer Plantagentour besucht.

Alternativ nimmt man *dalla-dalla* 502 bis ins Zentrum von Bububu (der beste Orientierungspunkt ist die Polizeiwache), anschließend sind es noch 3 km Fußweg Richtung Osten entlang einer unbefestigten Straße. Das Bad befindet sich rechter Hand.

**Maruhubi-Palast** RUINENSTÄTTE
(Karte S. 80; 5000 TSh) Der Maruhubi-Palast außerhalb von Sansibar-Stadt entstand 1882 und beherbergte Sultan Barghashs beeindruckend großen Harem. Schon wenige Jahre später brannte dieser bei einem Feuer nieder, die verbleibenden Wände und Bogen und die Säulen, die einst den oberen Balkon trugen, lassen jedoch erahnen, welche Dimensionen das Bauwerk einmal hatte. Der Eingang liegt 4 km nördlich von Sansibar-Stadt, links der Hauptstraße (Westseite) nach Bububu.

**Anglikanische Kathedrale** KATHEDRALE
(Christ Church Anglican Cathedral; Karte S. 84 f.; www.zanzibaranglican.or.tz; New Mkunazini Rd; mit Guide, inkl. Sklavenzellen & Ausstellung zur Sklaverei 5 US$; ⌚Mo–Sa 9–18, So 12–18 Uhr) Der hohe Turm und die grau-gelben Mauern der anglikanischen Kathedrale dominieren die umliegenden Straßen in dieser Ecke von Stone Town, drinnen prägen Kirchenbänke aus dunklem Holz und Buntglasfenster das Bild. Dies war die erste anglikanische Kathedrale Ostafrikas, erbaut wurde sie in den 1870ern von der Universities' Mission to Central Afri-

## STONE TOWNS ARCHITEKTUR

In der beeindruckenden Architektur von Stone Town verschmelzen arabische, indische, europäische und afrikanische Einflüsse: Viele arabische Häuser gleichen zwei- bis dreistöckigen Kuben. Die Räume grenzen an die Außenmauern und umgeben einen Innenhof mit Veranden, der für eine gute Durchlüftung sorgt. Auch die indischen Bauten sind mehrere Stockwerke hoch. Häufig wird das Erdgeschoss von einem Laden eingenommen; darüber liegt die Wohnung mit verzierten Fassaden und Balkonen. Viele Häuser haben auch eine *baraza*, eine zur Straße gerichtete Steinbank, wo sich die Menschen treffen und ein Schwätzchen halten.

Das Vorzeigeelement der sansibarischen Architektur sind die Haustüren aus geschnitztem Holz, die oft vor dem Rest der Gebäude vollendet (bzw. von einem früheren Standort mitgenommen) wurden und ein Symbol für den Reichtum und den Status des Besitzers waren.

Manche Türen haben Hunderte von Jahren auf dem Buckel, andere sind nur ein paar Jahrzehnte alt. Wieder andere sind verhältnismäßig neu; die lokale Türschnitzerindustrie floriert unverändert.

Die Türen nach arabischem Vorbild haben im Allgemeinen geometrische Formen und einen rechteckigen Rahmen. Die „neueren" Türen – viele wurden gegen Ende des 19. Jhs. eingebaut und weisen indische Einflüsse auf – haben oft halbrunde Abschlüsse und komplexe Blumenmotive.

Türschnitzereien stellen mitunter Passagen des Korans dar oder drücken symbolhaft bestimmte Wünsche aus: Fische stehen für Kinderreichtum und der Dattelbaum für Wohlstand. Die großen Messingspitzen sind eine indische Tradition. Sie verhinderten, dass sich Elefanten an die Tür lehnten und sie zerbrachen.

ca (UMCA). An dieser Stelle hatte sich vor der offiziellen Abschaffung der Sklaverei der Sklavenmarkt befunden.

Der **Altar** soll angeblich den Standort des Baums markieren, an dem Sklaven mit stachligen Zweigen ausgepeitscht wurden. Daran erinnert ein weißer Marmorkreis, der von roter Farbe als Symbol für das Blut der Gepeinigten eingefasst ist. Dieser Ort hat eine besondere Energie.

Die treibende Kraft hinter dem Bau der Kathedrale war Bischof Edward Steere (1824–1882) – die Inspiration dazu kam jedoch von David Livingstone, dessen Aufruf die Missionare 1864 folgten, als sie sich auf der Insel niederließen. Eines der Buntglasfenster ist ihm gewidmet, und das **Kruzifix** ist aus dem Baum gefertigt, unter dem im Dorf Chitambo in Sambia sein Herz begraben wurde.

Sehenswert ist auch das bewegende **Sklaven-Mahnmal** auf dem Kathedralengelände. Es zeigt fünf Sklaven, die in einer Grube stehen. Die Figuren, die sich aus dem grob behauenen Stein schälen, wirken hoffnungslos in die Enge getrieben und verzweifelt. Um den Nacken tragen sie Metallfesseln, über die sie durch eine Kette miteinander verbunden sind. Von dem früheren Sklavenmarkt ist nichts mehr zu sehen, doch das Mahnmal erinnert auf ernüchternde Weise an die nicht ganz so ferne Vergangenheit.

Am Eingang zum Kathedralengelände findet man eine Ausstellung zum ostafrikanischen Sklavenhandel – **East Africa Slave Trade Exhibit** – mit mehreren Infotafeln sowie die früheren **Sklavenzellen**, in denen die Sklaven vor dem Verkauf festgehalten wurden. In demselben Gebäude ist St. Monica's Lodge (S. 92) untergebracht.

Die Messe (auf Englisch und Suaheli) wird sonntagmorgens gelesen, die Zeiten sind angeschlagen.

Zutritt zur Kathedrale hat man über die New Mkunazini Road. Im Eintrittsgeld inbegriffen ist die Ausstellung zum Sklavenhandel, der Besuch der Zellen sowie zur Kathedrale und dem Gelände.

**Altes Fort** HISTORISCHES GEBÄUDE

(Ngome Kongwe; Karte S. 84 f.; Mzingani Rd; ⏲ 9–22 Uhr) GRATIS Das Fort mit den blassorangen Befestigungsmauern und Blick auf die Forodhani-Gärten und das Meer ließen die Omanis errichten, nachdem sie die Insel 1698 von den Portugiesen erobert hatten. Im Lauf der Jahrhunderte diente es verschiedenen Zwecken, u. a. als Gefängnis und als Tennisclub. Die Dimensionen der Befestigungsanlagen sind nach wie vor beeindruckend. Auf

## Stone Town

0
200 m
A
B
C
D
E
F
G
1
2
3
4
Alter Dau-Hafen (100 m)
Fracht-Hafen
Azam Marine
Fähr-ticket-häuschen
Cine Afrique
Funguni Rd
Passagier-fährterminal
Fähr-ticket-häuschen
Malindi Rd
Malawi Rd
Kenya Airways (400 m); Precision Air (400 m); Mtoni (3,6 km)
Big Tree
MALINDI
Malindi St
Tropical Air
Kanal von Sansibar
KIPONDA
Jamatini Rd
Kokoni St
Creek Rd
Mizingani Rd
Nyumba ya Moto St
Forodhani-Gärten
Hurumzi St
Changa Bazaar
Kiponda St
Darajani St
Sammelplatz (Ziele im Norden)
Mlandege St
1
5
7
8
9
10
11
12
13
14
16
19
25
26
30
33
34
37
39
40
41
45
47
50
52
53
55
56
61
68
70
71
74
75
77
82
86
91

NG'AMBO
HURUMZI
MKUNAZINI
SOKO MUHOGO
VUGA
BAGHANI
SHANGANI
Market St
Shamshu & Sons Pharmacy
Tharia St
Hamamni St
Soko Muhogo St
Jaws Corner
Cathedral St
Gizenga St
Kenyatta Rd
Baghani St
Pipalwadi St
Mkunazini St
New Mkunazini Rd
Azzurri Internet Café
Fahud Pharmacy
Boda-boda-Stand
Sammelplatz (Nahverkehr nach Amani & Mwanakwerekwe)
Karume Rd
Jamhuri Gardens
Sammelplatz (Ziele im Süden)
Creek Rd
Mapinduzi Rd
Mnazi Mmoja
Global Hospital
Museum Rd
Vuga Rd
Kaunda Rd
Zanzibar Medical Group
Mnazi Moja Hospital (200m); ZanTours (2,2km); (7km); Mbweni (8km)
Kelele Square
Shangani St
Coastal Aviation

## Stone Town

### Sehenswertes

1 Aga-Khan-Moschee … E4
2 Anglikanische Kathedrale … E5
3 Katholische Kathedrale … C5
4 Darajani-Markt … F5
5 Forodhani-Gärten … C4
6 Persisches Bad Hamamni … D5
7 House of Wonders … C4
8 Ijumaa-Moschee … E3
9 Alte Apotheke … E2
10 Altes Fort … C4
11 Palast-Museum … D3
12 Princess Salme Museum … D4

### Aktivitäten, Kurse & Touren

13 Bluebikes Zanzibar … F4
14 Eco + Culture Tours … D4
15 Institute of Swahili & Foreign Languages … E7
Jafferji Spa … (siehe 31)
Kawa Tours … (siehe 13)
Membe Kayak Club … (siehe 33)
16 Mr Mitu's Tours … G2
17 Mrembo Spa … C5
18 One Ocean … B5
19 Sama Tours … C4
20 Tropical Tours … B6
21 Zancos Tours & Travel … A6
Zanzibar Different … (siehe 17)
22 Zenith Tours … A6

### Schlafen

23 Abuso Inn … B5
24 Beyt al-Salaam … A5
25 Emerson on Hurumzi … D4
26 Emerson Spice … E4
27 Flamingo Guest House … D7
28 Garden Lodge … C7
29 Hiliki House … C7
30 Ikala Zanzibar Stonetown Lodge … F2
31 Jafferji House … C5
32 Jambo Guest House … D6
33 Kholle House … E2
34 Kiponda B&B … D3
35 Kisiwa House … B6
36 Lost & Found Hostel … B5
37 Malindi Guesthouse … G1
38 Maru Maru Hotel … C5
39 Mizingani Seafront Hotel … E3
40 Princess Salme Inn … G1
41 Seyyida Hotel … D3
42 Shaba Hotel … B5
43 St. Monica's Lodge … E6
44 Stone Town Café B&B … B6
45 Swahili House … E4
46 Tembo House Hotel … B5
47 Warere Town House … G1
48 Zanzibar Coffee House … E5
49 Zanzibar Serena Inn … A6
50 Zenji Hotel … G2

### Essen

51 Abyssinian Maritim … C7
52 Abyssinian's Steakhouse … E2
53 Al-Shabany … G2
54 Amore Mio … A6
55 Archipelago Café-Restaurant … B4
Emerson on Hurumzi Rooftop Teahouse … (siehe 25)
Emerson Spice Rooftop Teahouse … (siehe 26)
56 House of Spices … F4
57 La Taverna … F6
58 Lazuli … B6
59 Luis Yoghurt Parlour … C5
60 Lukmaan Restaurant … E6
Ma Shaa Allah Café … (siehe 60)
61 Monsoon Restaurant … B4
62 Radha Vegetarian Restaurant … B5
63 Sambusa Two Tables Restaurant … C7
64 Silk Route Restaurant … B5
Stone Town Café … (siehe 44)
65 Tamu … B5
66 Tapería … B5
67 Travellers Café … A6
68 Zanzibar Coffee House … E4

### Ausgehen & Nachtleben

69 Africa House Hotel Sunset Bar … B6
70 Livingstone Beach Restaurant … B4
71 Mercury's … E2
72 Sunrise Restaurant … B6
73 Up North @ 6 Degrees South … B6

### Unterhaltung

74 Dhow Countries Music Academy … D3
75 Hurumzini Movie Café … E4
Altes Fort … (siehe 10)

### Shoppen

76 Cultural Arts Centre Zanzibar … D5
77 Doreen Mashika … D4
78 Fahari … B6
79 Hellen's Shop … B6
80 Kihanga … C5
81 Memories of Zanzibar … B6
82 Moto & Dada Shop … D4
83 Real Art … C5
84 Sasik … C5
85 Upendo Means Love … E5
86 Zanzibar Curio Shop … D4
87 Zanzibar Gallery … B6

### Praktisches

88 CRDB Bank … E6
89 Diamond Trust Bank … C5
90 Eagle Change Bureau … C5
NBC Bank … (siehe 64)
Union Forex Bureau … (siehe 84)
91 Informationsschalter der Tanzanian Commission for Tourism … C4

der Innenseite hat sich einiges getan, seit der Modernisierung gibt es z. B. mehrere Souvenirläden und ein nettes Café, das sich abends in eine Bar verwandelt.

Eine weitere Neuerung ist das **Amphitheater**, in dem Klein- und Großveranstaltungen unter freiem Himmel stattfinden, etwa das **Internationale Filmfestival** (Festival der Dau-Länder; www.ziff.or.tz; Festival-Pass 50 US$; ⏲ Juli) und **Busara** („Stimmen der Weisheit"; www.busaramusic.org; Festival-Pass Touristen/Einheimische 120/10 US$; ⏲ Anfang–Mitte Feb.); am Touristeninformationsschalter (S. 102) am Eingang erhält man Infos zu den Events. In einem der Türme ist zudem die **Cultural Arts Gallery** zu finden, die mit dem Cultural Arts Centre Zanzibar (S. 99) verbunden ist. Dort besteht die Möglichkeit, lokale Künstler zu treffen, ihnen bei der Arbeit zuzusehen oder einen Kurs zu belegen.

**Palastmuseum** MUSEUM

(Beit el-Sahel; Karte S. 84 f.; Mizingani Rd; Erw./Kind 3/1 US$, inkl. Guide, Trinkgeld optional; ⏲ 9–18 Uhr) Der Beit el-Sahel nimmt mehrere große Gebäude am Wasser ein. Hier residierte Sultan Seyyid Said ab 1828. 1896 bombardierten die Briten den Palast, der dabei fast vollständig zerstört und nach seinem Wiederaufbau bis 1964 weitergenutzt wurde. Dann kam die Revolution und mit ihr der Sturz des letzten Sultans. Erstaunlicherweise sind viele der königlichen Requisiten – Bankettische, Porträts, Throne und Wasserklosetts – erhalten geblieben und dienen nun als Exponate in dem Museum, das sich der Geschichte des Sultanats im 19. Jh. widmet.

Seinerzeit bildeten der Palast, der angrenzende Harem **Beit el-Hukm** und mehrere weitere Gebäude einen abgeschlossenen autarken Mikrokosmos mit erhöhten privaten Gehwegen, sodass die hohen Herrschaften sich fernab des gemeinen Volks in den Straßen der Stadt fortbewegen konnten. Einer dieser erhöhten Wege ist noch immer zu sehen – er verläuft oberhalb der Straße hinterm Palastmuseum.

Einblicke in das Palastleben liefert Prinzessin Salmes faszinierendes Buch *Memoiren einer Arabischen Prinzessin* (Erstveröffentlichung 1886, es gibt aber aktuellere Neuauflagen), das im Museum und lokalen Buchhandlungen verkauft wird. Auch das Princess Salme Museum (S. 81) ist in dieser Hinsicht aufschlussreich. Die Infos über die Schlüsselfiguren, wie etwa die Prinzessin selbst sowie ihre Brüder Barghash und Majid, hauchen den staubigen Ausstellungsstücken Leben ein. Draußen können die Grabstätten verschiedener Sultane besichtigt werden, darunter auch Barghash und Majid. Sehenswert ist das „Doppelgrab": Anscheinend amputierte man einem Sultan die Beine und begrub sie. Als der Herrscher ein paar Jahr später verstarb, wurde auch der Rest seines Leichnams beigesetzt.

## EIN NAME, VIELE GESICHTER

Hinter dem Begriff Sansibar verstecken sich mehrere verschiedene geografische und politische Einheiten, er bezeichnet z. B. den gesamten Archipel mit mehr als 50 Inseln, den Staat, der gemeinsam mit dem Festland (ehemals Tanganjika) die Vereinigte Republik Tansania bildet, die Hauptinsel des Archipels, die auch Unguja genannt wird, und die größte Stadt auf Sansibar.

**Darajani-Markt** MARKT

(Karte S. 84 f.; Creek Rd; ⏲ 6–16 Uhr) Auf dem Hauptmarkt von Sansibar geht's zu wie in einem Taubenschlag. In mehreren überdachten Hallen sowie den angrenzenden Straßen bieten Händler so ziemlich alles feil, was man sich vorstellen kann: Gewürze, frischen Fisch, Fleisch und riesige Körbe voller (lebendiger) Hühner, aber auch Sandalen, Plastikeimer und Handys. Wer Lebensmittel kaufen möchte, sollte sich morgens auf den Weg hierher machen, wenn die Waren noch schön frisch sind – vormittags ist aber auch weit mehr los. Wer es gern ruhiger und weniger chaotisch hätte, sollte den Besuch auf den Nachmittag legen.

Einige Stände sind auf Touristen zugeschnitten. Dort bekommt man abgepackte Gewürze und andere Souvenirs. In den Straßen ringsum findet man derweil Geschäfte und Stände, die auf Kleidung, Schuhe, DVDs, Elektrowaren und Haushaltsartikel spezialisiert sind. Besonders zu empfehlen ist die Kanga Street. In den Läden dort gibt's bunte einheimische Drucke und Stoffe aller Art.

**Ijumaa-Moschee** MOSCHEE

(Karte S. 84 f.) Die hübsche Moschee im Arabeskenstil ist eine der größten in Stone Town. Ijumma bedeutet Freitag, dies ist also eine Freitagsmoschee – das bedeutet, dass die Gläubigen freitags tendenziell hierher kommen, um zu beten, statt ihre lokale Moschee aufzusuchen. Anders ausgedrückt: freitags wird es schon mal voll.

**Mbweni-Ruinen** HISTORISCHE STÄTTE

(Karte S. 80; 5000 TSh) Der schicke Vorort Mbweni 5 km südlich von Sansibar-Stadt war eine Missionsstation der Universities' Mission to Central Africa (UMCA). Hier siedelten sich im 19. Jh. ehemalige Sklaven an. In dem üppig grünen Garten des Mbweni Ruins Hotel (S. 95) befinden sich die Ruinen der Mädchenschule St. Mary's. Missionare errichteten sie für die Mädchen, die man von den Sklavenschiffen geholt und befreit hatte. Der Ort hat einen besonderen Charme, ist allerdings ein ordentliches Stück von Stone Town entfernt. Der Besuch lässt sich gut mit einem Essen im Hotelrestaurant oder einem Abstecher an den Privatstrand verbinden.

**Persisches Bad Hamamni** HISTORISCHES GEBÄUDE

(Karte S. 84 f.; Hamamni St; 1500 TSh) Sultan Barghash ließ Ende des 19. Jh. das erste öffentliche Bad auf Sansibar errichten. Die diversen Räumlichkeiten wurden 2017 renoviert. Obwohl es keine Wasserversorgung mehr gibt, braucht es nicht viel Fantasie, um sich den früheren Badebetrieb vorzustellen. Sollte die Eingangstür geschlossen sein, kann man sich an einen Mitarbeiter im Cultural Arts Centre gegenüber wenden.

## Aktivitäten

Rund um Stone Town liegen viele gut zu erreichende Inseln, daher sind Bootstouren zum Schwimmen, Schnorcheln und Tauchen sehr beliebt. Auch Ausflüge mit dem Rad oder Kajak sind möglich. Anschließend steht einem vielleicht der Sinn nach einer Massage in einem der zahlreichen Spas in Stone Town.

★ **Mrembo Spa** SPA

(Karte S. 84 f.; ☎ 024-223 0004, 0777 430117; www.mrembospa.com; Ecke Cathedral & Soko Muhogo St; Massage & Behandlungen 30 US$ pro Std.; ⏰ 10–18 Uhr) Wer sterile Suiten erwartet, wird enttäuscht sein. Stattdessen bietet dieses fantasievolle Suaheli-Spa mit Kangas bedeckte Tische in farbenfrohen Zimmern. Die Atmosphäre ist freundlich, die Sansibari-Therapeuten sprechen mit sanfter Stimme und verwöhnen die Kundschaft mit Massagen, Maniküren und traditionellen Schönheitsbehandlungen, bei denen handgefertigte Öle und Peelings zum Einsatz kommen. Diese (sowie Seifen und mehr) kann man in dem dazugehörenden Geschäft auch kaufen.

**Bluebikes Zanzibar** RADFAHREN

(Karte S. 84 f.; www.bluebikeszanzibar.com; Fahrrad 15/75 US$ pro Tag/Woche) Hier kann man Fahrräder mieten oder an organisierten Radtouren durch Stone Town bzw. in die Umgebung teilnehmen. Besonders beliebt ist die „Gewürztour" Spice Tour by Bike. Auf Wunsch werden auch Ausflüge nach Maß mit einem hiesigen Guide arrangiert. Bluebikes ist ein soziales Unternehmen und arbeitet mit dem Kawa Training Centre zusammen. Die Tourguides sind gut ausgebildet und offiziell anerkannt.

**Membe Kayak Club** KAJAKFAHREN

(Karte S. 84 f.; ☎ 0774 228205; www.membekayakzanzibar.com; Kholle House Hotel, abseits der Malindi Rd; Kajak 10/30 US$ pro Std./Tag) Wer schon mal auf dem offenen Meer Kajak gefahren ist, darf sich allein auf den Weg machen, alternativ fährt man mit Guides; die Mietkajaks sind hochwertig. Beliebte Ausflugsziele sind die Inseln vor Stone Town, man kann aber auch an der Küste entlangpaddeln (was weniger anstrengend ist).

**Jafferji Spa** SPA

(Karte S. 84 f.; ☎ 0774 078441; www.jafferjihouse.net; Jafferji House, Gizenga St; ⏰ Di–So 9–22 Uhr) Das Jafferji Spa gehört zum gleichnamigen Hotel und verfügt über einen Behandlungsraum auf dem Dach, der nicht einzusehen ist. Dort lassen sich die Gäste Massagen, Peelings und traditionelle Entspannungsbehandlungen angedeihen.

**One Ocean** TAUCHEN

(Karte S. 84 f.; ☎ 0774 310003, 0773 048828; www.zanzibaroneocean.com; Ecke Shangani St & Kenyatta Rd; einfacher Tauchgang 85 US$, 8 Tauchgänge 395 US$; ⏰ 8–18 Uhr) Das Fünfsterne-PADI-Zentrum mit langjähriger Erfahrung richtet sich an Taucher aller Kenntnisstufen. Im Hauptbüro in Stone Town können kurze Tauchtrips zu nahe gelegenen Riffen und Wracks gebucht werden, die Mitarbeiter machen aber auch längere Touren zu anderen Tauchgründen rund um Sansibar möglich. One Ocean hat Niederlassungen in verschiedenen Orten entlang der Küste.

## Kurse

**Creative Solutions** KUNSTHANDWERK

(☎ 0773 309092; www.creativesolutionszanzibar.co.tz; Mangapwani; 40 US$ pro Pers. inkl. Mittagessen; ⏰ Mo–Do 11–15 Uhr) Lust auf einen Workshop mit praktischem Nutzen? Einheimische fertigen hier aus Leergut Schmuck und Dekoartikel und Traveller sind eingeladen mitzumachen. Die Kurse finden außerhalb von Sansibar-Stadt in Mangapwani statt und müssen vorab gebucht werden. Die Produkte von Creative Solutions (zarte Libellen aus Glas, Tangawizi-Aschenbecher etc.) werden auch im Cultural Arts Centre Zanzibar (S. 99) und in anderen Geschäften in Sansibar-Stadt verkauft.

**Institute of Swahili & Foreign Languages** SPRACHE
(Karte S. 84 f.; ☎ 024-223 0724; www.suza.ac.tz; 200 US$ pro Woche) Sansibar gilt als Wiege der Suaheli-Sprache (in der Gegend Kisuaheli genannt) und ist daher eine gute Adresse für einen Sprachkurs. Dieses Sprachinstitut gehört zur State University of Zanzibar (SUZA) und hat Kurse für verschiedene Kenntnisstufen (Anfänger bis fortgeschritten) im Programm. Sie dauern eine Woche und müssen vorab gebucht werden.

## Geführte Touren

In Sansibar-Stadt gibt es eine ganze Reihe von lokalen Tourveranstaltern, bei denen Ausflüge mit Guide gebucht werden können. Beliebt sind z. B. Bootsfahrten in einer Dau (besonders bei Sonnenuntergang), Stadtführungen mit Fokus auf den historischen Stätten in Stone Town, Bootstouren zu verschiedenen Inseln zum Schnorcheln und Schwimmen (mit Mittagessen) und Ausflüge zu Gewürzplantagen (dabei werden meist auch ein paar historische Orte außerhalb der Stadt angesteuert).

Längere Touren führen z. B. in die Bucht von Menai (Bootstouren) oder nach Kizimkazi (Delfine!). Wer sich für Letzteres entscheidet, sollte einen namhaften Anbieter wählen, der einen respektvollen Umgang mit den Tieren pflegt (insbesondere, wenn man mit den Delfinen schwimmen möchte – wovon wir im Übrigen abraten).

Wir können die Guides der Heritage Guide Association empfehlen. Sie sind auf die Geschichte und Kultur von Stone Town spezialisiert.

**Zenith Tours** GEFÜHRTE TOUREN
(Karte S. 84 f.; ☎ 0774 413084, 024-223 2320; www.zenithtours.com) Hier handelt es sich um einen erfahrenen Tourveranstalter, der sowohl Einzelpersonen als auch Gruppen betreut und Stadtführungen sowie inselweite Ausflüge arrangiert, aber auch zuverlässig Hotels und Flüge reserviert. Außerdem werden Autos vermietet und Safaris aufs Festland organisiert.

**Zancos Tours & Travel** GEFÜHRTE TOUREN
(Karte S. 84 f.; ☎ 0777 232747, 024-2233 489; www.zancos.co.tz; Kelele Sq, Shangani; ⏲ Mo–Fr 7–19, Sa & So bis 17 Uhr) Eine verlässliche Anlaufstelle für Touren in Sansibar-Stadt und auf der ganzen Insel sowie aufs tansanische Festland, z. B. Safaris in Nationalparks mit Flug (diese werden vom Schwesterunternehmen Coastal Aviation durchgeführt).

**Grassroots Traveller** KULTUR
(☎ 0772 821725; www.grassroots-traveller.com) Grassroots Traveller denkt voraus und arbeitet eng mit gemeindebasierten Projekten, NROs und Organisationen zusammen, die sich für nachhaltige Entwicklung einsetzen. Hier können Traveller interessante Touren zusammenstellen, die Abenteuer und gesellschaftliches Engagement vereinen, und dabei entdecken, dass Sansibar weit mehr zu bieten hat als Sonne, Strand und Meer. Wer mag, kann sich hier auch in Freiwilligenprojekte vermitteln lassen (kurz- und längerfristige Einsätze).

**Kawa Tours** KULTUR
(Karte S. 84 f.; ☎ 0777 957995, 0773 795758; www.zanzibarkawatours.com; ) Kawa hat ein vergleichsweise ungewöhnliches Portfolio. Die Ghost Tour („Geistertour") zur Geschichte des Sklavenhandels führt z. B. zu Orten, an denen es (vermeintlich) spukt, und beim Cooking Workshop (Kochunterricht) kauft man auf dem Markt ein und verarbeitet die Zutaten anschließend selbst in einer lokaltypischen Küche. Andere Touren wiederum beleuchten verschiedene Facetten von Stone Town, z. B. die Geschichte, Kultur, Architektur, religiöse Gebäude etc.

Bei Redaktionsschluss war Kawa Tours gerade im Begriff, sich einen neuen Namen zuzulegen, die Guides werden aber nach wie vor vom Kawa Training Center (die Organisation hilft Einheimischen dabei, Jobs in der Tourismusbranche zu finden) und der Heritage Guide Association rekrutiert (Letzterer gehören auch ein paar weibliche Tourguides an – eine Besonderheit auf Sansibar).

**Zanzibar Different** KULTUR
(Karte S. 84 f.; ☎ 024-223 0004, 0777 430117; www.zanzibardifferent.com; Mrembo Spa, Baghani St; ) Zanzibar Different stellt neben den klassischen Touren auch ein paar ausgefallene Exkursionen auf die Beine; sie alle haben eins gemeinsam: kulturelles Engagement. Die Führungen durch Stone Town widmen sich Themen wie der Rollenverteilung in der Ehe, der Erziehung der Kinder und Trauerri-

tualen. Darüber hinaus werden zahlreiche handwerkliche Traditionen erklärt. Die Prinzessin-Salme-Tour ins Umland von Sansibar-Stadt lässt die Teilnehmer in der Dau und im blumengeschmückten Eselswagen auf den Spuren der sansibarischen Prinzessin wandeln, die ein außergewöhnliches Leben führte.

**Mr Mitu's Tours** GEFÜHRTE TOUREN

(Karte S. 84 f.; ☎ 0773 167620; Funguni Rd, abseits der Malawi Rd; Touren 10–20 US$) Schon seit Jahrzehnten stehen Mr. Mitus preiswerte Gewürzplantagentouren bei Reisenden hoch im Kurs. Inzwischen hat sein Sohn (Mr. Mitu Nr. 2) die Geschäfte übernommen. Je nach Gruppengröße kostet ein halbtägiger Ausflug 10 bis 20 US$, das Mittagessen ist inbegriffen. Die Ganztagestouren umfassen zusätzlich den Besuch von Höhlen und historischen Stätten in Mangapwani und eine Runde Schwimmen am Strand.

**Gallery Tours & Safaris** GEFÜHRTE TOUREN

(Karte S. 80; ☎ 0772 077090, 0774 305165; www.gallerytours.net; ⌚ 9–17 Uhr) Gallery Tours arrangiert Ausflüge vom Allerfeinsten, z. B. exklusive Dau-Fahrten, aber auch Hochzeiten und Flitterwochen auf Sansibar.

**Sama Tours** GEFÜHRTE TOUREN

(Karte S. 84 f.; ☎ 024-223 3543; www.samatours.com; Hurumzi St; ⌚ 8.30–19 Uhr) Ein alteingesessener, angesehener Tourveranstalter, der für seine klassischen Bootsfahrten und Ausflüge zu den Gewürzplantagen vernünftige Preise berechnet. Auf Wunsch werden auch Exkursionen abseits der ausgetretenen Pfade arrangiert. Die Angestellten übernehmen zudem Flug- und Hotelbuchungen und organisieren Tickets für Fähren. Die Guides sprechen mehrere Sprachen und sind ausgesprochen hilfsbereit. Das Büro befindet sich hinterm House of Wonders.

**Tropical Tours** GEFÜHRTE TOUREN

(Karte S. 84 f.; ☎ 0777 413454, 024-223 6794; www.facebook.com/TropicalToursZanzibar; Kenyatta Rd; ⌚ 8.30–18.30 Uhr) Bei diesem zuverlässigen Anbieter kann man Fähr- und Flugtickets sowie Gewürztouren und Bootsfahrten buchen. Auf der Facebook-Seite stehen tagesaktuelle Schnäppchen.

**ZanTours** GEFÜHRTE TOUREN

(☎ 024-223 3042; www.zantours.com; Nyerere Rd) Dieses große, professionelle Unternehmen ist ein Anbieter für gehobene Ansprüche. Es verfügt über eine eigene Fahrzeugflotte und arbeitet mit ZanAir zusammen, das unkomplizierte Transfers ermöglicht.

**Eco + Culture Tours** GEFÜHRTE TOUREN

(Karte S. 84 f.; ☎ 024-223 3731, 0755 873066; www.ecoculture-zanzibar.org; Hurumzi St; ⌚ 10–17 Uhr) Hat Standard-Touren im Programm (Gewürzplantagen, Stadtführungen, Dau-Fahrten), aber auch ein paar längere Trips mit

INSIDERWISSEN

## TOUREN ZU DEN GEWÜRZPLANTAGEN

Der Gewürzanbau ist nicht länger der wichtigste Wirtschaftszweig im Archipel, doch nach wie vor bedecken zahlreiche Plantagen das Zentrum von Sansibar. Sie können im Rahmen von „Gewürztouren" besucht werden, die von Hotels und lokalen Tourveranstaltern in Sansibar-Stadt angeboten werden; gewöhnlich benötigen die Unternehmen einen Tag Vorlaufzeit.

Unterwegs wird man viele Gewürze, Kräuter und Früchte sehen (und kosten), die der Inselboden hervorbringt, darunter Nelken, Vanille, schwarzer Pfeffer, Kardamom, Zimt, Muskatnuss, Brot- und Jackfrucht oder Zitronengras.

Die meisten Ausflüge folgen einem ähnlichen Schema: Einen halben Tag sieht man sich Pflanzungen und umliegende Ruinenstätten o. Ä. an und zum Abschluss gibt's ein Mittagessen (im Preis inbegriffen). Ein paar Anbieter steuern alternativ Schulen oder Dorfkooperativen an.

Es gibt auch längere Ausflüge zu den historischen Stätten, die nicht in unmittelbarer Nähe von Sansibar-Stadt liegen. Oft wird auf dem Rückweg noch eine Schwimmpause gemacht.

Für eine halbtägige Gewürztour berechnen Budgetanbieter 10 bis 15 US$ pro Person, wenn die Gruppe aus zehn bis zwanzig Teilnehmern besteht. Wer keine Lust auf eine so große Truppe hat, muss stattdessen 20 bis 70 US$ pro Nase für eine private Führung einkalkulieren.

Schwerpunkt Kultur/Umwelt. Die Guides sprechen z.T. auch Deutsch. Außergewöhnlich ist die Tour zum Dorf Unguja Ukuu samt Dau-Fahrt in der Bucht von Menai und Zwischenstopps auf abgeschiedenen Inselchen zum Schnorcheln und Mittagessen (bei 4 Teilnehmern 65 US$ pro Pers.).

## Schlafen

Ob Hostel oder Boutique-Hotel, die meisten Unterkünfte befinden sich in Stone Town. Das heißt aber nicht, dass es nicht auch ein paar Anlaufstellen vor den Toren der Stadt – abseits der Hitze und Hektik – gibt.

### Stone Town

**★ Jambo Guest House** PENSION $
(Karte S. 84 f.; ☎ 0776 686239, 024-223 3779; www.jamboguest.com; abseits der Mkunazini St; EZ/DZ mit Gemeinschaftsbad 30/40 US$; ) Die wahrscheinlich beste Budgetunterkunft der Stadt ist extrem beliebt bei Backpackern und schnurrt wie ein Uhrwerk. Die neun blitzblanken Zimmer teilen sich vier Bäder, es gibt kostenlos Tee und Kaffee und ganz in der Nähe findet man gleich mehrere preiswerte Restaurants. Die Mitarbeiter organisieren auf Wunsch Touren und Transfers zu den Stränden an der Ostküste.

**★ Lost & Found Hostel** HOSTEL $
(Karte S. 84 f.; ☎ 0684 320699; www.lost57.com; 57 Kenyatta Rd; B ab 20 US$; ) Das erste reine Backpackerhostel auf Sansibar eignet sich perfekt für Reisende, die aufs Geld achten müssen. Es ist sauber, modern und sicher, hat eine freundliche Atmosphäre und eine prima Lage. Die Gäste schlafen in gemütlichen „Kojen" für ein oder zwei Personen, Vorhänge sorgen für Privatsphäre. Einer der beiden Schlafsäle ist nur für Frauen. Die Gemeinschaftsbäder sind blitzsauber, das Dekor ist außergewöhnlich und cool. Von dem kleinen Balkon blickt man auf die Straße.

**Kiponda B&B** HOTEL $
(Kiponda Hotel; Karte S. 84 f.; ☎ 0777 431665, 024-223 3052; www.kiponda.com; Nyumba ya Moto St; EZ/DZ 30/50 US$; ) Das Kiponda gibt's schon eine ganze Weile. Es ist eine beliebte Adresse mit freundlichem, entspanntem Personal. Die Zimmer sind über drei Etagen verteilt und einfach, aber sauber, Ventilatoren sind Standard (manche Unterkünfte sind sogar klimatisiert). Das Frühstück wird auf der Terrasse ganz oben serviert – dort kann man den ganzen Tag über wunderbar relaxen

### ETIKETTE

Die Gemeinden auf Sansibar und Pemba sind größtenteils muslimisch, traditionell und vielfach ländlich geprägt – dementsprechend konservativ ist die Einstellung ihrer Bewohner. Um einen schlechten Start zu vermeiden, sollte man folgende Hinweise beachten:

- **Kleidung** Man sollte in der Öffentlichkeit angemessen angezogen sein, denn Einheimische nehmen Anstoß an knapper Kleidung. Badehosen und -anzüge gehören ausschließlich an den Strand. In den Städten und Dörfern sollten Frauen ärmellose Oberteile, tiefe Ausschnitte und kurze Hosen vermeiden. Männer dürfen nicht „oben ohne" gehen und die Shorts sollte nicht zu kurz sein.
- **Fotografie** Wer Einheimische fotografieren will, sollte vorher immer um Erlaubnis bitten.
- **Moscheen** Nichtmuslime sollten ohne Erlaubnis keine Moscheen betreten, und wenn, dann nur ohne Schuhe.
- **Ramadan** Insbesondere während des Ramadans sollte man die Kleiderordnung sehr ernst nehmen und seinen Respekt dadurch beweisen, dass man tagsüber auf öffentlichen Plätzen weder isst noch trinkt.

(WLAN-Empfang!). Der Transfer vom Fähranleger und vom Flughafen ist kostenlos.

**Malindi Guesthouse** PENSION $
(Karte S. 84 f.; ☎ 024-223 0165; Makunazini Rd; DZ 40 US$, mit Gemeinschaftsbad 30 US$) Ein alteingesessener Backpackerliebling am nicht ganz so schönen Ende der Stadt, unweit des Dau-Hafens. Die Pension ist nicht unbedingt die sauberste und die Zimmer unten sind feucht und dunkel, die Unterkünfte treppauf sind aber okay. Die Nachteile werden durch die hilfsbereiten Mitarbeiter, die nette Atmosphäre, das Dachrestaurant und das wiederaufgewertete kuriose Mobiliar wettgemacht – die Tische bestehen z. B. aus Fahrradreifen, die Lampenschirme aus alten Kassetten.

**Princess Salme Inn** HOTEL $
(Karte S. 84 f.; ☎ 0777-435303; www.princesssalmeinn.com; abseits der Funguni Rd; EZ/DZ ab

47/67 US$, mit Gemeinschaftsbad 35/50 US$; ❄@) Das nette Hotel steht im heruntergekommeneren (aber umso authentischeren) Teil der Stadt nahe dem Dau-Hafen und bietet saubere, schlichte Zimmer mit typischen Sansibari-Betten samt Moskitonetzen. Der Frühstücksraum auf dem Dach ist angenehm luftig. Ein paar der günstigeren Zimmer sind nicht klimatisiert, sondern nur mit Ventilatoren bestückt. Das Personal arrangiert auf Wunsch den Transport an die Ostküste und unkomplizierte Bootsfahrten zu den nahen Inseln.

**Flamingo Guest House** PENSION **$**
(Karte S. 84 f.; ☎ 0777 491252, 024-223 2850; www.flamingoguesthouseznz.com; Mkunazini St; EZ/DZ 17/34 US$, mit Gemeinschaftsbad 15/30 US$) Das fehlende Dekor und die karge Betontreppe mögen auf einige Leute abschreckend wirken, doch das Flamingo wartet mit absolut adäquaten, schnörkellosen Zimmern zu superbilligen Preisen auf. Sie sind mit Ventilatoren und Moskitonetzen ausgestattet und auf dem Dach gibt's einen Sitz-/Frühstücksbereich.

**Garden Lodge** PENSION **$**
(Karte S. 84 f.; ☎ 0777 663843, 024-223 3298; www.garden.co.tz; Kaunda Rd, Vuga; EZ/DZ 40/50 US$; ❄📶) Eine effiziente und freundliche familiengeführte Lodge mit 18 Zimmern in einem stimmungsvollen Haus mit Balkonen und Buntglasfenstern. Die Zimmer sind recht nüchtern aufgemacht, aber sauber, hell und großzügig geschnitten, besonders in den oberen Stockwerken. Es gibt eine Frühstücksterrasse auf dem Dach, weitere Mahlzeiten werden nach vorheriger Bestellung serviert. Die Angestellten organisieren auf Wunsch Touren und Leihfahrräder.

**St. Monica's Lodge** HOSTEL **$**
(Karte S. 84 f.; ☎ 024-223 0773; www.zanzibarhostel.com; New Mkunazini Rd; EZ/DZ 40/50 US$, mit Gemeinschaftsbad 30/40 US$; ❄📶) In unmittelbarer Nähe der anglikanischen Kirche steht diese Lodge, die ein historisch anmutendes Flair umgibt – Missionare errichteten St Monica's Ende des 19. Jhs. Neben „normalen" Übernachtungsgästen wird die Unterkunft auch von Kirchen- und Jugendgruppen frequentiert. Die Mitarbeiter sind nett, die Zimmer (z. T. mit Balkon) sind einfach, aber sehr sauber und ordentlich.

**Ikala Zanzibar Stonetown Lodge** HOTEL **$$**
(Karte S. 84 f.; ☎ 0628 001520; www.ikalalodges.com; EZ/DZ 49/79 US$; ❄📶👪) Hell, fröhlich, durch und durch ökonomisch (und stolz darauf), so präsentiert sich das Ikala, die richtige Wahl, wenn man nichts anderes braucht als ein sauberes Zimmer, freundliches Personal und einen effizienten Service. Gegen einen kleinen Aufpreis gibt's Extras wie Frühstück, Klimaanlage, edle Bettwäsche, TVs und „Schnickschnack" fürs Bad. Ein weiteres Plus ist das nette kleine Bar-Restaurant auf dem Dach.

**Kholle House** BOUTIQUE-HOTEL **$$**
(Karte S. 84 f.; ☎ 0772 161033; www.khollehouse.com; abseits der Malindi Rd, hinter der Alten Apotheke (Old Dispensary); DZ 100–140 US$; ❄📶🏊) Dieses Hotel war einst ein Palast, 1860 erbaut für Prinzessin Kholle, ihres Zeichens Lieblingstochter von Sultan Said. Seit einer sorgfältigen Renovierung stehen helle, luxuriöse (wenn auch etwas kompakt wirkende) Zimmer zur Verfügung, die mit Sansibari- und Art-déco-Möbeln eingerichtet sind. Die Angestellten sind liebenswürdig, in dem kleinen Garten gibt es einen kleinen Pool zum Abkühlen und das „Teehaus" (ein traditioneller, zu den Seiten hin offener Raum auf dem Dach) gewährt einen tollen Ausblick über Stone Town.

**Shaba Hotel** BOUTIQUE-HOTEL **$$**
(Karte S. 84 f.; ☎ 024-223 8021; www.shaba-zanzibar.com; EZ/DZ 60/75 US$) In einer ruhigen Ecke von Stone Town liegt versteckt an einer Nebenstraße dieses kleine Hotel. Die Lage ist top, bis zur geschäftigen Kenyatta Road läuft man nur ein kurzes Stück. Die Angestellten bereiten den Gästen einen herzlichen Empfang. Die Zimmer haben ein zeitgenössisches Design und sind mit afrikanischen Stoffen und Möbeln aus Dau-Holz ausgestattet. Was fehlt, ist ein Restaurant, dafür gibt's eine Dachterrasse. Das Frühstück wird im Garten eingenommen.

**Hiliki House** PENSION **$$**
(Karte S. 84 f.; ☎ 0777 410131; www.hilikihouse-zanzibar.com; Victoria St; DZ ab 90 US$; ❄📶) Der kleine Familienbetrieb erstreckt sich über zwei benachbarte Häuser – das Originalgebäude im Kolonialstil, das andere im 50er-Jahre-Retro-Look – in einer ruhigen Straße am Rande von Stone Town mit Blick auf die Victoria Gardens. Die eleganten Zimmer versprechen einen entspannten Aufenthalt.

**Zenji Hotel** HOTEL **$$**
(Karte S. 84 f.; ☎ 0774 276468; www.zenjihotel.com; Malawi Rd; DZ 70–90 US$, mit Gemeinschaftsbad 50–60 US$; ❄📶) Das Zenji wartet mit sauberen Zimmern, einem effizienten Ser-

vice und freundlichem Personal auf. Es liegt in der Malawi Road nahe dem Hafen und somit mitten drin im Geschehen oder, negativ ausgedrückt, es kann schon mal lauter werden. Die Zimmer hinten raus bekommen weniger Lärm ab. Ein paar Unterkünfte haben einen eigenen Balkon. Das Frühstück wird auf der Dachterrasse serviert. Das tolle kleine Zenji Cafe unten ist auch für Nicht-Hotelgäste zugänglich.

**Stone Town Café B&B** B&B **$$**
(Karte S. 84 f.; ☎ 0773 861313, 0778 373737; www.stonetowncafe.com; Kenyatta Rd; EZ/DZ ab 65/80 US$; ❄ @) Das B&B kann so umschrieben werden: einfach, unprätentiös und ordentlich. Die Sansibari-Betten in den fünf Zimmern sind mit geradezu knusprig frischen weißen Laken bezogen, Schwarz-Weiß-Fotografien, dekorative Truhen und Läufer verleihen den Räumen Persönlichkeit und Atmosphäre. Ein paar Zimmer verfügen über einen Balkon mit Blick auf die Kenyatta Road. Frühstück gibt's unten, im Stone Town Café (S. 96); man hat die Wahl zwischen Sitzplätzen drinnen oder auf der von Palmen beschatteten Veranda.

**Zanzibar Coffee House** BOUTIQUE-HOTEL **$$**
(Karte S. 84 f.; ☎ 024-223 9319, 0773 061532; www.riftvalley-zanzibar.com; Tharia St, Mkunazini; DZ 110–170 US$; ❄ @) Das Gebäude (erb. 1885) gehörte früher einem von Sultan Barghashs Ministern, inzwischen ist ein stilvolles Hotel über einem erstklassigen Kaffeeladen eingezogen (S. 96). Die acht Zimmer sind passenderweise nach verschiedenen Kaffeesorten benannt und mit Sansibari-Betten, Vintage-Lampen, antiken Möbeln, alten Drucken und Ventilatoren ausgestattet. Was die Atmosphäre längst vergangener Zeiten heraufbeschwört.

**Swahili House** HOTEL **$$**
(Karte S. 84 f.; ☎ 0777 510209; www.theswahilihousezanzibar.com; Mchambawima St, abseits der Kiponda St; DZ 100–150 US$; ❄ 📶 🏊) Hier haben schon einige illustre Persönlichkeiten gelebt, darunter ein indischer Kaufmann, die Familie des Sultans und andere Würdenträger aus Sansibar. Das Haus wurde originalgetreu restauriert und bietet 22 riesige Zimmer, z. T. mit offenem Bad, die über fünf Etagen verteilt und hübsch eingerichtet sind (Sansibari-Betten, von Hand gefertigte Möbel). Die Terrasse im 5. Stock gewährt eine umwerfende Aussicht. Außerdem gibt's einen kleinen Pool und ein hervorragendes (öffentliches) Bar-Restaurant.

### EID AL-FITR

Eid al-Fitr, das Fastenbrechen, mit dem der Ramadan endet, ist eine interessante Zeit für eine Reise durch den Sansibar-Archipel, denn in den kleinen Städten auf Pemba und in den traditionellen Dörfern auf Sansibar herrscht dann eine festliche Atmosphäre und die Familienmitglieder werfen sich in Schale, wenn sie Freunde und Verwandte besuchen oder einfach nur spazieren gehen. In Stone Town beleuchten zu dieser Zeit Laternen die schmalen Gassen und Durchgänge.

**Seyyida Hotel** BOUTIQUE-HOTEL **$$**
(Karte S. 84 f.; ☎ 024-223 8352; www.theseyyida-zanzibar.com; Nyumba Ya Moto St; DZ ab 110 US$; ❄ 📶 🏊) Das Seyyida ist heller und wirkt leichter als viele andere Adressen in Stone Town, weil man sich gegen dunkles Holz und für weiße Fliesen entschieden hat. Über offene Korridore, in denen antike Fotos hängen, erreicht man die modernen Zimmer, die in neutralen Farben gehalten sind und sich um einen begrünten Hof verteilen. Manche haben einen Balkon, doch nur einer davon bietet einen Blick aufs Meer. Außerdem gibt's ein Dachrestaurant, einen kleinen Swimmingpool und ein Spa.

**Tembo House Hotel** HOTEL **$$**
(Karte S. 84 f.; ☎ 024-223 3005, 0779 413348; www.tembohotel.com; Shangani St; EZ/DZ ab 120/150 US$; P ❄ 📶 🏊 👪) Diese attraktiv renovierte Unterkunft in hervorragender Lage am Meer wartet mit einem Privatstrand und rund 40 Zimmern in neuen und alten Gebäudeflügeln auf. Z. T. genießt man einen Blick aufs Meer. Zur Anlage gehören ein Pool, ein Restaurant (kein Alkoholausschank) und ein Frühstücksbüfett auf der zum Wasser hin gelegenen Terrasse. Das Hotel ist beliebt, vor allem bei Familien.

**Warere Town House** HOTEL **$$**
(Karte S. 84 f.; ☎ 0782 234564; www.warere.com; abseits der Funguni Rd; EZ/DZ 45/55 US$; ❄ 📶) Nahe dem alten Dau-Hafen nimmt das Warere ein restauriertes altes Kaufmannshaus ein. Es ist ein nettes, gut geführtes Budgethotel. Die Zimmer sind sauber und ordentlich und warten mit Sansibari-Betten und hübschen Dekoelementen auf; ein paar Unterkünfte bestechen durch ihre mit Blumen bepflanzten Balkone. Bei Vorabbuchung nimmt einen ein Mitarbeiter am Fährhafen in Empfang.

**Abuso Inn** HOTEL $$
(Karte S. 84 f.; ☎ 0777 425565, 024-223 5886; www.abusoinn.com; Shangani St; EZ/DZ ab 60/80 US$; ❄ 📶) Der unspektakulären Fassade und der Innenausstattung aus dunklem Holz zum Trotz ist das familiengeführte Abuso eine solide Wahl mit geräumigen Zimmern und freundlichen Angestellten. Es bietet auch Zimmer für drei oder vier Personen.

**Beyt al-Salaam** BOUTIQUE-HOTEL $$
(Karte S. 84 f.; ☎ 0773 000086; www.beytalsalaam.com; Kelele Sq, Shangani; DZ ab 80 US$; ❄ 📶) Ein Stück abseits des Kelele Square in der Nähe mehrerer Luxushotels steht diese ruhige, stimmungsvolle Unterkunft mit zehn individuell gestalteten Zimmern samt traditionellem Dekor. Die Bäder sind reich verziert.

★ **Emerson Spice** BOUTIQUE-HOTEL $$$
(Karte S. 84 f.; ☎ 0775 046395, 024-223 2776; www.emersonspice.com; Tharia St; DZ 150–300 US$; ❄ 📶) Mit Buntglasfenstern, Holzgitterbalustraden, Springbrunnen und sanftem Farbschema ist das Emerson Spice eins der stil- und stimmungsvollsten Hotels in Stone Town. Das Herrenhaus stammt aus dem 19. Jh.; breite Stufen führen zu einem kleinen Platz in einer engen Straße. Die elf Zimmer sind mit Antiquitäten, ausgefallenen Dekoelementen, feinsten Textilien und tiefen Badewannen ausgestattet.

Unvergesslich ist das mehrgängige Abendessen im „Teehaus“ auf dem Dach (S. 98) ebenso wie der Secret Garden („Geheimer Garten“) – üppig grüne Pflanzen zieren die romantisch-verwunschenen Ruinen. Beides steht auch Nicht-Hotelgästen offen.

**Kisiwa House** BOUTIQUE-HOTEL $$$
(Karte S. 84 f.; ☎ 024-223 0685; www.kisiwahouse.com; abseits der Kenyatta Rd; DZ ab 200 US$; ❄ 📶) Kisiwa House ist ein zauberhaftes Hotel mit neun großen Zimmern und einem exzellenten Dachrestaurant samt Meerblick. Die öffentlichen Bereiche haben ein traditionelles Erscheinungsbild, etwa die prächtige Holztreppe und die mit Messing beschlagene Eingangstür, die Zimmer haben derweil ein moderneres Dekor, inspiriert von der Suaheli-Kultur. Sie bieten Platz und warten mit cremefarbenen Vorhängen, Perserteppichen und dunklen Holzbalkendecken auf.

**Mizingani Seafront Hotel** HISTORISCHES HOTEL $$$
(Karte S. 84 f.; ☎ 024-223 5396, 0776 100111; www.mizinganiseafront.com; Mizingani Rd; EZ/DZ ab 100/150 US$; ❄ 📶 🏊 ♿) Das Mizingani, ein renoviertes Gebäude, hat eine Toplage zwischen zwei Wahrzeichen von Stone Town, dem Big Tree und dem Old Customs House. Nett sind z. B. der Pool im Hof oder auch die Antiquitäten auf den Treppenabsätzen und Stufen. In den Zimmern stehen moderne Möbel im traditionellen Stil. Ein paar Balkone gewähren Meerblick. Sollte man sich am Ozean sattgesehen haben, kann man zur Abwechslung auf die (Flachbild-TV-)Mattscheibe gucken.

**Maru Maru Hotel** HISTORISCHES HOTEL $$$
(Karte S. 84 f.; ☎ 024-223 8516; www.marumaruzanzibar.com; Gizenga St; DZ ab 180 US$; ❄ 📶) Das prächtige alte Gebäude gleich hinter dem Alten Fort und dem House of Wonders ist ein geschichtsträchtiger Ort. Die Räumlichkeiten verteilen sich über mehrere Stockwerke und um zwei Innenhöfe und vereinen traditionelle Elemente und moderne Extras wie Flachbild-TVs und Minibars. Taxis können bis ganz nah an das Hotel heranfahren und einen Aufzug gibt's auch – eine gute Adresse für Leute mit eingeschränkter Mobilität.

**Jafferji House** BOUTIQUE-HOTEL $$$
(Karte S. 84 f.; ☎ 0774 078441; www.jafferjihouse.net; 120 Gizenga St; DZ 180–225 US$; ❄ 📶) Die ehemalige Residenz der Jafferji-Familie ist ein wunderschön gestaltetes Hotel, vollgestopft mit traditionellen, modernen und kolonialen Artefakten. Weitere Hingucker sind die umwerfenden Bilder von Javed Jafferji, einem bekannten Fotografen. Man hat die Wahl zwischen Standard- und Luxuszimmern und im Dachrestaurant genießt man einen unverstellten Rundumblick auf ganz Stone Town. Sollte das zu viel zu verkraften sein, empfehlen wir zum Runterkommen einen Besuch im Spa.

**Emerson on Hurumzi** BOUTIQUE-HOTEL $$$
(Karte S. 84 f.; ☎ 0779 854225, 024-223 2784; www.emersononhurumzi.com; 236 Hurumzi St; Zi./Suite 175/225 US$; 📶) Dieses Hotel – man kann es nicht anders sagen – strotzt nur so vor Charakter und Charme. Die beiden aneinander angrenzenden historischen Gebäude wurden in formvollendeter Tausendundeine-Nacht-Manier restauriert und jedes der 15 Zimmer ist einzigartig und dekadent ausgestattet; traditioneller Suaheli-Stil und zeitgenössisches Design verschmelzen hier auf stimmige Weise. Mittags und abends haben auch Nicht-Hotelgäste Zutritt zum beliebten Teehaus-Restaurant auf dem Dach (S. 98). Ein Paar Zimmer erreicht man nur über eine steile Treppe, eventuell beschwerlich für Reisende mit eingeschränkter Mobilität.

**Zanzibar Serena Inn** HOTEL $$$
(Karte S. 84 f.; ☎ 024-223 2306, 024-223 3587; www.serenahotels.com; Kelele Sq, Shangani; EZ/DZ ab 210/350 US$; ) Serena ist der Name einer Kette, der Hotels und Lodges in ganz Ostafrika angehören. Die Lage dieses Ablegers ist ziemlich unschlagbar: Der riesige schattige Patio oberhalb vom Strand gewährt einen spektakulären Blick auf den Ozean. Zudem trumpfen alle Zimmer mit einem Balkon samt Meerblick auf. Obwohl die Einrichtungen modern sind, haftet dem Hotel noch ein leichter Hauch der Kolonialzeit an. So servieren etwa in Weiß gekleidete Kellner den Nachtmittagstee.

## Außerhalb von Stone Town

★ **Mangrove Lodge** LODGE $$
(Karte S. 80; ☎ 0777 691790, 0773 516213; www.mangrovelodge.com; Chuini; EZ 40–60 US$, DZ 80–120 US$; ) Die wunderbare Mangrove Lodge ist im Besitz eines sansibarisch-italienischen Pärchens. Dessen behutsame, warme Art durchflutet die gesamte Unterkunft, sowohl die mit Palmblättern gedeckte Lounge mit Blick auf die Bucht als auch die großzügig geschnittenen Bungalowzimmer im Garten. Die Lodge befindet sich in Chuini, ca. 15 km von Stone Town entfernt, und ist ein wunderbares Fleckchen, um sich von ein paar Tagen Hardcore-Sightseeing in der Stadt zu erholen.

Die Betreiber sind stark in das lokale Leben involviert; die Angestellten stammen aus dem Dorf, in dem mit den Einnahmen aus dem Lodgebetrieb eine Apotheke finanziert wird. Reisende können von dem guten nachbarschaftlichen Netzwerk profitieren und in der Unterkunft Dorfbesuche, Ausflüge zu traditionellen Werkstätten, Wanderungen und Radtouren zu nahe gelegenen Gewürzpflanzungen oder Angeltrips mit einheimischen Fischern buchen. Zudem dürfen sie die umliegenden Felder ungestört durchstreifen. Lust auf eine Abkühlung? Bis zum Chuini Beach (auch unter dem Namen Mawimbini Beach bekannt) ist es nur ein kurzer Fußweg.

Nahe der Lodge liegen die Bucht von Chuini und die Ruinen des **Chuini-Palasts**, wo Sultan Barghash früher seine Wochenenden zu verbringen pflegte. Zur Anfahrt: Die Hauptstraße nach Norden nehmen (durch Bububu), nach 12 km erreicht man das Dorf Chuini. Links abbiegen (ein Schild weist den Weg zur Mangrove Lodge) und auf sandigen Pfaden durchs Ackerland weitere 3 km zurücklegen. Wer im Voraus bucht, kann den Transfer gleich mitorganisieren; nach/ab Sansibar-Stadt zahlt man 20 US$.

**Pili Pili House** FERIENHAUS $$$
(☎ 0777 410131; www.hilikihouse-zanzibar.com; Haus für bis zu 6 Pers. 210 US$ pro Nacht; ) Pili Pili House ist ein Strandhaus mit drei Schlafzimmern an einem wunderschönen Strandabschnitt im Dorf Bumbwini, 20 km von Stone Town entfernt. Es liegt ca. 5 km hinter den kulturellen und historischen Stätten von Mangapwani. Das Haus wird saubergemacht und man wird bekocht, sprich: Man genießt die Vorteile eines Hotels in einem anheimelnd-gemütlichen Ambiente.

**Mbweni Ruins Hotel** LODGE $$$
(Karte S. 80; ☎ 024-223 5478; www.proteahotels.com; Mbweni; DZ 200 US$; ) 5 km südlich von Sansibar-Stadt und damit fernab der Hektik bietet das gepflegte, ruhige Mbweni Ruins Hotel helle, geräumige Zimmer in einem weitläufigen botanischen Garten. Die namensgebende Ruinenstätte – eine Missionsschule für befreite Sklaven – befindet sich auf dem Hotelgelände. Weitere Highlights sind der Privatstrand, das exzellente Restaurant und die Bar mit Meerblick. Das Mbweni Ruins gehört zur Marriott-Protea-Kette.

## Essen

Um traditionelle Sansibari-Küche zu probieren, gibt es keinen besseren Ort als Stone Town; all unsere folgenden Empfehlungen befinden sich dort. Aufgrund der Küstenlage tauchen auf fast jeder Speisekarte Meeresfrüchte auf, die häufig mit den Aromen des Indischen Ozeans verfeinert werden. Für alle, die etwas tiefer in die Tasche greifen können/wollen, sind die edlen Dachrestaurants ein absolutes Muss. Wer hingegen aufs Geld achten will, findet reichlich Märkte und Garküchen mit Street Food.

In der Nebensaison (April bis Mai und Oktober bis November) und während des Fastenmonats Ramadan schließen viele Restaurants oder haben verkürzte Öffnungszeiten.

★ **Lukmaan Restaurant** SANSIBARISCH $
(Karte S. 84 f.; New Mkunazini Rd; Mahlzeiten 5000–7000 TSh; ⌚ 7–21 Uhr) Das wahrscheinlich beste lokale Restaurant für hochwertige sansibarische Küche. Eine Speisekarte gibt es nicht – man geht einfach zu dem Tresen im Stil der 1950er-Jahre und sieht nach, was gerade angeboten wird. Die Portionen sind

wirklich riesig und bestehen aus verschiedenen Biryanis, gebratenem Fisch, Kokosnuss-Currys und frisch gebackenem Naan.

**★ Zanzibar Coffee House** CAFÉ $

(Karte S. 84 f.; ☎ 024-223 9319; www.riftvalley-zanzibar.com; Snacks 5000–12 000 TSh; ⏰ 8–18 Uhr; ❄ 📶) Das charmante Zanzibar Coffee House ist der beste Ort auf der Insel, um eine richtig gute Tasse echten Kaffees aus dem ostafrikanischen Grabenbruch (East African Rift Valley) zu kosten. Neben Espresso und Cappuccino bekommt man hier auch Milchshakes, Crêpes, Salate, Sandwiches und geröstete Bruschetta und kann sich für eine Tour durch die Rösterei anmelden. Oben sind acht Gästezimmer im traditionellen Sansibari-Stil untergebracht (S. 93).

**Ma Shaa Allah Café** INDISCH $

(Karte S. 84 f.; New Makunazini Rd; Mahlzeiten 3000–9000 TSh; ⏰ 11–20 Uhr) Eine gute schnörkellose Option. Hier werden verschiedene Currys mit Reis oder frisch gebackenem Naan vor den Augen der Gäste zubereitet – in einem Ofen auf einer Terrasse mit Blick auf die Straße.

**Luis Yoghurt Parlour** GOANESISCH $

(Karte S. 84 f.; ☎ 0765 759579; 156 Gizenga St; Mahlzeiten 12 000–15 000 TSh; ⏰ Mo–Sa 10–15 & 18–21 Uhr; 🖉) Ein kleines Restaurant mit unauffälligem Dekor. Der Name lässt etwas anderes vermuten, tatsächlich bekommt man im „Joghurtsalon" aber mehr als cremige Lassis und Snacks: Frau Blanche Luis kocht goanesische Spezialitäten wie Kokosmilch-Curry mit Krebsfleisch und dazu werden frisches Naan, Smoothies oder gewürzte Tees serviert. Wir haben schon während der Öffnungszeiten überraschend vor verschlossener Tür gestanden; besser tagsüber durchklingeln und fragen, ob abends geöffnet sein wird.

**Tamu** ITALIENISCH $

(Karte S. 84 f.; ☎ 0772 459206; Shangani St; Hauptgerichte 15 000 TSh, Eiscreme 3000 TSh; ⏰ 10.30–22.30 Uhr; 👪) Bei diesem „echten" Italiener gibt's Pizza und hausgemachte Pasta sowie Kuchen und Eis in lokaltypischen Geschmacksrichtungen wie Baobab (Affenbrotbaum) oder Tamarinde.

**Stone Town Café** CAFÉ $

(Karte S. 84 f.; Kenyatta Rd; Mahlzeiten 10 000–15 000 TSh; ⏰ 8–22 Uhr) Ein toller kleiner Laden mit Sitzplätzen drinnen oder unter eingetopften Palmen draußen, mit Blick auf die Straße. Hier gibt es den ganzen Tag Frühstück sowie Milchshakes, frisch gebackene Kuchen, vegetarische Wraps und guten Kaffee. Obendrüber befindet sich das Stone Town Café B&B (S. 93).

**Al-Shabany** SANSIBARISCH $

(Karte S. 84 f.; abseits der Malawi Rd; Mahlzeiten ab 3500 TSh; ⏰ 10–14 Uhr) In diesem Restaurant in einer Seitenstraße der Malawi Road bekommt man schnörkellose Küche zu günstigen Preisen, z. B. Pilaw, Biryani und Hühnchen mit Pommes frites. Auch zum Mitnehmen.

**Radha Vegetarian Restaurant** VEGETARISCH $

(Radha Food House; Karte S. 84 f.; ☎ 024-223 4808; abseits der Shangani St; Thalis 15 000 TSh; ⏰ 8–21.30 Uhr, Thalis ab 11 Uhr; 📶 🖉) Ein tolles Restaurant mit ausschließlich vegetarischer Küche. Auf der Karte stehen Thalis und andere indische Speisen, manche Gäste kommen aber bloß vorbei, um etwas zu trinken (es werden auch alkoholische Getränke ausgeschenkt). Das Radha befindet sich in der kleinen Straße hinter der NBC-Bank.

**Amore Mio** ITALIENISCH $

(Karte S. 84 f.; Shangani St; Mahlzeiten 15 000–20 000 TSh; ⏰ 10–22 Uhr; 👪) Die Pastagerichte und leichten Mahlzeiten (Paninis z. B.) sind lecker, der Kaffee schmeckt ebenfalls und dazu genießt man einen tollen Blick aufs Meer. Bei unserem Besuch waren die neuen Besitzer gerade dabei, das Speisenangebot um türkische Spezialitäten zu ergänzen.

**Archipelago Café-Restaurant** CAFÉ $

(Karte S. 84 f.; ☎ 024-223 5668; Shangani; Hauptgerichte 10 000–17 000 TSh; ⏰ 8–22 Uhr; 📶) Das Einheimischenrestaurant liegt an der Gasse, die vom unteren Ende der Kenyatta Road zum Strand führt. Die Terrasse liegt neben einer Werft, in der traditionelle Daus gebaut werden. Das Frühstück (bis 11 Uhr) ist lecker, später am Tag gibt es dann verschiedene Meeresfrüchte-Currys, Grillgerichte und Pilaws sowie tolle Säfte und Smoothies, allerdings keinen Alkohol.

**Monsoon Restaurant** SANSIBARISCH $$

(Karte S. 84 f.; ☎ 0777 410410; Forodhani; Hauptgerichte 17 000–30 000 TSh; ⏰ 12–22 Uhr) Im Monsoon speist man auf traditionelle Art, an niedrigen Tischen und auf Kissen gebettet. Die Schuhe müssen an der Tür abgestreift werden. Mal was anderes, wobei es draußen, auf der Terrasse, auch normale Tische gibt. Das Ganze ist sehr stimmungsvoll, besonders schön ist das Ambiente mittwoch- und samstagabends, wenn Taarab-Bands für musikalische Untermalung sorgen. Aus der Küche kommen gute Suaheli-Gerichte mit modernem Kniff.

**Travellers Café** CAFÉ **$$**

(Karte S. 84 f.; Shangani St; Hauptgerichte 13 000–20 000 TSh; ⌚10–23 Uhr; 📶) Die schlichte Café-Bar am Strand verströmt einen rustikalen Charme, die Mitarbeiter sind freundlich und das Essen ist gut. Die Gäste haben die Wahl zwischen Meeresfrüchten, Steaks, Burgern, Salaten, Sandwiches und dem Tagesangebot. Ein schöner Ort für ein ausgedehntes Mittag- oder Abendessen mit Meerblick.

**Tapería** TAPAS **$$**

(Karte S. 84 f.; ☎0773 226989; Kenyatta Rd; Tapas 8000–14 000 TSh, Hauptgerichte 10 000–20 000 TSh; ⌚Restaurant 10–22 Uhr, Bar bis Mitternacht) In der Tapería kann man zum Essen oder Trinken vorbeischauen – oder einfach beides machen. Die Kellner servieren leckere Tapas, Pizzas und (in erster Linie spanische) Snacks und dazu verschiedene Biere, Weine und mehr. Es gibt auch ein paar verführerische Mischungen ohne Umdrehungen. Auf der Terrasse unter freiem Himmel überblickt man die geschäftige Kenyatta Road. Im angrenzenden Laden werden frisch gebackenes Brot und Gourmetsandwiches verkauft. Der Eingang ist über die Gizenga Street zu erreichen (hinter der Post).

**Abyssinian Maritim** ÄTHIOPISCH **$$**

(Karte S. 84 f.; ☎0772 940556; Vuga Rd; Hauptgerichte 20 000–25 000 TSh; ⌚Mi–Mo 12–15 & 18–22 Uhr) Ein tolles kleines Restaurant. Auf einer luftigen Terrasse warten die Gäste unter einer Pergola, die mit Bougainvilleen bewachsen ist, auf die gigantischen Platten mit Tibs (Grillfleisch), *injera* (Fladenbrot) und anderen äthiopischen Spezialitäten. Dazu werden mehrfarbige Smoothies, Tej (Honigwein) und Kaffee aus frisch gemahlenen Bohnen aufgetragen.

**La Taverna** ITALIENISCH **$$**

(Karte S. 84 f.; ☎0776 650301; www.latavernazanzibar.com; Creek Rd; Hauptgerichte 10 000–20 000 TSh; ⌚11–23 Uhr) La Taverna transportiert einen Hauch von italienischer Quirligkeit nach Sansibar-Stadt. Drinnen findet man ein warmes Ambiente mit Terracottafliesen und den obligatorischen karierten Tischdecken vor, die Außenterrasse ist von der Hauptstraße abgeschirmt. Kulinarisch spielen Meeresfrüchte die erste Geige: Es gibt *calamari fritti* (frittierte Tintenfischringe) und gegrillten Hummer, Mailänder Koteletts und die typischen Pasta- und Pizzaklassiker.

**House of Spices** MEDITERRAN **$$**

(Karte S. 84 f.; ☎0773 573727, 024-223 1264; www.houseofspiceszanzibar.com; Kiponda St; Mahlzeiten 12 000–15 000 TSh; ⌚Mo–Sa 10–23 Uhr; 📶) Das mediterrane Restaurant auf einer laternenbeleuchteten Dachterrasse ist für köstliche Meeresfrüchte und Holzofenpizzas bekannt. Zu den Fischgerichten kann man aus fünf würzigen Soßen wählen und es gibt eine gute Weinkarte. Zum Abschluss empfiehlt sich ein spezieller aromatisierter Digestif. Wer nur eine Kleinigkeit essen möchte, ist in der Tapasbar gut aufgehoben. Übernachten kann man hier auch: Zum House of Spices gehört eine kleine, stilvolle Pension.

**Silk Route Restaurant** INDISCH **$$**

(Karte S. 84 f.; ☎0786 879696; Shangani St; Hauptgerichte 15 000–20 000 TSh; ⌚Mo–So 11–22 Uhr; 🌶) Ein klassischer Inder mit moderner und traditioneller Küche. Manche Gerichte haben eine unleugbar sansibarische Note. Die Kellner tragen Kleidung wie zu Zeiten des Raj (britische Herrschaft). Das Restaurant erstreckt sich über drei Stockwerke; um einen Tisch im begehrten obersten Stock zu ergattern, muss man vorab reservieren oder früh genug hier sein.

**Lazuli** CAFÉ **$$**

(Karte S. 84 f.; abseits der Kenyatta Rd; Mahlzeiten 10 000–15 000 TSh; ⌚Mo–Sa 12–16 & 18–22 Uhr) 🍃 In einem staubigen Hof gleich neben der Kenyatta Road bietet das Lazuli Currys, frische Säfte, Burger, Chapati-Wraps, Salate, Smoothies, Pfannkuchen und mehr zum Mittag- und Abendessen in entspanntem Ambiente. Alle Gerichte werden frisch zubereitet und sind gesund.

**Sambusa Two Tables Restaurant** SANSIBARISCH **$$**

(Karte S. 84 f.; ☎024-223 1979, 0774 881921; Victoria St; Mahlzeiten 25 000 TSh) Der Name deutet auf die Anfänge hin: Zunächst hatte dieses einfache Restaurant gerade mal zwei kleine Tische, inzwischen werden weit mehr Gäste mit Essen versorgt – aber nach wie vor im Haus der Familie. Und so läuft das Ganze: vorbeischauen und fragen, was es gibt, wenn einem das Angebot zusagt, reservieren und später wiederkommen, um die vielfältigen sansibarischen Gerichte zu kosten.

Es gibt keine festen Öffnungszeiten, aber nach vorheriger Absprache wird sowohl mit-

INSIDERWISSEN

### DER PERFEKTE SONNENUNTERGANG

Schöner kann man den Abend in Stone Town eigentlich nicht beginnen als mit einem leckeren Getränk in der Hand den Sonnenuntergang überm Wasser zu beobachten. Wer es „richtig" machen will, muss die Location mit Bedacht wählen, da sich der Sonnenstand ja im Lauf des Jahres verändert. Ideale Bedingungen herrschen von Oktober bis März im Südwesten von Stone Town (z. B. im Africa House Hotel), von April bis September im Nordwesten (z. B. im Mercury's).

tags als auch abends gekocht. Von der Victoria Street geht's an dem Hof für Second-Hand-Klempnerbedarf vorbei und dann zur Rückseite des Hauses.

**★ Emerson Spice Rooftop Teahouse** FUSIONSKÜCHE $$$
(Karte S. 84 f.; ☎ 024-223 2776; www.emersonspice.com; Tharia St; Abendmenü 40 US$; ⏲ Fr–Mi 19–23 Uhr) Das „Teehaus" (zu den Seiten hin offener Pavillon) auf dem Emerson Spice Hotel (S. 94) bietet einen 360-Grad-Blick und überdies die so ziemlich feinste Küche in Stone Town. Viele Gäste kommen hierher, um vor dem fünfgängigen Menü mit sansibarischen Spezialitäten ein paar Cocktails zu schlürfen. Die Hauptgerichte sind meist auf Meeresfrüchtebasis (Zitronengras-Calamares oder Garnelen mit gegrillter Mango z. B.). Nur mit Reservierung.

**Emerson on Hurumzi Rooftop Teahouse** SANSIBARISCH $$$
(Karte S. 84 f.; ☎ 024-223 2784, 0779 854225; www.emersononhurumzi.com; Hurumzi St; Menü 40 000 TSh; ⏲ 12–16 & 17–23 Uhr) Noch ein Teehaus auf dem Dach. Es gehört zum bekannten Emerson on Hurumzi Hotel (S. 94) und heißt auch Gäste willkommen, die nicht dort übernachten. Das Essen ist ganz hervorragend und die Aussicht schlichtweg atemberaubend. Mittagessen wird von 12 bis 16 Uhr serviert. Alternativ findet man sich am frühen Abend ein, um ein paar Drinks zu genießen, bevor es mit einem dreigängigen Menü mit Gerichten nach alten lokaltypischen Rezepten weitergeht. Oft wird dazu auch *taarab*-Musik (live) gespielt. Besser vorab reservieren.

## Ausgehen & Nachtleben

Bis auf ein paar Ausnahmen handelt es sich bei den meisten Bars in Sansibar-Stadt um Hotelbars, die lokale und internationale Biere und mehr ausschenken. Einige haben auch Cocktails mit hiesigen Früchten und Aromen (mit und ohne Alkohol) im Angebot. Viele Hotels verfügen über ein *teahouse*, einen traditionellen Pavillon (zu den Seiten hin offen) oben auf dem Dach, in dem man etwas trinken und die Aussicht genießen kann.

**Sunrise Restaurant** BAR
(Karte S. 84 f.; Kenyatta Rd, Ecke Kenyatta Rd & Bagani St; ⏲ 10–22 Uhr) Einheimische und Budgetreisende frequentieren das schnörkellose Sunrise, das dem Namen zum Trotz mindestens genauso sehr Bar wie Restaurant ist. Einfache Mahlzeiten kosten um die 10 000 TSh. Drinnen kann man fernsehen, draußen im Garten weht einem eine Brise um die Nase.

**Up North @ 6 Degrees South** BAR
(Karte S. 84 f.; ☎ 062-064 4611; www.6degreessouth.co.tz; Shangani St; ⏲ 17–23 Uhr; 📶) Die Dachbar über dem Restaurant 6 Degrees South an der Südwestseite von Stone Town lädt zu einem Getränk bei Sonnenuntergang mit Meerblick ein.

**Mercury's** BAR
(Karte S. 84 f.; ☎ 024-223 3076; Mizingani Rd; ⏲ 12–24 Uhr) Diese etwas verlotterte, aber beliebte Adresse am Wasser ist nach Freddie Mercury benannt. Die Klientel kommt tagsüber auf einen Drink vorbei und dann abends wieder – und zwischendurch gibt's noch ein Feierabendbier. Wer sich an dem Blick auf Strand und Hafen sattgesehen hat, kann Fußballspiele im Fernsehen verfolgen oder Livemusik hören (fast jeden Samstag). Zu essen gibt's die üblichen Verdächtigen – Pizza, Pasta, Currys (Hauptgerichte 16 500–25 000 TSh).

**Africa House Hotel Sunset Bar** BAR
(Karte S. 84 f.; www.africahousehotel.co.tz; Shangani St; ⏲ 17–24 Uhr) Die Sunset Bar gewährt einen Blick aufs Meer wie auf einem Logenplatz. Sie befindet sich im Africa House Hotel, dem ehemaligen British Club, und verfügt über eine große Terrasse. Hier scheint der Strom kalten Bieres nicht abzureißen, kein Wunder also, dass dies eine beliebte Adresse für ein kühles Getränk bei Sonnenuntergang ist.

**Livingstone Beach Restaurant** BAR
(Karte S. 84 f.; abseits der Shangani St; ⏲ 10–2 Uhr) Das etwas verblichene, aber beliebte Restau-

rant im ehemaligen britischen Konsulat bietet Sitzplätze drinnen wie draußen – auf einer Terrasse unter Bäumen direkt am Strand. Oft treten Bands auf und mittags und abends wird Essen serviert. Die meisten Gäste kommen aber, um etwas zu trinken, vor allem bei Sonnenuntergang oder abends, wenn Kerzenlicht ein stimmungsvolles Ambiente schafft.

## Unterhaltung

Unterhaltung nach sansibarischer Art besteht in erster Linie aus traditioneller Musik und Tanzdarbietungen.

**★ Dhow Countries Music Academy** LIVEMUSIK
(Karte S. 84 f.; ☎ 0777 416529; www.zanzibarmusic.org; Old Customs House, Mizingani Rd; Konzerte 10 000 TSh; ⏲ 9–18 Uhr) In dieser Musikakademie werden die unterschiedlichsten Genres gelehrt und bei regelmäßigen Abendkonzerten zeigen die Studenten ihr Können. Von Afro-Jazz über Fusion bis *taarab* – sansibarische Poesie in Liedform – ist alles dabei. Wer selbst mitmachen will, kann einen der Workshops belegen. Am schwarzen Brett in der Lobby kann man sich über die Veranstaltungszeiten hier und in anderen Lokalitäten in der Stadt informieren.

**Hurumzini Movie Café** KINO
(Hurumciné; Karte S. 84 f.; ☎ 0628 014454; www.facebook.com/hurumzini; abseits der Hurumzini St; ⏲ 10–21 Uhr) 3 in 1: Das Movie Café bietet Kaffee, etwas zu essen und Filme. Eine tolle Adresse mit gemütlichen Sofas, coolem Dekor und einer fantasievollen Speisekarte (Snacks ab 3000 TSh, Mahlzeiten 9000–15 000 TSh). Tagsüber kann man sich darüber erkundigen, was abends gezeigt wird; zwischen 10 und 17 Uhr dürfen die Gäste einen Film aussuchen oder genießen einfach nur das Essen und das nette Flair.

**Altes Fort** TANZ
(Karte S. 84 f.; 5000–10 000 TSh) Im Alten Fort finden häufig, aber zu flexiblen Zeiten Darbietungen mit lokaltypischer Musik, Tanz und Trommeln statt. Am Infoschalter am Eingang kann man tagsüber erfragen, was am Abend ansteht.

## Shoppen

Sowohl Bummler ohne bestimmtes Ziel als auch ambitionierte Kunstsammler werden in Stone Town fündig. An zahlreichen Ständen werden Tingatinga-Malereien, Holzschnitzereien und touristische Andenken feilgeboten, wer ernsthaft auf der Suche nach ein paar Schätzchen ist, kann Antiquitäten, traditionelles Kunsthandwerk, zeitgenössischen Schmuck, Designermode und erstaunlich hochwertige Kunst auftun. Ein großes Plus beim Einkauf hier ist, dass man die lokale Wirtschaft aktiv unterstützt.

**★ Cultural Arts Centre Zanzibar** KUNST
(Karte S. 84 f.; ☎ 0773 612551; hamadcac.z@gmail.com; Hamamni St; ⏲ 10–18.30 Uhr) Hamad und andere Künstler stecken ihr Herzblut in die Organisation dieses Kunstzentrums samt Laden. Dabei legen sie besonderen Wert auf Qualität und Besonderheit. Das Ergebnis ist eine wohltuende Abwechslung zu dem hölzernen Getier und den Tingatinga-Bildern, die man sonst in Stone Town findet. Verkauft werden stattdessen erstaunliche Malereien in traditionellen und modernen Stilen, Schmuck, Kerzen, Seifen und Kunsthandwerk. Die meisten Waren stammen von lokalen Kooperativen von der ganzen Insel.

**Zanzibar Curio Shop** GESCHENKE & ANDENKEN
(Karte S. 84 f.; Hurumzi St; ⏲ 10–19 Uhr) Das Bild von Aladdins Höhle wird ja gern mal bemüht, hier allerdings trifft es absolut zu. Bis unter die Decke stapeln sich die Mitbringsel und Andenken und die Kunden dürfen sich alles ganz in Ruhe ansehen. Einen Raum weiter und dann noch einen stößt man auf Antiquitäten, Ornamente, Schnitzereien und Sammlerstücke. Wer eine Uhr oder eine Glaslaterne, einen Tauchhelm aus Messing oder ein Emailleschild mit Zigarettenwerbung „braucht", wird in diesem Laden sicher fündig.

**Memories of Zanzibar** GESCHENKE & ANDENKEN
(Karte S. 84 f.; Kenyatta Rd; ⏲ Mo–So 8–18 Uhr) Die Betreiber bewerben ihr Geschäft als Kaufhaus, was nicht von ungefähr kommt: Die Palette an Souvenirs ist tatsächlich beachtlich. Darunter sind Schnitzereien, Kleidung, Bücher, Zierelemente, Möbel, Schmuck, Textilien, Spielzeug und mehr. Sämtliche Artikel sind mit einem Preisschild ausgezeichnet – Feilschen überflüssig – und die Mitarbeiter lassen einen ungestört stöbern. Das Ambiente ist modern.

**Real Art** KUNST
(Karte S. 84 f.; Gizenga St; ⏲ 10–18 Uhr) Der Name lässt es bereits vermuten – die Bilder und Skulpturen, die in dieser Galerie zum Verkauf stehen, sind echt und von guter Qualität. Auf einem Schild draußen steht

## TAARAB-MUSIK

Was wäre Sansibar ohne einen Abend mit dem berühmten *taarab*. In dieser rhythmischen trommelbetonten Musik – der Name geht vermutlich auf das arabische *tariba* (etwa „bewegt sein") zurück – verschmelzen afrikanische, arabische und indische Einflüsse. Für viele Einwohner Sansibars ist der *taarab* das einigende Element aller Inselkulturen. Ein traditionelles *taarab*-Orchester besteht aus mehreren Dutzend Musikern mit westlichen und traditionellen Instrumenten: Violine, *ganun* (ähnlich einer Zither), Akkordeon, *nay* (arabische Flöte), Trommeln und ein Sänger. Gewöhnlich spielen die Musiker ohne Noten, und die Texte der Lieder – meist drehen sie sich um Liebe – sind voller Andeutungen und Zweideutigkeiten.

Die Musik im *taarab*-Stil wurde aus Arabien eingeführt und schon in den 1820er-Jahren im Sultanspalast von Sansibar gespielt. Es dauerte aber bis ins 20. Jh., bis Sultan Seyyid Hamoud bin Muhammed die ersten Clubs mit *taarab*-Musik erlaubte; seither bildeten sich feste Formen heraus.

Einer der ersten Clubs war der im Jahr 1905 in Sansibar-Stadt gegründete Akhwan Safaa. Seither haben zahlreiche weitere Clubs eröffnet, darunter auch der bekannte Culture Musical Club im gleichnamigen Gebäude. In den traditionellen Clubs sitzen Männer und Frauen getrennt. Die Frauen tragen ihre beste Kleidung und kunstvolle Frisuren. Die Zuhörer wirken an der Vorstellung mit, und gelegentlich steigt jemand auf die Bühne und steckt dem Sänger Geld zu.

denn auch, dass „sämtliche unserer Künstler in zeitgenössischen Kunstbänden Erwähnung finden".

**Kihanga** KLEIDUNG

(Karte S. 84 f.; Gizenga St; ⏲10–18 Uhr) Die Kleider und Röcke aus Kanga-Stoffen (jene bunten Wickelroben, die Frauen in ganz Ostafrika tragen) kommen von der Stange oder werden maßgefertigt.

**Hellen's Shop** GESCHENKE & ANDENKEN

(Karte S. 84 f.; Kenyatta Rd; ⏲Mo–So 9–18 Uhr) Der Laden der liebenswerten Hellen liegt nahe dem Africa House Hotel und damit ein Stück abseits der typischen Touristenroute. Sie verkauft Kangas, Kleidung, Korbwaren, Postkarten und klassische Souvenirs, drängt ihre Kundschaft aber nicht zum Kauf.

**Doreen Mashika** MODE & ACCESSOIRES

(Karte S. 84 f.; www.doreenmashika.com; 267 Hurumzi St; ⏲10–18 Uhr) Das Geschäft in der Hurumzi Street verkauft sansibarische Designermode. Der charakteristische Stil von Doreen, die ihre Ausbildung in der Schweiz absolvierte, kombiniert spielerisch und anmutig afrikanische Drucke und Materialien mit europäischem Design. Ihre Perlencolliers und -manschetten, bedruckten Bleistiftröcke, Ketten aus Horn und Silber und Taschen mit bunten afrikanischen Mustern sind echte Hingucker. Alle Kleidungsstücke können auch nach Maß angefertigt werden (dauert zwei bis drei Tage).

**Sasik** KUNST & KUNSTHANDWERK

(Karte S. 84 f.; ☎0773 132100; Gizenga St; ⏲10–18 Uhr) Die Kissen, Decken und Überwürfe sind Arbeiten der Autodidaktin Saada Abdullah Suleiman und ihres Teams aus über 45 sansibarischen Frauen. Ihre kunstvollen Designs in hellen Primärfarben sind von Suaheli- und arabischen Mustern beeinflusst, die häufig von den geschnitzten Türen in und um Stone Town stammen. Man kann sie im Laden fertig kaufen oder maßgeschneiderte Designs und Farbkombinationen bestellen.

**Fahari** MODE & ACCESSOIRES

(Karte S. 84 f.; www.fahari-zanzibar.com; 62 Kenyatta Rd; ⏲10–18 Uhr) Das Fahari ist Laden und sozial orientiertes Unternehmen in einem und kombiniert die innovative Expertise von Accessoire-Designerin Julie Lawrence mit den für Sansibar typischen traditionellen kunsthandwerklichen Fertigkeiten. Das Ergebnis sind u. a. auffällige Taschen aus Leder und *ukili* (geflochtene Palmwedel), zarter Schmuck aus Austernschalen und Kaftane. Die Fertigung der Waren erfolgt vor Ort; man kann zusehen, während man shoppt.

**Upendo Means Love** KLEIDUNG

(Karte S. 84 f.; www.upendomeanslove.com; Tharia St; ⏲10–18 Uhr) Dieses religionsübergreifende Gemeindeprojekt schlägt mit seiner Nähschule und der schicken Boutique eine Brücke zwischen der christlichen Minderheit und der hauptsächlich muslimischen Bevölkerung Sansibars. Das Resultat: stylishe Sommermode für Damen und Kinder aus flippigen Stoffen sowie interkulturelle Freundschaften und wirtschaftliche Unabhängigkeit. Dänische Modestudenten helfen mit, die Linie mit trendigen Ideen frisch zu halten. Der Laden ist gegenüber vom Zanzibar Coffee House (S. 96), es gibt aber auch einen Onlineshop.

**Moto & Dada Shop** KUNST & KUNSTHANDWERK
(Karte S. 84 f.; www.motozanzibar.wordpress.com; Hurumzi St; ⌚10–18 Uhr) Hier bekommt man Produkte von Moto – eine inselweite Kooperative, die durch den Verkauf von Taschen, Sonnenhüten, Körben, Matten und anderen Flechtwaren aus *ukili* (Palmblättern) die ländliche Wirtschaft stärkt – und von Dada, einer Kooperative mit einem ähnlichen Konzept; sie hilft einheimischen Frauen dabei, Kosmetik und Lebensmittel aus natürlichen lokalen Zutaten zu vertreiben.

**Zanzibar Gallery** GESCHENKE & ANDENKEN
(Karte S. 84 f.; ☎024-223 2721; www.zanzibargallery.net; Kenyatta Rd; ⌚Mo–Sa 9–18.30, So bis 13 Uhr) Die alteingesessene Galerie hat eine riesige Auswahl an Souvenirs, Textilien, Holzschnitzereien sowie Antiquitäten, zeitgenössischer Kunst, gerahmten Fotografien und mehr im Angebot.

## Praktische Informationen

### GEFAHREN & ÄRGERNISSE

Sansibar ist zwar relativ sicher, doch in Sansibar-Stadt kommt es gelegentlich zu Diebstählen und Überfällen.

- Wertgegenstände und Geld sollte man außer Sicht- und Reichweite aufbewahren, insbesondere da, wo viele Menschen zusammenkommen, z. B. auf dem Darajani Market.
- Von einsamen Gegenden, etwa den Stränden nördlich und südlich von Stone Town, hält man sich besser fern.
- In Stone Town sollte man sich nachts ein Taxi nehmen bzw. nie allein, sondern gemeinsam mit anderen von A nach B laufen. Das gilt vor allem fürs Hafenviertel.
- Wer Sansibar-Stadt mit der Nachtfähre verlässt, sollte ein besonderes Auge auf seine Wertgegenstände haben, vor allem bei der Ankunft in Daressalam.

### GELD

Die für Traveller praktischsten Geldautomaten in Stone Town sind die der **CRDB** (Karte S. 84 f.; New Mkunazini Rd), **NBC** (Karte S. 84 f.; Shangani St) und **Diamond Trust Bank.** (Karte S. 84 f.; in einer schmalen Straße hinterm Alten Fort)

Wer Geld wechseln möchte, steuert am besten eine der offiziellen Wechselstuben an der Gizenga Street an, etwa das **Union Forex Bureau** (Karte S. 84 f.; Gizenga St; ⌚Mo–So 8–16 Uhr) und das **Eagle Change Bureau** (Karte S. 84 f.; Gizenga St). Dort kann man Euros, US-Dollar und andere Währungen in tansanische Schillinge tauschen.

Auf Sansibar müssen Unterkünfte offiziell in US$ bezahlt werden, deshalb sind die Preise für Hotelzimmer und andere touristische Dienstleistungen häufig in US$ angegeben. Normalerweise ist es aber kein Problem, mit tansanischen Schillingen zu bezahlen.

### INTERNETZUGANG

Die meisten Hotels in Stone Town (und viele Cafés und Restaurants) haben ein WLAN-Netzwerk, auf das Gäste entweder in der Lobby/Bar/dem Restaurant oder gleich in allen Räumlichkeiten zugreifen können. In historischen Gebäuden kann der Empfang schlechter sein, weil die Mauern dicker sind.

In manchen Hotels steht ein Gästecomputer mit Internetzugang bereit.

Alternative Adressen zum Surfen sind das Shangani-Postamt und das **Azzurri Internet Café** (Karte S. 84 f.; New Mkunazini Rd; ⌚8.30–20.30 Uhr), die jeweils 1000 TSh pro Stunde berechnen.

### MEDIZINISCHE VERSORGUNG

Das staatliche **Mnazi Mmoja Hospital** (Kaunda Rd) in Sansibar-Stadt ist riesig, die meisten Reisenden (und Einheimische, die es sich leisten können) suchen im Krankheitsfall allerdings Privatkliniken wie das kleine Krankenhaus der **Zanzibar Medical Group** (Karte S. 84 f.; ☎024-223 3134; Kenyatta Rd) oder die **Zanaid Clinic** (Karte S. 80; ☎0777 777112; www.zanaid.org; Chukwani Rd, Mbweni; ⌚Mo–Fr 13–17 Uhr) auf. In Letzterer arbeiten zwei Ärzte, die in Europa studiert haben und sich mit Tropenkrankheiten und Tauchunfällen auskennen. Das **Global Hospital** (Tasakhtaa Global Hospital; Karte S. 84 f.; ☎024-223 2341; www.tasakhtaahospital.co.tz; Victoria St, Vuga) ist ein großes medizinisches Zentrum mit Notaufnahme und Rettungswagen, Chirurgie, Zahnarzt, Allgemeinmedizinern und Apotheke.

Bei kleineren Wehwehchen reicht vielleicht schon der Rat eines Apothekers aus; renommiert und gut sortiert sind die **Shamshu & Sons Pharmacy** (Karte S. 84 f.; ☎0715 411480, 024-223 2199; Market St; ⌚Mo–Do & Sa 9–20.30, Fr 9–12 & 16–20.30, So 9–13.30 Uhr) und die **Fahud Pharmacy** (Karte S. 84 f.; New Mkunazini Rd).

### POST & TELEFON

Im **Shangani-Postamt** (Karte S. 84 f.; Kenyatta Rd; ⌚Mo–Fr 8–12.30 & 14–16.30, Sa bis

12.30 Uhr) kosten internationale Telefongespräche 2000 TSh pro Minute, fürs Skypen werden 2000 TSh pro Stunde berechnet.

### TOURISTENINFORMATION

Am Eingang zum Alten Fort befindet sich ein **Informationsschalter** (ZCT; Karte S. 84 f.; Mzingani Rd; ⌚9–18 Uhr) der offiziellen Tourismusbehörde von Sansibar (die Zanzibar Commission for Tourism). Hier bekommt man Broschüren und Infos zu anstehenden Festivals und Veranstaltungen.

Viele lokale Tourveranstalter in Sansibar-Stadt locken Traveller mit Schildern an, auf denen „Tourist Information" steht, tatsächlich wollen sie aber bloß ihre Touren verkaufen.

### TOURVERANSTALTER & REISEBÜROS

In den Reisebüros (travel agencies) bekommt man Flug- und Fährtickets, Tourveranstalter verkaufen Ausflüge u. Ä.; viele bieten beides an. Buchungen sollte man nur in den offiziellen Büros der Agenturen vornehmen und nicht auf der Straße bei Leuten, die behaupten Mitarbeiter zu sein.



## An- & Weiterreise

### AUTO

In Reisebüros und bei Tourveranstaltern in Sansibar-Stadt können Mietwagen organisiert werden. Nur die wenigsten Touristen fahren selbst; gewöhnlich gibt's bei der Anmietung eines Wagens den Fahrer dazu, die Beschreibung Taxi trifft es also besser als Leihwagen. Der Mietpreis (inkl. Fahrer, exkl. Treibstoff) fängt bei um die 50 US$ pro Tag an.

### BUS & DALLA-DALLA

Sansibar-Stadt ist das Drehkreuz für Busse und *dalla-dallas*. Die wichtigsten Routen führen von hier aus in folgende Orte:

- Bwejuu (via Paje), Linie 324
- Chwaka, Linie 206
- Jambiani (via Paje), Linie 309
- Kiwengwa, Linie 117
- Kizimkazi, Linie 326
- Makunduchi, Linie 310
- Matemwe, Linie 118
- Nungwi, Linie 116
- Uroa, Linie 214

Für die meisten Strecken zahlt man zwischen 2000 und 3000 TSh. Die Fahrten dauern ein bis zwei Stunden.

Bei Redaktionsschluss standen gerade einige Veränderungen ins Haus, was den Transport mit Bussen und *dalla-dallas* ab Sansibar-Stadt betrifft, da man die Standplätze für den Langstreckenverkehr entlang der Creek Road geschlossen hatte.

- Wer Ziele im Norden erreichen will (Mangapwani, Kiwengwa, Matemwe, Kendwa, Nungwi), muss sich zu dem **Sammelplatz** (Karte S. 84 f.) nahe der Tankstelle an der Creek Road begeben.
- Ziele im Süden (Flughafen, Fumba) erreicht man von dem **Sammelplatz** (Karte S. 84 f.) in der Creek Road gleich südlich der Jamhuri Gardens.
- Busse in den Osten/Südosten (nach Jozani, Paje, Bwejuu, Jambiani, Michamvi oder Kizimkazi) fahren am Mwanakwerekwe Market in dem gleichnamigen Vorort, etwa 5 km östlich der Creek Road, ab.

### PAPASI

In Sansibar-Stadt wird man es früher oder später ganz sicher mit aufdringlichen Schwarzhändlern bzw. Schleppern zu tun bekommen, den sogenannten *papasi* (wörtlich übersetzt: Zecke), die Reisenden Bootsfahrten und Gewürztouren andrehen oder ein bestimmtes Hotel empfehlen wollen. Manche sind mit gefälschten Ausweisen der Sansibar Tourist Corporation unterwegs. Sie lungern gewöhnlich am Fährhafen, am Strand und in den Haupteinkaufsstraßen herum. Manche sind wirklich hilfsbereit, doch andere können einem den letzten Nerv rauben.

Wer mithilfe eines *papasi* eine Unterkunft finden möchte, sollte ihm den bevorzugten Ort und die Preisspanne nennen und deutlich machen, dass es kein Geld extra gibt – das Hotel ist für die Bezahlung der Schlepper in Form einer Provision zuständig. Behauptet ein *papasi*, das Wunschhotel sei ausgebucht, will er einen wahrscheinlich tatsächlich nur zu einem Hotel locken, das ihm mehr Geld zahlt.

Wer sich eine Bootstour von einem *papasi* vermitteln lässt, wird vielleicht mit einem nicht registrierten Boot fahren, das nicht die notwendigen Sicherheitsstandards erfüllt. Sollte irgendetwas schiefgehen, gibt's keinen Schilling zurück.

Verlässliche, kundige Guides für Fahrten zu den Gewürzplantagen oder eine Führung durch Stone Town heuert man besser über ein Hotel oder einen Tourveranstalter an.

Wer sich nicht für die Dienste der *papasi* interessiert, sollte dies höflich, aber bestimmt kundtun – kann durchaus sein, dass einmal nicht reicht!

- Der Sammelplatz für Destinationen im Nordosten wie Chwaka, Uroa und Pongwe ist in Mwembe Ladu, etwa 2 km östlich der Creek Road nahe dem Amani-Stadion.

Nach Mwanakwerekwe und zum Amani-Stadion gelangt man übrigens mit Nahverkehrsbussen, die von dem **Sammelplatz** (Karte S. 84 f.) auf der Karume Road abfahren, östlich der Creek Road. **Boda-bodas** (Karte S. 84 f.; Motorradtaxis) findet man an der Kreuzung zwischen der Karume und der Creek Road.

### FLUGZEUG

Folgende Fluggesellschaften bedienen den **Internationalen Flughafen Sansibar** (ZNZ, Abeid Amani Karume International Airport; Karte S. 80):

**Coastal Aviation** (Karte S. 84 f.; ✆ 024-223 3489, Flughafen 024-223 3112; www.coastal.co.tz; Zancos Tours & Travel, Shangani St) Bietet täglich zahlreiche Flüge von Sansibar nach Daressalam, Arusha, Pemba, Tanga und zu anderen Zielen in Tansania und Ostafrika.

**Kenya Airways** (✆ 0786 390 004, 024-223 4520/1; www.kenya-airways.com; Muzammil Centre, Malawi Rd) Täglich machen sich mindestens zwei Maschinen auf den Weg nach/ab Nairobi (Kenia) und es gibt Anschlussflüge zu anderen Zielen in Afrika und darüber hinaus.

**Precision Air** (✆ 024-223 5126, 0786 300418; www.precisionairtz.com; Muzammil Centre, Malawi Rd, Ecke Malawi & Mlandege Rd) Täglich gehen Flüge nach/ab Daressalam und es bestehen Anschlussverbindungen zum Kilimandscharo und anderen Orten in Tansania und Ostafrika.

**Tropical Air** (Karte S. 84 f.; ✆ 0777 431431, 024-223 2511; www.tropicalair.co.tz; Creek Rd) Die Strecken zwischen Sansibar und Daressalam, Pemba, Mafia und Arusha werden täglich bedient.

**ZanAir** (✆ 024-223 3678, 024-223 3670; www.zanair.com; Muzammil Centre, Malawi Rd) Täglich starten Flieger nach/ab Daressalam, Pemba und Arusha.

Die Preise für nationale Flüge sind bei allen Fluggesellschaften in etwa gleich (manchmal sind Sonderangebote verfügbar), was variiert, sind die Flugtage und Abflugzeiten. Hier ein paar Beispiele (einfache Flugstrecke, Standardkategorie):

- Arusha/Moshi/Kilimandscharo 250 US$
- Daressalam 75 US$
- Pemba 100 US$

### PRIVATER MINIBUS

Die meisten Reisenden legen die Strecke von Sansibar-Stadt nach Nungwi, Paje und zu anderen beliebten Strandzielen auf Sansibar in einem privaten Minibus zurück, den man sich mit anderen teilt. Diese Transportvariante ist schnell und einfach zu arrangieren, denn Hotels, Touranbieter und lokale Guides arbeiten zusammen, um Fahrgemeinschaften mit demselben Reiseziel zusammenzustellen.

Die Minibusse starten gewöhnlich morgens, manchmal geht's aber auch erst später (und zu den hektischeren Zeiten) los. Die Fahrer sammeln die Passagiere am Hotel oder einem vorher vereinbarten Treffpunkt ein. Der Preis liegt gewöhnlich bei 10 US$ pro Person und Strecke, die Fahrzeit beträgt ein bis eineinhalb Stunden. Die Fahrt von der Küste in die Stadt funktioniert nach demselben Prinzip.

### SCHIFF/FÄHRE

Viele Sansibar-Besucher nutzen eine der folgenden verlässlichen, regelmäßigen Bootsverbindungen:

**Sansibar nach/ab Daressalam** Kilimanjaro Fast Ferries; Hochgeschwindigkeitskatamarane (keine Fahrzeuge; Standardpreis Erw. 35 US$, 2 Std., tgl. 4-mal pro Fahrtrichtung).

**Sansibar nach/ab Pemba** Sealink Ferries; Passagier- und Autofähren (Standardpreis Erw. 35 US$, ca. 6 Std., wöchentl. 2-mal pro Fahrtrichtung). Die Schiffe fahren auch nach/ab Daressalam und einmal wöchentlich nach/ab Tanga.

Die Fährboote *Mandeleo*, *Serengeti* und *Flying Horse* verkehren unregelmäßig.

Sämtliche Fähren legen in Sansibar-Stadt an. Der Eingang zum **Passagierfährterminal** (Karte S. 84 f.) ist auf der Mizingani Road. Es gibt keine offizielle Telefonnummer für zuverlässige Informationen zum Fährbetrieb; am besten kontaktiert man den wichtigsten Fährbetreiber, Azam Marine.

In Sansibar-Stadt können Tickets für die Fähren von *Kilimanjaro* und *Sealink* über das **Buchungsbüro von Azam Marine** (Karte S. 84 f.; ✆ 024-223 1655; www.azammarine.com; Ecke Malawi & Mizingani Rd) bezogen werden. Wer andere Fähren nutzen will, steuert die Tickethäuschen gegenüber vom **Passagierfährterminal** (Karte S. 84 f.; Mizingani Rd) und in der Nähe des Kreisverkehrs **Ecke Malawi und Mizingani Road** (Karte S. 84 f.) an. Wer es gern bequemer hätte, sucht einfach eins der Reisebüros in Sansibar-Stadt auf.

### TAXI

Taxis (meist mit vier Sitzplätzen, manchmal aber auch größere Vehikel für sechs Personen) bringen Reisende von Sansibar-Stadt aus zu Zielen auf der ganzen Insel, z. B. nach Nungwi oder Paje. Eine einfache Fahrt schlägt mit einem Gesamtpreis von 25 bis 50 US$ zu Buche.

## ℹ Unterwegs vor Ort

In Stone Town gehen die meisten Leute zu Fuß. Das Viertel ist kompakt und übersichtlich und viele Straßen sind zu eng für Fahrzeuge.

### VOM/ZUM FLUGHAFEN & FÄHRTERMINAL

**Internationaler Flughafen** (7 km südöstlich von Sansibar-Stadt) Taxifahrer nehmen ab Stone Town 10 bis 20 US$. Generell zahlt man vom Flughafen kommend mehr, insbesondere abends/nachts (um 30 US$). Eine Alternative ist die *dalla-dalla*-Linie 505 (300 TSh, 30 Min.).

**Fährterminal** (Stone Town) Vorm Eingang zum Passagierfährenterminal warten Taxifahrer auf Kundschaft und berechnen 5000 TSh für die Fahrt zu Hotels in Stone Town (sinnvoll nach Einbruch der Dunkelheit). Generell sind die Distanzen innerhalb Stone Towns problemlos zu Fuß zu bewältigen.

Viele Hotels in Stone Town bieten bei Vorabreservierung einen Abholservice (manchmal kostenlos, manchmal gegen eine kleine Gebühr) vom Flughafen oder Fähranleger.

### TAXI

Die Taxis in Sansibar-Stadt sind nicht mit einem Taxameter ausgestattet; man vereinbart vorm Einsteigen einen Preis mit dem Fahrer. Kurzstrecken kosten um die 5000 TSh, nachts zahlt man mehr. Für eine längere Strecke wie vom Fährhafen bis zum Serena Hotel sind um die 10 000 TSh ein realistischer Preis. Taxistände befinden sich am Big Tree, vorm House of Wonders, am Nordende der Kenyatta Road und auf dem Kidele Square/Shangani.

# Die Inseln vor Sansibar-Stadt

Von Sansibar-Stadt aus sind mehrere Inseln mit traumhaften Stränden zu erreichen, auf denen man sich ungestört sonnen und in sauberem Wasser baden kann. Sie sind von Riffen umgeben – exzellent zum Schnorcheln.

Bawe, Changuu, Chapwani und Chumbe sind „richtige" Inseln, bei Nyange, Pange und Murogo handelt es sich hingegen um Sandbänke, die bei Flut teilweise im Wasser verschwinden.

## Changuu

Changuu oder Prison Island („Gefängnisinsel") ist von Sansibar-Stadt aus problemlos zu erreichen und hat einen wunderbaren Strand. Das Wasser ist sauber und lädt zum Schwimmen und Schnorcheln ein.

Ein weiteres Highlight sind die riesigen Schildkröten, deren Vorfahren vor mehr als hundert Jahren von den Seychellen hierhergebracht wurden. Der Name Prison Island erinnert daran, dass auf Changuu einst Sklaven festgehalten wurden; später gab es ein Gefängnis und eine Quarantänestation vor Ort. Auf der Insel befindet sich zudem der frühere Wohnsitz des britischen Gouverneurs General Lloyd Matthews.

Ein Großteil des Eilands gehört zum **Changuu Private Island Paradise** (Karte S. 80; ☎ zentrale Reservierungsnummer 027-254 4595; www.hotelsandlodges-tanzania.com; ), das bei Redaktionsschluss wegen Renovierungsarbeiten geschlossen war. Tagesgäste müssen sich deshalb an den Hauptstrand halten.

Changuu liegt 5 km nordwestlich von Sansibar-Stadt. Fast alle Hotels und Tourveranstalter organisieren Bootsfahrten zur Insel, die 25 bis 30 US$ pro Person kosten.

## Chapwani

Die Insel mit dem genialen Strand und der beneidenswert schönen Lage so nah und doch so fern von Sansibar-Stadt darf man leider nur besuchen, wenn man Gast des **Chapwani Private Island Resort** (Karte S. 80; ☎ 0777 433102; www.chapwani-resort-zanzibar-hotel.com; Halbpension ab 130 US$ pro Pers.; ) ist und in einem der fünf luxuriösen Häuschen übernachtet. Chapwani bietet sogar ein Stück Geschichte: Auf einem kleinen Friedhof sind britische Seeleute aus der Kolonialzeit begraben, deshalb wird die Insel manchmal auch Grave Island („Grabinsel") genannt.

Chapwani liegt 4 km nördlich von Sansibar-Stadt. Gäste des Chapwani Private Island Resort können den Boottransfer bei der Buchung arrangieren.

## Bawe

Im seichten Wasser um Bawe herrschen hervorragende Schnorchelbedingungen, davon können sich aber nur Übernachtungsgäste der **Bawe Tropical Island Lodge** (☎ zentrale Reservierungsnummer 027-254 4595; www.hotelsandlodges-tanzania.com) überzeugen – Bawe ist eine Privatinsel. Das Hotel wird gerade renoviert und ist auf unbestimmte Zeit geschlossen.

# Mangapwani

In der Nähe des kleinen Strands von Mangapwani, ca. 20 km nördlich von Sansibar-Stadt, liegen ein paar historische Stätten. Zudem wird er häufig im Rahmen von Touren zu den Gewürzplantagen angesteuert. Die **Mangapwani-Sklavenkammer** (inkl. Guide 2000 TSh) ist eine dunkle Zelle, die ins Korallengestein hineingehauen wurde. Hier hielt man Sklaven gefangen, nachdem der

ABSTECHER

## NATIONALPARK JOZANI-CHWAKA

Der Jozani Forest ist das größte Gebiet einheimischen Waldes auf Sansibar Island. Er befindet sich südlich der **Chwaka Bay** auf tief gelegenem Land, das anfällig ist für Überschwemmungen, was der sumpfigen Landschaft mit feuchtigkeitsliebenden Bäumen und Farnen zuträglich ist. Das Areal ist geschützt: Der **Nationalpark Jozani-Chwaka** (Karte S. 80; Erw./Kind mit Guide 10/5 US$; ⌚7.30–17 Uhr) ist bekannt für die hier heimischen Sansibar-Stummelaffen, eine bedrohte Art, die es nur hier gibt, und weitere Affenarten, Bushbabys (Galagos), Ducker-Antilopen und mehr als 40 Vogelarten.

Die Hauptbeschäftigung besteht darin, dem Naturpfad durch den Wald (45 Min.) und einem Steg durch die Mangroven zu folgen. Die Parkmitarbeiter empfehlen aus Sicherheitsgründen, den Affen nicht näher als 3 m zu kommen. Nicht nur besteht das Risiko, gebissen zu werden, sondern es geht auch um die Gesundheit der Tiere: Sollten sich diese bei Menschen mit Krankheitserregern anstecken, würde dies möglicherweise die gesamte Population dahinraffen (die sowieso schon erschreckend klein geworden ist).

Der Eingang und das Infozentrum befinden sich 35 km südöstlich von Sansibar-Stadt, gleich neben der Straße nach Paje. Der Park macht sich gut als Tagesausflugsziel ab Sansibar-Stadt; die meisten Besucher nehmen an organisierten Touren teil, sonst fahren auch die Buslinien 309 und 310 ab Paje oder Sansibar-Stadt her. In der Nähe befinden sich auch eine sehenswerte Schildkrötenstation, das **Jozani Sea Turtle Sanctuary** (Uwemajo, Swahili Wonders; ☎0777 416213; www.uwemajo.org; Erw. 10 000 TSh; ⌚9–17 Uhr), das **Zanzibar Butterfly Centre** (☎0774 224472; www.zanzibarbutterflies.com; Pete; Erw./Kind 12 000/6000 TSh; ⌚10–17 Uhr) und der **ZALA Park** (☎0777 850816; mohadayoub2@hotmail.com; Führungen ab 10 US$ pro Pers. & Tag), ein Entwicklungsprojekt, das Einheimischen den Wert des Tierschutzes näherbringt. Es wird durch die Gewinne aus dem Tourismus finanziert. Der Park selbst ist inzwischen verlassen, stattdessen fließt ein Großteil der Energie in Führungen (zu Fuß, mit dem Rad oder Kajak) durch die hiesigen Wälder, Küstenmangroven und nahen Dörfer sowie in Makunduchi-Touren, auf denen selten besuchte Höhlen, animistische Schreine und historische Orte besucht werden. Unbedingt vorab buchen!

Menschenhandel Ende des 19. Jhs. verboten worden war. Einen kurzen Fußmarsch entfernt befinden sich ein Felsvorsprung und eine kleine Bucht, in der Sklavenschiffe anlegten. Die **Korallenhöhle von Mangapwani** ist eine große natürliche Höhle mit einem Süßwassersee, die ursprünglich als Trinkwasserquelle für die einheimische Bevölkerung diente und eventuell auch für den Sklavenhandel benutzt wurde. Im **Mangapwani Serena Beach Club** (☎024-223 3051; Hauptgerichte 15 000–30 000 TSh; ⌚11–15 Uhr) bekommt man etwas zu essen.

Zur Anfahrt: Auf der Hauptstraße geht's von Sansibar-Stadt aus nach Norden, an Bububu und Chuini vorbei und dann links ab Richtung Bumbwini. Nach nochmaligem Abbiegen nach links passiert man das Dorf Mangapwani und erreicht den Strand. Die gesamte Route ist asphaltiert. Die Sklavenkammer liegt 1,5 km nördlich (ein unbefestigter Weg führt dorthin), die Korallenhöhle und die Bunker aus dem 2. Weltkrieg befinden sich im Süden. Zwischen Sansibar-Stadt und Bumbwini verkehren *dalla-dallas* (Linie 102); sie fahren gewöhnlich bis zum Ende der geteerten Straße am Strand von Mangapwani. Von dort ist es nur noch ein kurzer Fußweg bis zu den historischen Stätten (allesamt ausgeschildert).

# Nungwi

10 000 EW.

Die kleine Stadt an der Nordspitze der Insel war einst vor allem als Zentrum des Dau-Baus bekannt, heute ist der Ort eine wichtige Touristendestination, was vor allem dem bildschönen Strand und den atemberaubenden Sonnenuntergängen geschuldet ist. Hier prallen das traditionelle und das moderne Leben ungebremst aufeinander: Fischerboote stechen vom Strand aus in See, wie es schon seit Jahrhunderten üblich ist, doch im Hintergrund steht eine lange Reihe von Hotels Spalier. Viele Traveller finden, dass Nungwi ein Sansibar-Highlight ist, doch es gibt auch andere, die die Stadt gern auslassen.

Nungwi erstreckt sich über ein großflächiges Terrain. Das „Zentrum" ist ein Kreisverkehr am Ende der asphaltierten Straße aus Sansibar-Stadt, an dem unbefestigte Wege nach Norden zu einem Leuchtturm auf einer Landzunge (Ras Nungwi), zu ein paar Hotels auf der ruhigeren Ostseite der Landzunge und nach Westen durch die Stadt in den belebteren Teil mit den meisten Hotels führen.

## Sehenswertes & Aktivitäten

**Mnarani Marine Turtle Conservation Pond** SCHILDKRÖTEN

(Mnarani Aquarium; www.mnarani.org; 5 US$; ⏲ 9–18 Uhr) 1993 gründeten die Bewohner von Nungwi diese Einrichtung, um Schildkröten davor zu bewahren, gejagt und verzehrt zu werden. Der große natürliche Gezeitenpool befindet sich nahe dem Leuchtturm und beherbergt verschiedene Arten (und Größen). Mit den Einnahmen wird ein Bildungsprojekt für einheimische Kinder finanziert.

**Divine Diving** TAUCHEN

(www.scubazanzibar.com; Amaan Bungalows Beach Resort) Das Fünfsterne-PADI-Zentrum liegt am Weststrand von Nungwi und bietet Tauchgänge in kleinen Gruppen, Ausrüstung von Mares und ziemlich einzigartige Kurse zum Thema effizientes Atmen mittels Yogatechniken.

**Spanish Dancer Dive Centre** TAUCHEN

(☎ 0777 417717; www.divinginzanzibar.com; 2/6 Tauchgänge 110/295 US$) Noch ein (großes) Fünfsterne-PADI-Zentrum, ebenfalls am Weststrand gelegen. Die Tauchlehrer sprechen mehrere Sprachen und für den Theorieunterricht steht ein richtiges Klassenzimmer zur Verfügung. Die Flotte umfasst eine traditionelle Dau aus Holz (für nahegelegene Tauchgründe) und ein Schnellboot (für längere Distanzen).

**Kiteboarding Zanzibar** KITESURFEN

(☎ 0779 720259; www.kiteboardingzanzibar.com; ⏲ Unterricht 3/9 Std. 165/495 US$, Materialleihe 90 US$ pro Tag) Kiteboarding Zanzibar ist IKO-zertifiziert und nutzt modernes Equipment. Diese Niederlassung gehört zum Zentrum in Pwani Mchangani (sollten die Bedingungen in Nungwi schlecht sein, wird man dorthin gebracht). Erfahrene Kitesurfer dürfen Ausrüstung leihen, Anfänger können Unterricht nehmen.

**East Africa Diving & Water Sport Centre** TAUCHEN

(☎ 0777 420588; www.diving-zanzibar.com; 2/6 Tauchgänge 100/280 US$) Die älteste Tauchschule von Nungwi befindet sich am Strand unweit des Jambo Brothers Guesthouse. Es

ABSTECHER

### CHUMBE

Die unbewohnte Insel Chumbe liegt etwa 12 km südlich von Sansibar-Stadt. Vor der Westküste erstreckt sich ein außergewöhnliches Korallenriff im flachen Wasser, in dem es von Fischen nur so wimmelt. Insel und Riff sind als Chumbe Island Coral Park geschützt, ein privat gemanagtes Naturschutzgebiet und Ökotourismusprojekt.

Das Riff ist vor allem deshalb in einem so guten Zustand, weil es bis zu seiner Ernennung zum geschützten Korallenpark in den 90ern Teil eines militärischen Sperrgebiets war. Hier tummeln sich fast 200 Korallen- und um die 370 verschiedene Fischarten. Darüber hinaus ist die Insel ein beliebter Zufluchtsort für Karettschildkröten und Delfine. Überdies sind inzwischen über 50 Vogelarten registriert worden, darunter die vom Aussterben bedrohte Rosenseeschwalbe.

Ein Tagesbesuch schlägt mit 90 US$ pro Person zu Buche und muss vorab in Hotels oder Reiseagenturen in Sansibar-Stadt gebucht werden. Boote nach Chumbe legen am Mbweni Ruins Hotel ab. Wer mag, kann sich mit dem Taxi oder einer Kombination aus Busfahren und Laufen auf eigene Faust dorthin begeben. Wer sich einer Tour anschließt, kann den Transport für 15 US$ pro Person und Strecke dazubuchen.

Die **Chumbe Island Coral Park Lodge** (☎ 0777 413232, 024-223 1040; www.chumbeisland.com; Chumbe Island; Vollpension 280 US$ pro Pers.; 📶 👪) 🍃 steht etwa 12 km südlich von Sansibar-Stadt im Schatten eines unübersehbaren historischen Leuchtturms und ist ein echtes Inselrefugium, das Stil, Exklusivität und Nachhaltigkeit vereint. Bei den Unterkünften handelt es sich um „Öko-Bungalows“ mit lokaltypischem Dekor, Solarenergie, Regenwasserverwertung und Meerblick. Es gibt einen Schlafbereich im Loft unterm Sternenzelt und man kann Waldspaziergänge unternehmen, am Riff tauchen und schnorcheln gehen oder einfach nur entspannen.

hat eine Fünfsterne-PADI-Zertifizierung und verfügt über eigene Boote, Sauerstoffflaschen, Neoprenanzüge in unterschiedlichen Größen und mehr.

**Zanzibar Watersports** TAUCHEN
(☎ 0773 235030; www.zanzibarwatersports.com; Paradise Beach Bungalows; 2/6 Tauchgänge 115/310 US$) Hauptsitz ist in Kendwa, diese Filiale ist bei den Paradise Beach Bungalows in West-Nungwi zu finden. Das Programm umfasst neben Tauchexkursionen auch Schnorcheln, Kajakfahren, Angeln, Wakeboarden und Dau-Fahrten. Die ganztägige „Seafari" kombiniert die Fahrt mit einer Dau, Schnorcheln und Mittagessen am Strand.

**ZanziYoga** YOGA
(☎ 0776 310227; www.yogazanzibar.com; 6-tägiger Yogaurlaub inkl. Unterkunft EZ/DZ 1295/1970 US$) Unter der gekonnten Anleitung von Marisa van Vuuren können Yogis und Yoginis hier im Rahmen von sechstägigen Yoga-Urlauben ihre Mitte finden. Yoga am Morgen und Abend sowie die Übernachtung in den Flame Tree Cottages (S. 108) ist inbegriffen. Bei der Budget- und Luxusvariante bezieht man andere Unterkünfte in Nungwi.

## Geführte Touren

**Nungwi Cycling Adventures** KULTUR
(☎ 0778 677662, 0777 560352; www.zanzibarcyclingadventures.com; 25–40 US$ pro Pers.) Vom Fahrradsattel aus die Welt jenseits von Nungwi entdecken: ländliche Dörfer, alte Ruinen, Korallenhöhlen, ganz traditionelle Schmiedebetriebe, Bauernhöfe und Plantagen oder „geheime" Strände. Der Guide ist der sanftmütige Machano, ein Einheimischer, der sich super auskennt und sich auch für andere Touren in der Gegend anheuern lässt, sei es zu Fuß, mit dem Rad oder im Auto.

**Cultural Village Tour** KULTUR
(2 Std. 15 US$ pro Pers.) Am Mnarani Marine Turtle Conservation Pond können Stadtführungen organisiert werden, die tolle Einblicke in die Lebensrealität abseits der Hotelmeile gewähren. Besonders faszinierend sind die Dau-Bauer; der Guide wird sie einem vorstellen, sodass man Gelegenheit zum Fragenstellen oder auch einfach nur zum Zuschauen hat. Fotografien sollte man sie nur, wenn sie zuvor ihr Einverständnis gegeben haben (sie werden eigentlich nicht gern fotografiert).

### ETIKETTE IN NUNGWI

Wegen der zahlreichen Touristen vergisst man leicht, dass die Dorfgemeinschaft sehr traditionell geprägt ist und konservativ lebt. Die Einheimischen erwarten und verdienen respektvolles Verhalten sowie angemessene Kleidung und möchten gefragt werden, bevor man sie fotografiert.

## Schlafen & Essen

Die meisten Hotels verfügen über öffentlich zugängliche Restaurants, entweder auf dem Hotelgelände oder am Strand. Im Ort gibt es zudem einige kleine Läden, in denen man Lebensmittel bekommt – nichts Ausgefallenes, aber die Auswahl reicht aus, um sich selbst zu versorgen oder z. B. ein Picknick zusammenzustellen.

### West-Nungwi

**Nungwi Guest House** PENSION $
(☎ 0777 777708; www.nungwihouse.com; DZ 50 US$) Diese preiswerte lokaltypische Pension steht nicht direkt am Strand, sondern einen kurzen Fußweg entfernt im Zentrum. Die Atmosphäre ist herzlich, die Zimmer an einem kleinen Hof mit Garten sind schlicht, aber sauber und durchweg mit Ventilatoren und Moskitonetzen ausgestattet.

**Jambo Brothers Guesthouse** PENSION $
(DZ 50 US$) Eine bescheidene Budgetunterkunft gleich am Strand. Die Zimmer sind mit Moskitonetzen und Ventilatoren bestückt (manche sind zudem klimatisiert) und von der kleinen Veranda überblickt man einen sandigen Garten. Wo dieser aufhört und der Strand anfängt, ist nicht ganz eindeutig …

**Safina Bungalows** PENSION $
(☎ 0777 415856; www.newsafina.com; EZ/DZ ab 30/50 US$) In unmittelbarer Strandnähe wartet das Safina mit schnörkellosen Bungalows (z. T. klimatisiert) mit schlichtem Mobiliar in einem Garten auf.

**Nungwi Inn Hotel** HOTEL $$
(☎ 0777 418769; www.nungwiinnhotel.com; EZ/DZ ab 55/80 US$; ❄ 📶) Ganz am südlichen (ruhigeren) Ende des Weststrands stehen die mit Palmblättern gedeckten Bungalows des Nungwi Inn. Sie sind geräumig und mit einer kleinen Veranda versehen, meist gibt's auch

eine Klimaanlage. Sechs Unterkünfte gewähren einen unverstellten Strandblick, andere sind über den sandigen Garten verteilt. Zu den weiteren Einrichtungen gehören ein kleiner Supermarkt, ein Restaurant und eine Strandbar, wo an manchen Abenden ein Unterhaltungsprogramm geboten wird.

**Amaan Bungalows Beach Resort** HOTEL **$$**
(☎ 0777 318112; www.amaanbungalows.com; DZ 100–150 US$; ❄ 📶 👪) Das Amaan (die Einheimischen sprechen den Namen *Amaani* aus) ist groß (mehr als 100 Zimmer), alteingesessen und läuft wie ein Uhrwerk. Geschlafen wird in kleinen Zimmern im Garten, mittelgroßen Unterkünften um den Pool herum oder klimatisierten Häusern samt Balkonen und Meerblick. Zur Anlage gehören ein Restaurant auf einer Terrasse überm Strand, zwei Bars (eine mit Sportübertragungen, eine mit entspannterem Flair.), ein Spa, ein Tauchzentrum und ein Tourveranstalter.

**Flame Tree Cottages** HOTEL **$$**
(☎ 0777 479429, 0737 202161; www.flametreecottages.com; EZ/DZ 130/170 US$; ❄ 📶 🏊 👪) Das kleine einladende Flame Tree bietet durchdacht möblierte Zimmer mit geradlinigem Design in Häuschen, die sich über einen bildhübschen Garten voller Blumen verteilen. Das Hotel befindet sich am ruhigeren Ende des Weststrands von Nungwi und eignet sich hervorragend für Familien. Es gibt einen Swimmingpool und das Abendessen wird auf einer Veranda mit Strandblick aufgetischt.

**Baraka Beach Bungalows** BUNGALOWS **$$**
(☎ 0777 422910, 0777 415569; http://barakabungalow.atspace.com; EZ/DZ 45/60 US$) Die schlichten Bungalows dieser netten Bleibe stehen in einem winzigen gepflegten Garten unweit des Strands, den Blick aufs Wasser verstellt jedoch ein zweigeschossiges Hotel. Bei unserem Besuch entstand gerade ein *dreistöckiger* Flügel, man darf sich also auf mehr Zimmer (im obersten Stock möglicherweise mit Aussicht) und neue Preise einstellen.

**Union Beach Bungalows** BUNGALOWS **$$**
(☎ 0773 176923, 0777 128860; http://unionbungalow.atspace.com; DZ 50–70 US$; ❄ 📶) Die Bungalows sind einfach und die Zimmer mit Schiebetüren aus Glas in einem zweigeschossigen Gebäudeblock untergebracht. Eine schnörkellose Angelegenheit, doch die Strandlage macht einiges wett. Nebenan ist die ähnlich nüchterne Café-Bar Waves.

**Langi-Langi Beach Bungalows** HOTEL **$$**
(☎ 024-224 0470; www.langilangizanzibar.com; DZ ab 100 US$; ❄ 🏊) Der gepflegte mehrstöckige Komplex mit Blick auf einen Swimmingpool birgt komfortabel aufgemachte Zimmer. Es gibt eine Strandterrasse auf hohen Stelzen und obwohl andere Hotels das Langi-Langi auf drei Seiten umgeben, ist der Blick aufs Wasser unverstellt.

**Smiles Beach Hotel** HOTEL **$$$**
(☎ 0773 444105; www.smilesbeachhotel.com; DZ 160 US$; ❄ 📶 🏊) Am ruhigeren Abschnitt des Weststrands bietet das Smiles schön hergerichtete Zimmer in farbenfrohen zweistöckigen Häusern mit Balkonen und einer Wendeltreppe, dazu einen großen Garten, einen Pool und ein Restaurant sowie Sonnenliegen und -schirme samt Meerblick.

**Double Tree** RESORT **$$$**
(Double Tree Resort by Hilton Hotel; ☎ 0779 000008; www.doubletree.hilton.com; DZ 220–280 US$; ❄ 📶 🏊 👪) Die Zimmer dieses Luxushotels verteilen sich auf mehrere zwei- bis dreigeschossige Gebäude. Manche gewähren einen Blick aufs Meer, andere auf den großen Pool und den Garten. Balkone und TVs gehören zur Standardausstattung. Außerdem gibt's einen Fitnessraum, ein Restaurant und eine Terrassenbar (dort kann man das Treiben am öffentlichen Strand beobachten).

## Ost-Nungwi

**Mabwe Roots Bungalows** BUNGALOWS **$**
(EZ 40 US$) Einheimische betreiben diese rustikale, entspannte Adresse mit Reggae-Flair. Sie befindet sich im ruhigeren Ostteil von Nungwi, ca. 2 km vom Zentrum entfernt und ein Stück abseits des Strands hinter ein paar größeren Hotels gelegen. Die Handvoll einfachen Gartenzimmer verfügen über kleine Bäder.

**Mnarani Beach Cottages** LODGE **$$**
(☎ 0777 415551, 024-224 0494; www.lighthousezanzibar.com; DZ 80–200 US$; ❄ 📶 🏊 👪) 🍃 Die Lodge in der Nähe des Leuchtturms wartet mit einer hübschen Terrasse am Wasser auf, der Strand erstreckt sich gleich unterhalb. Das Management ist effizient, die Atmosphäre entspannt, das Personal freundlich und die kleinen Zimmer in ockerfarbenen Häuschen verteilen sich auf einem weitläufigen Gelände mit Meerblick, es gibt aber auch große „Superior"-Unterkünfte, eine Flitterwochen-Suite und Apartments für Familien bzw. Gruppen.

## TAUCHEN VOR SANSIBAR

Die zahlreichen Riffe, Inselchen und Atolle um Sansibar, die ausgezeichneten Sichtweiten und Wassertemperaturen um 27 °C (Tendenz steigend) machen die Insel zu einer heiß begehrten Tauchdestination.

Die Riffe beherbergen Hart- und Weichkorallen, Unmengen von tropischen Fischen, Seepferdchen, Barrakudas, Speerfische und Schildkröten.

In beliebten Strandorten wie Nungwi, Kendwa, Matemwe und Paje haben sich verschiedene Tauchunternehmen niedergelassen. Als grober Richtwert können folgende Preisangaben dienen: „Schnupper-Tauchen" für Einsteiger kostet ca. 100 US$ pro Tauchgang (2 für 150 US$), ein zweitägiger „Scuba Diver"-Kurs liegt bei 300 bis 400 US$, ein „Open Water"-Kurs mit vier Tauchgängen bei 500 US$. Wer tauchen kann, zahlt 100 bis 120 US$ für zwei Tauchgänge und 250 bis 350 US$ für sechs.

Die Preise variieren von Anbieter zu Anbieter, man sollte sich aber nicht automatisch für den billigsten entscheiden, sondern stattdessen Wert auf die Erfahrung der Betreiber, die Ausbildung und Persönlichkeit der Tauchlehrer, die Qualität der Ausrüstung und die Haltung des Unternehmens gegenüber dem Thema Sicherheit legen (muss ein medizinischer Fragebogen ausgefüllt werden, für wie viele Taucher ist ein Lehrer verantwortlich etc.).

Ebenfalls zu bedenken ist:

- Lebende Korallen dürfen nicht berührt werden und man sollte die Bootsführer dazu anhalten, den Anker nicht unmittelbar über intakten Riffen zu werfen.
- Achtung: falsche „PADI"-Tauchzentren! Offiziell registrierte Unternehmen sind hier zu finden: www.padi.com.
- Wer sich krank oder dehydriert fühlt, z. B. nach einer langen Partynacht, darf nicht tauchen gehen.
- Selbst, wenn die Urlaubstage knapp sind, sollte man nicht zu schnell in zu großer Tiefe tauchen.

Wer nach dem Tauchen Anzeichen der Dekompressionskrankheit zeigt (*decompression illness*, kurz DCI), muss sofort zum Arzt. Seriöse Tauchzentren wissen, was zu tun ist. Alternativ sucht man die Zanaid Clinic (S. 101) in Sansibar-Stadt auf; dort gibt es einen Arzt, der sich mit der Taucherkrankheit auskennt. Er wird die notwendigen Schritte einleiten (z. B. Röntgen, eventuell Konsultation anderer Spezialisten etc.). Er ist auch über den Taucher-Notruf (☎ 0777 788500) zu erreichen. In dem Dorf Matemwe an der Ostküste gibt es eine **Dekompressionskammer** (www.sssnetwork.com).

**Warere Beach Hotel** HOTEL $$

(☎ 0782 234564; www.warere.com; DZ 80–110 US$; ❄ 📶) 🍃 Das Hotel 2,5 km außerhalb der Stadt am Oststrand kann als klein, friedlich und relaxt beschrieben werden. Die Häuschen in zwei Reihen sind so angeordnet, dass man in jeder Unterkunft den Ozean sehen kann (und zudem von der Brise profitiert – eine natürliche Klimaanlage). Der üppig grüne Garten, sandige Gehwege, ein Restaurant und ein Infinitypool vervollständigen das Bild. Auf Wunsch werden Touren und andere Aktivitäten organisiert.

**Sazani Beach Hotel** HOTEL $$

(☎ 0774 633723, 0774 271033; www.sazanibeach.com; DZ 130 US$; 📶) Das Sazani ist etwa 2,5 km vom Zentrum entfernt und hat ein lokaltypisches, unprätentiöses Flair. Die zehn Häuschen stehen an einem Hang mit Blick aufs Meer, unterhalb erstreckt sich der Strand. Die Einrichtungen wurden bewusst einfach gehalten; es gibt zwar eine Bar und ein Restaurant, aber weder Klimaanlage noch Swimmingpool und der Garten ist naturbelassen. Die Angestellten sind sehr zuvorkommend.

## ℹ Praktische Informationen

An ruhigeren Strandabschnitten haben sich gelegentlich Überfälle ereignet, dort sollte man besser nicht allein mit Wertgegenständen herumspazieren, insbesondere nicht nachts.

Fast alle Hotels, Cafés und Bars bieten WLAN, in Budgetunterkünften sind die Verbindungen aber gern mal etwas langsamer bzw. der Empfang ist nicht so gut.

Es gibt keine Geldautomaten in Nungwi, in fast allen Hotels können jedoch US-Dollar in Schillinge getauscht werden. Das Amaan Bungalows

Beach Resort (S. 108) beherbergt einen Forex-Schalter.

##  An- & Weiterreise

Den ganzen Tag über verkehren Busse und *dalla-dallas* (Linie 116) zwischen Nungwi und Sansibar-Stadt. Die gesamte Strecke ist asphaltiert. Der Sammelplatz für öffentliche Verkehrsmittel ist in der Nähe des Kreisverkehrs im Stadtzentrum zu finden, Taxis und private Minibusse setzen Fahrgäste am jeweiligen Hotel ab.

# Kendwa

Kendwa Beach ist ein langer Sandstreifen, der sich an der Westküste Sansibars erstreckt, etwa 3 km südlich des Scheitels der Insel. Die idyllische Lage geht natürlich mit zahlreichen Resorts, Hotels und Pensionen einher, dennoch hat man am Strand immer ausreichend Platz und kann verschiedenen Wassersportaktivitäten nachgehen. Ein weiteres Plus ist das günstige Zusammenspiel der Gezeiten: In Kendwa kann rund um die Uhr geschwommen werden.

##  Aktivitäten

**Scuba Do** — TAUCHEN
(☎ 0777 417157; www.scuba-do-zanzibar.com; 2/6 Tauchgänge 120/330 US$) Eins der professionellsten Tauchzentren Sansibars hat seinen Sitz im Sunset Kendwa Hotel. Es ist schon seit ewigen Zeiten im Geschäft, hat entsprechend viel Erfahrung und ist mit der „Gold Palm"- und „Green Star"-Zertifizierung von PADI ausgezeichnet. Die Besitzer, Tammy und Christian, und ihr gut ausgebildetes Team bieten hervorragende Tauchkurse an, bevorzugt in Kleingruppen. Die Spezialität sind Familien und Kinder. Mit Schnellbooten geht's zu beliebten und weniger bekannten Tauchspots.

### TOLLE STRÄNDE

**Kendwa** Beliebt, breit, Schwimmen rund um die Uhr.

**Matemwe** (S. 111) Puderig-feiner Sand, eine Prise sansibarischer Dorfalltag.

**Pongwe** (S. 114) Friedliche Atmosphäre, keine Menschenmassen.

**Paje** (S. 117) Quirlig und lebendig, ein Mekka für Kitesurfer.

**Jambiani** (S. 120) Das Wasser erstrahlt hier in geradezu unwirklichen Türkistönen.

**Zanzibar Parasailing** — WASSERSPORT
(☎ 0779 073078; www.zanzibarparasailing.com; Parasailing Solo-/Tandemflüge 100/130 US$) Solo- und Tandemflüge und andere Wassersportaktivitäten wie Jet- und Wasserski, Wakeboarding und Bananenboot-Fahrten.

**Kendwa Community Tours** — GEFÜHRTE TOUREN
(☎ 0778 883306; http://kendwa-communitytours.com) Einheimische betreiben dieses Unternehmen, das Touren nach Stone Town und in andere Teile der Insel anbietet. Besonders spannend sind aber die Ausflüge nach Kendwa selbst; hier haben Besucher Gelegenheit, Einblick in den Alltag der Einheimischen zu nehmen, die Absprachen werden allerdings zuweilen etwas, ähm, flexibel gehandhabt.

## Schlafen

**Kendwa Beach Villa** — PENSION $
(DZ 40–50 US$) Eine schlichte Bleibe am Ende der unbefestigten Straße im äußersten Süden des Strands mit ein paar Unterkünften in einem Gebäude ein Stück zurückversetzt vom Wasser und zwei weiteren Zimmern mit Blick auf den Strand (oder vielmehr die dortigen Restaurants). Moskitonetze, Ventilatoren und ein einfaches Bad sind Standard.

**Kendwa Rocks** — BUNGALOWS $$
(☎ 024-294 1113, 0777 415475; www.kendwarocks.com; Banda EZ/DZ mit Gemeinschaftsbad 40/50 US$, Bungalow DZ 60–170 US$; ❄ 📶) Eine alteingesessene Adresse mit Schlafgelegenheiten für jeden Geschmack, angefangen bei einfachen Bandas (Hütten mit Strohdach) mit Gemeinschaftsbad bis hin zu Luxusbungalows (mit eigenem Pool unmittelbar am Strand) und allem dazwischen. Die Unterkünfte sind über eine Gartenanlage auf einem sanft abfallenden Gelände verteilt; die ohne „Logenplatz" gewähren zwar keinen Meerblick, dafür aber mehr Ruhe und Privatsphäre.

**Mocco Beach Villa** — PENSION $$
(☎ 0772 171777; www.moccobeachvilla.co.tz; EZ/DZ 50/80 US$; ❄ 📶) Das von Einheimischen betriebene Gästehaus am südlichen Ende des Kendwa Beach kommt ohne viel Schnickschnack aus. Es steht nicht direkt am Wasser, wohl aber das dazugehörende Restaurant. Die schlichten Zimmer (drei mit Blick auf den Ozean) sind recht sauber und mit Moskitonetzen, Ventilatoren und Klimaanlagen ausgestattet.

**Sunset Kendwa** — HOTEL $$
(☎ 0777 413818; www.sunsetkendwa.com; DZ 98 US$, nicht klimatisiert 60 US$; ❄ 📶) Die alteingesesse-

ne Anlage verfügt über Bungalows am Strand (kein Meerblick) und Zimmer in zweistöckigen Gebäuden auf den Felsen überm Wasser. Das Personal ist nett, das Management ist aber eine Spur zu entspannt. Immerhin gibt's ein Restaurant mit Meerblick und eine beliebte kleine Strandbar. Außerdem operiert Scuba Do (S. 110) von hier aus.

**Diamonds La Gemma dell'Est** RESORT **$$$**
(☎ 024-224 0125; http://lagemmadellest.diamondsresorts.com; EZ/DZ mit Vollpension ab 350/500 US$; ❄📶🏊👨‍👧) Am nördlichen Ende des Strands stehen etwa 130 Zimmer mit privater Veranda und Meerblick in einem sehr großen, luxuriösen All-inclusive-Resort für Gäste bereit; die Einheimischen nennen den Komplex mit dem ausladenden Swimmingpool, dem bildschönen (gepflegten) Strandabschnitt, verschiedenen Restaurant-Bars (darunter eins mit Bootsanleger überm Wasser), Tennisplätzen, einem Tauchzentrum, Fitnessstudio und Spa einfach nur „Gemma".

## Essen & Ausgehen

Etwas zu essen bekommt man in den Hotelrestaurants, die meist öffentlich zugänglich sind, und in den kleinen Lokalen entlang der unbefestigten Straße, die hinter den Hotels am südlichen Ende des Strands verläuft. Darunter sind das **Kendwa Coffee House** (Mahlzeiten 8000–10 000 TSh), in dem es Kaffee und Mahlzeiten auf einer kleinen Gartenterrasse gibt, das **Fisherman Local Restaurant** (Hauptgerichte 7000–10 000 TSh) mit lokaltypischen Fisch- und Meeresfrüchtegerichten und das **Varadero Zanzibar House** (Mahlzeiten 8000–10 000 TSh; 📶), das auf libanesische und sansibarische Küche spezialisiert ist.

Die Vollmondpartys sind ein fester Bestandteil des hiesigen Veranstaltungskalenders, gefeiert wird in ein paar der großen Hotels. Nicht-Übernachtungsgäste müssen eine kleine Eintrittsgebühr zahlen.

## An- & Weiterreise

Kendwa kann mit jedem Bus und *dalla-dalla* (Linie 116) erreicht werden, die zwischen Sansibar-Stadt und Nungwi (3000 TSh) verkehren. An der Hauptabzweigung nach Kendwa aussteigen, dann sind es noch mal 2 km auf einer unbefestigten Straße bis in den Ort und zum größten Hotel-Cluster. Wer fährt/gefahren wird: die Zufahrtsstraße ist auch mit einem Wagen ohne Allrandantrieb passierbar; auf den steinigen Passagen muss man ein wenig Sorgfalt walten lassen.

# Tumbatu

10 000 EW.

Die große, selten besuchte Insel Tumbatu kurz vor Sansibars Nordwestküste wird von den Tumbatu bewohnt, einem der drei indigenen Stämme des Archipels. Tumbatus Frühgeschichte verschwimmt zwar im Dunkeln, immerhin wurden aber an der Südspitze der Insel die Überreste einer Moschee entdeckt, die möglicherweise aus dem frühen 11. Jh. datiert.

Es gibt keinerlei touristische Infrastruktur und weder „Sehenswürdigkeiten" noch nennenswerte Aktivitäten – abgesehen von Streifzügen durch die Dörfchen und Felder, deshalb verschlägt es nur wenige Besucher hierher. Das ist vielleicht der Grund dafür, dass die Inselbewohner tendenziell sehr traditionell verhaftet und konservativ eingestellt sind und ein entsprechendes Verhalten von den Gästen erwarten.

Die Anreise erfolgt gewöhnlich über Mkokotoni auf Sansibar, wo Segelboote ablegen und Passagiere zur Insel hinüberbringen (ca. 500 TSh, Fahrzeit je nach Windrichtung ½–3 Std.). Einen verlässlicheren Service bieten die Motorboote (ca. 1000 TSh pro Strecke).

# Matemwe

5000 EW.

Der idyllische Strand von Matemwe punktet mit dem womöglich feinsten Sand von ganz Sansibar. In dem verschlafenen Nest ticken die Uhren noch anders, ungeachtet der Hotels und Pensionen in der Nachbarschaft. Von allen Küstendestinationen auf Sansibar hat diese Gegend wohl am meisten Lokalkolorit. Das ruhige, stressfreie Matemwe ist definitiv ein Ort zum Abschalten und Runterkommen.

## Aktivitäten

Wie in vielen Orten entlang der Küste ist Tauchen auch hier ein beliebter Zeitvertreib, vor allem, weil Matemwe einen besonderen Trumpf ausspielen kann: Gleich vor der Haustür liegt Mnemba Island mit dem umliegenden Schutzgebiet, eine der beliebtesten Adressen zum Tauchen und Schnorcheln im gesamten Archipel.

**One Ocean** TAUCHEN
(www.zanzibaroneocean.com; Matemwe Beach Village; 2/6 Tauchgänge 110/305 US$) One Ocean ist ein erfahrenes Fünfsterne-PADI-Tauchzen-

## TAUCHEN AUF MNEMBA

Mnemba Island (manchmal ist die Rede vom Mnemba-Atoll) ist einer der bekanntesten und beliebtesten Tauchgründe auf Sansibar und ganz Ostafrikas. Hier leben zahllose Fische, darunter Thunfische, Barrakudas, Muränen, Riffhaie, Schildkröten, Delfine und Schwärme von Buckelschnappern, Drücker- und Fledermausfischen. Je nach Urlaubszeit tummeln sich sogar Buckelwale im Wasser.

Die Insel ist in Privatbesitz und nur Gäste der Mnemba Island Lodge haben Zugang. Das beeindruckende Korallenriff um die Insel ist aber öffentlich und für jeden zugänglich.

Mnemba ist so beliebt, dass das Riff an manchen Stellen unter der Masse an Booten und Tauchern zu leiden hat; sie richten erheblichen Schaden an. Seriöse Anbieter bringen Taucher gern zu ruhigeren, weniger überlaufenen Orten.

trum mit Niederlassungen in Sansibar-Stadt und an der Ostküste, u. a. in der Pension Matemwe Beach Village (S. 112), und hat Tauchkurse sowie Touren nach Mnemba Island und zu anderen lokalen Tauchplätzen im Programm. Schnorchelausflüge kosten 45 US$ pro Nase.

**Dada** KOCHEN

(☎0777 466304; https://dadazanzibar.wordpress.com; je nach Gruppengröße um die 25 US$ pro Pers.) Wer es schafft, sich von seiner Sonnenliege zu erheben, kann sich von einheimischen Frauen in die lokale Kochkunst einführen lassen. Auf dem Speiseplan steht vielleicht Baobab-Marmelade oder Kokosnuss und Cassavablätter. Der Unterricht wird von Dada, einem Entwicklungsprojekt gleich außerhalb des Dorfs, organisiert. Entweder reserviert man direkt bei Dada oder in einem der Hotels in Matemwe.

### Schlafen & Essen

**Key's Bungalows** BUNGALOWS $

(☎0777 411797; www.allykeys.com; EZ/DZ 30/50 US$; ) Eine lokaltypische Unterkunft in der Nähe des Fischmarkts und des Dorfzentrums. Die Mischung ist ein wenig merkwürdig: Ein Betonklotz mit zwei Etagen beherbergt schlichte Zimmer und am Strand lockt ein herrlich entspanntes Bar-Lounge-Restaurant mit Palmdach. Die Mahlzeiten müssen eventuell vorab bestellt werden. Man kann Bootsfahrten, Leihräder und -autos etc. organisieren.

★ **Sele's Bungalows** BUNGALOWS $$

(☎0776 931690; www.selesbungalows.wix.com/zanzibar; DZ 80–100 US$; Mai–Feb.; ) Eine tolle kleine Unterkunft mit freundlichen Besitzern und gerade mal sieben makellos gepflegten Zimmern, einem kleinen Swimmingpool und einem geselligen Bar-Restaurant. Das alles findet man in einem grünen Garten nur wenige Schritte vom Strand entfernt. Die meisten Zimmer sind großzügig geschnitten und haben einen Balkon, die kleineren (und günstigeren) befinden sich treppab.

**Zanzibar Retreat Hotel** BOUTIQUE-HOTEL $$

(☎0776 108379; www.zanzibarretreat.com; DZ 140–190 US$; ) Eine luxuriöse Bleibe mit nur einem Dutzend Zimmern mit sansibarischem Mobiliar in einem ehemaligen privaten Wohnhaus. Die polierten Holzböden und Safaristühle verleihen ihm ein altmodisches Flair à la Kolonialzeit. Der Bar-Lounge-Bereich mit Strandblick ist hell und luftig, das Ambiente ist ruhig und relaxt. Außerdem: hervorragendes Essen!

★ **Zanzibar Bandas** BUNGALOWS $$$

(☎0773 434113; www.zanzibarbandas.com; DZ 150–300 US$; ) Das Zanzibar Bandas hat eine entspannte, einladende Atmosphäre und lockt mit einer überschaubaren Anzahl an Hütten und Bungalows mit Palmblätterdach in einem Garten am Strand. Die Bauweise ist einfach, doch die Räumlichkeiten sind blitzsauber und hochwertig. Nette Extras sind der kleine Pool und das Bar-Restaurant. Die Betreiber machen gern Musik, spontane Jam Sessions und Darbietungen sind keine Seltenheit.

**Green & Blue** BOUTIQUE-HOTEL $$$

(☎0774 411025; www.greenandblue-zanzibar.com; DZ 270–450 US$; ) Eine wunderschön designte Lodge, versteckt in üppig grünen Gärten auf einer Felsnase am nördlichen Ende des Dorfs, fast gegenüber von Mnemba Island. Die 14 Häuschen sind in kräftigen Farben gehalten und mit privaten Veranden und zwei Duschen (drinnen und draußen) ausgestattet, meist ist auch ein kleiner privater Pool dabei. Das Essen in der Restaurant-Bar ist top, genau wie die Aussicht.

**Matemwe Beach Village** PENSION $$$

(☎0777 417250; www.matemwebeach.net; DZ mit Halbpension 220–300 US$; ) Die Pension am Strand hat ein erfrischend unprätentiöses Ambiente und sehr freundliche Mitarbeiter. Die Gäste haben die Wahl zwischen zwei Arten von Bungalows, klein und simpel oder geräumig und komfortabler. Die meisten befinden sich am Strand, ein paar liegen allerdings ein Stück versetzt im Garten. Weiterhin gibt's ein Restaurant, einen Loungebereich voller bunter Kissen, einen Pool und ein Tauchzentrum namens One Ocean (S. 111).

**Sunshine Hotel** HOTEL **$$$**
(☎ 0774 388662; www.sunshinezanzibar.com; DZ 230 US$; ) In Richtung des südlichen Endes von Matemwe stößt man auf diese tadellose Bleibe mit zwölf Zimmern inklusive Jalousietüren, weichen Möbeln und traditionellen (Innen-)Bädern. Die Gäste genießen einen Blick auf den Garten oder über den Infinitypool hinweg bis zum Strand. Das Tauchzentrum des Hotels hat seinen Sitz in der Sunshine Marine Lodge, einem Schwesterbetrieb am nördlichen Ende des Dorfs.

**Matemwe Lodge** LODGE **$$$**
(☎ zentrale Reservierungsnummer in Kapstadt +27 21 418 0468; www.asiliaafrica.com/matemwe; DZ mit Vollpension 720–790 US$; ) Die Matemwe Lodge am Nordrand des Dorfes ist ein Luxushotel mit zwölf geräumigen und gekonnt dekorierten Bungalows (alle mit Meerblick) in einem grünen Garten. In der Nähe befinden sich zwei Unterkünfte, die an die Lodge angeschlossen sind, das Matemwe Retreat (Luxusferienhäuser) und das Matemwe House (ideal für Familien oder kleine Gruppen von Reisenden). Auf Anfrage werden Tauchexkursionen und weitere Aktivitäten arrangiert.

### An- & Weiterreise

Matemwe liegt an der Nordostküste von Sansibar. *Dalla-dallas* (Linie 118) machen sich täglich auf den Weg nach/ab Sansibar-Stadt (2500 TSh). Am Vormittag ist der Fischmarkt im Zentrum am Nordende vom Strand die Endstation, zu späterer Stunde endet die Fahrt an der Hauptkreuzung, an der die Pflasterstraße auf eine unbefestigte Piste trifft, die parallel zur Küste verläuft.

## Kiwengwa

4000 EW.

Der spektakuläre Strand von Kiwengwa steht bei den großen Resorts hoch im Kurs. Meist verstecken sie sich hinter hohen Mauern und sind „all inclusive", sodass die Gäste die schönen Hotelanlagen nur selten verlassen. Das Dorf, nur ein kleines Stück vom Wasser entfernt, wirkt im Vergleich schäbig und verstaubt. Der Kontrast zwischen Armut und Reichtum ist krass – und unangenehm.

### Schlafen & Essen

**Zan View Hotel** HOTEL **$$**
(Karte S. 80; ☎ 0774 141803; www.zan-view.com; DZ 100–150 US$, mit Meerblick 175–195 US$; )



### ALGENHANDEL AUF SANSIBAR

Überall auf der Insel kann man Einheimische (in erster Linie Frauen und Kinder) bei der Pflege von „Algenbeeten" beobachten. Das Prozedere ist einfach: Am Strand werden zwischen Flut- und Ebbelinie dicke Äste in den Sand gerammt, zwischen denen Schnüre mit kleinen Algenpflanzen gespannt werden. Wenn die Pflanzen groß genug sind, erfolgt die Ernte.

Man möchte meinen, der Algenhandel sei ein traditionelles Inselgewerbe, die Praxis wurde aber erst Ende der 1980er Jahre eingeführt, als kommerzielle Unternehmen gemeinsam mit der Universität von Daressalam die Algenindustrie auf der Insel vorantrieben, um den Einheimischen Beschäftigung zu bieten und ein nachhaltiges Ressourcenmanagement zu schaffen.

Das Projekt erwies sich als voller Erfolg. Algen enthalten ein natürliches Geliermittel, das in zahlreichen Produkten Verwendung findet, angefangen bei Zahnpasta und Parfüm über Shampoo bis hin zu Joghurt, Milchshakes und sogar Medikamenten. Algen aus Sansibar – im Jahr 2013 waren es geschätzte 12 000 Tonnen – werden nach China, Korea, Vietnam, Dänemark, Spanien, Frankreich und in die USA exportiert und bringen (nach dem Tourismus) die meisten Deviseneinnahmen ins Land.

In den letzten Jahren ist der Algenhandel jedoch zurückgegangen, weil die Meerestemperatur gestiegen ist. Die Wärme verlangsamt das Wachstum der Pflanzen. Zudem sind die Preise in Ländern, in denen ebenfalls Algen angebaut werden, eingebrochen.

Zwischen all den großen Resorts an diesem Küstenabschnitt würde man einen Schatz wie das Zan View gar nicht erwarten. Das nette kleine Hotel mit Blick auf einen kleinen Pool und eine zweigeschossige Bar (dahinter glitzert das Meer) birgt blitzsaubere Zimmer. Es liegt nicht direkt am Wasser; der (kurze) Weg führt an ein paar Strandhotels vorbei.

**Waikiki** RESORT **$$**
(0779 401603; www.waikikiafrica.com; DZ mit Halbpension 100–130 US$, FZ 50 US$ pro Pers.; Mitte Juni–April; ) Das Waikiki ist ein fröhliches und freundliches Resort. Die italienische Herkunft der Besitzer ist ein Garant für guten Kaffee, großartiges Essen (auch Pizza und Eiscreme) und legendäre Freitagspartys im Sommer. Vor Ort gibt es Dutzende Bereiche zum Chillen, eine Kite-Schule und eine beliebte Strandbar. Am wunderschönen Strand kann man sich selbst bei Ebbe in tiefen Gezeitenbecken aalen.

**Bluebay Beach Resort** RESORT **$$$**
(0774 413321; www.bluebayzanzibar.com; DZ mit Halbpension 250–320 US$; ) In dem riesigen Luxusresort stehen um die 100 Zimmer und Suiten bereit, manche im Garten, andere mit Aussicht auf den Ozean. Der Swimmingpool ist groß, es gibt mehrere Restaurants und Bars, einen Privatstrand, ein Spa, ein Fitnessstudio und ein Tauchzentrum. Wer aktiv werden möchte, kann z. B. segeln gehen, windsurfen oder Tennis spielen.

**Shooting Star Lodge** BOUTIQUE-HOTEL **$$$**
(Karte S. 80; 0777 414166; www.shootingstarlodge.com; DZ 200–315 US$; ) Sowohl wegen der Lage mit Blick über einen ruhigen Strand als auch wegen der exzellenten Küche und des Service ist diese intime Lodge empfehlenswert. Die Räumlichkeiten von Gartenzimmern bis zu großen Häuschen mit Meerblick sind einwandfrei ausgestattet. Neben dem Salzwasser-Infinity-Pool führen Stufen hinunter zum Strand.

### An- & Weiterreise

Zwischen Kiwengwa und Sansibar-Stadt verkehren Busse und *dalla-dallas* (Linie 117). Kostenpunkt: 2500 TSh.

## Pongwe

1000 EW.

Pongwes bogenförmiger Strand ist gespickt mit Palmen und kommt der Idealvorstellung von einem Tropenparadies schon ziemlich nah. Er liegt südlich vom bekannteren Kiwengwa Beach.

★ **Pongwe Beach Hotel** HOTEL **$$$**
(0784 336181; www.pongwe.com; DZ 210–230 US$; ) Das unauffällige Pongwe Beach Hotel verfügt über 20 Bungalows zwischen den Palmen an einer Sichel mit weißem Sand. Die meisten Zimmer liegen zum Meer, drei blicken auf den Garten. Sie sind geräumig und luftig. Es wurde bewusst auf Klimaanlagen und TVs verzichtet, ja, es gibt nicht mal Fensterscheiben, damit sich die Gäste voll und ganz auf die idyllische Lage einlassen.

**Seasons Lodge** LODGE **$$$**
(0776 107225; www.seasonszanzibar.com; EZ/DZ 118/235 US$; ) Eine tolle Lodge mit zehn Zimmern. Die luftigen Bungalows aus Korallenstein sind über ein kleines, natürlich bewachsenes Grundstück verteilt. Durch Jalousietüren gelangt man auf eine Terrasse mit Aussicht auf den Strand. Der freundliche (und etwas exzentrische) Besitzer legt Wert darauf, dass die eingesetzten Materialien und Vorräte aus der Region stammen und stellt nur Einheimische ein. Das trägt noch mal zusätzlich zur entspannten Atmosphäre der Seasons Lodge bei.

### An- & Weiterreise

Die meisten Busse und *dalla-dallas*, die auf der Route Sansibar-Stadt–Kiwengwa verkehren, passieren Pongwe. *Dalla-dallas* nehmen aber auch die Küstenstraße zwischen Matemwe und Chwaka und fahren dabei über Pongwe und Kiwengwa.

## Halbinsel Michamvi

2000 EW.

Die Halbinsel Michamvi liegt 10 km nördlich der beliebten Küstenorte Paje und Bwejuu und ist geformt wie ein langer dünner Finger, der die Mangroven der Chwaka Bay vom türkisen Wasser des Indischen Ozeans trennt. Bilderbuchstrände – mit die schönsten Sansibars – säumen die Halbinsel.

### Schlafen & Essen

**Sagando Hostel** HOSTEL **$**
(0773 193236; www.sagandohostel.com; EZ/DZ 20/40 US$) Eine nette Budgetoption mit Rastafari-Flair und einer Handvoll Bungalows (manche zweistöckig), die meist mit einer kleinen Veranda aufwarten und in einem sandigen Garten stehen. Das Personal

ist freundlich, die Bar hat eine entspannte Atmosphäre und auf Wunsch werden Mahlzeiten zubereitet. Der Strand ist um die Ecke. Von der Bushaltestelle am Ende der Pflasterstraße im Dorf Michamvi erreicht man das Sagando problemlos zu Fuß.

**Kae Funk** BUNGALOWS **$$**
(☎ 0774 361768, 0777 021547; www.kaefunk.com; DZ 70–100 US$; @) Eine relaxte Unterkunft mit acht Doppelzimmern erhebt sich oberhalb der Chwaka Bay. Das Lounge-Restaurant am Strand ist mit Treibholz und Strandgut fantasievoll geschmückt. Das große Gebäude nebenan blockiert den Blick aufs Meer, doch einen kurzen Fußmarsch entfernt steht Kae Funks Beachbar mit Top-Aussicht, vor allem bei Sonnenuntergang.

**Ras Michamvi Beach Resort** HOTEL **$$**
(☎ 0777 413434; www.rasmichamvi.com; DZ 120–140 US$; ) Von einem der malerischsten Standorte der ganzen Insel bietet das Ras Michamvi auf einer Klippe an der Spitze der Halbinsel einen herrlich weiten Ausblick. Zu beiden Seiten des Hotels erstrecken sich idyllische, menschenleere Strände, die über steile Treppen zu erreichen sind; dabei ist auch schon der Infinity-Pool einfach faszinierend.

★ **Upendo** HOTEL **$$$**
(☎ 0777 244492, 0777 770667; www.upendozanzibar.com; Haus ab 250 US$) Das Upendo besteht aus Luxusferienhäusern, einfachen Bandas und einem exzellenten (öffentlichen) Bar-Restaurant (Mahlzeiten 8–25 US$). Die Häuser haben ein bis vier Schlafzimmer und bieten nette Extras wie Kaffeemaschinen und in großen Moskitonetzen eingefasste Ventilatoren; ein paar sind speziell für Flitterwöchner gedacht, ein besonders großes Haus für Familien.

**Breezes Beach Club & Spa** RESORT **$$$**
(☎ 0774 440883; www.breezes-zanzibar.com; DZ mit Halbpension 250–450 US$; @) Das luxuriöse Hotel birgt schöne Unterkünfte, z. T. mit Meerblick, in traditionell gestalteten zweistöckigen Gebäuden. Ringsum erstreckt sich ein Garten. Die Zimmer sind alle gleich groß, die in der oberen Etage verfügen allerdings über größere Balkone. Zu den weiteren Einrichtungen gehören eine Bibliothek, ein Fitnessstudio und ein Spa und man kann Aktivitäten wie Tauchen, Bootstouren und mehr buchen. Manchmal besteht die Möglichkeit eines „Upgrades" für Übernachtungen in den Schwesterhotels Baraza (all inclusive) und Palms (Luxushäuser) nebenan.

INSIDERWISSEN

### JENGA

In Michamvi sollte man nach Waren von **Jenga** (www.jengazanzibar.com) Ausschau halten. Das soziale Unternehmen bietet sansibarischen Produzenten eine Plattform (sowohl online als auch vor Ort in Geschäften), über die sie ihre handgemachten Produkte vertreiben können. Und was für Produkte! Edle Handtaschen und Clutches aus bunten, mit Grafikmustern bedruckten Stoffen, Laptoptaschen aus Kite-Segeln, Perlenarmbänder, natürliche Beauty-Produkte und vieles mehr. Der wichtigste Jenga-Laden befindet sich nahe dem Upendo gegenüber vom The Rock.

**Michamvi Sunset Bay** RESORT **$$$**
(☎ 0777 878136; www.michamvi.com; DZ ab 240 US$; ) In dem kleinen Resort gleich nördlich des Dorfs Michamvi übernachtet man in komfortablen Zimmern in zweigeschossigen Gebäuden, alle angeordnet in einem Garten mit direktem Zugang zum Strand. Man kann den Pool, das Spa, das Restaurant und die Bar mit Terrasse nutzen. Letztere lädt dazu ein, den Sonnenuntergang zu beobachten – eine Rarität an der Ostküste Sansibars.

★ **The Rock** FISCH & MEERESFRÜCHTE **$$$**
(☎ 0776 591360; www.therockrestaurantzanzibar.com; Mahlzeiten 15 000–30 000 TSh; ⏲ 10–22 Uhr) Sansibars fotogenstes Restaurant liegt spektakulär auf einem Korallenvorsprung, umringt vom Meer. Bei Ebbe kann man hierher wandern, zu anderen Zeiten (etwa nach einem ausgedehnten Mittagessen) fahren Boote. Natürlich zahlt man für die Lage drauf, doch das Essen ist gut – es gibt Fisch, Garnelen, Krebse, Hummer und andere Meeresfrüchte.

Das Rock befindet sich etwa auf halber Strecke zwischen Michamvi und Bwejuu vorm Kijiweni Beach, gegenüber vom Upendo. Besser reservieren.

## ℹ An- & Weiterreise

*Dalla-dallas* und Busse (Linie 340) legen die Strecke Sansibar-Stadt–Michamvi Kae (an der Spitze der Halbinsel) via Paje und Bwejuu regelmäßig zurück. Mindestens einmal pro Tag besteht eine *dalla-dalla*-Verbindung zwischen Michamvi Kae und Makunduchi via Jambiani.

# Bwejuu

2000 EW.

Das langgezogene Dorf erstreckt sich zwischen dem Strand und der Hauptstraße (geteert) zwischen Paje und Michamvi. Bwejuu ist im Allgemeinen ein ruhiges Fleckchen Erde mit klassischem Ostküsten-Flair: weißer Sand und türkisblaues Meer, Palmen spenden Schatten.

## Schlafen & Essen

**★ Mustapha's Place** BUNGALOWS $

(024-224 0069, 0772 099422; www.mustaphasplace.com; DZ 65 US$, mit Gemeinschaftsbad 45 US$, B ab 20 US$) Mustapha's Place verströmt eine relaxte Rastafari-Atmosphäre. Die Zimmer sind kreativ gestaltet und es gibt einen Schlafsaal. Die große baumbestandene Anlage umfasst ein Bar-Restaurant, einen Bereich zum Chillen treppauf und einen Swimmingpool, der die Form des afrikanischen Kontinents hat. Die Angestellten organisieren Strandaktivitäten, Leihfahrräder, Wanderungen, Trommelunterricht und mehr.

**Fontaine Garden Village** BUNGALOWS $

(0777 709353, 0714 902618; www.fontainegardenvillage.com; Bungalow DZ 40 US$, mit Gemeinschaftsbad 35 US$, Hotel DZ 45–55 US$) Das Gartengrundstück 200 m vom Strand entfernt birgt neben Bungalows mit Palmblätterdach und Gemeinschaftsbad auch Hotelzimmer mit eigenem Bad. Die Gegend ist ruhig (wobei Bwejuu generell kein lautes Dorf ist). In dem runden Bar-Restaurant fallen besonders die merkwürdig verzierten Stühle ins Auge.

**★ Bellevue Guesthouse** PENSION $$

(0777 209576; www.bellevuezanzibar.com; DZ ab 80 US$) Das Bellevue ist verdientermaßen beliebt, weil das Management effizient arbeitet und die Atmosphäre entspannt ist. Der üppig grüne Garten befindet sich in erhöhter Lage mit Blick aufs Wasser, die Bungalows sind lokaltypisch gestaltet und warten mit einer privaten Veranda auf (auch nett: das zu den Seiten offene „Dschungelzimmer“). Das Essen (darunter Suaheli-Spezialitäten) ist hervorragend. Die Gäste können verschiedene Touren und Exkursionen buchen und z. B. Kitesurfen oder Krebse fangen.

**Palm Beach Inn** BUNGALOWS $$

(www.facebook.com/PalmBeachInnZanzibar; EZ/DZ 60/80 US$) Eine der ersten Unterkünfte in Bwejuu war das Palm Beach, das sich im Lauf der Jahre ein wenig verändert hat. Dennoch, das freundliche, entspannte Flair ist gleich geblieben und auch die guten Beziehungen zur Dorfgemeinschaft bestehen fort. Die einfachen Bungalows stehen in einem schattigen Garten mit Blick auf den Strand, es gibt einen kleinen Pool und ein tolles kleines Restaurant und man kann Bootsfahrten unternehmen.

**Upepo Boutique Beach Bungalows** BUNGALOWS $$

(0784 619579; www.zanzibarhotelbeach.com; DZ 65–70 US$) Die hübsche, freundliche Unterkunft besticht durch ihre anheimelnde Atmosphäre und geräumige Zimmer in einfachen zweistöckigen Bungalows. Alle haben kleine Terrassen oder eine Veranda und gewähren Ausblicke über den Garten zum wunderschönen Strand. In der Restaurant-Bar werden Pasta, Currys und Fisch sowie Sangria serviert.

**Kilimani Kwetu** BUNGALOWS $$

(0777 465243, 024-224 0235; www.kilimani.de; EZ/DZ 50/70 US$) Das Kilimani Kwetu wird als Gemeindeentwicklungsprojekt von einer Gruppe Deutscher und den Dorfbewohnern von Bwejuu betrieben. Es ist eine kleine Unterkunft mit vier schlichten Zimmern in zwei Bungalows im sandigen Garten. Gemanagt wird das Ganze von Wadi und seinem netten Team. Im Restaurant bekommt man gute Suaheli-Speisen und bis zum Strand ist es nur ein kurzer Fußweg; dort stehen ein simples Hotel-Café und ein paar Sonnenschirme.

**Robinson's Place** PENSION $$

(0777 413479; www.robinsonsplace.net; DZ 80 US$, mit Gemeinschaftsbad 40–60 US$, EZ mit Gemeinschaftsbad 30 US$) Eine tolle Adresse am nördlichen Ende von Bwejuu am Strand. Die Betreiber Ann und Ahmed haben sich von *Robinson Crusoe* inspirieren lassen, als sie die einfachen, fröhlich aufgemachten Zimmer mit Gemeinschaftsbädern und das zweistöckige Haus gestaltet haben, in dessen Obergeschoss man einen Ausblick auf Ozean und Palmen hat. Ein Hotelrestaurant fehlt, stattdessen speisen die Gäste in anderen Hotels in der Nähe.

**Evergreen Bungalows** BUNGALOWS $$

(0784 408953; zanzievergreen@yahoo.com; DZ 80 US$) Einheimische betreiben die unauffällige Unterkunft mit ein paar rustikalen Bungalows am Strand; manche haben zwei Etagen, wobei es in den Zimmern im Obergeschoss treppauf tagsüber natürlich heißer und nachts dafür kühler ist. Vor Ort befindet sich ein Bar-Restaurant und man kann all die typischen Exkursionen und Aktivitäten buchen.

## An- & Weiterreise

Busse und *dalla-dallas* (Linie 324) verkehren ein paar Mal täglich zwischen Sansibar-Stadt und Bwejuu (2500 TSh) und setzen Passagiere an der Straße ab; von dort sind es ca. 500 m zum Strand.

# Paje

3500 EW.

Dank des wunderbaren weißen Sandstrands und des seichten Wassers konnte sich Paje von einem verschlafenen Fischernest zu einem betriebsamen Ferienort mit vielen Unterkünften und einer lebendigen Atmosphäre mausern. Seit einigen Jahren zieht es auch Kitesurfer in Scharen hierher – manchmal hat man kaum Platz zum Schwimmen!

## Schlafen

Die Hotels sind vornehmlich im unteren und mittleren Preissegment angesiedelt. Die meisten Unterkünfte knubbeln sich am Strand in der Nähe der Hauptkreuzung, genau richtig für diejenigen, die gern „mittendrin" sein wollen. Nördlich und südlich von hier geht es ruhiger zu.

★ **Demani Lodge** LODGE $
(☎ 0772 263115; www.demanilodge.com; B/EZ/DZ 20/38/50 US$; ) Eine wunderbare Budgetoption mit schönen Hütten und Bungalows, einem Schlafsaal mit sieben Betten und Doppelzimmern (einige haben ein eigenes Bad, andere teilen sich einen blitzsauberen

### KITESURFEN IN PAJE

Paje ist Sansibars Kitesurfing-Hochburg und tatsächlich eine der besten Adressen in ganz Afrika, um diesen Sport auszuüben, denn es wehen beständig auflandige Winde, zwischen Strand und Riff erstreckt sich eine große Lagune mit seichtem Wasser, das nicht allzu tiefe Wasser und der sandige Untergrund sind prima für Anfänger geeignet und für Fortgeschrittene locken große Wellen am Riff. Das Wasser ist warm und der Algenanbau hält sich in Grenzen. Ach so. Und das Ganze ist natürlich schlichtweg paradiesisch schön! Entsprechend zieht es Sportler aus der ganzen Welt hierhin, Neulinge und Experten gleichermaßen.

In den meisten Kite-Schulen kann Ausrüstung für 15 US$ pro Stunde oder 50 bis 100 US$ am Tag gemietet werden. Außerdem werden verschiedene Kurse ab 100 US$ (halbtägige Einführung für Einsteiger) bis 300 US$ für einen ganzen Tag Training für Fortgeschrittene angeboten. Unabhängig davon vermieten Einheimische am Strand Ausrüstung – eine günstige Alternative, wenn man bereits Ahnung vom Kiten hat.

Empfehlenswerte Anbieter:

**Kite Centre Zanzibar** (www.kitecentrezanzibar.com) Das von der IKO anerkannte Kite Centre gibt es seit 2006. Die erfahrenen Lehrer geben tolle Kurse für alle Kenntnisstufen. Außerdem wird Ausrüstung vermietet und verkauft. Darüber hinaus können „Downwinder" (Surfen mit dem Wind) und längere Kite-Touren gebucht werden, z. B. eine Woche Kiten plus Unterkunft in einem Hotel in der Nähe oder dem angeschlossenen Bellevue Guesthouse (S. 116) 5 km die Küste hinauf (kostenloser Transfer).

**Airborne Kite Centre** (☎ 0715 548464; www.airbornekitecentre.com) Ein freundlicher, professioneller Anbieter mit von der IKO akkreditierten Kursen und Privatunterricht für Anfänger, Fortgeschrittene und angehende Kitesurfing-Lehrer. Ausrüstung wird verliehen und verkauft. Ebenfalls im Angebot: Vollmond- und Sonnenuntergangstouren (mit anschließender Strandparty) und „Downwinder". Die Schüler und Gäste können im dazugehörenden Airborne Kite & Surf Village übernachten.

Der Schwerpunkt von **Aquaholics** (☎ 0776 897978; www.aquaholics-zanzibar.com) ist eigentlich das „normale" Surfen, Kitesurfen wird aber auch angeboten. **Paje by Kite** (www.pajebykite.net) verfügt über eine Auswahl an Kursen, vermietet und verkauft Ausrüstung. Wenn es einem an der Wasseroberfläche zu wuselig wird, ist es vielleicht Zeit für ein Abenteuer eine Etage tiefer: **Buccaneer Diving** (☎ 0777 853403; www.buccaneerdiving.com; 1 Tauchgang 56 US$, mit Ausrüstung 77 US$) ist ein Fünfsterne-PADI-Tauchzentrum.

Waschraum). Weitere Garanten für den Erfolg der Demani Lodge sind das freundliche Management, die sauberen Zimmer, der große Garten, die Hängematten, die Waschmöglichkeiten, der kleine Pool und die gesellige Bar. Über einen Fußweg gelangt man zum (nahen) Strand.

**New Teddy's Place** BUNGALOWS $
(☎ 0773 096306; www.teddys-place.com; B 22 US$, Banda EZ/DZ 36/42 US$, Bungalow 42/56 US$; 📶) Gleich neben Original Teddy's Place haben die Gäste die Wahl zwischen Schlafsälen mit sieben oder vier Betten, kleinen Bandas oder größeren Bungalows, die sich um einen offenen Sandplatz mit Volleyballnetz gruppieren. Das Zentrum des sozialen Lebens – bei Tag und bei Nacht – ist das große Bar-Restaurant. Bis zum Strand sind es 100 m. Zu weit? Alternativ locken Hängematten und Sonnenliegen im Garten.

**Summer Dream Lodge** HOSTEL $
(☎ 0777 294809; www.summerdreamlodge.com; B 16 US$, DZ 55 US$, mit Gemeinschaftsbad 40 US$; 📶) Palmblätter sind das Zauberwort in dieser Backpackerbleibe. Sie sind die „Hauptzutaten" in dem großen Mehrbettzimmer, den diversen Bungalows und dem Bar-Restaurant mit einer „Chill-Zone" auf Stelzen, damit man den Sonnenuntergang besser beobachten kann. In den günstigsten Zimmern steht man auf Sand, sämtliche Betten sind mit Moskitonetzen versehen und bis zum Strand läuft man nur zwei Minuten.

**Original Teddy's Place** HOSTEL $
(☎ 0778670576; www.originalteddys-place.com; B 18 US$, Banda DZ 40 US$; 📶) Nach mehrjährigem Einsatz macht das ursprüngliche Teddy's einen etwas müden und verbrauchten Eindruck, was jedoch gleichbedeutend ist mit einfachen Unterkünften zu günstigen Preisen. Es gibt einen Schlafsaal, mehrere schlichte Bandas und eine nette Bar mit Reggae-Flair. Nebenan steht das New Teddy's Place.

**Jambo Beach Bungalows** BUNGALOWS $
(☎ 0774 529960; www.jambobeachbungalows.com; B ab 20 US$, DZ 50 US$) Die beneidenswerte Strandlage und die relaxte Atmosphäre machen den Umstand wett, dass die mit Palmblättern gedeckten Bungalows schon ziemlich ausgefranst aussehen. Das Jambo bietet einen Schlafsaal und Doppelzimmer mit rustikalen Holzmöbeln, manche Böden bestehen aus Sand, andere aus Beton. Die Gäste dürfen sich auf Ventilatoren und Mückennetze sowie ein einfaches Restaurant und eine Strandbar freuen; in Letzterer finden oft Partys statt.

**★ Airborne Kite & Surf Village** ZELTCAMP $$
(☎ 0715 548464, 0776 687357; www.airbornekitecentre.com; DZ ab 100 US$, Zelt DZ ab 90 US$; 📶) Eine weitere tolle Adresse, die eng mit dem Airborne Kite Centre verknüpft ist. Neben Zimmern in einem großen Haus und Safarizelten (mit En-suite-Bad) kann ein Baumhaus bezogen werden. Sämtliche Gästezimmer befinden sich im Schatten von Bäumen in einem großen Garten. Die Atmosphäre ist freundlich und zum Abschluss eines langen Kitesurf-Tages finden abends oft Partys und Grillgelage statt.

**Hotel on the Rock** HOTEL $$
(☎ 0629 987902; www.hotelontherockzanzibar.com; kleiner/großer Bungalow 85/110 US$; ❄@) Südlich von Paje bietet das „Hotel auf dem Felsen" mit Blick aufs Meer ein paar Bungalows in einem riesigen Garten; die weiter unterhalb gelegenen sind größer geschnitten. Ein Hauptanziehungspunkt ist das Bar-Restaurant, in dem man den Blick über den Strand und bis zum Horizont schweifen lassen kann, zu essen gibt's gegrillte Meeresfrüchte und Pasta mit sansibarischer Note.

Achtung: Verwechslungsgefahr mit The Rock (S. 115), einem Restaurant nördlich von Paje, auf der Halbinsel Michamvi!

**Mahali** HOTEL $$
(☎ 0778 382915; www.mahalizanzibar.com; DZ 100–125 US$; ❄👪) Das Mahali übt – rein räumlich gesehen – einen engen Schulterschluss mit den Nachbarhotels am zentralen Strandabschnitt, aber jenseits des Eingangsbereichs erwarten einen Platz, Erholung und Top-Qualität. Die adretten Räumlichkeiten bestechen durch ihre sparsame Aufmachung und makellos saubere Bäder. Sie verteilen sich auf kleine zweistöckige Häuser rund um einen Pool und eine Terrasse. Die Zimmer im oberen Geschoss sind aufgrund von Balkonen mit Aussicht teurer. Ebenfalls vorhanden: Familienzimmer.

**Cristal Resort** HOTEL $$
(☎ 0777 875515; www.cristalresorts.com; DZ 110–130 US$; 📶🏊👪) In einem großen sandigen Garten in unmittelbarer Strandnähe schlafen die Gäste in „Delux"-Zimmern in einem Betonbau, in Strand- oder „Eco"-Bungalows (Letztere aus Holz mit Palmblätterdach). Alle Zimmer sind sauber und komfortabel, heizen sich aber wegen der Glasschiebetüren erheblich auf. Das Restaurant ist top

und das Personal freundlich und hilfsbereit, der Service ist aber mal so, mal so.

**Kilima Kidogo** PENSION $$
(☎ Reservierungen +44 7817 124725; www.kilimakidogo.com; DZ mit Garten-/Meerblick 95/100 US$; ❄ 📶 🏊 👪) Südlich vom Dorf, wo der Strand ruhiger ist (wobei im Wasser Kitesurfer-Hochbetrieb herrschen kann!), hat uns das entspannte, nette Kilima Kidogo mit seinen zehn schnörkellosen, aber bunten Zimmern in einem Gebäude mit zentralem Innenhof überzeugt. Die Aussicht reicht bis zum Blumengarten oder über den Pool hinweg zum Strand. Dort befindet sich übrigens das Bar-Restaurant mit guter Küche.

**Kitete Beach Bungalows** HOTEL $$
(☎ 0772 361010; www.kitete.com; EZ/DZ 60/90 US$; ❄ 📶 🏊 👪) Die Lage des Kitete direkt am Strand ist wirklich perfekt. Zweistöckige Bungalows mit Balkonen bzw. Veranden samt Meerblick bergen insgesamt 18 großzügig geschnittene Zimmer rund um einen Swimmingpool und einen Patio voller Stühle, Sonnenliegen und -schirmen.

Die wenigen Unterkünfte mit drei Zimmern sind praktisch für Familien.

**Paje by Night** LODGE $$
(☎ 0777 880925; www.pajebynight.net; Bungalow DZ 80–110 US$, „Concept Rooms" 120 US$; 📶 🏊) Im Zentrum von Paje, mittendrin im Leben, bietet diese verdientermaßen beliebte Bleibe schön aufgemachte Bungalows im etwas beengten Garten sowie „Konzeptzimmer" mit schrägem (und ganz und gar nicht sansibarischem) Dekor. Zur Anlage gehören außerdem eine quirlige Bar, eine Lounge mit relaxtem Flair, ein von Mondrian inspirierter Pool und ein gutes Restaurant mit Pizzaofen; dort werden italienische und Suaheli-Spezialitäten zubereitet.

**Paradise Beach Bungalows** BUNGALOWS $$
(☎ 0777 414129, 0785 340516; http://nakama.main.jp/paradisebeachbungalows; DZ 80 US$; 📶) Zwischen Palmen am nördlichen Ende von Paje erstreckt sich diese alteingesessene Unterkunft in japanischem Besitz. Das ruhige Grundstück am Strand liegt ein Stück abseits des größten Hotel-Clusters. Die Zimmer in den kleinen Bungalows sind etwas beengt, warten aber mit einer privaten Veranda mit Blick auf den Strand auf – und an diesem wird man eh den Großteil der Zeit verbringen.

**Dhow Inn** HOTEL $$$
(☎ 0777 525828; www.dhowinn.com; DZ mit Halbpension ab 200 US$; ❄ 📶 🏊 👪) Das Dhow Inn ist hübsch und hat Stil. Die Bungalows in einem Garten zwischen Palmen sind um drei Pools angeordnet, das beige-weiße Farbschema auf den Zimmern ist gefällig. Zur Anlage gehören ein Bar-Restaurant, ein Spa und ein „Parkplatz" für den Kite. Bis zum Strand läuft man 100 m, was manch einem weit erscheinen mag, tatsächlich schlägt sich das aber in einem friedlicheren Ambiente nieder.

> **NICHT VERSÄUMEN**
>
> **SEAWEED CENTER**
>
> In Paje sollte man unbedingt im **Seaweed Center** (☎ 0777 107248; www.seaweedcenter.com; Führung 10 US$) vorbeischauen, der Zentrale eines sozialen lokalen Unternehmens, das den Frauen von Paje ermöglicht, ihren Lebensunterhalt mit dem Algensammeln zu bestreiten: Nach der Ernte stellen sie aus dem Rohstoff (in Verbindung mit Nelken, Kokos und heimischem Honig) wunderbare Bioseifen, Peelings und ätherische Öle her, die im Seaweed Center verkauft werden. Das Zentrum ist an der geteerten Straße nördlich der Hauptkreuzung ausgeschildert und veranstaltet faszinierende Führungen zu den Algenfeldern und durch das Verarbeitungszentrum.

## Essen & Ausgehen

Die meisten Hotels in Paje verfügen über öffentliche Restaurants. Das Dorf hat ein reges Nachtleben, das sich vor allem in den Beachbars der verschiedenen Hotels abspielt – diese arbeiten zusammen, damit wirklich jeden Abend irgendwo eine Party mit Musik steigt. Die kostet gewöhnlich Eintritt (moderat).

Wann welche Bar am Zuge ist, ändert sich von Saison zu Saison, deshalb einfach herumfragen, wo abends etwas los sein wird.

**★ Mr Kahawa** CAFÉ $$
(www.facebook.com/mr.kahawa; Snacks & Mittagessen 8000–14 000 TSh; ⏰ 8.30–17 Uhr; 📶 🥗) Nach einem anstrengenden Morgen auf dem Kiteboard bzw. einer langen Nacht, kann man sich hier einen Muntermacher in Form von Espresso oder Cappuccino (beides hervorragend) besorgen und dazu süße Pfannkuchen, herzhafte Wraps, Panini, Säfte oder einen Salat bestellen. Das coole, stylische Café hat eine tolle Lage am Strand und ist entsprechend beliebt. Zu den Stoßzeiten kommt der Service manchmal kaum hinterher.

**Kinazi Upepo** INTERNATIONAL $$

(☎ 0776 087780; www.kinaziupepobeachhotel.com; Hauptgerichte 12 000–25 000 TSh; ⏲ 10–23 Uhr; 📶) In einer Holzhütte mit toller Aussicht auf Strand und Ozean bereiten Einheimische Leibspeisen wie Pizzas, Burger, Currys, gegrillte Meeresfrüchte, ein paar thailändische Gerichte und Sushi zu. Das Ambiente ist ein wenig altmodisch und kommt ohne viel Schnickschnack aus.

### An- & Weiterreise

Paje liegt an der Kreuzung zwischen der Hauptstraße an der Südostküste und der Straße nach/ab Sansibar-Stadt.

Mehrmals täglich verkehren *dalla-dallas* und Busse (2500 TSh) zwischen Paje und Sansibar-Stadt. Auch die, die auf der Route von Sansibar-Stadt nach Jambiani oder Bwejuu unterwegs sind, halten hier. Darüber hinaus liegt Paje an der Busstrecke zwischen Makunduchi und Michamvi.

Taxis zwischen Sansibar-Stadt und Paje kosten etwa 30 US$, für einen privaten Minibus, den man sich mit anderen teilt, fallen ca. 10 US$ an.

## Jambiani

8000 EW.

Jambiani besteht tatsächlich aus mehreren Dörfern, die unter diesem Namen zusammengefasst werden, und erstreckt sich über mehrere Kilometer an einem bildschönen Küstenabschnitt. Der Ort bietet authentische Einblicke in den Alltag der Einheimischen. Die sonnenverwöhnten Hütten sind mit Palmblättern gedeckt und das Meer hat einen geradezu ätherischen Türkiston, der selbst für sansibarische Verhältnisse außergewöhnlich ist. Fischerboote schaukeln im Wasser und am Strand sammeln Frauen Algen.

### Schlafen

★ **Mango Beach House** PENSION $

(☎ 0773 498949, 0773 827617; www.mango-beach-house.com; EZ/DZ ab 35/50 US$; 📶 👪 🐾) Das kleine Mango Beach House hat nur drei Gästezimmer und einen offenen Wohnbereich; das Ganze sieht aus wie eine Strandlounge, die Atmosphäre ist gesellig. Die Zimmer sind einfach, aber mit farbenfrohen Stoffen und einem kunstvollen Dekor adrett aufgemacht, im Garten stehen Tagesbetten und Möbel aus Treibholz. Das angrenzende **Kiddo's Cafe** ist hervorragend (Mahlzeiten vorab bestellen!) und wird auch von Gästen anderer Hotels frequentiert.

#### UMWELTINITIATIVEN IN JAMBIANI

Aufgrund der Küstenerosion und des sinkenden Fischbestandes haben Jamabeco (Jambiani Marine & Beach Conservation) und Marine Cultures (www.marinecultures.org) eine Kooperationsinitiative ins Leben gerufen, um den Naturschutz zu fördern, ein künstliches Riff zu errichten und neue Aquakultur-Projekte wie Schwamm- und Seegurkenfarmen voranzutreiben. Die Unterstützung und kontinuierliche Ausbildung werden Jambiani hoffentlich helfen, Fischerei und Tourismus nachhaltiger zu gestalten, wovon letztendlich die ganze Insel profitieren wird.

**Jambiani Beach Hotel** HOTEL $

(☎ 0778 064891, 0629 224522; www.jambiani-beach.com; DZ 70–90 US$; 📶 👪) In einer genialen Lage mit Meerblick bietet dieses Hotel Unterkünfte in Bungalows ein Stück versetzt vom Strand, die Bar und das Restaurant unter ausladenden Palmwedeldächern sind nur wenige Schritte vom Sand und vom Wasser entfernt. In ein paar der größeren Bungalows ist Platz für Zustellbetten – und fertig ist das Familienzimmer.

**Al Hapa Hotel** HOTEL $

(☎ 0773 048894, 0772 190901; www.alhapazanzibar.com; EZ/DZ 60/75 US$) Eine einfache Unterkunft mit fünf Strandbungalows, einem zweistöckigen Haus und einer großen Beachbar. Die Zimmer sind mit hellen gelben Wänden, stabilen Betten und Kanga-Gardinen ausgestattet. Außerdem verfügen sie über Moskitonetze, Ventilatoren und Warmwasser.

★ **Zanzistar Guesthouse** PENSION $$

(☎ 0774 440792; www.zanzi-star.com; DZ 70–80 US$, Haus für Familien 220 US$; 📶) Ein toller Neuzugang in der lokalen Hotelszene. Die übersichtliche Größe und das aufmerksame Management verleihen dem Zanzistar ein gleichermaßen anheimelndes und exklusives Flair. Die Zimmer haben ein klares, geradliniges Dekor, z. T. verfügen sie sogar über kleine private Gärten, in denen Palmen und Bananenbäume Schatten spenden. In der netten Restaurant-Bar tummeln sich auch Gäste anderer Hotels. Manchmal treten Bands auf.

**★Red Monkey Lodge** HOTEL $$
(0777 713366; www.redmonkeylodge.com; DZ 95–130 US$; ) Ganz am südlichen Ende von Jambiani beherbergt das Red Monkey etwa zehn große Zimmer, z. T. in Bungalows, z. T. in einem zweistöckigen Gebäude, mit Blick auf den traumhaften Strand. Die Gäste können in Hängematten oder im schattigen Bar-Restaurant entspannen. Wer aktiv werden möchte, kann ein Rad leihen, Kitesurfen oder andere Aktivitäten buchen.

**Nur Beach Hotel** HOTEL $$
(www.nur-zanzibar.com; DZ 85 US$; ) Eine entspannte, coole und stylische Adresse. Übernachtet wird in Bungalows mit Palmblätterdach, die in zwei Reihen stehen. Sie sind nicht übermäßig groß, aber blitzsauber und mit kleinen Veranden ausgestattet; dort hat man den Infinitypool nur wenige Schritte vom Strand entfernt im Blick. Der ausgedehnte Bar- und Restaurantbereich hat einen offenen Grundriss und die farbenfrohen Sofas laden zum Faulenzen ein.

**Blue Oyster Hotel** HOTEL $$
(0779 883554, 0783 045796; www.blueoysterhotel.com; EZ 50–125 US$, DZ 100–200 US$; ) Das sympathische, professionelle Hotel zeichnet sich durch ein gutes Preis-Leistungs-Verhältnis und hochwertige Unterkünfte am Strand aus. Die Zimmer im lokaltypischen Stil sind in zweistöckigen Häusern untergebracht. Manche gewähren einen Blick auf den Garten, in anderen genießt man einen Blick aufs Meer (und zahlt mehr). Im Terrassenrestaurant gibt's tolles Essen, darunter Suaheli-Spezialitäten wie Kokosmilch-Curry und Königsmakrele in Mangosoße.

**Jambiani Guesthouse** PENSION $$
(www.zanzibar-guesthouse.com; DZ 50 US$, Haus 150–200 US$) Einmal kurz unaufmerksam und, schwups, ist man an der winzigen Pension mit dem sandigen Vorgarten vorbeigelaufen. Sie bietet fünf einfache Doppelzimmer und zwei Waschräume draußen, nur ein Zimmer hat ein eigenes Bad. Wer in einer größeren Gruppe unterwegs ist, kann einfach das komplette Haus mieten – es gibt sieben bis zehn Schlafplätze).

**Garden Beach Bungalows** BUNGALOWS $$
(www.facebook.com/gardenbeachbungalow; DZ 100–120 US$; ) Eine Ansammlung von Bungalows mit Palmdach und Veranda am Strand. Die Gäste können zwischen kompakten Zimmern zum Meer und geräumigeren Unterkünften im Garten wählen. Im Restaurant werden türkische Spezialitäten serviert.

**Coral Rock** HOTEL $$
(0776 031955; www.coral-rock.com; Zi. 100–150 US$; ) Der Name „Korallenfelsen" ist Programm, denn auf einem eben solchen hockt das Hotel am Südende von Jambiani. Die geräumigen Bungalows bestechen durch ihr smartes Mobiliar, und der Swimmingpool ist ein Traum. An der Abbruchkante des Felsens am Strand findet man kleine Terrassen, Hängematten und Sonnenliegen. Ein besonderes Plus sind die Kontakte des Managements zur lokalen Gemeinde und die Liebe zur Natur ringsum.

**Casa del Mar Hotel** HOTEL $$
(0777 455446; www.casadelmar-zanzibar.com; DZ 100–130 US$; ) Die farbenfrohe Casa del Mar bringt einen Hauch von Design nach Jambiani. Das Hotel verfügt über wunderschöne tropische Gärten in unmittelbarer Strandnähe. Mittendrin stehen die beiden zweistöckigen Häuser mit insgesamt 14 Zimmern. Das Management arbeitet eng mit den Dorfbewohnern zusammen: Fast alle Möbel und Kunstwerke wurden in Jambiani angefertigt, und viele der Angestellten stammen von hier.

**Sea View Lodge** BOUTIQUE-HOTEL $$$
(0777 729393; www.seaviewlodgezanzibar.com; DZ 170 US$; ) Die kleine adrette und stilvolle Sea View Lodge vermietet zehn Zimmer in Bungalows (fünf liegen zum Strand hin, die anderen befinden sich im Garten) und verströmt eine ruhige, professionelle Atmosphäre. Bei den meisten Unterkünften handelt es sich um Doppelzimmer, es gibt aber auch größere Familienzimmer. Das Dekor weist italienische und Suaheli-Einflüsse auf. Selbiges gilt für die Speisekarte. Man kann z. B. Tintenfisch in Kokosmilch oder *spaghetti al granchio* (Spaghetti mit Krebsfleisch) kosten.

## Essen

Die meisten Hotels und Lodges haben eigene Restaurants, die öffentlich zugänglich sind. Jambiani bietet darüber hinaus eine lebendige unabhängige Restaurantszene. In den einfachen Lokalen bekommt man leckeres Essen zu günstigen Preisen. Einziger Nachteil: Diese Adressen kommen und gehen. Am besten schlendert man also einfach mal eine Runde durch die Gegend und

**MWAKA KOGWA**

Das viertägige **Mwaka-Kogwa-Fest** findet gewöhnlich Ende Juli in Makunduchi statt. Es ist ein durch und durch sansibarisches Event, das seine Wurzeln wahrscheinlich im Zoroastrismus hat. Während der Feierlichkeiten liefern sich die Dorfbewohner gestellte Kämpfe: Männer „verprügeln" sich symbolisch mit Bananenblättern, um alte Streitigkeiten beizulegen und von vorn anfangen zu können.

Highlight ist die zeremonielle Verbrennung eines Hauses mit Palmblätterdach, das speziell zu diesem Zweck errichtet wird. Anschließend gibt's ein Festgelage, begleitet von Trommeln, Musik und Tanz.

schaut sich um, bevor man eine Reservierung für den Abend vornimmt.

**Kim's Restaurant** SANSIBARISCH $

(☎ 0777 457733; Mahlzeiten 5000–15 000 TSh; ⊙ 11–21 Uhr) In diesem Restaurant mit Palmdach kann man die Füße in den Sand graben und leckere lokaltypische Mahlzeiten wie gegrillten Fisch und Oktopus-Curry genießen. Am besten bestellt man im Voraus und stellt sich auf eine Wartezeit ein – hier zu essen ist eine gemächliche Angelegenheit. Ab dem (leicht zu findenden) Blue Oyster Hotel ist das Kim ausgeschildert.

### ℹ An- & Weiterreise

*Dalla-dalla* Nummer 309 pendelt mehrfach am Tag zwischen Sansibar-Stadt und Jambiani (2500 TSh). Auch die Busse auf der Route Makunduchi–Michamvi legen hier einen Halt ein. Jambiani erstreckt sich zwischen der Pflasterstraße und dem Ozean; die öffentlichen Verkehrsmittel nutzen die geteerte Straße; von dort sind es 0,5 bis 1 km bis zum Strand hinunter.

## Makunduchi

10 000 EW.

Makunduchi, eine Kleinstadt am südöstlichen Ende von Sansibar, hat einen ausgeprägten Sinn für Geschichte und Kultur, in der Umgebung befinden sich nämlich alte Schreine, Korallenhöhlen, ein Leuchtturm, der noch aus der Kolonialzeit datiert, und der angeblich größte Baobab der Insel.

An dem hübschen Strand schieben die einheimischen Fischer ihre Boote ins Wasser und schaffen den Tagesfang an Land, wie es schon ihre Väter und deren Väter getan haben. Im Stadtzentrum, etwa 1 km landeinwärts, sieht es weniger idyllisch aus: Die Apartmenthäuser aus den 70ern im sowjetischen Stil erinnern an Tansanias sozialistische Ära, die auf die Unabhängigkeit des Landes folgte.

Wir empfehlen, sich die historischen und kulturellen Stätten von einem einheimischen Guide zeigen zu lassen. Kontakte stellt ZALA Park (S. 105) im Dorf Muungoni her, ca. 20 km von Makunduchi entfernt.

Die einzige Unterkunft ist das **La Madrugada Beach Hotel** (☎ 0777 423331; www.sansibarurlaub.de; DZ 98 US$; ❄ 📶 👪).

Es bestehen Bus- und *dalla-dalla*-Verbindungen (Linie 310) zwischen Sansibar-Stadt und Makunduchi. *Dalla-dallas* verkehren auch zwischen Makunduchi und Michamvi (via Jambiani und Paje entlang der Ostküste).

Wenn das Mwaka-Kogwa-Festival steigt, fahren reichlich zusätzliche Busse ab Sansibar-Stadt und aus anderen Teilen der Insel. Die meisten Traveller besuchen das Festival im Rahmen einer Tagestour, die von Hotels oder Reiseveranstaltern organisiert werden.

## Kizimkazi

5000 EW.

Kizimkazi liegt an der Südspitze von Sansibar und wäre wohl ein typisches verschlafenes Fischernest, wenn sich nicht vor der Küste jede Menge Delfine tummeln würden, die zu einem Touristenmagneten geworden sind. Die meisten Tagesbesucher aus allen Teilen der Insel kommen her, um eine Bootstour im klaren blauen Wasser der Menai Bay zu unternehmen.

Die Preise für Delfintouren mit namhaften Anbietern, die von den lokalen Hotels arrangiert werden, starten bei 25 US$ pro Kopf. Auch Beach Boys und Taxifahrer aus der Gegend organisieren Bootsfahrten, doch mal sollte sich für einen verantwortungsbewussten Anbieter entscheiden, der sich an die Regeln hält – sowohl in Bezug auf die Sicherheit der Passagiere, als auch im Umgang mit den Tieren.

Kizimkazi hat noch eine weitere Sehenswürdigkeit zu bieten: die **Alte Moschee**. Sie soll eins der ältesten islamischen Gebäude an der ostafrikanischen Küste sein, wurde jedoch umfassend renoviert und sieht von außen ziemlich modern aus. Drinnen findet man jedoch Inschriften (in kufischer und arabischer Schrift) aus den Jahren 1107 und 1770. Die Moschee erhebt sich nördlich vom Hauptstrand in Kizimkazi Dimbani. Wer sich das Bauwerk ansehen möchte, aber selbst kein Moslem ist, sollte um Erlaubnis bitten und in Begleitung eines Einheimischen gehen. Vor dem Betreten Schuhe ausziehen und nackte Schultern und Beine bedecken.

## Schlafen & Essen

Kizimkazi besteht aus zwei Siedlungen: Kizimkazi Mkunguni (auch Kizimkazi Mtendeni genannt) ist der Ort, wo die meisten Boote ablegen, das kleinere Kizimkazi Dimbani liegt weiter nördlich. Hier haben sich zwar ein paar Hotels angesiedelt, mehr Auswahl hat man jedoch an der Küste weiter südöstlich.

**Little David Lodge** LODGE $

(☎ 0689 218217; www.littledavid-zanzibar.com; Kizimkazi Mkunguni; DZ 40 US$) Die einfache Lodge birgt ein paar Zimmer auf einem kleinen Grundstück zwischen der Straße und dem Strand von Kizimkazi Mkunguni. Wer mit dem Bus oder dalla-dalla anreist, ist im Nullkommanix hier. Im angrenzenden Restaurant Mama Lucia (12 000–16 000 TSh) gibt's gute bodenständige Mahlzeiten.

**Dolphin Safari Lodge** LODGE $$

(☎ 0774 007360; www.dolphin-safari-lodge.com; Kizimkazi Mkunguni; DZ ab 50 US$; ) Unauffällig, friedlich, freundlich und gut gemanagt. Diese kleine Lodge überblickt einen ruhigen Strandabschnitt 1 km südöstlich von Kizimkazi Mkunguni. Geschlafen wird in Bungalows oder Hütten mit Palmblätterdach und Reißverschlusstüren (Marke Safarizelt). Das Bar-Restaurant gewährt eine sensationelle Aussicht aufs Wasser. Die Besitzer beschäftigen ausschließlich Einheimische und stellen bei ihren Delfin- und Walbeobachtungstouren das Wohl der Tiere in den Mittelpunkt.

**Promised Land** LODGE $$

(☎ 0779 909168; www.promisedlandlodge.com; Kizimkazi Mkunguni; EZ/DZ 38/60 US$; ) An

### DELFINE BEOBACHTEN

Delfintouren sind eine tolle Einkommensquelle für Einheimische – nicht nur, weil die Tiere eine „natürliche Ressource" sind, sondern auch, weil sie der Delfinjagd entgegenwirken, die hier früher praktiziert wurde, und somit die Bestände schützt. Doch leider ist Kizimkazi so populär, dass es zuweilen auf dem Wasser sehr voll wird und die zahlreichen Beobachtungsboote in hoher Geschwindigkeit hinter den Delfinen herpesen, um den Passagieren das gewünschte Erlebnis zu bescheren; das hat aber nichts mit tiergerechtem, ethisch vertretbarem Handeln zu tun.

Oft stoßen Boote zusammen oder schneiden anderen den Weg ab, und manche Kapitäne lassen die Motoren laufen, dabei könnten sich die Delfine an den Schrauben verletzen.

Viele Anbieter ermutigen die Tourteilnehmer, ins Wasser zu springen und mit den Delfinen zu schwimmen. Auch dabei werden die Tiere zuweilen verletzt plus: das Stresspotenzial ist nicht unerheblich. Oft suchen die Tiere schnell das Weite.

Wer die Delfine von Kizimkazi sehen will, sollte sich genau damit zufriedengeben: mit der Gelegenheit, sie aus der Ferne beobachten zu können. Am besten macht man sich früh oder später am Tag auf den Weg und wählt einen seriösen Bootsführer, der einen zu den Tieren bringt, ohne sie zu stören.

Tourveranstaltern, die sich das Wörtchen „Öko" auf die Fahnen schreiben, sollte man nicht blind vertrauen; viele lokale Bootsführer pfeifen schlichtweg auf Nachhaltigkeitsrichtlinien.

Wir legen unseren Lesern folgende Verhaltensweisen nahe, die auf Vorschlägen der Organisation Whale & Dolphin Conservation (http://uk.whales.org/) basieren. Der Tourveranstalter sollte diesem Kodex zustimmen.

- Die Delfine nicht mit hoher Geschwindigkeit verfolgen.
- Abstand wahren.
- Motor aus, wann immer es möglich ist.
- Nicht mit den Tieren schwimmen oder sie berühren – zur eigenen Sicherheit und zur Sicherheit der Delfine.

ABSTECHER

## BUCHT VON MENAI

Die Bucht von Menai liegt an der Südwestseite von Sansibar zwischen der Spitze der Halbinsel Fumba und dem südlichen Ende von Sansibar Island nahe Kizimkazi. Hier erstreckt sich ein 470 $km^2$ großes Schutzgebiet, die **Menai Bay Conservation Area**, das sich bis über das Buchtareal hinaus erstreckt und viele Inseln und Sandbänke vor der Küste mit einschließt. Es ist das größte Meeresschutzgebiet Sansibars und Heimat einer eindrucksvollen Fülle an Korallen, Mangroven, Fischen, Delfinen und mehr. Der Tourveranstalter **Safari Blue** (☎ 0777 423162; www.safariblue.net; Fumba; Erw./Kind 65/35 US$) organisiert genau eine Aktivität: Tagestouren durch die Menai-Bucht an Bord traumhafter traditioneller Daus, die jeweils etwa 20 Passagiere aufnehmen können. Unterwegs wird geschwommen und geschnorchelt (Ausrüstung wird gestellt), es gibt Meeresfrüchte zum Mittagessen an einem entlegenen Strand und man hat Zeit, um auf einer Sandbank zu relaxen. Ein tolles Erlebnis für Familien (Kinder unter 6 J. fahren kostenlos mit).



der Küste südöstlich von Kizimkazi Mkunguni verströmt dieses kleine Schmuckstück von einer Unterkunft karibisches Flair. Die Zimmer sind in einfachen Hütten mit Palmdach untergebracht. Im Garten wurden extra Hängematten festgebunden, es gibt allerdings kaum große Bäume und entsprechend wenig Schatten. Aber das ist noch lange kein Grund zum Jammern – man kann ja auch unter einem Sonnenschirm ausspannen oder den Tag in der luftigen Bar-Restaurant-Lounge mit Blick aufs Meer vertrödeln.

**Karamba** LODGE $$
(☎ 0773 166406; www.karambaresort.com; Kizimkazi Dimbani; DZ 75–120 US$; ) Das Karamba liegt am Nordende von Kizimkazi Dimbani. Die Gäste wohnen in ca. 20 unterschiedlich großen, weiß getünchten Cottages. Stufen führen zum Strand hinunter. Es gibt auch einen Pool. Auf Wunsch werden Aktivitäten wie Tauchen, Rad- und Kajakfahren etc. organisiert. Alternativ erholt man sich einfach und genießt den Meerblick, z. B. im Bar-Restaurant.

★ **Unguja Lodge** LODGE $$$
(☎ 0774 477477; www.ungujalodge.com; Kizimkazi Mkunguni; EZ/DZ mit Halbpension ab 280/500 US$; ) Die Luxuslodge liegt abgeschieden in einem Waldstück. Die zehn Ferienhäuser, vielfach mit Meerblick (auch von der Dusche aus), lassen entfernt an Muscheln denken: Sie haben hohe, spitzzulaufende Palmdächer und runde Mauern. Die Ausstattung ist tadellos. Hinzu kommen ein privater Strand, ein Infinitypool, ein Tauchzentrum und ein exzellentes Restaurant. Kein Wunder, dass das Unguja regelmäßig ausgebucht ist.

### An- & Weiterreise

Kizimkazi ist von Sansibar-Stadt aus mit dem Bus oder *dalla-dalla* Nummer 326 zu erreichen, der Fahrpreis liegt bei 2500 TSh.

Alternativ nimmt man die Makunduchi-Buslinie 310 bis zur Abzweigung nach Kufile und wartet dort auf ein anderes Fahrzeug bzw. läuft das letzte Stück bis Kizimkazi (ca. 5 km). An der nächsten Gabelung geht's rechter Hand nach Kizimkazi Dimbani, links nach Kizimkazi Mkunguni.

## Fumba & Bucht von Menai

Fumba ist ein Dorf am Ende einer langen Halbinsel etwa 15 km südlich von Sansibar-Stadt. Vor Ort gibt's einen Strand, ein paar Fischerboote und eine sensationelle Aussicht quer über die Bucht von Menai zu dem verschlafenen Dorf Unguja Ukuu. Der Hauptgrund für einen Abstecher nach Fumba sind die Dau-Fahrten von Safari Blue (S. 124).

**Fumba Beach Lodge** HOTEL $$$
(☎ 0778 919525; www.fumbabeachlodge.com; Fumba; EZ/DZ ab 180/280 US$; ) Auf einer abgeschiedenen Halbinsel stehen die 26 geräumigen Häuschen (mit Meerblick ca. 15 US$ pro Pers. extra) der Fumba Beach Lodge auf einem weitläufigen Gelände. Es verströmt das Flair einer coolen Mischung aus Safari-Camp und Strandhotel, verfügt über ein Spa und ein Tauchzentrum. Der Bar-Restaurant-Bereich liegt an einem kleinen Pool, von einer Terrasse schaut man über den Strand und bis zur dahinter liegenden Bucht von Menai.

Der eigentliche Strand ist keine Bilderbuchversion und mit ziemlich viel Korallenschutt bedeckt, doch die Lage ist atemberaubend schön und es ist wenig los.

**Menai Beach Bungalows** BUNGALOWS $$
(☎ 0777 772660; www.visitzanzibar.se; Unguja Ukuu; DZ 60 US$; ) An einem breiten Strand zwischen Palmen und Mangroven bietet diese Unterkunft die einzigartige Gelegenheit, einen Teil von Sansibar kennenzulernen, der bislang vom Tourismus unverändert geblieben ist. Die komfortablen weißen Zimmer liegen zum Strand hin, Hängematten schaukeln in der Brise und Abend für Abend landet der Tagesfang der lokalen Fischer auf dem Grill.

## An- & Weiterreise

Fumba ist von Sansibar-Stadt aus problemlos mit *dalla-dallas* zu erreichen. Die letzte Haltestelle befindet sich am Ende der geteerten Straße nur wenige Schritte vom Strand entfernt.

# PEMBA

☎ 024 / 450 000 EW.

Pemba ist hügelig und geprägt von dichter Vegetation. Mangroven und Lagunen dominieren weite Teile der Küste, dazwischen und davor liegen idyllische Strände bzw. kleine Inseln und Korallenriffe. Dies ist eine der besten Gegenden zum Tauchen in ganz Ostafrika.

Dennoch ist Pemba weitestgehend unberührt, sodass man viele Gegenden ganz für sich allein haben wird. Genau das macht den Charme der Insel aus.

In der Vergangenheit hat Pemba im Schatten des „großen Bruders" Sansibar gestanden. Obwohl die beiden Inseln nur 50 km Wasser voneinander trennen, überqueren kaum Reisende den Kanal. Doch diejenigen, die die Überfahrt unternehmen, kehren selten enttäuscht zurück.

## Praktische Informationen

### ÖFFNUNGSZEITEN

**Geschäfte & Büros** Mo–Sa 8–12 oder 15 Uhr; viele Läden schließen gegen 13 Uhr für ein paar Minuten, damit (männliche) Inhaber die Moschee zum Beten aufsuchen können. In Städten und größeren Dörfern machen die Geschäfte später noch mal von 17 bis 21 Uhr auf. Sonntags ist fast überall Ruhetag, nur in Chake Chake findet man ein paar Ausnahmen.

## An- & Weiterreise

### FLUGZEUG

Der wichtigste Flughafen der Insel ist der **Pemba-Karume Airport** (PMA) 6 km östlich von Chake Chake. ZanAir (www.zanair.com), Coastal Aviation (www.coastal.co.tz) und Auric Air (www.auricair.com) haben täglich Flüge nach/ab Daressalam (140 US$) im Programm; unterwegs erfolgt ein Zwischenstopp auf Sansibar (95 US$). Flüge nach/ab Tanga ermöglichen Coastal (100 US$) und Auric (65 US$).

### SCHIFF/FÄHRE

Der Haupthafen ist in Mkoani am südlichen Ende von Pemba, dort legen alle Fähren nach/ab Sansibar und Daressalam an bzw. ab. Am zuverlässigsten sind die Auto- und Passagierfähren von Sealink, die Azam Marine (S. 103) betreibt.

Fahrkarten erhält man im Büro von Azam Marine am Hafen in Mkoani sowie bei verschiedenen Reisebüros in Chake Chake und Wete.

Eine zweite Option ist die staatliche Fähre *Mapinduzi*, die wöchentlich zweimal pro Fahrt-

NICHT VERSÄUMEN

### MISALI

Kristallklares Wasser und traumhafte Korallenriffe umgeben die Insel **Misali** (5 US$), eine der schönsten Taucherdestinationen Ostafrikas. Vom Strand aus gelangt man problemlos zu fantastischen Schnorchelplätzen. Schildkröten suchen bevorzugt die Strände im Westen auf, um ihre Eier abzulegen. An der Nordostseite erstreckt sich der Baobab Beach mit feinem Sand und einem kleinen Ranger-Zentrum.

Die Insel gehört zu einem Schutzgebiet, dem **Pemba Channel Conservation Area** (PECCA; www.pembaprojects.org/pembachannel.html; 5 US$), das die gesamte Westküste von Pemba umfasst. Alle Taucher, Schnorchler und Strandgänger müssen das Eintrittsgeld entrichten. Es gibt keine richtigen Siedlungen oder Dörfer, obwohl die Insel von heimischen Fischern genutzt wird. Camping für Touristen ist verboten. Von den Stränden aus landeinwärts befinden sich Höhlen, in denen angeblich die Geister der Ahnen wohnen.

Die Anfahrt erfolgt z. B. mit einem Boot ab Wesha, es ist aber einfacher und nicht mal viel teurer, Ausflüge in den Hotels oder Reiseagenturen zu buchen. Gewöhnlich werden 50 US$ pro Person berechnet (je nach Gruppengröße; Mittagessen und Eintrittsgelder inkl.).

## Pemba

**Highlights**
1 Misali ... B3

**Sehenswertes**
2 Ruinen von Chwaka ... C1
3 Kidike Flying Fox Sanctuary ... C3
4 Ruinen von Mkame Ndume ... C4
5 Waldreservat Ngezi ... B1
6 Pemba Channel Conservation Area ... B2
7 Leuchtturm von Ras Kigomasha ... B1
8 Ras Mkumbuu ... B3
9 Vumawimbi Beach ... B1

**Schlafen**
10 Fundu Lagoon ... B4
11 Gecko Nature Lodge ... B1
12 Manta Resort ... B1
13 Pemba Lodge ... C5
14 Pemba Misali Beach ... C3
15 Pemba Paradise ... B1

richtung zwischen Pemba und Sansibar verkehrt (25 US$). Die Verbindung ist langsam und nicht sehr zuverlässig.

Daus legen die Strecke zwischen Wete (im Nordwesten von Pemba), Tanga und Mombasa zurück, an Bord sind aber keine Ausländer erlaubt.

Wer mit dem Boot von Sansibar, dem tansanischen Festland oder Kenia übersetzt, muss sich am Hafen zum Büro der Einreisebehörde begeben und seinen Pass vorzeigen.

## Unterwegs vor Ort

### AUTO & MOTORRAD

Dass Traveller ein Auto mieten, um Pemba auf eigene Faust zu erkunden, ist ungewöhnlich, aber nicht unmöglich; am besten wendet man sich an Hotel- und Reisebüromitarbeiter in den größeren Ortschaften. Ein Leihauto mit Fahrer zu organisieren ist leichter (ebenfalls über Hotels oder Tourveranstalter oder aber man spricht einen Taxifahrer direkt an). Typisch sind Preise zwischen 50 und 70 US$ pro Tag. Gewöhnlich ist es für beide Parteien einfacher, wenn das Benzin separat bezahlt wird. Sämtliche Hotels auf der Insel haben Parkplätze.

Motorräder/Roller können über Coral Tours in Chake Chake angemietet werden (vorab reservieren).

### BUS & DALLA-DALLA

Busse und *dalla-dallas* (Transporter oder Minibusse) bedienen die wichtigsten Routen zwischen größeren Ortschaften und Dörfern. In den letzten Jahren sind viele unbefestigte Pisten geteert und auch ein paar ganze neue Straßen gebaut worden, was das Reisen komfortabler macht und die Fahrzeiten verkürzt. Für die Strecke Chake Chake–Mkoani (1–1½ Std.) bzw. Chake Chake–Wete (1½–2 Std.) müssen jeweils 2000 TSh eingeplant werden.

### FAHRRAD

Sich ein Leihrad zu besorgen ist gar keine schlechte Idee, denn ein paar Attraktionen befinden sich abseits der Hauptrouten, die von öffentlichen Verkehrsmitteln genutzt werden, und insgesamt hält sich der (motorisierte) Verkehr auf den Straßen in Grenzen.

Viele Hotels an der Küste stellen Mieträder für um die 10 US$ am Tag zur Verfügung, man sollte aber nicht vergessen, dass Pemba hügelig ist!

# Chake Chake

30 000 EW.

Chake Chake – oft einfach nur Chake genannt – ist die geschäftige Hauptstadt von Pemba und auf eine attraktive Art marode, mit dicht an dicht stehenden Geschäften und Marktständen im Zentrum.

Wirklich viel zu sehen gibt es nicht und der nächste Strand liegt 7 km weiter östlich in Makoba, insofern dient Chake vor allem als Verkehrsknotenpunkt und Ausgangspunkt für Touren quer über die Insel.

## Sehenswertes & Aktivitäten

**ZSTC Clove Oil Distillery** FABRIK
(Führungen 5000 TSh; Mo–Fr 8–15.30 Uhr) Pemba ist bekannt für seine Gewürznelkenindustrie. In dieser Destillerie wird aus den Stielen der Pflanzen (manchmal auch aus Zimt, Eukalyptusblättern, Zitronengras oder Basilikum) ätherisches Öl gewonnen. Betreiber ist die Zanzibar State Trading Corporation (ZSTC). Die Führung wirkt vielleicht ein wenig lieblos, doch der Verarbeitungsprozess ist faszinierend. Als Erstes sollte man sich zu dem Büro und dem kleinen Laden begeben, in dem die Produkte verkauft werden, und nach einem Guide fragen.

Die Fabrik befindet sich im Vorort Machomane ca. 1 km nördlich vom Stadtzentrum an der Ostseite der Hauptstraße. Man kann ein *dalla-dalla* zur Kreuzung nehmen und dann laufen oder einen Besuch bei einem Tourveranstalter buchen.

**Pemba Museum** MUSEUM
(3 US$; Mo–Fr 8.30–16.30, Sa & So 9–16 Uhr) Das kleine gut organisierte Museum zur Geschichte der Insel nimmt ein Omani-**Fort** aus dem 18. Jh. ein, das wahrscheinlich auf die Ruinen einer portugiesischen Garnison (16. Jh.) aufgepfropft wurde. Die Darstellungen sind ein wenig angestaubt, aber sie geben eine gute Einführung, sodass man anschließend Ruinenstätten wie auf der Halbinsel Ras Mkumbuu besser verstehen kann.

**Umoja Children's Park** VERGNÜGUNGSPARK
(Umoja-Kinderpark; 500 TSh; Wochenenden & öffentliche Feiertage) Dieser Rummel ist ein Relikt aus Pembas sozialistischer Vergangenheit. Mit chinesischer Unterstützung konnte er vollständig umgebaut und erneuert werden. Die glänzenden Fahrgeschäfte und Autoscooter sind ein unerwarteter Anblick. Die Einheimischen lieben Umoja, das Gelände ist allerdings nur an den Wochenenden, zu religiösen Festivals und an öffentlichen Feiertagen geöffnet. Wenn die Fahrgeschäfte in Betrieb sind, muss man Eintritt zahlen, sonst darf man sich alles kostenlos und in aller Ruhe ansehen. Der Park liegt am Stadtrand an der Straße nach Wesha.

**Coral Tours** TOUR
(0777 437397; tours_travelpemba@yahoo.com; Main Rd; Touren für 2 Pers. halber/ganzer Tag ab 50/100 US$; 8–17 Uhr) Coral Tours wird von dem charmanten, dynamischen Nassor Haji geführt, der Leihräder (10 US$ pro Tag) oder Autos (50 US$) organsiert oder auch ein

## Chake Chake

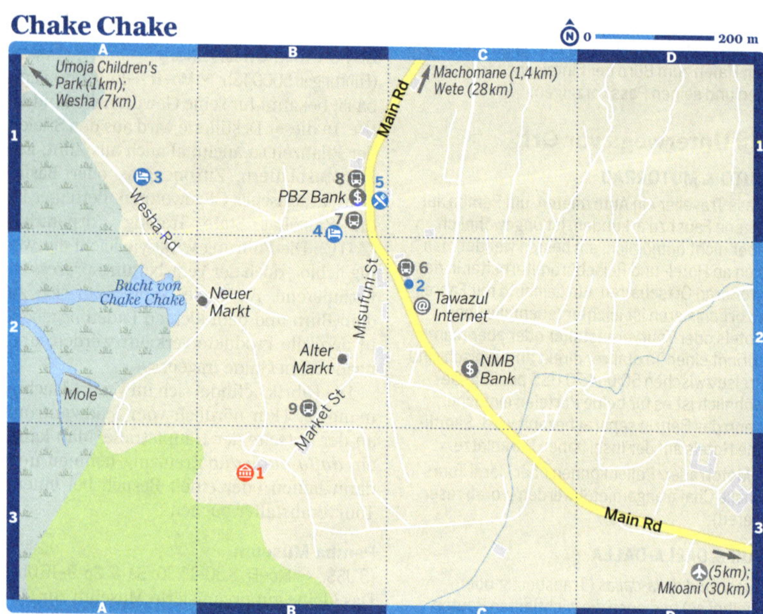


## Chake Chake

**Sehenswertes**
1 Pemba Museum ........ B3

**Aktivitäten, Kurse & Touren**
2 Coral Tours ........ C2

**Schlafen**
3 Hotel Archipelago ........ A1
4 Pemba Island Hotel ........ B1

**Essen**
5 Ahaabna ........ B1

**Transport**
6 Dalla-dallas nach Mkoani ........ C2
7 Dalla-dallas nach Wesha ........ B1
8 Dalla-dallas nach Wete & Konde ........ B1
9 Sammelplatz ........ B2

Fahrzeug samt kundigem Fahrer für Inseltouren (zu den nahen Ruinenstätten, nach Misali, ins Waldreservat Ngezi etc.) vermittelt. Im Büro gibt's überdies Fähr- und Flugtickets.

## Schlafen & Essen

**Hotel Archipelago** HOTEL $$

(früher Hifadhi Hotel; 0777 254777; www.hotelarchipelagopemba.com; Wesha Rd; EZ/DZ 50/70 US$; ) Nüchterne Treppenhäuser, zweckmäßiges Mobiliar (samt Inventarnummern!) – das Archipelago Hotel verströmt das Flair einer staatlichen Unterkunft. Das war es einst auch, doch nun ist es in Privatbesitz und die beste Adresse in der Stadt. Die Zimmer sind sauber und ordentlich und mit einem Kühlschrank, TV und Tee-/Kaffeekochern ausgestattet, das Personal ist freundlich und effizient.

**Pemba Misali Beach** RESORT $$

(zentrale Reservierungsnummer 0777 470278; www.oceangrouphotel.com; Wesha Rd; EZ/DZ 80/120 US$; ) 7 km von Chake Chake entfernt in den Mangroven steht das Pemba Misali Beach. Es ist über einen beeindruckend langen Bootssteg zu erreichen und wartet mit funktionellen Zimmern in einer Reihe Bungalows an einem kleinen weißen Sandstrand auf. Das Restaurant an einem Pier bietet internationale und lokaltypische Küche (Hauptgerichte 8000–16 000 TSh) und man genießt dort einen schönen Ausblick übers Wasser zur namensgebenden Insel Misali.

**Pemba Island Hotel** HOTEL $$

(0777 490041; pembaisland@gmail.com; Wesha Rd; EZ/DZ 40/60 US$; ) Das Hotel über ein paar Geschäften entlang der Hauptstraße sieht auf den ersten Blick nicht sehr ansprechend aus, doch drinnen erwarten die Gäste saubere Unterkünfte mit TV, Moskitonetzen und Warmwasser. An die Regeln, die an die Wand neben der Eingangstreppe gepinselt wurden, sollte man sich tunlichst halten.

**Ahaabna** TANSANISCH **$**
(Main Rd; Mahlzeiten 5000–6000 TSh; ⌚18–20 Uhr) Das unauffällige Restaurant ist im Obergeschoss eines modernen Betonbaus untergebracht (über eine anonyme Treppe zu erreichen). Dort wird Abendessen serviert – gewöhnlich nur ein Gericht, etwa Reis mit Huhn oder Fisch. Am besten schaut man schon tagsüber vorbei und informiert sich über das Tagesgericht.

### Praktische Informationen

Die wichtigsten beiden Banken in Chake sind die **NMB** (Main Rd) und die **PBZ** (Main Rd); beide verfügen über Geldautomaten, die allerdings nur tansanische Karten akzeptieren. Drinnen Geld zu tauschen ist ein langwieriger Prozess.

Alternativ können US-Dollar auch in großen Hotels oder Geschäften mit Importwaren (insbesondere Elektroartikeln) in Schillinge umgetauscht werden.

Ein Internetcafé ist z. B. **Tawazul Internet** (Main Rd; 1000 TSh pro Std.; ⌚8–21 Uhr).

Das private Krankenhaus **Dira Hospital** (☎0777 424418; Wete Rd; ⌚7–21 Uhr) befindet sich im Vorort Machomane.

### An- & Weiterreise

Nahe dem alten Markt befindet sich ein Sammelplatz für öffentliche Verkehrsmittel, die meisten Leute begeben sich aber einfach zur Kreuzung unweit der Tankstelle und warten auf ein geeignetes *dalla-dalla*.

*Dalla-dallas* nach Mkoani (2000 TSh, 1½ Std.) fahren in der Nähe von Coral Tours ab, *dalla-dallas* nach Wete (1500 TSh, 1½ Std.) und Konde (2000 TSh, 2 Std.) unweit der PBZ-Bank. Wer nach Wesha reisen will (500 TSh, 30 Min.), begibt sich zum oberen Ende der Wesha Road.

Ein Taxi von der Stadt zum Flughafen kostet ca. 10 US$. Bis Mkoani zahlt man um die 40 US$ und zu den Hotels auf der Halbinsel Kigomasha 70 US$.

## Mkoani

20 000 EW.

Viele Reisende, die mit dem Boot von Sansibar übersetzen, kommen in Mkoani an. Mkoani ist zwar der Haupthafen von Pemba, hat aber bislang allen Bau- und Entwicklungsprojekten widerstanden und ist ein ziemlich öder Ort.



### AUSFLUG IN DIE UMGEBUNG VON CHAKE CHAKE

Wer in Chake Chake übernachtet, kann ein paar interessante Sehenswürdigkeiten in unmittelbarer Umgebung mit dem Rad oder Taxi erreichen. Coral Tours (S. 127) in Chake hilft bei Logistikfragen.

**Ruinen von Mkame Ndume** Die Palastruine des für seine Grausamkeit bekannten Mohammed bin Abdul Rahman, der Pemba vor der Ankunft der Portugiesen beherrschte (Ende 15.–Anfang 16. Jh.), ist ein stimmungsvoller Ort. Rahman wurde Mkame Ndume („Menschenmelker") genannt. Auffälligster Bereich der Stätte ist die stattliche Steintreppe, die von einem heute ausgetrockneten kilometerlangen Kanal herführte, der den Palast mit dem Meer verband.

Die Ruinenstätte 10 km südöstlich von Chake Chake (unweit des Dorfs Pujini) ist schlecht ausgeschildert. *Dalla-dallas* fahren unregelmäßig von Chake Chake nach Pujini (1000 TSh, 1 Std.). Für ein Taxi ab Chake Chake zahlt man hin und zurück ca. 30 000 TSh. Alternativ nimmt man ein Rad; südlich von Chake Chake geht's hinter der Flughafenstraße nach links (Richtung Südosten) auf eine unbefestigte Straße neben dem Schild mit der Aufschrift „Skuli Ya Chan Jaani".

**Ras Mkumbuu** (Erw./Stud. 5/3 US$) Ras Mkumbuu ist zum einen die Landzunge am Ende des schmalen Streifens Land, das nordwestlich von Chake Chake ins Wasser ragt, zum anderen tragen auch die Überreste der alten Siedlung aus dem 8. Jh. diesen Namen. Ursprünglich hieß sie Qanbalu. Anfang des 10. Jhs. gehörte sie zu den wichtigsten Städten an der ostafrikanischen Küste. Die Hauptruinen – eine große Moschee, ein paar Gräber und Häuser – stammen aus dem 14. Jh. Bis heute stehen mehrere Mauern.

Ras Mkumbuu ist 10 km von Chake Chake entfernt. *Dalla-dallas* fahren bis Wesha, jenseits von Wesha wird das Vorankommen schwierig. Notfalls ist Laufen angesagt. Alternativ nimmt man ein Taxi, leiht ein Fahrrad oder fährt ab Wesha mit einem Boot.

## Schlafen & Essen

**Lala Lodge** PENSION $$

(☎0777 111624; www.lalalodgepemba.com; DZ 60 US$; ❄) Diese wunderbare Pension direkt am Strand nahe dem Fischmarkt ist sauber, ordentlich und gepflegt und bietet neben gerade mal zwei Gästezimmern einen luftigen Sitzbereich treppauf, mit Aussicht quer über die Bucht. Die Gegend kann man, je nach Blickwinkel, als heruntergekommen oder authentisch bezeichnen. Für Gäste stehen kostenlose Kajaks zur Verfügung und auf Wunsch werden Bootsfahrten und Tauchausflüge organisiert.

Die Unterkunft liegt ca. 750 m südlich vom Hafen. Nach Verlassen des Hafeneingangs hält man sich rechts und folgt dem unbefestigten Weg an den Hütten vorbei (mit dem Meer zur Rechten).

**Zanzibar Ocean Panorama** PENSION $$

(☎0777 870401; www.oceanpanorama-zanzibar.com; EZ/DZ 35/70 US$; ❄) Die einladende Unterkunft mit dem passenden Namen Ocean Panorama erhebt sich auf einem Hügel mit Aussicht übers Wasser. Die Zimmer sind schlicht aber sauber und mit einer kleinen Terrasse versehen. Manager Mohammed ist unter dem Namen Eddie Prince bekannt und eine erstklassige Infoquelle. Er arrangiert auf Wunsch Touren, Bootsfahrten, Schnorchel- und Tauchexkursionen zu vernünftigen Preisen.

Mahlzeiten kosten nach vorheriger Bestellung ab 10 000 TSh. Die Pension liegt in der Gegend von Mkoani, die Jondeni genannt wird. Nach Verlassen des Hafens geht's Richtung Norden (das Meer liegt linker Hand) und 750 m einen Hügel hinauf.

**Emerald Bay Hotel** HOTEL $$$

(☎0789 759698; www.emeraldbay.co.tz; Dorf Chokocho; DZ mit Vollpension 200 US$; 📶 🏊 👪) 🍃 Etwa 9 km südlich von Mkoani stehen sieben komfortable Zimmer mit Aussicht auf einen gepflegten Garten und Pool bis zum Ozean dahinter bereit. Das Emerald hat Charme. Die unprätentiöse freundliche Atmosphäre wird durch die relativ abgeschiedene Lage unterstrichen. Nach kurzem Fußweg erreicht man den nächstgelegenen Strand. Bootsfahrten zu Inseln und Sandbänken ringsum sind im Übernachtungspreis inbegriffen.

Das Emerald unterhält gute Kontakte zu den Dorfbewohnern und finanziert verschiedene Gemeindeprojekte. Die Gäste werden dazu angehalten, sich außerhalb der Hotelanlage konservativ zu kleiden (nicht zu viel Haut zeigen!). Öffentliche Verkehrsmittel fahren nicht hin; auf Anfrage werden Transfers nach/ab Mkoani arrangiert.

**Fundu Lagoon** LODGE $$$

(☎Rezeption 0774 438668, Reservierungen +44 7561 366593; www.fundulagoon.com; DZ Vollpension 880–980 US$; ⏲Juni–April; 📶 🏊) Das Fundu ist luxuriös und exklusiv und bietet Schlafgelegenheiten in großen Zelten unter Palmdächern – eine Art Strandlodge mit Safari-Flair! Die Zimmer liegen am Hang (toller Ausblick) oder am Strand (mit kleiner privater Terrasse). Das Restaurant liegt zum Infinitypool, dahinter erstreckt sich der Ozean. Die Bar am Anlegesteg ist ohne Zweifel die richtige Adresse für einen Drink bei Sonnenuntergang.

## Praktische Informationen

Wer mit dem Boot von Sansibar, dem tansanischen Festland oder Kenia übersetzt, muss sich am Hafen zum Büro der Einreisebehörde begeben und seinen Pass/das Visum vorzeigen.

Zwar gibt es eine Bank in Mkoani, doch der Geldautomat nimmt nur tansanische Karten an. Um US-Dollar zu wechseln, muss man sich (diskret) an die Betreiber von Läden wenden, die Importwaren verkaufen.

Die beste Anlaufstelle im Krankheitsfall ist das **Abdalla Mzee Hospital** (☎0778 161246; Chake-Chake-Straße, Uweleni). Das gilt nicht nur für Mkoani, sondern für die gesamte Insel.

## An- & Weiterreise

Vorm Hafen machen sich regelmäßig Busse und *dalla-dallas* auf den Weg nach Chake Chake (1500 TSh, 1 Std.). Es bestehen auch Busverbindungen nach Wete (3000 TSh, 2 Std.) und Konde (3500 TSh, 2½ Std.) via Chake Chake, allerdings nicht so häufig. Wer nicht so lange warten möchte, fährt am besten erstmal bis Chake und kümmert sich dort um die Weiterfahrt.

# Kiweni

Diese abgeschiedene, ruhige Insel direkt vor der Südostküste von Pemba ist von Mangroven und langen Sandstränden umsäumt. Am südlichen Ende steht die **Pemba Lodge** (☎0777 415551, Reservierungen 024-224 0494; www.pembalodge.com; Vollpension 120 US$ pro Pers.; 📶 👪) 🍃, in der man wahrhaft das Gefühl hat, die ausgetretenen Pfade hinter sich gelassen zu haben. In den fünf Bungalowzimmern auf Terrassen aus Holz hat man den leeren Strand und das Meer im Blick. In der Restaurant-Lounge servieren freundliche Mitarbeiter u.a. Meeresfrüchte frisch vom Boot. Die Gäste können Kajak fahren, schnorcheln oder Spaziergänge ins Dorf unternehmen.

Am anderen Ende der Insel befindet sich das Dorf Kiweni, das 2 km Wasser von Pemba trennen.

Auf manchen Karten ist die Insel unter dem Namen Shamiani eingezeichnet.

Einheimische erreichen das Dorf Kiweni mit dem Boot von einem Anleger 2 km südlich des Dorfs Kengeja, das wiederum ca. 15 km südlich von Chake Chake liegt. Die Gäste der Pemba Lodge werden in einem privaten Boot transportiert, das von einem winzigen Strand versteckt zwischen den Mangroven ablegt (ca. 1 km südlich von Kengeja).

# Wete

20 000 EW.

Das verschlafene Wete liegt an der Nordwestküste von Pemba und ist eine gute Basis für Reisende, die sich den Norden der Insel genauer anschauen wollen. Einheimische denken bei Wete in erster Linie an den Hafen, in dem Boote nach Kenia ablegen.

Ganz in der Nähe des Hafens findet man eine Kolonie Pemba-Flughunde kopfüber in den Bäumen. Diese großen Fledermäuse leben normalerweise in waldigen Gegenden. Trotz der Nähe zu Straßen und Häusern „hängen" die Tiere hier ungestört herum.

## Schlafen & Essen

**Hill View Inn** PENSION $

(☎ 0776 338366; hillviewinn@gmail.com; EZ/DZ 20/35 US$) Das Hill View Inn ist ein kleines Schmuckstück am Rand des Zentrums, gegenüber von den gestreng wirkenden Apartmentblocks im sowjetischen Stil. Die Zimmer sind einfach, aber sauber, fernsehen kann man in der Lounge und in dem netten ummauerten Garten mit ein paar Sitzgelegenheiten stehen Bananenbäume. Mahlzeiten und Warmwasser müssen vorab bestellt werden.

**Pemba Crown Hotel** HOTEL $

(☎ 0777 493667, 0773 336867; www.pembacrown.com; Bomani Ave; EZ/DZ ab 30/50 US$; ❄ ) Das Crown ist so richtig „mittendrin": Die Balkone liegen zur Hauptstraße und der Markt, die Moschee und die Bushaltestelle sind ganz in der Nähe. Die Zimmer mit Moskitonetzen sind eine ziemlich saubere, aber öde Geschichte. Es gibt kein hauseigenes Restaurant, doch die Angestellten richten ein schlichtes Frühstück.

**Sharook Riviera Grand Lodge** PENSION $$

(☎ 0777 431012; www.pembaliving.com; EZ/DZ 40/70 US$; ❄ ) Schon seit Urzeiten beliebt ist diese Pension, die sich jetzt in verbesserter Lage präsentiert. Die schlichten Zimmer sind mit Moskitonetzen versehen. Mr. Sharook, der Besitzer, ist ein netter Mann; er ermöglicht Touren in das Waldreservat Ngezi und in andere Gegenden auf der ganzen Insel. Mahlzeiten werden ebenfalls zubereitet. Im Dachrestaurant genießt man einen Blick auf die Bucht.

## Praktische Informationen

Wete verfügt über eine Bank, doch der Geldautomat nimmt keine ausländischen Karten. Zum Geldwechseln empfehlen wir das **Allisha Bureau de Change** (Bomani Ave; Mo–Sa 8.30–15.45, So 8.45–12.30 Uhr).



## Wete

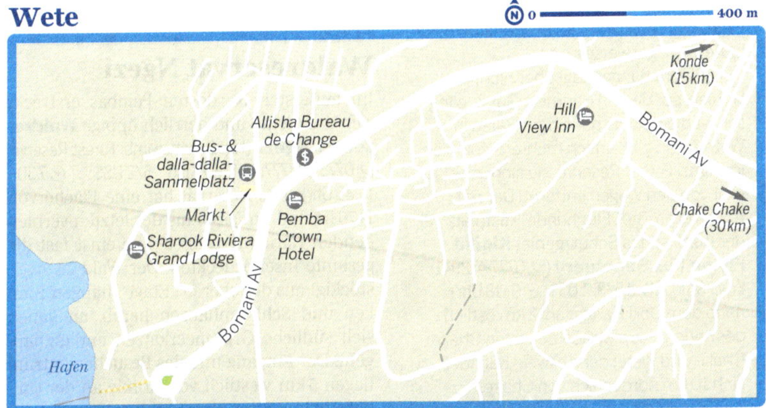

### An- & Weiterreise

Zwischen Wete und Chake Chake (1500 TSh, 1–1½ Std.) gibt's zwei *dalla-dalla*-Routen: Linie 606 nutzt die alte Straße via Ziwani, Linie 607 die neue via Chwale. Häufig pendeln *dalla-dallas* zwischen Wete und Konde (Linie 601; 1500 TSh, 1 Std.).

Ein Direktbus fährt von Wete über Chake nach Mkoani (3000 TSh), und zwar so, dass die Passagiere die Hauptfähre nach/ab Sansibar erwischen. Die Abfahrtszeiten variieren; vorher an der Bushaltestelle schlaumachen.

Sämtliche öffentliche Verkehrsmittel fahren am **Bus- und dalla-dalla-Sammelplatz** neben dem Markt im Stadtzentrum ab.

## Tumbe

4000 EW.

Das große Dorf Tumbe liegt an einer sandigen Bucht an der Nordküste, die von Mangroven gesäumt ist. Am Ortsrand erstreckt sich ein Strand. Sonnenschirme und Piña Coladas? Fehlanzeige! Hier befindet sich der größte Fischmarkt der Insel und in der Nähe liegen die alten Ruinen von Chwaka.

Es gibt keine Schlafmöglichkeiten in Tumbe oder im nahen Konde. Die nächstgelegenen Hotels & Co. befinden sich auf der Halbinsel Kigomasha bzw. in Wete (von dort aus könnte man auch gut einen Tagesausflug nach Tumbe unternehmen).

**Fischmarkt** MARKT

Am Strand hinter dem Dorf liegen Fischerboote und Angelgerät im Sand und an den Hütten versammeln sich Fischer und vertreiben sich die Zeit bis zum Gezeitenwechsel. Die neu gebaute Markthalle findet keine Verwendung; sämtlicher Fisch wird am Strand ge- und verkauft.

**Ruinen von Chwaka** RUINENSTÄTTE

(Erw./Kind 5/3 US$) Unter Palmen und in Cassava-Feldern liegen die Ruinen von Chwaka. Eigentlich handelt es sich um zwei separate Ruinenstandorte: die **Mazrui-Gräber** aus dem 17. Jh. und die Hauptstätte **Haruni** mit den Resten einer Stadt, die vom 11. bis 15. Jh. möglicherweise 5000 Einwohner hatte. Der Ort wurde nach Harun benannt, dem Sohn Mkame Ndumes, der nach der Überlieferung ebenso grausam war wie sein Vater.

Um zu den Ruinen zu gelangen, nimmt man die Hauptstraße, die zwischen Konde und Chake Chake an der Ostküste verläuft. 3 km südlich von Tumbe biegt man ostwärts auf einen unbefestigten Weg. Die Mazrui-Gräber sind 1 km von hier entfernt, bis Haruni sind es noch mal 1,5 km. Die Ruinen allein werden wohl nur richtige Geschichtsfans begeistern, die Gegend lädt aber auch zu Spaziergängen durch die Felder an. Man befindet sich relativ weit oben und kann die Bucht überblicken.

### An- & Weiterreise

*Dalla-dallas* folgen zwei unterschiedlichen Routen von Chake Chake nach Konde; eine führt über die Hauptstraße entlang der Ostküste der Insel und passiert die Abzweigung nach Tumbe (2000 TSh, 2 Std.). Von dort ist es noch mal 1 km zu Fuß durch das Dorf zum Fischmarkt.

Aus Wete kommend, nimmt man ein dalla-dalla nach Konde und anschließend ein beliebiges Verkehrsmittel Richtung Chake, nach Westen. Ausstieg ist an der Abzweigung nach Tumbe.

#### PEMBA-FLUGHUNDE

Das einzige endemische Säugetier Pembas ist eine große, akut vom Aussterben bedrohte Fledermausart, *Pteropus voeltzkowi*. Das Suaheli-Wort lautet witzigerweise *popo*.

Die Tiere hängen tagsüber nicht in Höhlen, sondern in Bäumen. Gut zugänglich ist die Kolonie nahe dem Hafen in Wete. Dann gibt's noch mehrere Kolonien im Ngezi Forest Reserve, sie sind aber weit von den Wegen entfernt. Der mit Abstand größte „Flughunde-Rastplatz" der Insel ist das Schutzgebiet **Kidike Flying Fox Sanctuary** (☎ 0777 472941; Erw./Stud./Kind 5/3/1 US$; ⌚ 9–18 Uhr) nahe dem Dorf Kangagani 2 km östlich der neuen Hauptstraße zwischen Chake Chake und Wete; der Abzweig befindet sich 10 km nordöstlich von Chake.

## Waldreservat Ngezi

Im äußersten Nordosten Pembas erstreckt sich das dichte und herrlich üppige **Waldreservat Ngezi** (Ngezi Vumawimbi Forest Reserve; ☎ 0773 885777; Erw./Kind 5/2 US$; ⌚ 7.30–15.30 Uhr). Das Reservat hat eine Fläche von 1476 ha und umfasst eins der letzten verbleibenden Naturwaldgebiete, die einst fast die gesamte Insel bedeckten. Der Wald ist zweistöckig; aus der oberen „Etage" hängen Ranken und Schlingpflanzen herab, an denen sich südliche Grünmeerkatzen entlanghangeln. Der Eingang und das Besucherzentrum liegen 5 km westlich von Konde an der (unbefestigten) Straße zur Halbinsel Kigomasha.

Vom Besucherzentrum aus führen zwei Naturpfade durch den Wald. Es ist erlaubt, sich von den Pfaden zu entfernen. Immer dabei sein muss jedoch ein Guide; manche sprechen Englisch. Die meisten Besucher nehmen den Joshi Trail (16 000 TSh pro Pers.), der etwa eine Stunde dauert. Unterwegs sieht man oft Vögel, rote Stummelaffen und Pemba-Flughunde (besonders am frühen Morgen und späten Nachmittag). Die längere Option, der Taufiki Trail (20 000 TSh), führt nach Norden durch den Wald zum Vumawimbi Beach (3–4 Std.); anschließend kann man entweder denselben Weg zurück oder die Route durch die Dörfer am Rande des Reservats nehmen. Alternative Nummer drei: Man kümmert sich darum, dass man von einem Wagen abgeholt wird.

Ebenfalls im Angebot sind Spaziergänge zum Vögel oder Fledermäuse beobachten sowie Nachtwanderungen (jeweils 20 000 TSh), auf denen sich Bushbabys (Galagos) und zuweilen sogar endemische Pemba-Zwergohreulen *(Otus pembaensis)* blicken lassen.

Fahrzeuge passieren den Ngezi-Wald auf dem Weg zu den Strandhotels auf der Halbinsel Kigomasha. Für die Fahrt wird erst dann eine Gebühr fällig, wenn man unterwegs anhält. Wer das Besucherzentrum ohne eigenen fahrbaren Untersatz erreichen will, kann von Konde aus laufen oder ein inoffizielles Taxi bzw. *boda-boda* (Motorradtaxi) für etwa 5000 TSh nehmen. Manche Hotels bieten Touren und Transfers und vermieten Räder, mit denen man nach Ngezi fahren kann.

## Halbinsel Kigomasha

Traumstrände säumen die Küste der Halbinsel und ziehen, in Verbindung mit den besten Tauchplätzen des gesamten Sansibar-Archipels, zahllose abenteuerlustige Traveller an. Für Kigomasha spricht zudem die abgeschiedene Lage im äußersten Nordwesten der Insel.

Jenseits von Meer und Strand locken traditionelle Dörfer, die unter dem Namen Makangale zusammengefasst werden und sich über die gesamte Halbinsel verteilen. Einige Hotels arrangieren Ausflüge dorthin, wer jedoch über ein Entdeckergen und Orientierungssinn verfügt, kann sich auch allein auf den Weg machen, um ein Stück lokaltypischen Alltag zu erleben.

An der Ostseite von Kigomasha und nördlich des Ngezi Forest Reserve liegt der idyllische **Vumawimbi Beach**. Es verschlägt nur wenige Touristen dorthin, denn die Hotels befinden sich alle an der Westseite. Bei Westwind trifft man manchmal ein paar Ausflügler, doch generell ist der Strand einsam – nicht allein herkommen und Sachen für ein Picknick einpacken.

Auf der Landzunge *(ras)* an der Nordspitze der Halbinsel thront der von den Briten 1900 erbaute **Leuchtturm von Ras Kigomasha** (5 US$). Ein Leuchtturmwärter hält ihn instand. Anders als viele andere Leuchttürme auf Sansibar besteht dieser nicht aus Stein, sondern Eisen. Wer die winzige Treppe hinaufsteigt (95 Stufen), wird mit einem wunderbaren Blick aufs Meer und über die Insel belohnt.

### Aktivitäten

Vor der Küste locken spektakuläre Tauchspots wie die Njao Gap, das Swiss-Reef-Meeresgebirge und das schwammbedeckte Edge, das in den Kanal von Pemba abfällt. Neben bildschönen Korallen und kleinen Meeresbewohnern bekommt man häufig auch ein paar größere Kaliber wie Delfine, Mantarochen und Wale zu sehen.

**Swahili Divers** TAUCHEN
(https://swahiligecko.com; 2 Tauchgänge 170 US$) Das Fünfsterne-PADI-Tauchzentrum in der Gecko Nature Lodge wird von einem netten Team betrieben und hat Tauchgänge für alle Niveaus an verschiedenen Plätzen vor Kigomasha im Programm. Auf der Website kann man sich über Tauchurlaube erkundigen.

### Schlafen & Essen

**Verani Beach Lodge** HÜTTEN $
(Hütten 30 US$ pro Pers.) Eine von Einheimischen betriebene Unterkunft mit schlichten Hütten am Strand. Bei ausreichend Vorlaufzeit bekocht das freundliche Personal die Gäste, die haben aber meist ihre eigenen Vorräte und Gaskocher dabei. Man kann nicht vorab reservieren – einfach vorbeischauen und nachfragen.

**Pemba Paradise** HOTEL $$
(☎ 0777 800773; www.pembaparadise.com; DZ 65–80 US$) Das unauffällige Hotel hat 16 weiß gestrichene Zimmer mit minimalem Dekor in einer Reihe zweigeschossiger Gebäude ein Stück vom Strand zurückversetzt; in den Quartieren oben hat man erwartungsgemäß den besseren Ausblick. Das Bar-Restaurant ist noch weiter vom Wasser entfernt, hinter den Unterkünften, doch am

Strand wurden ein paar Sitzplätze und Sonnenschirme aufgebaut, sodass man sich mit einem Drink in der Hand den Sonnenuntergang anschauen kann.

Im Restaurant gibt's Essen à la carte und ein Menü (3-gängiges Abendessen 15 US$). Zu den angebotenen Aktivitäten gehören Spaziergänge zu Dörfern in der Umgebung. Transfers zum Waldreservat Ngezi kosten 10 US$. Wer mag, kann sich ein Fahrrad leihen. Tauchexkursionen können in den Hotels in der Nähe gebucht werden.

**Gecko Nature Lodge** LODGE **$$$**
(ehemals Kervan Saray; ☎ 0773 176737; https://swahiligecko.com; B/EZ/DZ mit Vollpension 80/180/220 US$; ) Diese Lodge ist ein herrlich entspannter Ort. 2016 hat das Management gewechselt. Es gibt Doppelzimmer in Bungalows mit hohen Dächern und einen Schlafsaal für sechs Personen. Im Restaurant wird ein Menü serviert (für hotelfremde Gäste 15 US$) und die Strandterrasse eignet sich prima für ein Bierchen bei Sonnenuntergang. Dieselben Leute betreiben auch das Tauchzentrum Swahili Divers. Weitere Aktivitäten im Programm sind Angeln, Schnorcheln und Kajakfahren. Zudem kann man Fahrräder mieten.

**Manta Resort** RESORT **$$$**
(☎ 0776 718852; www.themantaresort.com; DZ mit Vollpension 320–570 US$; ) In Toplage am Strand am nördlichen Ende der Halbinsel gewährt dieses entspannte, gut ausgestattete Resort eine geniale Sicht aufs Meer. Übernachtet wird in Häuschen am Wasser oder im Garten. Sie bieten viel Platz und eine private Terrasse. Für das Höchstmaß an Privatsphäre empfehlen wir das eingeglaste „Unterwasserzimmer“ (1500 US$).

## An- & Weiterreise

Die meisten Hotels auf der Halbinsel arrangieren Transfers für ihre Gäste, gewöhnlich ab dem Flughafen Chake Chake, auf Wunsch ist aber auch die Abholung in Wete oder Konde möglich.

Häufig pendeln *dalla-dallas* zwischen Wete und Konde (ein überraschend betriebsames Dorf mit ein paar Geschäften und Cafés). In Konde findet man gewöhnlich *dalla-dallas*, die sich zur Halbinsel aufmachen und bis Makangale fahren, allerdings liegt die Wartezeit bis zur Abfahrt schon mal bei mehreren Stunden. Wer es eilig hat, investiert in ein *boda-boda* (Motorradtaxi).

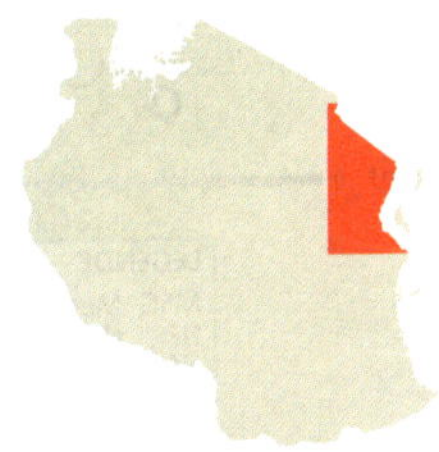

# Nordost-Tansania

Inhalt ➜



## Schön übernachten


- Tides (S. 144)
- Fish Eagle Point (S. 139)
- Tembo Kijani (S. 145)
- Maweni Farm (S. 154)
- Simply Saadani (S. 141)


## Gut essen


- Tides (S. 144)
- Capricorn Beach Cottages (S. 143)
- Tembo Kijani (S. 145)
- Irente Farm Lodge (S. 158)
- Lawns Hotel (S. 156)


## Auf in den Nordosten!

Der Nordosten Tansanias lockt mit Küste, Bergen und faszinierenden Kulturen. Zusammen mit der leichten Zugänglichkeit und dem fehlenden Touristenansturm machen sie ihn zu einem attraktiven Ziel für einen Aufenthalt in Tansania.

Entlang der Küste liegen die stimmungsvollen Ruinen von Kaole und Tongoni, Bagamoyo versetzt einen in die Zeit von Livingstone, im Norden und Süden Panganis locken Strände und im Nationalpark Saadani Strand und Busch. Das Hinterland bietet sich zum Wandern durch die Usambaras an, und an den Markttagen sieht man das Volk der Sambaa. Man lernt die vielfältigen Traditionen der Pare-Berge kennen oder erlebt den Busch im nur selten besuchten Nationalpark Mkomazi.

Der größte Teil des Nordostens ist in einer halbtägigen Fahrt per Auto oder Bus von Daressalam sowie von Arusha aus zu erreichen. Es bestehen gute Verbindungen nach Sansibar. Die Hauptstraßen sind in einem passablen Zustand, und es findet sich eine recht große Auswahl an Unterkünften.

## Reisezeit

### Lushoto

**März–Mai** Es kann lange regnen, aber dafür ist die Landschaft üppig grün. Toll zur Vogelbeobachtung. Matschige, glatte Wanderwege.

**Juni–Nov.** Erholsame Strände, kühle Bergluft und optimale Bedingungen zur Wildtierbeobachtung.

**Okt.** Beim Bagamoyo Arts Festival, einem Kulturspektakel, wird getrommelt, getanzt und mehr.

## Highlights

**1 Pangani** (S. 142) An den langen weißen Stränden faulenzen und in dem verschlafenen Ort ein Gefühl für die Suaheli-Geschichte und -Kultur bekommen.

**2 Usambara-Berge** (S. 153) Auf gewundenen Dorfpfaden mit wunderschönen **Bergpanoramen** wandern.

**3 Meeresschutzgebiet Maziwe** (S. 145) Schnorcheln in kristallklarem Wasser zwischen Korallen und bunten Fischen.

**4 Bagamoyo** (S. 137) Sich in der früheren kolonialen Hauptstadt die Geschichte vergegenwärtigen.

**5 Nationalpark Saadani** (S. 139) Wildtiere beobachten und die wilde Küste erkunden.

**6 Pare-Berge** (S. 160) Kultur und Brauchtum kennenlernen.

**7 Nationalpark Mkomazi** (S. 164) Vielfältige Vogelarten beobachten und Zeit im Busch verbringen.

**8 Tanga** (S. 146) Die entspannte Atmosphäre der schönen Küstenstadt entdecken.

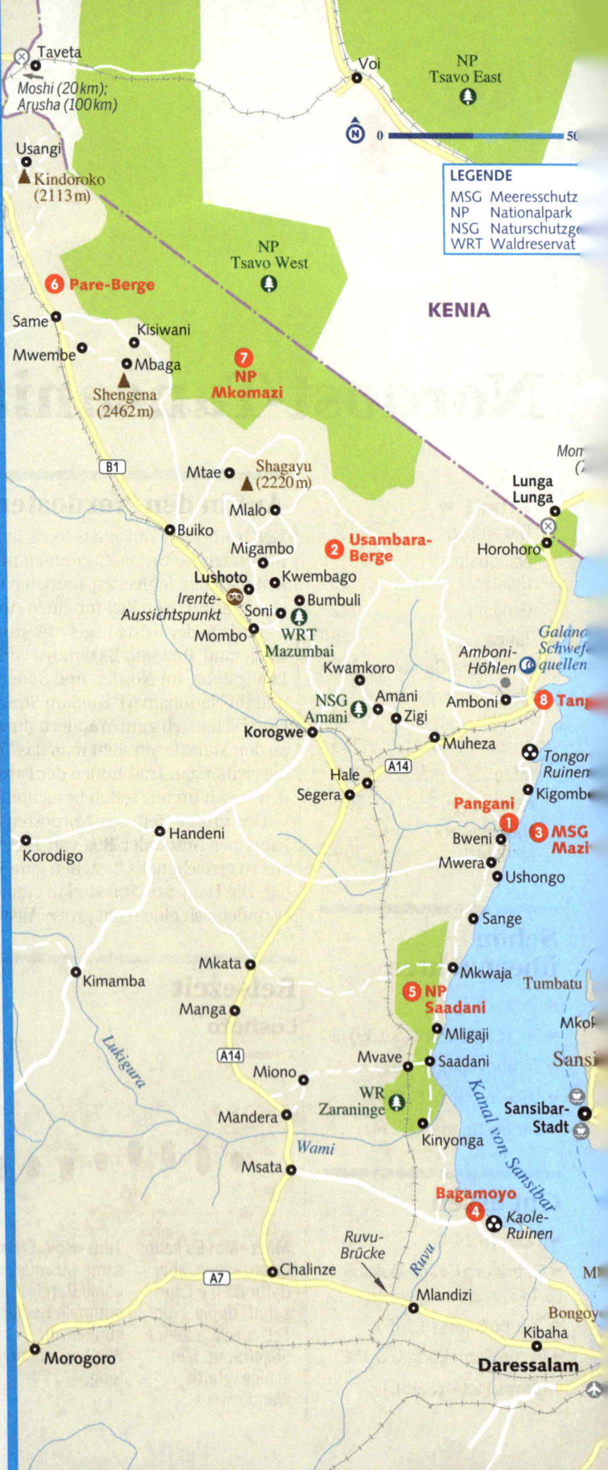

## Geschichte

Seit mindestens 2000 Jahren zieht der Nordosten Tansanias Reisende an. Im 1. Jh. n. Chr. erwähnte der Verfasser der Seefahrerchronik Periplus Maris Erythraei („Küstenfahrt des Roten Meeres“) die Existenz des Handelshafens Rhapta, der vermutlich irgendwo in der Gegend des heutigen Pangani lag. Mehrere Jahrhunderte später entstand eine Kette von Siedlungen entlang der Küste mit Verbindungen zu Häfen in Arabien und Asien. Heute sind Spuren dieser langen Geschichte am besten entlang der Küste in Kaole, Tongoni, Pangani und Bagamoyo zu sehen.

# Bagamoyo

☎023 / 14 500 EW.

Wer durch Bagamoyos enge, ungepflasterte Straßen bummelt, fühlt sich unweigerlich in die Zeit Mitte des 19. Jhs. entführt. Damals war die Stadt eine der bedeutendsten Siedlungen an der Küste Ostafrikas und die Endstation der Handelskarawanen, die vom Tanganjikasee zum Indischen Ozean zogen. Sklaven, Elfenbein, Salz und Kopra wurden entladen, bevor sie mit dem Schiff zur Insel Sansibar und anderswohin transportiert wurden. Viele europäische Entdecker, darunter Richard Burton, Henry Morton Stanley und David Livingstone, begannen und beendeten hier ihre Expeditionen. Im Jahr 1868 schufen französische Missionare das „christliche Freidorf“ in Bagamoyo als Zufluchtsort für befreite Sklaven, und den Rest des Jahrhunderts diente die Stadt als Station für Missionare, die von Sansibar ins Landesinnere reisten.

Von 1887 bis 1891 war Bagamoyo die Hauptstadt von Deutsch-Ostafrika, und 1888 war sie das Zentrum der Abushiri-Revolte, der ersten größeren Erhebung gegen die deutsche Kolonialherrschaft. Doch die Verlegung der Hauptstadt nach Daressalam im Jahr 1891 führte zu einem allmählichen Verfall Bagamoyos und die Stadt hat sich bis heute nicht erholt. Bagamoyos Lethargie und seine faszinierende Geschichte machen es zu einem lohnenden Ziel für einen Tages- oder Wochenendausflug von Daressalam.

## Geschichte

Von 1887 bis 1891 war Bagamoyo die Hauptstadt von Deutsch-Ostafrika, und 1888 war sie das Zentrum der Abushiri-Revolte, der ersten größeren Erhebung gegen die deutsche Kolonialherrschaft. Doch die Verlegung der Hauptstadt nach Daressalam im Jahr 1891 führte zu einem allmählichen Verfall Bagamoyos und die Stadt hat sich bis heute nicht erholt.

## Sehenswertes & Aktivitäten

Die hübsche Küste um Bagamoyo ist voller Wasservögel und Mangroven-Ökosysteme, und es gibt ein paar nahezu menschenleere Sandstrände. In den meisten Hotels können Ausflüge zur **Mbegani-Lagune**, zum **Ruvu-Flussdelta** und zur **Mwambakuni-Sandbank** organisiert werden. Gängige Preise sind 25 bis 30 US$ pro Person bei einer Gruppe von vier Touristen.

**Bagamoyo-Stadt** HISTORISCHE STÄTTE

(Erw./Kind 20 000/10 000 TSh) Mit seinen Toren voller Spinnenweben und verfallenen Kolonialbauten aus der deutschen Zeit ist das zentrale Bagamoyo oder *Mji Mkongwe* (Steinstadt), wie es von den Einheimischen auch genannt wird, einen ausgiebigen Spaziergang wert. Die interessanteste Gegend liegt an der Ocean Road, wo die Überreste der 1897 errichteten alten **deutschen Boma** und das **Liku-Haus** – der Verwaltungshauptsitz der Deutschen – stehen. Die Schule stammt übrigens aus dem späten 19. Jh. und war die erste gemischtrassige Schule im Gebiet des heutigen Tansania.

Direkt am Strand liegen das **deutsche Zollhaus** (1895), Bagamoyos **Hafen**, wo man Bootsbauern bei der Arbeit zuschauen kann, und ein belebter **Fischmarkt** (an der Stelle des alten Sklavenmarktes), wo an den meisten Nachmittagen lautstarke Auktionen stattfinden. Nordwestlich von hier geht's zu mehreren kleinen Straßen mit geschnitzten Türen, wie man sie auch anderswo an der Küste findet. Weiter südlich liegt das **Alte Fort** aus der Mitte des 19. Jhs. Die unverhältnismäßig hohe Gebühr für die Besichtigung der Altstadt, die man braucht, wenn man fotografieren oder Gebäude besichtigen möchte, muss in der Zweigstelle des **deutsche Altertümer-Büros** im Alten Fort bezahlt werden; dort stehen auch Guides bereit.

**Katholisches Museum** MUSEUM

(☎023-244 0010; Erw./Kind 10 000/5000 TSh; ⏲10–17 Uhr) Ungefähr 2 km nordwestlich der Stadt, zu erreichen über eine lange von Mangobäumen beschattete Allee, liegt eins der Highlights von Bagamoyo: eine Mission mit eigenem Museum mit einer gut beschrifteten Ausstellung zur Blütezeit von Bagamoyo. Auf demselben Gelände steht die Kapelle, in der Livingstones Leichnam aufgebahrt lag, bevor er nach Sansibar und weiter nach London in die Westminster Abbey gebracht wurde. Die Mission entstand im Jahr 1868 anlässlich der Gründung des „christlichen Freidorfs“ und ist damit die älteste in Tansania.

**Kaole-Ruinen** RUINE

(Erw./Kind 20 000/10 000 TSh; Mo–Fr 8–16, Sa & So 9–17 Uhr) Gleich südöstlich von Bagamoyo stehen diese eindrucksvollen Ruinen. In ihrer Mitte befinden sich die Überreste einer Moschee aus dem 13. Jh., eine der ältesten Moscheen auf dem Festland Tansanias und auch eine der ältesten in Ostafrika. Sie wurde in der Zeit errichtet, als der Sultan von Kilwa den Küstenhandel beherrschte, und lange bevor Bagamoyo irgendwelche Bedeutung besaß. In der Nähe befinden sich eine zweite Moschee, die auf das 15. Jh. zurückgeht, und rund 22 Gräber, die aus der gleichen Zeit stammen.

Unter den Gräbern sind mehrere Shirazi-Säulengräber, die an jene in Tongoni erinnern, aber besser erhalten sind. Ein kleines Museum zeigt chinesische Porzellanscherben und andere Fundstücke aus der Gegend. Östlich der Ruinen befindet sich hinter einem dichten Mangrovenhain der alte, heute versandete Hafen, der während der Blütezeit von Kaole benutzt wurde.

Der direkteste Weg zu den Ruinen führt zu Fuß etwa 5 km die Straße entlang Richtung Süden, vorbei am Chuo cha Sanaa zu der (beschilderten) Abzweigung am südlichen Ortsausgang des Dorfs Kaole. Ein *bajaji* (Tuk-tuk) ab Bagamoyo kostet ca. 5000 TSh (10 000 TSh für ein Taxi).

**College of Arts** KUNSTZENTRUM

(Chuo cha Sanaa; www.tasuba.ac.tz) Etwa 500 m südöstlich von Bagamoyo liegt an der Straße nach Daressalam die berühmte Hochschule, an der traditionelle tansanische Kunst, Tanz, Schauspiel und Musik gelehrt werden; hier ist auch die nationale Tanzkompanie beheimatet. Während des Schulbetriebs finden oft Tanzveranstaltungen und Trommelvorführungen statt. Es wird meist auch Unterricht in Tanz und Trommeln angeboten.

Der jährliche Höhepunkt ist das **Bagamoyo Arts Festival**, das gewöhnlich Ende September bzw. im Oktober steigt und auf dem man traditionelle Tänze und Trommelkonzerte, Akrobaten, Trommel-Workshops und mehr bewundern kann. Das Festival ist nicht unbedingt super organisiert – selten sind vorab genaue Zeitpläne verfügbar –, dafür hat man hier die Gelegenheit, Tansanias Stars und Künstler von morgen kennenzulernen und die Lokalkultur hautnah zu erleben.

**Caravan Serai Museum** MUSEUM

(20 000 TSh; 9–18 Uhr) Ein 08/15-Museum mit einer kleinen Ausstellung zum Sklavenhandel. Es befindet sich am Ortseingang, diagonal gegenüber von der CRDB-Bank. Interessanter als das Museum ist der Ort, an dem es gebaut wurde, denn von hier aus starteten einst die Karawanen für den Sklaven- und Warenhandel ins Landesinnere.

## Schlafen

**Funky Squids B&B** B&B $

(0755 047802; the.funky.squids@gmail.com; EZ/DZ 37/47 US$; ) Die Unterkunft bietet ein paar einfache Zimmer in einem Haus hinter dem Strand und ein großes Bar-Restaurant zum Strand hin. Das B&B liegt am Südende der Stadt, direkt südlich des College of Arts (Chuo cha Sanaa).

**Travellers Lodge** LODGE $$

(023-244 0077, 0754 855485; www.travellers-lodge.com; Camping 8 US$, Cottages EZ 60–70 US$, DZ 80–90 US$; ) Dank der zwanglosen Atmosphäre und der fairen Preise ist diese Unterkunft die beste Wahl in Strandnähe. Übernachtet wird in sauberen, hübschen Häusern (einige mit zwei großen Betten), die sich in einer ausgedehnten grünen Anlage befinden. Es gibt ein Restaurant und einen Kinderspielplatz. Die Lodge liegt gleich südlich des Eingangs zur Katholischen Mission mit ihrem Museum.

**Firefly** HISTORISCHES HOTEL $$

(0759 177393; www.fireflybagamoyo.com; India St; Camping 10 US$, B/EZ 15/60 US$; ) Eine gute Unterkunft, mit einem Campingplatz auf einer großen Wiese, die sich hinab zum Meer erstreckt (allerdings gibt es keinen Zugang zum Strand). Die einfachen, aber geräumigen Zimmer in dem früheren Haus arabischer Händler versprühen Atmosphäre. Zudem gibt es ein kleines Restaurant und einen Außenpool mit Lounge. Die Lage am Rand der Stadt ist hervorragend. Für ein *bajaji* ab der Bushaltestelle hierher bezahlt man 2500 TSh.

## Essen

**Poa Poa** TANSANISCH $

(0768 300277; leichte Mahlzeiten 5000–12 000 TSh; 9–22 Uhr; ) Neben Kaffee, gewürztem Tee, Milchshakes, Chapati-Wraps und Pizza kann man in diesem beliebten kleinen Laden in der Altstadt auch einige lokaltypische Gerichte bestellen. Er liegt ein paar Querstraßen hinter dem Dau-Hafen und dem Zollhaus.

**Nashe's Cafe** CAFÉ $
(0676 506705, 023-244 0171; Hauptgerichte 6000–15 000 TSh; Mo–Sa 9–22, So 10–22 Uhr; ) Auf der hübschen Dachterrasse mitten in der Altstadt kommen köstliche Grillgerichte (Fleisch, Fisch & Meeresfrüchte) auf den Tisch. Es wird auch guter Kaffee serviert.

**Funky Squids Beach Bar & Grill** TANSANISCH, EUROPÄISCH $$
(0755 047802; the.funky.squids@gmail.com; Mahlzeiten 10 000–20 000 TSh; 11–22 Uhr; ) In dem Bar-Restaurant mit großer Terrasse am Strand können Gäste aus einem großen Angebot leckerer Grillgerichte (Fleisch, Fisch, Meeresfrüchte) wählen.

##  Praktische Informationen

### GELD

**CRDB** Am Ortseingang; inkl. Geldautomat.

**National Microfinance Bank** Am Ortseingang; inkl. Geldautomat.

**NBC** An der Tankstelle, 500 m vor dem Ort an der Straße nach Daressalam; inkl. Geldautomat.

### TOURISTENINFORMATION

Die **Touristeninformation** (8.30–16.30 Uhr) am Orteingang organisiert auf Wunsch Guides für Altstadt-Führungen und für Ausflüge zu den Kaole-Ruinen sowie zu weiter entfernten Zielen. Im Katholischen Museum (S. 137) bekommt man ebenfalls touristische Informationen.

##  An- & Weiterreise

### AUTO

Bagamoyo befindet sich 70 km nördlich von Daressalam und ist über eine Asphaltstraße gut zu erreichen. Die beste Strecke für Selbstfahrer führt entlang der Old Bagamoyo Road durch Mikocheni und Kawe. Man gelangt aber auch via Msata (65 km westlich am Daressalam-Arusha-Highway, nördlich von Chalinze) hierher; die Pflasterstraße ist gut in Schuss. Die Küstenstraße zwischen Bagamoyo und dem Nationalpark Saadani ist in gutem Zustand, allerdings sollte man sich in der Regenzeit vor der Fahrt erkundigen, ob die Brücke über den Fluss Wami passierbar ist.

### BOOT

Nichtmotorisierte Daus segeln für ca. 5000 TSh zur Insel Sansibar (Motorboote 10 000–15 000 TSh). Bei gutem Wind benötigen sie vier Stunden. Ausländern sind sie allerdings nicht unbedingt zu empfehlen. Zuerst muss man sich in der Einreisebehörde im Alten Zollhaus registrieren (dort erfolgt auch die Abfahrt). Gesegelt wird zu unterschiedlichen Zeiten, meist gegen 1 Uhr. Wenn alles glatt läuft, ist man dann am folgenden Morgen sehr zeitig in Sansibar. Es bestehen keine planmäßigen Dau-Verbindungen nach Saadani oder Pangani.

### BUS

*Dalla-dallas* (Minibusse) von „Makumbusho" (nördlich von Daressalam an der New Bagamoyo Road und mit einem *dalla-dalla* von New Posta aus zu erreichen) machen sich den ganzen Tag über regelmäßig auf den Weg nach Bagamoyo (2000 TSh, 2 Std.). Das Busdepot von Bagamoyo ist ca. 700 m vom Stadtzentrum entfernt und liegt direkt neben der Straße nach Daressalam. Taxis zu den Strandhotels kosten ab 3000 TSh und *bajajis* (Tuk-Tuks) sind ein wenig preiswerter. Täglich fährt ein *dalla-dalla* via Msata an der Hauptschnellstraße nach Arusha bis Saadani. Abfahrt ist gegen 10 Uhr (10 000 TSh, 3 Std.).

# Nationalpark Saadani

70 km nördlich von Bagamoyo auf einem herrlichen Küstenstreifen und direkt gegenüber der Insel Sansibar befindet sich der kleine **Nationalpark Saadani** (www.saadanipark.org; Erw./Kind 35,40/11,80 US$), ein 1000 km² großes Stück Wildnis an der Küste. Der einfache und erholsame Park gehört zu den wenigen Orten im Land, wo sich ein Strandurlaub mit einer Tierbeobachtungsfahrt kombinieren lässt. Von Daressalam und Sansibar aus eignet er sich gut für einen Tagesausflug mit Übernachtung oder einen Wochenendausflug und ist ein tolles Ziel für alle, die keine Zeit haben, noch weiter auf Entdeckungsreise zu gehen.

Zwar bekommt man nicht schnell Wildtiere zu Gesicht, dafür aber kann man gut Vögel beobachten, und es leben auf jeden Fall Wildiere hier. Neben Flusspferden und Krokodilen sieht man mit hoher Wahrscheinlichkeit Giraffen, auch Elefanten wurden immer häufiger gesichtet. Mit etwas Glück trifft man sogar auf Lichtenstein-Antilopen und Löwen, obwohl letztere schon schwieriger auszumachen sind. Richtung Norden, ca. 25 km hinter dem Madete-Tor des Nationalparks erstreckt sich ein nahezu menschenleerer und traumhaft schöner Strand, der **Sange Beach**, mit verschiedenen Übernachtungsmöglichkeiten. Im Süden des Reservats liegt der träge fließende **Fluss Wami**, an dem es Flusspferde, Krokodile und viele Vögel, wie Zwergflamingos (Juli–Okt. im Flussdelta), Fischadler, Hammerköpfe, Eisvögel und Bienenfresser, zu sehen gibt. Wer sich die aus der Nähe ansehen möchte, sollte sich in den Lodges nach einer Bootssafari erkundigen.

## Aktivititäten

Die meisten Camps und Lodges organisieren Bootstouren auf dem Wami, motorisierte Tierbeobachtungen in Open-top-Fahrzeugen, Buschwanderungen und Dorfspaziergänge.

### Buschwanderungen

Buschwanderungen (23,60 US$ pro Pers. plus Honorar für den Guide 23,60 US$ pro Gruppe) sind eine super Gelegenheit, den Busch und die weniger offensichtlichen Attraktionen von Saadani zu entdecken, sie werden aber nur in der Trockenzeit angeboten.

### Boot-Safaris

Boot-Safaris sind erholsam und einfach schön, außerdem können Teilnehmer mit etwas Glück ein paar Nilpferde, Krokodile und viele Vögel ablichten. Interessant zu beobachten ist auch, wie sich die Vegetation entlang des Wami verändert, je weiter flussaufwärts man gelangt – der Salzgehalt des Wassers nimmt nämlich ab. In manchen Abschnitten kann man deutliche Unterschiede zwischen den beiden Ufern erkennen: Auf einer Seite stehen Dattelpalmen und das Unterholz ist üppig grün, auf der anderen wachsen Akazien wie in den trockeneren Regionen des Landes. Zu rechnen ist mit einem Preis von 50 US$.

### Wildtierfahrten

Lodges bieten Pkw-Safaris an. Wer Tiere vor die Linse bekommen will, muss wahrscheinlich die Hauptrouten verlassen. In der Regenzeit sollte man auf keinen Fall durch die berüchtigten Vertisole (stark lehmhaltiger Boden) von Saadani fahren. Für einen Führer (optional) zahlt man 23,60 US$ pro Gruppe.

## Schlafen & Essen

Der Nationalpark Saadani bietet mehrere private Zeltcamps (im und außerhalb des Parks) und betreibt ein Gästehaus mit Campingplatz. Eine gute Basis zur Erkundung des Parks sind auch die Lodges an der Küste und die Camps in Sange (S. 145) nördlich des Parks. In den Dörfern des Saadani bekommt man preiswertes Street-Food und lokaltypische Mahlzeiten. Auch die privaten Zeltcamps bieten ihren Gästen gute Restaurants. Selbstverpfleger finden im Dorf Saadani eine kleine Auswahl an Grundnahrungsmitteln.

### Im Park

**Saadani Park Campsite** CAMPINGPLATZ $

(Camping 35,40 US$) Saadanis bedeutendster öffentlicher Campingplatz hat eine gute Lage direkt am Strand nördlich des Dorfs. Er bietet einfache Waschgelegenheiten, aber man kann nichts zum Essen oder Trinken kaufen.

## NATIONALPARK SAADANI

**Auf in den Nationalpark Saadani** Die lange, größtenteils menschenleere Küste genießen und ein paar wilde Tiere sehen. Unkomplizierte Anreise ab Daressalam; super, wenn man nur wenig Zeit hat.

**Reisezeit** Juni bis Februar; von März bis Mai, wenn viel Regen fällt, bleibt man gern mal in den matschigen Lehmböden stecken.

**Praktisch & Konkret** Anreise ab Daressalam mit dem Pkw, Bus oder Flugzeug; ab Bagamoyo mit dem Bus, ab Pangani mit dem eigenen Wagen. Zugangspunkte zum Park sind das Mvave-Tor (am Ende der Mandera Road, bei Anfahrt aus Daressalam), Madete-Tor (bei Anfahrt aus Pangani entlang der Küstenstraße) und Wami-Tor (Anreise aus Bagamoyo). Der Eintritt ist 24 Stunden gültig (verfällt nach Verlassen des Geländes). Alle Gebühren können im Büro der Touristeninformation Saadani am Mvave-Tor mit der Visa- oder MasterCard gezahlt werden. Alle Gates sind von 6 bis 18 Uhr geöffnet; man muss den Park bis 19 Uhr verlassen. Die **Hauptverwaltung des Nationalparks Saadani** (www.tanzaniaparks.go.tz; ⌚8–17 Uhr) befindet sich in Mkwaja, ganz im Norden des Parks.

**Für Sparfüchse** Der Park vermietet keine Wagen. Am besten trommelt man ein paar Leute zusammen und bucht eine eintägige Safari in einer der Lodges vor den Toren von Saadani.

**Saadani Park Resthouse & Bandas** BANDAS $$

(☎0785 555135, 0689 062346; saadani@tanzaniaparks.go.tz; banda & Gästehaus pro Pers. 35,40 US$) Die netten *bandas* (strohgedeckte Hütten) und das Gästehaus liegen unweit vom Strand nahe dem Dorf Saadani auf einem Fleckchen, das auch bei Elefanten beliebt ist. Das Haus beherbergt drei Einzelzimmer und eine Suite, die *bandas* haben geräumige Zimmer mit Einzel- und Doppelbetten. Kaltwasserduschen und Küchen für Selbstversorger sind Standard. Essen und Getränke muss man selbst mitbringen.

## Außerhalb des Parks

**Simply Saadani** LODGE $$$

(☎0737 226398, 0713 323318; www.saadani.com; EZ/DZ Vollpension ab 355/550 US$, EZ/DZ mit Vollpension & Wildtier-Exkursionen 475/790 US$; P) Dieses abgeschiedene Refugium, das früher „Tent With A View" hieß, bietet auf Stelzen gebaute baumhausartige *bandas* an einem berauschend schönen, mit Treibholz übersäten einsamen Strand nordöstlich der Parkgrenze, alle mit Veranden und Hängematten ausgestattet. Als Ausflüge werden Safaris im Park und Bootsfahrten auf dem Fluss Wami angeboten. Das gleiche Management betreibt auch eine Lodge im Wildschutzgebiet Selous sowie ein weiteres Camp in Saadani und bietet kombinierte Touren.

**Kisampa** ZELTCAMP $$$

(☎0679 443330; https://kisampa.com; Vollpension pro Pers. 180 US$;) Es gibt kaum eine bessere Adresse für ein echtes Buschabenteuer als das einzigartige, wärmstens empfohlene Kisampa. Die Unterkunft in einem privaten Naturschutzgebiet, zwei Autostunden von Saadani entfernt, ist komplett in die hiesige Gemeinde integriert und Gäste können mit den Einheimischen auf Tuchfühlung gehen. Geschlafen wird in Bungalows mit offener Bauweise, tagsüber kann man an Safaris, Buschwanderungen im Nationalpark, Strandcamps und mehr teilnehmen.

Für Familien mit Kindern gibt es Sonderangebote, deshalb ist dies die ideale Anlaufstelle für ein Buschabenteuer mit der gesamten „Bagage".

**Kuro Maringo** ZELTCAMP $$$

(www.kuromaringo.com; mit Halbpension & Ausflügen zur Wildtierbeobachtung 290 US$) Das sehr einfache Buschcamp besteht aus drei Zelten mit zwei Betten und Safari-Eimerdusche. Es liegt in der Nähe vom Dorf Buyuni und wird in der Regel nur als Fly-Camp-Erlebnis gebucht, mit einer Übernachtung an der Küste außerhalb des Parks im Tembo Kijani (S. 145), zu dem es gehört. Kinder unter sechs Jahren werden nicht akzeptiert.

**INSIDERWISSEN**

**SAADANI-DORF**

Der kleine runtergewirtschaftete Ort gleich südlich vom Haupteingangsbereich des Parks macht heute kaum etwas her, war aber einst ein wichtiger Hafen der Region. Noch heute ist das verfallene Mauerwerk eines von den Arabern erbauten Forts zu sehen, das für die Unterbringung von Sklaven genutzt wurde, bevor diese nach Sansibar verschifft wurden. Während der deutschen Kolonialzeit diente das Fort als Zollhaus. In der Touristeninformation (siehe unten) westlich des Dorfs kann man kurze Wanderungen mit einheimischen Guides buchen.

**Ekocenter** BAR

(⏲8–21 Uhr) Das kleine Lokal hat eine gute Auswahl an kaltem Wasser, Saft, Bier und anderen Getränken (500–3000 TSh) aus dem mit Sonnenenergie betriebenen Kühlschrank. Es liegt am Rand des Dorfs Saadani und ist knallrot angestrichen, also nicht zu verfehlen.

## Praktische Informationen

**Saadani Tourist Information**

(☎0689 062346; saadani.tourism@tanzaniaparks.go.tz; ⏲6–18 Uhr) In diesem Fremdenverkehrsamt bezahlt man den Eintritt zum Saadani Nationalpark, kann vom Park betriebene Unterkünfte buchen und Guides für den Park und für Führungen durch das Dorf Saadani engagieren.

## An- & Weiterreise

### AUTO

Einige Lodges sorgen für den Transport nach/ab Daressalam ab rund 230 US$ pro Fahrzeug und Strecke. Die Fahrt dauert vier bis fünf Stunden.

Von Daressalam fährt man über Chalinze auf der Morogoro-Straße und dann nach Norden bis zum Dorf Mandera (ungefähr 50 km nördlich von Chalinze auf dem Arusha-Highway). In Mandera geht's Richtung Osten auf einer guten Schotterstraße, und nach rund 60 km ist Saadani erreicht. Entspannender und landschaftlich schöner ist die

Strecke von Daressalam über Bagamoyo. Ab Bagamoyo geht es 15 km über eine Asphaltstraße Richtung Msata. Dann folgt man 44 km einer relativ glatten Schotterstraße nach Norden zum Wami-Tor und dem namensgebenden Fluss. Die Brücke ist bei starken Regenfällen unpassierbar, deshalb sollte man vor der Abfahrt bei der Parkaufsicht oder in den Unterkünften nachhören, wie der Status ist. Jenseits der Brücke sind es noch mal 21 km bis Saadani.

Aus dem Ort Pangani geht's mit der Fähre über den gleichnamigen Fluss, dann Richtung Süden auf einer einigermaßen vernünftigen Straße vorbei an Cashew-, Sisal- und Teakbäumen zum nördlichen Madete-Tor. (Bei dem großen Mkwaja-Schild geradeaus fahren und an der nächsten Gabelung rechts halten.) Das Übersetzen kann mit den Lodges in Saadani oder Pangani (Ushongo) für ungefähr 150 US$ pro Fahrzeug und Strecke arrangiert werden (1½–2 Std.).

Obwohl der Nationalpark Saadani offiziell das ganze Jahr hindurch geöffnet bleibt, werden die Straßen im Park in der Regenzeit sehr schlammig und schwer befahrbar, und man muss sich wahrscheinlich auf das Gebiet um den Strand und die Camps beschränken. Wer in der Regenzeit die Hauptparkrouten verlässt, muss aufpassen, dass sein Fahrzeug nicht im schweren Lehmboden („*black cotton soil*") der Gegend stecken bleibt.

### BOOT

Die Fischerboote der Einheimischen verkehren regelmäßig zwischen Saadani und Sansibar, aber die Reise gilt als beschwerlich (wir raten davon ab). Besser ist es, ein Boot über eine der Lodges in Saadani oder nahe Pangani chartern zu lassen.

### BUS

Täglich zwischen 11 und 13 Uhr fährt ein Bus nach Saadani ab dem Mbezi-Busdepot in Daressalam (westlich von Ubungo an der Morogoro Road) gleich hinter dem Hauptbahnhof Ubungo nahe Tanesco, die Rückfahrt in Saadani erfolgt gegen 4.30–5 Uhr (10 000 TSh, 5–6 Std.).

In Bagamoyo macht sich täglich gegen 10 Uhr ein Bus auf den Weg nach Saadani (via Msata auf der Hauptstraße Chalinze–Arusha), Abfahrt im Dorf Saadani ist um 6 Uhr (10 000 TSh, 3 Std.).

Wer mit öffentlichen Verkehrsmitteln anreist: Im Park gibt's keine Autovermietung für eine Safari, so etwas muss vorab mit einer der Lodges vereinbart werden. Die Angestellten der Touristeninformation Saadani sind behilflich bei der Organisiation einer Motorrad- oder (seltener) Pkw-Fahrt vom Dorf zum Campingplatz und den *bandas* im Park.

### FLUGZEUG

Rollfelder befinden sich im Norden nahe der Mkwaja-Hauptverwaltung und im Süden nahe dem Dorf. **Coastal Aviation** (☎ 0713 325673; www.coastal.co.tz) bietet Flüge ab Daressalam (einfach 150 US$) und Sansibar (einfach 75 US$) an.

# Pangani

☎ 027 / 3000 EW.

55 km südlich von Tanga liegt der kleine Suaheli-Ort Pangani. Er stieg von dunklen Anfängen als einer von vielen Dau-Häfen an der Küste zum bedeutsamsten Endpunkt der Karawanenstraße vom Tanganjikasee auf und wurde zu einem wichtigen Exportstützpunkt für Sklaven und Elfenbein sowie einem der größten Häfen zwischen Bagamoyo und Mombasa. Sisal- und Kopra-Plantagen wurden in diesem Gebiet angelegt, und mehrere europäische Missionen und Entdeckungsreisen ins Innere Afrikas nahmen hier ihren Anfang. Gegen Ende des 19. Jhs. wurde Pangani von Tanga und Daressalam überholt und versank wieder in Bedeutungslosigkeit.

Heute kann man in dem verschlafenen Ort einen faszinierenden Schritt zurück in die Geschichte machen, vor allem in dem ungefähr drei Häuserblocks nördlich vom Fluss entfernten Gebiet, wo geschnitzte Holztüren, Bauten aus der deutschen Kolonialzeit und alte Häuser indischer Kaufleute zu sehen sind. Größere Anziehungskraft besitzen für viele Reisende allerdings die herrlichen Strände im Norden und Süden der Stadt, wo Haine von Kokospalmen mit der dichten Küstenvegetation sowie den gelegentlichen Affenbrotbäumen abwechseln. Je weiter südlich man kommt, desto schöner die Strände, und an den Stränden sind auch die besten Unterkünfte zu finden.

## Geschichte

Verglichen mit Tongoni, Kaole und anderen Siedlungen an der ostafrikanischen Küste ist Pangani eine relativ moderne Ortschaft. Es erlangte Mitte des 19. Jhs. als Verbindungsstück

### BOOTSFAHRTEN AUF DEM FLUSS PANGANI

Der schlammige Fluss Pangani windet sich am Südrand der Ortschaft entlang. Er lässt sich am besten auf einer Bootsfahrt mit einer Dau erkunden, die von jedem der Hotels arrangiert werden kann (ca. 70 US$ für bis zu 3 Pers.). Der Fluss ist das Zuhause vieler Wasservögel, Krokodile und anderer Tiere.

zwischen dem sansibarischen Sultanat und den binnenländischen Karawanenstraßen Bedeutung, zur gleichen Zeit entstand auch das Sklavenverlies am Flussufer. Panganis ältestes Gebäude ist die alte *boma*, die aus dem Jahr 1810 stammt und ursprünglich die Privatresidenz eines reichen omanischen Kaufmanns war; das Zollhaus kam ein Jahrzehnt später hinzu. Vermutlich mehrere Jahrhunderte älter ist die Siedlung in Bweni, schräg gegenüber von Pangani am Südufer des Flusses, wo ein Grab aus dem 15. Jh. gefunden wurde.

Im September 1888 erhob sich Pangani als erster Ort während der Abushiri-Revolte (S. 144) gegen die deutsche Kolonialverwaltung.

## Sehenswertes & Aktivitäten

Das **Pangani Cultural Tourism Program** (Bushaltestelle Pangani; 8–17 Uhr) organisiert Touren im Ort (10 US$ pro Pers.), Flusskreuzfahrten auf dem Pangani (70 US$ für bis zu drei Pers.), Radtouren und andere Ausflüge. Die meisten Hotels arrangieren auch Maziwe-Trips und weitere Aktivitäten in der Umgebung von Pangani.

**Kasa Divers** TAUCHEN
(0786 427645; www.kasa-divers.com; Ushongo Beach) Guter Anbieter für Schnorchelausflüge, Tauchen und andere Exkursionen, auch nach Maziwe Island. Am nördlichen Strandende von Ushongo.

**Meerespark Tanga Coelacanth** PARK
(www.marineparks.go.tz) Das Ziel dieses „Parks" ist der Schutz der dort vorkommenden prähistorischen Quastenflosser (Coelacanth). Ein provisorisches Hauptquartier befindet sich im Dorf Kigombe, 20 km nördlich von Pangani. Bei unserem Besuch bestand der Meerespark im Prinzip nur aus dem Namen; Eintrittsgebühren wurden nicht erhoben.

## Schlafen & Essen

Die guten Übernachtungsmöglichkeiten beschränken sich in Pangani auf ein einfaches von der Kirche betriebenes Gästehaus, aber nördlich und südlich des Orts gibt es ein paar großartige Strandlodges, z. B. in Ushongo und Sange.

### Ortsmitte

**Seaside Community Centre Hostel** PENSION $
(0755 276422, 0756 655308; EZ/DZ/3BZ 30 000/40 000/75 000 TSh, mit Klimaanlage 40 000/60 000/85 000 TSh; P) Das von der Kirche geführte Haus bietet einfache, aber saubere, nette Zimmer mit Ventilator und Veranden sowie bei vorheriger Bestellung auch etwas zu essen. Es liegt direkt hinter dem Strand und ist ca. 1 km vom Busbahnhof entfernt (2000 TSh mit dem Taxi). Von der Bushaltestelle geht man direkt zur Küste, überquert die asphaltierte Straße nach Pangani und folgt an der Kreuzung den Schildern nach rechts.

### Nördlich von Pangani

**Capricorn Beach Cottages** BOUTQUE-HOTEL $$
(0768 811551; www.capricornbeachcottages.com; EZ/DZ/3BZ/4BZ 75/114/171/228 US$; P) Die herrliche, ruhige Unterkunft am Strand, ca. 20 km nördlich von Pangani bietet mehrere komfortable, geräumige Hütten für Selbstverpfleger mit Veranda und Hängematten auf einem strandnahen Gründstück voller Baobab-Bäume und überbordend blühenden Bougainvillea. Dazu gehört eine Modeboutique, man bekommt leckere Pizza und es gibt auch ein gutes Restaurant. Und noch ein Highlight: Man kann auf einer Terrasse mit Meerblick unter den Sternen speisen. Ein Pool ist geplant.

**Peponi** CAMPINGPLATZ, BANDAS $$
(0713 540139, 0784 202962; www.peponiresort.com; Camping 7,50 US$, EZ/DZ mit Halbpension 75/130 US$; P) Diese Unterkunft wartet mit einem herrlichen Lounge-Bereich mit Bar und Restaurant auf. Sie vermietet schattige Zelte am Strand und luftige Bungalows auf einem großen Gelände mit vielen Palmen. Dazu gibt's einen kleinen Pool, eine Surfschule und eine Dau für Schnorchelausflüge. Die Atmosphäre ist entspannt. Insbesondere Camper und Familien fühlen sich hier pudelwohl.

Peponi liegt ca. 20 km nördlich von Pangani und 30 km südlich von Tanga. Busse, die über die Straße von Tanga nach Pangani fahren, lassen Fahrgäste auf Anfrage vor dem Tor aussteigen.

**Bahari Pori** LODGE $$
(0754 073573; www.baharipori.com; EZ/DZ/3BZ 40/70/85 US$, Cottage für 6 Pers. 150 US$; P) Bahari Pori liegt auf einer kleinen, ein Stückchen vom Meer entfernten Anhöhe und hat angenehme, bildschön ausstaffierte Zelte im Safaristil (eine Art Sansibar-Traum), die auf einem gepflegten Gelände stehen, und auf

Mangroven sowie das Meer in der Ferne blicken. Es ist ideal, wenn man Ruhe sucht, aber für Strandurlauber ist es nicht geeignet. Ein Fußweg führt die Böschung hinab und durch die Mangroven in ungefähr 10 Minuten zum Wasser, aber die Küste ist zum Baden nicht die beste.

Die Lodge befindet sich 7 km nördlich der Pangani-Muheza-Kreuzung.

**Mkoma Bay** LODGE $$$
(☎ 0786 434001, 0682 002202; www.mkomabay.com; EZ/DZ in Luxuszelten mit Halbpension ab 125/220 US$, Haus für 4–8 Pers. ab 480 US$; P 📶 🏊 👪) Die Highlights dieser Lodge sind der Blick auf die Mkoma-Bucht und das ruhige, erholsame Ambiente. Gäste wohnen in auf Stelzen gebauten, gut ausgestatteten Zelten, wie sie in Luxus-Safari-Camps zu finden sind, alle verteilt auf dem vegetationsreichen ausgedehnten Gelände auf einem niedrigen Kliff über dem Wasser. Es gibt auch ein großes Selbstversorger-Haus mit vier Schlafzimmern, eine *banda* für Familien und ein Restaurant.

Schwimmen in der Bucht, Strandspaziergänge und Kajakfahren gehören zu den möglichen Aktivitäten. Die Lodge liegt 3 km nördlich der Pangani-Muheza-Straßenkreuzung.

## Ushongo Beach

Der Strand von Ushongo ist ein bildschöner, langer Halbmond aus weißem Sand ca. 15 km südlich des Pangani River.

**Beach Crab Resort** CAMPINGPLATZ, COTTAGES $
(☎ 0767 543700, 0784 543700; www.thebeachcrab.com; Camping 6 US$, EZ/DZ/3BZ in Strandhütten 25/40/60 US$, EZ/DZ/3BZ in Bungalows 80/120/150 US$; P 📶 👪) Backpacker und Familien sind in diesem Resort am Südende des Strands willkommen. Es gibt Zelte, Backpackerhütten (mit Gemeinschaftswaschräumen, die man sich mit den Campern teilt) sowie schlichte Bungalows für zwei Personen oder Familien. Das Ferienresort umfasst ein großes Bar-Restaurant mit Strandblick, man kann windsurfen, Kajak fahren, Beachvolleyball spielen, Schnorchelausflüge mitmachen oder in der Baumhauslounge faulenzen. Ein Abholservice von der Pangani-Fähre wird angeboten.

★ **Tides** LODGE $$$
(☎ 0713 325812, 0756 328393; www.thetideslodge.com; EZ/DZ Halbpension ab 265/380 US$; P 📶 🏊 👪) Das schöne Tides verfügt über eine erstklassige Lage am Strand. Es bietet große, edle Cottages mit elegantem Dekor, riesigen Betten mit Moskitonetzen sowie großen Badezimmern und hat auch eine hervorragende Küche. Es stehen außerdem mehrere Häuschen für Familien und eine luxuriöse „Honeymoon-Suite" für Frischvermählte, eine Strandbar und ein Restaurant zur Verfügung.

Übrigens: Für Flitternde organisiert die Lodge Schnorchelausflüge nach Maziwe, komplett mit Kellner, Kühlbox, Champagner und allem, was sonst noch dazugehört.

**Emayani Beach Lodge** LODGE $$$
(☎ 0782 457668; www.emayanilodge.com; EZ/DZ Halbpension 115/180 US$; P 📶 🏊 👪) Emayani hat sich ein Plätzchen am besonders schönen nördlichen Ende des Strands gesichert – genau der richtige „Saum" für die netten rusti-

### DIE ABUSHIRI-REVOLTE

Obwohl die Abushiri-Revolte, einer der großen anti-kolonialen Aufstände in Ostafrika, meist mit Bagamoyo in Verbindung gebracht wird, war Pangani ihre Geburtsstätte. Im Jahr 1884 gründete der junge Deutsche Carl Peters die Deutsch-Ostafrikanische Gesellschaft oder DOAG. In den folgenden Jahren versuchte Peters am lukrativen binnenländischen Karawanenhandel teilzuhaben und überzeugte den Sultan von Sansibar davon, der DOAG zu erlauben, die Erhebung der Zölle in den festländischen Besitzungen des Sultans zu übernehmen. Doch weder dem Repräsentanten des Sultans in Pangani noch der Mehrheit der Lokalgrößen gefiel diese Idee, und als die DOAG die deutsche Flagge neben der des Sultans hisste, explodierten die schwelenden Spannungen. Unter der Führung des afro-arabischen Kaufmanns Abushiri bin Salim al-Harth vertrieb eine locker organisierte Truppe, darunter viele der Leibwächter des Sultans, die Deutschen und es kam zu mehreren Auseinandersetzungen, die auch auf andere Hafenstädte an der Küste übergriffen. Erst mehr als ein Jahr später und nach Eintreffen weiterer Truppen konnten die Deutschen die Revolte niederschlagen. Sie verhängten eine Seeblockade und richteten Abushiri öffentlich hin. Als Folge der Revolte ging die DOAG in Konkurs, und die koloniale Hauptstadt wurde von Bagamoyo nach Daressalam verlegt.

kalen Bungalows. Die Anlage fügt sich wunderbar in die Natur ringsum ein, mit Bungalows, die komplett aus Stroh bestehen (die Brise kann ungehindert hindurchwehen). Das Essen ist sehr lecker, außerdem gibt es Leihkajaks und Windsurf-Ausrüstungen.

Ganz in der Nähe organisiert der Anbieter Kasa Divers (S.143) Schnorchel-, Tauch- und andere Exkursionen.

## Sange Beach

Dieser lange, nahezu verlassene Strand liegt etwa auf halber Strecke zwischen Pangani-Ort und der Nordgrenze des Nationalparks Saadani (S.139).

**★ Tembo Kijani** LODGE, BANDA **$$**
(☎ 0785 117098, 0687 027454; www.tembokijani.com; EZ/DZ Baumhaus-banda 105/160 US$, EZ/DZ Bungalow 155/240 US$, alle mit Halbpension; P ☎) Eine kleine Öko-Lodge an einem hübschen Stück Strand. Die vier zu den Seiten hin offenen Baumhaus-*bandas* liegen versteckt im Busch, ein paar Schritte vom Meer entfernt, außerdem gibt es noch zwei komfortable ebenerdige Strand-Bungalows. Die Küche ist hervorragend (und dabei gesund). Die Besitzer haben sich mächtig ins Zeug gelegt, um die Lodge möglichst nachhaltig und umweltfreundlich zu gestalten, und das Resultat ist beeindruckend: Ihre Unterkunft versorgt sich vollständig aus Sonnen- und Windkraft.

Zudem können Saadani-Safaris, Buschwanderungen und kulturelle Touren arrangiert werden. Mindestaufenthalt zwei Übernachtungen.

**Kijongo Bay Resort** LODGE **$$$**
(☎ 0787 055572; www.kijongobayresort.com; EZ/DZ Halbpension in Villen 250/380 US$; P) An der Kijongo Bay stehen gerämige, luftige Villen (2 Etagen) mit Blick über einen herrlichen Strand. Sie verteilen sich auf ein großes, sandiges Grundstück und bieten jeweils Platz für bis zu fünf Gäste. Zur Anlage gehören auch ein kleineres Cottage in familiärem Stil, das "Boma House", ein Restaurant sowie ein motorisiertes Boot für Flussfahrten.

## Orientierung

Die Ortsmitte von Pangani mit dem Markt und dem Busbahnhof liegt am linken Ufer der Pangani-Mündung am Indischen Ozean. Ungefähr 2 km nördlich von hier befindet sich die Hauptkreuzung, an der die Straße von Muheza kommend auf die Küstenstraße trifft. Hier muss man aus dem Bus steigen, wenn man von Muheza kommt und an den Stränden nördlich der Ortschaft übernachten will.

ABSTECHER

### MEERESSCHUTZGEBIET MAZIWE

10 km vor Pangani liegt das **Meeresschutzgebiet Maziwe** (Erw./Kind 11,80/5,90 US$), eine kleine idyllische Insel aus Sand mit Schnorchelmöglichkeiten in kristallklarem Wasser. In dem Gebiet wurden häufig Delfine gesichtet. Die meisten Hotels und das Büro für Kulturtourismus in Pangani (Panggani Cultural Tourism Program Office) organisieren Ausflüge für ca. 35–45 US$ pro Person (Mindestteilnehmerzahl 2 Pers.). Maziwe kann nur bei Ebbe besucht werden. Vor Ort bekommt man nichts zu essen oder zu trinken, aber die Ausflüge beinhalten in der Regel ein Mittagspicknick.

## Praktische Informationen

**National Microfinance Bank** (Boma Rd) Der Geldautomat akzeptiert Visa- und MasterCard.

## An- & Weiterreise

### AUTO & MOTORRAD

Die Autofähre über den Fluss Pangani zum Dorf Bweni verkehrt täglich zwischen ungefähr 6 und 22 Uhr (regelmäßige Verbindungen; 300/50 TSh pro Erw./Kind, 6000 TSh pro Fahrzeug). In Bweni kann man vorab über die Hotels in Ushongo ein Taxi bestellen (ca. 30 000 TSh pro Taxi für bis zu 3 Passagiere). Eine Fahrt mit dem Motorradtaxi kostet gut 10 000 TSh bis Ushongo.

Alle Hotels an den Stränden südlich von Pangani organisieren Transfers von Bweni (dem Dorf, das von Pagani-Stadt aus gesehen, auf der anderen Flusseite liegt) und Tanga.

### BOOT

Daus verkehren regelmäßig zwischen Pangani und Mkokotoni an der Nordwestküste von Sansibar, aber für Ausländer sind sie offiziell nicht zugelassen und daher nicht zu empfehlen. Besser und sicherer ist die schnellere **MV Ali Choba** (☎ 0782 457668, 0784 134056; tto zonc@gmail.com), die mehrmals wöchentlich die Strecke zwischen Ushongo (südlich von Pangani), Pangani und der Inel Sansibar (Kwenda) bedient. Die Fahrt dauert zwei Stunden und kostet 335 US$ pro Boot für bis zu fünf Passagiere und 65 US$ pro Person für sechs und mehr Passagiere zwischen Ushongo und Sansibar (355 US$ pro Boot oder 70 US$ pro Pers. zwischen Pangani und Sansibar). Buchen kann man dort direkt oder über die Emayani Beach Lodge (S. 144). Eine weitere Option ist **Mr. Wahidi** (☎ 0784-489193). Er bewerkstelligt Transfers zwischen Pangani-Ort und Nungwi oder Kendwa auf Sansibar an Bord motorisierter Daus. Das kostet 140 US$ pro Boot für bis zu vier Personen bzw. 35 US$ pro Pers. ab fünf oder mehr Passagieren. Die Überfahrt dauert um die vier Stunden.

### BUS

Die besten Verbindungen zwischen Pangani und Tanga führen über die wiederhergestellte Küstenstraße mit ungefähr fünf Bussen täglich (2500 TSh, 1½ Std.). Der erste Bus fährt von Pangani etwa um 6.30 Uhr ab, sodass man Anschluss an einen Bus von Tanga nach Arusha bekommt. Es gibt mindestens einen täglichen direkten Bus zwischen Pangani und Daressalam (15 000 TSh). Pangani ist auch von Muheza aus mit dem *dalla-dalla* zu erreichen (2500 TSh). Von Muheza fahren auch Busse nach Tanga oder Korogwe, aber die Straße ist schlechter als die Küstenstraße und die Verbindungen sind nur sporadisch.

Täglich verkehrt ein Bus zwischen Tanga und Mkwaja (am Nordrand des Nationalparks Saadani), der um ungefähr 7 Uhr durch Mwera (6 km von Ushongo entfernt) in Richtung Norden und um 15.30 Uhr in Richtung Süden fährt. Es ist gewöhnlich kein Problem, zur Weiterfahrt von Mwera nach Ushongo ein Motorrad zu bekommen.

### FLUGZEUG

**Coastal Aviation** (☎ 0713 325673; www.coastal.co.tz) Täglich starten auf dem Rollfeld von Mashado (direkt südlich von Pangani, am südlichen Flussufer) Maschinen nach Daressalam (einfach 185 US$), Sansibar (110 US$), zum Kilimanjaro Airport (250 US$) und nach Arusha (250 US$).

## Tanga

☎ 027 / 273 300 EW.

Tanga, bis zum Zusammenbruch des Sisal-Markts ein bedeutendes industrielles Zentrum, ist Tansanias zweitgrößter Seehafen und nach Daressalam, Mwanza und Arusha die viertgrößte Stadt des Landes. Trotz seiner Größe ist Tanga ein angenehmer Ort mit einer etwas schläfrigen, halbkolonialen Atmosphäre, breiten Straßen voller Rad- und Motorradfahrern, schönen Gebäuden und dem speziellen Charme des Vergangenen. Es bietet sich für einen Zwischen-



ABSTECHER

### RUINENSTÄTTE

Etwa 20 km südlich von Tanga direkt neben der Uferstraße liegen die **Tongoni-Ruinen** (Erw./Kind 10 000/5000 TSh; ⌚ 8–17 Uhr) malerisch zwischen Affenbrotbäumen an einem leicht ansteigenden Hang mit Blick auf Mangroven und die Küste. Sie umfassen die bröckelnden Reste einer Moschee und etwa 20 überwachsene Shirazi-Säulengräber, die größte Ansammlung solcher Grabstätten an der ostafrikanischen Küste. Sowohl die Moschee als auch die Gräber werden auf das 14. oder 15. Jh. datiert.

Tongonis Blütezeit war das 15. Jh., als der Ort einen eigenen Sultan hatte und ungewollt sogar von Vasco da Gama besucht wurde, dessen Schiffe hier strandeten. Im frühen 18. Jh. versank Tongoni in Bedeutungslosigkeit, nachdem die Portugiesen die regionalen Handelsnetze zerstört hatten und Mombasa gefallen war. Im späten 18. Jh. ließen sich aus Kilwa geflohene Shirazis in Tongoni nieder, die es in Sitahabu oder „Besser hier als dort" umbenannten. Tongoni erlebte eine kurze Blüte, bevor es erneut völlig verfiel.

Obwohl die meisten Säulen Tongonis längst nicht mehr stehen, sind noch die Vertiefungen zu erkennen, in die dekorative Porzellanvasen und Schalen mit Opfergaben gestellt wurden. Es gibt außerdem noch etwa zwei Dutzend neuere und nicht weiter erwähnenswerte Gräber aus dem 18. und 19. Jh.

Man kann jeden fahrbaren Untersatz auf der Küstenstraße Richtung Pangani nehmen und steigt dann an der Abzweigung aus (durch ein rostiges Schild gekennzeichnet). Nach einem Fußmarsch von etwa 1 km Richtung Osten bis zum anderen Ende des Dorfes (nach „*magofu*" fragen) hat man dann die Ruinen erreicht. Es lohnt sich, früh aufzubrechen, denn nachmittags findet man nur schwer eine Rückfahrgelegenheit. Taxis aus der Stadt verlangen mindestens 50 000 TSh für die Hin- und Rückfahrt. Tangas Tourismusbüro Tanga Cultural Tourism Enterprise (S. 151) vermietet Autos für 52 US$.

stopp auf dem Weg nach oder von Mombasa an bzw. zu den Stränden um Pangani, das etwa 50 km südlich liegt.

## Geschichte

Obwohl es wahrscheinlich schon seit der Shirazi-Zeit eine größere Siedlung in Tanga gab, gewann die Stadt erst Anfang bis Mitte des 19. Jhs. als Ausgangspunkt für Handelskarawanen ins Landesinnere Bedeutung. Elfenbein war das wichtigste Handelsgut und Ende der 1850er-Jahre betrug der jährliche Umsatz rund 70 000 Pfund, wie der Entdeckungsreisende Richard Burton nach seinem Besuch berichtete. Der eigentliche Boom aber begann mit der Ankunft der Deutschen im späten 19. Jh. Sie bauten die Stadt und den Hafen aus und errichteten die Eisenbahnlinie, die Moshi und die Kilimandscharo-Region mit dem Indischen Ozean verband. Die deutschen Kolonialherren brachten auch den Sisal in die Region, und Tansania wurde bald der weltweit führende Produzent und Exporteur des kolonialen Rohstoffs. Sisal prägte fortan das Wirtschaftsleben der Gegend. Im Ersten Weltkrieg war Tanga Schauplatz eines Gefechts zwischen Deutschen und Briten. Die zahlenmäßig überlegenen, jedoch schlecht ausgerüsteten britischen Truppen wurden von den Deutschen vernichtend geschlagen (William Boyd schrieb 1986 darüber den Roman *Zum Nachttisch Krieg*).

Als in den 1970er-Jahren der Weltmarkt für Sisal einzubrechen begann, ging es mit Tangas Wirtschaft stetig bergab. Heute ist viel von der Infrastruktur der Stadt verfallen, und die Wirtschaft ist nur ein Schatten ihrer selbst, auch wenn sich im Westen immer noch große Plantagen über den Ebenen am Fuß der Usambara-Berge erstrecken.

## Sehenswertes & Aktivitäten

Am besten ist ein Spaziergang durch den Jamhuri-Park, der die beste Aussicht über die Hafenbucht bietet. Hier findet man den alten von den Deutschen erbauten **Uhrturm**, den Park und den Friedhof, die das **Askari-Denkmal** am Ende der Market Street umgeben.

**Urithi Tanga Museum** MUSEUM
(☎ 0784 440068; Independence Ave; 5000 TSh; ⏲ 9–17 Uhr) Tangas alte *boma* ist wiederhergestellt worden und beherbergt ein kleines, aber sehenswertes Museum mit historischen regionalen Fotos und Artefakten.

**Toten Island** INSEL, HISTORISCHE STÄTTE
Direkt vor der Küste von Tanga liegt die kleine, von Mangroven umringte Insel, die "Insel der Toten", mit den überwucherten Ruinen einer Moschee (mindestens aus dem 17. Jh.) und einigen Grabsteinen aus dem 18. und 19. Jh. Keramikscherben aus dem 15. Jh., die ebenfalls auf der Insel gefunden wurden, sind ein Hinweis darauf, dass sie schon in der Shirazi-Zeit besiedelt war. Ihre recht lange Geschichte endet im späten 19. Jh., als ihre Bewohner aufs Festland zogen.

Die Ruinen sind weniger leicht erreichbar und nicht so eindrucksvoll wie die beim nahen Tongoni, sind aber einen Besuch wert, wenn man viel Zeit hat. Ausflüge arrangiert Tanga Cultural Tourism Enterprise (S. 151). Sie kosten ca. 60 US$ pro Person (inkl. Motorboottransfer und Führung).

**Tanga Yacht Club** SCHWIMMEN
(☎ 027-264 4246; Hospital Rd, Ras Kazone; 6000 TSh; ⏲ Mo–Do 10–14.30 & 17.30–22, Fr–So 10–23 Uhr) Dieser Club hat einen eigenen kleinen, sauberen Strand, Duschen und ein gutes Restaurant mit Bar und Meerblick. Hier kann man gut ausspannen, und vor allem an Wochenenden treffen sich hier gern Expats, um zu hören, was in der Stadt los ist.

## Schlafen

Tangas Hotels verteilen sich auf das Stadtzentrum und das Wohngebiet Ras Kazone, 2 km östlich der Stadt, das man Richtung Nordosten über die Hospital Road erreicht, die parallel zum Wasser verläuft. Ebenso sind Übernachtungen in den erholsamen Strandhotels im Norden oder Süden von Tanga zu empfehlen.

### Stadtzentrum & Ras Kazone

**New Raskazone Hotel** HOTEL $
(☎ 0745 643157, 0717 860058, 0756 444529; www.newraskazonehotel.com; Ras Kazone; Zi. ohne/mit Klimaanlage 40 000/50 000 TSh; ❄) Die zuverlässige Unterkunft mit gutem Preis-Leistungs-Verhältnis hat einen gepflegten Garten und ruhige tadellose Zimmer mit warmem Wasser und Flachbildschirm-TV sowie ein Restaurant (Mahlzeiten 600–10 000 TSh). Die Zimmer mit Klimaanlage sind etwas größer und lohnen den Aufpreis. Das Hotel liegt in dem Wohngebiet Ras Kazone; ein Taxi ab dem Busbahnhof kostet 5000 TSh.

**Panori Hotel** HOTEL $
(☎ 027-264 6044, 0655 049260; www.panorihotel.com; Ras Kazone; EZ/DZ/3BZ 65 000/95 000/

# Tanga

## Tanga

**Sehenswertes**
1 Urithi Tanga Museum ...... A3

**Aktivitäten, Kurse & Touren**
2 Tanga Yacht Club ...... G1

**Schlafen**
3 CBA Hotel ...... G1
4 ELCT Mbuyukenda Tumaini Hostel ...... D3
5 Majuba's B&B ...... E2
6 Mkonge Hotel ...... E2
7 Motel Sea View ...... G3
8 New Raskazone Hotel ...... G2
9 Nyumbani Hotel ...... H3
10 Panori Hotel ...... H2
11 Regal Naivera Hotel ...... D4

**Essen**
12 Food Palace ...... C4
Pizzeria d'Amore ...... (siehe 5)
13 SD Supermarket ...... H3
14 Tanga Fresh ...... D4
Tanga Yacht Club ...... (siehe 2)

**Praktisches**
15 Barclays ...... C4
16 CRDB ...... H4
17 Exim ...... C4
18 Global Internet Cafe ...... C4
19 NBC ...... G4
20 Tanga Cultural Tourism Enterprise ...... C4

**Transport**
Azam Marine Booking Office ...... (siehe 15)
21 Coastal Aviation ...... C4

120 000 TSh; P ❄ 📶 ☒) Das alteingesessene Hotel hat 18 einfache Zimmer mit Ventilator und TV, einen kleinen Garten und ein großes Open-Air-Restaurant mit Strohdach. Es liegt in einem ruhigen Wohngebiet, ca. 3 km vom Zentrum entfernt (Taxi ab dem Bus-

bahnhof 5000 TSh). Man folgt der Hospital Road Richtung Osten nach Ras Kazone, ab dort ist es ausgeschildert. Die Zimmer sind unterschiedlich groß, also schaut man sich am besten ein paar an.

**CBA Hotel** HOTEL $
(☎0689 444000, 0753 419269; Ras Kazone; EZ/DZ 50 000/55 000 TSh; P ❄ 📶) Auch das CBA ist eine Oase der Ruhe und hat einen großen Garten sowie saubere, bescheidene Zimmer mit Moskitonetzen und fairem Preis-Leistungs-Verhältnis. Auch ein Restaurant gehört dazu. Es liegt direkt gegenüber vom Tanga Yacht Club.

**ELCT Mbuyukenda Tumaini Hostel** GÄSTEHAUS $
(☎0658 131557, 0763 410059; mbuyukendahostel@elct-ned.org; Hospital Rd; EZ/DZ 25 000/30 000 TSh; P ❄) Etwas verschlissen, aber die neueren Zimmer (alle mit 2 Betten) sind o.k. für den Preis, zumal die Anlage ruhig, weitläufig und grün ist. Sie liegt gleich südwestlich des Bombo-Hospitals und schräg gegenüber des unschwer zu erkennenden Katani House. Für Mahlzeiten (7000 TSh) wird nach vorheriger Anmeldung gesorgt. Taxis berechnen 5000 TSh vom Busbahnhof.

**Regal Naivera Hotel** HOTEL $
(☎027-264 5669, 0767 641464, 0712 996668; www.regalnaiverahotel.com; Zi. 50 000–120 000 TSh; P ❄ 📶) Das große pinkfarbene Hotel und Restaurant nimmt ein ruhiges Fleckchen zwei Blocks von der Hospital Road entfernt hinter dem unschwer zu erkennenden Katani House ein. Die verschieden großen Zimmer sind zwar unscheinbar, aber in Ordnung. Alle sind mit Doppelbett, Ventilator, Klimaanlage und Minikühlschrank eingerichtet.

**Motel Sea View** HOTEL $
(Bandarini Hotel; ☎027-264 5581, 0713 383868; Independence Ave; EZ/DZ 20/30 US$; P ❄) Der Kolonialbau gegenüber vom Jamhuri-Park

## ENTDECKUNGEN RUND UM TANGA

Die sagenumwobenen **Amboni-Höhlen** (Erw./Kind 20 000/10 000 TSh) aus Kalkstein sind eines der größten Höhlensysteme Ostafrikas und ein äußerst lohnender Abstecher für alle, die an Höhlenforschung interessiert sind. Heute hausen hier Tausende von Fledermäusen, aber früher glaubte man, sie seien von Geistern bewohnt, und noch heute werden hier deswegen Rituale durchgeführt. Es hieß, die Höhlen seien über 200 km lang und von der kenianischen Mau-Mau-Bewegung in den 1950er-Jahren als Versteck vor den Briten genutzt worden. Obwohl eine 1994 durchgeführte Vermessung ergab, dass sie bei Weitem nicht so lang sind – die größte der erforschten Höhlen ist nur 900 m lang – hält sich immer noch hartnäckig das Gerücht, dass sie bis nach Mombasa reichen.

Die Höhlen, die etwa 8 km nordwestlich von Tanga abseits der Straße von Tanga nach Mombasa liegen, erreicht man am besten bei einer Radtour, die sich über **Tanga** Cultural Tourism Enterprise (ca. 65 000 TSh pro Pers. inklusive Eintritt, Fahrradmiete und Guide) organisieren lässt. Alternativ nimmt man ein *dalla-dalla* zum Dorf Amboni (1000 TSh) und lässt sich am Abzweig für die Höhlen beim Forstamt absetzen. Von hier sind es noch 2,5 km zu Fuß zum Dorf Kiomoni; die Höhlen erstrecken sich westlich von Kiomoni am Fluss Mkulumuzi. Wichtig sind eine starke Taschenlampe und geschlossene Schuhe, damit man später nicht den Fledermauskot von seinen Füßen kratzen muss. Ein Taxi ab Tanga kostet ungefähr 50 000 TSh hin und zurück, inklusive Wartezeit.

Die meisten Ausflüge zu den Amboni-Höhlen beinhalten einen Besuch der **Galanos-Schwefelquellen** (5000 TSh) nordwestlich von Tanga. Diese grünen, ziemlich überwältigenden stinkenden Schwefelquellen verdanken ihren Namen einem griechischen Sisalpflanzer, der als Erster ihre entspannende Wirkung nach einem langen, arbeitsreichen Tag auf den Feldern erkannte. Sie sind zwar bis heute in Betrieb, aber ziemlich wenig verlockend – trotz ihrer angeblich heilenden Eigenschaften.

Die nicht ausgeschilderte Abzweigung zu den Quellen befindet sich an der Straße von Tanga nach Mombasa gleich nach der Überquerung des Flusses Sigi. Von hier geht's noch einmal 2 km weiter. *Dalla-dallas* von Tanga fahren bis zum Dorf Amboni, von wo aus man zu Fuß weitergehen muss.

hat seine besten Zeiten hinter sich und ist ziemlich heruntergekommen, was den letzten Rest seines Charmes sehr verblassen lässt. Die Zwei-Bett-Zimmer haben Ventilatoren, aber keine Moskitonetze. Ein paar Unterkünfte trumpfen mit Veranda und Hafenblick auf. Im hauseigenen Restaurant gibt's nur Frühstück und Abendessen.

**Nyumbani Hotel** HOTEL **$$**
(☎027-264 5411, 0759 463578; www.nyumbanihotels.com; Independence Ave; EZ/DZ 70/90 US$; P ❄ 📶 🏊) Das moderne Hochhaus bietet eine praktische zentrale Lage und ein glamouröses Äußeres, das allerdings Erwartungen weckt, die die meisten Zimmer nicht erfüllen. Zur Anlage gehören ein Restaurant und ein kleiner Pool.

**Majuba's B&B** B&B **$$**
(☎0784 395391, 0715 395391; graberh1@gmail.com; Hospital Rd; Zi. 100 US$; P ❄ 📶 🏊) Ein B&B mit zwei ruhigen, großzügigen, wunderhübsch eingerichteten Luxuszimmern, jeweils inkl. Minikühlschrank und Satelliten-Fernseher.

**Mkonge Hotel** HOTEL **$$**
(☎0754 238611, 027-264 4446, 027-264 3440; www.mkongehotel.com; Hospital Rd; EZ/DZ/3BZ 80/90/120 US$, mit Meerblick 90/100/130 US$; P ❄ 📶 🏊) Das Mkonge Hotel liegt herrlich auf einer weiten Rasenfläche mit Meerblick. Es wartet mit einem Restaurant und wundervollem Ausblick auf, aber die Zimmer und der Service könnten besser sein. Es lohnt sich, den Aufpreis für ein Zimmer mit Meerblick zu investieren.

## Nördlich von Tanga

★ **Fish Eagle Point** LODGE **$$**
(☎0784 346006, 0687 680494; www.fisheaglepoint.com; Vollpension 75–130 US$ pro Pers.; P 📶 🏊 👪) Die hübsche Lodge hat geräumige Strandhütten in verschiedenen Größen, die eine von Mangroven gesäumte Bucht einrahmen. Den Gästen wird eine Dau geboten sowie Schnorcheln, Kajakfahren, Angeln und Vögelbeobachten. Um die tolle Familienunterkunft zu erreichen, fährt man gut 38 km auf der asphaltierten Straße nach Horohoro nördlich von Tanga bis zur ausgeschilderten

Abzweigung (rechter Hand) und dann noch mal weitere 10 km über eine Schotterpiste.

## Essen

**Tanga Fresh** MOLKEREI $

(Joghurt & Milch ab 500 TSh; 6.30–16 Uhr) Diese Firma produziert köstliche, frische Joghurts und Milch, die in der ganzen Region verkauft werden. Das Outlet liegt am Ende einer kleinen unbefestigten Straße, die östlich des Tanesco-Gebäudes verläuft; auf das große Tor links achten.

**Food Palace** INDISCH $

(027-264 6816; Market St; Mahlzeiten 6000–10 000 TSh; Mo–Do 7.30–15.30, Fr–So 7.30–15.30 & 19–22 Uhr; ) Leckere indische Snacks und vollwertige (teils vegetarische) Mahlzeiten in lokalem Ambiente. Insgesamt gutes Preis-Leistungs-Verhältnis.

**Pizzeria d'Amore** ITALIENISCH $$

(0715 395391, 0784 395391; Hospital Rd; Mahlzeiten 15 000–20 000 TSh; Di–So 11.30–14 & 18.30–22 Uhr) Ein kleines Gartenrestaurant mit leckeren Pizzas, Pasta, Fisch und Meeresfrüchten, kontinentaler Küche, einer Bar und einer Terrasse treppauf, auf der ein laues Lüftchen weht.

**Tanga Yacht Club** EUROPÄISCH $$

(027-264 4246; Hospital Rd, Ras Kazone; Vorspeise 6000 TSh, Mahlzeiten 12 000–20 000 TSh; Mo–Do 10–14.30 & 17.30–22, Fr–So 10–23 Uhr; ) Meeresfrüchte und verschiedene Grillgerichte in attraktiver Lage mit Meerblick.

### Selbstverpfleger

**SD Supermarket** SUPERMARKT $

(Bank St.; Mo–Fr 9–13.30 & 15–18, Sa 9–14 Uhr) Für Selbstversorger; liegt hinter dem Markt.

## Praktische Informationen

### GEFAHREN & ÄRGERNISSE

Das Hafengebiet ist ziemlich heruntergekommen und sollte gemieden werden. Am Abend um die Port Road und Independence Avenue beim Jamhuri-Park Vorsicht walten lassen.

### GELD

**Barclays** (Independence Ave) Hat einen Geldautomaten.

**CRDB** (Tower St) Hat einen Geldautomaten.

**Exim** (Independence Ave) Neben Barclays; mit Geldautomat.

**NBC** (Ecke Bank & Market Sts) Direkt im Westteil des Markts.

### INTERNET

**Global Internet Cafe** (Market St; 2000 TSh/pro Std.; Mo–Sa 8.30–18 Uhr)

### MEDIZINSCHE VERSORGUNG

**International Pharmacy** (0686 108160, 0713 237137; Ecke Street Nr. 7 & Mkwakwani Rd; Mo–Sa 9–17, So 10–13 Uhr) Gut sortierte Apotheke.

### TOURISTENINFORMATION

**Tanga Cultural Tourism Enterprise** (027-264 5254, 0765 162875, 0713 375367; www.tangatourismcoalition.com; Mo–Fr 8.30–16, Sa bis 13 Uhr) Die hilfsbereiten Mitarbeiter organisieren auf Wunsch Ausflüge und buchen Unterkünfte.

## An- & Weiterreise

### BUS

Busse von Ratco und anderen Unternehmen nach Daressalam fahren täglich von 6 Uhr bis 14 Uhr alle paar Stunden in beide Richtungen (15 000–17 000 TSh, 6 Std.).

Richtung Arusha kommt man mindestens dreimal täglich zwischen ungefähr 6 und 11 Uhr (17 000–19 000 TSh, 7–8 Std.). Lushoto wird täglich ab 7 Uhr von mehreren Direktbussen (7000–8000 TSh, 4 Std.) angesteuert.

Einige größere Busse und viele *dalla-dallas* machen sich den ganzen Tag über auf den Weg nach Pangani (2500 TSh, 1½ Std.); sie folgen der Küstenstraße.

Alle Busse nutzen das Hauptbusdepot auf der Taifa Road („Double Rd.") an der Kreuzung mit der Street Nr. 12. Es befindet sich 1,5 km südlich des Zentrums (Taxi 5000 TSh) und südlich der Eisenbahnschienen im Bezirk Ngamiani.

### BOOT

Die Fähre Azam Marine's Sealink fährt einmal pro Woche zwischen Tanga und Pemba (4 Std., 35 US$), und man hat die Möglichkeit, nach Sansibar weiterzureisen. Die Fähren fahren dienstags ab Tanga und sonntags ab Pemba. Tickets kann man online oder bei der **Azam Marine Booking Office** (www.azammarine.com; Custom St; unregelmäßig geöffnet) kaufen.

### FLUGZEUG

**Coastal Aviation** (0713 596075, 0713 325673; www.coastal.co.tz; Ecke Independence Ave & Usambara St; Mo–Sa 8–16 Uhr) und **Auric Air** (0757 466648; www.auricair.com) bieten täglich Flüge zwischen Tanga, Daressalam, der Insel Sansibar und Pemba (eine Strecke zwischen Tanga und Pemba/Sansibar/Daressalam ca. 95/130/195 US$). Das Büro von Auric Air in Tanga liegt am Flughafen, ca. 3 km westlich des Zentrums an der Korogwe Road (Taxi 5000 TSh).

### Unterwegs vor Ort

Taxistände gibt's an der Busstation und in der Nähe des Markts an der Market Street. Gelegentlich fahren auch *dalla-dallas* auf der Ocean Road zwischen Stadtmitte und Ras Kazone.

## Muheza

027

An der Stelle, wo die Straßen zum Naturschutzgebiet Amani und nach Pangani vom Highway nach Tanga abzweigen, befindet sich das gesichtslose Muheza. Obwohl die Stadt weiter landeinwärts liegt, gehört sie kulturell zur Küstenregion von Tanga, mit einem feuchten Klima, starken Suaheli-Einflüssen und einer Umgebung, deren Landschaft von Sisalplantagen geprägt ist, die nur von Palmenhainen unterbrochen werden. Muhezas Markt- und Geschäftsviertel ist von Reihen wackliger Holzstände und kleinen, mit Wellblech gedeckten Häusern beherrscht und liegt rund 1km abseits der großen Hauptstraße am Hang.

Wer in Muheza über Nacht stecken bleibt, kann sich im **Msangazi Guest House** (Amani Nature Reserve Rd; Zi. 20 000–30 000 TSh; P) einquartieren, einer einfachen, aber gastfreundlichen Unterkunft ca. 2,5 km vom Busbahnhof auf dem Weg zum Amani Nature Reserve. Es liegt an der linken (südlichen) Seite der Straße; man halte nach einem pink-orange-farbenen Gebäude Ausschau. Auf Vorbestellung bekommt man auch etwas zu essen.

Von der Bushaltestelle gleich neben der Straße Richtung Tanga kommt man zum Amani Nature Reserve. Täglich fahren zwei Busse nach und von Amani. Der Bus von Muheza startet gegen 14 Uhr und von Amani um 6 Uhr (4000 TSh, 2 Std.). Zwischen Muheza und Tanga fahren täglich mehrere Busse (1500 TSh, 45 Min.) und jeden Morgen Direktbusse nach Lushoto (4000 TSh, 3 Std.).

## Korogwe

027 / 68 308 EW.

Korogwe, eine heruntergekommene Stadt in schöner Landschaft aus weiten Feldern, Hügeln und Bergen ist vor allem als Verkehrsknotenpunkt von Interesse. Im westlichen Teil der Stadt, „Neu"-Korogwe genannt, befinden sich der Busbahnhof und mehrere Unterkünfte. Im Osten liegt „Alt"-Korogwe mit dem heute stillgelegten Bahnhof. Südwestlich der Stadt zweigt eine holprige Straße nach **Handeni** ab, das für seine Bienenzucht und Honigproduktion sowie für das örtliche Krankenhaus bekannt ist.

Wenn hier eine Reisepause erforderlich ist, bietet sich das **Motel White Parrot** (027-264 5342; motelwhiteparrot@gmail.com; Main Hwy; Camping 15 000 TSh, EZ/DZ ab 40 000/50 000 TSh; P ❄) an. Ein „Rudel" Plastiktiere wacht über den Eingang dieser Herberge an der Hauptstraße. Sie wartet mit meist sauberen, ordentlichen Zimmern und einem recht kahlen Campingplatz (mit Warmwasserduschen und Kochbereich) auf. Ein Büfett-Restaurant gibt's auch. Wer unterwegs urplötzlich müde wird, kann hier bedenkenlos eine Nacht verbringen.

Alle Busse, die auf der Hauptstraße zwischen Arusha und Tanga oder zwischen Arusha und Daressalam unterwegs sind,

**ABSTECHER**

### KULTURTOURISMUS IN LUTINDI

Lutindi und das **Lutindi-Kulturtourismusprojekt** (0763 695541, 027-264 1040; lutindi-hospital@elct.org) thronen südöstlich von Lushoto auf einem Grat der Usambara-Berge. In Lutindi wurde die erste psychiatrische Klinik in Ostafrika gegründet. Besucher können das Gelände besichtigen, die Werkstätten besuchen, wo einige Patienten der Klinik beschäftigt sind, durch die nahen Teepflanzungen gehen und sich dabei ein Bild vom Leben in der vom allgemeinen Tourismus weit entfernten Einrichtung machen.

Es gibt eine einfache Pension (30 000 TSh pro Pers.), in der Frühstück, Mittag- und Abendessen zubereitet werden (5000–7000 TSh). Lutindi erreicht man über das Dorf Msambiazi, ca. 20 km nordwestlich des Orts Korogwe, der wiederum am Highway von Daressalam nach Arusha liegt. In einem *dalla-dalla* geht's von Korogwe ungefähr 6 km zum Dorf Msambiazi (600 TSh), wo man für die restlichen etwa 8 km bis zu dem Krankenhaus ein Motorradtaxi (5000–8000 TSh) nehmen kann. Taxis von Korogwe nach Lutindi kosten 35 000–50 000 TSh. Wenn man früh aus Moshi oder Tanga abfährt, ist man am Nachmittag in Lutindi.

halten in Korogwe. Einen Anschlussbus für die Weiterreise bekommt man wahscheinlich mit etwas Wartezeit am Motel Blue Parrot, ca. 2 km südöstlich vom Zentrum von Korogwe, vor dem viele Busse halten.

# USAMBARA-BERGE

Mit ihrem weiten Panorama, kühlem Klima, gewundenen Pfaden und malerischen Dörfern gehören die Usambaras zu den Höhepunkten von Tansanias Nordosten. Das ländliche Leben dreht sich hier um geschäftige, bunte Märkte, die von einem Dorf zum nächsten ziehen, und ist weitgehend unberührt von der boomenden Safari-Szene samt Ansturm von Geländewagen im nahen Arusha. Leicht kann man hier mindestens eine Woche damit verbringen, von Dorf zu Dorf zu wandern, oder auch einen Ort als Ausgangsbasis für Tagestouren wählen.

Die Usambara-Berge, ein Teil der Eastern Arc Mountains, sind in zwei durch ein 4 km breites Tal geteilte Bergketten getrennt. Die westlichen Usambara-Berge um Lushoto sind am einfachsten zu erreichen. Die östlichen Usambaras um Amani sind weniger gut erschlossen, aber mit durchschnittlich über 300 Menschen pro km² ähnlich dicht besiedelt wie der Westen. Die Hauptstämme sind die Sambaa, Kilindi, Zigua und Mbugu.

Obwohl das Klima das ganze Jahr hindurch angenehm ist, werden die Wege in der Regenzeit von März bis Mai zu matschig für Trekking. Die beste Reisezeit ist daher Juni bis November, wenn die Regenfälle aufhören und die Luft am klarsten ist.

Wer Radtouren durch die Usambara-Berge unternehmen möchte, kann sich an **Summit Expeditions & Nomadic Experience** (☎ 0787 740282; www.nomadicexperience.com) in Moshi wenden.

## Naturschutzgebiet Amani

Das **Naturschutzgebiet Amani** (Erw./Kind pro Besuch 10/5 US$, in Tansania angemeldetes/ausländisches Fahrzeug pro Besuch 10 000 TSh/25 US$) liegt westlich von Tanga im Herzen der östlichen Usambaras. Es wird von Touristen leicht übersehen, dabei ist es ein friedlicher, üppig grüner Flecken Bergwald, erfüllt vom Rauschen der Bäche, dem Zirpen der Insekten und dem Gesang der Vögel. Darüber hinaus ist es außergewöhnlich reich an einzigartigen Pflanzen- und Vogelarten und somit ein äußerst lohnender Abstecher für alle, die ornithologische oder botanische Interessen haben. Wer geduldig mit dem Feldstecher ausharrt, bekommt vielleicht einen Amani- oder Rotband-Nektarvogel bzw. einen Grünkopfpirol vor die Linse.

### Geschichte

Obwohl Amani erst im Jahr 1997 zum Naturschutzgebiet ausgerufen wurde, begann seine Erforschung schon ein Jahrhundert früher, als die Deutschen hier eine Forschungsstation einrichteten und botanische Gärten anlegten. Große Waldgebiete wurden gerodet und zahlreiche neue Arten eingeführt. In nur wenigen Jahren waren die Gärten mit insgesamt 304 ha Fläche und 600 bis 1000 verschiedenen Pflanzenarten, darunter zahlreiche endemische Sorten, die größten in Afrika. Schon bald aber begann die Ausbeutung der Waldbestände, und die Gärten verfielen allmählich. Ein Sägewerk wurde errichtet und eine Eisenbahnlinie gebaut, die das etwa 12 km unterhalb von Amani gelegene Sigi mit der Hauptlinie von Tanga nach Moshi verband, um den Abtransport der Holzstämme zur Küste zu erleichtern.

In der britischen Kolonialzeit wurde das Forschungsinstitut nach Nairobi verlegt und die Eisenbahnschienen durch eine Straße ersetzt, die Amani mit Muheza verband. Viele der Anlagen in Amani übernahm das benachbarte, regierungsgeführte Malaria-Forschungszentrum. Die Gärten wurden vernachlässigt und verwahrlosten.

In den letzten Jahren haben die Regierungen Tansanias und Finnlands sowie die EU Fördermittel für Projekte zur nachhaltigen Ressourcennutzung durch die örtlichen Gemeinden bereitgestellt. Gleichzeitig wurden einheimische Guides geschult und das Wegenetz in den östlichen Usambaras ausgebaut, um Besuchern den Zugang zu dieser Region zu erleichtern.

### Sehenswertes & Aktivitäten

Das **Zigi Information Centre** (⏲ 8–17 Uhr) im alten Haus des Stationsvorstehers gegenüber dem Eingangstor von Zigi ist ein Besucherzentrum mit Infos über die Geschichte der Region, die Tierwelt und Heilpflanzen. Hier bezahlt man auch den Eintritt und die Gebühren für den Guide. Das Gelände kann man sich bei mehreren kurzen Spaziergängen auf einem verzweigten Wegenetz ohne oder mit Führer (pro Pers. und Tag 15 US$) komplett ansehen. Die Routen sind in dem

Führer *A Guide to Trails and Drive Routes in Amani Nature Reserve* detailliert beschrieben, der manchmal im Zigi Information Centre erhältlich ist.

## Schlafen & Essen

**Amani Conservation Centre Rest House** CAMPINGPLATZ, PENSION $
(027-264 0313, 0784 587805; Camping 15 US$, EZ/DZ mit Vollpension 22,50/45 US$; P) Das vom Naturschutzgebiet betriebene Gästehaus liegt im Wald und hat einfache, saubere Zimmer und eine kleine Fläche, um Zelte aufzustellen. Es gibt einen Heißwasservorrat und einfache Mahlzeiten. Zur Anreise: An der Hauptgabelung in Amani geradeaus vorbei zum ausgeschilderten Büro des Reservats, das Gebäude daneben ist das Rest House.

**Zigi Rest House** CAMPINGPLATZ, PENSION $
(027-264 0313, 0784 587805; Camping 15 US$, EZ/DZ mit Vollpension 22,50/45 US$) Die Zimmer in diesem vom Naturschutzgebiet betriebenen Gästehaus haben ein Bad, drei Doppelbetten und rustikale Berghüttenatmosphäre. Heißes Wasser zum Baden und Mahlzeiten sind vorhanden, allerdings sollte man zusätzlich Obst oder Snacks mitbringen. Zelten ist ebenfalls möglich (Ausrüstung komplett selbst mitbringen). Zur Zeit unserer Recherche wurde renoviert und in einigen Zimmern war es daher recht laut. Es liegt am Haupteingang zum Reservat.

**Amani Forest Camp** CAMPINGPLATZ, COTTAGES $$
(Emau Hill; 0693 119690; www.amaniforestcamp.com; Camping 10 US$, EZ/DZ Safarizelt 100/156 US$, EZ/DZ Cottage 112/176 US$; Mitte Juni–März; P) Die rustikale Unterkunft auf einem Waldgrundstück mit interessanter Vogelwelt und Spazierwegen bietet Zelte und hübsche Cottages sowie ein Restaurant. An Amani vorbei geht's 1,5 km auf der Straße nach Kwamkoro zu der ausgeschilderten Abzweigung, von wo aus es noch 3 km auf einem schmalen Buschpfad weitergeht.

## An- & Weiterreise

Amani liegt 32 km nordwestlich von Muheza. Die Piste dorthin ist in ziemlich gutem Zustand, bis auf die letzten 7 km, wo sie steinig und schlecht befahrbar wird (nur Geländewagen). Mindestens ein Lkw verkehrt täglich zwischen Muheza und Amani (3500 TSh, 2 Std.) und fährt bis zum 9 km hinter Amani liegenden Dorf Kwamkoro weiter. Abfahrt von Muheza zwischen ca. 13 Uhr und 14 Uhr. In der Gegenrichtung kommt der Laster etwa ab 6 Uhr früh durch Amani. Er hält in der Nähe des Reservatsbüros.

In der Trockenzeit schafft es ein normales Auto bis Zigi (25 km von Muheza entfernt). Danach aber ist ein Geländewagen erforderlich. Für die Strecke von Muheza bis Amani braucht man 1½ bis 2 Std., weniger in einem guten Auto mit hohem Fahrgestell. Wer möchte, kann auch von Zigi auf einem Wandertrail zu Fuß nach Amani gehen (2½–3 Std.). Wer von Muheza kommt, fährt auf der Straße (ausgeschildert) geradeaus bis zur letzten Abzweigung, wo Bulwa rechts ausgeschildert ist; Amani liegt 2 km weiter auf der linken Seite.

# Soni

027 / 12 840 EW.

Das kleine Soni ist ideal für alle, die in den Usambara-Bergen eine ruhigere Alternative zu der zunehmend überfüllten Basis des nahen Lushoto (S. 155) suchen. Zwar gibt es so gut wie keine touristische Infrastruktur, dafür aber jede Menge Lokalkolorit und Geschäftigkeit, insbesondere in der Gegend um den Markt an der Hauptkreuzung. Zum Übernachten und Organisieren von Wandertouren ist die Maweni Farm (siehe unten) am besten und eine gute Ausgangsbasis zur Erkundung von Sonis Attraktionen. Dazu gehören der Berg **Kwa Mungu** (ca. 30 Min. Fußmarsch ab Soni) und der **Ndelemai Forest**. Soni ist auch der Ausgangspunkt für mehrere sehr schöne Wanderungen, darunter eine zwei- bis dreistündige Tour zum **Waldreservat Mazumbai** und zum Ort sowie eine drei- bis fünfstündige Wanderung zur von Pinien umgebenen Benediktiner-Mission **Sakharani**, wo regional produzierter Wein verkauft wird. Es gibt noch einen herrlichen längeren Marsch von der Maweni Farm (siehe unten) zur Gare-Mission und dann nach Lushoto. Die Gegend um Gare (eine der ersten Missionsstationen in dem Gebiet) wurde als Maßnahme zur Erosionsbekämpfung wieder aufgeforstet, und der Gegensatz zu den baumlosen, stärker erodierten Flächen ist ein sehr interessanter Anblick. Nach Gare, und als ein Abstecher auf dem Weg nach Lushoto, bietet sich ein Halt im Dorf **Kwai** an, wo es ein Töpfereiprojekt für Frauen gibt. Kwai war auch ein früher Forschungsposten für Bodenwissenschaft und Erosionskontrolle.

**Maweni Farm** LODGE $$
(0713 417858, 0713 565056, 0787 279371; www.maweni.com; EZ 30 US$, DZ 50–80 US$, 5BZ 80 US$; P) Das atmosphärische alte

Bauernhaus liegt auf einem hübschen üppig grünen Grundstück vor einer Kulisse mit zwitschernden Vögeln, blühenden Gärten und einem mit Seerosen bedeckten Teich, hinter dem sich der Berg Kwa Mungu erhebt. Die Zimmer sind einfach und geräumig und es gibt hervorragende gesunde Mahlzeiten. Man kann kompetente Führer für Wanderungen anheuern und das Anwesen ist eine herrliche und ruhige Basis für die Erkundung der Usambara-Berge.

Um Maweni zu erreichen, folgt man der ausgeschilderten 2,9 km langen Sandpiste, die von der Hauptkreuzung in Soni aus am Wochenmarkt vorbeiführt.

### An- & Weiterreise

Soni liegt ca. 20 km oberhalb von Mombo an der Straße nach Lushoto (bis dort sind es von Soni aus noch mal 12 km). Ab Mombo und Lushoto fahren *dalla-dallas* nach Soni (1500 TSh entweder ab Lushoto oder ab Mombo).

INSIDERWISSEN

**MARKTTAGE**

Tansanische Dörfer sind an Markttagen besonders bunt und farbenprächtig. Dann kommen Händler zu Fuß aus kilometerweitem Umkreis hierher, um ihre Waren zu verkaufen:

**Bumbuli** Samstag, ein kleinerer Markt findet dienstags statt.

**Lushoto** Sonntag, ein kleinerer Markt findet donnerstags statt.

**Mlalo** Mittwoch.

**Soni** Dienstag, ein kleinerer Markt findet freitags statt.

**Sunga** Mittwoch, eine sehr bunte Angelegenheit.

## Lushoto

☎ 027 / 500 000 EW.

Lushoto ist eine grüne Hochlandstadt, die in einem fruchtbaren Tal in ungefähr 1200 m Höhe liegt und von Pinien und Eukalyptusbäumen, gemischt mit Bananenstauden und anderen tropischen Pflanzen, umgeben ist. Es ist das Zentrum der westlichen Usambaras und ein praktischer Ausgangsort für Wanderungen in die umgebende Hügellandschaft.

Lushoto ist auch das Kernland des Volkes der WaSambaa (der Name „Usambara" geht auf WaSambaa oder WaShambala zurück, was so viel wie „verstreut" bedeutet), und die lokale Kultur ist sehr präsent. Anders als in Muheza und anderen küstennahen Teilen der Tanga-Region, wo nahezu ausschließlich Suaheli gesprochen wird, dominiert hier die die Lokalsprache Kisambaa.

### Geschichte

In der deutschen Kolonialzeit war Lushoto (damals Wilhelmstal) ein beliebter Erholungsort für Kolonialbeamte, ein Verwaltungszentrum und eine Missionsstation. Es wurde sogar überlegt, den Ort zur Hauptstadt von Deutsch-Ostafrika zu ernennen. Heute ist Lushoto dank seines gemäßigten Klimas vor allem für seinen lebendigen Markt bekannt – auf dem es an Sonntagen am lebhaftesten zugeht – und seine herrlichen Wandermöglichkeiten. Neben einer Handvoll kolonialer Gebäude – insbesondere den von Deutschen erbauten Kirchen, dem Gefängnis und mehreren alten Bauernhöfen – und der gepflasterten Straße von Mombo haben die Deutschen eine Tradition von selbstgebackenem Brot und selbstgemachten Käsesorten hinterlassen, die heute von mehreren Missionen in dieser Gegend produziert werden.

Teilweise wegen der hohen Bevölkerungsdichte in der Umgebung und den damit verbundenen flächendeckenden Abholzungen ist die Erosion seit Langem ein großes Problem in dieser Region. Bemühungen, sie unter Kontrolle zu bringen, wurden schon in der britischen Kolonialzeit in die Wege geleitet, und heute laufen mehrere Projekte.

### Aktivitäten

Die westlichen Usambara-Berge um Lushoto sind ein Wanderparadies, mit Routen, die sich auf gut ausgeschilderten Fußwegen durch Dörfer, Getreidefelder und Bananenpflanzungen winden und von wenigen Stunden bis zu mehreren Tagen dauern. Man kann auch auf eigene Faust wandern gehen – allerdings sollte man dafür ein paar Wörter Suaheli beherrschen, ein GPS mitnehmen, sich eine Karte der Gegend besorgen und die Route so planen, dass sie an den wenigen Dörfern mit Pensionen vorbeiführt. Aufgrund gelegentlicher Raubüberfälle auf Einzelwanderer empfiehlt es sich jedoch, in Begleitung eines Führers loszumarschieren.

Die Angestellten der Hotels in Lushoto können meistens Führer und Routen empfehlen, die Touristeninformationszentren or-

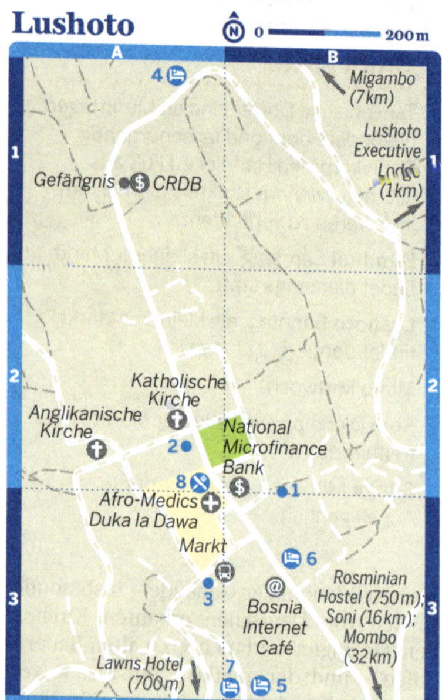


## Lushoto

**Aktivitäten, Kurse & Touren**
1 Friends of Usambara Society .......... B2
2 SED Tours .......... A2
3 Tupande .......... A3

**Schlafen**
4 Lushoto Highland Park .......... A1
5 Midtown A Guesthouse .......... B3
6 Tumaini Hostel .......... B3
7 View Point Guest House .......... B3

**Essen**
8 Mamma Mia Pizza .......... A2
Tumaini Cafe & Makuti African Restaurant .......... (siehe 6)

ganisieren Wanderungen. Nie unabhängige Guides buchen, die nicht mit einem Büro oder einem verlässlichen Hotel zusammenarbeiten. Die Preise hängen von der Wanderstrecke ab und sind in den letzten Jahren deutlich gestiegen. Sie reichen von etwa 35 000 TSh pro Person für eine halbtägige Wanderung zum Irente-Aussichtspunkt bis zu 120 000 TSh pro Person und Tag für mehrtägige Wanderungen. Hier sind Camping oder Unterkunft in sehr einfachen Pensionen, Führerentgelt, Waldgebühren für alle Wanderungen, die in Waldreservate führen (wozu die meisten Wanderungen von Lushoto gehören), und Essen eingeschlossen. Die üblichen Strecken der beliebten Wanderungen sind recht kurz, und wer gute Kondition hat und länger wandern möchte, kann wahrscheinlich problemlos zwei oder auch drei an einem Tag schaffen. In solchen Fällen verlangen die meisten Guides allerdings den vollen Preis für die zusätzlichen Tage, sodass eine gütliche Lösung ausgehandelt werden muss. Entlang der meisten Routen gibt's Gemüse und Obst und in mehreren der größeren Dörfer auch Flaschenwasser zu kaufen. Wer allein wandert, muss aber unbedingt einen Wasserfilter bei sich haben.

In Lushoto kann es zu jeder Jahreszeit kühl und nass werden, also eine regenfeste Jacke mitbringen.

## Schlafen

In Lushoto gibt es eine gute Auswahl an Budgetunterkünften und auch ein paar Mittelklassehotels. Die meisten liegen in der Nähe des Zentrums, allerdings braucht man für einige hoch oben in den Bergen ein eigenes Verkehrsmittel.

### In & ums Stadtzentrum

**Lawns Hotel** LODGE $

(☎ 0652 315914, 0759 914144; www.lawnshotel.com; Camping 15 000 TSh, EZ 30 000 TSh, DZ 50 000–130 000 TSh, 5BZ ab 185 000 TSh; P ᯤ 👪) Diese Institution in Lushoto hat einen neuen Besitzer und ist wärmstens zu empfehlen. Mit ihren von Wein berankten Gebäuden, einem weitläufigen Garten und Kaminen in einigen Zimmern hat sie jede Menge Charme. Es gibt auch einen guten Campingplatz, ein Restaurant mit leckeren hausgemachten Mahlzeiten, eine hübsche Terasse und viele Beschäftigungsmöglichkeiten für Kinder. Ausgeschildert und praktisch gelegen, am Ortseingang in einem schmalen Pinienwald-Streifen. Am Ortseingang biegt man am Kreisverkehr links ab und folgt dann der Schotterpiste, die rechter Hand durch die Pinien zum Hotel führt.

**St. Eugene's Lodge** PENSION $

(☎ 027-264 0055, 0784 523710; www.s243760778.onlinehome.us/lushoto; EZ/2BZ/3BZ/Suite 25/45/54/60 US$; 👪) Diese unprätentiöse Adresse bietet nette Zimmer mit Balkon und Blick auf den Garten ringsum und wird von einem Schwesternorden geführt. Die Mahlzeiten sind sehr lecker und es werden hausgemachter Käse und Marmelade verkauft. Die Unterkunft liegt an der Hauptstraße, ca. 3,5 km vor Lushoto (linker Hand, wenn man aus

Richtung Soni anreist). Den Fahrer bitten, zum Montessori Centre zu fahren.

**Tumaini Hostel** HOSTEL $

(☎ 027-266 0094; Main Rd; EZ/DZ/Suite/3BZ 30 000/30 000/40 000/50 000 TSh, EZ mit Gemeinschaftsbad 20 000–25 000 TSh; P) Die lutherische Kirche ist Betreiber des preiswerten Hostels, in dem saubere Zimmer mit zwei Einzelbetten und Warmwasserduschen bereitstehen. Der zweigeschossige Komplex mit angeschlossenem Restaurant und kleinen Gärtchen liegt im Herzen der Stadt, nahe dem Telecom-Gebäude. Von den Einnahmen werden kirchliche Gemeindeprojekte in der Gegend finanziert.

**Rosminian Hostel** PENSION $

(☎ 0785 776348, 0684 116688; rosminihostellushoto@yahoo.co.uk; EZ 30 000 TSh, DZ 35 000–40 000 TSh; P) Eine kleine von der Kirche geführte Herberge mit schlichten Doppelzimmern, von denen man das winzige Grundstück im Blick hat. Warmwasserduschen, Moskitonetze und TVs sind Standard, für die Mahlzeiten muss man sich vorab anmelden. Das Hostel liegt 1,8 km vor der Stadt und ist ca. 300 m von der Hauptstraße entfernt (aus Soni kommend linker Hand). Auf Wunsch setzt einen der Busfahrer an der Abzweigung ab.

**Lushoto Highland Park** HOTEL $

(☎ 0789 428911; lushotohighlandparkhotel@yahoo.com; EZ/DZ/Suite 40 000/50 000/60 000 TSh; P 📶) Diese modern aufgemachte Bleibe mit Restaurant liegt von der Post ein Stück bergauf und gleich unterhalb der alten Residenz des Distriktkommissars. Die Zimmer sind vernünftig, wenn auch vielleicht etwas zugestellt und eng. Manche warten mit einem Balkon auf, aber alle haben Moskitonetze.

## VON LUSHOTO AUS LOSWANDERN

Um auf den Geschmack zu kommen, eignet sich am besten der Weg zum **Irente-Aussichtspunkt** (6 km, ungefähr 2–3 Std. hin & zurück): Er beginnt auf der von der Anglikanischen Kirche südwestlich verlaufenden Straße und führt allmählich bergauf bis zum Aussichtspunkt, von dem sich an klaren Tagen ein weiter Ausblick bietet. Es ist beeindruckend zu sehen, wie steil sich die Usambara-Berge aus den Ebenen erheben. Auf dem Weg dorthin liegt die Irente Farm Lodge, in der es frischen Käse, Joghurt und Müsli gibt. Nahe dem Aussichtspunkt verlaufen zwei Pfade; der bessere führt an der Irente Cliff View Lodge (S. 158) vorbei; die Nutzung kostet 3000 TSh (inkl. Getränk), die benachbarte „Containerroute" ist günstiger (2000 TSh).

Eine andere leichte Wanderung: Lushoto Richtung Norden auf der Straße verlassen, die zwischen der Katholischen und der Anglikanischen Kirche verläuft. Nach ungefähr fünf Minuten geht's links ab und bergauf, vorbei an verstreuten Häusern und kleinen Bauernhöfen. Nach rund 35 Minuten erreicht man das königliche Dorf **Kwembago**, den traditionellen Sitz des örtlichen Sambaa-Häuptlings; es ist bekannt für einige historische doppelstöckige Häuser mit Balkon. Dann geht's bergauf, anschließend an der Abzweigung rechts, auf dem Pfad um das Lushoto-Tal und dann auf der anderen Seite wieder runter, wo er auf die nach Migambo führende Asphaltstraße trifft. Für eine längere Variante geht's an der großen Kreuzung hinter Kwembago nach links und über steile Fußwege hinab zum früheren Missionshospital von **Bumbuli**, wo sich meist eine Transportmöglichkeit zurück nach Lushoto über Soni finden lässt. Von Bumbuli führt ein landschaftlich schöner, sanfter Aufstieg in das kühle **Waldreservat Mazumbai**, das in seinen höheren Lagen noch Flecken mit dichtem Hochwald hat.

Eine herrliche drei- bis viertägige Wandertour geht von Lushoto nach **Mtae** oder **Mambo**. Man passiert Pinienhaine und Getreidefelder, Dörfer und Wildastern – genau richtig, wenn es etwas fürs Auge und für den Kopf (Stichwort: Kultur) sein soll.

Eine anspruchsvolle Alternative für Ambitioniertere ist die sechstägige Wanderung ins Naturschutzgebiet Amani. In den Touristeninformationen hängen Wandkarten, auf denen einige Routen detailliert dargestellt sind. Zu den nahen Dörfern, in denen eine Unterkunft zu finden ist, gehören Bumbuli (mit Zimmern im alten Gasthaus des Lutherischen Missionshospitals), Lukozi (Pensionszimmer), Rangwi (einfache Zimmer in schöner Umgebung in einem örtlichen Konvent), Mtae (Pensionen) sowie die Mambo View Point Eco Lodge (S. 160) und der Mambo Cliff Inn (S. 159). In Mazumbai stehen von der Universität betriebene Pensionen mitten im Wald.

**Midtown A Guesthouse** PENSION $
(EZ/DZ 15 000/20 000 TSh) Eine vernünftige Wahl mit einfachen Zimmern für Preisbewusste, allerdings ohne Verpflegung. Die Pension liegt auf dem Hügel hinter dem Busbahnhof (zu Fuß ca. 7 Min.).

**View Point Guest House** PENSION $
(EZ/DZ 15 000/20 000 TSh; P) Die Budgetunterkunft liegt auf dem Hügel hinter dem Busbahnhof. Mahlzeiten sind nicht erhältlich und die Zimmer sind einfach.

## Außerhalb der Stadt

**Irente Farm Lodge** PENSION $
(Irente Farm; ☎ 0783 685888, 0788 503002; www.irentefarmlodge.com; Camping 15 000 TSh, DZ mit Halbpension 95 000–150 000 TSh, 3BZ mit Halbpension 180 000 TSh, EZ/DZ mit Gemeinschaftsbad 35 000/70 000 TSh; P) Diese hübsche, ländliche, kirchengeführte Pension in ruhiger Umgebung 4,5 km außerhalb der Stadt bietet Camping, verschiedene Zimmer und mehrere Cottages für Selbstversorger. Der Garten und der Ausblick sind schön und für die Mahlzeiten kommen frische Erzeugnisse von der Farm zum Einsatz. Die Mitarbeiter bereiten auf Vorbestellung Lunchpakete (12 000 TSh) vor, und man kann selbstgemachten Käse, Marmelade und Brot kaufen.

**Swiss Farm Cottage** COTTAGES $$
(☎ 0715 700813; www.swiss-farm-cottage.co.tz; EZ/DZ 60/95 US$, Cottage mit 2–4 Zimmern 95–220 US$; P) Auf einem ruhigen Fleckchen Erde mit Kühen, die an den Hängen weiden, werden individuelle Zimmer in separat stehenden Cottages mit Gemeinschaftsbereich vermietet. Die Zimmer sind gemütlich, es gibt ein Restaurant und die Wanderwege beginnen direkt vor der Tür. Die Lodge liegt 15 km von Lushoto entfernt und ist nur mit eigenem Verkehrsmittel zu erreichen. Man folgt der Straße, die östlich vom Dorf Magamba bergauf führt, biegt an der Kreuzung rechts ab und folgt der Straße 7 km bis zur Kreuzung von Migambo. Von dort ist die Lodge ausgeschildert.

**Lushoto Executive Lodge** LODGE $$
(☎ 0784 360624; www.lushotoexecutivelodge.co.tz; EZ/DZ ab 90 000/120 000 TSh; P) Diese Lodge liegt herrlich in einem Waldstück, 3,5 km vom Zentrum von Lushoto. Die Zimmer sind etwas heruntergekommen und weniger schön als die Umgebung, aber für den Preis sind sie ganz in Ordnung. Der gute Service macht vieles wett. Für Leute mit eigenem Fahrzeug ist die Lodge eine gute Wahl.

Am kleinen Kreisverkehr beim Ortseingang folgt man der Gabelung rechts (bergauf nach Migambo) und der gut ausgeschilderten Straße bis zum Tor.

**Irente Cliff View Lodge** LODGE $$
(☎ 027-264 0026, 0784 866877, 0653 479981; www.irenteview.com; Camping 5 US$, EZ/DZ ab 50/60 US$; P) Die spektakuläre Aussicht, die sich an klaren Tagen von allen Zimmern auf die Ebenen bietet, entschädigt für das ziemlich überladene Interieur dieser Lodge, die auf einer Klippe 1,5 km hinter der Irente Farm am Irente-Aussichtspunkt thront. Unmittelbar darunter befindet sich ein Rasenzeltplatz mit Heißwasserduschen.

## Essen

**Tumaini Café & Makuti African Restaurant** TANSANISCH, EUROPÄISCH $
(☎ 027-266 0094; Main Rd; Mahlzeiten 6000–12 000 TSh; ⌚ 7–21.30 Uhr) In dem Cafe an der Hauptstraße gleich neben dem Telecom-Gebäude bekommt man günstige Snacks, Frühstück und Mahlzeiten wie Bananenmilchshakes, frische Brötchen und kontinental-europäische Gerichte. Vor Ort ist auch das Makuti African Restaurant zu Hause, das dieselben Betreiber hat. Es ist nur mittags und abends geöffnet, aber das lokaltypische Essen schmeckt wunderbar.

**Mamma Mia Pizza** PIZZA $$
(Main Rd; Hauptgerichte 14 000–17 000 TSh; ⌚ Di–Sa 11–21, So & Mo 2.30–21 Uhr) Köstliche Pizza, Pasta, Ciabattas, Brownies, Shakes, Smoothies und vieles mehr serviert das blitzblanke Lokal an der Hauptstraße, direkt hinter dem Markt.

## Praktische Informationen

### GELD

**CRDB** (Main Rd) Visa und MasterCard; Western-Union-Gebäude, diagonal gegenüber dem Gefängnis, am Nordende (bergaufwärts) der Hauptstraße.

**National Microfinance Bank** (Main Rd; ⌚ Mo–Fr 8.30–15.30 Uhr) Geldautomat, akzeptiert Visa- und MasterCard.

### INTERNETZUGANG

**Bosnia Internet Café** (Main Rd.; 2000 TSh pro Std.; ⌚ Mo–Fr 8.30–18, Sa 9–14 Uhr) Am südlichen Ende der Stadt.

### MEDIZINISCHE VERSORGUNG

**Afro-Medics Duka la Dawa** (Main Rd.; ⌚ Mo–Sa 8–13 & 14–20 Uhr) Apotheke in der Nähe des Markts.

### TOURISTENINFORMATION

**Tupande** (☎0783 908596, 0783 908597; www.tupandeusambara.wordpress.com) In der südwestlichen Ecke des Busbahnhofs. Bietet eine gute Auswahl an Wanderungen und kulturellen Ausflügen.

**SED Tours** (☎0784 689848; www.sedadventures.com; 1. OG, Super Hongera Bldg, Main Rd) Wanderungen und kulturelle Ausflüge; an der Hauptstraße gegenüber der National Microfinance Bank.

**Friends of Usambara Society** (☎027-266 0132; www.usambaratravels.com) Die schmale Straße hinunter, die neben der National Microfinance Bank verläuft. Bietet Wanderungen und Fahrradtouren (Fahrrad selbst mitbringen).

## An- & Weiterreise

Den ganzen Tag über verkehren *dalla-dallas* zwischen Lushoto und Mombo (4000 TSh, 1 Std.), dem Verkehrsknotenpunkt an der Hauptverkehrsstraße.

Tägliche Direktbusse bedienen die Strecke von Lushoto nach Tanga (7000 TSh, 4 Std.), Daressalam (15 000–17 000 TSh, 6–7 Std.) und Arusha (15 000 TSh, 6 Std.), die meisten fahren um 7 Uhr los.

Der Hauptbusbahnhof ist in der Nähe des Markts. Einige Buslinien starten auch ca. 2 km unterhalb der Stadt an der Hauptstraße gegeüber der Abzweigung zum Krankenhaus.

Falls eine Fahrzeugreparatur erforderlich ist: Etwa 1,5 km vor der Stadt an der Straße nach Mombo findet man die **Rosmini Garage**.

# Mlalo

☎027 / 8100 EW.

In einem vom Fluss Umba durchströmten Tal liegt wie eine Insel Mlalo, ein Ort mit Wildwest-Flair, faszinierenden zweistöckigen Häusern und einem bescheidenen Angebot an Grundnahrungsmitteln. In der Nähe liegt **Kitala Hill**, das Dorf eines der Usambara-Unterhäuptlinge. Der Weg zwischen Mlalo und Mtae (5–6 Std., 21 km) ist landschaftlich sehr schön, vorbei an terrassierten Hängen, malerischen Dörfern und Waldstücken.

In der einstigen Missionsstation bietet eine **Pension** (15 000 TSh pro Pers.) einfache Zimmer (einige mit herrlicher Aussicht) und bereitet auf Vorbestellung Mahlzeiten zu. Sie liegt am Rand der Stadt und jeder, den man auf der Straße anspricht, kann einem den Weg weisen.

Busse verkehren täglich zwischen Daressalam und Mlalo über Lushoto, Abfahrt in Lushoto ist gegen 13 Uhr und in Mlalo gegen 5 Uhr (3000 TSh, 1½ Std. zwischen Mlalo und Lushoto). Sporadisch fahren auch *dalla-dallas* zwischen den beiden Orten.

INSIDERWISSEN

### GRÜSSEN AUF KISAMBAA

In den Usambaras ist die Sprache der Sambaa geläufiger als Suaheli. Folgende Phrasen auf Kisambaa werden sich vielleicht als hilfreich erweisen:

- *Onga maundo* Guten Morgen
- *Onga mshee* Guten Tag
- *Niwedi* Mir geht's gut (als Antwort auf *Onga maundo* oder *Onga mshee*)
- *Hongea (sana)* (Vielen) Dank

# Mtae

☎027 / 12 850 EW.

Das kleine Mtae ist ein etwa 55 km nordwestlich von Lushoto gelegenes Bergdorf mit einem fantastischen 270-Grad-Rundblick über die Tsavo-Ebenen bis hinunter zum Nationalpark Mkomazi. Die Mtae-Mambo-Region ist ein nettes Reiseziel, wenn einem nur Zeit für eine Wanderung ab Lushoto bleibt. Unterwegs passiert man das Dorf Sunga, in dem mittwochs ein bunter Wochenmarkt stattfindet. Südöstlich erhebt sich der **Shagayu** (2220 m), einer der höchsten Gipfel in den Usambara-Bergen. Außer für ihre vielen Wanderwege ist die Gegend auch für ihre traditionellen Heiler bekannt.

## Schlafen & Essen

**Mambo Cliff Inn** COTTAGES $

(☎0784 734545; www.mambocliffinn.com; Camping 15 US$, B 25 US$, DZ 35–70 US$) Diese gute Adresse in 1900 m Höhe bietet tolle Ausblicke sowie einen Campingplatz, Betten im Schlafsaal und Hütten. Man kann leckere lokaltypische Mahlzeiten bestellen und auf Wunsch werden Guides für Wanderungen und Ausflüge organisiert. Gute preiswerte Basis für die Erkundung der Usambara-Berge.

**Muivano II** PENSION $

(Zi. 6000 TSh) Die sehr schlichte Unterkunft mit dunklen, einfachen Zimmern hat Bäder mit Plastikschüsseln. Sie liegt an der Hauptstraße in Mtae. Mahlzeiten sind in der Nähe zu bekommen.

## HÄUPTLING KIMWERI

Kimweri, in der ersten Hälfte des 19. Jhs. König im mächtigen Reich Kilindi (Sambaa), war eine der legendärsten Gestalten in der Usambara Region. Von seiner Hauptstadt Vuga (an der Hauptstraße zwischen Mombo und Lushoto) aus herrschte er in einem Gebiet, das sich vom Kilimandscharo im Norden bis zum Indischen Ozean im Osten erstreckte. Er erhob Tribute von so weit entfernten Städten wie Pangani. Die Ausdehnung seines Herrschaftsgebietes in der Küstenregion führte bald zu Konflikten mit dem Sultan Seyyid Said von Sansibar, der diese Gebiete für sich beanspruchte. Schließlich einigten sich die beiden Regenten auf die gemeinsame Herrschaft über die nordöstliche Küste. Diese Vereinbarung hatte bis zu Kimweris Tod im Jahr 1869 Bestand. Danach übernahm der Sultan die volle Autorität.

Der Überlieferung nach besaß Kimweri Zauberkräfte. Er hatte Macht über Regen und konnte auf seine Feinde Hungersnöte herabflehen. Sein gut organisiertes Königreich war in von seinen Söhnen regierte Unterreiche und in von Gouverneuren, Premierministern und regionalen Armeebefehlshabern regierte Distrikte aufgeteilt. Es war Kimweri, zu dem der Missionar Johann Ludwig Krapf ging, um Land für den Bau seiner ersten Kirche für die Anglikanische Kirche zu erbitten.

Nach Kimweris Tod führten Stammesfehden zum Zusammenbruch des Königreichs. Kämpfe um die Nachfolge Kimweris dauerten an, bis die Deutschen in die Region kamen.

**Mambo Viewpoint Eco Lodge** LODGE, CAMPINGPLATZ $$

(☎0769 522420, 0785 272150; www.mamboviewpoint.org; Camping 8–10 US$, EZ 50–90 US$, DZ 75–130 US$; P 📶) 🍃 Die Unterkunft in ca. 1900 m Höhe hat einen herrlichen Ausblick und man kann in hübschen Hütten oder dauerhaft aufgestellten Zelten übernachten. Zu erreichen ist die Mambo Viewpoint Eco Lodge über die ausgeschilderte Abzweigung an der Kreuzung 3 km vor Mtae. Die Besitzer kennen die Gegend in- und auswendig und stellen Wanderungen, Übernachtungen bei Einheimischen und mehr auf die Beine – insgesamt eine tolle Basis für Ausflüge in die Usambaras.

### ℹ An- & Weiterreise

Die Straße zwischen Lushoto und Mtae ist voller Serpentinen und Steigungen – und ganz besonders schön, wo sie sich auf den letzten 7 km nach Mtae hochwindet. Busse fahren in Lushoto (5000 TSh, 3 Std.) ca. um 10 Uhr ab. Nach Mtae fahren zudem täglich Direktbusse von Arusha (17 000 TSh, 9 Std.), Daressalam (17 000 TSh, 9 Std.) und Tanga (15 000 TSh, 6–7 Std.). Taxis ab Lushoto kosten ab 70 000 TSh. Wer in Mambo übernachten will, sollte mit dem Fahrer aushandeln, die komplette Strecke zurückzulegen oder sich an der Kreuzung Mtae–Mambo absetzen lassen, denn von hier sind es zu Fuß nur noch 2 km ins Dorf Mambo, zum Mambo Cliff Inn und zur Mambo Viewpoint Eco Lodge.

## PARE-BERGE

Die selten besuchten Pare-Berge, unterteilt in nördliche und südliche Gebirgszüge, liegen südöstlich des Kilimandscharo und nordwestlich der Usambara-Berge. Wie die Usambara-Berge sind sie Teil der Eastern Arc Mountains. Ihre steilen Klippen und bewaldeten Hänge sind die Heimat einer beeindruckenden Vielfalt von endemischen Vögeln und Pflanzen. Die Pare-Berge sind dicht besiedelt und die vielen kleinen Dörfer sind durch ein Netz von Pfaden und Wegen verbunden. Die wichtigste ethnische Gruppe hier sind die Pare (auch Asu genannt), die trotz einiger historischer und sprachlicher Unterschiede zwischen den unterschiedlichen Pare-Gruppen als eine ethnische Einheit betrachtet werden.

Die Pare-Berge sind touristisch nicht gut erschlossen. Es gibt keine größere Basis mit entwickelter Infrastruktur, von der aus Wanderungen unternommen werden können und bei Entdeckungstouren ist man weitgehend auf sich allein gestellt. Dank der relativen Isolation sind die Traditionen und Bräuche der Pare fast unangetastet geblieben.

Der beste Einstieg ist eine Wanderung nach Same und Mbaga (wenn man den Süden der Bergkette erkunden will) oder aber nach Usangi (wenn einen der Norden interessiert). Sowohl von Usangi als auch von Mbaga aus gibt's mehrere Wandermöglichkeiten, die von einem halben bis zu drei Tagen und mehr dauern können. Für Englisch sprechende Guides kann gesorgt werden.

## Same

027 / 9000 EW.

Dieses lebendige Marktstädtchen ist die größte Ortschaft in den südlichen Pare-Bergen. Der Weg zum Nationalpark Mkomazi und nach Mbaga, einem Zentrum für Wanderungen in dieser Gegend, führt unweigerlich hierdurch. Der Ort hat nur wenig touristische Infrastruktur und eignet sich deshalb eher als Startpunkt für Ausflüge in die Pare-Berge denn als Basis. Wer unbedingt ein paar Tage bleiben will, bevor es weiter zu den Dörfern geht, kann mehrere Wanderungen in den Hügeln hinter dem Ort unternehmen. Allerdings muss man für die meisten besseren Ziele zumindest teilweise den örtlichen Verkehr in Anspruch nehmen. Sonntags ist Markt, dann kommen Händler aus dem ganzen Pare-Gebiet hierher.

Guides für Wanderungen werden im Amani Lutheran Centre und im Elephant Motel vermittelt. Die Gebühren für das Waldreservat bezahlt man im **Same District Catchment Office** (Main Rd; 7.30–16 Uhr) am Ortsende an der Hauptstraße hinter dem Markt.

Die **National Microfinance Bank** (8.30–16.30 Uhr) hat einen Geldautomaten. Vom Busbahnhof geht's nach links und danach einen Block die Straße hoch und wieder links.

### Schlafen & Essen

**Elephant Motel** MOTEL $

(027-275 8193, 0754 839545; www.elephantmotel.com; Camping 10 US$, EZ/3BZ/3BZ 40/45/55 US$; P ❄ ) Das Elephant Motel vermietet einfache, nett eingerichtete Zimmer, im Restaurant werden ordentliche Mahlzeiten zubereitet und darüber hinaus gibt's Spielplätze und einen Campingplatz. Die Unterkunft am Haupt-Highway, 1,5 km südöstlich von Same, wird gern von Selbstfahrern angesteuert, die zwischen der Küste und den Reisezielen im Westen unterwegs sind. Die Angestellten helfen auf Wunsch auch, einen Mietwagen für Mkomazi-Safaris zu finden und geben Tipps zu den Wandermöglichkeiten in den südlichen Pare-Bergen.

**Amani Lutheran Centre** PENSION $

(027-275 8107, 0784 894140, 0657 172708; EZ 15 000–35 000 TSh, DZ 25 000–35 000 TSh; P) Preiswerte Adresse ca. 300 m nördlich des Highway mit mehreren sauberen Zimmern auf einem ruhigen Gelände. Essen gibt es auf Bestellung. Die Angestellten des nahen Diözesen-Büros helfen beim Mieten eines Wagens für eine Mkomazi-Safari. Bis zur Bushaltestelle sind es ca. fünf Gehminuten bergauf.

### An- & Weiterreise

Die auf dem Daressalam-Arusha-Highway fahrenden Busse halten auf Wunsch in Same. Es gibt auch einen direkten Bus zwischen Arusha und Same, der in Arusha gegen 8 Uhr abfährt (5000–6000 TSh, 2½ Std.). Nach Mbaga fahren täglich ein oder zwei Fahrzeuge, die in Same zwischen 11 und 14 Uhr abfahren (5000 TSh bis 5000 TSh, 2–3 Std.). Die Busse halten nördlich der Hauptstraße in der Nähe des großen Kreisverkehrs.

### DIE PARE-BERGE ENTDECKEN

Die Unterkünfte in den Pare-Bergen sind generell einfach und auch leicht zu organisieren. Wer nicht die Tona Lodge (S. 162) in Mbaga oder das Mhako Hostel (S. 163) in Usangi wählt, übernachtet meist bei Dorfbewohnern oder zeltet. Die Preise für beides liegen bei 10 000 bis 20 000 TSh pro Person und Nacht. Für alle Ziele außer Mbaga und Usangi sollte man auch einen tragbaren Gaskocher mitbringen.

Führer werden am besten in der Lomwe Secondary School (S. 163) in Usangi und der Tona Lodge in Mbaga gebucht. Organisierte Wanderungen kosten rund 40 000 TSh pro Person und Tag (für den Guide). Die Dorfgebühren liegen bei 4000 TSh pro Tag und Mahlzeiten bei 5000 TSh. Eine Forstgebühr von 30 US$ pro Person und pro Besuch wird für alle Wanderungen, die durch Waldreservate führen, erhoben, darunter auch Touren zum Shengena. Die Gebühren kann man im Same District Catchment Office oder über den Guide bezahlen. Bei allen geführten Wanderungen sind die Strecken meist kurz (fitte Wanderer könnten also zwei oder drei kombinieren), allerdings erwartet der Guide dann, dass für jede einzelne ein Tagessatz bezahlt wird.

Die Pare-Berge können mit Ausnahme der langen Regenzeit von März bis Mai, wenn die Wege zu aufgeweicht sind, in jeder Jahreszeit bequem besucht werden.

## DIE KULTUR DER PARE

Die Pare (lokal: Wapare) kommen aus dem Gebiet der Taita Hills im Süden Kenias, wo sie Hirten, Jäger und Bauern waren. Nach der mündlichen Überlieferung der Pare verfolgten die Massai sie bis in die Berge und stahlen ihnen ihr Vieh. Heute sind viele Pare Bauern, die Gemüse, Mais, Bananen, Cassava und Kardamom anbauen. Dank intensiver missionarischer Tätigkeit zeichnen sich die Pare dadurch aus, dass sie zu den am besten gebildeten Volksgruppen Tansanias gehören. In den 1940er-Jahren gründeten führende Pares die Wapare Union, die in der Unabhängigkeitsbewegung eine bedeutende Rolle spielte.

Die traditionelle Pare-Gesellschaft ist patrilineal. Väter besitzen zu Lebzeiten und auch noch nach dem Tod große Autorität, und alle, die von einem bestimmten Mann in männlicher Linie abstammen, fühlen sich schicksalhaft verbunden. Wenn ein Mann stirbt, beeinflusst sein Geist alle männlichen Abkömmlinge so lange, wie man sich an seinen Namen erinnert. Danach gesellt sich der Geist des Toten zu einer kollektiv einflussreichen Vorfahrengruppe. Töchter sind ebenfalls vom Wohlwollen ihres Vaters abhängig. Da aber Besitz und Stellung über die männliche Linie weitergegeben werden, hat der Geist eines Vaters auf die Nachkommen seiner Tochter nur bis zu ihrem Tod Einfluss.

Die Pare glauben, dass Verstorbene große Macht besitzen, und haben darum komplizierte Rituale erdacht, die sich um die Toten drehen. In der Nähe der meisten Dörfer gibt's heilige Haine, wo die Schädel der Stammeshäuptlinge aufbewahrt werden. Es ist unwahrscheinlich, dass man sie zu Gesicht bekommt, es sei denn, man hält sich lange Zeit in den Bergen auf. Wenn ein Mensch stirbt, geht er dem Glauben der Pare nach in eine jenseitige Welt zwischen dem Land der Lebenden und der Geisterwelt ein. Wird er in diesem Zustand belassen, werden seine Nachfahren vom Unglück verfolgt. Daher sind die vorgeschriebenen Rituale, die es dem Verstorbenen ermöglichen, in die Welt der Vorfahren einzugehen, von großer Bedeutung.

Wer mehr über die Pare-Kultur wissen will, sollte *Shambaa Kingdom* von Steven Feierman (1974) lesen sowie das Buch *Lute: The Curse and the Blessing* von Jakob Janssen Dannholz (1989; beide nur antiquarisch), der die erste Missionsstation in Mbaga einrichtete.

# Mbaga

☎ 027

Das in den Bergen südöstlich von Same etwa 1350 m hoch gelegene Mbaga (auch Mbaga-Manka) ist eine gute Ausgangsbasis für Wanderungen, die tiefer in die südlichen Pare-Berge hineinführen. Von hier aus geht's auch in zwei bis drei Tagen zum Berg **Shengena** (2462 m), dem höchsten Gipfel der Pare-Berge. Mbaga, eine alte lutherische Missionsstation, war wegen seiner Nähe zum Zentrum der Pare-Berge lange ein bedeutsamer Ort und ist noch heute in mancher Hinsicht ein wichtigeres lokales Zentrum als Same.

Eine beliebte dreitägige Rundtour führt von Mbaga zum Dorf **Chome**, wo man eine Nacht verbringen kann, bevor man am zweiten Tag zum Shengena aufsteigt und dann nach Mbaga zurückkehrt.

Wanderführer kann man in der Tona Lodge ab 10 US$ pro Tag engagieren. Für Wanderungen zum Berg Shengena erhebt das Naturschutzgebiet Gebühren in Höhe von 30 US$ pro Person und Besuch. Hinzu kommen 30 US$ pro Person und Übernachtung auf dem Campingplatz.

**Tona Lodge** LODGE $

(☎ 0754 852010; http://tonalodge.org; Camping 15 US$, EZ 15–40 US$, DZ 30–70 US$, Gebühren für die Entwicklung des Dorfs pro Pers. und Tag 5 US$; P) Die rustikale Tona Lodge, das frühere Missionshaus von Jakob Dannholz, ist heute eine ganz nette Ausgangsbasis mit schönem Blick, Campingplatz und funktionalen, aber überteuerten Zimmern im ursprünglichen Gebäude und in einem Anbau. Mahlzeiten kann man bestellen (10 US$). Es besteht auch die Möglichkeit, Wanderführer (ab 10 US$ pro Tag) zu engagieren, und auf Wunsch werden traditionelle Tanzvorführungen organisiert. Der Besitzer bietet einen Transportservice von Same zur Lodge an (ab ca. 100 000 TSh pro Fahrzeug); bei kleineren Gruppen kann man ruhig ein bisschen verhandeln!

## An- & Weiterreise

Ein oder zwei Fahrzeuge fahren täglich gegen Mittag von Same nach Mbaga. Abfahrt in Same zwischen 12 und 14 Uhr (4000–5000 TSh, 2–3 Std., 40 km). Von Mbaga nach Same ist die Abfahrt zwischen 16 und 17 Uhr. Wer in Moshi bis 8 Uhr mit dem Bus losfährt, kann Mbaga noch am gleichen Tag erreichen, aus Richtung Daressalam muss man wohl in Same übernachten. Es kostet ab etwa 40 000 TSh, ein Fahrzeug für eine Fahrt nach Mbaga hinauf zu mieten; behilflich ist das Elephant Motel. Es ist auch möglich, eines der vielen täglichen *dalla-dallas* von Same nach Kisiwani zu erwischen und ungefähr 5 km bergauf nach Mbaga zu laufen.

Nach Mbaga führt noch eine andere Route über Mwembe; hierzu den Highway Daressalam–Arusha ca. 5 km südlich verlassen, links geht eine Sandpiste ab.

# Mwanga

027 / 15 780 EW.

Diese Distrikthauptstadt liegt in der Ebene am Fuß der Pare-Berge ungefähr 50 km nordwestlich von Same am Highway Daressalam–Arusha. Abgesehen von der heruntergekommenen zentralen Kreuzung und dem alten Marktgebiet ist Mwanga ein netter, schattiger Ort mit breiten, ungepflasterten Straßen, grünen Schneisen und Palmenbestand. Die meisten Reisenden machen hier nur einen Fahrzeugwechsel auf dem Weg nach Usangi, dem Ausgangspunkt für Ausflüge in die nördlichen Pare-Berge.

Ungefähr 10 km südlich von Mwanga liegt der **Stausee Nyumba ya Mungu (Haus Gottes),** wo Luo-Fischer leben, die ursprünglich aus dem Gebiet des Victoriasees eingewandert sind.

Wer die Reise nach Usangi früh beginnt, braucht nicht in Mwanga zu übernachten. Es ist möglich, Usangi von Arusha oder Moshi aus nachmittags zu erreichen. Ansonsten kann man im einfachen, aber ordentlichen **Anjela Inn** (DZ 15 000 TSh, im neueren Anbau 30 000 TSh; P ❄) übernachten.

Die Busse zwischen Moshi und Mwanga (4000 TSh, 1 Std.) verkehren täglich und fahren vormittags ab. In Mwanga machen sich mehrere *dalla-dallas* auf den Weg nach Usangi (1500 TSh), die letzten fahren um ca. 14 Uhr ab.

# Usangi

027

Usangi liegt in einem von Bergen umgebenen Tal, ca. 25 km südöstlich des noch tiefer gelegenen Mwanga. Usangi ist das Zentrum der nördlichen Pare-Berge und eine gute Basis für die Erkundung der Region, insbesondere wenn man zum Wandern hier ist.

Wanderführer vermittelt die Lomwe Secondary School, wo man am besten nach dem Schulleiter fragt. Selbst in den Ferien ist immer jemand vor Ort, der weiterhelfen kann. Das Honorar für den Guide beträgt etwa 40 000 TSh. Hinzu kommen 4000 TSh für die Dorfentwicklung, 4000 TSh Gebühr für das Waldreservat und 6000 TSh Vermittlungsgebühr. Alle Beträge gelten pro Person und pro Tag.

Abgesehen von kurzen Ausflügen ist es auch möglich, einen ganzen Tag durch das **Waldreservat Kindoroko**-zu wandern, das rund 7 km südlich vom Dorf Usangi beginnt, auf den Kindoroko (2113 m), den höchsten Gipfel in den nördlichen Pare-Bergen. Von den höheren Hängen des Kindoroko blickt man bis zur Steppe der Massai im Westen und im Nordosten bis zum Jipesee und nach Kenia.

## Schlafen & Essen

**Mhako Hostel & Restaurant** PENSION $

(027-275 7642; EZ/Suite 25 000/65 000 TSh, EZ/DZ mit Gemeinschaftsbad 15 000/25 000 TSh) Das Mhako hat eine fröhliche Atmosphäre und wartet zudem mit sauberen, netten Zimmern und preiswerten Speisen auf. Einige der nicht abgeschlossenen Zimmer haben Fenster nach innen; es lohnt sich, etwas mehr für die netteren Zimmer mit Toiletten und Balkon zu zahlen. Das Mhako liegt an der Hauptstraße rechts, wenn man nach Usangi hineinkommt.

**Lomwe Secondary School** CAMPINGPLATZ $

(lomwesec@googlemail.com; Camping 4000 TSh, Zi. pro Pers. 7000 TSh; P) Die weiterführende Schule am oberen Ende von Usangi umfasst eine einfache Pension und einen Zeltplatz. Selbstversorger brauchen einen eigenen Kocher, Utensilien und Proviant, alternativ kann man auch die vom Schulpersonal zubereiteten Mahlzeiten (3000/5000/5000 TSh für Frühstück/Mittagessen/Abendessen) bestellen. Der Hauptstraße folgen und an der Gabelung rechts halten.

## An- & Weiterreise

*Dalla-dallas* verkehren mehrmals täglich ab etwa 8 Uhr auf der ungepflasterten, aber guten Straße, die sich von Mwanga (an der Hauptstraße Tanga-Arusha) nach Usangi hochwindet (2500 TSh, 1½ Std.). Ein Taxi kostet 35 000 TSh. Von Arusha (7000 TSh, 4 Std.) und Moshi

(5000 TSh, 2 Std.) gibt's täglich mehrere direkte Busse nach Usangi, die morgens abfahren. Vom Busfahrer an der Lomwe-Schule absetzen lassen. Mindestens zwei bis drei Tage für einen Ausflug nach Usangi einplanen, einschließlich der Zeit, die man für die Anreise und Organisation des Trips braucht.

# NATIONALPARK MKOMAZI

Der wilde und unerschlossene **Nationalpark Mkomazi** (☎0689 062336, 0767 536132, 027-275 8249; Erw./Kind 35,40/11,80 US$) erstreckt sich entlang der kenianischen Grenze im Schatten der Pare-Berge. Seine trockene Savanne bildet einen scharfen Kontrast zu den feuchten Wäldern der Pare-Berge. Das Schutzgebiet, das auf kenianischer Seite in den Nationalpark Tsavo West übergeht, ist für sein Spitzmaulnashornschutzprojekt und für seine fantastischen Vogelbeobachtungsmöglichkeiten bekannt.

### NATIONALPARK MKOMAZI

**Auf in den Nationalpark Mkomazi** Hervorragende Möglichkeiten zur Vogelbeobachtung; trockene, savannenähnliche Landschaft; Elen-Antilopen, Oryx und Giraffengazellen.

**Reisezeit** Juni bis Februar für die Wildtier- und ganzjährig für die Vogelbeobachtung. Mkomazis Nebenstraßennetz ist während der Regenzeit unpassierbar, die Hauptstraßen sind jedoch bei jedem Wetter befahrbar, aber Vorsicht ist auf den Abschnitten mit Schwarzerde geboten, insbesondere nördlich von Babu's Camp.

**Praktisch & Konkret** Mit dem Auto von Same auf dem Highway Daressalam–Arusha zum Haupteingang Zange fahren (7–18 Uhr). Eintritt, Guide und Gebühren für die Wander-Safari können nur mit der Visa- oder MasterCard gezahlt werden (sofern die Kreditkartenautomaten funktionieren!). Ein anderer Eingang/Ausgang befindet sich am Njiro-Tor im Südosten, man muss also nicht zum Zange-Tor zurückkehren.

**Für Sparfüchse** Ein *dalla-dalla* oder Taxi von Same zum Zange-Tor nehmen; campen und eine Wander-Safari unternehmen.

Neben dem Birdwatching ist die aufregende Nyika-Buschlandschaft die Hauptattraktion des Parks: Affenbrotbäume und Dornakazien sprenkeln die niedrigen Hügel. Obwohl der Mkomazi relativ leicht zu erreichen ist, liegt er doch abseits des Touristenstroms und Besucher haben ihn daher oft ganz für sich allein.

## Sehenswertes & Aktivitäten

Mehrstündige Buschwanderungen können am Zange-Tor (23,60 US$ für den Guide, plus 23,60–29,50 US$ Gebühr für die Wanderung, erst ab 12 Jahren möglich) organisiert werden.

### Tierbeobachtung

Zu den Tieren, denen man am wahrscheinlichsten begegnet, zählen Oryx, Elenantilopen, Dikdiks, die seltenen Giraffengazellen, Kudus und Kongoni-Kuhantilopen. Die riesigen Elefantenherden, die einst regelmäßig zwischen Tsavo und Mkomazi wanderten, kehren allmählich wieder zurück, nachdem ihre Zahl 1989 in diesem Gebiet auf einen Tiefstand von knapp einem Dutzend Elefanten gesunken war. Allerdings sind Elefanten in Mkomazi immer noch nicht häufig zu sichten.

Das Naturschutzgebiet ist außerdem für seine Spitzmaulnashörner bekannt, die zu Zuchtzwecken aus Südafrika hierher eingeflogen wurden, um sie im Rahmen eines von Tony Fitzjohn initiierten Artenschutzprojekts wieder hier anzusiedeln. Die Tiere leben in einer intensiv geschützten 45 km² großen Einfriedung im mittleren bis nördlichen Teil des Reservats, der normalerweise für Touristen nicht zugänglich ist. Zudem gibt es im Park Wildhunde (auch eingeführt und als Teil eines besonderen Projekts zur Erhaltung gefährdeter Arten für Touristen nicht zu sehen).

### Vogelbeobachtung

Mit über 400 Vogelarten ist Mkomazi ein Paradies für Vogelliebhaber. Zu den Arten gehören verschiedene Webervögel, Sekretärvögel, Kronenadler und Gaukler, Helmperlhühner, verschiedene Nashornvögel, Störche und der Halsband-Zwergfalke.

## Schlafen & Essen

**Zange Gate Public Campsite** CAMPINGPLATZ $$

(☎0689 062336, 027-275 8249; Erw./Kind 35,40/5,90 US$) Der hübsche Campingplatz, ca. 1,5 km vom Zange-Tor und der Hauptverwaltung des Nationalparks Mkomazi entfernt, hat WCs und Duschen und manchmal – wenn man den Schlüssel bekommt – kann man den Küchenbereich mit Esstisch nutzen.

**Dindira Special Campsite** CAMPINGPLATZ **$$**
(☎ 0767 536132, 027-275 8249; Erw./Kind 59/11,80 US$) Das attraktive Special Campsite, 20 km vom Zange-Tor mit Blick über den Dindira Dam, hat eine ideale Lage zum Beobachten von Vögeln und Wildtieren. Es ist mit der nötigen Infrastruktur ausgestattet.

**Babu's Camp** ZELTCAMP **$$$**
(☎ 0784 402266, 027-254 8840; www.anasasafari.com; Vollpension pro Pers. ab 227 US$) Das klassische Camp im Safari-Stil ist das einzige permanente Zeltlager im Nationalpark Mkomazi. Seine fünf Zelte sind im nördlichen Teil des Wildschutzgebietes mit Blick auf die Gulela-Hügel aufgestellt. Die Küche ist schmackhaft, das Personal aufmerksam und die landschaftliche Umgebung weit und schön. Auf Wunsch werden motorisierte Safaris, Wanderungen und Nachtfahrten organisiert.

## An- & Weiterreise

Zwischen Same und Mbaga verkehrende *dalla-dallas* können Besucher etwa 2 km vor dem Zange-Tor absetzen, anschließend muss man zu Fuß bis zum Gate gehen. Dort gibt es dann die Möglichkeit, einen Führer für eine Wander-Safari anzuheuern. Fahrzeuge für Mkomazi-Safaris können in Same im Elephant Motel (S. 161) und über das lutherische Amani Lutheran Centre (S. 161) gemietet werden (ca. 150 US$ pro Pkw und Tag). Am Eingang des Parks werden keine Fahrzeuge vermietet.

# Nord-Tansania

Inhalt ➡



## Schön übernachten

- Lamai Serengeti (S. 215)
- Ngorongoro Crater Lodge (S. 198)
- Lake Manyara Tree Lodge (S. 192)
- Shu'mata Camp (S. 255)

## Gut essen

- Blue Heron (S. 176)
- Khan's Barbecue (S. 175)
- Hot Plate (S. 175)
- Onsea House (S. 175)

## Auf in den Norden!

Ein bekanntes Zitat über Afrika lautet: Die Menschen, die noch nie in Nord-Tansania waren, sind zu beneiden, denn sie haben noch so viel, worauf sie sich freuen können. Nord-Tansania ist eine Gegend der Superlative, angefangen beim höchsten Berg Afrikas bis hin zu den größten Wildtierspektakeln der Welt. Aber der Kilimandscharo und die Serengeti sind nur Startpunkte für weitere unvergessliche Reiseziele. Der Meru ist ebenso schön wie der Kilimandscharo, während das Krater-Hochland zu den eindrucksvollsten Landschaften des Kontinents zählt. Zudem wartet Tansania mit dem Affenbrotbaum-Elefanten-Paradies, den baumkletternden Löwen des Manyarasees und den Flamingos des Natronsees auf. Und ein Besuch des Ngorongoro-Kraters fühlt sich an wie eine Rückkehr in die Urzeit.

Aber auch die Massai, die Hadza und andere Stammesvölker sind ein wichtiger Bestandteil Tansanias – sie machen Afrika zu einem der faszinierendsten Reiseziele der Welt.

## Reisezeit

### Arusha

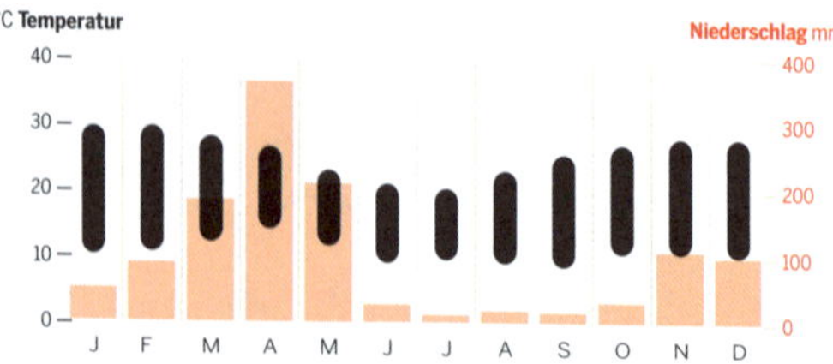


**Jan.–März** In der Süd-Serengeti findet die Gnu-Migration statt.

**April & Mai** Der Regen macht die Straßen schlammig, aber es sind weniger Touristen unterwegs.

**Juni & Juli** Die Wildtier-Migration strömt nach Norden durch die Serengeti in Richtung Kenia.

## Highlights

1 **Nationalpark Serengeti** (S. 208) Eines der eindrucksvollsten Tierspektakel der Welt.

2 **Ngorongoro-Krater** (S. 197) In eine verlorene Welt eintauchen.

3 **Natronsee** (S. 204) Blick auf den Vulkan Ol Doinyo Lengai.

4 **Kilimandscharo** (S. 251) Auf dem höchsten Berg Afrikas stehen und das grenzenlose Panorama bestaunen.

5 **Nationalpark Lake Manyara** (S. 191) Nach Löwen auf Bäume Ausschau halten.

6 **Krater-Hochland** (S. 202) Die Welt der Rift-Highlands erkunden.

7 **Nationalpark Tarangire** (S. 186) Elefanten zwischen Affenbrotbäumen beobachten.

8 **Arusha** (S. 168) Durch das Cultural Tourism Program den lokalen Alltag erleben.

9 **Eyasisee** (S. 195) Das Volk der Hadza besuchen.

10 **West-Kilimandscharo** (S. 254) Tiere beobachten und die tolle Aussicht genießen.

# NORTHERN SAFARI CIRCUIT

Ngorongoro, Serengeti, Tarangire, Lake Manyara – der „Northern Safari Circuit" in Tansania bietet die besten Wildtierbeobachtungen auf dem ganzen Kontinent.

## Arusha

☎027 / 416 500 EW.

Arusha – der Startpunkt vieler unvergesslicher Safaris – ist das Tor zum „Northern Circuit", der einzigartige Nationalparks umfasst. Es ist eine große, ausgedehnte Stadt, die all die Widersprüche, die das mit sich bringt, in sich vereint.

Bei einer Reise auf Afrikas strapaziösen Straßen bietet sich Arusha als erholsamer Zwischenstopp an. Vor Ort gibt's exzellente Unterkünfte und Restaurants, zudem ist die Stadt größtenteils üppig grün und das Klima dank der Höhe (ca. 1300 m) und der Lage nahe dem Fuß des Meru angenehm mild.

In der Safarihauptstadt des nördlichen Tansanias wird besonders intensiv mit Safaris, Souvenirs und anderen Offerten um Urlauber geworben, wobei nicht alle Anbieter seriös sind. Ihre Hauptreviere sind die Busbahnhöfe und die Boma Road. Das Zentrum und die Hauptstraße, die aus der Stadt nach Dodoma führt, sind zudem laut, verschmutzt, verkehrsreich und voller Trubel.

### Sehenswertes & Aktivitäten

Das Beste, was man in Arusha tun kann, neben der Organisation der Safari und/oder Wanderung, ist die Teilnahme an einem Kulturtourismusprogramm (S. 170) im Umland.

**Naturhistorisches Museum** MUSEUM

(☎027-250 7540; Boma Rd; Erw./Student 10 500/6300 TSh; ⏲9–18 Uhr) Dieses Museum in der alten deutschen *boma* (befestigtes Wohngebäude), erbaut 1900, hat drei Teile. Der beste ist der Flügel, welcher der Evolution des Menschen gewidmet ist, denn viel von dem, was wir darüber wissen, stammt von Fossilien, die in Tansania ausgegraben wurden. Es gibt auch Ausstellungen über Insekten, die Geschichte von Arusha während der deutschen Kolonialzeit und Fotos von Wildtieren und Bergbesteigungen.

**Arusha Declaration Museum** MUSEUM

(☎027-254 5380; www.facebook.com/ArushaDeclaration; Makongoro Rd; Erw./Kind 8000/4000 TSh; ⏲9–17.30 Uhr) Trotz des an sich interessanten Themas – das Museum widmet sich der bahnbrechenden Arusha-Deklaration von 1967, einer Initiative des Präsidenten Julius Nyerere für afrikanische Selbstbestimmung, Sozialismus und *ujamaa* (Familiensinn) – muss man schon recht gelangweilt sein, um diese unsystematische kleine Ausstellung zu besuchen. Die Exponate bestehen zur Hälfte aus Fotos von Regierungsbeamten, etwas ansprechender sind ein paar Fotos aus der Kolonialzeit und eine Handvoll ethnografische Artefakte.

★ **Weaving & Walking Tour** KULTUR, WANDERN

(☎0624 235886; 10 000 TSh pro Pers.) Die Touren von Reda und Flora bieten die großartige Möglichkeit, das Alltagsleben der Einheimischen kennenzulernen. Sie führen ins Herz von Arusha, wie die Einheimischen es erleben, und enden in Floras Webwerkstatt, wo sie aus recycelten Textilien innovative neue Stoffe herstellt. Die Touren dauern zwei bis vier Stunden. Wer vorher anruft, kann sich vom Hotel abholen lassen.

★ **Via Via Cultural Tours** KULTUR

(☎0767 562651; www.viaviacafe.com; Boma Rd; 1-stündiger/1-tägiger Trommelkurs 20/50 US$, Stadt-/Marktführung 30/30 US$, Kochkurs 30 US$; ⏲9–16 Uhr) Vom Café Via Via (S. 176) direkt hinter dem Naturhistorischen Museum organisiert, werden Trommelunterricht (bei der eintägigen Variante lernen Teilnehmer, wie man eine eigene Trommel bastelt), zweistündige Stadtführungen, dreistündige Ausflüge zu einem Massai-Markt und Kochkurse angeboten.

### Schlafen

Die beste Gegend für Budget-Unterkünfte in Arusha ist das Viertel Kaloleni, nördlich der Stadium Road und östlich der Colonel Middleton Road (10 Minuten zu Fuß von der Bushaltestelle), gefolgt von der geschäftigen, zentralen Marktgegend südlich vom Stadion. Rund um den Uhrturm geht's etwas ruhiger zu. Mittel- und Spitzenklasseoptionen gibt's im grünen Osten der Stadt.

Die Unterkünfte außerhalb der Stadt bieten eine ländlich anmutende Kulisse, gute Transportmittel in die Stadt und größtenteils kulturelle Ausflüge. Die Lodges im Nationalpark Arusha sind von der Stadt aus leicht zu erreichen; sie sind eine besonders gute Option, wenn man über den Kilimanjaro International Airport einreist.

## Stadtzentrum & Uhrturm

**Raha Leo** PENSION $
(☎ 0784 822999, 0753 600002; Stadium St; EZ/DZ 30 000/40 000 TSh; ) Diese heimelige Unterkunft verfügt über einfache, aber ordentliche Doppel- und Zweibettzimmer, zum Teil den Flur entlang, zum Teil um eine Lounge unter freiem Himmel herum. Warmwasser und Kabelfernsehen sorgen für ein sehr gutes Preis-Leistungs-Verhältnis. Die Lage ist zentral, aber ruhiger als üblich.

**Flamingo Inn** PENSION $
(☎ 0754 260309; flamingoarusha@yahoo.com; Kikuyu St; EZ/2BZ 20/25 US$; ) Das einfache Gästehaus hat schlichte, aber makellos saubere Zimmer mit Ventilatoren und Moskitonetzen, eine zentrale Lage, gutes Frühstück und freundliche Mitarbeiter.

**Arusha Centre Tourist Inn** HOTEL $
(☎ 0764 294384, 0767 277577; atihotel@habari.co.tz; Livingstone Rd; EZ/DZ 30/35 US$; @) Unspektakuläre, aber saubere und ziemlich geräumige Zimmer zu fairen Preisen (es lohnt sich, nach Rabatten zu fragen). Wegen der benachbarten Moschee haben Langschläfer schlechte Karten. Die drei Stockwerke liegen um einen Innenhof herum und im vorderen Bereich gibt's ein Restaurant mit akzeptabler Küche und jeder Menge fernsehender Massai-Männer.

**Arusha Backpackers** HOSTEL $
(☎ 0773 377795; www.arushabackpackers.co.tz; Sokoine Rd; B/EZ/DZ mit Gemeinschaftsbad 10/12/22 US$; ) In der geselligen Unterkunft kommen Gäste schnell ins Gespräch mit anderen Reisenden, Moskitonetze sucht man allerdings vergeblich und die Gemeinschaftsbäder sind trist. Aber für den Preis ist das Hostel ein gutes Schnäppchen. In den Gemeinschaftsbereichen gibt's kostenloses WLAN.

**Centre House Hostel** PENSION $
(☎ 0767 820203, 0762 169910; cathcenterhouse@yahoo.com; Kanisa Rd; EZ 15 000–40 000 TSh, DZ 30 000–40 000 TSh; P) Bescheidenes Gästehaus, das von der katholischen Diözese geführt wird und vor allem Freiwilligenarbeiter und Budgetreisende beherbergt. Die Zimmer sind nicht alle gleich; einige der Räume für Selbstversorger wurden vor Kurzem renoviert. Alle verfügen über Warmwasser. Auf Bestellung werden auch Mahlzeiten (10 000 TSh) serviert. Das Eingangstor schließt um 23 Uhr; wer vorher Bescheid sagt, kann auch später kommen.

**New Safari Hotel** HOTEL $$
(☎ 027-254 5940, 0787 326122; www.newsafarihotel.com; Boma Rd; EZ/DZ/3BZ 100/125/180 US$; @) Die einstige Lieblingsadresse weißer Jäger mit ihren abenteuerlichen Geschichten vom afrikanischen Busch wurde 2004 neu eröffnet und ist das beste Mittelklassehotel im Zentrum. Die recht großen Zimmer haben geflieste Böden und einen edlen Touch. Die Innenstadt ist gut zu Fuß zu erreichen.

**Arusha Naaz Hotel** HOTEL $$
(☎ 0755 785276, 027-257 2087; www.arushanaaz.net; Sokoine Rd; EZ/2BZ/3BZ ab 45/60/75 US$; ) Naaz kann nicht gerade mit prickelnder Atmosphäre aufwarten, aber das Preis-Leistungs-Verhältnis stimmt ansonsten. Es hat gemütliche Zimmer im ersten Stock und liegt günstig am Uhrturm. Die Zimmer sind nicht alle gleich, darum vorher ansehen; wir halten die am dreieckigen Innenhof gelegenen Zimmer für die besten.

**Arusha Hotel** HOTEL $$$
(☎ 027-250 7777; www.thearushahotel.com; Kreisverkehr am Uhrturm; EZ/DZ ab 230/260 US$; @) Das Arusha ist eines der ältesten (obwohl es heute völlig anders aussieht) und besten Hotels der Stadt. Es liegt mitten im Zentrum, aber seine großen, grünen und wunderschönen Gärten verleihen ihm das Flair eines Landhotels. Obwohl die Räume für den Preis größer sein könnten, sind der Service und die Einrichtungen (inkl. Fitnessraum, Casino und Rund-um-die-Uhr-Zimmerservice) erstklassig.

## Östliches Arusha

**Eight Boutique Hotel** BOUTIQUE-HOTEL $$
(Bay Leaf Hotel; ☎ 027-254 3055; www.bayleaftz.com; Vijana Rd; Zi./Suite ab 120/130 US$) Das Hotel liegt über dem gleichnamigen sehr eleganten Restaurant (S. 177) und bietet klassische, große Zimmer und tolle Suiten für Preise, die in Arusha heute kaum mehr zu finden sind. Einige sind in modernen, etwas übertriebenen Farbtönen gehalten, andere haben einen etwas altmodischeren Stil, der aber ebenso schön ist. Das Hotel befindet sich in einer ruhigen Seitenstraße.

**Themi Suites Hotel** APARTMENTS $$
(☎ 0732 979621, 0732 979617; www.themisuiteshotel.com; Njiro Hill Rd; Apt. mit 2/3 Schlafzimmern 150/180 US$; ) Die exzellente Anlage eignet sich toll für Familien sowie für alle, die nach einem geräumigen, voll ausgestatteten Apartment mit Küche, Esszimmer und

## KULTURTOURISMUSPROGRAMME

Zahlreiche Dörfer rund um Arusha und in anderen Teilen des Landes bieten „Cultural Tourism Programs", die eine Alternative zur Safari-Szene bieten. Die meisten legen den Schwerpunkt auf leichte Wanderungen und dörfliche Aktivitäten. Obwohl die Grenzen zwischen Gemeindeförderung und Eigennutz der Betreiber manchmal verschwimmen, schaffen die Programme Arbeitsplätze für Einheimische und bieten eine hervorragende Chance, Tansania auf lokaler Ebene kennenzulernen. Die meisten setzen sich aus verschiedenen „Modulen" zusammen, die von einem halben Tag bis zu mehreren Übernachtungen reichen. Der Transport, manchmal mit *dalla-dalla*, manchmal mit Privatauto, kostet extra. Bei Touren mit Übernachtungen wird häufig gezeltet oder bei Familien genächtigt; auf sehr einfache Verhältnisse einstellen. Die Bezahlung sollte vor Ort vorgenommen werden; immer eine Quittung verlangen.

Sämtliche Touren im Gebiet von Arusha und in anderen Gebieten können über das Tanzania Tourist Board (TTB) in Arusha (S.179) gebucht werden, das detaillierte Informationen zu Touren (einschl. Preise) sowie Infos zu den besten Verkehrsverbindungen anbietet. Die meisten Touren sollten einen Tag im Voraus gebucht werden, am TTB-Büro warten jedoch jeden Morgen Guides auf Kundschaft. Bei weiteren Fragen kann evtl. das Büro des Cultural Tourism Program hinter dem Naturgeschichtlichen Museum in Arusha helfen. Alternativ setzt man sich mit den jeweiligen Projekten direkt in Verbindung.

**Ilkiding'a** (☎ 0732 978570, 0713 520264; www.ilkidinga.com) Wanderungen (die von Halbtages-Touren bis zu einer dreitägigen „Kulturwanderung" mit Übernachtungen in Häusern unterwegs reichen) und die Gelegenheit, die traditionelle Kultur der Massai und Wa-arusha kennenzulernen, sind die Hauptattraktionen dieses gut organisierten Programmes um Ilkiding'a, das 7 km nördlich von Arusha liegt.

**Ilkurot** (☎ 0713 332005, 0784 459296; www.tanzaniaculturaltourism.com/ilkurot.htm) Eine gute Wahl für alle, die an der Massai-Kultur interessiert sind. Zum Aufenthalt in ihrem Dorf und Trekking-Touren (auf Wunsch mit Eseln oder Kamelen) gehört der Besuch einer *boma* (befestigte Wohnanlage), eines Kräuterarztes, einer Hebamme und anderer Mitglieder der Gemeinschaft. Wer übernachten möchte, kann zwischen Camping und der Unterbringung in einem Gästehaus oder *boma* wählen. Das Dorf liegt 25 km nördlich von Arusha abseits der Nairobi Road.

**Longido** (☎ 0787 855185, 0715 855185; www.tanzaniaculturaltourism.com/longido.htm) Im Mittelpunkt dieses Programms stehen der 2637 m hohe Longido und das große Massai-Dorf gleichen Namens. Neben der Besteigung (hin & zurück 8–10 Std.) bietet der Longido eine gute Einführung in das Leben der Massai, einschließlich des Besuchs in einigen *bomas* und des Viehmarkts am Mittwoch. Das Dorf ist problemlos per *dalla-dalla* zu erreichen.

Loungebereich suchen. Die Apartments verfügen über hübsche, schmiedeeiserne Möbel, Flachbildfernseher, Mikrowelle und Waschmaschine. In den Einheiten mit zwei Schlafzimmern haben vier Personen Platz, in denen mit drei Schlafzimmern sechs. Es gibt ein gutes hauseigenes Restaurant.

**Spices & Herbs** — PENSION **$$**
(☎ 0685 313162, 0754 313162; axum_spices@hotmail.com; Simeon Rd; EZ/DZ/3BZ 50/55/85 US$; @ 📶) Die 19 Zimmer hinter dem beliebten äthiopischen Restaurant (S.176) sind einfach, aber warm, mit gewebten Grasmatten und hölzernen Schränken, die eine Atmosphäre schaffen, wie sie auf dieser Preisebene nicht oft zu finden ist. Zudem bietet die Pension einen Innenhof und ist günstiger, als es für das östliche Arusha üblich ist. Exzellentes Preis-Leistungs-Verhältnis.

**Impala Hotel** — HOTEL **$$**
(☎ 027-254 3082; www.impalahotel.com; Simeon Rd; EZ/DZ/3BZ 100/130/160 US$; P ❄ @ 📶 🏊 👪) Das günstig gelegene Impala füllt eine Lücke zwischen den kleinen, familiengeführten Pensionen und den großen Luxus-Hotels und bietet ordentliche Zimmer (die neueren haben Parkettboden und Einrichtung im Safaristil). Zum Angebot gehören Dienstleistungen wie eine Wechselstube und ein Restaurant. Nach Rabatten fragen!

**Outpost Lodge** — LODGE **$$**
(☎ 0754 318523; www.outpost-lodge.com; Serengeti Rd; EZ/DZ/3BZ/4BZ 65/85/102/136 US$;

**Mkuru** (☎ 0784 724498, 0784 472475; www.mkurucamelsafari.com) Das Massai-Dorf Mkuru, etwa 14 km abseits der Straße nach Nairobi nördlich des Meru und 60 km von Arusha entfernt gelegen, ist das erste und größte Kamelcamp der Region. Es können ein kurzer Kamelritt ums Dorf oder eine mehrtägige Safari bis zum Kilimandscharo oder Natronsee unternommen werden. Im Dorf gibt's ein einfaches Zeltcamp oder Platz für ein eigenes Zelt.

**Monduli Juu** (☎ 0787 756299, 0786 799688; www.tanzaniaculturaltourism.com/monduli.htm) Monduli Juu (Ober-Monduli) umfasst vier kleinere Dörfer am Fuß der Monduli-Berge, nordwestlich von Arusha im Massailand. Möglich sind ein Besuch bei traditionellen Heilern, die Besichtigung einer Schule oder die Teilnahme bei einem Fleisch-*orpul* im Busch (Massai-Camp, wo Männer Fleisch essen). Viele Leute kommen, um vom Steilabfall den Blick auf den Ostafrikanischen Graben zu genießen.

**Mulala** (☎ 0784 499044, 0784 747433; www.tanzaniaculturaltourism.com/mulala.htm) An den südlichen Hängen des Meru etwa 30 km nordöstlich von Arusha gelegen, steht dieses Programm ausschließlich unter weiblicher Leitung. Die Touren konzentrieren sich auf die Landwirtschaft und den Alltag und umfassen Besuche bei einer örtlichen Frauenkooperative und bei Käseherstellern. Wer zelten möchte, muss die Ausrüstung mitbringen. Wer früh losgeht, schafft die Tour von Arusha aus auch in einem Tag.

**Ng'iresi** (☎ 0754 320966, 0754 476079; www.arusha-ngiresi.com) Die Touren zum Dorf Ng'iresi (rund 7 km nordöstlich von Arusha an den Hängen des Meru gelegen) gehören zu einem der beliebtesten Programme. Sie umfassen Ausflüge zu Farmen, Häusern und einer Schule der Wa-arusha. Es gibt auch eine traditionelle heilkundliche Wanderung, Touren zu mehreren Wasserfällen und die Besteigung eines kleinen Vulkans. Hier gibt's keine öffentlichen Verkehrsmittel, am besten kümmert man sich bei der Buchung um die Anfahrt.

**Oldonyo Sambu** (☎ 0784 694790, 0784 663381; www.tanzaniaculturaltourism.com/sambu.htm) Die Trekking-/Camping-Touren nach Oldonyo Sambu bieten Ritte auf Eseln, Pferden oder Kamelen sowie kulturelle Aktivitäten im Dorf an. Das Dorf liegt ungefähr 35 km nördlich von Arusha abseits der Straße nach Nairobi und ist leicht mit dem *dalla-dalla* erreichbar.

**Tengeru** (☎ 0756 981602, 0754 960176; www.tengeruculturaltourism.org) Das etwa 10 km östlich von Arusha und abseits der Hauptstraße beschilderte Tengeru ist Schauplatz des zweimal wöchentlich stattfindenden Tengeru-Marktes. Das Programm sieht Besuche auf einer Kaffeefarm und in einer Schule sowie eine Einführung in das Leben des Volkes der Meru vor. Aufenthalte bei Familien können arrangiert werden.



@ 📶 ≋) Beliebte Lodge mit zahlreichen Zimmern, die schönsten befinden sich im neuen zweistöckigen Gebäude, das von einem grünen Garten umgeben ist. Darüber hinaus sorgt die Restaurant-Lounge am Pool mit Liegen, Brettspielen und frisch gepressten Säften für ein anständiges Gesamtpaket. In einer ruhigen Wohngegend abseits der Nyerere Road gelegen.

★ **Blues & Chutney** B&B $$$
(☎ 0658 127380, 0732 971668; www.bluesandchutney.com; House No 2 Olorien, Lower Kijenge; EZ/DZ 130/175 US$; 📶) Ein gemütliches, gepflegtes Boutique-B&B an einer ruhigen Straße südöstlich des Zentrums mit dem Flair eines ruhigen Geheimtipps. Das edle Dekor ist geprägt von weißem Holz, die Atmosphäre ist kultiviert und vier der sechs hellen, luftigen Zimmer haben große Privatbalkone. Das Restaurant serviert Hausmannskost und es gibt eine kleine Bar.

★ **African Tulip** BOUTIQUE-HOTEL $$$
(☎ 0783 714104, 027-254 3004; www.theafricantulip.com; Serengeti Rd; EZ/DZ/3BZ 190/250/330 US$, Suite 350–550 US$; P ❄ @ 📶 ≋) Das zu Recht beliebte African Tulip kombiniert auf erfolgreiche Weise afrikanisches Safariflair mit elegantem Ambiente. Die großen Zimmer bieten komfortable Erholung vom Lärm Arushas. Im Restaurant ragt ein Affenbrotbaum durch die Decke, überall stehen geschnitzte Holzmöbel und hinter dem Haus umgibt ein hübscher kleiner Garten den Swimmingpool.

## Arusha

### Außerhalb der Stadt

**Meserani Snake Park** CAMPINGPLATZ $ (027-253 8282; www.meseranisnakepark.com; Arusha-Dodoma Rd; Camping inkl. Eintritt zum Schlangenpark 15 US$; P) Dieser Platz ist auf Durchreisende eingestellt und hat gute Einrichtungen, wie z. B. heiße Duschen, ein Restaurant mit Bar mit billigen Gerichten und eine Autoreparaturwerkstatt. Der Platz liegt ca. 25 km westlich von Arusha an der Straße nach Dodoma.

★ **Karama Lodge** LODGE $$

(☎ 0754 475188; www.karama-lodge.com; EZ/DZ/3BZ 115/150/215 US$; P @ 📶 ≋) Unweit der Onsea-Moivaro Road befindet sich diese ganz besondere Unterkunft. Das auf einem bewaldeten Hügel im Suye-Hill-Gebiet südöstlich der Stadt liegende Karama bietet 22 rustikale auf Stelzen gebaute Bungalows. Jeder ist mit einer Veranda ausgestattet, die an klaren Tagen den Blick auf den Kilimandscharo und den Meru bietet. Die Anlage ist an der Old Moshi Road ausgeschildert.

# Arusha

**Sehenswertes**

1 Arusha Declaration Museum ... C2
2 Naturhistorisches Museum ... E2

**Aktivitäten, Kurse & Touren**

3 Base Camp Tanzania ... B1
4 Hoopoe Safaris ... B5
5 Roy Safaris ... G5
Via Via Cultural Tours ... (siehe 32)

**Schlafen**

6 African Tulip ... G5
7 Arusha Backpackers ... A4
8 Arusha Centre Tourist Inn ... C3
9 Arusha Hotel ... B6
10 Arusha Naaz Hotel ... A6
11 Centre House Hostel ... F3
12 Eight Boutique Hotel ... H4
13 Flamingo Inn ... B3
14 Impala Hotel ... H5
15 New Safari Hotel ... B5
16 Outpost Lodge ... F6
17 Raha Leo ... B2
18 Spices & Herbs ... H4

**Essen**

19 Africafé ... B5
Arusha Naaz Hotel ... (siehe 10)
20 Bamboo by Fifi's ... B5
21 Blue Heron ... G4
22 Cafe Barrista ... A6
23 Chinese Dragon ... G1
Eight ... (siehe 12)
24 Fifi's ... D4
25 Hot Plate ... C4
26 Khan's Barbecue ... B3
27 Le Patio ... G4
28 McMoody's ... B4
29 Mirapot ... B5
30 Shanghai ... A4
Spices & Herbs ... 18)
31 TapaSafari ... F2
32 Via Via ... F2

**Ausgehen & Nachtleben**

33 Club AQ ... B3
Via Via ... (siehe 32)

**Shoppen**

34 Hauptmarkt ... B3
35 Jamaliyah ... B6
36 Kase ... A6
37 Kase ... B5
38 Mt. Meru Curious & Crafts Market ... D4
Schwari ... (siehe 21)
39 Tanzanite Experience ... B5

**Praktisches**

40 Arusha Lutheran Medical Centre ... A1
41 Barclays ... G5
42 CRDB Bank ... B5
43 CRDB Bank ... B4
44 Exim Bank ... A6
45 Immigration Office ... E2
46 Kibo Palace Bureau de Change ... A5
47 Moona's Pharmacy ... D4
48 NBC ATM ... A1
49 NBC Bank ... D4
50 Ngorongoro Conservation Area Authority Information Office ... B5
51 Sanya 1 Bureau de Change ... A4
52 Sanya 2 Bureau de Change ... A6
53 Sanya 3 Bureau de Change ... C4
54 Satguru Travel & Tours ... A6
55 Skylink ... A6
56 Stanbic Bank ... D4
57 Standard Chartered ... A6
58 Tanzania Tourist Board Tourist Information Centre ... B5

**Transport**

59 Air Tanzania ... B6
Arusha Naaz ... (siehe 10)
60 Zentraler Busbahnhof ... B3
Coastal Aviation ... (siehe 59)
61 Dar Express ... A1
62 Ethiopian Airlines ... B5
Fastjet ... (siehe 39)
63 Impala Shuttle ... H5
64 Precision Air ... B5
Rainbow Shuttle & Car Hire ... (siehe 15)
65 Riverside Shuttle ... H4
66 RwandAir ... C3

**Mvuli Hotels Arusha** HOTEL $$

(☎ 0786 287761; www.mvulihotels.co.tz; Kundayo Rd; Zi. ab 65 US$; P ❄ 📶) Nicht weit vom Stadtzentrum, aber in einer sehr ruhigen und schönen Gartenanlage befindet sich das Mvuli. Es ist eine der besten Mittelklassebleiben der Region und bietet große, komfortable Zimmer, die mit Moskitonetzen ausgestattet sind. Das Hotel selbst ist nichts Besonderes, aber das Preis-Leistungs-Verhältnis ist für die Unterkünfte dieser Gegend außergewöhnlich gut.

★ **Mt. Meru Game Lodge** LODGE $$$

(☎ 0689 706760; www.mtmerugamelodge.com; Arusha-Himo Rd; ab 275 US$ pro Pers.; P ❄ 📶) Östlich von Arusha liegt am Usa (Fluss) neben einem privaten Wildschutzgebiet mit Zebras, Straußen und Affen die wundervolle Mt. Meru Game Lodge. Sie bietet großartige Zimmer, die mit viel Holz und weißen Stoffen ausgestattet sind und zu den schönsten Unterkünften Arushas gehören. Die Gemeinschaftsbereiche sind geschmackvoll mit afrikanischen Kunstwerken dekoriert.

**★ Arusha Coffee Lodge** LODGE $$$
(027-250 0630; www.elewana.com; Dodoma Rd; EZ 193–413 US$, DZ 386–550 US$, Suite 325–770 US$; ) Mitten in einer schattigen Kaffeeplantage gelegen und durch und durch elegant, ist dieses Anwesen eines, über das in Arusha am meisten gesprochen wird. Die wunderbaren Standardzimmer haben versetzte Ebenen und wirken wie Suiten, und das Restaurant gehört zu den besten. Der einzige Nachteil ist der Verkehrslärm. Die Lodge liegt am Highway gleich im Westen der Stadt.

**★ Onsea House** B&B $$$
(0787 112498; www.onseahouse.com; Onsea Rd; EZ/DZ 275/350 US$; ) Geführt von einem Belgier, dessen hervorragender Blick für's Detail dieses friedliche, schicke B&B zu etwas Besonderem macht. Die Zimmer sind individuell nach verschiedenen Themen gestaltet, zudem locken das Machweo Wellness Retreat und Fine Dining, ein wunderbares Spa- und Yogazentrum mit erstklassigem Restaurant. Es liegt etwa 1 km abseits der Straße nach Moshi am Stadtrand.

**Kigongoni** LODGE $$$
(0732 978876; www.kigongoni.net; EZ/DZ/3BZ inkl. geführte Wanderungen ab 195/220/350 US$; ) Kigongonis ruhige Lage auf einem Hügel ungefähr 5 km hinter Arusha schafft fast eine Wildnisstimmung. Geräumige Cottages, alle mit Veranda, Kamin und weitem Blick, liegen im Wald verstreut, manche ein gutes Stück hügeligen Weges bis zu den gemütlichen Gemeinschaftsflächen. Die Lodge liegt rund 5 km hinter Arusha in Richtung Moshi.

## Essen

### Stadtzentrum & Uhrturm

**★ Hot Plate** INDISCH $
(0783 030730, 0715 030730; Navrat St; Hauptgerichte 6000–12 000 TSh; Di–So 7–22 Uhr; ) In schattiger Straßenlage wird köstliches indisches Essen – südindische Spezialitäten, Punjabi- und andere Gerichte, vegetarisch und nichtvegetarisch – serviert. Das Lokal befindet sich bei der Sokoine Road, am Ende einer kleinen Seitenstraße direkt neben der Tankstelle Manji's, versteckt hinter einem grünen Bambuskiosk.

**★ Khan's Barbecue** GRILLRESTAURANT $
(Mosque St; Mahlzeiten 9000–10 000, gemischter Grillteller 13 000 TSh; Mo–Fr 18.30–23, Sa & So 17–23 Uhr) Diese Arusha-Institution ist tagsüber ein Autoersatzteillager (nach dem Schild „Zubeda Auto Spares" suchen) und nachts das bekannteste Straßenbarbecue in der Marktgegend. Es bietet reichlich gegrilltes Fleisch, Fleischspießchen und Salate an. Hier kann man sich bestens unter die Einheimischen mischen.

**Café Barrista** CAFÉ $
(027-254 5677, 0754 288771; www.cafebarrista.com; Sokoine Rd; Mahlzeiten 9000–14 000 TSh; Mo–Sa 7–18.30, So bis 14.30 Uhr; ) Neben leckeren Schokocroissants gibt's sättigende Sandwiches, Salate und Wraps sowie tollen Kaffee. Auch ein Internetcafé (2000 TSh pro Std.) und WLAN (beim Kauf einer Mahlzeit kostenlos) sind vorhanden.

**Bamboo by Fifi's** INTERNATIONAL $
(Boma Rd; Hauptgerichte 7000–22 000 TSh; 6.30–22 Uhr; ) Die köstlichen Backwaren, Shakes und Smoothies, Salate und Baguette-Sandwiches sowie eine verführerische Auswahl an Hauptgerichten – alle im hellen, sauberen Speiseraum serviert – machen das Bamboo zu einer empfehlenswerten Adresse.

**Arusha Naaz Hotel** TANSANISCH $
(027-257 2087; Sokoine Rd; Snacks 1000–5000 TSh, Mittagsbüfett 12 000 TSh; Mo–Sa 6.45–18.30, So bis 15 Uhr, Büfett Mo–Sa 11.30–15 Uhr) Das nicht zu verfehlende Restaurant serviert ein All-you-can-eat-Mittagsbüfett und hat einen langen Tresen mit Snacks.

**McMoody's** BURGER $
(0735 303030; Sokoine Rd; Hauptgerichte 6000–16 000 TSh; 10–21.30 Uhr; ) Ein ganzjähriger Favorit für Burger aller Art sowie Pizzas, Kebabs u. a.

**Shanghai** CHINESISCH $
(027-250 3224, 0756 659247; Sokoine Rd; Mahlzeiten 5000–17000 TSh; 12–15 & 18–22.30 Uhr; ) Passables Restaurant unter chinesischer Leitung mit schnellem Service und einer Mischung aus Fernem Osten und Wildem Westen als Dekor – mal ehrlich, welches chinesische Restaurant in Afrika zeichnet sich schon durch seine Inneneinrichtung aus? Versteckt sich hinter dem Postamt.

**Mirapot** TANSANISCH $
(India St; Mahlzeiten 6000–12 000 TSh; Mo–Sa 7–18.30 Uhr) Auf den Tisch kommen lokale Fischgerichte, traditioneller Rindereintopf, Hühnchen in Kokossoße, Burger, Sandwiches und anständiger Kaffee aus der Gegend.

★ **Fifi's** INTERNATIONAL, BÄCKEREI $$

(☎ 027-254 4021; www.fifistanzania.com; Themi St; Frühstück 8500–18 500 TSh, Hauptgerichte 11 000–21 500 TSh; ⏲ Mo–Fr 7.30–21.30, Sa & So 8.30–21.30 Uhr; 📶) Die schicke Bäckerei mit kostenlosem WLAN lädt zu einem Frühstück, einem ruhigen Nachmittagskaffee oder zu einer sättigenden Mahlzeit ein. Zur Auswahl gehören Gerichte wie Rinderfilet mit Blauschimmelkäsesoße oder Suaheli-Rindereintopf.

**Via Via** CAFÉ $$

(☎ 0782 434845, 0767 562651; www.viaviacafe.com; Boma Rd; Hauptgerichte 10 000–18 000 TSh; ⏲ Mo–Sa 9–22 Uhr) Dieses kultivierte und ruhige Lokal mit dem besten Soundtrack der Restaurants von Arusha liegt am Fluss hinter dem Naturhistorischen Museum (S. 168) und ist ein beliebter Treffpunkt. Es gibt Kaffee, Salate und Sandwiches sowie ein paar gehaltvollere Gerichte wie Nudeln und gegrillter Fisch. Dazu eine anständige Bar und Livemusik.

**TapaSafari** FISCH & MEERESFRÜCHTE $$

(☎ 0757 009037; Kanisa Rd; kleine/große Tapasportion ab 4500/7000 TSh, Hauptgerichte 12 000–38 000 TSh; ⏲ 11–22 Uhr; 📶 🍷) Highlights dieses Restaurants mit Weinbar und Tischen im Freien sind spanische Tapas und jede Menge südafrikanische Weine. Zum breiten Angebot gehören außerdem Snacks, Grillgerichte, Pizza und Pasta. Das Vier-Gänge-Menü (26 000 TSh) ist besonders beliebt.

**Chinese Dragon** CHINESISCH $$

(☎ 027-254 4107; Kanisa Rd; Hauptgerichte 9500–19 500 TSh; ⏲ 12–15 & 18–22.30 Uhr) Das Restaurant liegt am Gymkhana Club nordöstlich des Stadtzentrums und gehört der Familie, die auch das wundervolle Shanghai führt. Der Service und das Dekor sind einwandfrei, das Essen ist großartig – wir empfehlen das kleingeschnittene Rindfleisch mit Chili und Basilikum.

**Africafé** CAFÉ $$

(Boma Rd; Frühstück 7000–12 000 TSh, Hauptgerichte 14 000–24 000 TSh; ⏲ Mo–Fr 7.30–21, Sa & So 8–21 Uhr; 📶) Ein schicker Laden, der angenehme Erholung vom Touristentrubel auf der Boma Road bietet und wie ein europäisches Café (mit entsprechenden Preisen) wirkt. Auf der Speisekarte stehen vor allem Sandwiches, außerdem Gerichte wie gegrilltes Fleisch, Burger und gegrillter Nilbarsch mit Knoblauch und Butter. Auch die Bäckerei ist gut.

## Östliches Arusha

★ **Blue Heron** INTERNATIONAL $$

(☎ 0785 555127; www.facebook.com/pizzaheron; Haile Selassie Rd; Hauptgerichte 12 000–25 000 TSh; ⏲ Mo–Do 9–17, Fr & Sa bis 22 Uhr; 👪) Das Blue Heron schafft die schwierige Balance zwischen Loungebar und Familienrestaurant und ist unser Favorit unter den Gartenrestaurants, die für den Osten der Stadt typisch sind. Unter dem Blätterdach der Veranda oder an den Tischen auf dem Rasen werden u. a. Panini, Suppen, Rinderfilet und kreative Spezialgerichte serviert. Die Smoothies sind großartig.

**Chinese Whispers** ASIATISCH $$

(☎ 0688 969669; www.facebook.com/chinesewhispersarusha; 1. OG, Njiro-Einkaufszentrum, Njiro Hill Rd; Hauptgerichte 15 000–26 000 TSh; ⏲ Mo–Do 11–15 & 18–22.30, Fr–So 11–22.30 Uhr) Chinese Whispers landet immer wieder auf der Rangliste der besten Restaurants Arushas. Es ist bei den lokalen Auswanderern vor allem wegen seiner umfangreichen Speisekarte beliebt, die alle Gerichte (vorwiegend chinesische Speisen wie Dim Sum) bietet, die man von einem asiatischen Lokal erwartet und die nirgendwo in Nord-Tansania so gut zubereitet werden wie hier.

**Spices & Herbs** ÄTHIOPISCH, EUROPÄISCH $$

(☎ 0685 313162, 0754 313162; Simeon Rd; Hauptgerichte 14 000–21 000 TSh; ⏲ 11–22.30 Uhr; 📶 🍷) Das unprätentiöse Freiluftlokal kredenzt äthiopische und europäische Küche. Zweitere ist wenig interessant, vielmehr lohnt es sich, in Rinder-, Hühnchen- oder Lammsoße getränktes *injera* (äthiopisches Brot) oder *yegbeg tibs* (frittiertes Lamm mit äthiopischer Butter, Zwiebeln, grüner Paprika und Rosmarin) zu probieren. Der Service ist gut und an den Wänden hängt eine Menge Kunst.

**Le Patio** FRANZÖSISCH $$$

(☎ 0783-701704; www.facebook.com/LePatioArusha; Kenyatta Rd; Hauptgerichte 15 000–34 000 TSh; ⏲ 8.30–23 Uhr) Le Patio folgt einem altbewährten Arusha-Konzept: Es befindet sich in einem großen Garten unter schattigen Bäumen, hat ein Lagerfeuer in der Mitte, eine Lounge-Bar sowie Tische im Freien und wirkt Welten entfernt vom Trubel des Stadtzentrums. Die Küche ist vorwiegend französisch, aber es gibt auch die üblichen Salate, Grillgerichte, Pizzas, Sandwiches und eine tolle Moussaka.

**Eight** EUROPÄISCH $$$

(Bay Leaf; ☎ 0758 777333, 027-254 3055; www.bay-leaftz.com; Vijana Rd; Hauptgerichte 16 000–40 000 TSh; ⏲ 8–23 Uhr, Sonntagsbrunch 11–16 Uhr; 📶) Arushas feinste Speisekarte führt kreative Gerichte aus frischen Zutaten, z. B. geschmorte West-Kili-Lammhüfte. Die Gäste können im ruhigen Speiseraum oder im schattigen ummauerten Garten sitzen.

Daneben gibt's eine tolle Weinauswahl (glas- und flaschenweise) sowie separate Mittags- und Abendkarten. Sonntags wird ein beliebter Brunch serviert.

### Selbstversorger

**Village Supermarket** SUPERMARKT $

(Njiro Hill Rd; ⏲ 9–21 Uhr) Mit dem besten Sortiment der Stadt wartet dieser Supermarkt im Njiro Hill Shopping Complex südöstlich des Zentrums auf. Im selben Gebäude befindet sich ein Kino und vor der Tür liegt ein anständiger Food-Court unter freiem Himmel.

**Food Lover's Market** SUPERMARKT $

(Sable Square Shopping Village, Dodoma Rd; ⏲ 9–19 Uhr; P) Ein gut ausgestatteter, südafrikanisch geführter Supermarkt westlich von Arusha (gleich hinter dem Flughafen an der Straße zu den Nationalparks.

## Ausgehen & Nachtleben

★ **Fig & Olive** BAR

(☎ 0784 532717; www.facebook.com/thefigandolivearusha; Dodoma Rd; ⏲ So–Mi 9–17, Do–Sa bis 22 Uhr) Das Fig & Olive befindet sich auf der Terrasse des großen Cultural-Heritage-Komplexes am Westrand Arushas. Die Bar veranstaltet donnerstags einen Cocktailabend; am ersten und dritten Sonntag im Monat finden Jazz- und Soulkonzerte statt (jeweils 14 Uhr).

**Club AQ** CLUB

(Aqualine Hotel, Zaramo St; 5000 TSh; ⏲; ⏲ Fr & Sa 21 Uhr–spät) Arusha hat schon viele Nachtclubs kommen und gehen sehen. Die meisten werden mit viel Tamtam eröffnet, halten sich aber nicht lange, sodass der Club AQ schon fast wie ein Veteran wirkt. Die DJs legen gute Tanzmusik auf, das Publikum ist um die dreißig.

**Via Via** CAFÉ

(Boma Rd; ⏲ Fr–Mi 9–22, Do bis 24 Uhr) Dieses Café ist gut für einen Drink und einer der besten Orte, um sich über die bevorstehenden kulturellen Events zu informieren, von denen auch viele hier stattfinden. Donnerstags ist Karaoke-Abend und eine Liveband (Eintritt 10 000 TSh) tritt auf. Samstags gibt's ein Grillbüfett mit afrikanischer Musik. Der Trubel beginnt gegen 21 Uhr.

## Shoppen

★ **Schwari** KUNST & KUNSTHANDWERK

(☎ 0783 885833; www.schwari.com; Blue Heron, Haile Selassie Rd; ⏲ Mo–Do & Sa 9–17, Fr & Sa bis 20 Uhr) Großartiges Kunsthandwerk, elegante Haushaltswaren, Kinderspielzeug und Karten der Nationalparks stehen hier zum Verkauf. Das Schwari zeigt eine der schönsten Kunsthandwerksammlungen Arushas mit den besten Stücken aus lokaler Produktion. Nach dem Besuch des Geschäfts kann man im Blue Heron (S. 176) Mittag essen.

★ **Shanga** KUNST & KUNSTHANDWERK

(☎ 0689 759067; www.shanga.org; Arusha Coffee Lodge, Dodoma Rd; ⏲ 9–16.30 Uhr) 🍃 Was als kleines Unternehmen, das Perlenketten anfertigte, begann, ist heute auch in der Herstellung von Möbeln, Papier, Kleidung und zahlreichen anderen Produkten erfolgreich tätig. Dabei werden in der Regel recycelte Materialien verwendet, die von behinderten Künstlern verarbeitet werden. Die Produkte werden in der ganzen Welt verkauft und ein Besuch in der Werkstatt, die sich in der Arusha Coffee Lodge (S. 175) befindet, lohnt sich allemal.

**Cultural Heritage** GESCHENKE & SOUVENIRS

(☎ 027-250 7496; www.culturalheritage.co.tz; Dodoma Rd; ⏲ Mo–Sa 9–17, So bis 14 Uhr) Das große Einkaufszentrum für Kunsthandwerk ist nicht zu übersehen, liegt am westlichen

**NICHT VERSÄUMEN**

### ARUSHAS MÄRKTE

Auf dem **Hauptmarkt** (Soko Kuu; Somali Rd; ⏲ 7–18 Uhr) im Herzen der Stadt und dem größeren **Kilombero-Markt** (Dodoma Rd; ⏲ 7–18 Uhr) westlich davon lohnt sich ein ein- bis zweistündiger Bummel. Es gibt viele bunte Märkte in der Gegend, wie z. B. den **Ngaramtoni-Markt**, 12 km nordwestlich der Stadt an der Straße nach Nairobi, der donnerstags und sonntags stattfindet und zu dem Massai aus kilometerweit entfernten Orten kommen, und den **Tengeru-Markt**, 10 km östlich in Richtung Moshi, am Mittwoch und Sonnabend. Auf allen Märkten auf Taschen und Portemonnaies achtgeben.

Rand von Arusha und bietet die übliche Palette an Souvenirs sowie ein paar speziellere Stücke. Das Shoppen ist hier eher entspannt, aber die Preise sind auch deutlich höher. Im Zentrum befinden sich u.a. auch ein DHL-Büro und die großartige Bar Fig & Olive (S.177).

**Mt. Meru Curios & Crafts Market** MARKT
(Fire Rd; ⏲7–19 Uhr) Souvenirs und ein paar hochwertigere Stücke stehen auf dem Mt Meru Curios & Crafts Market – der oft fälschlicherweise als Massai-Markt bezeichnet wird – zur Auswahl. Hartes Feilschen ist hier überall erforderlich und lohnt sich angesichts der größten Auswahl im Zentrum.

**Jamaliyah** HAUSHALTSWAREN
(☎0754 592721; Boma Rd; ⏲Mo–Sa 9–12.30 & 14–18, So 9–14 Uhr) Der Laden erinnert an eine originelle „Aladinhöhle". Der freundliche Inhaber fertigt und verkauft Bilderrahmen aus Dau-Holz. Einfach eintreten, ein paar Worte mit dem Verkäufer wechseln und ein wenig herumstöbern (man wird mit Sicherheit etwas Schönes finden).

**Tanzanite Experience** SCHMUCK
(☎0767 600990; www.tanzaniteexperience.com; 3. OG, Blue Plaza, India St.; ⏲Mo–Sa 8.30–17.30, Sa 10–15 Uhr) Einer von einer ganzen Reihe von Läden, die Tanzanite verkaufen; dieser hat sogar ein kleines Museum für den seltenen Edelstein eingerichtet, der fast ausschließlich in der Gegend des Kilimandscharo gewonnen wird.

**Kase** BÜCHER
(☎027-250 2640; Boma Rd; ⏲Mo–Fr 9–17.30, Sa bis 14 Uhr) Bester Laden für Bücher und Karten zu den Nationalparks. Wer in dem Geschäft an der Boma Road nicht fündig wird, kann es mit der zweiten **Filiale** (☎027-250 2441; Joel Maeda St; ⏲ Mo–Fr 9–17, Sa 9–14 Uhr) um die Ecke probieren.

## Orientierung

Das Zentrum Arushas wird durch das kleine Naura-Flusstal in zwei Teile geteilt. Im Westen befinden sich die Busbahnhöfe, der Hauptmarkt und viele Budgetunterkünfte. Im Ostteil liegen die Büros der Fluggesellschaften, Kunsthandwerksgeschäfte, Mittel- und Spitzenklassehotels sowie viele weitere touristische Einrichtungen; die meisten verteilen sich rund um den Kreisverkehr am Uhrturm (20 Gehminuten von der zentralen Busstation), wo die zwei Hauptstraßen (Sokoine Road in Richtung Westen und Old Moshi Road in Richtung Osten) aufeinandertreffen.

## Praktische Informationen

### AUTOWERKSTÄTTEN

**Fortes** (☎027-254 4887, 027-250 6094; www.fortes-safaris.com; ⏲8–18 Uhr) Die verlässliche Autowerkstatt liegt nahe der Autobahn Nairobi–Arusha im Sakina-Bezirk.

**Meserani Snake Park** (☎0754 440800, 0754 445911; www.meseranisnakepark.com) Die Werkstatt 25 km westlich der Stadt an der Dodoma Road ist auf Trucks spezialisiert.

**Puma Petrol Station** (Sokoine Rd; ⏲24 Std.) Im Stadtzentrum.

### EINREISEBEHÖRDE

**Einreisebehörde** (East Africa Rd; ⏲Mo–Fr 7.30–15.30 Uhr)

### GEFAHREN & ÄRGERNISSE

Nachts zum Ausgehen ist es immer angeraten, ein Taxi zu nehmen. Spaziergänge im Dunkeln sind hier ziemlich gefährlich, mit Ausnahme am Markt, wo die Straßen noch nach Einbruch der Dunkelheit ein paar Stunden belebt sind. Aber selbst hier aufpassen und keine Wertgegenstände bei sich tragen.

### GELD

Forex-Büros liegen dicht nebeneinander an der Joel Maeda Street, India Street und der Sokoine Road nahe dem Uhrturm. Die meisten sind täglich von 8 bis 18 Uhr geöffnet, auch an Feiertagen. Im Stadtzentrum gibt's viele Geldautomaten, die leicht zu finden sind – allerdings muss man sich auf lange Wartezeiten einstellen, besonders freitagnachmittags.

Empfehlenswerte Wechselstuben sind **Kibo Palace** (Joel Maeda St; ⏲7–17 Uhr) sowie **Sanya 1** (Dodoma Rd; ⏲7–19 Uhr), **Sanya 2** (Sokoine Rd; ⏲7–19 Uhr) und **Sanya 3** (Sokoine Rd; ⏲7–19 Uhr).

**Barclays** (Sopa Lodges Bldg, Serengeti Rd; ⏲Mo–Fr 9.30–16, Sa 9–12 Uhr)

**CRDB Bank** (Boma Rd; ⏲Mo–Fr 8–16 Uhr)

**CRDB Bank** (Sokoine Rd; ⏲Mo–Fr 8–16 Uhr)

**Exim Bank** (Ecke Sokoine Rd & Goliondoi Rd)

**NBC-Geldautomat** (Father Babu Rd; ⏲24 Std.)

**NBC Bank** (Sokoine Rd; ⏲Mo–Fr 8.30–16, Sa 9–12 Uhr)

**Stanbic Bank** (Sokoine Rd; ⏲Mo–Fr 8.30–15.30 Uhr)

**Standard Chartered** (Goliondoi Rd; ⏲24 Std.)

### INTERNETZUGANG

Es gibt viele Internetcafés um den Markt herum und in der Uhrturm-Gegend. Die normale Gebühr beträgt 2000 TSh pro Std. Das Café Barrista (S.175) bietet Computer und WLAN (kostenfrei beim Kauf einer Mahlzeit). In der Lobby des New Safari Hotel (S.169) gibt's Internetzugang (3000 TSh pro Std.).

### MEDIZINISCHE VERSORGUNG

**Akaal Pharmacy** (☎0715 821700, 0718 444222; Sable Square Shopping Village, Dodoma Rd; ⊙Mo–Sa 9–17.30, So 11–16 Uhr) Gut ausgestattete Apotheke an der Straße zu den Nationalparks.

**Arusha Lutheran Medical Centre** (☎027-254 8030; www.selianlh.habari.co.tz; Makao Mapya Rd; ⊙24 Std.) Eine der besseren medizinischen Einrichtungen in der Region, aber wenn es wirklich ernst ist, besser nach Nairobi (Kenia) fahren.

**Moona's Pharmacy** (☎027-254 5909, 0754 309052; moonas_pharmacy@cybernet.co.tz; Sokoine Rd; ⊙Mo–Fr 8.45–17.30, Sa bis 14 Uhr) Gut sortierte Apotheke westlich der NBC-Bank.

### REISEBÜROS

**Satguru Travel & Tours** (☎0732 979980; www.satguruun.com; Goliondoi Rd) Exzellentes Reisebüro, das Flugtickets verkauft und ein riesiges Netzwerk in ganz Afrika hat.

**Skylink** (☎027-250 9108, 0755 351111; www.skylinktanzania.com; Goliondoi Rd; ⊙8.30–17.30 Uhr) Buchungen von Inlands- und internationalen Flügen.

### TOURISTENINFORMATION

Über das schwarze Brett im Informationszentrum der Tourismusbehörde und im Café Barrista (S. 175) können Safari-Mitfahrer gesucht werden.

**Büro des Ngorongoro Conservation Area Authority (NCAA) Information Office** (☎027-254 4625; www.ngorongorocrater.go.tz; Boma Rd; ⊙Mo–Fr 8–16, Sa 9–13, So 10–13 Uhr) Hier werden kostenlos Broschüren über den Ngorongoro und eine ausgezeichnete Reliefkarte vom Schutzgebiet ausgegeben. Wer nicht mit Kreditkarte am Eingangstor zahlt, muss beim Informationszentrum halten, um vor dem Besuch des Kraters die Eintrittsgebühren zu bezahlen.

**Tanzania National Parks Authority** (Tanapa; ☎027-250 3471; www.tanzaniaparks.go.tz; Dodoma Rd; ⊙Mo–Fr 8–16 Uhr) Das Büro westlich der Stadt hat Informationen zu Tansanias Nationalparks und hilft bei der Buchung von Parkunterkünften.

**Tanzania Tourist Board Tourist Information Centre** (TTB; ☎027-250 3842, 027-250 3843; www.tanzaniatouristboard.com; Boma Rd; ⊙Mo–Fr 8–16, Sa 8.30–13 Uhr) Die gut informierten und hilfsbereiten Angestellten geben Auskunft über Arusha, die nahen Parks und andere Attraktionen in der Gegend. Sie können Kulturtourismusprogramme (S. 170) buchen und geben kostenlos eine Karte von Arusha und Moshi aus. Das Büro führt auch eine „Black List" von Tour-Veranstaltern und eine Liste mit registrierten Tour-Unternehmen.

### NAIROBI-SHUTTLE

Die schnellste, komfortabelste und verlässlichste Verbindung zwischen Arusha und Nairobi (Kenia) ist der Kleinbus-Shuttle-Service. Zu den vertrauenswürdigsten Anbietern zählen:

**Impala Shuttle** (☎027-254 3082; Impala Hotel, Simeon Rd; ⊙8 & 14 Uhr)

**Rainbow Shuttle** (☎0784 204025; www.facebook.com/rainbowshuttle; New Safari Hotel, Boma Rd)

**Riverside Shuttle** (www.riverside-shuttle.com; Simeon Rd; ⊙8 & 14 Uhr)

## An- & Weiterreise

### BUS

Arusha hat mehrere Busbahnhöfe. Wenn man sie meiden will, kann man sich von den meisten Bussen am Stadtrand absetzen lassen, bevor sie zu den Bahnhöfen weiterfahren. Taxis warten dort.

Die meisten Busse starten morgens oder vormittags. Wer aus Arusha abreist, kauft das Ticket am besten einen Tag vorher, sodass er direkt in den Bus einsteigen kann, wenn er morgens mit seinem Gepäck ankommt. Bei Bussen, die noch bei Dunkelheit losfahren, ein Taxi zum Bahnhof nehmen und sich direkt vor seinem Bus absetzen lassen.

Unabhängig davon, was erzählt wird: Es gibt keine Gepäckgebühren (es sei denn, das Gepäck hat enormes Übergewicht).

**Zentraler Busbahnhof** (Ecke Somali Rd & Zaramo St) Arushas größter Busbahnhof ist am Morgen beängstigend chaotisch und bei Touristenjägern beliebt. Wem das zu viel wird, geht geradewegs zu einem Taxi, oder, wenn der Ankunftsort der zentrale Busbahnhof ist, schleunigst in die Lobbys der Hotels auf der anderen Straßenseite, um sich erst einmal zu orientieren.

**Dar-Express-Busbahnhof** (Makao-Mapya-Busbahnhof; Wachagga St) Hier starten die meisten Luxusbusse nach Daressalam, darunter auch Dar Express und Kilimanjaro Express.

**Kilombero-Busbahnhof** (Makao Mapya Rd) In der Nähe des Kilombero-Marktes. Mehrere Unternehmen (darunter auch Mtei Express), die nach Babati, Singida, Mwanza und zu anderen Zielen im Westen fahren, haben ihre Büros in diesem Busbahnhof.

#### Busse nach Musoma & Mwanza

Die Busse von Arusha nach Musoma und Mwanza passieren unterwegs den Nationalpark Serengeti und das Naturschutzgebiet Ngorongoro. Ausländer müssen die Parkeintrittsgebühren zahlen, wenn sie auf dieser Route fahren.

### Busse nach Lushoto

Busse nach Lushoto fahren täglich um 6 Uhr am Zentralen Busbahnhof ab. Es ist meist komfortabler und genauso schnell (wenn auch teurer), einen nach Daressalam fahrenden Express-Bus bis nach Mombo zu nehmen und dann mit einem regionalen Verkehrsmittel nach Lushoto weiterzufahren.

### Busse nach Moshi

Busse und Minibusse von Arusha nach Moshi fahren bis 20 Uhr vom Zentralen Busbahnhof ab. Die Arusha-Nairobi-Shuttles sind teurer (je nach Verhandlungsgeschick 5000 TSh oder 10 US$), aber auch komfortabler.

### Busse nach Daressalam

In der untenstehenden Tabelle sind die besten Anbieter (Busse mit Viererbänken und relativ neuen Klimaanlagen) für Verbindungen nach/ab Daressalam (8–10 Std.) aufgelistet. Wer eine frühe Abfahrt wählt, erreicht mit etwas Glück vielleicht noch die letzte Fähre nach Sansibar. Voll-Luxus heißt, dass es eine Toilette an Bord gibt. Es gibt auch weniger verlässliche Verbindungen am frühen Morgen ab dem Zentralen Busbahnhof. Teils sind sie günstiger, was sich allerdings auf den Komfort auswirkt.

## FLUGZEUG

Die meisten Linien bedienen den Kilimanjaro International Airport, der ungefähr auf halber Strecke zwischen Moshi und Arusha liegt. Kleine Flugzeuge, meist zu den Nationalparks, fliegen vom Arusha Airport ab, der 8 km westlich der Stadt an der Dodoma Road liegt. Beim Kauf des Tickets auf den Abflughafen achten.

**Air Excel** (☎ 027-297 0248, 027-297 0249; www.airexcelonline.com; Arusha Airport) Flüge von Arusha zu verschiedenen Landebahnen in der Serengeti und in den Nationalpark Lake Manyara.

**Air Tanzania** (☎ 0784 275384, 0754 282727; www.airtanzania.co.tz; Boma Rd; ⌚ Mo–Sa 8.30–17 Uhr) Fliegt fünfmal wöchentlich vom Arusha Airport nach Daressalam, Sansibar und zurück.

**Coastal Aviation** (☎ 027-250 0343; www.coastal.co.tz; Boma Rd; ⌚ 7–18 Uhr) Verbindungen von Arusha zu den Nationalparks Lake Manyara, Serengeti und Ruaha sowie zum westlichen Kilimandscharo und nach Sansibar.

**Ethiopian Airlines** (☎ 027-250 4231; www.ethiopianairlines.com; Boma Rd.; ⌚ Mo–Fr 8.30–12.30 & 14–17, Sa 8.30–13 Uhr) Internationale Flüge zum Kilimanjaro International Airport ab Addis Abeba (Äthiopien).

**Fastjet** (☎ 0783 540540; www.fastjet.com; 2. OG, Blue Plaza, India St.; ⌚ Mo–Sa 8–18 Uhr) Billigflüge im Inland und zu anderen Zielen in Afrika, darunter Direktflüge vom Kilimanjaro International Airport nach Daressalam mit verschiedenen Anschlussverbindungen.

**Precision Air** (☎ 0756 979490; www.precisionairtz.com; Boma Rd.) Fliegt von den Flughäfen Kili International und Arusha nach Daressalam, Mwanza und Sansibar. Führt auch Buchungen für Kenya Airways durch.

**Regional Air** (☎ 0754 285754, 0784 285753; www.regionaltanzania.com; Sable Square Shopping Village, Dodoma Rd) Flüge vom Arusha Airport in die Serengeti und zum Manyarasee sowie nach Sansibar.

## BUSSE AB ARUSHA

| ZIEL | FAHRTDAUER (STD.) | PREIS (TSH) | BUSUNTERNEHMEN |
|---|---|---|---|
| Babati | 3 | 6500 | Mtei Express |
| Daressalam | 8–10 | 28 000–36 000 | Kilimanjaro Express; Dar Express; Metro Express |
| Dodoma | 9 | 25 000 | Mtei Express; mehrere (Zentraler Busbahnhof) |
| Kigoma | 20 | 64 000 | mehrere (Zentraler Busbahnhof) |
| Kolo | 6½ | 12 000 | Mtei Express |
| Kondoa | 7 | 13 000 | Mtei Express |
| Lushoto | 6 | 12 000–13 000 | mehrere (Zentraler Busbahnhof) |
| Morogoro | 10 | 32 000 | Kilimanjaro Express |
| Moshi | 2 | 3000 | mehrere (Zentraler Busbahnhof) |
| Musoma | 12 | 35 000–40 000 | mehrere (Zentraler Busbahnhof) |
| Mwanza | 13–14 | 35 000 | mehrere (Zentraler Busbahnhof) |
| Singida | 6–7 | 15 000 | Mtei Express |
| Tabora | 12 | 32 000 | mehrere (Zentraler Busbahnhof) |
| Tanga | 7 | 16 000–20 000 | mehrere (Zentraler Busbahnhof) |

**RwandAir** (☎ 0732 978558; www.rwandair.com; Swahili St.) Zwei wöchentliche Verbindungen von Kigali zum Kili International.

**ZanAir** (☎ 027-254 8877; www.zanair.com; Summit Centre, Dodoma Rd.) Verbindet den Arusha Airport mit Daressalam, Pemba und Sansibar.

## Unterwegs vor Ort

### VOM/ZUM KILIMANJARO INTERNATIONAL AIRPORT

Eine Taxifahrt von der Stadt zum KIA kostet ab 50 000 TSh. Manche Fahrer bieten einen günstigeren Tarif, viele andere verlangen jedoch mehr.

### VOM/ZUM ARUSHA AIRPORT

Taxis aus der Stadt verlangen 20 000 TSh. Jedes *dalla-dalla*, das auf der Dodoma Road stadtauswärts fährt, kann Fahrgäste an der Abzweigung absetzen, von wo aus es noch etwa 1,5 km Fußmarsch sind.

### AUTO

Parkplätze in der Innenstadt kosten 1000 TSh pro Tag. Tickets gibt's meist bei einem Parkwächter ganz in der Nähe.

Für eine anständige Safari ist ein großer Geländewagen (z. B. ein Toyota Landcruiser) mit Klappdach zum Beobachten von Wildtieren vonnöten. Es lohnt sich nachzufragen, da die Preise zum Teil beträchtlich variieren. Es ist ratsam, möglichst genau zu kalkulieren, da ein Extrakilometer saftige 0,50 bis 1 US$ kostet.

Kleinere, günstigere Standardwagen mit Allradantrieb sind nicht ideal, um Wildtiere zu beobachten, in der Trockenzeit jedoch eine akzeptable Alternative. Der Preis beträgt rund 600 US$ pro Woche mit etwa 100 Freikilometern pro Tag.

Fahrer sind fast immer im Preis inbegriffen. So früh wie möglich buchen, da die Nachfrage hoch ist.

**Arusha Naaz** (☎ 027-257 2087, 0786 239771; www.arushanaaz.net; Sokoine Rd; ⏲ 9–17 Uhr)

**Fortes** (S. 178) Bei dem exzellenten, erfahrenen Anbieter darf man auch selbst ans Steuer.

### NAHVERKEHR

*Dalla-dallas* (Minibusse; 400 TSh) verkehren von früh bis spät auf den Hauptstraßen. Eine große *dalla-dalla*-Station befindet sich westlich des Stadions unweit der Stadium Street. Überall in der Stadtmitte gibt's Taxistände, z. B. auf der **Makongoro Road** (⏲ 24 Std.), und vor den meisten Hotels parken einige Taxis, sogar vor vielen der billigen. Eine Fahrt durch die Stadt vom Uhrturm zum Busbahnhof Makao Mapya sollte zum Beispiel nicht mehr als 5000 TSh kosten. Fahrer von Motorradtaxis und *bajajis* (Tuk-Tuks) verlangen in der Regel 2000 TSh für eine Fahrt ins Stadtzentrum.

### NATIONALPARK ARUSHA

**Auf in den Nationalpark Arusha** Besteigung des Meru; Kanu- und Wander-Safaris; herrliche Vogelwelt; unkomplizierter (Tages)-Ausflug ab Arusha

**Reisezeit** Ganzjährig

**Praktisch & Konkret** Anfahrt von Arusha oder Moshi. Der Hauptparkeingang ist das Ngongongare-Tor, das nördliche Momella-Tor liegt 12 km weiter nördlich bei der **Hauptverwaltung des Parks** (www.tanzaniaparks.go.tz), der Anlaufstelle für Reservierungen von Zeltplätzen. Eintrittsgebühren können per Kreditkarte am Ngongongare-Haupttor entrichtet werden.

**Für Sparfüchse** Eine organisierte Safari buchen oder mit anderen Reisenden in Arusha für einen Tag ein *dalla-dalla* chartern; wer den Meru nicht besteigen möchte, kann auf eine Übernachtung verzichten und Campinggebühren sparen.

# Nationalpark Arusha

Der Übergang von turbulentem Stadtchaos zu malerischen Bergpfaden ist selten so abrupt wie im **Nationalpark Arusha** (☎ 027-255 3995, 0767 536136; www.tanzaniaparks.go.tz; Erw./Kind 53,10/17,70 US$; ⏲ 6.30–18.30 Uhr). Der Park zählt zu den schönsten und landschaftlich abwechslungsreichsten Naturschutzgebieten Tansanias. Er wird vom **Meru** überragt, einem fast perfekten Vulkankegel mit spektakulärem Krater, und beherbergt den **Ngurdoto-Krater** (oft mit „kleiner Ngorongoro" betitelt) mit seinem Morastboden und dem Flair einer vergessenen Welt.

Mit 552 km² ist der Nationalpark sehr klein, und obwohl hier viele Tiere leben, ist er nicht mit den anderen Parks des Northern Circuit zu vergleichen. Aber das ist schnell vergessen, wenn man durch die wunderschöne Landschaft läuft und die herrlichen Wanderwege erkundet.

## Sehenswertes & Aktivitäten

### Wildtiertouren

Nördlich des Ngongongare-Tores liegt die Serengeti Ndogo (Kleine Serengeti), ein kleiner Flecken offenen Graslands, auf dem fast immer Zebras und andere Tiere grasen. Hier teilt sich die Straße: Die Outer Road in

## DIE BESTEIGUNG DES MERU

Mit 4566 m Höhe ist der Meru der zweithöchste Berg Tansanias. Obwohl er in den Augen von Trekkern im Schatten des Kilimandscharo steht, ist er ein absolut spektakulärer Vulkankegel mit einer der landschaftlich schönsten Bergbesteigungen in Ostafrika, zu der die dramatische und erhebende Wanderung entlang der Abbruchkante des Kraterrands gehört.

Der Meru beginnt seinen steilen Anstieg von einer kreisförmigen Basis mit etwa 20 km Durchmesser in 2000 m Höhe. Bei etwa 2500 m Höhe ist die Wand teilweise weggebrochen, sodass die obere Hälfte des Berges wie ein riesiges Hufeisen geformt ist. Die Felsen der inneren Wand unter dem Gipfel sind über 1500 m hoch und zählen damit zu den höchsten in Afrika. Im Krater selbst haben jüngere vulkanische Eruptionen einen zweiten, „Ash Cone" (Aschekegel) genannten Gipfel geschaffen, der zur landschaftlichen Pracht beiträgt.

### Momella-Route

Die Momella-Route ist die einzige Route auf den Meru. Sie beginnt am Momella-Tor an der Ostflanke des Berges und verläuft auf dem Nordarm des Hufeisenkraters zum Gipfel. Die Route ist bequem in vier Tage (drei Nächten) zu schaffen. Trekker dürfen nicht nach 15 Uhr mit dem Aufstieg beginnen, was bedeutet, dass wer mit dem Bus anreist, mit ziemlicher Sicherheit zelten oder bis zum nächsten Tag mit dem Aufstieg warten muss.

Der Meru erscheint zwar klein im Vergleich zum Kilimandscharo, ist aber nicht zu unterschätzen: wegen des steilen Aufstiegs halten viele den Meru für einen fast ebenso schwierigen Berg, und er ist in der Tat immer noch hoch genug, um die Auswirkungen der Höhenkrankheit spüren zu lassen; also sollte man auf keinen Fall zu schnell aufsteigen, ohne sich vorher richtig akklimatisiert zu haben.

**Etappe 1: Vom Momella-Tor zur Miriakamba-Hütte** (10 km, 4–5 Std., 1000 m Aufstieg) Es gibt am Beginn des Aufstiegs zwei Routen, eine lange und eine kurze. Die meisten Trekker nehmen gern die weitgehend bewaldete längere Route nach oben und die kürzere nach unten, so wie der Trek hier beschrieben wird. Vorsicht vor Büffeln!

Vom Momella-Tor führt die Straße eine Stunde lang bergauf bis zum **Fig Tree Arch**, eine parasitäre Wildfeige, die ursprünglich um zwei andere Bäume wuchs und sie schließlich erwürgte. Nun ist nur noch der Feigenbaum übrig, dessen auffälliger Bogen so groß ist, dass ein Auto hindurchfahren könnte. Nach einer weiteren Stunde kreuzt der Weg einen großen Fluss, gleich über den Maio-Wasserfällen, und nach einer weiteren halben Stunde ist das Kitoto Camp erreicht, wo sich ein herrlicher Blick auf die Momellaseen und den in der Ferne liegenden Kilimandscharo bietet. Dann geht's noch eine letzte Stunde hinauf zur Miriakamba-Hütte (2514 m). Von Miriakamba kann man entweder am Nachmittag von Etappe 1 oder während der Etappe 4 (es wäre auch Zeit dafür am Vormittag von Etappe 2, aber das wäre keine gute Idee, da dies die Zeit für die Akklimatisierung verkürzt) zum **Meru-Kraterboden** wandern (hin & zurück 2 bis 3 Std.), aber der Führer muss vor Beginn des Aufstiegs informiert werden, falls diese Tour gewünscht wird. Der Pfad über den Kraterboden führt zum Njeku Viewpoint, der auf einer hohen Klippe mit Blick auf einen Wasserfall liegt und Aussicht auf den Ash Cone und die gesamte Ausdehnung des Kraters bietet.

**Etappe 2: Von der Miriakamba-Hütte zur Saddle-Hütte** (4 km, 3–5 Std., 1250 m Aufstieg) Von Miriakamba klettert der Weg steil hoch und führt durch schöne Lichtungen nach 45 Minuten zu den **Topela Mbogo** („Büffelsümpfe") und nach weiteren 45 Minuten zum **Mgongo Wa Tembo** („Elefantenrücken"). Von dort bietet sich ein herrlicher Blick in den Krater hinunter und auf die Kraterwand unter dem Gipfel. Weiter geht's durch ein paar offene grasbewachsene Lichtungen und über mehrere Flussbetten (meist ausgetrocknet) zur **Saddle-Hütte** (3570 m).

Von der Saddle-Hütte dauert ein Abstecher zum Gipfel des **Little Meru** (3820 m) etwa eine Stunde. Von hier bietet sich ein prachtvoller Blick auf den Meru-Gipfel, den Hufeisenkrater, die Spitze des Ash Cone und die schroffen Klippen der Kraterinnenwand. Wenn die Sonne hinter dem Meru versinkt und riesige, zerklüftete Schatten durch die Wolken wirft, färbt sich der Schnee auf dem Kili zunächst orange und wird dann mit zunehmender Dämmerung rosa.

**Etappe 3: Von der Saddle-Hütte zum Gipfel des Meru & zurück** (5 km, 4–5 Std., 816 m Aufstieg, plus 5 km, 2–3 Std., 816 m Abstieg) Diese Etappe, die auf einem sehr schmalen Rücken zwischen der Außenflanke des Berges und den schroffen Klippen der Kraterinnenwand entlangführt, ist eine der anstrengendsten, aber auch schönsten Trekking-Strecken Ostafrikas. In der Regenzeit kann es hier Eis und Schnee geben, also Vorsicht! Wenn kein Nebel herrscht, ist die Aussicht vom Gipfel atemberaubend.

Wer den Sonnenaufgang hinter dem Kilimandscharo sehen möchte, diesen Teil des Aufstiegs aber nicht im Dunkel der Nacht gehen will, kann den Blick im Morgengrauen auch vom etwa eine Stunde von der Saddle-Hütte entfernten **Rhino Point** (3814 m) aus genießen, wo er ebenso beeindruckend ist. Vielleicht sogar noch beeindruckender, weil dann die Hauptfelsen der Kraterinnenwand vom Licht der aufgehenden Sonne erleuchtet sind.

**Etappe 4: Von der Saddle-Hütte zum Momella-Tor** (5 km, 3–5 Std., 2250 m Abstieg) Von der Saddle-Hütte führt die Route der Etappe 2 bis zur Miriakamba. Von Miriakamba führt der kurze Pfad allmählich zum Rücken bis zum Momella-Tor. Er verläuft ein gutes Stück durch Waldgebiet, dann durch offenes Grasland, wo oft Giraffen und Zebras zu sehen sind.

## Praktisch & Konkret

**Kosten** Trekking-Unternehmen in Arusha und in Moshi organisieren Treks auf den Meru. Die meisten verlangen 450 bis 800 US$ für vier Tage. Wer sich selbst um die Organisation kümmert, zahlt für eine Dreitages-Tour mit vier Übernachtungen rund 400 US$. Außerdem kommen dazu die Kosten für das Essen (das in Arusha gekauft werden muss, weil es in Parknähe keine Einkaufsmöglichkeiten gibt) und für den Transport zum Park und zurück.

Pro Person werden mindestens folgende Gebühren fällig:

- Parkeintrittsgebühr: 53,10 US$ pro Tag
- Hüttengebühr: 35,40 US$ pro Tag
- Rettungsgebühr: 23,60 US$ pro Tour
- Guidegebühr: 17,70 US$ pro Tag.

**Trinkgeld** Parkranger erhalten ein festes Monatsgehalt für ihre Arbeit und werden vom Park nicht zusätzlich fürs Führen bezahlt, was bedeutet, dass Trinkgelder sehr willkommen sind. Es kann passieren, dass Ranger und Träger dieselben hohen Trinkgelder erwarten, wie sie die Kollegen am Kilimandscharo bekommen. Ist dies der Fall und ist man bereits unterwegs, sollte man eine Einigung erzielen, damit die Wanderung weitergeht; nach der Rückkehr vom Berg muss das Hauptquartier benachrichtigt werden.

Als Richtlinie wird einem guten Führer, der die ganze Bergwanderung durchgeführt hat, ein Trinkgeld von ungefähr 50 US$ pro Gruppe gezahlt. Koch und Träger bekommen rund 30 US$ bzw. 20 US$. Bei guten Unternehmen ein höheres Trinkgeld geben.

**Guides & Träger** Ein Ranger-Guide ist obligatorisch und kann am Momella-Tor arrangiert werden. Anders als am Kilimandscharo sind die Führer am Meru reguläre Park-Ranger, deren Aufgabe es ist, bei einem Zusammentreffen mit Büffeln und Elefanten zu helfen (oder zu schützen), und nicht, den Weg zu weisen, obwohl sie die Route kennen. Häufig sind zu wenige Ranger im Einsatz; dann sind die Gruppen oft größer als erwünscht.

Wahlweise sind Träger auch am Momella-Tor zu haben. Die Kosten betragen 11,80 US$ pro Träger und Tag; das Geld wird ihnen am Ende des Treks direkt ausgezahlt. Die Träger kommen aus einem der nahen Dörfer und sind keine Parkangestellten, deswegen müssen ihr Parkeintritt (1500 TSh pro Tag) und ihre Hüttengebühren (2000 TSh pro Nacht) am Momella-Tor vor Beginn des Treks bezahlt werden. Träger schleppen Rucksäcke bis zu einem Höchstgewicht von 20 kg (dazu kommt ihre eigene Verpflegung und Kleidung).

**Unterkunft** Es gibt zwei Blöcke mit Vierbett-Schlafbaracken („Hütten") im richtigen Abstand für viertägige Wanderungen. Vor allem während der Hochsaison von Juli bis August und von Dezember bis Januar sind sie oft belegt, man sollte also im Voraus buchen. Zudem ist es ratsam, ein Zelt mitzubringen (obwohl die Hüttengebühren auch beim Zelten anfallen). Jede Schlafbaracke hat einen Koch- und Essplatz; Kocher und Brennstoff aber mitbringen.

# Nationalpark Arusha

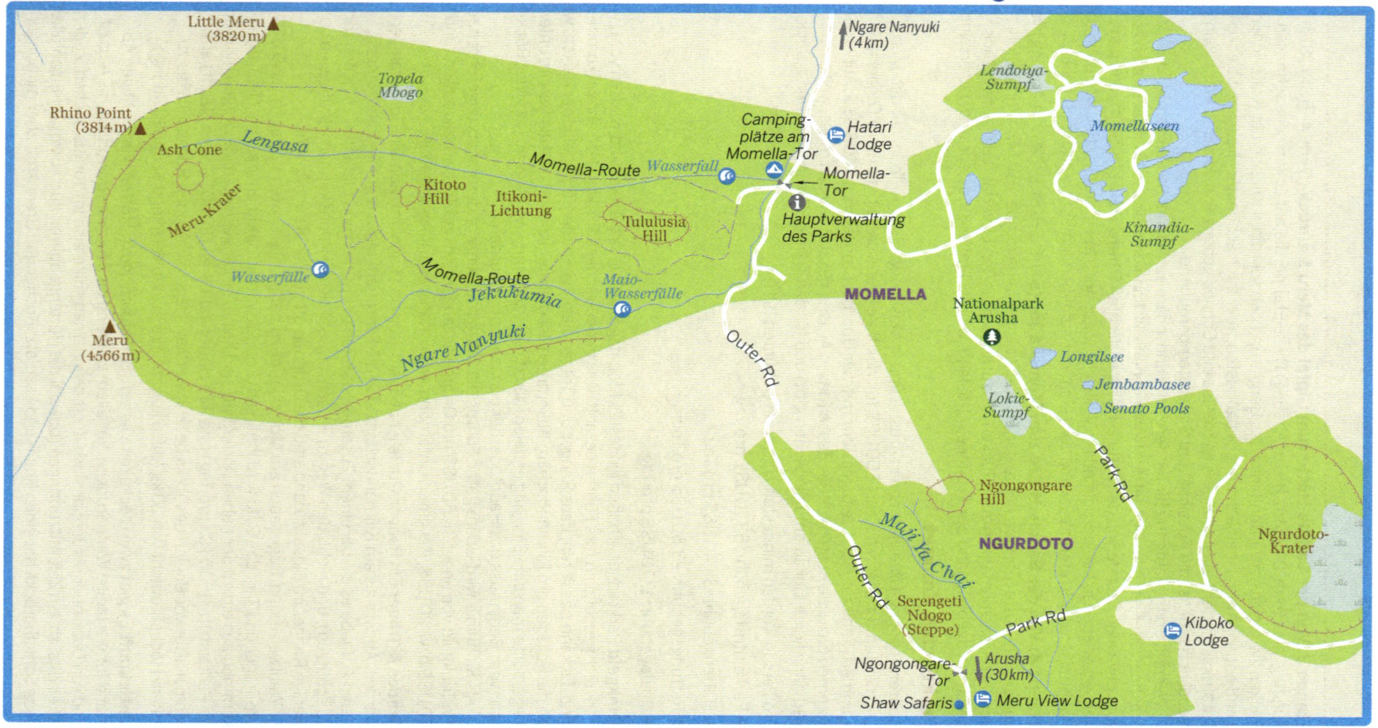

Richtung Westen bietet eine herrliche Sicht auf den Meru, doch die östliche Park Road ist für Wildtierbeobachtung die bessere Route. Beide sind ganzjährig für Autos mit Zweiradantrieb gut passierbar, wie auch die meisten anderen Wege durch den Park. Die Park Road führt hinauf zum Ngurdoto-Krater und dann zu den Momellaseen. Beide Gegenden bieten wunderschöne Attraktionen und eignen sich auch gut zur Wildtierbeobachtung.

Aufgrund der Höhe des Parks (von 1400 m bis über 4500 m) finden sich dort mehrere Vegetationszonen, zum größten Teil ist er aber bewaldet (Besucher sollten nach Diademmeerkatzen Ausschau halten) und die dichte Vegetation beeinträchtigt die Sicht. Dennoch sieht man mit ziemlicher Sicherheit Zebras, Giraffen, Wasserböcke, Buschböcke, Klippspringer, Dikdiks, Büffel und Flusspferde. Außerdem gibt's Elefanten, Leoparden (die sich aber nur selten zeigen), Rotducker und Schwarzweiße Mantelelaffen (besonders in der Nähe des Ngurdoto-Museums) zu sehen. Es gibt keine Löwen oder Nashörner.

### Vogelbeobachtung

Die wunderbar facettenreiche Vogelwelt des Parks umfasst rund 400 Arten. Greifvögel leben in größeren Höhen. Ebenso wie viele andere Seen in dem Afrikanischen Grabenbruch sind die sieben von Quellen gespeisten Momelleseen flach und ziehen eine Vielfalt von Watvögeln an, darunter das ganze Jahr hindurch Flamingos. Wegen ihres unterschiedlichen Mineralgehalts wachsen in jedem See andere Algenarten, die für die unterschiedliche Färbung verantwortlich sind. Auch die Vogelwelt ist von See zu See unterschiedlich, selbst wenn diese nur durch einen schmalen Landstreifen getrennt sind. Es gibt Raubvögel wie Augurenbussarde und Felsenadler, die hoch über dem Ngurdoto kreisen. Die Vogelpopulation nimmt stark zu, wenn im November die Zugvögel ankommen, die bis April in dieser Gegend bleiben. In den Wäldern leben u. a. Turakos und Trogone.

### Kanufahren

**Wayo Africa** (Green Footprint Adventures; ☎ 0784 203000, 0783 141119; www.wayoafrica.com) bietet an Vor- und Nachmittagen 2½-stündige Kanu-Safaris auf dem Momellasee (60 US$ pro Person plus eine Kanugebühr von 20 US$, die am Parkeingang zu zahlen ist).

### Wander-Safaris

Wander-Safaris (25 US$ pro Person/halber Tag) sind sehr beliebt. Am Fuß des Meru verlaufen mehrere Wanderwege und ein weiterer folgt dem Kraterrand des Ngurdoto (der Abstieg in den Krater ist verboten). Der Wanderweg zum Njeku-Aussichtspunkt am Kraterboden des Meru, der Abschnitt 1 (S. 182) des Aufstiegs zum Meru folgt, empfiehlt sich für einen großartigen Tagesausflug.

## Schlafen & Essen

In der Nähe des Momella-Tors befinden sich drei **öffentliche Zeltplätze** (Camping 35,40 US$), darunter auch einer mit Dusche. Von den Plätzen genießt man tolle Ausblicke, sie sind an den Wochenenden aber sehr belebt.

**Kiboko Lodge** LODGE $$
(☎ 0765 688550; www.kibokolodge.nl; EZ/DZ mit HP ab 83/146 US$; WLAN) Die meisten Angestellten in dieser gemeinnützigen, für Wohltätigkeitszwecke geführten Lodge sind ehemalige Straßenkinder, die in der Berufsschule der Watoto Foundation ausgebildet wurden. Mit einem Aufenthalt in der Lodge unterstützt man das Projekt. Die etwas abgenutzten, aber geräumigen Steinhütten haben Kamin, Heißwasser und Safes, und die strohgedeckte Lounge ist richtig gemütlich. Die Lodge liegt 5 km weiter auf einer nur für Allradantrieb geeigneten Straße östlich vom Ngongongare-Tor.

**Meru View Lodge** LODGE $$
(☎ 0784529636; www.meru-view-lodge.com; EZ/DZ mit HP 105/140 US$; @ WLAN Pool) Diese bescheidene Unterkunft hat eine Mischung aus großen und kleinen Hütten (preislich alle gleich) auf einem ruhigen Gelände etwa 1 km südlich des Ngongongare-Tors. Die **Ngurdoto Lodge** in der Nähe unterliegt derselben Leitung und bietet identische Preise und ähnliche Einrichtungen.

★ **Hatari Lodge** LODGE $$$
(☎ 027-255 3456/7, 0752 553456; www.hatarilodge.com; EZ/DZ mit VP & inkl. aller Aktivitäten 558/944 US$; P WLAN) Die stimmungsvollste und schickste Lodge im Park verfügt über stimmungsvolle Zimmer im modernen Retrostil und eine Toplage auf einer großen, von Giraffen frequentierten Grünanlage. Die geräumigen Zimmer haben große Fenster, zudem gibt's einen Kamin und erstklassiges Essen. Die Lodge liegt am Rande des Parks, rund 2 km nördlich des Momella-Tors.

Das Anwesen gehörte einst Hardy Krüger (bekannt durch den Film *Hatari!*), und die aktuellen Inhaber, Jörg und Marlies, sind freundliche, kenntnisreiche Gastgeber. Sie bieten auch preiswertere Paketangebote an, wenn man in beiden ihrer Lodges übernachtet (hier und im Shu'mata Camp (S. 255) in West-Kilimandscharo).

**Rivertrees Country Inn** LODGE $$$
(☎ 0732 971667, 0713 339873; www.rivertrees.com; EZ/DZ ab 199/262 US$, River House mit 2 Zi. 1000 US$; P @ 📶 ✲) Mit einem angenehmen, traditionsreichen Ambiente und einer hervorragenden Küche, die in familiärer Atmosphäre an einem großen, hölzernen Esstisch serviert wird, ist das Rivertrees ideal für einen erholsamen Aufenthalt nach einer Tour durch den Nationalpark. Unterschiedliche Zimmer und Hütten, einige davon mit Rollstuhlzugang, sind in einem großen parkähnlichen Garten mit riesigen Bäumen am Fluss Usa verteilt. Die Lodge liegt östlich des Usa River Village; hierher geht's von der Straße nach Moshi ab.

**African View Lodge** LODGE $$$
(☎ 0784 419232; www.african-view.com; EZ/DZ mit VP 125/190 US$; 📶 ✲) Die gute und preiswerte Lodge bietet einen herrlichen Ausblick auf den Meru, einen Infinity Pool, ein gutes Restaurant und Unterkünfte in stilvoll möblierten Bungalows, die in einem hübschen Garten stehen. Der hier ansässige Touranbieter organisiert auch Safaris auf dem Northern Circuit sowie Exkursionen nach Sansibar und zu anderen Zielen an der Küste.

## ℹ An- & Weiterreise

Der Eingang zum Nationalpark Arusha liegt 35 km nordöstlich von Arusha. Man folgt der Hauptstraße von Arusha nach Moshi bis zur ausgeschilderten Abzweigung. Von dort fährt man nach Norden und erreicht nach 10 km das Ngongongare-Tor, wo die Parkgebühren zu zahlen sind. Das Momella-Tor – der Hauptsitz der Parkverwaltung – liegt 14 km weiter. Vom Momella-Tor kann man auf einer Piste weiterfahren, die bei Lariboro auf die Hauptstraße nach Nairobi trifft und unterwegs das Dorf Ngare Nanyuki (6 km nördlich des Momella-Tors) passiert.

Täglich verkehren mehrere Busse zwischen Arusha und dem Dorf Ngare Nanyuki, die in Arusha von 13.30 bis 16 Uhr und in Ngare Nanyuki zwischen 7 und 8 Uhr abfahren. Die Busse halten am Ngongongare-Tor (6000 TSh, 1½ Std.). Ein Taxi ab Arusha kostet rund 50 000 TSh.

# Nationalpark Tarangire

Willkommen in einem der am meisten unterschätzten Nationalparks Afrikas! Aufgrund seiner Nähe zur Serengeti und zum Ngorongoro-Krater planen die meisten Reisenden für ihre Tour auf dem Northern Safari Circuit nur einen Tag für den **Nationalpark Tarangire** (☎ 0767 536139, 0689 062248; www.tanzaniaparks.go.tz; Erw./Kind 53,10/17,70 US$; ⏲ 6–18.30 Uhr) ein. Unserer Meinung nach verdient er einen viel längeren Aufenthalt, zumindest in der Trockenzeit (Juli bis Oktober). Elefantenherden bevölkern die Ebenen, Löwengebrüll und Zebra-Gewieher dringt durch die Nacht – und all das vor der Kulisse einer sich ständig wandelnden Landschaft.

Tarangire hat die zweitgrößte Wildtierdichte aller tansanischen Nationalparks (nach der Serengeti) und die angeblich größte Elefantendichte der Welt. Das hiesige Ökosystem, dessen Herz der Park darstellt, dient außerdem über 700 Löwen als Lebensraum; Sichtungen sind also sehr wahrscheinlich. Auch Leoparden und Geparden sind hier zu Hause, sie zeigen sich allerdings seltener. Große Herden von Zebras, Gnus, Kuh-, Elen- und Oryx-Antilopen, Wasserböcken, Kleiner Kudus, Giraffen und Büffeln dienen den Raubtieren als Nahrungsgrundlage. Mit über 450 teilweise sehr seltenen Arten zählt Tarangire außerdem zu den besten Adressen für Vogelbeobachter in Tansania.

Die Tierwelt ist jedoch nicht das einzige Highlight des Parks, denn auch die Landschaft ist eindrucksvoll. Prächtige Affenbrotbaum-Bestände, die für sich genommen einen Besuch lohnen, dominieren die 2850 km² große Fläche, dazu kommen vertrocknete Termitenhügel, grasbewachsene Savannen und weite Sümpfe. Durchteilt wird der Park vom Tarangire, der mit seinem schlängelnden Verlauf und seinem teils steilen Ufer in der Trockenzeit jede Menge Tiere anlockt.

In der Regenzeit verwandelt sich der Park komplett: Seine tierischen Bewohner verteilen sich über die Massai-Steppe, die zehnmal größer ist als das Parkareal. Dass man hier die saisonalen Unterschiede des wilden Afrikas erleben kann, ist eine weitere Besonderheit des Tarangire.

## Sehenswertes & Aktivitäten

Das **nördliche Dreieck** – im Nordosten und Westen von den Parkgrenzen, im Süden vom Tarangire (Fluss) und der Tarangire Safari Lodge begrenzt – ist eins der am besten zugänglichen, lohnenswertesten Tierbeobachtungsgebiete des Parks. In der abwechslungsreichen Landschaft mit offenen Ebenen, lichtem Wald und einem großen Bestand an Affenbrotbäumen leben Elefanten, Zebras und Gnus. Auch Raubtiere, vor allem Löwen, kann man zu Gesicht bekommen.

Weiter südlich tummeln sich die Tiere am Wasserlauf des **Tarangire-Flusstals**, das den Park in zwei Hälften teilt, und in den Sümpfen von **Silale**, **Lormakau** und **Ngusero Oloirobi** lauern Raubtiere an den flachen Wasserstellen auf Pflanzenfresser. Die Feuchtgebiete ziehen sich unmittelbar westlich der Tarangire Sopa Lodge von Norden nach Süden durch den Park. Der **Gurusi-Sumpf** im Südwesten des Parks bietet ebenfalls eine reiche Fauna.

Südwestlich des Tarangire Hill, ein paar Hundert Meter westlich des Hauptwegs, der in Nord-Süd-Richtung durch den Park verläuft, befindet sich der **Poacher's Hide**, ein wunderschöner alter Affenbrotbaum mit einem etwas versteckten Eingang und einer Höhle, die Wilderern einst als Versteck diente. Vorsicht vor den Bienen, die sich gern im Baum aufhalten. Vor dem Verlassen des Fahrzeugs nach Löwen Ausschau halten, die in diesem Teil des Parks unterwegs sind.

### Nachttouren

Die Tarangire Safari Lodge (S.188) im Park organisiert für ihre Gäste Nachtfahrten (80 US$ pro Pers., plus 23,60 US$ Rangergebühr pro Gruppe); in baldiger Zukunft werden auch andere Lodges diesem Beispiel folgen. Alle Camps und Lodges außerhalb des Parks bieten Nachttouren im Gelände außerhalb der Parkgrenzen. Am Tor nach den vom Park gebotenen Nachttouren fragen (Erw./Kind 59/29,50 US$).

### Wander-Safaris

Am Parkeingang starten dreistündige Wander-Safaris (23,60 US$ pro Pers. plus 23,60 US$ pro Gruppe), die bewaffneten Ranger sind jedoch lediglich Sicherheitsbeamte und haben keine besondere Wildtierausbildung. Die meisten Lodges bieten Wanderungen mit eigenen ausgebildeten Guides, allerdings nur für Übernachtungsgäste.

## Schlafen & Essen

Wer im Park übernachtet, ist direkt nach dem Aufwachen mitten im Geschehen. Neben den vielen meist luxuriösen Lodges (die teilweise auch Fly Camping anbieten) gibt's mehrere parkeigene Campingplätze.

### NATIONALPARK TARANGIRE

**Auf in den Nationalpark Tarangire**
Hervorragende Wildtierbeobachtung in der Trockenzeit, vor allem Elefanten und Löwen; beeindruckende Landschaft mit vereinzelten Affenbrotbäumen

**Reisezeit** Juni bis Oktober

**Praktisch & Konkret** Anfahrt mit dem Auto von Arusha; die Eintrittsgebühren (24 Stunden gültig, berechtigen zum einmaligen Betreten des Parks) können per Kreditkarte am Haupttor oder am Boundary-Hill-Tor entrichtet werden.

**Für Sparfüchse** Safaris buchen oder ein *dalla-dalla* mit anderen Reisenden teilen; wer außerhalb des Parks übernachtet, spart Campinggebühren.

Außerhalb des Nationalparks gibt's mehrere Mittelklasse- und Luxus-Camps. Hier gilt: Je näher am Eingang man übernachtet, umso besser, damit man die ersten zwei Stunden im Park auf keinen Fall verpasst.

Eine weitere Option ist das Wildschutzgebiet Tarangire (Tarangire Conservation Area; TCA), eine abgeschiedene Region außerhalb des Parks im Nordosten. Von November bis März gibt's dort jede Menge Tiere zu sehen, in den anderen Monaten sind es weniger. Wer dort übernachtet, gelangt über das Boundary-Hill-Tor in den Park.

### Im Park

**Öffentlicher Campingplatz** CAMPINGPLATZ **$**
(tarangire@tanzaniaparks.go.tz; Camping 35,40 US$) Der öffentliche Campingplatz liegt ganz in der Nähe der Nordwestspitze des Parks – nur eine kurze Fahrt vom Eingang entfernt. Sein Standort im Busch ist hübsch, die Anlagen mit kaltem Wasser sind einfach. Vorräte bringt man sich am besten aus Arusha mit. Man kann im Voraus per E-Mail oder bei der Ankunft am Parktor buchen.

★ **Oliver's Camp** ZELTCAMP **$$$**
(www.asiliaafrica.com; all-inclusive Juli & Aug. 959 US$ pro Pers., sonst 689–889 US$; April & Mai geschl.; P) Bemerkenswert wegen seiner schönen Lage am Silale-Sumpf tief im Herzen des Parks. Die zehn komfortablen, geräumigen Zelte sind in ansprechend rustikalem Stil gehalten und das gesamte Camp versprüht persönlichen Charme. Exzellente

## Nationalpark Tarangire

## Nationalpark Tarangire

**Highlights**
1 Nationalpark Tarangire ..................... B2

**Sehenswertes**
2 Schutzgebiet Manyara Ranch ............ A1

**Schlafen**
3 Boundary Hill Lodge ......................... B2
4 Manyara-Ranch-Zeltcamp.................. A1
5 Maramboi Tented Lodge..................... A1
6 Oliver's Camp ................................... B3
7 Public Campsite ................................ A1
8 Roika Tarangire Tented Lodge............ A1
9 Sanctuary Swala ............................... A3
10 Tarangire River Camp ....................... A2
11 Tarangire Safari Lodge...................... A2
12 Tarangire Treetops Lodge .................. B2
13 Zion Campsite .................................. A1

Guides veranstalten Wander-Safaris, Nachtfahrten (manchmal mit Nachtgläsern ausgestattet) und Fly-Camping, die vor allem abenteuerlustige Gäste ansprechen. Die Zelte sind mit Ledersesseln und Mahagoni-Betten ausgestattet.

★ **Tarangire Safari Lodge** LODGE $$$
(☎ 027-254 4752, 0756 914663; www.tarangiresafarilodge.com; EZ/DZ mit VP 270/440 US$; P) Eine großartige Lage hoch über dem Tarangire, ein exzellenter Service, gutes Essen und Unterkünfte zu fairen Preisen machen diese Lodge zu unserem Park-Favoriten. Die weite Panoramasicht lädt zu einem Sundowner ein und Gäste können zwischen Steinbungalows und Standard-Safarizelten mit eigenem Bad wählen. Letztere bieten hübschen Blick von der Türschwelle. Die Anlage befindet sich 10 km hinter dem Parktor.

**Sanctuary Swala** ZELTCAMP $$$
(☎ 027-250 9817; www.sanctuaryretreats.com; mit VP & inkl. aller Aktivitäten Juni–Okt. 775 US$ pro Pers., restl. Jahr abweichende Kosten; ⌚ Juni–März; P @) Sanctuary Swala bietet die wohl edelste Safari-Erfahrung im Tarangire: Das erstklassige Camp liegt eingebettet in einem Akazienhain mit Blick auf ein viel besuchtes Wasserloch im südwestlichen Teil des Parks nahe dem Gurusi-Sumpf. Jedes der zwölf schönen Zelte hat eine große Terrasse und einen eigenen Butler. Ein hervorragender Ort für Tierbeobachtungen mit vielen Löwen.

### Vor dem Parktor

**Zion Campsite** CAMPINGPLATZ $
(☎ 0754 460539; Camping 10 US$; P) Ein kahles und ungepflegtes Gelände 6 km vor dem Parkeingang, ist aber billiger als Zelten im Park, und die Duschen sind warm. Essen muss mitgebracht werden.

**Maramboi Tented Lodge** ZELTCAMP $$$
(☎ 0784 207727; www.twctanzania.com; EZ/DZ/3BZ mit VP 250/375/510 US$; P @) Anders als andere Lodges in Tarangire liegt Maramboi zwischen Palmen und Savanne am Südostufer des Manyarasees, 17 km von Tarangires Eingang entfernt. Die 20 großen, luftigen Zelte mit Holzfußböden verfügen alle über Veranden, von denen aus sich ein herrlicher Blick auf den See, den Grabenbruch und den Sonnenuntergang ergibt. Das Personal ist sehr freundlich. Die Abzweigung zur Lodge liegt 6 km südlich von Kigongoni.

**Tarangire River Camp** LODGE $$$
(☎ 0737 206420, 0732 978879; www.mbalimbali.com; EZ/DZ mit VP 375/660 US$; ⌚ April geschl.; P) Auf einem Hügel gelegen mit tollem Blick auf ein Flusstal, bietet das Tarangire

River Camp hübsche, offene Hütten mit Schilfdächern. Das Gelände nordwestlich des Parks ist privat und wird von Massai betrieben. Vom Haupttor des Parks aus führt eine etwa 30-minütige Fahrt hierher.

**Roika Tarangire Tented Lodge** ZELTCAMP **$$$**
(☎0754 001444, 027-250 9994; www.tarangireroikatentedlodge.com; Camping 30 US$, EZ/DZ 250/380 US$; P@🛜🏊) Obwohl außerhalb des Parks gelegen, 5 km südwestlich vom Tor, liegt Roika mitten im Busch und wird von zahlreichen Wildtieren, besonders Elefanten, besucht. Die 21 weit auseinanderliegenden Zelte stehen auf erhöhten Plattformen unter strohgedeckten Dächern und haben bizarre Betonbadewannen in Tierformen. Besichtigungen von Massai-Dörfern und Nachtfahrten können organisiert werden. Die Anlage hat Heißwasserduschen, und eine Küche ist in Planung.

## Im Wildschutzgebiet Tarangire

★ **Tarangire Treetops Lodge** ZELTCAMP **$$$**
(☎027-250 0630; www.elewana.com; EZ/DZ mit VP Juni–Okt. 1268/1690 US$, restl. Jahr abweichende Kosten; P@🛜🏊) Nicht das übliche Zeltcamp, aber sehr nobel mit zwanzig riesigen Suiten auf Stelzen oder im Baumhausstil um Affenbrotbäume gebaut. Die Fahrt vom oder zum Boundary-Hill-Tor dauert fast eine Stunde, wer jedoch nach Luxus in der Wildnis sucht, ist hier richtig.

**Boundary Hill Lodge** LODGE **$$$**
(☎0787 293727; www.tarangireconservation.com; Zi. inkl. VP 575 US$ pro Pers.; P@🏊) Boundary Hill wird für sein Engagement für die Umwelt und die Massai-Gemeinde (die einen Anteil von 50 Prozent an der Lodge hat) gelobt. Es hat acht große, individuell gestaltete Zimmer mit Balkon, die über den Silale-Sumpf in den Park blicken.

### An- & Weiterreise

Tarangire ist 130 km von Arusha entfernt (über Makuyuni, der letzten Möglichkeit, zu tanken und Vorräte einzukaufen). Im Dorf Kigongoni führt eine ausgeschilderte Abzweigung zum Hauptparktor, das 7 km weiter über eine gute Piste zu erreichen ist. Der einzige andere Eingang ist das Boundary- Hill-Tor an der Nordostgrenze, das Zugang zu einigen Lodges des Gebiets gewährt. Im Park können keine Autos gemietet werden.

Coastal Aviation (S. 180) und Air Excel (S. 180) legen nach Bedarf auf dem Flug zwischen Arusha und Lake Manyara auf Tarangires Kuro-Landebahn einen Zwischenstopp ein.

## Schutzgebiet Manyara Ranch

Das privat geführte, 140 km² große **Schutzgebiet Manyara Ranch** (☎027-254 5284, 0683 918888; www.manyararanch.com) nimmt ein wichtiges Wildtierareal nordwestlich des Nationalparks Tarangire ein und ist ein wichtiger Bestandteil des empfindlichen Ökosystems Massai-Steppe im nördlichen Tansania.

Zur Kolonialzeit war das Gebiet eine Viehranch, die später verlassen wurde. Heute verwaltet die **African Wildlife Foundation** (AWF; ☎0711063000; www.awf.org) das Reservat. Dank ihr erholt sich die Vegetation und Tiere kehren in das Areal zurück. Das ganze Jahr über gibt's bereits recht stabile Populationen von Elefanten, Löwen (zwei kleine Rudel), Leoparden, Streifen- und Tüpfelhyänen, Giraffen, Zebras und anderen Pflanzenfressern. Darüber hinaus wurden über 300 Vogelarten hier gesichtet.

Nach den Regeln der Stiftung steht neben dem Tierschutz auch die intensive Zusammenarbeit mit benachbarten Massai-Gemeinden im Mittelpunkt. Auch sie sollen von der Fauna ihrer Heimat profitieren.

Die angebotenen **Wander-Safaris** und **Wildtiertouren** bei Tag und Nacht (bei denen es Löwen, Leoparden, Streifenhyänen und Erdwölfe zu sehen gibt) sind meist in den Unterkunftspaketen inbegriffen. Darüber hinaus werden u. a. **kulturelle Besuche** nahegelegener Massai-Dörfer angeboten.

Das **Manyara-Ranch-Zeltcamp** (☎027-254 5284; www.manyararanch.com; all-inclusive EZ 730–990 US$, DZ 1230–1680 US$) zwischen dem Manyarasee und dem Nationalpark Tarangire ist die einzige Unterkunft im Naturschutzgebiet Manyara-Ranch und bietet einen ruhigen Aufenthalt abseits der überfüllten Parkwege. Die Zelte sind im klassischen Safaristil gehalten, aber sehr schick und komfortabel. Zu den Aktivitäten des Camps zählen Naturwanderungen mit bewaffneten Guides, Wildtiertouren bei Tag und Nacht, Vogelbeobachtungstouren und Besuche in Massaidörfern und/oder Schulen.

### An- & Weiterreise

Öffentliche Verkehrsmittel verkehren nicht in das Schutzgebiet. Wer selbst fährt, folgt aus Makuyuni kommend der Straße nach Süden Richtung Tarangire. Nach 10 km steht – gegenüber einem rot-blauen Gebäude auf der rechten Straßenseite (Westen) – ein Steinschild mit der Aufschrift „Manyara Ranch Conservancy". Diesem nach rechts folgen, dann erreicht man über eine Schotterpiste mit weiteren Schildern nach 6,6 km das Camp.

# Mto wa Mbu

027 / 11 400 EW.

Mto wa Mbu ist das belebte Tor zum Manyarasee, der vom namensgebenden Fluss der Stadt („Fluss der Mücken") gespeist wird. Die Stadt liegt an der Strecke von Arusha zum Ngorongoro-Krater. Über die Jahre hinweg hat sich das facettenreiche Mto wa Mbu – Schätzungen nach sind hier alle 120 Stammesgruppen Tansanias vertreten – zu einer Art Touristenzentrum entwickelt: mit jeder Menge Lodges, Zeltplätzen, Imbissen, Tankstellen, Wechselstuben, Souvenirständen und anderen Angeboten, die Safariteilnehmer aus ihren Fahrzeugen locken könnten.

Das gut organisierte **Mto-wa-Mbu-Kulturtourismusprogramm** (027-253 9303, 0784 606654; http://mtoculturalprogramme.tripod.com; Tagesausflug ab 30 US$; 8–18.30 Uhr) hat Wander- und Radtouren zu Dörfern in der Umgebung, zu Märkten und zu einem nahegelegenen Wasserfall im Angebot – mit dem Schwerpunkt auf Landwirtschaft und Wanderungen am Steilhang. Auf Anfrage kann man bei hiesigen Familien übernachten und auch dort essen. Das Büro befindet sich auf der Rückseite des Red Banana Restaurant in der Nähe der zentralen Bushaltestelle an der Hauptstraße.

INSIDERWISSEN

### WOCHENMÄRKTE

In den Gebieten rund um das Krater-Hochland, den Natronsee und Mto wa Mbu lohnt es sich, seinen Besuch so zu legen, dass man einen der hiesigen Wochenmärkte erleben kann. Sie sind nicht nur Orte des Handels, sondern auch gesellschaftliche Treffpunkte, und mit Ausnahme von Mto wa Mbu durchweg von Einheimischen geprägt. Markttage:

**Montag** Engaruka Juu

**Mittwoch** Selela

**Donnerstag** Engaresero, Engaruka Chini und Mto wa Mbu

**CRDB** (Mo–Fr 8–16, Sa bis 12 Uhr) an der Hauptstraße hat einen Geldautomaten, der aber nicht immer in Betrieb ist.

## Schlafen & Essen

Wer auf der Suche nach Budget-Pensionen ist, sieht sich am besten südlich der Hauptstraße hinter dem Markt um.

**Maryland Resort** PENSION $

(0756 740948; www.facebook.com/Marylandhotel; Camping 10 000 TSh, EZ/DZ ab 40 000/50 000 TSh, DZ mit Gemeinschaftsbad 28 000 TSh; P) Ein Schild führt von der Hauptstraße direkt vor dem Eingang zum Nationalpark Lake Manyara zu der pfirsichfarbenen, liebevoll geführten Unterkunft. Ihr freundlicher Besitzer wohnt selbst auch hier. Die meisten der neun Zimmer reihen sich an der Schmalseite auf, doch da sie alle über Heißwasser und TV verfügen, sind sie preislich ok. Mahlzeiten können bestellt werden, und es gibt eine Küche.

**Twiga Campsite & Lodge** HOSTEL $$

(0784 901479, 0758 510000; www.twigalodgecampsite.com; Arusha-Karatu Rd; Camping 10 US$, Zi. 50–140 US$; P @ ) Die Unterkunft mit ihren einfachen, aber gepflegten Standardzimmern, Bungalows und einem anständigen Zeltplatz ist ein beliebter Backpacker-Treffpunkt, wo man auch schnell andere Safariteilnehmer kennenlernen kann. Darüber hinaus gibt's auch einen Fahrradverleih.

**Njake Jambo Lodge & Campsite** CAMPINGPLATZ $$

(027-250 5553; www.njake.com; Arusha-Karatu Rd; Camping 10 US$, EZ/DZ 95/130 US$; ) Eine Basis für unabhängige Reisende und für große Überlandlaster. Es gibt eine schattige und gepflegte Rasenfläche zum Campen plus 16 gute Zimmer in doppelstöckigen Chaletblocks.

**Blue Turaco Pizza Point** PIZZA $$

(Arusha-Karatu Rd; Pizzas 12 000–16 000 TSh; 12–21 Uhr) Der Blue Turaco Pizza Point an der Südseite der Hauptstraße ist nicht zu übersehen. Serviert werden gute Holzofenpizzas; die Sitzplätze befinden sich im kleinen Innenhof auf der Rückseite.

## An- & Weiterreise

Busse und *dalla-dallas* verkehren den ganzen Tag über von Arusha (7000 TSh, 2 Std.) und Karatu (2500 TSh, 1 Std.) nach Mto wa Mbu. In Arusha starten auch Minibusse, die nach Karatu fahren.

Sämtliche Verkehrsmittel halten an der Hauptstraße im Stadtzentrum.

Mietautos für Ausflüge in die Nationalparks Lake Manyara und Tarangire (inkl. Benzin und Fahrer 150–200 US$) sowie zum Ngorongoro-Krater (200–250 US$) vermitteln das Büro des Kulturtourismusprogramms (S. 190) in Mto wa Mbu sowie die Campingplätze Twiga (S. 190) und Njake Jambo (S. 190).

In Mto wa Mbu startet die holprige Straße nach Norden zum Natronsee.

## Nationalpark Lake Manyara

Der **Nationalpark Lake Manyara** (☎027-253 9112, 0767 536137; www.tanzaniaparks.go.tz; Erw./Kind 53,10/17,70 US$; ⏱6–18 Uhr), ein kleiner, oft unterschätzter Park, beherbergt elf verschiedene Ökosysteme. Er ist zwar nicht so groß und artenreich wie die anderen Nationalparks des Northern Circuit (durch den Park verläuft nur eine Nord-Süd-Route), aber seine Vegetation ist vielfältig und reicht von Savannen über Marschen bis zu immergrünem Wald. Der Park ernährt eine der höchsten Biomassedichten der Welt an großen Säugern. Die Möglichkeit, in den Wäldern Elefantenfamilien oder die berühmte Population von baumkletternden Löwen (die sich jedoch immer seltener zeigen) zu sehen, ist allein schon ein Grund, um hierherzukommen.

Der wilde westliche Steilhang des Ostafrikanischen Grabenbruchs bildet die westliche Grenze des Parks, und im Osten liegt der sodahaltige Manyarasee, der ein Drittel der Parkfläche bedeckt, aber in der Trockenzeit erheblich kleiner wird. Während der Regenzeit ist der See Heimat für Millionen von Flamingos und einer Vielfalt anderer Vögel.

### Sehenswertes & Aktivitäten

Der Park ist auch für seinen **Baumwipfelpfad** (☎0756 977384; www.wayoafrica.com/treetop-walkway; 35,40 US$, plus Eintritt zum Baumkronenpark 17,70 US$; ⏱6.30–17 Uhr), dem ersten in Tansania, bekannt.

Die Eintrittskarte ist 24 Stunden lang gültig. Sie berechtigt zum einmaligen Betreten des Parks, woran man denken sollte, wenn man zum Mittagessen ins Hotel außerhalb des Parks zurückkehren will; am besten ein Picknick mitnehmen.

#### Wildtiertouren

Gleich hinter dem Haupteingang zum Park erstreckt sich das dicht-grüne, bei Pavianen beliebte **nördliche Waldgebiet**, in dem man hin und wieder auch Diademmeerkatzen entdecken kann. An der Nordspitze des Sees gibt's zudem eine **Wasserstelle mit Flusspferden**. Die **Überschwemmungsebenen** zwischen dem Ufer und den steilen Wänden des Grabenbruchtals beherbergen Gnus, Büffel, Zebras und die gut erforschten Elefanten des Manyarasees. Baumkletternde Löwen haben im schmalen **Akaziengürtel** am Seeufer ihr Revier gefunden.

Dies ist der einzige Park der nördlichen Rundtour, wo jeder (nicht nur Gäste bestimmter Hotels) an **Nachttouren** teilnehmen kann. Sie werden von Wayo Africa (S. 185) veranstaltet und finden zwischen 20 und etwa 23 Uhr statt (50 US$ pro Pers. plus 59/23,60 US$ Parkgebühr pro Erw./Kind). Parkgebühren sind noch vor 17 Uhr direkt an den Park zu entrichten. Vorausbuchungen sind erforderlich, außerdem muss man meist im Voraus bezahlen.

#### Wander-Safaris

Der Park genehmigt auch zwei- bis dreistündige Wander-Safaris (pro Pers. 23,60 US$ plus 23,60 US$ pro Gruppe mit bis zu 8 Teilnehmern) mit einem bewaffneten Ranger auf drei Trails. Reservierungen sind erforderlich, und der Park hat keine Fahrzeuge, die Wanderer zu den Trails bringen könnten.

Der **Msara Trail**, der am nächsten zum Tor gelegene Pfad (11 km entfernt), folgt seinem namensgebenden Fluss am Steilhang des Afrikanischen Grabens entlang durch herrliches Vogelbeobachtungsgebiet bis hinauf zu einem Aussichtspunkt. Der **Lake Shore Trail** beginnt 38 km hinter dem Parkeingang in der Nähe der *maji moto* (heißen Quellen). Er durchquert Akazienwald und Savanne und ist der Pfad, auf dem Wanderer am wahrscheinlichsten auf große Säugetiere

#### BAUMKLETTERNDE LÖWEN

Zwar steigen Löwen auch in anderen Parks auf Bäume, der Manyara-Nationalpark ist dafür jedoch besonders bekannt. Forscher nehmen an, dass die Tiere diese Angewohnheit entwickelt haben, um sich vor einer fiesen Stechmückenplage zu schützen, der in den 1960er-Jahren die Löwenpopulationen im Ngorongoro-Krater zum Opfer fielen. Es ist nicht ganz einfach, die Löwen zu entdecken, die Mühe lohnt sich jedoch.

treffen und Flamingos sehen. Der **Iyambi River Trail**, 50 km vom Tor entfernt, ist bewaldet und felsig mit guten Vogelbeobachtungsmöglichkeiten und der Chance, auf Säuger zu treffen.

Wayo Africa (S. 185) bietet drei Wandertouren (18 bis 35 US$ pro Pers.) in der Region an: eine Naturwanderung am Steilhang, eine Waldtour den Steilhang hinab und einen Dorfausflug nach Mto wa Mbu (S. 190). Alle Touren beginnen an der Lake Manyara Serena Safari Lodge (S. 192) oder an einem im Voraus vereinbarten Ort in Mto wa Mbu.

## Schlafen & Essen

Im Park gibt's mehrere meist sehr luxuriöse Lodges und auch preiswertere parkeigene Unterkünfte. Zu Letzteren gehören **Park Bandas** (www.tanzaniaparks.go.tz; bandas 35,40 US$ pro Pers.) und ein **öffentlicher Zeltplatz** (www.tanzaniaparks.go.tz; Camping 35,40 US$) gleich hinter dem Eingangstor sowie ein weiterer **öffentlicher Zeltplatz** (www.tanzaniaparks.go.tz; Camping 35,40 US$) am Endabash (Fluss), etwa eine Fahrtstunde vom Parktor entfernt. Auf dem Steilhang außerhalb des Parks gibt's auch gute Mittel- und Spitzenklasse-Lodges, die herrliche Ausblicke auf den See bieten. Ebenfalls eine gute Ausgangsbasis für Parkbesuche, insbesondere für Budgetreisende, ist Mto wa Mbu.

### Im Park

★ **Lake Manyara Tree Lodge** LODGE $$$
(028-262 1267; www.andbeyond.com; all-inclusive mit VP & allen Aktivitäten Juni–Sept. 1340 US$ pro Pers.; restl. Jahr abweichende Preise; April geschl.; P) Diese schöne luxuriöse Lodge gehört zu den exklusivsten in ganz Tansania. Die zehn wunderschönen, auf Stelzen stehenden Baumhaus-Suiten mit Privatveranda und Blick von der Badewanne auf die Landschaft sowie mit Außenduschen stehen in einem Mahagoniwald am südlichsten Ende des Parks. Das Essen ist wunderbar, und alle Zimmer haben einen Butlerservice.

### Am Steilhang

**Panorama Safari Campsite** CAMPINGPLATZ $
(0763 075130; www.panoramasafaricamp.com; Camping 10 US$ pro Zelt, dauerhafte Zelte/Iglus 12/25 US$ pro Pers.) Der Campingplatz liegt fast auf der Spitze des Steilhangs, ist heiß und staubig und hat heruntergekommene Heißwasseranlagen. Der Preis ist aber einfach unschlagbar und die Aussicht von hier genauso schön wie von den benachbarten Luxuslodges. *Dalla-dallas* von Mto wa Mbu nach Karatu passieren den Eingang.

★ **Escarpment Luxury Lodge** LODGE $$$
(0767 804864; www.escarpmentluxurylodge.com; EZ/DZ mit VP & inkl. aller Aktivitäten 850/1100 US$; P@) Eine schicke Anlage und Chalets mit Holzdielen, die Luxus im Überfluss verheißen: jede Menge Platz, wunderbar tiefe Badewannen, Ledersofas, geschmackvoll restaurierte Möbel, breite Veranden, feinste Bettwäsche und große Fenster. Erwartungsgemäß bietet die Steilhanglage weiten Panoramablick auf den See.

**Lake Manyara Serena Safari Lodge** LODGE $$$
(027-254 5555; www.serenahotels.com; EZ/DZ mit VP Juli–Okt. 301/509 US$, Nov.–Juni EZ 114–256 US$, DZ 228–433 US$; P@) Ein großer Komplex auf schattigem Gelände mit 67 ansprechend eingerichteten Zimmern in hübschen zweistöckigen Bungalows mit konischen Dächern. Naturwanderungen und Dorfbesichtigungen sind ebenso im Angebot wie Massagen. Die hübsche Aussicht (am besten vom Swimmingpool) gibt's ohne Aufpreis. Die Lodge ist nicht so intim und naturnah wie andere Anlagen auf dem Steilhang, aber dennoch ganz zu Recht eine beliebte Bleibe.

**Kirurumu Manyara Lodge** ZELTCAMP $$$
(027-250 7011; www.kirurumu.net; EZ/DZ mit VP 275/475 US$) Entspanntes Ambiente, Nähe zur Natur und großartige Küche charakterisieren dieses angesehene Camp. Es liegt 6 km von der Hauptstraße entfernt an einer Schotterstraße, bietet einen tollen Ausblick auf den Manyarasee in der Ferne und versprüht typisch afrikanisches Buschflair. Die Zelte sind großzügig auf der grünen Anlage verteilt. Die Lodge veranstaltet kostenlose, von Massai geführte ethno-botanische Wanderungen und Sonnenuntergangstouren sowie Fly Camping.

### Unter dem Steilhang

**Manyara Wildlife Safari Camp** LODGE $$$
(0712 332211; www.wildlifecamp.co.tz; EZ/DZ mit VP 275/350 US$; P) Geschmackvoll eingerichtete Safarizelte und Hütten auf Stelzen mit gefliesten Böden und Himmelbetten machen die Lodge in den Ebenen nahe dem Manyarasee zu einer guten Option in Seenä-

he. Sie liegt eine 15-minütige Fahrt vom Parkeingang entfernt und ist ab der Hauptstraße ausgeschildert.

**Migunga Tented Camp** ZELTCAMP $$$
(☎0754 324193; www.moivaro.com; Camping 10 US$, EZ/DZ/3BZ inkl. VP 247/348/450 US$; P @) Die Hauptattraktion dieser Anlage (noch bekannt unter ihrem früheren Namen Lake Manyara Zeltcamp) ist ihre wunderschöne Lage in einem Hain von Eukalyptusbäumen (*migunga* in Suaheli), der vom Gezwitscher der Vögel widerhallt. Die 21 Zelte auf großem, grasbewachsenem Gelände sind klein, aber absolut ausreichend und zu fairen Preisen zu haben. Das Camp liegt 2 km südlich der Hauptstraße.

**Ol Mesera Tented Camp** ZELTCAMP $$$
(☎0784 428332; www.ol-mesera.com; EZ/DZ mit VP 120/200 US$; P @) Diese von einem witzigen slowenischen Pensionär geführte und sehr persönlich geprägte Herberge in einer friedlichen Umgebung zwischen Baobabs und Euphorbien bietet vier richtige Safarizelte und eignet sich als idealer Ausgangsort für kulturelle Wanderungen, für Kochkurse oder einfach für ein paar Tage Erholung. Das Camp ist 14 km, also recht weit, vom Natronsee entfernt, ist aber eine zauberhafte, ruhige Unterkunft.

Öffentliche Verkehrsmittel nach Engaruka oder zum Natronsee können Fahrgäste an der Abzweigung absetzen, von wo aus es nur noch leicht zu bewältigende 1,5 km zu Fuß sind.

## Praktische Informationen

Die von Hand gezeichnete *New Map of Lake Manyara National Park* ist u. a. in Arusha erhältlich. Sie enthält verschiedene Darstellungen für Regen- und Trockenzeit, jedoch nicht das Waldreservat Marang, um das der Park kürzlich erweitert wurde.

## An- & Weiterreise

Air Excel (S. 180), Coastal Aviation (S. 180) und Regional Air (S. 180) fliegen täglich zwischen Arusha und dem Nationalpark Lake Manyara.

Busse und *dalla-dallas* verkehren regelmäßig von Arusha (7500 TSh, 2 Std.) und Karatu (3500 TSh, 1 Std.) nach Mto wa Mbu, dem Tor zum Nationalpark Lake Manyara. In Mto wa Mbu angekommen, fährt man am besten gleich weiter zu den Lodges und Camps des Lake Manyara oder mietet ein Fahrzeug (ab 150 US$ inkl. Benzin und Fahrer), um den Park zu erkunden.

### NATIONALPARK LAKE MANYARA

**Auf in den Nationalpark Lake Manyara** Hervorragende Vogelbeobachtung; baumkletternde Löwen; wilde Landschaft des Ostafrikanischen Grabens.

**Reisezeit** Ganzjährig. Juni bis Oktober ist am besten für die großen Säuger, November bis Juni ist am besten für Vögel.

**Praktisch & Konkret** In Mto wa Mbu, auf dem Steilhang oder im Park, übernachten und ein Fernglas mitbringen (die Flamingos sind manchmal sehr weit entfernt). Eintrittsgebühren werden per Kreditkarte am Haupttor entrichtet.

**Für Sparfüchse** In Mto wa Mbu übernachten, um Campinggebühren zu sparen; ein *dalla-dalla* für einen Tag mieten.

# Karatu

☎027 / 26 600 EW.

Die eher reizlose Stadt, etwa auf halbem Weg zwischen den Nationalparks Lake Manyara und Ngorongoro (14 km südöstlich des Lodoare-Tors) in wunderschöner Landschaft gelegen, ist eine praktische Ausgangsbasis für Ausflüge zu beiden Reservaten. Viele Camping-Safaris von Arusha aus beinhalten eine Übernachtung vor Ort, um die Zeltgebühren im Ngorongoro zu sparen. Das Serviceangebot ist begrenzt, umfasst jedoch mehrere Banken mit Wechselschalter und Geldautomaten, Tankstellen und mehrere Mini-Supermärkte. Es ist allerdings besser, Vorräte in Arusha einzukaufen.

Das **Kulturtourismusprogramm Ganako-Karatu** (☎0787 451162, 0767 612980; www.facebook.com/www.kcecho.org) bietet Touren zu nahen Kaffeeplantagen und Dörfern der Iraqw (Mbulu). Viele der halb- und ganztägigen Trips werden mit dem Mountainbike unternommen, es gibt aber auch Wandertouren.

Am siebten Tag jedes Monats ist in Karatu **Markttag** (*mnada*). Wer zufällig durchkommt: Anhalten lohnt sich.

## Schlafen & Essen

Karatu verfügt über exzellente Unterkünfte aller Preisklassen. Die meisten Hotels liegen abseits der Hauptstraße – und sind daher sehr ruhig –, viele sind aber nur mit dem Auto erreichbar. Die Gegend um Bwani, südlich der Bampress-Tankstelle und des Supermarkts, beherbergt viele gute, preiswerte Gästehäuser plus einheimische Restaurants und Bars.

**Vera Inn** PENSION $

(☎ 0767 578145, 0754 578145; Milano Rd; Zi. 40 000 TSh) Vera Inn ist eines von vielen Gästehäusern an den staubigen Straßen des belebten Bawani-Viertels. Es liegt gleich südlich der Hauptstraße hinter der Bampress-Tankstelle und bietet saubere Zimmer mit Warmwasserduschen und Kabelfernsehen.

**ELCT Karatu Lutheran Hostel** HOSTEL $

(☎ 0755 742315, 0787 458856; www.karatuhotel.com; EZ/DZ/3BZ 55 000/65 000/90 000 TSh; P) Das Lutheran Hostel liegt abseits der Hauptstraße am Westrand der Stadt und bietet einfache, saubere Zimmer mit Warmwasser sowie gutes Essen (10 000 TSh). Es dient zugleich als Ausbildungszentrum für arbeitslose junge Einheimische.

**Eileen's Trees Inn** LODGE $$

(☎ 0783 379526, 0754 834725; www.eileenstrees.com; EZ/DZ inkl. HP ab 75/110 US$; P) Eileen's erhält regelmäßig gute Bewertungen von Gästen. Es bietet große Zimmer in komfortablen Cottages, die mit Himmelbetten aus Holz, Moskitonetzen und teilweise auch schmiedeeisernen Möbeln (in den Bädern) ausgestattet sind. Das Essen im Restaurant ist gut zubereitet und lecker. Das wahre Highlight ist jedoch der wunderschöne Garten, der nachts wunderbar still und tagsüber von Vogelgezwitscher erfüllt ist.

**Octagon Safari Lodge & Irish Bar** LODGE $$

(☎ 0765 473564, 0784 650324; www.octagonlodge.com; Camping mit eigenem/gemietetem Zelt 25/40 US$, EZ/DZ inkl. HP 90/160 US$; @) Die grüne und schöne Gartenanlage dieser Lodge unter irisch-tansanischer Leitung scheint Lichtjahre von Karatu entfernt. Die Cottages sind klein, aber gemütlich, und die Preise für Karatu exzellent. Ein Restaurant und eine irische Bar runden das entspannte Flair ab. Die Lodge liegt 1 km südlich der Hauptstraße am Westrand der Stadt.

**St. Catherine's Monastery** PENSION $$

(☎ 0753 497886, 0754 882284; www.tanzaniarelax.com; DZ mit VP 90 US$; P) Die ruhige kirchlich geführte Unterkunft bietet mehrere einfache Zimmer, die sich um einen blumengeschmückten Innenhof reihen. Es wird regionale Küche serviert. Das Gästehaus liegt nördlich der Hauptstraße gleich vor dem Lodoare-Tor des Naturschutzgebietes Ngorongoro (am Schild der Kambi-ya-Nyoka-Schule abbiegen).

**Ngorongoro Camp & Lodge** HOSTEL $$

(☎ 0763 258167; www.ngorongorocampandlodge.weebly.com; Camping 10 US$, EZ/DZ/3BZ 95/150/170 US$; @) An der Hauptstraße am östlichen Stadtrand gelegen, wird dieses Hostel vorwiegend von Truckern genutzt. Die Campingeinrichtungen sind gut, und auch die Zimmer machen mit ihren Fliesenböden und Pinienmöbeln was her, obwohl sie halb so teuer sein sollten.

**★ Country Lodge** LODGE $$$

(☎ 027-253 4622, 0789 582982; www.countrylodgekaratu.com; EZ/DZ/3BZ mit VP 122/214/285 US$; P@) Schilder führen von der Hauptstraße unmittelbar nördlich von Karatu zu dieser exzellenten Lodge mit 22 einfachen, aber ruhigen und gepflegten Zimmern in elf Cottages mit Veranden auf einer 2 ha großen Grünanlage. Das hauseigene Restaurant serviert gutes Essen aus regionalen Zutaten.

**★ Plantation Lodge** LODGE $$$

(☎ 0784 397444, 0784 260799; www.plantation-lodge.com; EZ/DZ mit HP 345/530 US$, Suite ab 750 US$; P@) Diese relaxte Lodge, ein Ort, an dem man sich als etwas Besonderes fühlt, belebt eine renovierte Farm aus der Kolonialzeit. Bei dem wunderschönen Dekor wurde auf jedes Detail geachtet. Die Zimmer, jedes individuell gestaltet, haben große Veranden mit Gartenblick und knisternde Kamine, die zur Hochlandstimmung passen. Die Küche verarbeitet selbstangebautes Gemüse. Die Lodge liegt westlich von Karatu ungefähr 2,5 km nördlich vom Highway.

**★ Gibb's Farm** LODGE $$$

(☎ 027-253 4397; www.gibbsfarm.net; EZ/DZ/3BZ inkl. HP 580/925/1275 US$; P@) Die seit Langem bewährte Gibb's Farm in einem Farmhaus aus den 1920er-Jahren besticht durch ländliches Hochland-Ambiente, eine wunderschöne Lage mit Blick auf die Kaffeeplantagen in der Nähe, ein Spa und wunderschöne Cottages (sowie ein paar Standardzimmer) in einer Gartenanlage. Die Küche arbeitet mit farmeigenen Produkten. Die Lodge befindet sich rund 5 km nördlich der Hauptstraße.

**Ngorongoro Farm House** LODGE $$$

(☎ 0784 207727, 0736 502471; www.twctanzania.com; EZ/DZ/3BZ inkl. VP 275/425/575 US$; P@) Dieses stimmungsvolle Haus,

4 km vom Ngorongoro-Naturschutzgebiet entfernt, steht auf dem Grundstück einer 202 ha großen Farm, die Kaffee, Weizen und Gemüse für diese und die anderen Lodges der Gegend produziert. Die 50 bestens eingerichteten Zimmer, einige weit weg vom Restaurant und den anderen Anlagen, sind großartig. Farm-Spaziergänge sowie Kaffee-Vorführungen werden angeboten, ebenso wie Massagen.

**Bougainvillea Safari Lodge** LODGE **$$$**
(☎ 027-253 4083; www.bougainvilleasafarilodge.com; EZ/DZ/3BZ inkl. VP 140/255/350 US$; P 📶 🏊) Eine tolle Lodge gleich nördlich der Hauptstraße etwa 2 km westlich von Karatu mit 24 geräumigen Steinbungalows – alle mit Kaminen und kleinen Veranden ausgestattet – und einer hübschen Gartenanlage. Auch das Restaurant ist sehr gut.

**Kudu Lodge & Campsite** LODGE **$$$**
(☎ 027-253 4055, 0754 474792; www.kuducamp.com; Camping 10 US$, EZ/DZ/3BZ 160/189/283 US$; P 📶 🏊 👪) Kudu liegt südlich der Hauptstraße am Südrand der Stadt (ausgeschildert) und bietet große, komfortable Zimmer in individuell gestalteten Bungalows, die sich über eine grüne Gartenanlage verteilen. Es gibt zwei Swimmingpools und einen hübschen begrünten Campingplatz mit Warmwasserduschen und Kochbereich. Die Poolnutzung ist für Lodge-Gäste kostenlos; Camper zahlen 10 US$.

## ℹ Praktische Informationen

Die Banken **CRDB**, **Exim** und **NBC** an der Hauptstraße haben Geldautomaten, die rund um die Uhr in Betrieb sind.

Das **Informationsbüro der Verwaltung des Naturschutzgebietes Ngorongoro** (www.ngorongorocrater.go.tz; ⏲ Mo–Fr 7.30–16.30, Sa & So bis 12.30 Uhr) befindet sich 2 km westlich vom Stadtzentrum Karatus in dem kleinen Geschäftskomplex neben der Bougainvillea-Tankstelle. Hier können Aufenthalte im Ngorongoro-Krater und im gesamten Naturschutzgebiet Ngorongoro (Ngorongoro Conservation Area, kurz NCA) gebucht werden, wenn man keine Kreditkarte hat, um den Parkeintritt zum NCA, der 14 km weiter die Straße hinauf liegt, zu zahlen.

## ℹ An- & Weiterreise

Morgens verkehren mehrere Busse zwischen Karatu und Arusha (7500 TSh, 3 Std.), einige fahren weiter nach Moshi (11 000 TSh, 4½ Std.). Den ganzen Tag über pendeln zudem bequemere neunsitzige Minivans von/nach Arusha (8500 TSh, 3 Std.), die an verschiedenen Punkten entlang der Hauptstraße abfahren.

# Eyasisee

Der einzigartig schöne Eyasisee liegt in 1030 m Höhe zwischen der Eyasi-Steilwand im Norden und den Kidero-Bergen im Süden. Wie der Natronsee hoch im Nordosten ist der Eyasi auf einer Tour zum Ngorongo-



### DAS VOLK DER HADZA

Das Gebiet beim Eyasisee ist Heimat für die Hadza, auch Hadzapi, Hadzabe oder Tindiga genannt, die vermutlich vor fast 10 000 Jahren hierherkamen. Sie gelten weithin als die letzten echten Jäger und Sammler Ostafrikas. Ein Viertel bis ein Drittel der rund 1000 verbliebenen Stammesmitglieder führt noch immer ein ursprüngliches Leben.

Traditionelle Lebensgrundlage der Hadza ist die Subsistenzwirtschaft. Sie leben in Gemeinschaften oder Camps mit 20 bis 30 Mitgliedern ohne hierarchische Stammesstrukturen. Familien ziehen Kinder gemeinsam auf, Essen und alle anderen Güter werden geteilt. Camps ändern oft ihren Standort, manchmal aufgrund von Krankheit, Tod oder um Konflikte zu lösen. Es kann auch sein, dass sie an den Ort ziehen, an dem ein großes Tier (z. B. eine Giraffe) erlegt wurde. Typisch für die Hadza sind wenige Besitztümer, sodass jedes Stammesmitglied seine Habseligkeiten beim Umherziehen auf dem Rücken tragen kann.

Die Sprache der Hadza ist durch Klicklaute charakterisiert und könnte entfernt mit der Sprache der San in Südafrika verwandt sein; sie weist nur wenige Verbindungen zu Sandawe auf, der anderen in Tansania gesprochenen Klicksprache. Genetische Untersuchungen haben keine engen Verbindungen zwischen den Hadza und anderen ostafrikanischen Volksgruppen ergeben.

Es gibt zahlreiche wissenschaftliche Abhandlungen über die Hadza, die empfehlenswerteste Literatur zum Thema ist jedoch das letzte Kapitel („At Gidabembe") in Peter Matthiessens *The Tree Where Man Was Born (1972)*.

ro für alle lohnend, die etwas Abgelegenes und Außergewöhnliches suchen. Der See selbst ist je nach Niederschlägen unterschiedlich groß. Hier leben zahlreiche Wasservögel und in der Brutsaison (Juni–November) riesige Populationen von Flamingos und Pelikanen. In der Trockenzeit ist er oft kaum mehr als ein ausgetrockneter Tümpel, passend zur fremdartigen urzeitlichen Landschaft.

Die vor Ort lebenden traditionellen Hadza machen die Region zu etwas Besonderem. Außerdem leben in dieser Gegend die Iraqw (Mbulu), ein Volk kuschitischer Herkunft, das vor rund 2000 Jahren hier einwanderte, sowie die Datoga, bekannt als Metallschmiede, deren Kleidung und Kultur denen der Massai ähnlich sind.

## Sehenswertes & Aktivitäten

Ghorofani, das Hauptdorf am Eyasisee, liegt ein paar Kilometer vom Nordostende des Sees entfernt. Sein *mnada*-**Markt** (Gemeindesteuer 10 US$) findet an jedem fünften Tag eines Monats statt und zieht Käufer und Händler aus der Seegegend an.

Das **Kulturtourismusprogramm des Eyasisees** (0764 295280; www.tanzaniaculturaltourism.com/dumbe.htm; 8–18 Uhr) mit Schwerpunkt auf dem Eyasisee befindet sich am Ortseingang von Ghorofani. Ausländer müssen hier die Gemeindesteuer von 10 US$ entrichten. Außerdem können Englisch sprechende Guides (30 US$ pro Gruppe von bis zu zehn Leuten) für den Besuch von Hadza- (zusätzlich 20 US$ pro Gruppe) und Datoga-Gemeinden in der Nähe oder für einen Abstecher zum See gebucht werden. Eine Option bietet die Begleitung der Hadza auf einem Jagdausflug an, der vor Sonnenaufgang beginnt.

## Schlafen & Essen

Güter des täglichen Bedarfs sind zwar im Dorf erhältlich, es ist aber besser, Vorräte in Karatu einzukaufen.

**Eyasi-Nyika Campsite** CAMPINGPLATZ $

(0762 766040; www.facebook.com/NyikaCampsite; Camping 10 US$; P) Eyasi-Nyika zählt mit seinen sieben weitläufigen, grasbewachsenen Stellplätzen unter Akazienbäumen zu den besten Zeltplätzen der Gegend. Gäste dürfen selbst kochen. Er liegt im Busch, 3 km außerhalb von Ghorofani, und ist nur an der Hauptstraße ausgeschildert: Am besten auf den am meisten befahrenen Straßen bleiben.

### SCHWARZMILANE

Fast jeder, der den Ngorongoro-Krater besucht, nimmt ein Lunchpaket für ein Picknick an der Picknickstelle Ngoitoktok Springs mit. In den letzten Jahren haben die Schwarzmilane (große Raubvögel) mitbekommen, dass solche Picknicks leichte Beute sind und damit angefangen, plötzlich herabzuschießen und sich Essen zu schnappen, manchmal direkt aus den Händen der Leute, was bei den Betroffenen schon zu Verletzungen und Kratzern geführt hat. Man kann ruhig rausgehen und ein Stück laufen, sollte sein Essen aber lieber im Fahrzeug verzehren.

**★ Kisima Ngeda** ZELTCAMP $$$

(027-254 8715; www.anasasafari.com/kisima-ngeda; Camping 10 US$, EZ/DZ mit HP 350/475 US$; P) Kisima Ngeda heißt „von Bäumen umgebene Quelle“, und tatsächlich sprudelt eine natürliche Quelle auf dem Grundstück am See und schafft eine unerwartet grüne Oase aus Fieberbäumen und Doum-Palmen. Die sieben Zelte sind sehr komfortabel und die Küche (es wird viel mit regionalen Produkten gekocht, einschließlich der Milchprodukte, die von eigenen Kühen stammen) ist hervorragend. Es ist 7,5 km hinter Ghorofani ausgeschildert. 2 km hinter der Hauptlodge gibt's einen einfachen Campingplatz – den einzigen am Seeufer – mit Toilette, Dusche und derselben eindrucksvollen Szenerie.

**★ Ziwani Lodge** LODGE $$$

(0784 400507; www.ziwanilodge.com; P) Das Ziwani ist jeden seiner vier Sterne wert: Es kombiniert marokkanische Elemente mit lokalen Baumaterialien, und die Ergebnisse sind großartig. Die sieben Stein-Cottages sind sehr stilvoll – sie verfügen über weiße Wände, perfekt plazierte Holztruhen und schöne Wanddekorationen. Die Inhaber arbeiten eng mit der örtlichen Gemeinde zusammen und bieten viele Möglichkeiten, Zeit mit den Hadza zu verbringen, sei es auf Jagdausflügen oder Naturwanderungen.

**Tindiga Tented Camp** ZELTCAMP $$$

(0754 324193, 027-250 6315; www.moivaro.com; EZ/DZ mit VP 258/360 US$) Knappe 2 km vom Ufer entfernt stehen die rustikalen Zelte des Tindiga Zeltcamp. Sie fügen sich harmonisch in die Seekulisse ein und verbinden Komfort mit Wildnisflair.

## An- & Weiterreise

Zwei Busse täglich verbinden Arusha mit Barazani und fahren über Ghorofani (13 000 TSh, 4½–5 Std.). Sie verlassen Arusha gegen 5 Uhr und kommen gegen 14 Uhr zurück; man kann in Karatu einsteigen (5000 TSh, 1½ Std. nach Ghorofani). Es gibt mehrere Geländewagen für Fahrgäste nach Karatu (6500 TSh; sie parken an der Mbulu-Kreuzung), die in Ghorofani und anderen Orten am See morgens abfahren und im Lauf des Nachmittags zurückkommen.

# Naturschutzgebiet Ngorongoro

Das Naturschutzgebiet Ngorongoro ist eines der wahren Wunder Afrikas, eine verlorene Welt von einzigartiger Schönheit voller Wildtiere im nahezu perfekt geformten Krater eines lange erloschenen Vulkans. Der Ngorongoro ist einer der außergewöhnlichsten Orte in Nord-Tansania und sollte auf keinen Fall verpasst werden. Neben dem Krater selbst, der im 8292 km² großen **Naturschutzgebiet Ngorongoro** (NCA; ☎ 027-253 7046, 027-253 7019; www.ngorongorocrater.go.tz; Erw./Kind 70,80/23,60 US$, Kratergebühr pro Fahrzeug und Zugang für 24 Std. 295 US$.; ⏲ 6–18 Uhr) liegt, hat die Region einige der schönsten Sehenswürdigkeiten Nord-Tansanias zu bieten, darunter die Olduvai-(Oldupai-)Schlucht und das Krater-Hochland (Ol Doinyo Lengai und der Natronsee nicht eingeschlossen).

## Ngorongoro-Krater

Hinreißend, unglaublich, atemberaubend – all diese Attribute passen zu dem wunderschönen, ätherisch blaugrünen Anblick des **Ngorongoro-Kraters** ((☎ 027-253 7046, 027-253 7019; www.ngorongorocrater.go.tz; Erw./Kind 70,80/23,60 US$, Kratergebühr pro Fahrzeug und Zugang für 24 Std. 295 US$). Aber so schön der Blick von oben auch ist, der eigentliche Zauber geschieht, wenn man hineinfährt und eine unvergleichliche Konzentration von Wildtieren erlebt, einschließlich der höchsten Dichte an Löwen und generell an Raubtieren in Afrika. Einfach gesagt: Der Krater ist eine der Topattraktionen Afrikas und als weltberühmtes Naturwunder zu Recht ein UNESCO-Welterbe.

### DER KRATERBODEN

Mit 19 km Durchmesser und einer Oberfläche von 264 km² ist der Ngorongoro einer der größten ungebrochenen Krater der Welt, der nicht von einem See bedeckt ist. Seine steilen, glatten Wände ragen 400 bis 610 m hoch und bilden die Kulisse für ein unglaublich schönes, eindrucksvolles Naturschauspiel. Raubtiere und Pflanzenfresser pirschen durch das Grasland, die Sümpfe und die Wälder am Kraterboden.

Rund um die schöne Picknickstelle Ngoitoktok Springs sammeln sich zahlreiche Flusspferde und der Magadisee lockt in der Regenzeit Scharen von Flamingos in sein seichtes Wasser. Der Lereal-Wald wartet mit einem weniger attraktiven Picknickplatz auf und ist der Ausgangspunkt der Lereal oder Lerai Ascent Road. Hier entdeckt man oft Elefanten, von denen 200 bis 300 im Krater leben. Zu den Raubtieren zählen rund 600 Tüpfelhyänen, 55 Löwen (nach letzter Zählung) sowie Gold- und Schabrackenschakale. Ihr Überleben ist gesichert durch eine große Anzahl von Pflanzenfressern wie Gnus, Zebras, Büffel und Grant-Gazellen. Elenantilopen, Warzenschweine, Kuhantilopen, Buschböcke, Wasserböcke und Riedböcke hingegen sieht man seltener. Rund 20 % der Gnus und Zebras begeben sich jährlich auf ihre Wanderung zwischen dem Krater und der Serengeti. Mit etwas Glück bekommt man außerdem einige der rund 30 am Kraterboden lebenden, stark bedrohten Spitzmaulnashörner zu Gesicht. Sie zeigen sich vor allem zwischen dem

### NGORONGORO-KRATER

**Auf zum Ngorongoro-Krater** Eindrucksvolle Landschaft und großartige Möglichkeiten zur Tierbeobachtung

**Reisezeit** Ganzjährig

**Praktisch & Konkret** Wird meist auf dem Weg von Arusha (via Karatu) in die Serengeti besucht. Am Kraterrand kann es sehr kalt werden, also darauf vorbereitet sein.

**Für Sparfüchse** Außerhalb des Parks übernachten, um Campinggebühren zu sparen, und sich einer größeren Gruppe anschließen, um die Kratergebühr zu verringern. Zwar gilt die Eintrittsgebühr von 295 US$ pro Fahrzeug, allerdings vergleichen die Parkwächter die Zahl der Autoinsassen mit der Zulassung, sodass es nicht möglich ist, sich mit Leuten, die man auf dem Campingplatz oder in der Lodge trifft, zusammenzutun, wenn man sich bereits im Naturschutzgebiet Ngorongoro befindet.

Lerei-Wald und der Lemala Ascent Road/Lemala Descent Road.

Grund für diese Vielfalt ist das Wasser: Ganzjährige Quellen speisen die Sümpfe und das abfließende Wasser der Wälder vom Kraterrand nährt die ebenfalls ganzjährigen Bäche und Flüsse.

Die Hauptstraße in den Krater hinein ist die Seneto Descent Road, die den Krater an dessen Westseite erreicht. Die Fahrt zurück führt über die Lerai Ascent Road, die im Süden des Magadisees beginnt und zum Kraterrand in der Nähe des Hauptquartiers führt. Die Lemala Road liegt am nordöstlichen Ende des Kraters in der Nähe der Ngorongoro Sopa Lodge und kann für Auf- und Abfahrten benutzt werden.

### DER KRATERRAND

Eine asphaltierte Straße umschließt – mit Ausnahme der Nordseite – den Kraterrand. Unterwegs bietet sich an mehreren Haltepunkten ein eindrucksvoller Blick durch die Bäume. Neben den Aussichtspunkten der verschiedenen Lodges ist der Ausblick an der Spitze der Seneto Descent Road über dem Westende des Kraters und dort, wo die Straße vom Lodoare-Tor zum Rand hochführt, am schönsten.

Anders als Nationalparks, aus denen menschliche Bewohner vertrieben wurden, ist das Naturschutzgebiet Ngorongoro (NCA) noch heute Heimatland der Massai, und über 40 000 leben hier mit Weiderechten. Man sieht die Massai Vieh und Ziegen weiden oder am Straßenrand Halsketten und Messer verkaufen. Viele Kinder warten an der Straße und wollen sich fotografieren lassen, aber die meisten von ihnen schwänzen die Schule oder erledigen ihre Aufgaben nicht, also besser nicht anhalten. Es gibt auch Kultur-*bomas (Gehege)*, die pro Fahrzeug 50 US$ verlangen.

Es gibt auch außerhalb des Kraters Wildtiere, aber deutlich weniger als in den meisten anderen Parks. An der Kraterrandstraße gibt's Elefanten und Leoparden zu sehen und die westlichen Ebenen sind voller Gnus, Elen- und Leierantilopen sowie Gazellen- und Zebraherden, die zwischen Januar und März auf Wanderung gehen. Vor der Regenzeit hier zu wandern ist großartig. Gute Tagesziele sind Markarot, Little Oldupai und der Ndutusee.

## Schlafen & Essen

Am Ngorongoro-Krater gibt's nur einen öffentlichen Campingplatz, den **Simba A** (☎027-253 7019; www.ngorongorocrater.go.tz; Camping 47,50 US$). Er liegt oben am Kraterrand und nicht weit von der Hauptverwaltung entfernt. Er hat einfache Anlagen und ist manchmal ziemlich überfüllt, was zu Warmwasserengpässen führt. Dennoch überzeugt der Platz mit seiner Lage und den günstigsten Preisen am Kraterrand. Wer nicht selbst kochen möchte, kann seinen Hunger in der **Mwahingo Canteen** (Hauptgerichte ab 2500 TSh; ⌚11–21 Uhr) bei der Parkhauptverwaltung stillen. Zudem gibt's mehrere kleine Restaurants und Bars im nahegelegenen Dorf Kimba.

**Kitoi Guesthouse** PENSION $

(☎0754 334834; Zi. ohne Bad 10 000 TSh; P) Diese nicht ausgeschilderte Pension ist die neueste und beste von vier Pensionen im nahe am Kraterrand gelegenen Dorf Kimba. Sie ist im Dorf gut bekannt – einfach jemanden nach dem Weg fragen. Die Waschräume liegen nach hinten; dort bietet sich auch ein atemberaubender Blick auf den Oldeani. Auf Wunsch wird gekocht oder Heißwasser für die Eimerduschen gebracht. Beamte am Eingangstor des Parks könnten darauf bestehen, dass die Campinggebühr bezahlt wird, auch wenn man in diesem Dorf übernachten möchte.

★ **Highlands** ZELTCAMP $$$

(www.asiliaafrica.com; mit VP 359–824 US$ pro Pers.) Das Highlands bezeichnet sich als höchstgelegenes Zeltcamp der Region. Es liegt hoch über dem Olmoti-Krater und bietet originelle Unterkünfte in luxuriösen Kuppelzelten. Die friedliche, isolierte Lage, kombiniert mit herrlichen Ausblicken auf das Krater-Hochland, macht das Camp zu einem wahren Paradies.

★ **Ngorongoro Crater Lodge** LODGE $$$

(☎028-262 1267; www.andbeyond.com; Zi. pro Pers. all-inclusive Dez.–Feb. & Juni–Sept. 1715 US$, restl. Jahr abweichende Preise; P @ WLAN) In dieser luxuriösen Kraterrand-Lodge, die sich selbst als „Versailles trifft Massai" beschreibt, wird kaum an Luxus gespart. Auf der Anlage gibt's drei separate Lodges, Blicke auf den Krater bieten sich fast von überall (sogar von den Toiletten). In den schicken, gemütlichen Zimmern wurde nicht an Holz gespart. Hier wartet zweifellos ein Ngorongoro-Erlebnis der Superlative mit Traumblick und hemmungslosem Luxus.

**Entamanu Ngorongoro** ZELTCAMP $$$

(☎0787 595908; www.nomad-tanzania.com; mit VP 690–875 US$ pro Pers.; P WLAN) Zum Portfolio der exzellenten Kette Nomad Tanzania gehö-

## NGORONGORO: PRAKTISCHES & PREISE

Das Naturschutzgebiet Ngorongoro (Ngorongoro Conservation Area, kurz NCA), das den Ngorongoro-Krater und einen Großteil des Krater-Hochlands umfasst, wird von der Ngorongoro Conservation Area Authority (NCAA) verwaltet, die ihren **Hauptsitz** (027-253 7019, 027-253 7006, Lodoare-Tor 027-253 7031; www.ngorongorocrater.go.tz; 8–16 Uhr) im Park Village am Ngorongoro-Krater sowie Informationszentren in Arusha (S. 179) und Karatu (S. 195) hat. Die zwei Zugangstore zum NCA sind das Lodoare-Tor, das gleich südlich des Ngorongoro-Kraters an der Straße von Arusha und ca. 14 km westlich von Karatu liegt, und das Naabi-Hill-Tor an der Grenze zum Nationalpark Serengeti.

Die Bezahlung aller Eintrittsgebühren zum Ngorongoro-Krater und zu allen anderen Orten im NCA erfolgt ausschließlich per Kreditkarte (nicht bar!) am Lodoare- oder am Naabi-Hill-Tor. Wer ein paar Tage länger bleiben oder Aktivitäten buchen will, kann den Eintrittspreis (ausschließlich) in bar im Hauptsitz der NCAA bezahlen.

Ein Besuch des Nationalparks kann, obwohl lohnenswert, sehr teuer sein. Wenn man im Rahmen einer im Voraus organisierten Tour herkommt, sind die Eintrittsgebühren bereits im Gesamtreisepreis inbegriffen. Nicht ansässige Individualreisende müssen folgende Gebühren zahlen:

**Eintritt in das NCA** Erw./Kind 70,80/23,60 US$

**Krater-Servicegebühr** (für den Abstieg in den Krater) 295 US$ pro Fahrzeug/Tag

**Fahrzeuglizenz** 23 600 TSh (für ein in Tansania registriertes Fahrzeug) oder 47,20 US$ (für ein im Ausland gemeldetes Fahrzeug)

**Campinggebühr für öffentliche/Spezial-Campingplätze** 47,20/70,80 US$. Die meisten Zeltcamps befinden sich auf Spezial-Campingplätzen.

Alle Gebühren gelten für 24 Stunden und berechtigen zum einmaligen Betreten des Nationalparks. Wer auf dem Weg zur Serengeti ist und Ngorongoro nur auf der Durchfahrt passiert, muss ebenfalls die Eintrittsgebühren zum NCA zahlen.

rend, eröffnete dieses zauberhafte Camp 2016. Es liegt unterhalb der Hauptroute Serengeti–Ngorongoro auf der Nordwestseite des Kraters – unweit der Seneto-Abfahrtsstraße zum Krater – und bietet paradiesische Ruhe. Die attraktiven Zelte blicken direkt zum Krater.

### Ngorongoro Serena Safari Lodge
LODGE $$$

(027-254 5555; www.serenahotels.com; EZ/DZ mit VP Juli–Okt. 433/725 US$, restl. Jahr abweichende Preise; P @ ) Das bekannte Serena liegt unauffällig in schöner Lage am Südwestrand des Kraters in der Nähe der Hauptabfahrtsroute. Es ist komfortabel und attraktiv (obwohl die Höhlenmotive in den Zimmern etwas kitschig sind) mit gutem Service und großartiger Aussicht (von den Zimmern im oberen Stock), aber es ist riesig und sehr belebt.

### Ngorongoro Wild Camp
ZELTCAMP $$$

(0746 034057; www.tanzaniawildcamps.com; EZ/DZ mit VP 510/720 US$) In einem Bereich des Kraters, der nur selten von Touristen besucht wird, liegt das Ngorongoro Wild Camp und bietet Wildnis pur wie nirgendwo sonst am Kraterrand – nicht wundern, wenn eine Giraffe am Zelt vorbeiläuft. Die großen, minimalistisch eingerichteten Zelte sind mit Holzböden und schmiedeeisernen Himmelbetten ausgestattet.

### Ngorongoro Sopa Lodge
LODGE $$$

(027-250 0630; www.sopalodges.com; EZ/DZ inkl. VP Jan., Feb. & Juni–Okt. 385/680 US$, restl. Jahr abweichende Preise; P @ ) Die Lodge mit 98 Zimmern in guter Lage am östlichen Kraterrand (mit Blick auf den Sonnenuntergang) ist eine praktische Ausgangsbasis für Ausflüge zum Empakaai und ins Krater-Hochland, jedoch eher nicht für die Serengeti. Die Zimmer sind geräumig, aber einfach, und viele bieten keine oder nur begrenzte Aussicht: Im oberen Stockwerk buchen. Heißwasser fließt nur morgens und abends.

### Olduvai Camp
ZELTCAMP $$$

(0782 993854; www.olduvai-camp.com; mit VP 250–395 US$ pro Pers.; P) Ein intimes, abseits gelegenes Camp in wunderbarem Gegensatz zu den großen Ketten-Lodges am Kraterrand. Es ist um ein *kopje* mit Postkartenblick auf den Makarot erbaut und ist in der Regenzeit ein guter Aussichtspunkt für die Beobachtung von Gnus. Die 17 Zelte sind

## Naturschutzgebiet Ngorongoro

hübsch, wenn auch einfach, und der Essraum und die Lounge können sich ebenfalls sehen lassen. Das Camp liegt 3,5 km abseits der unbeschilderten Straße in die Serengeti. Safariagenturen kümmern sich um die Reservierung der Unterkünfte. Von Direktbuchungen wird abgeraten.

**Rhino Lodge** LODGE $$$
(☎ 0785 500005; www.ngorongoro.cc; EZ/DZ mit HP 145/260 US$; 📶) Kleine, freundliche Lodge, geführt von Italienern in Zusammenarbeit mit der Massai-Gemeinde. Die Zimmer dieser günstigsten Option im NCA sind einfach und gepflegt, die Balkone bieten Blick auf den

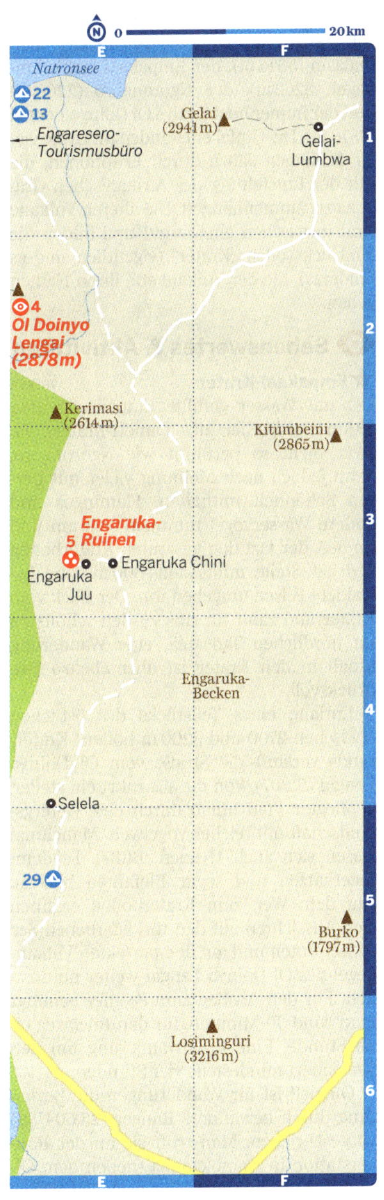


## Naturschutzgebiet Ngorongoro

**Highlights**

1 Empakaai-Krater ... D3
2 Baumwipfelpfad ... D6
3 Naturschutzgebiet Ngorongoro ... B4
4 Ol Doinyo Lengai ... E2

**Sehenswertes**

5 Engaruka-Ruinen ... E3
6 Gol-Berge ... B1
7 Ngorongoro-Krater ... C4
8 Olduvai-Museum ... A3
9 Olmoti-Krater ... C3

**Aktivitäten, Kurse & Touren**

Kulturtourismusprogramm Engaresero ... (siehe 19)

**Schlafen**

Campingplatz Engaruka ... (siehe 5)
10 Entamanu Ngorongoro ... B4
11 Escarpment Luxury Lodge ... D6
Eyasi-Nyika Campsite ... (siehe 36)
12 Gibb's Farm ... C5
13 Halisi Camp ... E1
14 Highlands ... C3
15 Kisima Ngeda ... A6
16 Kitoi Guesthouse ... A2
17 Lake Manyara Serena Safari Lodge ... D5
Lake Natron Tented Camp ... (siehe 19)
18 Lengai Safari Lodge ... D1
19 Maasai Giraffe Eco Lodge ... D1
20 Manyara Wildlife Safari Camp ... D6
21 Migunga Tented Camp ... D6
22 Ngare Sero Lake Natron Camp ... E1
23 Ngorongoro Crater Lodge ... A2
24 Ngorongoro Farm House ... C5
25 Ngorongoro Serena Safari Lodge ... A2
26 Ngorongoro Sopa Lodge ... C4
27 Ngorongoro Wild Camp ... B4
28 Ngorongoro Wildlife Lodge ... B3
29 Ol Mesera Tented Camp ... E5
30 Olduvai Camp ... A3
Panorama Safari Campsite ... (siehe 17)
31 Plantation Lodge ... C5
32 Rhino Lodge ... B3
33 Simba A Public Campsite ... A2
34 St Catherine's Monastery ... C5
35 Tindiga Tented Camp ... A6
Waterfall Campsite ... (siehe 18)
36 Ziwani Lodge ... A6

**Essen**

37 Mwahingo Canteen ... A3



Wald, Buschböcke und Elefanten. Wer nicht unbedingt Kraterblick braucht, findet hier das beste Preis-Leistungs-Verhältnis.

**Ngorongoro Wildlife Lodge** LODGE $$$
(☎ 027-254 4595; www.hotelsandlodges-tanzania.com; Zi. pro Pers. inkl. VP 240/480 US$; P @ 📶) Die Zimmer haben dringend eine Renovierung nötig und der Service ist nicht verlässlich. Dafür ist der Kraterblick (von den Zimmern, der Bar, etc.) der beste am Rand. Tatsächlich ist er so eindrucksvoll, dass er die Unzulänglichkeiten hier fast vergessen lässt.

**Ndutu Safari Lodge** LODGE $$$
(☎027-253 7015; www.ndutu.com; EZ/DZ mit VP Juli, Aug. & Dez.–April 430/640 US$, restl. Jahr abweichende Preise) Diese Lodge mit einem guten Preis-Leistungs-Verhältnis liegt wunderschön im äußersten Westteil des Naturschutzgebietes Ngorongoro, etwas außerhalb der Serengeti. Die Lage ist ideal für die Beobachtung der riesigen Gnu-Herden in der Regenzeit und der Ginsterkatzen, die faul auf den Essraumsparren liegen. Die 34 zum Ndutusee blickenden Cottages haben nicht viel Atmosphäre, aber die Lounge ist ansprechend und die Atmosphäre entspannt und rustikal.

## An- & Weiterreise

Der Krater ist nicht an den öffentlichen Verkehr angeschlossen. Wer nicht mit einer organisierten Safari reist und kein eigenes Fahrzeug hat, kann sich am leichtesten ein Auto in Karatu mieten, wo die meisten Lodges ungefähr 160 US$ pro Tag verlangen, einschließlich Benzin für Vierradantrieb mit Klappverdeck und Fahrer, aber ohne Eintritts- und Fahrzeuggebühren. Fahrzeugen ohne Klappverdeck und Safarianbietern ohne offizielle Lizenz ist der Zugang zum Naturschutzgebiet Ngorongoro verboten; das betrifft vor allem kenianische Unternehmen. Man sollte dies vor der Zahlung sicherstellen.

Zugangsstraßen zum Krater:

**Seneto** Nur Abfahrt (am Westende des Kraters)

**Lerai** Nur Auffahrt (am Südrand)

**Lemala (Sopa)** Ab- und Auffahrt (am Ostrand des Kraters)

Die Tore werden um 6 Uhr geöffnet und schließen um 16 Uhr für den Abstieg. Sämtliche Fahrzeuge müssen den Krater vor 18 Uhr verlassen. Offiziell ist der Aufenthalt im Krater auf maximal sechs Stunden begrenzt, überprüft wird dies allerdings kaum. Selbstfahrer sollen für die Abfahrt in den Krater einen Park-Ranger (23,60 US$ pro Fahrzeug) mieten, werden aber manchmal auch ohne hineingelassen, obwohl diese Vorschrift inzwischen strenger umgesetzt wird als früher. Wenn man nicht ohne Ranger hereingelassen wird, ist es sehr aufwendig, zum Parktor zurückzufahren und einen zu engagieren. Benzin gibt's bei der Hauptverwaltung, ist aber in Karatu billiger

# Das Krater-Hochland

Im wirklich traumhaft schönen Krater-Hochland zeigt sich die Region von ihrer faszinierendsten Seite. Die Berglandschaft erstreckt sich über mehrere erloschene Vulkane, Calderas (kollabierte Vulkane) und den imposanten Afrikanischen Grabenbruch an der Ostseite des Parks. Zu den Gipfeln gehören der Oldeani (3188 m), der Makarot (Lemagurut; 3107 m), der Olmoti (3100 m), der Loolmalasin (3648 m), der Empakaai (auch Embagai; 3262 m), der Ngorongoro (2200 m) und der immer noch aktive Ol Doinyo Lengai (2878 m). Die Gipfel entstanden im Laufe vieler Millionen Jahre durch Eruptionen, die mit der Entstehung des Afrikanischen Grabens zusammenhängen. Die älteren Vulkane sind inzwischen eingestürzt und bilden die eindrucksvollen „Krater" (eigentlich sind es Calderas), die der Vulkankette ihren Namen geben.

## Sehenswertes & Aktivitäten

★ **Empakaai-Krater** VULKAN
Der mit Wasser gefüllte Empakaai-Krater, 23 km nordöstlich des Olmoti-Kraters, ist zwar nicht so berühmt wie Ngorongoro, kann jedoch nach Meinung vieler mit dessen Schönheit mithalten. Flamingos und andere Wasservögel tummeln sich am und im See, der fast den gesamten Kraterboden bedeckt. Steile, mindestens 300 m hohe, bewaldete Felsen umgeben ihn. Der Blick vom Kraterrand zählt für uns zu den schönsten im nördlichen Tansania, eine Wanderung hinab in den Krater ist aber ebenso eindrucksvoll.

Entlang eines Teilstücks des östlichen (zwischen 2700 und 3200 m hohen) Kraterrands verläuft die Straße vom Ol Doinyo Lengai (S. 207). Von ihr aus führt ein steiler, gepflegter Pfad hinab durch eine Gebirgslandschaft mit reicher Vogelwelt. Manchmal lassen sich auch Hyänen, Büffel, Diademmeerkatzen und sogar Elefanten blicken. Auf dem Weg zum Kraterboden eröffnen sich Aussichten auf den türkisfarbenen See weiter unten und auf den perfekten Vulkankegel des Ol Doinyo Lengai weiter nordöstlich. Für den Abstieg zum Seeufer benötigt man rund 30 Minuten, für den Rückweg eine Stunde. Eine Rundwanderung um den See dauert mindestens vier Stunden.

Offiziell ist für Wanderungen die Begleitung durch bewaffnete Ranger (23,60 US$) vorgeschrieben. Man trifft sie an der Rangerstation in Nainokanoka (neben dem Olmoti-Krater) auf dem Weg nach Empakaai. Von der Lemala Ascent-Descent Road fährt man in etwa 90 Minuten hierher.

**Engaruka** RUINE
(Erw./Kind 10 000/5000 TSh) Auf halber Strecke zum Natronsee, am Ostrand des Naturschutzgebietes Ngorongoro, befinden sich 300 bis 500 Jahre alte Ruinen einer bäuerli-

## TREKKINGTOUREN IM KRATER-HOCHLAND

Am besten lässt sich das Krater-Hochland zu Fuß erkunden. Allerdings ist das Trekking hier wegen der damit verbundenen Logistik und zahlreicher Gebühren ziemlich teuer: von 350 US$/Person aufwärts (weniger, wenn es sich um eine große Gruppe handelt) für Trips mit Übernachtung. Die Angebote reichen von kurzen Tagestrips bis hin zu Ausflügen, die zwei Wochen und länger dauern. Auf sämtlichen Routen ist die Begleitung durch einen Führer vorgeschrieben, und für alles, außer Tagestouren, werden Esel oder Fahrzeuge für den Transport von Wasser und Lebensmitteln benötigt. Dabei ist zu bedenken, dass Fahrzeuge nicht überall hinkommen, wohin einen Esel bringen können.

Fast alle Besucher hier buchen Treks über einen Veranstalter. Viele in Arusha ansässige Firmen unternehmen Treks zum Ol Doinyo Lengai (etwas außerhalb der Grenzen des Nationalparks Ngorongoro gelegen), ebenso wie zahlreiche Unterkünfte am Natronsee oder in Engaruka.

Es gibt keine festgelegten Routen, aber zahlreiche Möglichkeiten. Gute zweitägige Touren führen zum **Ngorongoro-Kraterrand**, **von Olmoti nach Empakaai** und **von Empakaai zum Natronsee**. Diese drei können zu einer Vier-Tages-Tour verbunden werden: Sie beginnt am Nainokanoka-Rangerposten und dauert drei Tage oder kann um einen Tag für eine Besteigung des **Ol Doinyo Lengai** verlängert werden.

Liegt die Basis am Ngorongoro-Krater oder in Karatu, gibt's ein paar gute Tageswanderungen, um die Gegend zu erkunden und doch wenig auszugeben, z. B. die Besteigung des **Makarot** oder des **Oldeani** oder ein Spaziergang den **Empakaai-Krater** oder **Olmoti-Krater** entlang. Neben den Transportkosten enthalten die Kosten nur 70,80 US$ NCA-Eintrittsgebühr und 23,60 US$ pro Gruppe Guidegebühr. Der Oldeani ist die am wenigsten komplizierte Option, denn der Aufstieg beginnt am Hauptquartier der Ngorongoro Conservation Area Authority. Am Oldeani kann man zelten und dann zum Eyasisee hinabsteigen, wo es öffentliche Verkehrsmittel gibt.

chen Stadt, die ein komplexes Bewässerungssystem und terrassenförmig angelegte Wohnanlagen umfasst. Obwohl die Ruinen von historischer Bedeutung sind, lassen sich die gelegentlichen Besucher oft mehr von dem herrlichen Blick auf den Grabenbruchrand beeindrucken als von den Steinhaufen, die kaum als Häuserreste zu erkennen sind.

Archäologen sind sich über den Ursprung Engarukas nicht einig, doch einige nehmen an, dass die Stadt von Vorfahren der Iraqw (Mbulu) erbaut wurde, die einst diese Gegend bevölkerten und heute am Eyasisee leben, während andere davon ausgehen, dass die Bauten von den Sonjo, einem Bantu sprechenden Volk, stammen.

Gut informierte, Englisch sprechende Guides (leider nicht zu festen Preise) für die Ruinen oder Wanderungen in der Gegend, darunter eine eintägige Besteigung des nahen Kerimasi, sind beim Campingplatz an den Engaruka-Ruinen (S. 204) zu finden oder schon im Voraus vom Touristeninformationszentrum des Tanzania Tourist Board in Arusha (S. 179) zu buchen. Ein lohnenswerter Ansprechpartner ist außerdem das **Kulturtourismusprogramm Engaruka** (☎ 0754 507939, 0787 228653; www.tanzaniaculturaltourism.com/engaruka.htm), das Besuche in hiesigen Massai-Dörfern und anderer Attraktionen der Gegend sowie Wanderungen auf den Kerimasi und den Ol Doinyo Lengai (S. 207) organisiert.

Die nicht beschilderten Ruinen liegen über dem Dorf Engaruka Juu. Bei Engaruka Chini, einem kleinen Dorf an der Straße zum Natronsee, nach Westen wenden und auf der Piste 4,5 km weiterfahren, bis die Engaruka Juu Primary Boarding School erreicht ist.

### Olmoti-Krater VULKAN

13 km nördlich der Lemala Ascent-Descent Road, bei der Fahrt nordwärts ins Hochland, lohnt der Olmoti-Krater auf jeden Fall einen Abstecher, auch wenn er nicht ganz so eindrucksvoll sein mag wie Ngorongoro (S. 197) und Empakaai (S. 202). Hier beginnt außerdem eine zweitägige Wanderroute zum Empakaai-Krater. Olmotis Kraterboden ist flach und grasbewachsen und wird vom Munge (Fluss) durchzogen. Eine einstündige Rundwanderung führt zum Kraterrand; sie startet am Ende der Geländewagenstraße an der Ostseite des Kraters. Von dort aus führt außerdem ein kurzer Weg zum Munge-Wasserfall.

## Schlafen & Essen

Abgesehen von ein paar einfachen Campingplätzen vor Ort und Optionen rund um den Natronsee muss man sich selbst um die Versorgung kümmern. Zwei Campingplätze liegen am Rand des Empaakai-Kraters, weitere 15 in den westlichen Ebenen. Das Zelten kostet 70,80/35,40 US$ pro Erw./Kind, eine frühzeitige Reservierung über die Hauptverwaltung des Naturschutzgebietes Ngorongoro ist empfehlenswert. Engaruka hat eine einfache **Pension** (EZ/DZ mit Gemeinschaftsbad 7500/14 000 TSh). Man muss seine eigene Verpflegung mitbringen, da es in den Dörfern am Wanderweg kaum etwas gibt.

Der **Campingplatz an den Engaruka-Ruinen** (Engaruka Juu; Camping 10 US$; P) ist staubig, aber schattig mit annehmbaren Waschräumen. Die Zelte können kostenlos genutzt und Mahlzeiten vorbestellt werden.

## An- & Weiterreise

Täglich verkehrt ein Bus nach Arusha (12 000 TSh, 4–5 Std.) über Mto wa Mbu (5000 TSh, 1½ Std.). Er fährt um 6 Uhr in Engaruka los und macht sich kurz nach der Ankunft wieder auf den Rückweg. Öffentliche Verkehrsmittel von hier zum Ngorongoro-Krater gibt es nicht.

Dorfgebühren (wie Touristensteuern) müssen unterwegs an drei Toren gezahlt werden: Engaruka Chini (10 US$), 7 km vor Engaresero (10 US$) und kurz hinter Engaresero (15 US$). Wer vom Natronsee aus anreist und nach Arusha weiterfahren will, kann die Gebühren am Engaruka Chini sowie zwischen Engaruka und Engaresero vermeiden und stattdessen kurz hinter Engaresero den Pistenweg nehmen, der östlich der Arusha-Namanga-Road verläuft.

# Natronsee

Im von der Sonne ausgedörrten Grenzgebiet zu Kenia nordöstlich des Ngorongoro-Wildschutzgebietes schimmert der Natronsee. Der 58 km lange, aber nur 50 cm tiefe sodahaltige See sollte unbedingt auf der Route aller Abenteurer liegen. Die Fahrt von Mto wa Mbu und der nördlichen Serengeti ist lang und führt durch abgeschiedenes Land von einer unwirklichen Schönheit; hier stellt sich ein unvergleichliches Gefühl von Weite und Entrücktheit ein. Die Straße zieht sich durch freies Massai-Land mit kleinen *bomas* (befestigten Anwesen) und den riesigen Bergen in der wüsten, dürren Landschaft immer in Sicht. Große Mengen von Zebras, Giraffen, Gnus und Straußen grasen in nächster Nähe. Von Juni bis November versammeln sich über 3 Mio. Flamingos am See; das Spektakel gehört zu den eindrucksvollsten seiner Art in Ostafrika. Am Südufer des Sees genießt man einmalige Ausblicke auf den Vulkan Ol Doinyo Lengai.

Die Basis für Besuche ist die kleine Oase Engaresero (auch Ngare Sero; „unbeständiges Wasser" auf Massai) am südwestlichen Ufer.



### DIE MASSAI

Die Massai sind nomadisierende Viehhirten, die sich dem Wandel aktiv entgegenstellen und von denen heute noch viele so wie bereits seit Jahrhunderten leben. Im Mittelpunkt ihrer Kultur steht ihr Vieh, das ebenso wie ihr Land als heilig gilt. Kühe liefern viele ihrer täglichen Bedarfsgüter: Milch, Blut und Fleisch für ihre Ernährung sowie Häute und Felle für Kleidung, aber gegessen wird auch Schaf- und Ziegenfleisch, vor allem während der Trockenperiode.

Die Massai-Gesellschaft ist patriarchalisch und sehr dezentralisiert. Massai-Männer sind in ein Altersklassensystem eingeordnet. Die erste Stufe ist die Initiation mit der Beschneidung. Die folgenden Stufen sind jüngerer Krieger, älterer Krieger, „*junior elder*" (jüngerer Älterer) und „*senior elder*" (älterer Älterer); jede Klasse hat eigene Rechte, eigene Verantwortlichkeiten und eine eigene Kleidung. Von „*junior elders*" beispielsweise wird erwartet, dass sie heiraten und sesshaft werden, irgendwann im Alter von 30 bis 40 Jahren. „*Senior elder*" übernehmen die Verantwortung, weise und gemäßigte Entscheidungen für die Gemeinschaft zu treffen. Die wichtigste Gruppe ist die der frisch beschnittenen Krieger, *moran*, die mit der Verteidigung der Viehherden betraut sind.

Massai-Frauen spielen eine deutlich untergeordnete Rolle und haben keine Erbrechte. Vielweiberei ist weit verbreitet, und Ehen werden von den „*elder*" arrangiert, ohne Befragung der Braut oder ihrer Mutter. Da die meisten Frauen zur Zeit der Eheschließung bedeutend jünger als die Männer sind, werden sie oft Witwen; eine Wiederverheiratung ist selten.

## Aktivitäten

Das **Kulturtourismusprogramm Engaresero** (☎0784 769795, 027-205 0025; www.engaresero.org) unter Massai-Leitung bietet eine Reihe von Aktivitäten rund um Engaresero und den Natronsee, darunter geführte Wanderungen zum See, zu Thermalquellen, zu einem nahen Wasserfall und zu mehreren erst kürzlich entdeckten, 120 000 Jahre alten, in der Vulkanasche erhaltenen Fußabdrücken. Daneben stehen Radtouren, Dorfbesuche, „ethno-botanische“ Exkursionen und Besteigungen des Ol Doinyo Lengai (60 bis 100 US$) auf der Aktivitätenliste. Die meisten Touren (außer der Aufstieg auf den Ol Doinyo Lengai) kosten 25 US$ pro Person. Das Programm ist dem **Engaresero-Tourismusbüro** (☎0784 769795; www.engaresero.org; ⏲6–18.30 Uhr) angegliedert, mit dem es sich auch eine gemeinsame Website und die Geschäftsräume am Südrand der Stadt teilt.

## Schlafen & Essen

Mehrere günstige Zeltplätze sind um das Südwestende des Sees verteilt, und das Dorf Engaresero hat einige kleine Lebensmittelläden.

**Waterfall Campsite** CAMPINGPLATZ **$**
(Camping 10 US$) Der Zeltplatz befindet sich an der Stelle, wo die Straße endet und der Wanderweg zum Wasserfall beginnt. Er hat einfache Anlagen, aber eine schöne, schattige Lage. Kochgelegenheiten gibt's leider nicht.

**Maasai Giraffe Eco Lodge** LODGE **$$**
(☎0762 922221; www.maasaigiraffe.com; Camping 10 US$, EZ/DZ 84/118 US$; 📶) Auf der großen, umzäunten Anlage gibt's nicht viel Schatten, aber die Ausblicke auf den Vulkan Ol Doinyo Lengai sind prachtvoll. Die Zimmer, darunter auch schilfgedeckte Bandas, sind schlicht, tun aber ihren Zweck – man wird die meiste Zeit sowieso auf der Terrasse verbringen und den Bergblick bewundern. Es werden Mahlzeiten serviert, und es gibt eine Küche für Selbstversorger.

**Halisi Camp** ZELTCAMP **$$$**
(☎027-275 4295, 0682 303848; www.halisicamps.com; mit VP 450 US$ pro Pers.) Die Safarizelte des Halisi sehen aus, als könnten sie jederzeit abgebaut werden, ohne irgendwelche Spuren zu hinterlassen. Das Camp hat ein ansprechendes Buschflair, ohne dabei auf Komfort zu verzichten. Es bietet einen tollen Ausblick auf den Vulkan Ol Doinyo Lengai, liegt abseits der Stadt und nahe des Sees; unangenehm wird es nur, wenn der Wind Sand durch die Ebene weht.

### AUF EIGENE FAUST ZUM NATRONSEE

Man wird nicht wirklich dazu ermutigt, die Südregion des Natronsees auf eigene Faust zu erkunden: Die Gemeinde stellt damit sicher, dass sie von den Touristen profitiert, die ihre Stadt besuchen. Es hält einen zwar niemand davon ab, ans Ufer zu fahren, aber in der Unterkunft wird wahrscheinlich ein Vertreter der lokalen, gemeindegeführten Tourismuskooperative auftauchen und höflich um Bezahlung bitten. Wir empfehlen zu bezahlen oder noch besser, die Gemeinde im Voraus zu kontaktieren und einen lokalen Guide zu buchen, um die Reise noch lohnenswerter zu machen.

**Ngare Sero Lake Natron Camp** ZELTCAMP **$$$**
(www.lake-natron-camp.com; mit VP ab 275 US$ pro Pers.; P) Näher am See kann man nicht unterkommen: Das Camp hat eine herrliche Lage mit schönen Zelten, die etwas versetzt vom Seeufer stehen und strategisch um natürliche Wasserpools angeordnet sind. Es werden auch Aktivitäten angeboten. Bei Sonnenuntergang, wenn friedliche Stille den See umgibt, ist die Atmosphäre besonders schön.

**Natron River Camp** ZELTCAMP **$$$**
(☎0765 941778; www.wildlandssafaris.com; mit HP 250 US$ pro Pers.; P📶) Ein einfaches, aber hübsch gestaltetes Camp in Engaresero. Es bietet acht Safarizelte mit Betonböden und einer hübschen, schattigen Lage am Flussufer. Die Zelte kombinieren Komfort mit Schlichtheit, und die Gemeinschaftsbereiche sind ruhig und gepflegt.

**Lake Natron Tented Camp** ZELTCAMP **$$$**
(☎0754 324193; www.moivaro.com; Camping 10 US$, EZ inkl. HP 140–250 US$, DZ 200–350 US$; P) Das Camp liegt am Südrand von Engaresero in einem kleinen Waldhain. Es ist etwas in die Jahre gekommen, aber trotzdem komfortabel. Es gibt auch einen großen und manchmal sehr belebten Zeltplatz mit guten sanitären Anlagen nebenan. Obwohl es sehr nahe am Ol Doinyo Lengai liegt, muss man das Camp verlassen, um einen Blick auf den Vulkan zu erhaschen.

### FLAMINGOS & DIE KUNST, AUF EINEM BEIN ZU STEHEN

Vom Natronsee bis zum Bogoriasee in Kenia zeigt sich überall im Rift Valley das gleiche Bild: Massenweise Flamingos, die auf einem Bein stehen. Warum sie das tun, hat Wissenschaftler jahrzehntelang Rätsel aufgegeben.

2017 ergab eine Studie schließlich, dass diese Stellung vor allem wissenschaftliche Gründe hat: Die Flamingos verbrauchen weniger Energie, wenn sie auf einem statt zwei Beinen stehen. In dieser Position strengen sie ihre Muskeln nicht aktiv an. Eine nähere Untersuchung der Beinstellung ergab, das sich beim Anheben des einen Beines das andere nach innen neigt, sodass der Körperschwerpunkt genau über dem Fuß liegt, was es dem Vogel ermöglicht, seine Position beizubehalten und lange Zeit fast bewegungslos dazustehen.

Die Position ist so leicht und perfekt ausbalanciert, dass die Flamingos auf einem Bein stehen und gleichzeitig schlafen können. Die Wissenschaftler, die die Studie durchführten, fanden heraus, dass selbst tote Flamingos ohne fremde Hilfe auf einem Bein stehen bleiben.



**Lengai Safari Lodge** LODGE **$$$**
(☎ 0768 210091, 0754 550542; www.lengaisafarilodge.com; Camping 10 US$, EZ inkl. VP 120 US pro Pers.; P 📶 🏊) Ein paar Kilometer südlich der Stadt liegt an einem Steilhang die Lengai Safari Lodge, die (auch von einigen Zimmern) einmalige Ausblicke auf den Ol Doinyo Lengai und den See bietet. Die neu gestalteten Räume und Zelte sind eher gemütlich als luxuriös; zur Zeit der Recherchen wurde die Lodge gerade erweitert. Sie hat von allen Unterkünften der Gegend eindeutig die beste Lage.

### ℹ An- & Weiterreise

Die Straße von Mto wa Mbu ist zum Teil sandig, zum Teil felsig. In der Regensaison sind manchmal ein paar Stunden Wartezeit an einem der jahreszeitabhängig wasserführenden Flüsse unvermeidbar, bevor die Überquerung möglich wird. Die am See vorbeiführende Straße nach Loliondo und in die Serengeti ist in einem besseren Zustand als die Straße von Mto wa Mbu, weil sie weit weniger befahren ist. Wer auf dieser Route weiterfährt, sollte jedoch unbedingt Reservebenzin mitführen, da die letzte richtige Tankstelle in Mto wa Mbu ist; allerdings verkaufen manche Leute teures Benzin von ihren Häusern aus.

Zwischen Arusha und Loliondo mit Zwischenstopp in Engaresero verkehrt ein klappriger, überfüllter Bus (27 000 TSh, 9 Std.). Er fährt am Sonntag von Arusha um 6.30 Uhr ab und kommt am Donnerstag gegen 10 Uhr durch Engaresero. Lastwagen fahren so ziemlich jeden Tag durch Mto wa Mbu und Engaresero (darunter manchmal Geländewagen, die als öffentliche Verkehrsmittel benutzt werden); es soll aber vorkommen, dass Reisende bis zu zwei Tage warten müssen, um eine Mitfahrgelegenheit zu finden, vor allem in der Regenzeit.

Aus Ngorongoro kommend muss man früh aufbrechen und einen ganzen Tag für die Fahrt zum Natronsee einplanen. Über Straßenbedingungen informieren die Hauptverwaltung des Naturschutzgebietes Ngorongoro (S. 199) und die Rangerstation in Nainokanoka.

## Olduvai-Schlucht & Westlicher Ngorongoro

Nahe dem Westrand des Ngorongoro-Kraters bieten sich wahrhaft epische Ausblicke gen Westen. Ebenen erstrecken sich zur Serengeti und im Norden thronen die bedrohlichen Gol-Berge. Inmitten dieser staubigen Flachland-Szenerie führen die Massai ein karges Leben. Die hiesige Tierwelt ist scheu, zeigt sich jedoch gelegentlich: Von Januar bis März ziehen Herden von Gnus, Elenantilopen, Topis, Gazellen und Zebras auf dem südlichen Abschnitt ihrer unendlichen Wanderung vorbei.

Doch auch unter der Oberfläche weiß das Flachland zu beeindrucken. Die Olduvai-(Oldupai-)Schlucht in den Ebenen nordwestlich des Ngorongoro-Kraters, die sich ihren Weg durch fast 90 m tiefes Gestein und durch zwei Millionen Jahre Menschheitsgeschichte gräbt, ist ein staubiger, 48 km langer Canyon, der manchen als Wiege der Menschheit gilt.

Dank seiner einzigartigen geologischen Geschichte liefert Olduvai ungewöhnliche Belege der Evolution, die es uns erlauben, die Seiten der Geschichte bis zu den Tagen unserer frühesten Vorfahren zurückzublättern.

An der Olduvai-Schlucht gibt's keine Möglichkeit zu übernachten; die nächsten Unterkünfte liegen mehrere Fahrtstunden entfernt am Ngorongoro und in der Serengeti. Die

Schlucht wird von den meisten Touristen nur auf der Durchreise besucht. Die Safari-Lodges am Ngorongoro und in der Serengeti packen Verpflegungspakete für ihre Gäste – ob diese extra kosten, hängt davon ab, wie viele Mahlzeiten man in der jeweiligen Lodge/Camp eingenommen hat.

**Olduvai-Museum** MUSEUM

(Erw./Kind 20/10 US$; ⌚ 7.30–16.30 Uhr) Das kleine Olduvai-Museum am Rand der Olduvai-Schlucht befindet sich an einer der bedeutendsten archäologischen Stätten der Welt. Hier stieß Mary Leakey 1959 auf den 1,8 Millionen Jahre alten affenähnlichen Schädel eines frühen Hominiden (Menschenaffen), der heute als *Australopithecus boisei* bezeichnet wird. Diese Entdeckung und weitere Fundstücke wie Fossilien von über 60 frühen Hominiden (darunter der *Homo habilis* und der *Homo erectus*) sollten unser Verständnis über die Anfänge der Menschheitsgeschichte für immer verändern. Leider ist das Museum gerade erst dabei, die Funde aufzuarbeiten.

An der Fundstätte wird seit Jahren ein von der EU finanziertes Museum errichtet, aber die Bauarbeiten verzögern sich – aktuellen Schätzungen zufolge soll das neue Museum 2018 seine Türen öffen. Dennoch sind die Eintrittspreise in den letzten Jahren stark angestiegen, sodass viele Safarianbieter ihre Gäste dazu ermutigen, das Olduvai-Museum zu boykottieren, bis das neue Museum fertiggestellt ist. Man sollte sich davon nicht beeinflussen lassen: Der Eintrittspreis ist zwar wirklich überteuert für das, was man zu sehen bekommt, aber die Stätte ist von großer Bedeutung, und wer nicht plant, noch einmal wiederzukommen, sollte sie unbedingt besichtigen.

Das unrenovierte Museum besteht aus zwei Zimmern und dokumentiert die Entstehung der Schlucht, Fossilfunde sowie das Vermächtnis von Mary Leakey und ihrem Mann Louis. Ein Raum widmet sich Olduvai, der andere Laetoli. Die Sammlung ist faszinierend, aber schlecht präsentiert. Anschließend kann man in die Schlucht laufen (oder fahren), wo eine kleine Steintafel die Stelle markiert, an der die Fossilien gefunden wurden. Man kann auch zu den **Shifting Sands** hinausfahren, einer 9 m hohen, 100 m langen schwarzen Wanderdüne aus Vulkanasche, die vom Ol Doinyo Lengai über die Ebene hierher geweht wurde. Wer einen Guide mitnehmen will, muss extra zahlen.

## BESTEIGUNG DES OL DOINYO LENGAI

Der **Ol Doinyo Lengai** (www.oldoinyolengai.pbworks.com), „Berg Gottes" in der Sprache der Massai, ist der nördlichste (und jüngste) Vulkan im Krater-Hochland, ein fast vollkommener Kegel mit steilen, zu einem kleinen, flachen Gipfel (2878 m) ansteigenden Flanken. Der immer noch aktive Vulkan brach zuletzt im Jahr 2008 aus. Auf dem Gipfel sind deutlich dampfende Schlote und Aschekegel im Nordkrater zu erkennen. Eine Besteigung des Ol Doinyo Lengai ist sehr lohnenswert, aber ein anspruchsvolles Unterfangen – man braucht einen Führer, jede Menge Ausdauer und darf keine Höhenkrankheit haben.

Mit einem Start um Mitternacht ist ein Aufstieg vom Basisdorf Engaresero am Natronsee an einem langen Tag möglich; in der Regel ist man vormittags wieder unten. Der Aufstieg ist nichts für Ängstliche, aber sehr lohnenswert: Der Ausblick bei Sonnenaufgang auf den Natronsee, den Steilhang und die Landschaft in der Ferne ist absolut atemberaubend.

Bei der Vorbereitung des Aufstiegs ist einiges zu beachten; man sollte unbedingt einen Helm mitnehmen – an den oberen Hängen leben viele Paviane, die in Bewegung Kies und manchmal auch größere Steine lösen. Auf dem Berg lassen sich auch gut Leoparden und Klippspringer beobachten. Der letzte Abschnitt bis zum Gipfel ist extrem steil – obwohl die Besteigung eher eine Trekking- als eine klassische Bergsteigertour ist, fällt der Hang stellenweise fast senkrecht ab. Auch die lose Asche auf den meisten Pfadstrecken macht den Aufstieg schwierig und den Abstieg oft noch härter, manchmal sogar schmerzhaft.

Die Besteigung des Ol Doinyo Lengai kostet 60 bis 100 US$ pro Person, je nachdem, wie viele Teilnehmer mit von der Partie sind. Führer können in der Lodge oder im gemeindegeführten Engaresero-Tourismusbüro (S. 205) am Südwesteingang zum Dorf Engaresero engagiert werden.

ABSEITS DER ÜBLICHEN PFADE

## LAETOLI & GOL-BERGE

Ungefähr 45 km südlich der Olduvai-(Oldupai-)Schlucht in **Laetoli** (Erw./Kind 23,60/11,80 US$; ⌚7.30–16.30 Uhr) findet sich eine 27 m lange Spur von 3,7 Millionen Jahren alten Hominiden-Fußabdrücken, vermutlich vom *Australopithecus afarensis*. Mary Leakeys Team entdeckte die faszinierende abgeschiedene Stätte im Jahr 1976; zwei Jahre später wurde sie freigelegt. Derzeit befindet sich ein lange geplantes, von der EU finanziertes Museum im Bau, vor Ort gibt's aber ein kleines temporäres Museum, das zurzeit nur Kopien der Fußabdrücke zeigt. Im Olduvai-Museum (S. 207) sind Gipsrepliken der Fußabdrücke ausgestellt.

Eine sehr holperige, nur für Geländewagen befahrbare Piste verbindet das Olduvai-Museum mit dem Laetoli und führt über Noorkisaruni Kopje und Endulen. Eine sehr viel bessere Straße verläuft von Kimba am Ngorongoro-Kraterrand entlang der Südseite von Makarot nach Endulen. Egal, welche Route man wählt: Laetoli ist 9 km von Endulen entfernt.

Es gibt Gegenden, die so abgeschieden liegen, dass nur von Wildtieren und traditionellen Hirten gestampfte Wege dorthin führen. Die abgelegenen, kaum besuchten **Gol-Berge** nordwestlich des Ngorongoro auf dem Gebiet des Naturschutzgebiets Ngorongoro sind ein solcher Ort – und eine der traditionellsten Ecken Tansanias. Hier leben die Massai abseits der modernen Konsumgesellschaft, und sie töten noch immer Löwen, um den Status eines Kriegers zu erlangen.

Eine Tour in die Berge ist ein größeres, mehrtägiges Unterfangen. Am besten wendet man sich an einen professionellen Safari-Anbieter in Arusha.

Die Abzweigung zum Museum befindet sich 27 km nordwestlich der Seneto Descent Road zum Ngorongoro-Krater; von dort aus führt eine 5,5 km lange, zerfurchte Straße zum Ziel.

### An- & Weiterreise

Die Olduvai-Schlucht ist nicht an den öffentlichen Verkehr angebunden – deshalb sieht man hier auch viele Einheimische beim Trampen. Sie ist 27 km von der Seneto Descent Road zum Ngorongoro-Krater und 141 km von der Serengeti entfernt.

# Nationalpark Serengeti

Ein Besuch des **Nationalparks Serengeti** (☎ 028-262 1515, 0767 536125, 0689 062243; www.tanzaniaparks.go.tz; Erw./Kind 70,80/23,60 US$; ⌚6–18 Uhr) ist ein wahrhaft unvergessliches Erlebnis. Vielleicht ist es der Ausblick vom Naabi Hill am Parkeingang, der sich über die Graslandschaft der Serengeti bis an den Horizont erstreckt, vielleicht sind es auch die Löwenmännchen, die mit wehenden Mähnen durch die offenen Ebenen schleichen, oder die Millionen von Gnus und Zebras auf ihrer epischen Wanderung im uralten Rhythmus der afrikanischen Jahreszeiten, die einen besonderen Eindruck hin terlassen. Was davon es auch immer sein mag: Herzlich willkommen in dieser einzigartigen Wildnis – einem der besten Orte der Welt, wenn man Tiere in freier Wildbahn erleben will.

### Sehenswertes

Nirgendwo sind die Geheimnisse, die Kraft und Schönheit der Natur spürbarer als in den weiten Ebenen der Serengeti. Hier spielt sich seit Äonen einer der eindrucksvollsten natürlichen Zyklen der Erde ab, wenn Zehntausende von Huftieren, getrieben vom urzeitlichen Überlebensdrang, auf der Suche nach frischem Weideland unablässig wandern. Am berühmtesten und auch am zahlreichsten sind die Gnus (von denen es über eine Million gibt). Ihre jährliche Migration ist einer der größten Trümpfe der Serengeti. Neben den wandernden Gnus gibt's auch dauerhafte Gnupopulationen im Park; diese kleineren, aber immer noch beeindruckenden Herden sind das ganze Jahr über zu sehen. Im Februar werden täglich mehr als 8000 Gnukälber geboren, von denen aber 40 Prozent sterben, bevor sie vier Monate alt sind. Ein paar Spitzmaulnashörner in der Region Moru Kopjes erhöhen die Chance, alle „Big Five" (Löwen, Elefanten, Nashörner, Leoparden und Büffel) zu sehen, obwohl die Nashörner sich nur selten blicken lassen.

Der 14 763 km² große Nationalpark ist auch berühmt für seine Raubkatzen, vor allem für seine Löwen. In ihrer Gesellschaft finden sich meist Geparden, Leoparden, Hyänen, Schakale und andere Jäger. Sie ernähren sich von Zebras, Giraffen, Büffeln, Thomson- und Grant-Gazellen, Topi- und Elen- und Kuhantilopen, Impalas, Klippspringern, Duckern und sehr vielen anderen mehr. Mit weit über 500 Arten ist auch die hiesige Vogelwelt unglaublich eindrucksvoll. Die Eintrittskarte ist 24 Stunden lang gültig und berechtigt zum einmaligen Betreten des Parks.

## Seronera & der Süden

Wer Seronera besucht oder dort übernachtet, muss kompromissbereit sein. Einerseits sind in diesem – von Arusha und Mwanza gut zugänglichen – Wildbeobachtungsgebiet mitten im Park Sichtungen von Löwen (rund 300 leben allein im Süden des Parks), Leoparden und Geparden fast garantiert. Andererseits hat dieses Versprechen seinen Preis: Manchmal „kämpfen" rund 20 Geländewagen um den besten Blick auf einen einzigen Löwen.

In der Regenzeit von Dezember bis April ist die Region südöstlich von Seronera eine hervorragende Basis für die Wildtierbeobachtung, denn dann wimmelt es hier von Gnus. Wasser gibt's in diesem Teil der Serengeti, der zudem verschiedene Lebensräume gut miteinander vereint, das ganze Jahr über. Die meisten Safaris ab Seronera führen zum **Seronera** (Fluss), schließlich versteckt sich in den Bäumen am Ufer eine der weltweit dichtesten Leopardenpopulationen und auch Löwen lassen sich des Öfteren blicken. Letztere zeigen sich außerdem rund um die **Maasai Kopjes**, **Simba Kopjes**, **Moru Kopjes**, **Gol Kopjes** und **Barafu Kopjes** sowie um den **Makoma Hill**. Geparden kann man am besten in den weiten Ebenen südlich des Seronera, auch **Serengeti Plains** genannt, aufspüren. Das Flachland, das sich in Richtung der **Kamuyo Hills**

### DAS LÖWEN-PROJEKT IN DER SERENGETI

Das Löwen-Projekt in der Serengeti (Serengeti Lion Project) gilt weithin als zweitlängste Wissenschaftsstudie einer Tierart in Afrika: Nur die Schimpansenstudie von Jane Goodall im Gombe-Stream-Nationalpark dauerte länger.

Von diesem Löwenprojekt haben wir das meiste gelernt, was wir heute über diese Tierart wissen – warum sie Rudel bilden, warum sie brüllen usw. Alles begann 1966, als Dr. George Schaller, einer der renommiertesten Tierspezialisten der Welt, das Buch *The Serengeti Lion* schrieb, das bis heute der wichtigste Grundlagentext über das Verhalten von Löwen ist.

Alle darauffolgenden Leiter des Projekts haben Bücher verfasst, doch eins von ihnen, *Lions in the Balance* von Craig Packer, läutete fast die Todesglocken für das Projekt ein. Packers wiederholte Kritik an der Beziehung zwischen der Regierung Tansanias und der Trophäenjagdindustrie führte schließlich zur Ausweisung Packers. Drei Jahre lang lag das Löwenprojekt fast brach, und es gab Befürchtungen, dass das Projekt in die falschen Hände geraten oder vielleicht sogar unter die Schirmherrschaft der Trophäenjäger fallen würde. Im Juni 2017 wurde das Projekt schließlich den angesehenen Löwenspezialisten Bernard Kissui und Mike Anderson übergeben. Voraussichtlich wird das Löwen-Projekt also fortgesetzt, zumindest in absehbarer Zukunft.

Die Leiter des Projekts haben folgende Bücher über ihre Erfahrungen mit den Löwen verfasst:

**George Schaller** (1966–1969) *The Serengeti Lion* (1972)

**Brian Bertram** (1969–1974) *Pride of Lions* (1978)

**Jeannette Hanby und David Bygott** (1974–1978) *Lion's Share: The Story of a Serengeti Pride* (1982)

**Craig Packer** (1978–2014) *Into Africa* (1994) und *Lions in the Balance: Man-Eaters, Manes, and Men With Guns* (2015)

Obwohl es sich nicht speziell mit Löwen befasst, ist auch Anthony Sinclairs Buch *Serengeti Story: Life and Science in the World's Greatest Wildlife Region* (2012) durchaus sehr lesenswert.

westlich des Seronera (westlich der Seronera Wildlife Lodge) erstreckt, ist ein beliebtes Terrain von Elefanten, Tüpfelhyänen und Geparden.

## Grumeti & Westlicher Korridor

Die wandernden Tiere passieren den westlichen Korridor der Serengeti und das angrenzende **Wildreservat Grumeti** meist zwischen Ende Mai und Anfang Juli. Die Überquerung des **Grumeti** ist nicht ganz so eindrucksvoll wie die des Mara weiter nördlich – es gibt nur wenige Aussichtspunkte und der Fluss ist viel schmaler und leichter zu durchqueren –, zählt aber dennoch zu den spektakulärsten Ereignissen der Wanderung.

Das restliche Jahr über halten sich die Löwen und die Leoparden vor allem am waldumsäumten Grumeti (Fluss) auf, wo sich außerdem Flusspferde und Riesenkrokodile tummeln. Nördlich des Flusses sind Sichtungen in den **Kitunge Hills**, in der **Ruana Plain** und im Wildreservat Grumeti am wahrscheinlichsten, südlich des Flusses in den **Ndabaka Plains**, **Simiti Hills**, **Dutwa Plains**, **Varicho Hills** und unten am **Mbalageti**.

Der westliche Teil der Serengeti ist am einfachsten ab Mwanza zu erreichen. Vom Ndabaka-Tor kommend, muss man mindestens einen halben Tag für die Fahrt nach Seronera im Zentrum des Parks einplanen, mit Stopps dauert's länger.

## Zentrale Serengeti

Von Wanderungszeiten abgesehen (meist Nov. & Dez.), herrscht in diesem Teil der Serengeti keine besonders hohe Wildtierdichte. Zudem kann das Nebeneinander von lichtem Wald, Schirmakazien und offenen Ebenen bei den hohen Temperaturen am Tag schnell ermüdend wirken. Es gibt kaum Lodges in der Gegend, weshalb man meist tagsüber – auf der Reise zwischen dem Norden und dem Süden der Serengeti – durch diese Region kommt. Die Gegend hat außerdem damit zu kämpfen, dass sich hiesige Gemeinden vermehrt ausbreiten und dass sich damit die Zahl der Wildtiere verringert. Anders gesagt: Man bekommt die zentrale Serengeti meist nur auf der Durchreise zu sehen, ein Reiseziel um ihrer selbst willen ist sie nur selten.

Hübsche Ausblicke bieten sich dennoch auf der Nord-Süd-Route durch den Park, nicht zu vergessen das eindringliche Gefühl der Abgeschiedenheit, das diese Landschaft hervorruft. Und nicht zuletzt vermittelt der zentrale Teil des Parks seinen Besuchern einen Eindruck davon, wie breit gefächert das Ökosystem der Serengeti tatsächlich ist.

## Mara (Fluss) & nördliche Serengeti

Verglichen mit Seronera und dem Süden kommen relativ wenige Besucher in den Norden der Serengeti. Er beginnt mit Akazienwäldern, wo sich in der Trockenzeit Ele-



### DIE SERENGETI-KOPJES

Die Kopjes zählen zu den auffälligsten Gesteinsformen der Serengeti: seltsame Felshügel in einer Landschaft vor scheinbar endlosem Horizont. Sie sind auch wichtige Zufluchtsorte für Wildtiere, an denen Leoparden, Löwenrudel und Reptilien Schutz suchen. Aber wie sind sie entstanden?

Kopjes waren einst Blasen flüssigen Gesteins, die sich vor vielen Milliarden Jahren in den Schichten der Erdkruste bildeten. Vor rund 500 Millionen Jahren entstanden durch Verschiebungen in der Erdkruste niedrige Hügel in der ganzen Serengeti, die langsam erodierten und Kopjes aus hartem Granitgestein bildeten. Kopjes sind mit anderen Worten also Gipfel uralter Berge, die vor langer Zeit abgetragen wurden. Das deutlichste Beispiel eines solchen Berges in einer frühen Erosionsphase ist der Naabi-Hügel. Doch die Kopjes sind nicht nur durch Erosion entstanden. In den letzten fünf Millionen Jahren haben Vulkanausbrüche im Krater-Hochland die Erde immer wieder mit Asche überzogen und die Ebenen der Serengeti geschaffen. Auf diese Weise sind die Berge, deren Gipfel die Kopjes einst bildeten, langsam versunken.

Der geologische Wandel setzt sich bis heute fort, da Klimaextreme dazu führen, dass sich die äußeren Gesteinsschichten immer wieder dehnen und zusammenziehen, sodass Felsstücke herausfallen und die Form der Kopjes ändern.

fanten sammeln, und geht nördlich von Lobo in weite, offene Ebenen über. Die wandernden Herden kommen im August und September durch den westlichen Bereich und ziehen im November hinunter zur östlichen Flanke.

Die **Bologonya-Hügel**, der **Bologonya** (Fluss) sowie die **Nyamalumbwa-Hügel** und der **Mara** nördlich des Grumeti sind allesamt eindrucksvoll. Für die Fahrt vom Mara nach Seronera sollte man die beste Zeit des Tages wählen.

Außerhalb des Parks lohnt das wenig besuchte ursprüngliche **Wildreservat Ikorongo** an der Nordwestgrenze des Parks einen Abstecher. Weiter östlich bietet das **Wildschutzgebiet Loliondo** direkt vor der Nordostgrenze der Serengeti kulturelle Aktivitäten der Massai, Wander-Safaris, Nachtfahrten und Geländetouren. Eine wunderbar abgeschiedene Alternativroute (S.218) für den Rückweg durch den Park führt östlich durch Loliondo und hinab zum Natronsee sowie durch das Krater-Hochland oder Ngorongoro.

## Aktivitäten

Die Hauptattraktion dieser Region sind Wildtiertouren – manche meinen, sie sind der Hauptgrund dafür, die Serengeti zu besuchen. Dagegen sind Wander-Safaris eine relativ neue Aktivität in der Gegend, aber mit etwas Glück werden sich auch diese bald durchsetzen.

### Wildtiertouren

Unabhängig davon, ob man selbst am Steuer sitzt oder sich der organisierten Safari eines Anbieters oder einer Lodge anschließt, zählt eine Wildtierfahrt zu den vergnüglichsten Aktivitäten in Afrika. Ausflüge in die vier Hauptgegenden der Serengeti – Seronera und der Süden, Grumeti und der westliche Korridor, die zentrale Serengeti und die nördliche Serengeti – erfordern sorgfältige Planung. Dazu sollte man sich über das jeweilige Angebot informieren und die Eigenheiten der jeweiligen Jahreszeit berücksichtigen.

### Wander-Safaris

Eine neue Entwicklung in der Serengeti ist die Einführung von Wander-Safaris. Die von Wayo Africa (S.185) organisierten mehrtägigen Camping-Touren gibt's in den Regionen Moro Kopjes, Kogatende (am Fluss Mara) und in anderen Gebieten. Sie können so erholsam oder so abenteuerreich sein, wie es der Kunde wünscht. Die Preise starten bei 1650 US$ pro Person/Tag für eine zweitägige Expedition mit zwei Übernachtungen; die Expeditionen können auch mit anderen Safaris kombiniert werden.

### Ballon-Safaris

**Serengeti Balloon Safaris** SAFARI
(☎0784 308494, 027-254 8077; www.balloonsafaris.com; pro Pers. inkl. Ballongebühr 546,20 US$) Die wohl schönste Aussicht auf die Serengeti bietet sich bei einer einstündigen Ballonfahrt über den Ebenen in der Morgendämmerung, gefolgt von einem Sektfrühstück unter einer Akazie im Busch. Nachdem man den Panoramablick in 1000 m Höhe genossen hat, geht's runter auf Baumwipfelhöhe. Weit im Voraus reservieren!

## Schlafen & Essen

Es befinden sich neun öffentliche Campingplätze (35,40/5,90 US$ pro Erw./Kind) Camping 30 US$) in der Serengeti: sechs um Seronera, einer in Lobo und je einer am Ndabaka- und am Fort-Ikoma-Tor. Alle verfügen über Toiletten mit Wasserspülung. Pimbi und Nyani (beide um Seronera) sind mit Küchen, Duschen und Solarbeleuchtung ausgestattet.

Daneben gibt's Dutzende spezielle Campingplätze (59/11,80 US$ pro Erw./Kind) in der Serengeti, wobei viele von ihnen mehr oder weniger dauerhaft von mobilen oder ortsgebundeneren Camps belegt sind. Alle anderen sollten weit im Voraus bei Tanapa unter serengeti@tanzaniaparks.go.tz gebucht werden.

Für Camper, die nicht selbst kochen möchten, gibt's zwei hiesige **Restaurants** (Mahlzeiten 6000 bis 15 000 TSh) und drei kleine Lebensmittelläden im Personalquartier des Nationalparks. Man kann auch im Twiga Resthouse im Park speisen. Selbstversorger sollten sich in Arusha oder Mwanza mit Verpflegung eindecken.

### Seronera & südliche Serengeti

**Twiga Resthouse** PENSION $$
(☎028-262 1510; www.tanzaniaparks.go.tz; Zentrale Serengeti; Zi. pro Pers. 35,40 US$; P) Einfache, aber anständige Zimmer mit Strom, Heißwasserduschen und Sateliten-TV in der Lounge. Gäste können die Küche benutzen oder Mahlzeiten vorbestellen. Es gibt eine gut ausgestattete kleine Bar, und wie in allen Luxus-Lodges gibt's nachts ein Feuer im Freien.

# Nationalpark Serengeti

**Dunia Camp** ZELTCAMP **$$$**
(www.asiliaafrica.com; Südliche Serengeti; inkl. VP Jan., Feb. & Juni–Okt. 834 US$ pro Pers., restl. Jahr 369–699 US$ pro Pers.; P) Anders als die großen, unpersönlichen Lodges, die in Seronera vorherrschen, ist dies ein intimes Camp mit acht Zelten in klassischem Safari-Ambiente. Komfortabel mit hervorragendem Service ist es eigentlich wie ein mobiles Camp, das nicht weiterzieht. Unter den Nyaraboro Hills am Ende eines langen Anstiegs gelegen, bietet das Dunia Fernblick ebenso wie Nahsicht auf

## Nationalpark Serengeti

**Highlights**
1 Nationalpark Serengeti ..................... D4

**Sehenswertes**
2 Mwalimu Julius K Nyerere Museum ..................... A2

**Aktivitäten, Kurse & Touren**
Serengeti Balloon Safaris .......(siehe 19)

**Schlafen**
3 Balili Mountain Resort ..................... A3
4 Dunia Camp ..................... D5
5 Grumeti Serengeti Tented Camp...... B3
6 Ikoma Tented Camp ..................... D3
7 Kirawira Camp ..................... B3
8 Klein's Camp ..................... F2
9 Lamai Serengeti ..................... E1
10 Ndutu Safari Lodge ..................... E6
11 Olakira Camp ..................... E1
12 Robanda Safari Camp ..................... D3
13 Sasakwa Lodge ..................... C3
14 Serengeti Bushtops Camp..................... D2
15 Serengeti Migration Camp..................... E2
16 Serengeti Serena Safari Lodge ......... D4
17 Serengeti Sopa Lodge ..................... D5
18 Serengeti Stop-Over ..................... A3
19 Twiga Resthouse ..................... D4
20 Wayo Green Camp ..................... E1

**Shoppen**
21 Maasai Honey ..................... F2

Wildtiere. Bestens zu empfehlen, wenn Busch-Atmosphäre gewünscht wird.

**Serengeti Sopa Lodge** LODGE $$$
(☎ 027-250 0630; www.sopalodges.com; Südliche Serengeti; EZ/DZ/3BZ inkl. VP Jan., Feb. & Juni–Okt. 385/680/867 US$, restl. Jahr abweichende Preise; P @ ☎ ≋) Sie mag architektonisch wenig anziehend sein und Zimmer beherbergen, die gemessen am Preis recht langweilig wirken. Dafür liegt die Lodge aber weit vom Trubel Seroneras entfernt in einem Tal voller gelber Akazienbäume. Dem Sopa-Standard gemäß sind die 73 Zimmer geräumig und mit kleinen Wohnbereichen und zwei Doppelbetten ausgestattet, teils bieten sie auch Ausblick. Die Anlage liegt 45 Minuten südlich von Seronera.

**Serengeti Serena Safari Lodge** LODGE $$$
(☎ 027-254 5555; www.serenahotels.com; Zentrale Serengeti; EZ/DZ inkl. VP Jan., Feb. & Juni–Okt. 426/711 US$, restl. Jahr abweichende Preise; P @ ☎ ≋) Die Bungalows im Massai-Stil verfügen über gut ausgestattete Zimmer mit hübschen Möbeln und herrlicher Aussicht. Die oberen Zimmer sind die besten. Guides unternehmen kurze Wanderungen, und die Massai führen abends ihre Tänze vor. Wer verschiedene Ecken des Parks erkunden möchte, ohne die Unterkunft zu wechseln, ist hier richtig. Zudem bietet der Hügel schönen Ausblick auf wandernde Tiere.

## Grumeti & Westlicher Korridor

**Serengeti Stop-Over** CAMPINGPLATZ $

(☎ 0757 327294, 028-262 2273; www.serengetistoporverlodge.com; Westliche Serengeti; Camping 10 US$, EZ/DZ 55/80 US$; P) Dieser gesellige Ort, nur 1km vom Ndabaka-Tor an der Straße von Mwanza nach Musoma entfernt, bietet Camping mit Heißwasserduschen und einen Kochbereich plus 14 einfache (und überteuerte, ist aber die einzige Option in dieser Preisklasse in der Gegend) Rundhütten und ein Restaurant mit Bar. Safari-Autos können auf Vorbestellung gemietet werden und Tagesausflüge in die Serengeti sind machbar. Ausflüge an den Victoriasee mit einheimischen Fischern, Besuche bei traditionellen Heilern und andere kulturelle Ausflüge zu den Sukuma können arrangiert werden.

**Balili Mountain Resort** ZELTCAMP $$

(☎ 0754 710113, 0764 824814; www.bmr.co.tz; Westliche Serengeti; Camping mit eigenem/gemietetem Zelt 15/20 US$, EZ/DZ/3BZ 50/80/105 US$, Tageseintritt 5 US$; P) Weder Berg noch Resort, aber „einfache Zeltlodge auf großem Felshügel" ist nun mal ein wenig klangvoller Name. Sie ist äußerst komfortabel, doch ihre Hauptattraktion ist die umwerfende Aussicht auf den Victoriasee und die Serengeti. Sie liegt oberhalb von Bunda, nördlich vom Ndabaka-Tor, das über eine achterbahnartige Straße zu erreichen ist.

### NATIONALPARK SERENGETI

**Auf in den Nationalpark** Gnuwanderung; hervorragende Chance, Raubtiere zu sehen; überall hohe Wildtierdichte; gute Vogelbeobachtung; beeindruckende Savannenlandschaft.

**Reisezeit** Ganzjährig; Juli bis August zur Gnuwanderung über den Fluss Mara; im Februar zur Kalbungszeit der Gnus; Februar bis Mai zur Vogelbeobachtung.

**Praktisch & Konkret** Anfahrt von Arusha oder Mwanza oder mit dem Flugzeug. Um den Massenandrang zu meiden, einige Zeit außerhalb des zentralen Serengeti-/Seronera-Gebiets zubringen. Eintrittsgebühren können bar oder per Kreditkarte an den Toren Naabi Hill, Ndabaka und Klein's entrichtet werden.

**Spartipps** Den Bus zwischen Arusha und Musoma nehmen und auf der Fahrt auf Sehenswertes hoffen; auf öffentlichen Campingplätzen übernachten; in Arusha eine Budget-Safari buchen.

**★ Grumeti Serengeti Tented Camp** ZELTCAMP $$$

(☎ 028-262 1267; www.andbeyond.com; Westliche Serengeti; inkl. VP & inkl. aller Aktivitäten 740–1340 US$; ⊙ April geschl.; P 📶 🏊) Grumeti ist eines der besten und luxuriösesten Camps in der Serengeti. Es kombiniert die Lage im Busch mit einer schicken panafrikanischen Ausstattung, und die zehn Zelte sind so luxuriös wie nur irgend denkbar. Allerdings bieten nur drei einen ungehinderten Blick auf den Kanyanja (Fluss), der während der Herdenwanderung voller Wildtiere ist; zu anderen Zeiten kann man im Swimmingpool relaxen und Nilpferde beobachten.

**Sasakwa Lodge** LODGE $$$

(www.singita.com; Westliche Serengeti; Zi. pro Pers. inkl. VP & inkl. aller Aktivitäten 1995 US$; P 📶 🏊) Eine von drei exklusiven Lodges mit Privatkonzession im Wildreservat Grumeti. Neben der touristischen Ausrichtung spielt Umweltschutz hier eine große Rolle. So betreibt die Lodge eine Privateinheit zur Bekämpfung der Wilderei und fördert die Wiederansiedelung von Spitzmaulnashörnern im westlichen Korridor der Serengeti. Die Zimmer verströmen historische Eleganz. Sasakwa bietet auch Ausritte auf Pferden an.

**Kirawira Camp** ZELTCAMP $$$

(☎ 027-254 5555; www.serenahotels.com; Westliche Serengeti; EZ/DZ inkl. VP 636/916 US$, restl. Jahr abweichende Preise; P @ 📶 🏊) Das Kirawira ist ein seltener Vorstoß des Serena in die Welt der Zeltlager, und es ist so großartig, dass man sich fragt, warum die Kette nicht noch mehr Safaricamps eröffnet. Die um einen niedrigen Hügel gelegene Lodge hat eine koloniale Einrichtung mit vielen Antiquitäten und polierten Holzfußböden. Die Zelte haben große Vordächer und ungewöhnlich gute Badezimmer. Gäste schwärmen vom Essen.

**Ikoma Tented Camp** ZELTCAMP $$$

(☎ 0754 324193, 027-250 6315; www.moivaro.com; Westliche Serengeti; EZ/DZ inkl. VP ab 230/345 US$; P) Eine praktische Ausgangsbasis für Ausflüge in den Park ist dieses recht einfache Zeltcamp vor dem Fort-Ikoma-Tor. Es kom-

## AUF DEN SPUREN DER GNUS

Wer nach Tansania reist, um die Gnuwanderung zu erleben, hätte wohl gern eine Garantie darauf. Doch die gibt's leider nicht. Die Entscheidung, wann man wo hingeht, ist immer mit einem gewissen Risiko verbunden. Folgender Überblick ist deswegen auch nur als allgemeine Darstellung des wahrscheinlichen Verlaufs zu verstehen:

**Jan.–März** Während der Regenzeit sind die Gnus über den südlichen und südwestlichen Teil der Serengeti sowie den westlichen Teil des Schutzgebietes Ngorongoro verstreut.

**April** Die meisten Flüsse trocknen sehr schnell aus, wenn der Regen aufhört. Die Gnus müssen sich nun auf den wenigen noch grünen Grasflächen sammeln und bilden Herden von Abertausenden von Tieren, die auf der Suche nach Nahrung umherziehen.

**Mai–Anfang Juli** Anfang Mai ziehen die Herden nach Nordwesten in Richtung des westlichen Korridors. Die Überquerung des Flusses Grumeti, der voller Krokodile ist, findet meist irgendwann zwischen Ende Mai und Anfang Juli statt und dauert nur etwa eine Woche.

**Mitte Juli–Aug.** In der zweiten Junihälfte ziehen die Tiere nach Norden und Nordwesten in die nördliche Serengeti und die Masai Mara in Kenia. Teil dieser Nordwanderung ist die spektakuläre Überquerung des Mara.

**Sept.–Okt.** Anfang September verlassen die letzten Nachzügler die Serengeti. Die meisten verbringen den Oktober in der Masai Mara.

**Nov.–Dez.** Normalerweise machen sich die Herden im November – in Erwartung des Regens – auf ihren Zug nach Süden. Im Dezember geht es durch das Herz der Serengeti und weiter nach Süden.

Es gibt immer wieder Ausnahmen von diesen Abläufen. In letzter Zeit bleiben die Herden jedoch immer seltener in der Gruppe. 2017 zum Beispiel hielten sich die Herden bis weit in den April noch im tiefen Süden auf. Als sie nach Norden wanderten, lief eine Gruppe bis nach Kenia und durchquerte Anfang Juni den Sand River in die kenianische Masai Mara, während die übrigen Tiere dem traditionellen Pfad zum westlichen Korridor folgten, aber selbst diese Gruppe versammelte sich erst Ende Juni wieder im Norden der Serengeti.

biniert die Nähe zur hiesigen Gemeinde mit exzellenten Preisen und hohem Komfort.

**Robanda Safari Camp** ZELTCAMP $$$
(☎ 027-250 6315; www.moivaro.com; Westliche Serengeti; EZ/DZ mit VP ab 230/345 US$; P) Das angenehm kleine Camp zu recht niedrigen Preisen (für Serengeti-Verhältnisse) liegt in den Ebenen nahe dem Dorf Robanda direkt vor dem Fort-Ikoma-Tor und verfügt über sieben einfache Zelte mit Schilfdach. Wer ein eigenes Fahrzeug hat, kann hier geführte Wanderungen und Nachtfahrten unternehmen.

### Fluss Mara & Nördliche Serengeti

★ **Serengeti Bushtops Camp** ZELTCAMP $$$
(www.bushtopscamps.com; Nördliche Serengeti; EZ/DZ mit VP & inkl. aller Aktivitäten 1250/1800 US$; P @ 🛜 🏊) In einer abgeschiedenen Ecke der nördlichen Serengeti nahe der Grenze zum Wildreservat Ikorongo warten in diesem bemerkenswerten Camp große Zelte mit ausladenden Holzböden, Terrassen mit Whirlpool, perfekt platzierte Sofas und Traumblick auf die Reisenden. Luxuriöse Lodges gibt's viele in der Serengeti, diese Anlage jedoch ist schlicht paradiesisch. Für das Essen gilt Ähnliches.

★ **Lamai Serengeti** LODGE $$$
(☎ 0784 208343; www.nomad-tanzania.com; Nördliche Serengeti; EZ/DZ mit VP & inkl. aller Aktivitäten 1570/2150 US$; ⊙ Juni–Mitte März; P 🛜 🏊) Die auf einem *kopje* am Fluss Mara im äußeren Norden der Serengeti erbaute Lodge Lamai verbindet sich so gut mit ihrer Umgebung, dass sie nahezu unsichtbar ist. Es sind zwei Lodges, eine mit acht Zimmern und eine mit vier, jede mit eigenem Essbereich und Swimmingpool. Alle Zimmer sind im afrikanischen Stil in warmen Erdtönen gestaltet und haben eine offene Front mit tollen Ausblicken.

## KONFLIKTE AN DEN GRENZEN DER SERENGETI

Einige Jahre lang haben die Behörden der Serengeti versucht, die Parkgrenzen vor dem Eindringen von Massai-Hirten und ihrem Vieh zu schützen, vor allem an der Ostgrenze des Nationalparks. Aber ein anderes „Projekt" der Parkbehörden und Regierungsbeamten könnte sich als viel größerer Unruheherd herausstellen.

Seit 2009, als eine ähnlich misslungene Aktion am Eyasisee zu einem internationalen Aufschrei führte, versucht die tansanische Regierung, in einem Gebiet namens Loliondo Game Controlled Area (welches gleich außerhalb der Ostgrenze der nördlichen Serengeti liegt) Land für ausländische Trophäenjäger abzusondern. Die Regierung plant, einen 1500 km² großen Wildtierkorridor zu schaffen, der nur von einem Unternehmen in Dubai genutzt werden darf, das reichen Touristen aus den Vereinigten Arabischen Emiraten Jagdreisen verkauft. Wenn der Plan aufgeht, werden etwa 30 000 Massai vertrieben und die lokalen Gemeinden dürfen das Weideland, das sie in der Trockenzeit nutzen, nicht mehr betreten.

Im August 2017 nahm der Streit eine dramatische Wende: Die Parkbehörden verbrannten über 100 Massai-Hütten und hinterließen viele Massai obdachlos und mindestens einen Demonstranten mit schweren Verletzungen. Es wurden Lebensmittel vernichtet und Vieh getötet. Der Vorfall fand in der Nähe von Ololosokwan statt, einem kleinen Dorf nicht weit vom Klein's-Tor zur Serengeti; Ololosokwan liegt an einer beliebten Touristenroute zwischen der Serengeti und dem Natronsee.

Er ereignete sich trotz eines Versprechens des damaligen Präsidenten Jakaya Kikwete, der 2014 auf eine Petition gegen den Trophäenjagd-Korridor – die zwei Millionen Unterschriften umfasste – antwortete, dass die Regierung keine Pläne habe, „die Massai aus dem Land ihrer Vorfahren zu vertreiben". Anfang 2017 gab die tansanische Regierung ein Gutachten über den Konflikt in Auftrag; die Ergebnisse waren zur Zeit der Recherchen jedoch noch nicht veröffentlicht.

**★ Serengeti Migration Camp** ZELTCAMP **$$$**
(☎ 027-250 0630; www.elewanacollection.com; Nördliche Serengeti; EZ/DZ mit VP Juli–Okt. 1268/1690 US$, restl. Jahr abweichende Preise; P 📶 🏊) Eines der renommiertesten Camps in der Serengeti mit 20 großen, eindrucksvollen Zelten mit Veranden rund um ein *kopje* am Grumeti, an der Stelle, wo der Fluss die nördliche Serengeti passiert (nicht den westlichen Korridor). Die Kombination aus Verschmelzung mit der Natur und luxuriöser Unterkunft ist hier perfekt geglückt. Zum Angebot gehören außerdem Plätze in der vordersten Reihe in den wenigen Wochen, wenn die großen Gnuherden hier vorbeiziehen.

**Klein's Camp** LODGE **$$$**
(☎ 028-262 1267; www.andbeyond.com; Nördliche Serengeti; Zi. mit VP & inkl. aller Aktivitäten 840–1340 US$ pro Pers.; P 📶 🏊) Exklusiv und herrlich (mit atemberaubender Aussicht) auf einer Privatkonzession etwas außerhalb der nordöstlichsten Parkgrenze gelegen, mit zehn luxuriösen strohgedeckten Steincottages. Zur Auswahl stehen Buschwanderungen, nächtliche Wildtierfahrten und Entspannungsmassagen.

## Die besten Mobile Camps

Mobile Camps sind eine großartige Idee, aber der Name ist ein wenig irreführend. Sie ziehen zwar weiter (aber nie, wenn Gäste im Camp sind) und folgen den wandernden Gnus, um möglichst immer dort zu sein, wo man sie gut beobachten kann. Aber bei all den Annehmlichkeiten, die Gäste heute von Luxus-Safaris erwarten, ist der Umzug ein gewaltiges Unterfangen, sodass die meisten nur zwei-, dreimal im Jahr umziehen.

**★ Wayo Green Camp** ZELTCAMP **$$$**
(☎ 0784 203000; www.wayoafrica.com; Nördliche Serengeti; mit VP 300–350 US$ pro Pers.) 🍃 Diese „privaten mobilen Camps" kombinieren die besten Aspekte von Zeltcamps und günstigem Safari-Camping und sind die beste Art, ein tiefes Buscherlebnis in der Serengeti zu erfahren. Sie benutzen 3 x 3 m große Kuppelzelte und richtige Matratzen (über dem Boden) und ziehen alle paar Tage weiter, bleiben aber in der nördlichen Serengeti.

**★ Olakira Camp** ZELTCAMP **$$$**
(☎ 0736 500156; www.asiliaafrica.com; Nördliche Serengeti; mit VP & inkl. aller Aktivitäten Juli & Aug.

929 US$ pro Pers., restl. Jahr abweichende Preise; ⏲ Juni–Mitte Nov.; P 📶) Olakiras nördliche Lage ist eine der besten der Serengeti. Das Camp liegt nahe der geschäftigen Kreuzung zwischen den Flüssen Mara und Bologonya und bietet weite Ausblicke auf Crossing 8 des Mara, der 500 m weiter liegt und während der Herdenmigration zu den belebtesten Durchquerungsstellen zählt. Die neun Zelte sind groß und wunderschön eingerichtet, und das gesamte Camp läuft mit Solarstrom.

Das Olakira kann sich mit den konventionelleren Camps der Serengeti messen und zieht zwischen dem äußersten Süden (ca. von Dezember bis März) und dem äußersten Norden des Parks umher.

**Ubuntu Tented Camp** ZELTCAMP **$$$**
(www.asiliaafrica.com; mit VP & inkl. aller Aktivitäten 369–784 US$ pro Pers.) Das Zeltcamp zieht zweimal im Jahr um, hat aber eine ebenso komfortable Atmosphäre wie die dauerhaften Camps. Mit nur sieben Zelten, die allesamt sehr geräumig sind, bietet es eine Intimität, die in anderen Camps nicht zu finden ist. Die freundlichen Mitarbeiter arbeiten schon seit langer Zeit als Team zusammen.

**Lemala Serengeti** ZELTCAMP **$$$**
(www.lemalacamp.com; EZ/DZ mit VP & inkl. aller Aktivitäten 1110/1700 US$) Lemala ist ein weiterer Favorit unter den mobilen Camps der Serengeti, vor allem, was den Komfort anbelangt. Es hat ein Camp in Ndutu von Dezember bis März und eines am Mara von Juli bis Oktober. Sein Erfolgsrezept ist einfach und verlockend – die Camps sollen Luxus und hohe Servicestandards bieten und so dauerhaft wie möglich aussehen, aber flexibel genug sein, um zur passenden Zeit umzuziehen.

**Serengeti Safari Camp** ZELTCAMP **$$$**
(☎ 0784 208343; www.nomad-tanzania.com; EZ/DZ mit VP & inkl. aller Aktivitäten 1150/1600 US$) Eines der ersten mobilen Camps und heute eines der exklusivsten mit sechs Zelten und einigen der besten Guides in der Serengeti. Anders als die anderen Camps, die nur zweimal im Jahr ihren Standort wechseln, zieht das Serengeti Safari Camp vier- bis fünfmal um, um mit der Herdenwanderung Schritt zu halten.

**Serengeti Savannah Camp** ZELTCAMP **$$$**
(☎ 027-254 7066; www.serengetisavannahcamps.com; EZ/DZ/3BZ mit VP 375/580/840 US$) Dieses Camp ist zwar etwas weniger luxuriös als die anderen, dafür aber auch bei Weitem preisgünstiger. Es zieht dreimal im Jahr zwischen Ndutu im Süden, Seronera im Zentrum und dem Mara im Norden der Serengeti um.

### DIE BESTEN MOBILEN CAMPS

Zahlreiche Unternehmen betreiben mobile Camps, die den Gnuherden folgen und zu jeder Jahreszeit umziehen. Zu den besten gehören:

**Ubuntu** Westlicher Korridor (Mai bis Juli) und nördliche Serengeti (Juli bis November)

**Lemala Serengeti** Ndutu (Dezember bis März) und Mara (Juli bis Oktober)

**Serengeti Safari Camp** Zieht vier- oder fünfmal im Jahr um

**Serengeti Savannah Camp** (siehe links) Ndutu (Dezember bis März), Mara (Ende Mai bis Oktober) und Seronera (ganzjährig)

## ℹ Praktische Informationen

**Besucherzentrum der Serengeti** (serengeti@tanzaniaparks.go.tz; ⏲ 8–17 Uhr) Das Besucherzentrum in Seronera hat eine hervorragende selbstgeführte Wanderung durch die Geschichte und das Ökosystem der Serengeti im Programm, und es lohnt sich, hier einige Zeit zu verbringen, bevor man den Park erkundet. Der Geschenkeladen verkauft Broschüren und Karten, und es gibt ein Café, das Snacks und Kaltgetränke serviert. Seit Mitte 2007 wird ein neues Medienzentrum gebaut, das bald eröffnet werden soll.

## ℹ An- & Weiterreise

Der Park hat drei Hauptein- und Ausgänge, zwei weniger frequentierte Tore bei Handajega und Fort Ikoma sowie das nicht mehr genutzte Bologonya-Tor; Letzteres liegt auf der Route vom/zum kenianischen Naturschutzgebiet Masai Mara, doch die Grenze ist geschlossen, und es ist unwahrscheinlich, dass sie in absehbarer Zeit geöffnet wird.

**Naabi-Hill-Tor** Der am meisten frequentierte Haupteingang für Besucher aus Arusha liegt 45 km von Seronera entfernt in der zentralen Serengeti.

**Ndabaka-Tor** Der Haupteingang für den westlichen Korridor ist eine 1½-stündige Fahrt von Mwanza und 145 km von Seronera entfernt. Letzter Einlass: 16 Uhr.

ABSTECHER

### VON DER SERENGETI ZUM NATRONSEE

Wer die nördliche Serengeti bereisen, ausgetretene Pfade verlassen und die lange, teure Rückfahrt durch die Serengeti und das Naturschutzgebiet Ngorongoro vermeiden will, kann vom Klein's-Tor in rund fünf Stunden direkt bis zum Natronsee fahren. Die Straße ist zwar nicht asphaltiert, aber in gutem Zustand und für die meisten Fahrzeuge passierbar – außer nach schweren Regenfällen.

Hinter dem Klein's-Tor fährt man 13 km bis Ololosokwan. Hier verkauft **Maasai Honey** (☎0767 889684, 0684 155793; www.maasaihoney.org; ⌚Mo–Fr 9–16, So 13–17 Uhr) köstlichen Honig. Die Straße folgt grob der kenianischen Grenze und passiert das karge, felsige Land, das zum Loliondo Game Controlled Area gehört. Nach 10 km Fahrt erreicht man Soitsambu; zur Zeit der Recherchen war die Straße am Westrand von Soitsambu in sehr schlechtem Zustand. Von Soitsambu führt die Straße nach Südosten und dann südlich in die große Stadt Waso. Etwa 17 km südlich von Waso nimmt man die Abzweigung, die nach links führt (in Richtung Südosten); wer die rechte Abzweigung nimmt, gelangt zur Stadt Loliondo und schließlich ins Naturschutzgebiet Ngorongoro, nahe der Olduvai-(Oldupai-)Schlucht.

Hinter der Abzweigung beginnt der lange, langsame Abstieg vom Steilhang des Rift Valley in den Talboden. Auf den letzten Abschnitten bietet sich ein toller Blick auf den Gelai (2941 m) und später auf den Natronsee und den Ol Doinyo Lengai (2962 m). Es sind 81 km von der Abzweigung bis zum Dorf Engaresero, der Stadt mit der besten touristischen Infrastruktur am Südufer des Natronsees; die letzten 20 km führen durch den Talboden des Rift Valley und am Seeufer entlang.



**Klein's-Tor** Der Eingang im äußersten Nordosten ermöglicht eine Rundreise, welche Serengeti, Ngorongoro und Natronsee verbindet, wobei Letzterer auch nur zwei bis drei Stunden vom Park entfernt ist. Letzter Einlass: 16 Uhr.

#### AUTO

Fahren im Park ist nach 19 Uhr nicht erlaubt, außer im Gebiet des Besucherzentrums, wo um 21 Uhr Schluss ist. Benzin wird in Seronera verkauft. Fast jeder fährt im Geländewagen mit Allradantrieb durch den Park, aber mit Ausnahme der Regenzeit kommen hier auch normale Autos mit Zweiradantrieb gut zurecht.

#### BUS

Es ist zwar nicht ideal, aber finanzschwache Traveller können Wildtiere auch durch die Fenster der Busse betrachten, die von Arusha nach Musoma durch den Park fahren. Allerdings müssen Eintrittsgebühren für Serengeti und Ngorongoro gezahlt werden. Die Busse halten im Personaldorf in Seronera, aber es ist nicht erlaubt, zu den Zeltplätzen oder Pensionen zu laufen oder als Anhalter zu fahren. Zudem gibt's im Park keine Mietautos, deshalb ist es eher sinnlos, hier auszusteigen, es sei denn, man hat vorher für den Transport gesorgt.

#### FLUGZEUG

Air Excel (S. 180), Coastal Aviation (S. 180) und Regional Air (S. 180) fliegen täglich von Arusha zu den sieben Landebahnen im Park, darunter Seronera und Grumeti.

## KILIMANDSCHARO-REGION

### Moshi

☎027 / 184 300 EW.

Die bemerkenswert saubere Hauptstadt der dicht besiedelten Kilimandscharo-Region befindet sich am Fuß des Kilimandscharo und ist ein guter Einstieg in die Pracht des Nordens. Moshi ist ein ruhiger Ort mit einer beeindruckenden Mischung aus afrikanischen und asiatischen Einflüsen und macht einen unabhängigen, wohlhabenden Eindruck, weitgehend dank seiner Stellung als Zentrum einer der größten Kaffeeanbauregionen Tansanias. Eigentlich kommen alle Besucher hierher, um den Kilimandscharo zu besteigen oder um sich danach zu erholen. Die Stadt bietet aber viel mehr Aktivitäten, z. B. Kulturtouren und Wanderungen zu den Bergausläufern.

Selbst in der Stadt ist der **Kilimandscharo** die Hauptattraktion und allgegenwärtig. Jeder Tourist blickt ständigin Richtung Norden, um einen Blick auf ihn zu erhaschen. Die meiste Zeit ist er zwar hinter einer Wolkendecke verborgen, doch fast jeden Abend taucht er nach 18 Uhr aus dem Nebel auf und macht Appetit auf seine Besteigung. Von Dezember bis Juni ist er meist auch an den Vormittagen zu sehen, dann ist er meist dick mit Schnee bedeckt.

*Fortsetzung auf S. 243*

FREDER / GETTY IMAGES ©

Zebras

# Tierwelt & Lebensräume

Wer an Ostafrika denkt, dem fällt sofort das Wort „Safari" ein: Kein Land weltweit bietet so viele Möglichkeiten, Wildtiere aus nächster Nähe zu erleben, wie Tansania. Hier sind Raubtiere und ihre Beute wie eh und je im ewigen Kreislauf des Lebens verbunden. Die Bilder unüberschaubar großer Herden von Zebras und Gnus auf der Wanderung, belauert von Geparden, die im raschen Sprung aus der Deckung kommen, vergisst man nie. Über der Serengeti oder dem Ngorongoro-Krater liegt nachts das markerschütternde Brüllen von Löwen. Und bei über 40 Nationalparks und Wildreservaten fällt es leicht, ausgetretene Touristenpfade zu meiden und eine Safari nach eigenem Geschmack zu organisieren.

*– David Lukas*

1. Löwin 2. Löwe 3. Leopard 4. Gepard

# Großkatzen

**Die drei Großkatzen – Leoparden, Löwen und Geparden – sind das Highlight vieler besonderer Safaris. Schon beim ersten Anzeichen, dass sie in der Nähe sein könnten, spürt man förmlich, wie die ganze Savanne wachsam wird.**

## Löwe

*Gewicht 120–150 kg (Weibchen), 150–225 kg (Männchen); Länge 210–275 cm (Weibchen), 240–350 cm (Männchen)*
Die träge im Schatten ausgestreckten Löwen sind Afrikas meistgefürchtete Raubtiere. Ausgestattet mit Zähnen, die mühelos durch Knochen und Sehnen schneiden, können sie so große Beutetiere wie Giraffenbullen schlagen. Jede Gruppe mit erwachsenen Tieren (ein Rudel) bildet sich um Generationen von Weibchen herum, die primär für die Jagd zuständig sind; die Männchen kämpfen miteinander und fressen, was die Weibchen erlegen. Häufig zu sehen im Nationalpark Serengeti und am Ngorongoro-Krater.

## Leopard

*Gewicht 30–60 kg (Weibchen), 40–90 kg (Männchen); Länge 170–300 cm*
Der Leopard verlässt sich auf seine Tarnung. Am Tag entdeckt man ihn vielleicht, wenn er auf einem Baum mit dem Schwanz zuckt, aber sein nächtliches Brüllen geht durch Mark und Bein. Häufig zu sehen in den Nationalparks Serengeti, Ruaha und Tarangire.

## Gepard

*Gewicht 40–60 kg; Länge 200–220 cm*
Der Gepard ist weniger eine Raubkatze, sondern eher ein Windhund: Der Weltklasse-Sprinter erreicht Geschwindigkeiten von 112 km/h. Allerdings ermüdet er schon nach 300 m und muss sich dann erst mal 30 Minuten abkühlen, bevor er weiterjagen kann. Was die Geschwindigkeit angeht, ist der Gepard kaum zu schlagen, dafür fehlt es ihm aber an den Zähnen und der Kraft, um seine Beute oder auch seine Jungen gegen andere große Raubtiere zu verteidigen. Häufig zu sehen im Nationalpark Serengeti.

1

2

. Serval **2.** Karakal **3.** Wildkatze

# Kleinkatzen

**Verständlicherweise ziehen die Großkatzen die meiste Aufmerksamkeit auf sich, doch ihre kleineren Verwandten sind ebenso interessant – wenn auch schwieriger zu entdecken. Sie hetzen nicht hinter Gazellen oder Gnus her, sondern pirschen sich an Nagetiere an oder schnappen sich mit unglaublicher Sprungkraft Vögel aus der Luft.**

## Karakal

*Gewicht 8–19 kg; Länge 80–120 cm*
Der Karakal oder Wüstenluchs ist eine prächtige gelbbraune Katze mit extrem langen, spitzen Ohren. Er hat große Ähnlichkeit mit dem Luchs, besitzt allerdings auffallend lange Hinterbeine. Sie ermöglichen, dass die schlanke Raubkatze 3 m hoch in die Luft springt und nach Vögeln schnappt.

## Serval

*Gewicht 6–18 kg; Länge 90–130 cm*
Der hübsch gefleckte Serval ist doppelt so groß wie eine Hauskatze, hat aber enorm lange Beine und sehr große Ohren. Er ist optimal ans Laufen in hohem Gras angepasst und macht gewaltige Sprünge, um Nagetiere und Vögel zu erbeuten. Da er tagaktiver ist als die meisten Katzen, kann man ihn manchmal dabei beobachten, wie er seine Beute in die Luft wirft und mit ihr spielt. Häufig zu sehen im Nationalpark Serengeti.

## Wildkatze

*Gewicht 3–6,5 kg; Länge 65–100 cm*
Die unscheinbar gestreifte Wildkatze des tansanischen Flachlands ist wahrscheinlich die direkte Ahnin unserer gezähmten Hauskatzen. Sie ist überall dort zu Hause, wo es reichlich Mäuse und Ratten gibt, und kommt darum auch in der Nähe von Dörfern vor. Sie ist an ihren ungemusterten rötlichen Ohren und langen Beinen zu erkennen.

1

2

HENNER DAMKE / SHUTTERSTOCK ©

. Schimpansen **2.** Anubispaviane **3.** Grüne Meerkatze

# Am Boden lebende Primaten

**Ostafrika ist entwicklungsgeschichtlich die Wiege der Primatenvielfalt. Hier entstanden über 30 Arten von Affen, Menschenaffen und Halbaffen – alle mit Greifhänden und -füßen. Nicht alle Primaten halten sich ausschließlich in den Bäumen auf. Mehrere Arten leben auf dem Boden, wo sie anfälliger für Raubtiere sind.**

## Schimpanse

*Gewicht 25–40 kg; Größe 60–90 cm*
Schimpansen leben ähnlich wie Menschen in Gruppen mit hochkomplexen Beziehungen und nach festen Regeln. Nicht nur Hirnforscher können die hohe Intelligenz und Gefühlsregungen hinter den tiefliegenden Augen erahnen. Wissenschaftler in den Nationalparks Gombe und Mahale Mountains haben erstaunliche Entdeckungen zum Verhalten dieser Tiere gemacht.

## Anubispavian

*Gewicht 11–30 kg (Weibchen), 22–50 kg (Männchen); Größe 95–180 cm*
Der Anubis- oder Grüne Pavian hat 5 cm lange Krallen und kann einen Leoparden töten. Seine beste Verteidigung ist es aber, Eindringlinge mit flüssigen Exkrementen zu bespritzen. Diese cleveren Tiere breiten sich im nördlichen Tansania immer stärker aus, während die heller gefärbten Steppenpaviane über das restliche Land verteilt sind. Oft zu sehen im Nationalpark Lake Manyara.

## Grüne Meerkatze

*Gewicht 4–8 kg; Größe 90–140 cm*
Wenn ein Affe Ostafrikas als Charaktertier gelten kann, dann die anpassungsfähige Grüne Meerkatze. Jede Gruppe Meerkatzen besteht aus Weibchen, die ein von Generation zu Generation vererbtes Revier verteidigen, während die Männchen um ihren Platz in der Rangordnung und Paarungsvorrechte kämpfen. Die Geschlechtsorgane der unauffällig grauen Tiere sind intensiv blau und rot gefärbt, wenn sie erregt sind.

# Kletternde Primaten

**Es gibt auch zahlreiche Primaten, die im Wald auf Bäumen leben. Meist bleiben die beweglichen Tiere mit ihren langen Gliedmaßen gut versteckt in den Baumkronen. Auf der Suche nach Blättern und Früchten klettern und schwingen sie sich von Ast zu Ast. In der Regel sind nur die geschulten Augen eines Guides in der Lage, einige dieser Primaten aufzuspüren.**

## Schwarzweißer Mantelaffe

*Gewicht 10–23 kg; Größe 115–165 cm*
Der auch Guereza genannte Schwarzweiße Mantelaffe ist eine von etwa sieben Stummelaffen-Arten in Tansania, er bekommt aber dank seiner wehenden weißen Seitenmähne die größte Aufmerksamkeit. Wie alle Stummelaffen besitzt er eine hakenförmige Hand, mit der er sich von Ast zu Ast hangeln kann. Wenn zwei Gruppen aufeinander treffen, ist einiges los. Häufig zu sehen im Nationalpark Arusha.

## Diademmeerkatze

*Gewicht 4–12 kg; Größe 100–170 cm*
Diese langschwänzigen Affen haben sich an viele bewaldete Lebensräume südlich der Sahara angepasst und sind weit verbreitet. In einigen Waldreservaten Tansanias fallen sie als erste Primatenart ins Auge. Die anpassungsfähigen Tiere leben in großen Gruppen und verlassen nur selten die schützenden Bäume. Häufig zu sehen in den Nationalparks Arusha und Lake Manyara.

## Riesengalago

*Gewicht 550–2000 g; Größe 55–100 cm*
Das katzengroße, nachtaktive Tier mit hundeähnlichem Gesicht gehört zu einer Gruppe von Halbaffen, die sich in 60 Mio. Jahren kaum verändert hat. Der vor allem wegen seiner lauten Schreie (denen er auch den Namen „Buschbaby“ verdankt) bekannte Galago ist kaum je zu sichten, es sei denn, er sucht die Futterstationen auf, die viele Safari-Lodges eingerichtet haben. Da Galagos in einer Welt der Dunkelheit leben, verständigen sie sich untereinander durch Duft und Rufe.

**1.** Schwarzweißer Mantelaffe **2.** Diademmeerkatze **3.** Riesengalag

2

RACHELKOLOKOFFHOPPER / SHUTTERSTOCK ©

ALEKSEI ROMANOV / SHUTTERSTOCK ©

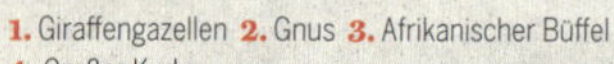

**1.** Giraffengazellen **2.** Gnus **3.** Afrikanischer Büffel **4.** Großer Kudu

DAVID LAZAR / GETTY IMAGES ©

# Wiederkäuer

**Die meisten Huftiere schließen sich zum besseren Schutz vor Raubtieren zeitweilig zu riesigen Herden zusammen. In dieser Familie stellen die Antilopen mit 40 Arten allein in Ostafrika die größte Gruppe.**

## Großer Kudu

*Gewicht 120–315 kg; Länge 215–300 cm*
Dank seiner weißen Querstreifen ist der Große Kudu im Buschgelände gut getarnt. Die sehr langen Hörner des Männchens kommen bei Paarungskämpfen zum Einsatz. Häufig zu sehen im Nationalpark Ruaha.

## Gnu

*Gewicht 140–290 kg; Länge 230–340 cm*
In der Serengeti bilden die Gnus riesige Wanderherden, begleitet von Raubtieren und Scharen staunender Touristen. Häufig zu sehen in den Nationalparks Serengeti, Tarangire und am Ngorongoro-Krater.

## Thomsongazelle

*Gewicht 15–35 kg; Länge 95–150 cm*
Die schlanken, wachsamen Tiere sind sehr schnell und ziehen in Herden mit Zebras und Gnus umher. Oft zu sehen im Nationalpark Serengeti und am Ngorongoro-Krater.

## Afrikanischer Büffel

*Gewicht 250–850 kg; Länge 220–420 cm*
Er ähnelt einer muskelbepackten Kuh mit gebogenen Hörnern. Oft zu sehen im Nationalpark Katavi und am Ngorongoro-Krater.

## Giraffengazelle

*Gewicht 30–50 kg; Länge 160–200 cm*
Sie lebt in den semiariden Strauchsavannen des Nordostens und stellt sich steil auf die Hinterbeine, um an 2 m hohen Zweigen zu äsen. Oft zu sehen im Nationalpark Tarangire.

## Wasserbock

*Gewicht 160–300 kg; Länge 210–275 cm*
Der große, struppige Wasserbock ist auf Ufervegetation angewiesen. So schwanken seine Bestände zwischen feuchten und trockenen Jahren beträchtlich. Oft zu sehen im Wildreservat Selous und im Nationalpark Lake Manyara.

# Huftiere

**Zu dieser Gruppe zählen einige der charismatischsten Tiere der afrikanischen Wildnis. Außer Giraffen sind Huftiere jedoch keine Wiederkäuer. Sie haben ein breites Spektrum von Lebensräumen erobert. Viele sind in Afrika seit Jahrmillionen zu Hause und gehören somit zu den erfolgreichsten Säugetieren, die je den Kontinent durchwandert haben. Ohne die menschlichen Eingriffe in die Natur würde Afrika heute sicherlich von Elefanten, Zebras, Flusspferden und Warzenschweinen beherrscht.**

## Giraffe

*Gewicht 450–1200 kg (Weibchen), 1800–2000 kg (Männchen)*

So geschickt sich die 5 m hohe Giraffe auch anstellt, wenn es um hohe Zweige geht, so mühsam muss sie sich zum Wasser bücken, wenn sie trinken will. Sie schreitet zwar gelassen dahin, kann aber durchaus jedem Raubtier davonlaufen. Häufig zu sehen, vor allem in den Parks des Northern Circuit.

## Afrikanischer Elefant

*Gewicht 2200–3500 kg (Kuh), 4000–6300 kg (Bulle); Schulterhöhe 2,4–3,4 m (Kuh), 3–4 m (Bulle)*

Niemand, weder Mensch noch Löwe, bleibt stehen, wenn ein massiger Elefantenbulle aus dem Busch hervorbricht. Der in Afrika als „König der Tiere“ verehrte Elefant lebt in Herden, die von älteren Kühen geleitet werden. Häufig zu sehen in den Nationalparks Ruaha, Selous, Tarangire und am Ngorongoro-Krater.

## Steppenzebra

*Gewicht 175–320 kg; Länge 260–300 cm*

Das mit den Streifen bei Zebras ist verflixt: Obwohl die charakteristischen Streifenmuster der Tiere so unterschiedlich sind wie Fingerabdrücke, haben Forscher immer noch nicht genau herausgefunden, welche Aufgabe diese Muster haben. Helfen sie womöglich den Zebras, sich gegenseitig zu erkennen? Häufig zu sehen in den Nationalparks Serengeti und Tarangire.

**1.** Giraffen **2.** Afrikanische Elefanten **3.** Steppenzebras

2

DANITA DELIMONT / SHUTTERSTOCK ©

**1.** Spitzmaulnashorn **2.** Klippschliefer **3.** Warzenschwein
**4.** Flusspferd

2

MANOJ SHAH / GETTY IMAGES ©

4

# Noch mehr Huftiere

**Auch diese sehr unterschiedlichen Huftiere zeugen von der erstaunlichen Vielfalt dieser Tiergruppe in Afrika. Natürlich möchte jeder Elefanten und Giraffen sehen, doch Flusspferde und Warzenschweine sind nicht minder interessant.**

## Spitzmaulnashorn

*Gewicht 700–1400 kg; Länge 350–450 cm*
Unglücklicherweise ist das Horn des Spitzmaulnashorns wertvoller als Gold. Das einst südlich der Sahara weit verbreitete und zahlreich vorkommende Nashorn ist sehr stark vom Aussterben bedroht. Dazu trägt auch bei, dass eine Nashornkuh nur alle fünf Jahre ein Junges zur Welt bringt. Häufig zu sehen am Ngorongoro-Krater.

## Klippschliefer

*Gewicht 1,8–5,5 kg; Länge 40–60 cm*
Wenngleich die schwanzlosen Tiere wie Murmeltiere aussehen, die auf Felsen herumklettern, haben Klippschliefer und Elefanten gemeinsame Vorfahren. Wenn sie gähnen, dann blitzen ihre Stoßzähne im Miniformat hervor. Häufig zu sehen im Nationalpark Serengeti.

## Warzenschwein

*Gewicht 45–75 kg (Weibchen), 60–150 kg (Männchen); Länge 140–200 cm*
Trotz ihres furchteinflößenden Äußeren und der bedrohlichen Eckzähne sind nur die großen Männchen vor Löwen, Geparden und Hyänen sicher. Werden sie angegriffen, laufen Warzenschweine zu ihrem Bau, schieben sich rückwärts hinein und schlagen dabei wild mit ihren Hauern um sich. Einfach zu entdecken in vielen Parks in Tansania.

## Flusspferd

*Gewicht 510–3200 kg; Länge 320–400 cm*
Das über 3000 kg schwere Flusspferd verbringt die meiste Zeit in oder in der Nähe von Gewässern und kaut Wasserpflanzen. Friedfertig? Keineswegs! Flusspferde entwickeln enorme Kraft und werden wild, wenn sie gereizt sind. Häufig zu sehen im Wildreservat Selous und im Nationalpark Katavi.

LUKAS GOJDA / SHUTTERSTOCK ©

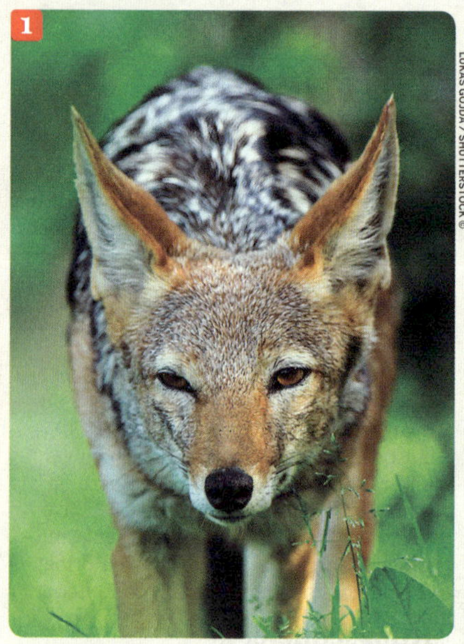

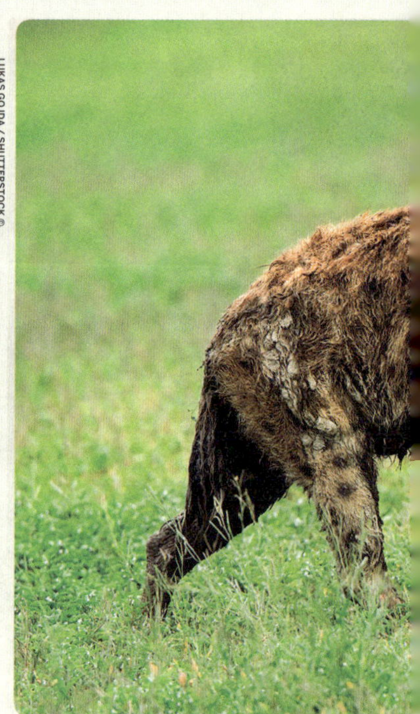

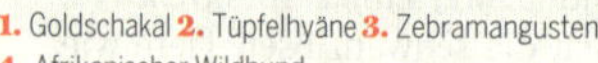

1. Goldschakal 2. Tüpfelhyäne 3. Zebramangusten
4. Afrikanischer Wildhund

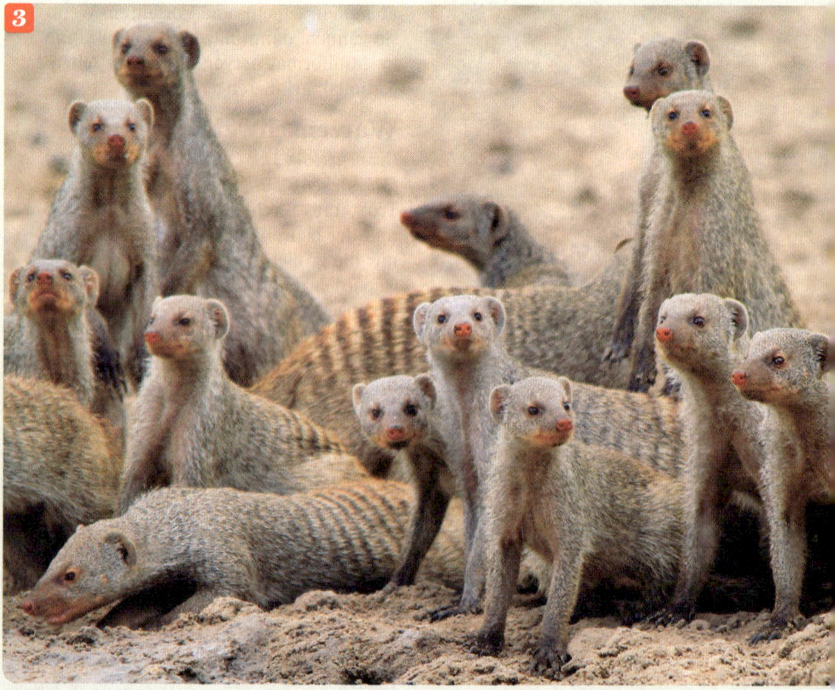

MARC GUITARD / GETTY IMAGES ©

# Raubtiere

**Die bemerkenswert große Zahl von Raubtieren ist ein weiterer Beleg für Afrikas reiche Fauna. Bei den Raubtieren stößt man auf so manch Unerwartetes. An eine Begegnung mit ihnen erinnert man sich ein Leben lang!**

## Zebramanguste

*Gewicht 1,5–2 kg; Länge 45–75 cm*
Familientrupps, die auf ihrer morgendlichen Beutesuche durch die Savanne springen, suchen nach leckeren Fröschen, Skorpionen und Nacktschnecken. Weit verbreitet in Tansania.

## Afrikanischer Wildhund

*Gewicht 20–35 kg; Länge 100–150 cm*
Afrikanische Wildhunde leben in Rudeln mit komplexer Rangordnung und festen Verhaltensmustern. Die erfolgreichen Jäger hetzen Antilopen und andere Tiere. Häufig zu sehen im Wildreservat Selous und im Nationalpark Ruaha.

## Honigdachs

*Gewicht 7–16 kg; Länge 75–100 cm*
Manch ein Afrikaner sagt, er wolle lieber einem Löwen als einem Honigdachs (auch Ratel genannt) begegnen, und selbst Löwen lassen ihren Fang liegen, sobald ein Honigdachs auftaucht. Ihren Namen verdanken die Tiere ihrer Vorliebe für Honig – der Honiganzeiger, ein Vogel, zeigt ihnen den Weg zum Bienenstock. Häufig zu sehen im Nationalpark Mikumi.

## Tüpfelhyäne

*Gewicht 40–90 kg; Länge 125–215 cm*
Tüpfelhyänen leben in Gruppen, die von Weibchen mit penisähnlichen Sexualorganen angeführt werden. Ihre kraftvollen Kiefer beißen sich locker durch Knochen. Wenn sie jagen, bricht unter den Beutetieren Panik aus. Häufig zu sehen am Ngorongoro-Krater.

## Goldschakal

*Gewicht 6–15 kg; Länge 85–130 cm*
Der Goldschakal schreckt durch schiere Angriffslust und Bluffen auch hungrige Geier und viel stärkere Hyänen ab. Häufig zu sehen im Nationalpark Serengeti und am Ngorongoro-Krater.

GUDKOV ANDREY / SHUTTERSTOCK ©

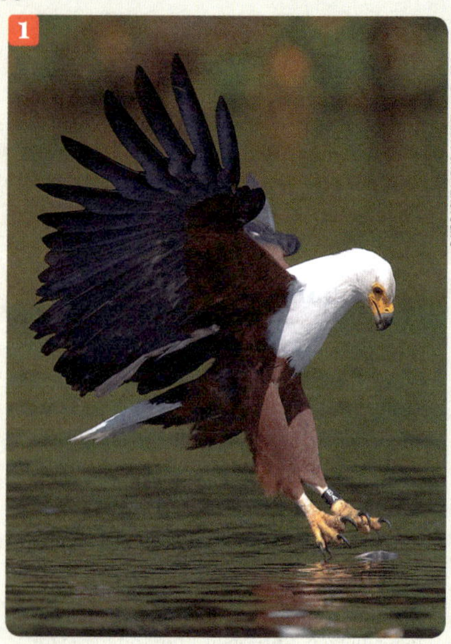

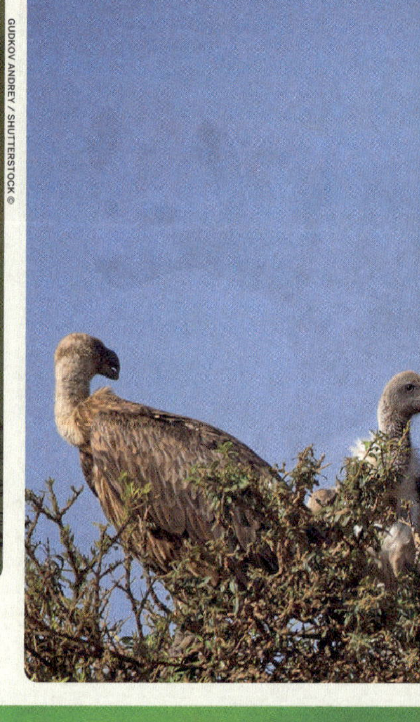

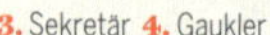

1. Schreiseeadler 2. Weißrückengeier
3. Sekretär 4. Gaukler

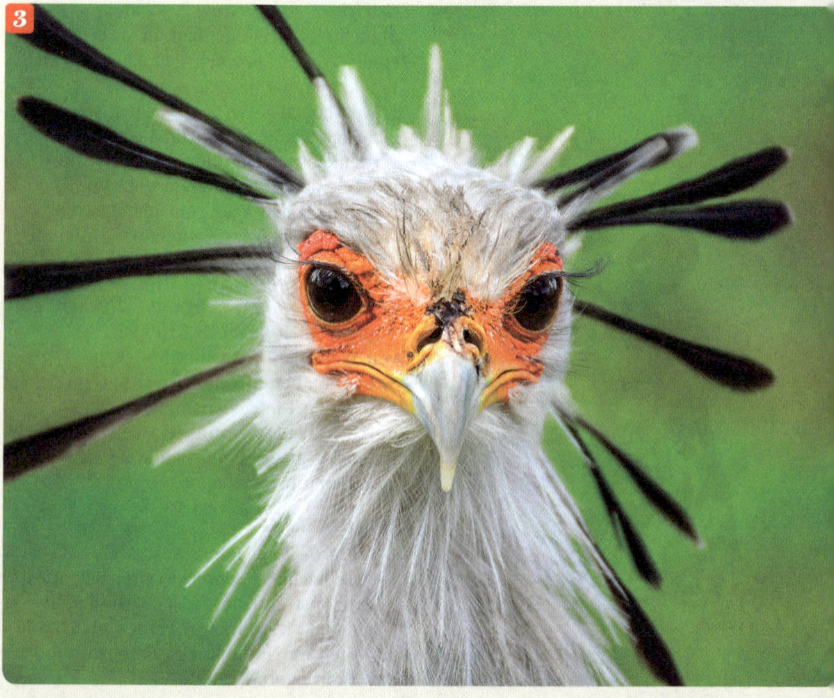

DMUSSMAN / SHUTTERSTOCK ©

# Greifvögel

**In Tansania leben fast 100 verschiedene Arten von Falken, Adlern, Geiern und Eulen. Mehr als 40 davon wurden allein im Nationalpark Manyara gesichtet, der einer der besten Plätze der Welt ist, um eine unvorstellbare Vielfalt an Greifvögeln zu beobachten.**

## Sekretär

*Länge 100 cm* Mit dem Körper eines Adlers und den Beinen eines Kranichs stelzt der 1,30 m hohe Vogel täglich 20 km auf der Suche nach Vipern, Kobras und anderen Schlangen umher. Häufig zu sehen im Nationalpark Serengeti.

## Gaukler

*Länge 60 cm* Der Gaukler ist ein auffallend tief fliegender Luftakrobat. Aus der Nähe stechen das ausgeprägte Farbmuster und das scharlachrote Gesicht hervor. Häufig zu sehen in den Nationalparks Katavi und Tarangire.

## Schreiseeadler

*Länge 75 cm* Das Ebenbild des amerikanischen Weißkopfadlers ist eine beeindruckende Erscheinung. Bekannt ist er aber vor allem wegen seiner lauten, unverwechselbaren Rufe, die auch als „Stimme Afrikas" bezeichnet werden. Häufig zu sehen im Nationalpark Rubondo Island.

## Felsenbussard

*Länge 55 cm* Der Felsenbussard ist der häufigste Raubvogel Tansanias und besetzt eine breite Palette wilder und kultivierter Lebensräume. Der erfolgreiche Jäger lässt sich fast bewegungslos vom Aufwind tragen und schießt dann im Sturzflug auf die erspähte Beute herab.

## Weißrückengeier

*Länge 80 cm* Geier streiten sich mit Löwen, Hyänen und Schakalen um die blutigen Kadaver. In der Regel reicht ihre schiere Zahl aus, um den großen Raubtieren Teile der Beute streitig zu machen. Lässt sich in den meisten Parks von Tansania leicht erspähen.

1. Dreifarben-Glanzstar 2. Zwergflamingos
3. Gabelracke 4. Afrikanischer Strauß

ANTONIO JORGE NUNES / SHUTTERSTOCK ©

# Andere Vögel

**Vogelliebhaber aus aller Welt reisen nach Tansania, denn der Reichtum der Vogelwelt, die dieses Land zu bieten hat, ist unvergleichlich groß. Um die 1100 Arten wurden hier gezählt, die in allen denkbaren Formen und Farben nicht unterschiedlicher sein könnten.**

## Sattelstorch

*Höhe 150 cm; Flügelspannweite 270 cm*
Der Sattelstorch ist die auffälligste von Tansanias acht Storchenarten. Seine Flügelspannweite von 2,70 m ist schon beeindruckend genug, doch dazu kommen noch seine leuchtend roten Fersengelenke und der rot-schwarz-gelbe Schnabel. Häufig zu sehen im Nationalpark Serengeti.

## Zwergflamingo

*Länge 100 cm* Wenn sich Hunderttausende Zwergflamingos auf den in der Sonne flimmernden Salzseen einfinden, bieten sie ein eindrucksvolles, unvergessliches Naturschauspiel. Oft zu sehen im Nationalpark Manyara.

## Gabelracke

*Länge 40 cm* Fast jeder lernt auf einer Safari die prachtvoll gefärbte Gabelracke kennen. Ihr Bauch ist ultramarin, Kehle und Brust sind lila, Kopf und Nacken grün. Den Glanz ihres Gefieders bringen sie besonders zur Geltung, indem sie beim Fliegen ihren Körper hin- und herrollen. Leicht zu entdecken in vielen Parks in Tansania.

## Afrikanischer Strauß

*Höhe 200–270 cm* Der bis 130 kg schwere Strauß ist eine sehr alte Art. Dieser flugunfähige Vogel rennt seinen Feinden mit einer Geschwindigkeit von 70 km/h davon, oder er tarnt sich flach auf dem Boden liegend als Sandhaufen. Häufig zu sehen im Nationalpark Serengeti.

## Dreifarben-Glanzstar

*Länge 18 cm* Mit schwarzem Gesicht, gelben Augen und blaugrünem Rücken, kontrastreich vom orangeroten Bauch abgesetzt, ist der Sperlingsvogel zwar sehr häufig, aber nicht leicht zu entdecken. Oft zu sehen in den Parks des Northern Circuit.

# Lebensräume

**Fast alle Tiere Tansanias halten sich ausschließlich in einem ganz bestimmten Lebensraum auf. Immer wieder ist zu hören, wie Ranger und Mitreisende die Namen dieser Lebensräume nennen, als wären sie Codewörter. Wer zum ersten Mal nach Ostafrika reist, braucht etwas Zeit, um die wichtigsten Lebensräume und ihre jahreszeitlichen Veränderungen zu erfassen. Doch durch aufmerksame Beobachtung werden die Zusammenhänge deutlicher, und man erkennt, welche Tiere sich welche Lebensräume teilen.**

## Halbtrockene Wüste

In Teilen des nordöstlichen Tansanias fällt so wenig Regen, dass nur Büsche und dürre Gräser statt Bäumen wachsen. Der übliche Besucher Tansanias erwartet hier kaum wilde Tiere, doch geduldige Beobachter werden umso reicher belohnt: Der Wassermangel zwingt Zebras, Gazellen und Antilopen zu den Wasserlöchern. Wenn es wieder regnet, erwachen Pflanzen- und Tierwelt explosionsartig zu neuem Leben. In der Trockenzeit werfen viele Pflanzen ihre Blätter ab, um kein Wasser abzugeben, und grasende Tiere ziehen auf der Suche nach Futter und Wasser weiter. Der Nationalpark Mkomazi ist der beste Ort Tansanias, um diesen Lebensraum zu erkunden.

## Savanne

Die Savanne ist die klassische ostafrikanische Landschaft – weites, leicht hügeliges Grasland mit vereinzelten Akazien. Die offene, weite Graslandschaft ist der perfekte Lebensraum für große Herden weidender Zebras und Gnus sowie für

ANDRZEJ KUBIK / SHUTTERSTOCK ©

ROGER DE LA HARPE / UIG / GETTY IMAGES ©

**1.** Kilimandscharo (S. 251) **2.** Afrikanische Affenbrotbäume, Nationalpark Ruaha (S. 323)

Raubtiere wie den schnell sprintenden Geparden. Hier bekommen Reisende zahlreiche Tiere zu sehen. Savannen entstehen überall dort, wo sich lange Regen- mit langen Trockenzeiten abwechseln – die idealen Bedingungen für dichte, nährstoffreiche Gräser. Von Flächenbränden und grasenden Tiere gestaltet, ist die Savanne ein dynamischer Lebensraum mit fließendem Übergang zu den angrenzenden Wäldern. Der Nationalpark Serengeti bietet einzigartige Möglichkeiten, die afrikanische Savanne zu erleben.

## Wald

Tansania ist das einzige Land in Ostafrika, wo es – neben anderen Waldtypen – den lichten *miombo*-Wald gibt. Dieser feuchte Wald ist eigentlich typisch für das südliche Zentralafrika. Das geschlossene Kronendach der Bäume bietet den Tieren Schutz vor Raubtieren und brennender Sonne. Dieser wichtige Lebensraum ist Heimat von vielen Vögeln, kleinen Säugetieren und Insekten und ein Paradies für Naturbeobachter. Wo sich Ausläufer des *miombo* in die Savanne ausdehnen, suchen Tiere wie Leoparden und Antilopen Schatten und Plätze, wo sie tagsüber ruhen können. Während der Trockenzeit können Waldbrände und Futter suchende Elefanten Teile des Waldes dem Boden gleichmachen. Im Nationalpark Ruaha sieht man sowohl reine *miombo*-Wälder als auch die artenreichen Lebensräume zwischen Savanne und *miombo*.

Löwin mit Nachwuchs, Naturschutzgebiet Ngorongoro

*Fortsetzung von S. 218*

## Schlafen

Die meisten Budgetunterkünfte liegen im oder rund ums Stadtzentrum; Mittelklassehotels gibt's zwischen dem Zentrum und dem Stadtviertel Shanty Town etwa 3 km nordwestlich.

### Stadtzentrum

**★ Haria Hotel** HOTEL **$**
(0656 318841; www.hariahotel.com; Mawenzi Rd; Zi. 35 US$, B/DZ mit Gemeinschaftsbad 10/25 US$; ) Das entspannte, gesellige Hotel hat einfache, geräumige Zimmer und eine freundliche Atmosphäre. Das Restaurant auf dem Dach bietet einen schönen Ausblick auf den „Kili" und serviert gute lokale Gerichte zu fairen Preisen. Das Haria wird von Team Vista (www.teamvista.com.au) geführt, das mit den Einnahmen lokale Gemeindeprojekte unterstützt.

**Nyota Bed & Breakfast** B&B **$**
(0754 481672; www.nyotabedandbreakfast.com; Rengua Rd; 2BZ/3BZ mit Gemeinschaftsbad 40/60 US$) Kleines B&B in günstiger Lage mit großen, makellosen Zimmern, die mit Ventilatoren und teilweise auch eigenen Veranden ausgestattet sind. Es gibt gutes Frühstück. Eine sehr empfehlenswerte Budgetunterkunft!

**Lutheran Umoja Hostel** PENSION **$**
(0769 239860, 027-275 0902; Market St; EZ/DZ 30 000/40 000, mit Gemeinschaftsbad 15 000/25 000 TSh; ) Die günstigste Unterkunft im Zentrum hat saubere, einfache Zimmer um einen kleinen, meist ruhigen Innenhof. Bei freiwilligen Helfern beliebt.

**AA Hill Street Accommodation** PENSION **$**
(0754 461469, 0784 461469; azim_omar@hotmail.com; Kilima St; EZ/DZ/3BZ 20 000/25 000/35 000 TSh) An der Kilima Street, wo Schneiderinnen ihrer Arbeit nachgehen, führen Stufen zu dieser ruhigen, freundlichen Pension mit einfachen, sauberen Zimmern, einer perfekten Alternative zu der geschäftigen Backpackerszene. Wer sich an der Hausordnung stört (kein Alkohol, kein gemeinsames Zimmer für unverheiratete Paare), sollte sich eine andere Bleibe suchen.

**Buffalo Hotel** HOTEL **$**
(0752 401346, 0756 508501; New St; EZ/DZ/3BZ/Suite 40/45/55/65 US$; ) Das alteingesessene und beliebte Buffalo Hotel bietet Zimmer mit eigenen Bädern. Die Zimmer im oberen Stock sind jenen im Erdgeschoss vorzuziehen, auch wenn es keinen Aufzug gibt. Ein kleines Manko ist das fehlende WLAN, nebenan gibt's jedoch ein Internetcafé. Ein gutes Gesamtpaket.

**Kindoroko Hotel** HOTEL **$**
(0753 377795; www.kindorokohotels.com; Mawenzi Rd; EZ/DZ/3BZ 20/30/45 US$; ) Die Zimmer sind klein und einfach, haben jedoch Kabelfernsehen und warmes Wasser. Highlight ist die Bar auf dem Dach, die ausschließlich Übernachtungsgästen vorbehalten ist; ein exzellenter Treffpunkt mit hübschem Blick auf den Kilimandscharo.

**Bristol Cottages** HOTEL **$$**
(027-275 5083; www.bristolcottages.com; 98 Rindi Lane; EZ/DZ 60/90 US$, EZ/DZ/3BZ in Cottages 70/100/130 US$, EZ/DZ/3BZ Suite 80/110/140 US$; ) Die grüne Anlage bildet einen angenehmen Kontrast zu Moshis hektischen Straßen und versprüht angenehme Ruhe. Die Zimmer sind hübsch eingerichtet und die Suiten besonders geräumig. Trotz der Idylle kann Straßenlärm am frühen Morgen ein Problem sein, dennoch zählt das Bristol zu unseren Mittelklasse-Favoriten in der Innenstadt.

**Nyumbani Hotel** HOTEL **$$**
(027-275 4432, 0767 123487; www.nyumbanihotels.com; Rengua Rd; EZ/DZ ab 85/100 US$; ) Gutes Mittelklassehotel im Herzen der Stadt mit modernem Business-Flair. Die Zimmer sind groß; einige haben sogar Balkone. Trotz des fehlenden Charmes eine empfehlenswerte Adresse.

**Kilimanjaro Crane Hotel** HOTEL **$$**
(027-275 1114, 0763 399503; www.kilimanjarocranehotel.com; Kaunda St; EZ/DZ 50/60 US$; ) Alteingesessene Mittelklasseunterkunft mit verwohnten, aber akzeptablen Zimmern in Safarifarben, die an sonnengebleichte Ausstellungsstücke eines Straßen-Möbelverkäufers erinnern. Preislich ist es etwas günstiger als die vergleichbare Konkurrenz und die Zimmer haben Kabelfernsehen und große Betten mit Blick auf einen kleinen Garten. Vom Dach aus bietet sich ein großartiger Blick auf den Kili.

### Außerhalb des Stadtzentrums

**★ Hibiscus** B&B **$**
(0766-312516; www.thehibiscusmoshi.com; Paris St; EZ/2BZ 30/40 US$; ) Das gemütliche B&B

liegt abseits der Arusha Road in einer ruhigen Wohngegend nordwestlich des Stadtzentrums. Es bietet sechs makellos saubere, hübsch dekorierte Zimmer mit Ventilator und größtenteils mit eigenem Bad sowie einen attraktiven Garten und Mahlzeiten auf Anfrage.

**★ AMEG Lodge** LODGE $$
(☎ 027-275 0175, 0754 058268; www.ameglodge.com; EZ/DZ ab 82/106 US$, EZ/DZ Suite 135/159 US$; P ❄ 📶 ≋) Die freundliche Unterkunft liegt 4 km nordwestlich des Stadtzentrums bei der Lema Road und begeistert ihre Gäste mit einer hübschen knapp 2 ha großen, gepflegten Gartenanlage mit Palmen und Frangipanis. Die attraktiven Zimmer mit breiten Veranden und jeder Menge Platz verteilen sich auf den gesamten Komplex und der Service ist freundlich. Eine Oase mit ländlichem Flair am Stadtrand.

**Lutheran Uhuru Hotel** LODGE $$
(☎ 0753 037216, 027-275 4512; www.uhuruhotel.org; Sekou Toure Rd; EZ/DZ mit Ventilator ab 45/55 US$, mit Klimaanlage ab 50/60 US$; ❄ @ 📶) Saubere Zimmer mit gutem Preis-Leistungs-Verhältnis, die auf einer grünen weitläufigen Anlage stehen. Das Restaurant serviert leckere, einfache Mahlzeiten (6000 bis 15 000 TSh) – Alkohol ist im Hotel allerdings verboten. Einige Zimmer sind rollstuhlgerecht, viele bieten einen tollen Blick auf den Kili. Die Lodge liegt 3 km nordwestlich des Stadtzentrums (mit dem Taxi 5000 TSh). WLAN kostet teure 2000 TSh pro Stunde.

**Honey Badger** PENSION $$
(☎ 0787 730235, 0767 551190; www.honeybadgerlodge.com; EZ/DZ ab 55/80 US$; P @ 📶 ≋) Eine große familiengeführte Pension mit schattigen Gärten und einem Pool, der von Gästen und Tagesbesuchern (6 US$) genutzt werden kann. Geboten werden mehrere Ausflüge und Kurse (Trommeln, Kochen usw.), Freiwilligenprojekte können organisiert werden. Das Restaurant serviert an den Wochenenden Gourmet-Pizzas aus dem Steinofen. Das Honey Badger ist 7 km von der Stadt entfernt und geht von der Marangu Road ab. Für größere Gruppen stehen auch Schlafsäle zur Verfügung.

**Altezza Lodge** HOTEL $$
(☎ 0786 350414; www.altezza-lodge.com; Sekou Toure Way; EZ/DZ 85/95 US$; P ❄ 📶 ≋) Altezza, eines der besten Mittelklassehotels Moshis, liegt in einem ruhigen Stadtviertel gleich nördlich des Zentrums und bietet hübsche, einfache Zimmer in grüner Umgebung. Mit anderen Worten: Das Wichtigste stimmt hier, das Preis-Leistungs-Verhältnis ist gut, und das allein ist Grund genug, hier abzusteigen.

## Essen & Ausgehen

**The Coffee Shop** CAFÉ $
(☎ 027-275 2707; Kilima St; Hauptgerichte 5000–7000 TSh; ⏲ Mo–Sa 7.30–21.30 Uhr; 📶) 🍃 Café mit Gartenkulisse, gutem Kaffee, hausgemachtem Brot, Kuchen, Joghurt, Frühstück, Suppen und leichten, günstigen Gerichten. Bei den Mahlzeiten sind die regionalen Varianten (lecker sind die Soßen mit *ugali* oder *chapati*) in der Regel den chinesisch angehauchten Speisen vorzuziehen. Die Erträge gehen an ein kirchliches Projekt. Es gibt auch eine interessante Pinnwand.

**Milan's** INDISCH $
(Makinga St; Mahlzeiten 6000–10 000 TSh; ⏲ 11–21.30 Uhr; 🖉) Dieses farbenfrohe vegetarische Lokal ist unser allerliebstes indisches Restaurant, und zwar nicht nur, weil die Preise so niedrig sind: Das Essen ist wirklich köstlich.

**Story Lounge** TANSANISCH $
(☎ 0745 333491; Kibo Rd; Hauptgerichte 6000–14 000 TSh; ⏲ 8–1 Uhr) Das schicke Lokal serviert guten Kaffee und alles von Burgern bis Biryanis; dienstags ist Biryani-Tag. Abends verwandelt es sich in eine supercoole Lounge.

**Pamoja Café** TANSANISCH, INTERNATIONAL $
(☎ 0755 246485; New St; Hauptgerichte 4500–10 000 TSh; ⏲ Mo–Sa 8–22, So 10–21 Uhr; 📶) Das einfache Pamoja folgt der langen Tradition günstiger Backpacker-Cafés weltweit mit kostenlosem WLAN, flippiger Musik, westlichen Snacks (Burger und Sandwiches) und billiger lokaler Küche wie *nyami mchuzi* (Rindereintopf mit Reis, *ugali* oder *chapati*). Jeden Abend um 17.30 Uhr gibt's ein Barbecue. Pamoja ist nicht mehr das, was es früher war, aber immer noch großartig.

**★ Peppers** INDISCH $$
(☎ 0754 058268, 027-275 2473; Ghala St; Hauptgerichte 12 000–16 000 TSh; ⏲ Di–So 12–15 & 18–22 Uhr; 🖉) Der Inhaber- und Namenswechsel (das Peppers hieß vorher Sikh Club) hat dem Restaurant gutgetan. Es serviert indisches Essen (das bei der indischen Gemeinde sehr beliebt ist) und fungiert gleichzeitig als Sportbar für Leute, die gerne Sport im TV sehen. Die hübsche Terrasse blickt auf ein Fußballfeld.

**★ Kilimanjaro Coffee Lounge** CAFÉ **$$**
(☎ 0754 610892; Station Rd; Mahlzeiten 8000–16 000 TSh; ⏲ Mo–Sa 8–21, So 10–20 Uhr; 📶) Abseits der Straße, in ruhigem, gartenähnlichem Ambiente kommen hier Pizza, mexikanische Küche, Salate, Sandwiches, Burger, Steaks, exzellente Milchshakes und Säfte auf den Tisch. Ein typisches Backpackerparadies; inzwischen müsste auch das WLAN kostenlos sein.

**Mr Feng Chinese Restaurant** CHINESISCH **$$**
(☎ 0768 565656; Mahlzeiten 8000–17 000 TSh; ⏲ Mo–Fr 12–15 & 18.30–22, Sa & So 11–22 Uhr; 🌶) Empfehlenswertes Restaurant mit toller chinesischer Küche (auch vielen vegetarischen Gerichten), einer ruhigen Gartenlage und einem freundlichen, hilfsbereiten Inhaber.

**Jay's Kitchen** KOREANISCH **$$**
(☎ 0768 607456, 0765 311618; www.facebook.com/JaysAdventureTanzania; Boma Rd; Mahlzeiten 8000–20 000 TSh; ⏲ Mi–Mo 11–21 Uhr) Jay's serviert leckeres koreanisches Essen und Sushi, hat schöne Sitzbereiche im Garten und liegt zentral. Bietet auch Gerichte zum Mitnehmen.

**Mimosa Restaurant-Bar-Café** INTERNATIONAL **$$**
(☎ 0765 352826; www.facebook.com/mimosamoshi; Arusha Rd; Hauptgerichte 10 000–20 000 TSh; ⏲ 9–

# Moshi

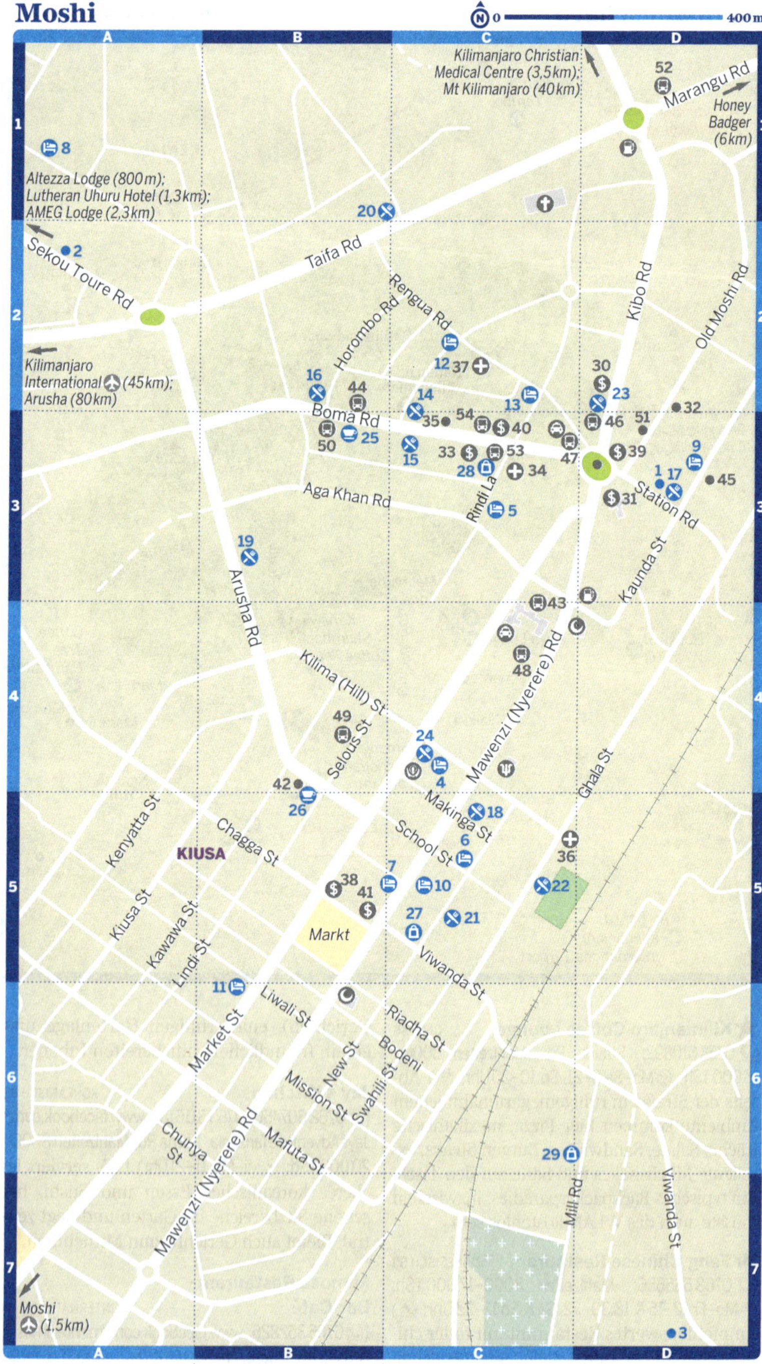

0
400 m
Kilimanjaro Christian Medical Centre (3,5 km); Mt Kilimanjaro (40 km)
Marangu Rd
Honey Badger (6 km)
Altezza Lodge (800 m); Lutheran Uhuru Hotel (1,3 km); AMEG Lodge (2,3 km)
Sekou Toure Rd
Taifa Rd
Kilimanjaro International (45 km); Arusha (80 km)
Rengua Rd
Horombo Rd
Boma Rd
Aga Khan Rd
Rindi La
Kibo Rd
Old Moshi Rd
Station Rd
Kaunda St
Arusha Rd
Kilima (Hill) St
Selous St
Mawenzi (Nyerere) Rd
Ghala St
Makinga St
School St
Chagga St
Kenyatta St
KIUSA
Kiusa St
Kawawa St
Lindi St
Markt
Viwanda St
Liwali St
Market St
Riadha St
Bodeni
New St
Swahili St
Mission St
Chunya St
Mafuta St
Mill Rd
Viwanda St
Moshi (1,5 km)

## Moshi

**Aktivitäten, Kurse & Touren**
1 Moshi Expeditions & Mountaineering ... D3
2 Shah Tours ... A2
3 TinTin Tours ... D7

**Schlafen**
4 AA Hill Street Accommodation ... C4
5 Bristol Cottages ... C3
6 Buffalo Hotel ... C5
7 Haria Hotel ... C5
8 Hibiscus ... A1
9 Kilimanjaro Crane Hotel ... D3
10 Kindoroko Hotel ... C5
11 Lutheran Umoja Hostel ... B6
12 Nyota Bed & Breakfast ... C2
13 Nyumbani Hotel ... C2

**Essen**
14 Abbas Ali's Hot Bread Shop ... C2
15 Aleem's ... C3
16 Jay's Kitchen ... B2
17 Kilimanjaro Coffee Lounge ... D3
18 Milan's ... C5
19 Mimosa Restaurant-Bar-Café ... B3
20 Mr Feng Chinese Restaurant ... B1
21 Pamoja Café ... C5
22 Peppers ... C5
23 Story Lounge ... D2
24 The Coffee Shop ... C4

**Ausgehen & Nachtleben**
25 Arusha Coffee Lounge ... B3
26 Union Café ... B5

**Shoppen**
27 I Curio ... C5
28 Moshi Mamas ... C3
29 Shah Industries ... C6

**Praktisches**
30 Classic Bureau de Change ... D2
31 CRDB Bank ... D3
32 Emslies Global ... D2
33 Exim Bank ... C3
34 First Health CRCT Hospital ... C3
35 Immigration Office ... C3
36 Jaffery Charitable Medical Services ... C5
37 Kemi Pharmacy ... C2
38 NBC Bank ATM ... D3
39 NBC Bank ATM ... B5
40 Stanbic Bank ... C3
41 Trast Bureau de Change ... B5

**Transport**
42 Coastal Aviation ... B4
43 dalla-dalla-Haltestelle ... C4
44 Dar Express ... B2
45 Fastjet ... D3
46 Impala Shuttle ... D3
47 Kilimanjaro Express ... C3
48 Hauptbusbahnhof ... C4
49 Metro Express ... B4
50 Mtei Express ... B3
51 Precision Air ... D3
52 Rainbow Shuttle ... D1
53 Riverside Shuttle ... C3
54 Tahmeed Coach ... C3

22.30 Uhr; ) Dieses beliebte Restaurant liegt am Südwestrand des Uhuru-Parks und hat einen gemütlichen Sitzbereich im Freien. Es serviert köstliche Gerichte aus Rind- und Hühnchenfleisch, einige Thai-Gerichte sowie gute Smoothies, Milchshakes und Desserts. Happy Hour ist täglich von 16 bis 19 Uhr.

**★ Union Café** CAFÉ
(027-275 2785, 0784 590184; Arusha Rd; 7.30–20.30 Uhr; ) Die Kilimanjaro Native Cooperative Union vertritt Zehntausende kleiner Kaffeebauern – und betreibt diesen stilvollen Laden. Auch wenn gute Pizza, Pasta und Burger (Gerichte 8000–18 000 TSh) auf dem Speiseplan stehen, liegt der Schwerpunkt doch auf Kaffee; die Bohnen der Kooperative werden vor Ort geröstet. Daneben gibt's verlässliches WLAN und ein Ambiente, das trendiges Flair mit Elementen des kolonialen Afrikas mischt.

**Arusha Coffee Lounge** CAFÉ
(0755 763700; Boma Rd; 6–18 Uhr; ) Wer gerade im belebten Viertel rund um die Boma Road ist und Lust auf Kaffee hat, sollte in die Arusha Coffee Lounge gehen, ein schickes, ruhiges Café mit gutem WLAN, noch besserem Kaffee sowie einer Auswahl an Gebäck und Snacks.

### Selbstversorger

**Abbas Ali's Hot Bread Shop** BÄCKEREI $
(Boma Rd; Mo–Fr 9–18, Sa bis 17 Uhr) Moshis beste Bäckerei verkauft frisches Brot, Samosas, Joghurt und andere Snacks.

**Aleem's** SUPERMARKT $
(Boma Rd; Mo–Fr 8.45–13 & 14–17, Sa 8.45–13 & 14–16 Uhr) Kleiner Lebensmittelladen mit gutem Sortiment.

## Shoppen

**Moshi Mamas** KUNST & KUNSTHANDWERK
(0757 151992; Boma Rd; Di–Sa 10–17, So 12–17 Uhr) Die lokale Kunsthandwerkskooperative wird, wie ihr Name schon sagt, von einigen freundlichen *mamas* geführt und verkauft Perlenschmuck, *kitenge*-Kleidung sowie

## KAFFEETOUREN

Die beliebtesten Kaffeetouren der Stadt veranstaltet **Kahawa Shambani Coffee Tours** (☎0782 324121; www.kilimanculturaltourism.com/coffee-tour; 40 000 TSh pro Pers., Transport ab Moshi 60 000 TSh), ein lobenswertes von der Gemeinde geführtes Unternehmen, das Besuchern nicht nur zeigt, wie Kaffeebohnen angebaut, gepflückt und geröstet werden, sondern auch Einblick in das Leben der Chagga-Kaffeebauern gewährt, die an den unteren Hängen des Kilimandscharo leben. Mahlzeiten mit ortsansässigen Familien können arrangiert werden, ebenso wie Wanderungen zu anderen Dörfern und zu Wasserfällen.

Am einfachsten ist die Buchung im Union Café. Man kann das Unternehmen auch direkt kontaktieren, um, wie es auf seiner Website schreibt, „irrelevante Leute fernzuhalten".

Kunsthandwerk, das von den Mitgliedern der Kooperative angefertigt wird. Es ist ab der Boma Road ausgeschildert und liegt 100 m eine Arkade hinauf hinter dem Riverside Shuttle.

**I Curio** KUNST & KUNSTHANDWERK
(Viwanda St; ⏲8–18.30 Uhr) Besser als die üblichen Kunsthandwerksläden, mit Festpreisen. Führt auch eine kleine Auswahl von Karten und Büchern zum Thema Nationalparks.

**Shah Industries** GESCHENKE & SOUVENIRS
(☎0754 260348; www.kiliweb.com/shah; Mill Rd; ⏲Mo–Fr 9–17, Sa bis 14 Uhr) Unmengen interessanter Lederarbeiten, zum Teil von Menschen mit Behinderungen hergestellt.

## Praktische Informationen

### EINREISEBEHÖRDE

**Einreisebehörde** (Boma Rd; ⏲Mo–Fr 7.30–15.30 Uhr) Für Visa-Verlängerungen.

### GELD

Es gibt zahlreiche Geldautomaten im Zentrum Moshis, z. B. auf der Boma Road. **Exim Bank** und **Stanbic Bank** (⏲Mo–Fr 8.30–15.30, Sa bis 12 Uhr) haben Geldautomaten auf der Boma Road; NBC Bank hat rund um die Uhr geöffnete Geldautomaten auf der Market Street und am Kreisverkehr beim Uhrturm.

**CRDB** (⏲Mo–Fr 8.30–16, Sa bis 13 Uhr) am Kreisverkehr hat einen guten Geldwechselschalter. Private Wechselstuben sind z. B. **Classic** (Kibo Rd; ⏲8–16 Uhr) und **Trast** (Chagga St; ⏲Mo–Sa 9–17, So bis 14 Uhr).

### MEDIZINISCHE VERSORGUNG

**First Health CRCT Hospital** (☎027-54051; Rindi Lane) Krankenhaus im Stadtzentrum; keine Notfallabteilung.

**Jaffery Charitable Medical Services** (☎027-275 1843; Ghala St.; ⏲Mo–Fr 8–19, Sa bis 18, So 9–12 Uhr) Medizinische Klinik mit dem verlässlichsten Labor der Stadt.

**Kemi Pharmacy** (☎027-275 1560; Rengua Rd.; ⏲Mo–Sa 7.30–19.30, So 11–16 Uhr) Eine von vielen Apotheken im Zentrum.

**Kilimanjaro Christian Medical Centre** (☎027-275 4377/80; www.kcmc.ac.tz; ⏲24 Std.) Rund 4,5 km nördlich des Zentrums bei der Sokoine Road.

### REISEBÜROS

**Emslies Global** (☎027-275 2701, 0689 772379; www.emsliesglobal.com; Old Moshi Rd; ⏲Mo–Fr 8.30–17, Sa 8.30–12 Uhr) Flugbuchungen fürs In- und Ausland.

### TOURISTENINFORMATION

Es gibt keine Touristeninformation in Moshi. Anschlagtafeln gibt's in The Coffee Shop (S. 244), der Kilimanjaro Coffee Lounge (S. 245) und im Union Café (S. 247). Leute, die Kletterpartner suchen, machen hier manchmal einen Aushang. Eine weitere gute Informationsquelle ist **Kiliweb** (www.kiliweb.com).

## An- & Weiterreise

### BUS

Busse und Minibusse starten den ganzen Tag über nach Arusha (3000 TSh, 2 Std.) und Marangu (1500–2200 TSh, 1½ Std.).

Der chaotische **Busbahnhof** (Market St) liegt verkehrsgünstig in der Mitte der Stadt. Es gibt viele Schlepper, und die Ankunft kann dort recht unangenehm sein, wenn man diese Verhältnisse nicht gewöhnt ist. Das ist einer der Gründe, die für das Reisen mit den Busunternehmen sprechen, die ihre Gäste vor ihren Büros absetzen (viele Büros befinden sich an der Boma Road und beim Kreisverkehr am Uhrenturm). Tickets am besten am Tag vor der Abreise kaufen.

Folgende Busunternehmen fahren an ihren eigenen Büros, nicht am Busbahnhof ab. Standardbusse und einige weniger verlässliche Luxusanbieter nutzen den Busbahnhof.

**Dar Express** (Boma Rd) Täglich von 7 bis 12 Uhr Verbindungen nach Daressalam (36 000 TSh, 7–8 Std.) in Voll-Luxus-Bussen (mit Klimaanlage und Toiletten). Der 7-Uhr-Bus kommt manchmal so früh an, dass man noch die Nachmittagsfähre nach Sansibar erreicht, aber darauf kann man sich nicht verlassen.

**Kilimanjaro Express** (Rengua Rd) Die Luxusbusse nach Daressalam (ab 33 000 TSh) fahren morgens ab.

**Metro Express** (☎ 0715 113344; Selous St) Verkehrt zweimal täglich um 8 Uhr (Luxus/Voll-Luxus 33 000/36 000 TSh) nach Daressalam.

**Mtei Express** (Boma Rd) Busse nach Babati (10 000 TSh, 4–5 Std.), Singida (20 000 TSh, 9 Std.) und Dodoma (28 000 TSh, 12–14 Std.) über Arusha.

**Tahmeed Coach** (www.tahmeedcoach.co.ke; Boma Rd) Täglich ein Bus nach Mombasa (20 000 TSh, 8 Std.).

Es gibt auch mehrere Shuttlebus-Unternehmen mit täglichen Verbindungen nach/von Nairobi (Kenia) via Arusha (ca. 40 US$ pro Pers.). Dazu gehören die verlässlichen Unternehmen **Impala Shuttle** (☎ 0754 293119, 0754 360658; Kibo Rd; ⏲ 6.30 & 11.30 Uhr) sowie **Riverside Shuttle** (☎ 027-275 0093; www.riverside-shuttle.com; YWCA-Gebäude, Boma Rd; ⏲ 6 & 11.30 Uhr) und **Rainbow Shuttle** (☎ 0784 204025; ⏲ 6 & 11 Uhr).

### FLUGZEUG

Der Kilimanjaro International Airport (KIA) liegt 50 km westlich der Stadt und auf halber Strecke nach Arusha. Der Standardpreis für eine Taxifahrt nach/von Moshi beträgt 50 000 TSh, obwohl die Fahrer oft mehr verlangen. Es gibt auch den kleinen Flughafen von Moshi südwestlich der Stadt an der Verlängerung der Market Street (5000 TSh für eine Taxifahrt zu den Hotels im Stadtzentrum), der gelegentlich Charterflüge sowie Flüge von Coastal Aviation organisiert.

**Coastal Aviation** (☎ 0785 500729, 0785 500445; www.coastal.co.tz; Arusha Rd; ⏲ Mo–Fr 8.30–17, Sa 8.30–12 Uhr) Tägliche Flüge von Moshi (wenn es genügend Passagiere gibt) auf der Route Arusha–Tanga–Pangani–Pemba–Sansibar–Daressalam und teils in die nördlichen Nationalparks.

**Fastjet** (☎ 0784 108900; www.fastjet.com; Kaunda St) Fliegt täglich zwischen dem KIA und Daressalam mit Anschluss zu Zielen in Tansania und Ostafrika.

**Precision Air** (☎ 027-275 3495, 0787 800820; www.precisionairtz.com; Old Moshi Rd; ⏲ Mo–Fr 8–17, Sa & So 9–13 Uhr) Fliegt vom KIA nach Daressalam, Sansibar und Mwanza.

## ℹ Unterwegs vor Ort

### VOM/ZUM FLUGHAFEN

Eine Taxifahrt zwischen dem Kilimanjaro International Airport und Moshi kostet 50 000 TSh, obwohl die Fahrer zunächst mehr verlangen.

### TAXI & DALLA-DALLA

Taxistände befinden sich in der Nähe des Uhrturms und am Busbahnhof; auch vor den meisten Hotels warten Taxis. Die Fahrt vom Busbahnhof zu einem Hotel in der Stadtmitte würde 3500 TSh und nach Shanty Town 6000 TSh kosten. *Boda-bodas* (Motorradtaxis) sind überall zu finden; die Fahrer verlangen 1000 TSh, auch für sehr kurze Fahrten, sowie 2000 TSh für längere Touren. *Dalla-dallas* fahren auf vielen Straßen in der Nähe des Busbahnhofs; am Nordende des Busbahnhofs befindet sich ein *dalla-dalla*-Stand.

Taxistände gibt's auf der Rengua Road, gleich aufwärts vom Kreisverkehr am Uhrenturm, sowie auf der Market Street neben dem Busbahnhof.

### AUTO & MOTORRAD

Parken im Stadtzentrum kostet 500 TSh pro Tag – Parkwärter mit Ticketgeräten warten meist schon in der Nähe.

An den Hauptstraßen gibt's mehrere Tankstellen, z. B. an der **Nyerere Road** (⏲ 24 Std.) und an der Taifa Road, am Hauptkreisverkehr, wo die Kibo Road auf die Autobahn trifft.

# Machame

☎ 027 / 23 300 EW.

Das recht große Dorf befindet sich ungefähr 25 km nordwestlich von Moshi an den unteren Hängen des Kilimandscharo. Es ist umgeben von dichter Vegetation und Feldern mit Bananenstauden. Die meisten Besucher legen hier nur einen kurzen Zwischenstopp auf dem Weg zum Ausgangspunkt der beliebten Machame-Route ein. Der Ort ist der letzte lärmende Außenposten, bevor es hoch in die Berge geht.

Es gibt nicht viele Unterkünfte in Machame, aber die **Kaliwa Lodge** (☎ 0762 620707; www.kaliwalodge.com; EZ/DZ 99/198 US$; P) ist so schön, dass sie fast ein Reiseziel für sich ist. Die Lodge unter deutscher Leitung auf einer Höhe von 1300 m in der Nähe des Machame-Tors zum Kilimandscharo wurde 2012 eröffnet. Die würfelähnlichen Gebäude in ruhigen Grautönen sind in erfrischendem Bauhausstil gehalten, die Zimmer haben jede Menge Glas, die Farbgestaltung ist dezent und sehr modern und die grüne Gartenanlage mit Palmen so wunderschön wie der gesamte Komplex.

Zwischen Machame und Moshi verkehren täglich Minibusse (2500 TSh, 2 Std.).

# Marangu

☎ 027 / 23 000 EW.

An den unteren Hängen des Kilimandscharo liegt 40 km nordöstlich von Moshi inmitten Bananenstauden und Kaffeepflanzen die grüne Marktstadt Marangu. Die Stadt hat eine angenehme Hochland-Atmosphäre, ein kühles Klima und ein gutes Angebot an Hotels, die alle Wanderungen für ihre Gäste organisieren. Zwar gibt's in Moshi manchmal etwas bessere Budget-Angebote, aber Marangu ist eine ideale Ausgangsbasis für Kili-Besteigungen über die Marangu- oder die Rongai-Route und zudem selbst ein angenehmer Zwischenstopp. Außerdem hat der Ort an den Bergausläufern ein ganz eigenes Flair, das Besucher psychologisch auf die Kilimandscharo-Besteigung vorbereitet und die Vorfreude noch verstärkt.

Marangu ist auch das Herzland des Chagga-Volkes, und es gibt hier zahlreiche Möglichkeiten für herrliche Wanderungen und interessante kulturelle Aktivitäten. Marangu bedeutet „Ort des Wassers", und die ganze Umgebung ist tatsächlich voller kleiner Flüsse und Wasserfälle, die besucht werden können (die meisten gegen eine kleine Eintrittsgebühr).

## Sehenswertes & Aktivitäten

In der **Banana Jungle Lodge** (☎ 0713 780464, 027-275 6565; P) und im **Kilimanjaro Mountain Resort** (☎ 0754 693461; www.kilimountresort.com; P @ ≋) stehen authentische Nachbauten **traditioneller Chagga-Häuser**. Ungefähr 6 km südwestlich von Marangu liegt der Ngangu Hill mit schöner Aussicht und nahebei die kleine alte Kilema-Missionskirche.

Geldautomaten gibt's an der Marangu-Kreuzung. Die meisten Hotels können auch Englisch sprechende Führer (10–15 US$ pro Person pro Tag) zu anderen Attraktionen in der Gegend vermitteln, wie z. B. ziemlich klaustrophobische Höhlen (ausgehobene Löcher und Tunnel), in denen sich die Chagga während der Massai-Überfälle vor rund 200 Jahren versteckten, einen heiligen Baum, die Dorfschmiede und Wasserfälle. Die Hotels und Trekkinganbieter der Region veranstalten außerdem **Tageswanderungen** bis zur Mandara-Hütte (einfache Strecke 10 km; hin 3 Std, zurück 1½ Std.) im Nationalpark Kilimanjaro.

## Schlafen & Essen

**Coffee Tree Campsite** CAMPINGPLATZ $

(☎ 027-275 6604, 0754 691433; kilimanjaro@iwayafrica.com; Camping/Chalet 8/15 US$ pro Pers.; @) Mit großem Grundstück, Heißwasserduschen, Mietzelten und unterschiedlich großen Chalets. Der ausgeschilderte Platz liegt 5 km nördlich von Marangu und 700 m östlich der Hauptstraße. Es gibt keine Gastronomie, jedoch mehrere Lokale in der Nähe. Der Besitzer des Platzes setzt sich für die Verlangsamung der Umweltzerstörung am Kilimandscharo ein und ist eine sehr gute Informationsquelle, was die lokalen Naturschutzbemühungen angeht.

**Kibo Hotel** LODGE $$

(☎ 0754 038747; kibohotel@myway.com; Camping 5 US$, EZ/DZ/3BZ 50/65/85 US$; P) Das Kibo ist das Hotel, in dem Hans Meyer im Jahr 1899 übernachtete, bevor er zu seiner berühmten Erstbesteigung des Kilimandscharo aufbrach. (Ein weitererer prominenter Gast in neuerer Zeit war 1976 Jimmy Carter.) Heute hat das Hotel seine beste Zeit leider hinter sich, aber der Holzfußboden, die großen Fensterscheiben und der schöne Garten machen es trotzdem immer noch zu einer guten Wahl.

Das Hotel liegt 1,5 km westlich der Hauptabzweigung. Es gibt ein Restaurant.

**Babylon Lodge** LODGE $$

(☎ 0762 016016, 027-275 6355; www.babylonlodge.com; EZ/DZ/3BZ 50/70/80 US$; P @ ᯤ) Das freundliche Babylon hat einfache, saubere Doppel- und Zweibettzimmer, die um kleine, attraktive Gärten stehen. Die Lodge ist oft etwas flexibler als andere Häuser, wenn es um Kili-Trek-Pakete geht, und die Mitarbeiter sind gern dabei behilflich, die An- und Weiterreise mit öffentlichen Verkehrsmitteln zu organisieren. Die Lodge liegt rund 700 m östlich von der Hauptkreuzung.

**Lake Chala Safari Lodge & Campsite** CAMPINGPLATZ, LODGE $$$

(☎ 0753 641087, 0786 111177; www.lakechalasafarilodge.com; Zelten mit eigenen/Mietzelten 10/30 US$, EZ/DZ mit HP 140/200 US$, Tagesbesuch 5 US$; P ᯤ) Wer nach Entspannung und Abgeschiedenheit sucht, ist in diesem Ökocamp mit Blick auf den namensgebenden Calderasee an der kenianischen Grenze richtig. Es bietet attraktive Anlagen (darunter ein Restaurant und eine Kochecke) und eine wunderschöne Lage, ideal für Wanderungen, Vogelbeobachtungen und einfach nur fürs Nichtstun. Die geräumigen Zelte sind warm und luxuriös, und der Aussichtspunkt auf einer Anhöhe über dem See bietet tolle Ausblicke in die Landschaft.

Lake Chala liegt 30 km südöstlich von Marangu; man fährt an der Abzweigung nach Marangu vorbei in Richtung Osten und biegt am Schild mit der Aufschrift „Lake Chala" links ab.

**Marangu Hotel** LODGE $$$
(☎0754 886092, 027-275 6594; www.maranguhotel.com; Camping 10 US$, EZ/DZ/3BZ inkl. HP 120/200/275 US$; ) Dieses seit Langem bestehende Hotel ist das erste, das man von Moshi kommend erreicht. Die Unterkunft hat ein ansprechend verblichenes britisches Flair, schöne Zimmer auf einem ausgedehnten Gelände, blühende Gartenanlagen und einen Zeltplatz mit Heißwasserduschen. Wer eine der All-inclusive-Wanderungen des Hotels bucht, zahlt weniger.

### An- & Weiterreise

Minibusse bedienen den ganzen Tag über die Strecke zwischen Marangus Hauptabzweigung („Marangu Mtoni") und Moshi (1500 bis 2200 TSh, 1½ Std.). In Marangu nehmen hin und wieder Kleinlaster Fahrgäste von der Hauptabzweigung zum 5 km entfernten Parkeingang mit (1600 TSh). Wer zum Grenzübergang Holili nach Kenia will, muss an der Abzweigung nach Himo umsteigen.

Wer mit dem öffentlichen Bus von Arusha oder Daressalam nach Marangu anreist, sollte den Fahrer bitten, an der Himo-Kreuzung zu halten, von der regelmäßig dalla-dallas zur Marangu-Kreuzung (1200 TSh) fahren.

## Nationalpark Kilimanjaro

Egal, ob man herkommt, um ihn zu besteigen oder einfach nur, um ihn aus der Nähe zu bewundern – ein Besuch des markanten, schneebedeckten Kilimandscharo zählt zu den großartigsten Erlebnissen einer Afrika-Reise. Und ausnahmsweise geht's beim Besuch des **Nationalparks Kilimanjro** (☎027-275 6602; www.tanzaniaparks.go.tz; Erw./Kind 82,60/23,60 US$; ⏲Tore 6.30–18.30 Uhr, Hauptverwaltung 8–17 Uhr), dem Schutzgebiet um den Berg, mal nicht darum, in Tansania Wildtiere zu sehen.

Im Herzen des Parks liegt der 5896 m hohe Kilimandscharo, Afrikas höchster Gipfel und eine der prächtigsten Naturlandschaften des Kontinents. Er ist zugleich einer der höchsten Vulkane und gehört zu den höchsten freistehenden Bergen der Erde. Er erhebt sich aus Kulturland an seinem Fuß, an seinen Hängen gehen üppig grüne Regenwälder über in alpine Wiesen; diese werden schließlich zur kahlen Mondlandschaft der Zwillingsgipfel Kibo und Mawenzi.

Der dritte Vulkan des Kilimandscharo, Shira, liegt an der Westseite des Berges. Der untere Regenwald ist die Heimat vieler Tiere, wie Büffel, Elefanten, Leoparden und Af-

### WARNUNG: BETRUG BEI PARKGEBÜHREN & UNPROFESSIONELLE GUIDES

**Betrug bei Parkgebühren** Wer direkt am Eingangstor bezahlt, muss alle Gebühren für Eintritt, Hütte, Camping und andere Parkgebühren entweder mit Visa- oder Mastercard und PIN begleichen. Vorsicht vor Parkwächtern, die die Rechnung auf einen geringeren Betrag ausstellen (z. B. 100 TSh anstelle von 100 US$). Nach der Trekkingtour fordern sie beim Verlassen des Parks die Begleichung des Fehlbetrags in bar. Das Geld landet natürlich in der Tasche des jeweiligen Wächters. Bevor man die PIN eingibt, sollten Betrag (*und* Währung) sorgfältig überprüft werden, zudem sind alle Quittungen aufzubewahren, bis man den Park verlassen hat.

**Unprofessionelle Guides** Während die meisten Guides, einschließlich derer, die für Budget-Unternehmen arbeiten, pflichtbewusst, professionell, gut ausgebildet und bemüht sind, den Trip sicher und erfolgreich zu gestalten, gibt's immer auch Ausnahmen. Es passiert zwar nicht oft, aber manche Guides verlassen die letzte Hütte absichtlich spät am Gipfeltag, damit sie nicht ganz bis nach oben gehen müssen. Derartiges lässt sich am besten vermeiden, wenn man mit einem angesehenen Unternehmen geht, das hauptberufliche Guides anstellt (was die meisten nicht tun). Man sollte auch darauf bestehen, den Guide vor der Vertragsunterzeichnung kennenzulernen, mit allen Aspekten der Route vertraut gemacht zu werden, und dann auf dem Berg morgens und abends darüber informiert zu werden, was der Tag bringen soll. Am Abend vor der Gipfelbesteigung sollte man von anderen Bergsteigern in Erfahrung bringen, ob die geplante Aufstiegszeit realistisch ist (allerdings gehen nicht alle zur gleichen Zeit los), und falls nicht, sich das vom Guide erklären lassen. Sollten Probleme auftauchen, höflich, aber entschlossen mit dem Guide sprechen.

## TREKKING AM KILIMANDSCHARO

### Reisezeit

Der Kilimandscharo kann zu jeder Jahreszeit bestiegen werden, obwohl das Wetter notorisch unbeständig ist und sich nur schwer voraussagen lässt. Insgesamt ist die Trockenperiode von Ende Juni bis Oktober und von Ende Dezember bis Februar oder Anfang März, gleich nach den kurzen Regen und vor den langen Regen, die beste Zeit für eine Besteigung des Berges. Im November und im März/April ist damit zu rechnen, dass die Pfade durch den Wald ziemlich matschig sind, und dass die Aufstiegsrouten zum Gipfel, besonders über den Western Breach, schneebedeckt sind. Abgesehen davon ist es in dieser Zeit auch durchaus möglich, ein paar schöne, sonnige Tage zu erwischen.

### Klimabedingungen & Ausrüstung

Das Wetter am Kilimandscharo sollte nicht unterschätzt werden. Häufig ist es am Berg ausgesprochen kalt und feucht, daher ist eine vollständige Ausstattung an Kaltwetter-Kleidung und -Ausrüstung nötig, darunter ein Schlafsack guter Qualität. Es lohnt sich auch, ein paar zusätzliche robuste Wasserflaschen mitzunehmen. Egal welche Jahreszeit es ist, alles muss wasserdicht sein, vor allem der Schlafsack, denn auf dem Berg trocknet selten etwas. Meistens ist es möglich, Schlafsäcke und Ausrüstung bei den Trekking-Unternehmen auszuleihen. Für die Marangu-Route kann die Ausrüstung auch beim Stand der „Kilimanjaro Guides Cooperative Society" gleich hinter dem Marangu-Parkeingang oder in einem kleinen Laden kurz vor dem Eingang gemietet werden. Die Qualität und Verfügbarkeit sind vor allem auf dem Billigniveau nicht zuverlässig, sodass es besser ist, seine eigene Ausrüstung mitzubringen.

Außer einem kleinen Laden am Marangu-Parkeingang, der eine begrenzte Auswahl an Schokoriegeln und Konserven verkauft, befinden sich im Park keine Läden. Bier und Softgetränke werden zu hohen Preisen auf den Hütten der Marangu-Route verkauft.

### Kosten

Der Kilimandscharo kann nur mit einem ausgewiesenen Führer bestiegen werden. Am besten gleich eine Tour bei einem Anbieter buchen. Einfache fünftägige Wanderungen mit vier Übernachtungen entlang der Marangu-Route gibt's ab 1400 US$, Parkgebühren und Steuern inklusive. Einfache preisgünstige Sechstages-Touren auf der Machame-Route starten bei etwa 1900 US$. Für die Rongai-Route werden ab 1500 US$ fällig, für eine siebentägige Exkursion auf der Shira-Plateau-Route rund 2000 US$. Ausgangspunkte anderer Routen sind weiter von Moshi entfernt; die Anfahrtskosten können beträchtlich sein. Deshalb sollte man vorher unbedingt klären, ob sie im Preis inbegriffen sind.

Die meisten der besseren Veranstalter stellen Extrazelte, in denen gegessen wird, anständige bis gute Küche und verschiedene andere Extras, um das Erlebnis möglichst angenehm zu gestalten (und die Chance der Gäste, es bis zum Gipfel zu schaffen, zu verbessern). Wer einen zu billigen Trip wählt, riskiert unzulängliche Mahlzeiten, mittelmäßige Führer, schlechten Komfort und Probleme bei Hüttenbuchungen und Parkgebühren. Auch ist zu bedenken, dass eine umweltgerechte Wanderung immer mehr kostet. Unabhängig vom Preis für die Tour sollten folgende (nicht verhandelbare) Parkgebühren im Angebot eines jeden Trekking-Anbieters inbegriffen sein:

fen, und manchmal werden im Sattel zwischen dem Kibo und Mawenzi Elenantilopen gesichtet.

Eine Besteigung des Kili lockt Jahr für Jahr rund 25 000 Wanderer ins Land, zum Teil auch, weil es möglich ist, ohne Seile oder bergsteigerische Kenntnisse bis zum Gipfel zu gehen. Das heißt aber nicht, dass der Aufstieg einfach ist – er ist ein anspruchsvolles (und teures) Unterfangen und muss gut vorbereitet werden. Es gibt auch viele Möglichkeiten zur Erkundung der Bergausläufer. Außerdem kann man die Massai und die Chagga, die Hauptstämme der Region, kennenlernen.

## Aktivitäten

Es gibt sieben Haupt-Trekkingrouten zum Gipfel. Außer auf der Marangu-Route müssen Wanderer immer in Zelten übernachten.

**Eintrittsgebühr für den Nationalpark** – 82,60 US$ pro Erw. und Tag

**Hütten-/Camping-Gebühr** – 70,80/59 US$ pro Pers. und Nacht

**Rettungsgebühr** – 23,60 US$ pro Pers. und Tour

Weitere Kosten hängen vom jeweiligen Veranstalter ab, der sich in der Regel um Verpflegung, Zelte (wenn nötig), Guides, Träger und Transport zum Ausgangspunkt und zurück kümmert; Trinkgeld zahlen hingegen die Teilnehmer.

### Praktisch & Konkret

Zu den Parkzugängen gehören die Tore Machame, Marangu (bei der Hauptverwaltung), Londorosi sowie einige andere Zugänge; bei einer Trekkingtour entlang der Rongai-Route werden die Gebühren am Marangu-Tor entrichtet. Man muss für alle Routen außer Marangu (mind. 5 Tage) für mindestens sechs Tage Eintritt bezahlen.

### Trinkgeld

Die meisten Guides und Träger erhalten von den Trekking-Veranstaltern nur minimale Löhne und sind auf Trinkgelder als Haupteinnahmequelle angewiesen. Als Anhaltspunkt sollten ungefähr zehn Prozent des Gesamtbetrages, den man für den Trek bezahlt hat, aufgeteilt zwischen Führern und Trägern, gezahlt werden. Trinkgelder betragen gewöhnlich für zufriedenstellende Dienste zwischen 10 und 15 US$ pro Gruppe pro Tag für den Guide, 8 bis 10 US$ pro Gruppe pro Tag für den Koch und 5 bis 10 US$ pro Gruppe pro Tag für jeden der Träger.

### Guides & Träger

Guides und mindestens ein Träger (für den Guide) sind zwingend vorgeschrieben und werden vom Safari-Veranstalter gestellt. Auf der Marangu-Route kann jeder sein Gepäck selbst tragen; obwohl Träger allgemein eingesetzt werden, sind auf allen anderen Routen ein bis zwei Träger pro Bergsteiger unabdingbar.

Alle Guides müssen bei der Nationalpark-Behörde registriert sein. Wenn Zweifel bestehen, die Gültigkeit der Lizenz überprüfen. Auf dem Kili ist es der Job des Guides, den Bergsteigern den Weg zu zeigen, mehr nicht. Nur die besten Guides, die für angesehene Unternehmen arbeiten, sind in der Lage, etwas über die Tierwelt, die Pflanzen und anderes in der Bergwelt zu erzählen.

Die Höchstlast der Träger liegt bei 15 kg (dazu kommen die eigene Verpflegung und Kleidung, die an der Außenseite ihrer Taschen befestigt werden). Das Gepäck der Bergwanderer wird gewogen, bevor es losgeht.

### Karten

Topografische Karten sind z. B. *Map & Guide to Kilimanjaro* von Andrew Wielochowski und *Kilimanjaro Map & Guide* von Mark Savage. Die von Hand gezeichnete *New Map of the Kilimanjaro National Park* bietet einen recht guten Überblick, ist für eine Trekkingtour jedoch zu ungenau.

Offiziell sind auf dem Kilimandscharo pro Route/Tag 60 Bergsteiger zugelassen. Außer auf der Marangu-Route, die wegen der Hütten-Kapazitäten ohnehin nicht mehr aufnehmen kann, wird das nicht immer kontrolliert.

### Marangu-Route

Eine Bergwanderung auf dieser Route wird meist im Paket als eine Auf- und Abstiegstour in fünf Tagen und vier Nächten angeboten. Allerdings ist mindestens eine zusätzliche Nacht zwecks Höhenanpassung dringend zu empfehlen, besonders für diejenigen, die gerade nach Tansania eingeflogen oder aus dem Flachland angekommen sind.

### Machame-Route

Die zunehmend beliebte Route steigt allmählich an und schließt einen wunderbaren Tag auf den südlichen Hängen ein, bevor der Gipfelanstieg über den letzten Teil der Mweka-Route erfolgt.

### Umbwe-Route

Die sehr viel steilere Route mit direkterem Zugang zum Gipfel ist sehr schön, wenn man der Versuchung widerstehen kann, allzu schnell an Höhe zu gewinnen (Auf- und Abstieg sollten insgesamt mindestens sechs Tage dauern). Obwohl die Route direkt ist, ist der obere, sehr steile Teil bis zur Felswand des Western Breach oft mit Eis oder Schnee bedeckt, was ihn unpassierbar oder extrem gefährlich macht. Viele Bergwanderer, die sie ohne richtige Anpassung in Angriff nehmen, sind zur Umkehr gezwungen. Ein Hinweis zum Schwierigkeitsgrad der Route: noch bis vor Kurzem galt der Western Breach als bergsteigerisch anspruchsvoll! Diese Route ist nur für erfahrene und gut ausgerüstete Bergsteiger ratsam, die zudem mit einem angesehenen Veranstalter reisen.

### Rongai-Route

Die beliebte Route beginnt in der Nähe der kenianischen Grenze und geht an der Nordseite des Berges hoch.

### Shira-Plateau-Route

Die attraktive Strecke ist nicht so belebt, kann aber Schwierigkeiten bei der Höhenanpassung machen (sie beginnt auf 3600 m Höhe am Startpunkt des Shira-Trails). Um dem entgegenzuwirken, sollte man in der Shira-Schutzhütte einen zusätzlichen Tag einlegen oder die Lemosho-Route nehmen, die im Wesentlichen derselben Strecke folgt, aber weiter unten am Londorosi-Tor startet und statt sechs oder sieben (wie die Shira-Plateau-Route) acht Tage dauert.

### Lemosho-Route

Die Lemosho-Route auf der Westseite des Berges ist wahrscheinlich die beste Allround-Route, was Landschaftskulisse und Höhenanpassung betrifft. Sie beginnt mit zwei Tagen im Wald, führt dann über das Shira-Plateau und trifft schließlich auf die Machame-Route.

### Northern-Circuit-Route

Diese Route – mit acht bis zehn Tagen die längste – folgt anfangs derselben Strecke wie die Shira-Plateau-Route, biegt beim Lava-Turm aber nach Norden ab und führt an der Nord-(Rück-)seite des Kilimandscharo entlang über den Gilman's Point zum Gipfel.

## West-Kilimandscharo

West-Kilimandscharo liegt in einer entlegenen Ecke Nord-Tansanias und ist ein echtes Paradies. Angesichts der herrlichen Zeltcamps, reizvollen Ebenen, die an den Nationalpark Amboseli in Kenia erinnern, und der von Massai-*manyattas* gesprenkelten Landschaft kann man kaum verstehen, warum so wenige Traveller die Region bereisen. Es ist etwas schwieriger, hier Wildtiere zu beobachten, aber das Gebiet ist ein wichtiger Lebensraum für Löwen aus Süd-Kenia und Teil des Elefantenkorridors, der den Nationalpark Amboseli mit dem Nationalpark Kilimanjaro verbindet. Egal, auf welchen Hügel man hier klettert – der Ausblick ist immer außergewöhnlich.

West-Kilimandscharo, das sich vom Dorf Sanya Juu bis zur kenianischen Grenze und von der Straße Arusha–Namanga bis zum Kilimandscharo erstreckt, ist ein Reiseziel der Extraklasse. Es ist das fehlende Glied auf dem Northern-Safari-Circuit, das Touristen ermöglicht, vom Natronsee zum Kilimanjaro International Airport zu reisen, ohne unterwegs Arusha besuchen zu müssen.

Viele haben noch nie davon gehört (es gibt weder Ausschilderungen noch Eintrittspreise), aber die **Enduimet Wildlife Management Area** (☎0787 903715; www.enduimet.org) ist eine riesige Erfolgsstory, was den Schutz des Wildtierkorridors von West-Kilimadscharo betrifft, z. B. des Kitenden-Korridors, eines Elefanten-„Highways", der bis nach Kenia führt. Großkatzen, Antilopen und andere Wildtiere, die in den Ebenen leben, zeigen sich hier zahlreich. Die Tier-Safaris der meisten Camps in West-Kilimandscharo führen auch durch das WMA – die Camps erteilen nähere Auskünfte.

### Sehenswertes & Aktivitäten

In West-Kilimandscharo kann man Wildtierbeobachtungen zu Fuß, zu Pferd und in traditionellen Allradwagen unternehmen und bei kulturellen Touren die lokalen Massai kennenlernen.

Die Wildtiertouren führen manchmal bis nach Kenia (psst!) ..., und Elefanten sind so gut wie immer zu sehen. Zebras, Geparden, Warzenschweine und Kleine Kudus leben im Schutzgebiet oder ziehen regelmäßig vorbei. Löwen und Büffel kommen zwar selten, jedoch vermehrt vor. Auch Nachtfahrten sind möglich.

**Olpopongi Maasai Cultural Village** KULTURZENTRUM
(☎0756 718455; www.olpopongi-maasai.com; Tagestour/mit Übernachtung 59/95 US$ pro Pers., mit Abholservice & Transport ab Moshi 139/169 US$, ab Arusha 169/190 US$; P) Das Olpopongi Maa-

sai Cultural Village ist eine gute Adresse für jeden, der eine Nacht in einem authentischen Massai-*boma* (einer befestigten Wohnanlage) verbringen oder Massai-Traditionen kennenlernen möchte. Es gibt ein kleines, informatives Museum, heilkundliche Wanderungen, Unterricht im Speerwerfen und mehr. Die Anlage ist ideal für Familien mit Kindern und hat ein Buchungsbüro in Moshi.

## Schlafen & Essen

**House of West Kili** LODGE **$$**
(☎ 0753 462788; www.houseofwestkili.com; Zi. 99–180 US$; P 📶) Die hübsche weiße Lodge auf einer grünen Anlage ist ein toller Ort zum Entspannen sowie ein guter Zwischenstopp auf dem Weg von Moshi nach West-Kilimandscharo. Sie bietet große Zimmer mit weißgekalkten Wänden, die trotz Stühlen mit Zebramuster, Himmelbetten und Strohteppichen nicht kitschig wirken. Vor Ort gibt's ein gutes Restaurant und eine Bar.

**★ Shu'mata Camp** ZELTCAMP **$$$**
(☎ 0752 553456; www.shumatacamp.de; EZ/DZ inkl. VP & inkl. aller Aktivitäten 666/1160 US$) Das Zeltcamp bietet wunderbare Erholung vom Safaritrubel. Es liegt auf einem steilen Hügel und bietet sieben Zelte mit herrlichem Panoramablick auf den Kilimandscharo und das Amboseli-Ökosystem Süd-Kenias. Das Dekor ist von Hemingways Liebe zum klassischen Safaristil inspiriert. Ein Hauch von Luxus und die abgeschiedene Lage sorgen für einen unvergesslichen Aufenthalt.

Vom Aussichtspunkt oberhalb des Camps kann man wunderbar den Sonnenuntergang beobachten. Die Ausblicke zählen zu den besten, die Nord-Tansania zu bieten hat: Man sieht den Kilimandscharo, den Mount Longido, das Krater-Hochland in der Ferne und zahlreiche Massai-*manyattas* – die pure Magie! Es gibt einen hübschen Schreibtisch, der mit einer vollen Cognacflasche bestückt ist sowie riesige, luxuriöse Freiluftduschen hinter dekorativen ockergelben Wänden. Die Einrichtung ist warm und luxuriös: Sie ist in Massai-Tönen gehalten und besteht aus Kronleuchtern, Möbeln aus Dau-Holz und kreativ angeordneten Flaschenkürbissen. Es gibt nicht ganz so viele Wildtiere hier wie an anderen Orten des Northern-Safari-Circuits, aber in der Nähe befindet sich ein großer Elefantenkorridor; außerdem zeigen sich ab und an Löwen und andere Großkatzen (wenn auch selten).

Gäste können sich auf Wunsch aus Moshi und von anderen Orten abholen lassen. Das Camp bietet preiswertere Pakete, wenn man auch im Partnercamp Hatari Lodge (S. 185) im Nationalpark Arusha nächtigt.

**★ Ndarakwai Ranch** ZELTCAMP **$$$**
(☎ 027-250 2713, 0754 333550, 0784 550331; www.ndarakwai.com; EZ/DZ inkl. HP mit Wildtiertouren 600/850 US$; P 📶) Die Ranch, ein hübsches Camp mit 15 Zelten unter Leitung des Schutzgebiets Kilimandscharo, ist eine komfortable Ausgangsbasis für Safaris und Wanderungen. Die schicken, geräumigen Dauerzelte befinden sich auf einem hübschen Waldstück in der Nähe des Ngare-Nairobi-River-Ufers inmitten von Gelbrinden-Akazien. Im Übernachtungspreis enthalten ist die Reservatsgebühr von 35 US$ pro Person und Nacht.

**Kambi Ya Tembo** ZELTCAMP **$$$**
(www.twctanzania.com; EZ/DZ mit VP 275/450 US$) Ein tolles Zeltcamp auf einem schmalen Stück Land zwischen dem Kilimandscharo und der kenianischen Grenze. Kambi Ya Tembo bietet 14 komfortable Safarizelte und Ausblicke, die scheinbar unendlich weit sind und bis nach Kenia und hoch auf den Kilimandscharo reichen. Das Highlight hier sind die Elefanten, da das Camp an einem bedeutenden, grenzüberschreitenden Elefantenkorridor liegt.

## An- & Weiterreise

Öffentliche Verkehrsmittel gibt's in dieser Region nicht, obwohl das Shu'mata Camp, die Ndarakwai Ranch und das Olpopongi Maasai Cultural Village einen kostenpflichtigen Abholservice ab Moshi oder von anderen Orten bieten.

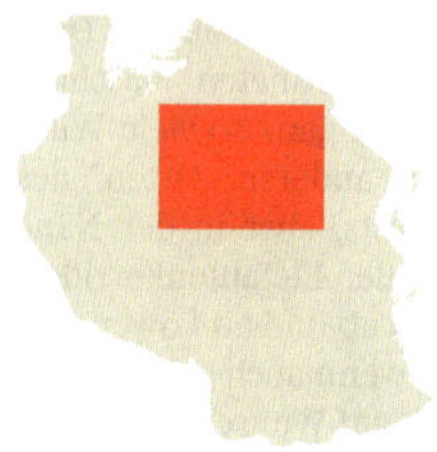

# Zentral-Tansania

**Inhalt ➜**



## Schön übernachten

➜ New Dodoma Hotel (S. 258)

➜ Kahembe's Modern Guest House (S. 263)

➜ Kidia Vision Hotel (S. 258)

## Gut essen

➜ New Dodoma Hotel (S. 258)

➜ Rose's Café (S. 260)

➜ Ango Bar & Restaurant (S. 264)

## Auf nach Zentral-Tansania!

Hierher verirren sich nur wenige Touristen – genau richtig also für Individualisten. Größte Sehenswürdigkeit der Gegend sind die außergewöhnlichen und rätselhaften Felsmalereien von Kondoa, die sich über Hügel im Randbereich des Großen Grabenbruchs verteilen und Teil des UNESCO-Welterbes sind. Nicht weit entfernt erhebt sich der Hanang auf 3417 m, dessen Gipfel man sogar auf eigene Faust erklimmen kann. Beide Attraktionen gelten als Tor zur Welt der farbenfrohen Barabaig und anderer Stämme, deren traditionelle Lebensweisen noch immer wenig von der modernen Welt beeinflusst sind.

Dann gibt es noch Dodoma, die Hauptstadt des Landes und Sitz des Parlaments. Es ist ein faszinierendes Relikt einer Planstadt mit interessanter Architektur und der besten Infrastruktur der Region. Das Reisen ist im Zentrum nicht immer einfach, denn Verkehrsmittel und Unterkünfte sind durchaus noch verbesserungswürdig. Dafür bekommen nur wenige Besucher diesen Teil des Landes zu sehen.

## Reisezeit

### Dodoma

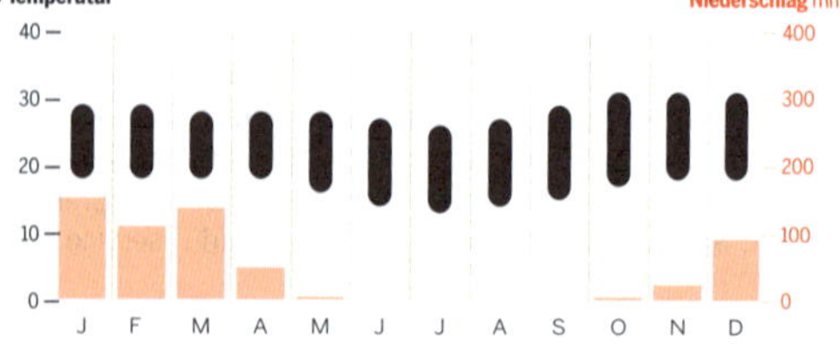


**April–Aug.** In einigen Seen brüten die Flamingos.

**April–Nov.** In der Trockenzeit ist es oft staubig, dafür aber erfrischend kühl.

**Dez.–März** Während der Regenzeit sind manche Straßen kaum befahrbar.

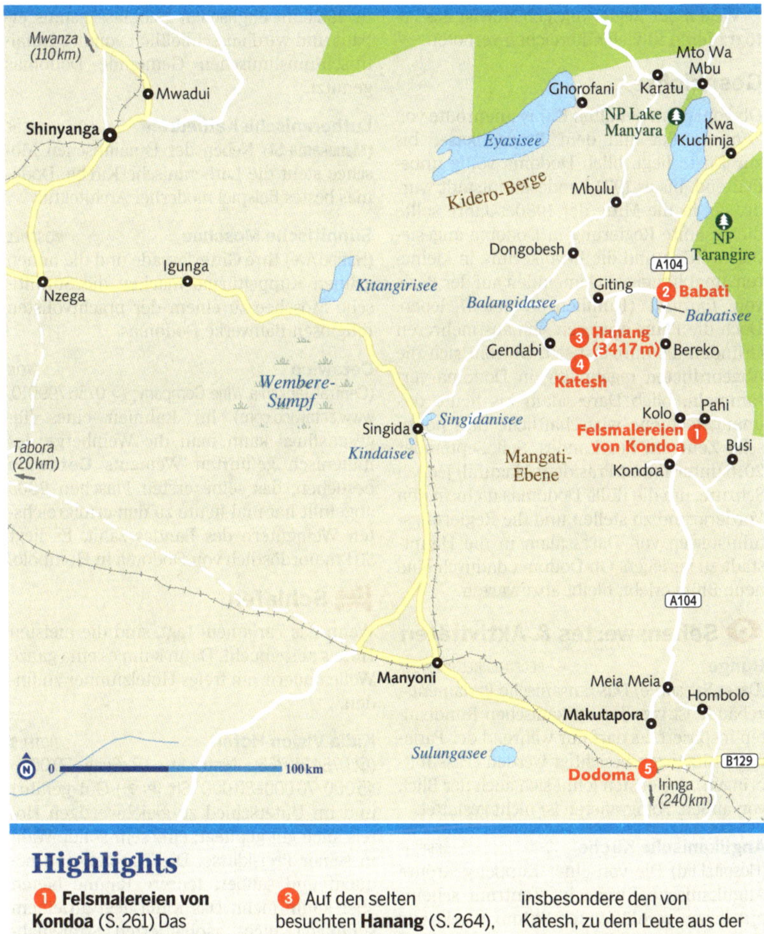


## Highlights

**1 Felsmalereien von Kondoa** (S. 261) Das mysteriöse UNESCO-Welterbe ganz für sich allein haben.

**2 Kultur-Tour** (S. 263) Die Barabaig, Sandawe und andere traditionelle Stämme von Babati aus kennenlernen.

**3** Auf den selten besuchten **Hanang** (S. 264), den vierthöchsten Berg Tansanias, steigen und auf dem Gipfel übernachten.

**4 Mnada** (S. 264) Einen farbenprächtigen *mnada* (Markt) erleben, insbesondere den von Katesh, zu dem Leute aus der ganzen Umgebung anreisen, um mit Vieh zu handeln.

**5 Dodoma** Die sakrale und politische Architektur der Hauptstadt bestaunen.

# Dodoma

☎ 026 / 465 000 EW.

Dodoma entstand aus einer schönen Idee heraus. Doch wie bei allen Hauptstädten vom Reißbrett – man denke an Abuja und Yamoussoukro in Afrika oder Brasília und Canberra auf anderen Kontinenten – sprang der Funke nie wirklich über, und so fehlt Dodoma eine gewisse Authentizität und weltstädtische Atmosphäre. Das könnte sich aber bald ändern, denn Präsident Magufuli plant, die Rolle der Stadt mehr in den Vordergrund zu stellen. Das grandios entworfene Straßennetz und die Architektur der Regierungsgebäude und Kirchen sind zwar sehr eindrucksvoll, stehen aber in einem enormen Kontrast zum ruhigen Alltagsleben der Stadt und erzeugen das Gefühl, Dodoma sei eine Hauptstadt in viel zu großen Kleidern.

Wegen der Regierungsgebäude ist das Fotografieren in vielen Bereichen verboten.

## Geschichte

Obwohl es an der alten Karawanenroute von Zentralafrika und dem Tanganjikasee bis zur Küste liegt, blieb Dodoma völlig unbedeutend, bis es 1973 Landeshauptstadt wurde. Bis in die Mitte der 1980er-Jahre sollte die gesamte Regierung in Dodoma angesiedelt werden und die Bevölkerung in kleineren, unabhängigen Gemeinden auf der Basis von *ujamaa* (Familienverbänden) leben. Doch die Pläne erwiesen sich aus mehreren Gründen als unrealistisch. Obwohl sich die Abgeordneten regelmäßig in Dodoma versammeln, blieb Daressalam bis heute das unangefochtene wirtschaftliche und politische Zentrum des Landes. Seit September 2016 unternimmt Präsident Magufuli jedoch Schritte, um die Rolle Dodomas mehr in den Vordergrund zu stellen und die Regierungsministerien von Daressalam in die Hauptstadt zu verlegen. Ob Dodoma dadurch eine neue Blüte erlebt, bleibt abzuwarten.

## Sehenswertes & Aktivitäten

**Bunge** BEDEUTENDES BAUWERK
(Dar es Salaam Rd) Das tansanische Parlamentsgebäude ist von den afrikanischen Rundbauten inspiriert. Es darf nur während der Parlamentssitzungen besichtigt werden (Pass mitbringen). Ansonsten lohnt sich auch der Blick von außen. Fotografieren ist nicht gestattet.

**Anglikanische Kirche** KIRCHE
(Hospital Rd) Die von einer Kuppel gekrönte Anglikanische Kirche im Zentrum scheint mit ihrem verblüffenden Stilmix direkt aus dem Nahen Osten zu stammen.

**Katholische Kathedrale** KIRCHE
(Mirembe Rd) Die riesige katholische Kathedrale westlich des Zentrums weist Mosaiken im romanischen Stil auf. Sie stellen Heilige und die ugandischen Märtyrer dar.

**Gaddafi-Moschee** MOSCHEE
(Jamhuri Rd) Der gestürzte libysche Diktator Gaddafi hat die 2010 eröffnete Gaddafi-Moschee im Norden des Stadtzentrums gestiftet. Der rosafarbene Bau bietet Platz für 4500 Gläubige und gehört damit zu den größten Moscheen Ostafrikas.

**Ismailitische Jamatkhana-Moschee** MOSCHEE
(Ecke Mahakama St & Jamatin Ave) Die Moschee gegenüber der Anglikanischen Kirche wurde 1954 im englischen Neoklassizismus erbaut und wird ausschließlich von der ismailitisch-muslimischen Gemeinde Dodomas genutzt.

**Lutheranische Kathedrale** KIRCHE
(Mahakama St) Neben der Ismailitischen Moschee steht die Lutheranische Kirche, Dodomas bestes Beispiel moderner Architektur.

**Sunnitische Moschee** MOSCHEE
(Hatibu Ave) Ihre Gitterfassade und die hohen grünen Kuppeltürme machen die Sunnitische Moschee zu einem der prachtvollsten religiösen Bauwerke Dodomas.

**Cetawico** WEIN
(Central Tanzania Wine Company; ☎0786 799010; www.cetawico.com) Im Rahmen eines Tagesausflugs kann man die Weinberge des italienisch geführten Weinguts **Cetawico** besuchen, das seine ersten Flaschen 2005 abgefüllt hat und heute zu den erfolgreichsten Weingütern des Landes zählt. Es liegt 50 km nordöstlich von Dodoma in Hombolo.

## Schlafen

Wenn das Parlament tagt, sind die meisten Hotels ausgebucht. Dann kann es eine ganze Weile dauern, ein freies Hotelzimmer zu finden.

**Kidia Vision Hotel** HOTEL $
(☎0784 210766; Ninth St; DZ/Suite 30 000–45 000/70 000–80 000 TSh; P 📶) Gut geführt und im Unterschied zu gleichwertigen Hotels auch gut gepflegt; eine sehr solide Wahl in seiner Preisklasse. Die Zimmer sind bequem und sauber; teurere Räume bieten aber kaum mehr. Das Kidia liegt an einem staubigen, nicht asphaltierten Straßenabschnitt, davon sollte man sich aber nicht abschrecken lassen.

**Kilondoma Inn** GÄSTEHAUS $
(☎0745 477399; www.kilondoma.blogspot.com; abseits der Ndovu Rd; DZ 20 000 TSh; P ❄) Ein hübsches, einladendes kleines Gästehaus mit kleinem Garten und einem von Säulen flankierten Vorbau. Die Zimmer verfügen über Moskitonetze und Warmwasser, aber die Doppelbetten reichen nur knapp für zwei.

★**New Dodoma Hotel** HOTEL $$
(☎026-232 1641; www.newdodomahotel.com; Railway Rd; EZ/DZ mit Ventilator 50/70 US$, mit Klimaanlage ab 70/95 US$; P ❄ @ 📶 ≋) Der Blumenschmuck verwandelt den Innenhof des ehemaligen Railway Hotels in eine hübsche Oase; die Zimmer sind stilvoll eingerichtet.

# Dodoma

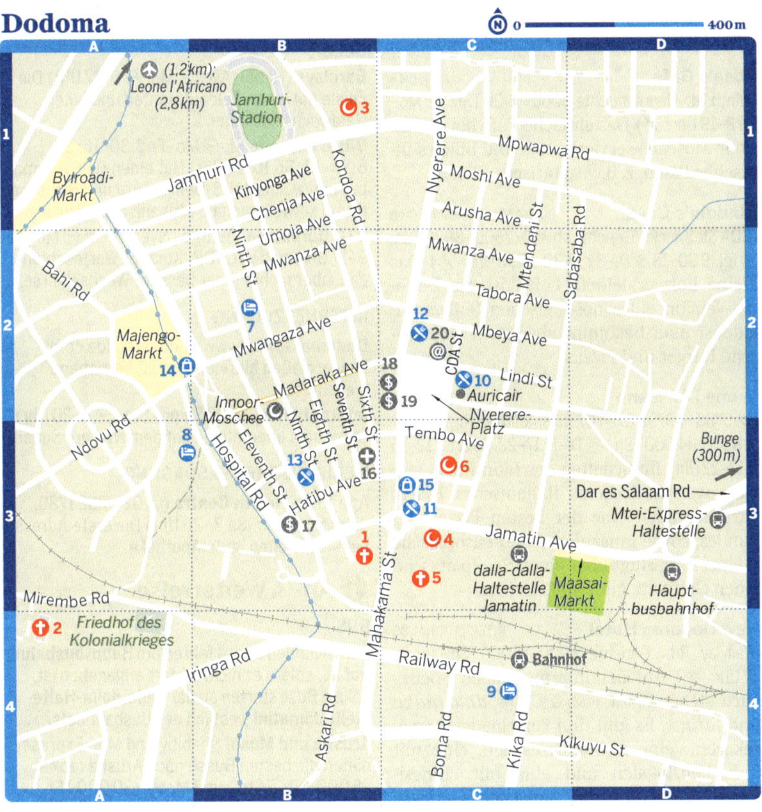


## Dodoma

**Sehenswertes**
1 Anglikanische Kirche ... B3
2 Katholische Kathedrale ... A4
3 Gaddhaffi-Moschee ... B1
4 Ismailitische Jamatkhana-Moschee ... C3
5 Lutheranische Kathedrale ... C3
6 Sunnitische Moschee ... C3

**Schlafen**
7 Kidia Vision Hotel ... B2
8 Kilondoma Inn ... A3
9 New Dodoma Hotel ... C4

**Essen**
10 Aladdin's Cave ... C2
11 Dodoma Wimpy ... C3
12 Mama King ... C2
New Dodoma Hotel ... (siehe 9)
13 Rose's Café ... B3

**Shoppen**
14 Majengo Market ... A2
15 Two Sisters ... C3

**Praktisches**
16 Aga Khan Health Centre ... B3
17 Barclays ... B3
18 CRDB ... C2
19 DTC Bureau de Change ... C2
20 Internet Café ... C2

Die Suiten blicken auf die Hauptstraße und sind lauter als die normalen Zimmer. Es gibt einen Fitnessraum, drei Restaurants und einen kleinen Swimmingpool. Nichtgäste können Pool und Fitnessraum gegen eine Gebühr von 5000 TSh nutzen.

## Essen

**Dodoma Wimpy** FASTFOOD $
(Jamatin Ave; Snacks/Gerichte ab 350/2000–5000 TSh; ⏲7–22 Uhr) Keine echte Wimpy-Filiale, aber es gibt fettige „Beef Burger" und die üblichen einheimischen Gerichte und

Snacks; die meisten, etwa *bhaji* und Hähnchen-Biryani, sind indisch angehaucht.

**Rose's Café** INDISCH $

(Ninth St; Hauptgerichte 3000–7000 TSh; Mo–Sa 8–19 Uhr; ) Das einfache Café bei der Innoor-Moschee serviert gutes und billiges indisches Essen, z. B. vegetarisches Thali.

**Aladdin's Cave** SÜSSWAREN, EUROPÄISCH $

(CDA St; Snacks/Gerichte ab 350/2500–8000 TSh; tgl. 9.30–13 & Di–Sa 15.30–17.30 Uhr; ) Das kleine holzverkleidete Lokal ist die Dodoma-Version eines nostalgischen Süßwarenladens; man bekommt aber auch vegetarische Burger und Pizzas.

**Leone l'Africano** ITALIENISCH $$

(0788 629797, 0754 073573; Mlimwa Rd; Gerichte 8500–14 000 TSh; Di–Fr 17–22, Sa & So 12–15 & 17–22 Uhr) Im Schatten des Lion Rock; serviert werden leckeres italienisches Essen, darunter auch eine der besten Pizzas des Landes, sowie tansanische und europäische Weine. Es verfügt über einen Spielplatz und einen Golfplatz mit zwölf Löchern.

**New Dodoma Hotel** INTERNATIONAL $$

(Railway Rd; Gerichte 5000–16 000 TSh; 7–22 Uhr; ) Auf der internationalen Speisekarte stehen Pizza, Fish & Chips, *dhal tadka* und *fajitas*. Es gibt drei verschiedene Speisekarten: eine mit italienischen, eine mit indischen/lokalen und eine mit chinesischen Speisen – die indischen Gerichte schmecken am besten. Das China-Restaurant im Hotel ist reine Glückssache – das Essen kann lecker oder furchtbar schmecken.

### Selbstversorger

**Mama King** SUPERMARKT $

(Nyerere St; Mo–Sa 8.30–21, So 14–21 Uhr) Kleiner Supermarkt für Selbstversorger.

## Shoppen

**Majengo-Markt** MARKT

(Ndovu Road; 8–17 Uhr) Der belebte Straßenmarkt ist nicht zu übersehen – hier wird man von Händlern bestürmt, die Ladegeräte für Handys, Plastikschuhe und Kleidung verkaufen. Außerdem gibt's ein paar Stände mit lokaler Kleidung, Bastkörben und handgefertigten Holzwaren.

**Two Sisters** ESSEN & TRINKEN

(Hatibu Ave; Mo–Sa 9–18, So 9–13 Uhr) Lebensmittelladen mit einer guten Auswahl an Käsesorten.

## Praktische Informationen

### GELD

**Barclays** (Hatibu Ave; Mo–Fr 9–17 Uhr) Die Filiale hat einen Geldautomaten und einen Geldwechselschalter.

**CRDB** (Nyerere St; Mo–Fr 8.30–16, Sa 8.30–13, So 10–14 Uhr) Hat einen Geldautomaten und wechselt US-Dollar, Euro und Britische Pfund sowie regionale afrikanische Währungen.

**DTC Bureau de Change** (Nyerere St; Mo–Sa 9–17 Uhr) Neben CRDB. Kürzere Warteschlangen, aber nicht immer bessere Wechselkurse.

### INTERNETZUGANG

**Dodoma Guide** (www.dodoma-guide.com) Einigermaßen hilfreiche privat betriebene Website.

**Internetcafé** (2000 TSh pro Std.; 8–20 Uhr) Effizientes Internetcafé auf dem Nyerere Square.

### MEDIZINISCHE VERSORGUNG

**Aga Khan Health Centre** (026-232 1789; Sixth St; Mo–Sa 8–20 Uhr) Die erste Adresse bei Krankheiten; gute Apotheke.

## An- & Weiterreise

### BUS

Die folgenden Busse fahren am **Hauptbusbahnhof** ab, sofern es nicht anders angegeben ist. Lokale Buse starten an der **dalla-dalla-Haltestelle Jamatini** westlich des Busbahnhofs.

**Arusha und Moshi** Shabiby und Mtei Express bieten die besten Busse nach Arusha (ab 25 000 TSh, 7 Std.) und Moshi (30 000 TSh, 10–12 Std.). Alle fahren um 6 Uhr. Die Busse von Mtei fahren von ihrer eigenen Haltestelle am Hauptbusbahnhof ab.

**Daressalam** Die „full luxury"-Busse von Shabiby mit gegenüberliegenden Doppelsitzen und Toilette (26 000 TSh, 6–7 Std.) fahren vom Hauptbusbahnhof ab. Die übrigen Busse (12 000–20 000 TSh) starten regelmäßig zwischen 6 und 13 Uhr in Dodoma. Busse, die in Mwanza Richtung Daressalam unterwegs sind, kommen nachmittags durch Dodoma und haben meist noch Sitzplätze frei.

**Iringa** Inzwischen ist die Straße nach Iringa (12 000 TSh, 3 Std.) asphaltiert.

**Kondoa und Babati** Die Busse (7000/12 000 TSh, 2½/4 Std.) starten um 6, 6.30, 10.30 und 12 Uhr.

**Mwanza** Die Busse nach Mwanza (38 000 TSh, 8 Std.) über Singida (18 000 TSh, 3 Std.) fahren um 6 und 7.30 Uhr in Dodoma ab. Die Busse aus Daressalam nach Mwanza kommen um die Mittagszeit durch.

### FLUGZEUG

Der Flughafen liegt nördlich des Stadtzentrums (ein Taxi kostet 4000 TSh).

**Auricair** (☎ 0783 233334; www.auricair.com; Nyerere Sq; ⊙ 8–18 Uhr) Fliegt 8-mal wöchentlich zwischen Dodoma und Daressalam (rund 225 US$).

## Felsmalereien von Kondoa

In der Region von Kondoa, insbesondere um das winzige Dorf Kolo herum, finden sich die außergewöhnlichsten Felsmalereien, die Afrika zu bieten hat. Die überhängenden Felsen der umliegenden Hügel sind von 2000 Jahre alten, kunstvollen Malereien übersät; einige Stellen werden bis heute für animistische Rituale genutzt. Die Felsbilder sind kaum bekannt und eine der meistunterschätzten Attraktionen. Wer sich nicht vor holprigen Pisten fürchtet, sollte den Abstecher zu den faszinierenden Malereien wagen.

Für Besuche auf eigene Faust verkauft das **Büro des Ministeriums für Altertümer** (☎ 0752 575096; Kolo; ⊙ 7.30–18 Uhr) an der Hauptstraße in Kolo eine Erlaubnis (27 000/13 000 TSh pro Erw./Kind) und stellt kostenlos einen obligatorischen Führer zur Verfügung (ein Trinkgeld wird erwartet); einige sprechen Englisch. Das kleine, aber gute Museum zeigt archäologische Funde und stellt die Kultur der Irangi vor.

Während die meisten Safari-Veranstalter keinen Aufenthalt in Kondoa vorsehen, bauen andere die Felsmalereien für einen Tag in ihre Safaris ein. Das Kondoa Irangi Cultural Tourism Program (S. 263) in Kondoa fährt regelmäßig Besucher (60 US$ pro Pers., mindestens 2 Teilnehmer) her; auch das Unternehmen Kahembe's Culture & Wildlife Safaris (S. 263) in Babati hat Ausflüge nach Kondoa im Programm.

### Sehenswertes

Von den 186 bekannten Standorten (wahrscheinlich gibt's insgesamt mehr als 450) sind nur wenige gründlich dokumentiert.

### FELSMALEREIEN VON KONDOA

Obwohl mehrere Archäologen die Felsmalereien untersucht haben – am bekanntesten dürfte Mary Leakey sein –, bleibt die Herkunft der meisten Darstellungen im Dunkeln. Niemand kennt die Künstler oder die Entstehungszeit. An manchen Stätten halten Regenmacher und Medizinmänner noch immer ihre Rituale ab.

Experten für Felsmalereien ordnen die Werke von Kondoa zwei verschiedenen Stilen bzw. Epochen zu. Die ältesten und aufwendigsten sind die sogenanten **roten Malereien.** Einige Forscher schätzen das Alter der ältesten Bilder auf mehr als 7000 Jahre, vielleicht sogar mehr. Die roten Malereien (oft ocker- oder orangefarben) stellen in der Regel stilisierte menschliche Figuren dar, die jagen, tanzen oder Musikinstrumente spielen. Häufig tragen sie Röcke, fremdartige Frisuren und Körperschmuck. Auf vielen Zeichnungen sind große Tiere, vor allem Giraffen und Antilopen, aber auch geometrische Formen zu sehen. Interessanterweise sind die Tiere meist lebensnah, die Menschen hingegen als abstrakte Strichmännchen dargestellt.

Die roten Felsmalereien sollen von den Sandawe stammen, die entfernt zur Sprachfamilie der San gehören. Auch dieser südafrikanische Stamm ist für seine Felsmalereien berühmt. Das Volk der Hadza, das heute in der Umgebung des Eyasisees in Nordtansania lebt, kommt ebenfalls als Urheber infrage. Wer auch immer die Künstler waren, sie benutzten Hände und Finger, aber auch Pinsel aus Schilf oder Zweigen. Einige Farben bestehen aus einem Gemisch verschiedener Pigmente mit Tierfett, die zu einer Art Fettkreide geformt wurden.

Die zweite Kategorie ist als **späte weiße Malereien** bekannt. Im Vergleich zu den roten Malereien sind sie wesentlich einfacher – geradezu roh. Die meisten dieser späten Zeichnungen entstanden während der vergangenen 1500 Jahre und gehen auf Bantu-Stämme zurück, die in diese Gegend zuwanderten. Auf den besseren Malereien sind wilde oder mythische Tiere und Menschen erkennbar sowie Muster, die aus Punkten, Kreisen und Rechtecken bestehen. Oft lassen sich die Motive dieser jüngeren Werke nicht leicht identifizieren, denn sie wurden häufig nicht mit dem Pinsel, sondern mit den Fingern gemalt.

Für weitere Informationen kann man sich an den **Trust for African Rock Art** (www.africanrockart.org) wenden oder das hervorragende Buch *Afrikanische Felsenbilder* von David Coulson und Alec Campbell kaufen.

Mit einer Übernachtung in Kolo oder Kondoa können problemlos drei der besten Standorte an einem Tag besucht werden, und wer sich beeilt, schafft sogar vier.

**Felsmalereien von Fenga** FELSMALEREIEN
Zu den am meisten beeindruckenden Felsmalereien von Kondoa zählt der ausgezeichnete Komplex von Fenga mit seinen lebhaften, dicht gedrängten Bildern. Die bekannteste Szene zeigt eine Gruppe von Jägern mit wilden Frisuren, die einen Elefanten in eine Falle zu locken scheint. Die Zeichnungen sind etwa 20 km nördlich von Kolo gleich westlich der Straße Arusha–Dodoma mit einem 1 km langen Spaziergang durch hügeliges Gelände zu erreichen.

**Felsmalereien von Thawi** FELSMALEREIEN
Die abwechslungsreichste und damit beste Gesamtschau der Malereien in der Gegend von Kondoa bietet Thawi. Es liegt 15 km nordwestlich von Kolo, und man gelangt nur mit einem Geländewagen hin.

**Felsmalereien von Kolo** FELSMALEREIEN
Am meisten besucht, wenn auch nicht die besten, sind die Malereien bei Kolo (B1, B2 und B3), 9 km östlich vom Dorf Kolo. Sie sind nur mit einem geländegängigen Wagen zu erreichen, und am Ende der Straße muss noch ein steiler Hügel bis zu den Malereien erklettert werden. Die interessantesten Darstellungen zeigen langgestreckte Menschen mit Masken oder kunstvollen, wilden Frisuren; eine Szene wird als Entführung einer Frau interpretiert. Man sieht auch Bilder von Nashörnern, Giraffen und Leoparden.

**Felsmalereien von Pahi** FELSMALEREIEN
Östlich von Kolo auf der Rückseite desselben Berges im Osten Kolos, befinden sich die einfachen, meist weißen und damit neueren Malereien von Pahi. Sie sind mit dem Auto zu erreichen. Busse von Arusha und Babati nach Busi fahren durch das nahe Dorf Pahi.

## Schlafen & Essen

In Kondoa gibt's nur einfache Gästehäuser und Campingplätze; beim Kondoa Irangi Cultural Tourism Program (S. 263) können auch Aufenthalte bei Gastfamilien gebucht werden.

**Amarula Campsite** CAMPINGPLATZ $
(☎0754 672256; www.racctz.org; Camping mit eigenem/gemietetem Zelt 8/20 US$, Hütte 25 US$) Der Campingplatz 6 km östlich von Kolo an der Straße nach Pahi liegt in wunderschöner Umgebung und bietet einfache Einrichtungen. Es gibt auch eine kleine Lehmhütte für Selbstversorger und einen hübschen, schilfgedeckten Speisebereich. Den Gästen wird Feuerholz zur Verfügung gestellt. Ein hübscher Platz, der angesichts der wenigen Einrichtungen aber zu teuer ist.

**Mary Leakey Campsite** CAMPINGPLATZ $
(Camping 7500 TSh) Dieser vom Ministerium für Altertümer betriebene Campingplatz hat nicht viel zu bieten außer Ruhe und Einsamkeit – und das ganze Jahr Wasser. Er befindet sich am Fluss Kolo (Hembe) auf halber Strecke zu den Felsmalereien von Kolo.

**Kondoa Climax Hotel** HOTEL $
(☎026-236 0389; Kondoa; DZ 25 000 TSh; ) Das fröhliche gelb gestrichene Hotel hat zwar einen bizarren Namen, bietet aber saubere Zimmer mit Warmwasser, Moskitonetzen und Privatbädern.

## Praktische Informationen

Ein paar Gästehäuser in Kondoa haben Zugang zum Internet, es gibt aber keine Bankdienste für Touristen.

## An- & Weiterreise

Kolo liegt 80 km südlich von Babati. In Babati fahren um 7 und 8.30 Uhr Busse nach Kolo (7500 TSh, 2½ Std.) ab. Von Arusha fahren um 6 Uhr Mtei-Express-Busse nach Kondoa ab und kommen durch Kolo (11 500 TSh, 5 Std.). Der letzte Bus von Kondoa in nördliche Richtung startet um 9 Uhr. Nach Dodoma (8500 TSh, 3 Std.) verkehren nur Busse ab Kondoa, nicht ab Kolo. Sie fahren um 6, 10 und 12.30 Uhr. Wer von Kondoa nach Norden fährt, kann mit einem Sitzplatz rechnen, ab Kolo sind nur noch Stehplätze frei.

Von Babati aus kann man die Stätten als Tagestour mit öffentlichen Verkehrsmitteln planen oder als Zwischenstop auf der Fahrt nach Dodoma. Nach der Besichtigung der Felsmalereien von Kolo geht's allerdings nur per Anhalter weiter; normalerweise fahren nachmittags ein paar Laster über diese Straße.

## Unterwegs vor Ort

In Kolo kann man Motorräder mieten und damit alle vorgestellten Stätten früher erreichen. Bis zu den Felsmalereien muss man allerdings noch ein Stück laufen. Die Motorräder, die das Ministerium für Altertümer verleiht, sind sehr teuer (25 000 TSh nur für die Stätten in Kolo), man kann aber versuchen, in Kondoa (die nächstgelegene größere Stadt, 25 km südlich von Kolo) von privat einen preiswerteren Wagen zu mieten.

# Babati

☎027 / 105 000 EW.

Das verlotterte Marktstädtchen Babati liegt inmitten einer fruchtbaren Landschaft am Rande des Grabenbruchs, 175 km südwestlich von Arusha. Der Ort hat den Charakter eines Grenzpostens, obwohl vor kurzem eine neue Straße gebaut wurde. Er ist Ausgangspunkt für Trekkingtouren auf den Hanang (75 km südwestlich) und Standort eines langjähriges Programmes für Kultur-Touren, hat sonst aber nicht viel Sehenswertes zu bieten. Babati wird im Südwesten vom friedlichen Babatisee gesäumt. Der See mit dem hohen Schilfgürtel ist die Heimat von Flusspferden und Wasservögeln. Man kann ihn mit Kahembe's Culture & Wildlife Safaris (siehe unten) oder den Mitarbeitern des Royal Beach Hotels erkunden. Wer am 17. eines Monats ankommt, darf auf keinen Fall den monatlichen **mnada** (Markt) verpassen, der 5 km südlich der Stadt abgehalten wird.

## Schlafen & Essen

**Royal Beach Hotel** CAMPINGPLATZ, BANDAS $
(☎0785 125070; Camping mit eigenem/gemietetem Zelt 15 000/18 000 TSh, bandas 35 000 TSh; P) Das Royal Beach auf einer Halbinsel im Babatisee, 3 km südlich von Babati, hat ein attraktives Bar-Restaurant und eine Disco (Fr & Sa) mit Schilfdach-Ambiente. Auf Wunsch werden Bootsausflüge zu den Flusspferden organisiert. Wir empfehlen, hier lieber zu zelten: Die aus Stein gebauten *bandas* (schilfgedeckten Hütten) sind extrem simpel eingerichtet.

**Kahembe's Modern Guest House** GÄSTEHAUS $
(☎0784 397477; www.kahembeculturalsafaris.com; Sokoine Rd; EZ/DZ mit Frühstück 25 000/30 000 TSh; WLAN) In dem schlichten, freundlichen Haus nordwestlich der Bushaltestelle ist auch Kahembe's Culture & Wildlife Safaris untergebracht. Es bietet ordentliche Doppelzimmer mit Einzel- und Doppelbetten, TV und heißen Duschen. Das Frühstück mit Würstchen, Cornflakes, Obst, Toast und Eiern ist im Preis enthalten. Nebenan kann man beim Inhaber Joas Kultur-Touren buchen.

**White Rose Lodge** GÄSTEHAUS $
(☎0784 392577; www.manyarawhiterose.blogspot.com; Ziwani Rd; DZ 25 000 TSh; P WLAN) In Ordnung, aber ungünstig gelegen (außer für Selbstfahrer) in einer Nebenstraße der Singida Road im Süden der Stadt. Die Zimmer verfügen über die gleiche Standardausstattung wie andere Budgetherbergen in Babati, sind aber viel neuer.

ABSEITS DER ÜBLICHEN PFADE

### KULTURTOURISMUS IN ZENTRAL-TANSANIA

Um Kondoa lebt eine bunte Mischung indigener Stämme, deren Lebensweise sich im letzten Jahrhundert kaum verändert hat. In vielen Dörfern sind Touristen zwar willkommen, die Bevölkerung ist aber, bis auf die engere Umgebung von Arusha, nicht auf Touristen eingestellt. Der berühmteste und meistbesuchte Stamm sind die Barabaig, die noch immer als Halbnomaden und Viehhirten leben. Viele Frauen tragen regelmäßig ihre traditionelle Kleidung aus Ziegenfellen. Die kleinwüchsigen Sandawe, die mit keinem Stamm der Region verwandt sind, gehören zu den ältesten Bewohnern Tansanias. Vielleicht stammen die Felsmalereien um Kondoa von ihren Vorfahren. Sie sprechen eine Sprache mit Klicklauten und jagen noch immer mit Pfeil und Bogen.

**Kahembe's Culture & Wildlife Safaris** (☎0784 397477; www.kahembeculturalsafaris.com; Sokoine Rd) Das zuverlässige und kenntnisreiche Unternehmen mit Sitz in Babati wurde 1992 gegründet und ist der Hauptanbieter für Besteigungen des Berges Hanang. Außerdem organisiert es Kultursafaris in die Umgebung, Fahrradtouren und Ausflüge in Dörfer, wo man bei der Honigernte oder beim Maisstampfen mithelfen kann. Zum Freiwilligenprogramm gehören Wildtierbeobachtungen und kultureller Austausch mit Schulbauprojekten.

**Kondoa Irangi Cultural Tourism Program** (☎0784 948858, 0715 948858; www.tanzaniaculturaltours.com; Kondoa; 80 US$ pro Person, mind. 2 Pers.) Dieser empfehlenswerte Anbieter in Kondoa lebt quasi von den dortigen Felsmalereien. Der Leiter Moshi Changai organisiert auch Besuche bei den Barabaig, Sandawe und Irangi mit dem Rad oder Auto. Übernachtungen in privaten Unterkünften sind ebenfalls möglich.

**Ango Bar & Restaurant** TANSANISCH $ (Arusha-Dodoma Rd; Frühstücksbüfett/Mittag- oder Abendessen 6000/8000 TSh; ⏲7–21.30 Uhr) Hinter der kleinen Tankstelle gegenüber vom Ausgang des Busbahnhofs serviert das unerwartet attraktive Lokal einheimische und ein paar vegetarische Gerichte. Die beste Adresse für ein abendliches Bier.

## Praktische Informationen

An einigen gut ausgeschilderten Plätzen in der Stadt gibt's Internetzugang.

**Manyara Internet Café** (Mandela Rd; 2000 TSh pro Std.; ⏲Mo–Sa 7.30–19, So 10–14 Uhr)

**Rainbow Communication** (Mandela Rd; 2000 TSh pro Std.; ⏲Mo–Sa 8–18.30 Uhr)

**NBC** (Arusha-Dodoma Rd) Wechselt Bargeld und hat einen Geldautomaten.

## An- & Weiterreise

Der Busbahnhof ist so groß wie ein Fußballfeld und den ganzen Tage über voller Busse, Traveller und Schlepper. Busse zwischen Babati und Arusha (9000 TSh, 4 Std.) starten in beide Richtungen um 5.30 Uhr; die letzten fahren um 16 Uhr, aber bis 18 Uhr gibt es *dalla-dallas*. Zu den weiteren Zielen gehören Dodoma (12 000 TSh, 4 Std.), Kondoa (8500 TSh, 3 Std.), Mwanza (29 000–36 000 TSh, 8 Std.) und Singida (9000 TSh, 3 Std., letzte Fahrt von Babati um ca. 10 Uhr). Die Luxusbusse von Shabiby, die zu diesen Zielen fahren, kosten 5000 bis 10 000 TSh mehr als hier angegeben, sind aber empfehlenswert, da sie mehr Komfort und Sicherheit bieten.

# Hanang (Berg)

Eine der schönsten Bergwandertouren Tansanias ist zugleich auch eine der unbekanntesten. Der vulkanische Hanang (3417 m), Tansanias vierthöchster Berg, erhebt sich steil aus der Ebene zwischen Babati und Singida, und wahrscheinlich ist man auf dem hübschen Weg zum Gipfel ganz für sich allein. Der Berg ist eine großartige Option für Wanderer mit kleinem Budget, da er nicht in einem Nationalpark liegt und man sich die hohen Eintrittspreise spart. Die Hauptroute beginnt in der Stadt **Katesh**, die für ihren großen und sehr interessanten *mnada* (Markt) bekannt ist, der am 9., 10. und 28. jedes Monats stattfindet. Hier treffen sich Massai, Barabaig, Iraqw und andere Stämme aus der weiteren Umgebung, handeln mit Vieh und kaufen und verkaufen ihre Waren, darunter Körbe, Schmuck und Massaistoffe (*shuka*). Das wirkliche Highlight sind allerdings die bunt gekleideten Marktbesucher und die Möglichkeit, ein lokales Event zu erleben.

## Schlafen & Essen

Es gibt ein paar einfache Gästehäuser in Katesh; auf dem Berg selbst kann man in einem Zeltcamp übernachten.

**Summit Hotel** GÄSTEHAUS $ (☎0787 242424; Katesh; Zi. ab 20 000 TSh; P) Das leuchtend grüne Haus auf dem Hügel östlich der Gemeindeverwaltung ist die beste Unterkunft in Katesh und ist besonders günstig gelegen, wenn man den Hanang besteigen möchte.

**Colt Guesthouse** GÄSTEHAUS $ (☎027-253 0030; Katesh; EZ/DZ 15 000/20 000 TSh, ohne Bad 8000/10 000 TSh; P) Das langjährige Gästehaus nordwestlich der Bushaltestelle am Markt ist einfach, aber sauber und hat Warmwasser.

## An- & Weiterreise

Die Busse zwischen Singida (7000 TSh, 1½ Std.) und Babati (8000 TSh, 2½ Std.), dazu gehören auch alle Arusha–Mwanza-Busse, fahren jeden Morgen durch Katesh und halten an der Haltestelle bei der T-Hauptkreuzung. Nach Mittag geht's nur per Anhalter weiter.

# Singida

☎026 / 155 000 EW.

Eigentlich hat man keinen Grund, auf der Strecke zwischen Mwanza und Dodoma in Singida länger zu bleiben als auf der Durchreise nötig. Falls man sich ein bis zwei Stunden die Zeit vertreiben möchte: Der **Singidanisee** ist einer der drei Salzseen im Westen der Stadt. Sein grünes Wasser und das felsige Ufer bieten einen sehr attraktiven Anblick; sogar dann noch, wenn der See völlig austrocknet, was manchmal während der Trockenzeit vorkommt. Der See lockt zahllose Wasservögel an wie Pelikane, manchmal auch Flamingos. Singidani fängt 600 m hinter der Post an.

Das **Regionalmuseum** (Makumbusho ya Mkoa; ⏲9–17 Uhr) GRATIS in der Open University of Tanzania zeigt eine gute Auswahl an Waffen, Schmuck und anderen Objekten der lokalen Stämme. Bei einem Besuch gehen schnell ein oder zwei Stunden vorbei.

Geldautomaten gibt's an der Boma Road (auch unter den Namen Sokoine Road und Arusha Road bekannt).

### BESTEIGUNG DES HANANG

Die Hauptroute zum Gipfel ist der Jorodom-Weg. Er beginnt im Ort Katesh an der Südflanke des Berges und ist innerhalb eines Tages (10 Std.) zu schaffen. Ein weiterer Tag sollte zur Vorbereitung eingeplant werden. Noch eindrucksvoller ist eine Übernachtung auf dem Gipfel. Eigentlich ist kein Führer erforderlich, aber gewöhnlich empfehlen die Veranstalter einen Guide, denn der Weg ist schwierig zu finden. Am besten wendet man sich dafür an Kahembe's Trekking & Cultural Safaris in Babati. Die Tour kostet für eine Gruppe von zwei Personen bis zu 128 US$ pro Person, inklusive Verpflegung, Guide, Übernachtung vor und nach dem Aufstieg in Katesh; dazu kommt eine Gebühr von 40 US$ pro Person für das Waldreservat und 2800 TSh pro Person für die Gemeinde. Die Transportkosten sind nicht enthalten. Wer auf eigene Faust aufsteigen möchte, muss sich im **Forest Cachement Office** (☎0784-456590) in Raum 15 anmelden (Gemeindeverwaltung Katesh auf dem Hügel über dem Ort; Idara ya Mkuu wa Wilaya). Es empfiehlt sich, vorher anzurufen, da das Büro nicht immer besetzt ist. Ein persönlicher Guide kostet hier 12 000 TSh pro Tag; für Wasser und Verpflegung ist jeder selbst verantwortlich. Man sollte sich aber keinesfalls den nicht organisierten Führern anvertrauen, die in Katesh herumhängen und behaupten, sie gehörten zu Kahembe. Einige sind tatsächlich registrierte Fremdenführer, doch mehrere Reisende, die auf eigene Faust losgezogen sind, wurden unterwegs von den Guides ausgeraubt. Ob mit Veranstalter oder allein, unbedingt viel Wasser mitnehmen, denn unterwegs gibt es keine Quelle.

## Schlafen & Essen

**Regency Resort Singida** HOTEL $
(☎026-250 2141; www.regencyresortsingida.co.tz; DZ 35 US$; ) Das moderne Regency ist das schickste Hotel der Stadt. Es hat einen großen Pool, ein gutes Restaurant und einen schönen Blick auf den Singidanisee. In der Poolbar wird Livemusik gespielt.

**Stanley Motel Annex** HOTEL $
(☎0754 476785; www.stanleygroupofhotels.com; Camping/EZ/DZ/Suite 5/20/25/30 US$) Das gut geführte Haus erstreckt sich über drei Grundstücke und strebt nach Grandezza (es bietet „Executive-Suiten"), aber letztendlich ist es recht einfach und hat ein gutes Preis-Leistungs-Verhältnis.

**Razaki Munch Corner** TANSANISCH $
(Hauptgerichte 2500–6000 TSh; Mo–Sa 7–21 Uhr, So bis 15 Uhr) Der Name trifft's genau: Es gibt eine große Karte mit lokalen Gerichten, vom Ziegen-Pilaw bis zu Hähnchen mit Pommes. Das tansanische Lokal befindet sich am Markt, direkt westlich vom Minarett-Uhrturm der Ismaili-Moschee.

## An- & Weiterreise

Singidas Bushaltestelle liegt 2,5 km außerhalb der Stadt (mit dem Taxi 3000 TSh). Zwischen 6 und 9 Uhr verkehren Busse nach Arusha (17 000 TSh, 6 Std.) und zwischen 6 und 8 Uhr Busse nach Mwanza (16 000 TSh, 4½ Std.). Die beste Linie nach Arusha ist Mtei-Express. Die Busse zwischen Arusha und Mwanza fahren am späteren Vormittag durch Singida, doch dann sind meist alle Sitzplätze belegt. Die Arusha-Busse halten in Katesh (7000 TSh, 1½ Std.,) und Babati (9000 TSh, 4 Std.). Morgens fahren mehrere Busse Richtung Dodoma (16 000 TSh, 3 Std.) sowie zwei aus Arusha kommende Busse nach Tabora (21 000 TSh, 6 Std.).

# Victoriasee

**Inhalt ➡**



## Schön übernachten

- New Mwanza Hotel (S. 273)
- Gold Crest Hotel (S. 274)
- Isamilo Lodge & Spa (S. 273)
- Rubondo Island Camp (S. 278)
- Matvilla Beach & Lodge (S. 268)

## Gut essen

- Hotel Tilapia (S. 275)
- Ryan's Bay (S. 273)
- Sizzlers Restaurant (S. 275)
- Isamilo Lodge & Spa (S. 273)
- Yun Long (S. 275)

## Auf zum Victoriasee!

Die tansanische Hälfte von Afrikas größtem See wird nur von wenigen Touristen besucht, dabei ist die Gegend genau das Richtige für jeden, der die üblichen Touristengegenden verlassen und in den Rhythmus des afrikanischen Lebens jenseits der ausgetretenen Pfade eintauchen möchte. Die Städte Musoma und Bukoba haben den schläfrigen Charme von Küstenorten, die meisten Bewohner der Ukerewe Island scheinen als Subsistenzbauern in einer anderen Welt zu leben als die Menschen jenseits des Seeufers.

Mwanza, die zweitgrößte Stadt Tansanias, hat ihren eigenen Charme und ist zudem der ideale Startpunkt für eine Rundtour Serengeti–Natronsee–Ngorongoro. Wer seine Safari-Erfahrung abrunden möchte, sollte die Wälder des idyllischen Nationalparks Rubondo Island ganz im südwestlichen Teil des Sees nicht verpassen.

## Reisezeit

**Mwanza**

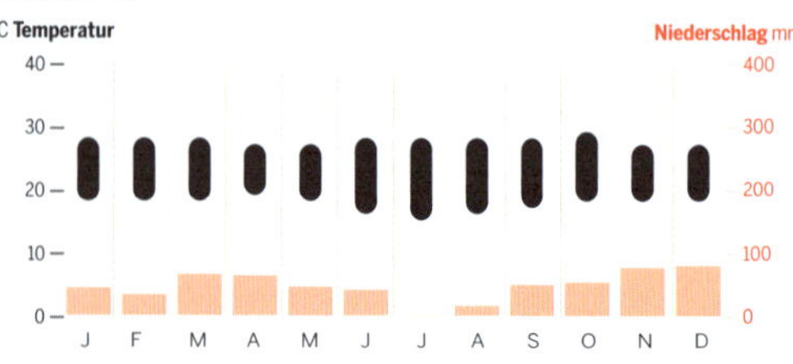


**Juni** Die Rhythmen beim Bulabo-Tanzfestival nahe Mwanza gehen in die Beine.

**Juni–Sept.** In der Trockenzeit ist der Himmel klar, das Wetter heiß.

**Dez.** Die beste Zeit, um *senene* (Grashüpfer) zu fangen und zu essen. Davon träumt doch jeder, oder?

## Highlights

1. Beim Schlendern auf der Temple und Makoroboi Street in **Mwanza** (S. 269) alles sehen, hören und riechen.
2. In **Jiwe Kuu** (S. 270) über die Kräfte der Natur meditieren, welche die Felsen in der Balance halten.
3. Durch die Dörfer, Felder und Farmen von **Ukerewe Island** (S. 277) radeln, Wildtiere entdecken und die Kulturen der lächelnden Einheimischen kennenlernen.
4. Während des frenetischen Bulabo-Tanzfestivals im Juni im **Sukuma-Museum** (S. 272) uralte Traditionen beobachten.
5. Bei einer Tour in der nur wenig besuchten Region **Kagera** (S. 280), dem Kernland der Haya, Wasserfälle, Höhlenmalereien und ländliche Farmen erkunden.
6. In **Musoma** ein kaltes Bier genießen, während die Sonne über dem See untergeht.
7. Der **Nationalpark Rubondo Island** (S. 278) – hollywoodreife Kulisse für Waldelefanten, Giraffen, Flusspferde, Krokodile und Vögel.

# Musoma

☎ 028 / 134 000 EW.

Das kleine Musoma, die Hauptstadt der Region Mara, liegt friedlich auf einer Halbinsel im Victoriasee. Die Sonne lässt sich hier bei ihrem Aufgang und bei ihrem Untergang über dem Wasser bewundern. Musoma ist eines von jenen afrikanischen Städtchen, die wenig zu bieten haben – abgesehen von einem unwiderstehlichen Charme.

## Sehenswertes

★ **Matvilla Beach** STRAND

Das Beste an Musoma ist der Strand an der Spitze der Halbinsel, mit seinen rosa-grauen

Granitfelsen: ein wunderbares Fleckchen, um von einer der Bars aus bei ein paar Bier den Sonnenuntergang zu beobachten. Einfach der Hauptstraße, Mukendo Road, vom Zentrum aus 1,5 km Richtung Norden folgen.

**Mwigobero-Markt** MARKT
Der Mwigobero-Markt befindet sich am Ostufer der Stadt. Von hier aus fahren kleine Boote zu den nahen Inseln und Dörfern, mit Waren und Passagieren.

## Schlafen

**★ Afrilux Hotel** HOTEL $
(☎ 028-262 0031; Mwigobero Rd.; EZ/DZ 60 000/80 000 TSh; P ❄ 📶) Das Afrilux ist schon so etwas wie eine Institution in Musoma. Es punktet mit Heißwasserduschen, hilfsbereiten Angestellten, einer stabilen WLAN-Verbindung und einem entspannten Bar-Restaurant im Hof. Einziger (wesentlicher) Nachteil: Die Zimmer sind sehr hellhörig.

**★ Tembo Beach Club** CAMPINGPLATZ, PENSION $
(☎ 028-262 2887; Zelten 23 000 TSh, Zi. 66 000 TSh; ⏲ Bar-Restaurant 6.30–22 Uhr; P 📶) Der Tembo Beach Club umfasst auch ein Bar-Restaurant mit geselliger Atmosphäre (Hauptgerichte 6500 TSh) und einen annehmbaren Campingbereich, der häufig von Teilnehmern der Überland-Truck-Touren bevölkert ist. Am nettesten sind die Zimmer mit afrikanischer Kunst an den Wänden, die weit genug von der Bar entfernt liegen, sodass man sich vom Rauschen der Wellen in den Schlaf wiegen lassen kann, statt von der Musik wachgehalten zu werden.

ABSTECHER

### LUKUBA ISLAND LODGE

Das fantastische Inselversteck kann nur im Rahmen einer Tour mit einem Veranstalter besucht werden. Das **Lukuba Island Lodge Resort** (Zi. inkl. Mahlzeiten 386 US$; ❄ 🏊 👪) ist ein herrlich abgelegenes Resort mit entspannter Atmosphäre. Gemütliche Steinbungalows mit Strohdächern sowie Safarizelte mit Freiluftbädern stehen hier an einem hübschen Strand am Seeufer. Die Insel ist 17 km von Musoma entfernt (1 Std. mit dem Boot). Unbedingt im Voraus buchen: Bukoba Cultural Tours (S. 281) ist einer von vielen Anbietern, die Touren hierher organisieren.

**New Peninsula Hotel** HOTEL $
(☎ 0756 505081; Mwisenge Rd.; Zi. 45 000–75 000 TSh, Suite 110 000 TSh; P ❄ 📶) Das alteingesessene Peninsula befindet sich 1,5 km außerhalb des Stadtzentrums. Die 15 Zimmer sind verblichen, aber in Ordnung. Das Beste an dem Hotel ist die Lage: ruhiger als die anderen eher zentral gelegenen Unterkünfte in dieser Kategorie und nahe am See.

**Mlima Mukendo Hotel** HOTEL $
(☎ 0768 065003; Mukendo Rd.; EZ/DZ 20 000/30 000 TSh; P ❄) Der knallgrüne Turm an der Hauptstraße ist die beste Unterkunft im Stadtzentrum. Das Hotel beherbergt gepflegte Zimmer mit Kleiderschränken, Schreibtischen und großen Bädern. Die auf der Rückseite sind besser. In der Nähe gibt's eine Filiale der NBC-Bank.

**King's Sport Lodge** PENSION $
(☎ 028-262 0531; Kusaga St.; Zi. ohne Frühstück 15 000 TSh) Eine schlichte Bleibe in der Nähe des Mwigobero-Markts. Die Lodge ist gleichzeitig zentral und ruhig gelegen, die Zimmer sind makellos sauber und preiswert – eine tolle Option für Backpacker. Statt normaler Tische hat man hier Pulte wie in der Schule hineingestellt.

**★ Matvilla Beach & Lodge** CAMPINGPLATZ, BUNGALOW $$
(☎ 0684 964654; www.matvillabeach.co.tz; Matvilla Beach; Zelten 20 US$, Bungalows EZ/DZ/3BZ 25/50/80 US$; P 📶) Die Lodge mit Zeltplatz – eine herrliche Mehrzweckanlage – liegt 1,5 km vom Zentrum entfernt an der Spitze der Halbinsel, von Felsen umsäumt. Camper dürfen sich auf Heißwasserduschen freuen, außerdem gibt es ruhige Steinbungalows, die sich harmonisch zwischen die großen Granitfelsen fügen.

## Essen & Ausgehen

**Afrilux Hotel** TANSANISCH, EUROPÄISCH $
(☎ 028-262 0031; Mwigobero Rd.; Hauptgerichte 10 000 TSh; ⏲ 7–23 Uhr) Das Restaurant in einem vierstöckigen Gebäude mit runden Fenstern serviert die üblichen Hotelgerichte, wie gebratenen Tilapia (Nilbarsch), Gemüsecurry und etwas, das wie Pizza aussieht. Ein nettes Lokal, das zum Bleiben einlädt.

**Matvilla Beach & Lodge** TANSANISCH $
(☎ 0684 964654; www.matvillabeach.co.tz; Mahlzeiten 5000–7000 TSh; ⏲ 6–23 Uhr) Das gleich am See gelegene Matvilla Beach ist eine tolle Adresse für Fisch- und Hühnchengerichte und ein gepflegtes Bier. Die Angestellten

ABSEITS DER ÜBLICHEN PFADE

### MWALIMU JULIUS K NYERERE MUSEUM

Julius Nyerere, der erste Präsident Tansanias, wurde in der insgesamt eher unbedeutenden Kleinstadt Butiama geboren. Das **Mwalimu Julius K Nyerere Museum** (☎0768 872205, 0769 363590; Museum 6500 TSh, Wohnstätten 4000 TSh; ⏰8–17.30 Uhr) auf dem Familiengrundstück widmet sich seinem Leben und Wirken. Es zeigt ein paar Stühle, Schilde und andere Geschenke, die er erhalten hat. In Kisten lagern persönliche Erinnerungsstücke, beispielsweise seine Tagebücher, eine handgeschriebene Übersetzung von Platons *Staat* in Suaheli und eine Auswahl seiner Gedichte. Sie werden zwar nicht ausgestellt, doch die Angestellten holen sie auf Wunsch hervor.

Auf dem Gelände sind zudem seine beiden Wohnstätten zu sehen, in denen seine Frau und sein Sohn wohnen, dazu das Haus seines Vaters und die Gräber von Nyerere selbst und seiner Eltern. Das Haus seiner Mutter, in dem er geboren wurde, und die Häuser der anderen 21 Frauen seines Vaters stehen nicht mehr. Von Musoma aus fahren regelmäßig *dalla-dalla*s nach Butiama (2500 TSh, 2 Std.).

kümmern sich gerne um ein Taxi für die Rückfahrt.

**Mara Dishes** BÜFETT $
(☎0787 505991; Kivukoni St.; Buffet 5000 TSh; ⏰7–21 Uhr) Dieser Laden östlich der CRDB-Bank bietet ein relativ umfangreiches Büfett. Hier tummeln sich immer viele Einheimische.

## Praktische Informationen

Banken und Internetcafés gibt es an der Mukendo Road und an ihren Nebenstraßen.

## An- & Weiterreise

### BUS

Der Busbahnhof liegt 6 km vor der Stadt in Bweri, doch die Tickets werden in den Büros im Stadtzentrum verkauft. *Dalla-dallas* fahren regelmäßig zum Stadtzentrum bzw. von dort aus hierher (4000 TSh; 20 Min.); ein Taxi kostet für diese Strecke 10 000 TSh. Auch zwischen Musoma und Mwanza gibt es regelmäßige Verbindungen (10 000 TSh, 4 Std.).

Um zur Ukerewe Island zu gelangen, nimmt man ein *dalla-dalla* nach Bunda (4000 TSh, 1 Std., 5.30–16 Uhr) und von dort einen Bus oder ein *dalla-dalla* nach Kisorya. Eine Fähre (6000 TSh) verbindet Kisorya und Ukerewe. Auf der Insel angekommen, braucht man rund 20 Minuten mit dem Bus oder einem *dalla-dalla* nach Nansio (dem größten Ort auf der Insel).

Es gibt auch eine direkte Verbindung nach Arusha (täglich, 35 000 TSh, 11–12 Std.); die Busse starten um 6 Uhr und fahren durch den Nationalpark Serengeti (durch's Ikoma-Tor) und das Schutzgebiet Ngorongoro. Auf dieser Strecke werden allerdings 110 US$ für Parkgebühren fällig. Die Fahrt ist schön und mit etwas Glück sieht man unterwegs Tiere; Fotostopps gibt's allerdings nicht. Viele finden, dass man mit dem Flugzeug fast günstiger davonkommt.

### FLUGZEUG

Der Flugplatz ist vom Stadtzentrum aus in fünf Gehminuten zu erreichen. **Precision Air** (☎028-262 0713; www.precisionairtz.com; Kivukoni St.; ⏰Mo–Fr 8–16.30, Sa bis mittags) fliegt viermal wöchentlich von Daressalam (126 000 TSh) über Mwanza. Das Ticketbüro ist im Stadtzentrum.

# Mwanza

☎028 / 706 500 EW.

Die zweitgrößte Stadt Tansanias ist das wirtschaftliche Zentrum des Seengebiets. Sie liegt am Ufer des Victoriasees, umgeben von Hügeln, die von enormen Felsbrocken übersät sind. Dieser wichtige Industriestandort ist stark von indischen Einflüssen geprägt und hat einen geschäftigen Hafen. Trotz seiner schnell wachsenden Skyline hat sich Mwanza seinen zwanglosen Charme bewahrt. Die Stadt ist nicht nur eine Zwischenstation auf dem Weg zum Nationalpark Rubondo Island, sondern auch ideal als Start oder Ziel von Safaris durch Ngorongoro und die Serengeti – mit dem Natronsee eine ideale Rundtour.

## Sehenswertes

Das Stadtzentrum von Mwanza an der **Temple Street** und Richtung Westen zur **Station Road** hat mit seinen zahlreichen Tempeln (Hindu und Sikh), Moscheen und indischen Handelshäusern entlang den Straßen einen orientalischen Touch. Der Straßenmarkt und das Ambiente ziehen sich auch weiter westlich bis nach **Makoroboi**, wo sich zwischen den Felsen die namensgebende Altmetallwerkstatt versteckt. Hier werden aus alten Büchsen und anderem Schrott Kerosinlampen (*makoroboi* auf Sua-

# Mwanza

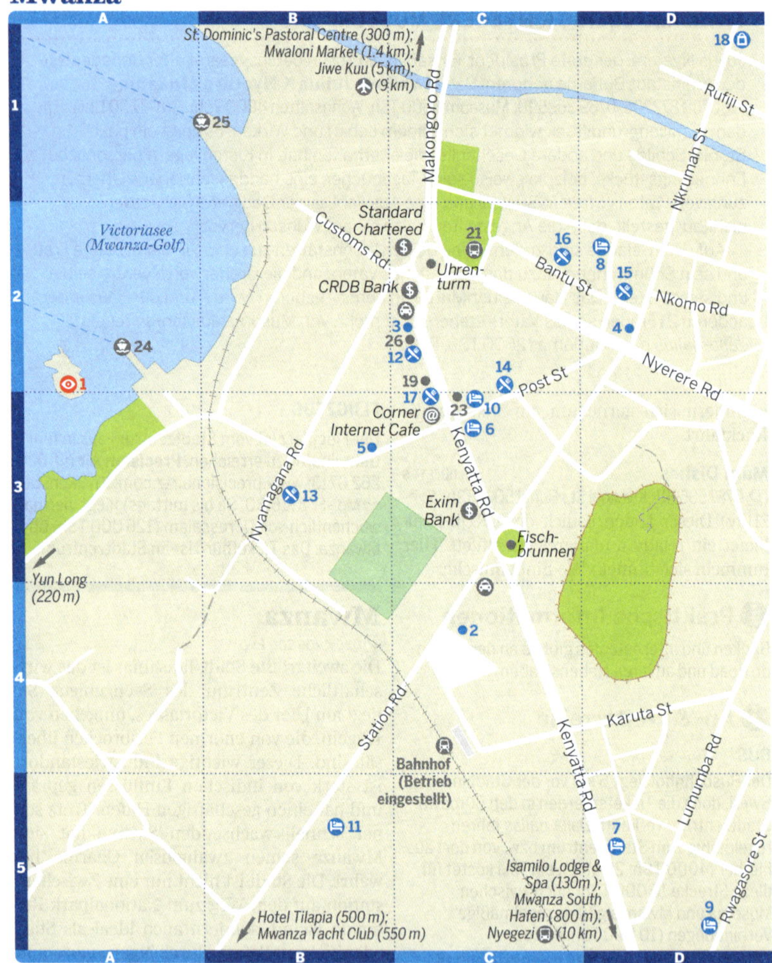


heli), Pfannen und andere Haushaltsgegenstände hergestellt. Es macht Spaß, den riesigen und chaotischen **Hauptmarkt** im Osten der Temple Street zu besuchen.

**Jiwe Kuu** WAHRZEICHEN

Eine aufregende Felsformation in Stadtnähe heißt Jiwe Kuu (Großer Fels), manchmal auch als „Tanzende Felsen" bezeichnet. Auf dieser Felsnase nördlich der Stadt liegen, gefühlt seit Jahrtausenden, viele runde Brocken – ohne hinunterzurollen. *Dalla-dallas* nach Bwiru passieren Richtung Westen die Nyerere Road; von der Endhaltestelle läuft man noch 1,5 km bis zu den Felsen.

**Bismarck Rock** WAHRZEICHEN

Das wichtigste Wahrzeichen der Stadt ist der Bismarck Rock im See nahe dem Kamanga-Pier, wo die Fähren landen. Es ist ein Felsbrocken, der in gefährlicher Balance auf einer pittoresken Anhäufung von Felsblöcken lagert. In dem kleinen Park kann man wunderbar auf den Sonnenuntergang warten.

**Mwaloni-Markt** MARKT

(⌚6–15 Uhr) Auch der Mwaloni-Markt unter dem Dach mit der gewaltigen Balimi-Reklame bietet ein quirliges Schauspiel. Auf dem Hauptfischmarkt der Stadt werden auch Obst und Gemüse verkauft, das zum Groß-

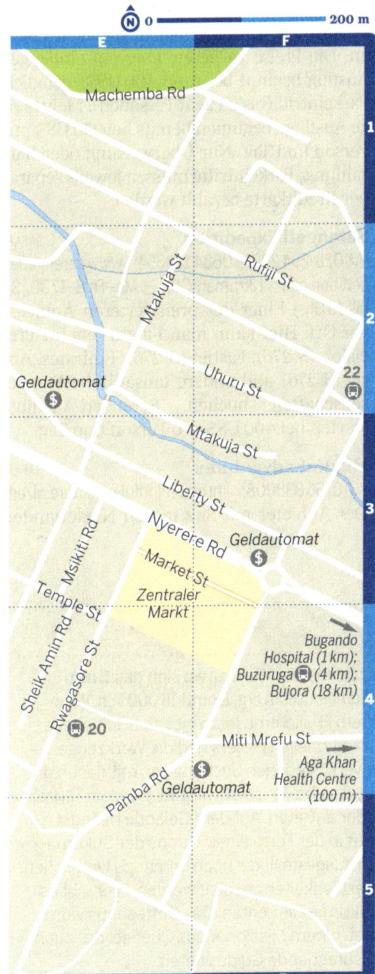


## Mwanza

**Sehenswertes**
1 Bismarck Rock ........ A2

**Aktiviäten, Kurse & Touren**
2 Fortes Africa ........ C4
3 Masumin Tours & Safaris ........ C2
4 Serengeti Expedition ........ D2
5 Serengeti Services ........ B3

**Schlafen**
6 Gold Crest Hotel ........ C3
7 Kantima Hotel ........ D5
8 Kishamapanda Guesthouse ........ D2
9 Midland Hotel ........ D5
10 New Mwanza Hotel ........ C3
11 Ryan's Bay ........ B5

**Essen**
12 Diners ........ C2
13 DVN Restaurant ........ B3
14 Kuleana Pizzeria ........ C2
15 Salma Cone ........ D2
16 Shahensha Restaurant ........ C2
17 Sizzlers Restaurant ........ C3

**Shoppen**
18 U-Turn ........ D1

**Transport**
19 Air Tanzania ........ C2
20 Busgesellschaft Ticketbüro ........ E4
21 *dalla-dallas* zum Busbahnhof Buzuruga ........ C2
22 *dalla-dallas* nach Kisesa/Sukuma-Museum ........ F2
23 Fastjet ........ C3
24 Kamanga-Fährterminal ........ A2
25 Mwanza Nordhafen Terminal der Seefähren ........ B1
26 Precision Air ........ C2

teil auf kleinen Booten von den Dörfern aus der Umgebung herbeigeschafft wurde; in dieser Gegend laufen beinahe mehr Marabus als Straßenhändler herum. Fotografieren ist derzeit verboten, denn hier entstanden einige Szenen des umstrittenen Dokumentarfilms *Darwin's Nightmare* (Darwins Albtraum, 2004).

**Nationalpark Saa Nane** PARK
(☎ 028-254 0713; www.tanzaniaparks.go.tz; Capri Point; Erw./Kind 35,40/17,70 US$; ⏲ 6–18 Uhr) Die Felseninsel 500 m vor dem Capri Point bildet den Nationalpark Saa Nane. Er ist gerade mal 0,76 km² groß und beherbergt nur Affen und Impalaantilopen – trotzdem ist der Eintritt teurer als in einigen der riesigen Nationalparks, in denen es von Tieren nur so wimmelt. Dafür bietet das Areal eine bunte Vogelwelt (um die 70 Arten); für Hobby-Ornithologen lohnt sich der Trip also. Der letzte Einlass ist um 17 Uhr.

Zum Eintritt kommen noch mal 41,30 US$ für die Bootsfahrt (hin & zurück) dazu. In den Booten finden bis zu 20 Personen Platz. Ganz umsonst gibt's die alten Knochen und (traurig aussehenden) ausgestopften Tiere im Büro (Capri Point Road) zu sehen.

## Geführte Touren

Mehrere Reiseveranstalter vor Ort vermieten Wagen mit Allradantrieb und stellen komplette Safaris in die Nationalparks Serengeti und Rubondo auf die Beine. Potenzielle Mitreisende findet man in Mwanza nur schwer, in den Reisebüros lohnt es sich aber, nach weiteren Interessenten zu fragen, denn in einer größeren Gruppe wird's günstiger. Oder man hängt eine entsprechende Anzeige in der Kuleana Pizzeria aus.

**Fortes Africa** SAFARI
(☎ 028-250 0561; www.fortes-africa.com; Station Rd.) Ein angesehener, verlässlicher und professioneller Anbieter.

**Masumin Tours & Safaris** SAFARI
(☎ 0784 505786, 028-250 3295; www.masuminsafaris.com; Kenyatta Rd.) Vermietet Fahrzeuge, veranstaltet Serengeti-Safaris und andere Ausflüge und bucht Flüge.

**Serengeti Services** SAFARI
(☎ 028-250 0061; www.serengetiservices.com; Post St.; ⏲ Mo–Fr 8–17, Sa bis 13 Uhr) Serengeti Services hat sich mit Serengeti Passages zusammengeschlossen und bietet Safaris und andere Ausflüge in der Umgebung von Mwanza an. Die Preise variieren, aber ein eintägiger Ausflug beginnt bei rund 400 US$ zuzüglich Parkeintritt (bis zu acht Personen). Mehrtägige Ausflüge beginnen bereits bei 250 US$ pro Person und Tag. Nur Überweisung oder Barzahlung; Parkeintritte müssen jeweils separat per Kreditkarte bezahlt werden.

**Serengeti Expedition** SAFARI
(☎ 028-254 2222, 0684 123654; www.serengetiexpedition.com; Nkrumah St.; ⏲ Mo–Fr 8–17.30, Sa bis 13 Uhr) Einer der preiswerteren Anbieter vor Ort. Hier kann man Flugtickets für Precision (S. 276), Fastjet (S. 276), Emirates, Auric (S. 276) und andere tansanische Fluggesellschaften buchen. Serengeti-Ausflüge starten bei 400 US$ pro Person und Tag.

**Mindful Adventures** SAFARI
(☎ 0756 838008; http://mindfuladventure.nl/en) Der Anbieter mit Sitz in den Niederlanden

ABSTECHER

## SUKUMA-MUSEUM

Ein lohnenswerter Tagesauflug ab Mwanza führt in das Dorf Bujora, wo sich das **Sukuma-Museum** befindet (☎ 0765 667661; www.sukumamuseum.org; Eintritt 15 000 TSh, Video 200 000 TSh; ⏲ Mo–Sa 9–18, So 10–18 Uhr). In diesem Freilichtmuseum gibt es traditionelle Hütten der Sukuma zu sehen, das Haus eines traditionellen Heilers und die Werkzeuge eines Schmiedes. Eine drehbare Säule stellt die verschiedenen Systeme vor, mit denen die Sukuma bis zehn zählten. Hier findet im Juni das Bulabo-Tanzfestival statt, bei dem Tänzer (die Tiere als Requisiten einsetzen) gegeneinander antreten. Auf dem Gelände befindet sich auch der Königliche Trommelpavillon, gebaut in der Form eines Throns der Sukumakönige. Darin sind mehrere königliche Trommeln ausgestellt, die noch immer zu kirchlichen Festen, bei Regierungsbesuchen und anderen Festlichkeiten gespielt werden. Hier gibt es außerdem eine Rundkirche mit traditionellen Sukuma-Elementen. Das Gotteshaus wurde im Jahr 1958 von David Fumbuka Clement erbaut, einem Missionar aus Quebec, der auch das Museum gründete. Vor Ort stehen Englisch sprechende Guides bereit.

Auf Wunsch organisiert das Museum Impromptu-Trommel- und Tanzvorstellungen für bis zu neun Personen (130 000 TSh). Man kann auch Sukuma-Trommelunterricht nehmen. Den Preis muss man mit den Lehrern verhandeln – billig ist es auf keinen Fall. Die Öffnungszeiten sonntags variieren – je nachdem, wann der Gottesdienst zu Ende ist.

Übernachten kann man in einfachen *bandas* (Hütten mit Strohdach; 30 000 TSh pro Pers. inkl. Mahlzeiten) im Stil traditioneller Sukuma-Hütten oder auf dem Campingplatz (Zelten 15 000 TSh). Die Unterkünfte werden selten genutzt; Gäste sollten sich deshalb vorher ankündigen. Es gibt eine kleine Bar und eine Küche.

Bujora liegt 18 km östlich von Mwanza an der Straße nach Musoma. Auf der Uhuru Road nördlich vom Markt in Mwanza fahren *dalla-dallas* (500 TSh, 30 Min.) bis nach Kisea. Von dort kostet ein Motorradtaxi 1000 TSh. Zu Fuß geht's in Kisesa ein kurzes Stück die Hauptstraße entlang bis zum Hinweisschild, dann der schmalen, unbefestigten Piste noch 1,7 km folgen. Ein Taxi von Mwanza kostet mit Wartezeit etwa 60 000 bis 70 000 TSh. Der Friedhof auf der westlichen Seite der Straße von Mwanza, kurz hinter Igoma, erinnert an die Opfer, die im Jahr 1996 bei dem Untergang der Fähre MS Bukoba auf dem Victoriasee ums Leben kamen.

bietet Safaris, die nicht nur die schöne Landschaft zeigen, sondern auch den Geist erfrischen sollen. Ein Teil der Einnahmen geht an verschiedene tansanische Einrichtungen. In Mwanza gibt es kein Büro, aber Rama, ein einheimischer Experte, kann Infos und einen Führer organisieren. Die meisten Ausflüge dauern mehrere Tage.

## Schlafen

**Lenana Hotel** HOTEL $

(☎ 0763 555774; Makongoro Rd.; EZ/DZ 40 000/50 000 TSh; P ❄ 📶) Das Lenana Hotel befindet sich auf halber Strecke vom Zentrum Mwanzas zum Flughafen (S. 276). Hier gibt es heißes Wasser, ein üppiges Frühstück, freundliche Mitarbeiter und makellos saubere Zimmer, und außerdem eine Bar mit Restaurant. Eine tolle Option für alle, die nicht im Zentrum wohnen möchten (gut für die erste oder letzte Nacht in der Stadt).

**Isamo Hotel** HOTEL $

(☎ 028-254 1616; Rwagasore St.; Zi. 40 000–50 000 TSh; P ❄ 📶) In den Zimmern hier bekommt man vom Straßenlärm viel mit – wer Ohrstöpsel hat, kann hier aber eines der besten und günstigsten Schnäppchen der Stadt machen. Die Zimmer sind gepflegt, gut geschnitten und geräumig; einige haben einen Balkon mit Blick auf das Chaos ringsum.

**Kantima Hotel** HOTEL $

(☎ 0754 093048; Kenyatta Rd.; EZ/DZ 20 000/25 000 TSh; P ❄) Eine heitere und freundliche Bleibe mit hellen, sauberen Zimmern; die Heißwasserbäder (winzig und wenig einladend) fallen etwas aus dem Rahmen. In manchen Räumen hängen Weltkarten an der Wand, sodass man schon mal anfangen kann, das nächste Abenteuer zu planen.

**Mwanza Yacht Club** CAMPINGPLATZ $

(☎ 0762 891280; www.facebook.com/MwanzaYachtClub; Capri Point Rd.; Zelten 15 000 TSh; P 📶) Hier übernachten die Teilnehmer der großen Überland-Truck-Touren. Die Lage am See ist super. Außerdem ist der Yacht Club sehr sicher und es gibt Heißwasserduschen.

**St. Dominic's Pastoral Centre** HOSTEL $

(Nyakahoja Hostel; ☎ 028-250 0830, 0689 413159, 0788 556532; abseits der Balewa Rd.; EZ/DZ 30 000/40 000 TSh, Zi. mit Klimaanlage 50 000–60 000 TSh) Dieses von einer Kirche betriebene Hostel in zentraler Lage bietet einfache Zimmer und auf Wunsch Mahlzeiten (7000 TSh). Es liegt rund fünf Gehminuten nördlich des Kreisverkehrs am Uhrenturm und bietet ein gutes Preis-Leistungs-Verhältnis. Trotz der Verbindung zur Kirche gibt es hier eine Bar – sogar mit Diskokugel.

**Kishamapanda Guesthouse** PENSION $

(☎ 0755 083218; Kishamapanda St., abseits der Uhuru St.; EZ/DZ 20 000/30 000 TSh) Diese kleine gepflegte Unterkunft liegt in einem Gässchen im Zentrum und bietet zuverlässig saubere, preiswerte Zimmer, einige davon mit Gemeinschaftsbad (15 000 TSh) und die meisten mit Ventilator. Verpflegung gibt's nicht.

**★ Isamilo Lodge & Spa** HOTEL $$

(☎ 0756 771111, 0736 200903; www.isamilolodge.com; 402 Block D, Isamilo; EZ/DZ neuer Flügel ab 60/80 US$, alter Flügel 40/70 US$; P ❄ 📶 🏊 👪) Dieses Hotel wurde renoviert und bietet ein gutes Preis-Leistungs-Verhältnis, vor allem wenn man etwas vom Stadtzentrum entfernt übernachten möchte. Die Zimmer im neuen Flügel sind geräumig, und von vielen aus haben Gäste einen wundervollen Blick hinunter zum See. Es gibt außerdem ein Spa, einen großen Pool und ein gutes indisches Restaurant. Traveller bezahlen normalerweise die niedrigeren Einheimischentarife – ein zusätzlicher Anreiz, um hier zu übernachten.

Das Hotel liegt hoch oben auf einem Hügel im Isamil-Viertel, rund 2,5 km vom Stadtzentrum entfernt.

**New Mwanza Hotel** HOTEL $$

(☎ 028-250 1070, 028-252 1071; www.newmwanzahotel.com; Post St.; EZ/DZ/Suite 123 050/179 000/223 745 TSh; P ❄ 📶 🏊) Dieses zentral gelegene Drei-Sterne-Hotel (mit Ambitionen zum Fünf-Sterne-Hotel) bietet verschiedene Zimmer (einige davon mit Glasduschen). Wer ein Hotel mit allem Drum und Dran sucht, ist hier richtig: Es gibt eine lange Liste mit Extras, darunter einen Fitnessraum, einen Parkservice, ein Casino und Restaurants. An den Wochenenden wird's aber recht laut, da der Nachtklub nebenan bis fast zur Frühstückszeit Tanzmusik auflegt.

**Ryan's Bay** RESORT $$

(☎ 0784 699393, 028-254 1702; www.ryansbay.com; Station Rd., Capri Point; EZ/DZ ab 110/140 US$; P ❄ 📶 🏊 👪) Das schickste Resort in Mwanza bietet einen Blick auf den See und große, schön aufgemachte Zimmer mit Akazien-Malereien an den Wänden. Der Pool-Bereich ist top und das indische Restaurant ist eines der besten in der Stadt (Hauptgerichte 12 000–20 000 TSh). Größere Gruppen oder Familien können nach Zimmern mit Verbindungstür fragen, die sich als Suiten benutzen lassen. Rauchen ist nur auf den Balkonen erlaubt.

**Gold Crest Hotel** HOTEL $$

(028-250 6058; www.goldcresthotel.com; Post St.; EZ/DZ ab 95/125 US$; P ❄ 📶 ≋) Ein ordentliches Businesshotel im Stadtzentrum mit lauten, aber recht bequemen Zimmern, die alle einen Balkon haben. Von einigen der nach Norden gelegenen Zimmer in den oberen Stockwerken gibt's Seeblick. Besonders laut kann es nachts werden, wenn eines der benachbarten Hotels eine Band bis in die frühen Morgenstunden spielen lässt.

**Midland Hotel** HOTEL $$

(0718 431255; Rwagasore St.; EZ/DZ Ausländer 50/60 US$, Einheimische 50 000/60 000 TSh; P ❄ 📶) Dieses grundsolide Hotel in dem auffälligen blauen Turm bietet gut ausgestattete Zimmer (die meisten mit kostenlosem WLAN), guten Service, eine Bar auf dem Dach und ein ordentliches Frühstücksbüfett. Noch besser ist, dass man manchmal auch Rabatt bekommt. Moskitonetze gibt es nicht, aber die Zimmer werden täglich gesprüht.

**Hotel Tilapia** HOTEL $$

(028-250 0617, 0784 700500; www.hoteltilapia.com; Capri Point Rd.; EZ/DZ/Suite 100/120/150 US$; P ❄ 📶 ≋) Im allseits beliebten Tilapia nahe dem Capri Point gibt es unterschiedliche Zimmer, die meisten davon etwas in die Jahre gekommen, aber immer noch anständig und mit Blick auf den See. Man kann auch auf einem historischen Boot übernachten – die Zimmer dort sind kleiner und etwas windschief, haben aber ein besonderes Flair. Die zwei Zimmer am vorderen und hinteren Ende bieten einen erstklassigen Seeblick.

**Wag Hill Lodge** LODGE $$$

(0773 284084; www.waghill.co.tz; EZ/DZ Bungalow 105/150 US$, Zelt 154/220 US$, Villa 700 US$; P ≋ 👪) Die intime und wunderschöne Lodge auf einer kleinen bewaldeten Halbinsel außerhalb Mwanzas ist der ideale Rückzugsort, um nach einer Safari zu relaxen. Sie besteht aus Bungalows mit tollen Holzmöbeln und Trennwänden, luxuriösen Zelten und Villen – und fast alle mit großartigem Seeblicke. Achtung: Einige Zimmer sind nur über Felsentreppen zu erreichen. Hier gibt es sogar Aktivitäten für Kinder und einen besonderen Spielplatz.

## Essen & Ausgehen

**DVN Restaurant** TANSANISCH $

(Nyamagana Rd.;. Mahlzeiten 4000–5000 TSh; Mo–Sa 7–17 Uhr) Das von der Kirche betriebene Restaurant mit dem Look und Flair eines altmodischen Cafés bietet günstige und exzellente lokaltypischen Gerichte. Es gibt keine Karte, nur ein Tagesgericht, z. B. Fisch, sowie Beilagen. Es befindet sich hinter der Post und der Saint Nicholas Anglican Church – ziemlich versteckt mit nur einem kleinen Schild über einer unauffälligen Eingangstür.

**Salma Cone** SNACKS

(0752 661939; Bantu St.; Eis 2000–4000 TSh, Kebabs 4000 TSh; 9–22 Uhr) *Sambusas* (indische Teigtaschen, gefüllt mit gewürztem Fleisch oder Gemüse), Eiscreme und Saft sorgen hier für glückliche Gesichter. Am meisten lockt aber der Duft des Grillfleisches – man bekommt einfach Lust auf Kebab. An den Plastiktischen im Freien steht einem gemütlichen Abend nichts im Weg.

**Shahensha Restaurant** INDISCH $$

(0769 552299; Bantu St.; Mahlzeiten 10 000–12 000 TSh; 10–24 Uhr; ✎) Hier gibt's leckere *samosas* und andere Snacks, wie auch eine Tageskarte mit Gerichten aus Pakistan und Tansania. Gegessen wird im hübschen und entspannten Innenbereich.

### SUKUMA-TÄNZE

Die Sukuma sind mit etwa 15 Prozent der Gesamtbevölkerung die bei Weitem größte Stammesgruppe in Tansania und im ganzen Land für ihre pulsierenden Tänze bekannt. Die in zwei konkurrierenden Gesellschaften organisierten Tänzer – Bagika und Bagulu – reisen durch das Land der Sukuma (um Mwanza und den südlichen Victoriasee). Beim jährlichen **Bulabo-Tanzfestival** im Sukuma-Museum (S. 272) im Juni kommt es zum „Showdown". Die berühmtesten der etwa ein Dutzend Tänze sind die Tiertänze: die Bagulu führen den *banungule* (Hyänen- und Stachelschweintanz) und die Bagika den *bazwilili bayeye* (Schlangentanz) auf. Vor den Auftritten werden die Tänzer zum Schutz vor Verletzungen mit traditionellen Heilmitteln behandelt. Wie man hört, werden auch die Tiere etwas ruhiggestellt, um ihr Temperament zu dämpfen.

**Sizzlers Restaurant** INDISCH $$
(☎ 0766 424872; Kenyatta Rd.; Hauptgerichte 8000–12 000 TSh; ⏲ 12–15 & 18–23.30 Uhr) Tagsüber ist wenig los, dafür wird es abends in diesem günstigen indischen Speiselokal richtig voll. Dann schnappen sich die Gäste einen Straßentisch und machen sich über Hühnchen-Tikka her, das zuvor über den heißen Kohlen des Freiluftgrills gegart worden ist. Es gibt natürlich auch andere indische und chinesische Gerichte.

**Kuleana Pizzeria** INTERNATIONAL $$
(☎ 028-250 0955; Post St.; Snacks 3000–6000 TSh, Pizzas 14 200–17 700 TSh; ⏲ 7–21 Uhr; ) Klassisch-italienische Küche darf man hier nicht erwarten, aber die Pizza und andere kleine Gerichte (Omeletts, Sandwiches und Brote) sowie die richtige Mischung aus Einheimischen und Expats. machen das entspannte Kuleana zu einer beliebten Anlaufstelle. Der freundliche Besitzer kümmert sich um Straßenkinder.

**Diners** INDISCH $$
(☎ 028-250 0682; Kenyatta Rd.; Mahlzeiten 6000–15 000 TSh; ⏲ 12–15 & 18–23 Uhr; ) Dieses ungewöhnliche Lokal wirkt wie aus einer anderen Zeit, hat aber das beste indische Essen der Stadt. Die Deko und manche Gerichte auf der Karte sind Überbleibsel aus seinem früheren Dasein als chinesisches Restaurant.

**Hotel Tilapia** INTERNATIONAL $$$
(☎ 028-250 0617; www.hoteltilapia.com; Capri Point; Mahlzeiten 19 000–22 000 TSh; ⏲ 7–23 Uhr; P ) Ein Touristenmagnet und *der* Treffpunkt für Auswanderer in Mwanza. Das Restaurant des Hotel Tilapia (S. 274) hat eine schöne Terrasse mit Blick auf den See. Graufischer zwitschern und zanken, während die Gäste das japanische Teppanyaki oder indische oder europäische Gerichte genießen. Man muss normalerweise einige Zeit warten – daher besser genug davon mitbringen.

**Yun Long** BAR
(☎ 0759 901986; Capri Point; ⏲ 7–22 Uhr) Der grüne Garten am See mit Blick auf den Bismarck Rock (S. 270) lohnt das Abendessen hier (Hauptgerichte 15 000–20 000 TSh). Auch wer keinen Hunger hat, sollte auf einen entspannten Drink vorbeischauen und den Sonnenuntergang aus der ersten Reihe bewundern. Ein ruhiger Ort zum Entspannen. Billardfans können sich in ein, zwei Spielen an den Pooltischen messen.

**DER VICTORIASEE ...**

- ist 69 484 km² groß und damit der größte See Afrikas; zur Hälfte liegt er in Tansania.
- ist nach dem Lake Superior in Nordamerika der flächenmäßig zweitgrößte Süßwassersee der Welt.
- ist in vielen Küstenzonen mit Bilharziose verseucht (Schwimmen wäre absolut keine gute Idee!).
- war einst das Habitat von rund 500 Buntbarscharten. Die Populationen brachen in den 1960ern aufgrund von Wasserverschmutzung, Überfischung und der Einführung des gefräßigen Nilbarschs ein. Heute leben wieder mehr Arten im Victoriasee – neue Gattungen und robustere „Mischlinge", die besser mit den Herausforderungen der modernen Welt zurechtkommen.

### Selbstversorger

**U-Turn** ESSEN & GETRÄNKE $
(Nkrumah St.; ⏲ Mo–Sa 8–20, So 10–14 Uhr) Einer von Mwanzas am besten sortierten Supermärkten, auch was kleine Geschenke anbelangt – Tee, Kaffee usw. –, die sich hervorragend als Mitbringsel eignen.

## Praktische Informationen

### GEFAHREN & ÄRGERNISSE

Mwanza ist im Großen und Ganzen sicher; Schlepper und Sicherheitsvorfälle werden selten registriert. Man sollte aber genauso gut auf sich achtgeben wie zuhause auch. Straßenbettler gehen manchmal aggressiv vor und nach 21 Uhr ist in Seitenstraßen Vorsicht geboten. Die Bantu Street mit ihren *mishikaki*-Grills ist laut und turbulent; hier kann es zu später (oder früher) Stunde heikel werden, wenn viele Leute nach Hause gehen (oder torkeln, wie häufig).

### GELD

Die **Access Bank** (www.accessbank.co.tz; Pamba Rd.; ⏲ Mo–Fr 8–19, Sa bis 15 Uhr), **CRDB Bank** (Kenyatta Rd.; ⏲ Mo–Fr 9–15, Sa bis 12.30 Uhr), **Exim Bank** (www.eximbank-tz.com; Kenyatta Rd.; ⏲ Mo–Fr 9–17 Uhr), **NBC Bank** (Liberty St.; ⏲ Mo-Fr 8–19, Sa bis 15 Uhr), **Stanbic Bank** (www.stanbicbank.co.tz; Nyerere Rd.; ⏲ Mo–Fr 8.30–15.30, Sa bis 12.30 Uhr), **Standard Chartered** (www.sc.com; Makongoro Rd.; ⏲ Mo–Fr 9–17 Uhr) und andere große Banken haben 24-Std.-Geldautomaten; Filialen liegen verstreut im ganzen Stadtzentrum. Die meisten tauschen auch Bargeld in den wichtigsten Währungen.

### INTERNETZUGANG

**Corner Internet Cafe** (Kenyatta Rd.; 1500 TSh pro Std.; ⌚ Mo–Sa 8–17 Uhr) In zentraler Lage; bietet die üblichen Dienstleistungen (Internet, Fax, Kopieren). Andere Internetcafés liegen verstreut entlang der Post Street.

### MEDIZINISCHE VERSORGUNG

**Aga Khan Health Centre** (☎ 0686 364540, 028-250 2474; www.agakhanhospitals.org; Miti Mrefu St.; ⌚ 24 Std.) Bei kleineren Wehwehchen.

**Bugando Hospital** (☎ 028-250 0513; www.bugandomedicalcentre.go.tz; Wurzburg Rd.) Das Regierungskrankenhaus hat einen 24-Std.-Notdienst.

### REISEBÜROS

**Global Travel** (☎ 0762 738639; ⌚ 8–18 Uhr) am **Mwanza Airport** bucht Flugtickets für viele nationale und internationale Fluggesellschaften.

##  An- & Weiterreise

### BUS

Vom **Busbahnhof Nyegezi** (Sirari-Mbeya Rd.), etwa 10 km südlich der Stadt, fahren alle Busse in östlicher, südlicher und westlicher Richtung ab, auch nach Daressalam (45 000 TSh, 15–17 Std.), Arusha (35 000 TSh, 12–13 Std.) und Moshi (45 000 TSh, 14–15 Std.). Die Busse nach Arusha und Moshi fahren über Singida (25 000 TSh, 6 Std.). Es verkehren keine Busse zwischen Mwanza und Arusha, die über die Serengeti gehen; die fahren in Musoma ab. Busse fahren auch nach Babati (35 000 TSh, 9–10 Std.), Dodoma (30 000, 10 Std.) und Iringa (60 000 TSh, 14 Std.).

Busse nach Bukoba (20 000 TSh, 6–7 Std.) über Chato (10 000 TSh) fahren zwischen 6 und 13 Uhr ab. Sie benutzen meistens die Busisi-Fähre (S. 277), aber falls sie zur Kamanga-Fähre (S. 277) im Zentrum von Mwanza umgeleitet werden, kann man sie auch dort erwischen.

Adventure ist wahrscheinlich das beste von mehreren Unternehmen, die täglich um 5.30 Uhr über Tabora (15 000 TSh, 6 Std.) nach Kigoma (40 000 TSh, 12 Std.) fahren. Es gibt auch Busse nach Kigoma, die über Kasulu fahren. Beide brauchen in etwa dieselbe Zeit, aber zum Zeitpunkt der Recherche dauerte die Fahrt über Tabora länger als die über Kasulu.

Busse nach Musoma ( 10 000 TSh, 3–4 Std., letzter Bus 16 Uhr) und zu anderen Zielen entlang der Straße zur kenianischen Grenze fahren am **Busbahnhof Buzuruga** in Nyakato ab, 4 km östlich vom Stadtzentrum.

Tickets gibt's nicht nur an den Busbahnhöfen: In der Nähe des alten Busbahnhofs im Stadtzentrum sind in einem umgebauten mehrstöckigen Parkhaus viele Ticketbüros untergebracht – die Vertretungen der verschiedenen Unternehmen verteilen sich in nummerierten Geschäften über zwei Etagen. Man sollte sich vorher im Hotel nach dem gegenwärtig besten Unternehmen und den Preisen für die geplante Strecke erkundigen. Es lohnt sich außerdem, zum Ticketkauf einen Einheimischen mitzunehmen, um das unweigerliche Handeln zu vermeiden.

### FLUGZEUG

Der **Flughafen** (MWZ; ☎ 022-284 2402) liegt 10 km außerhalb des Stadtzentrums. Taxis dorthin kosten zwischen 15 000 und 20 000 TSh.

**Auric Air** (☎ 0783 233334; www.auricair.com; Mwanza Airport) und **Air Tanzania** (☎ 0756 067783; www.airtanzania.co.tz; Kenyatta Rd.) fliegen täglich nach Bukoba. Air Tanzania fliegt auch mindestens fünfmal pro Woche nach Daressalam.

**Coastal Aviation** (☎ 0736 200840; www.coastal.co.tz; Mwanza Airport) bietet täglich Flüge nach Arusha an; die Maschine landet auf verschiedenen Rollfeldern im Nationalpark Serengeti. Darüber hinaus gibt es Verbindungen nach Daressalam und Sansibar.

**Fastjet** (☎ 0784 108900; www.fastjet.com; Kenyatta Rd.) fliegt täglich nach Daressalam. Hinflüge nach Bukoba/Daressalam kosten rund 140 000/200 000 TSh.

**Precision Air** (☎ 028-250 0819; www.precisionairtz.com; Kenyatta Rd.) fliegt täglich nach Daressalam, Sansibar und zum Kilimandscharo.

Die Flugpläne und Reiseziele ändern sich ständig, man sollte deshalb immer auf der Website der Airline den neusten Stand in Erfahrung bringen. Es kann auch passieren, dass ein Flug aufgrund einer zu geringen Anzahl von Passagieren storniert wird – ein Plan B ist also immer gut.

### SCHIFF/FÄHRE

Zum Zeitpunkt des Schreibens war die MV *Victoria*, die Mwanza einmal mit Bukoba über den Hafen in Kemondo verbunden hat, nicht in Betrieb. Inzwischen hat die kleinere MV *Bluebird* im Januar 2018 auf derselben Strecke ihren Betrieb aufgenommen. Neuere Infos gibt es an Mwanzas Nordhafen. Ein täglicher Fährdienst verbindet Mwanza mit der Ukerewe Island.

### ZUG

Mwanza ist die Endhaltestelle einer Nebenstrecke der **Central Line** (Tanzania Railwaxys Limited; ☎ 022-211 6213, 0754 460907; www.trl.co.tz; Ecke Railway St. & Sokoine Dr., Daressalam). Züge fahren sonntags, dienstags und donnerstags um 17 Uhr nach Tabora (1./2. Kl. Schlafwagen/Touristenklasse 29 600/22 700/11 800 TSh, 12 Std.). In Tabora kann man Rich-

### DER GOLF VON MWANZA

Wer von Mwanza in westlicher Richtung um den Südteil des Victoriasees fahren möchte, muss bis zur Fertigstellung der geplanten Brücke zwischen Busisi und Kigongo (in einer fernen Zukunft) den Golf von Mwanza überqueren. Es gibt zwei Fähren, beide haben ihre Vorteile.

Die **Kamanga-Fähre** (Nasser Rd.; pro Pers./Fahrzeug 1000/7200 TSh) legt in der Stadt nahe der Post stündlich zwischen 6 und 18.30 Uhr ab. Sonntags fährt sie nur alle zwei Stunden zwischen 8 und 18 Uhr. Wer nach Bukoba oder in einen anderen Ort an diesem Highway möchte, sollte sich erkundigen, welche Fähre der Bus benutzt. Statt erst zum Busbahnhof zu fahren, kann man direkt an der Fähre einsteigen und Geld sparen.

Die von der Regierung betriebene **Busisi-Fähre** (pro Pers./Fahrzeug 400/6500 TSh; ), auch „Kigongo-Fähre" genannt, 30 km südlich von Mwanza, hat den Vorteil, dass sie auf einer asphaltierten Straße nach Westen fährt. Sie verkehrt auch häufiger (alle 30 Min., 24 Std.). Sie ist jedoch häufig verspätet, vor allem zu Stoßzeiten. Außerdem benutzen viele Lastwagen die Fähre.

tung Kigoma (31 700/24 200/12 500 TSh ab Tabora) umsteigen oder weiter nach Daressalam (76 100/54 800/25 000 TSh ab Mwanza) fahren. Wer nach Kigoma unterwegs ist, muss in Tabora aussteigen (Ankunft frühmorgens) und den Tag hier verbringen, ehe es abends mit dem Zug weitergeht. Wer Richtung Daressalam unterwegs ist, bleibt im Zug sitzen.

### Unterwegs vor Ort

*Dalla-dallas* (beschriftet mit „Buhongwa") zum **Busbahnhof Nyegezi** (400 TSh) fahren über die Kenyatta Road und die Pamba Road in südlicher Richtung. Am ehesten bekommt man ein *dalla-dalla* (beschriftet mit „Igoma") zum **Busbahnhof Buzuruga** (400 TSh) gleich nordöstlich des **Uhrenturms.** Dort parken sie, bevor sie die Uhuru Street hinunterfahren. *Dalla-dallas* zum **Flughafen** (400 TSh) fahren über die Kenyatta Road und die Makongoro Road.

Taxistände gibt es überall in der Stadt, z. B. nahe der Kreisverkehre am **Fischbrunnen** (Station Rd.) und am **Uhrenturm** (Kenyatta Rd.). Innerhalb des Stadtzentrums kosten Taxifahrten 4000 bis 6000 TSh. Ein Taxi zu den Busbahnhöfen Buzuruga/Nyegezi gibt's ab 800 TSh/ 18 000 TSh. Ein Taxi zum Flughafen kostet zwischen 15 000 und 20 000 TSh. Motorradtaxis fahren überall herum; sie verlangen in der Innenstadt 1500 TSh.

## Ukerewe

Ukerewe liegt 50 km nördlich von Mwanza. Das einfache Leben auf dieser felsigen Insel mit ihren winzigen Waldstücken und Ausblicken auf den Victoriasee lässt Besucher hier wunderbar abschalten. **Ikulu** („Weißes Haus") ist der bescheidene 1928 im europäischen Stil erbaute Palast des ehemaligen Inselkönigs. Er ist hinter dem Markt in Bukindo ausgeschildert. Den eigentlichen Charme der Insel macht jedoch das unverfälschte ländliche Leben aus. Ungewöhnlich sind die ungeheuer erfolgreichen Anbaumethoden, die seit Jahrhunderten stabile Bevölkerung und die Tatsache, dass jedes Stück Land und jeder einzelne Baum einen Besitzer hat. Wie das funktioniert, beschreibt John Reader in seinem brillanten Buch *Africa: A Biography of the Continent.*

Der Hauptort Nansio hat Internet (wenn es Strom gibt) und einen internationalen Geldautomaten. Die Verbindung zwischen den wenigen Inselorten halten Gemeinschaftstaxis und *dalla-dallas* aufrecht.

**La Bima Hotel** PENSION $
( 0752 179055; Nansio; EZ/2BZ 18 000/ 20 000 TSh; P) Trotz der beengten Zimmer (einige davon mit fließend heißem Wasser) und der abblätternden Farbe ist das Hotel in Ordnung und die beste Unterkunft in Nansio. Das gilt auch für das angeschlossene Restaurant.

### An- & Weiterreise

Die Passagierfähre MS *Clarius* musste renoviert werden, verkehrt aber normalerweise täglich zwischen dem Nordhafen in Mwanza und Nansio (Erw./Kind 5000/3050 TSh, 3½ Std.). Sie legt um 8 Uhr ab und fährt um 14 Uhr zurück.

Zwei weitere Fähren legen in Kirumba, nördlich vom Stadtzentrum Mwanza bei der riesigen Balimi-Reklame ab. Die MV *Nyehunge I* (1./2./3. Kl. 15 000/7000/6000 TSh) verlässt Mwanza/ Nansio um 9/14 Uhr (3½ Std.). Das Schwesterschiff, die MV *Nyehunge II* (2./3. Kl. 7000/ 6000 TSh), legt um 14 Uhr in Mwanza ab und kommt um 18 Uhr in Nansio an. Am nächsten Morgen um 7.30 Uhr verlässt sie Nansio wieder.

ABSEITS DER ÜBLICHEN PFADE

### EIN BESUCH AUF UKEREWE

Was könnte besser sein, als die Sehenswürdigkeiten der herrlichen Ukerewe Island im Rahmen einer privaten Fahrradtour zu entdecken? Der einheimische Führer Paschal Phares von **Visit Ukerewe Island** (☎0763 480134; www.facebook.com/visitukereweisland; Halb-/Ganztages-Fahrradtour 40 000/60 000 TSh; ⏲7–19 Uhr) veranstaltet Rundtouren. Die Stopps richten sich nach den Interessen der Teilnehmer und beinhalten Panoramaausblicke, den Chief's Palace, Höhlen und die Gelegenheit, den Sonnenuntergang zu fotografieren. Phares organisiert auch Spaziergänge sowie Kanu-/Kajakausflüge.

Von Bunda nach Nansio zu fahren, bietet gewisse Vorteile: Bunda liegt an der Straße Mwanza–Musoma, man kommt also (ohne Umwege) von Mwanza nach Ukerewe und von dort weiter nach Musoma oder zur Serengeti – oder umgekehrt. Der Bus von Mwanza nach Musoma hält in Bunda. Von hier fahren Busse und manchmal *dalla-dallas* nach Nansio (6000 TSh, 5–6 Std.). Sie starten täglich um 10 und 13 Uhr und nehmen die Kisorya-Fähre (Passagier/Fahrzeug 400/6000 TSh, 40 Min.); die Fähre fährt fünfmal täglich zwischen 9 und 17 Uhr in beide Richtungen. Danach gibt es keine direkte Verbindung mehr nach Nansio, aber man kann mit dem *dalla-dalla* bis Kisorya fahren und auf der Insel ein anderes *dalla-dalla* nehmen. Die letzte Fähre nach Ukerewe legt um 17 Uhr ab, die letzte Fähre ab Ukerewe um 15 Uhr. Sie macht allerdings nur Sinn für Reisende mit eigenem Auto; alternativ versucht man, einen Teil des Weges zurück nach Bunda zu trampen. Es kann sein, dass die Fähre verspätet ist oder gar nicht ablegt.

# Nationalpark Rubondo Island

Der **Nationalpark Rubondo Island** (Erw./Kind 35,40/11,80 US$) ist berühmt für seine herrliche Ruhe sowie die schöne Uferlandschaft am See und gehört zu den am besten gehüteten Geheimnissen Tansanias. Es gibt Tage, an denen man der Einzige ist, der die 256 km$^2$ große Insel besucht. Elefanten, Giraffen, schwarz-weiße Stummelaffen und Schimpansen leben seit langer Zeit neben den hier beheimateten Flusspferden, Buschböcken und Sitatunga, eine Antilope, die schwimmen kann und sich im Schilf der sumpfigen Ufer versteckt. Rubondo dürfte der beste Ort in Tansania sein, um diese Wasserantilopen zu sehen.

## Aktivitäten

Die meisten Besucher kommen zur **Vogelbeobachtung**, insbesondere wegen der Ufervögel, doch auch Wander-Safaris (ab 23,60 US$ pro Erw., Kinder nicht unter 12 Jahren) und Bootsausflüge lohnen sich.

Rubondos **Schimpansen** sind noch nicht an Menschen gewöhnt. Zum Zeitpunkt der Recherche arbeiteten Experten daran, sie an Besucher zu gewöhnen – ein langwieriger Prozess, der gut und gern vier bis fünf Jahre in Anspruch nehmen kann. Wahrscheinlich wird man aber schrittweise mehr Tiere zu Gesicht bekommen, wenn sie allmählich ihre Angst verlieren. In der Zwischenzeit führen „Schimpansen-Wanderungen" zumindest in ihre Nähe.

Obwohl die Strände sehr verlockend aussehen, ist Schwimmen wegen der zahlreichen **Krokodile** und **Flusspferde** verboten. Man sollte auf jeden Fall den Rat der Ranger befolgen, da Angriffe durchaus vorkommen.

## Schlafen & Essen

**Rubondo Park Bandas & Resthouse** CAMPINGPLATZ, BANDA **$**
(Zelten 35,40 US$, Zi. 35,40 US$ pro Pers.) Die *bandas* mit Blick auf den Strand von Kageye an der Ostseite von Rubondo zählen zu den netteren Hütten in Nationalparkbesitz in Tansania. Sie sind mit einem komfortablen Doppel- und einem Einzelbett sowie einem Bad mit Heißwasser ausgestattet und die umgebende Dschungelvegetation sorgt für viel Privatsphäre. Vor Ort gibt es noch eine Herberge mit Zimmern von ähnlicher Qualität, die auch über Fernsehgeräte verfügt.

Alle Zimmer haben morgens und abends Strom, aber nicht nachts. Es gibt vollständig ausgestattete Küchen, und auf Anfrage übernehmen die Angestellten das Kochen (als Bezahlung sollte ein freies Essen genügen). Nördlich der *bandas* (10 Gehminuten) verkauft ein winziger Laden ein paar Grundnahrungsmittel wie Reis, Eier und Kartoffeln. Am Ufer direkt neben den *bandas* gibt es eine coole kleine Bar.

★ **Rubondo Island Camp** ZELTCAMP **$$$**
(☎0736 500515; www.rubondo.asiliaafrica.com; EZ/DZ All inclusive 884/1351 US$; ⏲April & Mai geschl.; ) Gehört zur sehr noblen Asilia-Gruppe. Die Safarizelte an dem zauberhaften Uferabschnitt sind denn auch

standesgemäß umwerfend, obwohl „Zelte" eigentlich nicht das richtige Wort ist: Diese hier haben drei solide Wände und sind mit edlen Möbeln, tollen Bädern und herrlich bequemen Betten ausgestattet. Der Restaurantbereich schmiegt sich an eine niedrige Klippe mit Seeblick.

Das Management bietet Aktivitäten wie Schimpansen-Touren (im Moment ist es sehr, sehr unwahrscheinlich, dass man die Tiere tatsächlich sieht, aber man findet auf jeden Fall ihre Nachtstätten und andere Hinweise auf ihre Existenz), Vogelbeobachtung und Angelausflüge an. Es werden auch Fahrten organisiert, um wilde Tiere aufzuspüren, aber es gibt bessere Wege, die Insel zu erkunden.

## An- & Weiterreise

### FLUGZEUG

Auric Air (S. 276) legt auf seinen Flügen Mwanza–Bukoba eine Zwischenlandung in Rubondo (Hinflug 72 US$) ein. Damit sind zwei Übernachtungen nötig, denn der Flug aus Mwanza kommt am späten Nachmittag an und der Rückflug startet frühmorgens. **Coastal Aviation** (☎ 0752 627825; www.coastal.co.tz) fliegt auf Anfrage ebenfalls zum Park. Ein Charterflug mit Auric kostet ca. 3000 US$.

### SCHIFF/FÄHRE

Es gibt zwei Möglichkeiten, mit dem Parkboot nach Rubondo zu fahren (bis zu 7 Passagiere); beide müssen im Voraus gebucht werden. Fischer dürfen Touristen nicht zur Insel bringen.

Der Park empfiehlt die Anfahrt über den kleinen Hafen Kasenda, 5 km von Muganza entfernt (1500 TSh mit dem Motorradtaxi; 5000 TSh mit dem Taxi). Das Boot braucht 20 bis 30 Minuten für die Überfahrt, dann sind es noch 15 Minuten mit dem Parkauto über die Insel nach Kageye. Der Fahrpreis je Boot beträgt 118 US$ (hin & zurück). Muganza liegt ganz in der Nähe der Straße von Mwanza nach Bukoba. Dort fahren viele öffentliche Verkehrsmittel, allerdings halten die Busse gewöhnlich an der Kreuzung auf der Hauptstraße (an der Abzweigung nach Muganza). Motorradfahrer nehmen Touristen bereitwillig in die Stadt bzw. nach Kasenda mit. Alle Busse zwischen Bukoba (12 000 TSh, 2 Std.) und Mwanza (12 000 TSh, 4 Std.) kommen hier vorbei; das gilt auch für die Busse zwischen Bukoba und Daressalam. Biharamulo (5000 TSh, 2 Std.) und andere Orte in der Nähe werden von *dalla-dallas* angefahren.

Die zweite Option wäre Nkome, das am Ende einer holprigen Straße nördlich von Geita liegt. Von hier kostet die Bootsfahrt nach Kageye 118 US$ (2 Std.). Gewöhnlich ist das Wasser etwas rau. Das Boot bekommt man in der Rangerstation außerhalb von Nkome; von der Endhaltestelle der *dalla-dallas* fahren *piki-piki* (Motorradtaxis) (1000 TSh) oder Taxis (5000 TSh) zur Rangerstation. Von Mwanza bis Nkome (12 000, 4–5 Std.) verkehren auch zwei Direktbusse. Sie fahren um 10 Uhr in Mwanza ab, man kann aber auch an der Kamanga-Fähre zusteigen. Eine weitere Möglichkeit ist, bis Geita mit dem Bus und dann mit den häufig verkehrenden *dalla-dallas* weiter nach Nkome (5000 TSh, 2 Std.) zu fahren.

### NATIONALPARK RUBONDO ISLAND

**Auf nach Rubondo** Die Insel hat die Atmosphäre eines Hollywood-Films: Dichte Dschungel, hohe Wälder und unzählige Pflanzen, Tiere und Vögel. Hier kann man problemlos Wildtiere entdecken – und hat sie wahrscheinlich ganz für sich alleine. Ein herrlich ruhiger und friedvoller Rückzugsort.

**Reisezeit** Juni bis Anfang November.

**Praktisch & konkret** Ausgangspunkte sind Bukoba oder Mwanza; zum nächstgelegenen Hafen reisen (Muganza oder Nkome) und von dort aus mit dem Parkboot weiterfahren (wer es sich leisten kann, chartert ein Flugzeug). Unterkünfte und den Transport über Saa Nane/Tanapa-Büro (S. 271) in Mwanza buchen.

**Für Schnäppchenjäger** Insgesamt ein geldbeutelfreundlicher Park. Die Bootsfahrt ab Muganza oder Nkome kostet nur 118 US$. Im Park angekommen eine *banda* sichern (preiswert und nett). Man kann sich selbst verpflegen. Safaris ausschließlich zu Fuß.

# Biharamulo

☎ 028 / 25 000 EW.

Der alte deutsche Verwaltungsort Biharamulo ist ein kleiner Platz im Niemandsland, den manche Reisende unwiderstehlich finden. Ihm haftet ohne Zweifel ein gewisses „Lost in Africa"-Flair an.

Die nördlich verlaufende Straße aus Biharamulo passiert das 1300 km² große **Wildreservat Biharamulo** und das 2200 km² große **Wildreservat Burigi** (es ist schon seit Langem als Nationalpark im Gespräch, aber bislang wurde noch nichts in diese Richtung unternommen). In keinem gibt es nennenswerte touristische Infrastruktur, doch die

Tierpopulationen haben sich seit der Flüchtlingskatastrophe in den 1990er-Jahren wieder erholt. Das gilt insbesondere für das sumpfige Burigi. Unter anderem gibt es Pferde-, Rappen- und Elenantilopen, Sitatungas, Elefanten, Giraffen, Zebras und Löwen zu sehen. Besuche können bei Bukoba Tours (S. 281) gebucht werden.

## Schlafen & Essen

**★ New Aspen Hotel** MOTEL $

(☎0753 349114; Zi. 30 000 TSh; P ❄ 📶) Ein ausgezeichnetes Preis-Leistungs-Verhältnis, auch wenn der Boiler einige Zeit braucht, um das Wasser zu erhitzen. Die Zimmer mit Fliesenboden sind tadellos sauber und es gibt gestärkte Leinenbettwäsche und gute Moskitonetze. Die Bar vor Ort hat bis spätnachts geöffnet und wird manchmal für Hochzeitsempfänge benutzt, da es hier ein Restaurant und einen Open-Air-Nachtklub mit Tanzfläche gibt. Der Ziegeneintopf des Restaurants ist sehr beliebt.

**Deutsche Boma** HISTORISCHES HOTEL $

(☎0766 477065; Zi. pro Pers. 10 000 TSh; P) Auf dem Hügel über der Stadt thront die zwischen 1902 und 1905 erbaute deutsche *boma*. Dazu gehört eine gute Pension mit gepflegten Zimmern in kleinen Rondavels (typisch afrikanische Rundbauten) im Hof. Es gibt Heißwasser, aber keine Ventilatoren. Verpflegung gehört auch nicht zum Portfolio, man muss sich also nahe der Bushaltestelle etwas zu essen besorgen. Zelten kann man hier auch.

## An- & Weiterreise

Frühmorgens verkehren zwei oder drei *dalla-dallas* und ein Bus (6 Uhr) direkt nach Mwanza (12 000 TSh, 6 Std.) und Bukoba (10 000 TSh, 2 Std.). Der Bus nach Bukoba macht sich um 8 Uhr auf den Weg und ein *dalla-dalla* bedient täglich die Strecke zur ruandischen Grenze (8 Uhr; 12 000 TSh, 2 Std.). Später am Tag erreicht man Mwanza am besten mit einem der zahlreichen Gemeinschaftstaxis nach Nyankanazi (5000 TSh, 1 Std.); dort dann auf einen Bus warten. In Muleba (8000 TSh, 1½ Std.) hat man Anschluss nach Bukoba. Wer aus Ruanda nach Tansania einreist: Das kleine Büro an der Grenze wechselt keine Ruandischen Franken.

# Bukoba

☎028 / 128 800 EW.

Bukoba ist eine geschäftige, grüne Stadt in attraktiver Lage am See und mit einem ansprechenden Kleinstadt-Feeling. Und tatsächlich scheint jeder Besucher die Stadt zu mögen – ohne genau sagen zu können, warum. Gegründet wurde Bukoba im Jahr 1890, als allmählich die Deutschen in der Region Fuß fassten. Damals traf Eduard Schnitzer (genannt Emin Pascha) – ein Arzt und leidenschaftlicher Reisender – am Westufer des Victoriasees ein. Seit damals floriert der zweitgrößte Hafen am tansanischen Ufer, dank der Einnahmen, die mit Kaffee-, Tee- und Vanilleanbau erzielt werden.

Im September 2016 wurde die Gegend von einem Erdbeben der Stärke 5,7 erschüttert, das viele der Tonziegelgebäude einstürzen ließ. Kurz danach verursachten extreme Regenfälle Überschwemmungen – und noch mehr Zerstörung. Die Stadt hat sich zwischenzeitlich jedoch von diesen Krisen erholt; ein Besuch lohnt sich zu jeder Jahreszeit.

## Sehenswertes

**Kagera-Museum** MUSEUM

(☎0713 568276; 2000 TSh; ⏲9.30–18 Uhr) Das kleine sehenswerte Museum zeigt eine

**ABSEITS DER ÜBLICHEN PFADE**

### ALT-KATURUKA

An der **archäologischen Stätte Katuruka** (Erw./Kind 10 000/3000 TSh; ⏲9–17 Uhr), einem Stopp auf der Rundtour mit Bukoba Tours (S. 281), gibt's den ältesten Eisenschmelzofen in Ost-, Zentral- und Südafrika zu sehen (500 v. Chr.; lange bevor ähnliche Techniken in Europa entwickelt wurden). Tatsächlich zu sehen bekommt man ein paar alte Ziegelsteine und kleine Eisenklumpen. Interessanter sind die Schreine für König Rugomora (Regierungszeit 1650–75) und Mugasha, den Gott des Sturms und Wassers; die Führer erzählen etwas über ihre faszinierenden Legenden. In dem nachgebauten Grabhaus des Königs ist ein kleines **archäologisches Museum** eingerichtet.

Die Anfahrt führt durch die tiefste tansanische Provinz. Man nimmt in Bukoba ein *dalla-dalla* in Richtung Maruka bis Katuruka (1500 TSh, 45 Min.); das Kartenhäuschen befindet sich 200 m abseits der Straße.

Sammlung von Gegenständen der örtlichen Stämme, aber auch Fotos der Wildtiere in der Region Kagera; Trommeln, Handtaschen und andere von Hand gefertigte Arbeiten werden ebenfalls ausgestellt. Ein Führer (den man im Grunde engagieren muss) verlangt 3000 TSh.

Das Museum liegt jenseits des Flughafens (S. 283) im Nyamukazi-Viertel. Fahrern von Taxis oder Motorradtaxis, die den Weg zum Museum nicht kennen, gibt man „Peter Mulim" als Ziel an, dann wissen sie, wo's hingehen soll. Alternativ folgt man dem Seeufer bis zum Museum. Bukoba Tours (S. 281) steht bei Bedarf mit Rat und Tat zur Seite.

**Musira Island** INSEL

(3000 TSh) In der Zeit der Könige war der große Felsklotz im See vor Bukoba eine Gefängnisinsel – heute ist sie ein reizvoller Ausflugsort. Nach der Ankunft muss man sich beim Inselhauptmann melden und 3000 TSh Inselgebühr bezahlen. Er kennt auch den Pfad auf den Gipfel, der an der Orthodoxen Kirche und einigen Hütten aus Elefantengras vorbeiführt.

Im Nyamukazi-Viertel, in der Nähe des Museums, legen stets voll besetzte Boote ab (2000 TSh), aber sie fahren nicht an der Rückseite mit den Klippen und Höhlen vorbei, wo die Medizinmänner beigesetzt wurden. Es lohnt sich daher durchaus, ein eigenes Boot zu buchen oder an einer Tour teilzunehmen. Bukoba Tours (S. 281) nimmt 60 US$ pro Boot mit einem Passagier und 100 US$ pro Boot mit zwei Passagieren.

**Bunena-Kirche** KIRCHE

Die ursprüngliche Kathedrale, die 1914 erbaute Bunena-Kirche, ist die älteste Kirche Bukobas. Aus der Entfernung, etwa vom Strand aus, sieht sie ziemlich hübsch aus, aus der Nähe macht sie deutlich weniger her. Die Felsenklippe darunter ist dagegen sehr einladend.

## Geführte Touren

**★ Bukoba Cultural Tours** GEFÜHRTE TOUREN

(☎ 0713 568276; www.bukobaculturaltours.co.tz; Lake Hotel; ⌚ Mo–Fr 8.30–18, Sa & So 9–16 Uhr) Bukoba Tours ist das neue Projekt von William „Willy" Rutta, einem Führer mit langjähriger Erfahrung in der Gegend um Bukoba. Er hat ein Büro im Lake Hotel (S. 282) und bietet eine breite Palette an Kultur- und Insel-Ausflügen. Auch Safaris auf der Rubondo Island, in der Serengeti und anderorts kann er organisieren – dies alles stets mit Weisheit, Witz und Expertise.

**Kiroyera Tours** KULTUR

(☎ 0759 424933, 0713 526649, 0757 868974; www.kiroyeratours.com; Shore Rd.) Das eingesessene Unternehmen Kiroyera Tours bietet Halb- und Ganztagestouren zu den lokalen Sehenswürdigkeiten an. Der Veranstalter ist seit Jahren im Geschäft und organisiert eine Vielzahl von Ausflügen, darunter Fahrrad-, Bus-, Boot- und Flugzeugabenteuer.

## Schlafen

**★ Umura Rocks B&B** B&B $

(☎ 0783 828583; www.umurarocks.com; Umura Rocks, Busimbe A; EZ/DZ 7000/85 000 TSh; P ❄ 📶) Ein hübsches B&B gleich außerhalb von Bukoba auf einem hohen Hügel mit Blick auf den Victoriasee und Musira Island (S. 281). Hierher kommt man nur mit Allradantrieb; wer im Voraus anruft, kann sich abholen lassen. Neben dem Frühstück kann man sich hier auch selbstgefangenen Fisch zubereiten lassen.

**CMK Lodge** HOTEL $

(☎ 0682 265028; abseits der Uganda Rd.; Zi. 25 000–35 000 TSh; P) Einfache, aber blitzsaubere Zimmer und die ruhige Lage in einer Seitenstraße der Uganda Road machen die zentrumsnahe Unterkunft zu einem echten Volltreffer mit tollem Preis-Leistungs-Verhältnis. Im Preis enthalten sind das Frühstück, Heißwasser und Moskitonetze über den Betten. Das – kostenlose – Sahnehäubchen ist der herzliche Empfang!

**Bukoba Co-Op Hotel** HOTEL $

(☎ 028-222 1251; Shore Rd.; EZ/DZ/2BZ 25 000/30 000 TSh; P 📶) Das Hotel ist etwas in die Jahre gekommen, aber die Zimmer mit TV, Deckenventilator und Minikühlschrank sind immer noch in Ordnung: ein gutes Preis-Leistungs-Verhältnis. Das Beste ist ohnehin die Lage am Ende des Bukoba Beach. Die Zimmer im 2. OG blicken auf die Bäume und den See und das Restaurant gehört zu den besten der Stadt. Geraucht werden darf nur im Freien.

**Balamaga Bed & Breakfast** B&B $

(☎ 0754 760192, 0744 760192; www.balamagabb.com; Plot 27/28, Maruku Rd.; EZ/DZ 80 000/110 000 TSh, mit Gemeinschaftsbad 70 000/100 000 TSh; P) Das gemütliche B&B in den Hügeln hoch über der Stadt mit Blick auf den See und Musira Island (S. 281) bietet vier geräumige, gemütliche Zimmer (zwei mit Gemeinschaftsbad) mit Fotokunst und einen bildschönen Garten voller Vögel. An Verpflegung gibt's hier nur Frühstück.

## Bukoba

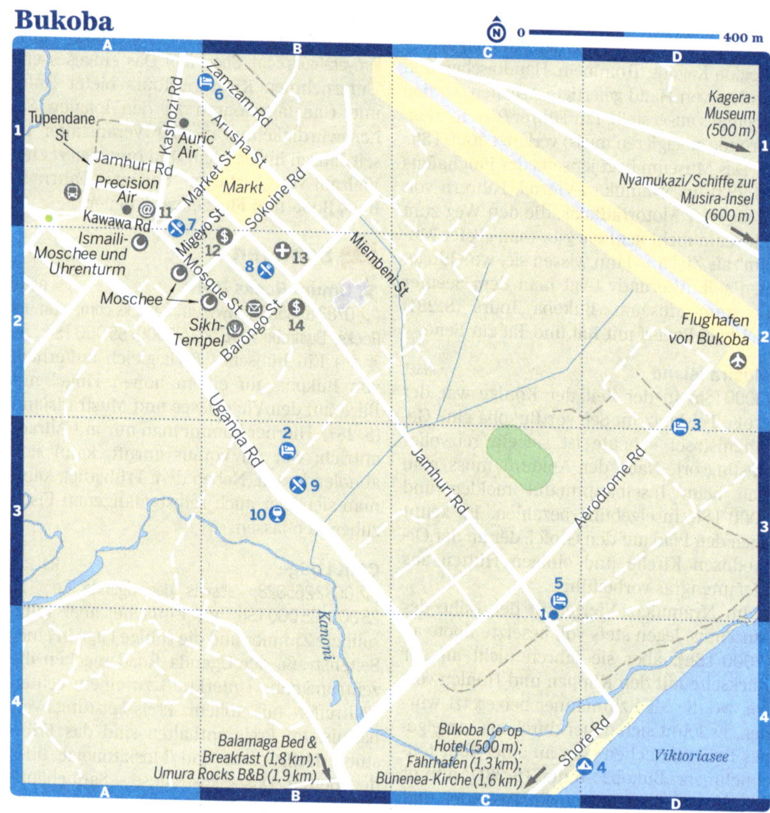


**ELCT Bukoba Hotel** HOTEL $
(☎0754 415404, 028-222 3121; www.elctbukobahotel.com; Aerodrome Rd.; EZ/2BZ/Suite 40/45/60 US$; P 📶) Das Konferenzzentrum der Lutherischen Kirche zwischen dem See und der Stadt ist eine sehr gute Option. Die Zimmer in dem weitläufigen Komplex lassen entfernt an ein Sanatorium denken, aber das Hotel ist tadellos in Schuss und wird von freundlichen Mitarbeitern hervorragend geführt. Das Hotelschild verspricht „Stille" – und die gibt es hier tatsächlich in Hülle und Fülle. Das Frühstück ist im Preis inbegriffen; abends kann man im Restaurant essen. Die Gartenanlage ist eine echte Oase.

**Kiroyera Campsite** CAMPINGPLATZ $
(☎0759 424933, 0766 262695; www.kiroyeratours.com; Shore Rd.; Zelten /banda 10/29 US$; P 📶) Dieses Backpackerquartier am Seeufer verfügt über einen Zeltplatz sowie eine Handvoll *msonge* (Grashütten der Haya), einige davon mit Strom und eigenem Bad. Alles ist sehr einfach, aber wer noch näher am See sein möchte, müsste in der Tat hineinspringen. In den (leichtentzündlichen) Grashütten darf nicht geraucht werden. Es gibt auch ein Hütten-Restaurant mit guten Getränken und Mahlzeiten.

**New Banana Hotel** HOTEL $
(☎0753 028636; Zamzam Rd.; Zi. 20 000 TSh) Das Hotel müsste eigentlich „Not-So-New-Banana Hotel" heißen. Die in die Jahre gekommene Unterkunft liegt aber gut und ist hell und freundlich. Es gibt fließend heißes Wasser und die frischen Blumen deuten darauf hin, dass sich das Management wirklich kümmert. Draußen befindet sich ein nettes kleines Bar-Café.

**Lake Hotel** HOTEL $
(☎0754 407860; Zi. 25 000 TSh, mit Gemeinschaftsbad 10 000 TSh; P) Dieses historische Hotel beherbergte einst Frank Sinatra und viele andere Berühmtheiten. Es befindet sich

## Bukoba

**Aktivitäten, Kurse & Touren**

1 Bukoba Cultural Tours ........ C3
Kiroyera Tours ........ (siehe 4)

**Schlafen**

2 CMK Lodge ........ B3
3 ELCT Bukoba Hotel ........ D2
4 Kiroyera Campsite ........ D4
5 Lake Hotel ........ C3
6 New Banana Hotel ........ B1

**Essen**

7 ELCT Tea Room ........ A1
8 New Rose Café ........ B2
9 Victorius Perch ........ B3

**Ausgehen & Nachtleben**

10 Lina's Night Club ........ B3

**Praktisches**

11 4 Ways ........ A1
12 CRDB Bank ........ B2
13 MK Pharmacy ........ B2
14 NBC ........ B2

in Laufnähe zum See, hat die Eleganz vergangener Tage jedoch leider total eingebüßt: Einige Zimmer sind einfach nur schäbig. Der Hauch von historischem Charme lässt sich dennoch nicht leugnen.

## Essen & Trinken

**ELCT Tea Room** TANSANISCH $

(0754 415404; Market St.; Frühstück 5000 TSh, Mittagessen 5000–8000 TSh; Mo–Sa 8–17 Uhr) Das All-you-can-eat-Büfett im Stadtzentrum hat viele Fans. Hier gibt's alle tansanischen Klassiker zum Schleuderpreis.

**New Rose Café** TANSANISCH $

(0754 761610; Jamhuri Rd.; Mahlzeiten 5000–6000 TSh; Mo–Sa 8–19 Uhr) Die wunderbare, aber unauffällige Institution wirkt wie eine Kreuzung aus Lebensmittelladen und kleinem Café-Restaurant.

**Bukoba Co-Op Hotel** INTERNATIONAL $$

(028-222 1251; Shore Rd.; Mahlzeiten 12 000 TSh; 7–23 Uhr) Dank der Lage am Strand sehr beliebt; der gegrillte Tilapia und die Pizzas und Currys schmecken gut, aber der wirkliche Grund hierherzukommen ist der Ausblick. Für den Fall, dass kein Wind geht, das Moskitospray nicht vergessen.

**Victorius Perch** INTERNATIONAL $$

(0754 603515; Uganda Rd.; Mahlzeiten 10 000–16 000 TSh; 6–24 Uhr) Die anspruchsvollste Speisekarte der Stadt mit chinesischer, indischer, europäischer und sogar Anklängen von italienischer Küche; allerdings gibt's nicht immer alle Gerichte.

**Lina's Night Club** CLUB

(0689 664559; Uganda Rd.; 24 Std.) *Der* Club! Rund um die Uhr geöffnet; voll ist die Bar aber erst abends, und der Club nur freitags und samstags. Lina's ist hell und gelb und so riesig, dass der Großteil der Einwohner Platz hätte … und einen Fitnessraum gibt es auch!

## Praktische Informationen

### GELD

In Bukoba haben mehrere große Banken Filialen und 24-Std.-Geldautomaten.

**CRDB Bank** (Sokoine Rd.; Mo–Fr 8.30–16, Sa bis 13 Uhr) Hat eine Zweigstelle und einen 24-Std.-Geldautomat (Visa und MasterCard).

**NBC** (Jamhuri Rd.; Mo–Fr 8.30–16, Sa bis 12 Uhr) Wechselt Bargeld und hat einen 24-Std.-Geldautomat (Visa und MasterCard).

### INTERNETZUGANG

Internetzugang gibt's bei **4 Ways** (0767 453362; Kashozi Rd.; 1500 TSh pro Std.; Mo–Sa 8–19, So 10–15 Uhr) und in der **Hauptpost** (Barongo St.; 1000 TSh pro Std.; Mo–Fr 8.30–17 Uhr).

### MEDIZINISCHE VERSORGUNG

**MK Pharmacy** (0713 302140, 028-222 0582; Jamhuri Rd.; Mo–Sa 8–20, So 9–14 Uhr)

## An- & Weiterreise

### BUS

Alle Busunternehmen unterhalten Ticketbüros am oder in der Nähe des **Busbahnhofs** (Tupendane St.; 5–18 Uhr). Wer das Handeln einem Experten überlassen möchte, lässt sich die Fahrkarten von einem Mitarbeiter von Bukoba Cultural Tours (S. 281) besorgen (3 US$ Gebühr).

Die Fahrtziele:

**Kampala, Uganda** (20 000 TSh, 6–8 Std.) Zwei Busse täglich (6 und 12.30 Uhr). Visa können an der Grenze ausgestellt werden.

**Kigoma** (28 000, 13–14 Std.) Montags, mittwochs und freitags (6 Uhr).

**Mwanza** (20 000, 8 Std.) Häufig (zwischen 6 und 12.30 Uhr).

### FLUGZEUG

Der **Flughafen** von Bukoba (BKZ) bietet täglich Flüge ab/nach Mwanza (72 US$, Hinflug) mit **Auric Air** (0688 233335; www.auricair.com; Rwabizi Plaza, Kashozi Rd.; Mo–Sa 8.30–16.30 Uhr) und ab/nach Daressalam (ab

360 000 TSh über Mwanza (165 000 TSh) mit **Precision Air** (☎ 028-222 0545, 0782 351136; www.precisionairtz.com; Kawawa Rd.).

### SCHIFF/FÄHRE

Zum Zeitpunkt des Schreibens gab es keinen Fährdienst zwischen Bukoba und Mwanza.

## DIE HAYA

Bukoba ist Kernland des Haya-Stammes, einer der großen Stämme Tansanias und von herausragender Bedeutung für die Geschichte des Landes. Ihre Kultur gehörte zu den höchstentwickelten frühen Kulturen des Kontinents. Im 18. oder 19. Jahrhundert war ihr Stammesgebiet in acht eigenen Staaten oder Königreichen organisiert. Jeder Staat wurde von einem mächtigen und oft despotischen *mukama* (König) regiert, der seine Macht auf göttliches Recht zurückführte. Dem *mukama* gehörte formell alles Land, und er kontrollierte den Handel. Die Nutzung des Landes wurde kleinen Familienclans mit männlicher Erbfolge übertragen, vom *mukama* ernannte Häuptlinge und Verwalter hielten mithilfe von Clan-Kriegern die Ordnung aufrecht. Mit der Ankunft der Kolonialverwaltung geriet dieses politische System in Vergessenheit. Die einzelnen Haya-Gruppen brachen auseinander, und viele Häuptlinge wurden von den Kolonialmächten durch gefügige und mit ihnen sympathisierende Führer ersetzt.

Als in den 1920er-Jahren der Widerstand gegen die „kolonialen" Häuptlinge und die Kolonialmächte zunahm, gruppierten sich die Haya neu und gründeten 1924 die Bukoba Bahaya Union. Dieser Verband versuchte zunächst, politische Reformen auf lokaler Ebene durchzusetzen, wurde aber zunehmend einflussreicher und ging in der breiter organisierten African Association auf. Zusammen mit ähnlichen Gruppen im Land – insbesondere in der Region des Kilimandscharo und in Daressalam – gründete sich daraus die älteste politische Bewegung Tansanias, die einer der Motoren der Unabhängigkeitsbewegung wurde.

Heute werden die Haya sowohl wegen ihrer Tänze – komplizierte rhythmische Fußbewegungen von Tänzern in traditionellen Baströcken mit Rasseln um die Knöchel – und ihres Gesangs als auch wegen ihrer Geschichte geachtet. Die in der ostafrikanischen Musikszene berühmte Sängerin Saida Karoli stammt aus Bukoba.

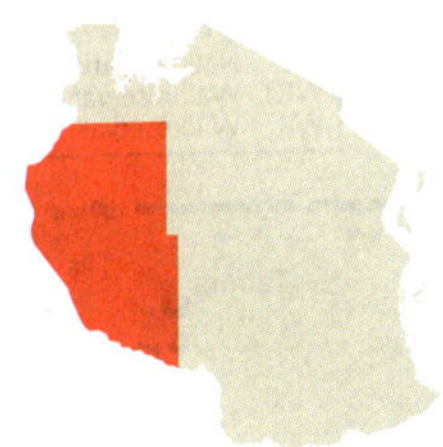

# West-Tansania

**Inhalt ➡**



## Schön übernachten

- Lake Shore Lodge (S. 299)
- Kigoma Hilltop Hotel (S. 290)
- Gombe Forest Lodge (S. 294)
- Jakobsen's Guesthouse (S. 290)

## Gut essen

- Lake Shore Lodge (S. 299)
- Coast View Resort (S. 290)
- Orion Tabora Hotel (S. 288)
- Kalambo Falls Lodge (S. 303)

## Auf in den Westen!

Tansanias Westen ist ein raues Grenzland mit wenigen Touristen, minimaler Infrastruktur und weiten, weglosen Landstrichen – seit Stanley auf Livingstone traf, hat sich hier kaum etwas verändert, während im Rest des Landes vieles längst weichen musste. Genau das macht die Region anziehend für Traveller, die ihre Routen an die Fahrpläne der MS *Liemba* und der Central-Line-Eisenbahn koppeln.

Die meisten Touristen kommen allerdings, weil sie wilde Tiere sehen möchten. Die Nationalparks Gombe Stream – hier gründete Jane Goodall ihre weltberühmte Forschungsstation für Schimpansen – und Mahale Mountains bieten die besten Voraussetzungen, um Primaten nahezukommen. Im Nationalpark Katavi verliert sich der Besucher in weiten Flussebenen, die immer noch ein unverfälschtes Safarierlebnis garantieren.

Wer nicht gerade per Charterflugzeug reist, braucht viel Zeit und Geduld. Doch für alle, die sich bewusst für diesen Landesteil entscheiden, ist der Westen Tansanias Highlight.

## Reisezeit

### Kigoma

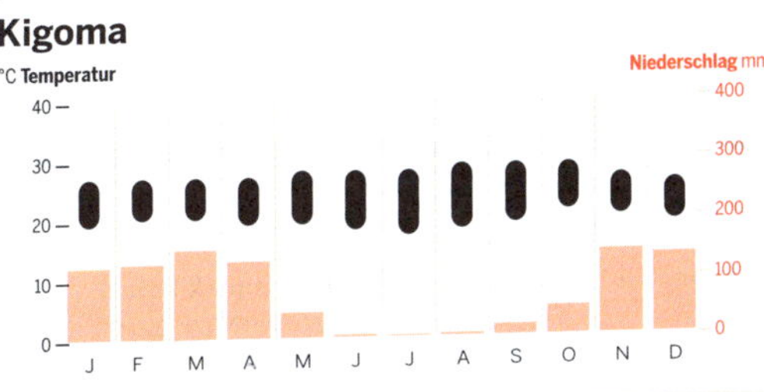


**Dez.–April** Mit dem Regen kommen ausgewaschene Straßen und leuchtende Blitze.

**Mai–Nov.** Die Trockenzeit ist perfekt für Reisen, auch wenn Bäume jetzt die Blätter abwerfen.

**Mai–Juni** Schimpansen schließen sich zu großen Gruppen zusammen.

## Highlights

**1 Nationalpark Gombe Stream** (S. 294) Sich durch den Urwald den Schimpansen nähern, die Jane Goodall berühmt gemacht hat.

**2 MV Liemba** (S. 293) An Bord der historischen Fähre, die den Kinofilm *African Queen* inspirierte, über den Tanganjikasee schippern.

**3 Nationalpark Katavi** (S. 301) In einem der ursprünglichsten Parks des Landes Nilpferde, Elefanten, Giraffen und Afrikanische Büffel beobachten.

**4 Kipili** (S. 299) Durch das Wasser des Tanganjikasees waten und sich beim Tauchen und Schnorcheln inmitten der kaleidoskopischen Buntbarsche wie am Roten Meer fühlen.

**5 Nationalpark Mahale Mountains** (S. 295) Das ultimative „Versteck vor allem und jedem" erleben, mit Schimpansen, Wanderwegen und herrlichen Stränden.

# Tabora

☎026 / 227 000 EW.

Tabora – heute ein Städtchen im Schatten zahlloser Mango- und Tulpenbäume – war einst ein wichtiges Handelszentrum an der Karawanenstraße zwischen dem Tanganjikasee, Bagamoyo und der Küste. Als der Ort noch Kazeh hieß, hatten hier viele Sklavenhändler ihre Hauptquartiere aufgeschlagen, darunter auch der berüchtigte Tippu Tib. Stanley und Livingstone, die hier mehrere Monate zubrachten, und viele andere europäische Forschungsreisende passierten die Stadttore. Stanley schätzte die Einwohnerzahl 1871 auf rund 5000 Menschen. Um die Wende zum 20. Jh. hatten die deutschen Kolonialherren Tabora zu einem Verwaltungs- und Missionszentrum ausgebaut. Nach dem Bau der Central-Line-Eisenbahn wuchs Tabora zur größten Stadt in Deutsch-Ostafrika an. Es wurde zu einem wichtigen regionalen Ausbildungszentrum und es gibt hier nach wie vor viele große Schulen.

Heute ist es vor allem für Geschichts- und Eisenbahnfans interessant. Sie warten hier auf Anschluss nach Mpanda oder Mwanza.

## Sehenswertes

Viele der Gebäude stammen noch aus deutscher Kolonialzeit. Insbesondere die **kathologische Kirche**, deren Betonwände innen bemalt wurden, um Holz und Marmor vorzutäuschen und die alte *boma* (Wohnanlage) sind sehenswert. Sie ist heute ein Armeestützpunkt (Fotografieren verboten).

**Livingstone's Tembe** HISTORISCHE STÄTTE
(☎0787 281960, 0754 619627; Kwihara; 10 000 TSh, Guide 5000 TSh; ⌚8–16 Uhr) Die größte Attraktion der Stadt ist eindeutig die tief kastanienbraun gestrichene *tembe* von Livingstone. Sie war 1857 im arabischen Stil mit Flachdach erbaut worden. 1872 hat er eine Zeit lang darin gelebt. Später wartete Stanley hier drei Monate, weil er hoffte, die Araber würden Mirambo besiegen, den berühmten König der Nyamwezi (Mondleute). Als die Araber unterlagen und der Weg zum Tanganjikasee versperrt blieb, wählte er die Route über Mpanda nach Ujiji. Im folgenden Jahr kehrten Stanley und Livingstone zurück.

Heute dient das Haus mit seinen geschnitzten Türen im Sansibar-Stil als Museum, in dem einige Briefe Livingstones ausgestellt und Informationen zum Sklavenhandel gegeben werden. Das Haus liegt 8 km südwestlich der Stadt in Kwihara. Die seltenen *dalla-dallas* (1000–1500 TSh) in Richtung Kipalapala fahren südwestlich der neuen Bushaltestelle (bei der öffentlichen Toilette) ab. Sie halten auf Wunsch in Etetemia; von dort sind es noch 2,5 km zu Fuß die Straße entlang. Im Zweifelsfall einen Einheimischen nach „Livingstone" fragen. Ein Taxi von der Stadt sollte etwa 20 000 TSh (hin & zurück) kosten, ein Motorrad 10 000 TSh, aber oft muss man mehr bezahlen. Doch die Fahrt lohnt, denn die Exponate sind gut verständlich auf Englisch beschriftet.

## Schlafen

**John Paul II Hostel** PENSION $
(☎0758 317020, 0789 812224, 0717 728515; Jamhuri St; EZ/DZ/Suite 15 000/20 000/50 000 TSh; Ⓟ) Makellos sauber, ruhig, sicher und günstig – mit dieser Pension macht man nichts verkehrt. Sie wird von der Kirche betrieben, und Papst Johannes Paul II. selbst hat den Grundstein gelegt. Der Eingang in den ruhigen Komplex befindet sich hinter dem Gebäude. Ist das Tor zur Kathedrale verschlossen, muss man Richtung Osten um das Gelände herumlaufen; die Pension liegt auf der Rückseite des gelben Hauses. Man betritt sie durch das Lokal Nazareth Canteen, das zum Hostel gehört.

**Frankman Palace Hotel** HOTEL $
(☎0768 778504; DZ 75 000–85 000 TSh; Ⓟ❄📶) Glitzernde Wände und Rüschenbesatz sorgen für einen Hingucker. Es liegt in einem der schickeren Quartiere der Stadt, und es gibt WLAN, das der Manager allerdings als „zu langsam" bezeichnet. Das Haus mit dem grünen Dach steht hinter dem Busbahnhof am Stadion, am Ende einer schmalen Seitenstraße.

**Golden Eagle Hotel** PENSION $
(☎026-260 4623; Market St; DZ 25 000 TSh, EZ/DZ mit Gemeinschaftsbad 15 000/20 000 TSh; Ⓟ) Der freundliche Besitzer, die zentrale Lage und das Restaurant mit gutem, preiswertem Essen machen das einstöckige Hotel zur angenehmsten Unterkunft der Stadt. Die Zimmer sind alt, aber ordentlich, sie haben Fernseher, heißes Wasser und Deckenventilatoren. Manchmal etwas laut.

★ **Orion Tabora Hotel** HISTORISCHES HOTEL $$
(☎026-260 4369; oriontbrhotel@yahoo.com; Station Rd; Camping 25 000 TSh, EZ 65 000–150 000 TSh, DZ 80 000–175 000 TSh; Ⓟ📶) Das alte Eisenbahnhotel wurde 1914 von einem deutschen Baron als Jagdlodge erbaut. Das hübsch restaurierte Gebäude stellt eine in

## Tabora

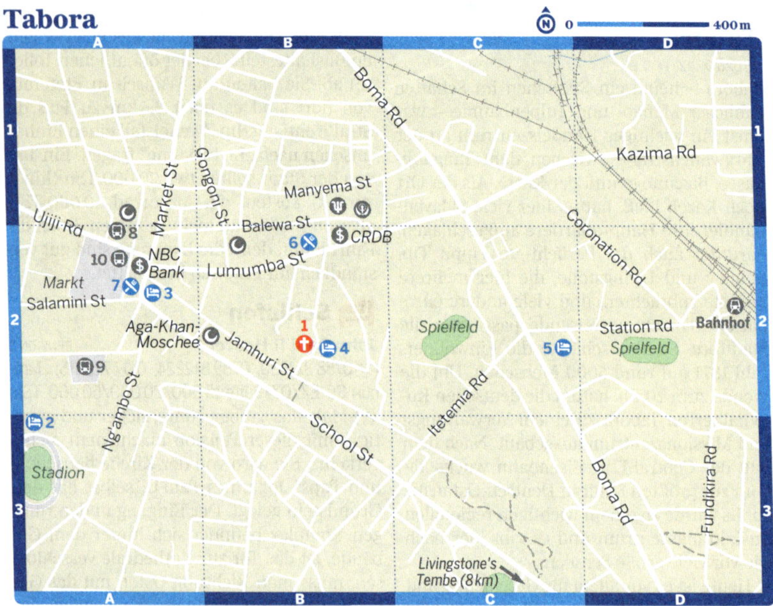


## Tabora

**Sehenswertes**
1 Katholische Kathedrale ........................ B2

**Schlafen**
2 Frankman Palace Hotel ........................ A3
3 Golden Eagle Hotel ........................ A2
4 John Paul II Hostel ........................ B2
5 Orion Tabora Hotel ........................ C2

**Essen**
Golden Eagle Hotel ........................ (siehe 3)
6 Mayor's Fast Food ........................ B2
7 Mayor's Hotel ........................ A2
Orion Tabora Hotel ........................ (siehe 5)

**Transport**
8 NBS Office ........................ A2
9 Neue Bushaltestelle ........................ A2
10 Alte Bushaltestelle ........................ A2

diesem Landesteil unerwartet angenehme Unterkunft dar. Unbedingt nach einem Zimmer im Kaiserflügel fragen, denn diese haben überdachte Veranden mit Blick auf den Garten.

Das Restaurant (siehe rechts) ist das beste der Stadt und die Bar gut bestückt. Wenn in der Bar draußen Bands live auftreten, kann es ziemlich laut werden. Camping ist auf dem Gelände ebenfalls möglich.

## Essen & Ausgehen

**Golden Eagle Hotel** INDISCH, TANSANISCH $
(☎026-260 4623; Market St; Gerichte 8500–15 000 TSh; ⌚18–24 Uhr; ✎) Gute Küche und niedrige Preise, das Jeera-Huhn und vegetarisches Curry kosten nur 5000 TSh und Fish 'n' Chips 14 000 TSh. Serviert auch Mocktails, Bier und Wein.

**Mayor's Hotel** TANSANISCH $
(☎0784 341747, 0757 201656; Snacks & Gerichte 1000–6000 TSh; ⌚7.30–17 Uhr) Preisgünstige Samosas und weitere Snacks und lokaltypische Gerichte, darunter Reis und Bohnen. Zu finden neben dem Markt, in einer Gasse ohne Namen hinter dem Grand Penta Hotel (an der Ecke Salamini und Market Street).

**Mayor's Fast Food** TANSANISCH $
(☎0784 341747, 0757 201656; Lumumba St; Snacks ab 300 TSh, Büfett pro Teller ab 2500 TSh; ⌚7.30–22 Uhr) Der beliebte lokale Treffpunkt bietet Samosas und andere Snacks sowie ein gutes preisgünstiges Büfett. Der Preis hängt davon ab, welches Fleisch man wählt.

★ **Orion Tabora Hotel** TANSANISCH, EUROPÄISCH $$
(☎026-260 4369, Durchwahl 117; Station Rd; Gerichte 6000–15 000 TSh; ⌚6–18 Uhr) Das Restaurant ist das beste der Stadt und bietet

lokale und europäische Küche, abends kann man Pizza und indische Gerichte bestellen, sowohl drinnen als auch draußen an der Bar. Dort gibt's auch einen Billardtisch und von Freitag bis Sonntag treten Bands live auf. Die Margarita ist gut und wird kompetent gemixt.

## Praktische Informationen

Geldautomaten haben die **CRDB** (Lumumba St; Mo–Fr 8–16.30 Uhr) und die **NBC** (Ecke Market St & Ujiji Rd; Mo–Fr 8–16, Sa bis 12 Uhr).

## An- & Weiterreise

### BUS

**NBS** (Ujiji Rd) ist die beste Fernbuslinie von Tabora aus (Busse mit zwei Zweiersitzen gegenüber). Einige Busse fahren noch an der **alten Bushaltestelle**, die meisten aber ganz in der Nähe an der **neuen Bushaltestelle** ab. Mehrere Busse täglich starten zwischen 6 und 10 Uhr nach Mwanza (15 000 TSh, 6 Std.). Außerdem gibt's Verbindungen zu folgenden Reisezielen:

**Arusha** (30 000 TSh, 10–11 Std., 6 Uhr) Fährt über Singida (20 000 TSh, 4 Std.) und Babati (25 000 TSh, 6–7 Std.).

**Dodoma** (30 000 TSh, 10 Std., 6 Uhr)

**Kigoma** (15 000 TSh, 7 Std., 7 Uhr)

**Mbeya** (45 000 TSh, 14 Std., 6 Uhr) Sasebossa und Sabena fahren mehrmals pro Woche.

**Mpanda** (23 000 TSh, 12 Std., 7 Uhr)

Fahrgäste sollten sich 30 Minuten vor Abfahrt einfinden.

### FLUGZEUG

**Air Tanzania** (026-260 4401; www.airtanzania.co.tz) fliegt nach Kigoma (140 000 TSh, jeden Mittwoch) und Daressalam (285 000 TSh, jeden Sonntag).

### ZUG

Tabora ist ein wichtiger Eisenbahnknotenpunkt. Züge fahren nach:

**Daressalam** (1./2. Klasse Schlafwagen/Economy 56 500/33 900/25 400 TSh, 24 Std., Montag, Mittwoch und Freitag 6.40 Uhr)

**Kigoma** (1./2./3. Klasse 35 700/21 400/16 100 TSh, 9–10 Std., Montag, Mittwoch und Samstag 17.30 Uhr)

**Mpanda** (1./2./3. Klasse 27 500/21 200/11 100 TSh, 10 Std., Montag, Mittwoch und Samstag 17 Uhr)

**Mwanza** (1./2./Economy-Klasse 29 600/22 700/11 800 TSh, 9–10 Std., Montag, Mittwoch und Samstag 19 Uhr)

Zudem fährt ein Luxuszug nach Daressalam (56 500/33 900/25 400 TSh, 24 Std., Samstag 19.20 Uhr) und nach Kigoma (35 700/21 400/16 100 TSh, 9–10 Std., Samstag 18 Uhr).

# Kigoma

028 / 135 000 EW.

Die freundliche kleine Distrikthauptstadt Kigoma liegt am Ufer des Tanganjikasees. Hier enden die Züge der Central-Line-Eisenbahn und die MS *Liemba* legt ab, um Besucher zum Nationalpark Gombe Streeam zu bringen. Kigoma ist nicht gerade eine quirlige Metropole, aber im Vergleich zum Rest des westlichen Tansanias wirkt sie großstädtisch.

In der Stadt stehen immer noch ein paar Gebäude aus der deutschen Kolonialzeit, darunter etwa der Bahnhof sowie das sogenannte Kaiserhaus (hier residiert der Leiter der Regionalverwaltung). Kigoma hat keine echten Attraktionen, aber die angenehme Atmosphäre, einige gute Restaurants, der lebhafte Markt sowie die Dörfer und Strände in der nahen Umgebung sprechen dafür, hier ein paar Tage zu verbringen.

## Sehenswertes

**Katonga** DORF

Das farbenfrohe Fischerdorf verwandelt sich in einen Hexenkessel, wenn die gefühlten 200 Holzboote ihren Fang anlanden. In den dunklen Nächten um den Neumond herum fahren die Fischer auf den See, werfen beim Schein von Lampen ihre Netze aus und kommen morgens um 8 Uhr zurück. *Dalla-dallas* (400 TSh) fahren regelmäßig nach Katonga.

**Jakobsen's (Mwamahunga) Beach** STRAND

(7000 TSh) Der winzige Strand besteht aus zwei herrlichen Buchten unterhalb eines bewaldeten Hanges. Die Idylle kann man vor allem an Wochentagen genießen, wenn nur wenige Menschen dort sind. Einige *bandas* spenden Schatten, und das Gästehaus (S. 290) verkauft Softdrinks und Wasser. Man sollte auf seine Habseligkeiten aufpassen, da hier kleptomanische Paviane frei umherstreifen.

Der Strand liegt 5 km südwestlich der Stadt; er ist an der Straße nach Katonga ausgeschildert. *Dalla-dallas* nach Katonga halten an der Abzweigung; von dort sind es noch 20 Minuten zu Fuß. Ein Taxi kostet ca. 10 000 TSh.

**Kibirizi** DORF

In Kibirizi, 2 km nördlich der Stadt bei den Öltanks gelegen, leben viele Fischer. Beeindruckend laut, bunt und recht chaotisch geht's zu, wenn die Wassertaxis am frühen Nachmittag beladen werden. Wer den Eisenbahnschienen dem Strand entlang folgt, erreicht das Dorf zu Fuß.

**Kaiser House** HISTORISCHES GEBÄUDE
(Bangwe Rd) Dieses Gebäude aus der Kolonialzeit wurde Anfang des 20. Jhs. für den deutschen Kaiser Wilhelm II. errichtet, als er eine Jagdexpedition in den Westen Tansanias plante. Er machte die Reise nie, aber das Kaiserhaus trägt noch seinen Titel. Heute residiert hier der Leiter der Regionalverwaltung.

##  Geführte Touren

**Gombe Track Safaris & Tours Tanzania** GEFÜHRTE TOUREN
(☎0756 086577; www.gombesafari.com; Lumumba St; Tagestour 395 US$; ⊙Mo–Fr 9–17, Sa bis 13 Uhr) Wer die vierstündige Fahrt in einem Wassertaxi zum Nationalpark Gombe Stream (S. 294) zu umständlich findet, für den bietet Gombe Track Safaris (wenn auch teurere) Alternativen. Zwar ist es sehr zu empfehlen, im Park zu übernachten, aber der Veranstalter kann auch einen Tagesausflug mit Hoteltransfer organisieren (Abholzeit am Hotel 6 Uhr!).

**Mbali Mbali** SAFARI
(☎0739 313125, 0732 978879; www.mbalimbali.com; ⊙Mo–Fr 9–17, Sa bis 13 Uhr) Der auf das westliche Tansania spezialisierte Safari-Touranbieter ist im Kigoma Hilltop Hotel ansässig. Er bietet Charterboote und -flugzeuge auf dem Tanganjikasee und in seiner Umgebung an und betreibt mehrere Lodges.

## Schlafen

**★ Jakobsen's Guesthouse** PENSION $
(☎0789 231215, 0753 768434; www.kigomabeach.com; Camping 20 000 TSh pro Pers., Zelt oder Zi. pro Pers. ohne Frühstück 30 000–75 000 TSh; P 🚻) Dieses gemütliche Gästehaus liegt außerhalb der Stadt auf einem Hügel oberhalb des Jakobsen-Strandes. Zwei Hütten und einige aufgebaute Zelte sowie zwei Zeltplätze mit Bädern, Lampen und Grill befinden sich weiter unten am See. Das Haus ist seinen Preis wert – herrlich, um sich zurückzuziehen. Essen gibt's hier allerdings nicht, man muss sich also selbst versorgen.

Vermietet werden Kajaks, Segelboote und Schnorchelausrüstung und man kann Wasser und Softdrinks kaufen. Die Unterkunft liegt 5 km südwestlich der Stadt und ist an der Straße nach Katonga ausgeschildert. *Dalla-dallas* nach Katonga setzen ihre Fahrgäste auf Wunsch an der Kreuzung ab, von dort sind es noch 20 Minuten zu Fuß. Camper sollten auf ihre Wertsachen achten, denn stets neugierige und diebische Paviane nehmen alles, was ihnen in die Hände fällt.

**★ Green View Hotel** HOTEL $
(☎028-280 4055, 0744 969681; www.greenview-hotel.co.tz; EZ/DZ/Suite 50000/70 000/80 000 TSh; P ❄ 📶 🚻) Auch ohne eine Aussicht bietet das Green View alles, was Reisende sich wünschen: tadellose Zimmer, gute Klimaanlage, warme Duschen und freundliche, englischsprachige Mitarbeiter – und all dies in einem an Escher erinnernden Gebäude mit kuriosen Treppen, die zuerst hinauf- und dann hinunterführen. Einige lebensgroße afrikanische Tiere dienen als Dekoration, was Kinder sehr erfreut. Das Hotel liegt auf einem Hügel außerhalb des Zentrums.

**Aqualodge** PENSION $
(☎0622 820998; Bangwe Rd; Zi. 50 000 TSh; P 📶) Näher als in der Aqualodge kann man nicht am Seeufer wohnen. Die Zimmer sind zwar einfach, aber mit Kühlschränken und Moskitonetzen ausgestattet. Angesichts der herrlichen Sonnenuntergänge sind sie ein Schnäppchen.

**Gombe Executive Lodge** PENSION $
(☎0758 891740; Zi. 25 000 TSh; P ❄) Mit Abstand die günstigste Unterkunft der Stadt in einer ruhigen, staubigen Nebenstraße. Die Zimmer sind makellos sauber, haben angeschlossene Bäder mit heißem Wasser und sind klimatisiert und gemütlich. Frühstück gibt's für einen Aufpreis von 3000 TSh.

**Coast View Resort** HOTEL $
(☎0752 103029, 028-280 3434; Zi. 50000–60 000 TSh; P ❄ 📶) Das höchste Hotel der Stadt hat keine Zimmer mit Aussicht, nur vom Turm des Restaurants aus kann man weit sehen. Es hat einen schönen Innenhof (leider ohne Ausblick) und freundliche Mitarbeiter.

**New Mapinduzi Guest House** PENSION $
(☎0753 744336; pharmblue@gmail.com; Lumumba St; EZ/DZ 15 000/20 000 TSh, ohne Bad 8000/12 000 TSh) Diese einfache Pension in einer winzigen Gasse ist eine gute Wahl, wenn man direkt im Zentrum unterkommen möchte, aber besonderen Komfort darf man hier nicht erwarten. Die schlichten, in sich geschlossenen Zimmer haben Fernseher und Ventilatoren. Speisen sind nicht erhältlich.

**Kigoma Hilltop Hotel** HOTEL $$
(☎0757 349187; www.mbalimbali.com; EZ/DZ/Suite 92/143/225 US$; ❄ 📶 🏊 🚻) Die Hütten mit Einzel- und Doppelzimmern stehen oben auf einem Hang mit Blick über den See. Innerhalb der Ummauerung grasen Zebras. Die Zimmer sind gut ausgestattet, vom Garten hat

## Kigoma

**Sehenswertes**
1 Kaiser House ........ B2

**Aktivitäten, Kurse & Touren**
2 Gombe Track Safaris & Tours Tanzania ........ C1

**Schlafen**
3 Aqualodge ........ A3
4 Coast View Resort ........ B3
5 Gombe Executive Lodge ........ D2
6 Green View Hotel ........ C3
7 Lake Tanganyika Hotel ........ A1
8 New Mapinduzi Guest House ........ C1

**Essen**
Coast View Resort ........ (siehe 4)
9 Kigoma Catering ........ C2
10 Sun City ........ C1

**Praktisches**
11 Baby Come & C@ll ........ C1
12 CRDB ........ C1
13 Botschaft der demokratischen Republik Kongo ........ C1
14 Gombe/Mahale Visitor Information Centre ........ D2
15 Kigoma International Health Clinic ........ D3
16 NBC ........ C2

man einen herrlichen Ausblick und es gibt ein teures Restaurant. Der Pool ist schön groß (Nicht-Gäste zahlen 10 000 TSh) und gepflegt.

**Lake Tanganyika Hotel** HOTEL $$
(0757 349187; www.laketanganyikahotel.com; EZ/DZ ab 85/105 US$; P) Ein großes Hotel direkt am See mit einer schönen Aussicht, aber die Zimmer sind eher klein und das Personal ist lustlos. Schön ist der Garten mit Pool, den auch Nicht-Gäste benutzen dürfen (10 000 TSh). Die Bar ist gut sortiert und es stehen alle möglichen Alkoholika im Regal, aber verkauft werden nur Bier und Wein.

## Essen

**Kigoma Catering** INTERNATIONAL $
(0713 492381; Lumumba St; Gerichte 3000–6000 TSh; 8–17 Uhr) Die längste, vorwiegend einheimische Gerichte umfassende Karte – keine Sterne-Küche, aber solide und lecker.

**Sun City** TANSANISCH $
(Lumumba St; Gerichte 4000–6000 TSh; 7–21 Uhr) Alteingesessene Adresse, sauberes und beinah künstlerisches Lokal für *wali maharagwe* (Reis mit Bohnen) sowie andere lokale Gerichte; sonntags gibt's Hühnchen-Biryani. Auch zum Mitnehmen.

★ **Coast View Resort** TANSANISCH, ITALIENISCH **$$** (Gerichte 10 000–13 000 TSh; ⌚7–21 Uhr, Bar bis 23 Uhr) Wer einen Tisch mit Aussicht erwischt (oben auf dem Turm), hat hier keine schlechte Wahl für das Abendessen oder einen abendlichen Absacker getroffen. Auf der Karte stehen vorwiegend einheimische sowie einige italienische Gerichte.

## Praktische Informationen

### EINREISE

Die Formalitäten für Reisende auf der MS *Liemba* erledigt ein Beamter, der in Kasanga an Bord kommt. Wer nach Burundi oder in die Demokratische Republik Kongo reist, findet das Einreisebüro in den Häfen Ami und Kibirizi.

### GELD

**CRDB** (Lumumba St; ⌚ Mo–Fr 8.30–16, Sa bis 13 Uhr, ATM 24 Std.) Wechselt US-Dollar, Euro und Britische Pfund. Der Geldautomat akzeptiert MasterCard und Visa.

**NBC** (Lumumba St; ⌚Mo–Fr 8.30–16, Sa bis 12 Uhr, ATM 24 Std.) Geldautomat. Akzeptiert MasterCard und Visa.

### INTERNETZUGANG

**Baby Come & C@ll** (☎ 028-280 4702; Lumumba St; 1500 TSh pro Std.; ⌚ Mo–Sa 7.30–20 Uhr) Internetzugang direkt oberhalb des Bahnhofs.

### KONSULATE

**Konsulat von Burundi** (☎ 028-280 2865, 0659 876464; an der Straße nach Kibirizi; ⌚ Mo–Do 8–15, Fr 8–13 Uhr) Besucher aus den meisten westlichen Ländern können sich ein Touristenvisum für einen Monat ausstellen lassen, das 90 US$ (zahlbar nur in US-Dollar) kostet. Man benötigt ein Passbild und ein Einladungssschreiben. Die Antragsgebühr beträgt 10 000 TSh und die Bearbeitung dauert bis zu zwei Wochen. Oft ist es einfacher, ein Visum in Daressalam zu beantragen.

**Konsulat der Demokratischen Republik Kongo** (☎ 028-280 2401, 0765 947249; Bangwe Rd; ⌚ Mo–Fr 9–16 Uhr) Wer ein kongolesisches Touristenvisum benötigt, muss dieses vor Abreise im Heimatland beantragen. Wer nur vorhat, den Nationalpark Virunga und Goma zu besuchen, kann sich ohne Probleme auf der Website Visit Virunga (www.visitvirunga.org) ein sogenanntes Virunga-Visum ausstellen lassen.

### MEDIZINISCHE VERSORGUNG

**Kigoma International Health Clinic** (☎ 0715 491995; Ujiji Rd; ⌚ rund um die Uhr) Für kleinere gesundheitliche Probleme; 1 km hinter der Bero-Tankstelle.

### TOURISTENINFORMATION

**Gombe/Mahale Visitor Information Centre** (☎ 0689 062303, 028-280 4009; www.tanzaniaparks.co.tz; ⌚ 9–16 Uhr) Dieses hilfreiche Fremdenverkehrsamt für allgemeine Informationen und Buchungen von Unterkünften, die vom Nationalpark betrieben werden, ist an der Ujiji Road in der Nähe des Gipfels des Hügels ausgeschildert; an der T-Kreuzung links abbiegen.

## An- & Weiterreise

### BUS

Alle Busse fahren auf den staubigen Straßen hinter der Bero-Tankstelle ab. Von Kigoma aus ist die Tankstelle das große weiße Gebäude mit dem Geldautomaten der NBC Bank. Der Busbahnhof ist überraschend gut organisiert: Alle Busgesellschaften haben kleine Ticketbüros, in denen die Fahrtziele deutlich erkennbar in einer langen Reihe ausgewiesen sind. Weitere Ticketbüros liegen westlich davon rund um Mwanga.

Busse fahren zu folgenden Zielen:

**Arusha** (60 000 TSh, 20 Std.)

**Bukoba** (30 000 TSh, 12 Std., 6 Uhr), über Biharamulo (27 000 TSh, 8 Std.)

**Burundi** (15 000 TSh, 7 Std.)

**Mpanda** (23 000 TSh, 8 Std. 6 Uhr)

### REISEN IM WESTEN

Lange Zeit waren Reisen im Westen Tansanias nur unerschrockenen Travellern vorbehalten. Man musste früher miserable Straßen in Kauf nehmen und bereit sein, auf der Ladefläche von Lastwagen zu reisen.

Inzwischen verändert sich vieles innerhalb kurzer Zeit, und fast alle Hauptrouten sind nun asphaltiert. Dadurch reduziert sich die Reisezeit, und außer Lastwagen können jetzt auch Busse die Strecken befahren. Wer auf den Hauptrouten bleibt, kann davon ausgehen, überall mit dem Bus hinzukommen.

Nichtsdestotrotz sind die Straßen in diesem Teil des Landes schlechter als im restlichen Tansania, und entsprechend lang sind oft die Reisezeiten. Die Regenzeit oder eine Fahrzeugpanne am falschen Ort kann die Reise um Stunden … oder gar Tage verzögern. Deshalb steigen viele Traveller lieber in einen Flieger. Immer mehr Inlandsflüge steuern Städte und Parks im Westen Tansanias an.

**Mwanza** (40 000 TSh, 10–12 Std., 6 Uhr), via Nyakanazi (22 000 TSh, 7 Std.)

**Tabora** (23 000 TSh, 8 Std., 6 Uhr)

**Uvinza** (5000 TSh, 4 Std.) Alle Busse, die nach Tabora oder Mpanda fahren, kommen durch Uvinza.

### FLUGZEUG

**Air Tanzania** (☎0756 530154; www.airtanzania.co.tz; CRDB Bldg, Lumumba St; ⊙ Mo–Fr 8–17, Sa & So 9–14 Uhr) fliegt viermal pro Woche zwischen Kigoma und Daressalam (200 US$).
**Precision Air** (☎0784 298929; www.precisionairtz.com; Straße nach Kibirizi; ⊙ Mo–Fr 9–16, Sa bis 14 Uhr) bietet fünf Flugverbindungen pro Woche zwischen Kigoma und Daressalam über Tabora (226 US$). Beide Fluggesellschaften akzeptieren nur Bargeld. Die Flugzeiten nach Kigoma ändern sich ständig, also kann es sein, dass diese Informationen zur Zeit Ihrer Reise nicht mehr aktuell sind.

Der **Flughafen** (TKQ) liegt 5 km östlich des Zentrums (Taxi ca. 5000 TSh).

### SCHIFF/FÄHRE

#### Fähre

Die **MS Liemba** (☎0766 633830, 028-280 2811; ⊙ Büro Mo–Fr 8–16 Uhr) zwischen Kigoma und Mpulungu (Sambia) über Lagosa (von hier starten Touren in den Nationalpark Mahale Mountains) und in andere Orte am See fährt am Passagierterminal am Südende der Stadt ab. Die Fähre läuft alle zwei Wochen aus. Das **Ticketbüro** (⊙ Mo–Fr 8–16 Uhr) in der Nähe des Docks ist mehrere Stunden vor der Abfahrt geöffnet.

Frachtschiffe nach Burundi und in die Demokratische Republik Kongo (Zaire), die ebenfalls Passagiere mitnehmen, legen im Hafen Ami nahe dem Bahnhof ab.

#### Wassertaxi

Wassertaxis sind kleine motorisierte Holzboote, die stets voll mit Menschen und Waren sind. Sie verbinden die Orte auf der tansanischen Seite des Tanganjikasees miteinander. Wassertaxis sind zwar preiswert, haben aber keine Toiletten und bieten weder Schatten noch den geringsten Komfort. Wenn der See rau ist, kann die Fahrt sogar sehr gefährlich werden. Die Nächte sind sehr kalt. Wassertaxis gen Norden legen im Dorf Kibirizi ab, ca. 2 km nördlich der Stadt Kigoma, Boote Richtung Süden in Ujiji.

### ZUG

Der Bahnhof von Kigoma ist die Endstation des **Central Line Train** der Tanzania Railways Limited (www.trl.co.tz) von Daressalam und Mwanza. Züge fahren Dienstag, Donnerstag und Samstag um 16 Uhr von Kigoma nach Tabora (1./2./3. Klasse 31 700/24 200/12 500 TSh) und Daressalam (76 100/55 600/27 000 TSh). In Kigoma fährt wöchentlich jeden Samstag um 8 Uhr ein Expresszug nach Dar ab (79 400/47 600/35 700 TSh), der in Tabora (35 700/21 400/16 100 TSh) hält.

## ℹ Unterwegs vor Ort

**Dalla-dallas** (400 TSh) parken vor dem Bahnhof und fahren über die Hauptstraßen zur Bushaltestelle Bera, nach Kibirizi, Katonga und Ujiji. Ein Taxi zwischen der Stadtmitte und der Bushaltestelle Bera oder Kibirizi kostet 3000 bis 4000 TSh. Ein Motorradtaxi innerhalb der Stadt sollte nicht mehr als 1000 TSh verlangen.

# Ujiji

☎028 / 4000 EW.

Das winzige Ujiji ist einer der ältesten Marktorte Afrikas. Seinen Ruhm verdankt es einer schicksalhaften Begegnung: Hier begrüßte der Forscher und Journalist Henry Morton Stanley im Jahr 1871 den verschollenen berühmten Forscher mit dem beiläufigen Satz: „Dr. Livingstone, I presume?"

Ob dies der genaue Wortlaut war, ist nicht sicher, aber auf jeden Fall trafen sich die beiden in diesem kleinen Dorf und Stanleys Suche war beendet.

Ujiji war einer der Haltepunkte der alten Karawanenstraße zur Küste und wurde durch den Handel mit Sklaven und Elfenbein reich. Als Livingstone hier eintraf, war Ujiji die wichtigste Siedlung der Region; diesen Status verlor es, als die Bahnstation in Kigoma gebaut wurde. Hier machten Burton und Speke 1858 Station, bevor sie zur Erforschung des Tanganjikasees aufbrachen. Von dieser bedeutenden Vergangenheit ist in Ujiji nicht mehr viel zu spüren, mit Ausnahme einiger Gebäude abseits der Hauptstraße mit Anklängen an den Suaheli-Stil.

Ujijis Strand und der kleine **Dau-Hafen** scheinen sich seit Jahrhunderten nicht verändert zu haben. Bei der Herstellung der Boote werden keine elektrischen Werkzeuge verwendet, sodass die Bauart noch die gleiche ist wie schon seit Generationen. Es kann sein, dass man plötzlich von Viehherden umringt wird, die zum Ufer kommen, um zu trinken.

**Livingstone Memorial Museum** MUSEUM, DENKMAL
(☎0715 383878; TSh20,000; ⊙8–18 Uhr) Ein umzäuntes, graues Denkmal erinnert an die Stelle, an der Livingstone von Stanley mit den legendären Worten „Dr. Livingstone, I presume?" begrüßt wurde. Die zwei Man-

gobäume sollen Ableger der beiden einstigen Bäume sein, in deren Schatten sich die beiden Männer trafen.

Das im gleichen Komplex untergebrachte Livingstone Memorial Museum bietet ein paar Artefakte und Drucke über den ostafrikanischen Sklavenhandel, einige Bilder lokaler Künstler und Pappmaché-Modelle der beiden Herren. Der Eintrittspreis ist relativ hoch, aber es lohnt sich, die Geschichte von Livingstone und Stanley kennenzulernen, und auch die starken Bemühungen des Museums, den Horror des Sklavenhandels zu vergegenwärtigen, machen den Besuch interessant.

### An- & Weiterreise

Ujiji liegt 8 km südlich von Kigoma und lässt sich leicht bei einem Tagesausflug erkunden. Zwischen den beiden Orten verkehren den ganzen Tag über *dalla-dallas* (500 TSh, 20 Min.). Der Livingstone-Treffpunkt befindet sich an einer Kopfsteinstraße 1 km abseits der Hauptstraße. Hafen und Strand erreicht man von dort aus 300 m weiter. Jeder *dalla-dalla*-Fahrer, der „Livingstone" hört, fährt zur richtigen Stelle.

## Nationalpark Gombe Stream

Der **Nationalpark Gombe Stream** (☎ 0689 062303; www.tanzaniaparks.go.tz; Erw./Kind 118/23,60 US$, Trekkinggebühr 23,60 US$; 6.30–18.30 Uhr, Schimpansenbeobachtung 8–16 Uhr) ist mit einer Fläche von nur 56 km² Tansanias kleinster Nationalpark, aber seine berühmten Menschenaffen und der Bezug zu Jane Goodall haben ihn weltberühmt gemacht. Auch wenn viele der etwa 100 Schimpansen von Gombe an Menschen gewöhnt sind, ist der Weg zu ihnen über steile Hügel und durch Täler doch schweißtreibend. Vor allem wer früh am Morgen aufbricht, bekommt sie fast mit Sicherheit zu Gesicht. Außer zu den Schimpansen kann man auch am Seeufer wandern und die einstige Fütterungsstation Jane Goodalls besuchen sowie den Aussichtspunkt auf dem Jane's Peak und den Kakombe-Wasserfall.

### Schlafen & Essen

Wenn man in Unterkünften des Parks übernachten möchte, bucht man das Zimmer am besten im Voraus über das Besucherzentrum (S. 292) in Kigoma oder direkt bei der Parkverwaltung über gombe@tanzaniaparks.go.tz.

**Tanapa Resthouse** PENSION $
(☎ 0689 062303; Zi. pro Pers. 23,60 US$, Spezialzelt mit Dusche 59 US$) Das Gästehaus neben dem Besucherzentrum in Kasekela hat sechs einfache Zimmer (Strom morgens und abends). Bei starkem Andrang werden zwei weitere Räume mit schlechterer Qualität und Toiletten hinter dem Haus geöffnet. Zudem stehen vier Zelte im Safaristil mit Sonderausstattung zur Verfügung. Frühstück/Mittagessen/Abendessen kosten 5/10/10 US$, aber man darf sich auch eigene Verpflegung mitbringen und kostenlos die Küche benutzen.

**Gombe Forest Lodge** ZELTCAMP $$$
(☎ 0732 978879; www.mbalimbali.com; EZ/DZ all-inclusive außer Getränken 875/1350 US$; Mai–Feb.) Gombes einzige private Lodge besteht aus sieben Zelten in schattiger Lage am Wasser und bietet eine gewisse Klasse und Raffinesse im Dschungel. Die Zelte sind luxuriös, ohne protzig zu sein, und das Personal tut sein Bestes, damit die Gäste zufrieden sind.

### Praktische Informationen

Besucher dürfen im Gombe nur eine Stunde bei jeder Schimpansengruppe verweilen. Nach Ablauf der Stunde kann man allerdings ohne weitere Kosten eine andere Gruppe suchen gehen. Ein Guide kostet 23,60 US$ pro Gruppe. Kinder unter 15 Jahren dürfen den Wald nicht betreten, können aber im Gasthaus übernachten.

### An- & Weiterreise

Gombe liegt 26 km nördlich von Kigoma und ist nur mit dem Boot zu erreichen. Gegen 12 Uhr fährt mindestens ein Wassertaxi vom Dorf Kibirizi direkt im Norden von Kigoma zum Park (4000 TSh, 3–4 Std.). Auf der Rückfahrt passiert es Kasekela schon um 7 Uhr.

In Kibirizi kann man ein Boot mieten. Der Preis für die Fahrt muss zwar hart ausgehandelt werden, doch letztlich sollte die Fahrt preiswerter sein als die Charterangebote (ein Fischer- oder Lastenboot zu chartern kostet hin und zurück ca. 250 US$). Meist wird ein Vorschuss fürs Benzin verlangt, doch den vollen Preis sollte man erst bei der Rückkehr in Kigoma bezahlen. Manche Bootsbesitzer versuchen gerne, den Touristen weiszumachen, es gäbe keine Wassertaxis, um selbst zum Zug zu kommen.

Sicherer und bequemer (auch weil die Boote Sonnenschutz bieten) sind Fahrten mit einem Charterboot einer etablierten Gesellschaft. Das Boot nach Tanapa zu chartern kostet hin und zurück 354 US$ zuzüglich 20 US$ für jede Nacht, die man in Gombe verbringt. Organisieren kann man die Tour im Besucherzentrum des

### NATIONALPARK GOMBE STREAM

**Auf zum Nationalpark** Dank der Arbeit von Dr. Jane Goodall ist dies mit Abstand das berühmteste Schutzgebiet für Schimpansen weltweit – und einer der besten Orte, um Schimpansen aus der Nähe zu sehen.

**Reisezeit** Planen Sie Ihren Besuch zu jeder Zeit außer im März und April, wenn die Lodge geschlossen hat und Regen die Wanderwege schwer passierbar macht. Von Juni bis Oktober regnet es am wenigsten, was es einfacher macht, bei Wanderungen Schimpansen aufzuspüren.

**Praktisch & Konkret** Die Schimpansen können sich weit entfernt von beiden Unterkünften aufhalten, also muss man unter Umständen länger als eine Stunde laufen, je nachdem, wo sie gerade sind. Alle touristischen Aktivitäten werden in Kasekela am Strand nahe dem Parkzentrum vermittelt und bezahlt (hier legen auch die Wassertaxis an).

**Budget-Tipps** Abgesehen von den hohen Eintrittsgebühren kostet ein Besuch im Nationalpark recht wenig, wenn man bei der An- und Abreise ein Wassertaxi nimmt, im Tanapa Resthouse (S. 294) absteigt und sich selbst verpflegt. Sobald man im Park ankommt, läuft wegen der Eintrittsgebühr die Zeit. Wer schlau ist, kommt an Tag 1 um 12 Uhr, macht eine Nachmittagstour und verlässt den Park am nächsten Tag um 12 Uhr nach einer Trekkingtour am Morgen. So kann man zweimal den Schimpansen hinterherwandern und bezahlt nur einmal den Parkeintritt für 24 Stunden. Dennoch muss man für jede Tour den Guide bezahlen. Wer länger als 24 Stunden bleibt, bezahlt auch nach ein paar Stunden oder ... Minuten den vollen Preis für die nächsten 24 Stunden.

Parks (S. 292) in Kigoma. Das ebenfalls in Kigoma angesiedelte Mbali Mbali berechnet hin und zurück 773 US$ für Reisende, die keine Gäste der Gombe Forest Lodge sind, und 413 US$ hin und zurück für Gäste der Lodge. Eine Übernachtungsgebühr fällt nicht an. Alle aufgeführten Boote brauchen 1½ bis zwei Stunden.

Auch Tagestouren mit einem Charterboot sind möglich, allerdings sollte man sehr früh aufbrechen, denn später sinken die Chancen, die Schimpansen zu sehen. Gombe Track Safaris & Tours Tanzania (S. 290) organisiert eine Tour für 395 US$.

## Nationalpark Mahale Mountains

Einfach atemberaubend – anders kann man den **Nationalpark Mahale Mountains** (www.mahalepark.org; Erw./Kind 94,40/23,60 US$ pro Tag, Guidegebühr 23,60 US$; ⏲6–18 Uhr) nicht beschreiben. Er begeistert mit klarem, blauen Wasser, weißen Sandstränden vor dem üppig grünen Bergpanorama des Tanganjikasees und unheimlich aufregenden Wildtieren. Zudem ist er so abgelegen, dass er nur wenig besucht wird, was ihn noch attraktiver macht.

Der Regenwald in der Westhälfte Mahales zieht sich als schmaler Streifen den Kongo entlang und wurde in der erdgeschichtlichen Entwicklung durch den Grabenbruch isoliert, aus dem der Tanganjikasee entstand. Der Park ist vor allem wegen der Schimpansen berühmt, die im und um den Park leben, zusammen mit Leoparden, Blauduckern, Rotschwanzmeeraffen, Roten Stummelaffen, Riesenschuppentieren und vielen Vogelarten des Großen Grabenbruchs, die nirgendwo sonst in Tansania vorkommen. Zudem leben Flusspferde, Krokodile und Otter im See sowie Löwen, Elefanten, Büffel und Giraffen in der Savanne auf der Ostseite der Berge, die schwer zu erreichen ist.

### Aktivitäten

Neben Schimpansen bietet der Mahale auch gute Wander- und Schnorchelmöglichkeiten und man kann mit etwas Glück auch andere Wildtiere beobachen. Ob man nun nach Schimpansen Ausschau hält oder nicht, die Guides nehmen 23,60/29,50 US$ pro Gruppe (bis zu 6 Pers.; die höhere Gebühr gilt für Ganztagsausflüge).

#### Auf der Suche nach Schimpansen

Der Hauptgrund, warum Besucher die Mühen auf sich nehmen, um nach Mahale zu kommen, sind die Schimpansen. Wissenschaftler der Universität Kyoto untersuchen die Schimpansen seit 1965; die „M-Gruppe" ist an Menschen gewöhnt. Aufgrund der Größe und der Topografie Mahales kann es mehrere Tage (sowie einige steile, anstrengende und schweißtreibende Wanderungen)

## NATIONALPARK MAHALE MOUNTAINS

**Auf in den Nationalpark** Auge in Auge mit Schimpansen sowie eine faszinierende Berglandschaft am Ufer des Tanganjikasees.

**Reisezeit** Ganzjährig geöffnet, doch von März bis Mitte Mai ist es einfach unangenehm nass. Juni bis Oktober sind die besten (trockensten) Monate, um über die steilen Hänge zu wandern.

**Praktisch & Konkret** Es gibt keine Straßen im Park. Die meisten Besucher fliegen ein, aber einige Boote, darunter die nostalgische MS *Liemba* (S. 293), fahren von Kigoma, Kipili und anderen Orten am Seeufer hierher.

Die **Parkverwaltung** (www.tanzaniaparks.go.tz; ⌚7–18 Uhr) hat ihren Sitz in Bilenge im Nordwesten des Parks, ca. 10 Mintuten Bootsfahrt südlich der Flughafenlandebahn und 20 Minuten nördlich von Kasiha, dem Wohnort der Guides mit den vom Park betriebenen *bandas*. Wenn man keinen Ausflug über eine Lodge gebucht hat, muss man hier den Eintritt für den Park bezahlen. Flugreisende können den Eintritt in einem weiteren Parkbüro in der Nähe der Landebahn bezahlen, das geöffnet ist, wenn Flugzeuge ankommen.

**Budget Tipps** Auf günstige und witzige Art kann man den Schimpansen näherkommen, wenn man an Bord der Fähre MS *Liemba* nach Mahale fährt, in einem *banda* im Park Quartier bezieht und sich selbst verpflegt. Falls sich der Fahrplan der Liemba nicht mit dem Reiseplan verbinden lässt, kann man auch ein Wassertaxi nehmen. Allerdings sind diese sehr langsam, sehr unbequem und nicht allzu sicher.

dauern, bis die ersten Schimpansen auftauchen. Allerdings sieht fast jeder Reisende, der hier ein paar Tage verbringt, in der Wildnis lebende Schimpansen. Mahale hat den Ruf, einer der besten Orte weltweit zu sein, um Schimpansen in freier Wildbahn zu beobachten.

Es darf sich jeweils nur eine Gruppe von maximal sechs Personen bei den Schimpansen aufhalten. Das heißt, dass man unter Umständen mehrere Hundert Meter von den Schimpansen entfernt warten muss, bis man an der Reihe ist. Jede Gruppe darf pro Tag nur eine Stunde bei den Schimpansen bleiben, und diese Regel wird streng durchgesetzt (mit Ansagen: „noch 10 Minuten", „noch fünf Minuten"). Wem eine Stunde nicht ausreicht (für die meisten Besucher ist es genug), der kann für weitere 100 US$ eine „photographer's experience" buchen und sich drei Stunden bei den Schimpansen aufhalten. Dafür muss man aber auch seinem Führer einen verhandelbaren Aufpreis zahlen.

Während des Aufenthalts bei den Schimpansen muss man eine Gesichtsmaske tragen, die gestellt wird. Kinder unter 12 Jahren und Besucher, die eine Erkältung oder eine andere Krankheit haben, dürfen nicht zu den Schimpansen gehen, denn in der Vergangenheit starben im Park Schimpansen, die sich bei einem Parkbesucher mit Schnupfen angesteckt hatten.

Im Juni und Juli kommen die Schimpansen zum Fressen beinahe täglich bis an die Lodges heran.

### Wandern

Bei Bergtouren auf den **Nkungwe** (2462 m), den höchsten Berg Mahales, muss ein bewaffneter Ranger mitgehen. Gewöhnlich dauert die Tour zwei Tage bergauf und einen Tag bergab; übernachtet wird auf halbem Wege und knapp unterhalb des Gipfels. Campingausrüstung und Verpflegung müssen mitgebracht werden. Der Weg ist in Ordnung, verlangt aber gute Kondition. Wer es in zwei Tagen schaffen möchte, muss bereit sein, sich durch dichtes Gestrüpp zu kämpfen.

### Baden

Vor den weißen Pudersandstränden Mahales könnte man hervorragend schnorcheln und schwimmen, doch leider sind Menschen nicht die einzigen, die den schönen Strand genießen – ein großer Krokodilbestand hat sich hier angesiedelt, sodass man nur noch an manchen Stellen schwimmen und schnorcheln darf und zu manchen Zeiten überhaupt nicht.

## Schlafen & Essen

**Mango Tree Bandas** BUNGALOWS $
(sokwe@tanzaniaparks.go.tz; Kasiha; bandas 47,20 US$ pro Pers.) Die gemütlichen Unterkünfte des Mango Tree liegen 100 m landein-

wärts vom See im Wald in Kasisha, etwa 10 km südlich der Parkverwaltung (S. 296). Sie haben zwar keinen Seeblick, aber dafür sind die Nachtgeräusche einfach toll.

Man muss sich komplett selbst mit Lebensmitteln und Getränken versorgen und alles Notwendige im Gepäck dabeihaben. Die Küche ist gut ausgestattet.

Bootstransfers mit dem Tanapa-Boot zur/von der Parkverwaltung in Bilenge kosten 64,50 US$ (hin und zurück).

**Kungwe Beach Lodge** ZELTCAMP **$$$**
(☎ 0737 206420; www.mbalimbali.com; EZ/DZ mit VP & Schimpansenbeobachtungstour 1052/1764 US$; ⏲ Mitte Mai–Mitte Febr.; 📶) Ein entspanntes, reizendes Luxuscamp. Unter Bäumen hinter dem Strand stehen gut eingerichtete Safarizelte, die mit großen Himmelbetten, verwitterten Truhen und knallheißen Duschen aufwarten. Herzstück des Camps ist der daufömige Speisebereich. Im Preis enthalten sind Tagestouren zur Schimpansenbeobachtung und eine Boots-Safari.

**Greystoke Mahale** LODGE **$$$**
(☎ 0787 595908; www.nomad-tanzania.com; EZ/DZ all-inclusive 1885/2730 US$; ⏲ Juni–März) In dieser Lodge an einem tollen Sandstrand fühlt man sich wie Robinson Crusoe: Alle Zimmer bestehen aus verwittertem, altem Schiffsholz. Dazu gibt's eine großartige mehrstöckige Bar auf einem Felsen und einen zahmen Pelikan.

## ℹ An- & Weiterreise

Zwar gibt's zahlreiche Verbindungen nach Mahale, doch die meisten sind teuer oder umständlich. Eine der besten Arten eines Parkbesuchs sind die fünftägigen Boots- und Camping-Safaris mit sechs Übernachtungen, die der Veranstalter Lake Shore Lodge & Campsite (S. 299) in Kipili anbietet.

### AUF DEM LANDWEG

Da es – zumindest derzeit – weder eine Straße noch öffentliche Verkehrsmittel gibt, ist Mahale auf dem Landweg schwer zu erreichen. Sowohl von Kigoma als auch vom Nationalpark Katavi aus kann man jedoch mit einem eigenen Fahrzeug mit Allradantrieb (es muss ein gutes Fahrzeug sein) nach Lagosa und zum Flugfeld des Nationalparks gelangen. Einfacher ist der Weg von Kigoma aus. Es gibt eine vernünftige Straße von Kigoma nach Sigunga, die in ihrer Verlängerung sehr holperig nach Lagosa weiterführt. Sechs bis sieben Stunden muss man für die Tour einplanen. Die Fahrt von Katavi hierher ist eine der holprigsten, langsamsten und quälendsten Touren, die man in Ostafrika machen kann, und dauert 10 bis 12 Stunden. Wer nach Einbruch der Dunkelheit in Lagosa ankommt, muss dort übernachten. Ein Jeep, den man in Kigoma oder rund um Katavi mietet, kostet mit Sprit rund 300 US$ pro Tag (nicht vergessen: Der Fahrer benötigt auch einen Tag, um wieder nach Hause zu fahren).

Bei der Recherche für dieses Buch waren beide Routen eine Baustelle. In Zukunft kann die Fahrt nach Mahale auf dem Landweg einfacher und günstiger werden.

### FLUGZEUG

**Zantas Air** (☎ 0688 434343; www.zantasair.com) fliegt zweimal wöchentlich am Montag und Donnerstag nach Mahale (vorausgesetzt es kommen genügend Passagiere zusammen, um die Kosten zu decken, in der Regel ab vier Fluggästen). Meist fliegen Passagiere des Mbali Mbali, aber andere werden gern mitgenommen, um das Flugzeug auszulasten. Die Flüge starten von Arusha, Daressalam oder Sansibar (über Dar). Manchmal fliegen die Maschinen auch über Kigoma.

Da alle Flugzeuge eine Zwischenlandung im Nationalpark Katavi (S. 301) einlegen, werden beide Parks meist als Kombinationspaket angeboten. Ein einfacher Flug von Arusha kostet über 970 US$, von Ruaha 770 US$ und vom Mahale zum Nationapark Katavi 450–530 US$.

Wer in einer der Lodges wohnt, wird gewöhnlich abgeholt, ansonsten sollte man vorab ein Boot im Hauptquartier des Parks bestellen.

### SCHIFF/FÄHRE

**Charterboot**

Mbali Mbali (S. 290) in Kigoma nimmt 3500 US$ (hin und zurück) für ein Schnellboot (4–5 Std. von Kigoma nach Mahale).

### ℹ ZEIT MIT DEN SCHIMPANSEN VERBRINGEN

Die Schimpansenpopulationen in den beiden Nationalparks Gombe Stream und Mahale Mountains sind vollständig an die Menschen gewöhnt; sie zu beobachten ist eine einzigartige Erfahrung. Schimpansen sind anfällig für menschliche Krankheiten, daher dürfen Reisende mit Schnupfen oder anderen Krankheiten nicht an den Expeditionen teilnehmen. Essen, Trinken, Rauchen, lautes Rufen, Zeigen, Blitzlichter oder Parfüm sind in der Nähe der Schimpansen verboten. Expedtionen sind zwar während des ganzen Jahres möglich, doch in der Regenzeit sind die schlammigen Wege gefährlich, und die Schimpansen halten sich vorwiegend in den Baumkronen auf.

## TANSANIAS SCHIMPANSEN

Der Westen Tansanias stellt die östliche Verbreitungsgrenze der Schimpansen dar; die Forschungen von Jane Goodall haben die Gegend weltberühmt gemacht. Goodall wurde 1957 von Louis Leakey als Sekretärin angestellt, und obwohl sie über keine wissenschaftliche Ausbildung verfügte, war Leakey beeindruckt von ihrer detaillierten Beobachtungsgabe und ihrer Liebe zu den Tieren. Daher wählte er sie 1960 aus, das Verhalten der wilden Schimpansen im Schimpansen-Schutzgebiet Gombe Stream (heute Nationalpark Gombe Stream) zu untersuchen.

Ihre grundlegenden Forschungsergebnisse stellten die Grenzen zwischen Menschen und Tieren infrage. Schon im ersten Jahr ihrer Beobachtungen sah sie als erster Mensch, wie Schimpansen Werkzeuge herstellten und benutzten (sie streiften Blätter von dünnen Zweigen und verwendeten sie, um Termiten aus ihrem Bau zu „angeln"). Sie beobachtete, wie Schimpansen gemeinsam jagten und Fleisch verzehrten. Goodall dokumentierte auch das reiche soziale Miteinander dieser Tiere. Sie war Zeuge, als Schimpansen ihre Artgenossen töteten (und manchmal aufaßen), lang andauernde Fehden ausfochten, Waisen adoptierten, lebenslang anhaltende Familienbande knüpften und gelegentlich auch streng monogam lebten. Jane Goodall erweiterte aber nicht nur unser Wissen über Primaten, sondern revolutionierte die gesamte Verhaltensforschung. So gab sie ihren Schimpansen Namen (David Greybeard, Mike, Frodo, Fifi etc.) statt Nummern und schrieb ihnen Persönlichkeit, Denken und Gefühle zu. Was für Laien sinnvoll erscheint, wirkte auf Forscher wie Verrat an der wissenschaftlichen Konvention. Da die Forschungen bis heute weitergehen, stellen sie die längste Studie von Wildtieren in ihrer natürlichen Umgebung dar. Toshisada Nishida von der Universität in Kyoto ist zwar weniger bekannt, seine Forschungen (sie begannen ein Jahr später) über die Schimpansen in Mahale sind aber ebenso bedeutend – auch sie werden bis heute fortgeführt.

*Pan troglodytes schweinfurthii* (Östlicher Schimpanse), eine von vier Schimpansen-Unterarten, war einst im gesamten westlichen Tansania weit verbreitet. Heute handelt es sich um eine bedrohte Art mit nur noch ca. 2800 Tieren, die alle am Tanganjikasee und auf der Insel Rubondo leben. In den 1960er- und 1970er-Jahren wurden einige aus Zoos oder Zirkussen befreite Schimpansen auf Rubondo ausgesetzt. Zwar arbeiten viele Organisationen am Schutz der tansanischen Schimpansen mit, doch drei Viertel der Population lebt außerhalb der Schutzgebiete und wird durch den Verlust ihrer Lebensräume (Holzeinschlag für Bauholz und Holzkohle, Landwirtschaft) bedroht.

### Fähre

Die ruhige und angenehme Reise mit dem Schiff nach Mahale ist kaum zu schlagen. Nach zehnstündiger Fahrt von Kigoma legt die **MS Liemba** (☎ 028-280 2811) in Lagosa (auch Mugambo genannt) nördlich des Parks an (1./2./Economy-Kl. 40/35/30 US$). Fahrplanmäßig erreicht sie sowohl von Norden (Donnerstag) als auch von Süden (Sonntag) kommend Lagosa um 15 Uhr. Wegen der üblichen Verzögerungen haben von Süden kommende Passagiere gute Chancen, den Nationalpark bei Tageslicht zu passieren – eine wunderschöne Reise. Die Fähre legt alle zwei Wochen ab, wird aber 2017/18 gründlich gewartet und fährt dann vielleicht manchmal nicht.

Wer sich vorher beim Besucherzentrum Gombe/Mahale (S. 292) in Kigoma oder bei der Parkverwaltung des Mahale (S. 296) anmeldet, kann ein Boot bestellen (für acht Reisende mit Gepäck), das bei Ankunft der *Liemba* wartet. Vom Anleger der MS *Liemba* dauert es eine Stunde bis zu den *bandas* (mit Anmeldung und Bezahlung im Parkhauptquartier). Es kostet 192 US$ (hin und zurück). In Lagosa gibt's ein einfaches Gästehaus, in dem man nach Verlassen des Parks auf die *Liemba* warten kann.

### Tanapa-Boot

Mit etwas Glück kommt man sogar kostenlos aus dem Park heraus: Die Angestellten des Parks fahren mehrmals monatlich nach Kigoma und nehmen Passagiere mit, sofern noch Platz frei ist. Das klappt aber meist nur auf der Strecke Park–Kigoma, wenn man den Park verlassen möchte, denn auf dem Rückweg in den Park ist das Boot mit Vorräten beladen. Das Informationszentrum Gombe/Mahale (S. 292) in Kigoma weiß, wann das Parkboot fährt.

### Wassertaxi

Die Wassertaxis Richtung Süden fahren an den meisten Tagen der Woche irgendwann zwischen 17 und 18 Uhr (manchmal auch später) von Ujiji nach Kalilani (12000 TSh), 2 km nördlich des

Park-Hauptquartiers. Die Reise dauert oft länger als einen Tag. In Kalilani starten sie gewöhnlich gegen 12 Uhr. Die Angestellten des Parks kennen sich mit den Booten aus; sie wissen, wann und an welchen Tagen die Wassertaxis fahren.

Die Reise wird erträglicher, wenn man mit einem Bus (Saratoga) von Kigoma bis Sigunga (15 000 TSh, 6–7 Std., 11 Uhr) fährt und dort auf ein Wassertaxi wartet. Von Sigunga bis Kalilani dauert die Reise zwischen sieben und acht Stunden. Das Parkboot nimmt Gäste auch in Sigunga auf (2 Std. bis zum Hauptquartier). In Sigunga steht ein einfaches Gästehaus.

Von Kalema (25 000 TSh) fahren pro Woche mehrere Boote in nördliche Richtung, vom nahen Ikola legt jeden Abend ein Boot ab – die Boote schaukeln noch mehr als die von Kigoma. Je nach vorherrschendem Wind dauert die Fahrt zwischen 12 und 36 Stunden. Von Kalilani starten die südwärts gehenden Boote gegen 15 Uhr.

## Kalema

☎ 028 / 12 600 EW.

Kalema (Karema) ist die erste ansatzweise große Stadt am See südlich der Mahale Mountains. Sie ist wahrscheinlich so, wie Ujiji einst zu Zeiten Livingstones war: entlegen, ruhig und auf eigenartige Weise anziehend, und sei es nur aufgrund der Abgeschiedenheit und der Schönheit des Tanganjikaseeufers. Jungs faulenzen herum. Kinder spielen mit Palmwedeln, Fischerboote liegen auf dem weißen Sand.

Sie wurde 1885 gegründet und fungiert immer noch als katholische Missionsstation. Teile des Hauptkomplexes – mit Ziegelbögen, die ihm italienisches Flair verleihen – waren ursprünglich ein belgisches Fort. Die im darauffolgenden Jahr gebaute große Kirche wird noch genutzt, sie wirkt jedoch dank Renovierungen modern.

In der Stadt gibt's nur ein paar einfache Pensionen (8000–10 000 TSh), die weder einen Namen noch ein Telefon haben. Es lohnt, bei der Mission anzufragen, ob sie freie Zimmer haben. Ein bis zwei Busse täglich fahren von Kalema nach Mpanda (8000 TSh, 4–5 Std.)

## Kipili

1500 EW.

Kipili, ebenfalls eine Missionsstation, schlummert am Ufer des Tanganjikasees. Man erreicht den Ort über eine schöne Straße durch das Wildreservat Lafwe. Auf dem Hügel, 3 km nördlich des Dorfes, stehen die verwunschenen Ruinen der in den 1880er-Jahren erbauten Kirche – ein fantastisches Motiv für Fotos. Traumhafter Seeblick und die vielen Inseln in Ufernähe runden den Eindruck ab. Die Inseln haben viele felsige Stellen, an denen man umgeben von Buntbarschen toll schnorcheln kann und sich fast wie an einem Korallenriff im Roten Meer fühlt – nur ist das Wasser nicht salzig.

Einfache Zimmer mit kaltem Wasser und Mahlzeiten gibt's im **St Bernard Kipili House** (☎ 0762 714375, 0786 213434; EZ/DZ ohne Mahlzeiten 15 000/20 000 TSh; P) direkt hinter dem Dorf am Seeufer. Aber die meisten Gäste quartieren sich im herrlichen Lake Shore Lodge & Campsite ein.

★ **Lake Shore Lodge & Campsite** LODGE **$$**
(☎ 0752 540792, 0684 540792, 0783 993166; www.lakeshoretz.com; Camping 14 US$, banda EZ/DZ mit VP 165/250 US$, Chalet EZ/DZ mit VP 350/500 US$; P ❄ ☎ ♿) Die allseits gelobte luxuriöse Lodge bietet Strand-Chalets mit schönem offenem „afrikanischen Zen-Design", das aus Muscheln, Sand, Tauen, Blumen und sonnengebleichtem Holz besteht. Sie ist eine Luxus-Oase. Falls einem die Lodge zu teuer ist, kann man auch in einem der *bandas* (einfachere Variante von Chalets) im Garten oder auf dem Zeltplatz mit blitzsauberen Bädern Quartier beziehen.

Die Aktivitäten reichen für mehrere Tage: Kajakfahren auf dem See, Quadfahren, Mountainbiken, Tauchen, Schnorcheln, Dorfbesuche, Insel-Dinner, Massage, Yoga, Jacuzzi und mehr. Einen Aufenthalt in der Lodge kann man hervorragend mit einem Besuch des Nationalparks Katavi und/oder von Mahale Mountains verbinden. Das Personal bringt einen mit ihren Fahrzeugen und Booten dorthin. Die Gastgeber verstehen sich fantastisch darauf, dass man sich hier zuhause fühlt und gar nicht mehr weg will.

### ℹ An- & Weiterreise

Von Sumbawanga nimmt man einen Bus nach Kirando und steigt in Katongolo (10 000 TSh, Mo–Sa 12 Uhr, 3–5 Std.) aus. Man sollte eine Stunde vor der Abfahrt des Busses da sein. Katongolo liegt 5 km von Kipili entfernt. Dann läuft man entweder zu Fuß weiter, wartet darauf, von einem vorbeikommenden Fahrzeug mitgenommen zu werden, oder fährt mit dem Motorrad (7000 TSh). Für 5 US$ pro Person (Minimum 10 US$ pro Fahrt) holt die Lake Shore Lodge ihre Gäste in Katongolo ab. Von Mpanda fährt man nach Namanyere (15 000 TSh, 4 Std.), wo man in ein vorbeikommendes Fahrzeug nach Kipili einsteigen kann.

## TANGANJIKASEE

Der Tanganjikasee ist der längste (660 km) sowie zweittiefste (über 1436 m) und bezogen auf das Wasservolumen der zweitgrößte See der Erde. Mit 9 bis 13 Millionen Jahren ist er auch einer der ältesten Seen unseres Planeten. Aufgrund seines Alters und der ökologischen Isolation gibt es eine außergewöhnlich hohe Zahl endemischer Fischarten. Hier leben 98 % der über 250 bekannten und bei Aquarianern beliebten farbenfrohen Cichliden-Arten (Afrikanische Buntbarsche), die unglaubliche Schnorchel- und Taucherfahrungen versprechen. Nicht der ganze See ist frei von Bilharzioseerregern; vor dem Tauchen vor Ort erkundigen.

Kigoma ist die einzige Stadt am tansanischen Ufer des Sees und ansonsten sprenkeln selten besuchte Dörfer das Seeufer auf der tansanischen Seite und es gibt eine sehr hübsche Ökolodge. Die Reise hierher bietet faszinierende Einblicke in das traditionelle Leben und die schöne Hügellandschaft in der Umgebung bietet sich für Tageswanderungen an. Neben der historischen MS *Liemba* fahren Wassertaxis alle zwei oder drei Tage die Küste entlang. Von A nach B zu kommen kann schwierig und manchmal auch teuer sein. Doch mit etwas Beharrlichkeit gelangt man mit verschiedenen, extrem überfüllten Bussen oder an Bord von Booten in alle Dörfer und Städte am See.

# Kasanga

800 EW.

Das weitläufige Dorf Kasanga ist die letzte (oder je nachdem wie man es sieht, die erste) Station der MS *Liemba* in Tansania. Der Hafen wird zurzeit als Export-Import-Drehscheibe für die Demokratische Republik Kongo ausgebaut. Kasanga wurde von den Deutschen als Bismarckburg gegründet. Direkt hinter der Mole, 2 km vom Ort entfernt, steht noch die Ruine der alten *boma*. Sie darf aber weder besichtigt noch fotografiert werden, denn dort ist jetzt eine Militärbasis untergebracht. Es ist nicht weit bis zu den **Kalambo-Wasserfällen**.

Das **Atupenda Guest House** (☎0764 044137; Zi. 10 000 TSh; P) hat einfache Zimmer mit Latrinentoiletten und Plastikeimer-Bädern.

Einmal täglich verkehren Busse von Hekma Coach zwischen Sumbawanga und Kasanga (7000 TSh, 5–6 Std.) über Matai. Sie starten an beiden Orten um 6 Uhr und kommen um 12 Uhr oder etwas früher an. Die MS *Liemba* läuft von Norden kommend in der Regel freitags (alle zwei Wochen) im Morgengrauen ein.

# Mpanda

☎028 / 102 000 EW.

Diese kleine, etwas heruntergekommene Stadt ist ein wichtiger Verkehrsknotenpunkt. Früher war sie eine Drehscheibe des Handels, und noch immer leben hier viele arabische Geschäftsleute.

## Schlafen & Essen

**Moravian Hostel** PENSION $

(☎0785 006944; EZ/2BZ ohne Bad oder Frühstück 7000/9000 TSh; P) Versteckt hinter der strahlend weißen Kirche ist diese von der Kirche betriebene Pension freundlich und ihren Preis wert. Sie ist ruhiger als die Konkurrenz (die meisten anderen billigen Gästehäuser sind an Bars angeschlossen) und für die Busse frühmorgens günstig gelegen. Die Gemeinschaftsbäder sind nicht gerade preisverdächtig, erfüllen aber ihren Zweck.

**Baraka Guesthouse** PENSION $

(☎025-282 0485; Zi. 25 000 TSh, mit Gemeinschaftsbad 10 000 TSh; P) Ein ruhiges Haus westlich des Zentrums mit ordentlichen Zimmern inklusive TV und heißem Wasser. Es ist zwar nichts Besonderes, aber für die Verhältnisse in Mpanda eine der besten Adressen vor Ort. Das hellblaue Tor ist einfacher auszumachen als das Schild.

**New Super City Hotel** HOTEL $

(☎0764 370960; DZ & 2BZ 10 000–15 000 TSh; P) In einigen Zimmer gibt's Sofas und alle sind ziemlich verschlissen. Aus den Duschen kommt nur manchmal warmes Wasser. Zum Haus gehören eine Bar und ein Restaurant und das Personal ist freundlich. Das Frühstück kostet 5000 TSh. Es liegt am Südende des Orts Richtung Sitalike.

## Praktische Informationen

In der Post findet sich ein verlässlicher Internetanschluss, und die CRDB-Bank verfügt über einen international vernetzten Geldautomaten.

## An- & Weiterreise

### BUS

Mpandas Busbahnhof liegt östlich der Straße nach Sumbawanga, in der Nähe des südlichen Kreisverkehrs. Die meisten Buslinien unterhalten Ticketbüros nahe der halbfertigen Moravischen Kirche im Stadtzentrum; hier werden auch die Busse eingesetzt, ehe sie zum Busbahnhof fahren.

**Sumry** verkehrt über Sitalike (3000 TSh, 45 Min.) nach Sumbawanga (14 000 TSh, 6, 8 und 14 Uhr, 5–6 Std.). Fahrgästen, die nach Sitalike möchten, wird manchmal der volle Fahrpreis nach Sumbawanga abverlangt. Ob man den niedrigeren Tarif bezahlt, hängt von der Laune der Angestellten im Ticketbüro ab.

**NBS** und **Air Bus** fahren nach Tabora (23 000 TSh, 6 Uhr, 8 Std.).

**Adventure** fährt über Uvinza (23 000 TSh, 4–5 Std.) nach Kigoma (20 000 TSh, 6 & 15 Uhr, 8–10 Std.).

### FLUGZEUG

**Auric Air** (www.auricair.com) fliegt donnerstagnachmittags nach Mwanza.

### ZUG

Eine Nebenstrecke der Central Line verbindet Mpanda über Kaliua mit Tabora (2. Klasse/Economy 21 200/11 100 TSh, 12 Std.); Dienstag & Sonntag um 15 Uhr).

# Nationalpark Katavi

35 km südlich von Mpanda liegt der **Nationalpark Katavi** (☎025-282 9213, 0689 062314; www.tanzaniaparks.go.tz; Erw./Kind 35,40/11,80 US$ pro Tag; ⏲6–18 Uhr). Tansanias drittgrößter Nationalpark ist bekannt für seine ursprüngliche Wildnis. Zusammen mit den beiden angrenzenden Wildschutzgebieten bedeckt er eine Fläche von 12 500 km². Obwohl Katavi viel isolierter und wilder ist als die anderen beliebten Parks in Tansania (allein die Serengeti besuchen pro Tag mehr Touristen als Katavi in einem ganzen Jahr), sind die Lodges dort genauso luxuriös. Für Backpacker stellt der Park die billigste und einfachste Alternative dar – wenn man Zeit mitbringt und die schwierige Anfahrt in Kauf nimmt.

Katavi wird von der 425 km² großen **Katisunga-Ebene** geprägt, eine unendliche Grasfläche im Herzen des Parks. Sie und andere Flussebenen gehen in weit ausgedehntes Buschland und Wälder über (eher süd- als ostafrikanisch) – ideale Lebensräume für Pferde- und Säbelantilopen. Nur im Nationalpark Ruaha gibt's eine ähnlich gute Chance, die beiden Arten zu sehen. In kleinen Flüssen und großen Sümpfen, die ganzjährig Wasser führen, leben riesige Herden von Flusspferden, Krokodilen und unzählige Vögel: In Katavi wurden über 400 Vogelarten bestimmt. Zur Trockenzeit, wenn die Flussebenen austrocknen, versammeln sich gewaltige Tierherden: Dann zieht es Elefanten, Löwen, Zebras, Giraffen, Elen- und Topiantilopen sowie viele andere Tiere zu den verbleibenden Wasserlöchern. Besonders beliebt sind die Flusspferde: Bis zu 1000 Tiere gleichzeitig können sich am Ende der Trockenzeit (Ende September bis Anfang Oktober ist die beste Zeit) in einem kleinen, schlammigen Tümpel versammeln. Ebenso beliebt sind Büffel. Im Katavi leben einige der größten noch vorkommenden Büffelherden Afrikas, und es kann jederzeit passieren, dass man mehr als 1000 dieser Rinder zu Gesicht bekommt.

## Aktivitäten

Im ganzen Park sind Wander-Safaris mit bewaffnetem Ranger und Buschcamping (59 US$ pro Person plus Kosten für die geführte Wanderung: 23,60 US$ pro Gruppe für kurze, 29,50 US$ für lange Wanderungen) erlaubt, was Katavi zur ersten Wahl für Budgetreisende macht. Die Straße zum Katavisee, eine Flussebene, ist ein gutes Ziel für Wanderungen. Da die Straße am Hauptquartier beginnt, braucht man kein Auto.

Manche Spitzenklasse-Camps ermöglichen ihren Gästen keine Wander-Safaris mehr. Einer der Gründe ist, dass die Wahrscheinlichkeit, Tiere zu sehen, stark gesunken ist. Allerdings gab es auch ernsthafte Zwischenfälle auf Wander-Safaris, die von schlecht trainiertem Personal geführt wurden, wobei Touristen zu Schaden kamen. Außerdem gehört Katavi zu den am schlimmsten von Tsetsefliegen befallenen Parks Afrikas.

## Schlafen & Essen

Die Unterkünfte sind meist luxuriös oder preiswert. Man kann in hochluxuriösen Zeltcamps oder äußerst einfachen *bandas* übernachten. Beide bieten ein gutes Preis-Leistungs-Verhältnis. Wer im Park übernachtet, muss eine Campinggebühr bezahlen. Hat man sich in einem der Spitzenklasse-Camps einquartiert, ist die Gebühr schon im Paketpreis enthalten.

### Im Park

Außer Buschcamping (siehe oben) gibt's im Nationalpark zwei öffentliche Campingplätze (30 US$): einer bei Ikuu nahe der Kati-

## NATIONALPARK KATAVI

**Auf in den Nationalpark** Außerordentlich gute Bedingungen, um in der Trockenzeit Wildtiere zu beobachten; abgelegene und zerklüftete, wilde Landschaft.

**Reisezeit** August bis Oktober sind ideal, um große Herden zu sehen; von Februar bis Mai ist es sehr feucht, sodass es nahezu unmöglich ist, sich im Park fortzubewegen. Alle Camps der Spitzenklasse haben geschlossen. Trotz alledem ist es eine gute Jahreszeit für die Vogelbeobachtung.

**Praktisch & konkret** Anreise mit dem Bus von Mpanda oder Sumbawanga; mit dem Flugzeug von Arusha oder dem Nationalpark Ruaha. Alle Parkgebühren und Zahlungen müssen mit einer Kreditkarte (Bargeld wird nicht akzeptiert!) bei der **Parkverwaltung** (☎ 025-282 9213, 025-282 0213; katavi@tananiaparks.go.tz) beglichen werden, 1 km südlich von Sitalike, oder in der Nähe der Flughafenlandebahn im Rangerbüro Ikuu.

**Budget Tipps** Der Katavi ist einer der budgetfreundlicheren Nationalparks. Wenn man mit dem Bus nach Sitalike fährt und vor Ort in einem der günstigeren Hotels übernachtet, bevor man zu einer Wander-Safari aufbricht, kann man den Nationalpark kostengünstig besuchen. Allerdings sieht man bei den Wandertouren nicht besonders viele Wildtiere. Zelten ist im Park ebenfalls möglich.

sunga-Ebene, der andere 2 km südlich von Sitalike. In beiden ist mit vielen wilden Tieren im Camp zu rechnen. Verpflegung und Getränke müssen selbst mitgebracht werden. Alle Lodges im Park liegen in der Nähe der Landepiste von Ikuu an der Katisunga-Ebene.

**Katavi Park Bandas** BUNGALOWS **$**
(☎ 025-282 9213; www.tanzaniaparks.go.tz; Zi. 35,40 US$ pro Pers.; P) Die Bungalows stehen 2 km südlich des Dorfes innerhalb des Nationalparks (sodass man Eintritt in den Park bezahlen muss, wenn man hier übernachten möchte). Die Zimmer sind groß, hell und überraschend gut. Zebras, Giraffen und andere Tiere kommen regelmäßig zu Besuch.

★ **Katavi Wildlife Camp** ZELTCAMP **$$$**
(Foxes; ☎ 0754 237422; www.kataviwildlifecamp.com; EZ/DZ all-inclusive außer Getränken 685/1170 US$; ⏲ Juni–Febr.; P) Ein komfortables, gut geführtes Camp in bester Lage mit Blick auf die Katisunga-Ebene. Es ist optimal, um wilde Tiere vom Camp aus zu beobachten. Die sechs Zelte haben große Veranden mit Hängematten und sind schlicht-gemütlich, ohne übertrieben zu sein. Ausgezeichnete Führer runden die Erfahrung ab. Das Camp gehört den Foxes African Safaris, die hervorragende Kombinationen mit Parks im Süden anbieten.

**Chada Katavi** ZELTCAMP **$$$**
(☎ 0787 595908; www.nomad-tanzania.com; EZ/DZ all-inclusive 1260/1800 US$; ⏲ Juni–Jan.; P) Fantastisch unter hohen Bäumen gelegen, überblickt das Camp die Ebene des Chada. Es bietet das Ambiente klassischer Safaris. Vor allem das Zelt, in dem gegessen wird, verströmt das Flair eines Hemingway-Romans. Es eignet sich als Ausgangspunkt für Wanderungen mit exzellenten Guides, und bei Vorbestellung werden Camping-Übernachtungen in der Wildnis („Flycamps") organisiert. Eine Fahrt zur Beobachtung von Wildtieren ist im Preis inklusive.

**Katuma Bush Lodge** ZELTCAMP **$$$**
(☎ 0732 978879; www.mbalimbali.com; EZ/DZ all-inclusive außer Getränken 767/1184 US$; ⏲ Mitte Mai–Mitte Feb.; P) Die großen Safarizelte ermöglichen eine beeindruckende Aussicht über die Grassavanne und locken mit Himmelbetten, holzgeschnitzten Duschen und jeder Menge Privatsphäre. Das Beste ist die sehr entspannte Lounge mit einem Holzdeck, in das ein kleiner Pool eingelassen ist. Eine Fahrt zur Beobachtung von Wildtieren ist im Preis enthalten.

## Sitalike

In diesem kleinen Dorf am Nordrand des Parks übernachten die meisten Backpacker. Man kann Grundlebensmittel kaufen und es gibt auch mehrere lokaltypische Restaurants.

**Riverside Camp** BUNGALOWS, CAMPINGPLATZ **$**
(☎ 0767 754740, 0784 754740, 0785 860981; Camping 10 US$, EZ/DZ 25/50 US$; P) Das Riverside Camp liegt erstklassig direkt über einem Fluss voller Flusspferde. Man wohnt in einfachen *bandas*, aber die Lage macht das wett. Der Besitzer Mr. Juma ist sehr hilfsbe-

reit bei der Vermittlung von Leihfahrzeugen für eine Safari in den Nationalpark Katavi. Es werden Mahlzeiten angeboten (Frühstück/Abendessen 5/10 US$ pro Pers.). Gut zu beobachten sind hier Grüne Meerkatzen und jede Menge Vögel.

**Katavi Hippo Garden Resort** BUNGALOWS $
(0784 405423; Camping 10 US$, Bungalow 30 US$ pro Pers.; P) Einfache Zimmer in guter Lage auf einer grünen Wiese, die zu einem Fluss voller Flusspferde hinabführt. Zuerst sollte man überprüfen, ob die Dusche und das Licht funktionieren. Die Besizerin Flora spricht Englisch.

**Kitanewa Guesthouse** PENSION $
(0767 837132; DZ 15 000 TSh; P) Ein faires Angebot für den Preis. Die Pension verfügt über würfelförmige Betonzimmer, Eimerduschen und Stehklos. An der Haltestelle für Busse/Lastwagen. Strom gibt's nur zu Beginn der Nacht.

## An- & Weiterreise

**Safari Airlink** (0783 397235, 0777 723274; www.flysal.com; Julius Nyerere International Airport, Daressalam, Terminal 1) und Zantas Air (www.zantasair.com) steuern zweimal wöchentlich die Landebahn in Ikuu an. Die Lodges nehmen Nicht-Gäste in den Flugzeugen mit, wenn noch Plätze frei sind. Alle Lodges holen ihre Gäste kostenlos am Ikuu Airstrip ab. Wer nicht in einer der Lodges wohnt, muss vor der Ankunft des Flugzeuges einen Wagen bzw. als Fußgänger einen Ranger als Begleiter bestellen. Bei Ankunft mit dem Flugzeug kann man die Reise in den Nationalpark Katavi hervorragend mit einem Abstecher in den Nationalpark Mahale Mountains verbinden. Ranger warten an der Landebahn, um von den Ankömmlingen die Parkgebühren zu kassieren.

Busse und Laster zwischen Mpanda (3000 TSh, 45 Min.) und Sumbawanga (15 000 TSh, 4 Std.) nehmen Reisende mit und lassen sie in Sitalike oder am Parkhauptquartier aussteigen. Am Morgen kommen viele Wagen vorbei, doch nach Mittag wartet man mitunter mehrere Stunden.

*Dalla-dallas* und Taxis fahren zwischen 7 Uhr morgens und 20 Uhr von Sitalike nach Mpanda (3000 TSh, 45 Min.), sobald sie genügend Fahrgäste haben. Im Notfall kann man eins für 90 000 TSh für sich allein chartern.

Selbstfahrer können an den Tankstellen in Mpanda und Sumbawanga tanken.

Safaris mit Transfer nach Katavi und einer Safari-Tour im Park können über Riverside Camp in Sitalike und Lake Shore Lodge & Campsite (S. 299) in Kipili organisiert werden.

## Unterwegs vor Ort

Der Park vermietet keine Wagen mehr, aber Riverside Camp in Sitalike vermietet Allradfahrzeuge für 200 US$ pro Tag, manche haben ein Dach, das sich aufklappen lässt. Ein Guide oder Fahrer (20 US$) ist sehr anzuraten, aus Sicherheitsgründen und um so viel wie möglich zu sehen.

# Sumbawanga

025 / 210 000 EW.

Das kleine, schmuddelige Sumbawanga an sich ist kein Touristenziel, aber ein großartiger Ausgangspunkt für schöne Tagesausflüge in der Region und daher lohnt es sich, hier ein paar Tage zu verbringen. Es ist groß genug, dass es eine gute Auswahl an Hotels, Restaurants und Geschäften hat. Reisende nach Norden in den Nationalpark Katavi haben hier die letzte Möglichkeit, Vorräte einzukaufen.

Die Ufipa-Hochebene in frischen 2000 m Höhe ist die Heimat vieler endemischer Pflanzen. Das Gebiet wurde von BirdLife International zur „Important Bird Area" erklärt. Das **Waldreservat Mbizi**, ein paar Stunden Fußweg von Sumbawanga entfernt, eignet sich toll zur Vogelbeobachtung.

In der Nähe dehnt sich auch der weite, flache **Rukwasee** aus. Das Vogelparadies ist über die vielen Dörfer an den geschwungenen Ufern des Sees zugänglich. Am einfachsten geht's nach Ilanga, das mehrmals am Tag von Geländewagen angefahren wird.

Charles von **Rukaki Adventure Tours and Safaris** (0784 704343; Mbeya Rd; geführte Wanderungen 10 US$, Wandern 20 US$, Kalambo-Wasserfälle 20 000 TSh plus 20 US$; 7–22 Uhr) hilft bei der Organisation von Ausflügen vor Ort oder zu anderen Zielen in der Region und kann auch Safaris in den Nationalpark Katavi arrangieren.

## Schlafen & Essen

In dem lebhaften Viertel in der Nähe der Bushaltestelle gibt's viele unspektakuläre, aber ordentliche Budgetunterkünfte. Etwa 2,5 km entfernt, hügelaufwärts vom TRA-Büro, das leicht zu finden ist, liegen am südöstlichen Rand der Stadt ein paar ruhigere Übernachtungsmöglichkeiten.

**Kalambo Falls Lodge** HOTEL $
(0757 381400, 0754 931336; Katandala St; Zi. 70 000–120 000 TSh; P) Die Kalambo Falls Lodge hat geräumige Zimmer mit großen Badewannen, Kühlschränken und WLAN im

Zimmer. Der Chef ist professionell und die Bar gut sortiert, d.h., wer in Sumbawanga übernachtet, findet hier ein Komplettangebot. Ein zusätzlicher Vorteil: Es liegt weit genug vom lauten Zentrum entfernt.

**Libori Centre** HOTEL **$**
(☎ 0744 396910, 0769 204443; Msakila St; Zi. 15 000–25 000 TSh; P) Das von der Kirche betriebene Hotel nahe dem Busbahnhof bietet Zimmer, die im Prinzip sauber, sehr ruhig und sicher sind. Abgesehen von einem zusätzlichen Stuhl konnten wir keine Unterschiede zwischen den günstigsten und den teuersten Räumen feststellen. Ein sehr schlichtes Frühstück ist inbegriffen. Das Hotel befindet sich in dem Gebäude mit dem Sendemast auf dem Dach.

**Ikuwo Lodge** HOTEL **$**
(☎ 025-280 2393, 0754 647479; Mazwi Rd; Zi. 30 000–40 000 TSh) Wer einfach nur mitten im Marktviertel unterkommen möchte, ist in diesem knallblauen Glaswürfel genau richtig. Die Duschen sind sofort heiß, aber der Straßenlärm ist gewaltig. In den Zimmern gibt's Kühlschränke; die Wasserflaschen sind im Preis enthalten. Hier wird jedoch kein Englisch gesprochen.

**Moravian Church Conference Centre Hotel** HOTEL **$**
(☎ 025-280 2853; Nyerere Rd; Zi. 35 000–45 000 TSh, EZ/DZ ohne Bad oder Frühstück 15 000/25 000 TSh; P@) Eine schöne Klettertrompete rankt an der Fassade. Die Zimmer sind sparsam möbliert, aber angenehm und groß (es lohnt, 10 000 TSh für ein größeres Zimmer zu bezahlen). Afrikanische Kunst und ein heller Anstrich lassen den Betonbau lebendig wirken. Etwa 1 km südöstlich vom Busbahnhof.

**Forestway Country Club** HOTEL **$**
(☎ 025-280 2746, 0785 902940, 0764 966215; Nyerere Rd; EZ/DZ 30 000/48 000 TSh; P) Die Zimmer könnten einen neuen Anstrich vertragen, aber sie sind im Großen und Ganzen recht gemütlich. Ein Pluspunkt: Das Restaurant zählt zu den besseren des Orts. Es liegt in einem ruhigen unscheinbaren Viertel am Südostrand der Stadt. Von der NBC-Bank aus geht's hügelaufwärts.

## ℹ Praktische Informationen

In der Fisi Street gibt's ein paar Internetcafés, z. B. **Dot.com** (☎ 0762 898373; Fisi St; 1000 TSh pro Std.; ⏲ Mo–Sa 7.30–21.30, So 11–21.30 Uhr).

An der Hauptstraße findet man mehrere Banken und einen Geldautomaten (24 Std.).

## ℹ An- & Weiterreise

Zahlreiche Busgesellschaften sind in Sumbawanga ansässig, und die meisten Ticketbüros liegen direkt vor dem Busbahnhof. In der Regel starten die Busse zwischen 7 und 9.30 Uhr und steuern folgende Fahrtziele an:

**Mbeya** (15 000–20 000 TSh, 7 Std.) über Tunduma (10 000 TSh)

**Mpanda** (14 000 TSh, 4–6 Std.)

**Kasesya** (6000 TSh, 4–5 Std.)

Nach Kasesya an der Grenze zu Sambia fährt ein *dalla-dalla* (3000 TSh; 4–5 Std.) um 8 und um 16 Uhr.

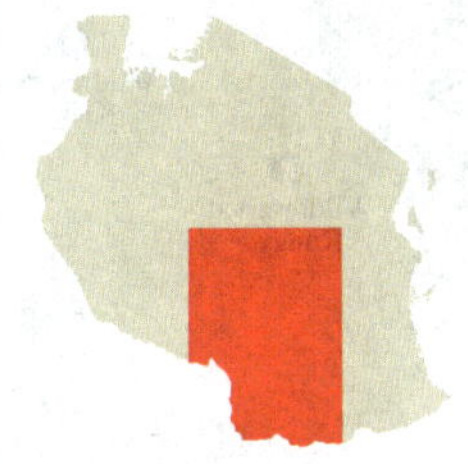

# Südliches Hochland

Inhalt ➡



## Schön übernachten

- ➡ Camp Bastian Mikumi (S. 312)
- ➡ Kisolanza – The Old Farm House (S. 321)
- ➡ Blue Canoe Safari Camp (S. 337)

## Gut essen

- ➡ Café Neema Crafts Centre (S. 320)
- ➡ Mufindi Highlands Lodge (S. 321)
- ➡ Maua Café & Tours (S. 331)

## Auf ins südliche Hochland!

Das südliche Hochland beginnt bei Makambako auf halber Strecke zwischen Iringa und Mbeya und reicht bis nach Malawi im Süden. Dieses Kapitel umfasst die gesamte Gebirgskette zwischen Morogoro im Osten bis zum Nyasasee (auch Malawisee) und der Grenze zu Sambia im Westen.

Für Touristen ist das Hochland hauptsächlich die Verbindung nach Malawi oder Sambia. Dabei ist es eine der wichtigsten Landwirtschafsregionen Tansanias – und es macht wirklich Spaß, die wunderschöne Landschaft mit den sanften Hügeln, lebendigen Märkten, von Jacarandas gesäumten Straßen, hübschen Lodges und ihrem Wildreichtum zu erkunden. In den Udzungwa Mountains kann man herrlich wandern oder Tiere in den Nationalparks Mikumi oder Ruaha beobachten, in den Uluguru-Bergen erlebt man das faszinierende Luguru-Volk oder man reist in das abgelegene Herz des südlichen Hochlands im Südwesten Tansanias. Hier blühen im Nationalpark Kitulo wilde Orchideen, und üppige grüne Berge fallen zum Ufer des idyllischen Nyasasees ab.

## Reisezeit

### Mbeya

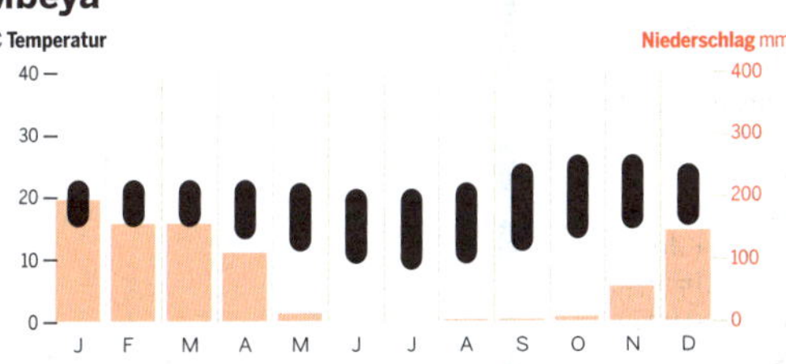


**Juli–Sept.** Der Nationalpark Ruaha mit „Flüssen aus Sand" und den Elefanten zeigt sich in Bestform.

**Okt.–Nov.** Überall blühen Jacarandas; tolle Wildbeobachtung und Wanderungen.

**Dez.–März** Volle Blütenpracht im Nationalpark Kitulo; Vogelbeobachtung in Ruaha.

## Highlights

**1 Nationalpark Ruaha** (S. 323) In diesem wilden und zerklüfteten Park zwischen Affenbrotbäumen Elefanten beobachten.

**2 Nationalpark Mikumi** (S. 311) Dieser schöne und leicht zugängliche Ort bietet schnaubende Gnus, grasende Büffel und scheue Antilopen.

**3 Nyasasee** (S. 335) Am friedlichen Ufer entspannen, wo grüne Berge zu den ruhigen Buchten abfallen.

**4 Iringa** (S. 316) In dieser farbenfrohen quirligen Stadt und Umgebung das Leben der Einheimischen kennenlernen.

**5 Tukuyu** (S. 334) Rund um das kleine **Tukuyu** ein herrlich grünes Bergpanorama voller Obstgärten und Bananenstände genießen.

**6 Nationalpark Udzungwa Mountains** (S. 313) Vorbei an Wasserfällen wandern und Vögel und Affen beobachten.

**7 Nationalpark Kitulo** (S. 328) Jenseits ausgetretener Pfade den Kitulo mit seinen Orchideen, Wildblumen und weitem Ausblick erkunden.

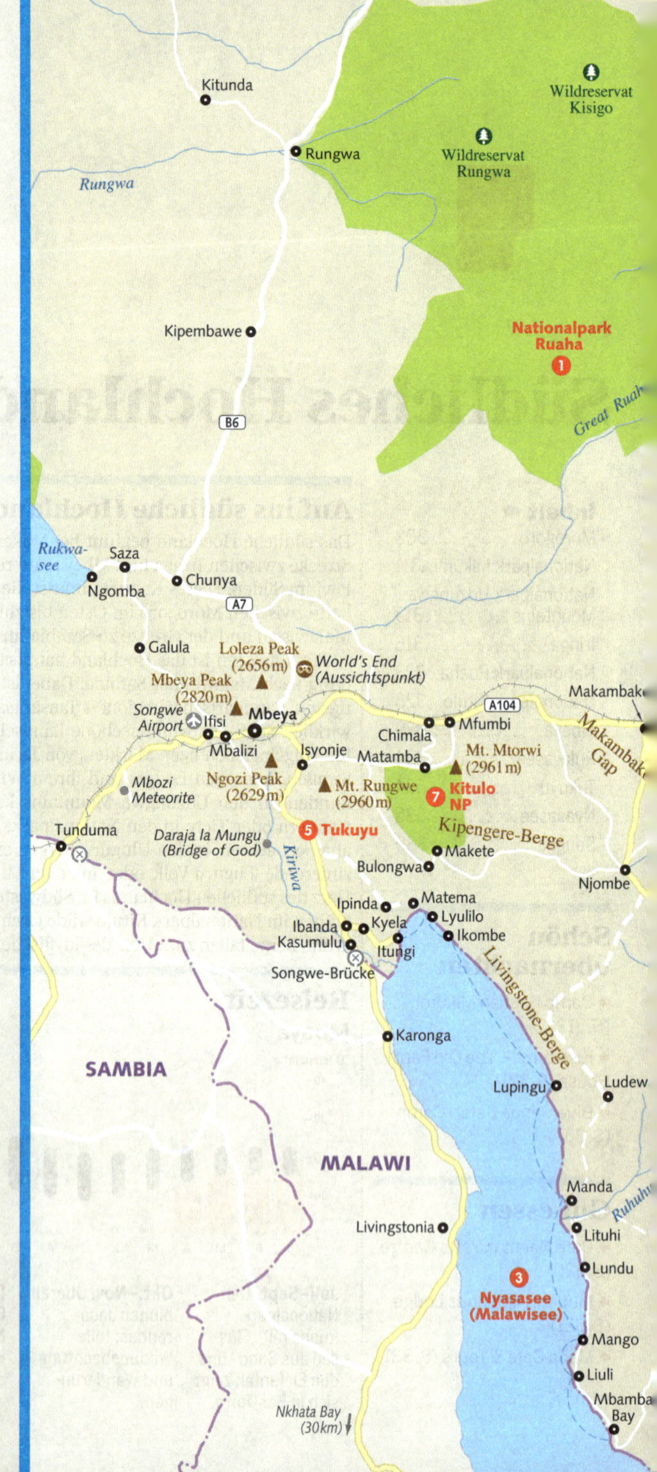

Dodoma (50 km)
Mtera-Stausee
Mtera-Damm
Makatapora
Migole
Nyangolo
Rubeho-Berge
Kilosa
Morogoro
Lupanga Peak (2147 m)
Kipera
Bunduki
Mgeta
Uluguru-Berge
Nationalpark Mikumi
2
Mikumi
Kisaki
Lumango Mtns
Ruaha Mbuyuni
Msosa
Mwanihana Peak (2080 m)
Kilombero
Kidatu
Sanje
Mang'ula
Great Ruaha
Luhombero (2579 m)
6
Nationalpark Udzungwa Mountains
Rumemo
Udekwa
A7
Ilula
Msembe
Idodi
Tungamalenga
Kalenga
4
Iringa
Tosamaganga
Isimila
Little Ruaha
Ruipa
Ifakara
Mafinga
Rufiji
Lupiro
A104
Mufindi
Kilombero - Tal
Itete
Mahenge
Wildreservat Selous
Ilonga
uhuji
Mbarangandu
B4
Peramiho
Songea
A19
Kitai
Mbinga
0
100 km
Tunduru
Masasi (120 km)
Mosambik (40 km)

# Morogoro

☎223 / 315 000 EW.

Morogoro wäre eine ziemlich heruntergekommene Stadt, wenn sie nicht so wunderschön gelegen wäre – inmitten einer üppigen Landschaft zu Füßen der häufig wolkenverhangenen Uluguru-Berge im Süden. Die Gegend um die Stadt ist eine der Kornkammern Tansanias sowie Standort der angesehenen Sokoine-Universität, dem nationalen Institut für Landwirtschaft und wichtigem Ausbildungs- und Missionszentrum. Im Ort selbst gibt es für Touristen nicht viel zu sehen, aber er bietet einen guten, herzlichen Einblick in das Leben in Tansania außerhalb Daressalams und ist außerdem die Basis für Kulturtouren und Wanderungen in den nahen Uluguru-Bergen.

## Schlafen

**Amabilis Centre** HOSTEL $

(☎0719 348959, 0716 880717; amabilis.conference centre@yahoo.com; Old Dar es Salaam Road; EZ 25 000 TSh, 2BZ ohne Bad 20 000 TSh; P) Diese von der Kirche betriebene Unterkunft am nordöstlichen Ortsrand bietet kleine, aber saubere Zimmer in einem mehrstöckigen Gebäude mit Garten. Am Tor wird man herzlich von den katholischen Nonnen begrüßt. Alle Zimmer haben Ventilatoren, Moskitonetze und warmes Wasser. Mahlzeiten gibt es auf Vorbestellung. Die *dalla-dallas* Richtung Bigwa halten vor der Tür oder man nimmt von der Bushaltestelle Msamvu ein Taxi (6000 TSh).

### KULTURTOURISMUS-PROGRAMM CHILUNGA

**Chilunga Cultural Tourism**

(☎0754 477582, 023-261 3323; www.chilunga.or.tz; Rwegasore Road; ⏲7.30–18 Uhr) organisiert flexible, maßgeschneiderte Tagestouren und mehrtägige Exkursionen in die Umgebung von Morogoro, wie den Besuch von Dörfern, Wanderungen und Safaris in den Nationalpark Mikumi. Die Programme geben einen guten Eindruck vom Leben der Einheimischen. Die Preise beginnen ab 25 US$ pro Person und Tag für kurze Ausflüge bis zu ca. 75 US$ pro Person für mehrtägige Wanderungen, inklusive Transfer, Guide und Eintrittsgebühren für Dorf und Wald.

**Mama Pierina's** PENSION $

(☎0786 786913; Station Street; 2BZ mit Ventilator/Klimaanlage 35 000/45 000 TSh; P ❄) Die Unterkunft bietet einen herzlichen Empfang und eine günstige zentrale Lage. Die Zimmer auf der Rückseite der Anlage verfügen über Moskitonetze im Stil eines Himmelbetts, Bergblick und Zugang zum Garten. Zum Zeitpunkt der Recherche wurden Einrichtungen zur Selbstversorgung gebaut. Die große Restaurantterrasse mit goldener Weinrebe eignet sich ideal, um Mamas griechische/italienische Lasagne, Moussaka oder Zaziki zu probieren.

**Sofia Hotel** HOTEL $

(☎0754 996664; John Mahenge Road; DZ 35 000–45 000 TSh; ❄ 📶) Ein fröhliches und einfaches Hotel im Herzen der Stadt mit Warmwasser, Ventilatoren und WLAN. Einige Zimmer haben keine Fenster, sind jedoch etwas ruhiger. Die Unterkunft ist nur einen Block von der Hauptstraße und fünf Minuten vom *dalla-dalla*-Stand im Zentrum entfernt.

**Morogoro Hotel** HOTEL $$

(☎023-261 3270/1/2; www.morogorohotel.com; Rwegasore Road; EZ/DZ/Suite ab 59/84/183 US$; P ❄ 🏊) Diese alteingesessene Unterkunft liegt auf einem großen grünen Grundstück 1,5 km abseits der Hauptstraße gegenüber dem Golfplatz. Sie hat anständige Zimmer mit Doppelbetten sowie freistehende Bungalows mit zwei Betten. Sie ist beliebt für Hochzeiten – an Wochenenden kann es bis spät laute Musik geben – und am Pool mit Restaurant faulenzen viele Gäste den ganzen Sonntagnachmittag.

**Hotel Oasis** HOTEL $$

(☎0754 377602, 023-261 4178; hoteloasistz@morogoro.net; Station Street; EZ/DZ/3BZ ab 50/60/80 US$; P ❄ 📶 🏊) Das Oasis bietet annehmbare, wenn auch etwas farblose Zimmer, was durch einen insgesamt guten Service, ein anständiges Restaurant, eine günstige zentrale Lage, einen kleinen Garten sowie einen schönen Swimmingpool mit Bergblick und strohgedeckter Bar (5000 TSh für Hotelbesucher) wieder wettgemacht wird. Alle Zimmer verfügen über einen Ventilator, eine Klimaanlage, einen Fernseher und einen Kühlschrank.

**New Acropol Hotel** B&B $$

(☎0754 309410; newacropolhotel@morogoro.net; Old Dar es Salaam Road; EZ/DZ/3BZ 55/65/75 US$; P ❄ 📶) Dieses angenehme, ausgefallene Hotel im B&B-Stil bietet sechs meist geräu-

## Morogoro

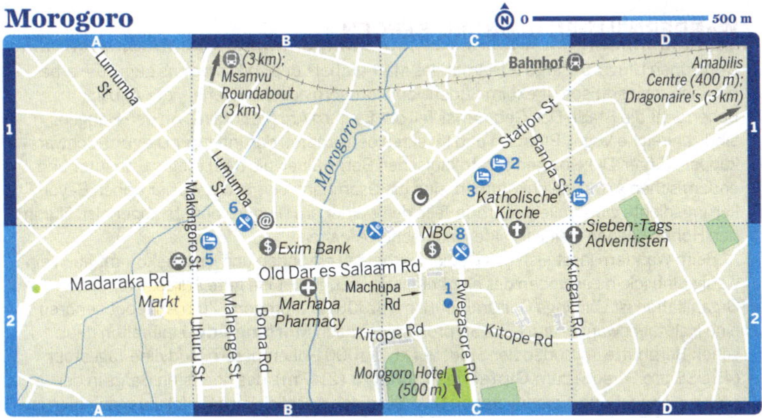


### Morogoro

**Aktivitäten, Kurse & Touren**
1 Chilunga Cultural Tourism .................... C2

**Schlafen**
2 Hotel Oasis .................... C1
3 Mama Pierina's .................... C1
4 New Acropol Hotel .................... D1
5 Sofia Hotel .................... B2

**Essen**
6 Pira's Supermarket .................... B1
7 Red Chilli Restaurant .................... B2
8 Ricky's Café .................... C2
Salon at Acropol .................... (siehe 4)

mige Zimmer rund um einen Hof mit Pflanzen in einem Gutsverwalterhaus aus den 1940er-Jahren. Alle Zimmer bieten Terrakottaböden, Himmelbetten, einen Kühlschrank, einen Ventilator und Moskitonetze. Zur Unterkunft gehört auch ein gutes Restaurant mit Bar.

★ **Mbuyuni Farm Retreat** B&B $$$
(☎023-260 1220, 0784 601220; www.kimango.com; EZ/DZ 90/180 US$, 4-Personen-Cottage zur Selbstverpflegung 130 US$; P) Diese ruhige Unterkunft besteht aus drei geräumigen, eleganten Hütten im Garten von einer Farm vor den Toren von Morogoro mit Blick zu den Uluguru-Bergen. Man kann hervorragende Mahlzeiten genießen, und zwei Cottages verfügen über eine Küche. 12 km östlich von Morogoro am Ende von Kingolwira nach Norden abbiegen, einer von Mangobäumen gesäumten Straße folgen und über eine Brücke zur Farm fahren.

## Essen & Ausgehen

**Red Chilli Restaurant** INDISCH, CHINESISCH $
(New Green Restaurant; ☎0784 498874; Station Street; Hauptgerichte 7000–10 000 TSh; 9–23 Uhr; ) Dieses altbewährte Lokal bietet eine zweckmäßige Einrichtung, aber tolle Mahlzeiten. Die Speisekarte umfasst eine große Auswahl an indischen Gerichten sowie chinesische Optionen und Grillhähnchen oder Fish 'n' Chips.

**Ricky's Café** CAFÉ $
(Old Dar es Salaam Road; Snacks ab 5000 TSh; Mo–Sa 8–16 Uhr) Ein großartiges, einfaches Café für ein Mittagessen im Herzen der Stadt gegenüber der Abzweigung an der Rwegasore Road. Es serviert Salate, Suppen, Brathähnchen, Fischcurry, Kuchen und Shakes, die man an rot lackierten Tischen auf der palmengesäumten Terrasse genießt.

**Dragonaire's** CHINESISCH, INTERNATIONAL $$
(☎0713 622262; Hauptgerichte ab 6000 TSh; Di–So 15–24 Uhr; P) Dank des grünen Geländes, eines kleinen Kinderspielplatzes, Sportübertragungen und großen Portionen ist dieses Restaurant sehr beliebt. Zudem werden chinesische Gerichte, Meeresfrüchte, Rindfleisch sowie ein paar vegetarische Mahlzeiten serviert, allerdings oft mit ziemlich langer Wartezeit. Das Lokal liegt 3 km östlich der Stadt und ist etwa 700 m abseits der Old Dar es Salaam Road ausgeschildert.

**Salon at Acropol** VEGETARISCH $$
(☎0754 309410; Old Dar es Salaam Road; Hauptgerichte ab 9000 TSh; 7–22 Uhr; P) Das Acropol bietet leckere Suppen, Sandwiches, Fisch- und Fleischplatten, vegetarische Kü-

## WANDERN IN DEN ULUGURU-BERGEN

Die grünen Uluguru-Berge – Heimat des Matriarchats des Volksstamms Luguru – erheben sich majestätisch direkt im Süden von Morogoro aus der Ebene – der Anblick beherrscht die Stadt. Das Gebirge ist Teil der Eastern Arc Mountains. An den Hängen sind zahlreiche Vögel, Pflanzen und Insekten beheimatet, darunter der Uluguru-Schwarzkappenwürger. Die einzigen ostafrikanischen Bergwälder, die dem Uluguru an Alter und endemischen Arten gleichkommen, sind die Usambara-Berge. Wegen der hohen Bevölkerungsdichte wurden leider große Teile der Wälder am Uluguru bereits abgeholzt. Nur in den Höhen blieben kleine intakte Waldflächen erhalten.

Beim Wandern lässt sich das Gebiet am besten erkunden und man bekommt auch ein wenig Einblick in das Leben der hier heimischen Luguru. Eine gute Adresse für die Organisation ist Chilunga Cultural Tourism (S. 308) in Morogoro. Zum Angebot gehören eine Halbtageswanderung (27 US$ pro Person) nach **Morningside**, einer alten deutschen Berghütte im Süden der Stadt auf etwa 1000 Höhenmetern, und eine Tagestour (45 US$ pro Person) zum **Gipfel des Lupanga** (2147 m), des höchsten Bergs in der näheren Umgebung. Leider versperrt der Wald den Ausblick vom Gipfel. Zu empfehlen ist die kulturelle Wanderung zum **Dorf Choma**, das etwa eine Stunde weiter ist als Morningside. Sie wird oft im Rahmen von Zweitagestouren mit drei Übernachtungen angeboten (85 US$ pro Pers.).

che, ganztägige Frühstücksvariationen mit Steak, Eiern und Pommes sowie guten regionalen Kaffee. Sitzplätze gibt's auf der überdachten Veranda und in der dunklen, atmosphärischen und gut bestückten Bar mit schweren Holzmöbeln sowie Safari-Memorabilien.

**Rock Garden** BAR
(☎ 0715 953 234; Boma Road; ⊙ 9 Uhr–spät) Das Rock Garden ist eine einfache Bar im Freien mit Currygerichten und Bier in einer wunderschönen felsigen Umgebung mit Blick auf einen Bach. An den Wochenenden wird es voll. Hier kann man gut bei einem Drink verweilen, Live-Bands hören und traditionellen Tanz erleben. Die Bar liegt 4 km vom Stadtzentrum entfernt – Richtung Rwagasore Road fahren.

### Für Selbstversorger

**Pira's Supermarket** SUPERMARKT $
(Lumumba Street; ⊙ 10–18 Uhr) Für Selbstversoger eignet sich dieser gut sortierte Supermarkt.

## Praktische Informationen

**Exim Bank** (Lumumba Street; ⊙ Mo–Fr 9–17 Uhr) Geldautomat.

**Internetcafé** (abseits Lumumba Street; pro Std. 2000 TSh; ⊙ So–Fr 8–22, Sa 7–22 Uhr)

**Mikumi Eco & Cultural Tourism Enterprise** (☎ 0784 218113; ecofootprintltd@gmail.com; ⊙ Mo–Sa 8–18 Uhr) Nach Pira's Supermarkt fragen; das kleine Internetcafé liegt direkt um die Ecke.

**Marhaba-Apotheke** (☎ 023-261 3304; Old Dar es Salaam Road; ⊙ Mo–Sa 7.30–17 Uhr) Morogoros am besten ausgestattete Apotheke liegt östlich des *dalla-dalla*-Stands und direkt westlich der kleinen Fußgängerbrücke.

**NBC** (Old Dar es Salaam Road; ⊙ Mo–Fr 9–17 Uhr) Geldautomat.

## An- & Weiterreise

### BUS

Der zentrale **Busbahnhof** liegt 3 km nördlich der Stadt an der Dar es Salaam Road, 300 m östlich des Kreisverkehrs von Msamvu (6000 TSh mit dem Taxi, 400 TSh im *dalla-dalla;* nach Bussen mit der Aufschrift „Kihonda" Ausschau halten und sich vergewissern, dass sie nach Msamvu fahren). Es geht chaotisch und ohne erkennbare Ordnung zu – am besten vor Ort fragen, wo der gesuchte Bus steht. Um mit einem *dalla-dalla* herzukommen und sich in Msamvu zu orientieren, braucht man mindestens eine Stunde.

Von Morogoro fahren keine größeren Busse ab, was für alle Ziele gilt. Man wartet am besten auf Busse aus Daressalam (7000–8000 TSh, 4 Std.) oder Iringa (14 000–15 000 TSh, 3–4 Std.); beide kommen gegen 9 Uhr durch Morogoro. Ein Direktbus fährt täglich um 8 Uhr nach Tanga (7000 TSh, 5 Std., tgl.). Es verkehren auch Busse von Dar über Morogoro nach Dodoma (14 000–17 000 TSh, 4 Std.). Nach Kisaki (das nächste Dorf zum Matambwe-Tor des Wildreservats Selous) fährt zwischen 9 und 11 Uhr mindestens einmal am Tag ein Bus ab Msamvu (9000 TSh, 5–6 Std.).

Der zentrale **dalla-dalla-Stand** liegt vor dem Markt, wo sich auch ein Taxistand befindet.

### FLUGZEUG

Wegen der zunehmenden Verstopfung der Ortsausgangsstraßen von Daressalam sind die fünf wöchentlichen Flüge nach/von Morogoro (160 US$ eine Strecke) von **Auric Air** (www.auricair.com) für Traveller, die es eilig haben, eine zunehmend attraktivere Alternative zum Busfahren.

### ZUG

Morogoro ist an die Central Line (S. 71) angeschlossen, die Daressalam mit Kigoma verbindet. Der einst unregelmäßige Service wird derzeit aufgestockt und es gibt nun einmal wöchentlich einen luxuriösen Zug.

# Nationalpark Mikumi

Dies ist der viertgrößte Nationalpark Tansanias mit einer Landschaft aus Affenbrotbäumen, schwarzen Hartholzbäumen und grasbewachsenen Ebenen. Da er von Daressalam gut erreichbar ist und man das ganze Jahr über fast garantiert Wildtiere zu Gesicht bekommt, ist der **Mikumi** (www.tanzaniaparks.go.tz; Erw./Kind 35,40/11,80 US$) die ideale Safari-Lösung für Reisende mit wenig Zeit. Der Mikumi ist 3230 km² groß und liegt zwischen den Uluguru-Bergen im Nordosten, den Rubeho-Bergen im Nordwesten und den Lumango-Bergen im Südosten. Im Mikumi leben Büffel, Gnus, Giraffen, Elefanten, Löwen, Zebras, Leoparden, Krokodile und gefährdete Wildhunde. Die Chancen stehen recht gut, einige davon selbst bei einem kurzen Besuch des Parks zu sehen.

Der Mikumi ist ein wichtiges Bildungs- und Forschungszentrum. Zu den verschiedenen Projekten zählt eine laufende Feldstudie über Steppenpaviane – eine von wenigen Langzeitstudien über Primaten auf dem Kontinent.

Im Süden grenzt der Mikumi an das Wildreservat Selous.

##  Aktivitäten

Am zuverlässigsten lassen sich Wildtiere nordwestlich der Hauptstraße in der Nähe der Mkata-Schwemmebene blicken; ein Highlight ist der Ausblick zu dem kleinen, aber sehr hübschen Millennium-Gebiet („Kleine Serengeti"). Hier kann man besonders gut Büffel beobachten – oft recht nah am Straßenrand – ebenso wie Giraffen, Elefanten und Zebras. Eine weitere Attraktion sind die Flusspferdteiche, direkt nordwestlich des Haupteingangs, wo man aus großer Nähe schnaubende und sich suhlende Flusspferde sehen kann. Auch zur Vogelbeobachtung ist der Park gut geeignet.

Im ganzen Park gibt es wunderbare Möglichkeiten zur Vogelbeobachtung: Nach Marabu-Störchen und Haubenzwergfischern Ausschau halten.

## Schlafen & Essen

Von den vier **gewöhnlichen Campingplätzen** (☎0767 536135, 0689 062334; mikumi@tanzaniaparks.go.tz; Camping Erw./Kind 35,40/5,90 US$) des Parks bietet derjenige, der am nächsten zum Hauptquartier des Parks liegt, eine gute Ausstattung, WC-Anlagen und eine Dusche. Es gibt auch einen **speziellen Campingplatz** (☎0689 062334, 0767 536135; mikumi@tanzaniaparks.go.tz; Camping Erw./Kind 59/11,80 US$) nahe Choga Wale im Norden des Parks. Wer zeltet, sollte beim Essen und bei der Lebensmittellagerung auf Steppenpaviane achten.

### NATIONALPARK MIKUMI

**Auf in den Nationalpark** Von Daressalam leicht zu erreichen; ganzjährig lohnt die Beobachtung von Wildtieren und Vögeln; Giraffen, Zebras, Büffel, Wildhunde und manchmal Honigdachse.

**Reisezeit** Ganzjährig

**Praktisch & Konkret** Mit dem Mietwagen oder Bus von Daressalam. Den Eintritt (gültig 24 Std. für einmaligen Besuch) kann man nur per Visa oder MasterCard bezahlen. Im Park darf man nur von 6.30–18.30 Uhr herumfahren (abseits der Hauptstraße).

**Spartipps** Jeder Bus, der den Highway befährt, lässt Fahrgäste am Parkeingang aussteigen. Der Park vermietet keine Fahrzeuge, aber manchmal bietet das Personal eigene Wagen an. Direkt am Tor fragen und sich auf Verhandlungen einstellen. Zum Übernachten bieten sich die billigen und hübschen Hütten im Park an, Mahlzeiten gibt es in Speiseräumen. Nach der Safari: Einen Bus nach Iringa oder Dar heranwinken, um die Reise fortzusetzen.

Zuverlässiger: Über eines der Hotels, die unter Mikumi angegeben sind, ein Safarifahrzeug mieten (ca. 200 US$ für ein 5-Pers.-Fahrzeug und eine ganztägige Safari); Mittagessen und Getränke selbst mitbringen.

★ **Camp Bastian Mikumi** LODGE $$
(☎0718 244 507, 0782 547 448; www.campbastian.com; B&B EZ ab 40 US$, DZ 60–150 US$, Camping 10–15 US$; 📶) 🍃 Das Camp Bastian liegt 10 km westlich vom Haupttor und ist eine schöne, preiswerte Unterkunft mit hochwertigem Essen sowie guten Fahrern und Guides. Es gibt sechs Cottages mit Steinböden und großen Veranden, die mit regionalen Stoffen und Möbeln eingerichtet sind. Ein Campingplatz ist ebenfalls vorhanden. Halb- oder Vollpension ist auch für Camper verfügbar.

**Mikumi Park Cottages & Resthouse** COTTAGES $$
(☎0689 062334, 0767 536135; mikumi@tanzaniaparks.go.tz; EZ/DZ/3BZ 59/88,50/106,20 US$; P ❄) Etwa 3 km vom Parkeingang entfernt bietet das Mikumi Park Cottages & Resthouse Zimmer in Steinbungalows. Alle haben Bäder, Ventilatoren sowie Klimaanlagen und auf Bestellung serviert das nahe Restaurant Mahlzeiten (10 000 TSh pro Portion). Im Resthouse teilen sich zwei Doppelzimmer einen gemeinsamen Eingang; es hat auch eine Küche (Gas muss man selbst mitbringen). Direkt vor dem Haus spazieren oft Tiere vorbei.

**Vuma Hills** ZELTCAMP $$$
(☎0754 237422; www.vumahills.com; EZ/DZ inkl. Vollpension & Wildtierfahrten ab 365/570 US$; P 🏊) Dieses angenehme Camp liegt auf einer Anhöhe ca. 7 km südlich der Hauptstraße mit Blick auf die Ebenen in der Ferne. Die 16 eleganten Zelt-Cottages mit Bad verfügen jeweils über ein Doppel- und ein Einzelbett. Die Stimmung ist sehr entspannt, die Küche gut und der Pool lädt zum erfrischenden Baden nach einer Safari ein. Die Abzweigung befindet sich schräg gegenüber dem Parkeingangstor.

**Mikumi Wildlife Camp** LODGE $$$
(Kikoboga; ☎0684 886306, 022-260 0252/3/4; www.mikumiwildlifecamp.com; EZ/DZ Halbpension 230/390 US$; P 🏊) Das Camp liegt gut 500 m nordöstlich des Parkeingangs. Die attraktiven Steinhütten mit schattigen Veranden bieten Blick auf ein grasiges Terrain, das gerne von Zebras und Impalas besucht wird. Obwohl das Camp in der Nähe der Straße liegt und nicht gerade ein Erlebnis in der Wildnis verspricht, scheint das die Tiere nicht zu stören: Von der Veranda aus kann man viele von ihnen beobachten. Fahrzeuge mieten kann man nur nach vorheriger Anmeldung.

## ℹ An- & Weiterreise

### AUTO

Zwar kann ein Mietwagen manchmal privat beim Parkpersonal organsiert werden, aber es ist besser, mit dem eigenen Fahrzeug anzureisen oder über ein Hotel in Mikumi ein Auto zu mieten. Von Daressalam sind es fünf Autostunden bis zum Eingang des Parks. Die Höchstgeschwindigkeit auf der Hauptstraße durch den Park wird kontrolliert (70 km/h am Tag, 50 km/h nachts). Das allgemein gut gepflegte Straßennetz im Nordabschnitt von Mikumi ist mit normalen Autos befahrbar. Im Süden sind Geländewagen erforderlich – mit Ausnahme der Straße zum Vuma Hills Tented Camp.

Wer den Mikumi mit dem Selous verbinden möchte, kann die 145 km lange Straße zwischen Mikumis Haupttor und dem Dorf Kisaki (21 km westlich des Matambwe-Tors zum Wildreservat Selous) nun ganzjährig nutzen, da sie nur noch bei heftigen Regenfällen geschlossen ist. Sie stellt eine landschaftlich schöne Alternative für Geländewagen dar; zwischen beiden Orten braucht man ca. fünf Stunden. Alternativ kann man über Morogoro (140 km, 5–6 Std. von Morogoro bis Kisaki) fahren.

### BUS

Alle Busse auf der Durchfahrt von Dar zum Mbeya-Highway lassen ihre Fahrgäste am Parkeingang aussteigen. Zur Weiterreise können auch Pick-ups organisiert werden.

# Mikumi (Stadt)

☎223 / 18 000 EW.

Auf der Straße von Daressalam nach Mbeya ist Mikumi die letzte Stadt in der Ebene. Danach steigt die Straße durch die Schlucht des Ruaha spektakulär bis zu den Bergen des südlichen Hochlandes an. Die Stadt zieht sich auf mehrere Kilometer die Straße entlang – ein Ort mit echtem Trucker-Flair. Mikumi ist fast ausschließlich als Zwischenstation für den Besuch der Nationalparks Mikumi oder Udzungwa Mountains von Bedeutung. Es ist aber auch möglich, beide Parks zu sehen, ohne hier zu übernachten. Für längere Aufenthalte bietet das regionale Kulturtourismusprogramm gute Exkursionen.

## Schlafen & Essen

**Tan-Swiss Hotel & Restaurant** LODGE $$
(☎0787 191827, 0755 191827; www.tan-swiss.com; Main Road; Camping 10 US$, EZ/DZ/3BZ 70/80/100 US$, Bungalow mit FZ ab 110 US$; P ❄ 📶 🏊) Diese Unterkunft eignet sich ideal für einen Zwischenstopp und bietet einen Camping-

platz mit Warmwasser-Duschen, weitläufigem Gelände, bequeme Zimmer mit eigenem Bad und mehrere Bungalows mit Doppel- oder Familienzimmern, einige haben kleine Terrassen. Alle sind sauber, mit Ventilatoren ausgestattet und von Grünflächen umgeben. Es gibt einen großen, tadellosen Pool und ein gutes Restaurant mit Bar, wo man auch Sandwiches zum Mitnehmen kaufen kann. Ein Mietwagen für die Parks Mikumi/Udzungwa kostet 150/260 US$ pro Tag.

Die Lodge liegt etwa 2 km von der Kreuzung der Straße zum Nationalpark Udzungwa Mountains entfernt.

**Genesis Motel** PENSION **$$**
(☎ 0653 692127, 0716 757707; udzungwamountainviewhotel@yahoo.com; Camping 5 US$, Zi. pro Person mit/ohne Klimaanlage 40/30 US$; P ❄) Das zweckmäßige Genesis steht direkt am Highway, 2,5 km östlich der Abzweigung nach Ifakara. Es hat kleine, eng aneinandergebaute Zimmer (man sollte nach einem der neueren fragen), eins davon mit Klimaanlage. Neben einem Restaurant und einem Schlangenzoo (Eintritt 5 US$) gibt's auch einen kleinen, eingezäunten Campingplatz mit Warmwasserduschen und einer nahegelegenen Küche. Leihwagen (Vorbestellung nötig) für die Nationalparks Mikumi und Udzungwa kosten pro Tag 180 US$.

**Angalia Tented Camp** ZELTCAMP **$$$**
(☎ 0652 999019, 0787 518911; www.angaliacamp.com; Main Road; EZ/DZ/3BZ Vollpension 180/300/425 US$; P) Das Angalia Camp liegt etwa 1,5 km abseits der Hauptstraße, westlich der Parkgrenze des Nationalparks Mikumi auf dem Weg zum Ort Mikumi und ist eine preiswerte Alternative zu den Lodges im Park. In einem Waldstück stehen fünf große Zelte im Safari-Stil und es gibt ein hervorragendes Restaurant sowie eine Bar. Es stellt eine Alternative mit annehmbaren Preisen zu den Lodges im Park dar.

### ℹ An- & Weiterreise

Die Bushaltestelle in Mikumi liegt an dem Highway am Westende der Stadt. Die Minibusse zum Nationalpark Udzungwa Mountains fahren regelmäßig; Umsteigen in Kilombero. Es ist aber günstiger, auf einen der größeren Busse von Dar nach Ifakara zu warten, die ab 11 Uhr durch Mizumi kommen und direkt bis zum Mang'ula-Hauptsitz des Udzungwa (7000 TSh, 2 Std.) und weiter nach Ifakara (15 000 TSh, 3½ Std.) fahren.

Die nach Westen fahrenden Busse aus Daressalam kommen auf dem Weg nach Iringa (9000 TSh, 3 Std.) ab etwa 9.30 Uhr durch Mikumi. Ein direkter Bus von Kilombero nach Iringa fährt um 5.30 Uhr durch Mikumi. Die Richtung Osten fahrenden großen Busse nach Daressalam (ca. 15 000 TSh, 5 Std.) fahren um 6.30 und 7.30 Uhr ab.

## Nationalpark Udzungwa Mountains

Die wilden, üppig bewaldeten Hänge der Udzungwa-Berge ragen über der Kilombero-Ebene empor, 350 km südwestlich von Daressalam. Teile des Waldgebietes sind als **Nationalpark Udzungwa Mountains** (www.tanzaniaparks.go.tz; Erw./Kind 35,40/11,80 US$) auf einer Fläche von 1900 km² geschützt – ein verlockendes Ziel jenseits der touristischen Pfade für alle, die gern auf abgelegenen Wegen wandern oder botanisch interessiert sind. Dort wachsen nicht nur einzigartige Pflanzen, der Park beherbergt außerdem eine unvergleichliche Primatendichte von zehn Arten – mehr als in jedem anderen Nationalpark Tansanias – und das erst kürzlich entdeckte Graugesichtige Rüsselhündchen (eine Unterart des Rüsselspringers). Die Elefanten, Büffel, Leoparden, Flusspferde und Krokodile halten sich vorwiegend im Südwesten des Parks auf und sind selten zu sehen.

Im Park lassen sich hervorragend Vögel beobachten, besonders in der umliegenden Kilombero-Schwemmebene. Ein guter Startpunkt ist das Feuchtgebiet, das 2 km nördlich von Mang'ula – direkt unterhalb des Camps Hondo (S. 315) – an die Hauptstraße angrenzt. Dahinter sind am Waldrand oft Stummelaffen und andere Primaten zu sehen.

### Aktivitäten

Im Udzungwa gibt es keine Straßen, sondern nur acht große und mehrere kleine Wanderwege, die unterschiedliche Teile des Parks erschließen. Die meisten Routen ziehen sich durch den Ostteil des Parks, obwohl inzwischen auch einige Routen durch den Westteil angelegt wurden. In der mit Baobabs bewachsenen Nordwestecke des Parks sind beispielsweise um den Rangerposten Msosa mehrere kürzere Touren möglich (auf längeren Strecken einen Wasserfilter mitnehmen).

Das Vergnügen kann allerdings recht anstrengend werden: Es gibt nur ein begrenztes Netz an Pfaden, die oft schlammig, steil und von Pflanzen überwuchert sind. Die Infrastruktur ist allenfalls rudimentär – ohne

### DIE UDZUNGWA-BERGE – BIODIVERSITÄT

In den Udzungwa-Bergen herrscht seit Millionen von Jahren ein konstantes Klima. Unter diesen stabilen Umweltbedingungen konnten sich sehr viele einheimische Arten und eine hohe Biodiversität entwickeln. Zu dem Artenreichtum trug auch die große Höhendifferenz bei. Vom Kilombero-Tal im Süden des Nationalparks (auf 200 m) bis zum Luhombero (mit 2579 m der höchste Gipfel des Parks) erstreckt sich ein durchgehendes Waldgebiet – eine der wenigen Regionen Afrikas, wo sich ein derart geschlossener Regenwald erhalten konnte.

eigenes Zelt und einen Guide (23,60 US$ pro Gruppe und Tag) geht gar nichts. In Wildtiergebieten braucht man sogar einen bewaffneten Ranger (23,60 US$ pro Gruppe und Tag). Träger kosten je nach Weg zwischen 5000 und 15 000 TSh pro Tag.

Aber das nächtliche Konzert der Waldinsekten, das Rauschen der Flüsse und Wasserfälle und der Blick über die Ebenen machen die logistische Herausforderung mehr als wett. Außerdem kommen recht wenige Reisende in die fern der Hauptstraße gelegene Udzungwa-Berge, sodass man die Wanderwege oft ganz für sich allein hat.

Vorräte kann man am Bahnhof von Mang'ula auf einem winzigen Markt kaufen, einen weiteren gibt es in der Stadt nördlich des Bahnhofs – beide haben ein ziemlich eingeschränktes Angebot. Alle wichtigen Vorräte also vorsichtshalber aus Daressalam oder Morogoro mitbringen. Für längere Wanderungen braucht man zusätzlich zu den hier erhältlichen Vorräten Trockenfrüchte und Nüsse. Wasserflaschen gibt's in der Nähe der Märkte; für längere Wanderungen sollte man einen Wasserfilter mitbringen.

**Sanje-Wasserfälle** WANDERN

Die beliebteste Route ist ein kurzer (3 bis 5 Std.), aber steiler Rundweg vom Dorf Sanje (10 km nördlich von Mang'ula) durch den Wald bis zu den Sanje-Fällen; Schwimmen und Campen ist erlaubt. Für Transfers zwischen Mang'ula und dem Beginn des Wanderwegs zu den Sanje-Wasserfällen verlangt der Park happige 23,60 US$ pro Strecke.

**Gipfel des Mwanihana** WANDERN

Sehr schön und eine gute Einführung in die Udzungwa-Berge ist der Aufstieg zum Gipfel des Mwanihana (2080 m), dem zweithöchsten Punkt des Parks, in drei Tagen und zwei Nächten. Wer fit ist, kann es auch in zwei langen Tagen schaffen.

**Gipfel des Luhombero** WANDERN

In sechs Tagen führt der Trail von Udekwa (an der Westseite des Parks) bis zum Luhombero (2579 m), dem höchsten Punkt der Udzungwa-Berge. Man sollte lange im Voraus buchen, um sicherzugehen, dass der Trail begehbar ist.

In der Regenzeit von März bis Mai ist er geschlossen.

**Lumemo (Rumemo) Trail** WANDERN

Der fünftägige Trail beginnt in Mang'ula und führt den Rumemo entlang bis zum Rangerposten Rumemo. Von hier führt eine unbefestigte Piste bis Ifakara, etwa 25 km weiter im Süden.

## Schlafen & Essen

Es gibt drei schlichte Campingplätze in der Nähe des Hauptquartiers des Parks, mehrere Campingplätze (mit ähnlichen Preisen) an den längeren Wegen und ein paar einfache, aber anständige Hotels.

### Östliche Udzungwa-Berge

**Udzungwa Mountains Park Headquarters Campsite** CAMPINGPLATZ $

(☎ 0689 062291, 0767 536131; udzungwa@tanzaniaparks.com; Camping 35,40 US$) In der Nähe der Parkverwaltung bietet der Park drei einfache Campingplätze; einer hat eine Dusche und die anderen liegen in der Nähe eines Flusses. Traveller übernachten hier jedoch selten, denn der Park bietet für viel Geld recht wenig, zudem muss man Vorräte selbst mitbringen. An den längeren Trails betreibt der Park weitere Campingplätze mit ähnlichen Preisen.

**Udzungwa Twiga Hotel** HOTEL $$

(☎ 023-262 0223/4; udzungwatwiga@gmail.com; EZ/DZ/3BZ 45/65/85 US$; P ❄) Das von Tanapa betriebene Twiga befindet sich auf einem weitläufigen grünen Gelände am Fuß der Berge inmitten eines Waldes, etwa 700 m östlich des Parkhauptquartiers. Die Zimmer mit Blick auf einen kleinen Garten im Innenhof sind sauber und ordentlich. Alle verfügen über ein Doppelbett (nur Ehepaare), einen Ventilator und einen Fernseher. Es gibt auch ein Restaurant mit regionaler Küche.

**Udzungwa Mountain View Hotel** HOTEL $$
(☎ 0653 692127, 023-262 0218; udzungwamountainviewhotel@yahoo.com; Camping 8 US$, Zi. pro Person 35 US$; P) Dieses einfache Hotel befindet sich unter der gleichen Leitung wie das Genesis Motel in Mikumi und bietet 16 einfache, kleine Zimmer in einem schattigen Komplex sowie ein Restaurant (Mahlzeiten 12 000 bis 20 000 TSh). Es liegt etwa 800 m südlich des Parkeingangs entlang der Hauptstraße. Die Mitarbeiter können Wanderungen arrangieren.

**Hondo** ZELTCAMP $$$
(Udzungwa Forest Camp; ☎ 0758 844228, 0712 304475; www.udzungwaforestcamp.com; Hütte mit EZ/DZ/3BZ 38/64/120 US$, Luxuszelt mit EZ/DZ 136/216/282 US$, Camping 10 US$; P) Das Camp hat sechs Zelte im Safari-Stil mit Bad, einen Rasen-Campingplatz und fünf einfache Bungalows aus Lehmziegeln mit Strohdach, deren Bewohner sich die solarbeheizten Sanitäranlagen des Campingplatzes teilen. Die Preise sind verhältnismäßig hoch, aber die leckere Küche und die gut organisierten Ausflüge machen dies wieder wett, zudem ist der Platz eine gute Ausgangsbasis zum Erkunden der Udzungwa-Berge. Das Frühstück/Mittag-/Abendessen kostet 10/20/20 US$. Der Platz liegt 2 km nördlich der Parkverwaltung an der Straße nach Mang'ula.

Er bietet auch einen Fahrradverleih und viele Ausflüge, darunter Tagestouren nach Kilombero und Wanderungen im nahen Waldreservat.

## Westliche Udzungwa-Berge

**Crocodile Camp** CAMPING, HÜTTEN $
(☎ 0784 706835, Satellit +882-1645-550267; www.crocodilecamp.de; Camping 20 000 TSh, DZ 60–70 000 TSh, 3BZ/FZ 105 000/120 000 TSh; P) Der gastfreundliche Platz liegt 300 m vom Haupt-Highway entfernt und 12 km östlich von Ruaha Mbuyuni. Neben Camping bietet er einfache Bungalows und ein Restaurant. Das Personal kann Guides für Ausflüge organisieren, bei denen man etwa den Fluss hinter dem Camp mit einem Kanu überqueren und dann 14 km durch zerklüftete Landschaft zum Dorf Msosa wandern kann. Von dort lassen sich die westlichen Udzungwa-Berge entdecken. (Den Ausflug unbedingt vorher bei der Parkverwaltung anmelden!).

**Msosa Campsite** CAMPING $
(☎ 0784 414514; Camping 6 US$; P) Der Campingplatz im Busch bietet nicht mehr als eine Dusche, Toilette, Feuerholz und Wanderungen durch die Wildnis. Er liegt am Fluss Msosa und ist eine gute Adresse, um Ausflüge in die westlichen Udzungwa-Berge zu or-

### NATIONALPARK UDZUNGWA MOUNTAINS

**Auf in den Nationalpark** Bergwanderungen, zehn Primatenarten (darunter Rote Stummelaffen und Rußmangaben); Wasserfälle; endemische Pflanzen und neu entdeckte Vogelarten, darunter die Udzungwawachtel.

**Reisezeit** Ende Juni bis Januar; die Regenzeit von März bis Mai sollte man meiden, da viele Wege dann nicht gewartet werden (und nicht begehbar sind).

**Praktisch & Konkret** Mit dem Mietwagen oder Bus vom Tanzam-Highway bis zum Ort Mang'ula oder den gewöhnlichen Zug von Daressalam nach Mang'ula nehmen und die gesamte Ausrüstung mitbringen (inkl. Proviant und Regenschutz für den Trail). Im Moment sind die Parkgebühren in der Hauptverwaltung in Mang'ula zu entrichten (aktuell nur in bar), außer wenn man mit der Parkverwaltung im Voraus vereinbart, dass der Eintritt an einem anderen Ort gezahlt werden kann.

**Spartipps** Den Eintritt für den Park bezahlt man für 24 Stunden, ob man nur einen kurzen Streifzug macht oder eine 8-stündige Wanderung. Am besten nutzt man nach der Ankunft in Mang'ula den Nachmittag, um zu planen, und bricht dann am nächsten Morgen früh zu einer ganztägigen Wanderung auf. Die Tagestouren, die von den Hotels im Ort Mikumi angeboten werden, lohnen sich nicht.

Eine Wanderung mit einer oder mehreren Übernachtungen im Park reicht vollkommen aus. Besser spart man die Parkgebühren und erkundet während des restlichen Aufenthalts die Umgebung. Zu den Aktivitäten außerhalb der Parkgrenzen zählen Fahrradtouren ab dem Dorf Hondo oder Wanderungen ab dem Campingplatz Msosa (S. 315) oder dem Crocodile Camp.

ganisieren. Essen und Trinken muss man selbst mitbringen (im 2 km entfernten Dorf Msosa bekommt man nur das Nötigste) und das Personal sollte man vorher telefonisch informieren, dass man kommt.

Alle Busse, die auf dem Highway verkehren, halten am Rastplatz Al-Jazeera, von dort kann man die restlichen 10 km zum Campingplatz mit dem Motorrad (5000 TSh) zurücklegen. Der Platz ist an der Udzungwa Mountains National Park Road ausgeschildert; er liegt schräg gegenüber von Al-Jazeera. Von Iringa über Al-Jazeera nach Msosa verkehren ab und zu *dalla-dallas*.

### Praktische Informationen

Den nächsten Bankautomat findet man in Kilombero, 30 km nördlich von Mang'ula auf dem Weg nach Mikumi.

### An- & Weiterreise

Der Haupteingang und die Hauptverwaltung des Parks sind im Dorf Mang'ula, 60 km südlich vom Ort Mikumi, an der Straße nach Ifakara zu finden. Zugänge gibt es auch in Msosa, 10 km neben der Hauptstraße und südlich von Ruaha Mbuyuni, und in Udekwa, 60 km neben der Hauptstraße am Westrand des Parks, zu erreichen über eine Abzweigung vom Highway bei Ilula. Sie eignen sich für Reisende, die von Iringa kommen oder in den westlichen Udzungwa-Bergen wandern möchten.

#### BUS

Von Mikumi (an der *dalla-dalla*-Haltestelle auf der Straße nach Ifakara südlich des Highways) bedienen täglich Minibusse und Pickups die Strecke nach Kilombero, wo man auf den Anschluss nach Mang'ula warten muss. Meistens kommt man jedoch schneller ans Ziel, wenn man auf einen der größeren Direktbusse aus Daressalam wartet. Sie starten zwischen 6.30 und 10 Uhr in Daressalam und sind zwischen 10.30 und 14 Uhr in Mikumi. In der anderen Richtung fahren jeden Morgen mehrere Busse von Ifakara ab und passieren Mang'ula zwischen 6 und 10 Uhr. Die Fahrt von Mang'ula nach Mikumi (2 Std.) kostet 5000 TSh, ebenso wie die von Ifakara nach Mang'ula (2 Std.).

Einer oder zwei Busse verkehren täglich zwischen Iringa und Kilombero (10 000 TSh, 5 Std.) in beide Richtungen; sie fahren gegen 12 Uhr in Iringa und zwischen 5 und 7 Uhr in Kilombero ab.

Es verkehren ab und zu Minibusse (500 TSh) zwischen Mang'ula und Sanje, wo der Wanderweg zu den Sanje-Wasserfällen beginnt. Die westlichen Eingänge des Parks in Msosa oder Udekwa werden nicht von öffentlichen Verkehrsmitteln angefahren. Von Msosa aus kann man wandern (10 km vom Highway) oder man mietet sich ein Fahrzeug.

#### ZUG

Reguläre Tazara-Züge halten in Mang'ula (und kommen derzeit um ca. 3 Uhr aus Daressalam an). Vom Bahnhof sind es noch 30 Minuten zu Fuß bis zum Parkhauptquartier. Hotels holen ihre Gäste nach Voranmeldung ab. Die Expresszüge halten in Ifakara, 50 km weiter südlich.

## Iringa

☎026 / 175 000 EW.

Iringa thront auf einer 1600 m hohen Klippe über dem Fluss Little Ruaha. Der Ort wurde um die Wende zum 20. Jh. von den Deutschen als Bastion gegen die Hehe erbaut. Heute ist er die Bezirkshauptstadt, ein wichtiges landwirtschaftliches Zentrum und das Tor zum Nationalpark Ruaha. Wenn man erst mal die Hauptstraße mit Staus und Abzockern hinter sich gelassen hat, sorgen die schöne Höhenlage, das gesunde, kühle Klima und die einladende Gebirgsstimmung für einen überaus angenehmen Aufenthalt.

Das neue Boma-Museum der regionalen Kultur und das Neema Crafts Center sind faszinierend, und es gibt herausragende historische Stätten in der Nähe: alte Felskunst in Igeleke, und im noch älteren Isimila kann man steinzeitliche Felsbrocken, Hammersteine und eine außergewöhnliche Erdsäulenlandschaft sehen.

### Sehenswertes

**★Iringa Boma** MUSEUM
(☎026-270 2160, 0762 424642; www.fahariyetu.net; 10 000 TSh; ⏲9.30–17 Uhr) Dieses hervorragende, von der EU finanzierte Museum ist eine großartige neue Einrichtung – ebenso wie sein kleines Café (S. 320) und der hochwertige Souvenirladen (S. 321). Zwischen dem Uhuru-Park und Neema befindet sich das Boma in einem kolonialen Gebäude aus dem Jahr 1900. Kunstvoll ausgestellte Objekte, darunter eine bestickte Häuptlingsrobe, ein hölzerner zeremonieller Hocker und leuchtende Kalebassen werden mit Bildunterschriften beleuchtet, die die antike und koloniale Geschichte der Region, Stammestraditionen, Kleidung und nahegelegene Sehenswürdigkeiten beschreiben. Der perfekte Ort, um die Erkundungstour durch die Stadt zu beginnen.

**★Neema Crafts** KUNSTHANDWERKSZENTRUM
(☎0783 760945; www.neemacrafts.com; Hakimu Street; ⏲Mo–Sa 8.30–18.30 Uhr) Dieses renommierte Berufsausbildungszentrum für taube und behinderte Jugendliche befindet sich südlich des Kreisverkehrs am Clock To-

## Iringa

wer. Von der anglikanischen Kirche betrieben, verkauft es Papier und Karten aus Elefantenkot, Schmuck, Steppdecken, Kleidung und Batiken. Hinter dem Kunsthandwerksladen befindet sich eine Weberei und nebenan ein beliebtes Café (S. 320) mit Pension (S. 318). Das Zentrum bietet kostenlose Touren durch die Werkstatt, um die Wahrnehmung von Menschen mit Behinderungen zu verändern. Ehrenamtliche können sich gelegentlich einbringen.

**Ismaili-Moschee** MOSCHEE

(Jamatkhana) Diese einzigartige von Deutschen erbaute Moschee ist ein visuelles Highlight des kolonialen Zentrums von Iringa: Sie wurde 1932 errichtet, sieht jedoch mit ihrem Glockenturm und den Arkadengalerien wie ein mittelalterliches europäisches Rathaus aus.

**Gangilonga-Felsen** HISTORISCHE STÄTTE
(5000 TSh) An diesem großen Felsen nordöstlich der Stadt meditierte Häuptling Mkwawa und erfuhr, dass die Deutschen hinter ihm her waren. Sein Name *gangilonga* bedeutet in Hehe „Steinreden" – möglicherweise weil die Kundschafter des Häuptlings die Bewegung der deutschen Truppen von hier aus verkündeten. Es ist ein einfacher Aufstieg auf den Gipfel mit Stadtblick. Von den Mitarbeitern im Internetcafé des Neema Crafts Center (S. 320) erhält man Wegbeschreibungen und Stadtführer. Allein sollte man nicht hingehen, da es häufig zu Überfällen kommt!

**Marktviertel** MARKT
(Sonnenauf- bis Sonnenuntergang) Der stimmungsvolle überdachte Markt von Iringa bietet Obst, Gemüse und andere Waren, wie grobgewebte Körbe aus regionaler Herstellung.

## Geführte Touren

**★ Bateleur Safaris & Tours** SAFARI
(0765 735261, 0762 921825; www.bateleursafaris.co.tz; 8–19 Uhr) Ein effizienter und einladender regionaler Betrieb, gleich um die Ecke vom Neema Crafts Center. Die Mitarbeiter bieten maßgeschneiderte Touren nach Ruaha (einschließlich Nachtsafaris) und zum Nationalpark Mikumi sowie kurze Ausflüge zum Igeleke-Felsen und anderen Sehenswürdigkeiten in der Region. Der Anbieter ist auf Radtouren und Wildtierbeobachtung spezialisiert und bucht die Unterkunft je nach Budget des Gastes.

**Chabo Africa** SAFARI
(0784 893717, 0754 893717; www.chaboafricasafari.com; Hakimu Street; Mo–Fr 8.30–17, Sa bis 14 Uhr) Bietet Ruaha-Safaris (ab 450 US$ für eine Nachtsafari), Ausflüge zur Felsenkunst des Igeleke Rock und andere Exkursionen in und um Iringa.

**Tatanca Safaris & Tours** SAFARI
(026-270 0610, 0766 338334; www.tatancasafaris.co.tz; Uhuru Avenue; Mo–Fr 8.30–17, Sa bis 12 Uhr) Organisiert Ruaha-Safaris und Ausflüge in andere Teile des Landes.

## Schlafen

**★ Neema Umaki Guest House** PENSION $
(0768 027991, 0683 380492; www.neemacrafts.com; Hakimu Street; EZ/DZ/FZ 25 000/45 000/65 000 TSh; ) Diese zentral gelegene Pension bietet eine Auswahl an sauberen, komfortablen Zimmern, die alle mit Moskitonetzen und einem Fernseher ausgestattet sind. Sie grenzt an das Neema Crafts Center, doch die Zimmer liegen in einem ruhigeren Bereich auf der Rückseite des Komplexes. Am Uhrturm östlich von der Uhuru Avenue abbiegen und ca. 100 m weiterfahren. Der Eingang der Pension befindet sich um die Ecke.

Informationen über Iringa erhält man von den Mitarbeitern, die auch geführte

ABSTECHER

### FELSMALEREI IN IGELEKE

Die **Felsmalereien in Igeleke** (abseits der Dodoma Road; Erw./Schüler/Kind 10 000/5000/5000 TSh; 8–17.30 Uhr) sind ein großer prähistorischer Fries und ähneln im Stil den Felsmalereien in Kondoa, die sich an einer spektakulären Stelle am Stadtrand westlich der Dodoma Road befinden. Die Ockerzeichnungen zeigen menschliche Figuren, einen Elefanten sowie springende Elenantilopen und Giraffen, die sich im hohen Gras verstecken. Von der Stadt aus ist es ein einfacher und lohnenswerter Ausflug mit einem kurzen, aber steilen Anstieg vom Parkplatz. Einen Guide kann man vor Ort (ca. 10 000 TSh pro Gruppe) oder im Voraus über einen Touranbieter in Iringa arrangieren.

Mit einem *dalla-dalla* fährt man ca. 6 km auf der Uhuru Avenue in Richtung Norden nach Kihesa Kilolo (‚K/Kilolo') und lässt sich an der Abzweigung (gekennzeichnet durch ein kleines Schild mit der Aufschrift *Igeleke Rock Arts*) absetzen. Von dort läuft man etwa 1 km bis zum Fuß des großen Felsens mit den Malereien: Man folgt dem Feldweg westlich vom Highway, geht an der Gabelung links und dann gleich nach dem Fußballfeld rechts. Ein Taxi kostet hin und zurück 20 000 TSh, einschließlich Wartezeit. Am besten spricht man vorher mit dem Fahrer ab, wie viel Zeit man vor Ort verbringen wird, da in der Vergangenheit manche Fahrer weggefahren sein sollen.

ABSTECHER

## KILOMBERO-TAL

Das weitflächige Feuchtgebiet im Kilombero-Tal eignet sich ideal, um Vögel, wilde Tiere und das Leben der Einheimischen kennenzulernen. Hondo (S. 315) und **Wild Things Safaris** (www.wildthingsafaris.com) organisieren Tagestouren mit dem Kanu, die an der Fähre von Ifakara starten. Wer mehr Zeit mitbringt, besucht Ifakara-Stadt, Mahenge (eine pittoreske Missionsstation) oder Itete, eine weitere alte Mission.

Das **Mbega Resort** (Ifakara Road; DZ 40 000 TSh; ❄) in Ifakara bietet schlichte, saubere Zimmer und Mahlzeiten in einem Garten. Es liegt an der Hauptstraße, bevor der Asphalt beginnt. In Idete gibt es eine einfache Pension der Mission.

Zwischen Daressalam und Ifakara besteht eine direkte Busverbindung, die zwischen 6.30 und 10 Uhr (15 000 TSh, 7 Std.) in beide Richtungen fährt. Ein paar Busse verkehren täglich in jede Richtung und verbinden Iringa mit Kilombero (10 000 TSh, 5 Std.). Sie fahren gegen Mittag von Iringa und zwischen 5 und 7 Uhr von Kilombero ab. Schnellzüge aus Dar halten in Ifakara.

Spaziergänge durch die Stadt und Ausflüge arrangieren. Mit den Gewinnen wird die Arbeit des Handwerkszentrums unterstützt.

**Iringa Sunset Hotel** HOTEL $
(☎ 0754 469 854; Gangilonga Hills; DZ 60 000–100 000 TSh; ❄ 📶) Dieses neue Hotel genießt eine der besten Lagen in Iringa und bietet einen weiten Blick auf die Stadt und die umliegenden Ebenen. Es verfügt über einen schönen zentralen Speisesaal mit offenem Feuer am Abend und die Unterkünfte bestehen aus hübschen Stein-*bandas* und Holzchalets. Die Chalets mit Aussicht sind empfehlenswert und preiswerter.

**Alizeti Hostel** HOSTEL $
(☎ 0742 346 686; http://alizetihosteliringa.com; Bett 15 000 TSh, DZ 35 000 TSh, Camping 8000 TSh; 📶) Die beliebte und gesellige Budget-Unterkunft zur Selbstverpflegung liegt in der Nähe des Stadtzentrums. Sie bietet Brettspiele, Hängematten, eine Selbstbedienungsbar und Bergblick.

**Mama Iringa B&B** B&B $
(☎ 0753 757007; mama.iringa@yahoo.com; Viertel Don Bosco; 2BZ/FZ 40 000/60 000 TSh, EZ ohne Bad 15 000–20 000 TSh; P) Die sauberen, einfachen Zimmer in einem alten Kloster bieten allesamt Moskitonetze und es gibt ein tolles italienisches Restaurant (S. 320). Die Unterkunft im Viertel Don Bosco liegt 3,5 km von der Stadt entfernt. Der Mkwawa Road bergab zur Kreuzung an der Dänischen Schule folgen, links abbiegen, dann in die erste (ausgeschilderte) Straße rechts und weiter bis zum Ende des Friedhofs fahren. Links abbiegen. Das Mama Iringa liegt 1 km weiter auf der rechten Seite und ist ausgeschildert.

**Iringa Lutheran Centre** PENSION $
(☎ 026-270 0722, 0755 517445; www.iringalutherancentre.com; Kawawa Road; EZ/DZ/3BZ inkl. Frühstück 25/45/55 US$; P 📶) Diese altbewährte Unterkunft verfügt über saubere, ruhige und angenehme Zweibett- und Doppelzimmer mit Bad und Warmwasser, einen ruhigen Garten sowie ein Restaurant. Es liegt am nordöstlichen Rand der Stadt, etwa 700 m südöstlich der Hauptstraße.

**Rivervalley Campsite** CAMPINGPLATZ $
(Riverside Campsite; ☎ 0787 111663, 0684 009812; www.rivervalleycampsites.com; Camping 6 US$, EZ/DZ 35/53 US$, mit Gemeinschaftsbad 30/48 US$; P 👪) Der weitläufige Rivervalley Campsite bietet eine schöne Lage am Fluss Little Ruaha. Das Frühstück und Mittagessen können arrangiert werden. Kinder zwischen 3 und 11 Jahren zahlen die Hälfte des Erwachsenenpreises. Vor der Anfahrt sollte man anrufen, um sicherzugehen, dass der Platz geöffnet ist. Zum Zeitpunkt der Recherche kursierten Gerüchte, dass er schließen würde.

Der Platz liegt 13 km östlich von Iringa. Ein *dalla-dalla* von Ilula bis zur ausgeschilderten Abzweigung rechts nehmen (1000 TSh), von dort sind es noch 1,5 km über eine unbefestigte Straße. Von der Stadt oder der Bushaltestelle Ipogoro kostet ein Taxi ca. 20 000 TSh.

**Sai Villa** PENSION $$
(☎ 0684 062017, 0786 757757, 0783 767767; www.saivilla.co.tz; abseits der Kawawa Road, Viertel Gangilonga; EZ/DZ ab 80/100 US$; P 📶)

Diese private Pension verfügt über 10 komfortable, moderne, wenn auch uninspirierte Zimmer und ein gutes Restaurant mit exzellenter indischer Küche. Hier kann man ein geselliges Wochenende mit Drinks verbinden.

ABSTECHER

## STEINZEITLICHE FUNDSTÄTTE BEI ISIMILA

In den späten 1950er-Jahren machten Archäologen an der **Steinzeitlichen Fundstätte bei Isimila** (Erw./Kind 20 000/10 000 TSh, plus Guidegebühr pro Gruppe 10 000 TSh; ⌚8–18 Uhr) inmitten einer dramatischen Landschaft aus abgetragenen Sandsteinsäulen einen der wichtigsten Funde aus der Steinzeit, die es je gegeben hat. Hier wurden Werkzeuge wie Klopfsteine, Axtköpfe, Feuersteine und Schaber gefunden, die zwischen 60 000 und 100 000 Jahre alt sein sollen. Ein kleines Museum zeigt die Funde – mit informativen Kurztexten zu den Highlights. Es gibt ein Museum mit kleinen, gut beschrifteten Exponate, die die bemerkenswerten Entdeckungen illustrieren. Isimila ist links von der Straße nach Mbeya ausgeschildert und liegt etwa 21 km südwestlich von Iringa.

Die Landschaft mit Sandsteinsäulen erreicht man über einen Fußweg in ein steiles Tal (ca. 1 Std. hin und zurück), für den man einen Führer benötigt. Die beste Zeit für einen Besuch sind der Morgen oder der späte Nachmittag, wenn die Sonne nicht im Zenit steht. Es gibt auch einen überdachten Picknickplatz (eigenes Essen mitbringen). Das unscheinbare Museum überrascht mit einem ausgezeichneten kleinen Laden, in dem unter anderem bunte Herrenhemden verkauft werden.

Wer weder Hitze noch Verkehr scheut, kann von Iringa aus mit dem Fahrrad fahren. Vom Busbahnhof in Iringa kann man auch ein *dalla-dalla* nach Ifunda oder Mafinga nehmen und den Fahrer bitten, an der Kreuzung nach Isimila anzuhalten (1500 TSh). Von dort sind es noch 15 Minuten zu Fuß. Taxifahrer verlangen für Hin- und Rückfahrt mindestens 25 000 TSh.

Ein schöner Abstecher mit dem Fahrrad oder eigenem Auto ist das nahe **Tosamaganga**. Die hübsche Missionsstation auf einem Hügel wurde zu Beginn des 20. Jhs. von italienischen Missionaren eingerichtet. Zu erreichen ist sie über die nicht ausgeschilderte „Njia Pandaya Tosamaganga"-Abzweigung von der Hauptstraße, 4 km nordöstlich von der Abzweigung nach Kalenga. Die breite, unbefestigte Straße führt über 5 km zuerst durch Maisfelder, dann durch eine Eukalyptus-Allee bis zu den roten Ziegeldächern und der Kirche der Mission.

## Essen

### ★ Café Neema Crafts Centre — CAFÉ $

(☎0783 760945; www.neemacrafts.com; Hakimu Street; Hauptgerichte 3000–13 000 TSh; ⌚Mo–Fr 8–18.30 Uhr; 📶) 🍃 Dieses Café befindet sich im Obergeschoss des Neema Crafts (S. 316) und ist zu Recht beliebt. Es serviert regionalen Kaffee und Tee, hausgemachte Kekse, ausgezeichnete Zimtschnecken, Kuchen, Suppen sowie eine Auswahl an Sandwiches und leichten Mahlzeiten. Auf dem Anzeigenbrett kann man Safaris und Swahili-Kurse finden. Die windige Terrasse mit Flagge ist einer der besten Treffpunkte der Stadt.

### ★ Hasty Tasty Too — TANSANISCH, INTERNATIONAL $

(☎026-270 2061; Uhuru Avenue; Hauptgerichte 6000–13 000 TSh; ⌚Mo–Sa 8.30–20 Uhr; P) Der Klassiker in Iringa serviert gute Frühstücksvarianten, Joghurt, Samosas, Shakes und Hauptgerichte zu vernünftigen Preisen, darunter ein himmlisches Kichererbsen-Curry. Es ist bei Anwohnern und Zugezogenen beliebt und bietet getoastete Sandwiches zum Mitnehmen. Man kann hier Essen für Camping-Safaris im Ruaha bestellen.

### Boma Café — INTERNATIONAL $

(www.fahariyetu.net; Hauptgerichte 8000–10 000 TSh; ⌚9.30–17 Uhr) Das Café des Boma Museums ist tagsüber eine Top-Adresse für Kaffeespezialitäten. Zudem serviert es europäische Gerichte, wie Pizza, Quiches, Fleischbällchen und Chilli con Carne.

### ★ Mama Iringa Pizzeria & italienisches Restaurant — ITALIENISCH $$

(☎0753 757007; mama.iringa@yahoo.com; Viertel Don Bosco; Hauptgerichte 9000–15 000 TSh; ⌚Di–So 12-14.30 & 17–21 Uhr; P) Köstliche italienische Gerichte, wie Pizza, Gnocchi, Lasagne und Salate, werden im ruhigen Innenhof eines ehemaligen Klosters serviert. Das Restaurant liegt ca. 3 km vom Stadtzentrum entfernt (Taxi 5000 TSh). Man folgt der Mkwawa Road bis zur Kreuzung an der Dänischen Schule und dort den Schildern.

### Sai Villa — INDISCH, INTERNATIONAL $$

(☎0684 062017, 0759 945416; www.saivilla.co.tz; abseits Kawawa Road, Viertel Gangilonga; Hauptgerichte 10 000–20 000 TSh; ⌚6.30–21 Uhr; P 📶 🍷) Der vor allem abends sehr beliebte Laden hat eine umfangreiche Karte mit Gerichten der indischen und europäischen Küche. Man folgt der Kawawa Road in Richtung Lutheran Hostel etwa 500 m bis zum Mama Siyovelwa Pub, dann noch 300 m weiter und in die zweite Straße rechts abbiegen (kurz nachdem die Kawawa Road in den Kenyatta Drive übergeht). Das Sai Villa ist das erste Tor rechts.

### Für Selbstversorger

**Ng'owo Supermarket** SUPERMARKT $
(Jamat Street; ⌚Mo–Sa 8.30–20, So 10–16 Uhr) Dieser kleine, aber gut sortierte Supermarkt befindet sich nahe der südöstlichen Ecke des Marktes.

## Shoppen

★ **Boma** KUNST & KUNSTHANDWERK
(www.fahariyetu.net; ⌚9.30–17 Uhr) Der Kunsthandwerksladen im Boma Museum umfasst eine große Auswahl an Geschenken und Kunsthandwerk und ist auf hochwertige handgewebte Stoffe spezialisiert. Hier kann man wunderbar spezielle Schals und Tücher kaufen. Neben Kinderkleidung und Plüschtieren sind auch Hängeregale aus Stoff, Notizblöcke und Bücher erhältlich.

## Praktische Informationen

### GELD

**Barclays** (Uhuru Avenue; ⌚Mo–Fr 9–17 Uhr) Geldwechsel und Bankautomat.

**CRDB** (Uhuru Avenue; ⌚Mo–Fr 8.30–16.30, Sa bis 12.30 Uhr) Sowohl Geldwechsel als auch Bankautomat.

### INTERNETZUGANG

**Neema Crafts Center Internetcafé** (Hakimu Street; pro Std. 2000 TSh; ⌚Mo–Sa 8–18.30 Uhr) Nur WLAN.

**Post** (⌚Mo–Fr 7.30–16.30, Sa 8–12 Uhr) Bietet ein angrenzendes Internetcafé.

### MEDIZINISCHE VERSORGUNG

**Aga Khan Health Centre** (☎026-270 2277; Jamat Street; ⌚Mo–Fr 8–18, Sa & So bis 14 Uhr) Neben der lutherischen Kirche und in Marktnähe.

**Acacia-Apotheke** (☎026-270 2335, 0754 943243; Ecke Markt & Myomboni Street; ⌚Mo–Sa 7.30–19.30, So 9–19 Uhr) Liegt in Marktnähe.

**Myomboni-Apotheke** (☎026-270 2617, 026-270 2277; Jamat Street; ⌚7.30–19.30 Uhr). Hügelabwärts vom Aga Khan Health Centre.

ABSTECHER

### VON IRINGA NACH MAKAMBAKO

Von Iringa aus führt der Tanzam-Highway weiter in Richtung Südwesten durch dichte Kiefernwälder bis zu der Abzweigung, an der die Stadt Makambako liegt. Unterwegs gibt es einige sehr schöne Möglichkeiten für Abstecher.

**Kisolanza – The Old Farm House** (☎0754 306144; www.kisolanza.com; Ifunda; Camping ab 9 US$, EZ/DZ/3BZ Cottages mit Halbpension ab 100/160/200 US$, 2BZ ohne Bad 50 US$; P 👪) Das hübsche Farmhaus aus den 1930er-Jahren, 50 km südwestlich von Iringa, steht in einem Kiefernwäldchen inmitten einer hügeligen Landschaft. Die herausragende Küche ist ebenso empfehlenswert wie die Unterbringung: Zwei Campingplätze (Campingbusse und private Fahrzeuge), Zimmer mit zwei Betten, gemütliche Holz-Chalets, Familienhütten mit Kamin und zwei luxuriöse Gartenhäuschen sowie ein Spa. Alles ist sehr sauber, tadellos möbliert und seinen Preis absolut wert.

Das Farmhaus bietet auch eine Bar und einen Hofladen, in dem Gemüse aus eigenem Anbau sowie andere Produkte verkauft werden, und in der Umgebung sind viele schöne Wanderungen möglich. Die Busse halten an der Abzweigung nach Kisolanza, von dort sind es noch 1,5 km Fußweg bis zur Lodge. Wer in den Zimmern übernachten möchte, sollte vorher buchen, für Camper steht ausreichend Platz zur Verfügung.

**Mufindi Highlands Lodge** (☎0754 237422; www.mufindihighlandlodge.com; EZ/DZ mit Vollpension 210/300 US$; P 👪) Die hübsche Lodge inmitten eines angelegten Gartens in den bewaldeten Hügeln und Teeplantagen um Mufindi bietet die kühle Luft des Hochlands und die Möglichkeit, sich zu erholen. Darüber hinaus gibt es Wanderwege und Möglichkeiten zum Fahrradfahren, Reiten und Angeln. Von den gemütlichen Holzhütten kann man den Sonnenuntergang beobachten und aus Produkten des Hofs werden familienfreundliche Mahlzeiten zubereitet. Das Gelände liegt 45 km südlich von Mafinga; auf Anfrage kann man sich abholen lassen.

### TOURISTENINFORMATION

Die Anzeigenbretter im Hasty Tasty Too (S. 320), im Café Neema Crafts Centre (S. 320) und im Iringa Lutheran Centre (S. 319) sind empfehlenswert, vor allem um Reisebegleiter für Ruaha-Safaris zu finden und die Kosten zu teilen. Dort findet man auch zuverlässige Guides für Ausflüge und Touren in die Region.

## An- & Weiterreise

### BUS

Die meisten Busse fahren vom hektischen **Busbahnhof** westlich der Hauptstraße ab. Dort findet man Ticketschalter für alle Unternehmen. Für die Luxusbusse von Shabiby sollte man vorab buchen, um einen Platz zu bekommen.

Wer in einem Bus mit Weiterfahrt nach Morogoro oder Mbeya ankommt, kann sich 3 km südöstlich der Stadt in Ipogoro absetzen lassen – unterhalb der Böschung, wo die Autobahn Morogoro–Mbeya an Iringa vorbeiführt (5000 TSh für ein Taxi von/zur Stadt, auch wenn Erstangebote oft höher sind).

Viele Buslinien fahren täglich ab 6 Uhr nach Daressalam (19 000–28 000 TSh, 9–10 Std.). Verbindungen nach Mbeya (14 000–18 000 TSh, 5–8 Std.) bieten u. a. Shabiby und Chaula Express täglich zwischen 6 und 10 Uhr; Shabiby wird für diese Strecke empfohlen, da es sonst sehr langsam vorangeht. Ansonsten kann man versuchen, ab ca. 13 Uhr einen Platz in einem der Durchfahrtsbusse von Daressalam nach Iringa (Busbahnhof Ipogoro) zu bekommen. Nach Njombe (11 000 TSh, 3½ Std.) und Songea (19 000 TSh, 9 Std.) fährt Super Feo um 6 Uhr vom städtischen Busbahnhof ab. Nach Dodoma (14 000 TSh, 4 Std.) mit Zwischenstopp in Nyangolo und Makatapora verkehren Kimotco und andere Unternehmen täglich ab 6 Uhr. Manche Dodoma-Busse fahren weiter nach Singida (24 000 TSh, 7 Std.) und Arusha (40 000 TSh, 13 Std.).

### FLUGZEUG

**Auric Air** (☎ 0755 413090; www.auricair.com; Uhuru Avenue; ⏲ Mo–Fr 7.30–16, Sa 8.30–13 Uhr) Bietet täglich Flüge von Iringa nach Daressalam (180 US$ pro Strecke). Das Nduli Airfield befindet sich an der Straße nach Dodoma, 12 km außerhalb der Stadt.

## Unterwegs vor Ort

Der zentrale **dalla-dalla-Stand Myomboni** befindet sich einen kurzen Spaziergang vom Markt und dem Busbahnhof am Rand des Uhuru-Parks entfernt. **Taxistände** sind am Busbahnhof, in der kleinen Straße zwischen Busbahnhof und Markt sowie am Busbahnhof Ipogoro zu finden. Ein Taxi vom Busbahnhof zu den Hotels in der Innenstadt kostet im Durchschnitt 3000 TSh.

# Kalenga

Etwa 15 km hinter Iringa auf der Straße zum Nationalpark Ruaha befindet sich Kalenga, die ehemalige Hauptstadt der Hehe. Bis Kalenga in den 1890er-Jahren von deutschen Truppen erobert wurde, hatte Häuptling Mkwawa hier sein Hauptquartier. Er beging lieber Selbstmord, als sich zu ergeben.

### HÄUPTLING MKWAWA

Mtwa (Häuptling) Mkwawa, Häuptling der Hehe und während der Kolonialzeit einer der schärfsten Gegner der Deutschen, ist eine legendäre Figur der tansanischen Geschichte. Er wird in Iringa besonders verehrt; ganz in der Nähe hatte er sein Hauptquartier. Unter Führung Mkwawas wurden die Hehe in der zweiten Hälfte des 19. Jhs zu einem der mächtigsten Stämme Zentraltansanias. Sie besiegten einen Stamm nach dem anderen, bis sie schließlich am Ende der 1880er-Jahre den Handelsverkehr auf der Karawanenstraße zwischen dem Westen Tansanias und Bagamoyo bedrohten. Nach mehreren vergeblichen Verhandlungsversuchen zwischen Mkwawa und den Deutschen kam es 1891 an der Straße nach Mikumi vor Lugalo zur Schlacht: Mkwawas Männer schlugen die kolonialen Truppen vernichtend und eroberten ein Jahr später das weiter östlich gelegene deutsche Fort in Kilosa.

Die Deutschen organisierten sich neu, setzten eine Belohnung auf Mkwawas Kopf aus, griffen sein Hauptquartier in Kalenga an und eroberten es. Mkwawa konnte zwar fliehen, beging aber 1898 Selbstmord, um sich nicht seinen Verfolgern ergeben zu müssen. Ihm wurde der Kopf abgeschlagen, der Schädel wurde nach Deutschland geschafft und fast vergessen – allerdings nicht von den Hehe. Im Jahr 1954 kam der Schädel, vor allem auf Betreiben von Sir Edward Twining (der damalige britische Gouverneur von Tanganjika) zurück nach Kalenga. Mkwawas Schädel und einige alte Waffen werden im Historischen Museum von Kalenga gezeigt.

## NATIONALPARK RUAHA

**Auf in den Nationalpark** Zur Trockenzeit außergewöhnlich gute Beobachtung von Wildtieren möglich; bekannt für Elefanten und Flusspferde, Löwen und gefährdete Afrikanische Wildhunde; zerklüftete Landschaft.

**Reisezeit** Die trockenste Zeit ist zwischen Juni und November. Dann ist es am leichtesten, Wildtiere an den Flussbetten zu beobachten. In der Regenzeit werden einige Gegenden unpassierbar und die Wildtiere sind schwer zu finden, aber die grüne Landschaft, eine lavendelfarbene Blütenpracht und gute Möglichkeiten zur Vogelbeobachtung machen das wett.

**Praktisch & Konkret** Mit dem Auto von Iringa aus oder mit dem Flugzeug von Arusha oder Daressalam. Der Eintritt gilt einmalig für 24 Std. und kann nur mit der Visa- oder MasterCard bezahlt werden. Der Haupteingang (7–18 Uhr) liegt ca. 8 km hinter der Parkgrenze, im Innern und an der Ostseite des Parks, in der Nähe der Hauptverwaltung in Msembe. Man darf den Park von 6 bis 18.30 Uhr befahren.

**Spartipps** Echte Sparmöglichkeiten gibt es im Ruaha nicht. Am besten mietet man zu viert oder fünft in Iringa ein Fahrzeug für eine Safari mit Übernachtung und schläft in den alten *bandas* des Parks. Essen gibt es hier, Getränke sollten mitgebracht werden. Man kann auch von Iringa mit dem Bus nach Tungamalenga fahren und hier ein Fahrzeug für eine Safari mieten (ca. 250 US$ pro Tag). Am besten im Voraus ein Fahrzeug reservieren und bedenken, dass die Parkgebühren nur einmaligen Zutritt pro 24 Std. beinhalten. Meist ist es preiswerter, das Fahrzeug in Iringa zu mieten und im Park zu übernachten.

Das kleine **historische Museum Kalenga** (Erw./Kind 20 000/10 000 TSh; ⏲ 8–17.30 Uhr) beherbergt den Schädel, persönliche Gegenstände und andere Relikte von Häuptling Mkwawa. Der Eintrittspreis beinhaltet eine historische Führung des Museumswärters, der allerdings gern ein Trinkgeld erhält. Es ist auch möglich, mit dem Museumswärter historische Stätten der Umgebung zu besuchen. Er führt Gäste z. B. zu einem Friedhof, auf dem einige von Mkwawas 62 Frauen begraben sind, oder zur ehemaligen Wehrmauer um Kalenga (Ruinen gibt es nicht).

*Dalla-dallas* fahren vom Postamt in Iringa regelmäßig nach Kalenga (500 TSh). Sie halten auch an der Bushaltestelle von Mlandege am Kreisverkehr, wo die Straße nach Ruaha abgeht. Man bittet den Fahrer, an der ausgeschilderten Abzweigung anzuhalten. Von hier aus sind es durch das Dorf zum Museum 800 m Fußweg.

# Nationalpark Ruaha

Der **Ruaha** (www.tanzaniaparks.go.tz; Erw./Kind 35,40/11,80 US$) ist mit ca. 22 000 km² der größte Park in Tansania. Er bildet das Herz eines wilden, ausgedehnten Ökosystems von 40 000 km² und umfasst die größte Elefantenpopulation Tansanias, die auf 12 000 Tiere geschätzt wird. Im größten tansanischen Nationalpark leben außerdem Büffel, Große und Kleine Kudus, Grant-Gazellen, Wildhunde, Strauße, Geparden, Pferde- und Rappenantilopen sowie mehr als 400 Vogelarten.

Der Ruaha ist für sein wildes, eindrucksvolles Gelände bekannt, besonders am Fluss Großer Ruaha im Herzen des Parks, an dem Krokodile, Flusspferde und Watvögel leben. Weite Teile bestehen aus hügeligen Plateaus, die durchschnittlich 900 m über dem Meeresspiegel liegen. Felsige Kuppen wechseln sich ab mit kleinen Affenbrotbaumhainen. Die Berge im Süden und Westen steigen auf 1600 bis 1900 m und quer durch den Park verlaufen mehrere „Sandflüsse“, die in der Trockenzeit kein Wasser führen und von den Tierherden als Verbindungswege zwischen verbliebenen Wasserstellen genutzt werden.

Der Ruaha ist eine bemerkenswerte Übergangszone zwischen der ostafrikanischen Savanne und den eher weiter südlich anzutreffenden *miombo*-Feuchtwaldgebieten. Daher ist hier eine Mischung der Pflanzen- und Tierwelt beider Landschaftsformen vertreten.

Obwohl die Camps im Ostteil des Parks in der Hochsaison meist sehr gut belegt sind, wird der Ruaha im Vergleich zu den Nationalparks im Norden nur wenig besucht. Weite Teile sind unberührt und bis auf die Hochsaison (August bis Oktober) haben Besucher die Natur fast für sich allein. Wer den Ruaha bestaunen will, sollte sich viel Zeit nehmen – es ist kein Park, in dem man sich kurz umschaut und wieder verschwindet.

## Sehenswertes & Aktivitäten

Wer den Park von seiner schönsten Seite sehen möchte, sollte dem Fluss folgen, insbesondere auf dem Rundweg, der am Flussufer entlang Richtung Nordosten führt, bevor er ins Inland zum Gebiet um das Mwagusi Safari Camp abzweigt. Dort kann man hervorragend Vögel beobachten und sieht fast unter Garantie Flusspferde, Krokodile und Elefanten. Auf keinen Fall sollte man sich den Sonnenauf- und Sonnenuntergang entgehen lassen: Dann erstrahlen die riesigen Felsen entlang des Flussbettes in der Sonne und die angrenzende Vegetation sowie die Tiefebene erwachen zum Leben. Löffelfuchse und Schakale sind in der Gegend von Msembe verbreitet. Löwen gibt es auch, man bekommt sie allerdings nicht so leicht zu Gesicht wie in der Serengeti; gute Chancen bestehen in dem Gebiet nördlich des Flusses Richtung Mwagusi.

Neben den Fahrten mit Wildtierbeobachtung gibt's von Juni bis Januar zwei- bis dreistündige Wander-Safaris (Gebühr für das Wandern im Park pro Gruppe 23,60 US$). Der Anbieter Bateleur (S. 318) mit Sitz in Iringa organisiert aufregende Nachtsafaris.

**Ruaha Kulturtourismusprogramm** KULTURELL

(☎0752 142195, 0788 354286; www.ruahaculturaltours.com; Halb-/Ganztagestour 20/40 US$, pro Person mit Vollpension im Dorf Maasai 27 US$) Bietet Kulturtouren in ein Massai-Dorf, *boma* genannt (Übernachtung möglich), traditionelle Kochkurse, Wanderungen in der Natur und mehr. Empfehlenswerter Zwischenstopp auf dem Weg von/nach Ruaha.

## Schlafen & Essen

Iringa ist der nächstgelegene Ort, um sich mit Lebensmitteln einzudecken. Im Hauptquartier des Parks werden Erfrischungsgetränke und ein paar grundlegende Lebensmittel verkauft. Manchmal kann man auch in der Kantine des Personals essen. Regionale Gerichte sind zudem in den „neuen" Park-*bandas* erhältlich. Andernfalls benötigt man eigene Vorräte.

### Im Park

Im Park gibt es öffentliche und spezielle Campingplätze sowie Park-*bandas*. Die speziellen Campingplätze haben keine Anlagen und liegen im Busch verteilt, weit von der Hauptverwaltung des Parks entfernt. Alle vom Park geleiteten Unterkünfte können bei der Ankunft am Tor oder bei Reiseveranstaltern in Iringa (S. 316) gebucht werden. Die Bezahlung am Parkeingang erfolgt mit Visa oder MasterCard.

**Ruaha Park Bandas & Cottages** COTTAGES $$

(☎0756 144400; ruaha@tanzaniaparks.go.tz; EZ/DZ bandas mit Gemeinschaftsbad 35,40/70,80 US$, EZ/DZ/FZ Cottages 59/118/118 US$; ) Die „alten" Park-*bandas* im Ruaha liegen in einer schönen Umgebung direkt am Fluss nahe dem Parkhauptquartier und wurden teilweise aufgewertet. Einige verfügen über ein eigenes Bad, auch Mahlzeiten sind erhältlich. Alternativ versorgt man sich selbst. Auf einer Anhöhe in ca. 3 km Entfernung liegen die „neuen" sauberen Zementhütten (alle mit eigenem Bad) mit Blick auf den Fluss in der Ferne. Es gibt auch einen Speisesaal nebenan mit günstigen Gerichten.

Die Unterkunft zahlt man am Eingangstor mit Kreditkarte.

**Öffentlicher Hauptcampingplatz Ruaha-Park** CAMPINGPLATZ $$

(☎0756 144400; ruaha@tanzaniaparks.go.tz; Campingplatz öffentlich/speziell 35,40/59 US$) Der Hauptcampingplatz des Parks (mit einem Kochbereich und einfachen Anlagen) befindet sich in einer schönen Umgebung direkt am Fluss nahe der Hauptverwaltung des Msembe-Parks. In der Umgebung sind viele Tiere zu sehen. Der Park hat mehrere andere öffentliche Campingplätze.

★ **Mwagusi Safari Camp** ZELTCAMP $$$

(☎UK +44 1822 615721; www.mwagusicamp.com; EZ/DZ all-inclusive 700/1225 US$; ⏲Juni–März; P) Dieses sehr empfehlenswerte Luxus-Zeltcamp mit 16 Betten wird vom Besitzer betrieben. Die Lage am Sandfluss Mwagusi, 20 km vom Parkeingang entfernt, ist perfekt für die Tierbeobachtung. Nach Beginn der Regenzeit sind besonders viele Tiere zu sehen. Es herrscht eine gemütliche Atmosphäre und die Qualität der Führungen ist Spitzenklasse. Zu den Highlights gehören die geräumigen Zelt-*bandas*, das rustikale natürliche Flair und die romantische Stimmung am Abend.

★ **Ruaha River Lodge** LODGE $$$

(☎0754 237422; www.tanzaniasafaris.info; EZ/DZ inkl. Vollpension & Wildtier-Safaris 425/660 US$; P) Die schlichte Lodge in schöner Lage mit 28 Zimmern war die erste im Park und bleibt die einzige am Fluss. Die Anlage ist in zwei Teile mit jeweils eigenen Essbereichen unterteilt. Die Steinhütten stehen direkt am Flussufer – von der eigenen Veranda aus kann man Elefanten und Flusspferde beobachten. Von der Bar-Terrasse auf Höhe der Baumkronen hat man einen fantastischen Ausblick über den Fluss. Die Unterkunft liegt 15 km vom Eingangstor entfernt, südwestlich des Parkhauptquartiers.

**★ Mdonya Old River Camp** ZELTCAMP **$$$**
(☎ 022-260 1747; www.ed.co.tz; pro Person inkl. Vollpensoin & Exkursionen ab 390 US$; ⏲ Juni–März; P) Das relaxte Mdonya Old River Camp ist 1,5 Fahrstunden von der Hauptverwaltung des Parks entfernt und besteht aus zwölf Zelten am Ufer des Sandflusses Mdonya. Es ist einfach und unprätentiös und bietet den erforderlichen Komfort, aber dennoch das Gefühl, mitten im Busch zu sein – gelegentlich wandern sogar Elefanten durch das Camp. Mit den Anflugsonderangeboten von Coastal Travel's ist die Ruaha-Safari ihren Preis wert.

## Außerhalb des Parks

An der Straße zum Dorf Tungamalenga (von Iringa aus an der Straßengabelung links abbiegen) haben sich mehrere Lodges und Campingplätze direkt außerhalb des Ruaha-Parks angesiedelt. Wer hier übernachtet, sollte bedenken, dass der Parkeintritt nur für einen einmaligen Zeitraum von 24 Stunden gilt.

**Chogela Campsite** CAMPINGPLATZ **$**
(☎ 0782 032025, 0757 151349; www.chogelasafaricamp.wix.com/chogelasafaricamp; abseits der Dorfstraße Tungamalenga; Camping 10 US$, EZ/DZ Safari-Zelte 30/50 US$; P) Eine beliebte Budgetunterkunft dank eines schattigen Geländes, eines großen Koch- und Essbereichs sowie Warmwasserduschen. Es stehen auch Zelte im Safari-Stil mit zwei Einzelbetten zur Verfügung, man kann Fahrzeuge mieten (250 US$ für eine Ganztagessafari, Vorbestellung erforderlich, 350 US$ inkl. Hin- und Rücktransfer in Iringa) und Mahlzeiten bestellen. Das Camp liegt etwa 34 km vom Parkeingang entfernt an der Straße nach Tungamalenga.

Das Kulturtourismusprogramm Ruaha (S. 324) ist hier ebenfalls vertreten, sodass man Wanderungen durch die Natur, Ausflüge in Dörfer und Tages- oder Übernachtungsbesuche in einer nahe gelegenen Massai-Gemeinde buchen kann.

**Tungamalenga Lodge & Campsite** LODGE **$**
(☎ 0787 859369, 026-278 2196; www.ruahatungacamp.com; Tungamalenga Road; Camping 15 US$, Zi. pro Person mit Frühstück/Vollpension 45/70 US$; P) Das alteingesessene Camp liegt 15 km vor dem Eingang zum Park, in der Nähe der Bushaltestelle. Neben einem kleinen Garten zum Zelten bietet es in zweistöckigen hölzernen Bungalows einfache, aber saubere Zimmer und ein Restaurant. Die Angestellten organisieren Ausflüge in Dörfer.

Eine Autovermietung ist nur nach vorheriger Absprache möglich.

**Ruaha Hilltop Lodge** **$$**
(☎ 0784 726709, 026-270 1806; www.ruahahilltoplodge.com; abseits der Dorfstraße Tungamalenga; Zi. pro Person Vollpension 90 US$; P) Diese einladende Lodge ohne Schnickschnack liegt 1,5 km von der Straße Tungamalenga entfernt und bietet vom erhöhten Restaurantbereich mit Bar einen weiten Blick auf die Ebenen. Dahinter stehen einfache Zement-*bandas* für zwei Personen. In der Trockenzeit sieht man für gewöhnlich Wildtiere, die weiter unten vorbeiziehen. Kulturelle Spaziergänge in der Umgebung können arrangiert werden – ebenso wie ein Mietwagen für Ruaha-Safaris.

### DER BAUM DES LEBENS

Eine der markantesten Sehenswürdigkeiten in dieser Region ist der Anblick der mächtigen Affenbrotbäume, deren Bestand jedoch rückgängig ist und deren flaschenförmige Stämme und dünne Äste in den Himmel ragen. Ihnen haftet etwas Ehrwürdiges, fast Prähistorisches an. Viele Affenbrotbäume werden 400 bis 500 Jahre alt, können aber weit über 1000 Jahre überdauern. Die kurzlebigen weißen Blüten des Baumes sind groß und auffällig.

Diese sanften Riesen werden manchmal auch als „Baum des Lebens" bezeichnet und bieten essbare Früchte, nahrhaftes Öl, Fasern für Kleidung und Tau und Lagerraum für Hunderte Liter Wasser. Auf den Märkten gibt es Schachteln mit Bonbons aus dem Fruchtmark der Affenbrotbäume (mit Zucker und in der Regel rot gefärbt) und Pulver aus Affenbrotbäumen, das reich an Vitamin C und Kalzium ist. Die dicken Stämme der alten Bäume sind oft hohl und bieten Schutz für Mensch und Tier. Ruaha ist ein großartiger Ort, um diese wunderbaren Bäume aus der Nähe zu erleben.

**Tandala Tented Camp** ZELTCAMP $$$
(☎0757 183420, 0755 680220; www.tandalacamp.com; abseits der Dorfstraße Tungamalenga; EZ/DZ Vollpension 250/440 US$; ⌚Juni–März; P ≋) Das hübsche Tandala liegt vor den Toren des Parks, 12 km vom Eingang entfernt. Auf dem schattigen Gelände mit Busch-Feeling verteilen sich elf Zelte in erhöhter Lage (Elefanten und andere Tiere sind häufige Gäste). Das Personal organsiert Mietfahrzeuge zum Ruaha sowie geführte Wanderungen und Nachtsafaris im Park. Dank des Swimmingpools und des lockeren Ambientes ist es eine gute Wahl für Familien.

## An- & Weiterreise

### AUTO

Von Iringa führt eine 115 km lange unbefestigte Straße bis zum Ruaha. Sie gabelt sich 58 km vor dem Park in zwei etwa gleich lange Straßen, die beide nach Ruaha führen, aber man folgt besser der stärker befahrenen Straße nach Tungamalenga (an der Gabelung nach links). Die nächste Tankstelle ist in Iringa. Das Neema Umaki Guest House (S. 318) in Iringa vermietet Fahrzeuge in den Ruaha, die am ersten Tag 300 US$ pro Fahrzeug und für jeden weiteren Tag 200 US$ pro Fahrzeug kosten. Im Neema kann man auch andere Reisende kennenlernen, mit denen man sich zu einer Gruppe zusammenschließen kann.

### BUS

Täglich verkehrt ein Bus zwischen Iringa und Tungamalenga (7000 TSh, 5 Std.), der um 13 Uhr von Iringas Busbahnhof Mwangata (an der Südwestseite der Stadt am Anfang der Straße zum Ruaha) abfährt. Auf dem Bus steht »Idodi–Tungamalenga«. An der Bushaltestelle im Dorf Tungamalenga (an der Straße nach Tungamalenga, direkt vor dem Camp Tungamalenga) aus fährt er immer um 6 Uhr ab. Von Tungamalenga aus kommt man nur mit einem Auto in den Park; die Camps an der Straße nach Tungamalenga können Leihwagen organisieren (ab 250 US$ pro Tag). Im Nationalpark Ruaha selbst gibt's keine Autovermietung, abgesehen von Safarifahrzeugen, die bei Lodges vorbestellt werden können.

### FLUGZEUG

In Msembe gibt es eine Landebahn. **Coastal Aviation** (☎022-284 2700, 0713 325673; www.coastal.co.tz; internationaler Flughafen Daressalam, Terminal 1) fliegt von Daressalam und Sansibar über das Wildreservat Selous nach Ruaha (365 US$ einfacher Flug von Daressalam, von Sansibar 425 US$) und bedient außerdem die Strecke zwischen Ruaha und Arusha (365 US$). **Safari Airlink** (www.flysal.com) bietet zum gleichen Preis Flüge vom Ruaha nach Daressalam, Selous und Arusha sowie nach Katavi und Mikumi.

# Makambako

☎026 / 120 000 EW.

Makambako (eine Station an der Tazara-Eisenbahn) ist eine windige Stadt im Hochland, wo die Straße Songea–Njombe mit dem Highway Daressalam–Mbeya zusammentrifft. Die Region bildet das geografische Ende der östlichen Gebirgskette, hier beginnt das südliche Hochland. Makambako, in dem viele Bena leben, ist auch bekannt für seinen sehenswerten großen Markt mit einem riesigen Angebot an Secondhand-Kleidung, aber ansonsten gibt es keinen wirklichen Grund, hier haltzumachen – außer zum Mittagessen, wenn man mit dem Auto unterwegs ist oder hier vom Zug in den Bus umsteigt, um weiter gen Süden nach Njombe und Songea zu fahren.

Die **NBC** (Njombe Road) verfügt über einen Geldautomaten.

## Schlafen & Essen

**Shinkansen Lodge** HOTEL $
(Njombe Road; EZ/DZ 35 000/45 000 TSh; P) Diese kleine Anlage mit Doppel- und Zweibettzimmern (einige haben nur Fenster nach innen) hat ein beeindruckendes Eingangstor im japanischen Stil und einen gut gesicherten Parkplatz. Die Zimmer sind sauber, wenn auch etwas düster. Mahlzeiten gibt es nicht. Es befindet sich in günstiger Lage, ca. 1 km südlich der Hauptkreuzung und 500 m nördlich der Bushaltestelle.

**Kondoa** AFRIKANISCH $
(Njombe Road; Hauptgerichte 5000–8000 TSh) Dieses geschäftige Restaurant ist typisch für Makambako. Es liegt südlich der Autobahn.

## An- & Weiterreise

Die Bushaltestelle liegt 1,5 km südlich der Abzweigung an der Straße nach Njombe. Der erste Bus nach Mbeya (9000 TSh, 3 Std.) fährt um 6 Uhr, ein zweiter um 7 Uhr ab. Die ersten Busse (alle kleinere Coastals) nach Njombe (4000 TSh, 1 Std.) und Songea (14 000 TSh, 5 Std.) fahren um 6.30 Uhr ab. Ebenfalls um 6.30 Uhr startet ein größerer Bus nach Iringa (9000 TSh, 3–4 Std.) und Daressalam (ca. 30 000 TSh).

# Njombe

☎026 / 150 200 EW.

Njombe befindet sich 6 km südlich von Makambako und 235 km nördlich von Songea. Die Bezirkshauptstadt ist ein landwirtschaftliches Zentrum und die Heimat des Bena-Stammes. Läge es nicht in einer überaus faszinierenden Ecke am Ostrand der Kipengere-Berge in fast 2000 m Höhe, wäre Njombe wohl kaum erwähnenswert. Die Stadt bietet einen guten Markt, auf dem natürlich gefärbte Weidenkörbe verkauft werden.

So hat es neben dem Ruf, Tansanias kälteste Stadt zu sein, auch Ausblicke über eine sanfte Hügellandschaft zu bieten, die sich bis zum Horizont erstreckt. Die Umgebung mit Teeplantagen und Wildblumenwiesen ist perfekt für Wanderungen und Radtouren. Allerdings gibt es keinerlei touristische Infrastruktur – man geht auf eigene Faust los. Am Nordrand der Stadt und schon von der Hauptstraße aus sichtbar liegen die **Luhuji-Wasserfälle**, der problemlos zu Fuß erreichbar ist.

## Schlafen & Essen

**Hill Side Hotel** $
(Chani Motel; ☎ 0752 910068, 026-278 2357; chanihotel@yahoo.com; Zi. 30 000–55 000 TSh; P) Das gemütliche Hotel hat bescheidene Doppel- oder zwei Zweibettzimmer, Warmwasser (meistens), einen kleinen, aber hübschen Garten mit Weihnachtssternen und ein gutes Restaurant mit TV und herzhaften Gerichten. Von der Hauptstraße auf den Schotterweg neben dem Gerichtsgebäude (Mahakamani) abbiegen. Die Unterkunft liegt weiter den Hügel hinunter, schräg gegenüber der Polizeiwache.

**FM Hotel** HOTEL $
(☎ 0786 513321; Main Street; EZ 35 000–45 000 TSh, DZ 55 000 TSh, Suite 75 000 TSh; P) Dieses große seelenlose und mehrstöckige Hotel gilt als Njombes eleganteste Unterkunft. Es bietet moderne Zimmer mit Moskitonetzen und TV. Einige liegen zum Highway mit Blick auf Njombe, andere zum Innenhof. Ein Restaurant ist ebenfalls vorhanden. Das Hotel liegt an der Hauptstraße, 1 km südlich und auf der gegenüberliegenden Straßenseite von der Bushaltestelle.

**Mwambasa Lodge** PENSION $
(☎ 026-278 2301; Main Street; Zi. 25 000 TSh; @) Das Mwambasa ist eine Pension im regionalen Stil, die bei der Erweiterung der Straße abgerissen werden soll. Bis es so weit ist (und es wird wahrscheinlich noch etwas dauern), bleibt es eine zuverlässige und preiswerte Unterkunft. Es liegt an der Hauptstraße, schräg gegenüber (und nördlich) der Bushaltestelle. Mahlzeiten gibt es nicht.

### ERKUNDUNG DES SÜDLICHEN HOCHLANDS

Zur Einstimmung auf Wanderungen im Nationalpark Kitulo oder in anderen Regionen im Südlichen Hochland empfiehlt sich unbedingt das ausgezeichnete Buch von Liz de Leyser: *A Guide to the Southern Highlands of Tanzania*. Es ist in vielen Buchläden und Hotels in und um Mbeya und Iringa erhältlich. Weiteres über die Pflanzenwelt des Kitulo erfährt man in *Orchids and Wildflowers of Kitulo Plateau* von Rosalind Salter und Tim Davenport.

Bei der Planung von Wanderungen sollte man beachten, dass man vollkommen autark sein muss (inklusive Zelt und Wasserfilter) und unbedingt ein GPS-Gerät mitführen sollte.

Das Maua Café & Tours (S. 331) in Mbeya bietet aufregende Reitausflüge von Kitulo zum Matemaseeufer. Der Rückweg führt über die Livingstone-Berge. Das britische Greentours (www.greentours.co.uk) bietet hochwertige Flora- und Fauna-Touren, die die Nationalparks Kitulo und Udzungwa Mountains kombinieren.

**Duka la Maziwa** SUPERMARKT
(Cefa Njombe Milk Factory; ☎ 026-278 2851; ⏲ Mo–Sa 7–18, So 10–14 Uhr) Frische Milch, Joghurt und köstlicher italienischer Käse. Der kleine Laden liegt abseits der Hauptstraße. Am TFA-Gebäude abbiegen und etwa zwei Häuserblocks weiter. Das Geschäft befindet sich auf der linken Seite.

## Praktische Informationen

Die folgenden Banken liegen an der Hauptstraße am südlichen Ende der Stadt.

**CRDB** (⏲ Mo–Fr 8.30–16, Sa bis 13 Uhr) Geldwechsel und Geldautomat.

**NBC** (Main Street; ⏲ Mo–Fr 9–17 Uhr) Geldautomat am südlichen Ende der Stadt.

## An- & Weiterreise

Man kann von Njombe aus mit öffentlichen Verkehrsmitteln oder einem Privatwagen entlang malerischer Berglandstraßen zum Kitulo-Plateau und hinunter zum Ufer des Nyasasees fahren.

Die Bushaltestelle (Main Street) befindet sich auf der Westseite der Hauptstraße, 600 m südlich des großen grauen Wassertanks.

Busse fahren täglich ab 6.30 Uhr nach Songea (10 000–13 000 TSh, 4 Std.), Makambako (4000 TSh, 1 Std.), Iringa (9000 TSh, 3½ Std.) und Mbeya (10 000 TSh, 4 Std.).

Wanderer finden tägliche Mitfahrgelegenheiten nach Bulongwa (ab etwa 10 Uhr in Njombe) und Ludewa (Abfahrt gegen 8 Uhr). Von dort geht's zu Fuß weiter nach Matema und Lupingu am Nyasasee. Auf der Maketo Road, unterhalb der Abzweigung zum Chani Motel am Nordrand der Stadt, erwischt man Wagen nach Bulongwa. Diese Straße führt weiter über den Nationalpark Kitulo und Isonjye zur Verbindungsstraße nach Tukuyu; sie ist zur Trockenzeit gut passierbar; in der Regenzeit geht's jedoch etwas langsamer. Ein Teilabschnitt bei Makete ist asphaltiert.



# Nationalpark Kitulo

Dieser **Nationalpark** (www.tanzaniaparks.go.tz; Erw./Kind 35,40/11,80 US$) schützt das blumenreiche Plateau von Kitulo. Er schließt auch das ehemalige Livingstone-Waldreservat ein, das südlich des Plateaus parallel zum Ufer des Nyasasees verläuft. Große Teile des Parks liegen im Hochland nordöstlich von Tukuyu zwischen 2600 m und 3000 m Höhe. Der Park ist ein Paradies für Wanderer, auch wenn es kaum touristische Infrastruktur gibt.

Während der Regenzeit zwischen Dezember und April ist er besonders beeindruckend: Dann explodiert ein Farbenmeer aus Orchideen (bisher wurden über 40 Arten bestimmt), Irissen, Aloen, Storchschnabeln und anderen Wiesenblumen. Der Februar ist die schönste Zeit für Orchideen. Ausschau halten nach Zebras, die hier wieder eingeführt wurden, sowie den seltenen und kürzlich entdeckten Kipunji-Affen mit ihrem langen Fell und eigentümlichen Schreien, die wie bellende Hupen klingen.

Über das Plateau erhebt sich der **Mount Mtorwi** (2961 m), der den Mount Rungwe um einen Meter überragt und damit der höchste Berg in Südtansania ist.

## Schlafen & Essen

Die einzige Unterkunftsmöglichkeit im Park ist Camping (35,40 US$). Zur Zeit des Schreibens stand ein Campingplatz mit Toiletten und Duschen kurz vor der Eröffnung.

Außerhalb des Parks gibt's mehrere einfache Pensionen im Dorf Matamba, in der Nähe der Parkverwaltung. Alle sind zu Fuß weniger als zehn Minuten von der Haltestelle entfernt.

In Matamba finden sich einige einfache Restaurants, darunter das Super Eden Motel. Im Park muss man sich selbst versorgen.

**Bustani ya Mungu** PENSION $
(God's Garden; ☎0752 251976; Matamba; EZ/DZ 30 000/35 000 TSh) Das kleine Gästehaus hat saubere Zimmer mit Blick auf einen kleinen Garten und serviert Mahlzeiten auf Bestellung. Von der Bushaltestelle geht man etwa 100 m (südlich) hügelaufwärts bis zur ausgeschilderten Abzweigung des „Super Eden Motels". Dann geht es noch 150 m auf einer nicht asphaltierten Straße weiter. Das nicht ausgeschilderte Bustani ya Mungu – ein rotes Ziegelsteingebäude mit blauem Dach – liegt an der rechten Seite.

**Super Eden Motel** PENSION $
(☎0763 654441; Matamba; EZ/DZ/FZ 20 000/25 000/35 000 TSh) Diese regionale Pension bietet kleine Zimmer mit Doppelbetten sowie ein größeres Familienzimmer mit einem Doppelbett und zwei Einzelbetten. Mahlzeiten muss man bestellen, ebenso wie Eimer mit heißem Wasser zum Baden. Das Gästehaus liegt am südlichen Ende des Dorfs Matamba: Von der Bushaltestelle geht es ca. 100 m bergauf bis zu der ausgeschilderten Abzweigung, wo man rechts abbiegt. Von dort noch 50 m weiter.

## An- & Weiterreise

Der beste Weg nach Kitulo führt über das Dorf Mfumbi, 90 km östlich von Mbeya am Highway. Von dort führt eine kleine, bei jedem Wetter befahrbare Straße 32 km hoch nach Matamba, wo die Tanapa vorübergehend ihre Zentrale eingerichtet hat. Unterwegs bietet sich mehrmals ein spektakulärer Ausblick. Die weiteren 12 km bis in den eigentlichen Nationalpark auf dem Plateau kann man entweder in einem Geländewagen mit großer Bodenfreiheit oder auf einem mehrstündigen Fußmarsch zurücklegen. Die Straße ist schlecht, bei Regen sogar manchmal unpassierbar.

Vom Highway führt 2 km westlich vom Ort Chimala und 80 km östlich von Mbeya eine ausgeschilderte Abzweigung zum Nationalpark Kitulo. Die holprige, teilweise auch felsige Strecke ist nur mit einem Auto mit Allradantrieb zu befahren. Sie windet sich über 9 km in 50 Haarnadelkurven den Hang des Plateaus hinauf – der Blick auf die Usangi-Ebene ist fantastisch. Oben angekommen, sind es noch 12 km bis Matamba, vorbei an einer wundervollen Panoramalandschaft mit dem Fluss Chimala, Sonnenblumenfeldern und vereinzelten Häusern. Die Straße muss mit äußerster Vorsicht befahren werden, denn es kommt häufig zu Unfällen.

Eine weitere Möglichkeit ist die größtenteils gut gepflegte Piste über das Dorf Isyonje, östlich der Straße nach Tukuyu. Man folgt ihr ca. 35 km bis zur Kreuzung mit der Straße zum Park. Von

## NATIONALPARK KITULO

**Auf in den Nationalpark** Beeindruckendes Gelände mit vielen Blumen und hohen Wasserfällen; hervorragende Wildniswanderungen für gut ausgerüstete Wanderer. Reiten und seltene Affen.

**Reisezeit** Juni bis Oktober für trockenere Wanderungen; Dezember bis März für Wildblumen.

**Praktisch & Konkret** Zum Zeitpunkt der Recherche stand der Besitzer des Maua Café & Tours (S. 331) in Mbeya kurz davor, einen Campingplatz im Park mit buchbaren Reit-Safaris und Treks zu eröffnen. Ansonsten fährt man von Mbeya oder Iringa hierher. Die Zahlung für den Eintritt erfolgt mit Karte. Guides sind keine Pflicht, können aber in dem vorrübergehenden Tanapa-Hauptquartier im Dorf Matamba organisiert werden (20 US$ pro Tag), wo auch der Eintritt bezahlt wird. Bei Wanderungen muss man die Verpflegung selbst organisieren, also Essen, Wasser (Filter oder Reinigungstabletten mitbringen) und – wenn man auf eigene Faust wandert – ein GPS dabeihaben

**Spartipps** Täglich fährt ein Bus von Mbeya ins Dorf Matamba, wo es Gästehäuser gibt. Am nächsten Morgen bezahlt man die Parkgebühr, und fährt dann mit einem Motorrad oder Pickup die 12 km vom Ort zum Parkeingang. Dann in Richtung Süden durch den Park wandern, eine Nacht zelten und am nächsten Tag von der Straße nach Makete an der Südgrenze des Kitulo mit einem Bus ins Dorf Isyonje (Richtung Tukuyu) oder nach Makete (Richtung Njombe) fahren. Achtung: Diese Tour eignet sich nur für hartgesottene, voll ausgerüstete Wanderer. Alternativ erkundet man den Kitulo mit einem Safarifahrzeug, das Gruppen in Mbeya zu fairem Preis mieten können.

hier sind es bis Matamba noch 32 km durch den Park. Von Njombe aus führt eine gute Piste 155 km über Makete und Bulongwa bis zum Park; sie geht in die Strecke von Isyonje über.

Wer öffentliche Verkehrsmittel nutzen möchte, kann täglich den Bus zwischen Mbeya und Matamba über das Dorf Mfumbi am Tanzam Highway nehmen. Er fährt um 6 Uhr in Matamba ab und erreicht Mbeya zwischen 12 und 13 Uhr (7000 TSh, 4 Std.).

Maua Café & Tours (S. 331) in Mbeya organisiert Ausflüge in den Nationalpark Kitulo, ebenso wie die Unterkunft Kisolanza – The Old Farm House (S. 321) bei Iringa.

# Mbeya

☎ 025 / 450 000 EW.

Das aufstrebende Mbeya liegt in 1700 m über Meereshöhe im Schatten des Loleza (2656 m) in einer Senke zwischen den grünen Mbeya-Bergen im Norden und den Poroto-Bergen im Südosten. Die Stadt, die 1927 gegründet wurde, um die Goldgräber in Lupa im Norden mit Vorräten zu versorgen, ist heute dank der günstigen Lage an der Tazara-Eisenbahn sowie am Tanzam-Highway ein zentraler Handels- und Verkehrsknotenpunkt zwischen Tansania, Sambia und Malawi.

Die malerische, üppig grüne Gebirgslandschaft in der Umgebung ist außerdem landwirtschaftlich wichtig, denn hier werden Kaffee, Tee, Bananen und Kakao angebaut. Als Ausgleich fürs marode Stadtzentrum (insbesondere im Viertel um den Busbahnhof) bietet Mbeya kühles Klima, Jacaranda-Bäume sowie Ausblick auf die Hügel – und dazu Dutzende von Ausflugsmöglichkeiten.

## Sehenswertes & Aktivitäten

Amelia im Maua Café & Tours (S. 331) organisiert Safaris, Ausritte und Wanderungen in der Umgebung (ab 70 US$ pro Tag und 200 US$ pro Tag mit Unterkunft). Sie bietet auch Ausflüge zum Berg und Krater Ngozi (S. 334) sowie zu vielen anderen Zielen.

**Mbeya (Berg)** BERG

Nördlich von Mbeya liegt der Mount Mbeya (2820 m). Er ist der höchste der Mbeya-Berge und eignet sich für eine angenehme Tageswanderung. Am besten arrangiert man über das Hotel oder eine Reiseagentur in Mbeya einen Guide aus der Region.

Es gibt mehrere Aufstiegsrouten: Eine beginnt an der Abzweigung nach Mbalizi, 12 km westlich der Stadt an der Straße nach Tunduma. Ein *dalla-dalla* nach Mbalizi nehmen und am Hinweisschild zur Coffee Lodge aussteigen, dann rechts halten und der Piste 1 km lang bis zum Schild des St. Mary's Seminary folgen. Hier geht's nach rechts, man folgt der Straße am Seminar

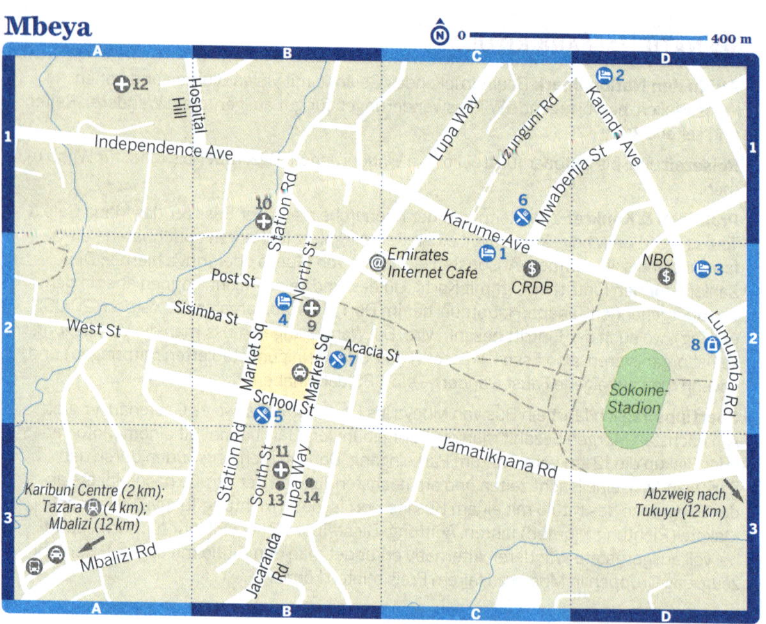


## Mbeya

**Schlafen**

1 Catholic Youth Centre ........ C2
2 Hill View Hotel ........ D1
3 Mbeya Hotel ........ D2
4 Sombrero Hotel ........ B2

**Essen**

5 Azra Supermarket ........ B2
6 Maua Café & Tours ........ C1
Mbeya Hotel ........ (see 3)
7 Ridge Cafe ........ B2
Sombrero Restaurant ........ (see 4)

**Shoppen**

8 African Movement Art and Crafts ........ D2

**Praktisches**

9 Aga Khan Medical Centre ........ B2
10 Babito Pharmacy ........ B1
11 Bhojani Chemists ........ B3
12 Allgemeines Krankenhaus ........ A1

**Transport**

13 Fastlink Safaris ........ B3
14 Kipunji Heritage ........ B3

vorbei bis zur Lunji Farm und dann in Richtung Gipfel. Sein Auto kann man bei der Lunji Farm parken, dann geht's zu Fuß weiter. Für Hin- und Rückweg sollte man fünf Stunden einplanen. Den Gipfel sollte man nur in Begleitung eines Guides erklimmen, den man über Reiseagenturen in Mbeya oder über die meisten Hotels buchen kann.

## Schlafen

**Catholic Youth Centre** PENSION $
(Karume Avenue; Bett/EZ/DZ 15 000/25 000/30 000 TSh) Empfohlene Budget-Unterkunft in Mbeya. Die geräumigen Zimmer mit Terrakotta-Böden befinden sich in einem ruhigen Garten. Die Badezimmer mit Warmwasser sind einfach, aber völlig ausreichend. Es gibt kein Frühstück, doch eine Bäckerei direkt gegenüber. Alternativ fährt man zum nahegelegenen Café Maua (S. 331).

**Ifisi Community Centre** HOTEL, PENSION $
(025-256 1021, 0753 011622; www.mec-tanzania.ch; EZ 30 000 TSh, Pension Zi. 50 000–60 000 TSh, Hotel Zi. 60 000–80 000 TSh, Camping 10 000 TSh; P) Eine sehr gute Option für Fahrer auf dem Weg nach/von der sambischen Grenze oder nach Westen. In dieser von der Kirche geführten Unterkunft gibt es kleine, aber tadellose Pensionszimmer sowie schöne, geräumige und preiswerte Hotelzimmer, von de-

nen die meisten eine Veranda mit Blick auf ein privates Naturschutzgebiet haben. Ein preiswertes Restaurant und ein Kinderspielplatz sind vorhanden. Auf der Nordseite der Hauptstraße, 18 km westlich von Mbeya.

**Mbeya Hotel** HOTEL **$**
(025-250 2224, 025-250 2575, 0788 760818; www.mbeyahotel.com; Kaunda Avenue; EZ/DZ/2BZ/Suite 60 000/80 000/90 000/120 000 TSh; P) Das ehemalige East African Railways & Harbours Hotel bietet einen verblassten kolonialen Charme – erkennbar am Marmorboden – und afrikanische Kunst an den Wänden. Es verfügt über einfache Einzel- und Doppelzimmer. Die besseren (alle Doppelzimmer) liegen in einem Anbau am Hauptgebäude. Kleinere Zimmer befinden sich in separaten Bungalows hinter dem Haus. Ein kleiner schattiger Garten und ein Restaurant sind vorhanden.

**Sombrero Hotel** HOTEL **$**
(0766 755227; Post Street; EZ/DZ/Suite 40 000/60 000/75 000 TSh; ) Ordentliche, preiswerte Zimmer ohne Schnickschnack in günstiger, zentraler Lage mit einem kleinen Restaurant im Erdgeschoss. Bietet einen herzlichen Empfang im kolonialen Zentrum Mbeyas.

**Karibuni Centre** PENSION **$**
(025-250 3035, 0754 510174; www.mec-tanzania.ch; Camping 10 000 TSh, EZ/DZ ab 35 000/50 000 TSh; P) Diese saubere und ruhige Unterkunft wird von einer Mission geleitet. Sie liegt innerhalb eines abgeschlossenen Komplexes, wo man auch Zelte aufbauen kann. Die meisten Zimmer haben ein Bad und es gibt ein Restaurant. Das Karibuni liegt 3 km südlich der Stadtmitte. Von der Bushaltestelle ein Taxi (4000 TSh) nehmen.

Wer mit dem Auto anreist, fährt von der großen Kreuzung am Flughafen am Ortseingang von Mbeya 1,2 km westlich über den Highway. Am kleinen Schild an der Lehner Street rechts abbiegen und 300 m bis zur T-Kreuzung fahren, dann wieder rechts. Die Anlage liegt 200 m weiter an der linken Seite.

★ **Utengule Coffee Lodge** LODGE **$$**
(0786 481902, 0753 020901; www.riftvalley-zanzibar.com; Camping 11,50 US$, EZ 70–145 US$, DZ 110–195 US$, FZ ab 180 US$; P) Diese schöne Lodge liegt auf dem weitläufigen Gelände einer hügeligen Kaffeeplantage, 20 km westlich von Mbeya. Die geschmackvolle Unterkunft umfasst geräumige Standardzimmer, schönere zweistöckige Suiten mit Balkon und ein großes, rustikales Familienzimmer. Das Café und das Restaurant sind ausgezeichnet. Von Mbeya 12 km auf der Autobahn westlich bis zur Kreuzung Mbalizi fahren. Rechts abbiegen und nach 8,5 km befindet sich der Eingang auf der rechten Seite. Die Unterkunft verfügt über Tennisplätze und eine Rasenfläche für Camper.

**Hill View Hotel** HOTEL **$$**
(0767 502767, 025-250 2766; www.hillview-hotel.com; Kaunda Avenue; EZ 38 US$, Zi. 78–94 US$, 4- bis 6-Personen-Suite 162–240 US$; P) Diese einladende, luxuriöse Unterkunft in ruhiger Lage hat 25 moderne und komfortable Zimmer. In den teureren gibt es Whirlpool-Badewannen und viele sind im Stil von Apartments mit Gemeinschaftsküche und Wohnzimmer mit TV gestaltet. Einige „Standard"-Zimmer haben kein eigenes Bad – am besten bei der Buchung nachfragen. Auf dem Gelände gibt es ein Restaurant.

## Essen & Ausgehen

★ **Maua Café & Tours** CAFÉ **$**
(0786 248199; 13 Mwabenja Street; Hauptgerichte 7000 TSh; Mo, Mi & Do 8–17, Di, Fr & Sa bis 21 Uhr) Dieses Café liegt in einem umgebauten Ziegelsteinhof und serviert große Frühstücksvarianten mit Müsli und frischem Kaffee (10 000 TSh); Wraps, Burger und Toasts zum Mittagessen (ab 5000 TSh) sowie Pizza, Fisch und Salate zum Abendessen. Man sitzt draußen auf Bänken mit hellen Stoffkissen bei Hibiskusbüschen. Das Café bietet einen ausgezeichneten nachhaltigen Handwerksbetrieb, einen kleinen Campingplatz (10 US$) auf dem Hinterhof und die Besitzerin Amelia organisiert verschiedene Touren.

Amelia weiß viel über nahegelegene Sehenswürdigkeiten und Nationalparks und arrangiert zahlreiche Safaris und andere Aktivitäten. Zur Zeit der Recherche stand sie kurz davor, einen Campingplatz im Kitulo-Park (S. 328) zu eröffnen.

★ **Ridge Café** CAFÉ **$**
(1. Stock, Business Centre Building, Ecke Market Square & Acacia Street; Getränke & Snacks 3000–5000 TSh; Mo–Fr 7–20, Mo–Fr 9–21, So bis 15 Uhr; ) Wer die westliche Kultur vermisst, kann dieses elegante Lokal mit stilvollen regionalen Stoffen besuchen. Es serviert Smoothies, frische Säfte, Gourmetkaffee aus der Region, hervorragende Backwaren und andere Köstlichkeiten. Hier werden auch Kunsthandwerk und Mbeya-Kaffeebohnen verkauft. Ein guter Ort, um mit Reisenden und Freiwilligen in Kontakt zu treten.

**Sombrero Restaurant** TANSANISCH $
(North Street; Hauptgerichte 7000–8000 TSh; ⌚Mo–Sa 7–21, So bis 20 Uhr) Das Hotelrestaurant serviert eine kleine Auswahl lokaltypischer Gerichte. Es ist nichts Besonderes, aber die Küche ist in Ordnung, der Service effizient und es ist ein ruhiger Ort zum Verweilen mitten in der Stadt.

**Mbeya Hotel** INDISCH $
(☎025-250 2224/2575; mbeyahotel@hotmail.com; Kaunda Avenue; Hauptgerichte 6000–10 000 TSh; ⌚7–21 Uhr; ✍) Dieses beliebte Hotelrestaurant hat eine große Karte mit guter indischer Küche, darunter vegetarische Gerichte, Naan-Brot sowie chinesische und europäische Kost. Die nicht indischen Gerichte sind tendenziell eher schwer (sehr viel Öl), aber die Portionen sind groß und es gehört zu den besseren Restaurants im Zentrum.

★ **Utengule Coffee Lodge** EUROPÄISCH $$$
(☎0753 020901, 025-256 0100; www.riftvalley-zanzibar.com; Hauptgerichte 15 000–25 000 TSh; ⌚7–22 Uhr; 📶) Ideal für Gäste mit eigenem Auto. Dieses Lokal liegt 20 km westlich von Mbeya und bietet gehobene Küche mit täglich wechselnden festen Menüs und Gerichten à la carte. Die Kaffeespezialitäten (auch zum Mitnehmen) sind berühmt. Dank des Swimmingpools und des Billardtischs kann man hier mehrere Stunden verbringen.

**New City Pub** NACHTCLUB
(☎0759 901229; Mafiati; ⌚19–2 Uhr) Dieser Nachtclub am östlichen Ende der Stadt veranstaltet regelmäßig Konzerte auf dem Parkplatz mit Bongo-Flava-Stars aus Daressalam. Im Voraus anrufen, um zu erfahren, was läuft. Es gibt einen Billardtisch und ein Restaurant mit tansanischer Küche.

### Für Selbstversorger

**Azra Supermarket** SUPERMARKT $
(School Street) Klein, aber gut sortiert; direkt am Tanesco-Gebäude.

## Shoppen

**African Movement Art and Crafts** KUNST & KUNSTHANDWERK
(Karume Avenue; ⌚7–18.30 Uhr) In diesem Laden tummeln sich viele ansprechende Unternehmen aus der Region. Hier werden hübsche Souvenirs verkauft: helle Stoffohrringe vom Eigentümer, hochwertige Holz- und Specksteinschnitzereien, Korbwaren, Holzschüsseln und Batikwandbehänge. Das Geschäft ist nicht ausgeschildert und liegt links vom „Friseursalon“.

## Praktische Informationen

### GEFAHREN & ÄRGERNISSE

Als Verkehrsknotenpunkt zieht Mbeya viele Durchreisende an, die sich vorwiegend in der Gegend um den Busbahnhof aufhalten. Hier immer das Gepäck im Auge behalten, kein Geld wechseln und die Tickets ausschließlich in den offiziellen Büros der Busgesellschaften kaufen. Nicht jeder, der sich als Touristenführer vorstellt, ist einer – Touren sollten grundsätzlich nur in Büros gebucht werden. Mit Bustickets, vor allem für den grenzüberschreitenden Verkehr, werden viele Gaunereien versucht: Daher auf keinen Fall auf Straßenverkäufer hereinfallen, die Tickets für Malawi (meistens) oder Sambia anbieten, auch wenn sie noch so „offiziell“ wirken. Bustickets werden grundsätzlich nur bis zur Grenze gebucht und die Weiterreise erst im Nachbarland organisiert.

Zum Zeitpunkt des Schreibens war der Transfer zum Flughafen aufgrund von Straßenbauarbeiten und lästigen Polizeikontrollen mit erheblichen Verzögerungen verbunden. Mindestens eine Stunde einplanen.

### GELD

**CRDB** (Karume Avenue; ⌚Mo–Sa 9–17 Uhr) Geldautomat.

**NBC** (Ecke Karume & Kaunda Avenue; ⌚Mo–Fr 9–17, Sa bis 12 Uhr) Geldwechsel; Geldautomat.

### INTERNETZUGANG

**Emirates Internetcafé** (Jacaranda Road; pro Std. 2000 TSh; ⌚Mo–Sa 8–20, So 9–15 Uhr) Nahe der Post.

### MEDIZINISCHE VERSORGUNG

**Aga Khan Medical Centre** (☎025-250 2043; Ecke North & Post Street; ⌚Mo–Sa 8–20, So 9–14 Uhr) Nördlich des Markts.

**Allgemeines Krankenhaus** (☎025-250 3456) Für Mbeya und Umgebung.

**Babito-Apotheke** (☎0754 376808, 025-250 0965; Station Road; ⌚Mo–Fr 7.30–18.30, Sa 8–17 Uhr) Am nördlichen Ende der Station Road.

**Bhojani Chemists** (☎0715 622999, 0688 617999; Jacaranda Road; ⌚Mo–Sa 8.30–17.30 Uhr) Gut sortierte Apotheke.

## An- & Weiterreise

### BUS

Bei der Ankunft in Mbeya fährt der Bus möglicherweise zum hektischen **Nane Nane**-Terminal am Stadtrand (ca. 10 km östlich entlang der Hauptstraße). In diesem Fall muss man ein *dalla-dalla* (400 TSh) ins Zentrum nehmen.

Rungwe Express und andere Linien fahren täglich ab 6 Uhr vom Hauptbusbahnhof Mbeya nach Daressalam (45 000 TSh, 12–14 Std.) über

Iringa (22 000 TSh, 5–7 Std.) und Morogoro (35 000 TSh, 8–9 Std.).

**Njombe** (10 000 TSh, 4 Std.) und **Songea** (17 500–25 000 TSh, 8 Std.) Super Feo fährt täglich um 6 Uhr morgens ab, später gibt es noch ein bis zwei Abfahrten.

**Tukuyu** (2500 TSh, 1–1½ Std.), **Kyela** (5000 TSh, 2–2½ Std.) und die **Grenze zu Malawi** (5000 TSh, 2–2½ Std.; den Bus nach Kyela nehmen) Täglich fahren mehrere kleinere Küstenbusse vom Busbahnhof Nane ab. Man kann auch mit einem *dalla-dalla* zur Malawi-Grenze gelangen, muss jedoch in Tukuyu umsteigen. Es gibt keine Direktbusse von Mbeya nach Malawi, obwohl Werber am Busbahnhof Mbeya etwas anderes behaupten. *Dalla-dallas* mit der Aufschrift Igawilo oder Uyole fahren bis zum Busbahnhof Nane (400 TSh); Taxis von der Stadt kosten ungefähr 10 000 TSh.

**Matema** (12 000 TSh, 6 Std.) Es fahren täglich zwei Direktbusse zwischen 9 und 10 Uhr vom Nane Nane-Busbahnhof in Mbeya ab. Ansonsten erfolgt der Transfer über Tukuyu nach Kyela, von dort geht's weiter nach Ipinda und Matema.

**Tunduma** (5000 TSh, 2 Std.) Es fahren täglich Minibusse zur sambischen Grenze. Von dort verkehren sambische Verkehrsmittel.

**Sumbawanga** (18 000 TSh, 5–6 Std.) Sumry fährt täglich ab 6 Uhr morgens, der letzte Bus startet um 15 Uhr. Einige frühe Busse fahren weiter nach Mpanda (32 000 TSh, 12–14 Std.).

**Tabora** (37 000 TSh, 13–15 Std.) In der Trockenzeit gibt es wöchentlich ein paar Verbindungen über Chunya. Die Abfahrt erfolgt vom zentralen Tanzam Highway östlich der Innenstadt von Mbeya.

**Moshi** (55 000 TSh, 16 Std.) und **Arusha** (58 000 TSh, 18 Std.) Sumry fährt täglich um 5 Uhr morgens ab.

**Dodoma** (28 000 TSh, 10 Std.) und **Singida** (40 000 TSh, 13 Std.) Es gibt mindestens einen Bus täglich über Iringa (14 000–18 000 TSh, 5–8 Std.).

### FLUGZEUG

**Air Tanzania** (☎ 0782 737730, 0782 782732; www.airtanzania.co.tz) und **Fastjet** (☎ 0784 108900; www.fastjet.com) fliegen etwa fünfmal wöchentlich zwischen Mbeya und Daressalam (ab ca. 180 000 TSh pro Strecke). Bei kurzfristigen Buchungen ist Air Tansania günstiger. Fastjet bietet hingegen Schnäppchen bei Buchungen im Voraus. Wer keinen Internetzugang hat, bucht Air Tansania über **Fastlink Safaris** (☎ 0752 111102, 0746 650750; Lupa Way; ⏲ Mo–Fr 8.30–17.30, Sa bis 12 Uhr) und Fastjet über **Kipunji Heritage** (☎ 0754 457760; www.kipunjiheritage-tours.org; Lupa Way). Der **Flughafen Songwe** (MBI) liegt 22 km südwestlich von Mbeya, direkt nördlich des Tanzam Highways (ca. 25 000 TSh mit Taxi). Mindestens eine Stunde einplanen und nicht auf das Erscheinungsbild des „Shuttleservices" vertrauen.

### ZUG

Die Tickets sollte man mindestens einige Tage im Voraus am **Bahnhof Tazara** (⏲ Mo–Fr 8–12 & 14–17, Sa 10–12 Uhr) buchen (obwohl manchmal Last-Minute-Kabinen verfügbar sind). Der Bahnhof liegt etwa 4 km westlich der Stadt abseits der Autobahn.



ABSEITS DER ÜBLICHEN PFADE

### DER MBOZI-METEORIT

Etwa 65 km südwestlich von Mbeya liegt der **Mbozi-Meteorit** (Erw./Kind 10 000/5000 TSh), einer der größten Meteoriten der Welt. Er wiegt etwa 25 Tonnen, ist 3 m lang und 1 m hoch. Da sich kein Krater erhalten hat und keine lokale Legende sein Erscheinen erklärt, dürfte er bereits vor vielen Tausend Jahren eingeschlagen sein.

Die Europäer entdeckten ihn erst 1930, doch den Einheimischen war die Stätte seit Jahrhunderten bekannt – von ihr zu sprechen war jedoch tabu. Wie die meisten Meteoriten besteht auch der Mbozi-Meteorit zu 90 Prozent aus Eisen, dazu kommen 8 Prozent Nickel sowie Spuren von Phosphor und anderen Elementen. Seit 1967 ist er von der tansanischen Regierung als Naturdenkmal geschützt; verantwortlich ist das Ministerium für Altertümer. Die dunkle Farbe des Meteoriten kommt vom hohen Eisenanteil. Beim Eintritt in die Erdatmosphäre wurde der Meteorit zudem stark erhitzt und teilweise geschmolzen, wodurch seine Oberfläche ihr jetziges Aussehen bekam.

Der Meteorit ist nur mit dem Auto zu erreichen: von Mbeya aus der Hauptstraße Richtung Tunduma folgen. Nach rund 50 km ist linker Hand eine Abzweigung beschildert. Nach 13 km auf einer unbefestigten Piste (keine öffentlichen Verkehrsmittel) erreicht man den Meteoriten. In der Regenzeit ist ein geländegängiger Wagen erforderlich, ansonsten reicht auch ein „normales" Auto (Vorsicht bei einem Bach, 2 km vor dem Meteoriten).

## Unterwegs vor Ort

Taxis warten am **Busbahnhof** und in der Nähe des **Marktplatzes**. Die Fahrt vom Busbahnhof zu den Hotels in der Innenstadt kostet 3000 TSh. Der Tazara-Bahnhof (8000 TSh mit dem Taxi) liegt 4 km außerhalb der Stadt am Tanzam Highway. *Dalla-dallas* starten vor dem New Millenium Hotel; sie fahren bis zum Bahnhof und nach Mbalizi, doch diejenigen, die vom Bahnhof abfahren, haben häufig keinen Platz fürs Gepäck). Taxis sind sicherer.

# Rukwasee

Der große Salzsee Rukwa ist bekannt für seine vielen Wasservögel und seine riesige Krokodilpopulation. Das nördliche Gebiet gehört zum Wildreservat Rukwa, das an den Nationalpark Katavi grenzt. Da der See keinen Abfluss hat, schwankt der Wasserstand zwischen der Trocken- und Regenzeit beträchtlich. Er ist selten tiefer als 3 m und manchmal durch ein Sumpfgebiet geteilt.

Von Mbeya kann man mit einem eigenen Allradwagen einen abenteuerlichen Abstecher zum See unternehmen. Am Rand des Mbeya-Steilhangs fährt man Richtung Nordosten, vorbei am Aussichtspunkt World's End mit Blick auf das Einzugsgebiet von Usangu (Quelle des Flusses Großer Ruaha). Hinter Chunya (wo es eine einfache Pension gibt) kann man über Saza und Ngomba zum Seeufer fahren. Auf dem Rückweg in Richtung Mbeya auf einer etwas holprigeren Straße passiert man Galula und die Utengule Coffee Lodge (S. 331). Der Rukwasee ist auch von Sumbawanga aus erreichbar.

Es gibt keinerlei Einrichtungen am See.

# Tukuyu

025 / 29 500 EW.

Das kleine, spritzige Tukuyu am Nyasasee liegt zwischen Obstplantagen in einer wunderschönen Hügellandschaft. In der Region gibt es viele Wanderwege und schöne Natur, allerdings nur sehr rudimentäre touristische Infrastruktur – Ausflüge hierher sind eher etwas für Hartgesottene. Allerdings macht das die umliegende üppige Hügellandschaft mit Teeplantagen und vereinzelten Bananenpalmenhainen wieder wett. In der Stadt selbst findet täglich ein lebhafter Markt mit Obst-, Gemüse- und Kleiderständen statt.

Die **NBC** (Main Road; Mo–Fr 9–16 Uhr) im Stadtzentrum verfügt über einen Geldautomaten.

## Sehenswertes & Aktivitäten

Die Region bietet sehr viele Möglichkeiten für Wanderungen; organisieren kann man sie mit Rungwe Tea & Tours und Bongo Camping. Auch Afriroots (S. 420) bietet hier geführte Touren an. Für die meisten bezahlt man 20 000–35 000 TSh.

**Daraja la Mungu (Bridge of God)** BRÜCKE
Die alte Naturbrücke südlich des Bergs Ngozi und westlich der Hauptstraße liegt 22 km westlich von Tukuyu. Sie entstand wahrscheinlich vor 1800 Mio. Jahren, als Wasser durch einen noch heißen Lavastrom des nahen Rungwe-Vulkans floss. Sie überspannt einen kleinen Wasserfall.

**Ngozi (Berg) & Kratersee** WANDERN
Dieser üppig grüne 2629 m hohe Vulkanberg bietet 200 m unter dem Kraterrand einen dunkelblauen Kratersee, um den sich viele regionale Legenden ranken. Er liegt 7 km westlich der Hauptstraße im Norden von Tukuyu. Anfahrt mit den öffentlichen Verkehrsmitteln: Jeder *dalla-dalla* zwischen Mbeya und Tukuyu hält auf Nachfrage hier an; an der Abzweigung nach Ngozi steht ein kleines Hinweisschild.

Wer ohne Guide an der Abzweigung angereist ist, wird sofort von den Einheimischen bedrängt, die sich als Führer anbieten. Die Wegstrecke kostet rund 5000 TSh. Wer es eilig hat, kann die Hälfte der Strecke von der Hauptstraße bis Ngozi mit dem Auto zurücklegen und den Rest des Wegs wandern. Vom Fuß des Berges dauert der anstrengende Aufstieg zum Kraterrand noch einmal etwa eine Stunde.

**Rungwe (Berg)** WANDERN
(Eintritt pro Person 10 US$) Große Teile des 2960 m hohen schlafenden Vulkans gehören zum Waldreservat Rungwe. Er erhebt sich im Norden von Tukuyu, östlich der Hauptstraße am Nationalpark Kitulo, wo sich der östliche und westliche Arm des Grabenbruchs treffen und viele einheimische Arten leben.

Wer früh aufbricht, schafft Auf- und Abstieg in einem Tag. Die Wanderung führt durch unberührten tropischen Wald und dauert etwa zehn Stunden. Es gibt mehrere Routen, aber nicht alle sind ständig geöffnet. Die Pfade auf dem Berg sind häufig überwuchert und kaum zu erkennen. Um sich nicht zu verlaufen, wird dringend ein Guide empfohlen. Vor dem Aufstieg muss man zuerst zum **Ofisi za Muhifadi ya Milimani Rung-**

**we** in Tukuyu gehen. Es befindet sich in dem Gebäude der Gemeinde (Majengo ya Halmashauri) gegenüber der NMB-Bank (Achtung: nicht NBC-Bank). Dort bezahlt man die Eintrittsgebühr, kann einen Guide anheuern (15 US$ pro Gruppe) und bekommt auch Information darüber, welche Route begehbar ist. Sowohl Rungwe Tea & Tours als auch Bongo Camping helfen bei der Organisation des Aufstiegs auf den Rungwe.

## Geführte Touren

**Rungwe Tea & Tours** WANDERN
(☎0754 767389, 025-255 2489; rungweteatours@gmail.com) Dieses energiegeladene Ein-mann-Unternehmen wird von Teeanbauern des Rungwe Fairtrade unterstützt und organisiert Guides für Wanderungen in der Umgebung. Die Preise beginnen bei ungefähr 15 000 TSh pro Tag, inklusive Führer und Gebühr für die Gemeinde. Es befindet sich in der Nähe von Ujenzi im Gebäude von Umoja wa Wakulima Wadogo wa Chai Rungwe hinter dem Landmark Hotel.

## Schlafen & Essen

**Bongo Camping** CAMPINGPLATZ $
(☎0732 951763; www.bongocamping.com; Camping mit eigenem/geliehenem Zelt 6000/8000 TSh; P) Ein backpacker-freundlicher Ort mit einem großen grasbewachsenen Bereich zum Zelten, einfachen Kochmöglichkeiten, Duschen mit Warmwassereimern, Leihzelten und Mahlzeiten auf Bestellung. Der Campingplatz liegt im Dorf Kibisi, 3,5 km nördlich von Tukuyu und 800 m von der Hauptstraße entfernt (1000 TSh mit einem Taxi ab der Bushaltestelle Tukuyu).

Vermittelt englisch-sprachige Guides für Wanderungen auf den Mount Rungwe und andere Ausflüge in der Umgebung.

**DM Motel** HOTEL $
(☎0764 061580, 025-255 2332; EZ/DZ/Suite 20 000/25 000/35 000 TSh, EZ ohne Bad 15 000 TSh; P) Saubere Zimmer mit einem großen Bett (nach Geschlechtern getrennt) und Mahlzeiten auf Anfrage. Aufgrund von Diebstählen in der Vergangenheit sollte man auf seine Sachen achtgeben. Die Unterkunft liegt abseits der Hauptstraße an der Abzweigung nach Tukuyu-Stadt und ist ausgeschildert.

**Landmark Hotel** HOTEL $
(☎025-255 2400, 0782 164160; Camping 5 US$, EZ/DZ 40/45 US$; P) Geräumige, preiswerte Zimmer, alle mit TV und Warmwasser. Auf der kleinen Wiese kann man manchmal ein Zelt aufstellen und es gibt ein langsames, aber gutes Restaurant. Die Doppelzimmer verfügen über zwei große Betten. Es ist das große mehrstöckige Gebäude an der Hauptkreuzung bei der NBC-Bank. Da die Straße laut ist, bittet man am besten um Zimmer auf der Rückseite.

**Kivanga Lounge** TANSANISCH $
(Mittagessen 5000 TSh; ⏲10–21 Uhr) Dieses rosa-orangefarbene Gebäude bietet eine Freilufttheke. Hier werden leckere und herzhafte Mittagsgerichte serviert: Rind, Huhn oder Fisch mit Ugali oder Pilaw-Reis und Gemüse. Es ist nichts Besonderes, aber zweckdienlich.

## An- & Weiterreise

Zwischen dem **Busbahnhof** Tukuyu (abseits Main Street) und sowohl Mbeya (2500 TSh, 1 bis 1½ Std.) als auch Kyela (2000 TSh, 1 Std.) fahren täglich mehrere Minibusse.

Von Tukuyu führen zwei Straßen zum Nordufer des Nyasasees. Die asphaltierte Hauptstraße führt zunächst in südwestlicher Richtung und gabelt sich in Ibanda. Dort führt die westliche Abzweigung zur Songwe-Brücke und nach Malawi, die neu asphaltierte östliche nach Kyela und zum Hafen Itungi. Eine zweite, allerdings unbefestigte Straße führt von Tukuyu in südöstliche Richtung bis Ipinda und dann östlich nach Matema – man sollte sie nur mit einem Allradwagen befahren.

# Kasumulu

☎025 / 3000 EW.

Das Dorf Kasumulu befindet sich nördlich des Songwe (Fluss) und Malawi und ist der nächstgelegene Ort zur Grenze. Wer hier übernachten muss, kann den **Mala Green Campsite Park** (☎0752 628635; malagcamp@yahoo.com; Camping 5 US$, Zi. 10–20 US$) aufsuchen, der etwa 3 km vor der Grenze und 2 km südlich der Hauptstraße liegt und einfache Bungalows und Campingplätze bietet.

Für die Anfahrt von Mbeya nach Kasumulu nimmt man einen der Busse nach Kyela, die unterwegs einen Abstecher zur Grenze machen. Da sie den Grenzübergang nicht passieren, muss man mit seinem Gepäck aussteigen, um die Grenze zu überqueren. Wer nicht viel Gepäck hat, braucht für den kurzen Spaziergang kein Motorrad (1000 TSh).

# Nyasasee

Der malerische und unberührte Nyasasee (auch Malawisee), der drittgrößte See Afrikas

**WEM GEHÖRT DER SEE?**

Wenn man den Nyasasee ansieht, der von Bergen gesäumt und mit Einbaumkanus übersät ist, kann man sich gar nicht vorstellen, dass er ein Konfliktherd ist. Aufgrund von Besitzansprüchen an dieses ansonsten ruhige Gewässer herrscht seit fünf Jahrzehnten ein Grenzstreit, der sich 2017 zuspitzte, als Malawi den Plan fasste, seinen nördlichen Nachbarn vor den Internationalen Gerichtshof in Den Haag zu bringen.

Die Ursprünge des Konflikts liegen in der kolonialen Besatzung des Gebiets durch die Briten und Deutschen in den 1890er-Jahren. Tansania behauptet, die wahre Grenze verlaufe durch den See, die Malawier hingegen sagen, dass der Malawisee – wie sie ihn nennen – ihnen allein gehöre, abgesehen von dem Bereich in Mosambik. Hierbei geht es nicht nur um Nationalstolz, sondern auch um Geld: Neben dem Fischreichtum des Sees wollen beide Länder ihren Anspruch auf das Öl- und Gasvorkommen geltend machen, das vor Kurzem dort gefunden wurde.

nach dem Victoria- und dem Tanganjikasee, grenzt an Tansania, Malawi und Mosambik. Er ist über 550 km lang, bis zu 75 km breit und an einigen Stellen 700 m tief und zeichnet sich durch eine hohe Biodiversität aus – ein Drittel aller Buntbarscharten (Cichliden) lebt hier. Das tansanische Ufer wird im Osten vom Livingstone-Berge gesäumt. Die grünen von Wolken umhüllten Hänge bilden einen faszinierenden Hintergrund zur sandigen Uferlinie. Aus dem Gebirge führen nur wenige Straßen zu den Orten am Ufer und an der Ostseite des Sees entlang. Im Norden und Osten leiten Berge zum Kitulo-Plateau über.

Zu den interessanten Orten auf der tansanischen Seite des Sees zählen (von Nord nach Süd) Kyela, Itungi, Matema, Liuli und Mbamba Bay.

## Kyela

☎ 025 / 31 000 EW.

Kyela ist der nächste Ort an **Itungi**, dem Hafen 11 km südlich, wo früher die Fähren des Malawisees ihre Fahrt vom tansanischen Seeufer aus begannen. Es ist eine heruntergekommene Durchgangsstadt, in der sich niemand lange freiwillig aufhält. Umso ansprechender ist die Umgebung mit Feuchtgebieten und Reisfeldern.

Es gibt keine Geldautomaten; Geld wechseln lässt sich am einfachsten bei den örtlichen Hotelbetreibern oder Ladenbesitzern.

### Schlafen & Essen

**Kyela Beach Resort** HOTEL $

(☎ 0784 232650, 025-254 0152; kyelaresort@yahoo.com; Camping 4 US$, EZ/DZ 25/35 US$; P ❄) Eine gute Wahl für alle, die mit eigenem Wagen kommen. Das Hotel bietet 18 einfache, aber angenehme, gut belüftete Zimmer (Fenster auf beiden Seiten), einen Garten und ein Restaurant. Es steht etwa 1,5 km nördlich der Stadt und ist an der Straße nach Tukuyu ausgeschildert. Die Warmwasserversorgung kann etwas unvorhersehbar sein.

**Sativa's Midland Hotel** HOTEL $

(☎ 0768 660059; DZ 25 000–30 000 TSh; ❄) Das Sativa's ist eine annehmbare, saubere Unterkunft im Stadtzentrum und verfügt über angemessene Einrichtungen. Ein anständiges Restaurant und eine Bar befinden sich gleich um die Ecke.

### An- & Weiterreise

Von Kyela fahren täglich mehrere Minibusse nach Tukuyu (2500 TSh, 1½ Std.) und Mbeya (5000 TSh, 2 bis 2½ Std.). Sie starten an der Minibus-Haltestelle im Stadtzentrum, südlich des Sativa's Midland Hotels. Viele halten an der Grenze nach Malawi. Zwischen Kyela und dem Hafen Itungi sind täglich Pickups unterwegs (500 TSh), die ungefähr auf die An- und Abfahrt der Boote abgestimmt sind.

Für aktuelle Informationen über die Passagierfähren vom nahegelegenen Hafen Itungi kann man anrufen oder im Hotel nachfragen.

## Matema

☎ 025 / 20 000 EW.

Matema ist eine ruhige Siedlung am Nordende des Nyasasees und der einzige Ort mit wenigstens einer minimalen touristischen Infrastruktur. Dank der fantastischen Uferlage vor der Kulisse der Livingstone-Berge, das steil aus dem Wasser aufsteigt, ist es ein idealer und sehr familienfreundlicher Ort, um ein paar Tage auszuspannen.

Man kann Wanderungen und Paddeltouren im Einbaum über die Unterkunft arrangieren oder einfach am Strand relaxen. Jeden Samstag findet im Dorf Lyulilo ein **Töpfermarkt** statt, auf dem Tontöpfe der Kisi angeboten werden. Lyulilo liegt 2 km östlich des Dorfzentrums von Matema am Seeufer.

Es soll Pläne für einen Geldautomaten geben, doch bis Redaktionsschluss konnte man in Matema nirgendwo Geld abheben oder wechseln. Ausreichend Bares mitnehmen.

## Schlafen & Essen

Matema bietet die beste Unterkunft in der Gegend. Am Wasser biegt man rechts auf die Baumallee ab, um die Resorts zu finden, die in der Regel einfache und hübsche Unterkünfte sind. Hier dreht sich fast alles um das unberührte Seeufer.

### ★ Blue Canoe Safari Camp
CAMPINGPLATZ, COTTAGES **$**

(☎ 0783 575451; www.bluecanoelodge.com; Camping 9 US$, EZ Bungalows 40–70 US$, DZ Bungalows 60–90 US$; P @ ) Der hübsche Platz am Seeufer bietet Camping mit blitzsauberen Waschhäusern und luxuriöse Bungalows mit Seeblick von den Veranden, polierten Holzböden und komfortablen Betten mit geräumig gespannten Moskitonetzen. In der Nähe stehen auch preisgünstigere Standard-Bungalows zur Verfügung. Die Bar ist gut ausgestattet und das Essen köstlich. Die Anbieter veranstalten Schnorchel- und Kajaktouren sowie Vogelbeobachtung. Der Platz liegt 3,5 km von Matema entfernt, auf Anfrage wird man abgeholt.

Die Besitzer haben sich sehr bemüht, ihre Lodge in die Gemeinde zu integrieren, sie bilden örtliche Mitarbeiter aus und haben den traditionellen Baustil und das Material aus der Gegend genutzt. Das Ergebnis kann sich sehen lassen.

### Matema Lake Shore Resort
COTTAGES **$**

(☎ 0782 179444, 0754 487267; www.mec-tanzania.ch; Camping 15 000 TSh, EZ/DZ/3BZ/FZ ab 30 000/40 000/75 000/80 000 TSh; P ) Diese empfehlenswerte von Schweizern gebaute Unterkunft verfügt über mehrere geräumige, luftige und komfortable zweistöckige Familien-Chalets am Strand, darunter ein paar kleinere, aber genauso schöne Cottages mit Doppel-und Dreibettzimmern sowie eine Unterkunft mit vier Betten. Abgesehen von den günstigeren Zimmern liegen alle Unterkünfte direkt am See und bieten eine schöne Aussicht. Das Restaurant serviert anständige, preisgünstige Mahlzeiten und alle unabhängigen Zimmer verfügen über einen Minikühlschrank und einen Ventilator.

### Matema Beach View Lutheran Centre
COTTAGES **$**

(☎ 0684 991030; Camping 4000 TSh, EZ/DZ/3BZ ab 40 000/40 000/50 000 TSh, 2BZ/4BZ ohne Bad 30 000/55 000 TSh; P) Die Zimmer dieser Unterkunft befinden sich in Ziegelstein-*bandas* am Strand oder dahinter. Sie sind nichts Besonderes, doch das örtliche Ambiente ist angenehm. Die Unterkunft serviert ein einfaches Frühstück mit Tee oder Kaffee und Brot.

Dies ist die der Stadt nächstgelegene Unterkunft. Sie liegt nur 700 m westlich vom Krankenhaus und dem Dorfzentrum von Matema.

### Landmark at Lake Nyasa
COTTAGES **$$**

(☎ 0784 716749; EZ/DZ 105 000/120 000 TSh; ) Die neuen Ziegelstein-*bandas* dieser tansanischen Kette sind recht bequem, auch wenn sie sich nicht sehr gut in die herrliche Umgebung einfügen und das fade Interieur an eine Hotelkette erinnert. Die auffällig große, strohgedeckte Bar ist die interessanteste Einrichtung, das Essen jedoch überteuert.

## An- & Weiterreise

### AUTO & MOTORRAD

In Kyela zweigt die beschilderte Straße nach Ipinda und Matema etwa 3 km nördlich des Stadtzentrums ab. Ab der Kreuzung sind es 14 km bis Ipinda und weitere 25 km bis Matema über eine neu asphaltierte Straße. Für die 40 km sollte man 30 Minuten einplanen.

Von Tukuyu führt auch eine kürzere, landschaftlich schöne, aber sehr unbequeme Straße direkt nach Ipinda, die man nur mit einem Allradwagen befahren sollte. Etwa 20 km vor Tukuyu passiert die Straße nach Ipinda den Masoko-Krater. Hier sollen flüchtende deutsche Truppen im Ersten Weltkrieg einen Goldschatz versenkt haben.

### BUS

Von Tukuyu fahren Pickups nach Ipinda über Ibanda und Kyela (2500 TSh, 3 Std.) Sie starten am Kreisverkehr bei der NBC-Bank fast täglich gegen 8 Uhr. Obwohl viele Fahrer behaupten, dass sie die ganze Strecke bis Matema zurücklegen, kommt man in der Regel nur nach Ipinda. Von dort fahren sporadisch Pickups nach Matema (300 TSh, 35 km, 1 Std.). Die Wagen von Matema zurück nach Ipinda starten morgens. Die einzigen Direktbusse nach Mbeya fahren vor Tagesanbruch ab.

Von Kyela fahren ab ca. 13 Uhr täglich mehrere Wagen Richtung Ipinda (1500 TSh), ein paar auch weiter bis Matema (3000 TSh, 2 Std.). Von Matema zurück nach Kyela geht es morgens.

Von Kyela aus kommt man recht gut mit einem Mietwagen bis Matema (ab etwa 70 000 TSh).

Es gibt in der Regel auch Direktbusse zwischen der Bushaltestelle Nane in Mbeya und Matema (10 000 TSh, 6 Std.), die zwischen 9 und 10 Uhr in Mbeya starten. Alle Wagen ab Matema fahren an der Hauptkreuzung beim Krankenhaus ab.

**FÄHRE**

Derzeit gibt es auf der Ostseite des Nyasasees keine zuverlässigen Passagierfähren. Bis auf Weiteres liegt der Fähranleger für Matema im Dorf Lyulilo, etwa 25 Minuten zu Fuß von der Hauptkreuzung in Matema entfernt. Man folgt einfach der „Hauptstraße", die von der Kreuzung aus parallel zum Seeufer nach Südosten verläuft, und fragt nach dem *bandari* (Hafen).



## Mbamba Bay

☎ 025 / 9500 EW.

Das entspannte Mbamba Bay ist der südlichste Hafen Tansanias am Nyasasee. Dank seiner unverfälschten Atmosphäre und den von Palmen sowie Bananen- und Mangobäumen gesäumten Stränden kann man es hier durchaus ein paar Tage aushalten – ob man nun darauf wartet, dass eine Fähre über den Nyasasee kommt (sobald die Strecke wieder befahren wird) oder man sich nach stressigen Fahrten in Songea oder Tunduru eine Auszeit gönnen möchte.

Auf der steilen, herrlichen Straße durch *miombo*-Wald zwischen Mbamba Bay und Songea, im Herzen eines bedeutenden Kaffeeanbaugebiets, liegt die kleine wohlhabende Stadt **Mbinga**. Wenn man mit dem Bus von/nach Mbamba Bay fährt, muss man hier wahrscheinlich umsteigen. Wer nicht weiterkommt, kann in einer der Pensionen übernachten. Es ist ein angenehmer Ort für eine Übernachtung, doch es gibt keine offiziellen Schilder.

Die meisten Pensionen helfen bei der Planung von Kanufahrern, um die nahegelegene Küste zu erkunden.

### Schlafen

**Mbamba Bay**

**Bio Camp Lodge** BANDA, CAMPINGPLATZ $

(☎ 0765 925255; www.mbambabay-biocamp.com; Camping pro Zelt 20 000 TSh, EZ/DZ Dauerzelt 30 000/75 000 TSh, EZ/DZ/4BZ banda 75 000/80 000/135 000 TSh) Gut 5 km nördlich von Mbamba Bay stehen komfortable Steinbungalows mit Strohdach und Bädern sowie einige Dauerzelte am Strand unter *makuti*-Dächern (Strohdächern aus Palmwedeln). Hier kann man auch sein eigenes Zelt aufbauen. Es gibt lokaltypische Mahlzeiten. Von der Bushaltestelle in Mamba Bay geht man zu Fuß oder mietet ein Motorrad.

Es gibt Schnorcheltouren um die nahe gelegenen Inseln. Auch Bootsfahrten, kulturelle Tänze und geführte Spaziergänge sind möglich.

**Neema Lodge** PENSION $

(Mama Simba's; Zi. ohne Bad 10 000 TSh) Die Lodge bietet schlichte Zimmer, einfache Mahlzeiten und eine schöne Lage mit Seeblick. Wenn man in die Stadt fährt, biegt man auf der Straße von Mbinga direkt vor der Brücke links ab.

**St. Benadetta Guest House** HOSTEL $

(Zi. 25 000 TSh) Diese zweistöckige, von der Kirche geführte Unterkunft liegt auf einer kleinen Anhöhe mit Seeblick. Sie verfügt über einfache Zimmer, einen schönen Garten und Mahlzeiten auf Bestellung.

### An- & Weiterreise

**AUTO & MOTORRAD**

Gelegentlich fahren von Mbamba Bay Geländewagen in nördlicher Richtung zur Missionsstation Liuli. Zwischen Liuli und Lituhi gibt es keinen öffentlichen und wenig privaten Verkehr, und von Lituhi noch weiter in den Norden führt nur ein Fußweg am See entlang.

Die holprige Piste von Lituhi nach Südwesten in Richtung Kitai und Songea ist vielleicht eine interessante Alternative.

**BUS**

Es gibt jeden Tag mindestens eine direkte Verbindung von Songea (8000 TSh, 5 Std.). Ansonsten muss man in Mbinga umsteigen.

**FÄHRE**

Zurzeit verkehren keine Passagierfähren zwischen Mbamba Bay und Matema. Früher fuhren die Fähren am Sonntag in Mbamba Bay los (Ankunft am Montag in Matema) und legten am Donnerstag in Matema ab (Ankunft am Freitag in Mbamba Bay).

## Liuli

Liuli ist der Standort einer alten und noch immer aktiven anglikanischen Mission und des kleinen Missionskrankenhauses St. Anne's, der größten Gesundheitseinrichtung am östlichen Seeufer. Bemerkenswert ist der Felsen, der (mit etwas Vorstellungskraft) wie die Sphinx aussieht und direkt vor der Küste liegt. Während der deutschen Besatzung erhielt die Siedlung daher den Namen Sphinxhafen.

## DER MAJI-MAJI-AUFSTAND

Der Maji-Maji-Aufstand war die größte Rebellion gegen die deutsche Kolonialregierung in Ostafrika und gilt als Keimzelle des tansanischen Nationalismus. Zu Beginn des 20. Jhs. legte die deutsche Kolonialverwaltung im Südosten entlang der Eisenbahnlinie von Daressalam nach Morogoro riesige Baumwollplantagen an, die enorm viele Arbeitskräfte benötigten. Diese wurden meist zwangsverpflichtet und mussten unter miserablen Bedingungen bei schlechter Bezahlung arbeiten. Die Wut über diese Behandlung und der lange unterdrückte Hass auf die Kolonialregierung entzündeten einen Aufstand.

Er begann 1905 in der Region um Kilwa an der Küste, doch schon bald schloss sich der gesamte Süden Tansanias von Kilwa und Lindi im Südosten bis Songea im Südwesten an. Neben den vielen im Kampf gefallenen Rebellen starben auch Tausende an Hunger, da die deutschen Truppen eine Politik der verbrannten Erde praktizierten und Felder sowie Kornspeicher vieler Dörfer in Brand steckten. Auch ein weit verbreiteter Aberglaube der Kämpfer trug wohl mit zu der hohen Opferzahl bei: Sie glaubten, die Kugeln der Deutschen würden sich in Wasser verwandeln und sie nicht verletzen – *maji* heißt „Wasser" auf Suaheli.

Als der Aufstand 1907 schließlich niedergeschlagen wurde, hatte er fast 100 000 Opfer gefordert. Weite Landstriche im Süden waren zerstört und unfruchtbar, überall brachen Hungersnöte aus. Den härtesten Widerstand gegen die Deutschen leistete der Kriegerstamm der Ngoni, der von allen Nachbarn gefürchtet wurde. Sie setzten nach Ende des Aufstandes einen Guerillakrieg fort, der erst 1908 endete, als die letzten Reste ihrer Krieger-Gesellschaft zerschlagen wurden. Um den Widerstand der Ngoni ein für alle Mal zu brechen, ließen die deutschen Truppen 100 Ngoni-Anführer hängen und den berühmten Häuptling Songea köpfen.

Nach dem Ende des Maji-Maji-Aufstands wurden die strengen Gesetze etwas liberalisiert und die Militärregierung durch eine zivile Verwaltung ersetzt. Vor allem jedoch schuf der Aufstand bei den unterschiedlichen Stämmen eine gewisse nationale Identität, und so war letztlich die antikoloniale Stimmung Auslöser für die Gründung einer Unabhängigkeitsbewegung.



Als Unterkunft eignet sich das einfache und sehr idyllische **Joseph's** (☎0757 723559; DZ 30 000 TSh) mit mehreren schlichten, strohgedeckten Hütten am Seeufer. Mahlzeiten mit Fisch, Reis und Bohnen gibt's auf Bestellung.

Bis der Fährbetrieb am Nyasasee wieder aufgenommen wird, erreicht man den Ort von Mbamba Bay aus am besten mit dem Motorradtaxi (ca. 15 000 TSh, 30 Min.) oder dem Allradwagen.

# Songea

☎025 / 235 300 EW.

Das großflächige Songea auf knapp über 1000 m Höhe ist die Hauptstadt der Region Ruvuma. Reisenden, die von Tunduru oder Mbamba Bay kommen, wird es wie eine Metropole erscheinen. Tatsächlich ist der Ort – abgesehen vom heruntergekommenen, überfüllten Markt und der Bushaltestelle – attraktiv und sehr angenehm: Die Straßen liegen unter schattigen Bäumen und ringsum erstreckt sich grünes Hügelland mit gelben Sonnenblumen und weidendem Vieh. Die größte ethnische Gruppe sind hier die Ngoni, die im 19. Jh. aus Südafrika in das Gebiet einwanderten und auf ihrem Weg viele kleinere Stämme unterwarfen. Songeas Name geht auf einen der größten Ngoni-Häuptlinge zurück, der nach dem Maji-Maji-Aufstand getötet wurde.

Für den Krankheitsfall gibt es etwa 30 km westlich der Stadt in Peramiho ein großes **Benediktinerkloster** mit angeschlossenem Krankenhaus.

## Sehenswertes

Auf dem farbenprächtigen **Markt** (Soko Kuu) entlang der Hauptstraße lohnt sich auf jeden Fall ein Besuch.

Sowohl die eindrucksvoll geschnitzte Holztür der **katholischen Kirche** als auch die Wandmalereien in hellen Farben im Innenraum sind sehr sehenswert. Die Kirche steht schräg gegenüber der Bushaltestelle.

**Maji Museum** MUSEUM

(10 000 TSh; ⌚8–16 Uhr) Das kleine Museum etwa 1 km außerhalb des Ortszentrums, an

der Straße nach Njombe, erinnert an den Maji-Maji-Aufstand. Hinter dem Museum liegt das Grab von Häuptling Songea. Nicht versäumen sollte man die Statuen der zwölf Häuptlinge, die von den Deutschen gefangen genommen und getötet wurden. Noch heute schmücken die Einheimischen sie mit Girlanden. Vom Ortskern aus nach der CRDB-Bank in die erste asphaltierte Straße rechts einbiegen und ihr 200 m folgen. Auf der linken Seite fällt der Museumseingang als großer, hellblauer Bogen auf.

Der Ngoni-Häuptling Songea, nach dem die Stadt benannt ist, liegt neben einem nahegelegen Massengrab für die Opfern des Aufstands gegen die Deutschen begraben.

## Schlafen

**Seed Farm Villa** B&B $

(☎0752 842086, 025-260 2500; www.seedfarmvilla.com; EZ/DZ ab 75 000/85 000 TSh; P ❄ 📶) Diese Unterkunft im Viertel Seed Farm verfügt über moderne, ruhige Zimmer mit TV in einem ruhigen Garten abseits des Stadtzentrums. Ein Wohnzimmer mit Fernseher und ein Restaurant (im Voraus reservieren) sind ebenfalls vorhanden. Man folgt der Tunduru Road etwa 2,5 km aus der Stadt hinaus bis zur ausgeschilderten Abzweigung. Von dort sind es noch 200 m.

**Heritage Cottage** HOTEL $

(☎0754 355306; www.heritage-cottage.com; Njombe Road; EZ/DZ 75 000/90 000 TSh; P ❄ 🍴) Dieses Hotel verfügt über moderne, saubere Zimmer mit TV (einige mit Minikühlschrank), eine beliebte Bar mit Restaurant, eine große Rasenfläche dahinter und einen Spielplatz für Kinder. Es liegt 3 km nördlich der Stadt an der Njombe Road.

**Anglican Church Hostel** HOSTEL $

(☎025-260 0090; EZ/DZ 8000/16 000 TSh) Ein alteingesessenes Hostel mit einfachen Zimmern (teilweise mit Gemeinschaftsbad) um einen Hof verteilt, in ruhiger Lage abseits der Hauptstraße. Essen gibt's in der Regel auf Vorbestellung. Wegbeschreibung: Von der Bushaltestelle geht's bergauf und am Markt vorbei bis zum Tanesco-Gebäude, dann nach links und 400 m weiter auf gewundenem Pfad bis zur anglikanischen Kirche.

**OK Hotels 92** PENSION $

(☎026-260 2640; Litunu Street; DZ 15 000–20 000 TSh) Die Zimmer sind klein, aber in Ordnung und es gibt gelegentlich Warmwasser. Von der Bushaltestelle hinter dem Markt 400 m hangaufwärts gehen, dann die zweite Straße rechts (die lutherische Kirche ist ausgeschildert). Nach 200 m geht's wieder nach rechts, dann taucht links das aprikosenfarbige Haus auf einem eingezäunten Grundstück auf. Essen gibt's gegenüber bei Krista Park.

## Essen

**Heritage Cottage** INTERNATIONAL, INDISCH $

(☎0754 355306; Njombe Road; Hauptgerichte 12 000–15 000 TSh; ⏲7–22 Uhr) Das Hotelrestaurant bietet einen langsamen Service, aber köstliche europäische und indische Küche sowie einen angenehmen überdachten Essbereich im Freien.

### DER SELOUS-NIASSA-KORRIDOR

Der **Selous-Niassa-Korridor** (www.selous-niassa-corridor.org) – auf Suaheli „Ushoroba" – verbindet das Wildschutzgebiet Selous mit dem Schutzgebiet Niassa in Mosambik. Beide zusammen bedecken eine Fläche von 120 000 km$^2$ und gehören damit zu den größten Elefanten-Schutzgebieten. Neben den geschätzten 85 000 Elefanten streifen hier mitunter die größten Büffelherden des Kontinents und über die Hälfte der noch lebenden Wildhunde umher. Außerdem ist es eine wichtige Zwischenstation für Zugvögel, die hier rasten und brüten.

Die Flusstäler des Rufiji und Ruvuma nehmen große Teile des Gebiets ein – ihre Wasserscheide verläuft etwa auf der Linie der Straße Songea-Tunduma. Die Undendeule, Ngoni und Yao, die in der Region leben, sorgen auf der Basis von Dorfgemeinschaften für den Schutz des Korridors. In einigen Dörfern gibt es erste Ansätze für Ökotourismus, so in Marumba, südöstlich von Tunduru. Das Chingoli Society Büro im Dorfzentrum vermittelt Dorfbesuche, aber auch Guides nach **Jiwe La Bwana** (mit Ausblick über die Grenze nach Mosambik) und in die **Chingoli-Tafelberge und Höhlen**, in denen sich die Stämme während des Maji-Maji-Aufstandes versteckten. Die touristische Infrastruktur ist sehr begrenzt, sofern sie überhaupt existiert. Vor dem Dorf gibt es einen sehr einfachen Campingplatz.

**Krista Park Fast Food** TANSANISCH $
(Hauptgerichte 5000 TSh; ⌚ Mo–Sa 6.30–18.30 Uhr) Neben Snacks und heimischen Gerichten gibt es auch eine kleine Bäckerei. Vom Markt geht es etwa 400 m bergauf, dann die zweite Straße rechts (an dem Schild zur lutherischen Kirche). Nach etwa 200 m geht es noch einmal rechts ab; Krista Park liegt an der rechten Seite.

**Agape Café** TANSANISCH $
(abseits Main Road; Snacks ab 2000 TSh; ⌚ 8–17.30 Uhr) Einfach von der katholischen Kirche den Hügel hinauf. Hier gibt's Gebäck und preiswerte Mahlzeiten.

##  Praktische Informationen

### EINREISE

**Einreisebehörde** (Uhamiaji; Tunduru Road; ⌚ Mo–Fr 8–16 Uhr) Am Anfang der Tunduru Road. Hier muss man seinen Pass stempeln lassen, wenn man von/nach Mosambik reist.

### GELD

**CRDB** (Njombe Road; ⌚ Mo–Fr 9–17 Uhr Geld) Geldautomat.

**NBC** (⌚ Mo–Fr 8.30–16, Sa bis 13 Uhr) Hinter dem Markt; Geldautomat.

##  An- & Weiterreise

Busse von Super Feo fahren täglich von der **Bushaltestelle** ab 5 Uhr nach Iringa (19 000 TSh, 8 Std.) und Daressalam (42 000 TSh, 13 Std.) und um 6 Uhr über Njombe (10 000 TSh, 4 Std.). nach Mbeya (19 000–24 000 TSh, 8 Std.). Weitere Busse nach Njombe starten um 9.30 und 11 Uhr.

Nach Mbamba Bay gibt es täglich um 7 Uhr einen Direktbus (8000 TSh, 5 Std.). Ansonsten muss man nach Mbinga fahren und hier nach Mbamba Bay umsteigen.

Nach Tunduru (10 000 TSh, 4 Std.), fährt täglich um 7 Uhr ein Bus. Außerdem startet täglich um 6 Uhr ein Direktbus nach Masasi (20 000–21 000 TSh, 6–7 Std.).

Die Busse nach Mosambik fahren im Majengo-C-Viertel ab. Es befindet sich südwestlich der Bushaltestelle, 600 m abseits der Hauptstraße – Einheimische kennen den Weg durch die Nebenstraßen. Selbstfahrer nach Mosambik fahren von Songea 18 km auf der Mbinga Road zur ausgeschilderten Abzweigung. Von dort sind es noch 120 km auf einer unbefestigten, aber guten Straße bis zur Grenze von Mosambik.

# Tunduru

☎ 025 / 38 000 EW.

Tunduru liegt etwa auf halber Strecke zwischen Masasi und Songea und im Zentrum einer wichtigen Region für den Edelsteinabbau. Die Stadt ist auch eine Zwischenstation für Lkw-Fahrer und Reisende. Wahrscheinlich muss man auf der Fahrt zwischen Masasi und Songea die Nacht hier verbringen. Die Strecke zwischen den beiden Städten verläuft durch den südlichen Teil des bewaldeten Selous-Niassa-Korridors, der das Wildreservat Selous mit dem Niassa-Reservat in Mosambik verbindet. In diesem wichtigen Wildtiergehege kam es im Laufe der Jahre zu verschiedenen berüchtigten Zwischenfällen in der Umgebung von Tunduru, bei denen Löwen Menschen gefressen haben.

**Namwinyu Guest House** PENSION $
(☎ 0655 447225, 0786 447225; Songea Road; Zi. 30 000 TSh; P ❄) Die beste Unterkunft in Tunduru. Sie hat saubere, angenehme Doppelzimmer (nach Geschlechtern getrennt) und bietet auf Vorbestellung leckere preiswerte Mahlzeiten an. Sie liegt an der Nordseite der Hauptstraße am westlichen Ortsrand und ist von der Bushaltestelle leicht in zehn Minuten zu erreichen.

## An- & Weiterreise

Es gibt täglich mindestens einen Bus zwischen Tunduru und Masasi, der um 6 Uhr abfährt (8000–9000 TSh, 3–4 Std.), und auch zwischen Tunduru und Songea (10 000 TSh, 4 Std.). Die Straße von Tunduru ist in beide Richtungen asphaltiert. Da es nur wenige Dörfer gibt, sollte man etwas zu essen und Wasser mitnehmen. Auf der Strecke zwischen Songea und Tunduru passiert man den Selous-Niassa-Korridor mit weitem Blick über das Flussgebiet des Ruvuma. Etwa 65 km östlich von Songea liegt die Abzweigung zum Mbarang'andu Wildlife Management Area, einer Erweiterung des Selous-Ökosystems.

# Südost-Tansania

**Inhalt ➡**



## Schön übernachten

- Old Boma at Mikindani (S. 368)
- Butiama Beach (S. 346)
- Chole Mjini (S. 348)
- Privatinsel Fanjove (S. 359)
- Rufiji River Camp (S. 352)

## Gut essen

- Pole Pole Bungalow Resort (S. 347)
- Siwandu (S. 352)
- Shamba Kilole Eco Lodge (S. 348)
- Kimbilio Lodge (S. 355)

## Auf in den Südosten!

Im dünn besiedelten Südosten Tansanias scheint die Zeit stehen geblieben zu sein. Er ist weniger entwickelt und nicht so hektisch wie der Norden, und Touristen lassen sich hier seltener blicken. Doch für Safari- und Tauch-Enthusiasten, oder für alle, die unverfälschtes afrikanisches Leben kennenlernen möchten, ist der Südosten genau das Richtige.

Zu den Highlights zählen das Wildreservat Selous mit tollen Möglichkeiten zur Tierbeobachtung, die weißen Strände und faszinierenden Korallen rund um die Insel Mafia sowie die Ruinen von Kilwa Kisiwani, die von einer Zeit zeugen, als dieser Teil des Kontinents in das weit gespannte Handelsnetz bis zum Fernen Osten eingebunden war.

Auf Mafia und im Wildreservat Selous wartet westlicher Komfort, in anderen Landesteilen ist die touristische Infrastruktur begrenzter, doch auch dort findet man einige wunderschöne Quartiere.

## Reisezeit

### Mtwara

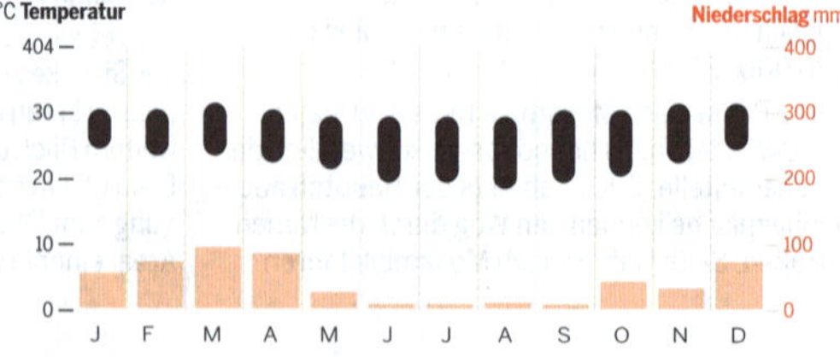


**März–Mai** Viele Camps in Selous sind geschlossen; wo geöffnet ist, kann man super Vögel beobachten.

**Okt.** Die beste Zeit, um am Mafia-Archipel zu tauchen und zu schnorcheln.

**Nov.–Feb.** Vor Kilindoni (Mafia) kann man Walhaie sehen.

## Highlights

**1 Wildreservat Selous** (S. 349) Mit dem Boot den Rufiji hinunterfahren und dabei Wildtiere und Vögel beobachten.

**2 Mafia** (S. 344) An idyllischen Sandbänken und kleinen Inseln tauchen.

**3 Mikindani** (S. 367) Auf den Spuren vergangener Tage einer alten Handelsstadt der Suaheli wandeln.

**4 Kilwa Kisiwani** (S. 357) Die Ruinen des mittelalterlichen Stadtstaates besuchen.

**5 Fanjove** (S. 359) Im Songo-Songo-Archipel auf der eigenen Privatinsel relaxen.

**6 Meerespark Mnazi Bay-Ruvuma Estuary** (S. 368) Bunte Korallen und die Unterwasserwelt erforschen.

**7 Lindi** (S. 360) In diesem und anderen Orten im Südosten Tansanias tief ins ländliche Leben eintauchen.

**8 Makonde-Plateau** (S. 369) Das traditionelle Leben auf dem einsamen, isolierten Plateau erleben.

# Mafia

☎023 / 46400 EW:

Die grünen Inseln des Mafia-Archipels liegen verstreut vor der Küste südöstlich von Daressalam inmitten von türkisfarbenem Meer und glitzernden weißen Sandbänken. Historisch gesehen lag der Archipel an einer Handelskreuzung und wurde sowohl von Kilwa und anderen Teilen des Festlands als auch vom Archipel Sansibar, den Komoren und Madagaskar aus angesteuert.

Heute zählt der Schmelztiegel aus verschiedenen historischen Einflüssen mit seiner starken traditionellen Kultur zu Mafias Highlights. Nicht weniger reizvoll sind seine natürliche Schönheit, das herausragende Meeresleben, die ruhige Gangart und die schöne Auswahl an gehobenen Lodges.

## Geschichte

Zum **Mafia-Archipel** gehören neben der Hauptinsel Mafia noch Juani (südöstlich von Mafia), Chole (zwischen Mafia und Juani), Jibondo (südlich von Juani) und mindestens ein Dutzend Inselchen und Sandbänke. Erstmals tauchte die Inselgruppe zwischen dem 11. und 13. Jh. aus dem Dunkel der Geschichte auf, als die Schirazi weite Abschnitte der ostafrikanischen Küste beherrschten. Dank ihrer Brückenlage zwischen dem Delta des Rufiji und dem Indischen Ozean war sie ein idealer Standort für Handelsstützpunkte – die Wirtschaft begann zu florieren. Eine der ersten Siedlungen entstand auf Ras Kisimani im Südwesten Mafias, dann folgte Kua auf Juani.

Als im 16. Jh. die Portugiesen erschienen, hatte Mafia bereits viel von seiner Bedeutung verloren und kam in den Einflussbereich des Sultans von Kilwa. Zu Beginn des 18. Jhs. wendete sich das Blatt wieder: Bis Mitte des 19. Jhs. förderte das mächtige Sultanat Oman die Insel als Handelszentrum zwischen Kilwa im Süden und dem Sansibar-Archipel im Norden. In dieser Ära entstanden auch die Kokosnuss- und Cashewnussplantagen, die weite Teile der Insel bedecken.

Nach einem Angriff der madagassischen Sakalava wurde die Hauptstadt Mafias von Kua auf die nahe winzige Insel Chole verlegt. Choles Bedeutung nahm rasch zu – schließlich nannte man es Chole Mjini (Chole-Stadt), während die Hauptinsel Mafia sprachlich zu Chole Shamba (Hinterland Choles) degradiert wurde. Mafias Verwaltung blieb auch während der deutschen Kolonialzeit auf Chole. Erst die Briten verlegten die Verwaltung wieder auf die Hauptinsel nach Kilindoni; sie unterhielten auf Mafia eine Luft- und Marinebasis.

Inzwischen sind Landwirtschaft und Fischfang die wichtigsten Einnahmequellen der schätzungsweise 46 000 Einwohner Mafias. Die meisten davon leben auf der Hauptinsel. Auf den Märkten fallen die großen Mengen an Maniok, Cashewnüssen und Kokosnüssen auf.

## Sehenswertes

Auf dem Mafia-Archipel fällt der Schritt zurück in die Vergangenheit leicht: Hier hat sich das Dorfleben seit den Glanzzeiten der Schirazi kaum verändert. Auf Mafia selbst gibt's kleine **Strände**, die rund um die Bucht von Chole mit Mangroven durchsetzt sind, sowie einige idyllische Sandbänke in der Nähe; alle Lodges arrangieren Exkursionen. Einer der am nächsten gelegenen Strände ist Marimbani, ein beliebter Zwischenstopp zum Picknicken bei Schnorchelexkursionen. Weiter entfernt liegt **Mange**. Auf dem wunderbar weißen Sandstrand am kristallklaren Meer leben nur Krabben und Seevögel. Auf **Ras Mkumbi**, der windumtosten Nordspitze Mafias, befindet sich ein 1892 erbauter Leuchtturm. Dort liegen auch der **Strand von Kanga** und ein Wald mit Affen, Blauduckern und zahlreichen Vögeln.

An den Stränden im Osten und auf den nahen Inseln Juani und Jibondo legen Karett- und Grüne Meeresschildkröten ihre Eier ab. Zum Schutz dieser und anderer Ökosysteme wurden der Südosten der Insel und das angrenzende Meer mitsamt Inseln als Nationaler Meerespark geschützt. Walhaie (*potwe* auf Suaheli) tauchen zwischen November und Februar vor der Insel auf und sind am besten vor Kilindoni zu beobachten.

Abseits der Insel Mafia locken spannende Ziele wie die Inseln Chole, Juani und Jibondo.

### Jibondo — INSEL

Die spärlich bewachsene Insel Jibondo ist nicht ganz so ansprechend wie Mafias andere Inseln, und ihre Einwohner sind traditionell nicht sehr gastfreundlich. Faszinierend ist jedoch, dass hier etwa 3000 Menschen leben, obwohl es keine natürlichen Süßwasserquellen gibt. Jibondo ist als Zentrum des Bootsbaus bekannt, ein großer Teil des benötigten Holzes stammt aus den Wäldern um Kilwa auf dem Festland. Der geschnitzte Türrahmen der Moschee im Dorfzentrum von Jibondo soll aus der alten Siedlung von Kua auf Juani stammen.

Täglich verkehren Boote zwischen Jibondo und Mafia, die in großen gelben Containern Wasser transportieren – außer während der Regenzeit, wenn das Regenwasser auf der Insel in Zisternen gesammelt wird. Am frühen Morgen nach Sonnenaufgang ist der Trubel am Strand nahe der Kinasi Lodge (S. 347) in der Bucht von Chole besonders groß.

**Juani** INSEL, HISTORISCHE STÄTTE

Auf der großen und dicht bewaldeten Insel Juani, südöstlich von Mafia, stößt man auf die überwucherten, aber stimmungsvollen Ruinen von Kua. Dazu gehören Überreste mehrerer Moscheen aus einer Schirazi-Siedlung des 18. und 19. Jhs. sowie zerfallene Palastwände. Gleich rechts des Haupteingangs zur Siedlung sind noch die Waschplätze sichtbar. Die Ruinen sind nur bei Flut zugänglich. In einem Kanal und einer Lagune südlich davon kann man schwimmen oder Vögel beobachten.

**Chole** INSEL, HISTORISCHE STÄTTE

(Tagesbesuch pro Person 4 US$) Die Insel eignet sich hervorragend als Ausgangspunkt für Erkundungen des Mafia-Archipels, insbesondere rund um die zerfallenden, aber atmosphärisch reizvollen Ruinen aus dem 19. Jh. Auf Chole befindet sich auch Ostafrikas vermutlich einziges **Schutzgebiet für Flughunde** (Komoren-Flughund). Dies ist einer lokalen Frauengruppe zu verdanken, die das Areal gekauft hat, auf dem ein wichtiger Nistbaum dieser Tiere steht.

##  Aktivitäten

### Angeln

Unter Hochseeanglern genießt Mafia seit Langem einen sehr guten Ruf: Hier gehen Marline, Fächerfische, Thunfische und andere Großfische an den Haken. Zwischen September und März sind die besten Fänge möglich, Juni und Juli sind wegen der starken Winde kaum geeignet. Interessenten wenden sich direkt an Big Blu oder die Kinasi Lodge (S. 347). Angelscheine bekommt man über das Hauptbüro des Meeresparks (S. 348) in Utende.

### Tauchen & Schnorcheln

Mafia bietet Tauchern ausgezeichnete Korallenriffe, eine beeindruckend reiche Fischfauna mit zahlreichen Freiwasserarten sowie entspanntes Tauchen ohne Gedränge. Motorisierte Daus fahren zu den Tauchrevieren hinaus. In der Bucht von Chole kann das ganze Jahr hindurch an mehreren Stellen getaucht werden (alle Schwierigkeitsgrade), erfahrene Taucher können saisonal (Oktober bis Februar) auch außerhalb der Bucht tauchen. Der beste Monat ist Oktober, besonders ungünstig sind April, Mai und Anfang Juni, wenn mit dem Regen alles schließt. Zu den Tauchanbietern zählen u. a. Big Blu, Mafia Island Diving und die hauseigenen Tauchlehrer der Shamba Kilole Eco Lodge (S. 348).

**Mafia**

0 – 20 km

INDISCHER OZEAN
Nyororo
Ras Mkumbi
Nyamisati (30 km)
Bweni
Shungumbili
Mbarakuni
Kirongwe
Ras Mbisi
Mafia
Baleni
Kilindoni
Bucht von Chole
Bwejuu
Mange
Ras Kisimani
Chole
Utende
Kitoni
Kua
Juani
Mrima-Riff
Jibondo
Mange-Riff
Meerespark Mafia Island
Kitutia-Riff
Grenze des Meeresparks Mafia Island

**Big Blu** TAUCHEN

(☎ 0654 089659, 0787 474108; www.bigblumafia.com; Chole Bay) Am Strand von Chole Bay, unter der Leitung von Moez, einem Tauchveteran mit großer Erfahrung auf Mafia. Es bietet Tauchen, zertifizierte PADI-Tauchkurse, Schnorcheln, Exkursionen rund um Mafia sowie recht günstige Unterkünfte. Alles in allem ist das Preis-Leistungs-Verhältnis sehr gut.

**Mafia Island Diving** TAUCHEN

(☎ 0688 218569; www.mafiadiving.com; Mafia Island Lodge, Chole Bay) Am Strand bei der Mafia Island Lodge (S. 347). Hat Schnorcheln, Tauchen, zertifizierte PADI-Tauchkurse und Exkursionen rund um Mafia im Programm.

## MEERESPARK MAFIA ISLAND

Mit 822 km² ist der **Meerespark Mafia Island** (www.marineparks.go.tz; Erw./Kind 23,60/11,80 US$) das größte geschützte Meeresgebiet im Indischen Ozean. Er umfasst Flussmündungen, Mangroven, Korallenriffe und eine Meerenge mit rund 400 Fischarten. Zum Park gehört auch der einzige Naturwald der Insel. Innerhalb der Parkgrenzen liegen zehn Dörfer mit 15 000 bis 17 000 Einwohnern, die von den natürlichen Ressourcen des Parks leben.

Daher wurde der Park für die mehrfache Nutzung klassifiziert: Nur wenn die Bewohner die Ressourcen nachhaltig nutzen, helfen sie dabei, die Ökosysteme zu bewahren. Auch von Besuchern, die nicht tauchen, wird Eintritt verlangt. Er wird an der Schranke kassiert, die 1 km vor Utende die Zufahrt versperrt, und muss mit Kreditkarte (Visa oder MasterCard) entrichtet werden. Hat man nur Bargeld dabei, gibt man dies dem Parkpersonal, das es auf ein Kreditkartenkonto des Parks einzahlt. Quittung aufheben, sie wird bei der Ausfahrt kontrolliert. Das Parkhauptquartier (S. 348) befindet sich in Utende.

Die meisten Touristen besuchen den Park mit einem der Tauchveranstalter in der Bucht von Chole.

## Schlafen & Essen

Alle Unterkünfte an der Bucht von Chole (auch die Budgethotels in Utende nahe dem Parktor sowie die Unterkünfte auf der Insel Chole) verlangen von ihren Gästen die Eintrittsgebühr für den Meerespark, die nicht im Hotelpreis enthalten ist. Die tägliche Gebühr muss jeder Besucher bezahlen, egal, ob er taucht oder nicht.

## Kilindoni & Umgebung

**Whale Shark Lodge** PENSION $

(Sunset Camp; ☎ 0659 696067, 0755 696067; carpho2003@yahoo.co.uk; Kilindoni; EZ/DZ 25/50 US$; @) Eine sehr backpackerfreundliche, günstige Lodge in ruhiger Lage auf einer Klippe mit Blick aufs Meer: eine erstklassige Stelle, um Walhaie zu sehen. Die Lodge bietet ein hervorragendes Preis-Leistungs-Verhältnis und hat sechs einfache, nette Hütten mit Ventilator, Moskitonetz und eigenem Bad. Außerdem gibt's eine schöne große Terrasse mit Blick auf den Sonnenuntergang, auf der gegen Bestellung heimische Gerichte (7 US$) serviert werden. Ein kurzer Spaziergang die Klippen hinunter führt zu einem kleinen Strand, an dem man bei Flut schwimmen kann.

Die Lodge liegt 1,5 km außerhalb des Zentrums von Kilindoni hinter dem Krankenhaus; die Fahrt mit dem *bajaji* (Tuk-Tuk) kostet 1500 TSh.

**New Lizu Hotel** PENSION $

(☎ 023-201 0180; www.newlizuhotel.blogspot.com; Kilindoni; EZ/DZ 20 000/25 000 TSh; @) Das alteingesessene Gästehaus hat freundliches Personal, saubere spartanische Zimmer mit Ventilator und auf Bestellung gibt erhält man auch preiswertes Essen. Es liegt zentral an der Hauptkreuzung von Kilindoni, zu Fuß zehn Minuten vom Flugplatz und vom Hafen entfernt.

**Bustani Bed & Breakfast** B&B $$

(☎ 0682 982165, 0675 168893; www.bustanimafia.com; EZ/DZ inkl. Transfer vom und zum Flughafen 60/100 US$; ❄ 🏊) Am Stadtrand von Kilindoni bietet dieses B&B geschmackvoll eingerichtete Zimmer mit zwei Einzelbetten und Doppelbetten zu einem guten Preis-Leistungs-Verhältnis, dazu einen Pool, ein gutes Restaurant und Blick aufs Meer am Horizont. Es gehört dem gleichen Besitzer wie das Butiama Beach und das Big Blu und ist ideal für Reisende, die aufs Budget achten müssen, schlichten Komfort schätzen und ohne großen Aufwand an Exkursionen teilnehmen möchten.

★ **Butiama Beach** LODGE $$$

(☎ 0787 474084; www.butiamabeach.com; EZ/DZ mit HP 180/300 US$; ⏲ Juni–März; @) Diese zauberhafte Lodge mit 15 Zimmern auf palmenbestandenem Gelände an einem schönen Strand in der Nähe von Kilindoni, etwa 2 km südlich von dem kleinen Hafen. Man übernachtet in geräumigen, luftigen, ansprechend gestalteten Bungalows. Es gibt ein Restaurant, das köstliche Speisen im italienischen Stil serviert, Seekajaks, mit denen man die Vogelwelt in den Bächen der Umgebung erkunden kann, einen tollen Blick auf den Sonnenuntergang und ein warmes, stilvolles Ambiente. Ausgezeichnetes Preis-Leistungs-Verhältnis.

**Mkaile Super Market** SUPERMARKT $
(Kilindoni; ⌚8–21 Uhr) Im kleinen Supermarkt diagonal gegenüber dem Markt im Zentrum von Kilindoni mit einer anständigen Auswahl kann man seine Grundbedürfnisse decken.

## Utende & Bucht von Chole

**Big Blu** PENSION $
(☎0654 089659, 0787 474108; www.bigblumafia.com; Chole Bay; EZ/DZ Zelt 30/50 US$, EZ/DZ Zi. ab 60/100 US$; ⌚Juni–März; @) Der freundliche Tauchveranstalter am Strand der Bucht von Chole hat mehrere einfache, günstige Zimmer am Strand sowie ein paar Zelte ein Stück dahinter. Sie sind in erster Linie für Taucher gedacht, doch jeder ist willkommen. Spezielle Tauchpakete inklusive Unterkunft sind ebenfalls im Angebot. Es gibt ein gutes Strandrestaurant, das Sandwiches, Salate und andere leichte Gerichte serviert.

**Meremeta Guest House & Apartment** PENSION $
(☎0715 345460, 0787 345460; www.meremetalodge.com; Utende; EZ/DZ/3BZ 40/50/75 US$) Diese ordentliche Unterkunft punktet mit sauberen und angenehmen Zimmern mit Ventilator und köstlichen Mahlzeiten (10–15 US$) sowie kostenlosem Kaffee und Tee. Der hilfsbereite Besitzer legt sich mächtig dafür ins Zeug, dass es seinen Gästen gut geht. Fahrräder können geliehen werden und gute Exkursionen auf der Insel werden angeboten. Auf das rosa Gebäude und die Ausstellung lokaler Kunstwerke achten.

**Didimiza** COTTAGES $
(☎0719 098598; hassanbakari@gmail.com; Utende; EZ/DZ/3BZ 40/50/60 US$) Sehr schlichte Unterkunft etwa 1 km vor dem Eingangstor zum Mafia-Island-Marinepark, aber immer noch im Bereich des Meeresparks, weshalb auch die Tagesgebühr für den Park erhoben wird. Die Zimmer sind sehr einfach; regionaltypische Mahlzeiten (10–15 US$) und Exkursionen können arrangiert werden. Zum Wasser geht's etwa zehn Minuten zu Fuß durch die Mangroven. Der Transfer von Kilindoni kostet 15 US$ pro Person.

★ **Pole Pole Bungalow Resort** LODGE $$$
(www.polepole.com; Buht von Chole; EZ/DZ inkl. VP und tägl. Exkursionen 384/590 US$; ⌚Juni–März; @) Diese schöne, entspannte Lodge liegt versteckt inmitten tropischer Vegetation auf einem langen Hang mit Aussicht auf die Bucht von Chole. Die absolute Ruhe, der makellose Service, die hervorragende Küche und die gemütlichen Bungalows mit höchstem Komfort finden genau die richtige Balance zwischen Luxus und Understatement. Kinder unter 10 Jahren sind nicht erlaubt.

**Mafia Island Lodge** LODGE $$$
(☎0763 527619, 0655 378886; www.mafialodge.com; Chole Bay; HP pro Pers. 115–135 US$; ⌚Juni–April; ) Das verlässliche ehemalige Regierungshotel mit gutem Preis-Leistungsverhältnis steht auf einem Rasengrundstück, das sanft zum Strand abfällt. Es bietet mehrere schöne „Standard"- und „Superior"-Zimmer sowie zwei geräumige Familiensuiten an. Vom Restaurant mit hervorragenden Gerichten und einem ausladendem Strohdach geht der Blick über die Bucht von Chole. Es gibt eine Strandbar und ein angeschlossenes Tauchzentrum.

**Kinasi Lodge** LODGE $$$
(☎0715 669145, 0777 424588; www.kinasilodge.com; Bucht von; EZ/DZ mit VP ab 180/320 US$; ⌚Juni–März; ) Eine hübsche, elegante Anlage: 14 Steinhütten mit Strohdach stehen an einem langen, gepflegten Hang mit Palmen, der zur Bucht von Chole abfällt. Das marokkanisch beeinflusste Design kommt abends bei Laternenbeleuchtung am besten zur Geltung. Es gibt eine offene Lounge mit Satelliten-TV, einen Wellnessbereich, einen kleinen Strand und ein PADI- und NAUI-Tauchzentrum.

### PRAKTISCHE INFORMATIONEN ZU MAFIA

Alle Fähren und Flugzeuge landen in Kilindoni, dem Verkehrsknotenpunkt der Inselgruppe. Hier befinden sich eine Bank (mit Geldautomat), der Hafen, ein Markt, kleine Läden und mehrere Gästehäuser der Budgetkategorie. Die meisten Lodges des oberen Preissegments finden sich in Utende, dem zweiten Ort der Insel, 15 km südöstlich von Kilindoni an der Bucht von Chole. Die Region um Utende und die Bucht von Chole sind die wichtigsten Tauchreviere. Auf der Westseite der Insel reihen sich kleine Dörfer, Inselchen und Sandbänke auf, Mangrovenhaine wechseln mit Stränden ab. Viele Lodges in der Bucht von Chole schließen im April und Mai. Juli und August können auf der Ostseite der Insel sehr windig sein.

**Shamba Kilole Eco Lodge** LODGE $$$
(☎ 0753 903752, 0786 903752; www.shambakilolelodge.com; Utende; pro Person VP in Chalet/Suite ab 170/220 US$; ) Die schöne Lodge Shamba Kilole steht auf einem ruhigen Gelände auf einer kleinen Anhöhe mit Blick auf die Bucht von Chole. Die Chalets sind individuell gestaltet und alle geschmackvoll dekoriert. Die italienischen Besitzer, die schon lange auf Mafia leben, führen die Lodge mit großem Aufwand nach ökologischen Prinzipien; das biologisch erzeugte Essen stammt aus der Region. Außerdem werden PADI-Tauchkurse angeboten.

## Chole

**Chole Foxes Guesthouse** PENSION $
(☎ 0715 877393, 0787 877393; 35 US$ pro Pers.) Einzige Budgetunterkunft auf Chole: Das kleine, ruhige Gästehaus liegt wunderschön am Südwestufer der Insel mit direktem Blick auf die Bucht von Chole und die Insel Mafia. Die drei Zimmer sind einfach, aber ausreichend und gehen auf Mangroven und das Meer hinaus; für etwa 10 US$ werden köstliche regionaltypische Mahlzeiten serviert.

Es befindet sich in der Umgebung von Kilimani, etwa 2,5 km von den Ruinen entfernt. Der gewundenen Zufahrt zwischen Palmen und Dörfern ist wegen der zahlreichen Richtungsänderungen schwer zu folgen; einen Einheimischen nach dem Weg fragen. Wer vorher bucht (was man auf jeden Fall tun sollte), wird mit dem Boot in Utende abgeholt oder es wird ein Fahrrad mitsamt Führer am Hauptanleger in Chole gestellt.

★ **Chole Mjini** BAUMHAUS $$$
(☎ 0784 520799, 0787 712427; www.cholemjini.com; EZ/DZ mit VP 265/420 US$; ⏲ Juni–Ostern) Chole Mjini ist einzigartig: ein luxuriöses Busch-Abenteuer in Einklang mit der örtlichen Gemeinde und der Umwelt. Man schläft in fantastischen, geräumigen, rustikalen Baumhäusern, isst frische Meeresfrüchte und erlebt die Dunkelheit einer afrikanischen Nacht ohne Strom. Zudem kann man Tauchexkursionen unternehmen. Und bei allem unterstützt man auch immer gleichzeitig die Arbeit des Chole Mjini in der Gemeinde.

Das Chole Mjini arbeitet nach dem Konzept, die Dorfgemeinschaft zu fördern, daher bildet die Dorfentwicklung den Kern der Unternehmensphilosophie und ein Teil der Einkünfte fließt in Gesundheits- und Ausbildungsprogramme. In den letzten beiden Jahrzehnten wurden eine kleine Klinik, ein Kindergarten und eine Grundschule eingerichtet.

Gemeinsam mit dem tansanischen Ministerium für Altertümer wird daran gearbeitet, die alte deutsche *boma* auf der Insel Chole als Erweiterung der Chole Mjini wiederaufzubauen.

## Praktische Informationen

### GELD

**National Microfinance Bank** (Kilindoni) An der Straße zum Flugplatz bei der Hauptkreuzung in Kilindoni; hat einen Geldautomaten, der VISA und MasterCard akzeptiert.

### INTERNETZUGANG

**Internet Café** (Kilindoni; pro Std. 3000 TSh; ⏲ 8–18 Uhr) Im New Lizu Hotel

### TOURISTENINFORMATION

Die allgemeine Touristeninformation, die für den Mafia-Island-Marinepark zuständig ist, liegt am Eingangstor an der Hauptstraße in den Ort. Detaillierte technische Informationen erhält man beim **Hauptbüro des Mafia-Island-Marineparks** (☎ 023-240 2690; ⏲ Mo–Fr 8–17 Uhr) rund einen Kilometer weiter neben der Mafia Island Lodge.

## An- & Weiterreise

### FLUGZEUG

**Coastal Aviation** (☎ 0713 325673, 0785 500229, 022-284 2700; www.coastal.co.tz; Flughafen Mafia; ⏲ ca. 8–17 Uhr, abgestimmt auf den Flugplan) fliegt täglich zwischen Mafia und Daressalam (125 US$), Songo Songo (150 US$, mindestens zwei Passagiere), der Insel Sansibar (175 US$) und Kilwa Masoko (190 US$, mindestens vier Passagiere) mit Anschluss zum Wildreservat Selous und nach Arusha. **Tropical Air** (☎ 024-223 2511, 0687 527511, 0715 364396; www.tropicalair.co.tz; Flughafen Mafia; ⏲ ca. 8–17 Uhr, abgestimmt auf den Flugplan) bietet zu etwas günstigeren Preisen Flüge zwischen Mafia und Daressalam mit Anschluss nach Sansibar an.

Alle Hotels an der Bucht von Chole arrangieren für ihre Gäste den Transfer vom Flugplatz (manchmal im Zimmerpreis enthalten, ansonsten 15–30 US$; bei der Buchung erfragen).

### SCHIFF/FÄHRE

Eine kleine **Fähre** verkehrt täglich von Mafia (Hafen Kilindoni) zum Dorf Nyamisati auf dem Festland, südlich von Daressalam. Sie legt um 4 Uhr in Nyamisati und um 6 Uhr in Kilindoni ab (16 000 TSh, ca. 4 Std.). In Kilindoni liegt das Ticketbüro oben auf dem Hügel, der zum Hafen hinabführt; die Tickets sollte man am Nachmittag vorher kaufen. In Nyamisati kauft man die Tickets bei der Ankunft am Hafen. Einige Budget-Reisende kommen auf diesem Weg nach Mafia, allerdings führen die Boote keinerlei Sicherheitsausrüstung mit sich. Sie sind oft überfüllt, und in der Mitte des Kanals kann die Fahrt windig und extrem rau sein. Viele Boote sind bereits auf dieser Route gekentert. Wer dieses Risiko in Kauf nimmt, sollte besser von Mafia aus aufs Festland übersetzen, da diese Tour komplett im Hellen stattfindet und das Hotel bei der Organisation behilflich sein kann.

Wer nach Nyamisati will, nimmt ein südwärts fahrendes *dalla-dalla* von Mbagala Rangi Tatu (5500 TSh) an der Straße nach Kilwa; zu erreichen per *dalla-dalla* von Daressalam Posta (400 TSh); die Fahrt vom Zentrum Daressalams nach Nyamisati dauert etwa vier Stunden.

Der Weg vom Hafen ins Zentrum von Kilndoni führt etwa 300 m geradewegs den Hügel hinauf. Bei der Ankunft per Boot in Nyamisati ist es leicht, ein nordwärts fahrendes *dalla-dalla* nach Mbagala und ins Zentrum von Daressalam zu finden. Führt die Reise von Nyamisati aus Richtung Süden, muss man zuerst an der Hauptstraße zwischen Daressalam und Mtwara ein Fahrzeug nach Bungu (3000 TSh) nehmen. In Bungu angekommen, fährt man weiter Richtung Süden nach Nangurukuru (zur Weiterfahrt nach Kilwa) und Mtwara. Wer über Nacht in Nyamisati hängen bleibt, erkundigt sich nach der "Mission", wo man für 10 000 TSh pro Person nächtigen kann.

## Unterwegs vor Ort

Kilindoni ist per *dalla-dalla* mit Utende (1000 TSh, 30 Min., mehrmals tgl.) und Bweni (4000 TSh, 4–5 Std., mind. 1-mal tgl.) verbunden. Auf der Strecke Kilindoni–Utende starten die Busse in Kilindoni gegen 13 Uhr, in Utende gegen 7 Uhr. Der letzte Bus ab Utende geht gegen 16.30 Uhr. Die Busse von Kilindoni nach Bweni fahren um 13 Uhr, in Bweni gegen 7 Uhr ab. Die zentrale Bushaltestelle in Kilindoni ist auf der „Plaza" am Markt, die Endhaltestelle für *dalla-dallas* in Utende befindet sich an der kleinen Lademole zwischen der Mafia Island Lodge (S. 347) und dem Big Blu (S. 345). Die Straße von Kilindoni nach Utende wird derzeit asphaltiert; wenn die Arbeiten beendet sind, werden sich diese Transportinformationen wahrscheinlich ändern.

In Kilindoni können Taxis oder *bajaji* (Tuk-tuks) für die Fahrt über die Insel gemietet werden. Unter 15 000 TSh (10 000 TSh für ein *bajaji*) für die Rückfahrt zwischen Kilindoni und Utende ist nichts drin und Handeln unbedingt erforderlich.

Eine weitere Option ist das Fahrrad (Mountainbike) – ein eigenes oder geliehenes. Ein schweres Rad ohne Gangschaltung kostet pro Stunde ab 500 TSh; es gibt sie am Markt von Kilindoni.

Die meisten Hotels an der Bucht von Chole organisieren für ihre Gäste Boote für Fahrten zwischen Utende und der Insel Chole; der Transfer kann auch mit Mafia Island Diving (S. 345) und mit Big Blu (S. 345) arrangiert werden. Ansonsten legen den ganzen Tag über am Strand vor der Mafia Island Lodge einheimische Boote ab (S. 347; 500 TSh). Hier fahren auch Boote nach Juani; bei Ebbe geht's auch zu Fuß von Chole nach Juani. Die Transportboote, die am Strand beim Pole Pole Resort (S. 347) nach Jibondo ablegen, nehmen gewöhnlich kostenlos Touristen mit.

# Wildreservat Selous

Das Wildreservat **Selous** (mtbutalii@gmail.com; Erw./Kind 59/35,40 US$ zzgl. tgl. Naturschutzgebühr 17,70–29,50 US$) ist ein riesiges 48 000 km² großes Gebiet im Herzen des südlichen Tansanias. Es ist Afrikas größtes Wildreservat und das größte Schutzgebiet Tansanias und beherbergt riesige Elefantenherden, Büffel, Krokodile, Flusspferde, Wildhunde und eine eindrucksvolle Vielfalt an Vögeln; dazu ein paar von Tansanias letzten Spitzmaulnashörnern. Der Rufiji teilt das Gebiet in zwei Teile: Er windet sich auf 250 km Länge vom Hochland durch Selous bis zum Meer und ist eines der größten Wassereinzugsgebiete Ostafrikas. Ganz nebenbei stellt er einen guten Transportweg dar zwischen Wäldern, Savannen und Hainen aus Borassus-Palmen – und bietet Touristen die außergewöhnliche Gelegenheit, wilde Tiere vom Wasser aus zu beobachten. Im Flussdelta gegenüber der Insel Mafia, das nicht mehr im Schutzgebiet liegt, vermischt sich das rotbraune Wasser des Flusses mit dem blauen Salzwasser des Meeres zu faszinierenden Mustern. Hier leben Dutzende von Vogelarten, Delfine und andere Tiere.

Für Touristen ist nur der Bereich nördlich des Rufijis erschlossen. In weiten Teilen des südlichen Wildreservats wurden Jagdlizenzen vergeben. Doch die reiche Tierwelt und die eindrucksvolle Flusslandschaft ziehen jeden Touristen, der das Reservat betritt, sofort in ihren Bann. Auch reizvoll am Wildreservat Selous ist, dass es im Vergleich zu den Parks im Norden Tansanias noch immer wenig besucht wird.

## Geschichte

Teile des Wildreservats Selous wurden schon 1896 unter Schutz gestellt, doch erst seit 1922 hat das Schutzgebiet seine heutige Größe und den Namen: Frederick Courteney Selous war ein britischer Forschungsreisender, der im Ersten Weltkrieg im Park erschossen und

## Wildreservat Selous (Nördlicher Teil)

## Wildreservat Selous (Nördlicher Teil)

**Highlights**
1 Wildreservat Selous .......... B3

**Sehenswertes**
2 Grab von Selous .......... C2
3 Stiegler's Gorge .......... B3

**Schlafen**
4 Beho Beho .......... B2
5 Beho Beho Public Campsite .......... B2
6 Lake Manze Tented Camp .......... C2
7 Lake Tagalala Public Campsite .......... C2
8 Rufiji River Camp .......... D2
9 Sable Mountain Lodge .......... A2
10 Sand Rivers Selous .......... C3
11 Selous Impala Camp .......... C2
12 Selous Mbega Camp .......... D3
Selous River Camp .......... (siehe 12)
13 Siwandu .......... C2
14 Special Campsite .......... C2

beerdigt wurde; sein **Grab** kann besucht werden. Bis 1975 wurde die geschützte Fläche regelmäßig erweitert – bis auf die heutige Größe. In den 1990er-Jahren wurden erstmalig Anstrengungen unternommen, das Wildreservat Selous mit dem Niassa-Reservat in Mosambik zu vereinen. Ein Wildkorridor ist bereits in Betrieb.

Große Teile dieser Fortschritte werden derzeit durch aktuelle Entwicklungen im Reservat wieder zunichte gemacht. Hierzu gehören u. a. Wilderei, der Abbau von Uran im südlichen Teil des Selous (was dazu führt, dass die Grenzen des Reservats neu gezogen werden) und die Zusage der Regierung von Mitte 2017, dass im Fluss Rufiji – dem Herzstück des Selous – bei **Stiegler's Gorge** im nordwestlichen Teil des Reservats eine Staumauer gebaut und gleichzeitig ein geplantes Wasserkraftprojekt umgesetzt wird.

2014 nahm die UNESCO das Reservat Selous in die Rote Liste des gefährdeten Welterbes auf und bekräftigte diese Entscheidung im Jahr 2017. Wenn der Bau der Staumauer umgesetzt wird, ist es sehr wahrscheinlich, dass das Reservat komplett von der Welterbeliste gestrichen wird. Die einzige Überlebenschance des Wildreservats liegt darin, dass besorgte Umweltschützer in Tansania und anderen Teilen der Welt die Regierung davon überzeugen können, dass die Verbesserung von Tansanias Netzkapazität und ein genereller wirtschaftlicher Aufschwung auch auf anderem Wege herbeigeführt werden können als durch die Zerstörung eines der größten natürlichen Schätze des Landes.

## Sehenswertes & Aktivitäten

Die meisten Camps und Lodges bieten **Boot-Safaris** auf dem Rufiji oder den Seen des Wildreservats. Fast alle veranstalten in der Nähe der Camps Wander-Safaris, die etwa drei Stunden dauern, mit einer Übernachtung in einem Zeltcamp („fly camp"). **Auto-Safaris** in offenen Safarifahrzeugen sind ebenfalls erlaubt und eine willkommene Alternative zur Safari-Rundtour durch das nördliche Tansania.

Auch **Safaris für Selbstfahrer** sind möglich. Die Strecke vom Mtemere- zum Matambwe-Tor durch das Reservat beträgt etwa 75 km. Ein paar Tage außerhalb der Parkgrenzen, kombiniert mit einer eintägigen Autotour innerhalb des Reservats, ist eine lohnende Option. Allerdings halten sich in der Region um Matambwe deutlich weniger Tiere auf als innerhalb des Reservats bei Mtemere. Wer nur ein Gebiet erkunden kann, konzentriert sich am besten auf den östlichen Teil des Selous.

## Schlafen & Essen

Direkt vor dem Tor bei Mtemere liegen mehrere günstige Camps, die sich prima für Budgetreisende eignen. Dazu gibt's günstige Pensionen im Ort Mloka 11 km vor dem Tor bei Mtemere, die aber nur mit eigenem Fahrzeug erreichbar sind.

Selbstversorger können in Daressalam oder Morogoro ihre Vorräte aufstocken, eine kleine Auswahl am Notwendigsten bekommt man jedoch auch in Dörfern rund um die Tore bei Mtemere und Matambwe.

### Innerhalb des Reservats

Sämtliche Zeltplätze müssen bei Ankunft an den Toren reserviert und bezahlt werden. Essen und Getränke muss man selbst mitbringen.

**Lake Tagalala Public Campsite** CAMPINGPLATZ**$**
(mtbutalii@gmail.com; pro Erw./Kind 35,40/23,60 US$) Der Campingplatz bietet schlichte, aber gute Einrichtungen wie Kaltwasserduschen und überdachte Kochstellen. Wasser ist generell verfügbar, doch sollte man beim Betreten des Schutzgebiets für alle Fälle einen Kanister mit Wasser füllen. Der Campingplatz liegt etwa auf halbem Weg zwischen den To-

### WICHTIGE INFORMATIONEN ZU DEN GEBÜHREN IM WILDRESERVAT SELOUS

Alle Gebühren berechtigen zum einmaligen Eintritt und gelten 24 Stunden lang . Zum Zeitpunkt der Recherche konnte man an den Toren weder mit Bargeld noch mit Kreditkarte zahlen; trotzdem im Vorfeld erkundigen, da ab 2018 die Zahlung mit Kreditkarte an den Toren des Wildreservats eingeführt werden soll. Bis dahin müssen alle Reservierungsgebühren (einschließlich Gebühren für Camping, wenn man auf einem der reservatseigenen Zeltplätze übernachtet) im Voraus bei einer beliebigen Filiale der NBC-Bank auf folgendes Konto entrichtet werden:

- Konto für Überweisungen in US-Dollar (US$): 012105021353
- Konto für Überweisungen in tansanischen Schilling: 012103011903

Die Bankquittung über die Überweisung muss man am Tor in Mtemere oder Matambwe vorzeigen, um in das Reservat hineingelassen zu werden. Obiges gilt vor allem für Camper, die ohne Vorabreservierung mit eigenem Fahrzeug ins Reservat Selous kommen. Wer in einer Lodge oder einem Zeltcamp nächtigt, ob innerhalb des Reservats oder außerhalb, erledigt die Zahlung im Vorfeld.

**Eintritt** 59 US$ pro Erwachsenem (35,40 US$ pro Kind zwischen 5 und 17 Jahren)

**Naturschutzgebühr** 29,50 US$ pro Person bei Übernachtung in einem der Camps innerhalb des Parks (17,70 US$ pro Pers. bei Übernachtung in einem Camp außerhalb des Parks)

**Fahrzeuggebühr** 23 600 TSh für in Tansania zugelassene Fahrzeuge.

**Camping auf öffentlichen Plätzen** 35,40 US$ pro Erwachsenem (23,60 US$ pro Kind)

**Special Campsite** 59 US$ pro Erwachsenem (35,40 US$ pro Kind)

**Wächter (vorgeschrieben auf Campingplätzen)** 29,50 US$

**Führer** 47,20 US$ (29,50 US$ bei Wander- oder Boot-Safaris)

ren bei Mtemere und Matambwe auf einer leichten Anhöhe nahe dem Tagalalasee.

**Beho Beho Public Campsite** CAMPINGPLATZ $
(mtbutalii@gmail.com; pro Erw./Kind 35,40/23,60 US$) Öffentlicher Zeltplatz an der Beho-Beho-Brücke, etwa 12 km südöstlich von Matambwe und damit am besten über das Tor bei Matambwe aus erreichbar. Der Platz ist wunderschön abgelegen und bietet einfache Waschmöglichkeiten.

**Special Campsite** CAMPINGPLATZ $
(mtbutalii@gmail.com; pro Erw./Kind 59/35,40 US$) Komplett wilde Zeltplätze im Gebiet zwischen dem Mtemere-Tor und dem Manzesee (nordöstlich vom Tagalalasee) können arrangiert werden. Man muss sich selbst versorgen und Essen und Trinken selber mitbringen, außerdem ein großes Gefäß für Wasser zum Waschen und Reinigen.

★ **Selous Impala Camp** ZELTCAMP $$$
(☎ 0753 115908, 0787 817591; www.selousimpalacamp.com; pro Pers. mit VP & Ausflügen ab 670 US$; ⏲ Juni–März; P 📶 🏊) Das Impala Camp bietet acht geräumige, gut ausgestattete Zelte in erstklassiger Lage am Fluss nahe dem Mzizimiasee. Vom Restaurant geht der Blick über den Fluss, und die angrenzende Bar steht auf einem Deck über dem Wasser. Die Umgebung ist sehr wildreich.

★ **Sand Rivers Selous** LODGE $$$
(☎ 0787 595908; www.nomad-tanzania.com; EZ/DZ mit VP & Wildtierexkursionen 1365/2040 US$; ⏲ Juni–März; P 🏊) In prächtiger Lage ohne Nachbarn weit und breit am Rufiji südlich des Tagalalasees, ist das Sand Rivers eine der exklusivsten Unterkünfte des Reservats. Hier sind die renommiertesten Tierführer des Landes zu finden. Die acht luxuriösen Steinhütten haben uneingeschränkten Blick auf den Fluss.

★ **Rufiji River Camp** ZELTCAMP $$$
(☎ 0784 237422; www.rufijirivercamp.com; pro Pers. mit VP & Aktivitäten ab 410 US$; ⏲ Juni–März; P 📶 🏊) Das alteingesessene Camp wird von der Familie Fox geführt, die in ganz Südtansania Camps besitzt. Es liegt am Fluss 1 km hinter dem Mtemere-Tor. Alle Zelte blicken auf den Fluss; von einer Terrasse genießt man den Sonnenuntergang. Es gibt Boot- und Wander-Safaris mit Übernachtung. Gutes Preis-Leistungs-Verhältnis für Reisende mit begrenztem Budget.

Der Speisebereich und die Zelte sind rollstuhlgerecht.

**Beho Beho** LODGE $$$
(☎ in UK +44 1932 260618; www.behobeho.com; pro Person mit VP & Wildtierexkursionen 1060 US$; ⏲ Juni–Mitte März; P 🏊) Auf einem Hügel nordwestlich des Tagalalasees liegt das schöne Beho Beho, das allerdings keinen Blick aufs Wasser bietet. Besonders empfehlenswert ist es für wiederholte Safarigänger, die das Reservat Selous noch besser kennenlernen möchten. Die geräumigen Stein- und Strohbungalows bieten herrliche Sicht über die Ebenen, die geführten Exkursionen sind hervorragend, und auch die Übernachtung in einem privaten Baumhaus ist möglich.

**Siwandu** ZELTCAMP $$$
(Selous Safari Camp; ☎ 022-212 8485; www.selous.com; pro Person all-inclusive 1014 US$; ⏲ Juni–März; P @ 🏊) Das gehobene Camp liegt an einem Nebenfluss des Rufiji in üppig grüner Umgebung mit Blick auf den Nzelekelasee. Es ist in zwei separate Camps unterteilt, in denen je ein halbes Dutzend große Zelte stehen, dadurch wirkt es sehr intim und exklusiv. An einer Seite befindet sich ein erhöhter Speise- und Loungebereich; die Küche ist hervorragend und der Service ist durchgängig tadellos. Kinder unter sechs Jahren sind nicht erlaubt.

**Lake Manze Tented Camp** ZELTCAMP $$$
(☎ 022-260 1747; www.ed.co.tz; pro Pers. mit VP & Exkursionen ab 500 US$; ⏲ Juni–März; P) Günstig an einem Seitenarm des Manzesees liegt das rustikale, aber komfortable Zeltcamp Lake Manze. Es hat zwölf einfache, aber nette Zelte, und die Atmosphäre ist sehr ruhig und naturnah. Das Camp empfiehlt sich besonders bei knapperer Kasse, vor allem als Teil der Flug-Übernachtung-Pakete von Coastal Travels (S. 70).

## Außerhalb des Reservats

Die meisten Lodges vor dem Tor können Boot-Safaris, Wandertouren außerhalb des Reservats und Auto-Safaris im Reservat arrangieren. Boot-Safaris finden in der Regel auf dem Flussabschnitt östlich der Grenze des Reservats statt, doch auch Safaris im Reservat sind möglich. Die Gebühren für das Reservat werden nur an den Tagen fällig, die tatsächlich innerhalb des Reservats verbracht werden.

★ **Selous River Camp** ZELTCAMP $$
(☎ 0784 237525; www.selousrivercamp.com; Camping 10 US$, EZ/DZ Zelt mit VP 100/155 US$, EZ/DZ/3BZ Lehmhütte mit VP 230/300/348 US$; ⏲ Juni–Feb.) Dieses freundliche Camp mitten

im Wald liegt dem Mtemere-Tor am nächsten. Es hat gemütliche „Lehmhütten" am Fluss sowie Zelte in Stehhöhe mitten im Wald mit Feldbetten und Gemeinschaftswaschräumen. Der schöne Bar-Restaurant-Bereich schaut an einer besonders malerischen Stelle direkt auf den Fluss. Insgesamt eine gute Wahl für Budgetreisende.

**Selous Mbega Camp** ZELTCAMP **$$**
(☎ 0784 748888, 0784 624664; www.selous-mbega-camp.com; EZ/DZ mit VP ab 140/200 US$, EZ/DZ „Backpackers Special" inkl. VP ab 95/140 US$; 👪) Dieses entspannte Budget-Camp befindet sich ca. 1 km außerhalb der Ostgrenze des Reservats in der Nähe des Mtemere-Tors und gleich westlich des Dorfes Mloka. Es bietet schlichte, erhöht stehende Zelte, die mitten im Grünen mit Blick auf den Fluss liegen, sowie relativ günstige Boot- und Auto-Safaris. Der Transfer von und nach Mloka ist kostenlos.

Das „Backpacker Special" ist für Gäste, die mit dem Bus in Mloka oder Kisaki ankommen.

**Sable Mountain Lodge** LODGE **$$$**
(☎ 0713 323318, 0737 226398; www.selouslodge.com; EZ/DZ mit VP ab 250/390 US$, all-inclusive 490/630 US$; ⏲ Juni–März; P @ 🏊) Die Sable Mountain Lodge ist freundlich, entspannt und ihren Preis wert. Sie liegt auf halbem Weg zwischen dem Matambwe-Tor und Kisaki an der Nordwestgrenze des Reservates. Es gibt gemütliche, komfortable Stein-Cottages, Zelt-*bandas* (Hütten mit Strohdach), ein Plätzchen zum Sternegucken, Wander-Safaris und Autofahrten zu den Wildtieren sowie Nachtfahrten außerhalb des Reservates.

## ℹ An- & Weiterreise

### AUTO

Selous ist nur mit einem Geländewagen mit großer Bodenfreiheit befahrbar. Im Reservat gibt's keine Mietwagen, und Motorräder sind nicht erlaubt.

Zwei Straßenverbindungen führen zum Wildreservat. Die erste ist die asphaltierte Hauptstraße von Daressalam nach Kibiti, wo eine überwiegend recht gute Piste Richtung Südwesten abzweigt, die nach Mkongo, Mloka und weiter zum Mtemere-Tor führt (240 km). Die Straße ist bis Mkongo in relativ gutem Zustand. Der Abschnitt von Mkongo nach Mtemere (75 km) ist bei starkem Regen manchmal unpassierbar. Für die Fahrt sollte man ab Daressalam sechs Stunden einplanen.

Eine alternative Route führt von Daressalam über Morogoro bis Kisaki und dann weiter bis Matambwe (ca. 350 km). Die Strecke ist wegen der Fahrt durch die Uluguru-Berge landschaftlich schöner, aber holprig. Von Morogoro bis Kisaki sind es 141 km, von Kisaki bis zum Matambwe-Tor 21 km. Die Strecke ist zwar in jüngster Zeit deutlich besser geworden, ist aber immer noch sehr abenteuerlich. Von Daressalam bis Morogoro ist die Straße asphaltiert. In Morogoro geht's auf die alte Daressalam-Straße in östlicher Richtung nach Bigwa. Etwa 3 bis 4 km außerhalb des Ortszentrums führt die Straße am Teachers' College Morogoro vorbei. An der Gabelung vor Bigwa rechts halten. Die unbefestigte Straße steigt nun in steilen Windungen durch den dichten Wald der Uluguru-Berge und mündet in eine flache Ebene. Für die Strecke von Morogoro nach Matambwe braucht es, je nach Jahreszeit, mindestens fünf bis sechs Stunden. Wer von Daressalam kommt und Morogoro meiden möchte, biegt 25 km östlich der Stadt von der Hauptstraße nach Daressalam nach links in eine unbeschilderte Straße nach Mikese ab; sie stößt in Msumbisi wieder auf die Straße nach Kisaki.

Die letzte Tankstelle aus Richtung Daressalam befindet sich in Kibiti (100 km nordöstlich des Mtemere-Tores), wo man noch einmal auftanken sollte. Eine andere Option wäre Ikwiriri, von wo aus ebenfalls eine Zugangsstraße zur Piste Richtung Mloka führt. Danach kommt keine Tankstelle mehr. Wer aus der anderen Richtung kommt, findet die letzte Tankstelle in Morogoro (160 km von der Rangerstation Matambwe entfernt). Gelegentlich werden an der Straße in Matombo, 50 km südlich von Morogoro, und in

### ℹ WILDRESERVAT SELOUS

**Auf in das Wildreservat** Beste Wildbeobachtung vor dem Hintergrund einer faszinierenden Flusslandschaft; wunderbare, kleine Camps, tolle Boot-Safaris und die Möglichkeit für Wander-Safaris.

**Reisezeit** Am besten zwischen Juni und Dezember; viele Camps schließen zwischen März und Mai wegen starken Regens.

**Praktisch & Konkret** Anreise per Flugzeug oder Auto von Daressalam und mit dem Auto von Morogoro oder Mikumi. Sowohl das Mtemere- als auch das Matambwe-Tor sind von 6.30 bis 18 Uhr geöffnet.

**Budget-Tipp** Mit dem Bus von Daressalam ins Dorf Mloka fahren und außerhalb der Grenzen des Reservats übernachten; Eintrittsgeld zahlt man nur beim Betreten des Reservats.

verschiedenen anderen Dörfern Benzin und Dieselkraftstoff verkauft, die Qualität ist aber nicht zuverlässig. Für Fahrten innerhalb des Wildreservates Selous also auf jeden Fall einen ausreichenden Benzinvorrat mitbringen, denn weder in einer der Lodges noch in der Nähe des Reservats ist Benzin erhältlich.

Für den Transfer eines Fahrzeugs von Daressalam über Mloka sollte man mit 250–350 US$ aufwärts pro Strecke rechnen.

### BUS

Täglich verkehrt ein Bus von Tokyo Bus Line zwischen dem sudanischen Markt in Temeke (in der Gegend von Majaribiwa) und dem Dorf Mloka (12 000 TSh, 7–9 Std.), das etwa 10 km östlich des Mtemere-Tores liegt; Abfahrt in beide Richtungen ist zwischen 5.30 und 6.30 Uhr. Die Fahrt von Mloka bis zu den Camps muss im Voraus organisiert werden, denn Trampen ist in Selous verboten, und es gibt keine Mietwagen in Mloka.

Wer von Selous weiter nach Kilwa, Lindi oder Mtwara möchte, kann in der Regel das tägliche *dalla-dalla* von Mloka zur Kibiti-Kreuzung an der Hauptstraße nehmen. Es startet irgendwann zwischen 3 und 5 Uhr in Mloka (4–6 Std.). In Kibiti muss man einen der vorbeifahrenden Busse aus Daressalam anhalten und bis zur Kreuzung von Nangurukuru (weiter nach Kilwa) oder bis Lindi oder Mtwara mitfahren.

Von Morogoro kommend: Die Busgesellschaft Tokyo Bus Line verkehrt mindestens einmal täglich zwischen der zentralen Haltestelle Msamvu in Morogoro und dem Dorf Kisaki (9000 TSh, 7 Std.). Abfahrt in beiden Richtungen ist zwischen 9 und 11 Uhr. Von Kisaki muss man die Weiterfahrt bis zum 21 km entfernt gelegenen Matambwe-Tor im Voraus mit den Lodges arrangieren. Das Tor bei Matambwe liegt 180 km von Morogoro entfernt.

### FLUGZEUG

**Coastal Aviation** (www.coastal.co.tz) fliegt täglich zwischen Selous und Daressalam (einfach 165–195 US$), der Insel Sansibar (einfach 210–240 US$), Mafia (über Daressalam, einfach 275–305 US$) und Arusha (über Daressalam, einfach 410–440 US$), mit Anschluss an andere Flugpisten im Norden. Coastal fliegt auch zwischen Selous und dem Nationalpark Ruaha (einfach 320–350 US$). Andere Airlines, die diese Routen zu ähnlichen Preisen bedienen, sind z. B. ZanAir (www.zanair.com) und Safari Airlink (www.flysal.com). Die Flüge nach Selous werden in der Regenzeit von Mitte März bis Mai in der Regel eingestellt. Alle Lodges holen ihre Gäste vom Flugplatz ab.

### ZUG

Abenteuerlustige Reisende – vor allem, wenn sie den Nordwesten von Selous besuchen möchten – kommen mit dem Zug. Mit etwas Glück ziehen die ersten Wildtiere schon am Zugfenster vorbei. Alle Tazara-Züge (www.tazarasite.com) halten in Kisaki. Der Bahnhof liegt fünf bis sechs Stunden von Daressalam entfernt, ist die erste Haltestelle der Expresszüge und auch der interessanteste Stopp. Die normalen Züge halten in Matambwe nahe dem Hauptquartier des Selous sowie an den Bahnhöfen Kinyanguru und Fuga.

Die schnellste Verbindung ist der Zug zwischen Daressalam und dem Selous. Allerdings sollte man seine Ankunft rechtzeitig ankündigen und sich abholen lassen, denn die Züge kommen in der Regel nach Einbruch der Dunkelheit an. Da das Autofahren im Selous nachts verboten ist, klappt dies nur bei Lodges, die außerhalb der Reservatsgrenzen liegen. In entgegengesetzter Richtung kommt es häufiger zu Verspätungen, weswegen die meisten Lodges nicht bereit sind, Reisende abzuholen, die aus Richtung Mbeya kommen. In Kisaki gibt es mehrere einfache und reizlose lokale Gästehäuser, falls man abends hier strandet.

## Kilwa Masoko

☎ 023 / 13 600 EW.

Kilwa Masoko („Kilwa des Marktes“) ist ein verschlafenes Küstenstädtchen etwa auf halber Strecke zwischen Daressalam und Mtwara. Es ist zwischen dichter Küstenvegetation und ein paar schönen Sandstränden eingebettet. Die Stadt selbst ist eine relativ moderne Gründung und hat wenig Historisches zu bieten. Doch sie ist das Sprungbrett in eine der historisch bedeutsamsten Regionen Ostafrikas: zu den eindrucksvollen Ruinen der arabischen Siedlungen Kilwa Kisiwani und Songo Mnara aus dem 15. Jh.

### Sehenswertes & Aktivitäten

Am Ostrand der Stadt befindet sich ein kurzer Sandstrand, der **Jimbizi-Strand**, in einer teilweise geschützten Bucht mit gelegentlichen Baobabs. Der tollste Küstenabschnitt ist der lange, von Palmen gesäumte Strand von **Masoko Pwani** am offenen Meer, 5 km nordöstlich der Stadt. Er ist am besten mit dem Fahrrad oder einem *bajaji* (einfach 5000 TSh) zu erreichen. Hier werden die Fische für Kilwa Masoko angelandet. Der farbenprächtige Hafen ist vor allem am späten Nachmittag einen Besuch wert.

Hotels in Kilwa und die Kilwa Islands Tour Guides Association (S. 356) vermitteln neben zahlreichen anderen Angeboten Besuche der ausgedehnten **Kalksteinhöhlen** etwa 85 km nordwestlich von Kilwa bei Kipatimo.

## Schlafen & Essen

**Kilwa Bandari Lodge** PENSION $

(☎0689 440557, 0717 397814; www.kilwabandarilodge.com; Camping 20 000 TSh, EZ 39 000–49 000 TSh, DZ oder 2BZ 49 000–59 000 TSh; P ❄ 📶) Sechs ordentliche moderne Zimmer im Hauptgebäude, dazu mehrere kleinere, aber nicht minder schöne Räumlichkeiten im hinteren Anbau machen diese Lodge zu einem tollen Budgetangebot. Alle Zimmer sind mit Ventilator, Moskitonetz und Fliegenfenstern ausgestattet und im Gartenrestaurant (Mahlzeiten ab 8000 TSh) werden leckere Mahlzeiten serviert. Die Lodge befindet sich 1,5 km südlich vom Busbahnhof an der Hauptstraße und kurz vor den Hafentoren.

**Kilwa Seaview Resort** LODGE $$

(☎0784 613335, 0784 624664; www.kilwa.net; Jimbizi Beach; Camping 10 US$, EZ/DZ/3BZ/4BZ 90/110/130/150 US$; P) Das familienfreundliche Resort besteht aus geräumigen Zeltdachhütten auf einer Felsklippe mit Blick auf das östliche Ende des Jimbizi-Strandes. Das Restaurant rund um einen riesigen Affenbrotbaum hat köstliche Gerichte, und der Badestrand ist nur einen kurzen Spaziergang entfernt.

Wer mit dem Auto anreist, biegt am Hinweisschild von der Hauptstraße in die Zufahrtsstraße ein. Wer mit dem Bus kommt, wendet sich von der Haltestelle zuerst auf der Hauptstraße nach Süden in Richtung Hafen und biegt an der Polizeistation links ab. Es geht an den Polizeibaracken und dem Krankenhaus vorbei den Hügel abwärts zur Kilwa Ruins Lodge und dem Jimbizi-Strand. Am nordöstlichen Ende des Strandes führt ein schmaler Weg zu den Hütten. Die Fahrt von/nach Daressalam oder vom/zum Wildreservat Selous kostet 250 US$ pro Auto (einfach).

**Kilwa Dreams** BUNGALOWS $$

(☎0784 585330; www.kilwadreams.com; Masoko Pwani; Camping 10 US$, DZ/FZ Bungalow 90/110 US$; P) Die Anlage mit ein paar spartanischen, aber gepflegten Bungalows mit Kaltwasser und ohne Strom ist der ideale Ort zum Entspannen. Sie liegt idyllisch direkt am langen, wunderbaren Strand von Masoko Pwani. Es gibt auch ein Restaurant mit Bar (Mahlzeiten 25 000–40 000 TSh) am Strand. Man nimmt den Flughafen-Abzweig und folgt den Schildern entlang der Sandpiste 4 km bis zum Strand. *Bajaji* von der Stadt verlangen 5000 TSh.

### Kilwa Masoko

**Sehenswertes**
1 Jimbizi Beach ........ B2

**Schlafen**
2 Kilwa Bandari Lodge ........ A3
3 Kilwa Pakaya Oceanic Resort ........ B2
4 Kimbilio Lodge ........ B2

**Essen**
5 Nachtmarkt ........ B1

**Praktisches**
6 Büro des Ministeriums für Altertümer ... A3
7 Kilwa Islands Tour Guides Association ........ B1
8 National Microfinance Bank ........ B2

**Kimbilio Lodge** LODGE $$

(☎0713 975807, 0656 022166; www.kimbiliolodges.com; EZ/DZ 80/120 US$; P 📶) Die freundliche Unterkunft liegt schön am Jimbizi-Strand. Übernachtet wird in sechs geräumigen, geschmackvoll gestalteten Bungalows direkt am Strand. Sehr empfehlenswert. Die Lodge bietet gute italienische Küche und (auf Voranmeldung) Tauchen, jedoch ohne Tauchlehrer. Auch Schnorchelexkursionen sowie Touren zu den Flusspferden und Mangrovensümpfen können arrangiert werden.

**Kilwa Pakaya Oceanic Resort** HOTEL $$
(☎0674 941112; www.kilwapakayahotel.co.tz; EZ/DZ 75/95 US$; P❄📶) Das Kilwa Pakaya punktet mit herrlicher Lage im Zentrum des Jimbizi-Strandes. Es hat einen Speisebereich am Strand, ein Beachvolleyballfeld und recht komfortable Zimmer in einem eher unscheinbaren mehrstöckigen Gebäude im hinteren Teil, die alle Meerblick, Ventilator und Minikühlschrank bieten.

**Mwangaza Hideaway** LODGE $$$
(☎0765 289538, 0757 029244; www.kilwa-mwangaza.com; B 25 US$, DZ/4BZ mit VP im Bungalow/Dau-Haus 140/200 US$; P≋) Das ruhige Mwangaza bietet günstige Übernachtungen in Mehrbettzimmern (inklusive Frühstück) in einem generalüberholten Haus mit sechs Betten und dazu eine Hand voll offener Bungalows mit direktem Blick auf die Mangroven sowie ein schönes Dau-Haus für vier Personen. Im Restaurant kann man hervorragende Mahlzeiten bestellen. Die Lodge liegt an der Westseite der Insel und ca. 1 km abseits der Hauptstraße. Man erreicht sie über einen ausgeschilderten Abzweig gegenüber dem Flugfeld.

**Nachtmarkt** MARKT $
(abseits der Main Rd, hinter der Bushaltestelle; Snacks 500–2000 TSh; ⏲18–23 Uhr) Kilwas lebendiger Nachtmarkt beginnt jeden Tag gegen 18 Uhr. Hier bekommt man gegrillten *pweza* (Tintenfisch), *mishikaki* (gegrillte Fleischspieße) und weitere Snacks.

## ℹ Praktische Informationen

### GELD

**National Microfinance Bank** (Main Rd) Der Geldautomat akzeptiert Visa und MasterCard.

### TOURISTENINFORMATION

**Kilwa Islands Tour Guides Association** (Main Rd; ⏲8–20 Uhr) Dieses kleine Büro am Busbahnhof ist der Dreh- und Angelpunkt der Tourismusszene von Kilwa. Hier kann man Besuche von Kilwa Kisiwani und Songo Mnara organisieren und bekommt Hilfe bei der Suche nach einer Unterkunft. Des Weiteren werden mehrere Exkursionen rund um Kilwa angeboten. Die meisten beginnen bei 25 US$ pro Person inklusive Führer und Transport; bei größeren Gruppen wird es günstiger.

**Büro für Altertümer** (Idara ya Mambo ya Kale; Main Rd; ⏲ Mo–Fr 7.30–15.30 Uhr) Hier erhält man Genehmigungen für den Besuch von Kilwa Kisiwani und Songo Mnara. Zwar muss man alles über die Kilwa Islands Tour Guides Association organisieren, doch ist es einfacher, erst einmal hier einen Zwischenstopp einzulegen.

## ℹ An- & Weiterreise

### BUS

Mehrmals täglich fahren Sammeltaxis und Minibusse nach Nangurukuru (Kreuzung mit der Straße Daressalam–Mtwara; 2000 TSh, 1 Std.) und Kilwa Kivinje (2000 TSh, 45 Min.) von der Bushaltestelle auf der Hauptstraße in der Nähe des Marktes ab. Dort warten meist auch Taxis oder *bajaji* für Ausflüge in die Umgebung.

Nach Daressalam fahren in der Regel täglich mehrere Busse, die für gewöhnlich auch in Kilwa Kivinje halten. Abfahrt ist in beiden Richtungen zwischen 5.30 und 10 Uhr (13 000 TSh, 4–5 Std.). Die Tickets kauft man am Tag davor. Alle Busse nach Kilwa starten an der Bushaltestelle in der Nähe des Marktes. In Daressalam fahren die Busse vom „Mbagala Rangi Tatu" an der Straße nach Kilwa ab, dies ist auch die Endhaltestelle für die Busse aus Kilwa. Wer von Daressalam kommt, kann auch einen Bus nach Mtawara nehmen und an der Nangurukuru-Kreuzung aussteigen; von dort geht's mit dem Nahverkehr weiter nach Kilwa Kivinje (1000 TSh, 11 km) oder Kilwa Masoko (2000 TSh, 35 km), man muss allerdings in der Regel den vollen Fahrpreis von Daressalam nach Mtwara zahlen. Aus Kilwa kommend, funktioniert dies nicht so gut, denn die Busse sind oft voll, wenn sie durch Nangurukuru kommen (ab 11 Uhr). Die beste Wartestelle ist der große Starcom-Rastplatz rund 200 m nördlich der Nangurukuru-Kreuzung; die meisten Busse halten hier.

Mindestens ein direkter Bus täglich fährt nach Lindi (7000 TSh, 4 Std.; einen Tag im Voraus buchen). Er startet in Kilwa am Haltepunkt für öffentliche Verkehrsmittel nahe dem Markt zwischen 5 und 6 Uhr. Es gibt keine direkte Verbindung nach Mtwara. Man kann ein Sammeltaxi bis zur Nangurukuru-Kreuzung nehmen und dort versuchen, einen Bus nach Mtwara zu erwischen (am großen Starcom-Rastplatz nördlich der Nangurukuru-Kreuzung warten), wobei der volle Fahrpreis von Daressalam nach Mtwara fällig wird. Alternativ fährt man erst nach Lindi und nimmt von dort einen Minivan.

### FLUGZEUG

Coastal Aviation fliegt bei Bedarf täglich zwischen Kilwa und Daressalam (einfach 275 US$), der Insel Sansibar (einfach 330 US$) und Mafia (einfach 190 US$). Die Flieger starten ab vier Passagieren. Die Buchung erfolgt über das Büro von Coastal Aviation (S. 70) in Daressalam. Die Landebahn von Kilwa Masoko liegt 2 km nördlich des Ortes an der Hauptstraße.

### SCHIFF/FÄHRE

Daus nach Songo Songo und zu weiteren nahe gelegenen Inseln legen am ehesten in Kilwa Kivinje ab. Boote nach Kilwa Kisiwani und Songo Mnara fahren vom kleinen Hafen (Main Rd) am Südrand der Stadt ab. Eine reizvolle Option für

Besucher, die es nicht eilig haben, ist die viertägige Segel-Safari von Kilwa Masoko nach Daressalam mit drei Übernachtungen. Sie wird organisiert vom Mwangaza Hideaway und von **Slow Leopard** (theslowleopard@gmail.com) in Daressalam (ab 485 US$ pro Pers.).

# Kilwa Kisiwani

1000 EW.

Kilwa Kisiwani (Kilwa auf der Insel), ein ruhiges Fischerdorf, das in der Sonne vor sich hindöst, liegt direkt vor Kilwa Masoko im Meer. In seiner Glanzzeit residierten hier die Sultane, und es war in ein ausgedehntes Handelsnetz eingebunden, das die alten Königreiche von Shona und die Goldfelder von Simbabwe mit Persien, Indien und China verband. Der berühmte Reisende und Chronist Ibn Battuta besuchte Kilwa im frühen 14. Jh. und schwärmte von der Stadt als außergewöhnlich schön und wohlgebaut. Zu seiner Glanzzeit reichte Kilwas Einflussbereich weit nach Norden über die Inselgruppe von Sansibar hinaus und nach Süden bis Sofala an der Küste von Mosambik.

Diese Zeiten sind längst vorbei, doch die Ruinen der alten Stadt – zusammen mit den Ruinen auf der nahe gelegenen Insel Songo Mnara (S. 358) – zeugen noch von der Pracht der alten Suaheli-Bauwerke.

## Geschichte

Der Küstenstreifen um Kilwa Kisiwani ist bereits seit mehreren Tausend Jahren besiedelt. Auf der Insel wurden Artefakte aus der mittleren und jüngeren Steinzeit gefunden. Die ersten nachweisbaren Siedlungen entstanden um 800 n. Chr., doch Kilwa blieb bis ins frühe 13. Jh. ein relativ unbedeutender Ort. Damals bildeten sich die Handelsverbindungen mit dem 1500 km entfernten Sofala im Süden des heutigen Mosambik heraus. Kilwa übernahm die Kontrolle über Sofala und riss den lukrativen Goldhandel an sich. Bald darauf stieg es zum mächtigsten Handelszentrum an der Swahili-Küste auf.

Ende des 15. Jhs. wendete sich das Blatt. Zunächst schüttelte Sofala die Herrschaft Kilwas ab, und im frühen 16. Jh. übernahmen schließlich die Portugiesen die Insel. Erst 200 Jahre später wurde Kilwa wieder unabhängig und stieg erneut zu einem wichtigen Handelsstützpunkt auf. Es entwickelte sich zur Drehscheibe des Sklavenhandels, der Mauritius, La Réunion und die Komoren mit Sklaven vom Festland belieferte. In den 1780er-Jahren übernahm der Sultan von Oman die Herrschaft über Kilwa. Um die Mitte des 19. Jhs. musste sich der Herrscher der Insel dem Sultan von Sansibar unterwerfen. Der Schwerpunkt des Handels verlagerte sich auf das Festland nach Kilwa Kivinje, und die Insel versank in Bedeutungslosigkeit, die bis heute andauert.

## Sehenswertes

Dank der Förderung durch Frankreich und Japan konnten große Teile der Ruinen von Kilwa Kisiwani restauriert und wieder zugänglich gemacht werden – informative Schilder auf Englisch und Suaheli erzählen ihre Geschichte.

Die **Ruinen** (Erw./Student 27 000/13 000 TSh) gliedern sich in zwei Baukomplexe: Bei der Anfahrt fällt als Erstes das **arabische Fort** *(gereza)*. auf. Es wurde im frühen 19. Jh. von den Omanis an Stelle eines portugiesischen Forts aus dem frühen 16. Jh. erbaut. Im Südwesten des Forts stehen die Ruinen der wunderschönen **Großen Moschee**. Die Säulen und das elegant gewölbte Dach wurden eindrucksvoll restauriert. Einige Teile der Moschee datieren in das späte 13. Jh., die meisten Bauelemente stammen jedoch von einem Bau aus dem 15. Jh. Zu ihrer Zeit war diese Moschee die größte an der ostafrikanischen Küste. Südwestlich (hinter) der Großen Moschee trifft man auf die Überreste einer kleineren **Moschee** aus dem frühen 15. Jh. Sie gilt als das besterhaltene Bauwerk von Kilwa und wurde ebenfalls hervorragend restauriert. Im Westen der kleinen Moschee ragen inmitten eines weiten, grünen Rasens und mit Blick auf das weite Meer die zerfallenen Ruinen des **Makutani** auf. In diesem großen, von einer Mauer umgebenen Palast, der aus der Mitte des 18. Jhs. stammen soll, lebten einige Sultane von Kilwa.

An der Küste, etwa 1,5 km vom Fort entfernt, liegt **Husuni Kubwa**. Der früher massive Baukomplex erstreckt sich über fast einen Hektar und bildet mit dem nahen **Husuni Ndogo** die älteste Ruinenstätte von Kilwa. Die Anlage entstand vermutlich im 12. Jh. – sie thront auf einem Hügel und muss einst die Bucht beherrscht haben. Sehenswert ist das achteckige Schwimmbecken. Husuni Ndogo ist kleiner als Husuni Kubwa und dürfte aus derselben Zeit stammen. Allerdings wissen die Archäologen noch nicht, welchem Zweck er diente. Bei Ebbe geht man die Küste entlang zu den Ruinen, bei Flut bleibt nur der längere Weg über Land.

## Geführte Touren

Die Ruinen darf man nur in Begleitung eines Führers besuchen, den man über die Kilwa Islands Tour Guides Association (S. 356) an der Bushaltestelle in Kilwa Masoko buchen kann. Der Guide hilft auch bei der Organisation und Bezahlung der notwendigen Erlaubnis für das Büro für Altertümer (S. 356) gleich oberhalb des Hafens in Kilwa Masoko. Man fragt nach dem Idara ya Mambo ya Kale (Büro für Altertümer); die Genehmigung wird in der Regel ohne Probleme ausgestellt, während man wartet. Der entsprechende Beamte ist am ehesten morgens anzutreffen. An den Wochenenden hängt die Telefonnummer des diensthabenden Beamten an der Tür aus; sie sind recht entgegenkommend, wenn es darum geht, Genehmigungen außerhalb der Dienstzeiten auszustellen.

Tourpreise beginnen bei 40 US$ pro Person. Je größer die Gruppe ist, desto günstiger wird die Tour. Manchmal gibt's einen kleinen Preisnachlass auf nicht motorisierte Daus zur Insel.



## Praktische Informationen

Im Büro für Altertümer (S. 356) in Kilwa Masoko bekommt man informative Broschüren. Im Nationalmuseum in Daressalam (S. 54) wird eine kleine Ausstellung über Kilwa Kisiwani gezeigt.

## An- & Weiterreise

Wenn im Hafen von Kilwa Masoko genügend Passagiere warten, fahren Boote nach Kilwa Kisiwani (200 TSh) – meist früh am Morgen gegen 7 Uhr. Sie dürfen jedoch keine Touristen befördern. Da Besucher die Insel nur mit einem Führer betreten dürfen, muss man sich in der Regel nach seinen Preisen richten (40 US$ pro Person inkl. Transport, Gebühren für den Führer und Eintrittsgebühr). Bei günstigem Wind dauert die Überfahrt in einer Segel-Dau 20 Minuten.

# Songo Mnara

Das winzige **Songo Mnara** (Erw./Student 27 000/13 000 TSh) befindet sich 8 km südlich von Kilwa Kisiwani (S. 357). Die Ruinen am Nordrand des Ortes – ein Palast, mehrere Moscheen und zahlreiche Häuser – dürften aus dem 14. und 15. Jh. stammen. In mancherlei Hinsicht sind sie sogar bedeutender als Kilwa Kisiwani, denn die Grundrisse zeichnen eine fast komplett erhaltene Küstenstadt nach. Allerdings wirken sie optisch nicht so eindrucksvoll. Gemeinsam mit Kilwa Kisiwani sind sie eine UNESCO-Welterbestätte.

An der Westseite der Insel liegen die Ruinen von **Sanje Majoma** aus derselben Zeit. Auf der kleinen Insel **Sanje ya Kati** zwischen Songo Mnara und Kilwa Masoko sind wenige Ruinen einer dritten Siedlung erhalten – vermutlich aus derselben Zeit.

Touristen kommen nur per Boot von Kilwa Masoko nach Songo Mnara, das über die Kilwa Islands Tour Guides Association (S. 356) organisiert werden kann. Pro Person zahlt man ab 96 US$ einschließlich Transport, Eintrittserlaubnis und Guide. Je größer die Gruppe ist, desto niedriger ist der Preis. Die Daus zwischen Kilwa Masoko und Songo Mnara benötigen bei gutem Wind zwei bis drei Stunden (Motor-Daus 1½ Stunden). Für eine kombinierte Tagestour, die sowohl Songo Mnara als auch Kilwa Kisiwani beinhaltet, kosten der Führer, Motorboot und die Eintrittsgebühr 148 US$ für eine Person (247 US$ für zwei Pers.).

Nach der Landung auf Songo Mnara muss man durch einen Mangrovensumpf waten, ehe man die Insel betreten kann.

# Kilwa Kivinje

☎ 023

Nach dem Zusammenbruch des Sultanats von Kilwa bauten die Omanis aus Kilwa Kisiwani zu Beginn des 19. Jhs. das gemütliche **Kilwa Kivinje** („Kilwa des Kasuarinenbaumes") als Basis aus. Bis zur Jahrhundertmitte hatte sich die Siedlung zur Drehscheibe des Sklavenhandels etabliert und Ende des Jahrhunderts wurde sie deutsches Verwaltungszentrum. Nach dem Verbot des Sklavenhandels und der deutschen Niederlage im Ersten Weltkrieg endete die kurze Glanzzeit von Kilwa Kivinje. Heute sind nur noch zerfallende und von Moos überwucherte, aber atmosphärische Bauten übrig, die an eine Suaheli-Stadt mit deutscher Kolonial- und arabisch-osmanischer Architektur erinnern.

Theoretisch kann man Kivinje nur mit einem in Kilwa Masoko organisierten Guide, und nachdem man dort eine Genehmigung (20 000 TSh) erworben hat, besuchen. In der Praxis kann man in der Regel problemlos in Kivinje starten und sich dort um einen Führer kümmern.

## Sehenswertes & Aktivitäten

Der interessanteste Teil der Stadt ist die alte deutsche **boma** (Verwaltungssitz). Die Straßen hinter der *boma* werden von kleinen Häusern mit geschnitzten Torbögen im Stil Sansibars gesäumt. Angeblich ist die nahe **Moschee** seit dem 14. Jh. ununterbrochen in Gebrauch – das behaupten jedenfalls die Einheimischen. Das Labyrinth der Nebenstraßen bietet einen ausgezeichneten Eindruck vom Leben einer Küstenstadt: Kinder spielen auf den Straßen und Frauen schleppen riesige Tabletts mit *dagga* (winzige Sardinen) zum Trocknen in die Sonne. Im geschäftigen **Dau-Hafen** legen bunt bemalte Schiffe nach Songo Songo, Mafia und in andere Küstenstädte ab.

Neben dem Krankenhaus und rund 1 km westlich der Stadt liegt an der Zufahrtsstraße ein kleines **Denkmal** für die Helden des Maji-Maji-Aufstandes (S. 339).

Kilwa Kivinje wird am besten im Rahmen einer Halbtagestour von Kilwa Masoko aus besucht. Die Kilwa Islands Tour Guides Association (S. 356) organisiert Fahrradausflüge von Kilwa Masoko aus für etwa 25 US$ pro Person.

## Schlafen & Essen

**King Peace Hotel** PENSION $

(☎ 0753 372356, 0713 166626, 0784 615110; Zi. 40 000 TSh) Die ordentliche Pension rund 800 m westlich der Stadt an der großen Zufahrtsstraße und schräg gegenüber vom Kinyonga Hospital bietet saubere Zimmer mit Doppelbetten und leckere Mahlzeiten (müssen vorher angefragt werden; 15 000 TSh). Die Zimmer sind alle nach den Inseln im Umkreis benannt. Eine Ausnahme ist 'Kinyonga' ('Ort der Hinrichtungen'). Der Name dieses Zimmers soll Besucher an diejenigen erinnern, die beim Maji-Maji-Aufstand ihre Leben ließen.

## An- & Weiterreise

Nach Kilwa Kivinje fährt man von Kilwa Masoko zunächst auf einer Asphaltstraße 25 km Richtung Norden (oder von der Nangurukuru-Kreuzung 5 km Richtung Osten auf der Hauptstraße zwischen Daressalam und Mtwara) und biegt dann auf die ausgeschilderte Zugangsstraße ab. Dem ungepflasterten Weg folgt man weitere fünf Kilometer vorbei am Kinyonga Hospital nach Kilwa Kivinje.

Sammeltaxis fahren mehrmals täglich von und nach Kilwa Masoko (2000 TSh). Auch Busse zwischen Daressalam und Kilwa Masoko halten in der Regel in Kilwa Kivinje. Ein privates Taxi ab Kilwa Masoko und zurück kostet zwischen 25 000 und 30 000 TSh.

Kilwa Kivinje ist ein wichtiger regionaler Dau-Hafen. Regelmäßig legen Daus in dem bunten Hafen am Stadtrand nach Songo Songo ab (ca. 2000 TSh, 3–5 Std.; Motorboote 7000–10 000 TSh, 2 Std.), von wo aus man einfach auf die nahe gelegene Insel Fanjove kommt. Die motorisierten Boote starten in der Regel ab ca. 10 Uhr. Wer nach Mafia will, nimmt einen Bus die Küste hinauf in Richtung Daressalam bis Nyamisati und fährt von dort mit dem Boot weiter.

# Songo Songo

Die wichtigsten Attraktionen der 4 km² großen Insel sind 3500 Einwohner, Kokospalmen, Buschland, unzählige Vögel, ein Strand und ein großes natürliches Erdgasfeld – das Gas wird vom Songo Songo Gas to Electricity Project gefördert. Die Hauptinsel, **Fanjove** und mehrere kleine Inseln bilden den Songo-Songo-Archipel, eine ökologische Nische für Meeresschildkröten und Seevögel. In den Gewässern um die Inseln gedeiht eine eindrucksvolle Vielfalt von Hart- und Weichkorallen. Zusammen mit dem Delta des Rufiji, dem Mafia-Archipel und der Küste um Kilwa Masoko wurde die Region zum Feuchtgebiet von internationaler Bedeutung erklärt (Ramsar-Konvention). Der schönste Strand liegt im Südosten von Songo Songo und ist über eine Kokosnussplantage zugänglich.

## Schlafen & Essen

**Kiliwani Guest House** PENSION $

(Zi. 20 000 TSh) Die kleine, regionaltypische Pension liegt einen kurzen Fußweg östlich von der Anlegestelle der Daus und bietet schlichte, aber angemessene Zimmer. Mit Voranmeldung können Mahlzeiten organisiert werden.

★ **Privatinsel Fanjove** LODGE $$$

(☎ 022-260 1747; www.ed.co.tz; EZ/DZ VP 555/815 US$; ⏲ Juni–März) Auf dieser kleinen Privatinsel stehen sechs rustikale, komfortable und umweltfreundliche *bandas* direkt an einem traumhaften Strand, die Duschen sind oben offen, und man kann Kajak fahren, schnorcheln und andere Exkursionen unternehmen. Alles ist schlicht und soll die Umwelt möglichst unberührt lassen. Die Lodge ist einzigartig und für alle empfehlenswert, die das Leben an der Suaheli-Küste kennenlernen möchten – besonders in Kombination mit Kilwa und Mafia.

## An- & Weiterreise

### FLUGZEUG

Coastal Aviation (www.coastal.co.tz) fliegt zwischen der Hauptinsel Songo Songo und

Daressalam (einfach 220 US$), Kilwa Masoko (einfach 160 US$) und Mafia (einfach 150 US$)). Wer auf der Privatinsel Fanjove nächtigt, wird mit dem Boot von Songo Songo nach Fanjove gebracht (der Transfer muss bei Reservierung der Unterkunft mitgebucht werden).

**SCHIFF/FÄHRE**

Per Motor-Dau kann man ab 10 Uhr vom Dau-Hafen in Kilwa Kivinje nach Songo Songo (7000–10 000 TSh, 2 Std.) übersetzen, von dort geht's nur mit dem vorher arrangierten Bootstransfer der Privatinsel Fanjove weiter (S. 359). Ein Charterboot von Kilwa Masoko nach Songo Songo kann auch über die Kimbilio Lodge (S. 359) arrangiert werden, dabei ergeben sich schöne Möglichkeiten für Rundtouren.

# Lindi

☎023 / 78 800 EW.

Lindi gehörte ursprünglich zum Sultanat Sansibar. Hier machten die Sklavenkarawanen auf dem Weg vom Nyasasee Station, es war regionale Kolonialhauptstadt und ist die wichtigste Stadt im Südosten von Tansania. Nach dem Verbot des Sklavenhandels und dem Aufstieg von Mtwara zur lokalen Drehscheibe verschwand Lindi in der Versenkung. Leidglich zu Beginn des 20. Jhs., als in der Nähe Dinosaurierknochen gefunden wurden, trat es nochmals kurz ins Rampenlicht.

Heute ist Lindi ein lebendiger, angenehmer Ort, für den man ruhig einen Tag einplanen sollte, um ein Gespür für das Leben an der Küste zu bekommen. Natürlich hat Lindi längst nicht so viel Flair wie Kilwa Kivinje, doch im kleinen Dau-Hafen drängen sich die Schiffe, und ein paar geschnitzte Türen, Ruinen an staubigen Straßen, ein Hindutempel und indische Kaufleute lassen noch erahnen, wie reich diese Stadt an der Handelsroute in den Osten einst war.

## Sehenswertes & Aktivitäten

Die historische Altstadt zieht sich am Meer entlang, allerdings gestaltet sich die Suche nach den wenigen Überresten historischer Bauten aus der glorreichen Vergangenheit schwierig. Zu sehen sind noch die Reste der alten deutschen **boma**, die Ruinen eines arabischen Turmes und gelegentlich eine geschnitzte Tür. Auch der kleine, lebendige und farbenfrohe **Dau-Hafen** (Waterfront Road) an der von Palmen gesäumten Bucht von Lindi ist einen Spaziergang wert. Von einigen der Hügel am Rand des Ortes bieten sich hübsche Ausblicke über die Palmenhaine, die Lindi Bay und über den Fluss Lukeludi bis zur **Halbinsel Kitunda** – die Einheimischen kennen die Wege zu den Vierteln Mtanda, Wailes („Drahtlos") oder Mtuleni. Kitunda war früher eine Sisalplantage, heute ist es nur noch ein schläfriges Dorf. Allerdings machen der Spaziergang über die Halbinsel und der Einblick in das traditionelle Dorfleben Spaß. Hinter dem Hügel am Ende der Halbinsel liegt ein guter Strand (mit einem Boot zu erreichen).

An der Straße zum Flughafen, 6 km nördlich des Ortes, befindet sich der **Strand von Mtema** – bis auf Wochenenden und die Ferien ist er meist leer. Auf die Wertsachen achten.

Das wichtigste Produkt der Stadt ist Salz, das in den Salzbecken um die Stadt produziert wird. In Kikwetu am Flugplatz gibt es eine kleine Sisalplantage. Das Korallenriff in der Sudi Bay südlich von Lindi ist reich an Meerestieren; es wurde als Meeresschutzgebiet vorgeschlagen.

## Schlafen

**Kadogoo Inn** HOTEL $

(☎0785 993999, 0716 152391, 023-220 2507; kadogooinn2007@gmail.com; Jamhuri St; Zi. 50 000–80 000 TSh, Suite 100 000–150 000 TSh) Das schicke zweistöckige Hotel liegt über dem Durchschnitt von Lindis ansonsten recht schlichter Auswahl an lokalen Pensionen. Wenige Häuserblocks vom Kreisel an der Hauptstraße entfernt gelegen, bietet es saubere, moderne Zimmer und Mahlzeiten.

**Malaika Guest House** PENSION $

(☎023-220 2880; Market St; Zi. 15 000 TSh) Malaika liegt günstig zentral einen Häuserblock östlich des Markts und ist ein alteingesessenes Quartier mit schlichten und etwas vollgestopften, aber sauberen Zimmern mit Ventilatoren. Im guten, günstigen Restaurant bekommt man (manchmal) Pizza und regionale Gerichte für ca. 3000 TSh.

**Vision Hotel** PENSION $

(☎0687 111522; Makonde St; Zi. 25 000 TSh; ❄) Alle Zimmer in dieser einfach zu findenden Unterkunft gegenüber vom Brigita Dispensary sind sauber und haben Ventilatoren, Fernseher sowie Doppelbetten. Essen bekommt man hier nicht.

**Seaview Beach Resort** HOTEL $$

(Oceanic Beach Resort; ☎0657 737225, 023-220 2581; Waterfront Rd; Zi./Suite 120 000/250 000 TSh; P❄📶🏊) Dieses Hotel in her-

SÜDOST-TANSANIA LINDI

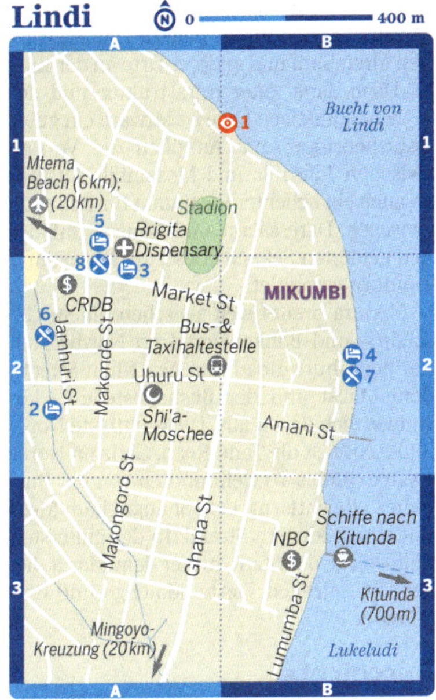


vorragender Lage am Wasser gleich unterhalb des Dau-Hafens wurde komplett renoviert. Gäste erwarten gemütliche Zimmer mit riesigen Betten und Blick auf den großen Pool und das Meer. Die Suiten haben kleine Balkone und es gibt ein Restaurant. Größter Nachteil ist die oftmals laute Beschallung aus der Bar am Wasser, die am Wochenende manchmal bis spät in die Nacht geht.

## Essen

**Mbinga One** AFRIKANISCH $

(Market St; Mahlzeiten 3000–6000 TSh; ⏲ 11–22 Uhr) Das kleine Lokal an der Straße bietet günstige regionaltypische Gerichte.

**Himo-One** TANSANISCH $

(Jamhuri St; Mahlzeiten 3000–6000 TSh; ⏲ 11–21 Uhr) Das bei den Einheimischen seit Langem beliebte Lokal mag zwar etwas schmuddelig sein, doch die Gerichte – Hühnchen oder Fisch und Reis oder Pommes – kommen schnell auf den Tisch und sind von verlässlicher Qualität. Alkohol wird nicht ausgeschenkt. Es liegt einen Block südlich vom Markt.

**Lindi Oceanic Hotel** FISCH & MEERESFRÜCHTE $$

(☎ 023-220 2581, 0657 737225; Waterfront Rd; Mahlzeiten 15 000–20 000 TSh; ⏲ So–Do 11–22, Fr & Sa bis 23.30 Uhr) Lindis gehobenstes Restaurant serviert Fisch und Meeresfrüchte sowie einige Fleischgerichte auf einer Terrasse mit Blick aufs Meer.

## Lindi

**Sehenswertes**
1 Dau-Hafen .... B1

**Schlafen**
2 Kadogoo Inn .... A2
3 Malaika Guest House .... A2
4 Seaview Beach Resort .... B2
5 Vision Hotel .... A1

**Essen**
6 Himo-One .... A2
7 Lindi Oceanic Hotel .... B2
8 Lindi Supermarket .... A2
Mbinga One .... (siehe 8)

### Selbstversorger

**Lindi Supermarket** SUPERMARKT $

(Market St; ⏲ 8–21 Uhr) Lindis größter Supermarkt.

## Praktische Informationen

### MEDIZINISCHE VERSORGUNG

**Brigita Dispensary** (☎ 023-220 2679; brigita_dispensary@yahoo.de; Makonde St; ⏲ 9–19 Uhr) Diese Klinik unter westlicher Leitung ist bei medizinischen Notfällen die beste. Sie liegt mehrere Blocks östlich vom Markt; den Weg sollte jeder Einheimische kennen.

### GELD

**CRDB** (zentraler Kreisverkehr) Hat einen Geldautomaten.

**NBC** (Lumumba St) Am Ufer; hat einen Geldautomaten.

## An- & Weiterreise

### SCHIFF/FÄHRE

Alle Busse nach Mtwara (4000 TSh, 3 Std.) fahren an der zentralen Bushaltestelle mit Taxistand auf der Uhuru Street ab. Die Minibusse starten täglich zwischen 5.30 und 11 Uhr. Den ganzen Tag über verkehren Minibusse bis zur Abzweigung in Mingoyo (Mnazi Mmoja; 2000 TSh); dort findet man Anschluss an den Masasi–Mtwara-Bus.

Zwei bis drei Direktbusse fahren täglich zwischen 6 und 10 Uhr nach Masasi (5500 TSh, 3–4 Std.). Alternativ den Minibus bis zur Mingoyo-Kreuzung nehmen und dort auf den nächsten Anschluss warten. Der letzte Bus von Mtwara nach Masasi passiert Mingoyo gegen 14 Uhr.

**BRACHIOSAURUS BRANCAI**

Zwischen 1909 und 1912 grub ein Team deutscher Paläontologen in Tendaguru, 100 km nordwestlich von Lindi, mehr als ein Dutzend Dinosaurierfossilien von höchstem wissenschaftlichem Wert aus. Der bedeutendste Fund war ein Skelett des *Brachiosaurus brancai*, das größte vollständige Dinosaurierskelett der Welt. Es steht heute im Naturkundemuseum von Berlin. Warum hier so viele Knochen lagerten, ist noch nicht geklärt. Möglicherweise fielen die Tiere einer Überschwemmung oder einer anderen Naturkatastrophe zum Opfer.

Heute ist Tendaguru nur noch für Hardcore-Paläontologen interessant. Für normale Touristen gibt es nichts zu sehen, und das Gelände ist selbst mit einem eigenen Wagen kaum zugänglich.

Die täglich verkehrenden Direktbusse nach Daressalam fahren immer gegen 5 Uhr in Lindi ab (21 000 TSh, 8 Std.); sie enden an der Haltestelle Mbagala Rangi Tatu in Daressalam – hier starten auch die Busse Richtung Süden nach Lindi. Einige Linien enden in Temeke.

Mindestens ein direkter Bus nach Kilwa Masoko fährt täglich gegen 6 Uhr in Lindi ab (7000 TSh, 4 Std.).

## ℹ Unterwegs vor Ort

Lindi kann man problemlos zu Fuß erkunden. Eine Überfahrt über den Fluss Lukeludi zur Halbinsel Kitunda kann man an der kleinen Anlegestelle an der Hafenstraße nahe der NBC-Bank organisieren.

# Mtwara

☎023 / 108 300 EW.

Zuerst ein unscheinbares Fischerdorf, nach dem fehlgeschlagenen agrarindustriellen Großprojekt Tanganyika Groundnut Scheme (Tanganjika-Erdnuss-Plan) ein menschenleerer Fleck, hat sich das weitläufige Mtwara heute zur wichtigsten Stadt im südöstlichen Tansania gemausert. Die Vermarktung der natürlichen Gasvorkommen Mtwaras, die im Jahr 2006 begonnen wurde, hat einen Bau- und Investmentboom verursacht. Seit der Verlegung einer Gas-Pipeline nach Daressalam stehen heute viele der schnell emporgezogenen Hochhäuser leer, und langsam kehrt die schläfrige, sonnenverdörrte Atmosphäre der Stadt zurück. Reisenden fehlt in Mtwara das historische Flair des nahegelegenen Mikindani und anderer Orte an der Küste. Doch dank guter Infrastruktur und der verkehrsgünstigen Lage ist Mtwara ein guter Zwischenstopp zum Auffüllen der Vorräte zwischen Tansania und Mosambik. Mtwara ist auch ein beliebter Rastpunkt für Reisende zwischen Daressalam und Songea auf der neu geteerten Schnellstraße, die Masasi und Tunduru verbindet.

Mtwara breitet sich zwischen einem Geschäfts- und Bankenviertel im Nordwesten (an der Uhuru Road und Aga Khan Street), dem Markt und der Bushaltestelle 1,5 km südwestlich davon aus. Die wichtigste Nord-Süd-Achse ist die Tanu Road. Ganz im Nordwesten, 30 bis 40 Gehminuten von der Bushaltestelle entfernt, liegt Shangani am Meer mit einem kleinen Strand. In der äußersten Südostecke der Stadt, hinter dem Markt, liegen die quirligen Viertel Majengo und Chikongola.

## Geschichte

Der vergebliche Versuch der Briten, durch den Einstieg ins Geschäft mit Erdnussöl den Ölmangel nach dem Zweiten Weltkrieg zu beheben, verhalf Mtwara zu einem ersten Aufschwung. Es gab ehrgeizige Pläne, das kleine Fischerdorf Mtwara zu einem städtischen Zentrum mit 200 000 Einwohnern auszubauen. Ein internationaler Flughafen und Tansanias erster Tiefwasserhafen wurden gebaut und die regionale Kolonialverwaltung von Lindi hierher verlegt. Die Infrastruktur war noch nicht fertiggestellt, da platzten die Träume von der Erdnuss-Connection bereits – Gründe waren Schwierigkeiten bei der Planung und das wenig kooperative Klima. Mtwaras Hafen spielte zwar in den folgenden Jahren eine wichtige Rolle beim Export von Cashews, Sisal und anderen Produkten, doch die Entwicklung der Stadt kam zum Stillstand. Jahrelang war sie kaum mehr als eine riesige, leere Hülle.

In den 1980er-Jahren wurden in der Gegend natürliche Gasvorkommen entdeckt. Die Vermarktung, die große Hoffnungen für einen wirtschaftlichen Aufschwung der Stadt mit sich brachte, begann im Jahr 2006. Zehn Jahre später hat die umstrittene Verlegung einer Pipeline nach Daressalam große Teile des erhofften Gasgeschäfts zunichte gemacht und Mtwara ist heute eine relativ ruhige Stadt.

## Sehenswertes & Aktivitäten

In der Stadt gibt's einen geschäftigen **Markt** (Sokoine Rd; ⏲ 6–18 Uhr) mit wunderbaren Stoffen und neben dem Hauptgebäude werden traditionelle Heilmittel verkauft. Die **Aga Khan Street** säumen alte indische Handelshäuser aus den 1950er- und 60er-Jahren. Die Fische, die in Mtwara verkauft werden, stammen zum großen Teil aus Msangamkuu auf der anderen Seite der Bucht von Mtwara. Im kleinen **Dau-Hafen** und dem angrenzenden **Fischmarkt** geht's frühmorgens und am Spätnachmittag besonders farbenprächtig zu. Der **Strand** von Shangani ist während der Flutzeiten bei Schwimmern äußerst beliebt. Wegen der schwachen Strömung eignet er sich hervorragend für Kinder, sie brauchen weder Seeigel noch andere Gefahren zu fürchten. Den besten Blick über die Bucht und den weißen Sand der Halbinsel Msangamkuu bietet der Aussichtspunkt nahe dem Southern Cross Hotel (S. 365).

**Afri Mak Arts & Crafts Group** MUSEUM
(Sinani St; Eintritt über Spende; ⏲ Mo–Sa 9–18, So 13–17 Uhr) Dieses ausgezeichnete kleine Museum stellt Masken, Speere, Werkzeuge und andere kulturelle Gegenstände der Stämme Makonde, Makua und Yao aus und alle Exponate sind auf Englisch und Suaheli erläutert. Es ist außerdem der beste Ort, um sich über das jährliche **Makuya-Festival** zu informieren. Von dem kleinen Kreisverkehr an der Makonde Road geht man einen Block Richtung Norden und biegt dann rechts ab. Es ist das zweite Gebäude auf der linken Seite.

**Ayayoru Carvings & Tours** GEFÜHRTE TOUREN
(☎ 0787 194196; www.mtwaratours.com; Sokoine Rd; ⏲ Mo–Sa 8.30–17.30 Uhr) Moris Damian und seine Kollegen bieten geführte Touren in und um Mtwara an, darunter Dorfbesuche mit traditionellem Tanz und Trommeln. In ihrem kleinen Laden unterhalb des Marktes gibt's eine gute Auswahl an Holzschnitzarbeiten und anderem Kunsthandwerk.

## Schlafen

**Drive-In Garden & Cliff Bar** PENSION $
(☎ 0784 503007; Shangani Rd; Zelten pro Zelt 5000 TSh, Zi. ohne Frühstück 20 000–25 000 TSh) In diesem freundlichen Gästehaus dürfen Camper ihr Zelt im grünen Garten voller Vögel und Schmetterlinge aufstellen. Außerdem gibt's einige einfache Zimmer, die ihr Geld wert sind, und ein Restaurant. Es liegt gleich gegenüber dem Strandbereich auf der anderen Straßenseite; wer schwimmen möchte, muss bis zum Hauptstrand von Shangani an der Shangani-Kreuzung gehen.

An der Shangani-Kreuzung nach links abbiegen und der Straße parallel zum Strand folgen; nach 1,2 km steht links ein kleines Hinweisschild.

**Naf Blue View Hotel** PENSION $
(☎ 023-233 4465, 0656 107990; Sinani St; Zi. 50 000–80 000 TSh; ❄@📶) Diese Unterkunft etwa 400 m westlich vom Busbahnhof ist eine der besseren Optionen in der geschäftigen Gegend um den Markt. Die kleinen, sauberen Zimmer haben fließend warmes Wasser, Satellitenfernsehen und Essen auf Bestellung. Moskitonetze gibt's nicht.

ABSTECHER

### ST.-PAULS-KIRCHE

Wer zufällig ins Majengo-Viertel von Mtwara gerät, sollte die bemerkenswerte St.-Paul's-Kirche 800 m südöstlich des Markts besichtigen. Der deutsche Benediktinerpater Polycarp Uehlein hat in den 1970er-Jahren die gesamte Front und die Seitenwände mit bunten Szenen aus der Bibel bemalt. Seine Bilder sind aufgrund der Farbigkeit und des Stils bemerkenswert.

Die Szenen zeigen die wichtigsten biblischen Themen, um auch normalen Kirchgängern die Bibel nahezubringen. Sie sollen ihnen helfen, die Predigten zu verstehen und deren Aussagen in Beziehung zu ihrem täglichen Leben zu setzen.

Die Bilder – er arbeitete zwei Jahre daran – bilden nur einen Teil einer ganzen Bilderserie. Der Pater hat Kirchen in vielen weiteren Orten Südtansanias verziert, darunter Nyangao, Lindi, Malolo, Ngapa und Daressalam.

In seiner Zeit in Tansania hat Pater Polycarp mehrere Afrikaner unterrichtet. Sein bekanntester Schüler ist Henry Likonde aus Mtwara, der die biblischen Szenen „afrikanisiert" hat. Likondes Arbeiten sind in der kleinen Kirche auf dem Hügel von Mahurunga (südlich von Mtwara an der Grenze zu Mosambik) und der Kathedrale in Songea zu sehen.

## Mtwara

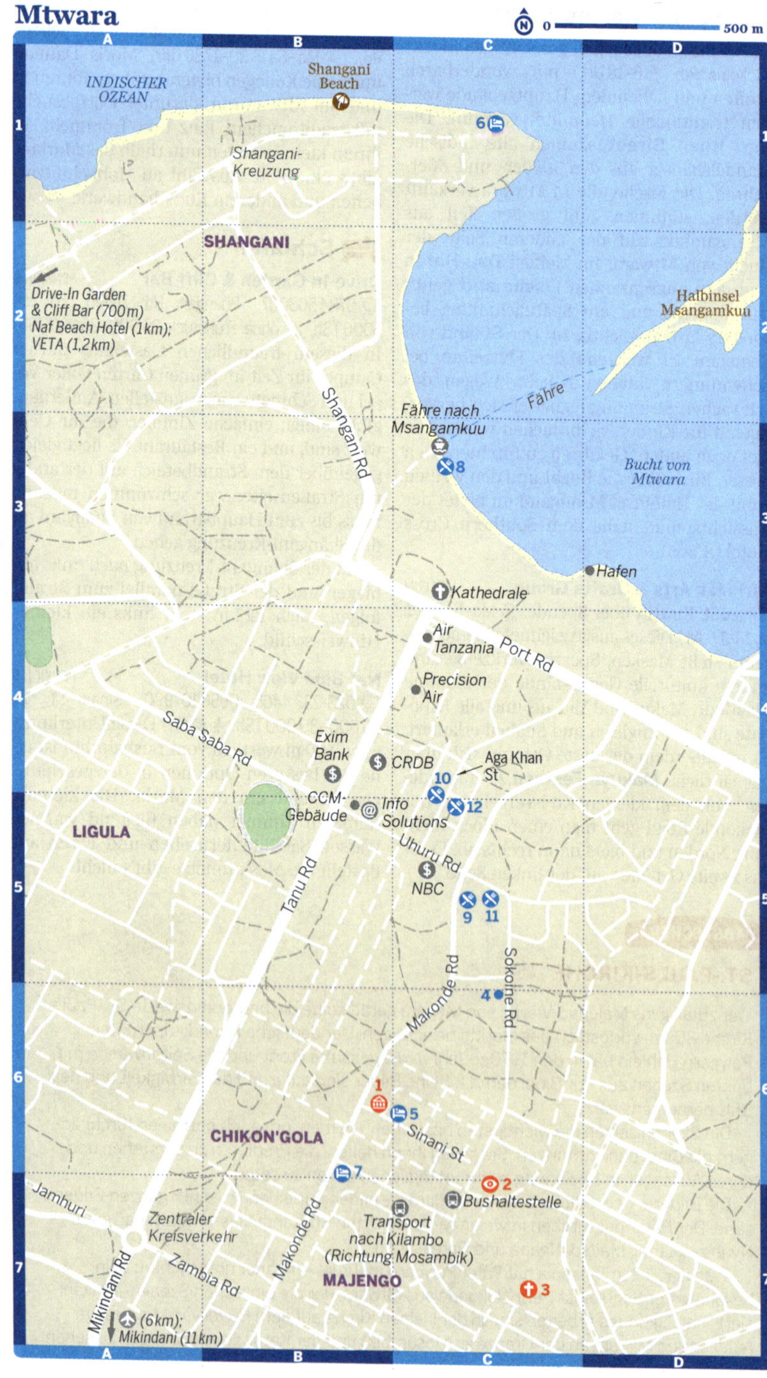

0
500 m
INDISCHER OZEAN
Shangani Beach
Shangani-Kreuzung
SHANGANI
Drive-In Garden & Cliff Bar (700 m) Naf Beach Hotel (1 km); VETA (1,2 km)
Shangani Rd
Fähre nach Msangamkuu
Fähre
Halbinsel Msangamkuu
Bucht von Mtwara
Hafen
Kathedrale
Air Tanzania
Port Rd
Precision Air
Saba Saba Rd
Exim Bank
CRDB
Aga Khan St
CCM-Gebäude
Info Solutions
Uhuru Rd
NBC
LIGULA
Tanu Rd
Makonde Rd
Sokoine Rd
Sinani St
CHIKON'GOLA
Bushaltestelle
Transport nach Kilambo (Richtung Mosambik)
Jamhuri
Zentraler Kreisverkehr
Zambia Rd
Mikindani Rd
MAJENGO
(6 km); Mikindani (11 km)

## Mtwara

**Sehenswertes**

1 Afri Mak Arts & Crafts Group ............ B6
2 Markt ............ C7
3 St.-Pauls-Kirche ............ C7

**Aktivitäten, Kurse & Touren**

4 Ayayoru Carvings & Tours ............ C6

**Schlafen**

Bambu Guest House ............ (siehe 1)
5 Naf Blue View Hotel ............ C6
6 Southern Cross Hotel ............ C1
7 Tiffany Diamond Hotel ............ B6

**Essen**

8 Fischmarkt ............ C3
9 Himo 2 Restaurant ............ C5
10 Makonde Mini Market ............ C4
11 Mtwara Super Market & Bakery ............ C5
12 Senir Restaurant ............ C5
Southern Cross Hotel ............ (siehe 6)

**Southern Cross Hotel** HOTEL $
(0753 035809, 0712 035809; www.facebook.com/southerncrosshotelmtwara; Shangani am Wasser; EZ/DZ 60 000/75 000 TSh, EZ/DZ Bungalow zum Strand 120 000/135 000 TSh; P) Das alteingesessene Hotel hat eine schöne Lage am östlichen Ende des Shangani-Strandes auf einer kleinen Felsklippe mit Blick aufs Meer. Nach einem Besitzerwechsel wurde es komplett umgestaltet. Die schönen Zimmer gibt's in den Varianten „Standard" (mit Gartenblick) oder mit Meerblick, und am Wasser liegt ein verdientermaßen beliebtes Restaurant. Frühstück kostet 10 000 TSh.

**VETA** HOSTEL $
(023-233 4094; Shangani; EZ/Suite 35 000/60000 TSh; P) Alle Zimmer in diesem großen Hotel mit Restaurant sind sauber und haben große Einzelbetten, Ventilatoren, Fernseher und Meerblick. Es befindet sich in Shangani, 200 m hinter dem Ufer (am Strand darf man nicht schwimmen). An der T-Kreuzung im Ort links halten, nach 2 km taucht das Hotel auf. Es gibt keine öffentlichen Verkehrsmittel; *bajaji* von der Stadt kosten ca. 3000 TSh.

**Bambu Guest House** PENSION $
(Ecke Sinani St & Makonde Rd; Zi. 15 000–20 000 TSh) Eins der günstigsten Quartiere in der Nähe der Bushaltestelle mit schlichten Zimmern samt Bädern und Ventilatoren, aber ohne Mahlzeiten. Parken kann man auf dem Gelände der Kirche auf der anderen Straßenseite.

**Tiffany Diamond Hotel** BUSINESSHOTEL $$
(0682 433379, 023-233 4801; www.tiffanydiamondhotels.com; Makonde Rd; Zi. 120 000 TSh; ) Das charakterlose Hochhaus mehrere Häuserblocks vom Busbahnhof entfernt ist eins der vielen in Mwara, die für die erhofften Geschäftsreisenden erbaut worden sind, die man im Zusammenhang mit den nahegelegenen Gasfeldern erwartet hatte. Die Zimmer mit zwei Einzelbetten oder Doppelbett haben ein anständiges Preis-Leistungs-Verhältnis und es gibt einen winzigen Pool.

**Naf Beach Hotel** HOTEL $$
(023-233 4706, 0655 703042; www.nafbeachhotels.com; Zi. 50–90 US$; P) Die Zimmer in diesem beliebten, aber nicht ansprechenden Hochhaus haben Doppelbetten, Minikühlschränke und Satelliten-TV. Manche haben Blick aufs Meer und zum Hotel gehören ein Restaurant und eine reizlose Strandbar auf der anderen Straßenseite mit Plastiktischen und -stühlen und einem gleichermaßen reizlosen Bar- und Speisebereich neben dem Haupteingang.

Das Naf Beach liegt 1,8 km westlich von der Shangani-Kreuzung direkt gegenüber vom Meer, schwimmen kann man aber erst 1,5 km Richtung Osten am Shangani-Strand.

### Essen

**Senir Restaurant** INDISCH $
(0683 045678, 0682 985678; Aga Khan St, abseits der Tanu Rd; Hauptgerichte 5000–14 000 TSh; 10.30–22 Uhr; ) Leckere indische Küche (sowie einige chinesische Gerichte) werden im Innenraum oder auf einer schönen schattigen Veranda an der Straße serviert. Der Service ist schnell und die Gerichte – darunter eine anständige Auswahl an vegetarischen Speisen – sind toll zubereitet.

**Drive-In Garden & Cliff Bar** TANSANISCH $
(0784 503007; Shangani Rd; Gerichte 12 000 TSh; 11–14 & 17.30–21 Uhr) Einfache, köstliche Gerichte in großen Portionen: gegrillter Fisch oder Hühnchen mit Pommes frites; dazu gibt's kalte Drinks. Befindet sich in einem friedlichen Garten, etwas abseits vom Meer. Wer die Wartezeit abkürzen möchte, sollte vorbestellen.

**Himo 2 Restaurant** TANSANISCH $
(Makonde Rd; Mahlzeiten ca. 5000 TSh; 6–21 Uhr) Das beliebte lokaltypische Restaurant bietet günstiges Hühnchen, Fisch, Bohnen, *mishikaki* (marinierte, gegrillte Fleisch-Kebabs) und andere Standardgerichte der Regi-

on sowie Fruchtsäfte. Von der Stadt aus in die erste Straße rechts nach der NBC Bank einbiegen. Das Himo 2 befindet sich ein paar Türen weiter links.

**Fischmarkt** MARKT $
(abseits der Shangani Rd; ⌚6–16 Uhr) Eine gute Adresse für Street Food ist der Fischmarkt am Msangamkuu-Fähranleger. Hier bekommt man gegrillten *pweza* (Tintenfisch), *vitambua* (Reiskuchen) und andere Delikatessen. Am frischesten sind die Speisen am frühen Morgen.

**Southern Cross Hotel** FISCH & MEERESFRÜCHTE, EUROPÄISCH $$
(☎0753 035809, 0712 035809; www.facebook.com/southerncrosshotelmtwara; Shangani-Ufer; Mahlzeiten 25 000–35 000 TSh; ⌚10–23 Uhr; 📶) Leckerer gegrillter Fisch und Meeresfrüchte sowie andere Gerichte und gute Kaffeespezialitäten werden auf einer schönen Terrasse am Wasser mit hervorragender Aussicht serviert. Ebenso toll für einen Drink bei Sonnenuntergang.

### Selbstversorger

**Makonde Mini Market** SUPERMARKT $
(Aga Khan St; ⌚ Mo–Sa 8.30–13 & 14–18.30, So 9–13 Uhr) Kleiner, aber gut bestückter Supermarkt.

**Mtwara Super Market & Bakery** SUPERMARKT $
(⌚7.30–21 Uhr) Mtwaras größter Supermarkt.

## ℹ Praktische Informationen

### GELD

Die folgenden Bankautomaten akzeptieren Visa und MasterCard:

**CRDB** (Tanu Rd)

**Exim Bank** (Tanu Rd) Auch die beste Adresse in Mtwara, um Bargeld einzutauschen.

**NBC** (Uhuru Rd; ⌚ Mo–Fr 8–16, Sa 9–13 Uhr)

### INTERNETZUGANG

**Info Solutions** (Uhuru Rd.; pro Std. 2000 TSh; ⌚Mo–Sa 8–18 Uhr) neben dem CCM-Gebäude.

## ℹ An- & Weiterreise

### AUTO & MOTORRAD

Auf der Strecke von/nach Daressalam gibt's Tankstellen in Kibiti, Ikwiriri (unzuverlässig), Nangurukuru, Kilwa Masoko, Lindi und Mtwara. Die Straße ist mittlerweile durchgängig asphaltiert.

Wer selbst fährt, sollte sich zwischen Mtwara und der mosambikanischen Grenze am besten in Mikindani im Old Boma (S. 368) oder in der Ten Degrees South Lodge (S. 368) über die aktuelle Situation bei der Überquerung des Flusses Rovuma informieren. Zum Zeitpunkt der Recherche wurden Visa für Mosambik an der Grenze bei Kilambo ausgestellt. Dies kann sich jedoch jederzeit ändern, daher sollten sich Reisende informieren, bevor sie ihren Reiseplan zusammenstellen. In Mtwara gibt es kein mosambikanisches Konsulat; das nächste befindet sich in Daressalam (S. 403).

### BUS

Alle Fernbusse starten zwischen 5 und 12 Uhr an der Hauptbushaltestelle am Markt (Nebenstraße der Sokoine Rd.).

**Masasi** (7000 TSh, 3–4 Std.) Die Busse nach Masasi fahren etwa stündlich zwischen 6 und 14 Uhr.

**Songea** (25 000 TSh, 10 Std.) Mindestens einmal täglich um 6 Uhr fährt ein Bus.

**Lindi** (7000 TSh, 3 Std.) Täglich um 6 und in der Regel noch einmal um 8 Uhr startet ein Direktbus.

**Kilwa Masoko** Nach Kilwa Masoko fährt kein Direktbus. Man muss erst nach Lindi und von dort ein Transportmittel nach Kilwa Masoko nehmen oder einen Bus in Richtung Daressalam bis zur Nangurukuru-Kreuzung; dafür wird allerdings in der Regel der volle Fahrpreis bis Daressalam fällig.

**Newala** (7500 TSh, 6 Std.) Direkte Busse nach Newala nehmen in der Regel die Südroute über Nanyamba. Sie starten täglich zwischen 6 und 8 Uhr in Mtwara. Zur Zeit der Recherche wurde gerade mit der Sanierung der Straße begonnen – vor der Abfahrt erkundigen. Auch über Masasi kommt man nach Newala, ebenso über Mtama (auf dem Weg zwischen der Mnazi-Mmoja-Kreuzung und Masasi).

**Daressalam** (23 000 TSh, 8 Std.) Zwischen 6 und 10 Uhr starten täglich zahlreiche Busse in beide Richtungen. Abfahrts- und Ankunftspunkt ist beim sudanesischen Markt in Temeke an der Mbagala Road unmittelbar östlich der Temeke Road. Hier befinden sich auch die Ticketbüros aller nach Süden gehenden Linien. Im Voraus buchen. Einige Busse zwischen Daressalam und Mtwara starten und enden zum etwa gleichen Preis in Ubungo.

**Mosambik** Nach Mosambik fahren täglich mehrere Pickups sowie mindestens ein Minivan nach Mahurunga und zum tansanischen Grenzposten in Kilambo (5000 TSh); Abfahrt in Mtwara ist zwischen 6 und 8 Uhr. **Verkehrsmittel nach Kilambo** starten am Chilindima Guesthouse einen Häuserblock südwestlich des Busbahnhofs.

### FLUGZEUG

Es gibt fünf bis sechs Flugverbindungen pro Woche zwischen dem **Flughafen Mtwara** (MYW; an der Mikindani Rd) und Daressalam (einfach ab 330 000 TSh) mit **Precision Air** (☎023-233 4116, 0782 818442; www.precisionairtz.

com; Tanu Rd; ⏲ Mo–Fr 8–17, Sa 8–14 Uhr) und dreimal wöchentlich mit **Air Tanzania** (☎ 0689 737212, 0782 737730; www.airtanzania.co.tz; Tanu Rd; ⏲ Mo–Fr 8–17, Sa 9–14 Uhr).

## Unterwegs vor Ort

Es kann schwierig sein, in Mtwara ein Taxi zu finden; man ist überwiegend auf *bajaji (Tuk-tuks)* angewiesen, die es überall gibt. *Bajaji*-„Stände" befinden sich beim Busbahnhof sowie in der Nähe des CCM-Gebäudes an der Kreuzung der Tanu Road und der Uhuru Road. Der Transport zum oder vom Flughafen (ca. 6 km vom zentralen Kreisverkehr) kostet um die 10 000 TSh mit dem Taxi und etwa halb so viel mit dem *bajaji*. Für Fahrten innerhalb der Stadt mit einem *bajaji* werden 1000 bis 2000 TSh fällig (3000 TSh vom Zentrum nach Shangani).

Ein paar *dalla-dallas* fahren auf der Tanu Road ab/bis zur Bushaltestelle.

Zur nahegelegenen Halbinsel Msangamkuu verkehrt eine Fähre (an der Shangani Rd) täglich zwischen Sonnenaufgang und Sonnenuntergang (300 TSh, ca. 15 Min.).

# Mikindani

☎ 023

Mikindani liegt äußerst malerisch an einer von Kokospalmen gesäumten Bucht. Die alte bezaubernde Suaheli-Stadt kann auf eine lange Geschichte zurückblicken. Während einige Touristen Mikindani nur auf einer Tagestour vom nahegelegenen regionalen Verkehrsknotenpunkt Mtwara aus besuchen, schätzen andere die Stadt als günstigen Ausgangspunkt für Ausflüge in die Umgebung.

Neben den historischen Gebäuden lohnt ein Spaziergang, um die Atmosphäre zu schnuppern und die zahlreichen geschnitzten Türen im Sansibar-Stil zu bewundern. Wer genug Zeit hat, sollte den Ausblick vom **Bismarckhügel** hinter der alten *boma* genießen.

## Geschichte

Mikindani erlangte früh Bedeutung als Hafen für Daus und Zielpunkt der Karawanen vom Nyasasee. Ende des 15. Jhs. reichte das Netz der Handelsstraßen vom Süden Tansanias bis nach Sambia und zur heutigen demokratischen Republik Kongo (Zaire). Nach einem kurzen Rückschlag wurde Mikindani als Teil des Sultanats Sansibar um die Mitte des 16. Jhs. wieder zu einer bedeutenden Handelsstadt – vor allem für Sklaven, Elfenbein und Kupfer. Im 19. Jh., nach dem Verbot des Sklavenhandels, geriet Mikindani in Vergessenheit. In den späten 1880er-Jahren setzte die deutsche Kolonialregierung hier ein regionales Hauptquartier ein und betrieb in großem Stil Anbau und Handel von Sisal, Kokosnuss, Kautschuk und Ölsamen. Der Boom sollte jedoch nicht lange anhalten. Die Ankunft der Briten und das Aufkommen großer Ozeandampfer ließ Mikandi neben dem deutlich besseren Hafen von Mtwara an Bedeutung verlieren. Seitdem scheint die Zeit hier stillzustehen: Weite Teile der Stadt stehen unter Denkmalschutz, und alles Leben konzentriert sich in dem kleinen Dau-Hafen, der immerhin Drehscheibe für den regionalen Küstenhandel geblieben ist.

Für Fans von David Livingstone: Der große Forschungsreisende verbrachte hier 1866 einige Wochen, ehe er auf seine letzte Reise ging.

## Sehenswertes & Aktivitäten

Stadtspaziergänge und Ausflüge in der Region können im Old Boma in Mikindani und bei der Ten Degrees South Lodge organisiert werden.

**Boma** HISTORISCHES GEBÄUDE
Die 1895 erbaute, eindrucksvolle *boma* – einst Festung und Verwaltungszentrum – wurde als Hotel (S. 368) ausgebaut. Auch wer nicht hier wohnt, sollte den Turm besteigen an der B2 (Hauptstraße) und den weiten Blick über die Stadt genießen.

**Sklavenmarkt** HISTORISCHES GEBÄUDE
Unterhalb der *boma* liegt der alte Sklavenmarkt, der jetzt von Handwerksläden genutzt wird. Leider wurde er nicht so sorgfältig restauriert wie die *boma* und die alte Architektur hat ihren Reiz verloren, seit die Arkaden zugebaut wurden. Wie es früher hier aussah, zeigt nur noch eine tansanische Briefmarke.

**Gefängnisruinen** RUINE
Die Ruinen befinden sich gegenüber dem Anleger an der B2 (Hauptstraße). In dem großen, hohlen Baobab wurden aufsässige Gefangene in Einzelhaft gehalten.

**ECO2** TAUCHEN
(☎ 0783 279446, 0784 855833; www.eco2tz.com; Main Rd) Ein guter Tauchveranstalter, der PADI-Unterricht (muss vorher gebucht werden) und Tauchexkursionen in der Mikindani-Bucht und im Meerespark Mnazi Bay-Ruvuma Estuary anbietet.

## Schlafen & Essen

Mikindani hat eine winzige Hotelszene, die aus nur zwei (sehr guten) Hotels besteht. Für jedes Budget ist etwas zu finden. Selbstversorger stocken ihre Vorräte im nahegelegenen Mtwara auf.

**★ Old Boma at Mikindani** HISTORISCHES HOTEL **$$**
(☎ 023-233 3875, 0757 622000; www.mikindani.com; EZ 60–110 US$, DZ 110–140 US$; P @ ☎ ☒) Der wunderschön restaurierte Bau liegt auf einem luftigen Hügel über der Stadt und der Bucht von Mikindani. Die Doppelzimmer mit hohen Decken sind geräumig und haben viel Atmosphäre – sie kommen dem Standard eines Spitzenklassehotels in diesem Landesteil sehr nahe. Es gibt eine Terrasse mit traumhaftem Ausblick, einen Swimmingpool zwischen Bougainvilleen im üppig grünen Garten, einen Wellnessbereich, aufmerksames Personal und ein hervorragendes Restaurant.

**Ten Degrees South Lodge** LODGE **$$**
(ECO2; ☎ 0684 059381, 0766 059380; www.tendegreessouth.com; EZ/DZ 60/70 US$, mit Gemeinschaftsbad 20/30 US$; @ ☎) Diese empfehlenswerte Basis für Budget-Traveller bietet vier günstigere und einfache, aber geräumige Zimmer mit gutem Preis-Leistungsverhältnis mit großen Doppelbetten, Gemeinschaftsbad und Blick auf die Bucht, außerdem gibt's eine Dachterrasse mit Liegestühlen. Im Nachbarhaus befinden sich einige neuere Doppelbettzimmer für Selbstversorger mit warmer Dusche. Ein Restaurant im Freien serviert leckere Wraps, Pfannkuchen, Kaffeespezialitäten und andere Leckereien für 15 000 TSh aufwärts.

### Praktische Informationen

Die Restaurants beider Hotels in Mikindani bieten ihren Gästen kostenloses WLAN.

Die nächsten Banken und Geldautomaten befinden sich in Mtwara.

### An- & Weiterreise

Mikindani liegt 10 km von Mtwara entfernt (befestigte Straße). Minibusse fahren den ganzen Tag zwischen beiden Städten (500 TSh). *Bajajis* (Tuk-tuks) von Mtwara kosten etwa 10 000 TSh (Taxis rund 30 000 TSh)

## Meerespark Mnazi Bay-Ruvuma Estuary

Das Schutzgebiet des Meeresparks Mnazi Bay-Ruvuma Estuary (www.marineparks.go.tz; Erw./Kind 23,60/11,80 US$; ⌚ 7–18 Uhr) zieht sich als schmaler Küstenstreifen von der Halbinsel Msangamkuu (nördlich und östlich von Mtwara) im Norden bis zur Grenze Mosambiks im Süden. Hier leben – neben 5000 Menschen – über 400 Meerestierarten. Der um Erfolg ringende Park soll später den Kern eines Meeresschutzgebietes bilden, das im Süden bis nach Pemba in Mosambik reichen wird. Mit den Schutzmaßnahmen und ihrer Durchsetzung ist es allerdings nicht weit her.

Im Herzen des Parks liegen die **Halbinsel Msimbati** und die Mnazi-Bucht. Die meisten Besucher fahren gleich in das winzige Dorf **Ruvula.** Es liegt 7 km hinter Msimbati am Ende einer Sandpiste (bei Ebbe kann man den Strand entlanggehen) und punktet mit einem feinen Sandstrand, an dem man gut schnorcheln kann. Außer dem Strand mit Blick auf den Sonnenuntergang – einer der wenigen auf dem Festland, wo das möglich ist – liegt in Ruvula das Haus des britischen Exzentrikers Latham Leslie-Moore, in dem er bis 1967 lebte. Er wurde deportiert, weil er für die Unabhängigkeit der Halbinsel Msimbati agitierte. John Heminway hat die Geschichte in dem Buch *No Man's Land* und dem Dokumentarfilm *Africa Passion* verarbeitet. Leslie-Moores Haus ist heute eine Ruine und sein Grundstück Privatbesitz. Die **Halbinsel Msangamkuu** am Nordrand des Parks mit einem kleinen Strand ist am einfachsten von Mtwara aus zu erreichen.

### Schlafen & Essen

**Ruvula Sea Safari** BANDAS **$**
(☎ 0652 320183, 0788 808004; Camping 20 000 TSh, DZ Banda 50 000 TSh; P) Die einzige Unterkunft innerhalb des Meeresparks Mnazi Bay-Ruvuma Estuary bietet schäbige *bandas* am Strand mit gleichermaßen schäbiger Einrichtung; all dies wird jedoch durch die erstklassige Lage am Strand wieder wettgemacht. Auf vorherige Bestellung bekommt man köstlichen gegrillten Fisch (15 000 TSh). Im Dorf Msimbati sind ein paar Grundnahrungsmittel erhältlich, aber Camper sollten sich besser in Mtwara eindecken und eine Taschenlampe mitbringen.

Man kann Ausflüge auf die gleich gegenüber gelegene Bird Island und Bootsfahrten durch die Mangroven buchen. Die schönsten Stellen zum Schnorcheln sind weiter links den Strand hinunter. Je weiter man geht, desto besser wird es.

Ein winziges Schild an der Abzweigung von der Straße Msimbati–Ruvula weist auf das Hotel hin. Tagesbesucher müssen 5000 TSh pro Person für den Strand bezahlen – wer Essen bestellt, bekommt den Eintritt erlassen.

## Praktische Informationen

Zur Zeit der Recherche konnte man die Gebühr für den Meerespark nur in bar zahlen (in Tansanischen Schilling oder US-Dollar). Kassiert wird am Eingangstor zum Park im Dorf Msimbati.

Die meisten Tauchgänge im Meerespark finden in den Gewässern in der Nähe von Msimbati statt. Die beste Anlaufstelle für Taucher ist ECO2 (S. 367) in Mikindani.

## An- & Weiterreise

Mindestens ein Pickup täglich verkehrt zwischen Mtwara und Msimbati (2500 TSh, 2 Std.) in beide Richtungen und fährt gegen 10.30 Uhr von der Haupthaltestelle in Mtwara ab. Der Bus von Msimbati startet gegen 5.30 Uhr an der Polizeiwache in der Nähe des Parkeingangs. Die aktuellen Zeiten überprüfen, da zum Zeitpunkt der Recherche zur Diskussion stand, die Abfahrtszeit ab Mtwara wieder auf 9 Uhr und die ab Msibati wieder auf 6 Uhr zu verlegen.

Von Mtwara kommend ab dem Kreisverkehr 4 km der Hauptstraße bis zum Dorf Mangamba folgen; am Hinweisschild links nach Mahurunga abbiegen. Nach 18 km ist Madimba erreicht, wo es wieder nach links geht. Nach weiteren 20 km kommt man nach Msimbati. Die Straße ist unbefestigt, aber in gutem Zustand. Radfahrer können sich auf dem Markt von Ziwani gut versorgen.

Zwischen Msimbati und Ruvula verkehren keine öffentlichen Verkehrsmittel, an Wochenenden ergeben sich manchmal Mitfahrgelegenheiten. Andere Optionen sind eine Mitfahrgelegenheit auf einem Motorrad (etwa 5000 TSh) oder bei Ebbe ein Fußmarsch am Strand entlang (mindestens eine Stunde). Die Straße ist sandig, aber o.k., und mit dem normalen Taxi kommt man problemlos von Mtwara zum Ruvula Sea Safari (hin & zurück ab 60 000 TSh).

Den ganzen Tag über fahren kleine Boote und eine kleine Fähre (S. 367) zwischen dem Dau-Hafen von Shangani in Mtwara und der Halbinsel Msangamkuu hin und her (300 TSh, ca. 15 Min.).

# Makonde-Plateau

Das kühle und landschaftlich schöne Makonde-Plateau liegt 700 bis 900 m über dem Meeresspiegel. Hier leben die Makonde, die in ganz Ostafrika für ihre exotischen Schnitzereien berühmt sind. Ihre verstreuten isolierten Siedlungen und die offensichtliche Abneigung gegen Entwicklungsprojekte machen sie zu einer einzigartigen Volksgruppe, typisch für das Binnenland in Südost-Tansania. Sie sind definitiv einen Abstecher wert.

Straßenarbeiten sind geplant, doch zur Zeit der Recherche waren alle Straßen hinauf zum Makonde-Plateau noch unasphaltiert. Regelmäßig verbinden öffentliche Verkehrsmittel Mtwara und Masasi mit Newala (der größten Siedlung auf dem Plateau); für die Fahrt muss viel Zeit eingeplant werden.

## Masasi

☎ 023 / 102 700 EW.

Masasi, eine geschäftige Distrikthauptstadt und der Geburtsort des ehemaligen tansanischen Präsidenten Benjamin Mkapa, zieht sich entlang der Hauptstraße am Rand des Makonde-Plateaus vor einem Hintergrund aus Granithügeln und bietet sich für einen sinnvollen Zwischenstopp auf der Fahrt von/nach Mosambik über die Unity Bridge an. Die interessante Geschichte der heutigen Siedlung nahm ihren Anfang Ende des 19. Jhs., als die Anglican Universities' Mission to Central Africa (UMCA) von der Insel Sansibar hier eine Siedlung für ehemalige Sklaven gründete. Inzwischen ist Masasi eine wichtige Drehscheibe für Transporte über die unbefestigten Straßen bis Tunduru im Westen oder Nachingwea und Liwale im Norden. Rund 40 km nordöstlich liegt das große Benediktinerkloster **Ndanda**, das 1906 von deutschen Missionaren errichtet wurde. Zum Kloster gehört ein Krankenhaus, das die medizinische Versorgung der Region übernimmt.

Etwa 70 km östlich von Masasi, an der Straße nach Mtwara, befindet sich **Mahiwa.** Hier fand zwischen deutschen und britischen Truppen, vorwiegend aus nigerianischen und südafrikanischen Soldaten, eine der blutigsten Schlachten des 1. Weltkrieges in Afrika statt, bei der über 2000 Soldaten fielen.

### Schlafen & Essen

**St Anne's Resthouse** PENSION $

(☎ 023-251 0016; dactmasasi@yahoo.com; Mtandi; Zi. 45 000 TSh) Die kleine, ruhige Pension wird von der anglikanischen Kirche geführt. Die Zimmer sind unterschiedlich groß, jedoch alle ordentlich und freundlich. Mahlzeiten können vorbestellt werden. Die Pension liegt einen Kilometer außerhalb des Stadtzentrums nahe der anglikanischen Kirche am Mtandi Hill gleich nördlich der Hauptstraße.

**Rose Royal Hotel** HOTEL $

(☎ 0687 607733; an der Hauptstraße; Zi. 40 000 TSh; P ❄) Ein sauberes, unkompli-

## DIE MAKONDE

Die Makonde, eine der größeren ethnischen Gruppen Tansanias, sind in ganz Ostafrika für ihre Holzschnitzereien berühmt. Sie wanderten seit dem 18. und 19. Jh. aus Nordmosambik – wo noch immer viele leben – nach Norden. Der Krieg in Mosambik schwemmte in den 1970er- und 80er-Jahren etwa 15 000 Makonde-Flüchtlinge nach Tansania, die hier Arbeit und ein sicheres Leben suchten. Obwohl die Makonde heute beiderseits des Ruvuma leben und als ein Stamm gelten, bestehen zwischen den beiden Gruppen größere kulturelle und sprachliche Unterschiede.

Die soziale Ordnung der Makonde basiert wie in vielen tansanischen Stämmen auf der weiblichen Erbfolge. Da Kinder und Besitz bei der Frau bleiben, ziehen die Männer nach der Hochzeit in die Dörfer ihrer Frauen. Die Siedlungen sind weit verstreut – vielleicht noch ein Überbleibsel aus der Zeit, als die Sklavenjäger durchs Land zogen. Jedes Dorf ist selbstständig und wird von einem Häuptling und einem Ältestenrat regiert. Es gibt kein übergeordnetes politisches System.

Die isoliert lebenden Makonde wurden weder durch die Kolonial- noch Post-Kolonialzeit merklich beeinflusst. Sie sind eine der traditionellsten Stammesgruppen des Landes. Noch heute neigen die Makonde den alten Stammesreligionen zu: In ihren Schnitzereien drücken sie die komplexe Welt der Geister aus.

Früher fügten sich die Makonde Wunden als Stammeszeichen zu. Junge Männer verzichten heute meist darauf; sie sind nur noch bei den Älteren zu sehen. Auch der traditionelle Holzpflock, den die Frauen der Makonde in der Oberlippe trugen, ist nur noch bei älteren Frauen – oder auf den Bildnissen in den Schnitzereien – zu sehen.

Die meisten Makonde sind Subsistenzbauern. Warum sie ausgerechnet auf einem wasserlosen Hochland siedelten, ist unklar. Möglicherweise suchten sie Sicherheit vor Eindringlingen (insbesondere Sklavenhändler), oder sie schätzten die Abwesenheit der Tsetsefliege.

ziertes Quartier, das bequem weniger als 10 Gehminuten östlich des Busbahnhofs und ca. 200 m abseits der Hauptstraße liegt. Alle Zimmer sind klimatisiert und haben Bäder und Doppelbetten. Mahlzeiten sind erhältlich.

## Praktische Informationen

### GELD

**NBC** (Main Rd) Geldautomat; in der Hauptstraße am östlichen Rand der Stadt.

### TOURISTENINFORMATION

**Büro des Aufsehers des Wildreservats Masasi** (☎ 0713 311129, 0784 634972, 023-251 0364; Nachingwea Rd; ⏲ Mo–Fr 8–16 Uhr) Wer das Wildreservat Lukwika-Lumesule besuchen möchte, muss sich hier eine Genehmigung besorgen. Das Büro befindet sich im Gebiet Migongo im Masasi, etwa 1 km nördlich der Hauptstraße auf der linken Seite der Straße Richtung Nachingwea; nach *Mali Asili* (Natürliche Ressourcen) fragen.

## An- & Weiterreise

Die Bushaltestelle liegt im Westen von Masasi an der Kreuzung der Straßen nach Tunduru, Nachingwea und Newala.

Die Straße von Masasi nach Mtwara ist in der Regel in gutem Zustand. Busse zwischen beiden Städten fahren zwischen 6 und 14 Uhr etwa stündlich (7000 TSh, 3–4 Std.).

Mehrmals täglich fahren Fahrzeuge nach Newala (5000 TSh, 1½ Std.).

## Newala

☎ 023

Das geschäftige Newala ist die größte Siedlung auf dem Plateau. Dank der Lage in 780 m Höhe ist das Klima angenehm frisch. Von der Stadt ergeben sich weite Ausblicke über das Tal des Ruvuma bis nach Mosambik hinein. Am Rand des Abhangs, am Südwestrand der Stadt, steht die alte deutsche boma (heute Polizeiwache), und ganz in der Nähe liegt das Shimo la Mungu (Gottesloch) – ein Aussichtspunkt. Vom Stadtrand führen mehrere Fußwege zum Fluss hinunter. Für Exkursionen sollte man einen Guide buchen und eine Passkopie bei sich haben – Letzteres ist in einer typischen Grenzstadt wie Newala ohnehin empfehlenswert. Am Markt werden Fahrräder vermietet.

**NMB** (an der Hauptstraße) Hat einen Geldautomaten und akzeptiert Visa und MasterCard.

## Schlafen & Essen

**Kayanda Sun Hotel** HOTEL $
(☎0682 605704; Masasi Rd; Zi. 35 000–50 000 TSh; ❄) Saubere, moderne und gemütliche Zimmer, ein Restaurant und die relativ günstige Lage knapp 2 km vom Busbahnhof entfernt machen dieses Hotel zu einer guten Wahl.

**Country Lodge Bed & Breakfast** PENSION $
(Sollo's; ☎0678 306003, 023-241 0355, 0784 950235; Masasi Rd; EZ/DZ/Suite 30 000/35 000/50 000 TSh; P ❄) Alteingesessenes Haus rund 1,5 km vom Busbahnhof gelegen mit recht großen Zimmern – die Doppelzimmer haben zwei große Betten – und einem Restaurant mit der üblichen Auswahl an Standardgerichten.

## An- & Weiterreise

Täglich verkehren Busse von Newala nach Mtwara (über Nanyamba; 7500 TSh, 6 Std.) und nach Masasi (4000 TSh, 2 Std.). In der Regel befährt auch mindestens ein Fahrzeug täglich die Strecke Newala–Mtama östlich von Masasi auf der Straße nach Mtwara. Auf der Strecke nach Masasi und Mtama, die sich das Plateau hinaufwindet, hat man immer wieder einen wunderschönen Ausblick.

# Wildreservat Lukwika-Lumesule

Das winzige Wildreservat Lukwika-Lumesule liegt versteckt im wilden Hinterland südwestlich und westlich von Masasi. Mit viel Glück kann man Elefanten, Elenantilopen, Krokodile und Flusspferde sehen, die Wahrscheinlichkeit ist aber gering. Die größte Herausforderung – abgesehen von der Fortbewegung im Schutzgebiet – ist es, die Tiere in der oft dichten Vegetation zu sehen und der unersättlichen Tsetsefliege zu entgehen.

Der Fluss Ruvuma trennt Lukwika-Lumesule vom Niassa-Schutzgebiet in Mosambik, und regelmäßig ziehen Tiere durch den Grenzfluss. Richtige Straßen gibt es im Reservat nicht, nur überwucherte Buschpfade. Während der Jagdsaison von Juli bis Dezember ist es aufgrund lokaler Jagdkonzessionen offiziell geschlossen und den Rest des Jahres häufig inoffiziell wegen Regen für Besucher gesperrt. Beamten des Reservats zufolge ist Ende Juni die beste Zeit für einen Besuch. Vor dem Besuch muss man das Büro der Parkverwaltung in Masasi aufsuchen, um eine Besuchsgenehmigung einzuholen.

## Schlafen & Essen

Camping im eigenen Zelt ist erlaubt und kostenlos. In der Regel gibt es Wasser zum Baden. Alle Vorräte – auch Trinkwasser – müssen selbst mitgebracht werden.

## An- & Weiterreise

Der Eingang zum Wildreservat Lukwika-Lumesule liegt 2,5 km südwestlich des Dorfes Mpombe in der Nordwestecke des Reservats; zu erreichen über das Dorf Nangomba, 40 km westlich von Masasi.

Keines der beiden Reservate ist an das öffentliche Verkehrsnetz angeschlossen. Mit Glück ergibt sich von Masasi aus eine Mitfahrgelegenheit in einem der Parkfahrzeuge. Ansonsten sind beide Parks ausschließlich mit dem eigenen Geländewagen zugänglich. Während der Trockenzeit ist eine Piste um Lukwika-Lumesule herum befahrbar.

# Tansania verstehen

**TANSANIA AKTUELL** .......................... **374**
Im sechsten Jahrzehnt seiner Unabhängigkeit entwickelt sich Tansania rapide, muss aber auch Herausforderungen meistern.

**GESCHICHTE** ................................ **376**
Tansanias Jahrtausende währende Geschichte reicht von der „Wiege der Menschheit" bis in die Moderne, als eine der friedlichsten Nationen Ostafrikas.

**BEVÖLKERUNG & ALLTAGSLEBEN** ............ **385**
Die vielen Stämme Tansanias – von Speeren tragenden Massai bis zu den Jägern und Sammlern der Hadzabe – haben reiche, vielfältige Traditionen, die es kennenzulernen lohnt.

**UMWELT & NATIONALPARKS** ................ **390**
Der Große Grabenbruch bildet den faszinierenden Hintergrund für eine reichhaltige Pflanzen-, Vogel- und Tierwelt.

**DIE TANSANISCHE KÜCHE** ................... **397**
Diese Einführung in die Tischsitten Tansanias erläutert alles von *ugali* bis hin zur richtigen Etikette.

# Tansania aktuell

**Tansania ist ein sich schnell entwickelndes und zukunftsorientiertes Land. Seine städtischen Gebiete wachsen, dank seiner Nationalparks gehört es zu den Top-Touristenzielen Afrikas, und es besitzt Erdgas sowie Mineralien. Der politische Fokus des Landes liegt auf dem neuen Präsidenten, Dr. John Magufuli, der alles daransetzt, Korruption auszumerzen und Tansania am eigenen Schopf aus dem Sumpf herauszuziehen, was viele begrüßen, während seine Politik der harten Linie bei anderen Besorgnis hervorruft.**

### Top-Bücher

**The Gunny Sack** (MG Vassanji; 1989) Erinnerungen ans Erwachsenwerden, erzählt anhand des Inhalts eines *gunny sack* (Jutesack).

**Memoirs of an Arabian Princess from Zanzibar** (Emily Ruete; 1888) Die Autobiografie einer sansibarischen Prinzessin.

**The Tree Where Man Was Born** (Peter Matthiessen; 1972) Lyrischer Film über die Menschen und Landschaften des Nordens Tansanias.

**Nyerere and Africa – End of an Era** (Godfrey Mwakikagile; 2002) Umfassende Analyse Julius Nyereres.

**Lions in the Balance: Man-Eaters, Manes, and Men with Guns** (Craig Packer; 2015) Ein Blick hinter die Kulissen der Löwenschutzpolitik.

### Top- Filme

**Afrika – Die Serengeti** (1994) Klassische Bilder der Serengeti-Ebene.

**Tumaini** (2005) Die Auswirkung von Aids in einer tansanischen Familie.

**People of the Forest – The Chimps of Gombe** (1988) Gombes Schimpansen in Nahaufnahme.

**As Old as My Tongue** (2006) Die Geschichte des Sängers Bi Kidude.

**Bongoland** (2003) Das Leben eines tansanischen Einwanderers in den USA.

**These Hands** (1993) Das Leben mosambikanischer Flüchtlingsfrauen in einem Steinbruch bei Daressalam.

## Nyereres Vermächtnis

Tansania ist nur etwas mehr als 50 Jahre alt. In den ersten 25 Jahren seiner Unabhängigkeit wurde es von Julius Nyerere regiert und hat ihm viel zu verdanken. Der erste Präsident führte Suaheli als einigende Landessprache ein, förderte die Ideale der *ujamaa* (Familie) sowie politische Initiativen auf regionaler Ebene, um eine egalitäre Gesellschaft zu schaffen. Dank seiner Vision ist Tansania heute einer der stabilsten Staaten Ostafrikas und hat kaum Probleme mit religiösen und ethnischen Konflikten.

## Wirtschaftliche Probleme

Tansania hat in den letzten Jahren ein konstantes Wirtschaftswachstum verzeichnet und verfügt über ein großes Erdgasvorkommen an der Südostküste sowie bedeutende Mineralienvorkommen im Norden und Westen. Dennoch kämpft das Land mit großen Problemen. Im Human Development Index der Vereinten Nationen (UNDP) schneidet Tansania sehr schlecht ab (2016 stand es auf Platz 151 von 186 erfassten Ländern), und für zahlreiche Einwohner ist das Leben ein Kampf: Die Arbeitslosenquote liegt bei etwa 10 % und Unterbeschäftigung ist weit verbreitet. Kurzfristige Sparmaßnahmen der neuen Regierung führten zu einer verschärften Steuereinziehung, und wegen neuer Regulierungsmaßnahmen fühlen viele Tansanier wirtschaftlichen Druck. Doch wenn die Pläne von Präsident Magufuli umgesetzt werden, könnte das Land im nächsten Jahrzehnt einen Sprung nach vorn erleben.

## Korruption

Präsident Magufuli hat strenge Antikorruptionsmaßnahmen verfügt: Tausende „Geisterarbeiter" wurden von den Gehaltslisten der Regierung gestrichen und jeder, der auch nur im leisesten Verdacht stand, dunkle Geschäfte gemacht zu haben, wurde gefeuert. Zudem gelang es Magufuli, den Boden für eine neue Mentalität zu bereiten. Zwar wurde schon eine Menge erreicht, doch es bleibt noch einiges zu tun.

## Familiengezänk

Eine große Herausforderung für die tansanische Regierung ist die Erhaltung der Familienbande zwischen dem Festland und dem stolzen, unabhängigen Sansibar. Zwar ist der Dialog freundschaftlich, doch die Beziehungen erfordern ständige Aufmerksamkeit. Spannungen gab es zuletzt bei den nationalen Wahlen 2015, als die Ergebnisse Sansibars, das mehrheitlich für die Oppositionspartei Civic United Front (CUF) gestimmt hatte, plötzlich annulliert wurden. Bei der Neuwahl im März 2016 erhielt die regierende CCM auf der Insel eine Mehrheit von 91%, allerdings bokottierten die meisten Sansibarer die Wahl.

## Lebendige Medienlandschaft

Traditionell spielt Tansanias lebendige Medienlandscaft in der politischen Debatte des Landes eine wichtige Rolle. Während die meisten großen Tagesmedien auf irgendeine Weise mit der regierenden Partei CCM verbunden sind, hat sich die Lokalpresse auf dem Festland eine gewisse Unabhängigkeit bewahrt. Die Organisation Reporters Without Borders bescheinigt Tansania deutlich mehr Pressefreiheit als seinen Nachbarländern.

Unter der Regierung von Präsident Magufuli wurden jedoch mehrere restriktive Gesetze deutlich schärfer angewendet. Die Furcht vor Gesetzesverletzungen hat zu einer Selbstzensur und einem Gefühl der Nervosität geführt. Im World Press Freedom Index ist Tansania seit 2016 deutlich abgerutscht. Eine der größten Herausforderungen für die neue Regierung dürfte es werden, Wege für den demokratischen Pluralismus zu finden und gleichzeitig eine harte Linie der wirtschaftlichen Reformen zu fahren.

Wegen Problemen bei der Anlieferung in den ländlichen Gebieten und wegen der landesweiten Analphabetenquote von etwa 30 % bleibt der Einfluss der Zeitungen hauptsächlich auf die Städte begrenzt.

## Bildung für die Zukunft

Der vielleicht wichtigste Faktor der zukünftigen Entwicklung wird das Bildungssystem sein. Zuletzt haben die Regierungen der Bildung einen höheren Stellenwert eingeräumt und heute steht Nyeres Ziel einer allgemeinen Grundschulbildung kurz vor der Umsetzung. In vielen Teilen des Landes, besonders in ländlichen Gebieten, bleiben die Bildungsqualität und -standards aber weiterhin niedrig und die Zahl der Schulabbrecher ist hoch.

Jüngste Bemühungen der Regierung, den Unterrichtsstandard zu erhöhen, indem Lehrer ohne ausreichende Qualifikation entlassen wurden, sorgten kurzzeitig für Unruhe, versprechen aber langfristig Verbesserungen. Landesweit beträgt das Schüler-Lehrer-Verhältnis 46:1. Auf der Ebene der weiterführenden Schulen mangelt es an Einrichtungen. Insgesamt besuchen im Landesdurchschnitt weniger als 30% aller Schüler eine weiterführende Schule und nicht einmal 2% aller Personen mit den entsprechenden Voraussetzungen sind an einer Universität eingeschrieben.

EINWOHNER: **52,5 MIO.**

LEBENSERWARTUNG: **63 JAHRE**

MOBILTELEFONE PRO 100 PERSONEN: **74**

INTERNETNUTZER PRO 100 PERSONEN: **55,2%**

INFLATIONSRATE: **5,2%**

### Religiöse Gruppen

(% der Bevölkerung)

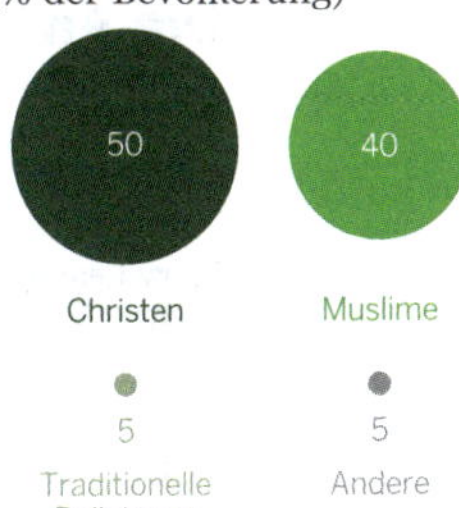


### Gäbe es nur 100 Tansanier, wären...

64 jünger als 25 Jahre
33 zwischen 25 and 64 Jahren
3 65 Jahre alt oder älter

### Einwohner pro km²

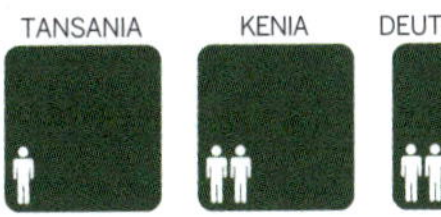


≈ 45 Einwohner

# Geschichte

**Tansanias Geschichte beginnt mit der Morgendämmerung der Menschheit. Hier – in der „Wiege der Menschheit" – lebten die ersten Einwohner Ostafrikas. Im Verlauf der Jahrtausende war das Land Schauplatz für die großen afrikanischen Völkerwanderungen, für die Besiedlung der Küsten durch die Araber und für den europäischen Kolonialismus. Die Kolonialzeit bewirkte schließlich die Entwicklung einer starken Unabhängigkeitsbewegung, die zur heutigen Vereinigten Republik Tansania geführt hat.**

## Die Anfänge

Vor rund 3,6 Millionen Jahren zogen einige von Ostafrikas ersten Bewohnern über die Ebene bei Laetoli nahe der Olduvai-Schlucht (in der Landessprache eigentlich Oldupai) im nördlichen Tansania und hinterließen ihre Fußabdrücke in einer vulkanischen Ascheschicht. Die Archäologin Mary Leakey legte sie 1978 frei und identifizierte sie als die Spuren unserer frühesten Vorfahren – als Australopithecinen bezeichnete Hominiden.

Vor etwa 2 Millionen Jahren teilte sich der Stammbaum des Menschen. Der Homo habilis, ein Gemischtköstler mit einem größeren Gehirn, erschien. Er nutzte grob behauene Steinwerkzeuge. Spuren seiner Existenz wurden auch in der Olduvai-(Oldupai)-Schlucht gefunden. Vor ca. 1,8 Millionen Jahren entwickelte sich der Homo erectus, dessen Knochen und Äxte Archäologen an Seeufer-Fundstätten in Ostafrika entdeckten.

Was heute Tansania ist, wurde von wandernden Völkern besiedelt. Bei Kondoa fand man Felsmalereien, die möglicherweise 6000 Jahre alt sind. Vermutlich wurden sie von Clans nomadisch lebender Jäger und Sammler geschaffen, deren Sprache dem südafrikanischen Khoisan ähnlich war. Vor 3000 bis 5000 Jahren stießen kleine Gruppen Kuschitisch sprechender Bauern und Viehhirten hinzu, die vom heutigen Äthiopien einwanderten. Die Iraqw, die rund um den Manyarasee leben, leiten ihre Herkunft von dieser Gruppe von Neuankömmlingen ab. Die Mehrheit der heutigen Tansanier sind Nachfahren Bantu sprechender Siedler, die um 1000 v. Chr. allmählich, über Jahrhunderte, vom Niger-Delta abwanderten und im 1. Jh. n. Chr. in Ostafrika ankamen. Die letzte Einwanderung von Migranten fand zwischen dem 15. und 18. Jh. statt, als Nilotisch

**Suaheli-Ruinen**

*Kilwa Kisiwani, UNESCO-Welterbestätte*

*Kaole-Ruinen, Bagamoyo*

*Tongoni-Ruinen, nördlich von Pangani*

*Ruinen von Juani und Chole, Mafia*

**ZEITACHSE**

**25 Mio. v. Chr.**

Tektonische Platten stoßen aufeinander, und die ostafrikanischen Ebenen heben sich. Der Ostafrikanische Grabenbruch bildet sich, und der Kilimandscharo sowie andere Vulkane entstehen.

**3,6 Mio. v. Chr.**

Einige unserer frühesten Vorfahren ziehen über die Ebene bei Laetoli im nördlichen Tansania und hinterlassen ihre Fußabdrücke, die von Archäologen entdeckt wurden.

**10 000–3000 v. Chr.**

Vereinzelte Clans von Jäger-Sammlern, gefolgt von Ackerbauern und Viehhirten besiedeln die ostafrikanischen Ebenen, das gut bewässerte Hochland und die Ufer der Seen im heutigen Tansania.

sprechende Hirtenvölker aus dem südlichen Sudan in das nördliche Tansania und zum Afrikanischen Grabenbruch vordrangen. Viele dieser Menschen – die Ahnen der Massai – ließen sich mit ihren großen Viehherden in den weniger fruchtbaren Regionen von Nord- und Zentraltansania nieder. Dort stand den Tieren jede Menge Weideland zur Verfügung.

## Monsunwinde

Da die Wanderungen im Binnenland stattfanden, wurden Küstengebiete von anderen Einflüssen geprägt. Azania, wie die Ostküste bei den alten Griechen hieß, war schon um 400 v. Chr. ein wichtiger Handelsposten. Zu Beginn des 1. Jhs. n. Chr. waren blühende Siedlungen von Händlern gegründet worden, die zunächst aus dem Mittelmeerraum und später aus Arabien und Persien mit den Monsunwinden an die Küste kamen und sich mit der dort ansässigen Bantu sprechenden Bevölkerung vermischten. So entstanden die suahelische Sprache und Kultur. Die Kaufleute aus Arabien brachten auch den Islam mit, der sich bis zum 11. Jh. durchsetzte. In den folgenden Jahrhunderten errichteten die Kaufmänner Handelsposten entlang der Küste, auch auf Sansibar und in Kilwa Kisiwani. Diese Siedlungen florierten und erlebten ihre Blütezeit zwischen dem 13. und 15. Jh. Waren wie Elfenbein und Gold wurden bis nach Indien und China verkauft.

Der erste Reiseführer für die tansanische Küste war der *Periplus Maris Erythraei* („Küstenfahrt des Roten Meeres"). Ein griechischer Handelsreisender verfasste ihn um 60 n. Chr. für Seeleute. Aus Persien und Nordafrika stammende Münzen aus dem 3. Jh. v. Chr. wurden an der tansanischen Küste gefunden – Belege für eine lange Handelsgeschichte mit Arabien und dem Mittelmeerraum.

## Die Ankunft der Europäer

Einer der ersten Europäer, der seinen Fuß auf tansanischen Boden gesetzt hat, war der portugiesische Seefahrer Vasco da Gama. 1498 segelte er auf der Suche nach Ostindien die Küste hinauf. Portugiesische Kaufleute blieben bis Anfang des 18. Jhs. an der Küste, als sie von Omani-Arabern vertrieben wurden. Die Omanis übernahmen die Herrschaft über Kilwa und Sansibar und setzten in den Küstenstädten auf dem Festland ihre Statthalter ein. Händler von der Küste zogen auf den Karawanenrouten durch das Innere des Kontinents bis zu den großen Seen. Sie kauften

### SUAHELI

Obwohl sich die Suaheli-Kultur zu Beginn des 1. Jhs. n. Chr. zu entwickeln begann, setzte sie sich erst im 18. Jh. mit dem Aufstieg der Omani-Araber auf Sansibar durch. Die Rolle von Suaheli als Lingua franca festigte sich, als sie sich auf den Karawanenstraßen durch Ost- und Zentralafrika ausbreitete. Europäische Missionare und Entdecker übernahmen die Sprache schon bald, um sich mit den Einheimischen verständigen zu können. In der zweiten Hälfte des 19. Jhs. begannen Missionare, vor allem Johann Ludwig Krapf, die Sprache in lateinischer Schrift zu notieren. Zuvor wurde Suaheli ausschließlich in Arabisch geschrieben.

| 1. Jh. n. Chr. | 1331 | 1498 | um 1400–1700 |
|---|---|---|---|
| Monsunwinde treiben arabische Handelsschiffe an die Küste Ostafrikas. Ihnen folgen islamische Siedler, die sich mit der Bevölkerung vermischen. Sprache und Kultur des Suaheli entstehen. | Der marokkanische Reisende Ibn Battuta kommt nach Kilwa, eine blühende Stadt mit 10 000 bis 20 000 Einwohnern, einem großen Palast, einer Moschee, einem Wirtshaus und einem Sklavenmarkt. | Auf der Suche nach einem Weg nach Ostindien kommen portugiesische Seefahrer an die ostafrikanische Küste und betreiben hier 200 Jahre lang einen Küstenhandel mit Sklaven und Elfenbein. | In mehreren Wellen wandern kleine Gruppen nomadisch lebender Viehhirten vom Sudan nach Süden in den Ostafrikanischen Grabenbruch – Vorfahren der heutigen Massai. |

Elfenbein und Sklaven im Tausch gegen Stoffe und Feuerwaffen. Doch die Kaufleute brachten auch Pocken und Cholera sowie Kanonen mit. Ende des 19. Jhs., als Europa einen begehrlichen Blick auf Afrika warf, war Ostafrika durch Krankheiten und Gewalt geschwächt.

Der portugiesische Einfluss ist heute noch in der Architektur, den Bräuchen (z. B. der Stierkampf auf Pemba) und der Sprache zu erkennen. Das Suaheli-Wort *gereza* (Gefängnis), von Portugiesisch *igreja* (Kirche), stammt aus der Zeit, als in portugiesischen Festungen beide Gebäude auf demselben Gelände standen.

## Europäische Fremdherrschaft

Die romantischen Berichte von europäischen Ostafrikareisenden des frühen 19. Jhs., darunter Richard Burton, John Speke, David Livingstone und Henry Morton Stanley, erregten im späten 19. Jh. die Aufmerksamkeit eines jungen deutschen Abenteurers. 1885 gründete Carl Peters ohne die Genehmigung seiner Regierung eine „Gesellschaft für Deutsche Kolonisation". Von der Insel Sansibar reiste er aufs Festland und besorgte sich Unterschriften von afrikanischen Häuptlingen auf einem Stapel von Blanko-Vertragsformularen. In Berlin billigte Reichskanzler Bismarck diesen dubiosen Erwerb afrikanischen Territoriums – sehr zum Ärger der Briten. Diese hatten nämlich inzwischen informell die Herrschaft über Sansibar inne.

1886 wurde Ostafrika zwischen den Briten und den Deutschen in „Einflusssphären" aufgeteilt. Die Grenze verlief von der Küste nach Westen bis zum Victoriasee entlang der heutigen Grenze zwischen Kenia und Tansania. Dass die Afrikaner zu dem Abkommen nicht befragt wurden, versteht sich. Auch der Sultan von Sansibar nicht. Die Deutschen ließen ein Kriegsschiff im Hafen von Sansibar liegen, bis er seine Ansprüche auf das Festland abtrat.

Das Wort „Suaheli" („Küste", vom arabischen Wort *sahil*) bezeichnet sowohl die Sprache Suaheli als auch die islamische Kultur der Völker an der ostafrikanischen Küste von Mogadischu (Somalia) bis hinunter nach Mosambik. Sprache und Kultur sind ein Gemisch aus Bantu, arabischen, persischen und asiatischen Einflüssen.

## Kolonialzeit

Während der Kolonialzeit hielt das westliche Bildungs- und Gesundheitssystem Einzug in Deutsch-Ostafrika. Darüber hinaus wurden Straßen und Eisenbahnschienen gebaut, doch davon haben nur wenige Afrikaner profitiert. Die deutschen Machthaber waren alles andere als beliebt. Harte Arbeitsbedingungen, die Einführung einer Hüttensteuer und zahlreiche andere unpopuläre Maßnahmen schürten die Unzufriedenheit in der Bevölkerung. Die erste ernst zu nehmende Revolte gegen die Kolonialherren ereignete sich 1888 (der Aufstand der ostafrikanischen Küstenbevölkerung), seinen Höhepunkt erreichte der Widerstand mit dem Maji-Maji-Aufstand zwischen 1905 und 1907, der viele Menschen in Südtansania das Leben gekostet hat und als Ursprung des tansanischen Nationalismus gilt.

Die Deutschen kontrollierten das Territorium bis zum Ende des Ersten Weltkriegs. Danach fiel Deutsch-Ostafrika gemäß eines Völkerbundmandats an die Briten und erhielt einen neuen Namen: Tanganjika. Nach dem Zweiten Weltkrieg wurde Tanganjika zum Treuhandgebiet erklärt, aber nach wie vor von den Briten verwaltet. Um in der Nachkriegszeit seiner

**19. Jh.**

Der sansibarische Sklavenhändler Tippu Tip betätigt sich im Export von Sklaven, der bereits seit dem 9. Jh. blüht, und kontrolliert ein Handelsimperium, das sich von der Küste nach Westen bis zum Fluss Kongo erstreckt.

**1840**

Der Sultan von Oman hält in einem prachtvollen Palast an der Lagune von Sansibar Hof, von wo aus er seine Herrschaft über den Küstenstreifen Tanganjikas ausübt.

**1840er–1860er**

Die ersten christlichen Missionare treffen aus Europa ein. 1868 wurde die erste Festlandmission in Bagamoyo errichtet als Station für Sklaven, die sich freikaufen wollten.

**1856**

Die britischen Entdecker Richard Francis Burton und John Hanning Speke dringen auf der Suche nach der Quelle des Nils von der Insel Sansibar aus ins Innere Afrikas vor und entdecken den Tanganjika- und den Victoriasee.

eigenen Wirtschaft auf die Beine zu helfen, behielt Großbritannien den Zwangsanbau bei und setzte Zwangsumsiedlungen durch. Die Entwicklung eines industriellen Sektors wurde von den Briten aktiv verhindert, da sie den tansanischen Markt für ihre eigenen Produkte offenhalten wollten. Auch wurden nur wenige Afrikaner in den Beamtendienst übernommen.

Nyereres politische Ansichten sind in zwei Sammlungen zusammengefasst: *Freedom and Unity* (1967) und *Freedom and Socialism* (1968). Seine Reden und Schriften sind auch auf Deutsch erschienen (Horlemann, 2001) – leider nur noch antiquarisch.



## Die Geburt der TANU

1948 gründete eine Gruppe junger Afrikaner die Tanganyika African Association (TAA) aus Protest gegen die Kolonialpolitik. 1953 wurde die von dem Lehrer Julius Nyerere geführte Organisation in TANU-Unabhängigkeitspartei umbenannt. Ziel ihrer Bemühungen wurde die nationale Befreiung. Schließlich zogen sich die Briten 1961 bzw. 1963 ziemlich abrupt aus Tanganjika und Sansibar zurück. Dies war auf die wachsende europäische Einsicht zurückzuführen, dass die Erhaltung von Kolonialreichen zu teuer war, sowie auf die Anerkennung des Grundrechts aller Menschen auf Freiheit von Unterdrückung.

### JULIUS KAMBARAGE NYERERE

Julius Kambarage Nyerere – Baba wa Taifa („Vater der Nation“) oder einfach nur Mwalimu („Lehrer“) genannt– stieg aus bescheidenen Anfängen zu einem der angesehensten Staatsmänner Afrikas auf. Er wurde 1922 in Butiama in der Nähe des Victoriasees als Sohn eines Häuptlings des kleinen Zanaki-Stammes geboren. Nach Beendigung seines Studiums, darunter ein Doktorgrad aus Schottland, begann er, als Lehrer zu arbeiten. 1953 schloss er sich einer Gruppe gleich gesinnter Nationalisten an und gründete die Tanganyika African National Union (TANU), die er erfolgreich zur Unabhängigkeit Tanganjikas von Großbritannien und durch die ersten zwei Regierungsjahrzehnte führte.

Nyerere erwarb sich viel Respekt für seinen Idealismus, für seinen Erfolg bei der Gestaltung einer Gesellschaft, die politisch stabil und frei von Stammesrivalitäten war, und für seinen Beitrag zur Erhöhung der Alphabetisierungsrate Tansanias, die während seiner Amtszeit zu einer der höchsten in Afrika wurde. Sein Einsatz für den Panafrikanismus und sein regionales Wirken erhielt auch internationale Anerkennung.

Trotz der Kritik an seinem autoritären Stil und seiner Wirtschaftspolitik war Nyerere unbestritten eine von Afrikas einflussreichsten Persönlichkeiten und schaffte es fast im Alleingang, Tansania auf die Weltbühne zu heben. Er erhielt viel Beifall für seinen entschlossenen Widerstand gegen Südafrikas Apartheidssystem und für seine Invasion in Uganda 1979, die zur Absetzung des Diktators Idi Amin Dada führte.

In seinen späteren Jahren nahm Nyerere die Rolle eines Staatsmannes an und diente 1996 als Krisenvermittler im Burundi-Konflikt. Er starb 1999 und wurde in seinem Heimatdorf Butiama bestattet. Viele seiner Schriften, Fotos und andere Erinnerungsstücke sind im Nyerere-Museum ausgestellt.

**1873**

Auf Druck des britischen Konsuls stimmt der Sultan von Sansibar der Abschaffung des Sklavenmarktes auf Sansibar und des Menschenhandels auf dem Festland zu.

**1885**

Der Deutsche Carl Peters schlägt Henry Morton Stanley in einem Wettlauf um ein Bündnis mit dem binnenländischen Königreich Buganda und nimmt dabei das Gebiet Tanganjika für Deutschland in Besitz.

**5. Oktober 1889**

Yohani Kinyala Lauwo und Hans Meyer ersteigen den Berg Kilimandscharo. Lauwo verbrachte den Rest seines langen Lebens damit, Trekker auf den Berg zu führen und neue Guides auszubilden.

**1890**

Deutschland erhält von Großbritannien Helgoland und erkennt dafür den britischen Einfluss auf Sansibar an. Beide teilen Ostafrika zwischen sich auf und Tanganjika wird Deutschland zugeteilt.

## Unabhängigkeit

Die Bewohner Tanganjikas gingen mit optimistischem Blick in die Unabhängigkeit. Doch das Land war zu arm für das Projekt der nationalen Selbstständigkeit. Die Staatskasse war leer, die Wirtschaft geschwächt und unterentwickelt, und es gab nur wenig Industrie. 1961 fanden sich insgesamt 120 afrikanische Hochschulabsolventen im ganzen Land.

Nyerere forderte seine Landsleute zu harter Arbeit auf und zitierte ein Suaheli-Sprichwort: „Behandelt Euren Gast zwei Tage lang als Gast; gebt ihm am dritten Tag eine Hacke!"

Angesichts dieser Umstände wählte die erste autonome Regierung, die vom 39 Jahre alten Julius Nyerere geführt wurde, Tanganjikas Kontinuität statt radikale Umwandlung der wirtschaftlichen oder der politischen Struktur. Die TANU führte auf Vorschlag der Briten das britische Parlamentssystem ein. Gleichzeitig verpflichtete sich die Partei, in das Bildungswesen sowie eine allmähliche Afrikanisierung des Beamtentums zu investieren. In der Übergangszeit stellten Expatriates (oft frühere britische Kolonialbeamte) das Personal der Regierungsbürokratie.

Wie der Politikwissenschaftler Cranford Pratt im Einzelnen darlegt, beruhten die frühen Pläne der Regierung Nyerere auf der Annahme, dass vom Ausland und vor allem Großbritannien beträchtliche Hilfe geleistet würde. Das war jedoch nicht der Fall. Der neue Staat musste um Gelder kämpfen, um die ersten schwierigen Jahre nach der Befreiung zu überstehen. Während die Regierung sich mühte, marode Straßen zu reparieren, Krankenhäuser zu betreiben und die Jugend des Landes zu erziehen, gelang es ihr im Jahr 1964 auch noch, Truppenmeutereien wegen Lohnforderungen zu beenden. Als auf Sansibar im Januar 1964, nur wenige Wochen nach seiner Unabhängigkeit von Großbritannien, eine blutige Revolution ausbrach, verhinderte Nyerere geschickt die möglicherweise davon ausgehende destabilisierende Wirkung. Er gestand Inselpolitikern eine prominente Rolle in einer neu ausgerufenen Vereinigten Republik Tansania zu, die im April des Jahres 1964 aus der Union von Tanganjika und dem Sansibar-Archipel entstand.

## Ujamaa – Tansanias großes Experiment

Die Ereignisse der ersten Jahre nach der Unabhängigkeit – das Ausbleiben ausländischer Hilfe, zivile Unruhen im Land und die Entstehung einer privilegierten Klasse inmitten anhaltender Massenarmut – veranlassten Nyerere, den Kurs, den seine Regierung für die Nation verfolgte, zu überdenken.

Seit seiner Studienzeit hatte Nyerere über die Bedeutung von Demokratie für Afrika nachgedacht. Im Jahr 1962 veröffentlichte er einen Aufsatz mit dem Titel *Ujamaa [Familie, Leute gleicher Art]: Grundlage des afrikanischen Sozialismus*. Darin legte er dar, dass die persönliche Anhäufung von Reichtum angesichts weit verbreiteter Armut antisozial sei. Afrika solle danach streben, eine Gesellschaft zu schaffen, die auf

**1905–1907**
In den Matumbi-Bergen bei Kilwa stachelt der Heiler Kinjikitile afrikanische Arbeiter zur später als Maji-Maji-Aufstand bekannt gewordenen Rebellion gegen ihre deutschen Kolonialherren an.

**1909–1912**
Deutsche Paläontologen legen bei Tendunguru in der Lindi-Region die Überreste verschiedener Dinosaurier-Arten frei, darunter auch das Skelett eines *Brachiosaurus brancai*, des größten bekannten Dinosauriers der Welt.

**1919**
Nach dem Ersten Weltkrieg wird Tanganjika unter das „Protektorat" der Briten gestellt, die zunächst im Namen des Völkerbundes und später der Vereinten Nationen handeln.

**1953**
Der charismatische junge Lehrer Julius Nyerere wird Präsident der „Tanganyika African National Union" (TANU), einer Organisation, deren Ziel die Befreiung Tanganjikas von der Kolonialherrschaft ist.

gegenseitiger Hilfe und wirtschaftlicher wie politischer Gleichheit beruhe, wie sie nach seiner Meinung in der Zeit vor der europäischen Kolonialherrschaft jahrhundertelang bestanden habe.

## Die Arusha-Deklaration

1967 trafen sich die Funktionäre der TANU in der nördlichen Stadt Arusha, wo sie einen von Nyerere entworfenen radikal neuen Plan für Tansania verabschiedeten. In der sogenannten Arusha-Deklaration verpflichtete sich die tansanische Regierung zu einem sozialistischen Kurs, der dann in mehreren politischen Grundsatzerklärungen weiter spezifiziert wurde. Die Regierung gelobte, ihre Abhängigkeit von ausländischem Kapital zu verringern und stattdessen auf „self-reliance", das Vertrauen auf die eigene Kraft, in der tansanischen Gesellschaft zu setzen. Um zu verhindern, dass sich Bürokraten und Parteifunktionäre der Regierung bereicherten, erließ Nyerere einen Ehrenkodex für Führungskräfte. Unter anderem verbot das Gesetz Regierungsbeamten, Aktien einer Privatgesellschaft zu besitzen, Hausangestellte zu beschäftigen oder Grundbesitz zum Zwecke der gewinnbringenden Vermietung zu erwerben.

Die Arusha-Deklaration verkündete auch die Verstaatlichung von Industrien, Handel und Banken. Sie schränkte direkte ausländische Investitionen ein und legte fest, dass die Regierung selbst in Industriebetriebe investieren würde, deren Produkte importierte Güter ersetzen könnten. Alles Land sollte fortan vom Staat verwaltetes Gemeinschaftseigentum sein. Die Regierung strebte den kostenlosen Schulbesuch für jedes Kind an. Schulkinder lernten, sich in erster Linie als Tansanier mit einer gemeinsamen Sprache – Suaheli – zu verstehen und dann erst als Mitglieder einer von über 100 Ethnien, die innerhalb der Landesgrenzen zusammenlebten.

## Sozialistische Tendenzen?

Nyerere selbst war von den wirtschaftlichen Entwicklungsstrategien der Chinesen fasziniert, tat aber die Befürchtungen des Westens ab, dass Tansania mit doktrinärem Marxismus chinesischer oder sowjetischer Spielart experimentiere. In *Freedom and Unity – Essays on Socialism* (1967) vertrat er die Ansicht, dass Tansanier „ebenso wenig zum Sozialismus ‚konvertiert' werden müssen, wie man uns Demokratie ‚lehren' muss. Beides wurzelt in unserer Vergangenheit – in der traditionellen Gesellschaft, die uns hervorgebracht hat." Nyereres Visionen wurden nicht nur von der tansanischen Öffentlichkeit, sondern auch von westlichen Akademikern und von Geldgebern aus Ost und West enthusiastisch aufgenommen. Manche seiner politischen Überzeugungen lösten aber selbst bei seinen glühendsten Anhängern im Ausland Bedenken aus. 1965 beschloss die TANU-Partei, das ihr von Großbritannien hinterlassene

Infolge der Arusha-Deklaration halfen überall im Land die Leute ihren Nachbarn, neue Schulen zu bauen, Straßen zu reparieren, Nahrungspflanzen anzubauen und zu verkaufen, um das Geld für die medizinische Versorgung aufzubringen. Nyerere und seine Minister griffen regelmäßig zu einer Schaufel und packten mit an.

Die Ostafrikanische Gemeinschaft – 1967 von Tansania, Kenia und Uganda gegründet und nach ihrer Auflösung 1977 später neu gegründet – zählt heute auch Ruanda, Burundi und den Südsudan zu ihren Mitgliedern. Fortschritte wurden auf dem Gebiet der wirtschaftlichen Zusammenarbeit erzielt, aber eine politische Kooperation ist noch in weiter Ferne.



**9. Dezember 1961**

Tanganjika wird unter Nyerere als Präsident unabhängig von der britischen Kolonialmacht. Das Sansibar-Archipel wird im Dezember 1963 unabhängig und bildet eine konstitutionelle Monarchie unter dem Sultan.

**1964**

Nach einem blutigen Aufstand auf der Insel Sansibar, bei dem mehrere Tausend Sansibarer getötet werden, vereinen sich Tanganjika und das Archipel in der Vereinigten Republik von Tansania.

**1967**

Auf einer Tagung von TANU-Parteifunktionären in Arusha erhält Julius Nyerere enthusiastische Unterstützung für die Arusha-Deklaration, mit der Tansanias Weg zum afrikanischen Sozialismus beginnt.

**1978–1979**

Der ugandische Diktator Idi Amin Dada brennt tansanische Dörfer am Fluss Kagera nieder, die ugandischen Rebellen Unterschlupf gewährt haben sollen. Tansania stürzt Amin und bringt Milton Obote wieder an die Macht.

demokratische Mehrparteiensystem aufzugeben. Tansania wurde ein Einparteienstaat. Nyerere war der Meinung, dass Demokratie kein Synonym für Mehrparteienpolitik sei und dass die Herausforderungen an das neue Land derart groß seien, dass jeder mit anpacken müsse. Er trat für Rede- und Gedankenfreiheit ein, verbot aber Oppositionsparteien. Wähler konnten zwischen mehreren Kandidaten wählen, aber diese gehörten alle der TANU-Partei an. Außerdem genehmigte Nyerere die Inhaftierung von Dissidenten, denen man vorwarf, sie handelten gegen die Interessen des Staates. Seine Verteidiger sagen, er tat sein Bestes, um ein oft aufsässiges Kabinett und ein Land zusammenzuhalten zu einer Zeit, als überall in Afrika in gerade unabhängig gewordenen Staaten Bürgerkriege und Diktaturen herrschten. Kritiker meinen, er habe bei Verletzungen bürgerlicher Grundrechte ein Auge zugedrückt.

## „Ujamaa-Dorfgemeinschaften“

Die vielleicht umstrittenste politische Maßnahme, die nach Arusha ergriffen wurde, war die Idee der „Ujamaa-Dorfgemeinschaften“. Die meisten Tansanier lebten auf dem Lande, und die Arusha-Deklaration sah in der Landwirtschaft den Motor wirtschaftlichen Wachstums. Durch Gemeinschaftsarbeit, wie sie laut Nyerere in früheren Zeiten üblich war, sollte die

### TANSANIA AUF DER WELTBÜHNE

In den 1960er- bis 1980er-Jahren war Julius Nyerere, der Repräsentant Tansanias, eine Stimme mit moralischer Autorität in globalen Foren wie der UNO, der Organisation für Afrikanische Einheit und dem Commonwealth. Er trat für die Autonomie von „Dritte-Welt“-Staaten ein und drängte auf eine fairere Weltwirtschaftsstruktur.

Nyereres Regierung machte sich auch für die Befreiung des südlichen Afrikas von weißer Minderheitenregierung stark. Seit 1963 stellte Tansania mit seinem Territorium sowie mit militärischer Unterstützung unter hohem Einsatz von Menschen und Material eine Basis für die Befreiungsbewegungen in Südafrika, Simbabwe und Mosambik.

Tansania nahm zwar in den 1970er-Jahren dankbar chinesische Hilfe beim Bau der Tazara-Eisenbahn von Sambia nach Daressalam in Anspruch, blieb aber während des Kalten Krieges beharrlich neutral und widerstand den Machenschaften und Verlockungen des Ostens wie des Westens.

Dass Tansania in den letzten Jahrzehnten auf der Weltbühne kaum in Erscheinung trat, ist auf den Tod des charismatischen und verehrten Nyerere ebenso zurückzuführen wie auf wirtschaftliche Probleme. Nichtsdestotrotz hält Tansania seine Türen immer für Zivilisten offen, die vor Gewalt in den Nachbarländern – Uganda, Burundi, Kongo und Mosambik – fliehen. 2017 beherbergte es über 300 000 Flüchtlinge, vor allem aus Burundi und der Demokratischen Republik Kongo (Zaïre), die in Flüchtlingslagern an Tansanias Westgrenze leben.

**1985**

Nach fünf Amtsperioden tritt Julius Nyerere freiwillig als Präsident zurück. Dies ebnet den Weg für einen friedlichen Übergang zu seinem gewählten Nachfolger.

**1986**

Nach mehrjährigem Widerstand akzeptiert Tansania angesichts seiner katastrophalen Wirtschaftslage die strengen Bedingungen des IWF-Förderprogramms für Strukturreformen.

**1992**

Oppositionsparteien werden auf Drängen der internationalen Gebergemeinschaft zugelassen. In Tansania finden 1995 die ersten Mehrparteienwahlen mit 13 politischen Parteien statt.

**7. August 1998**

Innerhalb von Minuten explodieren bei Al-Qaida-Anschlägen Bomben in den US-amerikanischen Botschaften in Nairobi und Daressalam. Elf Tansanier verlieren ihr Leben, Dutzende werden verletzt.

landwirtschaftliche Produktivität massiv gesteigert werden. Ab Anfang 1967 wurden die Tansanier aufgefordert, sich in Gemeinschaftsdörfern zu organisieren, wo sie die Felder zum Wohle der Nation gemeinsam bestellen sollten. Einige taten dies, aber nur eine Handvoll kooperativer Dorfgemeinschaften wurde freiwillig gegründet.

1974 begann die Regierung mit der Zwangsumsiedlung von 80% der Bevölkerung, wodurch die nationale Agrarproduktion empfindlich gestört wurde. Der Plan litt jedoch unter einer Vielzahl von Problemen. Das neue Ackerland war oft unfruchtbar, die erforderlichen Geräte fehlten. Die Menschen wollten nicht in der Gemeinschaft arbeiten; sie wollten erst einmal ihre eigenen Familien versorgen. Die von der Regierung festgelegten Preise für die Ernten waren zu niedrig angesetzt. Nach Ansicht des Analysten Goran Hyden reagierten die Bauern darauf mit der Rückkehr zur Subsistenzwirtschaft – sie bauten nur ihre eigene Nahrung an. Die nationale Agrarproduktion und die Einnahmen aus für den Export produzierten „Cash Crops“ erreichten einen Tiefpunkt.

In einer abschließenden Beurteilung der Politik der Arusha-Deklaration gestand Nyerere freimütig ein, dass die Regierung Fehler gemacht habe. Aber er verwies auch auf den Fortschritt in Richtung soziale Gleichheit: Das Verhältnis zwischen den höchsten Gehältern und den niedrigsten Löhnen sank von 50:1 im Jahr 1961 auf ungefähr 9:1 im Jahr 1976. Trotz dürftigen Hinterlassenschaften der Kolonialzeit unternahm Tansania gewaltige Schritte im Erziehungs- und Gesundheitswesen. Unter Nyereres Führung entstand ein ausgeprägtes Nationalbewusstsein. Mit Ausnahme gelegentlicher Unruhen auf dem Sansibar-Archipel herrschte in Tansania seit seiner Entstehung Frieden und Stabilität.

**Historische Highlights**

- *Oldupai-(Olduvai)-Schlucht-Museum*
- *Felsmalereien von Kondoa*
- *Naturhistorisches Museum, Arusha*
- *Nationalmuseum, Daressalam*
- *Museum der Arusha-Deklaration, Arusha*
- *Nyerere-Museum, Musoma*



## Vom Liebling der Geldgeber zum Bösewicht

Nach der Arusha-Deklaration war Tansania der erklärte Liebling der Geldgebergemeinschaft. Es war in den 1970er-Jahren der größte Empfänger ausländischer Hilfe im Subsahara-Afrika und das Versuchsgelände für jede neuartige Entwicklungstheorie, die irgendwo auftauchte.

Als es mit der Wirtschaft in den späten 1970er- und frühen 1980er-Jahren kontinuierlich bergab ging, forderten die Weltbank, der Internationale Währungsfonds (IWF) und eine wachsende Schar verärgerter Geldgeber strenge wirtschaftliche Reformen – eine tiefgreifende Strukturanpassung des Wirtschaftssystems. Über ihre eigenen verfehlten Projekte hinwegsehend, gaben sie einem aufgeblähten Beamtenapparat und einem moribunden Produktionssektor die Schuld und predigten, dass beide dem frischen, reinigenden Wind des offenen Marktes ausgesetzt werden müssten. Nyerere lehnte ein Eingreifen des IWF strikt ab. Als die

**2000**

Bei umstrittenen Wahlen zu Sansibars Legislative kommt es zu Straßenschlachten. Bei Massendemonstrationen werden 22 Menschen, die gegen die Wahlergebnisse protestieren, von der Polizei erschossen.

**2010**

Jakaya Mrisho Kikwete wird mit rund 62% der Stimmen mit einem erstaunlich starken Auftritt der Oppositionskandidaten wiedergewählt.

**Oktober 2015**

Dr. John Pombe Magufuli (CCM) wird in einer heiß umkämpften Wahl mit 58% der Stimmen zum Präsidenten gewählt.

**2017**

In Djebel Irhoud (Marokko) wurden fossile Relikte eines frühen Homo sapiens gefunden, die 300 000 Jahre alt sein sollen, was Ostafrikas Anspruch, die „Wiege der Menschheit“ zu sein, infrage stellt.

wirtschaftliche Situation sich weiter verschlechterte, nahm der Dissens in den Reihen der Regierung zu. 1985 trat Nyerere zurück. 1986 stimmte die tansanische Regierung den Bedingungen des IWF zu. Das große tansanische Experiment mit afrikanischem Sozialismus war gescheitert.

## Strukturreformen

Wie auch anderswo auf dem Kontinent waren die Strukturveränderungen eine Schocktherapie, die der Nation fast den Atem nahm. Der Beamtenapparat wurde um mehr als ein Drittel verkleinert. So war man zwar viele „Nieten“ losgeworden, aber auch Tausende von Lehrern, Beschäftigte im Gesundheitswesen und das Geld für Schulbücher, Kreide und Lehrerausbildung. Die Wachstumsraten der Wirtschaft erreichten um 1974 ihren Tiefstand, wo sie die folgenden 25 Jahre verharrten. 1997 gab Tansania viermal so viel für den Auslandsschuldendienst aus wie für das Gesundheitswesen, eine Situation, die sich erst im Verlauf der letzten zwei Jahrzehnte etwas verbessert hat.

## Mehrparteien-Demokratie

Teil des Hilfsprogramms für Strukturreformen war 1992 die Wiedereinführung des Mehrparteiensystems nach westlichem Vorbild. Die geänderte Verfassung legalisierte Oppositionsparteien. Seither fanden fünf Parlamentswahlen statt, die auf dem Festland im Großen und Ganzen friedlich abliefen, auf Sansibar weniger: Die Differenzen zwischen der Regierungspartei CCM und der Opposition, Civic United Front (CUF), sind einfach zu groß.

Bei den Wahlen 2015 wurde Dr. John Magufuli (CCM) mit 58% der Stimmen zum Präsidenten gewählt. Sein größter Konkurrent war der ehemalige CCM-Premierminister Edward Lowassa von der Partei für Demokratie und Fortschritt (Chadema). Nach der Wahl begann Magufuli zügig sein Programm umzusetzen. Nach fast zwei Jahren im Amt erfuhr er vor allem bei der tansanischen Landbevölkerung beträchtliche Anerkennung für seine strengen Antikorruptionsmaßnahmen und seine Entschlossenheit, Regierungsbeamte dazu zu bringen, ihren Wahlkreisen Rechenschaft abzulegen. Auf der anderen Seite wurde er dafür kritisiert öffentliche Debatten zu beschränken und verstärkt restriktive Gesetze in Bezug auf die Pressefreiheit durchzusetzen. Im Oktober 2020 stehen die nächsten Wahlen an.

# Bevölkerung & Alltagsleben

**Zu den Höhepunkten des Reisens in Tansania zählt es, die Menschen und ihre vielfältige Kultur kennenzulernen. Da Englischkenntnisse in städtischen und touristischen Gegenden weit verbreitet sind und Gastfreundschaft Tradition hat, ist es für Besucher recht leicht, die lokalen Bräuche und kulturellen Eigenheiten des Landes zu erleben. Wer plant, ländliche Gebiete zu besuchen, lernt am besten ein paar Suaheli-Ausdrücke.**

## Die Menschen in Tansania

In Tansania leben etwa 120 Stammesgruppen sowie ein relativ kleiner, aber wirtschaftlich bedeutsamer Anteil asiatischer und arabischer Einwohner und eine winzige europäische Gemeinschaft. Die meisten Stämme sind sehr klein, etwa 100 von Ihnen machen zusammen nur ein Drittel der Gesamtbevölkerung aus. Daher hat es keine Stammesgruppe geschafft, das politische oder kulturelle Leben zu dominieren. Nur die Chagga und die Haya, die traditionell zu den gebildeten Gruppen gehören, stellen einen unverhältnismäßig großen Anteil in Politik und Wirtschaft.

Etwa 95% der Bevölkerung gehört zur Gruppe der Bantu. Zu ihnen zählen die Sukuma um Mwanza und den südlichen Victoriasee (etwa 16% der Gesamtbevölkerung), die Nyamwezi um Tabora, die Makonde in Südosttansania, die Haya um Bukoba und die Chagga am Kilimandscharo. Die Massai und eine Reihe kleinerer Gruppen wie die Arusha und die Samburu – alle im Norden des Landes – haben hamitische oder nilotische Wurzeln. Die Iraqw um Karatu und nordwestlich vom Manyarasee sind Kuschiten, ebenso die nördlich-zentralen Stämme der Gorowa und der Burungi. Die Sandawe und entfernt auch die halbnomadisch am Eyasisee lebenden Hadzabe gehören ethnolinguistisch zu den Khoisan.

Als Folge von Julius Nyereres Bemühungen, nach der Unabhängigkeit die Macht der lokalen Häuptlinge zu brechen, sind die Stammesbindungen jedoch nur schwach bis gar nicht mehr ausgeprägt.

Etwa 3% der tansanischen Bevölkerung lebt auf Sansibar und den Inseln, ein Drittel davon auf Pemba. Die meisten afrikanischen Sansibaris gehören zu einer von drei Gruppen: den Hadimu, den Tumbatu und den Pemba. Den größten Anteil unter den Nicht-Afrikanern stellen die Shirazi, die sich als Nachkommen eingewanderter Perser aus Shiraz (Iran) verstehen.

Der verehrte Dichter und Schriftsteller Shaaban Robert (1909–1962) ist die wichtigste Persönlichkeit der Literaturszene Tansanias. Er gilt als Nationaldichter und hat beinahe im Alleingang die Entwicklung der modernen Suaheli-Prosa geprägt. Eine Einführung in sein Werk (von Clement Ndulute ins Englische übertragen) gibt das Buch *The Poetry of Shaaban Robert*.

### Der Nationalcharakter

Teilweise liegt es an der großen Zahl kleiner Stämme, sicher aber auch an dem von Julius Nyerere propagierten Ideal der *ujamaa* (Familie), das die Gesellschaft immer noch prägt, dass praktisch keine Rivalitäten zwischen Tansanias Stämmen bestehen. Auch die religiösen Spannungen sind nur gering, denn Christen und Muslime leben friedlich nebeneinander. Obwohl gelegentlich politische Konflikte aufbrechen, spielen sie in den persönlichen Beziehungen keine entscheidende Rolle.

Die Tansanier legen großen Wert auf Höflichkeit und Zuvorkommenheit. Die Begrüßung hat einen hohen Stellenwert. Wer gleich mit der Tür ins Haus fällt und sich nicht nach dem Befinden des Angesprochenen und seiner Familie erkundigt, wird freundlich auf seinen Fehler hingewiesen. Tansanische Kinder lernen, Ältere mit einem respektvollen *shikamoo* (wörtlich: „Ich halte deine Füße") zu grüßen, was in ländlichen Gegenden oft von einem leichten Knicks begleitet wird. Fremde werden häufig mit *dada* (Schwester) oder *mama,* falls es sich um eine ältere Frau handelt, *kaka* (Bruder) oder *ndugu* (Verwandter oder Freund) angeredet.

## Alltagsleben

Die Familie ist von großer Bedeutung. Hochzeiten, Beerdigungen und andere Ereignisse werden in großem Rahmen begangen – auch, um den gesellschaftlichen Status zu demonstrieren, womit sie häufig die Möglichkeiten der Gastgeberfamilie bei Weitem übersteigen. Es wird erwartet, dass arbeitende Familienmitglieder ihren Teil dazu beitragen. Die erweiterte Familie (die auch die Dorfgemeinschaft einschließt) bildet ein wichtiges Netzwerk, da ein soziales Sicherungssystem des Staates fehlt.

Tansania ist das einzige afrikanische Land, in dem Mitglieder aller prägenden ethno-linguistischen Gruppen des Kontinents leben (Bantu, Niloten, Hamiten, Kuschiten, Khoisan). An den Seen Eyasi und Babati siedeln sie sogar in direkter Nähe zueinander.

Soziale Hierarchien haben große Bedeutung im täglichen Leben. Männer sind die Familienoberhäupter, Frauen sind ihnen untergeordnet und fast auf derselben Stufe wie Kinder. In der größeren Gemeinschaft ist es bislang nicht viel anders. Das Aufziehen der Kinder fällt den Frauen, der Broterwerb den Männern zu; allmählich rücken allerdings immer mehr gut ausgebildete Frauen in höhere Positionen auf. Dorfverwalter (*shehe* auf der Insel Sansibar) beaufsichtigen alles und treffen nach Beratungen mit anderen älteren Mitgliedern der Gemeinde alle wichtigen Entscheidungen.

In Tansania sind etwa 4,7% der Bevölkerung HIV-positiv oder leiden unter Aids. Inzwischen nimmt das öffentliche Bewusstsein zu, und in den großen Städten weisen Plakate auf das Problem hin. Eine Diskussion findet in der Öffentlichkeit jedoch kaum statt, und Todesfälle werden in vielen Kreisen oft mit „Tuberkulose" begründet.

### Religion

Mit Ausnahme der kleinsten Dörfer steht in jedem Ort eine Moschee, eine Kirche oder beides und fast jeder Tansanier bekennt sich zu irgendeiner Religion. Religiöse Feste werden meist mit Inbrunst gefeiert und sind Anlass für Gesang, Tanz und Familienzusammenkünfte.

Muslime, die etwa fast 40% der Bevölkerung ausmachen, leben traditionell entlang der Küste sowie im Landesinneren entlang der alten Karawanenstraßen. Sunniten (Shafi-Schule) bilden den größten Anteil, darunter fast sämtliche Einwohner des Sansibar-Archipels.

Nahezu 50% der Tansanier sind Christen, unter ihnen dominieren die römisch-katholische, die lutheranische und die anglikanische Kirche. Nur ein kleiner Prozentsatz sind Anhänger anderer christlicher Glaubensrichtungen, darunter Baptisten und die Pfingstbewegung. Der höchste Anteil

### ETIKETTE IN TANSANIA

Tansanier sind konservativ. Sie sind zu höflich, um es direkt anzusprechen, werden aber unter sich den Kopf über Touristen schütteln, die halb nackt rumlaufen, unordentlich angezogen sind oder öffentlich Zärtlichkeiten austauschen. Insbesondere an der muslimischen Küste sollte man daher Schultern und Beine bedeckt halten und tiefe Ausschnitte, hautenge Kleidung und Ähnliches vermeiden.

Höflichkeit ist wichtig. Auch wer nur nach dem Weg fragt, sollte sich die Zeit nehmen, den Angesprochenen zuerst zu begrüßen. Es ist üblich, sich nach dem Wohlbefinden des Gesprächspartners und seiner Familie zu erkundigen und dies wird auch von Fremden erwartet. Tansanier halten sich oft noch Minuten nach der Begrüßung und manchmal während der ganzen Unterhaltung an den Händen, insbesondere im Süden umfasst man als Zeichen des Respekts beim Händeschütteln gern mit der linken Hand den rechten Ellbogen.

ALEKSANDAR TODOROVIC / SHUTTERSTOCK ©

Massai-Frauen



an Christen lebt im Nordosten Tansanias bei Moshi, das seit Mitte des 19. Jhs. Zentrum missionarischer Tätigkeit war.

Die restliche Bevölkerung hängt traditionellen Religionen an, die sich um Ahnenverehrung, Ackerland und rituelle Gegenstände drehen. Außerdem gibt es kleine, aber aktive Gemeinden mit Sikhs und Ismailiten.

Historisch gesehen gab es vor allem Spannungen zwischen Tansanias Muslimen und Christen, die zwar bis heute fortbestehen, aber kaum merklich sind. In der derzeitigen tansanischen Politik spielt die Religion generell keine große Rolle mehr. Eine Ausnahme bildet das Sansibar-Archipel, wo in jüngerer Zeit immer mehr gewaltsame Auseinandersetzungen zwischen Anhängern verschiedener Religionen ihre Schatten geworfen haben.

> Vor allem im ländlichen Raum ist es üblich, dass Frauen ihren eigenen Namen ablegen und *Mama* genannt werden, gefolgt vom Namen ihres ältesten Sohnes (oder Tochter, wenn sie keine Söhne haben).

## Frauen in Tansania

Obwohl Frauen das Rückgrat der Wirtschaft bilden – sie ziehen nicht nur Kinder groß, sondern arbeiten nebenher auch noch auf dem *shamba* (der kleine Familienacker) oder in einem Büro –, stehen sie im Abseits, insbesondere in Sachen Bildung. Weniger als 10 % der Mädchen schließen die höhere Schule ab, und nur eine Handvoll von ihnen macht einen Universitätsabschluss. Die Einschulungsraten an weiterführenden Schulen sind ohnehin niedrig, aber vor allem Mädchen werden häufig aus Geldmangel, als Hilfe im Haushalt oder aufgrund einer Schwangerschaft zu Hause behalten.

Immerhin lässt sich eine sehr positive Entwicklung erkennen. Seit 1996 hat die Regierung sich verpflichtet, 20 % der Parlamentssitze mit Frauen zu besetzen; aktuell sind sogar über 30 % der Nationalversammlung weiblich, darunter die Vizepräsidentin und mehrere Kabinettsmitglieder. Und in Grundschulen wurde die unterschiedliche Behandlung der Geschlechter praktisch abgeschafft.

# Kunst

## Musik & Tanz

Tansanias herausragende Musik- und Tanzszene vermischt die unterschiedlichsten Einflüsse von den über 100 Stammesgruppen des Landes miteinander – sowohl aus den verschiedenen Regionen an der Küste und im Binnenland als auch aus traditionellen und modernen Elementen. Dreh- und Angelpunkt ist Daressalam, das auch die größte Vielfalt an Gruppen und Stilen hat. Aber wer sich im Rest des Landes umsieht (am besten Einheimische fragen), kann einige echte Highlights entdecken. Empfehlenswert sind die Tumaini University Makumira (www.makumiramusic.org) außerhalb von Arusha und das Bagamoyo College of Arts (www.tasuba.ac.tz).

Suaheli ist berühmt für Sprichwörter, die benutzt werden, um Kinder zu erziehen oder dem Partner freundlich mitzuteilen, dass man sauer auf ihn ist. Häufig werden Sprichwörter auf den Rand von *kangas* (Wickeltücher aus Baumwolle, die von vielen Frauen getragen werden) gedruckt. Einige Beispiele findet man auf www.glcom.com/hassan/kanga.html und www.mwambao.com/methali.htm.

### Traditionell

Die traditionellen Tänze Tansanias *(ngoma)* zeichnen lebendige Bilder und beziehen die gesamte Gemeinschaft in ihre Botschaft ein. Sie werden genutzt, um Gefühle wie Dank oder Lobpreisung auszudrücken oder mit den Ahnen zu kommunizieren.

Maskentänze werden vor allem im Südosten aufgeführt, wo sie eine wichtige Rolle bei den Initiationsfeierlichkeiten der Makonde (deren *mapiko*-Masken berühmt sind) und der Makua spielen.

### Modern

Den größten Einfluss auf Tansanias moderne Musikszene hatten kongolesische Gruppen, die Anfang der 1960er-Jahre in Daressalam auftraten und Rumba sowie Soukous (*lingala*-Musik) in einen ostafrikanischen Kontext transportierten. Eine der bekanntesten von ihnen ist das Orchestre Super Matimila, dem auch der wohl berühmteste Musiker Tansanias, Remmy Ongala („Dr. Remmy"), angehörte. Er stammt aus der Demokratischen Republik Kongo (Zaire), wurde aber in Tansania populär und lebt heute in Daressalam. Viele seiner Songs (die meisten auf Suaheli) kommentieren Themen wie AIDS, Armut oder Hunger und haben dazu beigetragen, die Musik aus der Region über den Kontinent hinaus bekannt zu machen.

Von größerer Bedeutung sind auch eine lebendige Hip-Hop-Szene – oft mit Texten auf Suaheli – und der beliebte Bongo Flava, ein vom Hip-Hop beeinflusster Musikstil. Am weitesten verbreitet ist jedoch der kirchliche Chorgesang *(kwaya)*.

Die Musikszene des Sansibar-Archipels wird seit Langem von *taarab* dominiert, doch vor allem bei der jüngeren Generation hat *kidumbak* – ein ähnlicher Stil, der sich durch rhythmische Vielfalt und Trommeln sowie oft aktuelle, kritische Texte auszeichnet – ebenfalls viele begeisterte Anhänger.

### NGOMA

Die Trommel ist das wichtigste Instrument der traditionellen tansanischen Musik. Für Trommel wird dasselbe Wort *(ngoma)* wie für den Tanz verwendet, was die enge Beziehung zwischen den beiden verdeutlicht. Viele Tänze können nur zum Klang einer ganz bestimmten Trommel getanzt werden. Einige Tänze, vor allem die der Sukuma, verwenden noch anderes Beiwerk, darunter lebende Schlangen und andere Tiere. Die Massai sind bekannt für ihre Tänze, die nur von Gesängen und oft auch von kräftigen Sprüngen begleitet werden.

Andere traditionelle Musikinstrumente sind die *kayamba* (eine mit Körnern gefüllte Rassel), Rasseln und Glocken aus Holz oder Eisenblech, Xylophone (die manchmal als *marimbas* bezeichnet werden), *siwa* (Hörner) und *tari* (eine Art Tamburin).

### BILDUNG ALS BASIS?

Obwohl Tansania von einem Lehrer gegründet wurde (Julius Nyerere wird immer noch *mwalimu* oder „Teacher" genannt), zählt Tansania heute weltweit zu den Schlusslichtern im Bereich Bildung. Doch das war nicht immer so: Nyerere war überzeugt, dass sein Konzept des Sozialismus und der *self-reliance* (Eigenständigkeit) nur mit einer gebildeten Bevölkerung Erfolg haben könnte. Unter ihm wurden eine Grundschulpflicht und Hilfsprogramme für den Bau von Schulen in Dörfern eingeführt, mit dem Ergebnis, dass Tansania in den 1980er-Jahren eine der höchsten Alphabetisierungsraten in ganz Afrika hatte.

Diese positive Entwicklung hat sich aber leider nicht fortgesetzt. Obwohl über 94 % der Kinder eine Grundschule besuchen, machen etwa 20 % nicht den Abschluss und weniger als 15 Prozent absolvieren erfolgreich die höhere Schule. Dafür gibt es zahlreiche Gründe: Es fehlen ausgebildete Lehrkräfte, Schulen und vor allem Geld. Der Besuch einer weiterführenden Schule scheitert oft am Schuldgeld sowie an den Sprachkenntnissen. In der Grundschule wird auf Suaheli unterrichtet und die Englischkenntnisse viele Schüler reichen für die Sekundarschule nicht aus.

### Hochzeitsmusik

In der Kolonialzeit führten die deutschen und britischen Militärblaskapellen zur Entwicklung von *beni ngoma* – Tanz- und Musikvereinen, die westliche Blechinstrumente mit afrikanischen Trommeln und anderen traditionellen Instrumenten kombinierten und sich noch heute auf jeder Hochzeit finden. Wer sich in Arusha an einem Samstagnachmittag an die Kreuzung der Straßen Moshi und Old Moshi stellt, kann den Hochzeitsumzügen zusehen, die von einer Band auf einem Pickup begleitet werden.

Manchmal ist es in Tansania schwierig zu unterscheiden, wo die Familie aufhört und die Gemeinschaft beginnt. Die Türen stehen immer offen, und es wird erwartet, dem anderen in der *jamaa* (Clan, Gemeinschaft) zu helfen – zu Feiern wird jeder eingeladen.

## Bildende Künste

### Malerei

Der bei Weitem beliebteste Stil ist *tingatinga,* begründet von dem Maler Eduardo Saidi Tingatinga, der ihn in den 1960er-Jahren als Reaktion auf die Nachfrage aus Europa schuf. Tingatinga-Bilder haben traditionell ein quadratisches Format und zeigen farbenfrohe Tiermotive vor einem monochromen Hintergrund. Der charakteristische Glanz entsteht durch die Verwendung von verdünnten und oft ungemischten Emailfarben.

### Bildhauerei & Holzschnitzerei

Tansanias Makonde sind – ebenso wie die aus Mosambik – in ganz Ostafrika für ihrer originellen und höchst fantasievollen Schnitzereien berühmt. Viele Makonde haben aufgrund der besseren Verdienstmöglichkeiten ihre ursprüngliche Heimat im Südosten des Makonde-Plateau verlassen und sind nach Norden gekommen. Heute befindet sich das Zentrum der Schnitzkunst bei Mwenge in Daressalam, wo geschickte Künstler Blöcke des schwarzen Hartholzes Grenadill (Dalbergia melanoxylon, in Suaheli *mpingo*) zu Leben erwecken.

*Ujamaa*-(Familien-)Schnitzarbeiten sind Totempfähle oder „Lebensbäume", auf denen Menschen- und Tierfiguren um einen gemeinsamen Ahnen verschlungen sind. Jede Generation ist verbunden mit der, die ihr voranging, und unterstützt die, die ihr folgt. Lebensbaum-Schnitzereien sind oft mehrere Meter hoch und bestehen fast immer aus einem einzigen Stück Holz. *Shetani*-Schnitzereien, die Bilder aus der Geisterwelt zeigen, sind abstrakter und teils sogar grotesk. Sie sollen Betrachter zu neuen Interpretationen bewegen und zugleich der Fantasie des Schnitzers freien Lauf lassen.

# Umwelt & Nationalparks

**Mit einer Gesamtfläche von über 943 000 km² (über zweieinhalbmal so groß wie Deutschland) ist Tansania das größte Land Ostafrikas. Die Landschaft ist sehr abwechslungsreich. Bewaldete Berge und ausgedehnte Savannen werden von großen Seen und Flüssen gesäumt bzw. durchzogen. Hinzu kommt eine lange Küstenlinie. Dazu passen Tansanias Artenreichtum (Tiere und Pflanzen) und außergewöhnlich viele Nationalparks.**

## Topografie

Etwa 6 % (59 000 km²) des tansanischen Festlandes sind von Binnenseen bedeckt. Der Tanganjikasee ist der tiefste, der Victoriasee der größte (und einer der flachsten).

Im Osten grenzt Tansania an den Indischen Ozean mit seiner Traumwelt aus Korallen, Fischen und Schildkröten und am westlichen Ende liegen die tiefen Seen des Zentralafrikanischen Grabens (dem Tanganjikasee und dem Nyassa- bzw. Malawisee), von deren Ufern hohe Gebirge aufsteigen. Zentral-Tansania ist in weiten Teilen ein trockenes Hochplateau, das zwischen 900 und 1800 m über dem Meeresspiegel liegt und sich zwischen die östlichen und westlichen Zweige des Ostafrikanischen Grabensystems schmiegt. Die schönsten Savannen erstrecken sich im Norden, im Nationalpark Serengeti.

Tansanias Gebirgszüge lassen sich in einen steil ansteigenden nordöstlichen Teil (den Östlichen Bogen) sowie einen offenen, hügeligen zentralen und südlichen Teil (das Südliche Hochland oder der Südliche Bogen) einteilen. Das Krater-Hochland mit aktiven und erloschenen Vulkanen liegt im nördlichen Tansania an der Flanke des Ostafrikanischen Grabensystems.

Der größte Fluss des Landes ist der Rufiji; sein Einzugsgebiet auf dem Weg zur Küste ist das Südliche Hochland. Der Fluss soll im Rahmen des geplanten Wasserkraftwerks in der Stiegler's Gorge angestaut werden. Weitere bedeutende Ströme sind Ruvu, Wami, Pangani und Ruvuma.

### RETTUNG DER MEERESSCHILDKRÖTEN

Tansanias Meeresschildkröten sind vom Aussterben bedroht: Ihre Nester werden geplündert und die erwachsenen Tiere wegen ihres Fleischs gejagt; andere ersticken in Fischernetzen. Sea Sense (www.seasense.org) arbeitet mit den Küstengemeinden zum Schutz der Schildkröten, Seekühe, Walhaie und anderer Meerestiere zusammen und hat beträchtliche Erfolge erzielt, insbesondere beim Schutz der Schildkrötennester.

In Zusammenarbeit mit dieser Initiative führen die „Schildkröten-Tour-Guides", ebenfalls Dorfbewohner, die Besucher zu den Nestern und ermöglichen ihnen, die schlüpfenden Schildkröten auf ihrem Weg zum Meer zu beobachten. Solche Touren werden in der Südbucht von Daressalam, am Strand von Ushongo (südlich von Pangani) und auf der Insel Mafia angeboten. Die bescheidenen Einkünfte werden zwischen Sea Sense, zur Unterstützung der Nistprogramme, und den Umweltfonds der Dörfer aufgeteilt. Auf diese Weise profitiert die Dorfgemeinschaft unmittelbar von den Schutzbemühungen. Wer schlüpfende Schildkröten beobachten möchte, sollte Sea Sense (info@seasense.org) kontaktieren.

### DIE EASTERN ARC MOUNTAINS

Die uralten Eastern Arc Mountains – dazu gehören die Usambara-, Pare-, Udzungwa- und Uluguru-Berge – erstrecken sich in einem Halbmond von den Taita Hills im südlichen Kenia bis nach Morogoro und zum Südlichen Hochland. Ihr Alter wird auf 100 Millionen Jahre geschätzt, wobei die Gesteine, aus denen sie bestehen, 600 Millionen Jahre alt sind. Ihre klimatische Isolation und Stabilität waren die Voraussetzung für eine beispiellose Evolution. Heute zeichnen sie sich durch ihre biologische Vielfalt aus und sind die Heimat einer großen Pflanzen- und Vogelwelt, die insgesamt etwa ein Drittel der Arten der Flora und Fauna Tansanias ausmacht. Darunter sind viele endemische Arten sowie eine Fülle von Heilpflanzen.

Im späten 19. Jahrhundert führten das Bevölkerungswachstum und die Ausweitung der lokalen Holzindustrie zu einer Ausdünnung der ursprünglichen Walddecke des Östlichen Bogens. Die Erosion wurde zu einem ernsthaften Problem. In den westlichen Usambara-Bergen war sie so schlimm, dass Anfang der 1990erJahre ganze Dörfer in tiefer liegende Gebiete umgesiedelt werden mussten. Inzwischen wurde der Holzeinschlag reduziert und mehrere Aufforstungsprogramme initiiert, sodass sich die Lage etwas stabilisiert hat. Dennoch bleibt die Erosion ein großes Problem.

## Tiere

Zebras, Elefanten, Gnus, Büffel, Flusspferde, Giraffen, Antilopen, Dikdiks, Gazellen, Elenantilopen und Kudus (große und kleine) – nur eine kleine Auswahl der gut 430 Tierarten und Unterarten, aus denen die über vier Millionen Tiere umfassende Wildtierpopulation Tansanias besteht. Berühmt sind vor allem die Raubtiere: Der Nationalpark Serengeti beherbergt die höchste Konzentration frei lebender Löwen, Geparden und Leoparden. Hinzu kommen Hyänen- und Wildhund-Populationen (Letztere im Nationalpark Ruaha und im Wildreservat Selous) sowie die Schimpansen in den Nationalparks Gombe und Mahale Mountains.

Tansania erstreckt sich in einer Übergangszone zwischen den ostafrikanischen Savannen und den südafrikanischen *miombo*-(Brachystegia-) Waldgebieten und beherbergt die für beide Vegetationstypen typischen Arten. Im Nationalpark Ruaha leben z. B. ostafrikanische Grant-Gazellen Seite an Seite mit Lichtenstein-Antilopen und Großen Kudus, die man eher aus dem Süden kennt.

Ergänzt wird die bunte Tiervielfalt von weit über 1000 Vogelarten, darunter verschiedene Arten von Eisvögeln, Nashornvögeln (in der Gegend von Amani in den östlichen Usambaras), Bienenfressern (an den Flüssen Rufiji und Wami), Fischadlern (am Victoriasee) und Flamingos (unter anderem am Manyara- und am Natronsee). Zahlreiche Vögel kommen ausschließlich in Tansania vor, wie z. B. das Udzungwa-Waldrebhuhn, die Pemba-Grüntaube, der Usambara-Weber und der Usambara-Uhu. Keine Frage, Tansania ist ein Paradies für (Hobby-)Ornithologen.

Außerdem leben hier mehr als 60 000 Insektenarten, rund 25 Reptilien- und Amphibienarten, 100 Schlangenarten und zahllose Fischarten.

### Bedrohte Arten

Zu den bedrohten Arten gehören Spitzmaulnashorn, Uluguru-Buschwürger, die Echte Karett-, Grüne, Bastard- und Lederschildkröte, Roter Colobus-Affe, Wildhunde und der Pemba-Flughund *Pteropus voeltzkowi*.

**Top-Ziele für Botanik-Fans**

*Nationalpark Kitulo*

*Naturreservat Amani*

*Nationalpark Udzungwa Mountains*

## Pflanzen

Die kleinen Inseln tropischen Regenwalds in Tansanias östlichem Bogen stellen die Heimat einer Vielzahl von Pflanzen dar, von denen ein großer Teil nirgendwo sonst auf der Welt vorkommt. Dazu gehören das Usambara-Veilchen (Saintpaulia) und die Impatiens, die heute überall in der westlichen Welt als Topfpflanzen verkauft werden. Ähnliche

**Die besten Orte, um ... zu sehen**

*Spitzmaulnashörner: Ngorongoro-Krater*

*Schwarzkappenwürger: Uluguru-Berge*

*Rote Stummelaffen: Jozani-Wald, Insel Sansibar*

*Afrikanische Wildhunde: Wildschutzreservat Selous, Nationalpark Ruaha*

*Pemba-Flughunde: Insel Pemba*

Waldinseln – Überbleibsel des weitaus größeren tropischen Waldes, der sich einst quer über den Kontinent erstreckte – sind auch in den Udzungwas, Ulugurus und mehreren anderen Gegenden zu finden. Im Süden und Westen des östlichen Bogens finden sich große Baobab-Bestände.

Abseits der Gebirgsketten ist das Land zum großen Teil mit („feuchtem" Wald) bedeckt. Hier besteht die Vegetation meist aus verschiedenen Arten von Brachystegia-Bäumen. Auf der trockenen zentralen Hochebene dominieren Savanne, Buschland und Dickicht, während sich auf der Serengeti und anderen Ebenen ohne ausreichend Entwässerung Grasland erstreckt.

## Nationalparks & Naturschutzgebiete

In Tansania gibt es 16 Nationalparks, 14 Wildreservate und das Schutzgebiet Ngorongoro Conservation Area auf dem Festland sowie drei Meeresnationalparks und mehrere maritime Reservate. Bis vor Kurzem konzentrierten sich die Entwicklungsarbeiten und der Tourismus auf die nördlichen Parks (Serengeti, Lake Manyara, Tarangire und Arusha) sowie die Ngorongoro Conservation Area und den Nationalpark Kilimanjaro für Trekking. Alle sind auf dem Landweg oder mit dem Flugzeug leicht zu erreichen und dank guter Infrastruktur stark besucht. Außer den faszinierend schönen Landschaften sind die hohe Konzentration, Vielfalt und Zugänglichkeit von Wildtieren die Hauptattraktionen des Nordens.

Die südlichen Schutzgebiete – in erster Linie der Nationalpark Ruaha und das Wildreservat Selous sowie die Nationalparks Mikumi, Udzungwa Mountains und Kitulo – üben zwar große Anziehungskraft aus, verzeichnen aber noch nicht annähernd die Besucherzahlen der nördlichen Parks. Die Tier- und Pflanzenwelt ist jedoch genauso eindrucksvoll, auch wenn sie sich häufig auf größere Flächen verteilt. Die Highlights der Nationalparks Udzungwa Mountains und Kitulo sind vor allem Pflanzen.

Im äußersten Westen liegen die Nationalparks Mahale Mountains und Gombe mit den Schimpansen als Hauptattraktionen – bei Mahale ist es die

### DER GROSSE AFRIKANISCHE GRABENBRUCH

Der Große Afrikanische Grabenbruch (englisch: Great Rift Valley) ist ein Abschnitt des Ostafrikanischen Grabenbruchsystems – eine massive geologische Bruchzone, die sich 6500 km vom Toten Meer im Norden bis Beira (Mosambik) im Süden durch den afrikanischen Kontinent erstreckt. Das Grabenbruchsystem entstand vor über 30 Millionen Jahren, als die tektonischen Platten, auf denen sich die afrikanischen und eurasischen Landmassen befinden, zusammenstießen und dann auseinanderdrifteten. Als sich die Platten trennten, sanken große Bruchstücke der Erdkruste zwischen ihnen ab. Auf diese Weise entstanden im Lauf der Jahrtausende massive Steilkanten, tiefe Schluchten sowie flache Ebenen und Seen, die heute Ostafrikas Topografie ausmachen.

Das Grabensystem ist weithin bekannt für seine Calderas und Vulkane (darunter der Kilimandscharo, der Meru und die Calderas des Krater-Hochlands) sowie für seine Seen. Einige sind sehr tief: Ihr Grund liegt oft weit unter dem Meeresspiegel, während ihr Wasserspiegel manchmal mehrere Hundert Meter darüber liegen kann.

Nördlich des Turkanasees in Kenia teilt sich der Hauptzweig des Bruchsystems, wodurch die beiden Zweige des tansanischen Rift Valley entstanden sind. Der Zentralafrikanische Graben im Westen (englisch: Western Rift Valley) erstreckt sich am Albertsee (Uganda) vorbei durch Ruanda und Burundi bis zum Tanganjikasee und Nyasasee, während der östliche Zweig, der Ostafrikanische Graben (englisch: Eastern Rift Valley), südlich vom Turkanasee am Natron- und Manyarasee entlang verläuft, bevor er sich wieder mit dem Western Rift am Nyasasee vereinigt. Die Seen des Ostafrikanischen Grabens sind kleiner als die des westlichen Zweigs, und einige von ihnen sind wasserlose Salzseen. Die größten sind der Natron- und der Manyarasee. Der Eyasisee liegt in einem Seitenzweig des Hauptgrabens.

Die Steilwände im tansanischen Teil des Grabenbruchs sind in der Ngorongoro Conservation Area und im Nationalpark Lake Manyara besonders eindrucksvoll.

Abgeschiedenheit. Auch Katavi ist abgelegen und bietet die Möglichkeit, echte Wildnis zu erleben. Der Nationalpark Rubondo Island liegt auf Inseln im Victoriasee und ist besonders für Vogelbeobachter interessant. Der Nationalpark Saadani, nördlich von Daressalam, ist der einzige Nationalpark direkt an der Küste. Der Nationalpark Mkomazi bei Same, an der Straße Arusha–Tanga, wurde als Refugium für Spitzmaulnashörner eingerichtet.

Tansanias UNESCO-Welterbestätten: Nationalpark Kilimanjaro, Felsenmalereien von Kondoa, Naturschutzgebiet Ngorongoro, Ruinen von Kilwa Kisiwani & Songo Mnara, Die „Steinstadt" von Sansibar, Nationalpark Serengeti, Wildreservat Selous (zurzeit als „gefährdetes Welterbe" gelistet).



## Nationalparks

Tansanias Nationalparks werden von der Tanzania National Parks Authority (S. 179) verwaltet.

Die Eintrittsgebühren liegen je nach Park zwischen 30 und 100 US$ pro Erwachsener und Tag (Kinder von 5 bis 16 J. zahlen zwischen 10 und 20 US$ pro Tag). Sie gelten jeweils für 24 Stunden und berechtigen zum einmaligen Betreten des Parks. Man kann den Park innerhalb der bezahlten 24 Stunden also nicht verlassen und nochmals betreten, sonst muss man die Eintrittsgebühren erneut zahlen. Die teuersten Parks sind Serengeti, Kilimandscharo, Mahale Mountains und Gombe, am günstigsten sind Mkomazi, Saadani, Mikumi, Udzungwa Mountains, Kitulo, Katavi und Rubondo Island.

Fürs Camping zahlt man in den Parks 30 US$ pro Erwachsener (5 US$ pro Kind) auf öffentlichen Zeltplätzen und 50 US$ pro Erwachsener (10 US$ pro Kind) auf privaten Campingplätzen. Weitere Kosten fallen für die Guides (20–25 US$ pro Gruppe bei Wander-Safaris) und Fahrzeuge an (ausländisches/tansanisches Kennzeichen 40 US$/20 000 TSh). Auf alle Park-, Eintritts-, Camping-, Guide- und Fahrzeuggebühren wird noch eine Mehrwertsteuer von 18 % aufgeschlagen.

Alternativ kann man auch die „Smart Card" nutzen, die von der CRDB- und Exim-Bank herausgegeben wird. Am besten packt man also die VISA- bzw. MasterCard und einen Vorrat an US-Dollar oder tansanischen Schillingen ein (Letztere sind praktisch, wenn man nicht mit der Kreditkarte zahlen kann), bevor man sich auf den Weg zu einem der Parks macht.

In allen Parks müssen der Eintrittspreis und sämtliche anderen Parkgebühren elektronisch per VISA- oder MasterCard bezahlt werden. Für entlegene Parks sollte man auch einen Vorrat an Bargeld mitnehmen, falls die Kartenautomaten nicht funktionieren.

In Tansanias Bergwäldern wachsen 7 % von Afrikas endemischen Pflanzenarten auf nur 0,05 % der Gesamtfläche des Kontinents. Die Website der Tanzania Conservation Group (www.tfcg.org) gibt eine Einführung in die Wälder des Landes und den Schutz ihrer außerordentlichen Biodiversität.

## Wildschutzgebiete

Wildschutzgebiete werden von der **Tanzania Wildlife Management Authority** (TAWA; www.tawa.go.tz) verwaltet. Gebühren sind im Voraus zu zahlen, entweder in der Lodge/Zeltcamp oder in einer Filiale der NBC-Bank. Das Wildreservat Selous (S. 349) ist das einzige Reservat mit touristischer Infrastruktur. In den anderen Gebieten wurden weite Teile als Jagdlizenz vergeben, auch der südliche Teil von Selous.

## Meeresparks & -schutzgebiete

Die Meeresparks Mafia Island (S. 346), Mnazi Bay-Ruvuma Estuary (S. 368), Tanga Coelacanth (S. 143), Maziwe (S. 145) und die Meeresparks von Daressalam (S. 73; Mbudya, Bongoyo, Pangavini und Fungu Yasini Islands) unterstehen der **Marine Parks & Reserves Unit** (Karte S. 56; ☎022-215 0621; www.marineparks.go.tz; Olympio St, Upanga, Daressalam; ⌚Mo–Fr 8–16.30 Uhr), einer Abteilung des Umwelt- und Tourismusministeriums. Außer im Meerespark Mafia Island, der nur Kreditkarten akzeptiert, müssen die Eintrittsbebühren für Meeresparks (20 US$ pro Erw. und Tag, 10 US$ pro Kind) und -schutzgebiete (10 US$ pro Erw., 5 US$ pro Kind) in bar bezahlt werden.

## Naturschutzgebiet Ngorongoro

Das Schutzgebiet Ngorongoro (S. 197) wurde eingerichtet, um den Schutz des Tierbestands mit dem Fortbestand der Weidewirtschaft der Massai unter einen Hut zu bringen. Letztere hatten andere große Flächen ihres einstigen Territoriums bei der Schaffung des Nationalparks Serengeti

## DIE WICHTIGSTEN NATIONALPARKS & NATURSCHUTZGEBIETE

| PARK | MERKMALE | AKTIVITÄTEN | BESTE REISEZEIT |
|---|---|---|---|
| Nationalpark Arusha (S. 181) | Meru, Seen & Krater: Zebras, Giraffen, Elefanten | Trekking, Kanu- & Auto-Safaris, Wandern | ganzjährig |
| Nationalpark Gombe (S. 294) | Seeufer, Wald: Schimpansen | Schimpansen-beobachtung | Juni–Okt. |
| Nationalpark Katavi (S. 301) | Überschwemmungsebenen, Seen, Wald: Büffel, Flusspferde, Antilopen | Auto- & Wander-Safaris | Juni–Okt. |
| Nationalpark Kilimanjaro (S. 251) | Kilimandscharo | Trekking, Kulturtourismus an den unteren Hängen | Juni–Okt., Dez.–Feb. |
| Nationalpark Kitulo (S. 328) | Hochland-Plateau: Wildblumen, Wildnis | Wandern, Reiten | Dez.–April für Wildblumen, Sept.–Nov. zum Wandern |
| Nationalpark Lake Manyara (S. 191) | Manyarasee: Flusspferde, Wasservögel, Elefanten | Auto-Safaris, Wandern, Kulturtourismus, Nacht-Safaris | Juni–Feb. (Dez.–April zur Vogel-beobachtung) |
| Nationalpark Mahale Mountains (S. 295) | Einsame Seeufer, Berge: Schimpansen | Schimpansen-beobachtung | Juni–Okt., Dez.–Feb. |
| Nationalpark Mikumi (S. 311) | Mkata-Schwemmebene: Löwen, Büffel, Giraffen, Elefanten | Auto-Safaris, kurze Wanderungen | ganzjährig |
| Nationalpark Mkomazi (S. 164) | Trockene Buschsavanne: Breitmaulnashörner & Wildhunde (für Touristen kaum sichtbar), reiche Vogelwelt | Auto-Safaris, kurze Wanderungen | Juni–März |
| Naturschutzgebiet Ngorongoro (S. 197) | Ngorongoro-Krater: Spitzmaulnashörner, Elefanten, Löwen, Zebras, Flamingos | Auto-Safaris, Wandern | Juni–Feb. |
| Nationalpark Ruaha (S. 323) | Fluss Ruaha, Sandflüsse: Elefanten, Flusspferde, Kudus, Antilopen, Vögel | Auto- & Wander-Safaris | Juni–Okt. für Wildtiere; Dez.–April für Vögel |
| Nationalpark Rubondo Island (S. 278) | Victoriasee: Vögel, Sitatungas, Schimpansen | Kurze Wanderungen, Bootsfahrten, Angeln | Juni–Feb. |
| Nationalpark Saadani (S. 139) | Fluss Wami, Strand: Vögel, Flusspferde, Krokodile, Elefanten | Auto-Safaris, kurze Bootsfahrten, kurze Wanderungen | Juni–Feb. |
| Wildreservat Selous (S. 349) | Fluss Rufiji, Seen, Wald: Elefanten, Flusspferde, Wildhunde, Spitzmaulnashörner, Vögel | Boots-, Wander- & Auto-Safaris | ganzjährig |
| Nationalpark Serengeti (S. 208) | Ebenen & Savannen, Fluss Grumeti: Gnus, Zebras, Löwen, Geparden, Giraffen | Auto-, Wander- & Ballon-Safaris, Wanderungen & Kulturtourismus in den Randgebieten | ganzjährig |
| Nationalpark Tarangire (S. 186) | Fluss Tarangire, Wald, Baobabs: Elefanten, Zebras, Gnus, Vögel | Auto-Safaris, Nachtfahrten, Wanderungen & Kulturtourismus in den Randgebieten | Juni–Okt. |
| Nationalpark Udzungwa Mountains (S. 313) | Udzungwa-Berge, Wald: Primaten, Vögel | Wandern | Juni–Okt. |

### VERANTWORTUNGSVOLL REISEN IN TANSANIA

Der Tourismus ist in Tansania ein großes Geschäft. Nachfolgend ein paar Richtlinien, um die Belastung für die Umwelt so gering wie möglich zu halten:

- Die lokale Wirtschaft unterstützen
- Souvenirs direkt von denen kaufen, die sie herstellen
- Safari- oder Trekking-Veranstalter wählen, die im Umfeld der Nationalparks ansässige Kommunen als gleichberechtigte Partner behandeln, und die sich verpflichtet haben, die lokalen Ökosysteme zu schützen
- Die Gebühren für kulturelle Veranstaltungen möglichst direkt an die betroffenen Einheimischen statt an die Guides des Tour-Unternehmens oder andere Vermittler zahlen
- Um Erlaubnis bitten, bevor man Menschen fotografiert
- Keine aus Elfenbein, Häuten, Muscheln usw. hergestellten Gegenstände kaufen
- Die natürlichen Ressourcen schonen
- Die Kultur und die Bräuche des Landes respektieren

verloren. Das Schutzgebiet untersteht der Verwaltung durch die Ngorongoro Conservation Area Authority (S. 199). Der Ngorongoro-Krater eignet sich hervorragend für Tierbeobachtungen, außerdem ist das Hochland ringsum ein herrlich rustikales Wandergebiet. Die Bezahlung der Eintrittsgebühren für das Schutzgebiet erfolgt mit VISA-Karte oder MasterCard, obwohl man zur Sicherheit auch Bargeld mitbringen sollte.

## Umweltprobleme

Obwohl Tansania beim Einrichten von Schutzgebieten unter den afrikanischen Ländern eine Spitzenstellung einnimmt (ungefähr 40 Prozent der Landesfläche sind in irgendeiner Form geschützt), behindern begrenzte finanzielle Mittel und Korruption den Umweltschutz. Wilderei, Erosion, Bodenauslaugung, Desertifikation und Abholzung reduzieren allmählich die natürlichen Reichtümer. Schätzungen zufolge verliert Tansania jährlich 3500 km$^2$ Waldfläche als Folge landwirtschaftlicher und kommerzieller Rodungen. Rund 95 Prozent des tropischen Hochwalds, der einst die Inseln Sansibar und Pemba bedeckte, sind verschwunden. In den nördlichen Nationalparks und Selous hat die Wilderei aufgrund von Korruption und der gestiegenen Nachfrage bei gleichzeitig lascher strafrechtlicher Verfolgung deutlich zugenommen. Dies trägt in Verbindung mit zu hohen Besucherzahlen zu einer Reduzierung des Wildtierbestands und der Zerstörung der Ökosysteme bei.

Das derzeit größte – und weltweit bekannteste – Problem Tansanias betrifft das Wildschutzreservat Selous – eine UNESCO-Welterbestätte –, dem sein Status als Nationalpark aberkannt werden soll, weil die Regierung plant, in der Stiegler's Gorge am Fluss Rufiji einen großen Damm und ein Wasserkraftwerk zu bauen. Ein Gebiet im Süden des Reservats wurde bereits zum Uran-Abbau freigegeben.

Ein weiteres Problem sind die sich beständig ausdehnenden Ballungszentren, deren Abwasserreinigung und Imissionsschutz nicht ausreichen. In Daressalam nutzen weniger als 15 % der Haushalte das Kanalisationsnetz, und das Abwasser wird häufig ins Meer geleitet. Auch die Luftverschmutzung ist besorgniserregend: Es werden immer mehr Wagen zugelassen, das Benzin ist von minderer Qualität und der Schadstoffausstoß wird nicht angemessen reglementiert.

In Küstenregionen wird teilweise noch mit Dynamit gefischt, doch vielerorts hat der Kampf gegen diese Praxis große Fortschritte gemacht:

Die Initiative Mpingo Conservation & Development (www.mpingoconservation.org) und das African Blackwood Conservation Project (www.blackwoodconservation.org) haben das Ziel, den Nationalbaum Tansanias zu schützen – den *mpingo* (Blackwood oder Afrikanischer Grenadill) –, der das Holz für Schnitzereien liefert.

So wurde 1995 genau zu diesem Zweck der Meerespark Mafia Island eingerichtet. Seit seiner Gründung ist die Dynamitfischerei dort nahezu komplett verschwunden. Zugleich hat die Parkaufsicht erfolgreichen Naturschutz betrieben und die lokalen Gemeinden für die nachhaltige Ressourcennutzung sensibilisiert.

Insgesamt ist zu bemerken, dass immer mehr Gemeinden unmittelbar am Umweltschutz beteiligt werden. Dorfgemeinschaften nehmen durch eigene Interessenvertreter Anteil an der Entwicklung von Lodges und dem Ausbau touristischer Infrastruktur. Ein gutes Beispiel für das, was mit einer langwierigen Zusammenarbeit mit lokalen Fischern in Sachen Naturschutz und Umweltbildung erreicht werden kann, ist der Korallenpark Chumbe Island. Ein weiteres Musterprojekt ist die Manyara Ranch Conservancy (S. 189), eine private Umweltschutzinitiative, bei der eine Zusammenarbeit mit den lokalen Massai-Gemeinden erreicht wurde. Sie nehmen aktiv am Umwelt- und Tierschutz teil – und profitieren davon.

# Die tansanische Küche

**Man kann in Tansania leicht den Eindruck gewinnen, dass sich das ganze Land nur von *ugali* – einem aus Mais- und/oder Cassava-(Maniok-)Mehl gekochten Brei – und Soße ernährt. Dabei gibt's auch richtige Leckerbissen, vielerorts auch köstliche indische Küche. Der Sansibar-Archipel ist eines der kulinarischen Highlights der ostafrikanischen Küche. Hier kann man sich vom Duft von Koriander oder Kokosnuss in die Zeit versetzen lassen, als Schiffe aus dem Orient auf der Gewürzroute die Küste anliefen. In anderen Gegenden entschädigt die Atmosphäre und tansanische Gastfreundschaft für die eintönige Küche.**

## Typisches & Spezialitäten

*Ugali* ist das tansanische Nationalgericht. Dieses dicke Grundnahrungsmittel, das aus Maniok- oder Maismehl oder beidem zubereitet wird, ist für viele Ausländer gewöhnungsbedürftig. Je nach verwendeter Mehlsorte und Zubereitungsart ist es unterschiedlich in Geschmack und Konsistenz. Generell sollte gutes *ugali* weder zu trocken noch zu klebrig sein. Meist wird dazu eine Soße mit Fleisch, Fisch, Bohnen oder grünem Gemüse gereicht. Reis sowie *ndizi* (gekochte Kochbananen) sind weitere Grundnahrungsmittel und Pommes frites gibt's überall.

*Mishikaki* (marinierte, gegrillte Fleischspießchen) und *nyama choma* (gewürztes Bratenfleisch) sind beliebte Snacks. An der Küste und an den Seen isst man viel Fisch, oft gegrillt oder (an der Küste) gekocht mit Kokosmilch bzw. als Curry.

Manche Tansanier beginnen den Tag mit *uji*, einem dünnen, süßen Brei aus Bohnen, Hirse oder einem anderen Mehl. Frauen rühren schon frühmorgens an Straßenecken *uji* in großen dampfenden Töpfen an. *Vitambua* – Reisküchlein, die kleinen, dicken Pfannkuchen ähneln – isst man vor allem im Südosten zum Frühstück. Auf der Insel Sansibar gibt es *mkate wa kumimina*, ein Brot, das aus einem ähnlichem Teig wie *vitambua* gebacken

Zu den bleibenden Eindrücken eines frühen Morgens auf der Insel Sansibar gehören die Kaffeeverkäufer, die mit einem Stapel Kaffeebecher und einer kohlebeheizten Kanne mit langem Griff durch die Stadt ziehen. Das Klappern ihrer Metallbecher lockt Kunden schon von Weitem an.

### ETIKETTE

Für Tansanier stärkt eine gemeinschaftlich eingenommene Mahlzeit aus einer gemeinsamen Schüssel die Zusammengehörigkeit zwischen Gastgebern und Gästen.

- Wer zum Essen eingeladen und nicht hungrig ist, braucht nur zu sagen, dass er gerade gegessen hat, sollte aber ein paar Bissen probieren, um damit seine Verbundenheit mit den Gastgebern zu zeigen.
- Einen kleinen Rest auf dem Teller zurücklassen, um dem Gastgeber zu zeigen, dass man satt geworden ist.
- Nicht den letzten Rest aus der Gemeinschaftsschüssel nehmen, weil der Gastgeber dann denken könnte, er habe nicht genug angeboten.
- Das Essen nie mit der linken Hand anfassen!
- Wenn andere mit der Hand essen, sollte man das Gleiche tun, selbst wenn Besteck vorhanden ist.
- Bei unbekannten Sitten nach dem Gastgeber richten.

Ugali, Fisch und Gemüse

wird. *Urojo*, eine weitere Spezialität aus Sansibar (auch in Daressalam zu bekommen), ist eine sättigende Suppe mit *kachori* (gewürzte Kartoffeln), Mango, Limetten, Kokosnuss, Cassavaflocken, Salat und manchmal *pili-pili* (scharfe Pfefferschoten).

Drei Mahlzeiten pro Tag sind auch in Tansania üblich, obwohl das Frühstück häufig aus nicht viel mehr als *kahawa* (Kaffee) oder *chai* (Tee) und *mkate* (Brot) besteht. Die Hauptmahlzeit wird mittags eingenommen.

Für Obst und Gemüse gilt eine einfache Verhaltensregel: „Koch es, schäl es oder vergiss es".

## Getränke

Neben der allgegenwärtigen Fanta und Coca-Cola ist der häufigste Softdrink *tangawizi*, eine Art lokales Gingerale. Frische Säfte sind fast überall zu haben, aber man sollte sich vergewissern, dass sie nicht mit unsauberem Wasser verdünnt wurden. Wasser aus dem Hahn sollte man meiden, aber Wasserflaschen sind fast überall erhältlich. In abgelegenen Regionen, wo Wasser in Flaschen schwerer zu bekommen ist, sollte man einen Filter oder Wasserreinigungstabletten im Gepäck haben.

In der Gegend von Tanga und am Victoriasee sind *mtindi* und *mgando* zu empfehlen, joghurtähnliche angedickte Milchprodukte, die mit einem Strohhalm aus Plastiktüten getrunken werden. In vielen Gegenden gibt's auch süße und salzige indische Lassi-Getränke.

Tansanias Angebot an Bieren umfasst die Marken Safari, Kilimandscharo und Castle Lager sowie kenianische und deutsche Sorten. Bier wird immer und überall verkauft, allerdings ist es selten kalt..

Lokale Biersorten fallen unter den Sammelbegriff *konyagi*. In der Nähe des Kilimandscharo ist *mbege* (Bananenbier) am leckersten. *Gongo* (auch *nipa* genannt) ist ein illegal destilliertes Cashew-Getränk, nur die gebraute Version (*uraka*) ist legal. Auch aus Papaya hergestellte Biere sind sehr beliebt.

Tansanias kleine Wein-Industrie findet sich bei Dodona.

### GUTER KAFFEE

Tansania hat in der Herstellung köstlicher Kaffees eine lange Tradition. Hier ein paar gute Orte, um die einheimischen Kaffeesorten zu probieren:

**Zanzibar Coffee House** (S. 93), in Sansibar-Stadt, mit einem preisgekrönten sansibarischen Barista.

**Utengule Coffee Lodge** (S. 331), in der Nähe von Mbeya, bietet auch Kaffee-Führungen an.

**Union Café** (S. 247), in Moshi: ein freundliches Café, um den Nachmittag zu vertrödeln.

**Mr Kahawa** (S. 119), Paje, Insel Sansibar: hier kann man die lokale Atmosphäre genießen.

**Arusha Coffee Lodge** (S. 175), am Rand von Arusha, inmitten malerischer Kaffeeplantagen.

**Fifi's** (S. 176), in Arusha, guter Kaffee in guter Gesellschaft.

**Ridge Cafe** (S. 331), in Mbeya: klein und freundlich, Angebot an Snacks.

## Essen gehen

Gegessen wird an den unterschiedlichsten Orten – sei es ein einfacher Stand am Straßenrand (*Mama Lishe*), in der die „Mama" des Ortes ein Tagesgericht zubereitet, oder ein Restaurant im europäischen Stil. In der Regel ist es nirgends im Land nötig, einen Tisch im Voraus zu reservieren.

### Hoteli, Nachtmärkte & Teesalons

Wer landestypisch essen will, setzt sich in ein *hoteli* – ein kleines, einfaches Restaurant – und sieht dem Treiben auf der Straße zu. Viele haben das Tagesgericht auf eine Tafel geschrieben und in der Ecke einen Fernseher. In Städten sind die belebten Nachtmärkte oft eine gute Alternative zu *hoteli*, um die lokale Atmosphäre in sich aufzusaugen. Hier werden am Straßenrand auf offenem Feuer *nyama choma* (Grillfleisch), gegrillter *pweza* (Tintenfisch) und andere Gerichte zubereitet – ideal als Snack oder leichtes Essen. Vielerorts gibt's indische Küche.

### Restaurants

Internationale Küche findet man vorwiegend in großen und mittelgroßen Städten, wo es meist eine ordentliche bis gute Auswahl an Restaurants gibt. Auch köstliches indisches Essen ist weit verbreitet. Die meisten größeren Städte haben mindestens einen Supermarkt, der Importwaren wie Dosenfleisch, Fisch und Käse (aber keine Spezialwaren wie Proviant für Wanderungen oder Energieriegel) führt. In Küstengegenden gibt's immer fangfrischen Fisch und jemanden, der ihn zubereitet. Die beste Zeit, danach Ausschau zu halten, ist der frühe Morgen.

## Esskultur

Es ist in Tansania Sitte, mit der Hand aus großen Schüsseln zu essen, die in der Mitte des Tisches stehen. Immer finden sich irgendwo Gelegenheiten, die Hände zu waschen – entweder wird ein Krug Wasser mit einer Schüssel herumgereicht oder in der Ecke ist ein Waschbecken. Während das Essen geteilt wird, ist das bei Getränken nicht üblich. Zu den Mahlzeiten werden gern Softdrinks getrunken, und meist steht ein Krug mit Wasser, das allerdings nicht unbedingt keimfrei ist, auf dem Tisch. Kinder essen meist an eigenen Tischen. Wenn ein Toast ausgesprochen wird, sagt man *afya!* – (auf Ihre/deine) Gesundheit!

Snacks oder Zwischenmahlzeiten werden üblicherweise im Stehen auf der Straße eingenommen. Restaurantbesuche, wie in Europa üblich, sind

### Lebensmittelglossar

***chipsi mayai*** *Omelett mit Pommes frites gefüllt*

***kiti moto*** *wörtlich „heißer Stuhl", gebratene Schweinefleischstückchen*

***mishikaki*** *marinierte Grillfleischspieße*

***nyama choma*** *Grillfleisch*

***ugali*** *Grundnahrungsmittel aus Mais- und/oder Maniokmehl*

***uji*** *Brei*

***urojo*** *sansibarische Suppe*

***wali na maharagwe*** *Reis und Bohnen*

*Weitere Begriffe zum Thema Essen siehe S. 433*

## KULINARISCHE KÖSTLICHKEITEN

In gehobenen Safaricamps und Hotels ist das Abendessen gut. Wer auf eigene Faust unterwegs ist oder aufs Geld achten muss, ist den allgegenwärtigen Reis mit Soße schnell leid. Im Folgenden ein paar Adressen zum Stillen von Heißhunger außerhalb der großen Städte:

**Lushoto** Hausgemachte Marmelade, Vollkornbrot und Käse von der Irente Farm (S. 158) und der St. Eugene's Lodge (S. 156).

**Njombe** Italienischer Käse und frischer Joghurt im Duka la Maziwa (S. 327).

**Iringa to Makambako** Gourmetküche sowie frisches Obst und Gemüse vom Bauernhof in Kisolanza – The Old Farm House (S. 321).

**Iringa** Echte italienische Küche bei Mama Iringa (S. 320); Bananenmilchshakes und Pfannkuchen im Hasty Tasty Too (S. 320).

**Tanga** Frischer Joghurt und Käse im Tanga Fresh (S. 151).

**Tansanische Küste** Fisch und Meeresfrüchte an jeder Ecke, wobei die geschmacklichen Fusionen auf der Insel Sansibar ein besonderes Highlight sind.

**Dorf Ololosokwan** (S. 218) Köstlicher Honig, der im Rahmen eines Imkerinnen-Projekts geerntet wird.

zwar in größeren Städten möglich, gehören aber nicht zur Esskultur des Landes. Üblicherweise trifft man sich zu Hause oder in einem gemieteten Saal, um besondere Gelegenheiten mit einem Festessen zu feiern.

In Restaurants für Touristen ist ein Trinkgeld von 10 bis 15 % üblich. In kleinen Lokalen auf dem Lande ist Trinkgeld zwar unüblich, aber es wird gern gesehen, wenn man die Rechnung aufrundet.

Das beste „Fast Food" gibt's auf den Nachtmärkten, wo man sich an *mishikaki*, gegrilltem *pweza* und anderen Snacks satt essen kann, oft für weniger als 5000 TSh.

## Karibu Chakula

Jede Einladung zum Essen – *karibu chakula* – beginnt mit dem Händewaschen. Der Gastgeber kommt mit einem Wasserkrug und einer Schüssel; man hält die Hände über die Schüssel, während der Gastgeber Wasser darüber gießt. Manchmal werden auch Seife und ein Handtuch gereicht.

Das eigentliche Essen dreht sich um *ugali* oder Reis mit Soße: mit der rechten Hand etwas Reis aus der Gemeinschaftsschüssel nehmen, mit den Fingern zu einer kleinen Kugel rollen und mit dem Daumen eine Grube eindrücken. Dann wird die Kugel in die dazu gereichte Soße getaucht. Das Essen mit der Hand ist zunächst schwierig, aber nach ein paar Versuchen hat man sich daran gewöhnt. Das *ugali* nicht zu lange in Soße dippen (damit es nicht zerkrümelt) und die Hand dabei niedriger als den Ellbogen halten (natürlich nicht beim In-den-Mund-Stecken), damit die Soße nicht am Unterarm herunterläuft.

Außer Obst gibt es selten Nachtisch; die Mahlzeit wird mit einem erneuten Händewaschen beendet. Man dankt dem Gastgeber mit den Worten *chakula kizuri* oder *chakula kitamu* – damit wird ausgedrückt, das Essen sei wohlschmeckend und köstlich gewesen.

## Vegetarische Küche

Obwohl in Tansania keine Gerichte als „vegetarisch" ausgezeichnet sind, kommen Vegetarier durchaus auf ihre Kosten. *Wali* (gekochter Reis) und *maharagwe* (Bohnen) gibt's überall. Dennoch ist es äußerst schwierig, eine abwechslungsreiche und ausgewogene Ernährung einzuhalten und genug Eiweiß zu essen, vor allem, wenn man keine Eier oder Meeresfrüchte isst. In größeren Städten sollten Vegetarier indische Restaurants ansteuern. Am besten indische Ladenbesitzer nach Tipps fragen; viele können auch sagen, wo es frischen Joghurt gibt. Erdnüsse (*karanga*) und Cashewnüsse (*korosho*) sind fast überall zu haben, ebenso wie frisches Obst und Gemüse.

# Praktische Informationen

# Allgemeine Informationen

## Arbeiten in Tansania

Tansania hat eine hohe Arbeitslosenrate, und Beschäftigungsmöglichkeiten für Ausländer sind sehr begrenzt, außer man hat eine besondere Ausbildung.

- Die besten Chancen bestehen bei Safariveranstaltern, im Tourismus, als Tauchlehrer oder Lehrer. Allerdings ist die Konkurrenz überall hoch und die Bezahlung mies. Stellen als Lehrer werden fast ausschließlich an Freiwillige über Hilfs- oder kirchliche Organisationen im Heimatland des Ausländers vermittelt.
- Am einfachsten findet man einen Job, wenn man auf die Beziehungen eines Bekannten zurückgreifen kann. Auf den Websites von Safariveranstaltern oder der Lodges werden gelegentlich freie Stellen ausgeschrieben.
- Für die Arbeitserlaubnis und die Aufenthaltsgenehmigung sorgt der Arbeitgeber oder die jeweilige Hilfsorganisation; die Aufenthaltsgenehmigung wird bereits vom Heimatland aus beantragt. Die Arbeitsbestimmungen für Ausländer sind in letzter Zeit strenger geworden, daher sollte man sich vor Arbeitsantritt über die aktuelle Situation im Land informieren.

## Botschaften & Konsulate

Die meisten Botschaften und Konsulate befinden sich in Daressalam. Sie haben Montag bis Freitag von 8.30 bis 15 Uhr geöffnet. Visumanträge für die Nachbarländer Tansanias werden am besten morgens gestellt.

**Botschaft von Burundi** (Karte S. 64; ☎022-212 7008, 022-212 7007; burundiembassydar@yahoo.com; 1007 Lugalo St, Upanga) Ein einmonatiges einfaches Einreisevisum kostet 90 US$ plus 10 000 TSH Antragsgebühr, außerdem benötigt man zwei Fotos. Das Konsulat in Kigoma stellt ebenfalls Visa aus; die Bearbeitung dauert ein bis zwei Wochen.

**Deutsche Botschaft** (Karte S. 56; ☎022-211 7409/15; www.daressalam.diplo.de; Umoja-Haus, Ecke Mirambo St & Garden Ave)

**Hohe Kommission von Kenia** (Karte S. 64; ☎022-266 8286, 022-266 8285; www.kenyahighcomtz.org; Ecke Ali Hassan Mwinyi Rd & Kaunda Dr, Oyster Bay) Visa für Kenia müssen im Voraus online unter www.evisa.go.ke beantragt werden. Ist das nicht möglich, erhält man auch direkt an den kenianisch-tansanischen Grenzübergängen ein Visum (10 US$ plus 1 Foto). Ein Transitvisum (erhältlich online oder an den Einreisepunkten) kostet 20 US$ und ist 72 Stunden gültig. Die Hohe Kommission von Kenia in Daressalam stellt keine Visa aus.

**Botschaft der Demokratischen Republik Kongo (ehemals Zaire)** (Karte S. 64; ☎022-215 2388; www.ambardc-tz.org; 20 Malik Rd, Upanga) Visa werden nur tansanischen Bürgern ausgestellt, die einen tansanischen Aufenthaltstitel und einen Einladungsbrief aus der Republik Kongo vorweisen können. Kongolesische Visa, die in Tansania ausgestellt wurden, haben bei der Einreise in die Demokratische Republik Kongo keine Gültigkeit, sofern man nicht eine Aufenthaltserlaubnis für Tansania hat. Einfache zweiwöchige Visa, ausschließlich zum Gorilla-Trekking, können unter www.visitvirunga.org. beantragt werden.

**Hohe Kommission von Malawi** (Karte S. 64; ☎022-277 4220; www.malawihctz.org; Rose Garden Rd, Mikocheni A) Ein Visum

### PRAKTISCH & KONKRET

**Fernsehen** ITV, EATV, TBC1

**Gewichte & Maße** Tansania verwendet das metrische System.

**Radio** TBC Taifa, Radio One, Clouds.

**Zeitungen** Täglich erscheinen u. a. *Guardian* und *Daily News*; die Zeitungen *Business Times*, *Financial Times* und *East African* werden einmal pro Woche herausgegeben.

für Malawi, das in Daressalam ausgestellt wird, kostet 100 US$ (außerdem benötigt man zwei Fotos). Wird das Visum morgens beantragt, erhält man es manchmal bereits am selben Tag.

**Hohe Kommission von Mosambik** (Karte S. 56; 25 Garden Ave; ⌚Mo–Do 9–15, Fr 9–12 Uhr) Ein einmaliges einfaches Einreisevisum mit einem Monat Gültigkeit kostet 60 US$, außerdem benötigt man zwei Fotos. Die Bearbeitungszeit beträgt fünf Tage (100 US$ für 24-Std.-Service). Außerdem benötigt man ein Antragsschreiben, eine Kontoübersicht über die letzten sechs Monate, ein Rückreiseticket, eine Hotelbuchung, eine Kopie des Reisepasses und ein gültiges Gelbfieberzertifikat. Zurzeit werden auch an den Grenzübergängen Kilambo, Negomano und Mtomoni Visa für Mosambik ausgestellt. Das kann sich jederzeit ändern, man sollte sich vor der Abreise also noch einmal informieren.

**Botschaft von Ruanda** (Karte S. 64; ☎022-260 0500, 0754 787835; www.tanzania.embassy.gov.rw; 452 Haile Selassie Rd) Ein einmaliges einfaches Einreisevisum mit drei Monaten Gültigkeit kostet 50 US$, außerdem benötigt man ein Foto. Die Bearbeitungszeit beträgt vier Tage.

**Hohe Kommission von Sambia** (Karte S. 56; ☎022-212 5529; EG, Zambia House, Ecke Ohio St & Sokoine Dr; ⌚Visaanträge Mo, Mi & Fr 9.30–15.30 Uhr) Ein einmaliges Einreisevisum mit einmonatiger Gültigkeit kostet 50 US$, außerdem benötigt man zwei Fotos. Das Visum wird innerhalb von zwei Tagen ausgestellt; manchmal ist die Bearbeitungszeit auch kürzer. Visa können auch online unter http://evisa.zambiaimmigration.gov.zm beantragt werden, die Bearbeitungszeit dauert dann aber länger. Diese E-Visa gelten für die Einreise am Flughafen sowie am Grenzübergang Nakonde (Einreise mit dem Zug).

**Schweizer Botschaft** (☎022-2666 008;www.edo.admin.ch/daressalaam; kinondoni Rd)

**Botschaft von Uganda** (Karte S. 64; ☎022-266 7391; www.daressalaam.mofa.go.ug; 25 Msasani Rd) Ein einmaliges einfaches Einreisevisum mit einem Monat Gültigkeit kostet 50 US$, außerdem benötigt man zwei Fotos. Die Bearbeitungszeit beträgt 48 Stunden.

### REISEWARNUNGEN

Die Reisewarnungen der jeweiligen Regierungen geben einen guten Eindruck von der aktuellen Sicherheitslage:

**Deutschland** (www.auswaertiges-amt.de)

**Österreich** (www.bmaa.gv.at/)

**Schweiz** (www.eda.admin.ch)

## Ermäßigungen

Studenten mit Internationalem Studentenausweis bekommen 50 % Ermäßigung auf Zugfahrten und oft auch auf Museumseintritte.

## Feiertage & Ferien

Die islamischen Feiertage richten sich nach dem Mond und werden erst einige Tage im Voraus bekannt gegeben. Sie finden von Jahr zu Jahr elf Tage früher statt und heißen Eid al-Kebir (Eid al-Haji), Eid al-Fitr und Eid al-Moulid (Maulidi).

**Neujahr** 1. Januar

**Tag der Revolution, Sansibar** 12. Januar

**Ostern** März/April – Karfreitag, Ostersonntag und -montag

**Scheich-Karume-Tag** 7. April

**Union Day** 26. April

**Tag der Arbeit** 1. Mai

**Saba Saba (Tag der Kleinbauern)** 7. Juli

**Nane Nane (Tag der Bauern)** 8. August

**Nyerere-Tag** 14. Oktober

**Unabhängigkeitstag** 9. Dezember

**Weihnachten** 25./26. Dezember

### ISLAMISCHE FEIERTAGE

Rund um die folgenden Termine liegen in etwa die islamischen Feiertage in Tansania.

| FESTTAG | 2018 | 2019 | 2020 |
|---|---|---|---|
| Beginn des Ramadan | 16. Mai | 6. Mai | 24 April |
| Eid al-Fitr (Ende des Ramadan, zweitägiges Fest) | 14. Juni | 4. Juni | 23. Mai |
| Eid al-Kebir (Eid al-Haji; Opferfest) | 22. Aug. | 12. Aug. | 31. Juli |
| Eid al-Moulid (Geburtstag des Propheten Mohammed) | 20. Nov. | 10. Nov. | 29. Okt. |

## Fotos & Videos

- Menschen, die man fotografieren will, immer vorher um Erlaubnis bitten – und unbedingt deren Wünsche respektieren. Manchmal verlangen die Einheimischen eine kleine Gebühr für Aufnahmen (gewöhnlich zwischen 1000 und 10 000 TSh). Die Summe ist angemessen.
- Alle Objekte, die mit der Regierung oder dem Militär in Verbindung gebracht werden könnten – auch Armeebaracken, Menschen und Landschaften in der Nähe solcher Baracken –, dürfen nicht fotografiert werden. Auch Fotos von Regierungsgebäuden, Postämtern, Banken, Bahnhöfen und Flughäfen sind offiziell verboten.

## Frauen unterwegs

Tansania ist ein gutes Reiseland für Frauen. Es gibt kaum geschlechtsspezifische Probleme, sondern viel eher Herzlichkeit, Gastfreundschaft und schwesterliche Solidarität. In der Tat werden weibliche Reisende zuvorkommender behandelt als Männer. Selbstverständlich fallen allein reisende Frauen stärker auf als Frauen in der Gruppe, daher müssen sie in einigen Regionen vorsichtiger sein. Hier einige Tipps:

- Die Kleidung sollte angemessen sein – Hosen oder ein langer Rock mit einer Bluse mit Kragen. Es kommt auch besser an, wenn das Haar unter einer Kappe oder einem Kopftuch getragen oder hochgesteckt wird.
- Eine Sonnenbrille zu tragen kann einem Ärger ersparen, da Abzocker keinen direkten Blickkontakt aufnehmen können und nicht sehen, wie man auf ihre Versuche reagiert. Andererseits kann das Tragen einer Sonnenbrille von Einheimischen bei der Kontaktaufnahme als unhöflich empfunden werden.
- Wer mit gesundem Menschenverstand vorgeht, seinen Instinkten vertraut und die üblichen Vorsichtsmaßnahmen ergreift, dürfte kaum Schwierigkeiten bekommen. Frauen sollten nachts nicht alleine ausgehen und einsame Orte meiden. Insbesondere an Stränden ist Vorsicht geboten – sie leeren sich oft sehr schnell.
- Wer sich bedrängt fühlt, sollte kreativ vorgehen. Am besten erklärt man, dass man auf seinen Mann (echt oder fiktiv) oder eine Gruppe Freunde wartet, die gleich eintreffen wird. Dieselbe Taktik funktioniert gewöhnlich auch dann, wenn jemand neugierig fragt, warum eine Frau keinen Mann oder Kinder hat bzw. warum sie gerade nicht mit ihnen unterwegs ist. Einfach antworten, dass man nicht verheiratet sei, weil man noch zu jung ist (*bado kijana*) – je nach dem tatsächlichen Alter wird der Fragende mit einem Lächeln reagieren. Eine andere Antwort wäre *bado* („noch nicht"), wenn jemand nach Ehemann oder Kindern fragt. Selbstverständlich kann man auch immer behaupten, dass man Mann und Kinder später treffen wird.
- Kontakte zu einheimischen Frauen können die Reise sehr bereichern. Tansanische Frauen kann eine Reisende in Touristeninformationen, Regierungsbüros oder sogar in Hotels treffen, wo immer gut ausgebildete junge Frauen bis Frauen mittleren Alters arbeiten. In ländlichen Regionen wendet man sich am besten an Lehrerinnen oder Mitarbeiterinnen der Gesundheitszentren.
- Während Tampons und andere Sanitärartikel in den größeren Städten erhältlich sind, lernen Frauen, die sich mit den lokalen Produkten behelfen müssen, den Wert der westlichen Waren zu schätzen.

### SPARTIPPS BEIM REISEN

- Bei Reisen in der Nebensaison sind Nachlässe bei Zimmer- und Safaripreisen möglich (nachfragen).
- Familien: In Nationalparks und Hotels nach Ermäßigungen fragen.
- Safaris und Wanderungen sind günstiger in Kleingruppen.
- Last-Minute-Angebote nutzen.
- In manchen Nationalparks und Wildreservaten gibt es auch in den Außenbezirken Tiere zu sehen – die Übernachtung außerhalb der Parkgrenzen ist billiger.
- Wer in den Wildschutzparks einen für 24 Stunden gültigen Eintritt um die Mittagszeit bezahlt, hat beste Chancen, die Tiere sowohl in der günstigen Abend- als auch in der Morgendämmerung zu sehen – für den Preis eines Tages.
- Übernachten im Zelt ist viel preiswerter.
- Verkehrsmäßig gut erschlossene Parks und Schutzgebiete halten die Transportkosten gering.
- Das öffentliche Verkehrsnetz ist billiger als private Unternehmen/Taxis.
- „Cultural Tourism Programs" sind günstiger als Safaris.
- Einheimische Gerichte essen.
- Vorräte und Getränke sind in den Geschäften der großen Städte viel preisgünstiger als in Hotelshops oder den Läden für Touristen.
- Safari-Ziele jenseits der ausgetretenen Touristenpfade sind fast immer preiswerter als auf dem Northern Circuit.

## Freiwilligenarbeit

Wer sich als Freiwilliger an Hilfsprojekten beteiligen möchte, findet in Tansania ein breites Betätigungsfeld: Lehren oder Mitarbeit an Umwelt- und Gesundheitsprojekten. Das Arrangement sollte allerdings vor der Anreise nach Tansania getroffen werden. Eine dreimonatige Aufenthaltsgenehmigung im Land (Klasse C) kostet 200 US$. Wer mit Kindern arbeiten möchte, muss eine Strafregisterbescheinigung aus seinem Heimat-/Aufenthaltsland vorweisen.

**African Initiatives** (www.african-initiatives.org.uk) Widmet sich den Rechten von Frauen und der Ausbildung von Mädchen. Bietet zahlreiche Möglichkeiten der Mitarbeit, obwohl die meisten Stellen außerhalb Tansanias liegen.

**Frontier** (www.frontier.ac.uk) Meeresschutz auf der Insel Mafia.

**Indigenous Education Foundation of Tanzania** (www.ieftz.org) Bildungsarbeit in Massai-Gegenden im Norden Tansanias.

**Kigamboni Community Centre** (Karte S. 74; ☎0788 482684, 0753 226662; www.kccdar.com; Kigamboni) Unterrichten und weitere Möglichkeiten in einer ländlichen Gemeinde am Rand von Daressalam.

**Peace Corps** (www.peacecorps.gov) Die US-Freiwilligenorganisation bietet Jobs in Tansania und anderen Ländern.

**Responsible Travel.com** (www.responsibletravel.com) Stellt für die Planung von Reiserouten den Kontakt zu ökologisch und kulturell nachhaltigen Tourveranstaltern her.

**Trade Aid** (www.tradeaiduk.org/volunteer.html) Vermittlung von Kompetenzen im Ort Mikindani im Süden Tansanias.

**Voluntary Service Overseas** (www.vso.org.uk) Die britische Freiwilligenorganisation vermittelt Jobs in Tansania.

### RESTAURANTPREISE

Die folgenden Preise beziehen sich auf ein Standardgericht (ein Gang).

**$** unter 5 US$ (10 000 TSh)

**$$** 5–10 US$ (10 000–20 000 TSh)

**$$$** über 10 US$ (20 000 TSh)

## Geld

- Die Landeswährung ist der Tansanische Schilling (TSh). Die Scheine sind gestaffelt in 10 000, 5000, 1000 und 500 TSh, die Münzen als 200, 100, 50, 20 und die selten gebrauchten 10, 5 und 1 TSh.
- Das Design aller Scheine wurde 2011 geändert; akzeptiert werden sowohl die alten als auch die neuen Scheine.
- Um an Geldautomaten Geld abzuheben oder für die Eintrittsgebühren in die meisten Nationalparks braucht man eine Visa-Karte oder MasterCard.
- Kreditkarten werden bei der Bezahlung in Hotels nur selten akzeptiert und wenn, dann oft gegen hohe Gebühren. Daher ist man auf Bargeld und Geldautomaten angewiesen.
- US-Dollar-Noten, die vor 2006 gedruckt wurden, werden nirgendwo akzeptiert. US-Dollar, die nach 2006 gedruckt wurden, werden von fast allen größeren Einrichtungen akzeptiert. Kleinere lokale Einrichtungen nehmen oft nur Tansanische Schilling an.
- Bargeld hebt man am besten mit einer VISA-Karte am Bankautomaten ab.

### Bargeld

US-Dollar und Euros sind die am meisten verbreiteten Währungen und erzielen die besten Kurse. In den städtischen Zentren werden natürlich auch andere Währungen akzeptiert. Die amerikanischen 50- und 100-Dollarscheine bekommen bessere Kurse als kleine Werte. Die alten US-Banknoten und vor 2006 ausgestellte US-Banknoten werden nirgendwo akzeptiert.

### Geldautomaten

In größeren Städten gibt's ausreichend Geldautomaten (24 Std.). Allerdings sind sie oft außer Betrieb, sodass man immer eine kleine Barreserve bei sich haben sollte. Tansanische Schilling können an international vernetzten Geldautomaten mit Visa oder MasterCard gezogen werden. Als Obergrenzen gelten generell 300 000 oder 400 000 TSh pro Transaktion (Geldautomaten in kleineren Städten haben oft ein Limit von 200 000 TSh) mit einem Tageslimit von 1,2 Mio. TSh (weniger in Kleinstädten). Einige Automaten akzeptieren auch andere Karten der Cirrus/Maestro/Plus-Gruppe.

Die wichtigsten Banken:

**Barclays** Daressalam, Arusha, Moshi, Sansibar, Tanga

**CRDB** größere Städte

**Exim** Daressalam, Arusha, Moshi, Mwanza, Tanga, Morogoro

**National Bank of Commerce** In größeren Städten

**Stanbic** Daressalam, Arusha, Moshi, Mbeya

**Standard Chartered** Daressalam, Arusha, Moshi, Mwanza

In großen Städten sind am Freitagnachmittag die Schlangen vor den Geldautomaten endlos lang; Geld also möglichst zu anderen Zeiten ziehen.

Dass ein Geldautomat kein Geld ausspuckt, welchen Grund die Maschine auch immer angibt, liegt oft daran, dass die Obergrenze der Transaktion überschritten wurde – einfach nochmal versuchen. Wird die PIN-Nummer dreimal falsch eingegeben, wird die Karte eingezogen.

### HANDELN ODER NICHT HANDELN …

Jeder Straßenhändler in Touristengebieten erwartet, dass seine Kunden handeln, vor allem, wenn er Souvenirs verkauft. Es gibt nur wenige Souvenirshops mit festen Verkaufspreisen. Auf echten Märkten, wo die Einheimischen kaufen, sind allerdings häufig die Endpreise angegeben („real price"). Dort werden nicht zwangsläufig Fantasiepreise verlangt. Leider gibt es keine Faustregeln für erfolgreiches Handeln – allenfalls freundlicher Umgang miteinander und Aufgeschlossenheit. Wer sich für ein bestimmtes Objekt interessiert, sollte sich zunächst umsehen, was andere Händler verlangen, oder einen Käufer fragen, was er bezahlt hat, um ein Gefühl für den wahren Wert zu bekommen.

## Geldwechsel

- Bargeld lässt sich am einfachsten bei Banken oder Forex-Büros (foreign exchange) in größeren Orten und Städten wechseln. Da sich Kurse und Gebühren unterscheiden, zahlt sich ein Vergleich aus.
- Die Forex-Büros arbeiten etwas schneller, sind weniger bürokratisch und bieten bessere Kurse an – leider fehlen sie in vielen kleinen Orten. Sie akzeptieren auch mehr Fremdwährungen als Banken.
- Die NBC Bank hat Filialen im ganzen Land und dürfte die beste Adresse für den Geldumtausch sein. Banken und Forex-Büros sind von Samstag 12 Uhr bis montagmorgens geschlossen.
- Um die letzten Reste tansanischen Geldes wieder in harte Währung umzutauschen, einige der Umtauschquittungen aufbewahren, auch wenn selten danach gefragt wird. Die einfachste Gelegenheit für einen Rücktausch bietet sich an den Flughäfen von Daressalam und Kilimandscharo. Manchmal funktioniert der Rücktausch auch in den Forex-Büros oder bei einer Bank in größeren Städten.
- Außerhalb der Geschäftszeiten oder in kleinen Städten tauschen viele von Indern geführte Geschäfte Geld um oder tansanische Schillinge in Euros oder US$ zurück, wenn auch zu ungünstigen Kursen.
- Eigentlich müssen Ausländer alle Unterkünfte, Parkeintritte, Touren, die besseren Hotels und die Fähren nach Sansibar mit US$ bezahlen, doch in der Praxis werden auch Tansanische Schillinge zum aktuellen Kurs akzeptiert.

## Kreditkarten

Man braucht Kreditkarten, insbesondere Visa oder MasterCard, um am Automaten Geld abzuheben. Vor allem Visa wird vielerorts akzeptiert. Die meisten Nationalparks verlangen Visa-Karten oder MasterCard für den Eintritt. Einige Hotels und Tourveranstalter der Spitzenklasse sowie wenige Mittelklassehotels akzeptieren die Zahlung mit Kreditkarte, verlangen aber Gebühren von 5 bis 10 %. Da sich viele Hotels weigern, Kreditkarten zu akzeptieren, immer vorher nachfragen.

## Reiseschecks

Reiseschecks kann man in Tansania nicht mehr einlösen.

## Schwarzmarkt

Für Fremdwährungen existiert kein Schwarzmarkt. Wer auf der Straße „günstige" Kurse anbietet, ist also gewöhnlich auf einen Betrug aus.

## Steuern

Tansania erhebt eine Mehrwertsteuer (VAT) von 18 %, die aber in den Preisen bereits enthalten ist. Das galt lange Zeit nur für Unterkünfte, trifft seit Juli 2016 aber auch auf Verkehrsmittel (außer Flugzeuge), Guide-, Park- und Campinggebühren zu. Eine Rückerstattung der Mehrwertsteuer ist nicht möglich.

## Trinkgeld

**Restaurants** In kleinen, ländlichen Hotels und Restaurants ist Trinkgeld nicht üblich, während die Angestellten in größeren Städten und Touristenregionen ein Trinkgeld erwarten. In einigen Spitzenklassehotels ist ein Servicezuschlag bereits in der Rechnung aufgeführt. Es ist üblich, den Rechnungsbetrag aufzurunden oder 10 bis 15 % Trinkgeld zu geben.

**Safaris and Treks** Auf Trekkingtouren und Safaris bekommen Fahrer, Führer, Träger und das übrige Personal ein Trinkgeld.

**Taxis** Trinkgeld ist nur bei längeren Anmietzeiten (ein oder mehrere Tage) üblich.

# Internetzugang

In Großstädten findet man zahlreiche Internetcafés, und abgesehen von den ländlichen Gebieten gibt's fast überall WLAN-Hotspots. Die Preise pro Stunde liegen durchschnittlich bei 1000 bis 2000 TSh. Die Übertragungsgeschwindigkeit schwankt enorm – wirklich schnelle Verbindungen sind selten. Fast alle Mittelklasse- und Luxushotels, Safari-Lodges und einige Budgetunterkünfte bieten WLAN-Zugänge an; einige sind gratis, andere kosten eine kleine Gebühr. Am besten geht man mit dem Smartphone ins Internet oder kauft sich einen WLAN-Zugang bei einem der Mobilfunkanbieter (rund 70 000 TSH, inkl. 10 GB Einstiegsvolumen). Zum Aufladen gibt's verschiedene Pakete (etwa 35 000 TSH für 10 GB, gültig für einen Monat). In vielen Läden werden Startguthaben verkauft.

# Karten

- Gute Landkarten werden von Nelles und Harms-IC

veröffentlicht. Beide sind in Tansania erhältlich und decken auch Ruanda und Burundi ab. Harms-IC hat auch Karten vom Nationalpark Lake Manyara, dem Ngorongoro-Schutzgebiet und Sansibar im Angebot.

➡ Das **Surveys and Mapping Division's Map Sales Office** (Karte S. 58; Ecke Kivukoni Front & Luthuli St.; ⏲Mo–Fr 8–14 Uhr) in Daressalam verkauft topografische Karten (1:50 000) von Tansania (Festland). Leider sind die Blätter mit begehrten Zielen häufig vergriffen. Topografische Karten von Sansibar und Pemba bekommt man in Stone Town.

➡ Unter dem Namen Maco werden hervorragende handgezeichnete Karten (www.gtmaps.com) verkauft. Sie decken Sansibar, Arusha und die Parks im Norden ab. Die Karten sind in Buchläden von Daressalam, Arusha und Sansibar-Stadt erhältlich.

## Klima

Tansania hat ein angenehmes tropisches Klima, das sich je nach Region allerdings beträchtlich unterscheidet. An der Küste herrscht warmes Klima mit hoher Luftfeuchtigkeit, das von den Monsunwinden beherrscht wird – sie sorgen für zwei Regenzeiten. Während des *masika* (langer Regen) von Mitte März bis Mai regnet es praktisch täglich, wenn auch nicht ganztägig, und die Luft kann drückend schwül werden. Die leichteren *mvuli* (Regenschauer von kurzer Dauer) fallen im November, Dezember und manchmal bis in den Januar hinein. Im Landesinneren bestimmt die Höhenlage über das Klima. Insbesondere im Gebirge braucht man früh am Morgen und abends eine Jacke.

### SITTEN & GEBRÄUCHE

**Begrüßung** Für die Begrüßung sollte man sich viel Zeit nehmen.

**Essen** Nicht mit der linken Hand essen oder Speisen weiterreichen.

**Umgang mit Autoritätspersonen** Respektvolles, freundliches Verhalten; keine Ungeduld zeigen.

**Besuch in Privathäusern** Vor dem Betreten eines Privathauses *Hodi* („Darf ich eintreten?") rufen und auf die Antwort *Karibu* („Willkommen") warten.

**Geschenke** Geschenke entweder mit beiden Händen entgegennehmen oder mit der rechten Hand annehmen und dabei mit der linken Hand den rechten Ellbogen berühren.

### SUAHELI-ZEIT

Die Tansanier benutzen das Zählsystem der Suaheli, um die Zeit anzugeben: Die erste Stunde ist die *saa moja* (*asubuhi*), das entspricht 7 Uhr. Die Abendzeit beginnt mit der *saa moja* (*jioni*; die erste Stunde, also 19 Uhr). Obwohl sich die meisten mit Ausländern redenden Tansanier an das internationale System halten, kann es zu Verwirrungen kommen. Zur Sicherheit also nachfragen, ob die *saa za kizungu* (internationale Zeit) oder *saa za kiswahili* (Suaheli-Zeit) gemeint war. Hinweisschilder mit Öffnungszeiten verwenden häufig die Suaheli-Zeit.

## Öffnungszeiten

Folgende Öffnungszeiten sind üblich:

**Banken und Regierungsbüros** Montag bis Freitag 8–15.30 Uhr

**Geschäfte** Montag bis Freitag 8.30–17 oder 18, Sa 9–13 Uhr, freitagnachmittags wegen des Gottesdienstes in der Moschee oft geschlossen

**Restaurants** 7–9.30, 12–15 und 18.30–21.30 Uhr; in der Nebensaison kürzere Öffnungszeiten

**Supermärkte** Montag bis Freitag 8.30–18, Samstag 9–16, Sonntag 10–14 Uhr

## Post

Die Post ist zuverlässig, was Briefe betrifft. Pakete werden auf eigenes Risiko verschickt; für mehr Sicherheit sollte man einen Kurierdienst nutzen. Aktuelle Versandpreise stehen unter www.posta.co.tz.

## Rechtsfragen

Neben Delikten im Straßenverkehr – Geschwindigkeitsüberschreitung, Fahren ohne Sicherheitsgurt (für Fahrer und Beifahrer Pflicht) – sind Drogenbesitz und -konsum das größte Problem. In vielen Regionen ist Marihuana (*bangi* oder *ganja*) erhältlich. Wenn Straßenhändler Touristen in Sansibar oder Daressalam Drogen anbieten, handelt es sich dabei fast immer um Polizisten – oder aber um Kriminelle, die sich als Polizisten ausgeben. Um einer Inhaftierung zu entgehen, müssen Touristen ein ordentliches Schmiergeld bezahlen.

In Daressalam läuft dieser Handel immer nach demselben Schema ab: Einige Männer verwickeln einen Touristen in ein Gespräch und bieten ihm Drogen an. Noch ehe man eine Chance hat, sie abzuschütteln, tauchen plötzlich echte (oder falsche) Polizisten auf. Sie beschuldigen den Touristen des Drogenhandels und verlangen ein hohes Schmiergeld. Protest geht in der Regel nach hinten los. Am besten zieht man sich sofort zurück, noch bevor man angesprochen wird. Wenn die Situation eintritt, darauf bestehen, in die nächste Polizeiwache geführt zu werden und dort versuchen, das Schmiergeld herunterzuhandeln. Oft werden 300 US$ verlangt, mit geschicktem Verhandeln kann die Summe auf unter 50 US$ gedrückt werden.

## Reisen mit Behinderung

Obwohl es in Tansania nur wenige behindertengerechte Einrichtungen gibt, sind die Einwohner stets gerne bereit, Menschen mit Behinderungen zu helfen – sofern sie verstehen, was sie möchten. Zu bedenken ist:

- Nur wenige Lodges sind mit Rampen für Rollstühle ausgestattet, viele Hotels haben keine Aufzüge und sehr enge Treppen. Das gilt vor allem für Stone Town (Sansibar-Stadt), wo sehr steile, enge Treppen die Regel sind. In Badezimmern gibt es nur selten Griffe oder Haltestangen.
- Viele der Lodges in den Nationalparks sind zwar ebenerdig, doch die Zuwege sind sehr holprig oder steinig, und die Zimmer oder Zelte stehen auf Sockeln; Nachfrage vor der Buchung zahlt sich aus.
- Soweit wir wissen, sind Hinweisschilder in Parks und Museen nicht in Blindenschrift verfasst. Außerdem gibt es keine Einrichtung für Gehörlose.
- Überall auf Sansibar und dem Festland können Minibusse für Fahrten oder Safaris gebucht werden. Auf Anfrage stellen die Autoverleiher in Daressalam und die Tourveranstalter in Arusha Wagen mit breiten Schiebetüren zur Verfügung. Taxis sind landesweit Limousinen mit normalen Türen, und die Busse nicht für Rollstühle ausgerüstet.

Unter http://lptravel.to/AccessibleTravel kann man sich den kostenlosen Lonely-Planet-Führer „Accessible Travel" herunterladen. Weitere gute Adressen:

**Access-Able Travel** (www.accessable.com.au)

**Accessible Journeys** (www.disabilitytravel.com)

**Disability Horizons** (www.disabilityhorizons.com)

**Go Africa Safaris & Travel** (www.go-africa-safaris.com)

**Mobility International** (www.miusa.org)

**National Information Communication Awareness Network** (www.nican.com.au)

**Safari Guide Africa** (www.safariguideafrica.com/safaris-for-the-disabled)

**Tourism for All** (www.tourismforall.org.uk)

## Schwule & Lesben

In Tansania – auch auf Sansibar – ist Homosexualität strafbar, und es kommt immer häufiger zu Verurteilungen. Mitte September 2017 wurden bei einer Aufklärungsveranstaltung über HIV/AIDS auf Sansibar 20 Personen festgenommen und inhaftiert. Homosexualität ist mit einem kulturellen Tabu belegt. Es ist grundsätzlich verpönt, seine Zuneigung öffentlich zu zeigen – dies gilt auch für gemischtgeschlechtliche Paare.

## Sicherheit

Im Allgemeinen ist Tansania ein sicheres Reiseland. Mit den üblichen Vorsichtsmaßnahmen und wenn man sich an Reisewarnungen der Regierung (S. 403) hält, kann eigentlich kaum etwas passieren.

- Einsame Stellen sollten unbedingt gemieden werden (vor allem an Stränden).
- Nachts in Touristengegenden und Städten mit dem Taxi fahren.
- Nur an offiziellen Taxiständen oder vor dem Hotel in ein Taxi steigen; niemals in ein Taxi einsteigen, in dem bereits ein Fahrgast sitzt.
- Safaris und Wandertouren niemals im Voraus bezahlen, sondern den Anbieter gründlich überprüfen und nie außerhalb eines Büros bezahlen.
- In öffentlichen Verkehrsmitteln keine Getränke von Fremden annehmen. Grundsätzlich vorsichtig reagieren, wenn sich jemand als „Bekannter" vom Flughafen oder aus dem Hotel ausgibt. Nicht jeder „Flüchtling" oder „Student", der um eine Gabe bittet, ist tatsächlich das, was er vorgibt zu sein. Wer gerne helfen und etwas spenden möchte, wendet sich besser an eine der etablierten Hilfsorganisationen.
- Vorsichtig reagieren, wenn man auf der Straße, am Busbahnhof oder im Hotel von Leuten angesprochen wird, die sich als „Bekannte" ausgeben und preiswerte Safaris anbieten.

### ALLEINREISENDE IN TANSANIA

Auf dem Land stoßen Alleinreisende, insbesondere Frauen, gelegentlich auf Neugier, doch in den meisten Regionen Tansanias sind Einzelreisende – Männer oder Frauen – kein Problem. Manchmal ist es allerdings günstiger, sich einer Gruppe anzuschließen. So sind Safaris oder Trekkingtouren in der Gruppe deutlich preiswerter, und in manchen Städten ist es sicherer, am Abend in der Gruppe auszugehen. Wer dennoch nachts alleine unterwegs ist, sollte ein Taxi nehmen und besonders vorsichtig sein – das gilt vor allem für Städte und Touristenregionen. Einsame Strände sollten auf jeden Fall vermieden werden – tagsüber und nachts.

- Im Westen des Landes treiben sich an der Grenze zu Burundi gelegentlich Banditen herum, oder es gibt politische Unruhen. Vor der Abreise über die aktuelle Situation informieren!
- In den Touristenregionen – vor allem in Arusha, Moshi und auf Sansibar – halten sich um die Busbahnhöfe und Budgetunterkünfte ziemlich aggressive Schwarzhändler und Schlepper auf. Dagegen hilft nur selbstsicheres Auftreten – und sich keinesfalls als gerade erst eingetroffener Tourist outen. Zielstrebig laufen. Es ist besser, in einem Laden nach dem Weg zu fragen oder auf einer Karte nachzusehen.
- Wer zum ersten Mal mit dem Bus in einer großen Stadt ankommt, sollte Wertsachen unter der Kleidung verstecken, Gepäck festhalten und zum Taxistand gehen (möglichst schon vor dem Aussteigen danach suchen und dann auf direktem Weg hin). Die paar Dollar Fahrtkosten sind allemal besser als ein langer Weg mit Gepäck zum Hotel. Gepäck sollte man auf der Suche nach einem Zimmer entweder bei einem guten Bekannten oder in einem Hotel unterstellen. Bustickets grundsätzlich einen oder zwei Tage im Voraus kaufen (ohne Gepäck).
- Reisepass, Geld und andere Dokumente gehören in einen Brustbeutel, der direkt auf der Haut unter lockerer Kleidung getragen wird. Noch besser ist ein zuverlässiger Hotelsafe: Die Wertsachen kommen in eine verschließbare Tasche, an der sich niemand zu schaffen machen kann.
- In Autos bleibt das Seitenfenster bei einem Verkehrsstau geschlossen, das Gepäck sollte unsichtbar auf dem Boden unter den Füßen liegen.
- Beim Handeln um Preise wird die Geldbörse erst gezückt, wenn der Handel abgeschlossen ist.

## Sprachkurse

Tansania ist das am besten geeignete Land in Ostafrika, um Suaheli zu lernen. Das Suaheli in den Küstenregionen, vor allem im Sansibar-Archipel, ist reiner als das Suaheli, das auf dem Festland gesprochen wird. Einige Schulen vermitteln die Unterbringung in Privathaushalten.

**ELCT Language & Orientation School** (www.studyswahili.com; Lutheran Junior Seminary) Langjährige, von der Mission geleitete Schule am Stadtrand von Morogoro.

**KIU Ltd** (Karte S. 64; ☎0754 271263; www.swahilicourses.com) Hat mehrere Niederlassungen in Daressalam sowie Filialen in Iringa und auf Sansibar.

**Meeting Point Tanga** (www.meetingpointtanga.net) Südlich von Tanga.

**MS Training Centre for Development Cooperation** (☎027-254 1044, 0754 651715; www.mstcdc.or.tz) Am Fluss Usa, etwa 15 km außerhalb von Arusha.

## Strom

**Type G**
**230V/50Hz**

## Telefon

Die Büros der Tanzania Telecom (TTCL) findet man meist in der Post. Ihre (Festnetz-) Nummern haben sieben Stellen, plus eine dreistellige Vorwahl.

Die Landesvorwahl von Tansania ist 255. Für einen internationalen Anruf erst 000 wählen, dann die Landesvorwahl, die Ortsvorwahl (ohne die 0) und schließlich die Nummer.

### Handys

Sämtliche Mobilfunkanbieter verkaufen Prepaid-Pakete für gut 2 US$, die Karten zum Aufladen sind überall im Land in Läden erhältlich.

Telefonieren mit dem Handy ist in allen größeren Städten möglich, auf dem Land ist der Empfang oft schlecht.

Handynummern bestehen aus sechs Ziffern mit einer vierstelligen Vorwahl (07XX oder 06XX). Die größten Gesellschaften sind zurzeit Vodacom, Airtel, Halotel und Zantel (auf Sansibar). Bei Anrufen aus dem Ausland muss die Landesvorwahl, die Codenummer des Handys ohne die 0 und dann die sechsstellige Nummer gewählt werden. Bei Anrufen innerhalb Tansanias wird der Code mit der 0 und dann die Nummer gewählt – ohne Landescode. Das eigene Handy ist in der Regel die billigste Option, um mit dem Ausland zu telefonieren, vor allem dann, wenn man ein internationales Mobilfunkpaket von einem der großen Anbieter kauft.

## Toiletten

- Bei den Toiletten gibt es von primitiven Plumpsklos zu Luxustoiletten mit Wasserspülung alle Varianten.
- Fast alle Mittel- und Spitzenklassehotels haben aber mitteleuropäische Toiletten mit Wasserspülung, während in den Hotels am unteren Ende der Preisskala Sitztoiletten eher die Ausnahme sind.
- In den Budget-Gästehäusern muss man sich häufig mit einfachsten Stehklos

zufriedengeben – manchmal mit Spülung, manchmal mit einem Eimer Wasser. Das Toilettenpapier (unbedingt eigenen Vorrat mitnehmen) liegt in einer Dose, meist in der Ecke.

- Eine Reihe Buschcamps der oberen Kategorie bieten Trockentoiletten: Eine Form von Plumpsklo, auf dem ein westlicher Toilettensitz befestigt ist.

## Touristeninformation

Das **Tanzania Tourist Board** (www.tanzaniatouristboard.com) ist die offizielle Organisation im Land.

## Unterkunft

Tansania bietet eine große Auswahl an Unterkünften, die von sehr bescheidenen Häusern mit einem „Eimer-Bad" bis zu luxuriösen Safari- und Insel-Lodges reichen. Unterkünfte müssen nicht im Voraus gebucht werden, außer an Feiertagen und in beliebten Strand- und Safariregionen, wo die Hotels oft überfüllt sind.

**Zelten** Es gibt einfache Zeltplätze mitten in der Wildnis, aber auch gut ausgestattete Standorte mit Leitungswasser und Kocheinrichtungen.

**Hotels** Reichen von einfachen – oft klimatisierten – Mittelklassehotels mit Privatbädern bis hin zu luxuriösen Resorts.

**Gästehäuser** Es gibt schlecht belüftete Zimmer mit Gemeinschaftsbädern in Betonblocks, aber auch gemütliche, einfache und einladende Häuser mit Ventilatoren und Privatbädern.

### Camping

Mit einem Zelt ist man nicht nur unabhängiger – insbesondere in abgelegenen Regionen –, es kann auch eine Menge Geld sparen. Hinweis: In den meisten Nationalparks kostet Camping pro Person und Nacht mindestens 30 US$, fast so viel wie die Übernachtung in einer Parkunterkunft.

#### NATIONALPARKS

In jedem Park gibt es „öffentliche" *(ordinary)* oder „spezielle" *(special)* Camping- oder Zeltplätze. In den meisten Parks stehen simple Hütten (auch *bandas* genannt), in einigen auch sehr einfache Rasthäuser. In einigen Nationalparks des Nordens bieten Gästehäuser (Hostels) Unterkunft für Studenten oder als Ersatz, wenn die Hütten und Rasthäuser belegt sind.

**Die öffentlichen Plätze** haben Toiletten (meist einfache Plumpsklos), manchmal auch eine Wasserversorgung. Buchen im Voraus ist nicht erforderlich.

**Special Campsites** sind kleiner, liegen eher abseits und haben keine Versorgungseinrichtungen. Diese Plätze sollen so wenig wie möglich in die Natur eingreifen. Sie müssen im Voraus gebucht werden und sind teurer. In der Regel wird der Spezial-Platz nur für einen Reisenden und/oder seine Gruppe gebucht.

#### AN ANDEREN ORTEN

- In den meisten größeren Städten gibt es Campingplätze, viele in der Nähe der Nationalparks und einige in sehr schöner Lage an den wenigen großen Highways (z. B. Daressalam–Mbeya und Tanga–Moshi).
- Die Preise liegen zwischen 10 US$ pro Person und Nacht und steigen in der Nähe von Nationalparks auf mehr als das Doppelte.
- Von freiem Campen ist grundsätzlich abzuraten. Auf dem Land sollte der Dorfälteste oder -chef um Erlaubnis gebeten werden, ehe das Zelt aufgeschlagen wird.
- Auf der Insel Sansibar ist Camping grundsätzlich verboten.

### Gästehäuser/ Pensionen

Fast jede Stadt Tansanias verfügt über mindestens ein sehr einfaches Gästehaus. Ganz unten auf der Komfortskala stehen Zimmer – oft klein, ohne Lüftung und selten wirklich sauber – in Zementhütten mit Schaumstoffmatratzen, Gemeinschaftsbädern (Duschen aus Eimern, separate Toiletten), manchmal mit Moskitonetz oder Ventilator. Die Preise liegen zwischen 10 000 und 15 000 TSh pro Zimmer und Nacht.

Eine Kategorie besser sind Häuser mit sauberen, ordentlichen Zimmern, häufig mit Bad (allerdings nicht immer mit fließendem oder heißem Wasser). Hier kostet ein Doppelzimmer ca. 20 000 TSh (Einzelzimmer ab 20 000 TSh).
Hinweise & Tipps:

- Wer Ruhe und Frieden möchte, sollte ein Gästehaus ohne Bar wählen.
- In vielen Städten wird die Wasserversorgung während der Trockenheit zum Problem: Es ist also keineswegs selten, dass Gästen in einer Budgetunterkunft ein Eimer hingestellt wird. Viele der preiswerteren Unterkünfte haben kein heißes Wasser. In kühleren Regionen kann das während der kalten Jahreszeit auch in Afrika ein Handicap sein. Immerhin stellen viele Häuser auf Wunsch heißes Wasser im Eimer bereit.
- Das Suaheli-Wort *hotel* oder *hoteli* bezeichnet nicht nur die Unterkunft, sondern

#### ONLINE BUCHEN

Die Autoren von Lonely Planet haben unter http://lonelyplanet.com/tanzania/hotels weitere Informationen zu den Unterkünften zusammengestellt. Dort stehen auch unabhängige Bewertungen und Empfehlungen für bestimmte Unterkünfte – und man kann direkt online buchen.

auch einen Ort, wo man essen und trinken kann. Das übliche Wort für „Unterkunft" wäre *guesti* (Gästehaus) oder sehr korrekt *nyumba ya kulala wageni*.

- Zudem existieren zahlreiche Missionsherbergen und -gästehäuser. Sie sind zwar primär für die Missionare und Angestellten der Hilfsorganisationen gedacht, nehmen aber auch andere Reisende auf, wenn Platz frei ist.
- An der Küste wohnt man in Bungalows oder *bandas* – kleinen Hütten mit Holz- oder Lehmwänden, gedeckt mit Stroh. Das können ziemlich einfache Hütten auf dem Sand, aber auch Luxusbauten mit allem Schnickschnack sein.

### Hotels & Lodges

In größeren Städten gibt's gewöhnlich ein bis mehrere Mittelklassehotels (Zimmer mit Bad oder Toilette; in tansanischer Hotelsprache *self-contained* oder *self-containers)*. Sie haben heißes Wasser, einen Ventilator und/oder Klimaanlage. Die Qualität deckt einen Bereich zwischen nicht-ganz-so-gut und ihren-Preis-wert ab, die Zimmerpreise rangieren zwischen 30 und 100 US$ pro Person.

Am oberen Ende des Spektrums stehen eine Reihe von hübschen Hotels und Lodges mit allen Annehmlichkeiten, die man für diesen Preis erwartet – ab 100 US$ pro Person und Nacht. Vor allem auf den Safaristrecken findet man besonders schöne und sehr luxuriöse Lodges, die zwischen 150 und 500 US$ pro Person und Nacht kosten. Einige Unterkünfte in den Parks gewähren Gästen einen Preisnachlass, wenn sie mit dem eigenen Wagen anreisen.

### Zeltcamps & Fly Camps

In vielen Parks gibt es „permanente Zeltcamps" oder „Luxus-Zeltcamps", die Jahr für Jahr am selben Ort stehen. Gäste schlafen in geräumigen Zelten mit verschließbaren Fenstern in bequemen Betten – hier eint sich der Komfort eines Hotelzimmers mit dem Flair der Wildnis. Die meisten Zelte haben eigene Bäder mit fließend heißem Wasser, ein Generator sorgt zumindest zeitweilig für Strom.

Neben den festen Camps bieten einige Veranstalter mobile Camps *(Fly camps)* an, die nur für eine Saison oder speziell für einige Nächte während einer Safari errichtet werden. In solchen mobilen Camps kommen Reisende, die in festen Zeltcamps oder Lodges wohnen, auf einer Wanderung durch die tansanischen Parks den Tieren besonders nahe. Obwohl die *Fly camps* nicht so perfekt ausgestattet sind wie ein dauerhaftes Luxus-Camp (es gibt z. B. kein fließendes Wasser), werden die Gäste rundum versorgt: Wasserbehälter, die von der Sonne erwärmt werden, speisen die Duschen. Da das gesamte Zubehör, Wasser und Verpflegung herangeschafft werden müssen, sind mobile Camps allerdings teurer als permanente Camps.

### ÜBERNACHTUNGSPREISE

Die folgenden Preise beziehen sich auf ein Standard-Doppelzimmer mit Bad in der Hochsaison. Wenn nicht anders angegeben, sind in den Preisen die Mehrwertsteuer von 18 % und europäisches Frühstück inbegriffen. Bei Hotels der Mittel- und Spitzenklasse ist ein reichhaltiges Frühstück in der Regel inklusive.

**$** unter 50 US$ (100 000 TSh)

**$$** 50–150 US$ (100 000–300 000 TSh)

**$$$** über 150 US$ (300 000 TSh)

## Versicherung

Eine Reiseversicherung, die Diebstahl, Verlust und medizinische Probleme abdeckt, wird sehr empfohlen. Hier ein paar Tipps:

- Man sollte immer die Konditionen genau abklären, denn was bei einer Pauschalreise in Europa ausreicht, könnte in der Wildnis von Tansania völlig unzureichend sein.
- Gerade hier ist das Kleingedruckte fast wichtiger als der Text, denn viele Policen schließen „gefährliche Aktivitäten" aus – je nach Interpretation also auch Tauchen, Motorradfahren oder Trekkingtouren. Manche Policen schließen auch im Land gemachte Motorradführerscheine aus.
- Einige Versicherungen übernehmen die Kosten direkt vor Ort, andere verlangen Vorkasse und zahlen dann auf Antrag die Kosten zurück.
- Vor allem sollte die Police einen Heimflug bei Notfällen abdecken.
- Vor der Reise nach Tansania lohnt es sich, über eine Mitgliedschaft bei folgenden Organisationen nachzudenken. Beide bieten rund um die Uhr ambulante Versorgung mit Flugzeugen und bei akuten Notfällen Rettungsflüge innerhalb von Tansania an:
- **African Medical & Research Foundation Flying Doctors** (www.flydoc.org) Eine Mitgliedschaft für Ostafrika kostet ab 16 US$ pro Monat und Person für Alleinreisende und 10 US$ bei Gruppen ab 10 Personen.
- **First Air Responder** (www.knightsupport.com/first-air-responder) Mitgliedschaften für Ostafrika ab 10 US$ pro Woche.

Unter www.lonelyplanet.com/travel-insurance gibt's einen weltweiten Versicherungsschutz. Er kann jederzeit und von überall abgeschlossen, erweitert und in Anspruch genommen werden.

## Visa

Fast jeder Reisende benötigt ein Visum, das für die meisten Nationalitäten 50 US$ kostet (Dreimonatsvisum für einmalige Einreise).

Offiziell müssen alle Reisenden, in deren Heimatland es eine diplomatische Vertretung von Tansania gibt, dort auch ihr Visum besorgen. Derzeit werden jedoch einmalige Einreisevisa (jedoch nicht Visa zur mehrfachen Einreise) bei Ankunft (egal, aus welchem Land) an den internationalen Flughäfen Daressalam, Kilimanjaro und Sansibar ausgestellt, ebenso am Grenzposten Namanga an der kenianischen Grenze und am Grenzübergang Tunduma zwischen Tansania und Sambia. Auch an den meisten anderen Grenzen auf dem Festland sowie an Häfen werden derzeit Visa ausgestellt (nur gegen US-Dollar in bar und nur einfache Einreise). Unser Tipp: Nach Möglichkeit im Vorfeld ein Visum besorgen. Klappt dies nicht, sollte man es einfach an der Grenze probieren.

Man sollte auf Reisen mindestens eine Kopie des Reisepasses und des Visums/der Aufenthaltsgenehmigung bei sich tragen und die Originaldokumente jederzeit erreichbar haben.

Tansania ist kein Mitglied des Verbundes East Africa Tourist Visa (EATV), die Visa des EATV haben hier also keine Gültigkeit.

### Visaverlängerung

Visa werden für einen Monat, maximal für drei Monate (auf Antrag hin) ausgestellt. Wer länger bleiben möchte, wendet sich an die Einwanderungsbüros in **Daressalam** (Uhamiaji; Karte S. 74; ☎022-285 0575/6; www.immigration.go.tz; Uhamiaji House, Loliondo St, Kurasini; ⏲Visaanträge Mo–Fr 8–12 Uhr, Visaabholung bis 14 Uhr), **Arusha** (Karte S. 172 f.; East Africa Rd; ⏲Mo–Fr 7.30–15.30 Uhr) oder **Moshi** (Karte S. 246; Boma Rd; ⏲Mo–Fr 7.30–15.30 Uhr). Verlängerungen innerhalb der Dreimonatsfrist werden grundsätzlich kosten- und problemlos ausgesprochen. Danach muss das Land verlassen und ein neues Visum beantragt werden.

## Zeit

In Tansania gilt die GMT-Zeit plus 3 Std. Es gibt keine Sommerzeit.

## Zoll

Die Ausfuhr von Muscheln, Korallen, Elfenbein und Schildkrötenpanzern ist verboten. Fremdwährung darf in beliebiger Höhe ein- und ausgeführt werden, Beträge über 10 000 US$ müssen deklariert werden.

# Verkehrsmittel & -wege

## AN- & WEITER-REISE

Flüge, Autos und Touren können online gebucht werden unter www.lonelyplanet.com/bookings.

## Einreise nach Tansania

- Mit einem gültigen Visum kann man völlig problemlos nach Tansania einreisen.
- Wer aus einem Land mit Gelbfieber (das betrifft viele Nachbarländer Tansanias) einreist, benötigt eine Impfung gegen diese Krankheit.

## Flugzeug

### Flughäfen

**Julius Nyerere International Airport** (DAR; ☎022-284 2402; www.taa.go.tz) Daressalam; Tansanias Drehscheibe für den Luftverkehr.

**Kilimanjaro International Airport** (JRO; ☎027-255 4252; www.kilimanjaroairport.co.tz) (KIA) Zwischen Arusha und Moshi für internationale Flüge. Dieser Flughafen ist die beste Option für Ausflüge von Arusha und zu den nördlichen Safarirouten. Hinweis: Etwa 8 km weiter westlich liegt der zweite Flughafen von Arusha. Von hier werden nur inländische Ziele bedient.

**Zanzibar International Airport** (ZNZ, Abeid Amani Karume International Airport) Charterflüge aus/nach Europa, internationale Flüge verschiedener Airlines.

Weitere Flughäfen für internationale und Inlandsflüge: **Arusha Airport** (☎027-250 5920; www.taa.go.tz; Dodoma Rd), **Mtwara Airport** (MYW; abseits der Mikindani Road) und **Mwanza International Airport** (MWZ; ☎022-284 2402).

Eine hilfreiche Website zur Buchung von Flügen innerhalb Ostafrikas ist www.tripindigo.com.

### Fluglinien

Die größte Fluggesellschaft Tansanias ist **Air Tanzania** (☎0782 737730, 0782 782732; www.airtanzania.co.tz). Sie bedient Ziele im Inland und innerhalb Afrikas. Regionale und internationale Flüge werden von folgenden Airlines durchgeführt (bis auf die vermerkten Ausnahmen fliegen alle Daressalam an):

**Air Kenya** (☎in Kenia 020-391 6000; www.airkenya.com) Fliegt von Nairobi zum KIA.

**Egyptair** (☎0789 516482; www.egyptair.com; Ali Hassan Mwinyi Rd, 1. OG, Viva Towers; ⏲Mo–Fr 9–17, Sa 9–13.30 Uhr)

**Emirates** (☎022-211 6100, 022-211 6101; Haidery Plaza, Ecke Kisutu Street & India Street; ⏲Mo–Fr 8–16.30, Sa 8.30–12.30 Uhr)

**Ethiopian Airlines** (☎022-211 7063, 0786 285899; www.ethiopianairlines.com; Ohio St, TDFL-Gebäude; ⏲Mo–Fr 8.30–16.30, Sa 8.30–13 Uhr) Fliegt zum KIA.

**Fastjet** (☎0784 108900; www.fastjet.com) Fliegt von Johannesburg (Südafrika), Harare (Simbabwe) und Lusaka (Sambia) nach Daressalam.

**Kenya Airways** (☎0683 390008, 0786 390004, 0786 390005; www.kenya-air

**KLIMAWANDEL & REISEN**

Fast jede Art der motorisierten Fortbewegung erzeugt $CO_2$ (die Hauptursache für die globale Erwärmung), doch Flugzeuge sind mit Abstand die schlimmsten Klimakiller – nicht nur wegen der großen Entfernungen und der entsprechend großen $CO_2$-Mengen, sondern auch weil sie diese Treibhausgase direkt in hohen Schichten der Atmosphäre freisetzen. Auf vielen Websites kann man mit speziellen „$CO_2$-Rechnern" ermitteln, wie das persönliche Emissionskonto nach einer Reise aussieht, und mit einer Spende für Umweltprojekte eine Art Wiedergutmachung leisten. Auch Lonely Planet spendet Gelder, wenn Mitarbeiter und Autoren auf Reisen gehen.

ways.com; Ali Hassan Mwinyi Rd, 1. OG, Viva Towers; ⌚Mo–Fr 8.30–17 Uhr) Fliegt zum KIA.

**KLM** (☎0653 333446, 0789 777145, 022-213 9791; www.klm.com; Ali Hassan Mwinyi Rd, 1. OG, Viva Towers; ⌚Mo–Fr 8.30–17 Uhr) Fliegt zum KIA.

**Linhas Aéreas de Moçambique** (☎022-213 4600; www.lam.co.mz; Fast Track Tanzania, Bibi Titi Mohammed Rd; ⌚Mo–Fr 8.30–17, Sa 8.30–13 Uhr)

**Malawi Airlines** (☎022-213 6663; www.malawian-airlines.com; Fast Track Tanzania, Bibi Titi Mohammed Rd; ⌚Mo–Fr 8.30–17, Sa 8.30–13 Uhr)

**Precision Air** (☎022-219 1000, 0787 888417; www.precisionairtz.com) Fliegt von Nairobi (Kenia) nach Daressalam und zum KIA.

**Rwandair** (☎022-210 3435; www.rwandair.com; Ali Hassan Mwinyi Rd, 2. OG, Viva Towers; ⌚Mo–Fr 8–17, Sa 9–13 Uhr) Fliegt zum KIA.

**South African Airways** (SAA; ☎0717 722772, 022-211 7045/7; www.flysaa.com; Ecke Bibi Titi Mohammed Rd & Maktaba St; ⌚Mo–Fr 8.30–16.30, Sa 8.30–12.30 Uhr)

**Swiss International Airlines** (☎022-551 0020; www.swiss.com; 84 Kinondoni Rd; ⌚Mo–Fr 8–16.30, Sa 8.30–12.30 Uhr)

# Auf dem Landweg

## Auto & Motorrad

Zur Einreise nach Tansania sind folgende Papiere nötig:

- Fahrzeugpapiere
- Führerschein
- temporäre Einfuhrgenehmigung (TIP oder Triptik; 40 000 TSh für einen Monat; erhältlich an der Grenze) oder ein *Carnet de passage en douane* (im Voraus beim Automobilclub des Heimatlandes besorgen) als internationales Zolldokument. Aus dem Carnet muss auch hervorgehen, welche Ersatzteile mitgeführt werden. Das Carnet verfällt, wenn das Fahrzeug wieder in das Land überführt wird, in dem es registriert ist.
- KfZ-Steuer (25 US$)
- Haftpflichtversicherung (an der Grenze oder bei einer lokalen Versicherungsfiliale in der nächsten Stadt erhältlich; 50 000 TSh für drei Monate); die COMESA Yellow Card gilt auch in Tansania.
- einmalige Abgabe für Benzin (10 000 TSh)

## Bus

- Mit dem Bus kommt man von Kenia, Uganda, Ruanda, Burundi und Sambia nach Tansania. Bei Strecken, die eine Grenze überqueren, sind die Visumgebühren nicht im Fahrpreis enthalten.
- An den Grenzübergängen zu anderen Ländern muss man auf der tansanischen Seite der Grenze aus dem einen Bus aus- und dann auf der anderen Seite der Grenze in einen anderen Bus umsteigen.

## Burundi

### GRENZÜBERGÄNGE

Der wichtigste Grenzübergang ist die Kobero-Brücke zwischen Ngara (Tansania) und Muyinga (Burundi); außerdem Manyovu, nördlich von Kigoma.

### BUS

**Kobero-Brücke:** Von Mwanza starten Busse täglich um 5.30 Uhr nach Ngara (20 000 TSh, 7–8 Std.). Zudem fahren den ganzen Tag über Sammeltaxis von Nyakanazi nach Ngara (10 000 TSh, 2 Std.). Von Ngara geht's dann weiter zu dem tansanischen Grenzposten in Kabanga.

**Manyovu:** Hamza Transport und mehrere andere Busgesellschaften (Ticketbüros an der Bero-Bushaltestelle in Kigoma) verkehren mehrmals in der Woche um 7 Uhr direkt zwischen Kigoma und Bujumbura (Burundi; 15 000–20 000 TSh, 7 Std.). Eine Alternative wäre ein *dalla-dalla* (Minibus) von Kigoma nach Manyovu (6000 TSh, 1–2 Std.), dann zu Fuß über die Grenze und dort weiter. Fast immer fährt irgendein Wagen nach Mabanda (Burundi), wo es mit Minibussen bis nach Bujumbura geht (3–4 Std.).

## Kenia

### GRENZÜBERGÄNGE

Die wichtigste Verbindungsstraße von/nach Kenia ist die asphaltierte Straße zwischen Arusha (Tansania) und Nairobi (Kenia). Sie führt über den kürzlich modernisierten Grenzübergang Namanga (24 Std. geöffnet; im Hauptgebäude befinden sich eine Bank und eine Einreisebehörde). Weitere Grenzübergänge sind Horohoro (Tansania) im Norden von Tanga, Holili (Tansania) im Osten von Moshi, Loitokitok (Kenia) nordöstlich von Moshi und Sirari (Tansania) im Nordosten von Musoma. Mit Ausnahme des Grenzübergangs Serengeti–Masai Mara (zurzeit geschlossen) fahren über alle Grenzübergänge zwischen Tansania und Kenia öffentliche Verkehrsmittel.

### VON & NACH MOMBASA

**Modern Coast Express** (www.modern.co.ke) verkehrt täglich am frühen Morgen zwischen Daressalam und Mombasa über Tanga. Der Bus von Tanga startet ca. um 13 Uhr (15 000–17 000 TSh, 4 Std. von Tanga nach Mombasa; 25 000 TSh, 10–11 Std. von Daressalam nach Mombasa). An der Grenze gibt es keine offiziellen Wechselstuben. Da die Schwarzhändler unverschämt schlechte Kurse anbieten und man seine Kenianischen Schillinge in Tanga kaum loswird, entsprechend planen.

### VON & NACH NAIROBI

**Bus** Dar Express (Libya St, Kisutu, Daressalam; ⌚6–18 Uhr) fährt täglich zwischen Daressalam und Nairobi (60 000 TSh, 14–15 Std.). Die Busse in beide Richtungen starten um ca. 6 Uhr. Zusteigen kann man auch in Arusha (22 000–25 000 TSh, 5 Std.), sofern noch Plätze frei sind. Dar Express betreibt ebenfalls Busse Richtung Nairobi, die um 14 Uhr in Arusha losfahren. Modern Coast verkehrt zwischen

Mwanza und Nairobi; die Busse starten um 14 Uhr in Mwanza (33 000–44 000 TSh, 14 Std.).

**Dalla-Dalla** Zwischen dem Hauptbusbahnhof (am nördlichsten Ende) in Arusha und dem Grenzübergang Namanga fahren ab 6 Uhr täglich regelmäßig bequeme neunsitzige Minivans (7000 TSh, 2 Std.) sowie altersschwache, überfüllte normale Vans (sie halten mehrfach unterwegs). In Namanga geht's ein paar Hundert Meter zu Fuß über die Grenze, um dort in eines der regelmäßigen *matatus* (Minibusse) oder Sammeltaxis nach Nairobi (500 KSh) umzusteigen. In Nairobi fahren die *matatus* und Sammeltaxis auf der Ronald Ngala Street ab, nahe der Kreuzung mit der River Road.

**Shuttle** Die günstigste Verbindung zwischen Moshi oder Arusha und Nairobi sind die Shuttlebusse, die täglich um 8 und 14 Uhr in Arusha und Nairobi (6 Std.) sowie um 6 und 11 Uhr in Moshi (8 Std.) abfahren. Beide verlangen für die einfache Fahrt 30 US$ ab Arusha bzw. 35 US$ ab Moshi. Wer handelt, kann auch für den Preis der Einheimischen fahren (30 000/35 000 TSh). Sie halten vor den Büros der Busgesellschaften und den Hotels im Zentrum. Je nach Ankunftszeit holen/setzen sie Reisende auch am Kilimanjaro International Airport ab (15 US$). Genaue Abfahrtsorte am besten direkt beim Ticketkauf erfragen.

**Impala Shuttle** (☎0754 008448, 0754 678678, 027-254 3082) Fährt vom Parkplatz des Impala Hotel in Arusha bzw. vor Chrisburger in Moshi ab.

**Rainbow Shuttle** (☎0754 204025, 027-254 8442; www.rainbowcarhire.com) Ticketbüro und Abfahrt am New Safari Hotel in Arusha. Abfahrt in Moshi vor dem YMCA.

**Riverside Shuttle** (www.riverside-shuttle.com) Die Shuttlebusse verkehren täglich zwischen Moshi, Arusha und Nairobi. Die Abfahrt in Arusha erfolgt gleich nördlich des Hotels Impala. In Moshi fahren die Busse vom YWCA-Gebäude ab, das sich ein Stück bergauf vom Kreisverkehr am Uhrturm befindet.

#### VON & NACH VOI

**Tahmeed Coach** (www.tahmeedcoach.co.ke) fährt täglich von Moshi über Voi (20 000 TSh, 7–8 Std.) nach Mombasa. Zudem verkehren zwischen Moshi und dem Grenzort Holili (2000 TSh, 1 Std.) regelmäßige *dalla-dallas*. An der Grenze **(6–20 Uhr)** können *piki-pikis* (Moped; 1000 TSh) oder Fahrräder ausgeliehen werden; damit geht's durch 3 km Niemandsland bis zum kenianischen Einreiseposten in Taveta. Von Taveta fahren sporadische Minibusse bis Voi; ab dort bestehen Transportmöglichkeiten bis Nairobi und Mombasa. Wer mit einem im Nachbarland registrierten Fahrzeug ankommt/abfährt, muss den nötigen Papierkrieg während der Dienstzeiten erledigen (tgl. 8–13, 14–17 Uhr).

#### VON & NACH KISII

Es gibt keine direkten Busverbindungen über den Grenzübergang. Man muss einen der vielen Busse nehmen, die täglich zwischen Mwanza und dem Grenzposten Sirari–Isebania (15 000 TSh, 5 Std.) verkehren, und dann auf der anderen Seite mit kenianischen Verkehrsmitteln nach Kisii weiterreisen. Mehrere *dalla-dallas* fahren täglich von Musoma bis zur Grenze (6000 TSh, 2 Std.).

## Malawi

### GRENZÜBERGÄNGE

Der einzige Grenzübergang befindet sich in Kasumulu (Brücke über den Songwe; 7–19 Uhr tansanische, 6–18 Uhr malawische Zeit), südöstlich von Mbeya (Tansania).

#### BUS

Von der Nane-Nane-Busstation in Mbeya fahren täglich Minibusse und 30-Sitzer (so genannte *coastals*) bis zur Grenze (5000 TSh, 2 Std.). Jenseits des tansanischen Grenzpostens sind es noch 300 m Fußweg bis zur malawischen Seite, wo Minibusse nach Karonga abfahren. Ein malawischer Bus verkehrt täglich von der Malawi-Seite der Grenze nach Mzuzu (Malawi); er startet am Nachmittag und kommt abends an.

Einige Tipps:

- Nach den Bussen nach Kyela suchen (sie machen einen Umweg zur Grenze) und sich erkundigen, ob der Bus wirklich bis zur Grenze („Kasumulu") durchfährt. Einige fahren trotz anders lautender Aussage nur bis Tukuyu (40 km weiter nördlich) oder Ibanda (7 km vor der Grenze). Nicht die Schlepper von der Minibusgesellschaft, sondern lieber die Fahrgäste fragen – sie antworten wahrheitsgemäß.
- Bei den größeren *coastals* stehen die Chancen auf eine direkte Verbindung deutlich besser; sie fahren zwei- bis dreimal täglich in Mbeya ab und halten wirklich an den angekündigten Zielen.
- Die Endhaltestelle liegt in Kasumulu (am Songwe) sieben Gehminuten von der Grenze entfernt; das Fahrradtaxi, das sich aufdrängen wird, ist nicht nötig.
- Zurzeit fahren keine Wagen von Mbeya über die Grenze bis nach Malawi hinein, auch wenn die Schlepper am Busbahnhof von Mbeya das behaupten. In beide Richtungen muss man eine Übernachtung in Mbeya oder Tukuyu einplanen; die Busse von Mbeya nach Daressalam starten zwischen 6 und 7 Uhr.

## Mosambik

### GRENZÜBERGÄNGE

Der wichtigste Grenzübergang für Fahrzeuge ist die Unity-Brücke über den Ruvuma River bei Negomano (Anfahrt über Masasi). Beim Dorf Mtomoni, 120 km südlich von Songea, überquert die Unity-2-Brücke den Ruvuma. Der Fluss kann auch mit einer Autofähre bei Kilambo (südlich von Mtwara) überquert werden. Visa für Mosambik werden an allen Grenzübergängen ausgestellt. Das kann sich jedoch jederzeit ändern – vor der Anreise über die aktuelle Situation informieren (es ist ein langer Weg von der Grenze bis zum nächstgelegenen Konsulat).

### AUTO

Der wichtigste Grenzübergang für Fahrzeuge ist die Unity-Brücke über den Ruvuma bei Negomano, südwestlich von Kilambo, am Zusammenfluss mit dem Lugenda. Von Masasi aus nimmt man die Straße nach Tunduru bis zum Dorf Nangomba (35 in südwestliche Richtung). Von dort geht es 68 km auf einer in der Trockenzeit guten Straße in südwestliche Richtung bis zum Dorf Masuguru. Die Brücke folgt nach 10 km bei Mtambaswala. Auf der anderen Seite führt eine ordentliche, unbefestigte Straße (die bis 2019 asphaltiert werden soll) ins 160 km entfernte Mueda. Die Einreiseformalitäten können auf beiden Seiten der Brücke erledigt werden. Die Zollformalitäten für den Wagen werden in Tansania in Mtwara abgewickelt.

Eine andere Möglichkeit ist die Unity-2-Brücke südlich von Songea. Mit einem privaten Auto ist die Strecke von Songea nach Lichinga in acht bis neun Stunden zu schaffen.

In Kilambo verkehrt die Fähre **MV Kilambo** (p. P./Fahrzeug 500/30 000 TSh) fast jeden Tag, wenn Flut ist. Ob sie startet, erfährt man in Mikindani z. B. bei **ECO2** (☎0783 279446, 0784 855833; www.eco2tz.com; Main Rd) oder **Old Boma** (☎023-233 3875, 0757 622000; www.mikindani.com).

### BUS

In Mtwara starten täglich ab 6 Uhr Busse zum Grenzposten Kilambo (6000 TSh, 1 Std.) und zum Fluss Ruvuma, der (theoretisch) täglich von der Fähre MV *Kilambo* überquert wird. Die Fähre kann (abermals theoretisch) bis zu sechs Autos mit Passagieren befördern (500 TSh pro Person). Ob sie fährt, hängt jedoch von den Gezeiten, den Wetterbedingungen und vom technischen Zustand des Schiffes ab. Zwischen 7 und 18 Uhr verkehrt außerdem ein schnelleres Motorboot, das aber nur Passagiere befördert (1000 TSh). Wenn weder Fähre noch Motorboot verkehren, muss man eine Überfahrt in einem Einbaum (5000 TSh, je nach Wasserstand 10 Minuten bis über 1 Std.; gefährlich bei schwerem Regen) aushandeln. Obwohl die Grenze modernisiert wurde, ist sie sehr provinziell, und die Schlepper verlangen für die Überfahrt in einem Einbaum die zehnfache Summe des Preises, den Einheimische zahlen. Beim Ein- und Ausstieg sollte man gut auf sein Gepäck achten und auf dem Weg vom und zum Ufer in der Gruppe bleiben.

Am mosambikanischen Ufer fahren täglich mehrere Pickups bis zum Grenzposten von Mosambik (Namiranga; 4 km entfernt) und weiter bis Palma und Mocímboa da Praia (10 US$, 3 Std.).

Weiter im Westen fahren gegen 11 Uhr täglich ein bis zwei Geländewagen oder Laster vom Majengo-C-Viertel in Songea (12 000 TSh, 3–4 Std.) in das Dorf Mtomoni und zur Unity-2-Brücke. Am anderen Flussufer in Mosambik dann ein Transportmittel nach Lichinga (30 000 TSh, 5 Std.) suchen. Es ist sicherer, den Fahrpreis in Etappen zu zahlen, statt bereits in Songea den Gesamtpreis von 40 000 TSh (Songea–Lichinga) . Wer früh aufbricht, kann die Strecke Songea–Lichinga mit öffentlichen Verkehrsmitteln problemlos innerhalb eines Tages schaffen.

## Ruanda

### GRENZÜBERGÄNGE

Der wichtigste Grenzübergang ist Rusumu Falls, südwestlich von Bukoba (Tansania).

### BUS

Trinity Express verkehrt viermal wöchentlich zwischen Daressalam und Kigali mit Halt in Dodoma, Singida und Kahama (80 000 bis 85 000 TSh, 30–35 Std.). Am besten unternimmt man die Anreise in mehreren Etappen. Von Mwanza verkehren täglich Busse über Kahama nach Benaco (Nyakanazi), wo Busse zum Grenzposten starten. Nachdem man die Grenze zu Fuß überquert hat, warten auf der ruandischen Seite Busse nach Kigali; die gesamte Reise von Mwanza nach Kigali dauert 12 bis 14 Stunden und kostet etwa 32 000 TSh.

Reisende, die von Ruanda nach Tansania einreisen und an der Grenze ein tansanisches Visum erwerben wollen, müssen die Visagebühren in US-Dollar oder Tansanischen Schilling bezahlen. Ruanda-Francs werden nicht akzeptiert und können an der Grenze nicht in Tansanische Schilling umgetauscht werden

## Sambia

### GRENZÜBERGÄNGE

Der wichtigste Grenzübergang (7–20.30 Uhr tansanische, 6–19.30 Uhr sambische Zeit) ist Tunduma (Tansania), südwestlich von Mbeya. Weitere Grenzübergänge sind Kasesya (Tansania) sowie zwischen Sumbawanga (Tansania) und Mbala (Sambia).

### AUTO

Wer mit dem Auto von Sambia nach Tansania fährt, kann am Grenzübergang Kasesya eine Kfz-Versicherung abschließen.

### BUS

Minibusse fahren mehrmals täglich zwischen Mbeya und Tunduma (4000 TSh, 2–3 Std.). Die Grenze nach Sambia wird zu Fuß überquert; von dort geht's mit sambischen Verkehrsmitteln nach Lusaka (ca. 20 US$, 18 Std.).

Der Grenzübergang Kasesya ist nur für Reisende mit eigenem Fahrzeug von Interesse. Es gibt keine direkte Verbindung, doch täglich sollte mindestens ein Fahrzeug die Grenze in beiden Richtungen überqueren (10 000 TSh, 4–5 Std. von Sumbawanga nach Kasesya). Nur mit Glück ist die gesamte Strecke an einem Tag zu schaffen, denn die Wagen fahren in Sumbawanga und Mbala jeweils nachmittags ab. Am frühen Morgen starten die Wagen an der Grenze; eine Übernachtung in einem der Grenzorte ist also nötig.

### ZUG

Die Bahnlinie **Tazara** (www.tazarasite.com) verbindet Daressalam mit Kapiri Mposhi in Sambia. Die Züge verkehren zweimal wöchentlich über Mbeya und Tunduma. Die Mukuba-Expresszüge (1. Klasse Schlafwagen/2. Klasse Schlafwagen/Super Seater/Economy-Klasse 104 000/84 600/78 700/72 600 TSh, etwa 43 Std.) starten freitags um 15.50 Uhr in Daressalam, die Kilimanjaro-Züge dienstags um 11 Uhr (86 500/70 600/65 600/60 500 TSh, ca. 59 Std.). In Mbeya fahren die Züge nach Kapiri Mposhi (Expresszug 1./2. Klasse/Super Seater/Economy-Klasse 104 000/46 000/44 400/40 900 TSh, ca. 24 Std.) samstags 13.20 Uhr (Mukuba-Express) und mittwochs 14 Uhr (Kilimanjaro-Zug) ab. Studenten mit Internationalem Studentenausweis (ID) bekommen 50 % Ermäßigung. Von Kapiri Mposhi geht's nur mit dem Bus weiter nach Lusaka. In New Kapiri Mposhi fahren die Züge dienstags um 16 Uhr (Express) und freitags um 11 Uhr los. Visa werden derzeit an der Grenze für beide Länder erteilt.

## Uganda

### GRENZÜBERGÄNGE

Der wichtigste Übergang ist Mutukula (Tansania), nordwestlich von Bukoba; die Straße ist beiderseits der Grenze gut asphaltiert. Der Grenzübergang Nkurungu (Tansania) weiter westlich ist nur über eine kaum befahrene Straße zugänglich. Von Arusha oder Moshi fährt man besser über Kenia nach Uganda.

### BUS

Kampala Coach bietet täglich einen Bus von Arusha über Nairobi nach Kampala (75 000 TSh, 20 Std.). Die Fahrt nach Jinja kostet genauso viel wie nach Kampala.

Um 6 und 12.30 Uhr bedienen mehrere Busgesellschaften die Strecke von Bukoba nach Kampala (20 000 TSh, 6–8 Std.). Von Kampala aus starten sie um 7 Uhr und um 11 Uhr.

Von Mwanza nach Kampala verkehrt täglich ein Direktbus, der unterwegs in Bukoba hält (45 000 TSh, 16 Std.).

# Auf dem Seeweg

Für alle Boote und Fähren, die einen tansanischen Hafen verlassen, wird eine Hafensteuer von 5 US$ pro Person fällig.

## Burundi

Die regelmäßige Passagierfähre zwischen Kigoma und Bujumbura fährt derzeit nicht. Den neuesten Stand im Passagierhafen von Kigoma erfragen. Wenn die Situation in Burundi ruhiger wird, kann man wieder auf den Frachtschiffen zwischen Kigomas Hafen Ami und Bujumbura mitfahren (ca. 10 000 TSh, 18 Std.). Sie verkehren unregelmäßig, aber meist läuft dreimal pro Woche ein Schiff aus. Wassertaxis fahren ein- oder zweimal wöchentlich von Kibirizi (nördlich von Kigoma) nach Bujumbura. Sie sind nicht empfehlenswert, weil sie einen ganzen Tag brauchen und gelegentlich ausgeraubt werden. Stattdessen besser das nachmittags fahrende Wassertaxi bis Kagunga (tansanische Grenzstation mit einem einfachen Gästehaus) nehmen und die Grenze am nächsten Morgen überqueren. Von dort geht's mit dem Motorradtaxi nach Nyanza-Lac (Burundi) und mit dem Minibus weiter bis Bujumbura. Aufgrund der angespannten Sicherheitslage in Burundi wurde zur Zeit der Recherchen davon abgeraten, das Land zu bereisen; Infos über die aktuelle Situation findet man in den Reisewarnungen der jeweiligen Regierungen.

## Demokratische Republik Kongo (DRC; früheres Zaïre)

Vom Hafen Ami in Kigoma legen etwa einmal pro Woche Frachtschiffe nach Kalemie (ca. 10 US$, nur Decksklasse, 7 Std.) oder Uvira ab. Die Abfahrtstage und -zeiten erfährt man entweder am Hafen Ami oder in der kongolesischen Botschaft in Kigoma. Essen und Getränke müssen mitgebracht werden, ebenso eine Unterlage, wenn man an Deck schlafen möchte. Wer in den Kongo reisen will, sollte vorher die Reisewarnungen der jeweiligen Länder lesen und sich über die aktuelle Sicherheitslage informieren; ein Visum für den Kongo zu bekommen ist nach wie vor sehr schwierig.

## Kenia

Auf dem Victoriasee verkehrt keine regelmäßige Fähre zwischen Tansania und Kenia. Zwischen Mombasa und Sansibar verkehren regelmäßig Daus, die aber keine Ausländer mitnehmen.

## Malawi

Derzeit fahren zwischen der Mbamba Bay in Tansania und der Nkhata Bay in Malawi keine Passagierfähren. Frachtschiffe (10 000–15 000 TSh, 6 Std.) nehmen Passagiere mit, aber die Sicherheitsstandards sind minimal, und es sind bereits Schiffe gesunken. Die Frachter legen oft mitten in der Nacht ab, weil das Wasser dann ruhiger ist. Feste Fahrpläne gibt es nicht; man kann sich im Einwanderungsbüro erkundigen, wann das nächste Schiff ausläuft.

## Mosambik

### DAU

Daus zwischen Mosambik und Tansania (12–30 Std. und mehr) fahren am ehesten in Msimbati (Tansania) und Mocímboa da Praia (Mosambik) ab.

### FÄHRE

Zurzeit gibt es keinen offiziellen Fährverkehr zwischen Südwest-Tansania und Mosambik. Es besteht die Möglichkeit, auf einem der Frachtschiffe zwischen Mbamba Bay und Nkhata Bay mitzufahren und dann weiter auf der **MS Chambo** (www.malawitourism.com), die einmal pro Woche von Nkhata Bay zur Insel Likoma (Malawi), Cóbuè und Metangula (beide Mosambik) übersetzt. Daneben fahren zwischen Tansania und Mosambik kleine Boote am Ostufer des Nyasasees (Njassasees) entlang. Allerdings ist der See für seine plötzlichen und heftigen Regenstürme bekannt – diese Route ist daher riskant und nicht empfehlenswert.

In Mbamba Bay sitzt ein Einwanderungsbeamter, die Einreisebehörden für Mosambik sind in Cóbuè und Metangula, für Malawi auf der Insel Likoma und in Nkhata Bay. Zurzeit stellt nur der Grenzposten in Cóbuè Visa aus.

Im Südosten Tansanias verkehrt die Fähre **MS Kilambo** (pro Pers./Fahrzeug 500/30 000 TSh) über den Fluss Ruvuma von Namiranga (Mosambik) nach Kilambo und zurück; theoretisch legt einmal täglich ein Schiff ab. Die Strecke wird auch von kleinen Passagierbooten befahren, die ebenfalls täglich starten. In Kilambo und Namiranga befinden sich Einreisebehörden.

### Sambia

Seit über einem Jahrhundert tuckert die ehrwürdige **MS Liemba** (☎028-280 2811) nun schon durch die Wellen des Tanganjikasees und gehört zu den Klassikern der Abenteuerreisen. Wöchentlich verbindet sie Kigoma mit Mpulungu in Sambia (1./2./Economy-Kl. 105/95/75 US$, nur US$ in bar). Die Fahrt dauert mindestens 40 Stunden, und unterwegs legt das Schiff in zahlreichen Dörfern am Seeufer an, z. B. in Lagosa (zum Nationalpark Mahale Mountains, 40 US$ 1. Kl. ab Kigoma), Kipili (75 US$) und Kasanga (südwestlich von Sumbawanga; 100 US$). Theoretisch startet das Schiff alle zwei Wochen mittwochs um 16 Uhr in Kigoma und kommt freitagmorgens in Mpulungu an. Alle zwei Wochen legt es (theoretisch) freitags um 14 Uhr in Mpulungu wieder ab und ist sonntagnachmittags zurück in Kigoma. Verspätungen sind üblich.

Essen, alkoholfreie Getränke, Bier und Wasser in Flaschen werden an Bord verkauft, es ist aber besser, einen Vorrat mitzunehmen. Die 1. Klasse ist erstaunlich komfortabel. Die beiden Kojen sind sauber, es gibt ein Fenster und einen Ventilator. Die Kabinen der 2. Klasse (vier Kojen) und der Economy-Klasse sind schlecht belüftet und unbequem. Das Fahrgeld ist in einen Platz an Deck besser anlegt als für einen Sitz in der Economy-Klasse. Das Gepäck auf keinen Fall aus den Augen lassen und früh genug buchen; die Kabinen der 1. Klasse sind aber meist frei. Das Schiff verfügt auch über zwei VIP-Kabinen; eine davon ist mit Privatbad.

In Kigoma, Kipili, Kasanga und Mpulungu legt das Schiff an Docks an, doch bei den kleineren Orten steigt man mitten im See durch eine Tür im Schiffsrumpf in kleine Landungsboote um. Das klingt zwar nach spannendem Abenteuer, kann aber nachts oder bei stürmischem Wetter nervenaufreibend sein.

Traveller, die über Sambia nach Tansania einreisen und Hilfe bei der Visabeantragung brauchen, finden einen EInreisebeamten an Bord.

Bei Redaktionsschluss sollte die MS *Liemba* umfassend renoviert werden. Deshalb ist sie zurzeit nur eingeschränkt in Betrieb; man sollte sich vor der Fahrt noch einmal genau über die Abfahrtszeiten informieren und flexibel bleiben.

### Uganda

Auf dem Victoriasee verkehren keine Passagierfähren zwischen Tansania und Uganda.

## Geführte Touren

### Deutschland, Österreich, Schweiz

**ATS African Special Tours** (www.ast-reisen.de) Erfahrener Spezialist für Touren in das südliche und östliche Afrika.

**Chamäleon Reisen** (www.concept-reisen.de) Gutes Preis-Leistungs-Verhältnis.

**Flycatcher Safaris** (www.flycat.com) Schweizer Anbieter mit Schwerpunkt Serengeti.

**Globetrotter Select** (www.globetrotter-select.com) Trekkingtouren und Badeurlaub.

**ITST Tanzania Special Tours** (www.tanzania-tours.de) Schweizer Anbieter mit Schwerpunkt Serengeti.

**Macho Porini** (www.macho-porini.com) Der Besitzer ist in Tansania aufgewachsen und bietet eine gute Beratung.

**Moja Travel** (www.moja-travel.net) Auch Safaris für Familien.

**OUTBACK AFRICA Erlebnisreisen** (www.outbackafrica.de) Organisiert auch Touren in den Süden.

**Wikinger-Reisen** (www.wikinger-reisen.de) Hat auch Trekking-Touren auf den Kilimandscharo im Programm.

# UNTERWEGS VOR ORT

## Auto & Motorrad

Wenn man nicht gerade ein eigenes Auto oder Motorrad hat und über Erfahrungen mit dem ostafrikanischen Straßenverkehr verfügt, ist das Auto als Transportmittel auf dem Festland eher untypisch. Allerdings ist es üblich, auf kurzen Strecken ein Fahrzeug über einen Tour- oder Safariveranstalter zu buchen. Nur auf Sansibar lohnt es sich, ein Motorrad zu mieten.

### Benzin & Ersatzreifen

Ein Liter Benzin oder Diesel kostet etwa 2100 TSh. In allen größeren Städten gibt es Tankstellen und Autowerkstätten. Ansonsten sind Tankstellen dünn gesät, daher jede Gelegenheit zum Tanken nutzen und Ersatzreifen mitnehmen. In abgelegenen Regionen und bei längeren Aufenthalten in den Nationalparks sind große

Reservekanister ein absolutes Muss. Selbst in Tankstellen wird dem Benzin oder Diesel manchmal Kerosin oder Wasser beigemischt – vor dem Tanken also unbedingt bei Einheimischen oder Ladenbesitzern rückfragen. Außerdem kommt es vor, dass in Werkstätten Originalteile gegen Ersatzteile schlechterer Qualität ausgetauscht werden. Eine Menge Schwierigkeiten kann man vermeiden, wenn man dem Mechaniker während der Reparatur über die Schulter schaut. Vor einer Wartung auch Kilometerstand und Tankfüllung notieren.

## Führerschein

Auf dem Festland gilt zwar auch der Führerschein des Heimatlandes, besser ist aber ein Internationaler Führerschein (IDP). Auf Sansibar ist ebenfalls der IDP plus der Führerschein des Heimatlandes erforderlich oder eine Fahrerlaubnis von Sansibar (S. 102), Kenia, Uganda oder Südafrika.

## Mietfahrzeuge

In Daressalam kostet ein normaler Wagen ab 80 US$ pro Tag; dazu kommen Benzin sowie Versicherung und Steuer ab 30 US$. Ein Geländewagen (mit Allradantrieb) schlägt pro Tag mit 100 bis 250 US$ zu Buche, plus Versicherung (30–45 US$ pro Tag), Benzin und Fahrer (20–50 US$ pro Tag). Hinzu kommen 18 % Mehrwertsteuer.

Außerhalb der Stadt ist fast überall Allradantrieb erforderlich. Die meisten Autovermieter erlauben keine Fahrten auf eigene Faust außerhalb von Daressalam und haben keine Wagen ohne Kilometerbegrenzung im Angebot – pro gefahrenen Kilometer kommen 0,50 bis 1,20 US$ zum Mietpreis dazu. Vor Vertragesabschluss nachfragen, wie die Firma im Schadensfall vorgeht.

Geländewagen (mit Allradantrieb) können in Arusha, Karatu, Mwanza, Mbeya, Sansibar-Stadt und anderen Touristenorten über Reisebüros, Tourveranstalter und Hotels gemietet werden. Die meisten Wagen werden mit Fahrer vermietet. Die durchschnittlichen Tagespreise auf dem Festland liegen zwischen 100 und 250 US$ plus Benzin; auf Sansibar muss man für ein Auto (ohne Allradantrieb) mindestens 50 US$ pro Tag plus Benzin zahlen.

Wer ein Fahrzeug mit Fahrer mieten möchte, kann sich an das in Daressalam ansässige Unternehmen **Jumanne Mastoka** (☎0659 339735, 0784 339735; mjumanne@yahoo.com) wenden.

## Straßenzustand & Gefahren

Die tansanische Regierung arbeitet fieberhaft am Ausbau des Straßennetzes; alle Hauptstraßen und viele Nebenstraßen sind inzwischen asphaltiert. Der Zustand der unbefestigten Nebenstraßen schwankt – je nach Jahreszeit – zwischen gut und unpassierbar. Für alle Fahrten außerhalb der Ortschaften ist ein geländegängiger Wagen mit Allradantrieb anzuraten.

Wer das Fahren in Ostafrika nicht gewöhnt ist, sollte besonders auf Fußgänger, Kinder und Tiere achten, die auf der Straße gehen oder unvermittelt auf die Straße rennen. Vor allem auf dem Land, wo die Menschen nicht selbst fahren, sind Bremswege und selbst minimale Sicherheitsvorkehrungen völlig unbekannt. Nachtfahrten sind keine gute Idee, und vor Kurven immer mit überholendem Gegenverkehr rechnen. Statt Warndreieck oder Warnlicht legen die Leute auf dem Land einen Ast auf die Straße und hoffen, dass niemand in den liegen gebliebenen Wagen oder ein riesiges Schlagloch kracht – oder in ein anderes Hindernis auf der Straße.

## Verkehrsregeln

In Tansania fährt man auf der linken Straßenseite (zumindest theoretisch), und wer sich im Kreisverkehr befindet, hat Vorfahrt. Die Höchstgeschwindigkeit von 80 km/h (sofern nicht anders angezeigt) wird auf einigen Strecken, etwa von Daressalam nach Arusha, regelmäßig von der Polizei mit dem Radar kontrolliert. In Tansania gilt Anschnallpflicht für Fahrer und Beifahrer. Wer bei einem Verkehrsdelikt erwischt wird, muss in der Regel 30 000 TSh zahlen.

In den Nationalparks sind Motorräder verboten. Eine Ausnahme ist die Straße von

## DIE TÜCKEN DER STRASSE

Verkehrsunfälle sind das größte Sicherheitsrisiko in Tansania, sehr häufig mit Bussen, die zu schnell fahren. Blindes Überholen oder zu schnelles Fahren sind bekannte Probleme. Viele Busse sind alt, klapprig und haben abgefahrene Bremstrommeln – und das auf kurvenreichen Straßen voller Schlaglöcher. Der Fahrer sieht das ganz anders: Er steuert sein Gefährt wie ein Rennfahrer auf schnurgerader Straße – nervenaufreibend wäre vorsichtig ausgedrückt. Die ängstlichen Wünsche von Fahrgästen, doch etwas langsamer zu fahren, werden prinzipiell ignoriert. Viele Busse tragen Sprüche wie *mungu atubariki* (Gott segne uns) oder „*In God We Trust*" – vielleicht nützt diese Bitte um Hilfe von oben wenigstens in den allerschlimmsten Situationen. Wer seine Chancen auf sicheres Ankommen verbessern möchte, sollte nur am Tag fahren und die Einheimischen nach empfehlenswerten Linien fragen. Wenn die Wahl besteht, ist ein großer Bus immer einem Minibus (schlechteste Wahl) oder einem 30-Sitzer vorzuziehen.

Daressalam nach Mbeya, die durch den Nationalpark Mikumi führt, die Straße zwischen Sumbawanga und Mpanda (im Nationalpark Katavi) sowie die Straße zwischen Bagamoyo und Pangani (im Nationalpark Saadani).

## Bus

Für viele Reisende gehören die Busfahrten in Tansania einfach dazu. Wenn man die riesigen Entfernungen berücksichtigt, sind die Preise angemessen, und viele Orte sind ohnehin nur mit dem Bus zu erreichen.

➡ Auf den Hauptstrecken kann zwischen Express- und normalen Bussen gewählt werden. Expressbusse halten seltener, sind nicht so voll und fahren fahrplanmäßig ab. Einige Busse sind mit Toilette und Klimaanlage ausgestattet – die besten sind als „Luxusbusse" gekennzeichnet. Auf den Nebenstrecken fahren nur die normalen Busse. Sie sind häufig bis zum Dach vollgestopft, halten oft an und richten sich kaum nach den Fahrplänen (wenn es überhaupt welche gibt).

➡ Busse immer im Voraus buchen, obwohl man manchmal noch einen Platz bekommt, wenn man eine Stunde vor Abfahrt am Busbahnhof aufkreuzt. Jede Buslinie hat ein eigenes Buchungsbüro, meist in der Nähe der Haltestelle.

➡ Expressbusse haben Gepäckfächer, aber man sollte sein Gepäck besser bei sich behalten und nie auf das Dach packen.

➡ Die Preise sind festgelegt, gelegentlich wird trotzdem zu viel verlangt. Tickets grundsätzlich im Buchungsbüro und niemals bei Schwarzhändlern kaufen! Es werden keine Extragebühren für Gepäck fällig (Ausnahme sind übergroße Gepäckstücke).

➡ Wer auf einer Hauptstrecke nur ein kurzes Stück mitfahren will, wird auf Wunsch vom Fahrer abgesetzt – allerdings wird dann oft der Gesamtpreis bis zur nächsten größeren Station berechnet.

➡ Auf langen Strecken schläft man entweder im Bus, der an der Straße parkt, oder in einem einfachen Gästehaus.

### Minibus & Sammeltaxis

Für kürzere Strecken abseits der Hauptrouten hat man oft die Wahl zwischen 30-Sitzern (*coastals*) und *dalla-dallas* oder Minivans von Hiace. In beiden Fällen kann das Hühner auf dem Dach, Waren unter dem Sitz und keinen Platz für die Beine bedeuten – Fahrpläne sind eher die Ausnahme. Vor allem die *dalla-dallas* laufen immer Gefahr überzuquellen. Sammeltaxis sind selten. Wie die übrigen Busse fahren auch *dalla-dallas* und Sammeltaxis ab, sobald sie voll sind – sicherheitstechnisch eine Katastrophe.

### Lastwagen

In abgelegenen Landstrichen, insbesondere in weiten Teilen des westlichen Tansanias, dienen Lastwagen als Busersatz (mit etwa denselben Fahrpreisen). Die Passagiere sitzen oder stehen auf der Ladefläche. Selbst wenn Busse verkehren, ziehen viele Fahrgäste den Laster vor.

## Fahrrad

Fahrradfahren ist in Tansania zwar nicht üblich, aber eine tolle Möglichkeit zur Erkundung des Landes. Bei der Reiseplanung sollte man auf Folgendes achten:

➡ Die asphaltierten Hauptstraßen eignen sich nicht zum Fahrradfahren; sie haben keine Seitenstreifen und die Autos fahren gefährlich schnell. Lieber die Nebenstraßen nutzen.

➡ Die Entfernungen sind groß; oft gibt es zwischen den einzelnen Dörfern keinerlei Infrastruktur. Man sollte immer im selben Ort übernachten und von dort aus Tagesausflüge unternehmen.

➡ Lebensmittel, Wasser (mindestens vier Liter), einen Wasserfilter, mindestens vier Ersatzschläuche, einen Ersatzreifen und viele Schlauchflicken mitnehmen.

➡ Die beste Zeit für eine Radreise ist die trockene, kühle Wintersaison (Juni bis August/September). In der Mittagshitze sollte man eine Pause einlegen. Immer daran denken, dass man pro Tag nicht so weite Strecken schafft wie im kühleren Nord-/Mitteleuropa.

➡ Außerdem sollte man auf vorbeifahrende Kraftfahrzeuge achten (ein kleiner Rückspiegel ist hilfreich), ein Zelt zum Übernachten mitnehmen und mit Reifenpannen (durch Dornenbäume) rechnen. In Nationalparks und Wildschutzgebieten ist Fahrradfahren verboten.

➡ Theoretisch kann man Fahrräder auch in Bussen und Minibussen mitnehmen, obwohl viele Fahrer das nicht gern sehen. Wer mit dem Expressbus fahren will, muss bei der Buchung Bescheid sagen, dass das Rad im Laderaum verstaut werden soll. Fähren transportieren Fahrräder kostenlos, obwohl man vorher vielleicht etwas verhandeln muss.

Wir empfehlen folgende Unternehmen:

**Afriroots** (☎0787 459887, 0713 652642, 0732 926350; www.afriroots.co.tz; Touren durch Daressalam 40–50 US$ p. P.) Preiswerte Radtouren in Daressalam, Südtansania und den Usambara-Bergen.

**Arusha Bicycle Center** (ABC; ☎0767 520790; http://arushabicyclecenter.strikingly.com/; ⏱Di & Do–Sa 9–16.30, Mi 12–18 Uhr) 🍃 Vermietung und Verkauf hochwertiger Fahrräder.

**Bluebikes Zanzibar** (www.bluebikeszanzibar.com; Fahrrad 15/75 US$ pro Tag/Woche) Fahrradtouren auf Sansibar in Stone Town und Umgebung.

**Cycling Association of Tanzania** (http://cyclingtanzania.or.tz) Infos zu lokalen Fahrradevents.

**Nungwi Cycling Adventures** (☎0777 560352, 0778 677662; www.zanzibarcyclingadventures.com; 25–40 US$ p. P.) Radtouren zu den Dörfern bei Nungwi auf Sansibar.

**Summit Expeditions & Nomadic Experience** (☎0787 740282; www.nomadicexperience.com) Fahrradexkursionen zu den unteren Berghängen des Kilimandscharo sowie mehrtägige Touren durch die Usambara-Berge.

**Summits Africa** (☎0784 522090; www.summits-africa.com) Mehrtägige Fahrradsafaris mit Komplettausrüstung sowie kombinierte Fahrrad-Safari-Trips in Nordtansania.

**Wayo Africa** (Green Footprint Adventures; ☎0784 203000, 0783 141119; www.wayoafrica.com) Exklusive Fahrradtouren in der Umgebung von Arusha und des Manyarasees.

# Flugzeug

## Fluglinien in Tansania

Beispielpreise für einfache Flüge: Daressalam–Mbeya ab 200 000 TSh; Daressalam–Mwanza ab 180 000 TSh; Daressalam–Kigoma ca. 400 000 TSh; Daressalam–Arusha oder Kilimanjaro International Airport (KIA) 200 000–600 000 TSh. Flüge immer rückbestätigen lassen!

**Air Tanzania** (☎0782 737730, 0782 782732; www.airtanzania.co.tz) Vom KIA nach Daressalam und Sansibar sowie von Daressalam nach Mtwara, Tabora, Kigoma, Mbeya, Mwanza und Bukoba.

**Air Excel** (☎027-297 0248; www.airexcelonline.com) Arusha, Nationalpark Serengeti, Nationalpark Lake Manyara, Daressalam, Sansibar.

**Auric Air** (☎0783 233334; www.auricair.com) Bukoba, Mwanza, Sansibar, Daressalam, Iringa und weitere Städte sowie die Nationalparks Katavi und Rubondo Island.

**Coastal Aviation** (☎022-284 2700, 0713 325673; www.coastal.co.tz; Julius Nyerere International Airport, Daressalam, Terminal 1) Fliegt viele Nationalparks und größere Städte an, darunter Arusha, Daressalam, Dodoma, Kilwa Masoko, Nationalpark Lake Manyara, Mafia, Mwanza, Pemba, Nationalpark Ruaha, Nationalpark Rubondo Island, Nationalpark Saadani, Wildreservat Selous, Nationalpark Serengeti, Tanga, Nationalpark Tarangire und Sansibar.

**Fastjet** (☎0784 108900; www.fastjet.com) Von Daressalam nach Kilimandscharo, Sansibar, Mbeya und Mwanza.

**Flightlink** (☎0782 354450, 0782 354448; www.flightlink.co.tz; Julius Nyerere International Airport, Daressalam, Terminal 1) Flüge zwischen Daressalam und dem Sansibar-Archipel, dem Wildreservat Selous, Dodoma, Iringa, dem Nationalpark Serengeti und dem Nationalpark Lake Manyara.

**Precision Air** (☎022-219 1000, 0787 888417; www.precisionairtz.com) Fliegt von Daressalam in viele größere Städte wie Kilimandscharo, Mtwara, Mwanza und Sansibar.

**Regional Air Services** (☎0754 285754, 0784 285753; www.regionaltanzania.com; Dodoma Rd, Arusha) Arusha, Daressalam, Kilimandscharo, Nationalpark Lake Manyara, Ndutu, Nationalpark Serengeti und Sansibar.

**Safari Airlink** (☎0783 397235, 0777 723274; www.flysal.com; Julius Nyerere International Airport, Daressalam, Terminal 1) Daressalam, Arusha, Nationalpark Katavi, Nationalpark Mahale Mountains, Pangani, Nationalpark Ruaha, Wildreservat Selous und Sansibar.

**Tropical Air** (☎024-223 2511, 0777 431431; www.tropicalair.co.tz) Fliegt von Daressalam nach Sansibar, Mbeya, Pemba, Mafia und Arusha.

**ZanAir** (☎024-223 3670, 024-223 3768; www.zanair.com) Flugverbindungen zwischen Arusha, Daressalam, Pemba, Nationalpark Saadani, Wildreservat Selous und Sansibar.

**Zantas Air** (☎0688 434343; www.zantasair.com) Charterflüge von Arusha zum Nationalpark Katavi, Nationalpark Mahale Mountains und nach Kigoma.

# Öffentliche Verkehrsmittel

## Dalla-dalla

Der öffentliche Nahverkehr wird von *dalla-dallas*, in ländlichen Regionen auch von Pickup-Trucks oder alten Geländewagen geleistet. Die Preise sind niedrig und festgelegt – in der Stadt bis 400 TSh. Die Fahrzeuge halten oft an und sind gewöhnlich überfüllt. Vor allem Minibusse sind immer wieder in Unfälle verwickelt, weil sich die Fahrer vor der nächsten Haltestelle Rennen um Passagiere liefern. Das Ziel steht auf einem Schild auf der Windschutzscheibe, oder der Schaffner – er kassiert auch den Fahrpreis – ruft es aus. Reisende mit großem Rucksack sollten zweimal überlegen, ehe sie in ein *dalla-dalla* einsteigen: Sie sind vor allem in der Rushhour so voll, dass der Rucksack die anderen Fahrgäste beeinträchtigt.

## Taxi

Taxis auf dem Festland haben ein weißes Schild, auf Sansibar ist *gari la abiria* (Auto für Passagiere) darauf geschrieben. Sie stehen in allen größeren Städten bereit. Es gibt keine Taxameter, der Preis muss unbedingt vorher mit dem Fahrer ausgehandelt werden. Kurze Trips in der Stadt beginnen bei 2000 TSh (5000 TSh in Daressalam). In größeren Städten haben die Fahrer eine „offizielle" Preisliste, doch die darauf verzeichneten Preise sind deutlich höher als das, was verlangt wird. Wer unsicher ist, sollte einen Einheimischen nach dem Preis fragen, um eine Verhandlungsbasis zu haben. Längere Touren außerhalb der Stadt richten sich nach Entfernung, Benzinkosten, Straßenzustand und einer fairen Verdienstspanne für

### REISEN MIT EINER DAU

Für abenteuerlustige Reisende verkörpern diese alten Schiffe mit ihren geblähten Segeln und der schnittigen Form ein Symbol Ostafrikas. Daus sehen zwar romantisch aus, die Realität ist aber oft anders. Statt eine lange Reise zu riskieren, sollte lieber eine kurze Tour in den Sonnenuntergang gebucht werden. Meist kennt das Personal der Küstenhotels zuverlässige Kapitäne. Wer sich vor Ort für eine Dau entscheidet, sollte Folgendes bedenken:

➡ Die Bedingungen können rau werden. An Bord gibt es keine sanitären Einrichtungen, allenfalls ein Toilettenhäuschen am Heck. Da die Boote von den Gezeiten und dem Wind abhängig sind, legen sie häufig bereits vor Sonnenaufgang ab.

➡ Viele Reisen dauern länger als erwartet – einen ausreichenden Vorrat an Wasser und Essen mitnehmen.

➡ Ohne Sonnenschutzcreme, Hut und Kleidung geht gar nichts; dazu eine wasserdichte Hülle für das Gepäck und einen Regenmantel.

➡ Jedes Jahr kentern Boote, und Menschen kommen ums Leben. Niemals in überladene Boote oder bei schlechtem Wetter einsteigen.

➡ Fahrten mit der Hauptwindrichtung sind relativ sicher: von Juli bis September von Süden nach Norden; von November bis Ende Februar von Norden nach Süden.

Was europäische Reisende Dau nennen, heißt bei den Tansaniern *jahazi* oder *mashua*. Ein *jahazi* ist ein großes Boot mit lateinischem Segel; ein *mashua* ist kleiner und häufig mit relativ breitem Rumpf und einem Motor. Eine Dau hat eine schräge Heck- und Buglinie. Auf Seen und den Gewässern des Inlandes sind *mtumbwi* (Einbaum) üblich. An der Küste, insbesondere an den Stränden im Osten Sansibars, verkehren *ngalawa* (Auslegerkanus).

den Fahrer. Nur die Taxis, die an größeren Hotels oder einem offiziellen Taxistand warten, sind empfehlenswert. Man sollte kein Taxi auf der Straße anhalten und nie zusteigen, wenn ein „Freund" des Fahrers oder ein anderer Fahrgast mitfährt.

## Schiff/Fähre

### Dau

Wichtige Routen verbinden Sansibar und Pemba mit Daressalam, Tanga, Bagamoyo und Mombasa; Kilwa Kivinje, Lindi, Mikindani, Mtwara und Msimbati mit anderen Küstenstädten und Mafia mit dem Festland. Offiziell dürfen Touristen weder auf nicht-motorisierten Daus noch auf der Route zwischen Sansibar und dem Festland mitfahren; wird ein Kapitän erwischt, muss er Strafe bezahlen. Auch besteht ein Sicherheitsrisiko. Stattdessen sollte man Chartertouren bei den Hotels an der Küste (viele haben eigene Daus) oder bei **Safari Blue** (☎0777 423162; www.safariblue.net; Fumba; Erw./Kind 65/35 US$) buchen.

### Fähre

Auf dem Victoria-, Tanganjika- und Nyasasee (Njassasee) sind Fähren unterwegs, obwohl der Fährdienst auf dem Nyasasee Ende 2017 vorübergehend eingestellt wurde. Auch zwischen Daressalam, Sansibar und Pemba sowie zwischen Pemba und Tanga verkehren Fähren. Bei jeder Ausfahrt werden 5 US$ Hafengebühr fällig.

Für alle Reisen mit Fähren gilt: Nur bei gutem Wetter fahren, nicht in überladene Boote einsteigen und rechtzeitig an Deck nach einer Schwimmweste suchen.

#### VICTORIASEE

Zwischen Mwanza und der Insel Ukerewe verkehrt täglich eine Fähre, die die tansanischen Häfen mit dem Victoriasee verbindet. Zur Zeit der Recherchen war die MS *Victoria*, die von Mwanza nach Bukoba fuhr, nicht mehr in Betrieb. Seit Januar 2018 bedient die kleinere MS *Bluebird* die Route Mwanza–Bukoba.

#### NYASASEE (NJASSASEE)

Vor Redaktionsschluss verkehrten auf der tansanischen Seite des Nyasasees keine Passagierfähren. Im Juli 2017 nahmen zwei neue Frachtfähren – die MS *Njombe* und die MS *Ruvuma* – ihren Dienst auf; eine Passagierfähre wird gerade gebaut. Bis das neue Schiff fertiggestellt ist, muss man auf dem Landweg reisen. Wenn die neue Fähre (hoffentlich) ihren Dienst aufnimmt, kann man sich an folgenden Fahrplänen/Preisen orientieren: Die alte Fähre MS *Songea legte donnerstags 12 Uhr vom Hafen* Itungi ab und fuhr die Küste hinunter über Matema, Lupingu, Manda, Lundu, Mango und Liuli nach Mbamba Bay (18–24 Std. für die Strecke Itungi–Mbamba Bay). Die Rückfahrt erfolgte sonntags von Mbamba Bay über Matema zum Hafen Itungi (1. Klasse/Economy-Klasse 25 000/16 000 TSh für die Strecke Matema–Mbamba Bay). Infos zum aktuellen Stand erhält man in Kyela oder in den Hotels in Matema.

## Trampen

Trampen in Tansania läuft nicht gut. In Nationalparks ist Trampen verboten und in der Umgebung der Parks auch ziemlich sinnlos. In abgelegenen Gegenden hält niemand an, außer hier und da ein freundlicher Lastwagenfahrer. Er erwartet eine Bezahlung, die so viel (oder etwas weniger) ist wie der Preis für ein Busticket – der Platz vorne kostet doppelt so viel wie ein Platz zwischen der Ladung. Um ein Auto anzuhalten, die Hand etwa hüfthoch halten (Handfläche nach unten) und auf und ab bewegen.

Gelegentlich halten ausländische Arbeiter oder wohlhabende Tansanier an. Sie erwarten keine Bezahlung, freuen sich auf längeren Strecken aber über einen Beitrag zum Benzin.

Trampen ist nirgendwo auf der Welt wirklich sicher und auch in Tansania nicht empfehlenswert. Jeder Tramper sollte sich darüber im Klaren sein, dass er ein Risiko eingeht. Wenn schon Trampen, dann unbedingt zu zweit – vorab sollte jemand über das Ziel informiert werden.

## Zug

Reisende mit viel Zeit können vom Zug aus die schöne Landschaft genießen und zugleich Einblick in das Alltagsleben der Menschen bekommen. Es gibt zwei Linien: **Tazara** (www.tazarasite.com) verbindet Daressalam mit New Kapiri Mposhi in Sambia über Mbeya und Tunduma. Die **Tanzania Railways Limited Central Line** (☎022-211 6213, 0754 460907; www.trl.co.tz; Ecke Railway St & Sokoine Dr, Daressalam) verbindet Daressalam mit Kigoma und Mwanza via Tabora. Eine Nebenstrecke der Central Line verkehrt zwischen Tabora und Mpanda. Tazara betreibt den Udzungwa-Shuttlezug, der zweimal wöchentlich zwischen der Region Kilombero/Udzungwa und Makambako verkehrt.

Im Allgemeinen ist Tazara bequemer und zuverlässiger als Central Line, aber beide Linien werden gerade modernisiert und haben sich schon erheblich verbessert. Central Line bietet jetzt einen komfortablen Luxuszug, der einmal wöchentlich verkehrt. Auf längeren Strecken sollte man sich Essen und Getränke mitbringen, um die einfachen Mahlzeiten zu ergänzen, die in beiden Linien erhältlich sind.

### Klassen

Die Tazara verfügt über vier Klassen: 1. Klasse mit 4-Bett-Abteilen, 2. Klasse (6-Bett-Abteile), 2. Klasse mit Sitzen (auch *super seater* genannt) und eine meist überfüllte Economy-Klasse (3. Klasse) mit Bänken. In den Schlafabteilen dürfen Männer und Frauen nur zusammen schlafen, wenn sie das ganze Abteil buchen. Nachts muss man das Fenster mit einem Stock sichern, und das Gepäck darf keinen Moment aus den Augen gelassen werden. Die Central Line bietet 1. Klasse (4-Bett-Abteile), 2. Klasse (6-Bett-Abteile) und Economy-Klasse. Central Line bietet auch einen Luxuszug (der Mitte 2017 vorübergehend eingestellt wurde).

### Reservierungen

Tickets für die 1. und 2. Klasse sollte man einige Tage im Voraus buchen, obwohl gelegentlich am Reisetag noch ein Sitz frei ist. Tickets für die Economy-Klasse kauft man direkt am Abreisetag.

#### TAZARA

Die Tazara-Züge von Mbeya nach Daressalam fahren mittwochs um 14.30 Uhr (Expresszug) und samstags um 20.20 Uhr (normaler Zug) ab. Die Reisezeit für die Strecke Mbeya-Daressalam beträgt bei den Expresszügen 21, bei den normalen Zügen 26 Stunden. Die Expressverbindung kostet von Daressalam und Mbeya 47 200/39 200/36 300/33 300 TSh für die 1. Klasse Schlafwagen/2. Klasse Schlafwagen/Super-Seater-/Economy-Klasse (normale Züge sind etwas günstiger). Für die Schlafwagen wird Bettwäsche gestellt.

Zweimal wöchentlich verkehrt ein Udzungwa-Shuttlezug (nur Economy-Klasse), der Kilombero (Mkamba) und Mang'ula (Sitz der Hauptverwaltung des Nationalparks Udzungwa) mit Makambako im Südlichen Hochland verbindet. Er fährt sonntags und donnerstags jeweils um 17.30 Uhr in Mang'ula ab. Die Rückfahrt ab Makambako erfolgt montags und freitags jeweils um 19.30 Uhr. Die Zugfahrt von Mang'ula nach Makambako dauert elf Stunden und kostet 11 800 TSh.

#### CENTRAL LINE

Die **Central Line** nach Kigoma (1. Klasse Schlafwagen/2. Klasse Schlafwagen/Economy-Klasse 75 700/55 400/27 700 TSh, ca. 40 Std.) und Mwanza (74 800/54 700/27 200 TSh, ca. 40 Std.) verlässt Daressalam jeden Dienstag, Freitag und Sonntag um 21 Uhr. In Kigoma und Mwanza starten die Züge Dienstag, Donnerstag und Sonntag um 21 Uhr. Es gibt auch einen wöchentlichen Expresszug zwischen Daressalam und Kigoma (1. Klasse Schlafwagen/2. Klasse, nur Sitzbereiche/Economy-Kl. 79 400/47 600/35 700 TSh, ca. 34 Std.), der donnerstags um 8 Uhr in Daressalam abfährt; die Rückfahrt ab Kigoma erfolgt samstags um 8 Uhr. Der Zugbetrieb wurde Mitte 2017 jedoch vorübergehend eingestellt. In den Schlafwagen gibt es nur Matratzen (keine Bettwäsche).

Züge zwischen Tabora und Mpanda (nur Economy-Kl., 17 800 TSh, ca. 12 Std.) fahren immer montags, mittwochs und samstags um 12.30 Uhr in Tabora sowie dienstags, donnerstags und sonntags 20 Uhr in Mpanda ab.

Die Abfahrtszeiten ändern sich häufig und sollten vor der Reise noch einmal überprüft werden.

# Gesundheit

Wer seinen Impfschutz rechtzeitig erneuert und ein paar grundlegende Vorsichtsmaßregeln einhält, dürfte von den meisten Problemen verschont bleiben. Tansania „glänzt" zwar mit einer beeindruckenden Liste von Tropenkrankheiten, doch Durchfall oder Erkältung sind viel wahrscheinlicher als exotische Krankheiten. Die einzige wirkliche Bedrohung – fast überall im Land – ist die Malaria. Das Ansteckungsrisiko reduziert sich bereits, wenn man nur tagsüber reist, mit Bussen oder Privatfahrzeugen fährt und *dalla-dallas* meidet.

## VOR DER REISE

- Vor der Reise sollte man sich vom Hausarzt und Zahnarzt durchchecken und sich über chronische Krankheiten (hoher Blutdruck, Asthma usw.) sowie regelmäßige Medikamenteneinnahme informieren lassen.
- Zur Vorbereitung gehören Ersatz für Kontaktlinsen und Brillengläser.
- Auch eine Reiseapotheke mit Medikamenten sowie die erforderlichen Schutzimpfungen sind notwendig.
- Jeder Reisende kann Mitglied bei der International Association for Medical Advice to Travellers (www.iamat.org) werden, die Listen mit angeschlossenen Ärzten veröffentlicht.
- Wer sich in abgelegenen Gebieten aufhalten will, sollte zuvor an einem Erste-Hilfe-Kurs teilnehmen (das Rote Kreuz hilft weiter).
- Ins Land dürfen nur Medikamente in den Originalpackungen (beschriftet) eingeführt werden.
- Vor allem Spritzen und Injektionsnadeln müssen durch eine ärztliche Bestätigung als medizinisch gekennzeichnet sein.

### Versicherung

Vor der Abreise muss geklärt werden, ob die Krankenversicherung alle (bzw. welche) Zahlungen direkt übernimmt oder ob Vorkasse geleistet werden muss. Die meisten Ärzte in Tansania erwarten eine sofortige Zahlung in Bargeld.

Bezahlt die Krankenversicherung (Reisekrankenversicherung) einen medizinisch notwendigen Transport nach Nairobi (Kenia)? Übernimmt sie sogar die Rückführung bis ins Heimatland – bei Bedarf mit medizinischer Begleitung? Es kann sich durchaus lohnen, kurzfristig Mitglied der African Medical & Research Foundation's Flying Doctors (www.flydoc.

### EMPFOHLENE IMPFUNGEN

Unabhängig vom Ziel empfiehlt die Weltgesundheitsorganisation (www.who.int/en) allen Reisenden die folgenden Schutzimpfungen:

- Diphtherie
- Tetanus
- Masern
- Mumps
- Röteln
- Kinderlähmung (Polio)
- Hepatitis B

Speziell für Tansania empfiehlt das Center for Disease Control and Prevention (www.cdc.gov) auch die folgenden Schutzimpfungen:

- Hepatitis A
- Tollwut
- Typhus
- Auffrischungsimpfungen gegen Tetanus, Diphtherie und Masern

Bei der Einreise wird keine Bescheinigung über Gelbfieberimpfungen verlangt, doch wer aus einer Region mit Gelbfieber kommt, sollte sie bei sich führen. Vor der Reise mit dem Arzt sprechen.

org) oder der First Air Responder (www.knightsupport.com/first-air-responder/) zu werden.

## Medizinische Checkliste

Die Reiseapotheke sollte folgende Medikamente enthalten, die bei kleineren Erkrankungen oder Verletzungen hilfreich sind:

- Paracetamol oder Aspirin
- Klebestreifen, Bandagen, Mullbinden und -auflagen, Pflaster
- Antibakterielle Salbe gegen Schnitt- und Schürfwunden
- Antibiotikum wie beispielsweise Ciprofloxacin oder Norfloxacin
- Mittel gegen Durchfall (z. B. Loperamid)
- Antihistaminika (bei allergischen Reaktionen)
- Entzündungshemmende Mittel (z. B. Ibuprofen)
- Anti-Malaria-Mittel
- Insektenschutzmittel zum Einreiben (mit DEET)
- (Digitales) Thermometer
- Salze zur Rehydrierung (zum Einnehmen)
- Insektenschutzmittel mit Permethrin, als Spray für Kleidung, Zelte, Moskitonetze
- Taschenmesser
- Schere, Sicherheitsnadeln, Pinzette
- Malaria-Schnelltest, um Malariaerreger in einem Blutstropfen zu bestimmen
- Sterile Kanülen, Spritzen und Flüssigkeit, bei Reisen in abgelegene Gegenden
- Sonnenschutzcreme (Lichtschutzfaktor 30+)
- Wasserreinigungstabletten

## Infos im Internet

Allgemeine Informationen:

- Fit for Travel (www.fitfortravel.nhs.uk)
- *International Travel and Health* (www.who.int/ith) – kostenlose online-Publikation der Weltgesundheitsorganisation.
- Lonely Planet (www.lonelyplanet.com)
- Auf Deutsch gibt's Informationen auf der Seite www.travelmed.de.

## Noch mehr Lektüre

- *Wo es keinen Arzt gibt* von David Werner (2012)
- *Gesund reisen, gesund heimkommen* von Britta Hermle-Geibel (2000)
- *Healthy Travel Africa* von Isabelle Young und Tony Gherardin (2008)
- *How to Stay Healthy Abroad* von Richard Dawood (2002)
- *Travel with Children* von Cathy Lanigan (2004)

# IN TANSANIA

## Medizinische Versorgung & Kosten

Gute medizinische Versorgung bietet nur Daressalam. Aber auch in Arusha und einigen Missionskrankenhäusern gibt es akzeptable bis gute Ärzte. Bei wirklich ernsten Erkrankungen ist eine Überführung nach Nairobi (Kenia) erforderlich. Hier landen alle medizinischen Notfälle aus Tansania, oder sie werden ins Heimatland geflogen. Wer die Wahl hat, sollte unbedingt versuchen, ein privates oder Missionskrankenhaus aufzusuchen – sie sind besser als die staatlichen Einrichtungen. Wer in fremder Umgebung krank wird, für den sind im Land lebende Ausländer oder das Personal der Luxushotels die besten Ansprechpartner auf der Suche nach einem guten Krankenhaus. Im Notfall steht auch die Botschaft zur Verfügung. In jeder Stadt gibt es mindestens eine Klinik, um einen preiswerten Malariatest zu machen und erste Maßnahmen zu ergreifen.

Die Apotheken in den größeren Städten haben gewöhnlich die wichtigsten Mittel auf Lager; ein Rezept wird selten verlangt. Allerdings könnten die Verfallsdaten überschritten sein. Obwohl die größeren Orte auch Antimalariamittel vorrätig haben, sollten die entsprechenden Medikamente sowie Mittel gegen chronische Krankheiten besser von zu Hause mitgebracht werden. Manche der in Tansania verkauften Arzneimittel sind unwirksam: Sie wurden gefälscht (besonders Malariatabletten und Antibiotika) oder falsch gelagert. Kondome sind nicht überall erhältlich und keineswegs sicher – auch das kann sowohl an der Qualität wie an der falschen Lagerung liegen.

In Tansania besteht ein großes Risiko, bei Bluttransfusionen mit dem HI-Virus infiziert zu werden. Die BloodCare Foundation (www.bloodcare.org.uk) liefert sichere Blutkonserven; sie beliefert jeden Ort auf der Welt innerhalb von 24 Stunden.

## Infektionskrankheiten

In Tansania grassieren folgende Infektionskrankheiten. Mit gezielter Vorbeugung ist die Gefahr der Ansteckung allerdings äußerst gering.

### Cholera

Cholera bricht typischerweise nach großen Katastrophen – Kriege, Überschwemmungen, Erdbeben –, aber auch spontan aus. Reisende werden selten mit Cholera infiziert. Sie wird von Bakterien verursacht, die sich in verseuchtem Trinkwasser ausbreiten. Das wichtigste Symptom ist starker, wässriger Durchfall. Wenn der Flüssigkeitsverlust nicht rasch wieder ausgeglichen wird, trocknet der Körper aus und wird schwächer. Der Impfstoff aus den USA ist nur teilweise wirksam. Wer auf sauberes Trinkwasser und Essen achtet, bekommt keine Probleme mit Cholera. Als Therapie wird die Körperflüssigkeit ergänzt (oral oder über einen Tropf), manchmal sind auch Antibiotika nötig. Keine Selbstmedikation!

## Dengue-Fieber

In Tansania, vor allem in Daressalam, brechen immer wieder Miniepidemien dieser durch Mücken übertragenen Krankheit aus. Zu den Symptomen zählen hohes Fieber sowie schwere Kopf- und Körperschmerzen (Dengue war lange Zeit auch als Knochenbrecherfieber bekannt). Bei einigen Betroffenen kommt es zu Hautausschlag und Durchfall. Es gibt keinen Impfstoff, man kann nur Vorbeugung leisten. Die das Dengue-Fieber übertragende Mücke *Aedes aegypti* ist Tag und Nacht aktiv, deshalb sollte man den ganzen Tag über immer wieder Insektenschutzmittel mit DEET verwenden. Wer glaubt, sich angesteckt zu haben, muss unbedingt einen Arzt aufsuchen und sich überwachen lassen (in Daressalam kann man sich auf Dengue-Fieber testen lassen). Es gibt keine spezielle Behandlung: Erkrankte sollten sich ausruhen und Paracetamol einnehmen – kein Aspirin, denn das verstärkt das Risiko für Blutungen. Schweres Dengue-Fieber kann tödlich enden.

## Diphtherie

Diphtherie wird über Tröpfcheninfektion verbreitet. Der Körper reagiert mit Fieber und starker Halsentzündung. Wenn sich eine Pseudomembran bildet, muss ein Luftröhrenschnitt gemacht werden, um Erstickung zu verhindern. Eine Impfung ist empfehlenswert, wenn die Reise ein mit Diphtherie infiziertes Gebiet berührt. Die Gefahr ist bei Kurzreisen deutlich geringer als bei längerem Aufenthalt. Der Impfstoff wird als Injektion gegeben, oft zusammen mit Tetanus, und behält seine Wirkung zehn Jahre lang. Keine Selbstmedikation!

## Filariose

Die Filariose wird von winzigen Würmern verursacht, die ins Lymphsystem einwandern; verbreitet über Mückenstiche. Typische Symptome sind juckende, anschwellende Beine und/oder Genitalien. Eine Behandlung ist möglich. Keine Selbstmedikation!

## Gelbfieber

Tansania und Sansibar verlangen von Touristen nur dann einen Impfpass gegen Gelbfieber, wenn sie aus Ländern mit grassierendem Gelbfieber (wie Kenia) einreisen. In einigen Nachbarländern, etwa Burundi und Uganda, ist die Impfung Pflicht. Gelbfieber wird von Mücken übertragen. Die Symptome reichen von einer grippeartigen Erkrankung über ernste Hepatitis (Leberentzündung) und Gelbsucht bis hin zum Tod. Die Impfung muss von einer spezialisierten Klinik ausgeführt werden und schützt ein Leben lang. Der Impfstoff besteht aus einer lebenden Kultur und kann nicht während der Schwangerschaft oder bei Immunschwäche verabreicht werden. Keine Selbstmedikation!

## Hepatitis A

Hepatitis A wird über kontaminierte Lebensmittel (insbesondere Muscheln) und Wasser übertragen. Der Patient leidet an Gelbsucht, und obwohl die Krankheit selten tödlich endet, führt sie zu längerer Lethargie. Der Heilungsprozess dauert lange. Nach einem Befall mit Hepatitis A darf sechs Monate lang kein Alkohol getrunken werden; Spätfolgen sind nicht zu befürchten. Frühe Symptome sind dunkler Urin und gelb verfärbte Augen, manchmal gesellen sich Fieber und Bauchschmerzen dazu. Die Impfung gegen Hepatitis A (Avaxim, VAQTA, Havrix) wird als Injektion ausgeführt: Eine Impfung ist bis zu einem Jahr wirksam, nach einer Auffrischung hält der Schutz zehn Jahre an. Die Impfung gegen Hepatitis A und Typhus kann mit einem Kombi-Impfstoff (Hepatyrix oder Viatim) durchgeführt werden. Keine Selbstmedikation!

## Hepatitis B

Hepatitis B wird über Geschlechtsverkehr, infiziertes Blut und kontaminierte Spritzen übertragen. Mütter können die Krankheit bei der Geburt an die Babys weitergeben. Sie befällt die Leber, ruft Gelbsucht und manchmal Leberversagen hervor. Während sich die meisten Menschen wieder erholen, bleiben andere Träger des Virus und leiden an Leberzirrhose oder -krebs. Wer sich längere Zeit in einem Risikogebiet aufhält oder zu einer sozialen oder beruflichen Risikogruppe (medizinisches Personal) gehört, sollte sich impfen lassen. Die Impfung kann mit der Hepatitis-A-Impfung verabreicht werden.

Sie bietet Schutz für fünf Jahre und wird über einen Zeitraum von vier Wochen oder sechs Monaten gegeben. Keine Selbstmedikation!

## HIV

Das HI-Virus (HIV) führt letztlich zu AIDS – ein ernstes Problem in Tansania. Die Infektionsrate liegt bei durchschnittlich 4,7 %, in einigen Gegenden sogar deutlich höher. Das Virus wird über infiziertes Blut und Blutprodukte sowie den Sexualkontakt oder während der Geburt oder beim Stillen von Mutter zu Kind übertragen. Die Ausbreitung ist auch bei Blut-zu-Blut-Kontakt über medizinische Instrumente beim Arzt, Zahnarzt, bei der Akupunktur oder beim Piercing möglich. Drogensüchtige, die dasselbe Besteck benutzen, sind stark gefährdet. Heilung ist nicht möglich, die Medikamente halten die Krankheit aber unter Kontrolle. Doch Medikamente sind für viele Tansanier viel zu teuer oder nicht erhältlich. Bei Verdacht auf eine Infektion ist ein Bluttest möglich, die Antikörper tauchen aber erst drei Monate nach der Infektion im Blut auf. Keine Selbstmedikation!

## Malaria

Malaria ist in fast ganz Tansania verbreitet und eine der häufigsten Krankheiten (Ausnahmen sind Höhenlagen über 2000 m, wo das Infektionsrisiko sehr gering ist, sowie die Insel Sansibar, wo die Krankheit ausgerottet wurde). In der Regenzeit ist die Infektionsrate höher, doch das Risiko besteht während des ganzen Jahres, sodass jeder Tourist, selbst bei kurzen Reisen, vorbeugende Maßnahmen ergreifen sollte.

Malaria wird von einem Blutparasiten verursacht, der von der weiblichen Anopheles-Mücke übertragen wird. Es gibt mehrere Formen – *Plasmodium malariae* ist die gefährlichste und in Tansania besonders verbreitete Art. Im Unterschied zu anderen Tropenkrankheiten gibt es (noch) keinen wirksamen Impfschutz gegen Malaria. Immerhin stehen mehrere vorbeugende Medikamente zur Verfügung. Vor der Reise sollte man sich von seinem Hausarzt beraten lassen, der ggf. auch an eine Spezialpraxis verweisen kann. Es gibt je nach Patient unterschiedlich wirksame Präparate. Der Parasit verändert sich kontinuierlich und mit ihm die jeweils wirksamste Behandlungsweise.

### SYMPTOME

Im Frühstadium äußert sich Malaria als Kopfschmerz, Fieber, unspezifischer Schmerz und Übelkeit – alles erinnert an eine Grippe. Weitere Symptome sind Bauchschmerzen, Durchfall und Husten. Jeder, der eine oder bis zwei Wochen nach dem Urlaub in Tansania Fieber bekommt, sollte so lange von Malaria ausgehen, bis sich der Bluttest als negativ erweist; selbst wenn man vorbeugende Medikamente genommen hat. Wird die Krankheit nicht behandelt, entwickelt sich innerhalb von 24 Stunden das nächste Stadium, insbesondere bei *Plasmodium malariae*: Gelbsucht, Dämmerzustand bis Koma (zerebrale Malaria). Der Patient muss sofort ein Krankenhaus aufsuchen, doch selbst in den besten Einrichtungen liegt die Sterberate bei 10 %.

### NEBENWIRKUNGEN & RISIKEN

Leider denken viele Reisende, Malaria sei eine leichte Krankheit, die einfach und wirkungsvoll zu behandeln sei. Sie glauben, dass die Nebenwirkungen der vorbeugenden Medikamente schlimmer seien als die Krankheit selbst. Das ist nicht wahr! Welche Nebenwirkungen tatsächlich auftreten, richtet sich nach den Medikamenten. Doxycyclin verursacht Sodbrennen und Magenverstimmung; Mefloquin (Larium) kann Angstattacken, Schlaflosigkeit und Albträume sowie (selten) psychische Probleme hervorrufen; Chloroquin kann zu Übelkeit und Haarausfall führen und Proguanil Geschwüre im Mund hervorrufen. Allerdings treten die Nebenwirkungen nicht allgemein auf und lassen sich bei korrekter Einnahme des Medikamentes (mit dem Essen) reduzieren. Nicht alle Patienten reagieren gleich auf ein bestimmtes Medikament. So dürfen Epileptiker kein Mefloquin und schwangere Frauen und Kinder unter 12 Jahren kein Doxycyclin einnehmen.

Wer bewusst auf vorbeugende Medikamente verzichtet, muss sich über die Risiken im Klaren sein und um jeden Preis Mückenstiche vermeiden. Das geht nur mit Moskitonetzen und Insekten abwehrenden Mitteln. Bei jedem Anzeichen von Fieber muss sofort ein Arzt aufgesucht werden. Schwangere Frauen, die von Malaria befallen werden, riskieren Fehlgeburten oder frühzeitige Wehen – das Risiko für Mutter und Kind ist beträchtlich. Daher sollten sich Schwangere lieber zweimal überlegen, ob sie nach Tansania reisen möchten.

### NOTFALLTHERAPIE

Wer sich nicht in einer größeren Stadt, sondern in einer abgelegenen Landschaft aufhält, muss zur Notfalltherapie greifen: mit dem Arzt absprechen, ob und welche Medikamente mitgenommen werden sollen und die genaue Dosis notieren. Allerdings ist eine derartige Selbstmedikation wirklich nur in äußersten Notfällen anzuraten – keinesfalls als routinemäßige Absicherung. Sie kommt nur in Frage, wenn in der Tat kein Krankenhaus in der Nähe ist und wenn man genau über die Symptome und die Anwendung der Medikamente aufgeklärt wurde (schriftliche Anwendungsvorschriften mitnehmen). Sobald man wieder in bewohnte Regionen kommt, muss ein Arzt aufgesucht werden, der überprüft, ob die Sofortmaßnahmen wirksam waren. Das gilt vor allem für den kritischen Fall der zerebralen Malaria, die innerhalb von 24 Stunden tödlich sein kann. Europäische Apotheken haben Selbsttests, die mit einem Bluttropfen aus der Fingerkuppe arbeiten; es lohnt sich, sie mitzunehmen.

## Meningokokken-Meningitis

Meningokokken werden durch Tröpfcheninfektion übertragen – gefährlich sind dichte Menschenansammlungen wie größere Schlafräume, Busse und Clubs. Die Krankheit kommt zwar in Tansania vor, Touristen werden aber nur selten angesteckt. Wer länger im Land bleibt, sollte sich impfen lassen; das gilt insbesondere für das Ende der Trockenzeit. Symptome sind Fieber, starker Kopfschmerz, steifer Nacken und roter Ausschlag.

Medizinische Behandlung ist unbedingt erforderlich.

Eine Impfung mit ACWY wird allen Reisenden empfohlen, die in Länder südlich der Sahara reisen. ACWY ist nicht dasselbe wie der Impfstoff gegen die Meningokokken-Meningitits Typ C, mit dem Kinder und Erwachsene in manchen Ländern geimpft werden – beide können kombiniert werden. Keine Selbstmedikation!

### Onchozerkose (Flussblindheit)

Diese Krankheit wird von den Larven eines winzigen Wurms verursacht, die über den Biss einer kleinen Fliege übertragen werden. Erste Anzeichen einer Infektion sind stark juckende, rote und entzündete Augen. Touristen werden allerdings nur selten infiziert. Heilbar ist die Krankheit nur durch eine spezielle Behandlung in der Klinik. Keine Selbstmedikation!

### Poliomyelitis (Kinderlähmung)

Diese Krankheit wird durch verseuchtes Wasser oder Lebensmittel übertragen. Eine Schutzimpfung wird bereits in der Kindheit empfohlen und sollte alle zehn Jahre aufgefrischt werden (oral oder als Injektion). Kinderlähmung kann ohne äußere Symptome ablaufen oder kurzfristig zu Fieber führen. In seltenen Fällen kommt es zur dauerhaften Muskellähmung. Keine Selbstmedikation!

### Schistosomiasis (Bilharziose)

Diese Krankheit ist in ganz Tansania verbreitet. Sie wird durch einen parasitischen Plattwurm übertragen, der in Süßwasserschnecken lebt und seine Eier in langsam fließendem oder stehendem Gewässer ablegt. Die Parasiten dringen in die Haut schwimmender Menschen ein und wandern in die Blase oder den Darm. Über Stuhl oder Urin gelangen sie zurück ins Süßwasser – der Kreis schließt sich. Reisende sollten auf keinen Fall in gefährdetem Wasser (auch nicht im Victoriasee) schwimmen gehen. Als Symptome treten kurzfristiges Fieber oder Ausschlag auf, dann blutiger Stuhl oder Urin. Mit einem Bluttest können die Erreger erkannt und eine erfolgreiche Behandlung eingeleitet werden. Nicht behandelte Bilharziose führt zu Nierenversagen oder dauerhaften Darmschäden. Eine Übertragung von Mensch zu Mensch ist nicht möglich. Keine Selbstmedikation!

### Tollwut

Tollwut wird durch Tiere übertragen – mit einem Biss oder durch Ablecken einer offenen Hautstelle. Sobald klinische Symptome einsetzen (bis mehrere Monate nach der Infektion), führt die Tollwut zum Tod. Die nachträgliche Impfung muss deshalb unmittelbar nach einem Biss erfolgen, um zu verhindern, dass sich das Virus im zentralen Nervensystem ausbreitet (diese Impfung muss unabhängig davon erfolgen, ob man bereits vor dem Biss geimpft war oder nicht). Eine prophylaktische Impfung ist jedem anzuraten, der abseits der größeren Städte unterwegs ist, denn dort ist eine notfallmäßige Impfung innerhalb von 24 Stunden nicht möglich. Um die Impfung wirksam zu machen, muss innerhalb eines Monats dreimal geimpft werden. Patienten ohne bestehenden Impfschutz werden fünfmal geimpft; die erste Impfung muss spätestens 24 Stunden nach dem Biss erfolgen. Patienten mit Impfschutz benötigen weniger Nachimpfungen und haben einen etwas günstigeren Zeitrahmen bis zur medizinischen Versorgung. Keine Selbstmedikation!

### Trypanosomiasis (Schlafkrankheit)

Die Schlafkrankheit wird durch die Tsetsefliege übertragen. Symptome sind Kopfschmerz, Fieber bis hin zum Koma. Wer diese Symptome aufweist und keine Malaria hat (negatives Testergebnis), sollte sofort eine angesehene Klinik in Daressalam aufsuchen, um sich behandeln zu lassen. Die Krankheit ist heilbar. Keine Selbstmedikation!

### Tuberkulose (TBC)

TBC wird über Tröpfcheninfektion übertragen, gelegentlich auch durch verseuchte Milch und Milchprodukte. Wer einen längeren Aufenthalt und intensiven Kontakt mit den Tansaniern plant, sollte sich impfen lassen, obwohl der Impfschutz nicht hundertprozentig wirkt. Wenn die Krankheit ohne offensichtliche Symptome verläuft, fällt sie erst bei einer Röntgenroutineuntersuchung der Lunge auf. Symptome sind Husten, Gewichtsverlust, Fieber – manchmal noch Monate oder Jahre nach der Ansteckung. Keine Selbstmedikation!

### Typhus

Typhus verbreitet sich über Nahrung oder Trinkwasser, das durch menschliche Ausscheidungen kontaminiert wurde. Erste Symptome sind meist Fieber und ein rosa Ausschlag auf dem Unterleib. Gelegentlich tritt eine Blutvergiftung auf. Eine Typhusimpfung (Typhim Vi, Typherix) schützt drei Jahre lang vor Infektion. In einigen Ländern ist der orale Impfstoff Vivotif erhältlich. Als Gegenmittel werden Antibiotika eingesetzt. Wenn keine Blutvergiftung eintritt, endet die Krankheit selten tödlich. Keine Selbstmedikation!

## Durchfallerkrankungen

Auch wenn nicht jeder Reisende in Tansania zwangsläufig Durchfall bekommt, sollte er damit rechnen. Durchfälle sind die häufigste Reisekrankheit überhaupt und werden gelegentlich bereits durch eine veränderte Ernährung ausgelöst: zur Sicherheit kein Leitungswasser trinken, frisches Obst und Gemüse erst essen, wenn es geschält oder gekocht wurde, und alle Milchprodukte meiden, die nicht pasteurisiert wurden. Selbst wenn das Essen frisch zubereitet wurde, könnten Teller oder Bestecke schmutzig sein. Wer unbedingt Essen auf der Straße versuchen möchte, sollte sich den Händler kritisch ansehen und darauf achten, dass die Speisen wirklich heiß zubereitet werden. Bei Durchfall viel trinken, am besten eine spezielle Lösung zur Rehydrierung. Solange sich der Durchfall in Grenzen hält, besteht kein Anlass zur Sorge, doch bei mehr als vier- bis fünfmal pro Tag ist ein Antibiotikum erforderlich sowie ein Mittel gegen Durchfall, wenn keine Toilette in der Nähe ist. Sind die Durchfälle blutig, halten sie länger als 72 Stunden an oder werden sie von Fieber, Schüttelfrost und Unterleibsschmerzen begleitet, muss ein Arzt aufgesucht werden.

### Amöbenruhr

Amöbenruhr wird durch verseuchtes Essen und Wasser übertragen. Der Kot sieht blutig und schleimig aus. Die Krankheit kann mild ausfallen und wieder verschwinden. Hält sie an, muss ein Arzt aufgesucht werden, der eine spezielle Therapie mit Antibiotika einleitet.

### Giardiasis

Auch die Giardiasis (Lambliasis) wird durch verseuchte Speisen oder Wasser übertragen. Die Krankheit bricht etwa eine Woche oder auch später nach Kontakt mit dem Parasiten aus. Giardiasis kann sich als kurzfristiger bis lange andauernder Durchfall äußern. Bei Verdacht auf Giardiasis muss ein Arzt aufgesucht werden. In abgelegenen Gebieten zunächst Antibiotika einnehmen und dann medizinische Hilfe suchen.

## Gesundheitsrisiken

### Hitzeerschöpfung

Ein Kollaps wird durch starkes Schwitzen verursacht, wenn der Flüssigkeits- und Mineralstoffverlust nicht ausgeglichen wird. Die Gefahr besteht vor allem bei sportlicher Betätigung in heißen Ländern – also vorher an die Bedingungen akklimatisieren. Symptome sind Kopfschmerz, Schwindelgefühl und Müdigkeit. Wenn man durstig wird, hat die Dehydrierung bereits eingesetzt – dann so viel trinken, dass der Urin hell und dünn bleibt. Selbsthilfe: viel Wasser und/oder Fruchtsäfte trinken, den Körper mit kaltem Wasser oder Ventilator abkühlen. Zum Ausgleich des Salzverlustes sollten salzige Flüssigkeiten getrunken (Suppen) und die Speisen etwas stärker gesalzen werden als sonst.

### Hitzschlag

Ein Hitzschlag ist eine besonders schwere Form des Hitzekollaps. Der Körper reagiert nicht mehr mit Schweißausbrüchen, um die Temperatur zu regeln, die Körpertemperatur steigt an, es kommt zum Wärmestau, das Verhalten wird irrational und hyperaktiv – bis hin zu Bewusstlosigkeit und Tod. Die beste Hilfe ist sofortiges Abkühlen des Körpers mit kaltem Wasser und einem Ventilator. Als medizinische Notmaßnahme wird der Flüssigkeits- und

### TRADITIONELLE MEDIZIN

Nach Schätzungen vertrauen etwa 80 % der Einwohner Tansanias ganz oder teilweise auf traditionelle Heilmethoden. Fast zwei Drittel suchen bei einer Erkrankung zunächst einen Heiler auf. Die *mganga* (traditionelle Heiler) sind hoch geachtet, und auf den meisten lokalen Märkten wird traditionelle Medizin angeboten. Das mag zum Teil daran liegen, dass die Kosten für westliche Medizin bedeutend höher sind, zum anderen aber auch an kulturellen und Glaubenstraditionen – außerdem helfen die Heiler häufig. In vielen Fällen haben die Kranken auch keine andere Wahl. Im Nordosten Tansanias kommt schätzungsweise nur ein Arzt auf 30 000 Einwohner, aber ein Heiler auf 150 Menschen. Landesweit sind Krankenhäuser und Arztpraxen hauptsächlich in den Städten zu finden. Zudem arbeiten viele von ihnen wegen fehlenden Personals und chronischen Mangels an Ausrüstung und Medikamenten nicht besonders effektiv.

Einige der traditionellen Medikamente scheinen gegen Malaria, Sichelzellenanämie, Bluthochdruck und andere Erkrankungen zu helfen. Allerdings gehen die traditionellen Heiler nicht zur Schule, sondern lernen durch Anschauung bei einem Meister – ihre Ausbildung ist häufig unvollkommen und sporadisch (entsprechend auch ihr Wissen). Das **Institute of Traditional Medicine** (http.//itm.muhss.ac.tz) hat sich diesen zentralen Problemen angenommen. Es untersucht die Wirksamkeit traditioneller Heilmittel und fördert die Anwendung wirkungsvoller Therapien. Daneben gibt es auch lokale Anstrengungen, die Heiler in einem landesweiten Verband zu vereinen und in so grundlegenden Dingen wie Hygiene auszubilden.

Elektrolythaushalt mit einem Tropf ausgeglichen.

## Höhenkrankheit

Viele Menschen leiden in Höhen über 2500 m unter dem verminderten Sauerstoffgehalt der Atemluft. Muskeln und Gehirn werden mit weniger Sauerstoff versorgt, Herz und Lunge müssen stärker arbeiten. Die Symptome einer akuten Höhenkrankheit (AMS) treten innerhalb der ersten 24 Stunden auf, halten aber bis drei Wochen lang an. Schwache Symptome sind Kopfschmerz, Lethargie, Schwindel, Schlafstörungen und Appetitlosigkeit. AMS kann ohne Vorwarnung sehr ernst werden und sogar zum Tod führen. Jeder, der den Kilimandscharo oder den Meru besteigt – trainiert oder untrainiert –, muss mit diesem Risiko rechnen. Ernste Symptome sind Atemlosigkeit, trockener Reizhusten (unter Umständen mit schaumigem rosa Schleim), schwerer Kopfschmerz, Koordinationsschwierigkeiten, Verwirrung, Brechreiz, starkes Schwindelgefühl bis zur Bewusstlosigkeit. Es gibt keine Faustregel, ab welcher Höhe es gefährlich wird. Todesfälle nach AMS kamen schon bei 3000 m vor, die übliche Höhe ist 3500 bis 4500 m.

Bei leichten Symptomen kann AMS durch eine Ruhepause von ein bis zwei Tagen in der Höhe ausgeglichen werden. Gegen Kopfschmerzen hilft Paracetamol oder Aspirin. Wenn die Symptome nicht verschwinden oder stärker werden, muss man sofort absteigen; manchmal helfen bereits 500 m. Medikamente sind keine Alternative zum Abstieg. Auf keinen Fall darf der Aufstieg fortgesetzt werden.

Manche Ärzte empfehlen Acetazolamid und Dexamethason zur Vorbeugung gegen AMS; das ist allerdings umstritten. Die Medikamente können zwar die Symptome lindern, dabei werden allerdings auch Warnsignale übersehen, und der Körper könnte dehydrieren. Es sind Fälle schwerer und tödlicher AMS nach Einnahme bekannt. Wir empfehlen diese Medikamente nicht.

Folgende Vorkehrungen dienen der Vorbeugung von AMS:

- Langsam aufsteigen – auf den Kilimandscharo möglichst eine längere Route wählen. Ein zusätzlicher Ruhetag auf dem Berg, also zwei Nächte auf derselben Höhe schlafen, und über den Tag verteilt kurze Ausflüge unternehmen, ist hilfreich. Alle Tourveranstalter können diese Rast einplanen und die Mehrkosten (im Vergleich zu den Gesamtkosten vernachlässigbar klein) sind gut angelegt.
- Ein guter Tipp ist, etwas tiefer zu schlafen, als man am Tag aufgestiegen ist („hoch steigen, tief schlafen").
- Viel Flüssigkeit ist lebenswichtig. Die Bergluft ist kalt, und durch das Atmen geht Feuchtigkeit verloren. Auch der Wasserverlust über den Schweiß kann dehydrierend wirken.
- Das Essen sollte leicht sein, mit vielen Kohlenhydraten.
- Alkohol erhöht das Risiko der Dehydrierung.
- Keine Beruhigungsmittel einnehmen.

## Unterkühlung

Bei Trekkingtouren in der Höhe, auf den Kilimandscharo oder den Meru, ist immer mit Feuchtigkeit und Kälte zu rechnen – unbedingt passende Kleidung mitnehmen bzw. tragen. Selbst in niedrigeren Gebirgen wie Usambara, am Kraterrand des Ngorongoro oder in den Uluguru-Bergen kann es feucht und kalt werden.

Typische Symptome sind Erschöpfung, taube Haut (vor allem an Zehen und Fingern), Zittern, Sprachschwierigkeiten, irrationales oder aggressives Verhalten, Lethargie, Stolpern, Schwindelanfälle, Muskelkrämpfe und plötzliche gewalttätige Energieausbrüche. Manche Patienten fühlen sich warm und wollen ihre Kleidung ausziehen.

Bei leichter Unterkühlung sollte der Betreffende aus dem Wind und/oder Regen geschafft werden und trockene, warme Kleidung anziehen. Heiße Getränke – kein Alkohol – und leicht verdauliche, kalorienreiche Nahrung tun gut. Abreiben ist kontraproduktiv; der Körper sollte sich langsam und aus eigener Kraft aufwärmen. Mit diesen Maßnahmen lässt sich eine leichte Unterkühlung beheben, eine schwere Unterkühlung ist kritisch.

## Insektenbisse & -stiche

Stiche von Mücken und anderen Insekten können schmerzhaft sein und zu Entzündungen führen. Als Gegenmittel empfehlen sich

### TRINKWASSER

Bis sich der Darm an tansanische Verhältnisse gewöhnt hat, sollte kein Leitungswasser getrunken werden, das nicht abgekocht, gefiltert oder chemisch desinfiziert wurde (beispielsweise mit Jodtabletten). Speiseeis und Fruchtsäfte sind unbedingt zu meiden. Auch undesinfiziertes Wasser aus Flüssen und Seen sollte man nicht trinken. Das gilt auch für Wasserpumpen oder Quellen. Selbst wenn sie sauberes Wasser fördern, könnte es durch Tiere verunreinigt sein. Mit Ausnahme sehr abgelegener Regionen (dort braucht man einen Wasserfilter oder Reinigungstabletten) ist überall Trinkwasser in Flaschen erhältlich.

dieselben Maßnahmen wie gegen Malaria. Bei Allergikern können Bienen- und Wespenstiche bis zum anaphylaktischen Schock führen; gefährdete Reisende sollten eine Adrenalin-Injektion mitnehmen.

In ariden Landschaften ist mit Skorpionen zu rechnen, deren schmerzhafte Bisse lebensbedrohlich sein können. Wer von einem Skorpion gebissen wird, muss sofort medizinische Hilfe aufsuchen.

In Hostels und billigen Hotels gibt es Wanzen, die juckende Quaddeln hinterlassen. Der Wechsel der Bettwäsche und das Einsprühen der Matratze mit einem Insektenmittel löst das Problem.

In billigen Unterkünften gibt's auch Krätzmilben. Diese winzigen Tierchen leben in der Haut, häufig zwischen den Fingern, und verraten sich durch einen stark juckenden Ausschlag. Der Ausschlag wird mit einer Malathion- und Permethrinlösung aus der Apotheke behandelt. Beim Ausbruch von Krätze müssen alle Mitglieder eines Haushaltes behandelt werden, selbst wenn sie keine Symptome aufweisen.

## Schlangenbisse

Das beste Mittel gegen Schlangenbisse ist, nicht gebissen zu werden! Barfuß gehen oder mit einem Stock in Löchern herumstochern ist sicher keine gute Idee. Tatsächlich geben beißende Schlangen nur in 50 % aller Fälle auch wirklich Gift ab. Wer von einer Schlange gebissen wird, darf keinesfalls in Panik verfallen. Das gebissene Glied wird mit einem Stock ruhiggestellt und die Wunde mit starkem Druck verbunden – wie bei einer Verstauchung. Die Wunde darf weder mit einem Stauschlauch abgebunden noch ausgesaugt werden. Der Gebissene sollte so schnell wie möglich einen Arzt aufsuchen, der ein Gegengift verabreichen kann. Je genauer die Beschreibung der Schlange ist, desto besser kann der Arzt helfen.

# Sprache

## SUAHELI

Suaheli ist die Amtssprache Tansanias und Kenias. Es ist darüber hinaus die wichtigste Kommunikationssprache in Ostafrika und damit eine der am weitesten verbreiteten Sprachen des gesamten Kontinents. Wenngleich die Anzahl der Suaheli sprechenden Afrikaner auf über 50 Millionen geschätzt wird, ist es lediglich von etwa 5 Millionen die Muttersprache. Damit ist Suaheli die wichtigste Zweitsprache oder Lingua franca in anderen afrikanischen Staaten. Suaheli gehört zur Bantu-Sprachfamilie (zu den Niger-Kongo-Sprachen) und lässt sich bis ins 1. Jahrtausend n. Chr. zurückverfolgen. Es dürfte bei der Größe Ostafrikas kaum überraschen, dass eine größere Anzahl unterschiedlicher Dialekte gesprochen wird, doch so lange man sich an die hier vorgestellten Wendungen hält – der Standarddialekt der Küste – dürften weder in Tansania noch in der weiteren Umgebung größere Kommunikationsprobleme auftreten.

Die meisten Suaheli-Laute in der roten Aussprachehilfe sind dem Deutschen ähnlich. Lediglich die Folgenden sollten ausgesprochen werden wie im Englischen: ey wie in „hey“ oh wie „o“ in „role“, dh wie das „th“ in 'this' und th wie in „thing“. Darüber hinaus beginnen viele Suaheli-Wörter mit einem ng-Laut. Außerdem gibt's nur einen leichten Unterschied zwischen r und l – statt eines harten „r“ sollte man versuchen ein weiches „d“ auszusprechen. Die Betonung fast aller Wörter in Suaheli liegt auf der vorletzten Silbe. Diese sind in der Aussprachehilfe kursiv gesetzt.

### NOCH MEHR SUAHELI/ ENGLISCH?

Wer sich intensiver mit der Sprache beschäftigen möchte, legt sich am besten das praktische *Swahili Phrasebook* und den *Sprachführer Englisch* von Lonely Planet zu. Erhältlich unter **shop.lonelyplanet.com**, im Buchhandel oder als App für Apple und Android.

## Basics

*Jambo* ist Pidgin-Suaheli. Mit diesem Wort werden Touristen begrüßt, denen man keine Suaheli-Kenntnisse zutraut. Wenn die Tansanier vermuten, dass der Tourist ein paar Worte Suaheli spricht, benutzen sie die folgenden Grußformeln:

| | | |
|---|---|---|
| **Hallo.** | *Habari* | ha·*ba*·rih |
| **Guten Tag.** (respektvoll) | *Shikamu.* | schi·ka·*muh* |
| **Auf Wiedersehen.** | *Tutaonana.* | tuh·ta·oh·*na*·na |
| **Guten ...** | *Habari za ...* | ha·*ba*·rih sa ... |
| **Morgen.** | *asubuhi* | a·suh·*buh*·hih |
| **Nachmittag.** | *mchana* | m·*tscha*·na |
| **Abend.** | *jioni* | dschih·*oh*·nih |
| **Ja.** | *Ndiyo.* | n·*dih*·joh |
| **Nein.** | *Hapana.* | ha·*pa*·na |
| **Bitte.** | *Tafadhali.* | ta·fa·*dha*·lih |
| **Danke (sehr).** | *Asante (sana).* | a·*san*·tey (*sa*·na) |
| **Keine Ursache.** | *Karibu.* | ka·*rih*·buh |
| **Entschuldigung.** | *Samahani.* | sa·ma·*ha*·nih |
| **Tut mir Leid.** | *Pole.* | *poh*·ley |

**Wie geht es Ihnen?**
*Habari?* ha·*ba*·rih

**Gut./Prima.**
*Nzuri./Salama./Safi.* n·*suh*·rih/sa·*la*·ma/*sa*·fih

Wenn alles halbwegs in Ordnung ist, fügt man *tu* tuh (nur) an die oben genannten Antworten an. Um auszudrücken, dass es richtig gut geht, fügt man *sana* *sa*·na (sehr) oder *kabisa* ka·*bih*·sa (ganz) statt *tu* an.

## WICHTIGE SATZBAUSTEINE

Um sich in Suaheli auszudrücken, werden die folgenden einfachen Redewendungen mit beliebigen Worten kombiniert:

**Wann fährt (der nächste Bus)?**
*(Basi ijayo) itaondoka lini?* — (ba·sih ih·dscha·joh) ih·ta·ohn·doh·ka lih·nih

**Wo ist (der Bahnhof)?**
*(Stesheni) iko wapi?* — (stey·schey·nih) ih·koh wa·pih

**Was kostet (das Zimmer)?**
*(Chumba) ni bei gani?* — (tschum·ba) nih bey ga·nih

**Ich suche (ein Hotel).**
*Natafuta (hoteli).* — na·ta·fuh·ta (hoh·tey·lih)

**Haben Sie (eine Karte)?**
*Una (ramani)?* — uh·na (ra·ma·nih)

**Bitte bringen Sie (die Rechnung).**
*Lete (bili).* — ley·tey (bih·lih)

**Ich hätte gerne (die Speisekarte).**
*Nataka (menyu).* — na·ta·ka (men·ju)

**Ich habe (reserviert).**
*Nina (buking).* — nih·na (buh·king)

**Wie heißen Sie?**
*Jina lako nani?* — dschi·na la·koh na·nih

**Mein Name ist ...**
*Jina langu ni ...* — dschi·na lan·guh nih ...

**Sprechen Sie Englisch?**
*Unasema Kiingereza?* — uh·na·sey·ma kih·ihn·gey·rey·sa

**Ich verstehe nicht.**
*Sielewi.* — sih·ey·ley·uih

## Essen & Trinken

**Ich möchte einen Tisch für ... reservieren** — *Nataka kuhifadhi meza kwa ...* — na·ta·ka kuh·hih·fa·dhih mey·sa kua ...

**(zwei) Personen** — *watu (wawili)* — ua·tuh (ua·uih·li)

**(acht) Uhr** — *saa (mbili)* — sa (m·bih·li)

**Ich möchte die Karte.**
*Naomba menyu.* — na·ohm·ba men·juh

**Was können Sie empfehlen?**
*Chakula gani ni kizuri?* — tscha·kuh·la ga·nih nih kih·suh·rih

**Haben Sie vegetarisches Essen?**
*Mna chakula bila nyama?* — m·na tscha·kuh·la bih·la nja·ma

**Ich möchte das.**
*Nataka hicho.* — na·ta·ka hih·tschoh

**Prost!**
*Heri!* — hey·rih

**Das war köstlich!**
*Chakula kitamu sana!* — tscha·kuh·la kih·ta·muh sa·na

**Bringen Sie die Rechnung bitte.**
*Lete bili.* — ley·tey bih·lih

**Ich esse kein(e) ...** *Sili ...* — sih·lih ...

| | | |
|---|---|---|
| **Butter** | *siagi* | sih·a·gih |
| **Eier** | *mayai* | ma·ja·ih |
| **rotes Fleisch** | *nyama* | nja·ma |

### Basics

| | | |
|---|---|---|
| **Abendessen** | *chakula cha jioni* | tscha·kuh·la tscha dschih·oh·nih |
| **Flasche** | *chupa* | tschuh·pa |
| **Frühstück** | *chai ya asubuhi* | tscha·ih ja a·suh·buh·hih |
| **Gabel** | *uma* | uh·ma |
| **Gericht** | *chakula* | tscha·kuh·la |
| **Glas** | *glesi* | gley·sih |
| **halal** | *halali* | ha·la·lih |
| **heiß** | *joto* | dschoh·toh |
| **kalt** | *baridi* | ba·rih·dih |
| **Messer** | *kisu* | kih·suh |
| **koscher** | *halali* | ha·la·lih |
| **Löffel** | *kijiko* | kih·dschih·koh |
| **Markt** | *soko* | soh·koh |
| **Mittagessen** | *chakula cha mchana* | tscha·kuh·la tscha m·tscha·na |
| **Restaurant** | *mgahawa* | m·ga·ha·ua |
| **Schüssel** | *bakuli* | ba·kuh·lih |
| **Snack** | *kumbwe* | kuhm·buey |
| **Teller** | *sahani* | sa·ha·nih |
| **würzig** | *chenye viungo* | tschey·njey wih·uhn·goh |
| **mit** | *na* | na |
| **ohne** | *bila* | bih·la |

### Fisch & Fleisch

| | | |
|---|---|---|
| **Auster** | *chaza* | tscha·sa |
| **Fisch** | *samaki* | sa·ma·kih |
| **Fleisch** | *nyama* | nja·ma |
| **Hähnchen** | *kuku* | kuh·kuh |
| **Hammel** | *nyama mbuzi* | nja·ma m·buh·sih |
| **Hering** | *heringi* | hey·rihn·gih |
| **Kalbfleisch** | *nyama ya ndama* | nja·ma ja n·da·ma |
| **Krebs** | *kaa* | ka |
| **Lamm** | *mwanakondu* | mua·na·kohn·duh |
| **Meeresfrüchte** | *chakula kutoka bahari* | tscha·kuh·la kuh·toh·ka ba·ha·rih |
| **Rindfleisch** | *nyama ng'ombe* | nja·ma ng·ohm·bey |

| | | |
|---|---|---|
| **Schweine-fleisch** | *nyama nguruwe* | nja·ma n·guh·ruh·uey |
| **Tintenfisch** | *ngisi* | n·gih·sih |
| **Thunfisch** | *jodari* | dschoh·da·rih |

## Obst & Gemüse

| | | |
|---|---|---|
| **Ananas** | *nanasi* | na·na·sih |
| **Apfel** | *tofaa* | toh·fa a |
| **Aubergine** | *biringani* | bih·rihn·ga·nih |
| **Banane** | *ndizi* | n·dih·sih |
| **Erdnuss** | *karanga* | ka·ran·ga |
| **Gemüse** | *mboga* | m·boh·ga |
| **Grapefruit** | *balungi* | ba·luhn·gih |
| **Guave** | *pera* | pey·ra |
| **Karotte** | *karoti* | ka·roh·tih |
| **Kartoffel** | *kiazi* | kih·a·sih |
| **Kohl** | *kabichi* | ka·bih·tschi |
| **Linse** | *dengu* | deyn·guh |
| **Mango** | *embe* | eym·bey |
| **Obst** | *tunda* | tuhn·da |
| **Orange** | *chungwa* | tschuhn·gua |
| **Spinat** | *mchicha* | m·tschih·tscha |
| **Tomate** | *nyanya* | nja·nja |
| **Trauben** | *zabibu* | sa·bih·buh |
| **Zitrone** | *limau* | lih·ma·uh |
| **Zwiebel** | *kitunguu* | kih·tuhn·guh uh |

## Weitere Begriffe

| | | |
|---|---|---|
| **Brot** | *mkate* | m·ka·tey |
| **Butter** | *siagi* | sih·a·gih |
| **Eier** | *yai* | ya·ih |
| **Honig** | *asali* | a·sa·lih |
| **Käse** | *jibini* | jih·bih·nih |
| **Marmelade** | *jamu* | ja·muh |
| **Nudeln** | *tambi* | tam·bih |
| **Pfeffer** | *pilipili* | pih·lih·pih·lih |
| **Reis (gekocht)** | *wali* | ua·lih |
| **Salz** | *chumvi* | tschuhm·wih |
| **Zucker** | *sukari* | suh·ka·rih |

## Getränke

| | | |
|---|---|---|
| **Bier** | *bia* | bih·a |
| **Fruchtsaft** | *jusi* | juh·sih |
| **Kaffi** | *kahawa* | ka·ha·ua |
| **Milch** | *maziwa* | ma·sih·ua |
| **Mineral-wasser** | *maji ya madini* | ma·dschih ja ma·dih·nih |
| **Orangensaft** | *maji ya machungwa* | ma·dschih ja ma·tschuhn·gua |
| **Rotwein** | *mvinyo mwekundu* | m·wih·njoh muey·kuhn·duh |
| **Softdrink** | *soda* | soh·da |
| **Sekt** | *mvinyo yenye mapovu* | m·wih·njoh jey·njey ma·poh·wuh |
| **Tee** | *chai* | tscha·ih |
| **Wasser** | *maji* | ma·dschih |
| **Weißwein** | *mvinyo mweupe* | m·wih·njoh muey·uh·pey |

## Notfall

| | | |
|---|---|---|
| **Hilfe!** | *Saidia!* | sa·ih·dih·a |
| **Geh' weg!** | *Toka!* | toh·ka |

**Ich habe mich verlaufen.**
*Nimejipotea.* nih·mey·dschih·poh·tey·a

**Rufen Sie die Polizei!**
*Waite polisi!* ua·ih·tey poh·lih·sih

**Rufen Sie einen Arzt!**
*Mwite daktari!* m·ui·tey dak·ta·rih

**Ich bin krank.**
*Mimi ni mgonjwa.* mih·mih nih m·gohn·dschua

**Hier tut es mir weh.**
*Inauma hapa.* ih·na·uh·ma ha·pa

**Ich bin allergisch gegen (Antibiotika).**
*Nina mzio wa (viuavijasumu).* nih·na m·sih·oh ua (wi·uh·a·wi·dscha·suh·muh)

**Wo ist die Toilette?**
*Chu kiko wapi?* tschuh kih·koh ua·pih

## Shoppen & Service

**Ich hätte gerne ...**
*Nataka kununua ...* na·ta·ka kuh·nuh·nuh·a ...

**Ich sehe mich nur um.**
*Naangalia tu.* na·an·ga·lih·a tuh

**Darf ich es ansehen?**
*Naomba nione?* na·ohm·ba nih·oh·ney

**Das gefällt mir nicht.**
*Sipendi.* sih·peyn·dih

**Wie viel kostet das?**
*Ni bei gani?* nih bey ga·nih

### SCHILDER

| | |
|---|---|
| **Mahali Pa Kuingia** | Eingang |
| **Mahali Pa Kutoka** | Ausgang |
| **Imefunguliwa** | Geöffnet |
| **Imefungwa** | Geschlossen |
| **Maelezo** | Information |
| **Ni Marufuku** | Verboten |
| **Chu/Msalani** | Toiletten |
| **Wanaume** | Männer |
| **Wanawake** | Frauen |

**FRAGEWÖRTER**

| | | |
|---|---|---|
| **Wann?** | *Wakati?* | wa·*ka*·tih |
| **Warum?** | *Kwa nini?* | kua *nih*·nih |
| **Was?** | *Nini?* | *nih*·nih |
| **Welcher?** | *Gani?* | *gah*·nih |
| **Wer?** | *Nani?* | *na*·nih |
| **Wie?** | *Namna?* | *nam*·na |
| **Wo?** | *Wapi?* | *wa*·pih |

**Das ist zu teuer.**
*Ni ghali mno.* nih *ga*·lih *m*·noh

**Bitte senken Sie den Preis.**
*Punguza bei.* puhn·*guh*·sa bey

**Da ist ein Fehler in der Rechnung.**
*Kuna kosa kwenye bili.* kuh·na koh·sa kueyn·jey bih·lih

| | | |
|---|---|---|
| **Geldautomat** | *mashine ya kutolea pesa* | ma·*schih*·ney ja kuh·toh·*ley*·a *pey*·sa |
| **Öffentliches Telefon** | *simu ya mtaani* | *sih*·muh ja m·*ta*·nih |
| **Post** | *posta* | *poh*·sta |
| **Touristeninformation** | *ofisi ya watalii* | oh·*fih*·sih ja ua·ta·*lih* |

## Verkehrsmittel & wege

### Öffentliche Verkehrsmittel

| | | |
|---|---|---|
| **Welcher ... fährt nach (Mbeya)?** | *... ipi huenda (Mbeya)?* | *... ih*·pih huh·*eyn*·da (m·*bey*·a) |
| **Bus** | *Basi* | *ba*·sih |
| **Fähre** | *Kivuko* | kih·*wuh*·koh |
| **Minibus** | *Daladala* | da·la·*da*·la |
| **Zug** | *Treni* | *trey*·nih |

| | | |
|---|---|---|
| **Wann fährt der ... Bus?** | *Basi ... itaondoka lini?* | *ba*·sih ... ih·ta·ohn·*doh*·ka *lih*·nih |
| **erste** | *ya kwanza* | ja *kuan*·sa |
| **letzte** | *ya mwisho* | ja *mui*·schoh |
| **nächste** | *ijayo* | ih·*dscha*·yoh |

| | | |
|---|---|---|
| **Ein ... Ticket nach (Iringa).** | *Tiketi moja ya ... kwenda (Iringa).* | tih·*key*·tih *moh*·dscha ja ... *kueyn*·da (ih·*rihn*·ga). |
| **1. Klasse** | *daraja la kwanza* | da·ra·dscha la *kuan*·sa |
| **2. Klasse** | *daraja la pili* | da·*ra*·dscha la *pih*·lih |
| **einfach** | *kwenda tu* | *kueyn*·da tuh |
| **hin & zurück** | *kwenda na kurudi* | *kueyn*·da na kuh·*ruh*·dih |

**Wann fährt er/sie/es nach (Kisuma)?**
*Itafika (Kisumu) saa ngapi?* ih·ta·*fih*·ka (kih·*suh*·muh) sa a n·*ga*·pih

**Hält er/sie/es in (Tanga)?**
*Linasimama (Tanga)?* lih·na·sih·*ma*·ma (*tan*·ga)

**Ich möchte in (Bagamoyo) aussteigen.**
*Nataka kushusha (Bagamoyo).* na·*ta*·ka kuh·schuh·scha (ba·ga·*moh*·yoh)

### Auto- & Radfahren

| | | |
|---|---|---|
| **Ich möchte ein(en) ... mieten** | *Nataka kukodi ...* | na·*ta*·ka kuh·*koh*·dih ... |
| **Auto** | *gari* | *ga*·rih |
| **Fahrrad** | *baisikeli* | ba·ih·sih·*key*·lih |
| **Geländewagen** | *forbaifor* | *fohr*·ba·ih·fohr |
| **Motorrad** | *pikipiki* | pih·kih·*pih*·kih |

| | | |
|---|---|---|
| **bleifrei** | *isiyo na risasi* | ih·*sih*·joh na rih·*sa*·sih |
| **Diesel** | *dizeli* | dih·*sy*·lih |
| **Normal** | *kawaida* | ka·ua·*ih*·da |

**Ist das die Straße nach (Embu)?**
*Hii ni barabara kwenda (Embu)?* hih nih ba·ra·*ba*·ra *kueyn*·da (*eym*·buh)

**Wo finde ich eine Tankstelle?**
*Kituo cha mafuta kiko wapi?* kih·*tuh*·oh tscha ma·*fuh*·ta *kih*·ko ua·pih

**(Wie lange) darf ich hier parken?**
*Naweza kuegesha hapa (kwa muda gani)?* na·*uey*·sa kuh·ey·*gey*·scha *ha*·pa (kua *muh*·da ga·*nih*)

**Ich brauche einen Automechaniker.**
*Nahitaji fundi.* na·hih·*ta*·dschih *fuhn*·dih

**Mein Reifen ist platt.**
*Nina pancha.* *nih*·na *pan*·tscha

**Ich habe kein Benzin mehr.**
*Mafuta yamekwisha.* ma·*fuh*·ta ja·mey·*kui*·scha

## Uhrzeit & Datum

Die Suaheli-Zeit beginnt mit dem Sonnenaufgang (ganzjährig um 6 Uhr) und kennt nur eine 12-Stunden-Zählung. So bedeutet *saa mbili* sa m·*bi*·li (wörtlich: zwei Uhren) 8 Uhr nach Suaheli-Zeit, also die zweite Stunde des Tages.

**Wie spät ist es?**
*Ni saa ngapi?* nih sa n·*ga*·pih

**Es ist (10) Uhr.**
*Ni saa (nne).* nih sa (*n*·ney)

**Halb (10).**
*Ni saa (nne) na nusu.* nih sa (*n*·ney) na *nuh*·suh

## ZAHLEN

| | | |
|---|---|---|
| 1 | *moja* | *moh*·ja |
| 2 | *mbili* | m·*bih*·lih |
| 3 | *tatu* | *ta*·tuh |
| 4 | *nne* | *n*·ney |
| 5 | *tano* | *ta*·noh |
| 6 | *sita* | *sih*·ta |
| 7 | *saba* | *sa*·ba |
| 8 | *nane* | *na*·ney |
| 9 | *tisa* | *tih*·sa |
| 10 | *kumi* | *kuh*·mih |
| 20 | *ishirini* | ih·schih·*rih*·nih |
| 30 | *thelathini* | they·la·*thih*·nih |
| 40 | *arobaini* | a·roh·ba·*ih*·nih |
| 50 | *hamsini* | ham·*sih*·nih |
| 60 | *sitini* | sih·*tih*·nih |
| 70 | *sabini* | sa·*bih*·nih |
| 80 | *themanini* | they·ma·*nih*·nih |
| 90 | *tisini* | tih·*sih*·nih |
| 100 | *mia moja* | *mih*·a *moh*·dscha |
| 1000 | *elfu* | *eyl*·fuh |

| | | |
|---|---|---|
| **Morgen** | *asubuhi* | a·suh·*buh*·hih |
| **Nachmittag** | *mchana* | m·*tscha*·na |
| **Abend** | *jioni* | dschi·*oh*·nih |
| **gestern** | *jana* | *ja*·na |
| **heute** | *leo* | *ley*·oh |
| **morgen** | *kesho* | *key*·schoh |

| | | |
|---|---|---|
| **Montag** | *Jumatatu* | dschuh·ma·*ta*·tuh |
| **Dienstag** | *Jumanne* | dschuh·ma·*n*·ney |
| **Mittwoch** | *Jumatano* | dschuh·ma·*ta*·noh |
| **Donnerstag** | *Alhamisi* | al·ha·*mih*·sih |
| **Freitag** | *Ijumaa* | ih·dschuh·*ma* |
| **Samstag** | *Jumamosi* | dschuh·ma·*moh*·sih |
| **Sonntag** | *Jumapili* | dschuh·ma·*pih*·lih |

## Unterkunft

| | | |
|---|---|---|
| **Wo ist ein(e) ...?** | *... iko wapi?* | ... *ih*·koh *ua*·pih |
| **Campingplatz** | *Uwanja wa kambi* | uh·*uan*·dscha ua *kam*·bih |
| **Gästehaus** | *Gesti* | *gey*·stih |
| **Hotel** | *Hoteli* | hoh·*tey*·lih |
| **Jugendherberge** | *Hosteli ya vijana* | hoh·*stey*·lih ja wih·*dscha*·na |

| | | |
|---|---|---|
| **Haben Sie ein ... Zimmer?** | *Kuna chumba kwa ...?* | *kuh*·na *tschum*·ba kua ... |
| **Doppel- (mit einem Bett)** | *watu wawili, kitanda kimoja* | *ua*·tuh ua·*ui*·lih kih·*tan*·da kih·*moh*·dscha |
| **2-Bett- (mit Einzelbetten)** | *watu wawili, vitanda viwili* | *ua*·tuh ua·*ui*·lih wi·*tan*·da wi·*ui*·li |
| **Einzel-** | *mtu mmoja* | m·tuh m·*moh*·ja |

| | | |
|---|---|---|
| **Wie viel kostet es pro ...?** | *Ni bei gani kwa ...?* | nih bey *ga*·nih kua ... |
| **Tag** | *siku* | *sih*·kuh |
| **Person** | *mtu* | *m*·tuh |

| | | |
|---|---|---|
| **Bad** | *bafuni* | ba·*fuh*·nih |
| **Fenster** | *dirisha* | dih·*rih*·scha |
| **Klimaanlage** | *a/c* | *ey*·sih |
| **Schlüssel** | *ufunguo* | uh·fuhn·*guh*·oh |
| **Toilette** | *chu* | tschuh |

## Wegweiser

| | |
|---|---|
| **Wo ist ...?** | |
| *... iko wapi?* | ... *ih*·koh *ua*·pih |
| **Welche Adresse?** | |
| *Anwani ni nini?* | an·*ua*·nih nih *nih*·nih |
| **Wie komme ich dahin?** | |
| *Nifikaje?* | nih·fih·*ka*·dschey |
| **Wie weit ist es?** | |
| *Ni umbali gani?* | nih uhm·*ba*·lih *ga*·nih |
| **Können Sie es mir (auf der Karte) zeigen?** | |
| *Unaweza kunionyesha (katika ramani)?* | uh·na·*uey*·sa kuh·nih·oh·*njey*·scha (ka·*tih*·ka ra·*ma*·nih) |

| | | |
|---|---|---|
| **Es ist ...** | *Iko ...* | *ih*·koh ... |
| **an der Ecke** | *pembeni* | peym·*bey*·nih |
| **bei (nahe bei) ...** | *karibu na ...* | ka·*rih*·buh na ... |
| **gegenüber ...** | *ng'ambo ya ...* | ng·*am*·boh ja ... |
| **gerade voraus** | *moja kwa moja* | *moh*·dscha kua *moh*·dscha |
| **hinter ...** | *nyuma ya ...* | *njuh*·ma ja ... |
| **neben ...** | *jirani ya ...* | dschih·*ra*·nih ja ... |
| **vor ...** | *mbele ya ...* | m·*bey*·ley ja ... |

| | | |
|---|---|---|
| **Abbiegen ...** | *Geuza ...* | gey·*uh*·sa ... |
| **an der Ampel** | *kwenye taa za barabarani* | *kuey*·njey ta sa ba·ra·ba·*ra*·nih |
| **an der Ecke** | *kwenye kona* | *kuey*·njey *koh*·na |
| **links** | *kushoto* | kuh·*schoh*·toh |
| **rechts** | *kulia* | kuh·*lih*·a |

# ENGLISCH

Englisch ist die am weitesten verbreitete Sprache der Welt. Selbst wenn man sie nie gelernt hat, kennt man z. B. durch Musik oder Anglizismen in Technik und Werbung ein paar Wörter. Sich einige Brocken mehr anzueignen, um beim Smalltalk zu glänzen, ist nicht schwer. Im Folgenden einige wichtige Begriffe und Wendungen:

## Basics

Wer einen Fremden nach etwas fragt oder ihn um etwas bittet, sollte die Frage bzw. Bitte höflich einleiten („Excuse me, ...").

| | |
|---|---|
| **Guten Tag.** | *Hello.* |
| **Hallo.** | *Hi.* |
| **Auf Wiedersehen.** | *Goodbye.* |
| **Bis später.** | *See you later.* |
| **Tschüss.** | *Bye.* |
| **Wie geht's Ihnen/dir?** | *How are you?* |
| **Danke, gut.** | *Thanks, fine.* |
| **Und Ihnen/dir?** | *... and you?* |
| **Wie heißen Sie/ heißt du?** | *What's your name?* |
| **Ich heiße ...** | *My name is ...* |
| **Ja.** | *Yes.* |
| **Nein.** | *No.* |
| **Bitte.** | *Please.* |
| **(Vielen) Dank.** | *Thank you (very much).* |
| **Bitteschön.** | *You're welcome.* |
| **Entschuldigung** | *Excuse me/Sorry.* |
| **Sprechen Sie Englisch?** | *Do you speak English?* |
| **Ich verstehe (nicht).** | *I (don't) understand.* |

**Könnten Sie ...?** *Could you ...?*

**bitte langsamer sprechen**
*please speak more slowly*

**das bitte wiederholen**
*repeat that, please*

**das bitte aufschreiben**
*write it down, please*

## Essen & Trinken

**Was können Sie empfehlen?**
*What would you recommend?*

**Welche Zutaten sind in dem Gericht?**
*What's in that dish?*

**Ich bin Vegetarier/Vegetarierin.**
*I'm a vegetarian.*

| | |
|---|---|
| **Ich esse kein ...** | *I don't eat ...* |
| **Prost!** | *Cheers!* |

### FRAGEWÖRTER

| | |
|---|---|
| **Warum?** | *Why?* |
| **Wann?** | *When?* |
| **Was?** | *What?* |
| **Wer?** | *Who?* |
| **Wie?** | *How?* |
| **Wo?** | *Where?* |

| | |
|---|---|
| **Das war köstlich.** | *That was delicious.* |
| **Die Rechnung bitte.** | *Please bring the bill.* |

**Ich würde gern einen Tisch für ... reservieren.**
*I'd like to reserve a table for ...*

| | |
|---|---|
| **(acht) Uhr** | *(eight) o'clock* |
| **(zwei) Personen** | *(two) people* |

### Basics

| | |
|---|---|
| **Abendessen** | *dinner* |
| **Delikatessen** | *delicatessen* |
| **Essen** | *food* |
| **Flasche** | *bottle* |
| **Frühstück** | *breakfast* |
| **Gabel** | *fork* |
| **Gericht** | *plate* |
| **Glas** | *glass* |
| **Hauptgericht** | *main course* |
| **Hochstuhl** | *highchair* |
| **kalt** | *cold* |
| **Kindergericht** | *children's menu* |
| **Lebensmittelladen** | *grocery store* |
| **Löffel** | *spoon* |
| **Markt** | *market* |
| **Messer** | *knife* |
| **mit/ohne** | *with/without* |
| **Mittagessen** | *lunch* |
| **örtliche Spezialität** | *local speciality* |
| **Speisekarte (auf Englisch)** | *menu (in English)* |
| **Teller** | *dish* |
| **Vorspeise** | *appetiser* |
| **warm** | *hot* |
| **Weinkarte** | *wine list* |

### Fisch &Fleisch

| | |
|---|---|
| **Auster** | *oyster* |
| **Hühnchen** | *chicken* |
| **Kalb** | *veal* |
| **Krabbe** | *crab* |
| **Lamm** | *lamb* |

| | |
|---|---|
| **Rind** | *beef* |
| **Schnecke** | *snail* |
| **Schwein** | *pork* |
| **Tintenfisch** | *squid* |
| **Truthahn** | *turkey* |

## Obst & Gemüse

| | |
|---|---|
| **Ananas** | *pineapple* |
| **Apfel** | *apple* |
| **Aprikose** | *apricot* |
| **Backpflaume** | *prune* |
| **Bohnen** | *beans* |
| **Erbsen** | *peas* |
| **Erdbire** | *strawberry* |
| **Frühlingszwiebel** | *shallot* |
| **Gemüse** | *vegetable* |
| **Gurke** | *cucumber* |
| **Kartoffel** | *potato* |
| **Kirsche** | *cherry* |
| **Kohl** | *cabbage* |
| **Kürbis** | *pumpkin* |
| **Mais** | *corn* |
| **(rote/grüne) Paprika** | *(red/green) pepper* |
| **Pfirsich** | *peach* |
| **Pflaume** | *plum* |
| **Pilz** | *mushroom* |
| **Rote Bete** | *beetroot* |
| **Salat** | *lettuce* |
| **Spargel** | *asparagus* |
| **Spinat** | *spinach* |
| **Tomate** | *tomato* |
| **Weintraube** | *grape* |
| **Zitrone** | *lemon* |

## Weitere Begriffe

| | |
|---|---|
| **Brot** | *bread* |
| **Butter** | *butter* |
| **Ei** | *egg* |
| **Essig** | *vinegar* |
| **Honig** | *honey* |
| **Käse** | *cheese* |
| **Linsen** | *lentils* |
| **Marmelade** | *jam* |
| **Pasta/Nudeln** | *pasta/noodles* |
| **Pfeffer** | *pepper* |
| **Reis** | *rice* |
| **Salz** | *salt* |
| **Zucker** | *sugar* |

## Getränke

| | |
|---|---|
| **Bier** | *beer* |
| **Kaffee** | *coffee* |
| **Milch** | *milk* |
| **Rotwein** | *red wine* |
| **(Orangen-)Saft** | *(orange) juice* |
| **Tee** | *tea* |
| **(Mineral-)Wasser** | *(mineral) water* |
| **Weißwein** | *white wine* |

# Notfall

| | |
|---|---|
| **Hilfe!** | *Help!* |
| **Es ist ein Notfall!** | *It's an emergency!* |
| **Rufen Sie die Polizei!** | *Call the police!* |
| **Rufen Sie einen Arzt!** | *Call a doctor!* |
| **Rufen Sie einen Krankenwagen!** | *Call an ambulance!* |
| **Lassen Sie mich in Ruhe!** | *Leave me alone!* |
| **Gehen Sie weg!** | *Go away!* |
| **Ich habe mich verirrt.** | *I'm lost.* |
| **Es tut hier weh.** | *It hurts here.* |
| **Wo ist die Toilette?** | *Where are the toilets?* |
| **Ich habe Durchfall/ Fieber/Kopfschmerzen.** | *I have diarrhoea/ fever/headache.* |
| **Wo ist der/die/das nächste ...?** | *Where's the nearest ...?* |

### WICHTIGE SATZBAUSTEINE

**Wo ist (der Eingang)?**
*Where's (the entry)?*

**Wo kann ich (eine Eintrittskarte kaufen)?**
*Where can I (buy a ticket)?*

**Wann fährt (der nächste Bus)?**
*When's (the next bus)?*

**Wie viel kostet (ein Zimmer)?**
*How much is (a rum)?*

**Haben Sie (eine Landkarte)?**
*Do you have (a map)?*

**Gibt's (eine Toilette)?**
*Is there (a toilet)?*

**Ich möchte (ein Zimmer buchen).**
*I'd like (to buk a rum)*

**Kann ich (hereinkommen)?**
*May I (enter)?*

**Könnten Sie (mir helfen)?**
*Could you please (help me)?*

**Muss ich (einen Platz reservieren)?**
*Do I have to (buk a seat)?*

| | |
|---|---|
| **Apotheke** | *chemist* |
| **Arzt** | *doctor* |
| **Krankenhaus** | *hospital* |
| **Zahnarzt** | *dentist* |

| | |
|---|---|
| **Ich bin allergisch gegen ...** | *I'm allergic to ...* |
| **Antibiotika** | *antibiotics* |
| **Aspirin** | *aspirin* |
| **Penizillin** | *penicillin* |

## Shoppen & Service

**Ich suche ...**
*I'm looking for ...*

**Wo ist der/die/das (nächste) ...?**
*Where's the (nearest) ...?*

**Wo kann ich ... kaufen?**
*Where can I buy ...?*

**Ich möchte ... kaufen.**
*I'd like to buy ...*

**Wie viel kostet das?**
*How much is this?*

**Das ist zu viel/teuer.**
*That's too much/expensive.*

**Können Sie den Preis senken?**
*Can you lower the price?*

**Haben Sie etwas Günstigeres?**
*Do you have something cheaper?*

**Ich schaue mich nur um.**
*I'm just looking.*

**Das gefällt mir nicht.**
*I don't like it.*

**Haben Sie noch andere?**
*Do you have any others?*

**Können Sie es mir zeigen?**
*Can I look at it?*

**Die Rechnung stimmt nicht.**
*There's a mistake in the bill.*

| | |
|---|---|
| **Geldautomat** | *ATM* |
| **Internetcafé** | *internet cafe* |
| **Kreditkarte** | *credit card* |
| **Post** | *post office* |
| **Touristeninformation** | *tourist office* |

## Uhrzeit & Datum

| | |
|---|---|
| **Wie spät ist es?** | *What time is it?* |
| **Es ist (ein) Uhr.** | *It's (one) o'clock.* |
| **Zwanzig nach eins.** | *Twenty past one.* |
| **Halb zwei.** | *Half past one.* |
| **Viertel vor eins.** | *Quarter to one.* |

| | |
|---|---|
| **morgens/vormittags** | *am* |
| **nachmittags/abends** | *pm* |
| **jetzt** | *now* |
| **heute** | *today* |
| **heute Abend** | *tonight* |
| **morgen** | *tomorrow* |
| **gestern** | *yesterday* |
| **Morgen** | *morning* |
| **Nachmittag** | *afternun* |
| **Abend** | *evening* |
| **Montag** | *Monday* |
| **Dienstag** | *Tuesday* |
| **Mittwoch** | *Wednesday* |
| **Donnerstag** | *Thursday* |
| **Freitag** | *Friday* |
| **Samstag** | *Saturday* |
| **Sonntag** | *Sunday* |
| **Januar** | *January* |
| **Februar** | *February* |
| **März** | *March* |
| **April** | *April* |
| **Mai** | *May* |
| **Juni** | *June* |
| **Juli** | *July* |
| **August** | *August* |
| **September** | *September* |
| **Oktober** | *October* |
| **November** | *November* |
| **Dezember** | *December* |

## Unterkunft

| | |
|---|---|
| **Wo ist ein/e ...?** | *Where's a ...?* |
| **Pension** | *bed and breakfast* |
| **Campingplatz** | *camping ground* |
| **Hotel** | *hotel* |
| **Jugendherberge** | *youth hostel* |
| **Privatzimmer** | *room in a private home* |

**Wie viel kostet es pro ...?**
*How much is it per ...?*

| | |
|---|---|
| **Nacht** | *night* |
| **Person** | *person* |

**Kann ich es sehen?**
*May I see it?*

**Kann ich ein anderes Zimmer bekommen?**
*Can I get another room?*

**Es ist gut. Ich nehme es.**
*It's fine. I'll take it.*

| | |
|---|---|
| **Ich reise jetzt ab.** | *I'm leaving now.* |
| **Haben Sie ein ...?** | *Do you have a ...?* |
| **Einzelzimmer** | *single room* |
| **Doppelzimmer** | *double room* |
| **Zweibettzimmer** | *twin room* |
| **mit (einer/einem) ...** | with (a) ... |
| **Bad** | bathroom |
| **Fenster** | window |
| **Klimaanlage** | air-con |

## Verkehrsmittel & -wege

**Wann fährt der/die/das ... ab?**
*What time does the ... leave?*

| | |
|---|---|
| **But** | *boat* |
| **Bus** | *bus* |
| **Flugzeug** | *plane* |
| **erster** | *first* |
| **letzter** | *last* |
| **nächster** | *next* |

**Ich möchte nach ...**
*I want to go to ...*

**Hält er/sie/es in ...?**
*Does it stop at ...?*

**Wann fährt er ab/kommt er an?**
*At what time does it leave/arrive?*

**Können Sie mir sagen, wann wir in ... ankommen?**
*Can you tell me when we get to ...?*

**Ich möchte hier aussteigen.**
*I want to get off here.*

**Der/die/das ... ist gestrichen.**
*The ... is cancelled.*

**Der/die/das ... hat Verspätung.**
*The ... is delayed.*

**Ist dieser Platz frei?**
*Is this seat free?*

**Muss ich umsteigen?**
*Do I need to change the bus?*

**Sind Sie frei?**
*Are you free?*

**Was kostet es bis ...?**
*How much is it to ...?*

**Bitte bringen Sie mich zu (dieser Adresse).**
*Please take me to this address.*

| | |
|---|---|
| **ein ... -Ticket** | *a ... ticket* |
| **1.-Klasse-** | *1st-class* |
| **2.-Klasse-** | *2nd-class* |
| **einfaches** | *one-way* |
| **Hin- und Rückfahr-** | *return* |
| **entfällt** | *cancelled* |
| **Fahrkartenschalter** | *ticket office* |
| **Fahrplan** | *timetable* |
| **Fensterplatz** | *window seat* |
| **Gangplatz** | *aisle seat* |
| **verspätet** | *delayed* |

**Ich möchte ein/e/en ... mieten.**
*I'd like to hire a/an ...*

| | |
|---|---|
| **Auto** | *car* |
| **Fahrrad** | *bicycle* |
| **Geländewagen** | *4WD* |
| **Motorrad** | *motorbike* |

**Wie viel kostet es pro ...?**
*How much is it per ...?*

| | |
|---|---|
| **Tag** | *day* |
| **Woche** | *week* |

| | |
|---|---|
| **Autogas** | *LPG* |
| **Benzin** | *petrol* |
| **bleifreies Benzin** | *unleaded* |
| **Diesel** | *diesel* |
| **Kindersitz** | *child seat* |
| **Mechaniker** | *mechanic* |
| **Sturzhelm** | *helmet* |
| **Tankstelle** | *service station* |

**Wo ist eine Tankstelle?**
*Where's a petrol station?*

**Ist das die Straße nach ...?**
*Is this the road to ...?*

**(Wie lange) Kann ich hier parken?**
*(How long) Can I park here?*

**Wo muss ich bezahlen?**
*Where do I pay?*

**Ich brauche einen Mechaniker.**
*I need a mechanic.*

**Ich habe (in ...) eine Panne mit dem Auto.**
*The car has broken down (at ...)*

**Ich habe eine Reifenpanne.**
*I have a flat tyre.*

### Schilder

| | |
|---|---|
| **Closed** | Geschlossen |
| **Entrance** | Eingang |
| **Exit** | Ausgang |
| **Information** | Information |
| **Men** | Männer |
| **Open** | Offen |
| **Prohibited** | Verboten |
| **Toilets** | Toiletten |
| **Women** | Frauen |

**Ich hatte einen Unfall.**
*I had an accident.*

**Das Auto/Motorrad springt nicht an.**
*The car/motorbike won't start.*

**Ich habe kein Benzin mehr.**
*I've run out of petrol.*

**Ich habe meine Autoschlüssel verloren.**
*I've lost my car keys.*

## Wegweiser

**Wo ist ...?**
*Where's (a bank)?*

**Wie komme ich dahin?**
*How can I get there?*

**Könnten Sie mir bitte die Adresse aufschreiben?**
*Could you write the address, please?*

**Wie weit ist es?**
*How far is it?*

**Können Sie es mir (auf der Karte) zeigen?**
*Can you show me (on the map)?*

| | |
|---|---|
| **an der Ecke** | *at the corner* |
| **dort** | *there* |
| **gegenüber** | *opposite* |
| **geradeaus** | *straight ahead* |
| **hier** | *here* |
| **hinter** | *behind* |
| **links** | *left* |
| **nahe** | *near* |
| **neben** | *next to* |
| **rechts** | *right* |
| **weit weg** | *far away* |
| **vor** | *in front of* |
| **Norden** | *north* |
| **Osten** | *east* |
| **Süden** | *south* |
| **Westen** | *west* |

# GLOSSAR

*(m) männlich, (w) weiblich; (pl) Plural*

**ASP** – Afro-Shirazi-Partei

**bajaji** – *tuk-tuk*

**banda** – Holz- oder Lehmhütte mit Strohdach; auch Bezeichnung für einfache Unterkünfte (Bungalows, Hütten)

**bangi** – Marihuana

**bao** – ein ostafrikanisches Brettspiel, das vor allem auf Sansibar häufig gespielt wird

**baraza** – Steinbänke vor den Häusern in Stone Town auf Sansibar zum Ausruhen oder Schwatzen

**boda-boda** – Motorradtaxi (abgeleitet von „border-border" – Grenze-Grenze – da solche Motorräder im Niemandsland zwischen den Grenzstationen verkehren)

**boma** – befestigtes Wohnhaus; in der Kolonialzeit ein Verwaltungsgebäude

**bui-bui** – schwarze Kleidung mit Schleier, die von manchen islamischen Frauen außerhalb der Wohnung getragen wird

**Bunge** – Tansanisches Parlament

**chai** – Tee

**chakula** – Essen

**Chama Cha Mapinduzi (CCM)** – Revolutionspartei (Regierungspartei)

**chu** – Toilette

**Cites** – UN Convention on International Trade in Endangered Species; Washingtoner Artenschutzübereinkommen

**Civic United Front (CUF)** – die wichtigste Oppositionspartei

**Coastal (thelathini)** – 30-sitzige Busse, die auf einigen Strecken anstelle der großen Reisebusse eingesetzt werden *(coasters)*

**dada** – Schwester, oft als Anrede gebraucht

**dalla-dalla** – Minibus

**DOAG** – Deutsch-Ostafrikanische Gesellschaft

**Dau** – arabisches Segelschiff mit uralter Tradition, engl. dhow

**duka** – kleiner Laden oder Kiosk

**fly camp** – Zeltcamps, die während einer Safari oder einer Exkursion benutzt werden; gedacht, um authentische Buschatmosphäre zu schnuppern

**flycatcher** – Schlepper, die hauptsächlich in Arusha und Moshi für ein Safariunternehmen oder ein Hotel arbeiten. Sie drängen die Touristen, eine Safari bei ihrem Unternehmen zu buchen. Dafür erhalten sie eine Provision. Der Name „Fliegenfänger" geht auf das klebrige Papier zurück, auf dem Fliegen unwiederbringlich kleben bleiben – genauso wie die Schlepper an den Touristen kleben

**forex** – *foreign exchange* (Wechselstuben)

**ganja** – siehe *bangi*

**gongo** – Branntwein aus Cashewnüssen

**hodi** – wird gerufen, bevor man ein Haus betritt; bedeutet etwa „Darf ich eintreten?"

**hotel/hoteli** – einfache Speisegaststätte

**jamaa** – Clan, Gesellschaft

**kahawa** – Kaffee

**kaka** – Bruder; auch als Anrede benutzt und um im Restaurant nach dem Kellner zu rufen

**kanga** – bedruckte Baumwolltücher, die von den tansanischen Frauen als Wickelkleid getragen werden. Auf den Saum sind Sprichwörter in Suaheli gedruckt

**kanzu** – weißes Überkleid, das auf Sansibar und anderen Gegenden von Suaheli-Männern zum Gebet getragen wird

**karanga** – Erdnüsse

**karibu** – „Willkommen" auf Suaheli; wird überall benutzt

**kidumbak** – eine Form der taarab-Musik: stark rhythmisch, mit Trommeln und bissigen Texten

**kikoi** – Baumwollstoff, der von Männern der Küstenregionen als traditionelle Wickelkleidung getragen wird

**kitenge** – wie ein kanga, aber größer und schwerer und ohne die Suaheli-Sprichworte

**kofia** – eine Mütze, meist aus weißem bestickten Leinen, die von Männern auf Sansibar und in anderen von Suaheli bewohnten Gegenden getragen wird

**kopje** – felsiger Hügel oder findlingsartiger Fels

**kwaya** – Kirchenchormusik

**maandazi** – Donut

**makuti** – Strohdach

**marimba** – Musikinstrument, das mit dem Daumen gespielt wird

**mashua** – Dau mit Motor

**masika** – langer Regen

**matatu** – Minivan aus Kenia

**matoke** – Kochbananen

**mbege** – Bananenbier

**mgando** – siehe *mtindi*

**mihrab** – die Gebetsnische in einer Moschee; sie weist gen Mekka

**mishikaki** – Fleischkebab

**mnada** – Auktion oder Markt; meist regelmäßig ein- oder zweimal pro Monat

**moran** – Massaikrieger

**mpingo** – Afrikanischer Grenadill (Hartholz)

**mtepe** – ein traditionelles Segelschiff der Suaheli, das ohne Nägel gebaut wird. Die Planken werden mit Holzzapfen und Kokosfasern befestigt

**mtindi** – Milchprodukt, so ähnlich wie Joghurt

**mvuli** – kurzer Regen

**Mwalimu** – Lehrer; Bezeichnung für Julius Nyerere

**mzungu** – Weißer, Fremder (Pl. *wazungu*)

**nazi** – Vergorener Kokoswein

**NCA** – Ngorongoro Conservation Area

**NCAA** – Ngorongoro Conservation Area Authority

**ndugu** – Bruder, Kamerad

**ngoma** – Tanzen und Trommeln

**Northern Circuit** – Safariroute im Norden, zu den Nationalparks Serengeti, Tarangire, Lake Manyara und der Ngorongoro Conservation Area

**nyika** – Busch oder Hinterland

**orpul** – ein Lager der Massai, in dem die Männer Fleisch essen

**papasi** – wörtlich „Zecken"; Schlepper, die sich in Sansibar an Touristen heranmachen

**piki-piki** – Motorrad

**potwe** – Walhai

**pweza –** Oktopus (Krake), wird auf Nachtmärkten oder von Straßenverkäufern angeboten, meist gegrillt

**public (ordinary) campsite** – Campingplatz/Stellplatz in den Nationalparks, einfache Ausstattung, meist mit einer Latrine und Wasserversorgung

**shamba** – kleiner Bauernhof

**shehe** – Dorfhäuptling

**shetani** – wörtlich „dämonisch" oder „übernatürlich". In der Kunst eine Schnitzerei, die ein Wesen aus der Geisterwelt darstellt

**shikamu** – Gruß auf Suaheli, der Respekt ausdrückt. Er wird gegenüber Älteren oder Autoritätspersonen angewandt; die Antwort lautet „marahaba"

**special camp site** – Campingplatz/Stellplatz in den Nationalparks, im Unterschied zu den *public camp sites* ohne jede Versorgungseinrichtung

**TAA** –Tanganyika Africa Association, Nachfolgeorganisation der African Association und Vorläufer der TANU

**taarab** – Musikstil auf Sansibar, der afrikanische, arabische und indische Elemente verknüpft

**Tanapa** – Tanzania National Parks Authority

**TANU** – Tanganyika (später Tansania) African National Union

**TATO** – Tanzanian Association of Tour Operators

**Tazara** – Tanzania-Zambia Railway

**tea room** – kleines Lokal mit ein paar Tischen, in dem Snacks und leichte Gerichte serviert werden

**tilapia** – Nilbarsch, im Victoriasi weit verbreitet

**Tingatinga** – Tansanias bekanntester Malstil. Er wurde in den 1960er-Jahren von Edward Saidi Tingatinga entwickelt: typischerweise ein quadratisches Format mit farbenprächtigen Tiermotiven vor einfarbigem Hintergrund

**TTB** – Tanzania Tourist Board

**ugali** – Grundnahrungsmittel; Brei aus Mais und/oder Maniokmehl

**uhuru** – Freiheit; so heißt der höchste Gipfel des Kilimandscharo

**ujamaa** – Familie, Gemeinsamkeit

**umoja** – Einheit

**Unguja** – Suahelischer Name für die Insel Sansibar

**vitambua** – Reiskuchen

**wali** – gekochter Reis

**ZIFF** – Zanzibar International Film Festival

**ZNP** – Zanzibar Nationalist Party

**ZPPP** – Zanzibar & Pemba People's Party

**ZTC** – Zanzibar Tourist Corporation

# Hinter den Kulissen

## WIR FREUEN UNS ÜBER FEEDBACK

Post von Travellern zu bekommen ist für uns ungemein hilfreich – Kritik und Anregungen halten uns auf dem Laufenden und helfen, unsere Bücher zu verbessern. Unser reiseerfahrenes Team liest alle Zuschriften genau durch, um herauszufinden, was an unseren Reiseführern gut und was schlecht ist. Wir können solche Post zwar nicht individuell beantworten, aber jedes Feedback wird garantiert schnurstracks an die jeweiligen Autoren weitergeleitet, rechtzeitig vor der nächsten Nachauflage.

Wer Ideen, Erfahrungen und Korrekturhinweise zum Reiseführer mitteilen möchte, hat die Möglichkeit dazu auf **www.lonelyplanet.com/contact/guidebook_feedback/new**. Anmerkungen speziell zur deutschen Ausgabe erreichen uns über **www.lonelyplanet.de/kontakt**.

Hinweis: Da wir Beiträge möglicherweise in Lonely Planet Produkten (Reiseführer, Websites, digitale Medien) veröffentlichen, ggf. auch in gekürzter Form, bitten wir um Mitteilung, falls ein Kommentar nicht veröffentlicht oder ein Name nicht genannt werden soll. Wer Näheres über unsere Datenschutzpolitik wissen will, erfährt das unter www.lonelyplanet.com/privacy.

## DANK AN UNSERE LESER

**Wir danken unseren Lesern, die mit der letzten Ausgabe unterwegs waren und hilfreiche Hinweise, Tipps und interessante Geschichten beigetragen haben:** Austin Oakley, Christian Arleth, Claerwen Snell, Edwin & Anne-Marie Schuurman, Hiroki Nishida, Isabel Fofana, Jolien Philipsen, Juergen Schweigler, Julie Syltern, Keisuke Mochida, Lynnae Ruttledge, Mark Peterson, Matthieu Kamerman, Mike Hawkins, Nathan Allinson, Nikitas van Maaren, Ondřej Černík, Robert Martyniecki, Rosy Danby, Rupert Wilkinson, Samantha Caselli, Valentina Schneck, Whitney Haruf, Zuberi Mabiee

## DANK DER AUTOREN

### Mary Fitzpatrick

Viele Menschen haben mir bei der Recherche und beim Schreiben dieses Buchs geholfen. Vor allem danken möchte ich Nassor in Newala, Sultan in Daressalam, Abdullah in Somanga und Eustacia im Wildreservat Selous. Ebenso danke ich dem verantwortlichen Redakteur Matt Phillips und meinen Co-Autoren des Tansania-Bandes. Am allermeisten möchte ich mich bei Rick, Christopher, Dominic und Gabriel für ihre unterhaltsame Begleitung bei der Recherche und ihre Geduld und gute Laune bei der Ausformulierung bedanken.

### Ray Bartlett

Meiner Familie. Matt P., Meisterklasse-Redakteur. Sachi, Maha, Bintee, Dorocella, Zhen, Dawson, Ruge, Sauda, Paschal, Mr. Gara, Happiness, Mr. Bita, Mariam, Hezron, Placilia, Will I Am, Jullyan, Novart, George, Rachel, Elizabeth, Megan und Evan, Eustocia, Ratna, Dharmesh, Loyce, Jacky, Clara, William, Peter, Paul, Gabriel, Enock, Chesco, Yusuph, Abdullah, Siwema, Khatib, Antonny, Jabiri, Charles, Juma, Francisco, Neema, Nixon, Novart, Nuru, Kalfan, Hussein, Chris und Louise, Miho-san und den unglaublichen Tansaniern: Danke für die wunderschöne Zeit in eurem reizenden, besonderen Land.

### David Else

Zuerst einmal danke ich den Reisenden und Sansibarern, die ich unterwegs getroffen habe; der Austausch mit ihnen und ihre Geschichten waren Gold wert. Ich danke auch herzlich meinem alten Freund Peter Bennett für seine Ortskenntnisse. Und am allermeisten danke ich meiner Ehefrau Corinne, die zu Hause den Betrieb am Laufen gehalten hat, während ich unterwegs war.

### Anthony Ham

Von ganzem Herzen danke ich Matt Phillips, meinem langjährigen Afrika-Freund und Redakteur, der mir immer wieder Ecken der Welt zuteilt, die ich liebe. Herzlichst danke ich auch Peter Ndirangu Wamae, einem weiteren langjährigen Begleiter auf meinen Afrika-Abenteuern. Carole und Donald Boag waren wunderbare Gastgeber in der Serengeti, und Mary Fitzpatrick danke ich für ihre fortwährende Weisheit. Auch danke ich Jörg Gabriel, Victor Swanepoel, Tara Walraven und so vielen anderen. Meiner Familie, Marina, Carlota und Valentina: danke, dass Ihr meine Liebe für Afrika teilt und dass ich Euch dort so viele besondere Erinnerungen verdanke.

### Helena Smith

*Asante* Elidady für eine herzliche Begrüßung und Art für die Organisation, Mwisho Msumai für die Informationen zu Morogoro, und Joas Kahembe in Babati. In Iringa danke ich Bill Allen, Owen Flagel und Joan Mayer für einen tollen Abend auf der Piste und Rajipa David für einen tollen Tag unterwegs. Jessica Klink, Cori Van Dyke und vor allem Amy Glasser, die ihr Wissen zu Mbeya und Matema mit mir teilten. Danke auch an Amelia in Mbeya, Erica Zelfand für ihre Hilfe in Sachen Tukuyu und Moyo Jacob Mwagobele in Matema.

## QUELLENNACHWEIS

Klimakarte nach Peel MC, Finlayson BL & McMahon TA (2007) 'Updated World Map of the Köppen-Geiger Climate Classification', Hydrology and Earth System Sciences, 11, 163-344.

Umschlagfoto: Elefanten, Tarangire-Nationalpark, Licinia Machado/500px ©

## DIESES BUCH

Dies ist die 4. deutsche Auflage von *Tansania*, basierend auf der mittlerweile 7. Auflage von *Tanzania*. Sie wurde von Mary Fitzpatrick, Ray Bartlett, David Else, Anthony Ham and Helena Smith recherchiert und verfasst. Die beiden vorangegangenen Auflagen stammen aus der Feder von Mary Fitzpatrick, Tim Bewer, Stuart Butler, Anthony Ham und Paula Hardy. Produziert wurde dieser Reiseführer von folgenden Personen:

**Verantwortlicher Redakteur** Matt Phillips

**Produktmanagerin** Grace Dobell

**Leitende Produktmanagerin** Anne Mason

**Leitende Kartografin** Diana Von Holdt

**Layout** Wibowo Rusli

**Redaktionsassistenz** Sarah Bailey, Judith Bamber, Michelle Bennett, Nigel Chin, Melanie Dankel, Andrea Dobbin, Alexander Knights, Kristin Odijk, Gabrielle Stefanos, Simon Williamson

**Kartograf** Mick Garrett

**Umschlagrecherche** Naomi Parker

**Dank an** William Allen, Hannah Cartmel, Elizabeth Jones, Kirsten Rawlings, Maureen Wheeler

# Register



Kartenverweise **000**
Fotoverweise **000**

Kartenverweise **000**
Fotoverweise **000**

Kartenverweise **000**
Fotoverweise **000**

## S



## T

Kartenverweise **000**
Fotoverweise **000**



## U



## V



## W

## Y



## Z

# Kartenlegende

## Sehenswertes

- Strand
- Vogelschutzgebiet
- Buddhistisch
- Burg/Festung
- Christlich
- Konfuzianisch
- Hinduistisch
- Islamisch
- Jainistisch
- Jüdisch
- Denkmal
- Museum/Galerie/Hist. Gebäude
- Ruine
- Shintoistisch
- Sikhistisch
- Taoistisch
- Weingut/Weinberg
- Zoo/Tierschutzgebiet
- Andere Sehenswürdigkeit

## Aktivitäten, Kurse & Touren

- Bodysurfen
- Tauchen
- Kanu-/Kajakfahren
- Kurs/Tour
- Sentō/Onsen
- Skifahren
- Schnorcheln
- Surfen
- Schwimmen/Pool
- Wandern
- Windsurfen
- Andere Aktivität

## Schlafen

- Unterkunft
- Campingplatz
- Hütte/Schutzhütte

## Essen

- Restaurant

## Ausgehen & Nachtleben

- Bar/Kneipe/Club
- Café

## Unterhaltung

- Theater/Kino/Oper

## Shoppen

- Geschäft/Einkaufszentrum

## Praktisches

- Bank
- Botschaft/Konsulat
- Krankenhaus/Arzt
- Internet
- Polizei
- Post
- Telefon
- Toilette
- Touristeninformation
- Noch mehr Praktisches

## Landschaften

- Strand
- Schranke
- Hütte/Unterstand
- Leuchtturm
- Aussichtspunkt
- Berg/Vulkan
- Oase
- Park
- Pass
- Rastplatz
- Wasserfall

## Städte

- Hauptstadt
- Landeshauptstadt
- Stadt/Großstadt
- Ort/Dorf

## Transport

- Flughafen
- Grenzübergang
- Bus
- Seilbahn/Standseilbahn
- Fahrradweg
- Fähre
- Metro/MRT-Bahnhof
- Einschienenbahn
- Parkplatz
- Tankstelle
- S-Bahn-/Skytrain-Station
- Taxi
- Bahnhof/Eisenbahn
- Tram/Straßenbahn
- U-Bahn-Station
- Anderes Verkehrsmittel

## Verkehrswege

- Mautstraße
- Autobahn
- Hauptstraße
- Landstraße
- Verbindungsstraße
- Sonstige Straße
- Unbefestigte Straße
- Straße im Bau
- Platz/Fußgängerzone
- Stufen
- Tunnel
- Fußgängerbrücke
- Spaziergang/Wanderung
- Wanderung mit Abstecher
- Pfad/Wanderweg

## Grenzen

- Staatsgrenze
- Bundesstaaten-/Provinzgrenze
- Umstrittene Grenze
- Regionale Grenze/Vorortgrenze
- Meeresschutzgebiet
- Klippen
- Mauer

## Gewässer

- Fluss/Bach
- Periodischer Fluss
- Kanal
- Gewässer
- Trocken-/Salz-/Periodischer See
- Riff

## Gebietsformen

- Flughafen/Start- & Landebahn
- Strand/Wüste
- Christlicher Friedhof
- Sonstiger Friedhof
- Gletscher
- Watt
- Park/Wald
- Sehenswertes Gebäude
- Sportanlage
- Sumpf/Mangroven

*Hinweis: Nicht alle Symbole kommen in den Karten dieses Reiseführers vor.*

# UNSERE AUTOREN

**Mary Fitzpatrick**

Hauptautorin, Daressalam, Nördliches Tansania, Südöstliches Tansania Mary stammt aus den USA. Ihre jungen Jahre verbrachte sie damit, davon zu träumen, wie sie über einen oder zwei Ozeane an exotischere Orte käme. Nach dem Diplom verschlug es sie zuerst nach Europa. Ihre Faszination für Sprachen und Kulturen führte sie weiter gen Süden nach Afrika, wo sie seit 20 Jahren lebt und als professionelle Reiseschriftstellerin auf dem ganzen Kontinent arbeitet. Ihr besonderer Schwerpunkt liegt auf Ost- und Südafrika, darunter Mosambik und Tansania. Mary hat viele Reiseführer für Lonely Planet geschrieben bzw. mitgeschrieben, darunter die Bände Mosambik, Tans*ania, Südafrika, Lesotho & Swasiland, Ostafrika, Westafrika und Ägypten.* Mary schrieb für diesen Reiseführer außerdem die Kapitel Reiseplanung, Tansania verstehen und Praktische Informationen.

**Ray Bartlett**

Westliches Tansania, Victoriasee Ray ist seit beinahe 20 Jahren Autor und schreibt detailverliebt für hochkarätige Herausgeber, Zeitungen und Zeitschriften über Japan, Korea, Mexiko und viele Regionen der Vereinigten Staaten von Amerika. Sein hochgelobter Debütroman *Sunsets of Tulum,* der in Yucatán spielt, schaffte es in die Buchauswahl der Kategorie „Fiktion" der Midwest Book Review 2016. In seiner Freizeit surft Ray regelmäßig und ist ein versierter Tänzer des argentinischen Tangos. Man kann seinen Beiträgen auf Facebook, Twitter und Instagram folgen oder ihn über seine Website www.kaisora.com kontaktieren. Derzeit lebt Ray abwechselnd in den USA, Japan und Mexiko.

**David Else**

Sansibar-Archipel David ist hauptberuflich selbständiger Schriftsteller und spezialisiert auf Reisen, Trekking, Fahrradfahren, Wandern und andere Outdoor-Abenteueraktivitäten. Seit den 1980er-Jahren schreibt er Reiseführer für Lonely Planet und andere Herausgeber sowie über zahlreiche verschiedene Themen rund ums Reisen für Zeitschriften, Zeitungen und Websites. In seinen 30 Jahren, die er schon über Afrika schreibt, hat er an zahlreichen Lonely-Planet-Bänden mitgewirkt, darunter *Westafrika* und *Südafrika* und ebenso an Detailführern wie *Malawi, Zambia, Gambia & Senegal* and *Trekking in Ostafrika.* Heute lebt er in Großbritannien und hat dort an lokalen Ausgaben des Lonely Planet mitgewirkt, u. a. an zahlreichen Auflagen von Führern zu Großbritannien und England. Neben Reiseführern schreibt David regelmäßig Artikel für lonelyplanet.com. Seine Texte und Fotografien wurden außerdem im Reiseteil der Zeitung *The Independent* und in den Zeitschriften *Travel Africa, Cycling Weekly* und *Lonely Planet* veröffentlicht. David reist nach wie vor im großen Stil – mit dem Zug, Flugzeug, Auto oder zu Fuß. Seine letzten Reisen führten ihn von Frankreich und Spanien übers eiskalte Grönland und die epischen Landschaften Indiens nach Mexiko und Marokko.

**Anthony Ham**

Nördliches Tansania Anthony ist freiberuflicher Schriftsteller und Fotograf. Er ist spezialisiert auf Spanien, Ost- und Südafrika, die Arktis und den Nahen Osten. Nach einer jahrelangen Weltumwanderung fand er im Jahr 2001 endlich seine spirituelle Heimat, als er sich bei seinem ersten Besuch der Stadt rettungslos in Madrid verliebte. Knapp ein Jahr später kam er mit einer einfachen Fahrkarte, ohne ein Wort Spanisch zu sprechen und ohne auch nur einen Menschen in Madrid zu kennen dort an. Als er Madrid 10 Jahre später wieder verließ, sprach er Spanisch mit Madrider Akzent, war mit einer Einheimischen verheiratet und Madrid war ihm eine zweite Heimat geworden. Heute ist er wieder in Australien und bereist nach wie vor die Welt auf der Suche nach Geschichten.

**Helena Smith**

Zentral-Tansania, Südliches Hochland Helena ist eine preisgekrönte Schriftstellerin und Fotografin in den Bereichen Reise, Outdoor und Lebensmittel – Reiseführer hat sie über Ziele von den Fidschi-Inseln bis Norwegen geschrieben. Helena stammt aus Schottland, wuchs aber teilweise in Malawi auf, sodass Afrika für sie eine Heimat ist. Sie lebt im Londoner Multikulti-Viertel Hackney und schrieb, fotografierte und veröffentlichte den ersten Führer zu diesem Stadtteil namens *Inside Hackney.* Mit ihrer 1000-Wort-Biografie gewann sie den jährlichen Schreibwettbewerb der Vogue, außerdem heimste sie bereits den ersten Preis des Reiseliteraturwettbewerbs des *Independent on Sunday* ein. Helena ist neben ihrer Tätigkeit als Reisebuchautorin auch Reise- und Porträtfotografin. Sie war eine der Chef-Fotografinnen des Edinburgh Film Festival, auf dem sie drei Jahre in Folge gearbeitet hat, und ihre Werke waren bereits bei Rich Mix und Floradita ausgestellt.

## DIE LONELY PLANET STORY

Ein uraltes Auto, ein paar Dollar in den Hosentaschen und Abenteuerlust, mehr brauchten Tony und Maureen Wheeler nicht, als sie 1972 zu der Reise ihres Lebens aufbrachen. Diese führte sie quer durch Europa und Asien bis nach Australien. Nach mehreren Monaten kehrten sie zurück – pleite, aber glücklich –, setzten sich an ihren Küchentisch und verfassten ihren ersten Reiseführer *Across Asia on the Cheap*. Binnen einer Woche verkauften sie 1500 Bücher und Lonely Planet war geboren. Heute unterhält der Verlag Büros in Franklin und Oakland (USA), London, Melbourne (Australien), Beijing (China) und Delhi (Indien) mit über 600 Mitarbeitern und Autoren. Sie alle teilen Tonys Überzeugung, dass ein guter Reiseführer drei Dinge tun sollte: informieren, bilden und unterhalten.

**Lonely Planet Global Limited**
Digital Depot
The Digital Hub
Dublin D08 TCV4
Ireland



**Verlag der deutschen Ausgabe:**
MAIRDUMONT, Marco-Polo-Straße 1, 73760 Ostfildern,
www.lonelyplanet.de, www.mairdumont.com, lonelyplanet-online@mairdumont.com

Chefredakteurin deutsche Ausgabe: Birgit Borowski

Redaktion: Meike Etmann, Julia Rietsch, Kai Wieland,
Juliane Hansen, Melanie Kattanek, Marion Krause; Verlagsbüro Wais & Partner, Stuttgart
Mitarbeit: Nadine Hensinger, Max Maucher
Übersetzung: Anne Cappel, Stefanie Gross, Gabriela Huber Martins, Britt Maaß, Claudia Riefert, Petra Sparrer, Svenja Tengs, Katja Weber
(An früheren Auflagen haben zusätzlich mitgewirkt: Julie Bacher, Dr. Wolfgang Hensel, Sabine Tessloff)
Technischer Support: Primustype, Notzingen

**Tansania**
4. deutsche Auflage September 2018,
übersetzt von *Tanzania 7th edition*, Juni 2018
Lonely Planet Global Limited

MIX
Papier aus verantwortungsvollen Quellen
FSC® C018236

Printed in Poland